SCRIPTORVM CLASSICORVM

BIBLIOTHECA OXONIENSIS

OXONII

E TYPOGRAPHEO CLARENDONIANO

PLATONIS OPERA

RECOGNOVIT
BREVIQVE ADNOTATIONE CRITICA INSTRVXIT

IOANNES BURNET

IN VNIVERSITATE ANDREANA LITTERARVM GRAECARVM PROFESSOR
COLLEGII MERTONENSIS OLIM SOCIVS

TOMVS I

TETRALOGIAS I–II CONTINENS

OXONII
E TYPOGRAPHEO CLARENDONIANO

Oxford University Press, Ely House, London W. 1

GLASGOW NEW YORK TORONTO MELBOURNE WELLINGTON
CAPE TOWN IBADAN NAIROBI DAR ES SALAAM LUSAKA ADDIS ABABA
DELHI BOMBAY CALCUTTA MADRAS KARACHI LAHORE DACCA
KUALA LUMPUR SINGAPORE HONG KONG TOKYO

ISBN 0 19 814540 3

First published 1900
Impression of 1973

Printed in Great Britain
at the University Press, Oxford
by Vivian Ridler
Printer to the University

PRAEFATIO

CETERIS libris Platonicis cum antiquitate tum fide excellere iam pridem constat inter omnes codicem Clarkianum sive Bodleianum (Bekkeri 𝔄, Schanzii B) anno DCCCXCV exaratum, et Parisinum 1807 (Bekkeri A) eiusdem fere aetatis. his post egregiam viri doctissimi M. Schanz in librorum stirpibus indagandis collocatam operam tertius accessit Venetus bibliothecae Marcianae Append. Class. 4, cod. 1 (Bekkeri 𝔱, Schanzii T). cum autem alia sit ratio tetralogiarum I–VII, alia reliquarum, de illis tantum hoc loco dicendum est. scilicet sermones Platonici, iam antiquitus in tetralogias dispositi, duo volumina explevisse videntur, cuius rei vestigium servant verba τέλος τοῦ πρώτου βιβλίου in Marciano aliisque quibusdam libris ad calcem Menexeni adscripta. eundem ordinem secuta sunt apographa vetustissima ut non mirum sit in tanto librorum interitu Parisini prius, alterum Clarkiani volumen periisse.

Prioris igitur voluminis imaginem refert Clarkianus, sed ne hanc quidem integram, cum casu aliquo factum sit ut tetralogiam VII non exhibeat; Marcianus, qui Civitatem et Timaeum continet, sed posteriora a recentioribus librariis postea addita, habet a prima manu tetralogias I–VII et ex octava Clitophontem et Civitatis libros i–iii, 389 d. his igitur fundamentis nititur prioris voluminis memoria; quod enim iam senserat M. Wohlrab, duas omnino codicum familias esse, id M. Schanz, qui antea cum Cobeto nil fere *deterioribus* ut aiebat tribuerat, libello plus viginti abhinc annos edito[1] tam certis indiciis comprobavit, ut nullus iam locus dubitandi relictus sit. licet enim quibusdam, velut ipsi M. Wohlrab, non probaverit reliquos libros a Clarkiano et Marciano totos pendere, at nemo nunc negabit his libris Platonis memoriam ita contineri ut ceteris omnibus paene sine damno carere possemus. sed de hac re in commentariolo critico mox edendo fusius disputare constitui; hoc tantum nunc dico, Schanzium meo iudicio verum vidisse rectissimeque farraginis librorum a Bekkero et Stallbaumio congestae iacturam fecisse.

Priorem igitur in tetralogiis I–VI familiam ducit Clarkianus, Marcianus alteram. et Clarkiani quidem ab omnibus conceditur summam esse auctoritatem, Marcianum diu neglectum in lucem rursus protraxit M. Schanz, quae res non mediocriter Platonis memoriae profuit. licet enim Clarkiani ea sit indoles ut singula quaeque fidelius repraesentet, quippe cuius menda eiusmodi fere sint ut recta via ad verum ducant, at saepius omittendo peccat et lacunis hiat, quae nunc nullo negotio e Marciano sarciri possunt, cum antea ad apographa nullius fere auctoritatis, praesertim Venetum 184 (Bekkeri Ξ, Schanzii E) in Bessarionis usum exaratum, confugiendum esset. adde quod passim in Clarkiano intempestive corrigentium manibus prisca scriptura periit et ex eius apographis Tubingensi (Stallbaumii 𝕿, Schanzii C) et Veneto 185

---

[1] Über den Platocodex der Markusbibliothek in Venedig, Append. Class. 4, Nr. 1. Leipzig, 1877.

(Bekkeri Π, Schanzii D) repetenda est. quae cum ita
sint, si Clarkianus solus suppeteret, Platonem habere-
mus sed mancum et mutilum et passim sollertis critici
indigentem, quae tamen res propterea fugit parum dili-
gentem lectorem quia textus vulgatus, ex apographo
quodam Marciani descriptus, telam quandam suggerit
cui editores Clarkianas lectiones intexere possint.

Marcianum, alterius familiae ducem, scripsit librarius
paulo eruditior qui perraro omittendo peccat nec fere
ea scribit quae nullo pacto intellegi possint. correc-
tiones et varias lectiones ipse in margine passim ad-
scripsit. recte plerumque decurrit oratio ut nusquam
fere haereas. quae omnia ne librario adscribenda esse
putemus suo arbitrio corrigenti interpolanti idcirco
prohibemur, quod non semel sinceram et antiquam
lectionem hic liber solus servavit. cuius rei unum
exemplum apponere iuvat nobilissimum locum Phae-
donis 77 e. hic Socrates vulgo credebatur dixisse
Ἀλλὰ χρὴ αὐτῷ ἐπᾴδειν ἑκάστης ἡμέρας ἕως ἂν ἐξιάσηται
(id est, ut videtur, ἐξᾴσητε), quae etiam in prioris
familiae libris sic scripta invenies. primus verum
vidit Heindorf, ἐξεπᾴσητε rescribere iubens. evolve
nunc Marcianum. in textu scriptum videbis ἐξάπάι-
σητε, cum librarius primo aspectu ante oculos habere
ἐξαπατήσητε sibi visus sit; sed, cum in margine
Clarkianum illud ἐξιάσηται adscriptum sit, hanc sci-
licet correctionem rettulit textus vulgatus. priscam
scripturam in uno Vindobonensi Υ invenies, cum alia
Marciani apographa ἐξετάσητε, ἐξευπάσηται vel similia
exhibeant. videsne Schanzium recte statuisse alterius
familiae memoriam Marciano totam contineri?

Quae cum ita sint, satis appiret Marcianum ex

optimae notae exemplari descriptum esse, quod non
sine causa suspiceris ipsum Parisini deperditum volu-
men fuisse. sed de hac re cum ad Civitatem perve-
nerimus occasio erit dicendi ; nunc satis sit cognovisse
praeter spem novum et idoneum testem Schanzium
protulisse. hoc tamen cavendum ne plus iusto Mar-
ciano tribuamus ; nam in singulis verbis conformandis
apparet eius testimonium minus valere. notandum
imprimis saepius immutatum esse verborum ordinem,
ut fit dum inter scribendum sententiae magis quam
litterulis animum intendimus, quod ipsa signa transpo-
sitionis a prima manu passim addita testantur. quare
in iis et eiusmodi rebus boni critici est Clarkiani
testimonio stare, cum praesertim in scribendi ratione
propius ad sinceram Atticorum normam accedat.

Sunt praeterea codices interpolati permulti qui,
quanquam priori familiae si summam rem spectas
adnumerandi sunt, identidem lectiones alteri proprias
exhibent. horum instar est omnium codex Vindobo-
nensis 54, suppl. phil. Gr. 7 (Stallbaumii Vind. 1,
Schanzii W), qui ita cum Clarkiano consentit ut scrip-
turas Marcianas passim admisceat. quin etiam haud
raro lectiones servavit quae, tametsi vetustatis notam
gerunt, neutri familiae referre possis. huic libro simil-
limus fuit quem secutus est vetus Armenius interpres
Euthyphronis, Critonis, Apologiae, cuius lectiones
publici iuris fecit F. C. Conybeare noster[1], qui tamen
Vindobonensi nondum bene cognito, eo adductus est ut
apographi foede interpolati Vaticani 225 (Bekkeri Δ)
partes susciperet. at si quid video huiusmodi res est.
extitit olim Platonis recensio a nostra diversa, cuius

[1] *American Journal of Philology,* vol. xii. pp. 193 sqq.

vestigia etiam apud Eusebium, Stobaeum aliosque scriptores deprehendas, unde non ita pauca in codices istos defluxerunt. quod si verum est, ut prorsus Schanzio assentiendum tertiam familiam, quod non-nullis placuit, hodie non extare iudicanti, nec multum consensui Marciani et Vindobonensis tribuenti, ita quotquot hic praebet singulares lectiones diligentis-sime erunt perpendendae, praesertim sicubi versio Armeniaca accesserit.

Superest ut de fide fragmentorum Phaedonis a viro clarissimo Flinders Petrie nuper repertorum pauca dicamus, quae intra centum annos post Platonem mortuum in Aegypto papyro exarata esse videntur. quorum meo quidem iudicio praecipuus est usus quod non sinunt plus iusto Clarkiano tribuere, cum non semel cum altera familia conspirent. sed tanta incuria scripta sunt, tot manifestis erroribus scatent, ut vel inde colligas quantum praestent codices nostri ex optimis exemplaribus descripti apographis quae iam tum vili pretio in usum litteratorum plebis prostabant.

Lex est huius editionis ut, quantum fieri potest, sermo Platonicus, nisi in rebus quae ad scribendi rationem pertinent, talis servetur qualis in communi duarum familiarum fonte extiterit, adhibito tamen Vindobonensi et affinibus eius si quando antiquiorem lectionem servasse videantur. non erat nostrum virorum doctorum coniecturas nec nostras in textum recipere praeter eas quae tam certae et firmatae essent ut de iis vix dubitari possit. quam rationem in verbis scribendis secutus sim facile intellegent harum rerum periti, ceteri non curabunt.

Codicem Clarkianum, cum Oxonii essem, multis

locis inspexi, Politicum a Schanzio nondum editum
ipse accurate contuli. vehementer doleo Clarkianum
phototypice expressum non prius inter manus fuisse
quam plagulas plerasque correxissem. mihi primo
contigit Marcianas lectiones in Phaedone et Politico
divulgare, cum hic a Schanzio nondum editus sit, ille
editus quidem sed nondum adhibito Marciano. quod
ut facere possim, acceptum refero bibliothecario
Veneto, Comiti Soranzo, qui intercedente T. W. Allen
hos dialogos meum in usum phototypice exprimen-
dos curavit. in reliquis dialogis codicum notitiam
plerumque a Schanzio et Wohlrabio mutuatus sum,
in Sophista praesto fuit nitidissima Ottonis Apelt
editio. sicubi autem de Vindobonensi (W) non mihi
constaret, in eius locum successere affines, praesertim
Vindobonensis 109 (Bekkeri Φ).

IOANNES BURNET.

Scribebam Andreapoli Scotorum
e collegio S. Salvatoris et D. Leonardi
mense Novembri M.DCCC.XCIX.

DE codice Vindobonensi (W) a viro doctissimo
Iosepho Král meliora edoctus, vidi, in *Phaedone* prae-
sertim, longius a Schanzianis rationibus discedendum
esse. nunc igitur habes huius dialogi textum ad trium
codicum BTW auctoritatem retractatum.

IOANNES BURNET.

mense Novembri M.CM.V.

DIALOGORVM ORDO

TOMVS I

TOMVS II

DIALOGORVM ORDO

DIALOGORVM ORDO

TOMVS V

SIGLA

B = cod. Bodleianus, MS. E. D. Clarke 39 = Bekkeri 𝔄

T = cod. Venetus Append. Class. 4, cod. 1 = Bekkeri t

W = cod. Vindobonensis 54, suppl. phil. Gr. 7 = Stallbaumii
Vind. 1

C = cod. Crusianus sive Tubingensis = Stallbaumii 𝔗

D = cod. Venetus 185 = Bekkeri Π

G = cod. Venetus Append. Class. 4, cod. 54 = Bekkeri Λ

V = cod. Vindobonensis 109 = Bekkeri Φ

Arm. = Versio Armeniaca

Ars. = Papyrus Arsinoitica a Flinders
Petrie reperta

Berol. = Papyrus Berolinensis 9782 (ed.
Diels et Schubart 1905)

Recentiores manus librorum B T W litteris b t w significantur

Codicis W lectiones cum T consentientes commemoravi, lectiones cum B consentientes silentio fere praeterii

ΕΥΘΥΦΡΩΝ

ΕΥΘΥΦΡΩΝ   ΣΩΚΡΑΤΗΣ

ΕΥΘ. Τί νεώτερον, ὦ Σώκρατες, γέγονεν, ὅτι σὺ τὰς ἐν a
Λυκείῳ καταλιπὼν διατριβὰς ἐνθάδε νῦν διατρίβεις περὶ τὴν
τοῦ βασιλέως στοάν; οὐ γάρ που καὶ σοί γε δίκη τις οὖσα
τυγχάνει πρὸς τὸν βασιλέα ὥσπερ ἐμοί.

ΣΩ. Οὔτοι δὴ ᾿Αθηναῖοί γε, ὦ Εὐθύφρων, δίκην αὐτὴν 5
καλοῦσιν ἀλλὰ γραφήν.

ΕΥΘ. Τί φής; γραφὴν σέ τις, ὡς ἔοικε, γέγραπται· οὐ b
γὰρ ἐκεῖνό γε καταγνώσομαι, ὡς σὺ ἕτερον.

ΣΩ. Οὐ γὰρ οὖν.

ΕΥΘ. ᾿Αλλὰ σὲ ἄλλος;

ΣΩ. Πάνυ γε.   5

ΕΥΘ. Τίς οὗτος;

ΣΩ. Οὐδ᾽ αὐτὸς πάνυ τι γιγνώσκω, ὦ Εὐθύφρων, τὸν
ἄνδρα, νέος γάρ τίς μοι φαίνεται καὶ ἀγνώς· ὀνομάζουσι
μέντοι αὐτόν, ὡς ἐγῷμαι, Μέλητον. ἔστι δὲ τῶν δήμων
Πιτθεύς, εἴ τινα νῷ ἔχεις Πιτθέα Μέλητον οἷον τετανότριχα 10
καὶ οὐ πάνυ εὐγένειον, ἐπίγρυπον δέ.

ΕΥΘ. Οὐκ ἐννοῶ, ὦ Σώκρατες· ἀλλὰ δὴ τίνα γραφήν
σε γέγραπται;   c

ΣΩ. ῞Ηντινα; οὐκ ἀγεννῆ, ἔμοιγε δοκεῖ· τὸ γὰρ νέον

a 3 γε B : om. T   a 5 ὦ Εὐθύφρων constanter B T, plerumque
W : ὦ Εὐθύφρον B²   b 2 σὺ B : σύ γε T   c 2 ὡς ἔμοιγε W t

ὄντα τοσοῦτον πρᾶγμα ἐγνωκέναι οὐ φαῦλόν ἐστιν. ἐκεῖνος
γάρ, ὥς φησιν, οἶδε τίνα τρόπον οἱ νέοι διαφθείρονται καὶ
5 τίνες οἱ διαφθείροντες αὐτούς. καὶ κινδυνεύει σοφός τις
εἶναι, καὶ τὴν ἐμὴν ἀμαθίαν κατιδὼν ὡς διαφθείροντος τοὺς
ἡλικιώτας αὐτοῦ, ἔρχεται κατηγορήσων μου ὥσπερ πρὸς
μητέρα πρὸς τὴν πόλιν. καὶ φαίνεταί μοι τῶν πολιτικῶν
d μόνος ἄρχεσθαι ὀρθῶς· ὀρθῶς γάρ ἐστι τῶν νέων πρῶτον
ἐπιμεληθῆναι ὅπως ἔσονται ὅτι ἄριστοι, ὥσπερ γεωργὸν
ἀγαθὸν τῶν νέων φυτῶν εἰκὸς πρῶτον ἐπιμεληθῆναι, μετὰ
δὲ τοῦτο καὶ τῶν ἄλλων. καὶ δὴ καὶ Μέλητος ἴσως πρῶτον
3 μὲν ἡμᾶς ἐκκαθαίρει τοὺς τῶν νέων τὰς βλάστας διαφθεί-
ροντας, ὥς φησιν· ἔπειτα μετὰ τοῦτο δῆλον ὅτι τῶν πρεσ-
βυτέρων ἐπιμεληθεὶς πλείστων καὶ μεγίστων ἀγαθῶν αἴτιος
τῇ πόλει γενήσεται, ὥς γε τὸ εἰκὸς συμβῆναι ἐκ τοιαύτης
5 ἀρχῆς ἀρξαμένῳ.

ΕΥΘ. Βουλοίμην ἄν, ὦ Σώκρατες, ἀλλ᾽ ὀρρωδῶ μὴ τοὐ-
ναντίον γένηται· ἀτεχνῶς γάρ μοι δοκεῖ ἀφ᾽ ἑστίας ἄρχεσθαι
κακουργεῖν τὴν πόλιν, ἐπιχειρῶν ἀδικεῖν σέ. καί μοι λέγε,
τί καὶ ποιοῦντά σέ φησι διαφθείρειν τοὺς νέους;
b ΣΩ. Ἄτοπα, ὦ θαυμάσιε, ὡς οὕτω γ᾽ ἀκοῦσαι. φησὶ γάρ
με ποιητὴν εἶναι θεῶν, καὶ ὡς καινοὺς ποιοῦντα θεοὺς τοὺς
δ᾽ ἀρχαίους οὐ νομίζοντα ἐγράψατο τούτων αὐτῶν ἕνεκα,
ὥς φησιν.

5 ΕΥΘ. Μανθάνω, ὦ Σώκρατες· ὅτι δὴ σὺ τὸ δαιμόνιον
φῂς σαυτῷ ἑκάστοτε γίγνεσθαι. ὡς οὖν καινοτομοῦντός
σου περὶ τὰ θεῖα γέγραπται ταύτην τὴν γραφήν, καὶ ὡς
διαβαλῶν δὴ ἔρχεται εἰς τὸ δικαστήριον, εἰδὼς ὅτι εὐδιά-
βολα τὰ τοιαῦτα πρὸς τοὺς πολλούς. καὶ ἐμοῦ γάρ τοι,
c ὅταν τι λέγω ἐν τῇ ἐκκλησίᾳ περὶ τῶν θείων, προλέγων
αὐτοῖς τὰ μέλλοντα, καταγελῶσιν ὡς μαινομένου· καίτοι

c 7 ὥσπερ TW: ὡς B   c 8 πρὸς om. al. Cobet   a 2 ὡς B T
γρ. W: τέως W   b 2 ποιητὴν εἶναί με T   b 8 διαβαλὼν (sic)
BTw: διαβάλλων Wt: ἐν ἄλλῳ διαβάλλων B²

οὐδὲν ὅτι οὐκ ἀληθὲς εἴρηκα ὧν προεῖπον, ἀλλ' ὅμως φθο-
νοῦσιν ἡμῖν πᾶσι τοῖς τοιούτοις. ἀλλ' οὐδὲν αὐτῶν χρὴ
φροντίζειν, ἀλλ' ὁμόσε ἰέναι.

ΣΩ. Ὦ φίλε Εὐθύφρων, ἀλλὰ τὸ μὲν καταγελασθῆναι 5
ἴσως οὐδὲν πρᾶγμα. Ἀθηναίοις γάρ τοι, ὡς ἐμοὶ δοκεῖ,
οὐ σφόδρα μέλει ἄν τινα δεινὸν οἴωνται εἶναι, μὴ μέντοι
διδασκαλικὸν τῆς αὑτοῦ σοφίας· ὃν δ' ἂν καὶ ἄλλους οἴων-
ται ποιεῖν τοιούτους, θυμοῦνται, εἴτ' οὖν φθόνῳ ὡς σὺ λέγεις, d
εἴτε δι' ἄλλο τι.

ΕΥΘ. Τούτου οὖν πέρι ὅπως ποτὲ πρὸς ἐμὲ ἔχουσιν, οὐ
πάνυ ἐπιθυμῶ πειραθῆναι.

ΣΩ. Ἴσως γὰρ σὺ μὲν δοκεῖς σπάνιον σεαυτὸν παρέχειν 5
καὶ διδάσκειν οὐκ ἐθέλειν τὴν σεαυτοῦ σοφίαν· ἐγὼ δὲ
φοβοῦμαι μὴ ὑπὸ φιλανθρωπίας δοκῶ αὐτοῖς ὅτιπερ ἔχω
ἐκκεχυμένως παντὶ ἀνδρὶ λέγειν, οὐ μόνον ἄνευ μισθοῦ, ἀλλὰ
καὶ προστιθεὶς ἂν ἡδέως εἴ τίς μου ἐθέλει ἀκούειν. εἰ
μὲν οὖν, ὃ νυνδὴ ἔλεγον, μέλλοιέν μου καταγελᾶν ὥσπερ 10
σὺ φὴς σαυτοῦ, οὐδὲν ἂν εἴη ἀηδὲς παίζοντας καὶ γελῶντας e
ἐν τῷ δικαστηρίῳ διαγαγεῖν· εἰ δὲ σπουδάσονται, τοῦτ' ἤδη
ὅπῃ ἀποβήσεται ἄδηλον πλὴν ὑμῖν τοῖς μάντεσιν.

ΕΥΘ. Ἀλλ' ἴσως οὐδὲν ἔσται, ὦ Σώκρατες, πρᾶγμα, ἀλλὰ
σύ τε κατὰ νοῦν ἀγωνιῇ τὴν δίκην, οἶμαι δὲ καὶ ἐμὲ τὴν 5
ἐμήν.

ΣΩ. Ἔστιν δὲ δὴ σοί, ὦ Εὐθύφρων, τίς ἡ δίκη;
φεύγεις αὐτὴν ἢ διώκεις;

ΕΥΘ. Διώκω.

ΣΩ. Τίνα; 10

ΕΥΘ. Ὃν διώκων αὖ δοκῶ μαίνεσθαι. 4

ΣΩ. Τί δέ; πετόμενόν τινα διώκεις;

ΕΥΘ. Πολλοῦ γε δεῖ πέτεσθαι, ὅς γε τυγχάνει ὢν εὖ
μάλα πρεσβύτης.

d 7 ὅτι παρέχω pr. W   d 9 ἐθέλει T : ἐθέλοι B t   e 2 διάγειν
pr. W   σπουδάσονται B² T W Arm. : σπουδάζοντας B   a 3 γε
δεῖ B T : γε καὶ δεῖ W

5 ΣΩ. Τίς οὗτος;

ΕΥΘ. Ὁ ἐμὸς πατήρ.

ΣΩ. Ὁ σός, ὦ βέλτιστε;

ΕΥΘ. Πάνυ μὲν οὖν.

ΣΩ. Ἔστιν δὲ τί τὸ ἔγκλημα καὶ τίνος ἡ δίκη;

10 ΕΥΘ. Φόνου, ὦ Σώκρατες.

ΣΩ. Ἡράκλεις. ἦ που, ὦ Εὐθύφρων, ἀγνοεῖται ὑπὸ τῶν
πολλῶν ὅπῃ ποτὲ ὀρθῶς ἔχει· οὐ γὰρ οἶμαί γε τοῦ ἐπιτυ-
b χόντος [ὀρθῶς] αὐτὸ πρᾶξαι ἀλλὰ πόρρω που ἤδη σοφίας
ἐλαύνοντος.

ΕΥΘ. Πόρρω μέντοι νὴ Δία, ὦ Σώκρατες.

ΣΩ. Ἔστιν δὲ δὴ τῶν οἰκείων τις ὁ τεθνεὼς ὑπὸ τοῦ
5 σοῦ πατρός; ἢ δῆλα δή; οὐ γὰρ ἄν που ὑπέρ γε ἀλλο-
τρίου ἐπεξῇσθα φόνου αὐτῷ.

ΕΥΘ. Γελοῖον, ὦ Σώκρατες, ὅτι οἴει τι διαφέρειν εἴτε
ἀλλότριος εἴτε οἰκεῖος ὁ τεθνεώς, ἀλλ᾽ οὐ τοῦτο μόνον δεῖν
φυλάττειν, εἴτε ἐν δίκῃ ἔκτεινεν ὁ κτείνας εἴτε μή, καὶ εἰ
10 μὲν ἐν δίκῃ, ἐᾶν, εἰ δὲ μή, ἐπεξιέναι, ἐάνπερ ὁ κτείνας συν-
c έστιός σοι καὶ ὁμοτράπεζος ᾖ· ἴσον γὰρ τὸ μίασμα γίγνεται
ἐὰν συνῇς τῷ τοιούτῳ συνειδὼς καὶ μὴ ἀφοσιοῖς σεαυτόν τε
καὶ ἐκεῖνον τῇ δίκῃ ἐπεξιών. ἐπεὶ ὅ γε ἀποθανὼν πελάτης
τις ἦν ἐμός, καὶ ὡς ἐγεωργοῦμεν ἐν τῇ Νάξῳ, ἐθήτευεν
5 ἐκεῖ παρ᾽ ἡμῖν. παροινήσας οὖν καὶ ὀργισθεὶς τῶν οἰκετῶν
τινι τῶν ἡμετέρων ἀποσφάττει αὐτόν. ὁ οὖν πατὴρ συνδή-
σας τοὺς πόδας καὶ τὰς χεῖρας αὐτοῦ, καταβαλὼν εἰς τάφρον
τινά, πέμπει δεῦρο ἄνδρα πευσόμενον τοῦ ἐξηγητοῦ ὅτι χρείη
d ποιεῖν. ἐν δὲ τούτῳ τῷ χρόνῳ τοῦ δεδεμένου ὠλιγώρει τε
καὶ ἠμέλει ὡς ἀνδροφόνου καὶ οὐδὲν ὂν πρᾶγμα εἰ καὶ ἀπο-
θάνοι, ὅπερ οὖν καὶ ἔπαθεν· ὑπὸ γὰρ λιμοῦ καὶ ῥίγους καὶ

a 12 ἐπιτυχόντος B : ἐπιτυχόντος εἶναι T W   b 1 ὀρθῶς seclusi
ἤδη B T : om. W   b 5 που ὑπέρ γε ἀλλοτρίου T : πού γε ὑπὲρ
ἀλλοτρίου B : ποτε ὑπὲρ ἀλλοτρίου γε W   c 8 χρείη pr. B Suidas :
χρὴ B² T W

τῶν δεσμῶν ἀποθνῄσκει πρὶν τὸν ἄγγελον παρὰ τοῦ ἐξηγη-
τοῦ ἀφικέσθαι. ταῦτα δὴ οὖν καὶ ἀγανακτεῖ ὅ τε πατὴρ καὶ 5
οἱ ἄλλοι οἰκεῖοι, ὅτι ἐγὼ ὑπὲρ τοῦ ἀνδροφόνου τῷ πατρὶ
φόνου ἐπεξέρχομαι οὔτε ἀποκτείναντι, ὥς φασιν ἐκεῖνοι,
οὔτ᾽ εἰ ὅτι μάλιστα ἀπέκτεινεν, ἀνδροφόνου γε ὄντος τοῦ
ἀποθανόντος, οὐ δεῖν φροντίζειν ὑπὲρ τοῦ τοιούτου—ἀνόσιον
γὰρ εἶναι τὸ ὑὸν πατρὶ φόνου ἐπεξιέναι—κακῶς εἰδότες, e
ὦ Σώκρατες, τὸ θεῖον ὡς ἔχει τοῦ ὁσίου τε πέρι καὶ τοῦ
ἀνοσίου.

ΣΩ. Σὺ δὲ δὴ πρὸς Διός, ὦ Εὐθύφρων, οὑτωσὶ ἀκριβῶς
οἴει ἐπίστασθαι περὶ τῶν θείων ὅπῃ ἔχει, καὶ τῶν ὁσίων τε 5
καὶ ἀνοσίων, ὥστε τούτων οὕτω πραχθέντων ὡς σὺ λέγεις,
οὐ φοβῇ δικαζόμενος τῷ πατρὶ ὅπως μὴ αὖ σὺ ἀνόσιον
πρᾶγμα τυγχάνῃς πράττων;

ΕΥΘ. Οὐδὲν γὰρ ἄν μου ὄφελος εἴη, ὦ Σώκρατες, οὐδέ
τῳ ἂν διαφέροι Εὐθύφρων τῶν πολλῶν ἀνθρώπων, εἰ μὴ τὰ 5
τοιαῦτα πάντα ἀκριβῶς εἰδείην.

ΣΩ. Ἆρ᾽ οὖν μοι, ὦ θαυμάσιε Εὐθύφρων, κράτιστόν ἐστι
μαθητῇ σῷ γενέσθαι, καὶ πρὸ τῆς γραφῆς τῆς πρὸς Μέλητον
αὐτὰ ταῦτα προκαλεῖσθαι αὐτόν, λέγοντα ὅτι ἔγωγε καὶ ἐν 5
τῷ ἔμπροσθεν χρόνῳ τὰ θεῖα περὶ πολλοῦ ἐποιούμην εἰδέναι,
καὶ νῦν ἐπειδή με ἐκεῖνος αὐτοσχεδιάζοντά φησι καὶ καινοτο-
μοῦντα περὶ τῶν θείων ἐξαμαρτάνειν, μαθητὴς δὴ γέγονα σός
—"καὶ εἰ μέν, ὦ Μέλητε," φαίην ἄν, "Εὐθύφρονα ὁμολογεῖς
σοφὸν εἶναι τὰ τοιαῦτα, [καὶ] ὀρθῶς νομίζειν καὶ ἐμὲ ἡγοῦ b
καὶ μὴ δικάζου· εἰ δὲ μή, ἐκείνῳ τῷ διδασκάλῳ λάχε δίκην
πρότερον ἢ ἐμοί, ὡς τοὺς πρεσβυτέρους διαφθείροντι ἐμέ τε
καὶ τὸν αὐτοῦ πατέρα, ἐμὲ μὲν διδάσκοντι, ἐκεῖνον δὲ νουθε-
τοῦντί τε καὶ κολάζοντι"—καὶ ἂν μή μοι πείθηται μηδὲ ἀφίῃ 5

d 5 ταῦτα] ταύτῃ B²   d 7 ἐπεξέρχομαι B T : ἐξέρχομαι W
e 9 ἄν T : om. B   μου Heusde : μοι B T   a 7 φησι B : om. T
b 1 καὶ seclusi   καὶ ἐμὲ T W b Arm. : ἐμὲ B   b 4-5 διδάσκοντι
... νουθετοῦντι ... κολάζοντι] διδάσκοντα ... νουθετοῦντα ... κολάζοντα
B T   b 5 τε B : om. T

τῆς δίκης ἢ ἀντ᾽ ἐμοῦ γράφηται σέ, αὐτὰ ταῦτα λέγειν ἐν τῷ δικαστηρίῳ ἃ προυκαλούμην αὐτόν;

ΕΥΘ. Ναὶ μὰ Δία, ὦ Σώκρατες, εἰ ἄρα ἐμὲ ἐπιχειρήσειε c γράφεσθαι, εὕροιμ᾽ ἄν, ὡς οἶμαι, ὅπῃ σαθρός ἐστιν, καὶ πολὺ ἂν ἡμῖν πρότερον περὶ ἐκείνου λόγος ἐγένετο ἐν τῷ δικαστηρίῳ ἢ περὶ ἐμοῦ.

ΣΩ. Καὶ ἐγώ τοι, ὦ φίλε ἑταῖρε, ταῦτα γιγνώσκων 5 μαθητὴς ἐπιθυμῶ γενέσθαι σός, εἰδὼς ὅτι καὶ ἄλλος πού τις καὶ ὁ Μέλητος οὗτος σὲ μὲν οὐδὲ δοκεῖ ὁρᾶν, ἐμὲ δὲ οὕτως ὀξέως [ἀτεχνῶς] καὶ ῥᾳδίως κατεῖδεν ὥστε ἀσεβείας ἐγράψατο. νῦν οὖν πρὸς Διὸς λέγε μοι ὃ νυνδὴ σαφῶς εἰδέναι διισχυρίζου, ποῖόν τι τὸ εὐσεβὲς φὴς εἶναι καὶ τὸ ἀσεβὲς d καὶ περὶ φόνου καὶ περὶ τῶν ἄλλων; ἢ οὐ ταὐτόν ἐστιν ἐν πάσῃ πράξει τὸ ὅσιον αὐτὸ αὑτῷ, καὶ τὸ ἀνόσιον αὖ τοῦ μὲν ὁσίου παντὸς ἐναντίον, αὐτὸ δὲ αὑτῷ ὅμοιον καὶ ἔχον μίαν τινὰ ἰδέαν κατὰ τὴν ἀνοσιότητα πᾶν ὅτιπερ ἂν μέλλῃ 5 ἀνόσιον εἶναι;

ΕΥΘ. Πάντως δήπου, ὦ Σώκρατες.

ΣΩ. Λέγε δή, τί φὴς εἶναι τὸ ὅσιον καὶ τί τὸ ἀνόσιον;

ΕΥΘ. Λέγω τοίνυν ὅτι τὸ μὲν ὅσιόν ἐστιν ὅπερ ἐγὼ νῦν ποιῶ, τῷ ἀδικοῦντι ἢ περὶ φόνους ἢ περὶ ἱερῶν κλοπὰς ἤ τι 10 ἄλλο τῶν τοιούτων ἐξαμαρτάνοντι ἐπεξιέναι, ἐάντε πατὴρ e ὢν τυγχάνῃ ἐάντε μήτηρ ἐάντε ἄλλος ὁστισοῦν, τὸ δὲ μὴ ἐπεξιέναι ἀνόσιον· ἐπεί, ὦ Σώκρατες, θέασαι ὡς μέγα σοι ἐρῶ τεκμήριον τοῦ νόμου ὅτι οὕτως ἔχει—ὃ καὶ ἄλλοις ἤδη εἶπον, ὅτι ταῦτα ὀρθῶς ἂν εἴη οὕτω γιγνόμενα—μὴ ἐπιτρέπειν τῷ ἀσε- 5 βοῦντι μηδ᾽ ἂν ὁστισοῦν τυγχάνῃ ὤν. αὐτοὶ γὰρ οἱ ἄνθρωποι τυγχάνουσι νομίζοντες τὸν Δία τῶν θεῶν ἄριστον καὶ δικαιό-

b 8 ἐμὲ T : με B   c 2 ἐγένετο B : γένοιτο B² T W Arm. c 7 ἀτεχνῶς T : om. B   c 8 νῦν δὴ B : νῦν T (sed c 9 δὴ supra τι)   d 4 ἀνοσιότητα T w : ὁσιότητα B : μὴ ὁσιότητα Arm. d 7 καὶ τί τὸ B² T (ex emend.) W Arm. : καὶ τὸ B   e 3 τοῦ νομίμου Baumann : an τοὐννόμου ? Schanz   e 4-5 ὅτι . . . τυγχάνῃ ὤν secl. Rassow : ὅτι . . . γιγνόμενα secl. Schanz

τατον, καὶ τοῦτον ὁμολογοῦσι τὸν αὑτοῦ πατέρα δῆσαι ὅτι 6
τοὺς ὑεῖς κατέπινεν οὐκ ἐν δίκῃ, κἀκεῖνόν γε αὖ τὸν αὑτοῦ
πατέρα ἐκτεμεῖν δι' ἕτερα τοιαῦτα· ἐμοὶ δὲ χαλεπαίνουσιν
ὅτι τῷ πατρὶ ἐπεξέρχομαι ἀδικοῦντι, καὶ οὕτως αὐτοὶ αὑτοῖς
τὰ ἐναντία λέγουσι περί τε τῶν θεῶν καὶ περὶ ἐμοῦ. 5

ΣΩ. Ἆρά γε, ὦ Εὐθύφρων, τοῦτ' ἔστιν [οὗ] οὕνεκα τὴν
γραφὴν φεύγω, ὅτι τὰ τοιαῦτα ἐπειδάν τις περὶ τῶν θεῶν
λέγῃ, δυσχερῶς πως ἀποδέχομαι; διὸ δή, ὡς ἔοικε, φήσει
τίς με ἐξαμαρτάνειν. νῦν οὖν εἰ καὶ σοὶ ταῦτα συνδοκεῖ τῷ
εὖ εἰδότι περὶ τῶν τοιούτων, ἀνάγκη δή, ὡς ἔοικε, καὶ ἡμῖν b
συγχωρεῖν. τί γὰρ καὶ φήσομεν, οἵ γε καὶ αὐτοὶ ὁμολο-
γοῦμεν περὶ αὐτῶν μηδὲν εἰδέναι; ἀλλά μοι εἰπὲ πρὸς
Φιλίου, σὺ ὡς ἀληθῶς ἡγῇ ταῦτα οὕτως γεγονέναι;

ΕΥΘ. Καὶ ἔτι γε τούτων θαυμασιώτερα, ὦ Σώκρατες, ἃ 5
οἱ πολλοὶ οὐκ ἴσασιν.

ΣΩ. Καὶ πόλεμον ἆρα ἡγῇ σὺ εἶναι τῷ ὄντι ἐν τοῖς θεοῖς
πρὸς ἀλλήλους, καὶ ἔχθρας γε δεινὰς καὶ μάχας καὶ ἄλλα
τοιαῦτα πολλά, οἷα λέγεταί τε ὑπὸ τῶν ποιητῶν, καὶ ὑπὸ τῶν
ἀγαθῶν γραφέων τά τε ἄλλα ἱερὰ ἡμῖν καταπεποίκιλται, καὶ c
δὴ καὶ τοῖς μεγάλοις Παναθηναίοις ὁ πέπλος μεστὸς τῶν
τοιούτων ποικιλμάτων ἀνάγεται εἰς τὴν ἀκρόπολιν; ταῦτα
ἀληθῆ φῶμεν εἶναι, ὦ Εὐθύφρων;

ΕΥΘ. Μὴ μόνον γε, ὦ Σώκρατες, ἀλλ' ὅπερ ἄρτι εἶπον, 5
καὶ ἄλλα σοι ἐγὼ πολλά, ἐάνπερ βούλῃ, περὶ τῶν θείων
διηγήσομαι, ἃ σὺ ἀκούων εὖ οἶδ' ὅτι ἐκπλαγήσῃ.

ΣΩ. Οὐκ ἂν θαυμάζοιμι. ἀλλὰ ταῦτα μέν μοι εἰς αὖθις
ἐπὶ σχολῆς διηγήσῃ· νυνὶ δὲ ὅπερ ἄρτι σε ἠρόμην πειρῶ
σαφέστερον εἰπεῖν. οὐ γάρ με, ὦ ἑταῖρε, τὸ πρότερον d
ἱκανῶς ἐδίδαξας ἐρωτήσαντα τὸ ὅσιον ὅτι ποτ' εἴη, ἀλλά μοι

a 6 οὕνεκα Schanz : οὗ οὕνεκα B T (sed ἕ in marg. T)   a 8 διὸ T
(sed a supra versum) : δι' ἃ B Eusebius   b 2 καὶ αὐτοὶ T Arm. :
αὐτοὶ B Eusebius   b 6 supra πολλοὶ add. λοιπ T   b 8 ἔχθρας γε
B Eusebius : ἔχθρας T   b 9 λέγεταί τε B Eusebius : λέγεται
T W Arm.   c 5 μόνον B W : μόνα B² T W² Eusebius   c 6 θείων]
θεῶν Arm. Eusebius   c 9 σχολὴν W

εἶπες ὅτι τοῦτο τυγχάνει ὅσιον ὂν ὃ σὺ νῦν ποιεῖς, φόνου
ἐπεξιὼν τῷ πατρί.

5 ΕΥΘ. Καὶ ἀληθῆ γε ἔλεγον, ὦ Σώκρατες.

ΣΩ. Ἴσως. ἀλλὰ γάρ, ὦ Εὐθύφρων, καὶ ἄλλα πολλὰ
φῂς εἶναι ὅσια.

ΕΥΘ. Καὶ γὰρ ἔστιν.

ΣΩ. Μέμνησαι οὖν ὅτι οὐ τοῦτό σοι διεκελευόμην, ἕν τι
10 ἢ δύο με διδάξαι τῶν πολλῶν ὁσίων, ἀλλ' ἐκεῖνο αὐτὸ τὸ
εἶδος ᾧ πάντα τὰ ὅσια ὅσιά ἐστιν; ἔφησθα γάρ που μιᾷ ἰδέᾳ
e τά τε ἀνόσια ἀνόσια εἶναι καὶ τὰ ὅσια ὅσια· ἢ οὐ μνημονεύεις;

ΕΥΘ. Ἔγωγε.

ΣΩ. Ταύτην τοίνυν με αὐτὴν δίδαξον τὴν ἰδέαν τίς ποτέ
ἐστιν, ἵνα εἰς ἐκείνην ἀποβλέπων καὶ χρώμενος αὐτῇ παρα-
5 δείγματι, ὃ μὲν ἂν τοιοῦτον ᾖ ὧν ἂν ἢ σὺ ἢ ἄλλος τις
πράττῃ φῶ ὅσιον εἶναι, ὃ δ' ἂν μὴ τοιοῦτον, μὴ φῶ.

ΕΥΘ. Ἀλλ' εἰ οὕτω βούλει, ὦ Σώκρατες, καὶ οὕτω σοι
φράσω.

ΣΩ. Ἀλλὰ μὴν βούλομαί γε.

10 ΕΥΘ. Ἔστι τοίνυν τὸ μὲν τοῖς θεοῖς προσφιλὲς ὅσιον, τὸ
7 δὲ μὴ προσφιλὲς ἀνόσιον.

ΣΩ. Παγκάλως, ὦ Εὐθύφρων, καὶ ὡς ἐγὼ ἐζήτουν ἀποκρίνα-
σθαί σε, οὕτω νῦν ἀπεκρίνω. εἰ μέντοι ἀληθῶς, τοῦτο οὔπω
οἶδα, ἀλλὰ σὺ δῆλον ὅτι ἐπεκδιδάξεις ὡς ἔστιν ἀληθῆ ἃ λέγεις.

5 ΕΥΘ. Πάνυ μὲν οὖν.

ΣΩ. Φέρε δή, ἐπισκεψώμεθα τί λέγομεν. τὸ μὲν θεο-
φιλές τε καὶ θεοφιλὴς ἄνθρωπος ὅσιος, τὸ δὲ θεομισὲς καὶ ὁ
θεομισὴς ἀνόσιος· οὐ ταὐτὸν δ' ἐστίν, ἀλλὰ τὸ ἐναντιώτατον,
τὸ ὅσιον τῷ ἀνοσίῳ· οὐχ οὕτως;

10 ΕΥΘ. Οὕτω μὲν οὖν.

ΣΩ. Καὶ εὖ γε φαίνεται εἰρῆσθαι;

b ΕΥΘ. Δοκῶ, ὦ Σώκρατες. [εἴρηται γάρ.]

d 3 σὺ om. pr. W   d 7 ὅσια post d 8 ἔστιν transp. B   a 3 ἀληθῶς
B : ὡς ἀληθῶς T   a 7 καὶ θεοφιλὴς W : καὶ ὁ θεοφιλὴς B T   b 1 εἴ-
ρηται γάρ secl. Naber

ΣΩ. Οὐκοῦν καὶ ὅτι στασιάζουσιν οἱ θεοί, ὦ Εὐθύφρων, καὶ διαφέρονται ἀλλήλοις καὶ ἔχθρα ἐστὶν ἐν αὐτοῖς πρὸς ἀλλήλους, καὶ τοῦτο εἴρηται;

ΕΥΘ. Εἴρηται γάρ. 5

ΣΩ. Ἔχθραν δὲ καὶ ὀργάς, ὦ ἄριστε, ἡ περὶ τίνων διαφορὰ ποιεῖ; ὧδε δὲ σκοπῶμεν. ἆρ᾽ ἂν εἰ διαφεροίμεθα ἐγώ τε καὶ σὺ περὶ ἀριθμοῦ ὁπότερα πλείω, ἡ περὶ τούτων διαφορὰ ἐχθροὺς ἂν ἡμᾶς ποιοῖ καὶ ὀργίζεσθαι ἀλλήλοις, ἢ ἐπὶ λογισμὸν ἐλθόντες περί γε τῶν τοιούτων ταχὺ ἂν 10 ἀπαλλαγεῖμεν; c

ΕΥΘ. Πάνυ γε.

ΣΩ. Οὐκοῦν καὶ περὶ τοῦ μείζονος καὶ ἐλάττονος εἰ διαφεροίμεθα, ἐπὶ τὸ μετρεῖν ἐλθόντες ταχὺ παυσαίμεθ᾽ ἂν τῆς διαφορᾶς; 5

ΕΥΘ. Ἔστι ταῦτα.

ΣΩ. Καὶ ἐπί γε τὸ ἱστάναι ἐλθόντες, ὡς ἐγῷμαι, περὶ τοῦ βαρυτέρου τε καὶ κουφοτέρου διακριθεῖμεν ἄν;

ΕΥΘ. Πῶς γὰρ οὔ;

ΣΩ. Περὶ τίνος δὲ δὴ διενεχθέντες καὶ ἐπὶ τίνα κρίσιν 10 οὐ δυνάμενοι ἀφικέσθαι ἐχθροί γε ἂν ἀλλήλοις εἶμεν καὶ ὀργιζοίμεθα; ἴσως οὐ πρόχειρόν σοί ἐστιν, ἀλλ᾽ ἐμοῦ λέγοντος σκόπει εἰ τάδε ἐστὶ τό τε δίκαιον καὶ τὸ ἄδικον καὶ d καλὸν καὶ αἰσχρὸν καὶ ἀγαθὸν καὶ κακόν. ἆρα οὐ ταῦτά ἐστιν περὶ ὧν διενεχθέντες καὶ οὐ δυνάμενοι ἐπὶ ἱκανὴν κρίσιν αὐτῶν ἐλθεῖν ἐχθροὶ ἀλλήλοις γιγνόμεθα, ὅταν γιγνώμεθα, καὶ ἐγὼ καὶ σὺ καὶ οἱ ἄλλοι ἄνθρωποι πάντες; 5

ΕΥΘ. Ἀλλ᾽ ἔστιν αὕτη ἡ διαφορά, ὦ Σώκρατες, καὶ περὶ τούτων.

ΣΩ. Τί δὲ οἱ θεοί, ὦ Εὐθύφρων; οὐκ εἴπερ τι διαφέρονται, δι᾽ αὐτὰ ταῦτα διαφέροιντ᾽ ἄν;

b 2 ὦ Εὐθύφρων post b 3 ἀλλήλοις T c 4 μετρεῖν T W Arm. : μέτριον B : μέτρον al. c 10 ἐπὶ τίνα] ἐπί τινα Schanz c 11 γε B : τε T ἦμεν B : εἴημεν T d 4 ἐχθροὶ B T : ἐχθροί γε W d 9 δι᾽ αὐτὰ ταῦτα T : διὰ ταῦτα B : διὰ ταῦτα ταῦτα W

10 ΕΥΘ. Πολλὴ ἀνάγκη.

e ΣΩ. Καὶ τῶν θεῶν ἄρα, ὦ γενναῖε Εὐθύφρων, ἄλλοι ἄλλα δίκαια ἡγοῦνται κατὰ τὸν σὸν λόγον, καὶ καλὰ καὶ αἰσχρὰ καὶ ἀγαθὰ καὶ κακά· οὐ γὰρ ἄν που ἐστασίαζον ἀλλήλοις εἰ μὴ περὶ τούτων διεφέροντο· ἢ γάρ;

5 ΕΥΘ. Ὀρθῶς λέγεις.

ΣΩ. Οὐκοῦν ἅπερ καλὰ ἡγοῦνται ἕκαστοι καὶ ἀγαθὰ καὶ δίκαια, ταῦτα καὶ φιλοῦσιν, τὰ δὲ ἐναντία τούτων μισοῦσιν;

ΕΥΘ. Πάνυ γε.

ΣΩ. Ταὐτὰ δέ γε, ὡς σὺ φῄς, οἱ μὲν δίκαια ἡγοῦνται, 8 οἱ δὲ ἄδικα, περὶ ἃ καὶ ἀμφισβητοῦντες στασιάζουσί τε καὶ πολεμοῦσιν ἀλλήλοις· ἆρα οὐχ οὕτω;

ΕΥΘ. Οὕτω.

ΣΩ. Ταῦτ' ἄρα, ὡς ἔοικεν, μισεῖταί τε ὑπὸ τῶν θεῶν 5 καὶ φιλεῖται, καὶ θεομισῆ τε καὶ θεοφιλῆ ταῦτ' ἂν εἴη.

ΕΥΘ. Ἔοικεν.

ΣΩ. Καὶ ὅσια ἄρα καὶ ἀνόσια τὰ αὐτὰ ἂν εἴη, ὦ Εὐθύφρων, τούτῳ τῷ λόγῳ.

ΕΥΘ. Κινδυνεύει.

10 ΣΩ. Οὐκ ἄρα ὃ ἠρόμην ἀπεκρίνω, ὦ θαυμάσιε. οὐ γὰρ τοῦτό γε ἠρώτων, ὃ τυγχάνει ταὐτὸν ὂν ὅσιόν τε καὶ ἀνόσιον· ὃ δ' ἂν θεοφιλὲς ᾖ καὶ θεομισές ἐστιν, ὡς ἔοικεν. b ὥστε, ὦ Εὐθύφρων, ὃ σὺ νῦν ποιεῖς τὸν πατέρα κολάζων, οὐδὲν θαυμαστὸν εἰ τοῦτο δρῶν τῷ μὲν Διὶ προσφιλὲς ποιεῖς, τῷ δὲ Κρόνῳ καὶ τῷ Οὐρανῷ ἐχθρόν, καὶ τῷ μὲν Ἡφαίστῳ φίλον, τῇ δὲ Ἥρᾳ ἐχθρόν, καὶ εἴ τις ἄλλος τῶν 5 θεῶν ἕτερος ἑτέρῳ διαφέρεται περὶ αὐτοῦ, καὶ ἐκείνοις κατὰ τὰ αὐτά.

ΕΥΘ. Ἀλλ' οἶμαι, ὦ Σώκρατες, περί γε τούτου τῶν θεῶν οὐδένα ἕτερον ἑτέρῳ διαφέρεσθαι, ὡς οὐ δεῖ δίκην διδόναι ἐκεῖνον ὃς ἂν ἀδίκως τινὰ ἀποκτείνῃ.

e 9 φῄς BT : ἔφης W   a 4 τε W : om. BT   a 11 δ] ᾧ al.
Schanz   b 6 τὰ αὐτά B : ταὐτά T : ταυτὰ αὐτά W   b 7 τούτου
BT : τούτων T² W

ΣΩ. Τί δέ; ἀνθρώπων, ὦ Εὐθύφρων, ἤδη τινὸς ἤκουσας 10
ἀμφισβητοῦντος ὡς τὸν ἀδίκως ἀποκτείναντα ἢ ἄλλο ἀδίκως c
ποιοῦντα ὁτιοῦν οὐ δεῖ δίκην διδόναι;

ΕΥΘ. Οὐδὲν μὲν οὖν παύονται ταῦτα ἀμφισβητοῦντες
καὶ ἄλλοθι καὶ ἐν τοῖς δικαστηρίοις· ἀδικοῦντες γὰρ πάμ-
πολλα, πάντα ποιοῦσι καὶ λέγουσι φεύγοντες τὴν δίκην. 5

ΣΩ. Ἦ καὶ ὁμολογοῦσιν, ὦ Εὐθύφρων, ἀδικεῖν, καὶ
ὁμολογοῦντες ὅμως οὐ δεῖν φασὶ σφᾶς διδόναι δίκην;

ΕΥΘ. Οὐδαμῶς τοῦτό γε.

ΣΩ. Οὐκ ἄρα πᾶν γε ποιοῦσι καὶ λέγουσι· τοῦτο γὰρ
οἶμαι οὐ τολμῶσι λέγειν οὐδ᾽ ἀμφισβητεῖν, ὡς οὐχὶ εἴπερ 10
ἀδικοῦσί γε δοτέον δίκην, ἀλλ᾽ οἶμαι οὔ φασιν ἀδικεῖν· ἢ d
γάρ;

ΕΥΘ. Ἀληθῆ λέγεις.

ΣΩ. Οὐκ ἄρα ἐκεῖνό γε ἀμφισβητοῦσιν, ὡς οὐ τὸν
ἀδικοῦντα δεῖ διδόναι δίκην, ἀλλ᾽ ἐκεῖνο ἴσως ἀμφισβητοῦ- 5
σιν, τὸ τίς ἐστιν ὁ ἀδικῶν καὶ τί δρῶν καὶ πότε.

ΕΥΘ. Ἀληθῆ λέγεις.

ΣΩ. Οὐκοῦν αὐτά γε ταῦτα καὶ οἱ θεοὶ πεπόνθασιν,
εἴπερ στασιάζουσι περὶ τῶν δικαίων καὶ ἀδίκων ὡς ὁ σὸς
λόγος, καὶ οἱ μέν φασιν ἀλλήλους ἀδικεῖν, οἱ δὲ οὔ φασιν; 10
ἐπεὶ ἐκεῖνό γε δήπου, ὦ θαυμάσιε, οὐδεὶς οὔτε θεῶν οὔτε
ἀνθρώπων τολμᾷ λέγειν, ὡς οὐ τῷ γε ἀδικοῦντι δοτέον δίκην. e

ΕΥΘ. Ναί, τοῦτο μὲν ἀληθὲς λέγεις, ὦ Σώκρατες, τό γε
κεφάλαιον.

ΣΩ. Ἀλλ᾽ ἕκαστόν γε οἶμαι, ὦ Εὐθύφρων, τῶν πρα-
χθέντων ἀμφισβητοῦσιν οἱ ἀμφισβητοῦντες, καὶ ἄνθρωποι 5
καὶ θεοί, εἴπερ ἀμφισβητοῦσιν θεοί· πράξεώς τινος πέρι
διαφερόμενοι οἱ μὲν δικαίως φασὶν αὐτὴν πεπρᾶχθαι, οἱ δὲ
ἀδίκως· ἆρ᾽ οὐχ οὕτω;

c 7 οὐ δεῖν B² T W Arm. : οὐδέν B   c 10 εἴπερ ἀδικοῦσι B t : ὑπερ-
αδικοῦσι T   d 4 ἐκεῖνο T W Arm. Stobaeus: ἐκεῖνοι B   d 5 δεῖ
B² Arm. : om. T (in B W plurima desunt)   d 8 αὐτά B : ταῦτά
B² T   d 9 περὶ B : τε περὶ T   e 2 γε T: om. B : post ἀληθές W
e 4 ἕκαστον T W : ἑκάστων B

ΕΥΘ. Πάνυ γε.

9 ΣΩ. Ἴθι νυν, ὦ φίλε Εὐθύφρων, δίδαξον καὶ ἐμέ, ἵνα
σοφώτερος γένωμαι, τί σοι τεκμήριόν ἐστιν ὡς πάντες θεοὶ
ἡγοῦνται ἐκεῖνον ἀδίκως τεθνάναι, ὃς ἂν θητεύων ἀνδροφό-
νος γενόμενος, συνδεθεὶς ὑπὸ τοῦ δεσπότου τοῦ ἀποθανόντος,
5 φθάσῃ τελευτήσας διὰ τὰ δεσμὰ πρὶν τὸν συνδήσαντα παρὰ
τῶν ἐξηγητῶν περὶ αὐτοῦ πυθέσθαι τί χρὴ ποιεῖν, καὶ ὑπὲρ
τοῦ τοιούτου δὴ ὀρθῶς ἔχει ἐπεξιέναι καὶ ἐπισκήπτεσθαι
φόνου τὸν ὑὸν τῷ πατρί; ἴθι, περὶ τούτων πειρῶ τί μοι
b σαφὲς ἐνδείξασθαι ὡς παντὸς μᾶλλον πάντες θεοὶ ἡγοῦνται
ὀρθῶς ἔχειν ταύτην τὴν πρᾶξιν· κἄν μοι ἱκανῶς ἐνδείξῃ,
ἐγκωμιάζων σε ἐπὶ σοφίᾳ οὐδέποτε παύσομαι.

ΕΥΘ. Ἀλλ' ἴσως οὐκ ὀλίγον ἔργον ἐστίν, ὦ Σώκρατες,
5 ἐπεὶ πάνυ γε σαφῶς ἔχοιμι ἂν ἐπιδεῖξαί σοι.

ΣΩ. Μανθάνω· ὅτι σοι δοκῶ τῶν δικαστῶν δυσμαθέ-
στερος εἶναι, ἐπεὶ ἐκείνοις γε ἐνδείξῃ δῆλον ὅτι ὡς ἄδικά τέ
ἐστιν καὶ οἱ θεοὶ ἅπαντες τὰ τοιαῦτα μισοῦσιν.

ΕΥΘ. Πάνυ γε σαφῶς, ὦ Σώκρατες, ἐάνπερ ἀκούωσί γέ
10 μου λέγοντος.

c ΣΩ. Ἀλλ' ἀκούσονται. ἐάνπερ εὖ δοκῇς λέγειν. τόδε δέ
σου ἐνενόησα ἅμα λέγοντος καὶ πρὸς ἐμαυτὸν σκοπῶ· " Εἰ
ὅτι μάλιστά με Εὐθύφρων διδάξειεν ὡς οἱ θεοὶ ἅπαντες τὸν
τοιοῦτον θάνατον ἡγοῦνται ἄδικον εἶναι, τί μᾶλλον ἐγὼ
5 μεμάθηκα παρ' Εὐθύφρονος τί ποτ' ἐστὶν τὸ ὅσιόν τε καὶ τὸ
ἀνόσιον; θεομισὲς μὲν γὰρ τοῦτο τὸ ἔργον, ὡς ἔοικεν, εἴη
ἄν. ἀλλὰ γὰρ οὐ τούτῳ ἐφάνη ἄρτι ὡρισμένα τὸ ὅσιον
καὶ μή· τὸ γὰρ θεομισὲς ὂν καὶ θεοφιλὲς ἐφάνη." ὥστε
τούτου μὲν ἀφίημί σε, ὦ Εὐθύφρων· εἰ βούλει, πάντες αὐτὸ
d ἡγείσθων θεοὶ ἄδικον καὶ πάντες μισούντων. ἀλλ' ἆρα τοῦτο
ὃ νῦν ἐπανορθούμεθα ἐν τῷ λόγῳ—ὡς ὃ μὲν ἂν πάντες οἱ

a 1 νῦν B : τοίνυν T   a 7 ἐπισκέπτεσθαι pr. B   b 2 κἄν B² T W
Arm. : καί B   b 8 πάντες T   c 2 ἐνενόησα B : ἐνόησα W :
ἔχομαι T   c 8 τὸ γὰρ . . . ἐφάνη secl. Kleist   c 9 μὲν T : om.
B   εἰ W b : καὶ εἰ T   d 2 ὃ νῦν ἐπανορθούμεθα B W Arm. : νῦν
ἐπανορθούμεθα T : νῦν ἐπανορθώμεθα al.

θεοὶ μισῶσιν ἀνόσιόν ἐστιν, ὃ δ᾽ ἂν φιλῶσιν, ὅσιον· ὃ δ᾽ ἂν
οἱ μὲν φιλῶσιν οἱ δὲ μισῶσιν, οὐδέτερα ἢ ἀμφότερα—ἆρ᾽ οὕτω
βούλει ἡμῖν ὡρίσθαι νῦν περὶ τοῦ ὁσίου καὶ τοῦ ἀνοσίου; 5
ΕΥΘ. Τί γὰρ κωλύει, ὦ Σώκρατες;
ΣΩ. Οὐδὲν ἐμέ γε, ὦ Εὐθύφρων, ἀλλὰ σὺ δὴ τὸ σὸν σκό-
πει, εἰ τοῦτο ὑποθέμενος οὕτω ῥᾷστά με διδάξεις ὃ ὑπέσχου.
ΕΥΘ. Ἀλλ᾽ ἔγωγε φαίην ἂν τοῦτο εἶναι τὸ ὅσιον ὃ ἂν e
πάντες οἱ θεοὶ φιλῶσιν, καὶ τὸ ἐναντίον, ὃ ἂν πάντες θεοὶ
μισῶσιν, ἀνόσιον.
ΣΩ. Οὐκοῦν ἐπισκοπῶμεν αὖ τοῦτο, ὦ Εὐθύφρων, εἰ
καλῶς λέγεται, ἢ ἐῶμεν καὶ οὕτω ἡμῶν τε αὐτῶν ἀποδεχώ- 5
μεθα καὶ τῶν ἄλλων, ἐὰν μόνον φῇ τίς τι ἔχειν οὕτω
συγχωροῦντες ἔχειν; ἢ σκεπτέον τί λέγει ὁ λέγων;
ΕΥΘ. Σκεπτέον· οἶμαι μέντοι ἔγωγε τοῦτο νυνὶ καλῶς
λέγεσθαι.
ΣΩ. Τάχ᾽, ὠγαθέ, βέλτιον εἰσόμεθα. ἐννόησον γὰρ τὸ 10
τοιόνδε· ἆρα τὸ ὅσιον ὅτι ὅσιόν ἐστιν φιλεῖται ὑπὸ τῶν
θεῶν, ἢ ὅτι φιλεῖται ὅσιόν ἐστιν;
ΕΥΘ. Οὐκ οἶδ᾽ ὅτι λέγεις, ὦ Σώκρατες.
ΣΩ. Ἀλλ᾽ ἐγὼ πειράσομαι σαφέστερον φράσαι. λέγο- 5
μέν τι φερόμενον καὶ φέρον καὶ ἀγόμενον καὶ ἄγον καὶ
ὁρώμενον καὶ ὁρῶν καὶ πάντα τὰ τοιαῦτα μανθάνεις ὅτι
ἕτερα ἀλλήλων ἐστὶ καὶ ᾗ ἕτερα;
ΕΥΘ. Ἔγωγέ μοι δοκῶ μανθάνειν.
ΣΩ. Οὐκοῦν καὶ φιλούμενόν τί ἐστιν καὶ τούτου ἕτερον 10
τὸ φιλοῦν;
ΕΥΘ. Πῶς γὰρ οὔ;
ΣΩ. Λέγε δή μοι, πότερον τὸ φερόμενον διότι φέρεται b
φερόμενόν ἐστιν, ἢ δι᾽ ἄλλο τι;
ΕΥΘ. Οὔκ, ἀλλὰ διὰ τοῦτο.
ΣΩ. Καὶ τὸ ἀγόμενον δὴ διότι ἄγεται, καὶ τὸ ὁρώμενον
διότι ὁρᾶται; 5

e 2 οἱ B : om. TW

ΕΥΘ. Πάνυ γε.

ΣΩ. Οὐκ ἄρα διότι ὁρώμενόν γέ ἐστιν, διὰ τοῦτο ὁρᾶται, ἀλλὰ τὸ ἐναντίον διότι ὁρᾶται, διὰ τοῦτο ὁρώμενον· οὐδὲ διότι ἀγόμενόν ἐστιν, διὰ τοῦτο ἄγεται, ἀλλὰ διότι ἄγεται,
10 διὰ τοῦτο ἀγόμενον· οὐδὲ διότι φερόμενον φέρεται, ἀλλὰ διότι φέρεται φερόμενον. ἆρα κατάδηλον, ὦ Εὐθύφρων, ὃ
c βούλομαι λέγειν; βούλομαι δὲ τόδε, ὅτι εἴ τι γίγνεται ἤ τι πάσχει, οὐχ ὅτι γιγνόμενόν ἐστι γίγνεται, ἀλλ᾽ ὅτι γίγνεται γιγνόμενόν ἐστιν· οὐδ᾽ ὅτι πάσχον ἐστὶ πάσχει, ἀλλ᾽ ὅτι πάσχει πάσχον ἐστίν· ἢ οὐ συγχωρεῖς οὕτω;
5 ΕΥΘ. Ἔγωγε.

ΣΩ. Οὐκοῦν καὶ τὸ φιλούμενον ἢ γιγνόμενόν τί ἐστιν ἢ πάσχον τι ὑπό του;

ΕΥΘ. Πάνυ γε.

ΣΩ. Καὶ τοῦτο ἄρα οὕτως ἔχει ὥσπερ τὰ πρότερα· οὐχ
10 ὅτι φιλούμενόν ἐστιν φιλεῖται ὑπὸ ὧν φιλεῖται, ἀλλ᾽ ὅτι φιλεῖται φιλούμενον;

ΕΥΘ. Ἀνάγκη.

d ΣΩ. Τί δὴ οὖν λέγομεν περὶ τοῦ ὁσίου, ὦ Εὐθύφρων; ἄλλο τι φιλεῖται ὑπὸ θεῶν πάντων, ὡς ὁ σὸς λόγος;

ΕΥΘ. Ναί.

ΣΩ. Ἆρα διὰ τοῦτο, ὅτι ὅσιόν ἐστιν, ἢ δι᾽ ἄλλο τι;
5 ΕΥΘ. Οὔκ, ἀλλὰ διὰ τοῦτο.

ΣΩ. Διότι ἄρα ὅσιόν ἐστιν φιλεῖται, ἀλλ᾽ οὐχ ὅτι φιλεῖται, διὰ τοῦτο ὅσιόν ἐστιν;

ΕΥΘ. Ἔοικεν.

ΣΩ. Ἀλλὰ μὲν δὴ διότι γε φιλεῖται ὑπὸ θεῶν φιλού-
10 μενόν ἐστι καὶ θεοφιλές.

ΕΥΘ. Πῶς γὰρ οὔ;

ΣΩ. Οὐκ ἄρα τὸ θεοφιλὲς ὅσιόν ἐστιν, ὦ Εὐθύφρων, οὐδὲ τὸ ὅσιον θεοφιλές, ὡς σὺ λέγεις, ἀλλ᾽ ἕτερον τοῦτο τούτου.

c 1 ἤ τι πάσχει Β : ἢ εἴ τι πάσχει τι Τ   d 2 ἄλλο τι W : ἀλλ᾽ ὅτι Β Τ Arm.

ΕΥΘ. Πῶς δή, ὦ Σώκρατες;

e

ΣΩ. Ὅτι ὁμολογοῦμεν τὸ μὲν ὅσιον διὰ τοῦτο φιλεῖσθαι, ὅτι ὅσιόν ἐστιν, ἀλλ' οὐ διότι φιλεῖται ὅσιον εἶναι· ἢ γάρ; ΕΥΘ. Ναί.

ΣΩ. Τὸ δέ γε θεοφιλὲς ὅτι φιλεῖται ὑπὸ θεῶν, αὐτῷ 5 τούτῳ τῷ φιλεῖσθαι θεοφιλὲς εἶναι, ἀλλ' οὐχ ὅτι θεοφιλές, διὰ τοῦτο φιλεῖσθαι.

ΕΥΘ. Ἀληθῆ λέγεις.

ΣΩ. Ἀλλ' εἴ γε ταὐτὸν ἦν, ὦ φίλε Εὐθύφρων, τὸ θεοφιλὲς καὶ τὸ ὅσιον, εἰ μὲν διὰ τὸ ὅσιον εἶναι ἐφιλεῖτο τὸ 10 ὅσιον, καὶ διὰ τὸ θεοφιλὲς εἶναι ἐφιλεῖτο ἂν τὸ θεοφιλές, εἰ 11 δὲ διὰ τὸ φιλεῖσθαι ὑπὸ θεῶν τὸ θεοφιλὲς θεοφιλὲς ἦν, καὶ τὸ ὅσιον ἂν διὰ τὸ φιλεῖσθαι ὅσιον ἦν· νῦν δὲ ὁρᾷς ὅτι ἐναντίως ἔχετον, ὡς παντάπασιν ἑτέρω ὄντε ἀλλήλων. τὸ μὲν γάρ, ὅτι φιλεῖται, ἐστὶν οἷον φιλεῖσθαι· τὸ δ' ὅτι ἐστὶν 5 οἷον φιλεῖσθαι, διὰ τοῦτο φιλεῖται. καὶ κινδυνεύεις, ὦ Εὐθύ- φρων, ἐρωτώμενος τὸ ὅσιον ὅτι ποτ' ἐστίν, τὴν μὲν οὐσίαν μοι αὐτοῦ οὐ βούλεσθαι δηλῶσαι, πάθος δέ τι περὶ αὐτοῦ λέγειν, ὅτι πέπονθε τοῦτο τὸ ὅσιον, φιλεῖσθαι ὑπὸ πάντων θεῶν· ὅτι δὲ ὄν, οὔπω εἶπες. εἰ οὖν σοι φίλον, μή με ἀπο- b κρύψῃ ἀλλὰ πάλιν εἰπὲ ἐξ ἀρχῆς τί ποτε ὂν τὸ ὅσιον εἴτε φιλεῖται ὑπὸ θεῶν εἴτε ὁτιδὴ πάσχει—οὐ γὰρ περὶ τούτου διοισόμεθα—ἀλλ' εἰπὲ προθύμως τί ἐστιν τό τε ὅσιον καὶ τὸ ἀνόσιον;

5

ΕΥΘ. Ἀλλ', ὦ Σώκρατες, οὐκ ἔχω ἔγωγε ὅπως σοι εἴπω ὃ νοῶ· περιέρχεται γάρ πως ἡμῖν ἀεὶ ὃ ἂν προθώμεθα καὶ οὐκ ἐθέλει μένειν ὅπου ἂν ἱδρυσώμεθα αὐτό.

ΣΩ. Τοῦ ἡμετέρου προγόνου, ὦ Εὐθύφρων, ἔοικεν εἶναι Δαιδάλου τὰ ὑπὸ σοῦ λεγόμενα. καὶ εἰ μὲν αὐτὰ ἐγὼ ἔλεγον c καὶ ἐτιθέμην, ἴσως ἄν με ἐπέσκωπτες ὡς ἄρα καὶ ἐμοὶ κατὰ

e 5 αὐτῷ B² T W Arm. : αὐτῶν B   a 9 φιλεῖται T   b 7 ἡμῖν
ἀεὶ B : ἀεὶ ἡμῖν T : ἡμῖν Arm.   προθώμεθα T b : προθυμώμεθα B
c 2 ἀπέσκωπτες W

τὴν ἐκείνου συγγένειαν τὰ ἐν τοῖς λόγοις ἔργα ἀποδιδράσκει
καὶ οὐκ ἐθέλει μένειν ὅπου ἄν τις αὐτὰ θῇ· νῦν δὲ σαὶ γὰρ
5 αἱ ὑποθέσεις εἰσίν. ἄλλου δή τινος δεῖ σκώμματος· οὐ γὰρ
ἐθέλουσι σοὶ μένειν, ὡς καὶ αὐτῷ σοι δοκεῖ.

ΕΥΘ. Ἐμοὶ δὲ δοκεῖ σχεδόν τι τοῦ αὐτοῦ σκώμματος, ὦ
Σώκρατες, δεῖσθαι τὰ λεγόμενα· τὸ γὰρ περιιέναι αὐτοῖς
τοῦτο καὶ μὴ μένειν ἐν τῷ αὐτῷ οὐκ ἐγώ εἰμι ὁ ἐντιθείς,
d ἀλλὰ σύ μοι δοκεῖς ὁ Δαίδαλος, ἐπεὶ ἐμοῦ γε ἕνεκα ἔμενεν
ἂν ταῦτα οὕτως.

ΣΩ. Κινδυνεύω ἄρα, ὦ ἑταῖρε, ἐκείνου τοῦ ἀνδρὸς δεινό-
τερος γεγονέναι τὴν τέχνην τοσούτῳ, ὅσῳ ὁ μὲν τὰ αὐτοῦ
5 μόνα ἐποίει οὐ μένοντα, ἐγὼ δὲ πρὸς τοῖς ἐμαυτοῦ, ὡς ἔοικε,
καὶ τὰ ἀλλότρια. καὶ δῆτα τοῦτό μοι τῆς τέχνης ἐστὶ
κομψότατον, ὅτι ἄκων εἰμὶ σοφός· ἐβουλόμην γὰρ ἄν μοι
τοὺς λόγους μένειν καὶ ἀκινήτως ἱδρῦσθαι μᾶλλον ἢ πρὸς τῇ
e Δαιδάλου σοφίᾳ τὰ Ταντάλου χρήματα γενέσθαι. καὶ τού-
των μὲν ᾅδην· ἐπειδὴ δέ μοι δοκεῖς σὺ τρυφᾶν, αὐτός σοι
συμπροθυμήσομαι [δεῖξαι] ὅπως ἄν με διδάξῃς περὶ τοῦ
ὁσίου. καὶ μὴ προαποκάμῃς· ἰδὲ γὰρ εἰ οὐκ ἀναγκαῖόν σοι
5 δοκεῖ δίκαιον εἶναι πᾶν τὸ ὅσιον.

ΕΥΘ. Ἔμοιγε.

ΣΩ. Ἆρ' οὖν καὶ πᾶν τὸ δίκαιον ὅσιον; ἢ τὸ μὲν ὅσιον
12 πᾶν δίκαιον, τὸ δὲ δίκαιον οὐ πᾶν ὅσιον, ἀλλὰ τὸ μὲν αὐτοῦ
ὅσιον, τὸ δέ τι καὶ ἄλλο;

ΕΥΘ. Οὐχ ἕπομαι, ὦ Σώκρατες, τοῖς λεγομένοις.

ΣΩ. Καὶ μὴν νεώτερός γέ μου εἶ οὐκ ἔλαττον ἢ ὅσῳ
5 σοφώτερος· ἀλλ', ὃ λέγω, τρυφᾷς ὑπὸ πλούτου τῆς σοφίας.
ἀλλ', ὦ μακάριε, σύντεινε σαυτόν· καὶ γὰρ οὐδὲ χαλεπὸν
κατανοῆσαι ὃ λέγω. λέγω γὰρ δὴ τὸ ἐναντίον ἢ ὁ ποιητὴς
ἐποίησεν ὁ ποιήσας—

c 7 supra δὲ add. γε B² c 8 τὰ B² T W : τάδε B αὐτοῖς T W :
τούτοις B e 2 σὺ τρυφᾶν B : συντρυφᾶν T e 3 δεῖξαι B T :
om. W a 4 ἔλαττον T W : ἐλάττονι B a 6 οὐδὲ] οὐδὲν Naber

Ζῆνα δὲ τὸν [θ'] ἔρξαντα καὶ ὃς τάδε πάντ' ἐφύτευσεν
οὐκ ἐθέλει νεικεῖν· ἵνα γὰρ δέος ἔνθα καὶ αἰδώς.   b
ἐγὼ οὖν τούτῳ διαφέρομαι τῷ ποιητῇ. εἴπω σοι ὅπῃ;
ΕΥΘ. Πάνυ γε.

ΣΩ. Οὐ δοκεῖ μοι εἶναι "ἵνα δέος ἔνθα καὶ αἰδώς "·
πολλοὶ γάρ μοι δοκοῦσι καὶ νόσους καὶ πενίας καὶ ἄλλα 5
πολλὰ τοιαῦτα δεδιότες δεδιέναι μέν, αἰδεῖσθαι δὲ μηδὲν
ταῦτα ἃ δεδίασιν· οὐ καὶ σοὶ δοκεῖ;
ΕΥΘ. Πάνυ γε.

ΣΩ. Ἀλλ' ἵνα γε αἰδὼς ἔνθα καὶ δέος εἶναι· ἐπεὶ ἔστιν
ὅστις αἰδούμενός τι πρᾶγμα καὶ αἰσχυνόμενος οὐ πεφόβηταί 10
τε καὶ δέδοικεν ἅμα δόξαν πονηρίας;   c
ΕΥΘ. Δέδοικε μὲν οὖν.

ΣΩ. Οὐκ ἄρ' ὀρθῶς ἔχει λέγειν· "ἵνα γὰρ δέος ἔνθα καὶ
αἰδώς," ἀλλ' ἵνα μὲν αἰδὼς ἔνθα καὶ δέος, οὐ μέντοι ἵνα γε
δέος πανταχοῦ αἰδώς· ἐπὶ πλέον γὰρ οἶμαι δέος αἰδοῦς. 5
μόριον γὰρ αἰδὼς δέους ὥσπερ ἀριθμοῦ περιττόν, ὥστε οὐχ
ἵναπερ ἀριθμὸς ἔνθα καὶ περιττόν, ἵνα δὲ περιττὸν ἔνθα καὶ
ἀριθμός. ἕπῃ γάρ που νῦν γε;
ΕΥΘ. Πάνυ γε.

ΣΩ. Τὸ τοιοῦτον τοίνυν καὶ ἐκεῖ λέγων ἠρώτων· ἆρα ἵνα 10
δίκαιον ἔνθα καὶ ὅσιον; ἢ ἵνα μὲν ὅσιον ἔνθα καὶ δίκαιον,   d
ἵνα δὲ δίκαιον οὐ πανταχοῦ ὅσιον· μόριον γὰρ τοῦ δικαίου
τὸ ὅσιον; οὕτω φῶμεν ἢ ἄλλως σοι δοκεῖ;
ΕΥΘ. Οὔκ, ἀλλ' οὕτω. φαίνῃ γάρ μοι ὀρθῶς λέγειν.

ΣΩ. Ὅρα δὴ τὸ μετὰ τοῦτο. εἰ γὰρ μέρος τὸ ὅσιον τοῦ 5
δικαίου, δεῖ δὴ ἡμᾶς, ὡς ἔοικεν, ἐξευρεῖν τὸ ποῖον μέρος ἂν
εἴη τοῦ δικαίου τὸ ὅσιον. εἰ μὲν οὖν σύ με ἠρώτας τι τῶν
νυνδή, οἷον ποῖον μέρος ἐστὶν ἀριθμοῦ τὸ ἄρτιον καὶ τίς ὢν

a 9 θέρξαντα B : στέρξαντα T γρ. B W : ῥέξαντα Stobaeus Apostolius
schol. ap. Cram. Anecd. Par. I, p. 399 : θ' ἔρξαντα B² W   b 1 ἐθέλει
νεικεῖν scripsi : ἐθέλεις εἰπεῖν B T (νείκεσιν schol. T) : ἐθέλειν εἰπεῖν W
corr. B² : ἐθέλειν εἴκειν schol. ap. Cram. l. c.   c 6 αἰδὼς δέους B t :
αἰδοῦς δέος T

τυγχάνει οὗτος ὁ ἀριθμός, εἶπον ἂν ὅτι ὃς ἂν μὴ σκαληνὸς
10 ᾖ ἀλλ' ἰσοσκελής· ἢ οὐ δοκεῖ σοι;

ΕΥΘ. Ἔμοιγε.

e ΣΩ. Πειρῶ δὴ καὶ σὺ ἐμὲ οὕτω διδάξαι τὸ ποῖον μέρος
τοῦ δικαίου ὅσιόν ἐστιν, ἵνα καὶ Μελήτῳ λέγωμεν μηκέθ'
ἡμᾶς ἀδικεῖν μηδὲ ἀσεβείας γράφεσθαι, ὡς ἱκανῶς ἤδη παρὰ
σοῦ μεμαθηκότας τά τε εὐσεβῆ καὶ ὅσια καὶ τὰ μή.

5 ΕΥΘ. Τοῦτο τοίνυν ἔμοιγε δοκεῖ, ὦ Σώκρατες, τὸ μέρος
τοῦ δικαίου εἶναι εὐσεβές τε καὶ ὅσιον, τὸ περὶ τὴν τῶν θεῶν
θεραπείαν, τὸ δὲ περὶ τὴν τῶν ἀνθρώπων τὸ λοιπὸν εἶναι
τοῦ δικαίου μέρος.

ΣΩ. Καὶ καλῶς γέ μοι, ὦ Εὐθύφρων, φαίνῃ λέγειν, ἀλλὰ
13 σμικροῦ τινος ἔτι ἐνδεής εἰμι· τὴν γὰρ θεραπείαν οὔπω
συνίημι ἥντινα ὀνομάζεις. οὐ γάρ που λέγεις γε, οἷαίπερ καὶ
αἱ περὶ τὰ ἄλλα θεραπεῖαί εἰσιν, τοιαύτην καὶ περὶ θεούς—
λέγομεν γάρ που—οἷόν φαμεν ἵππους οὐ πᾶς ἐπίσταται
5 θεραπεύειν ἀλλὰ ὁ ἱππικός· ἢ γάρ;

ΕΥΘ. Πάνυ γε.

ΣΩ. Ἡ γάρ που ἱππικὴ ἵππων θεραπεία.

ΕΥΘ. Ναί.

ΣΩ. Οὐδέ γε κύνας πᾶς ἐπίσταται θεραπεύειν ἀλλὰ ὁ
10 κυνηγετικός.

ΕΥΘ. Οὕτω.

ΣΩ. Ἡ γάρ που κυνηγετικὴ κυνῶν θεραπεία.

b ΕΥΘ. Ναί.

ΣΩ. Ἡ δέ γε βοηλατικὴ βοῶν.

ΕΥΘ. Πάνυ γε.

ΣΩ. Ἡ δὲ δὴ ὁσιότης τε καὶ εὐσέβεια θεῶν, ὦ Εὐθύ-
5 φρων; οὕτω λέγεις;

ΕΥΘ. Ἔγωγε.

ΣΩ. Οὐκοῦν θεραπεία γε πᾶσα ταὐτὸν διαπράττεται;
οἷον τοιόνδε· ἐπ' ἀγαθῷ τινί ἐστι καὶ ὠφελίᾳ τοῦ θεραπευο-

μένου, ὥσπερ ὁρᾷς δὴ ὅτι οἱ ἵπποι ὑπὸ τῆς ἱππικῆς θερα-
πευόμενοι ὠφελοῦνται καὶ βελτίους γίγνονται· ἢ οὐ δοκοῦσί 10
σοι;

ΕΥΘ. Ἔμοιγε.

ΣΩ. Καὶ οἱ κύνες γέ που ὑπὸ τῆς κυνηγετικῆς, καὶ οἱ
βόες ὑπὸ τῆς βοηλατικῆς, καὶ τἆλλα πάντα ὡσαύτως· ἢ ἐπὶ c
βλάβῃ οἴει τοῦ θεραπευομένου τὴν θεραπείαν εἶναι;

ΕΥΘ. Μὰ Δί' οὐκ ἔγωγε.

ΣΩ. 'Αλλ' ἐπ' ὠφελίᾳ;

ΕΥΘ. Πῶς δ' οὔ; 5

ΣΩ. Ἦ οὖν καὶ ἡ ὁσιότης θεραπεία οὖσα θεῶν ὠφελία
τέ ἐστι θεῶν καὶ βελτίους τοὺς θεοὺς ποιεῖ; καὶ σὺ τοῦτο
συγχωρήσαις ἄν, ὡς ἐπειδάν τι ὅσιον ποιῇς, βελτίω τινὰ
τῶν θεῶν ἀπεργάζῃ;

ΕΥΘ. Μὰ Δί' οὐκ ἔγωγε. 10

ΣΩ. Οὐδὲ γὰρ ἐγώ, ὦ Εὐθύφρων, οἶμαί σε τοῦτο λέγειν
—πολλοῦ καὶ δέω—ἀλλὰ τούτου δὴ ἕνεκα καὶ ἀνηρόμην
τίνα ποτὲ λέγοις τὴν θεραπείαν τῶν θεῶν, οὐχ ἡγούμενός σε d
τοιαύτην λέγειν.

ΕΥΘ. Καὶ ὀρθῶς γε, ὦ Σώκρατες· οὐ γὰρ τοιαύτην λέγω.

ΣΩ. Εἶεν· ἀλλὰ τίς δὴ θεῶν θεραπεία εἴη ἂν ἡ ὁσιότης;

ΕΥΘ. Ἥπερ, ὦ Σώκρατες, οἱ δοῦλοι τοὺς δεσπότας 5
θεραπεύουσιν.

ΣΩ. Μανθάνω· ὑπηρετική τις ἄν, ὡς ἔοικεν, εἴη θεοῖς.

ΕΥΘ. Πάνυ μὲν οὖν.

ΣΩ. Ἔχοις ἂν οὖν εἰπεῖν ἡ ἰατροῖς ὑπηρετικὴ εἰς τίνος
ἔργου ἀπεργασίαν τυγχάνει οὖσα ὑπηρετική; οὐκ εἰς ὑγιείας 10
οἴει;

ΕΥΘ. Ἔγωγε.

ΣΩ. Τί δὲ ἡ ναυπηγοῖς ὑπηρετική; εἰς τίνος ἔργου e
ἀπεργασίαν ὑπηρετική ἐστιν;

ΕΥΘ. Δῆλον ὅτι, ὦ Σώκρατες, εἰς πλοίου.

d 1 λέγοις Β : λέγεις TW   d 5 ἥνπερ TW : ἧπερ Β   d 9 ἂν
TW : om. Β

ΣΩ. Καὶ ἡ οἰκοδόμοις γέ που εἰς οἰκίας;

5 ΕΥΘ. Ναί.

ΣΩ. Εἰπὲ δή, ὦ ἄριστε· ἡ δὲ θεοῖς ὑπηρετικὴ εἰς τίνος
ἔργου ἀπεργασίαν ὑπηρετικὴ ἂν εἴη; δῆλον γὰρ ὅτι σὺ
οἶσθα, ἐπειδήπερ τά γε θεῖα κάλλιστα φὴς εἰδέναι ἀνθρώπων.

ΕΥΘ. Καὶ ἀληθῆ γε λέγω, ὦ Σώκρατες.

10 ΣΩ. Εἰπὲ δὴ πρὸς Διὸς τί ποτέ ἐστιν ἐκεῖνο τὸ πάγκα-
λον ἔργον ὃ οἱ θεοὶ ἀπεργάζονται ἡμῖν ὑπηρέταις χρώμενοι;

ΕΥΘ. Πολλὰ καὶ καλά, ὦ Σώκρατες.

14 ΣΩ. Καὶ γὰρ οἱ στρατηγοί, ὦ φίλε· ἀλλ᾽ ὅμως τὸ κεφά-
λαιον αὐτῶν ῥᾳδίως ἂν εἴποις, ὅτι νίκην ἐν τῷ πολέμῳ
ἀπεργάζονται· ἢ οὔ;

ΕΥΘ. Πῶς δ᾽ οὔ;

5 ΣΩ. Πολλὰ δέ γ᾽, οἶμαι, καὶ καλὰ καὶ οἱ γεωργοί· ἀλλ᾽
ὅμως τὸ κεφάλαιον αὐτῶν ἐστιν τῆς ἀπεργασίας ἡ ἐκ τῆς
γῆς τροφή.

ΕΥΘ. Πάνυ γε.

ΣΩ. Τί δὲ δὴ τῶν πολλῶν καὶ καλῶν ἃ οἱ θεοὶ ἀπεργά-
10 ζονται; τί τὸ κεφάλαιόν ἐστι τῆς ἐργασίας;

ΕΥΘ. Καὶ ὀλίγον σοι πρότερον εἶπον, ὦ Σώκρατες, ὅτι
b πλείονος ἔργου ἐστὶν ἀκριβῶς πάντα ταῦτα ὡς ἔχει μαθεῖν·
τόδε μέντοι σοι ἁπλῶς λέγω, ὅτι ἐὰν μὲν κεχαρισμένα τις
ἐπίστηται τοῖς θεοῖς λέγειν τε καὶ πράττειν εὐχόμενός τε
καὶ θύων, ταῦτ᾽ ἔστι τὰ ὅσια, καὶ σῴζει τὰ τοιαῦτα τούς τε
5 ἰδίους οἴκους καὶ τὰ κοινὰ τῶν πόλεων· τὰ δ᾽ ἐναντία τῶν
κεχαρισμένων ἀσεβῆ, ἃ δὴ καὶ ἀνατρέπει ἅπαντα καὶ
ἀπόλλυσιν.

ΣΩ. Ἦ πολύ μοι διὰ βραχυτέρων, ὦ Εὐθύφρων, εἰ
ἐβούλου, εἶπες ἂν τὸ κεφάλαιον ὧν ἠρώτων· ἀλλὰ γὰρ οὐ
c πρόθυμός με εἶ διδάξαι—δῆλος εἶ. καὶ γὰρ νῦν ἐπειδὴ ἐπ᾽
αὐτῷ ἦσθα ἀπετράπου, ὃ εἰ ἀπεκρίνω, ἱκανῶς ἂν ἤδη παρὰ

e 8 κάλλιστα T W Arm. : κάλλιστά γε B   a 2 ante αὐτῶν add.
τῆς ἀπεργασίας Schanz   a 10 ἐργασίας B : ἀπεργασίας T W Arm.
b 1 ἔχει B T : ἔχοι W t   c 2 ἱκανῶς B : ἴσως T

σοῦ τὴν ὁσιότητα ἐμεμαθήκη. νῦν δὲ ἀνάγκη γὰρ τὸν ἐρῶντα
τῷ ἐρωμένῳ ἀκολουθεῖν ὅπῃ ἂν ἐκεῖνος ὑπάγῃ, τί δὴ αὖ
λέγεις τὸ ὅσιον εἶναι καὶ τὴν ὁσιότητα; οὐχὶ ἐπιστήμην 5
τινὰ τοῦ θύειν τε καὶ εὔχεσθαι;

ΕΥΘ. Ἔγωγε.

ΣΩ. Οὐκοῦν τὸ θύειν δωρεῖσθαί ἐστι τοῖς θεοῖς, τὸ δ'
εὔχεσθαι αἰτεῖν τοὺς θεούς;

ΕΥΘ. Καὶ μάλα, ὦ Σώκρατες. 10

ΣΩ. Ἐπιστήμη ἄρα αἰτήσεως καὶ δόσεως θεοῖς ὁσιότης d
ἂν εἴη ἐκ τούτου τοῦ λόγου.

ΕΥΘ. Πάνυ καλῶς, ὦ Σώκρατες, συνῆκας ὃ εἶπον.

ΣΩ. Ἐπιθυμητὴς γάρ εἰμι, ὦ φίλε, τῆς σῆς σοφίας καὶ
προσέχω τὸν νοῦν αὐτῇ, ὥστε οὐ χαμαὶ πεσεῖται ὅτι ἂν 5
εἴπῃς. ἀλλά μοι λέξον τίς αὕτη ἡ ὑπηρεσία ἐστὶ τοῖς θεοῖς;
αἰτεῖν τε φῂς αὐτοὺς καὶ διδόναι ἐκείνοις;

ΕΥΘ. Ἔγωγε.

ΣΩ. Ἆρ' οὖν οὐ τό γε ὀρθῶς αἰτεῖν ἂν εἴη ὧν δεόμεθα
παρ' ἐκείνων, ταῦτα αὐτοὺς αἰτεῖν; 10

ΕΥΘ. Ἀλλὰ τί;

ΣΩ. Καὶ αὖ τὸ διδόναι ὀρθῶς, ὧν ἐκεῖνοι τυγχάνουσιν e
δεόμενοι παρ' ἡμῶν, ταῦτα ἐκείνοις αὖ ἀντιδωρεῖσθαι; οὐ
γάρ που τεχνικόν γ' ἂν εἴη δωροφορεῖν διδόντα τῳ ταῦτα ὧν
οὐδὲν δεῖται.

ΕΥΘ. Ἀληθῆ λέγεις, ὦ Σώκρατες. 5

ΣΩ. Ἐμπορικὴ ἄρα τις ἂν εἴη, ὦ Εὐθύφρων, τέχνη ἡ
ὁσιότης θεοῖς καὶ ἀνθρώποις παρ' ἀλλήλων.

ΕΥΘ. Ἐμπορική, εἰ οὕτως ἥδιόν σοι ὀνομάζειν.

ΣΩ. Ἀλλ' οὐδὲν ἥδιον ἔμοιγε, εἰ μὴ τυγχάνει ἀληθὲς ὄν.
φράσον δέ μοι, τίς ἡ ὠφελία τοῖς θεοῖς τυγχάνει οὖσα ἀπὸ 10
τῶν δώρων ὧν παρ' ἡμῶν λαμβάνουσιν; ἃ μὲν γὰρ διδόασι

c 3 δὲ] δὴ Β Τ ἐρῶντα Β t : ἐρωτῶντα T W Arm. c 4 ἐρω-
μένῳ Β Τ : ἐρομένῳ W : ἐρωτωμένῳ Arm. d 5 post χαμαὶ add.
ποτε in marg. T d 9 γε T : om. B Arm. (lacunam indicat W)
e 9 τυγχάνει Β Τ : τυγχάνοι W

a παντὶ δῆλον· οὐδὲν γὰρ ἡμῖν ἐστιν ἀγαθὸν ὅτι ἂν μὴ
ἐκεῖνοι δῶσιν. ἃ δὲ παρ' ἡμῶν λαμβάνουσιν, τί ὠφελοῦνται; ἢ
τοσοῦτον αὐτῶν πλεονεκτοῦμεν κατὰ τὴν ἐμπορίαν, ὥστε πάντα
τὰ ἀγαθὰ παρ' αὐτῶν λαμβάνομεν, ἐκεῖνοι δὲ παρ' ἡμῶν οὐδέν;

5 ΕΥΘ. Ἀλλ' οἴει, ὦ Σώκρατες, τοὺς θεοὺς ὠφελεῖσθαι
ἀπὸ τούτων ἃ παρ' ἡμῶν λαμβάνουσιν;

ΣΩ. Ἀλλὰ τί δήποτ' ἂν εἴη ταῦτα, ὦ Εὐθύφρων, τὰ παρ'
ἡμῶν δῶρα τοῖς θεοῖς;

ΕΥΘ. Τί δ' οἴει ἄλλο ἢ τιμή τε καὶ γέρα καί, ὅπερ ἐγὼ
10 ἄρτι ἔλεγον, χάρις;

b ΣΩ. Κεχαρισμένον ἄρα ἐστίν, ὦ Εὐθύφρων, τὸ ὅσιον,
ἀλλ' οὐχὶ ὠφέλιμον οὐδὲ φίλον τοῖς θεοῖς;

ΕΥΘ. Οἶμαι ἔγωγε πάντων γε μάλιστα φίλον.

ΣΩ. Τοῦτο ἄρ' ἐστὶν αὖ, ὡς ἔοικε, τὸ ὅσιον, τὸ τοῖς
5 θεοῖς φίλον.

ΕΥΘ. Μάλιστά γε.

ΣΩ. Θαυμάσῃ οὖν ταῦτα λέγων ἐάν σοι οἱ λόγοι φαίνων-
ται μὴ μένοντες ἀλλὰ βαδίζοντες, καὶ ἐμὲ αἰτιάσῃ τὸν
Δαίδαλον βαδίζοντας αὐτοὺς ποιεῖν, αὐτὸς ὢν πολύ γε
10 τεχνικώτερος τοῦ Δαιδάλου καὶ κύκλῳ περιόντα ποιῶν; ἢ
οὐκ αἰσθάνῃ ὅτι ὁ λόγος ἡμῖν περιελθὼν πάλιν εἰς ταὐτὸν
c ἥκει; μέμνησαι γάρ που ὅτι ἐν τῷ πρόσθεν τό τε ὅσιον καὶ
τὸ θεοφιλὲς οὐ ταὐτὸν ἡμῖν ἐφάνη ἀλλ' ἕτερα ἀλλήλων· ἢ
οὐ μέμνησαι;

ΕΥΘ. Ἔγωγε.

5 ΣΩ. Νῦν οὖν οὐκ ἐννοεῖς ὅτι τὸ τοῖς θεοῖς φίλον φῂς
ὅσιον εἶναι; τοῦτο δ' ἄλλο τι ἢ θεοφιλὲς γίγνεται; ἢ οὔ;

ΕΥΘ. Πάνυ γε.

ΣΩ. Οὐκοῦν ἢ ἄρτι οὐ καλῶς ὡμολογοῦμεν, ἢ εἰ τότε
καλῶς, νῦν οὐκ ὀρθῶς τιθέμεθα.

a 1 ἐστιν ἡμῖν T   a 9 γέρα Β Τ: δῶρα W: γρ. ἔργα W
b 9 Δαίδαλον] γρ. διδάσκαλον W   γε om. T   b 10 περιόντα Β:
περιιόντας T (sed s supra versum) Arm.   c 1 πρόσθεν Τ: ἔμπροσθεν
Β   c 3 οὐ Β: οὐδὲ Τ   c 8 ὁμολογοῦμεν pr. Β Τ

ΕΥΘ. Ἔοικεν.   10

ΣΩ. Ἐξ ἀρχῆς ἄρα ἡμῖν πάλιν σκεπτέον τί ἐστι τὸ
ὅσιον, ὡς ἐγὼ πρὶν ἂν μάθω ἑκὼν εἶναι οὐκ ἀποδειλιάσω.
ἀλλὰ μή με ἀτιμάσῃς ἀλλὰ παντὶ τρόπῳ προσσχὼν τὸν d
νοῦν ὅτι μάλιστα νῦν εἰπὲ τὴν ἀλήθειαν· οἶσθα γὰρ εἴπερ
τις ἄλλος ἀνθρώπων, καὶ οὐκ ἀφετέος εἶ ὥσπερ ὁ Πρωτεὺς
πρὶν ἂν εἴπῃς. εἰ γὰρ μὴ ᾔδησθα σαφῶς τό τε ὅσιον καὶ τὸ
ἀνόσιον, οὐκ ἔστιν ὅπως ἄν ποτε ἐπεχείρησας ὑπὲρ ἀνδρὸς 5
θητὸς ἄνδρα πρεσβύτην πατέρα διωκάθειν φόνου, ἀλλὰ καὶ
τοὺς θεοὺς ἂν ἔδεισας παρακινδυνεύειν μὴ οὐκ ὀρθῶς αὐτὸ
ποιήσοις, καὶ τοὺς ἀνθρώπους ᾐσχύνθης· νῦν δὲ εὖ οἶδα ὅτι
σαφῶς οἴει εἰδέναι τό τε ὅσιον καὶ μή. εἰπὲ οὖν, ὦ βέλτιστε e
Εὐθύφρων, καὶ μὴ ἀποκρύψῃ ὅτι αὐτὸ ἡγῇ.

ΕΥΘ. Εἰς αὖθις τοίνυν, ὦ Σώκρατες· νῦν γὰρ σπεύδω
ποι, καί μοι ὥρα ἀπιέναι.

ΣΩ. Οἷα ποιεῖς, ὦ ἑταῖρε. ἀπ᾽ ἐλπίδος με καταβαλὼν 5
μεγάλης ἀπέρχῃ ἣν εἶχον, ὡς παρὰ σοῦ μαθὼν τά τε ὅσια
καὶ μὴ καὶ τῆς πρὸς Μέλητον γραφῆς ἀπαλλάξομαι, ἐνδειξά-
μενος ἐκείνῳ ὅτι σοφὸς ἤδη παρ᾽ Εὐθύφρονος τὰ θεῖα γέγονα 16
καὶ ὅτι οὐκέτι ὑπ᾽ ἀγνοίας αὐτοσχεδιάζω οὐδὲ καινοτομῶ
περὶ αὐτά, καὶ δὴ καὶ τὸν ἄλλον βίον ὅτι ἄμεινον βιω-
σοίμην.

c 11 τί ἐστιν ὅσιον T   d 1 προσσχὼν scripsi : προσέχων B :
προσχὼν T   e 4 ποι] που pr. T   a 3 ὅτι secl. Schanz

ΑΠΟΛΟΓΙΑ ΣΩΚΡΑΤΟΥΣ

Ὅτι μὲν ὑμεῖς, ὦ ἄνδρες Ἀθηναῖοι, πεπόνθατε ὑπὸ τῶν a
ἐμῶν κατηγόρων, οὐκ οἶδα· ἐγὼ δ' οὖν καὶ αὐτὸς ὑπ' αὐτῶν
ὀλίγου ἐμαυτοῦ ἐπελαθόμην, οὕτω πιθανῶς ἔλεγον. καίτοι
ἀληθές γε ὡς ἔπος εἰπεῖν οὐδὲν εἰρήκασιν. μάλιστα δὲ
αὐτῶν ἓν ἐθαύμασα τῶν πολλῶν ὧν ἐψεύσαντο, τοῦτο ἐν ᾧ 5
ἔλεγον ὡς χρῆν ὑμᾶς εὐλαβεῖσθαι μὴ ὑπ' ἐμοῦ ἐξαπατηθῆτε
ὡς δεινοῦ ὄντος λέγειν. τὸ γὰρ μὴ αἰσχυνθῆναι ὅτι αὐτίκα b
ὑπ' ἐμοῦ ἐξελεγχθήσονται ἔργῳ, ἐπειδὰν μηδ' ὁπωστιοῦν
φαίνωμαι δεινὸς λέγειν, τοῦτό μοι ἔδοξεν αὐτῶν ἀναισχυν-
τότατον εἶναι, εἰ μὴ ἄρα δεινὸν καλοῦσιν οὗτοι λέγειν τὸν
τἀληθῆ λέγοντα· εἰ μὲν γὰρ τοῦτο λέγουσιν, ὁμολογοίην ἂν 5
ἔγωγε οὐ κατὰ τούτους εἶναι ῥήτωρ. οὗτοι μὲν οὖν, ὥσπερ
ἐγὼ λέγω, ἤ τι ἢ οὐδὲν ἀληθὲς εἰρήκασιν, ὑμεῖς δέ μου ἀκού-
σεσθε πᾶσαν τὴν ἀλήθειαν—οὐ μέντοι μὰ Δία, ὦ ἄνδρες
Ἀθηναῖοι, κεκαλλιεπημένους γε λόγους, ὥσπερ οἱ τούτων,
ῥήμασί τε καὶ ὀνόμασιν οὐδὲ κεκοσμημένους, ἀλλ' ἀκού- c
σεσθε εἰκῇ λεγόμενα τοῖς ἐπιτυχοῦσιν ὀνόμασιν—πιστεύω
γὰρ δίκαια εἶναι ἃ λέγω—καὶ μηδεὶς ὑμῶν προσδοκησάτω
ἄλλως· οὐδὲ γὰρ ἂν δήπου πρέποι, ὦ ἄνδρες, τῇδε τῇ
ἡλικίᾳ ὥσπερ μειρακίῳ πλάττοντι λόγους εἰς ὑμᾶς εἰσιέναι. 5
καὶ μέντοι καὶ πάνυ, ὦ ἄνδρες Ἀθηναῖοι, τοῦτο ὑμῶν δέομαι

a 2 ἐγὼ δ' οὖν B : ἔγωγ' οὖν T   a 3 ἐμαυτὸν T   a 6 χρῆν
B : χρὴν (sic) T   b 4 οὗτοι B : αὐτοὶ T   b 6 μὲν οὖν B T : μὲν
γ' οὖν B² W : μὲν γάρ Arm.   b 7 ἤ τι ἢ B : οὐ ἢ W (sed ου erasum
et ἢ s. v. W) : om. T

καὶ παρίεμαι· ἐὰν διὰ τῶν αὐτῶν λόγων ἀκούητέ μου ἀπο-
λογουμένου δι' ὧνπερ εἴωθα λέγειν καὶ ἐν ἀγορᾷ ἐπὶ τῶν
τραπεζῶν, ἵνα ὑμῶν πολλοὶ ἀκηκόασι, καὶ ἄλλοθι, μήτε
d θαυμάζειν μήτε θορυβεῖν τούτου ἕνεκα. ἔχει γὰρ οὑτωσί.
νῦν ἐγὼ πρῶτον ἐπὶ δικαστήριον ἀναβέβηκα, ἔτη γεγονὼς
ἑβδομήκοντα· ἀτεχνῶς οὖν ξένως ἔχω τῆς ἐνθάδε λέξεως.
ὥσπερ οὖν ἄν, εἰ τῷ ὄντι ξένος ἐτύγχανον ὤν, συνεγιγνώ-
5 σκετε δήπου ἄν μοι εἰ ἐν ἐκείνῃ τῇ φωνῇ τε καὶ τῷ τρόπῳ
18 ἔλεγον ἐν οἷσπερ ἐτεθράμμην, καὶ δὴ καὶ νῦν τοῦτο ὑμῶν
δέομαι δίκαιον, ὥς γέ μοι δοκῶ, τὸν μὲν τρόπον τῆς λέξεως
ἐᾶν—ἴσως μὲν γὰρ χείρων, ἴσως δὲ βελτίων ἂν εἴη—αὐτὸ
δὲ τοῦτο σκοπεῖν καὶ τούτῳ τὸν νοῦν προσέχειν, εἰ δίκαια
5 λέγω ἢ μή· δικαστοῦ μὲν γὰρ αὕτη ἀρετή, ῥήτορος δὲ
τἀληθῆ λέγειν.

Πρῶτον μὲν οὖν δίκαιός εἰμι ἀπολογήσασθαι, ὦ ἄνδρες
Ἀθηναῖοι, πρὸς τὰ πρῶτά μου ψευδῆ κατηγορημένα καὶ τοὺς
πρώτους κατηγόρους, ἔπειτα δὲ πρὸς τὰ ὕστερον καὶ τοὺς
b ὑστέρους. ἐμοῦ γὰρ πολλοὶ κατήγοροι γεγόνασι πρὸς ὑμᾶς
καὶ πάλαι πολλὰ ἤδη ἔτη καὶ οὐδὲν ἀληθὲς λέγοντες, οὓς
ἐγὼ μᾶλλον φοβοῦμαι ἢ τοὺς ἀμφὶ Ἄνυτον, καίπερ ὄντας
καὶ τούτους δεινούς· ἀλλ' ἐκεῖνοι δεινότεροι, ὦ ἄνδρες, οἳ
5 ὑμῶν τοὺς πολλοὺς ἐκ παίδων παραλαμβάνοντες ἔπειθόν
τε καὶ κατηγόρουν ἐμοῦ μᾶλλον οὐδὲν ἀληθές, ὡς ἔστιν τις
Σωκράτης σοφὸς ἀνήρ, τά τε μετέωρα φροντιστὴς καὶ τὰ
ὑπὸ γῆς πάντα ἀνεζητηκὼς καὶ τὸν ἥττω λόγον κρείττω
c ποιῶν. οὗτοι, ὦ ἄνδρες Ἀθηναῖοι, ⟨οἱ⟩ ταύτην τὴν φήμην
κατασκεδάσαντες, οἱ δεινοί εἰσίν μου κατήγοροι· οἱ γὰρ
ἀκούοντες ἡγοῦνται τοὺς ταῦτα ζητοῦντας οὐδὲ θεοὺς νομίζειν.
ἔπειτά εἰσιν οὗτοι οἱ κατήγοροι πολλοὶ καὶ πολὺν χρόνον

c 8 ἐπὶ T W Hipp. Min. 368 b : καὶ ἐπὶ B   c 9 πολλοὶ B : οἱ
πολλοὶ T   d 3 ἑβδομήκοντα B schol. ad Hermogenem : πλείω
ἑβδομήκοντα T   a 9 ὕστερον T W : ὕστερα B   b 2 καὶ ante
οὐδὲν secl. Schanz   b 6 μᾶλλον B : om. T   b 7 φροντιστὴς
secl. Bamberg   b 8 πάντα T : ἅπαντα B   c 1 οἱ add. Heindorf
c 3 ἀκούοντες B² T W : ἀκούσαντες B   c 4 ἤδη χρόνον T

ἤδη κατηγορηκότες, ἔτι δὲ καὶ ἐν ταύτῃ τῇ ἡλικίᾳ λέγοντες 5
πρὸς ὑμᾶς ἐν ᾗ ἂν μάλιστα ἐπιστεύσατε, παῖδες ὄντες ἔνιοι
ὑμῶν καὶ μειράκια, ἀτεχνῶς ἐρήμην κατηγοροῦντες ἀπολο-
γουμένου οὐδενός. ὁ δὲ πάντων ἀλογώτατον, ὅτι οὐδὲ τὰ
ὀνόματα οἷόν τε αὐτῶν εἰδέναι καὶ εἰπεῖν, πλὴν εἴ τις d
κωμῳδοποιὸς τυγχάνει ὤν. ὅσοι δὲ φθόνῳ καὶ διαβολῇ
χρώμενοι ὑμᾶς ἀνέπειθον—οἱ δὲ καὶ αὐτοὶ πεπεισμένοι
ἄλλους πείθοντες—οὗτοι πάντες ἀπορώτατοί εἰσιν· οὐδὲ γὰρ
ἀναβιβάσασθαι οἷόν τ᾽ ἐστὶν αὐτῶν ἐνταυθοῖ οὐδ᾽ ἐλέγξαι 5
οὐδένα, ἀλλ᾽ ἀνάγκη ἀτεχνῶς ὥσπερ σκιαμαχεῖν ἀπολογού-
μενόν τε καὶ ἐλέγχειν μηδενὸς ἀποκρινομένου. ἀξιώσατε
οὖν καὶ ὑμεῖς, ὥσπερ ἐγὼ λέγω, διττούς μου τοὺς κατηγόρους
γεγονέναι, ἑτέρους μὲν τοὺς ἄρτι κατηγορήσαντας, ἑτέρους δὲ
τοὺς πάλαι οὓς ἐγὼ λέγω, καὶ οἰήθητε δεῖν πρὸς ἐκείνους e
πρῶτόν με ἀπολογήσασθαι· καὶ γὰρ ὑμεῖς ἐκείνων πρότερον
ἠκούσατε κατηγορούντων καὶ πολὺ μᾶλλον ἢ τῶνδε τῶν
ὕστερον.

Εἶεν· ἀπολογητέον δή, ὦ ἄνδρες Ἀθηναῖοι, καὶ ἐπιχειρη-
τέον ὑμῶν ἐξελέσθαι τὴν διαβολὴν ἣν ὑμεῖς ἐν πολλῷ χρόνῳ 19
ἔσχετε ταύτην ἐν οὕτως ὀλίγῳ χρόνῳ. βουλοίμην μὲν οὖν
ἂν τοῦτο οὕτως γενέσθαι, εἴ τι ἄμεινον καὶ ὑμῖν καὶ ἐμοί,
καὶ πλέον τί με ποιῆσαι ἀπολογούμενον· οἶμαι δὲ αὐτὸ
χαλεπὸν εἶναι, καὶ οὐ πάνυ με λανθάνει οἷόν ἐστιν. ὅμως 5
τοῦτο μὲν ἴτω ὅπῃ τῷ θεῷ φίλον, τῷ δὲ νόμῳ πειστέον καὶ
ἀπολογητέον.

Ἀναλάβωμεν οὖν ἐξ ἀρχῆς τίς ἡ κατηγορία ἐστὶν ἐξ ἧς
ἡ ἐμὴ διαβολὴ γέγονεν, ᾗ δὴ καὶ πιστεύων Μέλητός με ἐγρά- b
ψατο τὴν γραφὴν ταύτην. εἶεν· τί δὴ λέγοντες διέβαλλον
οἱ διαβάλλοντες; ὥσπερ οὖν κατηγόρων τὴν ἀντωμοσίαν
δεῖ ἀναγνῶναι αὐτῶν· "Σωκράτης ἀδικεῖ καὶ περιεργάζεται
ζητῶν τά τε ὑπὸ γῆς καὶ οὐράνια καὶ τὸν ἥττω λόγον κρείττω 5

c 7 ὑμῶν T W Arm.: δ᾽ ὑμῶν B   d 1 εἰ μή τις W Arm.
d 4 πάντες B T W : πάντων Arm.   d 5 ἐνταυθοῖ T   a 2 ἔχετε T
a 3 οὕτωσιν pr. T   a 5 ὅμως B : ὅμως δὲ T   b 1 ᾗ δὴ B : ἤδη
T   b 5 οὐράνια B : τὰ ἐπουράνια T

c ποιῶν καὶ ἄλλους ταὐτὰ ταῦτα διδάσκων." τοιαύτη τίς ἐστιν·
ταῦτα γὰρ ἑωρᾶτε καὶ αὐτοὶ ἐν τῇ Ἀριστοφάνους κωμῳδίᾳ,
Σωκράτη τινὰ ἐκεῖ περιφερόμενον, φάσκοντά τε ἀεροβατεῖν
καὶ ἄλλην πολλὴν φλυαρίαν φλυαροῦντα, ὧν ἐγὼ οὐδὲν οὔτε
5 μέγα οὔτε μικρὸν πέρι ἐπαΐω. καὶ οὐχ ὡς ἀτιμάζων λέγω
τὴν τοιαύτην ἐπιστήμην, εἴ τις περὶ τῶν τοιούτων σοφός
ἐστιν—μή πως ἐγὼ ὑπὸ Μελήτου τοσαύτας δίκας φεύγοιμι—
ἀλλὰ γὰρ ἐμοὶ τούτων, ὦ ἄνδρες Ἀθηναῖοι, οὐδὲν μέτεστιν.

d μάρτυρας δὲ αὖ ὑμῶν τοὺς πολλοὺς παρέχομαι, καὶ ἀξιῶ
ὑμᾶς ἀλλήλους διδάσκειν τε καὶ φράζειν, ὅσοι ἐμοῦ πώποτε
ἀκηκόατε διαλεγομένου—πολλοὶ δὲ ὑμῶν οἱ τοιοῦτοί εἰσιν—
φράζετε οὖν ἀλλήλοις εἰ πώποτε ἢ μικρὸν ἢ μέγα ἤκουσέ
5 τις ὑμῶν ἐμοῦ περὶ τῶν τοιούτων διαλεγομένου, καὶ ἐκ
τούτου γνώσεσθε ὅτι τοιαῦτ' ἐστὶ καὶ τἆλλα περὶ ἐμοῦ ἃ οἱ
πολλοὶ λέγουσιν.

Ἀλλὰ γὰρ οὔτε τούτων οὐδέν ἐστιν, οὐδέ γ' εἴ τινος
ἀκηκόατε ὡς ἐγὼ παιδεύειν ἐπιχειρῶ ἀνθρώπους καὶ χρήματα
e πράττομαι, οὐδὲ τοῦτο ἀληθές. ἐπεὶ καὶ τοῦτό γέ μοι δοκεῖ
καλὸν εἶναι, εἴ τις οἷός τ' εἴη παιδεύειν ἀνθρώπους ὥσπερ
Γοργίας τε ὁ Λεοντῖνος καὶ Πρόδικος ὁ Κεῖος καὶ Ἱππίας ὁ
Ἠλεῖος. τούτων γὰρ ἕκαστος, ὦ ἄνδρες, οἷός τ' ἐστὶν ἰὼν
5 εἰς ἑκάστην τῶν πόλεων τοὺς νέους—οἷς ἔξεστι τῶν ἑαυτῶν
πολιτῶν προῖκα συνεῖναι ᾧ ἂν βούλωνται—τούτους πείθουσ
20 τὰς ἐκείνων συνουσίας ἀπολιπόντας σφίσιν συνεῖναι χρή-
ματα διδόντας καὶ χάριν προσειδέναι. ἐπεὶ καὶ ἄλλος ἀνήρ
ἐστι Πάριος ἐνθάδε σοφὸς ὃν ἐγὼ ᾐσθόμην ἐπιδημοῦντα·
ἔτυχον γὰρ προσελθὼν ἀνδρὶ ὃς τετέλεκε χρήματα σοφισταῖς

c 1 τὰ αὐτὰ ταῦτα B w : ταῦτα T : τὰ αὐτὰ W   c 7 μή πως B T :
μήπω W et Arm. (ut videtur) : μή ποτ' b   φεύγοιμι T : φύγοιμι B
c 8 ἐμοὶ τούτων B : μοι τῶν τοιούτων T   d 1 δ' αὖ T : δὲ αὐτοὺς B :
δ' αὐτῶν Schanz   d 2 ἐμοῦ B : ὑμῶν T   d 6 τούτου T :
τούτων B   τἆλλα B² T W Arm. : πολλὰ B   e 2 ὥσπερ . . .
a 2 προσειδέναι cf. Theag 127 e   e 3 τε B : om. T   a 4 τετέλεκε
B : τετελέκει T

πλείω ἢ σύμπαντες οἱ ἄλλοι, Καλλίᾳ τῷ Ἱππονίκου· τοῦτον 5
οὖν ἀνηρόμην—ἐστὸν γὰρ αὐτῷ δύο ὑεῖ—"Ὦ Καλλία," ἦν
δ' ἐγώ, "εἰ μέν σου τὼ ὑεῖ πώλω ἢ μόσχω ἐγενέσθην,
εἴχομεν ἂν αὐτοῖν ἐπιστάτην λαβεῖν καὶ μισθώσασθαι ὃς
ἔμελλεν αὐτὼ καλώ τε κἀγαθὼ ποιήσειν τὴν προσήκουσαν b
ἀρετήν, ἦν δ' ἂν οὗτος ἢ τῶν ἱππικῶν τις ἢ τῶν γεωργικῶν·
νῦν δ' ἐπειδὴ ἀνθρώπω ἐστόν, τίνα αὐτοῖν ἐν νῷ ἔχεις
ἐπιστάτην λαβεῖν; τίς τῆς τοιαύτης ἀρετῆς, τῆς ἀνθρωπίνης
τε καὶ πολιτικῆς, ἐπιστήμων ἐστίν; οἶμαι γάρ σε ἐσκέφθαι 5
διὰ τὴν τῶν ὑέων κτῆσιν. ἔστιν τις," ἔφην ἐγώ, "ἢ οὔ;"
"Πάνυ γε," ἦ δ' ὅς. "Τίς," ἦν δ' ἐγώ, "καὶ ποδαπός, καὶ
πόσου διδάσκει;" "Εὔηνος," ἔφη, "ὦ Σώκρατες, Πάριος,
πέντε μνῶν." καὶ ἐγὼ τὸν Εὔηνον ἐμακάρισα εἰ ὡς ἀληθῶς
ἔχοι ταύτην τὴν τέχνην καὶ οὕτως ἐμμελῶς διδάσκει. ἐγὼ c
γοῦν καὶ αὐτὸς ἐκαλλυνόμην τε καὶ ἡβρυνόμην ἂν εἰ ἠπιστάμην
ταῦτα· ἀλλ' οὐ γὰρ ἐπίσταμαι, ὦ ἄνδρες Ἀθηναῖοι.

Ὑπολάβοι ἂν οὖν τις ὑμῶν ἴσως· "Ἀλλ', ὦ Σώκρατες,
τὸ σὸν τί ἐστι πρᾶγμα; πόθεν αἱ διαβολαί σοι αὗται γεγό- 5
νασιν; οὐ γὰρ δήπου σοῦ γε οὐδὲν τῶν ἄλλων περιττότερον
πραγματευομένου ἔπειτα τοσαύτη φήμη τε καὶ λόγος γέγονεν,
εἰ μή τι ἔπραττες ἀλλοῖον ἢ οἱ πολλοί. λέγε οὖν ἡμῖν τί
ἔστιν, ἵνα μὴ ἡμεῖς περὶ σοῦ αὐτοσχεδιάζωμεν." ταυτί μοι d
δοκεῖ δίκαια λέγειν ὁ λέγων, κἀγὼ ὑμῖν πειράσομαι ἀπο-
δεῖξαι τί ποτ' ἐστὶν τοῦτο ὃ ἐμοὶ πεποίηκεν τό τε ὄνομα
καὶ τὴν διαβολήν. ἀκούετε δή. καὶ ἴσως μὲν δόξω τισὶν
ὑμῶν παίζειν· εὖ μέντοι ἴστε, πᾶσαν ὑμῖν τὴν ἀλήθειαν 5
ἐρῶ. ἐγὼ γάρ, ὦ ἄνδρες Ἀθηναῖοι, δι' οὐδὲν ἀλλ' ἢ διὰ
σοφίαν τινὰ τοῦτο τὸ ὄνομα ἔσχηκα. ποίαν δὴ σοφίαν
ταύτην; ἥπερ ἐστὶν ἴσως ἀνθρωπίνη σοφία· τῷ ὄντι γὰρ
κινδυνεύω ταύτην εἶναι σοφός. οὗτοι δὲ τάχ' ἄν, οὓς ἄρτι

a 6 οὖν Β Τ : γὰρ W   b 1 καλώ τε καὶ ἀγαθὼ Β : καλὼ κἀγαθὼ Τ
1 1 ἔχοι Β Τ W : ἔχει al.   διδάσκει Β Arm. : διδάσκοι Τ W   ἔγωγ'
ὦν ex emend. Τ : ἐγὼ οὖν Β pr. Τ   c 3 ὦ Β : om. Τ   c 8 εἰ
μὴ . . . οἱ πολλοί secl. Cobet

e ἔλεγον, μείζω τινὰ ἢ κατ' ἄνθρωπον σοφίαν σοφοὶ εἶεν, ἢ
οὐκ ἔχω τί λέγω· οὐ γὰρ δὴ ἔγωγε αὐτὴν ἐπίσταμαι, ἀλλ'
ὅστις φησὶ ψεύδεταί τε καὶ ἐπὶ διαβολῇ τῇ ἐμῇ λέγει. καί
μοι, ὦ ἄνδρες Ἀθηναῖοι, μὴ θορυβήσητε, μηδ' ἐὰν δόξω τι
5 ὑμῖν μέγα λέγειν· οὐ γὰρ ἐμὸν ἐρῶ τὸν λόγον ὃν ἂν λέγω,
ἀλλ' εἰς ἀξιόχρεων ὑμῖν τὸν λέγοντα ἀνοίσω. τῆς γὰρ
ἐμῆς, εἰ δή τίς ἐστιν σοφία καὶ οἵα, μάρτυρα ὑμῖν παρέξομαι
τὸν θεὸν τὸν ἐν Δελφοῖς. Χαιρεφῶντα γὰρ ἴστε που. οὗτος
21 ἐμός τε ἑταῖρος ἦν ἐκ νέου καὶ ὑμῶν τῷ πλήθει ἑταῖρός τε
καὶ συνέφυγε τὴν φυγὴν ταύτην καὶ μεθ' ὑμῶν κατῆλθε.
καὶ ἴστε δὴ οἷος ἦν Χαιρεφῶν, ὡς σφοδρὸς ἐφ' ὅτι ὁρμήσειεν.
καὶ δή ποτε καὶ εἰς Δελφοὺς ἐλθὼν ἐτόλμησε τοῦτο μαντεύ-
5 σασθαι—καί, ὅπερ λέγω, μὴ θορυβεῖτε, ὦ ἄνδρες—ἤρετο γὰρ
δὴ εἴ τις ἐμοῦ εἴη σοφώτερος. ἀνεῖλεν οὖν ἡ Πυθία μηδένα
σοφώτερον εἶναι. καὶ τούτων πέρι ὁ ἀδελφὸς ὑμῖν αὐτοῦ
οὑτοσὶ μαρτυρήσει, ἐπειδὴ ἐκεῖνος τετελεύτηκεν.

b Σκέψασθε δὴ ὧν ἕνεκα ταῦτα λέγω· μέλλω γὰρ ὑμᾶς διδά-
ξειν ὅθεν μοι ἡ διαβολὴ γέγονεν. ταῦτα γὰρ ἐγὼ ἀκούσας
ἐνεθυμούμην οὑτωσί· "Τί ποτε λέγει ὁ θεός, καὶ τί ποτε
αἰνίττεται; ἐγὼ γὰρ δὴ οὔτε μέγα οὔτε σμικρὸν σύνοιδα
5 ἐμαυτῷ σοφὸς ὤν· τί οὖν ποτε λέγει φάσκων ἐμὲ σοφώ-
τατον εἶναι; οὐ γὰρ δήπου ψεύδεταί γε· οὐ γὰρ θέμις
αὐτῷ." καὶ πολὺν μὲν χρόνον ἠπόρουν τί ποτε λέγει·
ἔπειτα μόγις πάνυ ἐπὶ ζήτησιν αὐτοῦ τοιαύτην τινὰ ἐτραπό-
μην. ἦλθον ἐπί τινα τῶν δοκούντων σοφῶν εἶναι, ὡς
c ἐνταῦθα εἴπερ που ἐλέγξων τὸ μαντεῖον καὶ ἀποφανῶν τῷ
χρησμῷ ὅτι "Οὑτοσὶ ἐμοῦ σοφώτερός ἐστι, σὺ δ' ἐμὲ ἔφησθα."
διασκοπῶν οὖν τοῦτον—ὀνόματι γὰρ οὐδὲν δέομαι λέγειν,
ἦν δέ τις τῶν πολιτικῶν πρὸς ὃν ἐγὼ σκοπῶν τοιοῦτόν τι

e 2 τί B : ὅτι T   e 4 μηδ' ἐὰν Heusde : μηδὲ ἂν B : μηδὲν ἂν T
e 7 εἰ δή τί ἐστιν, σοφίας (om. καὶ οἵα) Arm.   a 1 τε ἑταῖρος]
ἑταῖρός τε Schanz   ἑταῖρός τε secl. Cobet : ἑταῖρός τε καὶ secl.
Ludwig   a 5 θορυβεῖτε W : θορυβῆτε T : θορυβεῖσθε B   b 1 δὴ
T Arm.: δὲ B² W   c 2 οὑτοσὶ ἐμοῦ B · οὗτός γέ μου T   c 4 τοιουτον'
τι T

ἔπαθον, ὦ ἄνδρες Ἀθηναῖοι, καὶ διαλεγόμενος αὐτῷ—ἔδοξέ 5
μοι οὗτος ὁ ἀνὴρ δοκεῖν μὲν εἶναι σοφὸς ἄλλοις τε πολλοῖς
ἀνθρώποις καὶ μάλιστα ἑαυτῷ, εἶναι δ' οὔ· κἄπειτα ἐπειρώ-
μην αὐτῷ δεικνύναι ὅτι οἴοιτο μὲν εἶναι σοφός, εἴη δ' οὔ.
ἐντεῦθεν οὖν τούτῳ τε ἀπηχθόμην καὶ πολλοῖς τῶν παρόντων· d
πρὸς ἐμαυτὸν δ' οὖν ἀπιὼν ἐλογιζόμην ὅτι τούτου μὲν τοῦ
ἀνθρώπου ἐγὼ σοφώτερός εἰμι· κινδυνεύει μὲν γὰρ ἡμῶν
οὐδέτερος οὐδὲν καλὸν κἀγαθὸν εἰδέναι, ἀλλ' οὗτος μὲν
οἴεταί τι εἰδέναι οὐκ εἰδώς, ἐγὼ δέ, ὥσπερ οὖν οὐκ οἶδα, 5
οὐδὲ οἴομαι· ἔοικα γοῦν τούτου γε σμικρῷ τινι αὐτῷ τούτῳ
σοφώτερος εἶναι, ὅτι ἃ μὴ οἶδα οὐδὲ οἴομαι εἰδέναι. ἐντεῦθεν
ἐπ' ἄλλον ᾖα τῶν ἐκείνου δοκούντων σοφωτέρων εἶναι καί
μοι ταὐτὰ ταῦτα ἔδοξε, καὶ ἐνταῦθα κἀκείνῳ καὶ ἄλλοις e
πολλοῖς ἀπηχθόμην.

Μετὰ ταῦτ' οὖν ἤδη ἐφεξῆς ᾖα, αἰσθανόμενος μὲν [καὶ]
λυπούμενος καὶ δεδιὼς ὅτι ἀπηχθανόμην, ὅμως δὲ ἀναγκαῖον
ἐδόκει εἶναι τὸ τοῦ θεοῦ περὶ πλείστου ποιεῖσθαι—ἰτέον 5
οὖν, σκοποῦντι τὸν χρησμὸν τί λέγει, ἐπὶ ἅπαντας τούς τι
δοκοῦντας εἰδέναι. καὶ νὴ τὸν κύνα, ὦ ἄνδρες Ἀθηναῖοι— 22
δεῖ γὰρ πρὸς ὑμᾶς τἀληθῆ λέγειν—ἦ μὴν ἐγὼ ἔπαθόν τι
τοιοῦτον· οἱ μὲν μάλιστα εὐδοκιμοῦντες ἔδοξάν μοι ὀλίγου
δεῖν τοῦ πλείστου ἐνδεεῖς εἶναι ζητοῦντι κατὰ τὸν θεόν,
ἄλλοι δὲ δοκοῦντες φαυλότεροι ἐπιεικέστεροι εἶναι ἄνδρες 5
πρὸς τὸ φρονίμως ἔχειν. δεῖ δὴ ὑμῖν τὴν ἐμὴν πλάνην
ἐπιδεῖξαι ὥσπερ πόνους τινὰς πονοῦντος ἵνα μοι καὶ ἀν-
έλεγκτος ἡ μαντεία γένοιτο. μετὰ γὰρ τοὺς πολιτικοὺς ᾖα
ἐπὶ τοὺς ποιητὰς τούς τε τῶν τραγῳδιῶν καὶ τοὺς τῶν
διθυράμβων καὶ τοὺς ἄλλους, ὡς ἐνταῦθα ἐπ' αὐτοφώρῳ b
καταληψόμενος ἐμαυτὸν ἀμαθέστερον ἐκείνων ὄντα. ἀνα-
λαμβάνων οὖν αὐτῶν τὰ ποιήματα ἅ μοι ἐδόκει μάλιστα
πεπραγματεῦσθαι αὐτοῖς, διηρώτων ἂν αὐτοὺς τί λέγοιεν,

c 5 καὶ διαλεγόμενος αὐτῷ secl. Schanz   d 6 γε B T : om. W
e 3 καὶ secl. Cobet   e 5 ἰτέον οὖν B : ἰτέον οὖν ἐδόκει εἶναι Arm. :
καὶ ἰέναι T   a 7 μοι καὶ B T W : μή μοι Arm. al.

5 ἵν' ἅμα τι καὶ μανθάνοιμι παρ' αὐτῶν. αἰσχύνομαι οὖν
ὑμῖν εἰπεῖν, ὦ ἄνδρες, τἀληθῆ· ὅμως δὲ ῥητέον. ὡς ἔπος
γὰρ εἰπεῖν ὀλίγου αὐτῶν ἅπαντες οἱ παρόντες ἂν βέλτιον
ἔλεγον περὶ ὧν αὐτοὶ ἐπεποιήκεσαν. ἔγνων οὖν αὖ καὶ
περὶ τῶν ποιητῶν ἐν ὀλίγῳ τοῦτο, ὅτι οὐ σοφίᾳ ποιοῖεν
c ἃ ποιοῖεν, ἀλλὰ φύσει τινὶ καὶ ἐνθουσιάζοντες ὥσπερ οἱ
θεομάντεις καὶ οἱ χρησμῳδοί· καὶ γὰρ οὗτοι λέγουσι μὲν
πολλὰ καὶ καλά, ἴσασιν δὲ οὐδὲν ὧν λέγουσι. τοιοῦτόν
τί μοι ἐφάνησαν πάθος καὶ οἱ ποιηταὶ πεπονθότες, καὶ
5 ἅμα ᾐσθόμην αὐτῶν διὰ τὴν ποίησιν οἰομένων καὶ τἆλλα
σοφωτάτων εἶναι ἀνθρώπων ἃ οὐκ ἦσαν. ἀπῇα οὖν καὶ
ἐντεῦθεν τῷ αὐτῷ οἰόμενος περιγεγονέναι ᾧπερ καὶ τῶν
πολιτικῶν.

Τελευτῶν οὖν ἐπὶ τοὺς χειροτέχνας ᾖα· ἐμαυτῷ γὰρ
d συνῄδη οὐδὲν ἐπισταμένῳ ὡς ἔπος εἰπεῖν, τούτους δέ γ' ᾔδη
ὅτι εὑρήσοιμι πολλὰ καὶ καλὰ ἐπισταμένους. καὶ τούτου
μὲν οὐκ ἐψεύσθην, ἀλλ' ἠπίσταντο ἃ ἐγὼ οὐκ ἠπιστάμην
καί μου ταύτῃ σοφώτεροι ἦσαν. ἀλλ', ὦ ἄνδρες Ἀθηναῖοι,
5 ταὐτόν μοι ἔδοξαν ἔχειν ἁμάρτημα ὅπερ καὶ οἱ ποιηταὶ καὶ
οἱ ἀγαθοὶ δημιουργοί—διὰ τὸ τὴν τέχνην καλῶς ἐξεργά-
ζεσθαι ἕκαστος ἠξίου καὶ τἆλλα τὰ μέγιστα σοφώτατος
εἶναι—καὶ αὐτῶν αὕτη ἡ πλημμέλεια ἐκείνην τὴν σοφίαν
e ἀποκρύπτειν· ὥστε με ἐμαυτὸν ἀνερωτᾶν ὑπὲρ τοῦ χρησμοῦ
πότερα δεξαίμην ἂν οὕτως ὥσπερ ἔχω ἔχειν, μήτε τι σοφὸς
ὢν τὴν ἐκείνων σοφίαν μήτε ἀμαθὴς τὴν ἀμαθίαν, ἢ ἀμ-
φότερα ἃ ἐκεῖνοι ἔχουσιν ἔχειν. ἀπεκρινάμην οὖν ἐμαυτῷ
5 καὶ τῷ χρησμῷ ὅτι μοι λυσιτελοῖ ὥσπερ ἔχω ἔχειν.

Ἐκ ταυτησὶ δὴ τῆς ἐξετάσεως, ὦ ἄνδρες Ἀθηναῖοι,
23 πολλαὶ μὲν ἀπέχθειαί μοι γεγόνασι καὶ οἷαι χαλεπώταται

b 8 αὖ T : om. B   b 9 τοῦτο B T : τούτῳ W Arm.   c 6 ἦσαν
B T γρ. W : ἤκουσαν W Arm.   c 7 τῷ αὐτῷ B² T W : τὸ αὐτὸ B : τῷ
αὐτῷ αὐτῶν al. Schanz   d 1 δέ γ'] δ' εὖ Cobet   e 1 ἀποκρύπτειν
W : ἀποκρύπτει B : ἀπέκρυπτεν T Arm.   ὥστε με ἐμαυτὸν B : ὥστε
με καὶ αὐτὸν T : ὥστ' ἐμὲ ἐμαυτὸν Heindorf   e 5 λυσιτελεῖ W
e 6 ταυτησὶ δὴ B T : ταύτης ἤδη W t   ἐξετάσεως T W : ἕξεως B

καὶ βαρύταται, ὥστε πολλὰς διαβολὰς ἀπ' αὐτῶν γεγονέναι,
ὄνομα δὲ τοῦτο λέγεσθαι, σοφὸς εἶναι· οἴονται γάρ με
ἑκάστοτε οἱ παρόντες ταῦτα αὐτὸν εἶναι σοφὸν ἃ ἂν ἄλλον
ἐξελέγξω. τὸ δὲ κινδυνεύει, ὦ ἄνδρες, τῷ ὄντι ὁ θεὸς 5
σοφὸς εἶναι, καὶ ἐν τῷ χρησμῷ τούτῳ τοῦτο λέγειν, ὅτι ἡ
ἀνθρωπίνη σοφία ὀλίγου τινὸς ἀξία ἐστὶν καὶ οὐδενός. καὶ
φαίνεται τοῦτον λέγειν τὸν Σωκράτη, προσκεχρῆσθαι δὲ
τῷ ἐμῷ ὀνόματι, ἐμὲ παράδειγμα ποιούμενος, ὥσπερ ἂν b
⟨εἰ⟩ εἴποι ὅτι " Οὗτος ὑμῶν, ὦ ἄνθρωποι, σοφώτατός ἐστιν,
ὅστις ὥσπερ Σωκράτης ἔγνωκεν ὅτι οὐδενὸς ἄξιός ἐστι τῇ
ἀληθείᾳ πρὸς σοφίαν." ταῦτ' οὖν ἐγὼ μὲν ἔτι καὶ νῦν
περιιὼν ζητῶ καὶ ἐρευνῶ κατὰ τὸν θεὸν καὶ τῶν ἀστῶν καὶ 5
ξένων ἄν τινα οἴωμαι σοφὸν εἶναι· καὶ ἐπειδάν μοι μὴ
δοκῇ, τῷ θεῷ βοηθῶν ἐνδείκνυμαι ὅτι οὐκ ἔστι σοφός. καὶ
ὑπὸ ταύτης τῆς ἀσχολίας οὔτε τι τῶν τῆς πόλεως πρᾶξαί
μοι σχολὴ γέγονεν ἄξιον λόγου οὔτε τῶν οἰκείων, ἀλλ' ἐν
πενίᾳ μυρίᾳ εἰμὶ διὰ τὴν τοῦ θεοῦ λατρείαν. c

Πρὸς δὲ τούτοις οἱ νέοι μοι ἐπακολουθοῦντες—οἷς μά-
λιστα σχολή ἐστιν, οἱ τῶν πλουσιωτάτων—αὐτόματοι,
χαίρουσιν ἀκούοντες ἐξεταζομένων τῶν ἀνθρώπων, καὶ αὐτοὶ
πολλάκις ἐμὲ μιμοῦνται, εἶτα ἐπιχειροῦσιν ἄλλους ἐξετάζειν· 5
κἄπειτα οἶμαι εὑρίσκουσι πολλὴν ἀφθονίαν οἰομένων μὲν
εἰδέναι τι ἀνθρώπων, εἰδότων δὲ ὀλίγα ἢ οὐδέν. ἐντεῦθεν
οὖν οἱ ὑπ' αὐτῶν ἐξεταζόμενοι ἐμοὶ ὀργίζονται, οὐχ αὑτοῖς,
καὶ λέγουσιν ὡς Σωκράτης τίς ἐστι μιαρώτατος καὶ δια- d
φθείρει τοὺς νέους· καὶ ἐπειδάν τις αὐτοὺς ἐρωτᾷ ὅτι ποιῶν
καὶ ὅτι διδάσκων, ἔχουσι μὲν οὐδὲν εἰπεῖν ἀλλ' ἀγνοοῦσιν,

a 3 λέγεσθαι] λέγομαι Schanz a 5 ἄνδρες Β : ἄνδρες Ἀθηναῖοι Τ
a 8 τοῦτον] τοῦτ' οὐ F. A Wolf b 1 ἐμὲ Β t : ἐμὲ δὲ Τ b 2 εἰ
add. Stephanus b.¹ ἔτι Τ W : ἔχων ἔτι b b 5 ζητῶ Β t :
ἐπιζητῶ Τ b 6 ξένων Β : τῶν ξένων Τ c 4 ἐξεταζομένων Β :
ἐξελεγχομένων Τ c 7 ἰνθρώπων Β : τῶν ἀνθρώπων Τ ὀλίγα Β :
ἢ ὀλίγα Τ c 8 οὐχ αὑ, ῖς Τ : ἀλλ' οὐχ αὑτοῖς Β : ἀλλ' οὐκ αὐτοῖς
ex emend. W d 1 ἐο ί τις W Arm. d 3 ἀλλ' ἀγνοοῦσιν
secl. Cobet : ἀλλ' ἀμφιγνοοῦσ ·Schanz

ἵνα δὲ μὴ δοκῶσιν ἀπορεῖν, τὰ κατὰ πάντων τῶν φιλοσο-
5 φούντων πρόχειρα ταῦτα λέγουσιν, ὅτι "τὰ μετέωρα καὶ
τὰ ὑπὸ γῆς" καὶ "θεοὺς μὴ νομίζειν" καὶ "τὸν ἥττω
λόγον κρείττω ποιεῖν." τὰ γὰρ ἀληθῆ οἴομαι οὐκ ἂν
ἐθέλοιεν λέγειν, ὅτι κατάδηλοι γίγνονται προσποιούμενοι
μὲν εἰδέναι, εἰδότες δὲ οὐδέν. ἅτε οὖν οἶμαι φιλότιμοι
e ὄντες καὶ σφοδροὶ καὶ πολλοί, καὶ συντεταμένως καὶ πι-
θανῶς λέγοντες περὶ ἐμοῦ, ἐμπεπλήκασιν ὑμῶν τὰ ὦτα καὶ
πάλαι καὶ σφοδρῶς διαβάλλοντες. ἐκ τούτων καὶ Μέλητός
μοι ἐπέθετο καὶ Ἄνυτος καὶ Λύκων, Μέλητος μὲν ὑπὲρ τῶν
5 ποιητῶν ἀχθόμενος, Ἄνυτος δὲ ὑπὲρ τῶν δημιουργῶν καὶ
24 τῶν πολιτικῶν, Λύκων δὲ ὑπὲρ τῶν ῥητόρων· ὥστε, ὅπερ
ἀρχόμενος ἐγὼ ἔλεγον, θαυμάζοιμ' ἂν εἰ οἷός τ' εἴην ἐγὼ
ὑμῶν ταύτην τὴν διαβολὴν ἐξελέσθαι ἐν οὕτως ὀλίγῳ χρόνῳ
οὕτω πολλὴν γεγονυῖαν. ταῦτ' ἔστιν ὑμῖν, ὦ ἄνδρες Ἀθη-
5 ναῖοι, τἀληθῆ, καὶ ὑμᾶς οὔτε μέγα οὔτε μικρὸν ἀποκρυψά-
μενος ἐγὼ λέγω οὐδ' ὑποστειλάμενος. καίτοι οἶδα σχεδὸν
ὅτι αὐτοῖς τούτοις ἀπεχθάνομαι, ὃ καὶ τεκμήριον ὅτι ἀληθῆ
λέγω καὶ ὅτι αὕτη ἐστὶν ἡ διαβολὴ ἡ ἐμὴ καὶ τὰ αἴτια
b ταῦτά ἐστιν. καὶ ἐάντε νῦν ἐάντε αὖθις ζητήσητε ταῦτα,
οὕτως εὑρήσετε.

Περὶ μὲν οὖν ὧν οἱ πρῶτοί μου κατήγοροι κατηγόρουν
αὕτη ἔστω ἱκανὴ ἀπολογία πρὸς ὑμᾶς· πρὸς δὲ Μέλητον
5 τὸν ἀγαθὸν καὶ φιλόπολιν, ὥς φησι, καὶ τοὺς ὑστέρους
μετὰ ταῦτα πειράσομαι ἀπολογήσασθαι. αὖθις γὰρ δή,
ὥσπερ ἑτέρων τούτων ὄντων κατηγόρων, λάβωμεν αὖ τὴν
τούτων ἀντωμοσίαν. ἔχει δέ πως ὧδε· Σωκράτη φησὶν

d 7 ποιεῖν Bt : ποιεῖ T   d 9 εἰδέναι τι Cobet et sic Arm.
e 1 συντεταμένως] ξυντεταγμένως B T W   e 3 πάλαι καὶ T W: πάλαι
καὶ νῦν b   σφοδρα B²   e 5 καὶ τῶν πολιτικῶν secl. Cobet sed
legit Laertius   a 2 ἐγὼ ἀρχόμενος T   a 7 αὐτοῖς τούτοις Arm. :
τοῖς αὐτοῖς BT : τοῖς αὐτοῖς τούτοις Schanz   ἀληθῆ B : τἀληθῆ T
b 4 ἔστω B²TW Arm. : ἐστὶν B   ἀπολογία B : ἡ ἀπολογία T
b 5 ἀγαθὸν T : ἀγαθόν τε B   b 6 ἀπολογήσασθαι T: ἀπολο-
γεῖσθαι B t   b 7 τούτων ἑτέρων T   b 8 δὲ πῶς; ὧδε Herwerden

ἀδικεῖν τούς τε νέους διαφθείροντα καὶ θεοὺς οὓς ἡ πόλις
νομίζει οὐ νομίζοντα, ἕτερα δὲ δαιμόνια καινά. τὸ μὲν δὴ c
ἔγκλημα τοιοῦτόν ἐστιν· τούτου δὲ τοῦ ἐγκλήματος ἐν
ἕκαστον ἐξετάσωμεν.

Φησὶ γὰρ δὴ τοὺς νέους ἀδικεῖν με διαφθείροντα. ἐγὼ δέ
γε, ὦ ἄνδρες Ἀθηναῖοι, ἀδικεῖν φημι Μέλητον, ὅτι σπουδῇ 5
χαριεντίζεται, ῥᾳδίως εἰς ἀγῶνα καθιστὰς ἀνθρώπους, περὶ
πραγμάτων προσποιούμενος σπουδάζειν καὶ κήδεσθαι ὧν οὐδὲν
τούτῳ πώποτε ἐμέλησεν· ὡς δὲ τοῦτο οὕτως ἔχει, πειράσομαι
καὶ ὑμῖν ἐπιδεῖξαι. καί μοι δεῦρο, ὦ Μέλητε, εἰπέ· ἄλλο τι ἢ
περὶ πλείστου ποιῇ ὅπως ὡς βέλτιστοι οἱ νεώτεροι ἔσονται; d
Ἔγωγε.

Ἴθι δή νυν εἰπὲ τούτοις, τίς αὐτοὺς βελτίους ποιεῖ;
δῆλον γὰρ ὅτι οἶσθα, μέλον γέ σοι. τὸν μὲν γὰρ δια-
φθείροντα ἐξευρών, ὡς φῇς, ἐμέ, εἰσάγεις τουτοισὶ καὶ κατη- 5
γορεῖς· τὸν δὲ δὴ βελτίους ποιοῦντα ἴθι εἰπὲ καὶ μήνυσον
αὐτοῖς τίς ἐστιν.—Ὁρᾷς, ὦ Μέλητε, ὅτι σιγᾷς καὶ οὐκ
ἔχεις εἰπεῖν; καίτοι οὐκ αἰσχρόν σοι δοκεῖ εἶναι καὶ ἱκανὸν
τεκμήριον οὗ δὴ ἐγὼ λέγω, ὅτι σοι οὐδὲν μεμέληκεν; ἀλλ'
εἰπέ, ὠγαθέ, τίς αὐτοὺς ἀμείνους ποιεῖ; 10
Οἱ νόμοι.

Ἀλλ' οὐ τοῦτο ἐρωτῶ, ὦ βέλτιστε, ἀλλὰ τίς ἄνθρωπος, e
ὅστις πρῶτον καὶ αὐτὸ τοῦτο οἶδε, τοὺς νόμους;
Οὗτοι, ὦ Σώκρατες, οἱ δικασταί.

Πῶς λέγεις, ὦ Μέλητε; οἵδε τοὺς νέους παιδεύειν οἷοί
τέ εἰσι καὶ βελτίους ποιοῦσιν; 5
Μάλιστα.

Πότερον ἅπαντες, ἢ οἱ μὲν αὐτῶν, οἱ δ' οὔ;
Ἅπαντες.

b 9 ἀδικεῖν B² T W : ἀδικεῖ B   c 5 γε B : om. T   c 6 ἀγῶνας
W t Arm.   c 7 προσποιούμενος T : προσποιουμένους B   c 8 πώποτε
τούτῳ T   d 1 πλείστου T : πολλοῦ B   d 3 ἴθι B t : ἴσθι
T   d 5 τουτοισὶ] εἰς τουτουσὶ Cobet   e 4 οἶδε B t : οὐδὲ T
e 5 ποιοῦσιν B : ποιεῖν B² T W   e 7 ἅπαντες B : ἂν πάντες T
3*

Εὖ γε νὴ τὴν Ἥραν λέγεις καὶ πολλὴν ἀφθονίαν τῶν
10 ὠφελούντων. τί δὲ δή; οἱ δὲ ἀκροαταὶ βελτίους ποιοῦσιν
25 ἢ οὔ;

Καὶ οὗτοι.

Τί δέ, οἱ βουλευταί;

Καὶ οἱ βουλευταί.

5 Ἀλλ᾽ ἄρα, ὦ Μέλητε, μὴ οἱ ἐν τῇ ἐκκλησίᾳ, οἱ ἐκκλη-
σιασταί, διαφθείρουσι τοὺς νεωτέρους; ἢ κἀκεῖνοι βελτίους
ποιοῦσιν ἅπαντες;

Κἀκεῖνοι.

Πάντες ἄρα, ὡς ἔοικεν, Ἀθηναῖοι καλοὺς κἀγαθοὺς
10 ποιοῦσι πλὴν ἐμοῦ, ἐγὼ δὲ μόνος διαφθείρω. οὕτω λέγεις;

Πάνυ σφόδρα ταῦτα λέγω.

Πολλήν γέ μου κατέγνωκας δυστυχίαν. καί μοι ἀπό-
κριναι· ἦ καὶ περὶ ἵππους οὕτω σοι δοκεῖ ἔχειν; οἱ μὲν
b βελτίους ποιοῦντες αὐτοὺς πάντες ἄνθρωποι εἶναι, εἷς δέ
τις ὁ διαφθείρων; ἢ τοὐναντίον τούτου πᾶν εἷς μέν τις ὁ
βελτίους οἷός τ᾽ ὢν ποιεῖν ἢ πάνυ ὀλίγοι, οἱ ἱππικοί, οἱ δὲ
πολλοὶ ἐάνπερ συνῶσι καὶ χρῶνται ἵπποις, διαφθείρουσιν;
5 οὐχ οὕτως ἔχει, ὦ Μέλητε, καὶ περὶ ἵππων καὶ τῶν ἄλλων
ἁπάντων ζῴων; πάντως δήπου, ἐάντε σὺ καὶ Ἄνυτος οὐ
φῆτε ἐάντε φῆτε· πολλὴ γὰρ ἂν τις εὐδαιμονία εἴη περὶ
τοὺς νέους εἰ εἷς μὲν μόνος αὐτοὺς διαφθείρει, οἱ δ᾽ ἄλλοι
c ὠφελοῦσιν. ἀλλὰ γάρ, ὦ Μέλητε, ἱκανῶς ἐπιδείκνυσαι
ὅτι οὐδεπώποτε ἐφρόντισας τῶν νέων, καὶ σαφῶς ἀποφαί-
νεις τὴν σαυτοῦ ἀμέλειαν, ὅτι οὐδέν σοι μεμέληκεν περὶ ὧν
ἐμὲ εἰσάγεις.

5 Ἔτι δὲ ἡμῖν εἰπέ, ὦ πρὸς Διὸς Μέλητε, πότερόν ἐστιν
οἰκεῖν ἄμεινον ἐν πολίταις χρηστοῖς ἢ πονηροῖς; ὦ τάν, ἀπό-
κριναι· οὐδὲν γάρ τοι χαλεπὸν ἐρωτῶ. οὐχ οἱ μὲν πονηροὶ

e 10 οἱ δὲ T: οἶδε οἱ B   a 5 οἱ ἐκκλησιασταί secl. Hirschig
a 12 ἀτυχίαν T sed δυσ in marg.   b 1 πάντες B: ἅπαντες T
b 6 οὐ B t: μὴ T   c 2 ἀποφαίνῃ σαφῶς W Arm.   c 7 πονηροὶ
κακόν τι B: πονηροὶ ἀεὶ κακόν τι T: πονηροὶ κακὸν ἀεί τι W

κακόν τι ἐργάζονται τοὺς ἀεὶ ἐγγυτάτω αὐτῶν ὄντας, οἱ δ᾽
ἀγαθοὶ ἀγαθόν τι;

Πάνυ γε.   10

Ἔστιν οὖν ὅστις βούλεται ὑπὸ τῶν συνόντων βλάπτεσθαι d
μᾶλλον ἢ ὠφελεῖσθαι; ἀποκρίνου, ὦ ἀγαθέ· καὶ γὰρ ὁ νόμος
κελεύει ἀποκρίνεσθαι. ἔσθ᾽ ὅστις βούλεται βλάπτεσθαι;
Οὐ δῆτα.

Φέρε δή, πότερον ἐμὲ εἰσάγεις δεῦρο ὡς διαφθείροντα τοὺς 5
νέους καὶ πονηροτέρους ποιοῦντα ἑκόντα ἢ ἄκοντα;
Ἑκόντα ἔγωγε.

Τί δῆτα, ὦ Μέλητε; τοσοῦτον σὺ ἐμοῦ σοφώτερος εἶ τη-
λικούτου ὄντος τηλικόσδε ὤν, ὥστε σὺ μὲν ἔγνωκας ὅτι οἱ
μὲν κακοὶ κακόν τι ἐργάζονται ἀεὶ τοὺς μάλιστα πλησίον 10
ἑαυτῶν, οἱ δὲ ἀγαθοὶ ἀγαθόν, ἐγὼ δὲ δὴ εἰς τοσοῦτον ἀμα- e
θίας ἥκω ὥστε καὶ τοῦτ᾽ ἀγνοῶ, ὅτι ἐάν τινα μοχθηρὸν
ποιήσω τῶν συνόντων, κινδυνεύσω κακόν τι λαβεῖν ὑπ᾽ αὐτοῦ,
ὥστε τοῦτο ⟨τὸ⟩ τοσοῦτον κακὸν ἑκὼν ποιῶ, ὡς φῂς σύ;
ταῦτα ἐγώ σοι οὐ πείθομαι, ὦ Μέλητε, οἶμαι δὲ οὐδὲ ἄλλον 5
ἀνθρώπων οὐδένα· ἀλλ᾽ ἢ οὐ διαφθείρω, ἢ εἰ διαφθείρω,
ἄκων, ὥστε σύ γε κατ᾽ ἀμφότερα ψεύδη. εἰ δὲ ἄκων δια- 26
φθείρω, τῶν τοιούτων [καὶ ἀκουσίων] ἁμαρτημάτων οὐ δεῦρο
νόμος εἰσάγειν ἐστίν, ἀλλὰ ἰδίᾳ λαβόντα διδάσκειν καὶ νου-
θετεῖν· δῆλον γὰρ ὅτι ἐὰν μάθω, παύσομαι ὅ γε ἄκων ποιῶ.
σὺ δὲ συγγενέσθαι μέν μοι καὶ διδάξαι ἔφυγες καὶ οὐκ 5
ἠθέλησας, δεῦρο δὲ εἰσάγεις, οἷ νόμος ἐστὶν εἰσάγειν τοὺς
κολάσεως δεομένους ἀλλ᾽ οὐ μαθήσεως.

Ἀλλὰ γάρ, ὦ ἄνδρες Ἀθηναῖοι, τοῦτο μὲν ἤδη δῆλον
οὑγὼ ἔλεγον, ὅτι Μελήτῳ τούτων οὔτε μέγα οὔτε μικρὸν b
πώποτε ἐμέλησεν. ὅμως δὲ δὴ λέγε ἡμῖν, πῶς με φῂς

d 2 ἀποκρίνου Β Τ : ἀπόκριναι Β² W   d 6 νέους Τ : νεωτέρους Β
d 8 δῆτα Β γρ. t : δή ποτε Τ   d 9 σὺ Β : εὖ Τ   e 1 ἀγαθόν τι
Τ Arm.   e 3 ὑπ᾽ Τ : ἀπ᾽ Β   e 4 τὸ om. Β Τ W   e 6 εἰ om.
Stephanus   διαφθείρω bis scripsit Naber   a 2 καὶ ἀκουσίων secl.
Cobet   a 4 ὅ] οὗ Schanz   a 8 ἤδη δῆλον W : δῆλον b : δῆλον
ἤδη ἐστίν Τ   b 1 οὑγὼ Τ W : ὃ ἐγὼ b   τούτων Β : τούτῳ Τ W

διαφθείρειν, ὦ Μέλητε, τοὺς νεωτέρους; ἢ δῆλον δὴ ὅτι
κατὰ τὴν γραφὴν ἣν ἐγράψω θεοὺς διδάσκοντα μὴ νομίζειν
5 οὓς ἡ πόλις νομίζει, ἕτερα δὲ δαιμόνια καινά; οὐ ταῦτα
λέγεις ὅτι διδάσκων διαφθείρω;
    Πάνυ μὲν οὖν σφόδρα ταῦτα λέγω.
    Πρὸς αὐτῶν τοίνυν, ὦ Μέλητε, τούτων τῶν θεῶν ὧν νῦν
ὁ λόγος ἐστίν, εἰπὲ ἔτι σαφέστερον καὶ ἐμοὶ καὶ τοῖς ἀν-
c δράσιν τουτοισί.   ἐγὼ γὰρ οὐ δύναμαι μαθεῖν πότερον λέγεις
διδάσκειν με νομίζειν εἶναί τινας θεούς—καὶ αὐτὸς ἄρα νομίζω
εἶναι θεοὺς καὶ οὐκ εἰμὶ τὸ παράπαν ἄθεος οὐδὲ ταύτῃ ἀδικῶ
—οὐ μέντοι οὕσπερ γε ἡ πόλις ἀλλὰ ἑτέρους, καὶ τοῦτ᾽ ἔστιν
5 ὅ μοι ἐγκαλεῖς, ὅτι ἑτέρους, ἢ παντάπασί με φῂς οὔτε
αὐτὸν νομίζειν θεοὺς τούς τε ἄλλους ταῦτα διδάσκειν.
    Ταῦτα λέγω, ὡς τὸ παράπαν οὐ νομίζεις θεούς.
d   Ὦ θαυμάσιε Μέλητε, ἵνα τί ταῦτα λέγεις; οὐδὲ ἥλιον
οὐδὲ σελήνην ἄρα νομίζω θεοὺς εἶναι, ὥσπερ οἱ ἄλλοι ἄν-
θρωποι;
    Μὰ Δί᾽, ὦ ἄνδρες δικασταί, ἐπεὶ τὸν μὲν ἥλιον λίθον
5 φησὶν εἶναι, τὴν δὲ σελήνην γῆν.
    Ἀναξαγόρου οἴει κατηγορεῖν, ὦ φίλε Μέλητε; καὶ οὕτω
καταφρονεῖς τῶνδε καὶ οἴει αὐτοὺς ἀπείρους γραμμάτων εἶναι
ὥστε οὐκ εἰδέναι ὅτι τὰ Ἀναξαγόρου βιβλία τοῦ Κλαζομε-
νίου γέμει τούτων τῶν λόγων; καὶ δὴ καὶ οἱ νέοι ταῦτα παρ᾽
10 ἐμοῦ μανθάνουσιν, ἃ ἔξεστιν ἐνίοτε εἰ πάνυ πολλοῦ δραχμῆς
e ἐκ τῆς ὀρχήστρας πριαμένοις Σωκράτους καταγελᾶν, ἐὰν
προσποιῆται ἑαυτοῦ εἶναι, ἄλλως τε καὶ οὕτως ἄτοπα ὄντα;
ἀλλ᾽, ὦ πρὸς Διός, οὑτωσί σοι δοκῶ; οὐδένα νομίζω θεὸν
εἶναι;
5   Οὐ μέντοι μὰ Δία οὐδ᾽ ὁπωστιοῦν.

b 3 δῆλον δὴ ὅτι B : δηλονότι T   c 1 τοῖς ἀνδράσιν secl. Cobet
c 1 τουτοισί B²TW : τούτοις B   d 1 ἵνα B t : om. T   d 6 Ἀναξα-
γόρου secl. Schanz   d 7 αὐτοὺς B : αὐτὸς T   e 1 πριαμένοις B² :
πριάμενοι BTW   e 3 νομίζω B : νομίζειν T : ὡς νομίζω Arm. :
νομίζων W

Ἄπιστός γ᾽ εἶ, ὦ Μέλητε, καὶ ταῦτα μέντοι, ὡς ἐμοὶ
δοκεῖς, σαυτῷ. ἐμοὶ γὰρ δοκεῖ οὑτοσί, ὦ ἄνδρες Ἀθηναῖοι,
πάνυ εἶναι ὑβριστὴς καὶ ἀκόλαστος, καὶ ἀτεχνῶς τὴν γρα-
φὴν ταύτην ὕβρει τινὶ καὶ ἀκολασίᾳ καὶ νεότητι γράψασθαι.
ἔοικεν γὰρ ὥσπερ αἴνιγμα συντιθέντι διαπειρωμένῳ "Ἆρα 27
γνώσεται Σωκράτης ὁ σοφὸς δὴ ἐμοῦ χαριεντιζομένου καὶ
ἐναντί᾽ ἐμαυτῷ λέγοντος, ἢ ἐξαπατήσω αὐτὸν καὶ τοὺς ἄλ-
λους τοὺς ἀκούοντας;" οὗτος γὰρ ἐμοὶ φαίνεται τὰ ἐναντία
λέγειν αὐτὸς ἑαυτῷ ἐν τῇ γραφῇ ὥσπερ ἂν εἰ εἴποι· "Ἀδικεῖ 5
Σωκράτης θεοὺς οὐ νομίζων, ἀλλὰ θεοὺς νομίζων." καίτοι
τοῦτό ἐστι παίζοντος.

Συνεπισκέψασθε δή, ὦ ἄνδρες, ᾗ μοι φαίνεται ταῦτα
λέγειν· σὺ δὲ ἡμῖν ἀπόκριναι, ὦ Μέλητε. ὑμεῖς δέ, ὅπερ
κατ᾽ ἀρχὰς ὑμᾶς παρῃτησάμην, μέμνησθέ μοι μὴ θορυβεῖν b
ἐὰν ἐν τῷ εἰωθότι τρόπῳ τοὺς λόγους ποιῶμαι.

Ἔστιν ὅστις ἀνθρώπων, ὦ Μέλητε, ἀνθρώπεια μὲν νομίζει
πράγματ᾽ εἶναι, ἀνθρώπους δὲ οὐ νομίζει; ἀποκρινέσθω, ὦ
ἄνδρες, καὶ μὴ ἄλλα καὶ ἄλλα θορυβείτω· ἔσθ᾽ ὅστις ἵππους 5
μὲν οὐ νομίζει, ἱππικὰ δὲ πράγματα; ἢ αὐλητὰς μὲν οὐ
νομίζει εἶναι, αὐλητικὰ δὲ πράγματα; οὐκ ἔστιν, ὦ ἄριστε
ἀνδρῶν· εἰ μὴ σὺ βούλει ἀποκρίνεσθαι, ἐγὼ σοὶ λέγω καὶ
τοῖς ἄλλοις τουτοισί. ἀλλὰ τὸ ἐπὶ τούτῳ γε ἀπόκριναι·
ἔσθ᾽ ὅστις δαιμόνια μὲν νομίζει πράγματ᾽ εἶναι, δαίμονας δὲ c
οὐ νομίζει;

Οὐκ ἔστιν.

Ὡς ὤνησας ὅτι μόγις ἀπεκρίνω ὑπὸ τουτωνὶ ἀναγκαζό-
μενος. οὐκοῦν δαιμόνια μὲν φῄς με καὶ νομίζειν καὶ διδά- 5
σκειν, εἴτ᾽ οὖν καινὰ εἴτε παλαιά, ἀλλ᾽ οὖν δαιμόνιά γε
νομίζω κατὰ τὸν σὸν λόγον, καὶ ταῦτα καὶ διωμόσω ἐν τῇ
ἀντιγραφῇ. εἰ δὲ δαιμόνια νομίζω, καὶ δαίμονας δήπου

e 7 γὰρ B : μὲν γὰρ T   a 1 post συντιθέντι add. ἢ T : καὶ Arm.
a 2 δὴ B t : om. T   a 4 οὕτως Arm. (recte fortasse) et mox λέγων
a 5 εἰ B² T W : om. B   a 8 δή B t : δέ T   μοι B t : ἐμοὶ T
b 8 ἀποκρίνεσθαι B T : ἀποκρίνασθαι W t   b 9 τὸ B t : τῷ T   c 7 τῇ
B t : om. T

πολλὴ ἀνάγκη νομίζειν μέ ἐστιν· οὐχ οὕτως ἔχει; ἔχει δή·
10 τίθημι γάρ σε ὁμολογοῦντα, ἐπειδὴ οὐκ ἀποκρίνῃ. τοὺς δὲ
d δαίμονας οὐχὶ ἤτοι θεούς γε ἡγούμεθα ἢ θεῶν παῖδας; φῂς
ἢ οὔ;

Πάνυ γε.

Οὐκοῦν εἴπερ δαίμονας ἡγοῦμαι, ὡς σὺ φῄς, εἰ μὲν θεοί
5 τινές εἰσιν οἱ δαίμονες, τοῦτ' ἂν εἴη ὃ ἐγώ φημί σε αἰνίτ-
τεσθαι καὶ χαριεντίζεσθαι, θεοὺς οὐχ ἡγούμενον φάναι με
θεοὺς αὖ ἡγεῖσθαι πάλιν, ἐπειδήπερ γε δαίμονας ἡγοῦμαι·
εἰ δ' αὖ οἱ δαίμονες θεῶν παῖδές εἰσιν νόθοι τινὲς ἢ ἐκ νυμ-
φῶν ἢ ἔκ τινων ἄλλων ὧν δὴ καὶ λέγονται, τίς ἂν ἀνθρώ-
10 πων θεῶν μὲν παῖδας ἡγοῖτο εἶναι, θεοὺς δὲ μή; ὁμοίως γὰρ
e ἂν ἄτοπον εἴη ὥσπερ ἂν εἴ τις ἵππων μὲν παῖδας ἡγοῖτο
ἢ καὶ ὄνων, τοὺς ἡμιόνους, ἵππους δὲ καὶ ὄνους μὴ ἡγοῖτο
εἶναι. ἀλλ', ὦ Μέλητε, οὐκ ἔστιν ὅπως σὺ ταῦτα οὐχὶ
ἀποπειρώμενος ἡμῶν ἐγράψω τὴν γραφὴν ταύτην ἢ ἀπορῶν
5 ὅτι ἐγκαλοῖς ἐμοὶ ἀληθὲς ἀδίκημα· ὅπως δὲ σύ τινα πείθοις
ἂν καὶ σμικρὸν νοῦν ἔχοντα ἀνθρώπων, ὡς οὐ τοῦ αὐτοῦ
ἔστιν καὶ δαιμόνια καὶ θεῖα ἡγεῖσθαι, καὶ αὖ τοῦ αὐτοῦ μήτε
28 δαίμονας μήτε θεοὺς μήτε ἥρωας, οὐδεμία μηχανή ἐστιν.

Ἀλλὰ γάρ, ὦ ἄνδρες Ἀθηναῖοι, ὡς μὲν ἐγὼ οὐκ ἀδικῶ
κατὰ τὴν Μελήτου γραφήν, οὐ πολλῆς μοι δοκεῖ εἶναι ἀπο-
λογίας, ἀλλὰ ἱκανὰ καὶ ταῦτα· ὃ δὲ καὶ ἐν τοῖς ἔμπροσθεν
5 ἔλεγον, ὅτι πολλή μοι ἀπέχθεια γέγονεν καὶ πρὸς πολλούς,
εὖ ἴστε ὅτι ἀληθές ἐστιν. καὶ τοῦτ' ἔστιν ὃ ἐμὲ αἱρεῖ, ἐάν-
περ αἱρῇ, οὐ Μέλητος οὐδὲ Ἄνυτος ἀλλ' ἡ τῶν πολλῶν δια-
βολή τε καὶ φθόνος. ἃ δὴ πολλοὺς καὶ ἄλλους καὶ ἀγαθοὺς

d 1 ἡγούμεθα B : ἡγούμεθα εἶναι T   d 6 με T : ἐμὲ B   d 9 ἂν
B² W t : om. B T   e 1 ὥσπερ ἂν T W : ὥσπερ B   e 2 ἢ secl.
Forster   τοὺς ἡμιόνους secl. Bäumlein sed legit Arrianus   e 3 σὺ
B² T W : οὐ B   ταῦτα secl. Schanz   e 6 νοῦν T W : γ' οὖν
νοῦν B   οὐ τοῦ αὐτοῦ B : οὐ τοῦ αὐτοῦ ἀνδρὸς T : secl. Rieckher
a 6 ἀληθές B : ἀληθής T   αἱρεῖ T : αἱρήσει B   a 8 πολλοὺς καὶ
ἄλλους καὶ B T : καὶ ἄλλους πολλοὺς καὶ coni. Schanz et sic
Arm.

ἄνδρας ᾕρηκεν, οἶμαι δὲ καὶ αἱρήσει· οὐδὲν δὲ δεινὸν μὴ ἐν b
ἐμοὶ στῇ.

Ἴσως ἂν οὖν εἴποι τις· " Εἶτ᾽ οὐκ αἰσχύνῃ, ὦ Σώκρατες,
τοιοῦτον ἐπιτήδευμα ἐπιτηδεύσας ἐξ οὗ κινδυνεύεις νυνὶ ἀπο-
θανεῖν;" ἐγὼ δὲ τούτῳ ἂν δίκαιον λόγον ἀντείποιμι, ὅτι "Οὐ 5
καλῶς λέγεις, ὦ ἄνθρωπε, εἰ οἴει δεῖν κίνδυνον ὑπολογίζεσθαι
τοῦ ζῆν ἢ τεθνάναι ἄνδρα ὅτου τι καὶ σμικρὸν ὄφελός ἐστιν,
ἀλλ᾽ οὐκ ἐκεῖνο μόνον σκοπεῖν ὅταν πράττῃ, πότερον δίκαια ἢ
ἄδικα πράττει, καὶ ἀνδρὸς ἀγαθοῦ ἔργα ἢ κακοῦ. φαῦλοι
γὰρ ἂν τῷ γε σῷ λόγῳ εἶεν τῶν ἡμιθέων ὅσοι ἐν Τροίᾳ c
τετελευτήκασιν οἵ τε ἄλλοι καὶ ὁ τῆς Θέτιδος υἱός, ὃς
τοσοῦτον τοῦ κινδύνου κατεφρόνησεν παρὰ τὸ αἰσχρόν τι
ὑπομεῖναι ὥστε, ἐπειδὴ εἶπεν ἡ μήτηρ αὐτῷ προθυμουμένῳ
Ἕκτορα ἀποκτεῖναι, θεὸς οὖσα, οὑτωσί πως, ὡς ἐγὼ οἶμαι· 5
'Ὦ παῖ, εἰ τιμωρήσεις Πατρόκλῳ τῷ ἑταίρῳ τὸν φόνον
καὶ Ἕκτορα ἀποκτενεῖς, αὐτὸς ἀποθανῇ—αὐτίκα γάρ τοι,'
φησί, 'μεθ᾽ Ἕκτορα πότμος ἑτοῖμος'—ὁ δὲ τοῦτο ἀκούσας
τοῦ μὲν θανάτου καὶ τοῦ κινδύνου ὠλιγώρησε, πολὺ δὲ μᾶλ-
λον δείσας τὸ ζῆν κακὸς ὢν καὶ τοῖς φίλοις μὴ τιμωρεῖν, d
'Αὐτίκα,' φησί, 'τεθναίην, δίκην ἐπιθεὶς τῷ ἀδικοῦντι,
ἵνα μὴ ἐνθάδε μένω καταγέλαστος παρὰ νηυσὶ κορωνίσιν
ἄχθος ἀρούρης.' μὴ αὐτὸν οἴει φροντίσαι θανάτου καὶ
κινδύνου;"
5
Οὕτω γὰρ ἔχει, ὦ ἄνδρες Ἀθηναῖοι, τῇ ἀληθείᾳ· οὗ ἄν τις
ἑαυτὸν τάξῃ ἡγησάμενος βέλτιστον εἶναι ἢ ὑπ᾽ ἄρχοντος
ταχθῇ, ἐνταῦθα δεῖ, ὡς ἐμοὶ δοκεῖ, μένοντα κινδυνεύειν,
μηδὲν ὑπολογιζόμενον μήτε θάνατον μήτε ἄλλο μηδὲν πρὸ τοῦ
αἰσχροῦ. ἐγὼ οὖν δεινὰ ἂν εἴην εἰργασμένος, ὦ ἄνδρες 10
Ἀθηναῖοι, εἰ ὅτε μέν με οἱ ἄρχοντες ἔταττον, οὓς ὑμεῖς εἵλεσθε e

b 1 αἱρήσει Tb : αἱρήσειν B   b 3 ἂν T Eus. Stob. : δ᾽ ἂν B t
b 5 οὐ B t : om. T   b 8 πότερον TW : πότερα B   c 5 οὑτωσί
B : οὕτως T   c 6 ὦ παῖ B²TW Arm. : om. B   c 8 τοῦτ᾽ T :
ταῦτα B   d 2 δίκην B : τὴν δίκην T   d 3 κορωνίσιν T : κορωνηίσιν
B : ἐτώσιον Homerus Σ 104   d 7 ἢ ante ἡγησάμενος add. B

ἄρχειν μου, καὶ ἐν Ποτειδαίᾳ καὶ ἐν Ἀμφιπόλει καὶ ἐπὶ
Δηλίῳ, τότε μὲν οὗ ἐκεῖνοι ἔταττον ἔμενον ὥσπερ καὶ ἄλλος
τις καὶ ἐκινδύνευον ἀποθανεῖν, τοῦ δὲ θεοῦ τάττοντος, ὡς ἐγὼ
5 ᾠήθην τε καὶ ὑπέλαβον, φιλοσοφοῦντά με δεῖν ζῆν καὶ ἐξετά-
ζοντα ἐμαυτὸν καὶ τοὺς ἄλλους, ἐνταῦθα δὲ φοβηθεὶς ἢ θάνατον
29 ἢ ἄλλ᾽ ὁτιοῦν πρᾶγμα λίποιμι τὴν τάξιν. δεινόν τἂν εἴη, καὶ
ὡς ἀληθῶς τότ᾽ ἄν με δικαίως εἰσάγοι τις εἰς δικαστήριον,
ὅτι οὐ νομίζω θεοὺς εἶναι ἀπειθῶν τῇ μαντείᾳ καὶ δεδιὼς
θάνατον καὶ οἰόμενος σοφὸς εἶναι οὐκ ὤν. τὸ γάρ τοι
5 θάνατον δεδιέναι, ὦ ἄνδρες, οὐδὲν ἄλλο ἐστὶν ἢ δοκεῖν σοφὸν
εἶναι μὴ ὄντα· δοκεῖν γὰρ εἰδέναι ἐστὶν ἃ οὐκ οἶδεν. οἶδε
μὲν γὰρ οὐδεὶς τὸν θάνατον οὐδ᾽ εἰ τυγχάνει τῷ ἀνθρώπῳ
πάντων μέγιστον ὂν τῶν ἀγαθῶν, δεδίασι δ᾽ ὡς εὖ εἰδότες
b ὅτι μέγιστον τῶν κακῶν ἐστι. καίτοι πῶς οὐκ ἀμαθία ἐστὶν
αὕτη ἡ ἐπονείδιστος, ἡ τοῦ οἴεσθαι εἰδέναι ἃ οὐκ οἶδεν; ἐγὼ
δ᾽, ὦ ἄνδρες, τούτῳ καὶ ἐνταῦθα ἴσως διαφέρω τῶν πολλῶν
ἀνθρώπων, καὶ εἰ δή τῳ σοφώτερός του φαίην εἶναι, τούτῳ
5 ἄν, ὅτι οὐκ εἰδὼς ἱκανῶς περὶ τῶν ἐν Ἅιδου οὕτω καὶ οἴομαι
οὐκ εἰδέναι· τὸ δὲ ἀδικεῖν καὶ ἀπειθεῖν τῷ βελτίονι καὶ θεῷ
καὶ ἀνθρώπῳ, ὅτι κακὸν καὶ αἰσχρόν ἐστιν οἶδα. πρὸ οὖν τῶν
κακῶν ὧν οἶδα ὅτι κακά ἐστιν, ἃ μὴ οἶδα εἰ καὶ ἀγαθὰ ὄντα
τυγχάνει οὐδέποτε φοβήσομαι οὐδὲ φεύξομαι· ὥστε οὐδ᾽ εἰ
c με νῦν ὑμεῖς ἀφίετε Ἀνύτῳ ἀπιστήσαντες, ὃς ἔφη ἢ τὴν
ἀρχὴν οὐ δεῖν ἐμὲ δεῦρο εἰσελθεῖν ἤ, ἐπειδὴ εἰσῆλθον, οὐχ
οἷόν τ᾽ εἶναι τὸ μὴ ἀποκτεῖναί με, λέγων πρὸς ὑμᾶς ὡς εἰ
διαφευξοίμην ἤδη [ἂν] ὑμῶν οἱ υἱεῖς ἐπιτηδεύοντες ἃ Σωκρά-
5 της διδάσκει πάντες παντάπασι διαφθαρήσονται,—εἴ μοι
πρὸς ταῦτα εἴποιτε· "Ὦ Σώκρατες, νῦν μὲν Ἀνύτῳ οὐ πει-

e 5 δεῖν ζῆν] διαζῆν Stobaeus   a 1 λίποιμι Β : λείποιμι T
τἂν Β : μέντ᾽ ἂν T : ἂν Stobaeus   a 6 οὐκ] μὴ in marg. T
b 1 καίτοι Eusebius : καὶ τοῦτο Β Τ W Stobaeus : καὶ Arm.   b 2 αὕτη
ἡ om. Arm.   b 3 τούτῳ secl. Schanz   b 4 τούτῳ B² T W :
τοῦτ] B   b 8 εἰ καὶ Stobaeus Eusebius Theodoretus : εἰ B T
c 4 ἂν secl. Cobet   c 6 πειθόμεθα Baumann

σόμεθα ἀλλ' ἀφίεμέν σε, ἐπὶ τούτῳ μέντοι, ἐφ' ᾧτε μηκέτι
ἐν ταύτῃ τῇ ζητήσει διατρίβειν μηδὲ φιλοσοφεῖν· ἐὰν δὲ
ἁλῷς ἔτι τοῦτο πράττων, ἀποθανῇ "—εἰ οὖν με, ὅπερ εἶπον, d
ἐπὶ τούτοις ἀφίοιτε, εἴποιμ' ἂν ὑμῖν ὅτι "'Εγὼ ὑμᾶς, ὦ ἄνδρες
'Αθηναῖοι, ἀσπάζομαι μὲν καὶ φιλῶ, πείσομαι δὲ μᾶλλον τῷ
θεῷ ἢ ὑμῖν, καὶ ἕωσπερ ἂν ἐμπνέω καὶ οἷός τε ὦ, οὐ μὴ
παύσωμαι φιλοσοφῶν καὶ ὑμῖν παρακελευόμενός τε καὶ 5
ἐνδεικνύμενος ὅτῳ ἂν ἀεὶ ἐντυγχάνω ὑμῶν, λέγων οἷάπερ
εἴωθα, ὅτι ''Ω ἄριστε ἀνδρῶν, 'Αθηναῖος ὤν, πόλεως τῆς
μεγίστης καὶ εὐδοκιμωτάτης εἰς σοφίαν καὶ ἰσχύν, χρημάτων
μὲν οὐκ αἰσχύνῃ ἐπιμελούμενος ὅπως σοι ἔσται ὡς πλεῖστα,
καὶ δόξης καὶ τιμῆς, φρονήσεως δὲ καὶ ἀληθείας καὶ τῆς e
ψυχῆς ὅπως ὡς βελτίστη ἔσται οὐκ ἐπιμελῇ οὐδὲ φροντί-
ζεις;' καὶ ἐάν τις ὑμῶν ἀμφισβητήσῃ καὶ φῇ ἐπιμελεῖσθαι,
οὐκ εὐθὺς ἀφήσω αὐτὸν οὐδ' ἄπειμι, ἀλλ' ἐρήσομαι αὐτὸν καὶ
ἐξετάσω καὶ ἐλέγξω, καὶ ἐάν μοι μὴ δοκῇ κεκτῆσθαι ἀρετήν, 5
φάναι δέ, ὀνειδιῶ ὅτι τὰ πλείστου ἄξια περὶ ἐλαχίστου ποι- 30
εῖται, τὰ δὲ φαυλότερα περὶ πλείονος. ταῦτα καὶ νεωτέρῳ
καὶ πρεσβυτέρῳ ὅτῳ ἂν ἐντυγχάνω ποιήσω, καὶ ξένῳ καὶ
ἀστῷ, μᾶλλον δὲ τοῖς ἀστοῖς, ὅσῳ μου ἐγγυτέρω ἐστὲ γένει.
ταῦτα γὰρ κελεύει ὁ θεός, εὖ ἴστε, καὶ ἐγὼ οἴομαι οὐδέν πω 5
ὑμῖν μεῖζον ἀγαθὸν γενέσθαι ἐν τῇ πόλει ἢ τὴν ἐμὴν τῷ θεῷ
ὑπηρεσίαν. οὐδὲν γὰρ ἄλλο πράττων ἐγὼ περιέρχομαι ἢ
πείθων ὑμῶν καὶ νεωτέρους καὶ πρεσβυτέρους μήτε σωμάτων
ἐπιμελεῖσθαι μήτε χρημάτων πρότερον μηδὲ οὕτω σφόδρα b
ὡς τῆς ψυχῆς ὅπως ὡς ἀρίστη ἔσται, λέγων ὅτι 'Οὐκ ἐκ
χρημάτων ἀρετὴ γίγνεται, ἀλλ' ἐξ ἀρετῆς χρήματα καὶ τὰ
ἄλλα ἀγαθὰ τοῖς ἀνθρώποις ἅπαντα καὶ ἰδίᾳ καὶ δημοσίᾳ.'

d 2 ὦ TW : om. B   e 3 ἀμφισβητήσῃ T : ἀμφισβητῇ B
a 1 ποιεῖται B : ποιήσεται T   a 4 μου B : μοι TW (sed ν supra ι Tw)
b 1 μηδὲ] μὴ δὲ B et (ut videtur) Stobaeus : μήτε ἄλλου τινὸς
T b   b 2 ὅτι TW Arm. Stobaeus : om. B   b 3 ἀρετὴ
B : ἡ ἀρετὴ T Stobaeus   τὰ χρήματα Stobaeus   b 4 ἅπαντα
om. Stobaeus

5 εἰ μὲν οὖν ταῦτα λέγων διαφθείρω τοὺς νέους, ταῦτ' ἂν εἴη
βλαβερά· εἰ δέ τίς μέ φησιν ἄλλα λέγειν ἢ ταῦτα, οὐδὲν
λέγει. πρὸς ταῦτα," φαίην ἄν, "ὦ ἄνδρες Ἀθηναῖοι, ἢ
πείθεσθε Ἀνύτῳ ἢ μή, καὶ ἢ ἀφίετέ με ἢ μή, ὡς ἐμοῦ οὐκ
c ἂν ποιήσαντος ἄλλα, οὐδ' εἰ μέλλω πολλάκις τεθνάναι."
Μὴ θορυβεῖτε, ὦ ἄνδρες Ἀθηναῖοι, ἀλλ' ἐμμείνατέ μοι
οἷς ἐδεήθην ὑμῶν, μὴ θορυβεῖν ἐφ' οἷς ἂν λέγω ἀλλ' ἀκούειν·
καὶ γάρ, ὡς ἐγὼ οἶμαι, ὀνήσεσθε ἀκούοντες. μέλλω γὰρ οὖν
5 ἄττα ὑμῖν ἐρεῖν καὶ ἄλλα ἐφ' οἷς ἴσως βοήσεσθε· ἀλλὰ
μηδαμῶς ποιεῖτε τοῦτο. εὖ γὰρ ἴστε, ἐάν με ἀποκτείνητε
τοιοῦτον ὄντα οἷον ἐγὼ λέγω, οὐκ ἐμὲ μείζω βλάψετε ἢ
ὑμᾶς αὐτούς· ἐμὲ μὲν γὰρ οὐδὲν ἂν βλάψειεν οὔτε Μέλητος
οὔτε Ἄνυτος—οὐδὲ γὰρ ἂν δύναιτο—οὐ γὰρ οἴομαι θεμιτὸν
d εἶναι ἀμείνονι ἀνδρὶ ὑπὸ χείρονος βλάπτεσθαι. ἀποκτείνειε
μεντἂν ἴσως ἢ ἐξελάσειεν ἢ ἀτιμώσειεν· ἀλλὰ ταῦτα οὗτος
μὲν ἴσως οἴεται καὶ ἄλλος τίς που μεγάλα κακά, ἐγὼ δ' οὐκ
οἴομαι, ἀλλὰ πολὺ μᾶλλον ποιεῖν ἃ οὑτοσὶ νῦν ποιεῖ, ἄνδρα
5 ἀδίκως ἐπιχειρεῖν ἀποκτεινύναι. νῦν οὖν, ὦ ἄνδρες Ἀθη-
ναῖοι, πολλοῦ δέω ἐγὼ ὑπὲρ ἐμαυτοῦ ἀπολογεῖσθαι, ὥς τις
ἂν οἴοιτο, ἀλλὰ ὑπὲρ ὑμῶν, μή τι ἐξαμάρτητε περὶ τὴν τοῦ
e θεοῦ δόσιν ὑμῖν ἐμοῦ καταψηφισάμενοι. ἐὰν γάρ με ἀπο-
κτείνητε, οὐ ῥᾳδίως ἄλλον τοιοῦτον εὑρήσετε, ἀτεχνῶς—εἰ
καὶ γελοιότερον εἰπεῖν—προσκείμενον τῇ πόλει ὑπὸ τοῦ θεοῦ
ὥσπερ ἵππῳ μεγάλῳ μὲν καὶ γενναίῳ, ὑπὸ μεγέθους δὲ νωθε-
5 στέρῳ καὶ δεομένῳ ἐγείρεσθαι ὑπὸ μύωπός τινος, οἷον δή
μοι δοκεῖ ὁ θεὸς ἐμὲ τῇ πόλει προστεθηκέναι τοιοῦτόν τινα,
ὃς ὑμᾶς ἐγείρων καὶ πείθων καὶ ὀνειδίζων ἕνα ἕκαστον
31 οὐδὲν παύομαι τὴν ἡμέραν ὅλην πανταχοῦ προσκαθίζων.

b 7 ἄνδρες T : om. B   b 8 με T : om. B   ἢ μή T : ἢ μὴ ἀφίετε Β
c 1 ποιήσαντος Cobet : ποιήσοντος B T   c 2 ὦ T : om. B   c 4 οὖν
om. W   c 5 ἐρεῖν ὑμῖν T   c 6 με T : ἐμὲ B   c 8 ἂν βλάψειεν
B : βλάψει T   c 9 δύναιντο Stobaeus et corr. pr. T   d 1 ἀποκτενεῖ
με T   d 2 ἀτιμώσειεν Stobaeus : ἀτιμάσειεν B T   d 4 οὑτοσὶ νῦν
T : οὗτος νυνὶ B   d 7 τι B : om. T W   τοῦ θεοῦ T W b : τῶν
θεῶν B   e 1 με T : ἐμὲ B   e 4 νωθροτέρῳ T

τοιοῦτος οὖν ἄλλος οὐ ῥᾳδίως ὑμῖν γενήσεται, ὦ ἄνδρες,
ἀλλ' ἐὰν ἐμοὶ πείθησθε, φείσεσθέ μου· ὑμεῖς δ' ἴσως τάχ'
ἂν ἀχθόμενοι, ὥσπερ οἱ νυστάζοντες ἐγειρόμενοι, κρούσαντες
ἄν με, πειθόμενοι Ἀνύτῳ, ῥᾳδίως ἂν ἀποκτείναιτε, εἶτα τὸν 5
λοιπὸν βίον καθεύδοντες διατελοῖτε ἄν, εἰ μή τινα ἄλλον ὁ
θεὸς ὑμῖν ἐπιπέμψειεν κηδόμενος ὑμῶν. ὅτι δ' ἐγὼ τυγχάνω
ὢν τοιοῦτος οἷος ὑπὸ τοῦ θεοῦ τῇ πόλει δεδόσθαι, ἐνθένδε
ἂν κατανοήσαιτε· οὐ γὰρ ἀνθρωπίνῳ ἔοικε τὸ ἐμὲ τῶν b
μὲν ἐμαυτοῦ πάντων ἠμεληκέναι καὶ ἀνέχεσθαι τῶν οἰκείων
ἀμελουμένων τοσαῦτα ἤδη ἔτη, τὸ δὲ ὑμέτερον πράττειν ἀεί,
ἰδίᾳ ἑκάστῳ προσιόντα ὥσπερ πατέρα ἢ ἀδελφὸν πρεσβύ-
τερον πείθοντα ἐπιμελεῖσθαι ἀρετῆς. καὶ εἰ μέν τι ἀπὸ 5
τούτων ἀπέλαυον καὶ μισθὸν λαμβάνων ταῦτα παρεκε-
λευόμην, εἶχον ἄν τινα λόγον· νῦν δὲ ὁρᾶτε δὴ καὶ αὐτοὶ
ὅτι οἱ κατήγοροι τἆλλα πάντα ἀναισχύντως οὕτω κατη-
γοροῦντες τοῦτό γε οὐχ οἷοί τε ἐγένοντο ἀπαναισχυντῆσαι
παρασχόμενοι μάρτυρα, ὡς ἐγώ ποτέ τινα ἢ ἐπραξάμην c
μισθὸν ἢ ᾔτησα. ἱκανὸν γάρ, οἶμαι, ἐγὼ παρέχομαι τὸν
μάρτυρα ὡς ἀληθῆ λέγω, τὴν πενίαν.

Ἴσως ἂν οὖν δόξειεν ἄτοπον εἶναι, ὅτι δὴ ἐγὼ ἰδίᾳ μὲν
ταῦτα συμβουλεύω περιιὼν καὶ πολυπραγμονῶ, δημοσίᾳ δὲ 5
οὐ τολμῶ ἀναβαίνων εἰς τὸ πλῆθος τὸ ὑμέτερον συμβου-
λεύειν τῇ πόλει. τούτου δὲ αἴτιόν ἐστιν ὃ ὑμεῖς ἐμοῦ
πολλάκις ἀκηκόατε πολλαχοῦ λέγοντος, ὅτι μοι θεῖόν τι καὶ
δαιμόνιον γίγνεται [φωνή], ὃ δὴ καὶ ἐν τῇ γραφῇ ἐπικω- d
μῳδῶν Μέλητος ἐγράψατο. ἐμοὶ δὲ τοῦτ' ἔστιν ἐκ παιδὸς
ἀρξάμενον, φωνή τις γιγνομένη, ἣ ὅταν γένηται, ἀεὶ ἀπο-
τρέπει με τοῦτο ὃ ἂν μέλλω πράττειν, προτρέπει δὲ οὔποτε.
τοῦτ' ἔστιν ὅ μοι ἐναντιοῦται τὰ πολιτικὰ πράττειν, καὶ 5

a 5 ἂν post ῥᾳδίως om. T   a 6 βίον B γρ. t : χρόνον T   ὑμῖν
ὁ θεὸς T   b 2 πάντων T : ἁπάντων B   b 5 μέν τι W : μέντοί
τι B T (sed μέντί τι fuisse videtur in T)   b 7 εἶχον B : εἶχεν T
b 8 οὕτως ἀναισχύντως T   b 9 τε B : om. T   c 2 ἐγὼ om. T
τὸν B T : om. W   c 5 πολυπραγμονῶν T   d 1 φωνή secl.
Forster   d 4 τοῦτο B : τούτου T

παγκάλως γέ μοι δοκεῖ ἐναντιοῦσθαι· εὖ γὰρ ἴστε, ὦ ἄνδρες
Ἀθηναῖοι, εἰ ἐγὼ πάλαι ἐπεχείρησα πράττειν τὰ πολιτικὰ
πράγματα, πάλαι ἂν ἀπολώλη καὶ οὔτ' ἂν ὑμᾶς ὠφελήκη
e οὐδὲν οὔτ' ἂν ἐμαυτόν. καί μοι μὴ ἄχθεσθε λέγοντι τἀληθῆ·
οὐ γὰρ ἔστιν ὅστις ἀνθρώπων σωθήσεται οὔτε ὑμῖν οὔτε
ἄλλῳ πλήθει οὐδενὶ γνησίως ἐναντιούμενος καὶ διακωλύων
πολλὰ ἄδικα καὶ παράνομα ἐν τῇ πόλει γίγνεσθαι, ἀλλ'
32 ἀναγκαῖόν ἐστι τὸν τῷ ὄντι μαχούμενον ὑπὲρ τοῦ δικαίου,
καὶ εἰ μέλλει ὀλίγον χρόνον σωθήσεσθαι, ἰδιωτεύειν ἀλλὰ
μὴ δημοσιεύειν.

Μεγάλα δ' ἔγωγε ὑμῖν τεκμήρια παρέξομαι τούτων, οὐ
5 λόγους ἀλλ' ὃ ὑμεῖς τιμᾶτε, ἔργα. ἀκούσατε δή μοι τὰ
συμβεβηκότα, ἵνα εἰδῆτε ὅτι οὐδ' ἂν ἑνὶ ὑπεικάθοιμι παρὰ
τὸ δίκαιον δείσας θάνατον, μὴ ὑπείκων δὲ ἀλλὰ κἂν ἀπο-
λοίμην. ἐρῶ δὲ ὑμῖν φορτικὰ μὲν καὶ δικανικά, ἀληθῆ δέ.
ἐγὼ γάρ, ὦ ἄνδρες Ἀθηναῖοι, ἄλλην μὲν ἀρχὴν οὐδεμίαν
b πώποτε ἦρξα ἐν τῇ πόλει, ἐβούλευσα δέ· καὶ ἔτυχεν ἡμῶν
ἡ φυλὴ Ἀντιοχὶς πρυτανεύουσα ὅτε ὑμεῖς τοὺς δέκα
στρατηγοὺς τοὺς οὐκ ἀνελομένους τοὺς ἐκ τῆς ναυμαχίας
ἐβουλεύσασθε ἀθρόους κρίνειν, παρανόμως, ὡς ἐν τῷ ὑστέρῳ
5 χρόνῳ πᾶσιν ὑμῖν ἔδοξεν. τότ' ἐγὼ μόνος τῶν πρυτάνεων
ἠναντιώθην ὑμῖν μηδὲν ποιεῖν παρὰ τοὺς νόμους καὶ ἐναντία
ἐψηφισάμην· καὶ ἑτοίμων ὄντων ἐνδεικνύναι με καὶ ἀπάγειν
τῶν ῥητόρων, καὶ ὑμῶν κελευόντων καὶ βοώντων, μετὰ τοῦ
c νόμου καὶ τοῦ δικαίου ᾤμην μᾶλλόν με δεῖν διακινδυνεύειν
ἢ μεθ' ὑμῶν γενέσθαι μὴ δίκαια βουλευομένων, φοβηθέντα
δεσμὸν ἢ θάνατον. καὶ ταῦτα μὲν ἦν ἔτι δημοκρατουμένης
τῆς πόλεως· ἐπειδὴ δὲ ὀλιγαρχία ἐγένετο, οἱ τριάκοντα αὖ

μεταπεμψάμενοί με πέμπτον αὐτὸν εἰς τὴν θόλον προσέταξαν 5
ἀγαγεῖν ἐκ Σαλαμῖνος Λέοντα τὸν Σαλαμίνιον ἵνα ἀποθάνοι,
οἷα δὴ καὶ ἄλλοις ἐκεῖνοι πολλοῖς πολλὰ προσέταττον, βου-
λόμενοι ὡς πλείστους ἀναπλῆσαι αἰτιῶν. τότε μέντοι ἐγὼ
οὐ λόγῳ ἀλλ᾽ ἔργῳ αὖ ἐνεδειξάμην ὅτι ἐμοὶ θανάτου μὲν d
μέλει, εἰ μὴ ἀγροικότερον ἦν εἰπεῖν, οὐδ᾽ ὁτιοῦν, τοῦ δὲ μηδὲν
ἄδικον μηδ᾽ ἀνόσιον ἐργάζεσθαι, τούτου δὲ τὸ πᾶν μέλει.
ἐμὲ γὰρ ἐκείνη ἡ ἀρχὴ οὐκ ἐξέπληξεν, οὕτως ἰσχυρὰ οὖσα,
ὥστε ἄδικόν τι ἐργάσασθαι, ἀλλ᾽ ἐπειδὴ ἐκ τῆς θόλου 5
ἐξήλθομεν, οἱ μὲν τέτταρες ᾤχοντο εἰς Σαλαμῖνα καὶ ἤγαγον
Λέοντα, ἐγὼ δὲ ᾠχόμην ἀπιὼν οἴκαδε. καὶ ἴσως ἂν διὰ
ταῦτα ἀπέθανον, εἰ μὴ ἡ ἀρχὴ διὰ ταχέων κατελύθη. καὶ
τούτων ὑμῖν ἔσονται πολλοὶ μάρτυρες. e

Ἆρ᾽ οὖν ἄν με οἴεσθε τοσάδε ἔτη διαγενέσθαι εἰ ἔπραττον
τὰ δημόσια, καὶ πράττων ἀξίως ἀνδρὸς ἀγαθοῦ ἐβοήθουν
τοῖς δικαίοις καὶ ὥσπερ χρὴ τοῦτο περὶ πλείστου ἐποιούμην;
πολλοῦ γε δεῖ, ὦ ἄνδρες Ἀθηναῖοι· οὐδὲ γὰρ ἂν ἄλλος 5
ἀνθρώπων οὐδείς. ἀλλ᾽ ἐγὼ διὰ παντὸς τοῦ βίου δημοσίᾳ 33
τε εἴ πού τι ἔπραξα τοιοῦτος φανοῦμαι, καὶ ἰδίᾳ ὁ αὐτὸς
οὗτος, οὐδενὶ πώποτε συγχωρήσας οὐδὲν παρὰ τὸ δίκαιον
οὔτε ἄλλῳ οὔτε τούτων οὐδενὶ οὓς δὴ διαβάλλοντες ἐμέ
φασιν ἐμοὺς μαθητὰς εἶναι. ἐγὼ δὲ διδάσκαλος μὲν οὐδενὸς 5
πώποτ᾽ ἐγενόμην· εἰ δέ τίς μου λέγοντος καὶ τὰ ἐμαυτοῦ
πράττοντος ἐπιθυμοῖ ἀκούειν, εἴτε νεώτερος εἴτε πρεσβύτερος,
οὐδενὶ πώποτε ἐφθόνησα, οὐδὲ χρήματα μὲν λαμβάνων διαλέ-
γομαι μὴ λαμβάνων δὲ οὔ, ἀλλ᾽ ὁμοίως καὶ πλουσίῳ καὶ b
πένητι παρέχω ἐμαυτὸν ἐρωτᾶν, καὶ ἐάν τις βούληται
ἀποκρινόμενος ἀκούειν ὧν ἂν λέγω. καὶ τούτων ἐγὼ εἴτε
τις χρηστὸς γίγνεται εἴτε μή, οὐκ ἂν δικαίως τὴν αἰτίαν
ὑπέχοιμι, ὧν μήτε ὑπεσχόμην μηδενὶ μηδὲν πώποτε μάθημα 5
μήτε ἐδίδαξα· εἰ δέ τίς φησι παρ᾽ ἐμοῦ πώποτέ τι μαθεῖν ἢ

d 1 μὲν θανάτου T   e 1 ὑμῖν] ὑμῶν Hermann   e 5 δεῖ
B² T W : δὴ B   a 4 δὴ T : οἱ B t   a 6 μου B : ἐμοῦ T
a 7 ἐπιθυμοῖ T : ἐπιθυμεῖ B : ἐπεθύμει Cobet   b 6 τι B : ἢ T

ἀκοῦσαι ἰδίᾳ ὅτι μὴ καὶ οἱ ἄλλοι πάντες, εὖ ἴστε ὅτι οὐκ
ἀληθῆ λέγει.

'Αλλὰ διὰ τί δή ποτε μετ' ἐμοῦ χαίρουσί τινες πολὺν
c χρόνον διατρίβοντες; ἀκηκόατε, ὦ ἄνδρες 'Αθηναῖοι, πᾶσαν
ὑμῖν τὴν ἀλήθειαν ἐγὼ εἶπον· ὅτι ἀκούοντες χαίρουσιν
ἐξεταζομένοις τοῖς οἰομένοις μὲν εἶναι σοφοῖς, οὖσι δ' οὔ.
ἔστι γὰρ οὐκ ἀηδές. ἐμοὶ δὲ τοῦτο, ὡς ἐγώ φημι, προστέ-
5 τακται ὑπὸ τοῦ θεοῦ πράττειν καὶ ἐκ μαντείων καὶ ἐξ ἐνυπνίων
καὶ παντὶ τρόπῳ ᾧπέρ τίς ποτε καὶ ἄλλη θεία μοῖρα ἀνθρώπῳ
καὶ ὁτιοῦν προσέταξε πράττειν. ταῦτα, ὦ ἄνδρες 'Αθηναῖοι,
καὶ ἀληθῆ ἐστιν καὶ εὐέλεγκτα. εἰ γὰρ δὴ ἔγωγε τῶν νέων
d τοὺς μὲν διαφθείρω τοὺς δὲ διέφθαρκα, χρῆν δήπου, εἴτε
τινὲς αὐτῶν πρεσβύτεροι γενόμενοι ἔγνωσαν ὅτι νέοις οὖσιν
αὐτοῖς ἐγὼ κακὸν πώποτέ τι συνεβούλευσα, νυνὶ αὐτοὺς
ἀναβαίνοντας ἐμοῦ κατηγορεῖν καὶ τιμωρεῖσθαι· εἰ δὲ μὴ
5 αὐτοὶ ἤθελον, τῶν οἰκείων τινὰς τῶν ἐκείνων, πατέρας καὶ
ἀδελφοὺς καὶ ἄλλους τοὺς προσήκοντας, εἴπερ ὑπ' ἐμοῦ τι
κακὸν ἐπεπόνθεσαν αὐτῶν οἱ οἰκεῖοι, νῦν μεμνῆσθαι καὶ
τιμωρεῖσθαι. πάντως δὲ πάρεισιν αὐτῶν πολλοὶ ἐνταυθοῖ
οὓς ἐγὼ ὁρῶ, πρῶτον μὲν Κρίτων οὑτοσί, ἐμὸς ἡλικιώτης
e καὶ δημότης, Κριτοβούλου τοῦδε πατήρ, ἔπειτα Λυσανίας ὁ
Σφήττιος, Αἰσχίνου τοῦδε πατήρ, ἔτι δ' 'Αντιφῶν ὁ Κηφι-
σιεὺς οὑτοσί, 'Επιγένους πατήρ, ἄλλοι τοίνυν οὗτοι ὧν οἱ
ἀδελφοὶ ἐν ταύτῃ τῇ διατριβῇ γεγόνασιν, Νικόστρατος
5 Θεοζοτίδου, ἀδελφὸς Θεοδότου—καὶ ὁ μὲν Θεόδοτος τετε-
λεύτηκεν, ὥστε οὐκ ἂν ἐκεῖνός γε αὐτοῦ καταδεηθείη—καὶ
Παράλιος ὅδε, ὁ Δημοδόκου, οὗ ἦν Θεάγης ἀδελφός· ὅδε δὲ
34 'Αδείμαντος, ὁ 'Αρίστωνος, οὗ ἀδελφὸς οὑτοσὶ Πλάτων, καὶ

b 7 οἱ T W : om. B   c 6 ἄλλη] ἄλλῳ Arm.   θεία μοίρα T
c 7 ἄνδρες T : om. B   c 8 εὐεξέλεγκτα T   ἔγωγε B : ἐγὼ T
νέων B : νεωτέρων T   d 7 αὐτῶν om. T   καὶ τιμωρεῖσθαι om. T
e 1 τοῦδε B : τούτου T   e 2 ἔτι δ' T Arm. : ἔτι B   e 5 θεο-
ζοτίδου W cf. C I A ii. 2, no. 944 : θεοζωτίδου B : ὁ θεοσδοτίδου T : τε
ὁ ζοτίδου Arm.   e 7 Παράλιος Kirchner cf. C I A ii. 660 : πάραλος
T : πάραδος B W Arm.

Αἰαντόδωρος, οὗ Ἀπολλόδωρος ὅδε ἀδελφός. καὶ ἄλλους πολλοὺς ἐγὼ ἔχω ὑμῖν εἰπεῖν, ὧν τινα ἐχρῆν μάλιστα μὲν ἐν τῷ ἑαυτοῦ λόγῳ παρασχέσθαι Μέλητον μάρτυρα· εἰ δὲ τότε ἐπελάθετο, νῦν παρασχέσθω—ἐγὼ παραχωρῶ—καὶ λεγέτω 5 εἴ τι ἔχει τοιοῦτον. ἀλλὰ τούτου πᾶν τοὐναντίον εὑρήσετε, ὦ ἄνδρες, πάντας ἐμοὶ βοηθεῖν ἑτοίμους τῷ διαφθείροντι, τῷ κακὰ ἐργαζομένῳ τοὺς οἰκείους αὐτῶν, ὥς φασι Μέλητος καὶ Ἄνυτος. αὐτοὶ μὲν γὰρ οἱ διεφθαρμένοι τάχ᾽ ἂν λόγον b ἔχοιεν βοηθοῦντες· οἱ δὲ ἀδιάφθαρτοι, πρεσβύτεροι ἤδη ἄνδρες, οἱ τούτων προσήκοντες, τίνα ἄλλον ἔχουσι λόγον βοηθοῦντες ἐμοὶ ἀλλ᾽ ἢ τὸν ὀρθόν τε καὶ δίκαιον, ὅτι συνίσασι Μελήτῳ μὲν ψευδομένῳ, ἐμοὶ δὲ ἀληθεύοντι; 5

Εἶεν δή, ὦ ἄνδρες· ἃ μὲν ἐγὼ ἔχοιμ᾽ ἂν ἀπολογεῖσθαι, σχεδόν ἐστι ταῦτα καὶ ἄλλα ἴσως τοιαῦτα. τάχα δ᾽ ἄν τις ὑμῶν ἀγανακτήσειεν ἀναμνησθεὶς ἑαυτοῦ, εἰ ὁ μὲν καὶ ἐλάττω c τουτουὶ τοῦ ἀγῶνος ἀγῶνα ἀγωνιζόμενος ἐδεήθη τε καὶ ἱκέτευσε τοὺς δικαστὰς μετὰ πολλῶν δακρύων, παιδία τε αὑτοῦ ἀναβιβασάμενος ἵνα ὅτι μάλιστα ἐλεηθείη, καὶ ἄλλους τῶν οἰκείων καὶ φίλων πολλούς, ἐγὼ δὲ οὐδὲν ἄρα τούτων 5 ποιήσω, καὶ ταῦτα κινδυνεύων, ὡς ἂν δόξαιμι, τὸν ἔσχατον κίνδυνον. τάχ᾽ ἂν οὖν τις ταῦτα ἐννοήσας αὐθαδέστερον ἂν πρός με σχοίη καὶ ὀργισθεὶς αὐτοῖς τούτοις θεῖτο ἂν μετ᾽ ὀργῆς τὴν ψῆφον. εἰ δή τις ὑμῶν οὕτως ἔχει—οὐκ ἀξιῶ d μὲν γὰρ ἔγωγε, εἰ δ᾽ οὖν—ἐπιεικῆ ἄν μοι δοκῶ πρὸς τοῦτον λέγειν λέγων ὅτι " Ἐμοί, ὦ ἄριστε, εἰσὶν μέν πού τινες καὶ οἰκεῖοι· καὶ γὰρ τοῦτο αὐτὸ τὸ τοῦ Ὁμήρου, οὐδ᾽ ἐγὼ ʽ ἀπὸ δρυὸς οὐδ᾽ ἀπὸ πέτρης᾽ πέφυκα ἀλλ᾽ ἐξ ἀνθρώπων, ὥστε 5 καὶ οἰκεῖοί μοί εἰσι καὶ ὑεῖς γε, ὦ ἄνδρες Ἀθηναῖοι, τρεῖς, εἷς μὲν μειράκιον ἤδη, δύο δὲ παιδία· ἀλλ᾽ ὅμως οὐδένα αὐτῶν

a 2 ὅδε Β : ὁ Τ   a 3 ἐγὼ Β : ἔγωγ᾽ Τ   a 4 παρέχεσθαι Τ
b 3 λόγον ἔχουσι Τ   b 4 ὅτι Β : ὃν Τ   b 5 ξυνίσασι Τ b :
ξυνίασι Β   ἀληθεύοντι Β : ἀληθῆ λέγοντι Τ   c 2 ἐδεήθη Β γρ. t :
δεδέηται Τ   c 5 φίλων Β : φίλους Τ   c 6 ὡς Β t : ᾧ Τ   c 7 τάχ᾽
ἂν οὖν scripsi : τάχ᾽ οὖν Β : τάχα νοῦν Τ   d 6 γε Τ : om. Β

δεῦρο ἀναβιβασάμενος δεήσομαι ὑμῶν ἀποψηφίσασθαι." τί
δὴ οὖν οὐδὲν τούτων ποιήσω; οὐκ αὐθαδιζόμενος, ὦ ἄνδρες
e Ἀθηναῖοι, οὐδ' ὑμᾶς ἀτιμάζων, ἀλλ' εἰ μὲν θαρραλέως ἐγὼ
ἔχω πρὸς θάνατον ἢ μή, ἄλλος λόγος, πρὸς δ' οὖν δόξαν καὶ
ἐμοὶ καὶ ὑμῖν καὶ ὅλῃ τῇ πόλει οὔ μοι δοκεῖ καλὸν εἶναι ἐμὲ
τούτων οὐδὲν ποιεῖν καὶ τηλικόνδε ὄντα καὶ τοῦτο τοὔνομα
5 ἔχοντα, εἴτ' οὖν ἀληθὲς εἴτ' οὖν ψεῦδος, ἀλλ' οὖν δεδογμένον
35 γέ ἐστί τῳ Σωκράτη διαφέρειν τῶν πολλῶν ἀνθρώπων. εἰ
οὖν ὑμῶν οἱ δοκοῦντες διαφέρειν εἴτε σοφίᾳ εἴτε ἀνδρείᾳ
εἴτε ἄλλῃ ἡτινιοῦν ἀρετῇ τοιοῦτοι ἔσονται, αἰσχρὸν ἂν εἴη·
οἵουσπερ ἐγὼ πολλάκις ἑώρακά τινας ὅταν κρίνωνται, δο-
5 κοῦντας μέν τι εἶναι, θαυμάσια δὲ ἐργαζομένους, ὡς δεινόν
τι οἰομένους πείσεσθαι εἰ ἀποθανοῦνται, ὥσπερ ἀθανάτων
ἐσομένων ἂν ὑμεῖς αὐτοὺς μὴ ἀποκτείνητε· οἳ ἐμοὶ δοκοῦσιν
αἰσχύνην τῇ πόλει περιάπτειν, ὥστ' ἄν τινα καὶ τῶν ξένων
b ὑπολαβεῖν ὅτι οἱ διαφέροντες Ἀθηναίων εἰς ἀρετήν, οὓς
αὐτοὶ ἑαυτῶν ἔν τε ταῖς ἀρχαῖς καὶ ταῖς ἄλλαις τιμαῖς
προκρίνουσιν, οὗτοι γυναικῶν οὐδὲν διαφέρουσιν. ταῦτα γάρ,
ὦ ἄνδρες Ἀθηναῖοι, οὔτε ὑμᾶς χρὴ ποιεῖν τοὺς δοκοῦντας
5 καὶ ὁπηοῦν τι εἶναι, οὔτ', ἂν ἡμεῖς ποιῶμεν, ὑμᾶς ἐπι-
τρέπειν, ἀλλὰ τοῦτο αὐτὸ ἐνδείκνυσθαι, ὅτι πολὺ μᾶλλον
καταψηφιεῖσθε τοῦ τὰ ἐλεινὰ ταῦτα δράματα εἰσάγοντος καὶ
καταγέλαστον τὴν πόλιν ποιοῦντος ἢ τοῦ ἡσυχίαν ἄγοντος.

Χωρὶς δὲ τῆς δόξης, ὦ ἄνδρες, οὐδὲ δίκαιόν μοι δοκεῖ
c εἶναι δεῖσθαι τοῦ δικαστοῦ οὐδὲ δεόμενον ἀποφεύγειν, ἀλλὰ
διδάσκειν καὶ πείθειν. οὐ γὰρ ἐπὶ τούτῳ κάθηται ὁ δικα-
στής, ἐπὶ τῷ καταχαρίζεσθαι τὰ δίκαια, ἀλλ' ἐπὶ τῷ κρίνειν
ταῦτα· καὶ ὀμώμοκεν οὐ χαριεῖσθαι οἷς ἂν δοκῇ αὐτῷ, ἀλλὰ
5 δικάσειν κατὰ τοὺς νόμους. οὔκουν χρὴ οὔτε ἡμᾶς ἐθίζειν

d 9 δὴ οὖν B t : δὴ T : οὖν W   e 1 θαρραλέος T   a 1 τῳ
Σωκράτη scripsi: τῷ Σωκράτει B : τὸν Σωκράτη Tb : τὸ Σωκράτη
al.   διαφέρειν scripsi: διαφέρειν τινὶ B T W   b 4 ἡμᾶς Arm.
b 5 ὁπηοῦν τι Heindorf : ὅπῃ τι οὖν B T : ὁτιοῦν Arm.   b 9 δοκεῖ
εἶναί μοι T   c 2 τούτῳ B t : τοῦτο T   c 4 post χαριεῖσθαι add.
τὰ δίκαια T

ὑμᾶς ἐπιορκεῖν οὔθ᾽ ὑμᾶς ἐθίζεσθαι· οὐδέτεροι γὰρ ἂν ἡμῶν
εὐσεβοῖεν. μὴ οὖν ἀξιοῦτέ με, ὦ ἄνδρες ᾽Αθηναῖοι, τοιαῦτα
δεῖν πρὸς ὑμᾶς πράττειν ἃ μήτε ἡγοῦμαι καλὰ εἶναι μήτε
δίκαια μήτε ὅσια, ἄλλως τε μέντοι νὴ Δία πάντως καὶ ἀσε- d
βείας φεύγοντα ὑπὸ Μελήτου τουτουΐ. σαφῶς γὰρ ἄν, εἰ
πείθοιμι ὑμᾶς καὶ τῷ δεῖσθαι βιαζοίμην ὀμωμοκότας, θεοὺς
ἂν διδάσκοιμι μὴ ἡγεῖσθαι ὑμᾶς εἶναι, καὶ ἀτεχνῶς ἀπολο-
γούμενος κατηγοροίην ἂν ἐμαυτοῦ ὡς θεοὺς οὐ νομίζω. ἀλλὰ 5
πολλοῦ δεῖ οὕτως ἔχειν· νομίζω τε γάρ, ὦ ἄνδρες ᾽Αθηναῖοι,
ὡς οὐδεὶς τῶν ἐμῶν κατηγόρων, καὶ ὑμῖν ἐπιτρέπω καὶ τῷ θεῷ
κρῖναι περὶ ἐμοῦ ὅπῃ μέλλει ἐμοί τε ἄριστα εἶναι καὶ ὑμῖν.

Τὸ μὲν μὴ ἀγανακτεῖν, ὦ ἄνδρες ᾽Αθηναῖοι, ἐπὶ τούτῳ e
τῷ γεγονότι, ὅτι μου κατεψηφίσασθε, ἄλλα τέ μοι πολλὰ 36
συμβάλλεται, καὶ οὐκ ἀνέλπιστόν μοι γέγονεν τὸ γεγονὸς
τοῦτο, ἀλλὰ πολὺ μᾶλλον θαυμάζω ἑκατέρων τῶν ψήφων
τὸν γεγονότα ἀριθμόν. οὐ γὰρ ᾠόμην ἔγωγε οὕτω παρ᾽
ὀλίγον ἔσεσθαι ἀλλὰ παρὰ πολύ· νῦν δέ, ὡς ἔοικεν, εἰ 5
τριάκοντα μόναι μετέπεσον τῶν ψήφων, ἀπεπεφεύγη ἄν.
Μέλητον μὲν οὖν, ὡς ἐμοὶ δοκῶ, καὶ νῦν ἀποπέφευγα, καὶ
οὐ μόνον ἀποπέφευγα, ἀλλὰ παντὶ δῆλον τοῦτό γε, ὅτι εἰ μὴ
ἀνέβη ῎Ανυτος καὶ Λύκων κατηγορήσοντες ἐμοῦ, κἂν ὦφλε
χιλίας δραχμάς, οὐ μεταλαβὼν τὸ πέμπτον μέρος τῶν b
ψήφων.

Τιμᾶται δ᾽ οὖν μοι ὁ ἀνὴρ θανάτου. εἶεν· ἐγὼ δὲ δὴ
τίνος ὑμῖν ἀντιτιμήσομαι, ὦ ἄνδρες ᾽Αθηναῖοι; ἢ δῆλον ὅτι
τῆς ἀξίας; τί οὖν; τί ἄξιός εἰμι παθεῖν ἢ ἀποτεῖσαι, ὅτι 5
μαθὼν ἐν τῷ βίῳ οὐχ ἡσυχίαν ἦγον, ἀλλ᾽ ἀμελήσας ὧνπερ
οἱ πολλοί, χρηματισμοῦ τε καὶ οἰκονομίας καὶ στρατηγιῶν

c 6 ἡμῶν B : ὑμῶν T   d 1 μέντοι νὴ Δία πάντως B : πάντως νὴ
Δία μέντοι T : νὴ Δία πάντως secl. Stallbaum : πάντως secl. Schanz
d 6 δεῖ B t : δεῖν T : δέω Cobet   a 6 τριάκοντα B γρ. t : τρὶς T :
τρεῖς t   a 9 ἀναβῇ pr. T   b 4 ἀντιτιμήσωμαι Hirschig   ἄνδρες
om. W   ἢ B t : om. T   b 6 μαθὼν] παθὼν Hermann
b 7 πολλοὶ οὖ Schanz et sic Arm.

καὶ δημηγοριῶν καὶ τῶν ἄλλων ἀρχῶν καὶ συνωμοσιῶν καὶ
στάσεων τῶν ἐν τῇ πόλει γιγνομένων, ἡγησάμενος ἐμαυτὸν
c τῷ ὄντι ἐπιεικέστερον εἶναι ἢ ὥστε εἰς ταῦτ᾽ ἰόντα σῴζεσθαι,
ἐνταῦθα μὲν οὐκ ᾖα οἷ ἐλθὼν μήτε ὑμῖν μήτε ἐμαυτῷ ἔμελ-
λον μηδὲν ὄφελος εἶναι, ἐπὶ δὲ τὸ ἰδίᾳ ἕκαστον ἰὼν εὐεργε-
τεῖν τὴν μεγίστην εὐεργεσίαν, ὡς ἐγώ φημι, ἐνταῦθα ᾖα,
5 ἐπιχειρῶν ἕκαστον ὑμῶν πείθειν μὴ πρότερον μήτε τῶν
ἑαυτοῦ μηδενὸς ἐπιμελεῖσθαι πρὶν ἑαυτοῦ ἐπιμεληθείη ὅπως
ὡς βέλτιστος καὶ φρονιμώτατος ἔσοιτο, μήτε τῶν τῆς πό-
λεως, πρὶν αὐτῆς τῆς πόλεως, τῶν τε ἄλλων οὕτω κατὰ τὸν
d αὐτὸν τρόπον ἐπιμελεῖσθαι—τί οὖν εἰμι ἄξιος παθεῖν τοιοῦ-
τος ὤν; ἀγαθόν τι, ὦ ἄνδρες Ἀθηναῖοι, εἰ δεῖ γε κατὰ τὴν
ἀξίαν τῇ ἀληθείᾳ τιμᾶσθαι· καὶ ταῦτά γε ἀγαθὸν τοιοῦτον
ὅτι ἂν πρέποι ἐμοί. τί οὖν πρέπει ἀνδρὶ πένητι εὐεργέτῃ
5 δεομένῳ ἄγειν σχολὴν ἐπὶ τῇ ὑμετέρᾳ παρακελεύσει; οὐκ
ἔσθ᾽ ὅτι μᾶλλον, ὦ ἄνδρες Ἀθηναῖοι, πρέπει οὕτως ὡς τὸν
τοιοῦτον ἄνδρα ἐν πρυτανείῳ σιτεῖσθαι, πολύ γε μᾶλλον ἢ
εἴ τις ὑμῶν ἵππῳ ἢ συνωρίδι ἢ ζεύγει νενίκηκεν Ὀλυμπία-
σιν· ὁ μὲν γὰρ ὑμᾶς ποιεῖ εὐδαίμονας δοκεῖν εἶναι, ἐγὼ δὲ
e εἶναι, καὶ ὁ μὲν τροφῆς οὐδὲν δεῖται, ἐγὼ δὲ δέομαι. εἰ
οὖν δεῖ με κατὰ τὸ δίκαιον τῆς ἀξίας τιμᾶσθαι, τούτου
37 τιμῶμαι, ἐν πρυτανείῳ σιτήσεως.

Ἴσως οὖν ὑμῖν καὶ ταυτὶ λέγων παραπλησίως δοκῶ λέγειν
ὥσπερ περὶ τοῦ οἴκτου καὶ τῆς ἀντιβολήσεως, ἀπαυθαδιζό-
μενος· τὸ δὲ οὐκ ἔστιν, ὦ ἄνδρες Ἀθηναῖοι, τοιοῦτον ἀλλὰ
5 τοιόνδε μᾶλλον. πέπεισμαι ἐγὼ ἑκὼν εἶναι μηδένα ἀδικεῖν
ἀνθρώπων, ἀλλὰ ὑμᾶς τοῦτο οὐ πείθω· ὀλίγον γὰρ χρόνον
ἀλλήλοις διειλέγμεθα. ἐπεί, ὡς ἐγᾦμαι, εἰ ἦν ὑμῖν νόμος,
ὥσπερ καὶ ἄλλοις ἀνθρώποις, περὶ θανάτου μὴ μίαν ἡμέραν
b μόνον κρίνειν ἀλλὰ πολλάς, ἐπείσθητε ἄν· νῦν δ᾽ οὐ ῥᾴδιον

c 1 ἰόντα T : ὄντα B   c 3 ἰὼν secl. Schanz   εὐεργετῶν Arm.
c 4 ἐνταῦθα ᾖα secl. Hermann   d 2 εἰ δέ γε . . . τιμᾶσθε B W :
εἰ δή (sed corr. δεῖ pr. man.) γε . . . τιμᾶσθε T : εἰ . . . τιμᾶσθαι Arm.
d 6 μᾶλλον secl. Mudge : οὕτως secl. Adam   a 4 ἄνδρες T · om. B

ἐν χρόνῳ ὀλίγῳ μεγάλας διαβολὰς ἀπολύεσθαι. πεπεισμέ-
νος δὴ ἐγὼ μηδένα ἀδικεῖν πολλοῦ δέω ἐμαυτόν γε ἀδικήσειν
καὶ κατ' ἐμαυτοῦ ἐρεῖν αὐτὸς ὡς ἄξιός εἰμί του κακοῦ καὶ
τιμήσεσθαι τοιούτου τινὸς ἐμαυτῷ.   τί δείσας; ἢ μὴ πάθω 5
τοῦτο οὗ Μέλητός μοι τιμᾶται, ὅ φημι οὐκ εἰδέναι οὔτ' εἰ
ἀγαθὸν οὔτ' εἰ κακόν ἐστιν; ἀντὶ τούτου δὴ ἕλωμαι ὧν εὖ
οἶδά τι κακῶν ὄντων τούτου τιμησάμενος; πότερον δεσμοῦ;
καὶ τί με δεῖ ζῆν ἐν δεσμωτηρίῳ, δουλεύοντα τῇ ἀεὶ καθι- c
σταμένῃ ἀρχῇ, τοῖς ἕνδεκα; ἀλλὰ χρημάτων καὶ δεδέσθαι
ἕως ἂν ἐκτείσω; ἀλλὰ ταὐτόν μοί ἐστιν ὅπερ νυνδὴ ἔλεγον·
οὐ γὰρ ἔστι μοι χρήματα ὁπόθεν ἐκτείσω.   ἀλλὰ δὴ φυγῆς
τιμήσωμαι; ἴσως γὰρ ἄν μοι τούτου τιμήσαιτε.   πολλὴ 5
μεντἄν με φιλοψυχία ἔχοι, ὦ ἄνδρες Ἀθηναῖοι, εἰ οὕτως
ἀλόγιστός εἰμι ὥστε μὴ δύνασθαι λογίζεσθαι ὅτι ὑμεῖς μὲν
ὄντες πολῖταί μου οὐχ οἷοί τε ἐγένεσθε ἐνεγκεῖν τὰς ἐμὰς
διατριβὰς καὶ τοὺς λόγους, ἀλλ' ὑμῖν βαρύτεραι γεγόνασιν d
καὶ ἐπιφθονώτεραι, ὥστε ζητεῖτε αὐτῶν νυνὶ ἀπαλλαγῆναι·
ἄλλοι δὲ ἄρα αὐτὰς οἴσουσι ῥᾳδίως; πολλοῦ γε δεῖ, ὦ ἄνδρες
Ἀθηναῖοι.   καλὸς οὖν ἄν μοι ὁ βίος εἴη ἐξελθόντι τηλικῷδε
ἀνθρώπῳ ἄλλην ἐξ ἄλλης πόλεως ἀμειβομένῳ καὶ ἐξελαυνο- 5
μένῳ ζῆν.   εὖ γὰρ οἶδ' ὅτι ὅποι ἂν ἔλθω, λέγοντος ἐμοῦ
ἀκροάσονται οἱ νέοι ὥσπερ ἐνθάδε· κἂν μὲν τούτους ἀπ-
ελαύνω, οὗτοί με αὐτοὶ ἐξελῶσι πείθοντες τοὺς πρεσβυτέρους·
ἐὰν δὲ μὴ ἀπελαύνω, οἱ τούτων πατέρες δὲ καὶ οἰκεῖοι δι' e
αὐτοὺς τούτους.

Ἴσως οὖν ἄν τις εἴποι· "Σιγῶν δὲ καὶ ἡσυχίαν ἄγων, ὦ
Σώκρατες, οὐχ οἷός τ' ἔσῃ ἡμῖν ἐξελθὼν ζῆν;" τουτὶ δή
ἐστι πάντων χαλεπώτατον πεῖσαί τινας ὑμῶν.   ἐάντε γὰρ 5

b 3 δὴ B : δ' T   b 6 οἱ] δ in marg. B²   b 8 οἶδά τι Baumann :
οἶδ' ὅτι B T   τούτου] τοῦ Meiser   c 5 τιμήσωμαι B : τιμήσομαι
T W   τούτου B : τουτο T   c 6 ὦ ἄνδρες Ἀθηναῖοι T : om. B
d 3 ἄνδρες om. B   d 5 πόλεως] πόλιν Cobet : πόλιν πόλεως al.
d 6 ζῆν γῆν πρὸ γῆς Cobet   d 8 με T : ἐμὲ B   αὐτοὶ] αὖ Schanz
e 1 δὲ καὶ B : τε καὶ T   e 4 οἷός B t : οἷς T

λέγω ὅτι τῷ θεῷ ἀπειθεῖν τοῦτ' ἐστὶν καὶ διὰ τοῦτ' ἀδύνα-
38 τον ἡσυχίαν ἄγειν, οὐ πείσεσθέ μοι ὡς εἰρωνευομένῳ· ἐάντ'
αὖ λέγω ὅτι καὶ τυγχάνει μέγιστον ἀγαθὸν ὂν ἀνθρώπῳ
τοῦτο, ἑκάστης ἡμέρας περὶ ἀρετῆς τοὺς λόγους ποιεῖσθαι
καὶ τῶν ἄλλων περὶ ὧν ὑμεῖς ἐμοῦ ἀκούετε διαλεγομένου καὶ
5 ἐμαυτὸν καὶ ἄλλους ἐξετάζοντος, ὁ δὲ ἀνεξέταστος βίος οὐ
βιωτὸς ἀνθρώπῳ, ταῦτα δ' ἔτι ἧττον πείσεσθέ μοι λέγοντι.
τὰ δὲ ἔχει μὲν οὕτως, ὡς ἐγώ φημι, ὦ ἄνδρες, πείθειν δὲ οὐ
ῥᾴδιον. καὶ ἐγὼ ἅμα οὐκ εἴθισμαι ἐμαυτὸν ἀξιοῦν κακοῦ
b οὐδενός. εἰ μὲν γὰρ ἦν μοι χρήματα, ἐτιμησάμην ἂν χρη-
μάτων ὅσα ἔμελλον ἐκτείσειν, οὐδὲν γὰρ ἂν ἐβλάβην· νῦν
δὲ οὐ γὰρ ἔστιν, εἰ μὴ ἄρα ὅσον ἂν ἐγὼ δυναίμην ἐκτεῖσαι,
τοσούτου βούλεσθέ μοι τιμῆσαι. ἴσως δ' ἂν δυναίμην ἐκ-
5 τεῖσαι ὑμῖν που μνᾶν ἀργυρίου· τοσούτου οὖν τιμῶμαι.
Πλάτων δὲ ὅδε, ὦ ἄνδρες Ἀθηναῖοι, καὶ Κρίτων καὶ
Κριτόβουλος καὶ Ἀπολλόδωρος κελεύουσί με τριάκοντα μνῶν
τιμήσασθαι, αὐτοὶ δ' ἐγγυᾶσθαι· τιμῶμαι οὖν τοσούτου,
ἐγγυηταὶ δὲ ὑμῖν ἔσονται τοῦ ἀργυρίου οὗτοι ἀξιόχρεῳ.

c Οὐ πολλοῦ γ' ἕνεκα χρόνου, ὦ ἄνδρες Ἀθηναῖοι, ὄνομα
ἕξετε καὶ αἰτίαν ὑπὸ τῶν βουλομένων τὴν πόλιν λοιδορεῖν
ὡς Σωκράτη ἀπεκτόνατε, ἄνδρα σοφόν—φήσουσι γὰρ δὴ
σοφὸν εἶναι, εἰ καὶ μή εἰμι, οἱ βουλόμενοι ὑμῖν ὀνειδίζειν—
5 εἰ γοῦν περιεμείνατε ὀλίγον χρόνον, ἀπὸ τοῦ αὐτομάτου ἂν
ὑμῖν τοῦτο ἐγένετο· ὁρᾶτε γὰρ δὴ τὴν ἡλικίαν ὅτι πόρρω
ἤδη ἐστὶ τοῦ βίου θανάτου δὲ ἐγγύς. λέγω δὲ τοῦτο οὐ
d πρὸς πάντας ὑμᾶς, ἀλλὰ πρὸς τοὺς ἐμοῦ καταψηφισα-
μένους θάνατον. λέγω δὲ καὶ τόδε πρὸς τοὺς αὐτοὺς
τούτους. ἴσως με οἴεσθε, ὦ ἄνδρες Ἀθηναῖοι, ἀπορίᾳ λόγων

a 1 ἐάντ' αὖ B : ἐὰν ταῦτα T   a 2 ὂν B : om. T   a 6 δ' ἔτι]
δέ τι B T   a 8 ῥᾴδια T   ἅμα B : ἃ T   b 5 που T : om. B
μίαν μνᾶν Arm.   c 3 post δὴ add. με T W   c 5 γοῦν T : οὖν B
c 6 post ἐγένετο add. ἐμὲ τεθνάναι T   δὴ B t : εἰς T   d 2 καὶ
τόδε B t : om. T   d 3 Ἀθηναῖοι T : om. B

ἑαλωκέναι τοιούτων οἷς ἂν ὑμᾶς ἔπεισα, εἰ ᾤμην δεῖν
ἅπαντα ποιεῖν καὶ λέγειν ὥστε ἀποφυγεῖν τὴν δίκην. 5
πολλοῦ γε δεῖ. ἀλλ' ἀπορίᾳ μὲν ἑάλωκα, οὐ μέντοι λόγων,
ἀλλὰ τόλμης καὶ ἀναισχυντίας καὶ τοῦ μὴ ἐθέλειν λέγειν
πρὸς ὑμᾶς τοιαῦτα οἷ' ἂν ὑμῖν μὲν ἥδιστα ἦν ἀκούειν—
θρηνοῦντός τέ μου καὶ ὀδυρομένου καὶ ἄλλα ποιοῦντος καὶ
λέγοντος πολλὰ καὶ ἀνάξια ἐμοῦ, ὡς ἐγώ φημι, οἷα δὴ καὶ e
εἴθισθε ὑμεῖς τῶν ἄλλων ἀκούειν. ἀλλ' οὔτε τότε ᾠήθην
δεῖν ἕνεκα τοῦ κινδύνου πρᾶξαι οὐδὲν ἀνελεύθερον, οὔτε νῦν
μοι μεταμέλει οὕτως ἀπολογησαμένῳ, ἀλλὰ πολὺ μᾶλλον
αἱροῦμαι ὧδε ἀπολογησάμενος τεθνάναι ἢ ἐκείνως ζῆν. οὔτε 5
γὰρ ἐν δίκῃ οὔτ' ἐν πολέμῳ οὔτ' ἐμὲ οὔτ' ἄλλον οὐδένα δεῖ
τοῦτο μηχανᾶσθαι, ὅπως ἀποφεύξεται πᾶν ποιῶν θάνατον. 39
καὶ γὰρ ἐν ταῖς μάχαις πολλάκις δῆλον γίγνεται ὅτι τό γε
ἀποθανεῖν ἄν τις ἐκφύγοι καὶ ὅπλα ἀφεὶς καὶ ἐφ' ἱκετείαν
τραπόμενος τῶν διωκόντων· καὶ ἄλλαι μηχαναὶ πολλαί εἰσιν
ἐν ἑκάστοις τοῖς κινδύνοις ὥστε διαφεύγειν θάνατον, ἐάν τις 5
τολμᾷ πᾶν ποιεῖν καὶ λέγειν. ἀλλὰ μὴ οὐ τοῦτ' ᾖ χαλεπόν,
ὦ ἄνδρες, θάνατον ἐκφυγεῖν, ἀλλὰ πολὺ χαλεπώτερον πονη-
ρίαν· θᾶττον γὰρ θανάτου θεῖ. καὶ νῦν ἐγὼ μὲν ἅτε βραδὺς b
ὢν καὶ πρεσβύτης ὑπὸ τοῦ βραδυτέρου ἑάλων, οἱ δ' ἐμοὶ
κατήγοροι ἅτε δεινοὶ καὶ ὀξεῖς ὄντες ὑπὸ τοῦ θάττονος, τῆς
κακίας. καὶ νῦν ἐγὼ μὲν ἄπειμι ὑφ' ὑμῶν θανάτου δίκην
ὀφλών, οὗτοι δ' ὑπὸ τῆς ἀληθείας ὠφληκότες μοχθηρίαν 5
καὶ ἀδικίαν. καὶ ἐγώ τε τῷ τιμήματι ἐμμένω καὶ οὗτοι.
ταῦτα μέν που ἴσως οὕτως καὶ ἔδει σχεῖν, καὶ οἶμαι αὐτὰ
μετρίως ἔχειν.

Τὸ δὲ δὴ μετὰ τοῦτο ἐπιθυμῶ ὑμῖν χρησμῳδῆσαι, ὦ κατα- c
ψηφισάμενοί μου· καὶ γάρ εἰμι ἤδη ἐνταῦθα ἐν ᾧ μάλιστα

d 7 μὴ T b Arm.: om. B   d 8 οἷα ... ἥδιστ' ἂν T   μὲν T :
om. B   d 9 τε B: om. T   e 5 ἀπολογησάμενος T W : ἀπο-
λογησόμενος B   a 1 μηχανήσασθαι Stobaeus   a 3 ἄν] ῥᾷον
ἄν Arm. al.   ὑπεκφύγοι Stobaeus   a 7 ὦ ἄνδρες 'Αθηναῖοι T b
b 2 δ' ἐμοὶ B : δέ μου T   b 4 νῦν B : νῦν δὴ T   ὑφ' W t : ἀφ' B T
b 6 ἐγώ τε Heindorf: ἔγωγε B T   b 7 μὲν οὖν * * * που T

ἄνθρωποι χρησμῳδοῦσιν, ὅταν μέλλωσιν ἀποθανεῖσθαι. φημὶ
γάρ, ὦ ἄνδρες οἳ ἐμὲ ἀπεκτόνατε, τιμωρίαν ὑμῖν ἥξειν εὐθὺς
5 μετὰ τὸν ἐμὸν θάνατον πολὺ χαλεπωτέραν νὴ Δία ἢ οἵαν
ἐμὲ ἀπεκτόνατε· νῦν γὰρ τοῦτο εἴργασθε οἰόμενοι μὲν ἀπαλ-
λάξεσθαι τοῦ διδόναι ἔλεγχον τοῦ βίου, τὸ δὲ ὑμῖν πολὺ
ἐναντίον ἀποβήσεται, ὡς ἐγώ φημι. πλείους ἔσονται ὑμᾶς
d οἱ ἐλέγχοντες, οὓς νῦν ἐγὼ κατεῖχον, ὑμεῖς δὲ οὐκ ᾐσθά-
νεσθε· καὶ χαλεπώτεροι ἔσονται ὅσῳ νεώτεροί εἰσιν, καὶ
ὑμεῖς μᾶλλον ἀγανακτήσετε. εἰ γὰρ οἴεσθε ἀποκτείνοντες
ἀνθρώπους ἐπισχήσειν τοῦ ὀνειδίζειν τινὰ ὑμῖν ὅτι οὐκ
5 ὀρθῶς ζῆτε, οὐ καλῶς διανοεῖσθε· οὐ γάρ ἐσθ' αὕτη ἡ ἀπαλ-
λαγὴ οὔτε πάνυ δυνατὴ οὔτε καλή, ἀλλ' ἐκείνη καὶ καλλίστη
καὶ ῥᾴστη, μὴ τοὺς ἄλλους κολούειν ἀλλ' ἑαυτὸν παρασκευά-
ζειν ὅπως ἔσται ὡς βέλτιστος. ταῦτα μὲν οὖν ὑμῖν τοῖς
καταψηφισαμένοις μαντευσάμενος ἀπαλλάττομαι.

e   Τοῖς δὲ ἀποψηφισαμένοις ἡδέως ἂν διαλεχθείην ὑπὲρ τοῦ
γεγονότος τουτουὶ πράγματος, ἐν ᾧ οἱ ἄρχοντες ἀσχολίαν
ἄγουσι καὶ οὔπω ἔρχομαι οἷ ἐλθόντα με δεῖ τεθνάναι. ἀλλά
μοι, ὦ ἄνδρες, παραμείνατε τοσοῦτον χρόνον· οὐδὲν γὰρ
5 κωλύει διαμυθολογῆσαι πρὸς ἀλλήλους ἕως ἔξεστιν. ὑμῖν
40 γὰρ ὡς φίλοις οὖσιν ἐπιδεῖξαι ἐθέλω τὸ νυνί μοι συμβεβη-
κὸς τί ποτε νοεῖ. ἐμοὶ γάρ, ὦ ἄνδρες δικασταί—ὑμᾶς γὰρ
δικαστὰς καλῶν ὀρθῶς ἂν καλοίην—θαυμάσιόν τι γέγονεν.
ἡ γὰρ εἰωθυῖά μοι μαντικὴ ἡ τοῦ δαιμονίου ἐν μὲν τῷ
5 πρόσθεν χρόνῳ παντὶ πάνυ πυκνὴ ἀεὶ ἦν καὶ πάνυ ἐπὶ
σμικροῖς ἐναντιουμένη, εἴ τι μέλλοιμι μὴ ὀρθῶς πράξειν.
νυνὶ δὲ συμβέβηκέ μοι ἅπερ ὁρᾶτε καὶ αὐτοί, ταυτὶ ἅ γε δὴ
οἰηθείη ἄν τις καὶ νομίζεται ἔσχατα κακῶν εἶναι· ἐμοὶ δὲ
b οὔτε ἐξιόντι ἕωθεν οἴκοθεν ἠναντιώθη τὸ τοῦ θεοῦ σημεῖον,

---

c 4 οἵ με ἀποκτενεῖτε T   c 6 ἀπεκτείνατε T   εἴργασθε T :
εἰργάσασθε B   οἰόμενοι μὲν Hermann : οἰόμενοί με B W : οἰόμενοι B² T
d 1 ἐλέγξοντες Schanz   d 5 οὐ καλῶς T : οὐκ ὀρθῶς B γρ. t
a 2 τί ποτ' ἐννοεῖ T   a 4 ἡ τοῦ δαιμονίου secl. Schleiermacher
a 8 καὶ νομίζεται secl. Schanz

οὔτε ἡνίκα ἀνέβαινον ἐνταυθοῖ ἐπὶ τὸ δικαστήριον, οὔτε ἐν τῷ λόγῳ οὐδαμοῦ μέλλοντί τι ἐρεῖν. καίτοι ἐν ἄλλοις λόγοις πολλαχοῦ δή με ἐπέσχε λέγοντα μεταξύ· νῦν δὲ οὐδαμοῦ περὶ ταύτην τὴν πρᾶξιν οὔτ᾽ ἐν ἔργῳ οὐδενὶ οὔτ᾽ ἐν λόγῳ 5 ἠναντίωταί μοι. τί οὖν αἴτιον εἶναι ὑπολαμβάνω; ἐγὼ ὑμῖν ἐρῶ· κινδυνεύει γάρ μοι τὸ συμβεβηκὸς τοῦτο ἀγαθὸν γεγονέναι, καὶ οὐκ ἔσθ᾽ ὅπως ἡμεῖς ὀρθῶς ὑπολαμβάνομεν, ὅσοι οἰόμεθα κακὸν εἶναι τὸ τεθνάναι. μέγα μοι τεκμήριον c τούτου γέγονεν· οὐ γὰρ ἔσθ᾽ ὅπως οὐκ ἠναντιώθη ἄν μοι τὸ εἰωθὸς σημεῖον, εἰ μή τι ἔμελλον ἐγὼ ἀγαθὸν πράξειν.

Ἐννοήσωμεν δὲ καὶ τῇδε ὡς πολλὴ ἐλπίς ἐστιν ἀγαθὸν αὐτὸ εἶναι. δυοῖν γὰρ θάτερόν ἐστιν τὸ τεθνάναι· ἢ γὰρ 5 οἷον μηδὲν εἶναι μηδὲ αἴσθησιν μηδεμίαν μηδενὸς ἔχειν τὸν τεθνεῶτα, ἢ κατὰ τὰ λεγόμενα μεταβολή τις τυγχάνει οὖσα καὶ μετοίκησις τῇ ψυχῇ τοῦ τόπου τοῦ ἐνθένδε εἰς ἄλλον τόπον. καὶ εἴτε δὴ μηδεμία αἴσθησίς ἐστιν ἀλλ᾽ οἷον ὕπνος ἐπειδάν τις καθεύδων μηδ᾽ ὄναρ μηδὲν ὁρᾷ, θαυ- d μάσιον κέρδος ἂν εἴη ὁ θάνατος—ἐγὼ γὰρ ἂν οἶμαι, εἴ τινα ἐκλεξάμενον δέοι ταύτην τὴν νύκτα ἐν ᾗ οὕτω κατέδαρθεν ὥστε μηδὲ ὄναρ ἰδεῖν, καὶ τὰς ἄλλας νύκτας τε καὶ ἡμέρας τὰς τοῦ βίου τοῦ ἑαυτοῦ ἀντιπαραθέντα ταύτῃ τῇ νυκτὶ δέοι 5 σκεψάμενον εἰπεῖν πόσας ἄμεινον καὶ ἥδιον ἡμέρας καὶ νύκτας ταύτης τῆς νυκτὸς βεβίωκεν ἐν τῷ ἑαυτοῦ βίῳ, οἶμαι ἂν μὴ ὅτι ἰδιώτην τινά, ἀλλὰ τὸν μέγαν βασιλέα εὐαριθμή- τους ἂν εὑρεῖν αὐτὸν ταύτας πρὸς τὰς ἄλλας ἡμέρας καὶ e νύκτας—εἰ οὖν τοιοῦτον ὁ θάνατός ἐστιν, κέρδος ἔγωγε λέγω· καὶ γὰρ οὐδὲν πλείων ὁ πᾶς χρόνος φαίνεται οὕτω δὴ εἶναι ἢ μία νύξ. εἰ δ᾽ αὖ οἷον ἀποδημῆσαί ἐστιν ὁ θάνατος ἐνθένδε εἰς ἄλλον τόπον, καὶ ἀληθῆ ἐστιν τὰ 5

---

b 3 οὐδαμοῦ Β : οὐδενὶ Τ   τι Β²ΤW : om. Β   b 5 ταύτην Τ : αὐτὴν Β   b 6 ἠναντίωταί Β : ἠναντιώθη Τ   c 2 τούτου Β : τοῦτο Τ   c 8 μετοίκισις Cobet   c 9 δὴ Τ : om. Β   d 2 ὁ Β t : om. Τ   γὰρ ἂν] γὰρ δὴ Schanz   d 6 ὁπόσας Τ   e 1 αὐτὸν om. Arm.   e 2 ἔγωγε Β t : ἐγὼ Τ   e 4 εἰ δ᾽] εἶτ᾽ Stobaeus

λεγόμενα, ὡς ἄρα ἐκεῖ εἰσι πάντες οἱ τεθνεῶτες, τί μεῖζον
ἀγαθὸν τούτου εἴη ἄν, ὦ ἄνδρες δικασταί; εἰ γάρ τις
41 ἀφικόμενος εἰς Ἅιδου, ἀπαλλαγεὶς τουτωνὶ τῶν φασκόντων
δικαστῶν εἶναι, εὑρήσει τοὺς ὡς ἀληθῶς δικαστάς, οἵπερ
καὶ λέγονται ἐκεῖ δικάζειν, Μίνως τε καὶ Ῥαδάμανθυς καὶ
Αἰακὸς καὶ Τριπτόλεμος καὶ ἄλλοι ὅσοι τῶν ἡμιθέων δίκαιοι
5 ἐγένοντο ἐν τῷ ἑαυτῶν βίῳ, ἆρα φαύλη ἂν εἴη ἡ ἀποδημία;
ἢ αὖ Ὀρφεῖ συγγενέσθαι καὶ Μουσαίῳ καὶ Ἡσιόδῳ καὶ
Ὁμήρῳ ἐπὶ πόσῳ ἄν τις δέξαιτ' ἂν ὑμῶν; ἐγὼ μὲν γὰρ
πολλάκις ἐθέλω τεθνάναι εἰ ταῦτ' ἔστιν ἀληθῆ. ἐπεὶ
b ἔμοιγε καὶ αὐτῷ θαυμαστὴ ἂν εἴη ἡ διατριβὴ αὐτόθι, ὁπότε
ἐντύχοιμι Παλαμήδει καὶ Αἴαντι τῷ Τελαμῶνος καὶ εἴ τις
ἄλλος τῶν παλαιῶν διὰ κρίσιν ἄδικον τέθνηκεν, ἀντιπαρα-
βάλλοντι τὰ ἐμαυτοῦ πάθη πρὸς τὰ ἐκείνων—ὡς ἐγὼ οἶμαι,
5 οὐκ ἂν ἀηδὲς εἴη—καὶ δὴ τὸ μέγιστον, τοὺς ἐκεῖ ἐξετάζοντα
καὶ ἐρευνῶντα ὥσπερ τοὺς ἐνταῦθα διάγειν, τίς αὐτῶν σοφός
ἐστιν καὶ τίς οἴεται μέν, ἔστιν δ' οὔ. ἐπὶ πόσῳ δ' ἄν τις,
ὦ ἄνδρες δικασταί, δέξαιτο ἐξετάσαι τὸν ἐπὶ Τροίαν ἀγαγόντα
c τὴν πολλὴν στρατιὰν ἢ Ὀδυσσέα ἢ Σίσυφον ἢ ἄλλους
μυρίους ἄν τις εἴποι καὶ ἄνδρας καὶ γυναῖκας, οἷς ἐκεῖ
διαλέγεσθαι καὶ συνεῖναι καὶ ἐξετάζειν ἀμήχανον ἂν εἴη
εὐδαιμονίας; πάντως οὐ δήπου τούτου γε ἕνεκα οἱ ἐκεῖ
5 ἀποκτείνουσι· τά τε γὰρ ἄλλα εὐδαιμονέστεροί εἰσιν οἱ ἐκεῖ
τῶν ἐνθάδε, καὶ ἤδη τὸν λοιπὸν χρόνον ἀθάνατοί εἰσιν, εἴπερ
γε τὰ λεγόμενα ἀληθῆ.

Ἀλλὰ καὶ ὑμᾶς χρή, ὦ ἄνδρες δικασταί, εὐέλπιδας εἶναι
πρὸς τὸν θάνατον, καὶ ἕν τι τοῦτο διανοεῖσθαι ἀληθές, ὅτι
d οὐκ ἔστιν ἀνδρὶ ἀγαθῷ κακὸν οὐδὲν οὔτε ζῶντι οὔτε τελευ-
τήσαντι, οὐδὲ ἀμελεῖται ὑπὸ θεῶν τὰ τούτου πράγματα·

e 6 εἰσι πάντες T : εἰσιν ἅπαντες B   e 7 ἄν om. T   a 1 του-
τωνὶ T : τούτων B   a 2 ὡς Tb : om. B   a 8 ἐθέλω B : θέλω B
b 1 ὁπότε⟨τε⟩ Schanz   b 5 ἀηδὲς B Arm. : ἀηδὴς T   καὶ δὴ B :
καὶ δὴ καὶ T   b 6 τίς T : τίς ἂν B   b 7 δἂν (i. e. δὴ ἂν) Schanz
sublata distinctione post οὔ   b 8 ἀγαγόντα T : ἄγοντα B   c 2 δια-
λέγεσθαι ἐκεῖ T   c 5 ἀποκτενοῦσι T   c 7 post ἀληθῆ add.
ἔστιν B² T W

οὐδὲ τὰ ἐμὰ νῦν ἀπὸ τοῦ αὐτομάτου γέγονεν, ἀλλά μοι
δῆλόν ἐστι τοῦτο, ὅτι ἤδη τεθνάναι καὶ ἀπηλλάχθαι πρα-
γμάτων βέλτιον ἦν μοι. διὰ τοῦτο καὶ ἐμὲ οὐδαμοῦ ἀπέτρεψεν 5
τὸ σημεῖον, καὶ ἔγωγε τοῖς καταψηφισαμένοις μου καὶ τοῖς
κατηγόροις οὐ πάνυ χαλεπαίνω. καίτοι οὐ ταύτῃ τῇ διανοίᾳ
κατεψηφίζοντό μου καὶ κατηγόρουν, ἀλλ᾽ οἰόμενοι βλάπτειν·
τοῦτο αὐτοῖς ἄξιον μέμφεσθαι. τοσόνδε μέντοι αὐτῶν e
δέομαι· τοὺς ὑεῖς μου, ἐπειδὰν ἡβήσωσι, τιμωρήσασθε, ὦ
ἄνδρες, ταὐτὰ ταῦτα λυποῦντες ἅπερ ἐγὼ ὑμᾶς ἐλύπουν, ἐὰν
ὑμῖν δοκῶσιν ἢ χρημάτων ἢ ἄλλου του πρότερον ἐπι-
μελεῖσθαι ἢ ἀρετῆς, καὶ ἐὰν δοκῶσί τι εἶναι μηδὲν ὄντες, 5
ὀνειδίζετε αὐτοῖς ὥσπερ ἐγὼ ὑμῖν, ὅτι οὐκ ἐπιμελοῦνται ὧν
δεῖ, καὶ οἴονταί τι εἶναι ὄντες οὐδενὸς ἄξιοι. καὶ ἐὰν
ταῦτα ποιῆτε, δίκαια πεπονθὼς ἐγὼ ἔσομαι ὑφ᾽ ὑμῶν αὐτός 42
τε καὶ οἱ ὑεῖς. ἀλλὰ γὰρ ἤδη ὥρα ἀπιέναι, ἐμοὶ μὲν
ἀποθανουμένῳ, ὑμῖν δὲ βιωσομένοις· ὁπότεροι δὲ ἡμῶν
ἔρχονται ἐπὶ ἄμεινον πρᾶγμα, ἄδηλον παντὶ πλὴν ἢ
τῷ θεῷ. 5

d 5 τοῦτο B : ταυτὶ T   d 8 βλάπτειν τι T et Arm. (ut videtur)
e 1 μέντοι αὐτῶν δέομαι B² T W : δέομαι μέντοι αὐτῶν B   θ 3 λυ-
ποῦντας T W   a 4 πλὴν ἢ B² T W² : πλὴν εἰ B W

ΚΡΙΤΩΝ

ΣΩΚΡΑΤΗΣ ΚΡΙΤΩΝ

ΣΩ. Τί τηνικάδε ἀφῖξαι, ὦ Κρίτων; ἢ οὐ πρῲ ἔτι ἐστίν;
ΚΡ. Πάνυ μὲν οὖν.
ΣΩ. Πηνίκα μάλιστα;
ΚΡ. Ὄρθρος βαθύς.
ΣΩ. Θαυμάζω ὅπως ἠθέλησέ σοι ὁ τοῦ δεσμωτηρίου 5
φύλαξ ὑπακοῦσαι.
ΚΡ. Συνήθης ἤδη μοί ἐστιν, ὦ Σώκρατες, διὰ τὸ πολ-
λάκις δεῦρο φοιτᾶν, καί τι καὶ εὐεργέτηται ὑπ' ἐμοῦ.
ΣΩ. Ἄρτι δὲ ἥκεις ἢ πάλαι;
ΚΡ. Ἐπιεικῶς πάλαι.
ΣΩ. Εἶτα πῶς οὐκ εὐθὺς ἐπήγειράς με, ἀλλὰ σιγῇ παρα-
κάθησαι;
10
b

ΚΡ. Οὐ μὰ τὸν Δία, ὦ Σώκρατες, οὐδ' ἂν αὐτὸς ἤθελον
ἐν τοσαύτῃ τε ἀγρυπνίᾳ καὶ λύπῃ εἶναι, ἀλλὰ καὶ σοῦ πάλαι
θαυμάζω αἰσθανόμενος ὡς ἡδέως καθεύδεις· καὶ ἐπίτηδές σε 5
οὐκ ἤγειρον ἵνα ὡς ἥδιστα διάγῃς. καὶ πολλάκις μὲν δή σε
καὶ πρότερον ἐν παντὶ τῷ βίῳ ηὐδαιμόνισα τοῦ τρόπου, πολὺ
δὲ μάλιστα ἐν τῇ νῦν παρεστώσῃ συμφορᾷ, ὡς ῥᾳδίως αὐτὴν
καὶ πρᾴως φέρεις.

a 5 ἠθέλησε B : ἤθελε T   b 1 πῶς B : ὡς T   b 4 ἀγρυπνίᾳ
τε W   b 8 νυνὶ W

10 ΣΩ. Καὶ γὰρ ἄν, ὦ Κρίτων, πλημμελὲς εἴη ἀγανακτεῖν
τηλικοῦτον ὄντα εἰ δεῖ ἤδη τελευτᾶν.

c KP. Καὶ ἄλλοι, ὦ Σώκρατες, τηλικοῦτοι ἐν τοιαύταις
συμφοραῖς ἁλίσκονται, ἀλλ' οὐδὲν αὐτοὺς ἐπιλύεται ἡ ἡλικία
τὸ μὴ οὐχὶ ἀγανακτεῖν τῇ παρούσῃ τύχῃ.

ΣΩ. Ἔστι ταῦτα. ἀλλὰ τί δὴ οὕτω πρῴ ἀφῖξαι;

5 KP. Ἀγγελίαν, ὦ Σώκρατες, φέρων χαλεπήν, οὐ σοί, ὡς
ἐμοὶ φαίνεται, ἀλλ' ἐμοὶ καὶ τοῖς σοῖς ἐπιτηδείοις πᾶσιν καὶ
χαλεπὴν καὶ βαρεῖαν, ἣν ἐγώ, ὡς ἐμοὶ δοκῶ, ἐν τοῖς βαρύ-
τατ' ἂν ἐνέγκαιμι.

ΣΩ. Τίνα ταύτην; ἢ τὸ πλοῖον ἀφῖκται ἐκ Δήλου, οὗ δεῖ
d ἀφικομένου τεθνάναι με;

KP. Οὔτοι δὴ ἀφῖκται, ἀλλὰ δοκεῖν μέν μοι ἥξει τήμε-
ρον ἐξ ὧν ἀπαγγέλλουσιν ἥκοντές τινες ἀπὸ Σουνίου καὶ
καταλιπόντες ἐκεῖ αὐτό. δῆλον οὖν ἐκ τούτων [τῶν ἀγγέ-
5 λων] ὅτι ἥξει τήμερον, καὶ ἀνάγκη δὴ εἰς αὔριον ἔσται, ὦ
Σώκρατες, τὸν βίον σε τελευτᾶν.

ΣΩ. Ἀλλ', ὦ Κρίτων, τύχῃ ἀγαθῇ, εἰ ταύτῃ τοῖς θεοῖς
φίλον, ταύτῃ ἔστω· οὐ μέντοι οἶμαι ἥξειν αὐτὸ τήμερον.

44 KP. Πόθεν τοῦτο τεκμαίρῃ;

ΣΩ. Ἐγώ σοι ἐρῶ. τῇ γάρ που ὑστεραίᾳ δεῖ με ἀπο-
θνήσκειν ἢ ᾗ ἂν ἔλθῃ τὸ πλοῖον.

KP. Φασί γέ τοι δὴ οἱ τούτων κύριοι.

5 ΣΩ. Οὐ τοίνυν τῆς ἐπιούσης ἡμέρας οἶμαι αὐτὸ ἥξειν
ἀλλὰ τῆς ἑτέρας. τεκμαίρομαι δὲ ἔκ τινος ἐνυπνίου ὃ ἑώ-
ρακα ὀλίγον πρότερον ταύτης τῆς νυκτός· καὶ κινδυνεύεις ἐν
καιρῷ τινι οὐκ ἐγεῖραί με.

KP. Ἦν δὲ δὴ τί τὸ ἐνύπνιον;

10 ΣΩ. Ἐδόκει τίς μοι γυνὴ προσελθοῦσα καλὴ καὶ εὐειδής,
b λευκὰ ἱμάτια ἔχουσα, καλέσαι με καὶ εἰπεῖν· "Ὦ Σώκρατες,

c 2 αὐτοὺς B : αὐτοῖς T   c 5 post χαλεπὴν add. καὶ βαρεῖαν B
c 7 βαρύτατ' B t : βαρυτάτοις T (ut videtur)   d 2 δοκεῖν . . . ἥξει
Buttmann : δοκεῖν . . . ἥξειν B : δοκεῖ . . . ἥξειν B²TW   d 4 τῶν
ἀγγέλων B T et marg. W : secl. Hirschig : τῶν ἀγγελιῶν W

ἤματί κεν τριτάτῳ Φθίην ἐρίβωλον ἵκοιο."

ΚΡ. Ἄτοπον τὸ ἐνύπνιον, ὦ Σώκρατες.

ΣΩ. Ἐναργὲς μὲν οὖν, ὥς γέ μοι δοκεῖ, ὦ Κρίτων.

ΚΡ. Λίαν γε, ὡς ἔοικεν. ἀλλ', ὦ δαιμόνιε Σώκρατες, 5
ἔτι καὶ νῦν ἐμοὶ πιθοῦ καὶ σώθητι· ὡς ἐμοί, ἐὰν σὺ ἀπο-
θάνῃς, οὐ μία συμφορά ἐστιν, ἀλλὰ χωρὶς μὲν τοῦ ἐστερῆ-
σθαι τοιούτου ἐπιτηδείου οἷον ἐγὼ οὐδένα μή ποτε εὑρήσω,
ἔτι δὲ καὶ πολλοῖς δόξω, οἳ ἐμὲ καὶ σὲ μὴ σαφῶς ἴσασιν,
ὡς οἷός τ' ὤν σε σῴζειν εἰ ἤθελον ἀναλίσκειν χρήματα, c
ἀμελῆσαι. καίτοι τίς ἂν αἰσχίων εἴη ταύτης δόξα ἢ δοκεῖν
χρήματα περὶ πλείονος ποιεῖσθαι ἢ φίλους; οὐ γὰρ πείσον-
ται οἱ πολλοὶ ὡς σὺ αὐτὸς οὐκ ἠθέλησας ἀπιέναι ἐνθένδε
ἡμῶν προθυμουμένων. 5

ΣΩ. Ἀλλὰ τί ἡμῖν, ὦ μακάριε Κρίτων, οὕτω τῆς τῶν
πολλῶν δόξης μέλει; οἱ γὰρ ἐπιεικέστατοι, ὧν μᾶλλον ἄξιον
φροντίζειν, ἡγήσονται αὐτὰ οὕτω πεπρᾶχθαι ὥσπερ ἂν
πραχθῇ.

ΚΡ. Ἀλλ' ὁρᾷς δὴ ὅτι ἀνάγκη, ὦ Σώκρατες, καὶ τῆς τῶν d
πολλῶν δόξης μέλειν. αὐτὰ δὲ δῆλα τὰ παρόντα νυνὶ ὅτι οἷοί
τ' εἰσὶν οἱ πολλοὶ οὐ τὰ σμικρότατα τῶν κακῶν ἐξεργάζεσθαι
ἀλλὰ τὰ μέγιστα σχεδόν, ἐάν τις ἐν αὐτοῖς διαβεβλημέ-
νος ᾖ. 5

ΣΩ. Εἰ γὰρ ὤφελον, ὦ Κρίτων, οἷοί τ' εἶναι οἱ πολλοὶ
τὰ μέγιστα κακὰ ἐργάζεσθαι, ἵνα οἷοί τ' ἦσαν καὶ ἀγαθὰ τὰ
μέγιστα, καὶ καλῶς ἂν εἶχεν. νῦν δὲ οὐδέτερα οἷοί τε· οὔτε
γὰρ φρόνιμον οὔτε ἄφρονα δυνατοὶ ποιῆσαι, ποιοῦσι δὲ τοῦτο
ὅτι ἂν τύχωσι. 10

ΚΡ. Ταῦτα μὲν δὴ οὕτως ἐχέτω· τάδε δέ, ὦ Σώκρατες, e

b 3 ἄτοπον B : ὡς ἄτοπον T Proclus   b 4 γέ μοι B : ἐμοὶ T
b 6 πιθοῦ Burges : πείθου B T   b 7 οὐ μία T : οὐδεμία B   τοῦ
Sallier : σοῦ B T   b 9 δὲ secl. Schanz   c 1 ὡς secl. Cobet
d 2 δῆλα] δηλοῖ Cornarius   d 4 σχεδὸν τὰ μέγιστα T   d 7 ἐργά-
ζεσθαι B : ἐξεργάζεσθαι T W   καὶ B T : αὖ καὶ W   τὰ μέγιστα
ἀγαθά W: τἀγαθὰ τὰ μέγιστα Cobet

εἰπέ μοι. ἆρά γε μὴ ἐμοῦ προμηθῇ καὶ τῶν ἄλλων ἐπιτη-
δείων μή, ἐὰν σὺ ἐνθένδε ἐξέλθῃς, οἱ συκοφάνται ἡμῖν
πράγματα παρέχωσιν ὡς σὲ ἐνθένδε ἐκκλέψασιν, καὶ ἀναγ-
5 κασθῶμεν ἢ καὶ πᾶσαν τὴν οὐσίαν ἀποβαλεῖν ἢ συχνὰ
χρήματα, ἢ καὶ ἄλλο τι πρὸς τούτοις παθεῖν; εἰ γάρ τι
45 τοιοῦτον φοβῇ, ἔασον αὐτὸ χαίρειν· ἡμεῖς γάρ που δίκαιοί
ἐσμεν σώσαντές σε κινδυνεύειν τοῦτον τὸν κίνδυνον καὶ ἐὰν
δέῃ ἔτι τούτου μείζω. ἀλλ᾽ ἐμοὶ πείθου καὶ μὴ ἄλλως ποίει.
ΣΩ. Καὶ ταῦτα προμηθοῦμαι, ὦ Κρίτων, καὶ ἄλλα
5 πολλά.
ΚΡ. Μήτε τοίνυν ταῦτα φοβοῦ—καὶ γὰρ οὐδὲ πολὺ
τἀργύριόν ἐστιν ὃ θέλουσι λαβόντες τινὲς σῶσαί σε καὶ ἐξ-
αγαγεῖν ἐνθένδε. ἔπειτα οὐχ ὁρᾷς τούτους τοὺς συκοφάντας
ὡς εὐτελεῖς, καὶ οὐδὲν ἂν δέοι ἐπ᾽ αὐτοὺς πολλοῦ ἀργυρίου;
b σοὶ δὲ ὑπάρχει μὲν τὰ ἐμὰ χρήματα, ὡς ἐγὼ οἶμαι, ἱκανά·
ἔπειτα καὶ εἴ τι ἐμοῦ κηδόμενος οὐκ οἴει δεῖν ἀναλίσκειν
τἀμά, ξένοι οὗτοι ἐνθάδε ἕτοιμοι ἀναλίσκειν· εἷς δὲ καὶ
κεκόμικεν ἐπ᾽ αὐτὸ τοῦτο ἀργύριον ἱκανόν, Σιμμίας ὁ Θη-
5 βαῖος, ἕτοιμος δὲ καὶ Κέβης καὶ ἄλλοι πολλοὶ πάνυ.
ὥστε, ὅπερ λέγω, μήτε ταῦτα φοβούμενος ἀποκάμῃς σαυτὸν
σῶσαι, μήτε, ὃ ἔλεγες ἐν τῷ δικαστηρίῳ, δυσχερές σοι
γενέσθω ὅτι οὐκ ἂν ἔχοις ἐξελθὼν ὅτι χρῷο σαυτῷ· πολ-
c λαχοῦ μὲν γὰρ καὶ ἄλλοσε ὅποι ἂν ἀφίκῃ ἀγαπήσουσί σε·
ἐὰν δὲ βούλῃ εἰς Θετταλίαν ἰέναι, εἰσὶν ἐμοὶ ἐκεῖ ξένοι οἵ
σε περὶ πολλοῦ ποιήσονται καὶ ἀσφάλειάν σοι παρέξονται,
ὥστε σε μηδένα λυπεῖν τῶν κατὰ Θετταλίαν.
5 Ἔτι δέ, ὦ Σώκρατες, οὐδὲ δίκαιόν μοι δοκεῖς ἐπιχειρεῖν
πρᾶγμα, σαυτὸν προδοῦναι, ἐξὸν σωθῆναι, καὶ τοιαῦτα σπεύ-
δεις περὶ σαυτὸν γενέσθαι ἅπερ ἂν καὶ οἱ ἐχθροί σου σπεύσαιέν
τε καὶ ἔσπευσαν σὲ διαφθεῖραι βουλόμενοι. πρὸς δὲ τούτοις

e2 μὴ B T : om. W   e6 τούτοις T b : τούτους B   a6 μήτε B :
μὴ T W   b3 οὗτοι] τοι Schanz   καὶ B T : om. W   b6 μήτε
B t : μὴ T   σῶσαι σαυτόν T W   c1 ἄλλοσε] ἄλλοθι Schanz
c6 σπεύδειν Stephanus

καὶ τοὺς ὑεῖς τοὺς σαυτοῦ ἔμοιγε δοκεῖς προδιδόναι, οὕς σοι
ἐξὸν καὶ ἐκθρέψαι καὶ ἐκπαιδεῦσαι οἰχήσῃ καταλιπών, καὶ d
τὸ σὸν μέρος ὅτι ἂν τύχωσι τοῦτο πράξουσιν· τεύξονται δέ,
ὡς τὸ εἰκός, τοιούτων οἷάπερ εἴωθεν γίγνεσθαι ἐν ταῖς
ὀρφανίαις περὶ τοὺς ὀρφανούς. ἢ γὰρ οὐ χρὴ ποιεῖσθαι
παῖδας ἢ συνδιαταλαιπωρεῖν καὶ τρέφοντα καὶ παιδεύοντα, σὺ 5
δέ μοι δοκεῖς τὰ ῥᾳθυμότατα αἱρεῖσθαι. χρὴ δέ, ἅπερ ἂν ἀνὴρ
ἀγαθὸς καὶ ἀνδρεῖος ἕλοιτο, ταῦτα αἱρεῖσθαι, φάσκοντά γε δὴ
ἀρετῆς διὰ παντὸς τοῦ βίου ἐπιμελεῖσθαι· ὡς ἔγωγε καὶ
ὑπὲρ σοῦ καὶ ὑπὲρ ἡμῶν τῶν σῶν ἐπιτηδείων αἰσχύνομαι μὴ e
δόξῃ ἅπαν τὸ πρᾶγμα τὸ περὶ σὲ ἀνανδρίᾳ τινὶ τῇ ἡμετέρᾳ
πεπρᾶχθαι, καὶ ἡ εἴσοδος τῆς δίκης εἰς τὸ δικαστήριον ὡς
εἰσῆλθεν ἐξὸν μὴ εἰσελθεῖν, καὶ αὐτὸς ὁ ἀγὼν τῆς δίκης
ὡς ἐγένετο, καὶ τὸ τελευταῖον δὴ τουτί, ὥσπερ κατάγελως 5
τῆς πράξεως, κακίᾳ τινὶ καὶ ἀνανδρίᾳ τῇ ἡμετέρᾳ διαπεφευ-
γέναι ἡμᾶς δοκεῖν, οἵτινές σε οὐχὶ ἐσώσαμεν οὐδὲ σὺ σαυτόν, 46
οἷόν τε ὂν καὶ δυνατὸν εἴ τι καὶ μικρὸν ἡμῶν ὄφελος ἦν.
ταῦτα οὖν, ὦ Σώκρατες, ὅρα μὴ ἅμα τῷ κακῷ καὶ αἰσχρὰ ᾖ
σοί τε καὶ ἡμῖν. ἀλλὰ βουλεύου—μᾶλλον δὲ οὐδὲ βου-
λεύεσθαι ἔτι ὥρα ἀλλὰ βεβουλεῦσθαι—μία δὲ βουλή· τῆς 5
γὰρ ἐπιούσης νυκτὸς πάντα ταῦτα δεῖ πεπρᾶχθαι, εἰ δ' ἔτι
περιμενοῦμεν, ἀδύνατον καὶ οὐκέτι οἷόν τε. ἀλλὰ παντὶ
τρόπῳ, ὦ Σώκρατες, πείθου μοι καὶ μηδαμῶς ἄλλως ποίει.

ΣΩ. Ὦ φίλε Κρίτων, ἡ προθυμία σου πολλοῦ ἀξία εἰ b
μετά τινος ὀρθότητος εἴη· εἰ δὲ μή, ὅσῳ μείζων τοσούτῳ
χαλεπωτέρα. σκοπεῖσθαι οὖν χρὴ ἡμᾶς εἴτε ταῦτα πρακτέον
εἴτε μή· ὡς ἐγὼ οὐ νῦν πρῶτον ἀλλὰ καὶ ἀεὶ τοιοῦτος οἷος
τῶν ἐμῶν μηδενὶ ἄλλῳ πείθεσθαι ἢ τῷ λόγῳ ὃς ἄν μοι 5
λογιζομένῳ βέλτιστος φαίνηται. τοὺς δὴ λόγους οὓς ἐν τῷ

d2 δὲ BT : τε W   d4 χρὴ B : χρὴν (sic) T   e4 εἰσῆλθεν
B : εἰσῆλθες Tb   e5 δὴ τουτί T : δήπου τουτί B : δὴ ποτί W
a1 οὐχὶ B : οὐκ T   a4 οὐδὲ om. T   a6 δ' ἔτι B : δὲ T
b4 οὐ νῦν πρῶτον herma Socratis CIG iii, 843, no. 6115 : οὐ μόνον
νῦν BT Eusebius   b6 δὴ TW Eusebius : δὲ B

ἔμπροσθεν ἔλεγον οὐ δύναμαι νῦν ἐκβαλεῖν, ἐπειδή μοι
ἥδε ἡ τύχη γέγονεν, ἀλλὰ σχεδόν τι ὅμοιοι φαίνονταί μοι,
c καὶ τοὺς αὐτοὺς πρεσβεύω καὶ τιμῶ οὕσπερ καὶ πρότερον·
ὧν ἐὰν μὴ βελτίω ἔχωμεν λέγειν ἐν τῷ παρόντι, εὖ ἴσθι
ὅτι οὐ μή σοι συγχωρήσω, οὐδ' ἂν πλείω τῶν νῦν παρόν-
των ἡ τῶν πολλῶν δύναμις ὥσπερ παῖδας ἡμᾶς μορμο-
5 λύττηται, δεσμοὺς καὶ θανάτους ἐπιπέμπουσα καὶ χρημάτων
ἀφαιρέσεις. πῶς οὖν ἂν μετριώτατα σκοποίμεθα αὐτά; εἰ
πρῶτον μὲν τοῦτον τὸν λόγον ἀναλάβοιμεν, ὃν σὺ λέγεις
περὶ τῶν δοξῶν. πότερον καλῶς ἐλέγετο ἑκάστοτε ἢ οὔ,
d ὅτι ταῖς μὲν δεῖ τῶν δοξῶν προσέχειν τὸν νοῦν, ταῖς
δὲ οὔ; ἢ πρὶν μὲν ἐμὲ δεῖν ἀποθνήσκειν καλῶς ἐλέγετο,
νῦν δὲ κατάδηλος ἄρα ἐγένετο ὅτι ἄλλως ἕνεκα λόγου
ἐλέγετο, ἦν δὲ παιδιὰ καὶ φλυαρία ὡς ἀληθῶς; ἐπιθυμῶ
5 δ' ἔγωγ' ἐπισκέψασθαι, ὦ Κρίτων, κοινῇ μετὰ σοῦ εἴ τί
μοι ἀλλοιότερος φανεῖται, ἐπειδὴ ὧδε ἔχω, ἢ ὁ αὐτός,
καὶ ἐάσομεν χαίρειν ἢ πεισόμεθα αὐτῷ. ἐλέγετο δέ πως,
ὡς ἐγῷμαι, ἑκάστοτε ὧδε ὑπὸ τῶν οἰομένων τὶ λέγειν,
ὥσπερ νυνδὴ ἐγὼ ἔλεγον, ὅτι τῶν δοξῶν ἃς οἱ ἄνθρωποι
e δοξάζουσιν δέοι τὰς μὲν περὶ πολλοῦ ποιεῖσθαι, τὰς δὲ μή.
τοῦτο πρὸς θεῶν, ὦ Κρίτων, οὐ δοκεῖ καλῶς σοι λέγεσθαι;
—σὺ γάρ, ὅσα γε τἀνθρώπεια, ἐκτὸς εἶ τοῦ μέλλειν ἀπο-
47 θνήσκειν αὔριον, καὶ οὐκ ἂν σὲ παρακρούοι ἡ παροῦσα συμ-
φορά· σκόπει δή—οὐχ ἱκανῶς δοκεῖ σοι λέγεσθαι ὅτι οὐ
πάσας χρὴ τὰς δόξας τῶν ἀνθρώπων τιμᾶν ἀλλὰ τὰς μέν,
τὰς δ' οὔ, οὐδὲ πάντων ἀλλὰ τῶν μέν, τῶν δ' οὔ; τί φής;
5 ταῦτα οὐχὶ καλῶς λέγεται;

ΚΡ. Καλῶς.

ΣΩ. Οὐκοῦν τὰς μὲν χρηστὰς τιμᾶν, τὰς δὲ πονηρὰς μή;
ΚΡ. Ναί.

c 8 περὶ] τὸν περὶ Eusebius   d 3 κατάδηλος B γρ. t : καὶ ἄδηλος T
d 6 φαίνεται B²   d 7 ἐάσομεν B t : ἐάσωμεν T   a 1 παρακρούοιθ'
Cobet   a 3 τῶν B T : τὰς τῶν W Eusebius   a 4 οὐδὲ ... δ'
οὔ T W Eusebius : om. B

ΣΩ. Χρησταὶ δὲ οὐχ αἱ τῶν φρονίμων, πονηραὶ δὲ αἱ 10 τῶν ἀφρόνων;

ΚΡ. Πῶς δ' οὔ;

ΣΩ. Φέρε δή, πῶς αὖ τὰ τοιαῦτα ἐλέγετο; γυμναζόμενος ἀνὴρ καὶ τοῦτο πράττων πότερον παντὸς ἀνδρὸς ἐπαίνῳ καὶ b ψόγῳ καὶ δόξῃ τὸν νοῦν προσέχει, ἢ ἑνὸς μόνου ἐκείνου ὃς ἂν τυγχάνῃ ἰατρὸς ἢ παιδοτρίβης ὤν;

ΚΡ. Ἑνὸς μόνου.

ΣΩ. Οὐκοῦν φοβεῖσθαι χρὴ τοὺς ψόγους καὶ ἀσπάζεσθαι 5 τοὺς ἐπαίνους τοὺς τοῦ ἑνὸς ἐκείνου ἀλλὰ μὴ τοὺς τῶν πολλῶν.

ΚΡ. Δῆλα δή.

ΣΩ. Ταύτῃ ἄρα αὐτῷ πρακτέον καὶ γυμναστέον καὶ ἐδεστέον γε καὶ ποτέον, ᾗ ἂν τῷ ἑνὶ δοκῇ, τῷ ἐπιστάτῃ καὶ 10 ἐπαΐοντι, μᾶλλον ἢ ᾗ σύμπασι τοῖς ἄλλοις.

ΚΡ. Ἔστι ταῦτα.

ΣΩ. Εἶεν. ἀπειθήσας δὲ τῷ ἑνὶ καὶ ἀτιμάσας αὐτοῦ τὴν c δόξαν καὶ τοὺς ἐπαίνους, τιμήσας δὲ τοὺς τῶν πολλῶν [λόγους] καὶ μηδὲν ἐπαϊόντων, ἆρα οὐδὲν κακὸν πείσεται;

ΚΡ. Πῶς γὰρ οὔ;

ΣΩ. Τί δ' ἔστι τὸ κακὸν τοῦτο, καὶ ποῖ τείνει, καὶ εἰς 5 τί τῶν τοῦ ἀπειθοῦντος;

ΚΡ. Δῆλον ὅτι εἰς τὸ σῶμα· τοῦτο γὰρ διόλλυσι.

ΣΩ. Καλῶς λέγεις. οὐκοῦν καὶ τἆλλα, ὦ Κρίτων, οὕτως, ἵνα μὴ πάντα διΐωμεν, καὶ δὴ καὶ περὶ τῶν δικαίων καὶ ἀδίκων καὶ αἰσχρῶν καὶ καλῶν καὶ ἀγαθῶν καὶ κακῶν, περὶ 10 ὧν νῦν ἡ βουλὴ ἡμῖν ἐστιν, πότερον τῇ τῶν πολλῶν δόξῃ δεῖ ἡμᾶς ἕπεσθαι καὶ φοβεῖσθαι αὐτὴν ἢ τῇ τοῦ ἑνός, εἴ τίς d ἐστιν ἐπαΐων, ὃν δεῖ καὶ αἰσχύνεσθαι καὶ φοβεῖσθαι μᾶλλον ἢ σύμπαντας τοὺς ἄλλους; ᾧ εἰ μὴ ἀκολουθήσομεν, δια-

φθεροῦμεν ἐκεῖνο καὶ λωβησόμεθα, ὃ τῷ μὲν δικαίῳ βέλτιον
5 ἐγίγνετο τῷ δὲ ἀδίκῳ ἀπώλλυτο. ἢ οὐδέν ἐστι τοῦτο;
   ΚΡ. Οἶμαι ἔγωγε, ὦ Σώκρατες.

   ΣΩ. Φέρε δή, ἐὰν τὸ ὑπὸ τοῦ ὑγιεινοῦ μὲν βέλτιον
γιγνόμενον, ὑπὸ τοῦ νοσώδους δὲ διαφθειρόμενον διολέσωμεν
πειθόμενοι μὴ τῇ τῶν ἐπαϊόντων δόξῃ, ἆρα βιωτὸν ἡμῖν ἐστιν
e διεφθαρμένου αὐτοῦ; ἔστι δέ που τοῦτο σῶμα· ἢ οὐχί;
   ΚΡ. Ναί.

   ΣΩ. Ἆρ᾽ οὖν βιωτὸν ἡμῖν ἐστιν μετὰ μοχθηροῦ καὶ
διεφθαρμένου σώματος;
5 ΚΡ. Οὐδαμῶς.

   ΣΩ. Ἀλλὰ μετ᾽ ἐκείνου ἆρ᾽ ἡμῖν βιωτὸν διεφθαρμένου,
ᾧ τὸ ἄδικον μὲν λωβᾶται, τὸ δὲ δίκαιον ὀνίνησιν; ἢ φαυλό-
τερον ἡγούμεθα εἶναι τοῦ σώματος ἐκεῖνο, ὅτι ποτ᾽ ἐστὶ τῶν
48 ἡμετέρων, περὶ ὃ ἥ τε ἀδικία καὶ ἡ δικαιοσύνη ἐστίν;
   ΚΡ. Οὐδαμῶς.

   ΣΩ. Ἀλλὰ τιμιώτερον;
   ΚΡ. Πολύ γε.

5 ΣΩ. Οὐκ ἄρα, ὦ βέλτιστε, πάνυ ἡμῖν οὕτω φροντιστέον
τί ἐροῦσιν οἱ πολλοὶ ἡμᾶς, ἀλλ᾽ ὅτι ὁ ἐπαΐων περὶ τῶν
δικαίων καὶ ἀδίκων, ὁ εἷς καὶ αὐτὴ ἡ ἀλήθεια. ὥστε πρῶτον
μὲν ταύτῃ οὐκ ὀρθῶς εἰσηγῇ, εἰσηγούμενος τῆς τῶν πολλῶν
δόξης δεῖν ἡμᾶς φροντίζειν περὶ τῶν δικαίων καὶ καλῶν καὶ
10 ἀγαθῶν καὶ τῶν ἐναντίων. "Ἀλλὰ μὲν δή," φαίη γ᾽ ἄν
τις, "οἷοί τέ εἰσιν ἡμᾶς οἱ πολλοὶ ἀποκτεινύναι."
b ΚΡ. Δῆλα δὴ καὶ ταῦτα· φαίη γὰρ ἄν, ὦ Σώκρατες.
ἀληθῆ λέγεις.

   ΣΩ. Ἀλλ᾽, ὦ θαυμάσιε, οὗτός τε ὁ λόγος ὃν διεληλύθα-
μεν ἔμοιγε δοκεῖ ἔτι ὅμοιος εἶναι καὶ πρότερον· καὶ τόνδε δὲ

e 1 τοῦτο T : τοῦτο τὸ B   e 7 ᾧ B : ᾧ ex ὃ T : ὅ supra versum
W : ὃ Eusebius   a 6 τί B : ὅτι T   ἀλλ᾽ ὅτι B T : ἀλλὰ τί Eusebius
ὁ om. T   a 11 τέ B : τέ γ᾽ T   b 1 φαίη γὰρ ἄν secl. Schanz
b 4 ἔτι ὅμοιος B Priscianus : ἀνόμοιος T   καὶ πρότερον Priscianus :
τῷ καὶ πρότερον B w : καὶ πρότερος T : τῷ πρότερον W   δὲ T : om. B

αὖ σκόπει εἰ ἔτι μένει ἡμῖν ἢ οὔ, ὅτι οὐ τὸ ζῆν περὶ πλεί- 5
στου ποιητέον ἀλλὰ τὸ εὖ ζῆν.

ΚΡ. Ἀλλὰ μένει.

ΣΩ. Τὸ δὲ εὖ καὶ καλῶς καὶ δικαίως ὅτι ταὐτόν ἐστιν,
μένει ἢ οὐ μένει;

ΚΡ. Μένει.   10

ΣΩ. Οὐκοῦν ἐκ τῶν ὁμολογουμένων τοῦτο σκεπτέον,
πότερον δίκαιον ἐμὲ ἐνθένδε πειρᾶσθαι ἐξιέναι μὴ ἀφιέντων
Ἀθηναίων ἢ οὐ δίκαιον· καὶ ἐὰν μὲν φαίνηται δίκαιον, c
πειρώμεθα, εἰ δὲ μή, ἐῶμεν. ἃς δὲ σὺ λέγεις τὰς σκέψεις
περί τε ἀναλώσεως χρημάτων καὶ δόξης καὶ παίδων τροφῆς,
μὴ ὡς ἀληθῶς ταῦτα, ὦ Κρίτων, σκέμματα ᾖ τῶν ῥᾳδίως
ἀποκτεινύντων καὶ ἀναβιωσκομένων γ' ἄν, εἰ οἷοί τ' ἦσαν, 5
οὐδενὶ ξὺν νῷ, τούτων τῶν πολλῶν. ἡμῖν δ', ἐπειδὴ ὁ λόγος
οὕτως αἱρεῖ, μὴ οὐδὲν ἄλλο σκεπτέον ᾖ ἢ ὅπερ νυνδὴ ἐλέγο-
μεν, πότερον δίκαια πράξομεν καὶ χρήματα τελοῦντες τούτοις
τοῖς ἐμὲ ἐνθένδε ἐξάξουσιν καὶ χάριτας, καὶ αὐτοὶ ἐξάγοντές d
τε καὶ ἐξαγόμενοι, ἢ τῇ ἀληθείᾳ ἀδικήσομεν πάντα ταῦτα
ποιοῦντες· κἂν φαινώμεθα ἄδικα αὐτὰ ἐργαζόμενοι, μὴ οὐ
δέῃ ὑπολογίζεσθαι οὔτ' εἰ ἀποθνῄσκειν δεῖ παραμένοντας καὶ
ἡσυχίαν ἄγοντας, οὔτε ἄλλο ὁτιοῦν πάσχειν πρὸ τοῦ ἀδικεῖν. 5

ΚΡ. Καλῶς μέν μοι δοκεῖς λέγειν, ὦ Σώκρατες, ὅρα δὲ
τί δρῶμεν.

ΣΩ. Σκοπῶμεν, ὦ ἀγαθέ, κοινῇ, καὶ εἴ πῃ ἔχεις ἀντι-
λέγειν ἐμοῦ λέγοντος, ἀντίλεγε καί σοι πείσομαι· εἰ δὲ μή, e
παῦσαι ἤδη, ὦ μακάριε, πολλάκις μοι λέγων τὸν αὐτὸν
λόγον, ὡς χρὴ ἐνθένδε ἀκόντων Ἀθηναίων ἐμὲ ἀπιέναι· ὡς
ἐγὼ περὶ πολλοῦ ποιοῦμαι πείσας σε ταῦτα πράττειν, ἀλλὰ
μὴ ἄκοντος. ὅρα δὲ δὴ τῆς σκέψεως τὴν ἀρχὴν ἐάν σοι 5
ἱκανῶς λέγηται, καὶ πειρῶ ἀποκρίνεσθαι τὸ ἐρωτώμενον ᾗ 49
ἂν μάλιστα οἴῃ.

ΚΡ. Ἀλλὰ πειράσομαι.

ΣΩ. Οὐδενὶ τρόπῳ φαμὲν ἑκόντας ἀδικητέον εἶναι, ἢ
5 τινὶ μὲν ἀδικητέον τρόπῳ τινὶ δὲ οὔ; ἢ οὐδαμῶς τό γε
ἀδικεῖν οὔτε ἀγαθὸν οὔτε καλόν, ὡς πολλάκις ἡμῖν καὶ ἐν
τῷ ἔμπροσθεν χρόνῳ ὡμολογήθη; [ὅπερ καὶ ἄρτι ἐλέγετο]
ἢ πᾶσαι ἡμῖν ἐκεῖναι αἱ πρόσθεν ὁμολογίαι ἐν ταῖσδε ταῖς
ὀλίγαις ἡμέραις ἐκκεχυμέναι εἰσίν, καὶ πάλαι, ὦ Κρίτων,
10 ἄρα τηλικοίδε [γέροντες] ἄνδρες πρὸς ἀλλήλους σπουδῇ δια-
b λεγόμενοι ἐλάθομεν ἡμᾶς αὐτοὺς παίδων οὐδὲν διαφέροντες;
ἢ παντὸς μᾶλλον οὕτως ἔχει ὥσπερ τότε ἐλέγετο ἡμῖν·
εἴτε φασὶν οἱ πολλοὶ εἴτε μή, καὶ εἴτε δεῖ ἡμᾶς ἔτι τῶνδε
χαλεπώτερα πάσχειν εἴτε καὶ πρᾳότερα, ὅμως τό γε ἀδικεῖν
5 τῷ ἀδικοῦντι καὶ κακὸν καὶ αἰσχρὸν τυγχάνει ὂν παντὶ
τρόπῳ; φαμὲν ἢ οὔ;

ΚΡ. Φαμέν.

ΣΩ. Οὐδαμῶς ἄρα δεῖ ἀδικεῖν.

ΚΡ. Οὐ δῆτα.

10 ΣΩ. Οὐδὲ ἀδικούμενον ἄρα ἀνταδικεῖν, ὡς οἱ πολλοὶ
οἴονται, ἐπειδή γε οὐδαμῶς δεῖ ἀδικεῖν.

c ΚΡ. Οὐ φαίνεται.

ΣΩ. Τί δὲ δή; κακουργεῖν δεῖ, ὦ Κρίτων, ἢ οὔ;

ΚΡ. Οὐ δεῖ δήπου, ὦ Σώκρατες.

ΣΩ. Τί δέ; ἀντικακουργεῖν κακῶς πάσχοντα, ὡς οἱ
5 πολλοί φασιν, δίκαιον ἢ οὐ δίκαιον;

ΚΡ. Οὐδαμῶς.

ΣΩ. Τὸ γάρ που κακῶς ποιεῖν ἀνθρώπους τοῦ ἀδικεῖν
οὐδὲν διαφέρει.

ΚΡ. Ἀληθῆ λέγεις.

10 ΣΩ. Οὔτε ἄρα ἀνταδικεῖν δεῖ οὔτε κακῶς ποιεῖν οὐδένα
ἀνθρώπων, οὐδ' ἂν ὁτιοῦν πάσχῃ ὑπ' αὐτῶν. καὶ ὅρα, ὦ
d Κρίτων, ταῦτα καθομολογῶν, ὅπως μὴ παρὰ δόξαν ὁμολογῇς·

a 6 οὔτε καλὸν οὔτε ἀγαθόν W Eusebius   a 7 ὅπερ ... ἐλέγετο
secl. Burges   a 10 γέροντες secl. Jacobs   b 2 ἐλέγετο ἡμῖν
B Eusebius : ἡμῖν ἐλέγετο T   d 1 καθομολογῶν B Eusebius Sto-
baeus : ὁμολογῶν T

οἶδα γὰρ ὅτι ὀλίγοις τισὶ ταῦτα καὶ δοκεῖ καὶ δόξει. οἷς οὖν οὕτω δέδοκται καὶ οἷς μή, τούτοις οὐκ ἔστι κοινὴ βουλή, ἀλλὰ ἀνάγκη τούτους ἀλλήλων καταφρονεῖν ὁρῶντας ἀλλήλων τὰ βουλεύματα. σκόπει δὴ οὖν καὶ σὺ εὖ μάλα πότε- 5 ρον κοινωνεῖς καὶ συνδοκεῖ σοι καὶ ἀρχώμεθα ἐντεῦθεν βουλευόμενοι, ὡς οὐδέποτε ὀρθῶς ἔχοντος οὔτε τοῦ ἀδικεῖν οὔτε τοῦ ἀνταδικεῖν οὔτε κακῶς πάσχοντα ἀμύνεσθαι ἀντι- δρῶντα κακῶς, ἢ ἀφίστασαι καὶ οὐ κοινωνεῖς τῆς ἀρχῆς; ἐμοὶ μὲν γὰρ καὶ πάλαι οὕτω καὶ νῦν ἔτι δοκεῖ, σοὶ δὲ εἴ e πῃ ἄλλῃ δέδοκται, λέγε καὶ δίδασκε. εἰ δ' ἐμμένεις τοῖς πρόσθε, τὸ μετὰ τοῦτο ἄκουε.

ΚΡ. Ἀλλ' ἐμμένω τε καὶ συνδοκεῖ μοι· ἀλλὰ λέγε.

ΣΩ. Λέγω δὴ αὖ τὸ μετὰ τοῦτο, μᾶλλον δ' ἐρωτῶ· 5 πότερον ἃ ἄν τις ὁμολογήσῃ τῳ δίκαια ὄντα ποιητέον ἢ ἐξαπατητέον;

ΚΡ. Ποιητέον.

ΣΩ. Ἐκ τούτων δὴ ἄθρει. ἀπιόντες ἐνθένδε ἡμεῖς μὴ πείσαντες τὴν πόλιν πότερον κακῶς τινας ποιοῦμεν, καὶ 50 ταῦτα οὓς ἥκιστα δεῖ, ἢ οὔ; καὶ ἐμμένομεν οἷς ὡμολογή- σαμεν δικαίοις οὖσιν ἢ οὔ;

ΚΡ. Οὐκ ἔχω, ὦ Σώκρατες, ἀποκρίνασθαι πρὸς ὃ ἐρωτᾷς· οὐ γὰρ ἐννοῶ. 5

ΣΩ. Ἀλλ' ὧδε σκόπει. εἰ μέλλουσιν ἡμῖν ἐνθένδε εἴτε ἀποδιδράσκειν, εἴθ' ὅπως δεῖ ὀνομάσαι τοῦτο, ἐλθόντες οἱ νόμοι καὶ τὸ κοινὸν τῆς πόλεως ἐπιστάντες ἔροιντο· "Εἰπέ μοι, ὦ Σώκρατες, τί ἐν νῷ ἔχεις ποιεῖν; ἄλλο τι ἢ τούτῳ τῷ ἔργῳ ᾧ ἐπιχειρεῖς διανοῇ τούς τε νόμους ἡμᾶς ἀπολέσαι b καὶ σύμπασαν τὴν πόλιν τὸ σὸν μέρος; ἢ δοκεῖ σοι οἷόν τε ἔτι ἐκείνην τὴν πόλιν εἶναι καὶ μὴ ἀνατετράφθαι, ἐν ᾗ ἂν αἱ γενόμεναι δίκαι μηδὲν ἰσχύωσιν ἀλλὰ ὑπὸ ἰδιωτῶν ἄκυροί τε γίγνωνται καὶ διαφθείρωνται;" τί ἐροῦμεν, ὦ Κρίτων, 5

d 4 ἀλλήλων τὰ Τ : τὰ ἀλλήλων Β   d 5 δὴ οὖν Β : οὖν δὴ Τ
d 8 ἀντιδρῶντας Τ   b 3 ἂν Τ W : om. Β   b 4 ἰσχύωσιν Β Τ W
b 5 γίγνωνται . . . διαφθείρωνται Τ : γίγνονται . . . διαφθείρονται Β W

πρὸς ταῦτα καὶ ἄλλα τοιαῦτα; πολλὰ γὰρ ἄν τις ἔχοι,
ἄλλως τε καὶ ῥήτωρ, εἰπεῖν ὑπὲρ τούτου τοῦ νόμου ἀπολλυ-
μένου ὃς τὰς δίκας τὰς δικασθείσας προστάττει κυρίας εἶναι.
c ἢ ἐροῦμεν πρὸς αὐτοὺς ὅτι " Ἠδίκει γὰρ ἡμᾶς ἡ πόλις καὶ
οὐκ ὀρθῶς τὴν δίκην ἔκρινεν; " ταῦτα ἢ τί ἐροῦμεν;
KP. Ταῦτα νὴ Δία, ὦ Σώκρατες.

ΣΩ. Τί οὖν ἂν εἴπωσιν οἱ νόμοι· " Ὦ Σώκρατες, ἢ
5 καὶ ταῦτα ὡμολόγητο ἡμῖν τε καὶ σοί, ἢ ἐμμενεῖν ταῖς
δίκαις αἷς ἂν ἡ πόλις δικάζῃ;" εἰ οὖν αὐτῶν θαυμάζοιμεν
λεγόντων, ἴσως ἂν εἴποιεν ὅτι " Ὦ Σώκρατες, μὴ θαύμαζε
τὰ λεγόμενα ἀλλ' ἀποκρίνου, ἐπειδὴ καὶ εἴωθας χρῆσθαι
τῷ ἐρωτᾶν τε καὶ ἀποκρίνεσθαι. φέρε γάρ, τί ἐγκαλῶν
d ἡμῖν καὶ τῇ πόλει ἐπιχειρεῖς ἡμᾶς ἀπολλύναι; οὐ πρῶτον
μέν σε ἐγεννήσαμεν ἡμεῖς, καὶ δι' ἡμῶν ἔλαβε τὴν μητέρα
σου ὁ πατὴρ καὶ ἐφύτευσέν σε; φράσον οὖν, τούτοις ἡμῶν,
τοῖς νόμοις τοῖς περὶ τοὺς γάμους, μέμφῃ τι ὡς οὐ καλῶς
5 ἔχουσιν;" " Οὐ μέμφομαι," φαίην ἄν. "Ἀλλὰ τοῖς περὶ
τὴν τοῦ γενομένου τροφήν τε καὶ παιδείαν ἐν ᾗ καὶ σὺ
ἐπαιδεύθης; ἢ οὐ καλῶς προσέταττον ἡμῶν οἱ ἐπὶ τούτῳ
τεταγμένοι νόμοι, παραγγέλλοντες τῷ πατρὶ τῷ σῷ σε ἐν
e μουσικῇ καὶ γυμναστικῇ παιδεύειν;" " Καλῶς," φαίην ἄν.
"Εἶεν. ἐπειδὴ δὲ ἐγένου τε καὶ ἐξετράφης καὶ ἐπαιδεύθης,
ἔχοις ἂν εἰπεῖν πρῶτον μὲν ὡς οὐχὶ ἡμέτερος ἦσθα καὶ ἔκγονος
καὶ δοῦλος, αὐτός τε καὶ οἱ σοὶ πρόγονοι; καὶ εἰ τοῦθ' οὕτως
5 ἔχει, ἆρ' ἐξ ἴσου οἴει εἶναι σοὶ τὸ δίκαιον καὶ ἡμῖν, καὶ ἅττ'
ἂν ἡμεῖς σε ἐπιχειρῶμεν ποιεῖν, καὶ σοὶ ταῦτα ἀντιποιεῖν
οἴει δίκαιον εἶναι; ἢ πρὸς μὲν ἄρα σοι τὸν πατέρα οὐκ ἐξ
ἴσου ἦν τὸ δίκαιον καὶ πρὸς δεσπότην, εἴ σοι ὢν ἐτύγχανεν,
ὥστε ἅπερ πάσχοις ταῦτα καὶ ἀντιποιεῖν, οὔτε κακῶς ἀκού-

b 8 δίκας τὰς T W b : om. B   c 1 ἠδίκει] ἀδικεῖ Heindorf
c 5 ἐμμενεῖν Stephanus : ἐμμένειν B : ἐμμενειν T   d 2 ἔλαβε T W :
ἐλάμβανεν B   d 4 τοῖς νόμοις secl. Stallbaum   d 7 ἐπὶ τούτῳ T
ex ἐπὶ τοῦτο : ἐπὶ τούτοις B   d 8 νόμοι secl. Stallbaum   e 1 καὶ
B : καὶ εν T   e 8 δεσπότην W : τὸν δεσπότην B T (sed τὸν punctis
notatum in T)

οντα ἀντιλέγειν οὔτε τυπτόμενον ἀντιτύπτειν οὔτε ἄλλα 51
τοιαῦτα πολλά· πρὸς δὲ τὴν πατρίδα ἄρα καὶ τοὺς νόμους
ἐξέσται σοι, ὥστε, ἐάν σε ἐπιχειρῶμεν ἡμεῖς ἀπολλύναι
δίκαιον ἡγούμενοι εἶναι, καὶ σὺ δὲ ἡμᾶς τοὺς νόμους καὶ
τὴν πατρίδα καθ' ὅσον δύνασαι ἐπιχειρήσεις ἀνταπολλύναι, 5
καὶ φήσεις ταῦτα ποιῶν δίκαια πράττειν, ὁ τῇ ἀληθείᾳ τῆς
ἀρετῆς ἐπιμελόμενος; ἢ οὕτως εἶ σοφὸς ὥστε λέληθέν σε
ὅτι μητρός τε καὶ πατρὸς καὶ τῶν ἄλλων προγόνων ἁπάντων
τιμιώτερόν ἐστιν πατρὶς καὶ σεμνότερον καὶ ἁγιώτερον
καὶ ἐν μείζονι μοίρᾳ καὶ παρὰ θεοῖς καὶ παρ' ἀνθρώποις b
τοῖς νοῦν ἔχουσι, καὶ σέβεσθαι δεῖ καὶ μᾶλλον ὑπείκειν καὶ
θωπεύειν πατρίδα χαλεπαίνουσαν ἢ πατέρα, καὶ ἢ πείθειν ἢ
ποιεῖν ἃ ἂν κελεύῃ, καὶ πάσχειν ἐάν τι προστάττῃ παθεῖν
ἡσυχίαν ἄγοντα, ἐάντε τύπτεσθαι ἐάντε δεῖσθαι, ἐάντε εἰς 5
πόλεμον ἄγῃ τρωθησόμενον ἢ ἀποθανούμενον, ποιητέον
ταῦτα, καὶ τὸ δίκαιον οὕτως ἔχει, καὶ οὐχὶ ὑπεικτέον οὐδὲ
ἀναχωρητέον οὐδὲ λειπτέον τὴν τάξιν, ἀλλὰ καὶ ἐν πολέμῳ
καὶ ἐν δικαστηρίῳ καὶ πανταχοῦ ποιητέον ἃ ἂν κελεύῃ ἡ
πόλις καὶ ἡ πατρίς, ἢ πείθειν αὐτὴν ᾗ τὸ δίκαιον πέφυκε· c
βιάζεσθαι δὲ οὐχ ὅσιον οὔτε μητέρα οὔτε πατέρα, πολὺ δὲ
τούτων ἔτι ἧττον τὴν πατρίδα;" τί φήσομεν πρὸς ταῦτα, ὦ
Κρίτων; ἀληθῆ λέγειν τοὺς νόμους ἢ οὔ;
ΚΡ. Ἔμοιγε δοκεῖ.   5
ΣΩ. "Σκόπει τοίνυν, ὦ Σώκρατες," φαῖεν ἂν ἴσως οἱ
νόμοι, "εἰ ἡμεῖς ταῦτα ἀληθῆ λέγομεν, ὅτι οὐ δίκαια ἡμᾶς
ἐπιχειρεῖς δρᾶν ἃ νῦν ἐπιχειρεῖς. ἡμεῖς γάρ σε γεννήσαντες,
ἐκθρέψαντες, παιδεύσαντες, μεταδόντες ἁπάντων ὧν οἷοί τ'
ἦμεν καλῶν σοὶ καὶ τοῖς ἄλλοις πᾶσιν πολίταις, ὅμως προ- d
αγορεύομεν τῷ ἐξουσίαν πεποιηκέναι Ἀθηναίων τῷ βουλομένῳ,

a 3 ἐξέσται] ἔσται Schanz   a 4 δὲ] γε al. Schanz   a 9 ἐστι
Τ : ἐστιν ἢ Β : om. Stobaeus   b 3 πατέρα] πατέρα καὶ μητέρα
Stobaeus   ἢ πείθειν secl. Schanz   b 4 ἃ] ᾗ Stobaeus
b 6 ποιητέα W Stobaeus   b 9 ὃ ἂν vel ᾗ ἂν Stobaeus   c 1 καὶ
Β : τε καὶ Τ   ἢ καὶ πείθειν Stobaeus   ᾗ τὸ om. Stobaeus

ἐπειδὰν δοκιμασθῇ καὶ ἴδῃ τὰ ἐν τῇ πόλει πράγματα καὶ
ἡμᾶς τοὺς νόμους, ᾧ ἂν μὴ ἀρέσκωμεν ἡμεῖς, ἐξεῖναι λαβόντα
5 τὰ αὑτοῦ ἀπιέναι ὅποι ἂν βούληται. καὶ οὐδεὶς ἡμῶν τῶν
νόμων ἐμποδών ἐστιν οὐδ' ἀπαγορεύει, ἐάντε τις βούληται
ὑμῶν εἰς ἀποικίαν ἰέναι, εἰ μὴ ἀρέσκοιμεν ἡμεῖς τε καὶ ἡ
πόλις, ἐάντε μετοικεῖν ἄλλοσέ ποι ἐλθών, ἰέναι ἐκεῖσε ὅποι
e ἂν βούληται, ἔχοντα τὰ αὑτοῦ. ὃς δ' ἂν ὑμῶν παραμείνῃ,
ὁρῶν ὃν τρόπον ἡμεῖς τάς τε δίκας δικάζομεν καὶ τἆλλα τὴν
πόλιν διοικοῦμεν, ἤδη φαμὲν τοῦτον ὡμολογηκέναι ἔργῳ ἡμῖν
ἃ ἂν ἡμεῖς κελεύωμεν ποιήσειν ταῦτα, καὶ τὸν μὴ πειθόμενον
5 τριχῇ φαμεν ἀδικεῖν, ὅτι τε γεννηταῖς οὖσιν ἡμῖν οὐ πεί-
θεται, καὶ ὅτι τροφεῦσι, καὶ ὅτι ὁμολογήσας ἡμῖν πείσεσθαι
οὔτε πείθεται οὔτε πείθει ἡμᾶς, εἰ μὴ καλῶς τι ποιοῦμεν,
52 προτιθέντων ἡμῶν καὶ οὐκ ἀγρίως ἐπιταττόντων ποιεῖν ἃ ἂν
κελεύωμεν, ἀλλὰ ἐφιέντων δυοῖν θάτερα, ἢ πείθειν ἡμᾶς ἢ
ποιεῖν, τούτων οὐδέτερα ποιεῖ. ταύταις δή φαμεν καὶ σέ, ὦ
Σώκρατες, ταῖς αἰτίαις ἐνέξεσθαι, εἴπερ ποιήσεις ἃ ἐπινοεῖς,
5 καὶ οὐχ ἥκιστα Ἀθηναίων σέ, ἀλλ' ἐν τοῖς μάλιστα." εἰ οὖν
ἐγὼ εἴποιμι· "Διὰ τί δή;" ἴσως ἄν μου δικαίως καθάπτοιντο
λέγοντες ὅτι ἐν τοῖς μάλιστα Ἀθηναίων ἐγὼ αὐτοῖς ὡμολο-
γηκὼς τυγχάνω ταύτην τὴν ὁμολογίαν. φαῖεν γὰρ ἂν ὅτι
b "Ὦ Σώκρατες, μεγάλα ἡμῖν τούτων τεκμήριά ἐστιν, ὅτι σοι
καὶ ἡμεῖς ἠρέσκομεν καὶ ἡ πόλις· οὐ γὰρ ἄν ποτε τῶν ἄλλων
Ἀθηναίων ἁπάντων διαφερόντως ἐν αὐτῇ ἐπεδήμεις εἰ μή σοι
διαφερόντως ἤρεσκεν, καὶ οὔτ' ἐπὶ θεωρίαν πώποτ' ἐκ τῆς
5 πόλεως ἐξῆλθες, ὅτι μὴ ἅπαξ εἰς Ἰσθμόν, οὔτε ἄλλοσε
οὐδαμόσε, εἰ μή ποι στρατευσόμενος, οὔτε ἄλλην ἀποδημίαν
ἐποιήσω πώποτε ὥσπερ οἱ ἄλλοι ἄνθρωποι, οὐδ' ἐπιθυμία σε
ἄλλης πόλεως οὐδὲ ἄλλων νόμων ἔλαβεν εἰδέναι, ἀλλὰ ἡμεῖς

d 5, 6 καὶ ... βούληται B²TW : om. B   d 8 ποι B²TW : om. B
e 6 ὁμολογήσας] ὀμόσας M. Schmidt   ἡμῖν πείσεσθαι W : ἡμῖν πείθεσθαι
B : ἢ μὴν πείθεσθαι Tb : ἢ μὴν πείσεσθαι Buttmann   a 3 ὧ om. B
b 3 εἰ μὴ ... ἤρεσκεν secl. Cobet   b 5 ὅτι μὴ ... Ἰσθμόν add. T
et in marg. w : om. BW sed legit Athenaeus   b 6 ἐποιήσω
ἀποδημίαν T   b 7 ἄλλοι B : om. T

σοι ἱκανοὶ ἦμεν καὶ ἡ ἡμετέρα πόλις· οὕτω σφόδρα ἡμᾶς c
ᾑροῦ καὶ ὡμολόγεις καθ' ἡμᾶς πολιτεύσεσθαι, τά τε ἄλλα καὶ
παῖδας ἐν αὐτῇ ἐποιήσω, ὡς ἀρεσκούσης σοι τῆς πόλεως. ἔτι
τοίνυν ἐν αὐτῇ τῇ δίκῃ ἐξῆν σοι φυγῆς τιμήσασθαι εἰ ἐβού-
λου, καὶ ὅπερ νῦν ἀκούσης τῆς πόλεως ἐπιχειρεῖς, τότε 5
ἑκούσης ποιῆσαι. σὺ δὲ τότε μὲν ἐκαλλωπίζου ὡς οὐκ ἀγα-
νακτῶν εἰ δέοι τεθνάναι σε, ἀλλὰ ᾑροῦ, ὡς ἔφησθα, πρὸ τῆς
φυγῆς θάνατον· νῦν δὲ οὔτ' ἐκείνους τοὺς λόγους αἰσχύνῃ,
οὔτε ἡμῶν τῶν νόμων ἐντρέπῃ, ἐπιχειρῶν διαφθεῖραι, πράτ-
τεις τε ἅπερ ἂν δοῦλος ὁ φαυλότατος πράξειεν, ἀποδιδράσκειν d
ἐπιχειρῶν παρὰ τὰς συνθήκας τε καὶ τὰς ὁμολογίας καθ' ἃς
ἡμῖν συνέθου πολιτεύεσθαι. πρῶτον μὲν οὖν ἡμῖν τοῦτ' αὐτὸ
ἀπόκριναι, εἰ ἀληθῆ λέγομεν φάσκοντές σε ὡμολογηκέναι
πολιτεύσεσθαι καθ' ἡμᾶς ἔργῳ ἀλλ' οὐ λόγῳ, ἢ οὐκ ἀληθῆ." 5
τί φῶμεν πρὸς ταῦτα, ὦ Κρίτων; ἄλλο τι ἢ ὁμολογῶμεν;
ΚΡ. Ἀνάγκη, ὦ Σώκρατες.
ΣΩ. "Ἄλλο τι οὖν," ἂν φαῖεν, "ἢ συνθήκας τὰς πρὸς
ἡμᾶς αὐτοὺς καὶ ὁμολογίας παραβαίνεις, οὐχ ὑπὸ ἀνάγκης e
ὁμολογήσας οὐδὲ ἀπατηθεὶς οὐδὲ ἐν ὀλίγῳ χρόνῳ ἀναγκασθεὶς
βουλεύσασθαι, ἀλλ' ἐν ἔτεσιν ἑβδομήκοντα, ἐν οἷς ἐξῆν σοι
ἀπιέναι, εἰ μὴ ἠρέσκομεν ἡμεῖς μηδὲ δίκαιαι ἐφαίνοντό σοι
αἱ ὁμολογίαι εἶναι. σὺ δὲ οὔτε Λακεδαίμονα προῃροῦ οὔτε 5
Κρήτην, ἃς δὴ ἑκάστοτε φῂς εὐνομεῖσθαι, οὔτε ἄλλην οὐδε-
μίαν τῶν Ἑλληνίδων πόλεων οὐδὲ τῶν βαρβαρικῶν, ἀλλὰ 53
ἐλάττω ἐξ αὐτῆς ἀπεδήμησας ἢ οἱ χωλοί τε καὶ τυφλοὶ καὶ
οἱ ἄλλοι ἀνάπηροι· οὕτω σοι διαφερόντως τῶν ἄλλων Ἀθη-
ναίων ἤρεσκεν ἡ πόλις τε καὶ ἡμεῖς οἱ νόμοι δῆλον ὅτι· τίνι
γὰρ ἂν πόλις ἀρέσκοι ἄνευ νόμων; νῦν δὲ δὴ οὐκ ἐμμενεῖς 5
τοῖς ὡμολογημένοις; ἐὰν ἡμῖν γε πείθῃ, ὦ Σώκρατες· καὶ
οὐ καταγέλαστός γε ἔσῃ ἐκ τῆς πόλεως ἐξελθών.

c 2 πολιτεύσεσθαι B : πολιτεύεσθαι T W   d 1 ὁ T Eusebius : om. B
d 3 μὲν B : om. T Eusebius   d 5 πολιτεύσεσθαι T : πολιτεύεσθαι B
e 5 δὲ B : τε T   a 1 οὔτε τῶν βαρβάρων T   a 7 γε T : τε B
(sed ex emend.) W

" Σκόπει γὰρ δή, ταῦτα παραβὰς καὶ ἐξαμαρτάνων τι τούτων τί ἀγαθὸν ἐργάσῃ σαυτὸν ἢ τοὺς ἐπιτηδείους τοὺς

b σαυτοῦ. ὅτι μὲν γὰρ κινδυνεύσουσί γέ σου οἱ ἐπιτήδειοι καὶ αὐτοὶ φεύγειν καὶ στερηθῆναι τῆς πόλεως ἢ τὴν οὐσίαν ἀπολέσαι, σχεδόν τι δῆλον· αὐτὸς δὲ πρῶτον μὲν ἐὰν εἰς τῶν ἐγγύτατά τινα πόλεων ἔλθῃς, ἢ Θήβαζε ἢ Μέγαράδε—

5 εὐνομοῦνται γὰρ ἀμφότεραι—πολέμιος ἥξεις, ὦ Σώκρατες, τῇ τούτων πολιτείᾳ, καὶ ὅσοιπερ κήδονται τῶν αὑτῶν πόλεων ὑποβλέψονταί σε διαφθορέα ἡγούμενοι τῶν νόμων, καὶ βεβαιώσεις τοῖς δικασταῖς τὴν δόξαν, ὥστε δοκεῖν ὀρθῶς τὴν

c δίκην δικάσαι· ὅστις γὰρ νόμων διαφθορεύς ἐστιν σφόδρα που δόξειεν ἂν νέων γε καὶ ἀνοήτων ἀνθρώπων διαφθορεὺς εἶναι. πότερον οὖν φεύξῃ τάς τε εὐνομουμένας πόλεις καὶ τῶν ἀνδρῶν τοὺς κοσμιωτάτους; καὶ τοῦτο ποιοῦντι ἆρα ἄξιόν

5 σοι ζῆν ἔσται; ἢ πλησιάσεις τούτοις καὶ ἀναισχυντήσεις διαλεγόμενος—τίνας λόγους, ὦ Σώκρατες; ἢ οὕσπερ ἐνθάδε, ὡς ἡ ἀρετὴ καὶ ἡ δικαιοσύνη πλείστου ἄξιον τοῖς ἀνθρώποις καὶ τὰ νόμιμα καὶ οἱ νόμοι; καὶ οὐκ οἴει ἄσχημον [ἂν]

d φανεῖσθαι τὸ τοῦ Σωκράτους πρᾶγμα; οἴεσθαί γε χρή. ἀλλ᾽ ἐκ μὲν τούτων τῶν τόπων ἀπαρεῖς, ἥξεις δὲ εἰς Θετταλίαν παρὰ τοὺς ξένους τοὺς Κρίτωνος· ἐκεῖ γὰρ δὴ πλείστη ἀταξία καὶ ἀκολασία, καὶ ἴσως ἂν ἡδέως σου ἀκούοιεν ὡς γελοίως

5 ἐκ τοῦ δεσμωτηρίου ἀπεδίδρασκες σκευήν τέ τινα περιθέμενος, ἢ διφθέραν λαβὼν ἢ ἄλλα οἷα δὴ εἰώθασιν ἐνσκευάζεσθαι οἱ ἀποδιδράσκοντες, καὶ τὸ σχῆμα τὸ σαυτοῦ μεταλλάξας· ὅτι δὲ γέρων ἀνήρ, σμικροῦ χρόνου τῷ βίῳ λοιποῦ ὄντος ὡς τὸ

e εἰκός, ἐτόλμησας οὕτω γλίσχρως ἐπιθυμεῖν ζῆν, νόμους τοὺς μεγίστους παραβάς, οὐδεὶς ὃς ἐρεῖ; ἴσως, ἂν μή τινα λυπῇς· εἰ δὲ μή, ἀκούσῃ, ὦ Σώκρατες, πολλὰ καὶ ἀνάξια σαυτοῦ.

a 8 ἐξαμαρτῶν T   c 5 ἐστι σοι ζῆν T   c 8 ἂν B : om. T
Eusebius   d 2 τόπων B Eusebius : πόλεων T   d 3 τοὺς Κρίτωνος B Eusebius : τοῦ Κρίτωνος T   d 7 μεταλλάξας T Eusebius : καταλλάξας B   e 1 οὕτω γλίσχρως TW (in marg.) Eusebius : οὕτως αἰσχρῶς B W : γρ. οὗτω γ᾽ αἰσχρῶς in marg. t

ὑπερχόμενος δὴ βιώσῃ πάντας ἀνθρώπους καὶ δουλεύων—
τί ποιῶν ἢ εὐωχούμενος ἐν Θετταλίᾳ, ὥσπερ ἐπὶ δεῖπνον 5
ἀποδεδημηκὼς εἰς Θετταλίαν; λόγοι δὲ ἐκεῖνοι οἱ περὶ
δικαιοσύνης τε καὶ τῆς ἄλλης ἀρετῆς ποῦ ἡμῖν ἔσονται; ἀλλὰ 54
δὴ τῶν παίδων ἕνεκα βούλει ζῆν, ἵνα αὐτοὺς ἐκθρέψῃς καὶ
παιδεύσῃς; τί δέ; εἰς Θετταλίαν αὐτοὺς ἀγαγὼν θρέψεις τε
καὶ παιδεύσεις, ξένους ποιήσας, ἵνα καὶ τοῦτο ἀπολαύσωσιν;
ἢ τοῦτο μὲν οὔ, αὐτοῦ δὲ τρεφόμενοι σοῦ ζῶντος βέλτιον 5
θρέψονται καὶ παιδεύσονται μὴ συνόντος σοῦ αὐτοῖς; οἱ γὰρ
ἐπιτήδειοι οἱ σοὶ ἐπιμελήσονται αὐτῶν. πότερον ἐὰν μὲν εἰς
Θετταλίαν ἀποδημήσῃς, ἐπιμελήσονται, ἐὰν δὲ εἰς Ἅιδου
ἀποδημήσῃς, οὐχὶ ἐπιμελήσονται; εἴπερ γέ τι ὄφελος αὐτῶν
ἐστιν τῶν σοι φασκόντων ἐπιτηδείων εἶναι, οἴεσθαί γε χρή. b
    "Ἀλλ', ὦ Σώκρατες, πειθόμενος ἡμῖν τοῖς σοῖς τροφεῦσι
μήτε παῖδας περὶ πλείονος ποιοῦ μήτε τὸ ζῆν μήτε ἄλλο
μηδὲν πρὸ τοῦ δικαίου, ἵνα εἰς Ἅιδου ἐλθὼν ἔχῃς πάντα
ταῦτα ἀπολογήσασθαι τοῖς ἐκεῖ ἄρχουσιν· οὔτε γὰρ ἐνθάδε 5
σοι φαίνεται ταῦτα πράττοντι ἄμεινον εἶναι οὐδὲ δικαιότερον
οὐδὲ ὁσιώτερον, οὐδὲ ἄλλῳ τῶν σῶν οὐδενί, οὔτε ἐκεῖσε
ἀφικομένῳ ἄμεινον ἔσται. ἀλλὰ νῦν μὲν ἠδικημένος ἄπει,
ἐὰν ἀπίῃς, οὐχ ὑφ' ἡμῶν τῶν νόμων ἀλλὰ ὑπ' ἀνθρώπων· c
ἐὰν δὲ ἐξέλθῃς οὕτως αἰσχρῶς ἀνταδικήσας τε καὶ ἀντικα-
κουργήσας, τὰς σαυτοῦ ὁμολογίας τε καὶ συνθήκας τὰς πρὸς
ἡμᾶς παραβὰς καὶ κακὰ ἐργασάμενος τούτους οὓς ἥκιστα
ἔδει, σαυτόν τε καὶ φίλους καὶ πατρίδα καὶ ἡμᾶς, ἡμεῖς τέ 5
σοι χαλεπανοῦμεν ζῶντι, καὶ ἐκεῖ οἱ ἡμέτεροι ἀδελφοὶ οἱ ἐν
Ἅιδου νόμοι οὐκ εὐμενῶς σε ὑποδέξονται, εἰδότες ὅτι καὶ
ἡμᾶς ἐπεχείρησας ἀπολέσαι τὸ σὸν μέρος. ἀλλὰ μή σε
πείσῃ Κρίτων ποιεῖν ἃ λέγει μᾶλλον ἢ ἡμεῖς." d
    Ταῦτα, ὦ φίλε ἑταῖρε Κρίτων, εὖ ἴσθι ὅτι ἐγὼ δοκῶ

e 4 ὑπερχόμενος B Eusebius : ὑπεχόμενος Τ   πάντας ἀνθρώπους
βιώσει Τ   a 4 τοῦτο B T : τοῦτό σου W   a 7 ἐὰν μὲν Τ :
ἐὰν B   b 4 πρὸ secl. Cobet   ταῦτα πάντα Τ Eusebius   b 7 οὐδὲ
ὁσιώτερον Τ Eusebius : οὔτε ὁσιώτερον B

ἀκούειν, ὥσπερ οἱ κορυβαντιῶντες τῶν αὐλῶν δοκοῦσιν
ἀκούειν, καὶ ἐν ἐμοὶ αὕτη ἡ ἠχὴ τούτων τῶν λόγων βομβεῖ
5 καὶ ποιεῖ μὴ δύνασθαι τῶν ἄλλων ἀκούειν· ἀλλὰ ἴσθι, ὅσα γε
τὰ νῦν ἐμοὶ δοκοῦντα, ἐὰν λέγῃς παρὰ ταῦτα, μάτην ἐρεῖς.
ὅμως μέντοι εἴ τι οἴει πλέον ποιήσειν, λέγε.
    ΚΡ. Ἀλλ', ὦ Σώκρατες, οὐκ ἔχω λέγειν.
e   ΣΩ. Ἔα τοίνυν, ὦ Κρίτων, καὶ πράττωμεν ταύτῃ, ἐπειδὴ
ταύτῃ ὁ θεὸς ὑφηγεῖται.

d 6 ἐὰν BT : ἐάν τι Wt : ὡς ἐὰν B² (ὡς s. v.)

ΦΑΙΔΩΝ

ΕΧΕΚΡΑΤΗΣ ΦΑΙΔΩΝ

ΕΧ. Αὐτός, ὦ Φαίδων, παρεγένου Σωκράτει ἐκείνῃ τῇ a
ἡμέρᾳ ᾗ τὸ φάρμακον ἔπιεν ἐν τῷ δεσμωτηρίῳ, ἢ ἄλλου του
ἤκουσας;

ΦΑΙΔ. Αὐτός, ὦ 'Εχέκρατες.

ΕΧ. Τί οὖν δή ἐστιν ἅττα εἶπεν ὁ ἀνὴρ πρὸ τοῦ θανά- 5
του; καὶ πῶς ἐτελεύτα; ἡδέως γὰρ ἂν ἐγὼ ἀκούσαιμι. καὶ
γὰρ οὔτε [τῶν πολιτῶν] Φλειασίων οὐδεὶς πάνυ τι ἐπιχωριάζει
τὰ νῦν 'Αθήναζε, οὔτε τις ξένος ἀφῖκται χρόνου συχνοῦ
ἐκεῖθεν ὅστις ἂν ἡμῖν σαφές τι ἀγγεῖλαι οἷός τ' ἦν περὶ b
τούτων, πλήν γε δὴ ὅτι φάρμακον πιὼν ἀποθάνοι· τῶν δὲ
ἄλλων οὐδὲν εἶχεν φράζειν.

ΦΑΙΔ. Οὐδὲ τὰ περὶ τῆς δίκης ἄρα ἐπύθεσθε ὃν τρόπον 58
ἐγένετο;

ΕΧ. Ναί, ταῦτα μὲν ἡμῖν ἤγγειλέ τις, καὶ ἐθαυμάζομέν
γε ὅτι πάλαι γενομένης αὐτῆς πολλῷ ὕστερον φαίνεται
ἀποθανών. τί οὖν ἦν τοῦτο, ὦ Φαίδων; 5

ΦΑΙΔ. Τύχη τις αὐτῷ, ὦ 'Εχέκρατες, συνέβη· ἔτυχεν
γὰρ τῇ προτεραίᾳ τῆς δίκης ἡ πρύμνα ἐστεμμένη τοῦ πλοίου
ὃ εἰς Δῆλον 'Αθηναῖοι πέμπουσιν.

a 2 ἔπιεν τὸ φάρμακον W   a 6 ἐγώ B : om. T   a 7 τῶν πολι-
τῶν secl. v. Bamberg : Φλιασίων secl. Schaefer   b 1 ἀπαγγεῖλαι W
ἦν B : ᾖ T   a 5 οὖν B : om. T   a 8 πέμπουσιν B T : πέμπουσιν
κατ' ἔτος B² W

ΕΧ. Τοῦτο δὲ δὴ τί ἐστιν;

10 ΦΑΙΔ. Τοῦτ᾽ ἔστι τὸ πλοῖον, ὥς φασιν Ἀθηναῖοι, ἐν ᾧ
Θησεύς ποτε εἰς Κρήτην τοὺς "δὶς ἑπτὰ" ἐκείνους ᾤχετο
b ἄγων καὶ ἔσωσέ τε καὶ αὐτὸς ἐσώθη. τῷ οὖν Ἀπόλλωνι
ηὔξαντο ὡς λέγεται τότε, εἰ σωθεῖεν, ἑκάστου ἔτους θεωρίαν
ἀπάξειν εἰς Δῆλον· ἣν δὴ ἀεὶ καὶ νῦν ἔτι ἐξ ἐκείνου κατ᾽
ἐνιαυτὸν τῷ θεῷ πέμπουσιν. ἐπειδὰν οὖν ἄρξωνται τῆς
5 θεωρίας, νόμος ἐστὶν αὐτοῖς ἐν τῷ χρόνῳ τούτῳ καθαρεύειν
τὴν πόλιν καὶ δημοσίᾳ μηδένα ἀποκτεινύναι, πρὶν ἂν εἰς
Δῆλόν τε ἀφίκηται τὸ πλοῖον καὶ πάλιν δεῦρο· τοῦτο δ᾽
ἐνίοτε ἐν πολλῷ χρόνῳ γίγνεται, ὅταν τύχωσιν ἄνεμοι ἀπο-
c λαβόντες αὐτούς. ἀρχὴ δ᾽ ἐστὶ τῆς θεωρίας ἐπειδὰν ὁ
ἱερεὺς τοῦ Ἀπόλλωνος στέψῃ τὴν πρύμναν τοῦ πλοίου·
τοῦτο δ᾽ ἔτυχεν, ὥσπερ λέγω, τῇ προτεραίᾳ τῆς δίκης γεγο-
νός. διὰ ταῦτα καὶ πολὺς χρόνος ἐγένετο τῷ Σωκράτει ἐν
5 τῷ δεσμωτηρίῳ ὁ μεταξὺ τῆς δίκης τε καὶ τοῦ θανάτου.

ΕΧ. Τί δὲ δὴ τὰ περὶ αὐτὸν τὸν θάνατον, ὦ Φαίδων; τί
ἦν τὰ λεχθέντα καὶ πραχθέντα, καὶ τίνες οἱ παραγενόμενοι
τῶν ἐπιτηδείων τῷ ἀνδρί; ἢ οὐκ εἴων οἱ ἄρχοντες παρεῖναι,
ἀλλ᾽ ἔρημος ἐτελεύτα φίλων;

d ΦΑΙΔ. Οὐδαμῶς, ἀλλὰ παρῆσάν τινες, καὶ πολλοί γε.

ΕΧ. Ταῦτα δὴ πάντα προθυμήθητι ὡς σαφέστατα ἡμῖν
ἀπαγγεῖλαι, εἰ μή τίς σοι ἀσχολία τυγχάνει οὖσα.

ΦΑΙΔ. Ἀλλὰ σχολάζω γε καὶ πειράσομαι ὑμῖν διηγή-
5 σασθαι· καὶ γὰρ τὸ μεμνῆσθαι Σωκράτους καὶ αὐτὸν λέγοντα
καὶ ἄλλου ἀκούοντα ἔμοιγε ἀεὶ πάντων ἥδιστον.

ΕΧ. Ἀλλὰ μήν, ὦ Φαίδων, καὶ τοὺς ἀκουσομένους γε
τοιούτους ἑτέρους ἔχεις· ἀλλὰ πειρῶ ὡς ἂν δύνῃ ἀκριβέ-
στατα διεξελθεῖν πάντα.

e ΦΑΙΔ. Καὶ μὴν ἔγωγε θαυμάσια ἔπαθον παραγενόμενος.
οὔτε γὰρ ὡς θανάτῳ παρόντα με ἀνδρὸς ἐπιτηδείου ἔλεος

a 11 ποτε θησεὺς W   b 7 τε B : om. T   c 6 τί ἦν BT : τίνα
ἦν B² W   d 4 γε B : τε T   d 8 ἑτέρους BT : ἑταίρους W
d 9 διεξελθεῖν B : διελθεῖν T

εἰσῄει· εὐδαίμων γάρ μοι ἀνὴρ ἐφαίνετο, ὦ Ἐχέκρατες, καὶ
τοῦ τρόπου καὶ τῶν λόγων, ὡς ἀδεῶς καὶ γενναίως ἐτελεύτα,
ὥστε μοι ἐκεῖνον παρίστασθαι μηδ᾽ εἰς Ἅιδου ἰόντα ἄνευ 5
θείας μοίρας ἰέναι, ἀλλὰ καὶ ἐκεῖσε ἀφικόμενον εὖ πράξειν
εἴπερ τις πώποτε καὶ ἄλλος. διὰ δὴ ταῦτα οὐδὲν πάνυ μοι 59
ἐλεινὸν εἰσῄει, ὡς εἰκὸς ἂν δόξειεν εἶναι παρόντι πένθει,
οὔτε αὖ ἡδονὴ ὡς ἐν φιλοσοφίᾳ ἡμῶν ὄντων ὥσπερ εἰώθεμεν
—καὶ γὰρ οἱ λόγοι τοιοῦτοί τινες ἦσαν—ἀλλ᾽ ἀτεχνῶς
ἄτοπόν τί μοι πάθος παρῆν καί τις ἀήθης κρᾶσις ἀπό τε τῆς 5
ἡδονῆς συγκεκραμένη ὁμοῦ καὶ ἀπὸ τῆς λύπης, ἐνθυμουμένῳ
ὅτι αὐτίκα ἐκεῖνος ἔμελλε τελευτᾶν. καὶ πάντες οἱ παρόντες
σχεδόν τι οὕτω διεκείμεθα, τοτὲ μὲν γελῶντες, ἐνίοτε δὲ
δακρύοντες, εἷς δὲ ἡμῶν καὶ διαφερόντως, Ἀπολλόδωρος—
οἶσθα γάρ που τὸν ἄνδρα καὶ τὸν τρόπον αὐτοῦ. b
ΕΧ. Πῶς γὰρ οὔ;
ΦΑΙΔ. Ἐκεῖνός τε τοίνυν παντάπασιν οὕτως εἶχεν, καὶ
αὐτὸς ἔγωγε ἐταράγμην καὶ οἱ ἄλλοι.
ΕΧ. Ἔτυχον δέ, ὦ Φαίδων, τίνες παραγενόμενοι; 5
ΦΑΙΔ. Οὗτός τε δὴ ὁ Ἀπολλόδωρος τῶν ἐπιχωρίων
παρῆν καὶ Κριτόβουλος καὶ ὁ πατὴρ αὐτοῦ καὶ ἔτι Ἑρμογέ-
νης καὶ Ἐπιγένης καὶ Αἰσχίνης καὶ Ἀντισθένης· ἦν δὲ καὶ
Κτήσιππος ὁ Παιανιεὺς καὶ Μενέξενος καὶ ἄλλοι τινὲς τῶν
ἐπιχωρίων. Πλάτων δὲ οἶμαι ἠσθένει. 10
ΕΧ. Ξένοι δέ τινες παρῆσαν;
ΦΑΙΔ. Ναί, Σιμμίας τέ γε ὁ Θηβαῖος καὶ Κέβης καὶ c
Φαιδώνδης καὶ Μεγαρόθεν Εὐκλείδης τε καὶ Τερψίων.
ΕΧ. Τί δέ; Ἀρίστιππος καὶ Κλεόμβροτος παρεγένοντο;
ΦΑΙΔ. Οὐ δῆτα· ἐν Αἰγίνῃ γὰρ ἐλέγοντο εἶναι.

e 3 ἀνὴρ B : ὁ ἀνὴρ T   e 4 τῶν λόγων B² T W : τοῦ λόγου B t
e 5 ὥστε μοι B T : ὥστ᾽ ἔμοιγε W   παρίστασθαι ἐκεῖνον W et transp.
signis fecit T   a 6 ἀπὸ B : om. T   a 8 τότὲ T : ὁτὲ B : τὸ W
b 7 κριτόβουλος T : ὁ κριτόβουλος B   αὐτοῦ B T : αὐτοῦ κρίτων B² W
b 11 δέ om. pr. T   c 1 τε B T : om. W   c 2 φαιδώνδης B² T :
φαιδωνίδης B W

5 ΕΧ. Ἄλλος δέ τις παρῆν;

ΦΑΙΔ. Σχεδόν τι οἶμαι τούτους παραγενέσθαι.

ΕΧ. Τί οὖν δή; τίνες φῂς ἦσαν οἱ λόγοι;

ΦΑΙΔ. Ἐγώ σοι ἐξ ἀρχῆς πάντα πειράσομαι διηγήσα-
d σθαι. ἀεὶ γὰρ δὴ καὶ τὰς πρόσθεν ἡμέρας εἰώθεμεν φοιτᾶν
καὶ ἐγὼ καὶ οἱ ἄλλοι παρὰ τὸν Σωκράτη, συλλεγόμενοι
ἕωθεν εἰς τὸ δικαστήριον ἐν ᾧ καὶ ἡ δίκη ἐγένετο· πλησίον
γὰρ ἦν τοῦ δεσμωτηρίου. περιεμένομεν οὖν ἑκάστοτε ἕως
5 ἀνοιχθείη τὸ δεσμωτήριον, διατρίβοντες μετ' ἀλλήλων, ἀνεῴ-
γετο γὰρ οὐ πρῴ· ἐπειδὴ δὲ ἀνοιχθείη, εἰσῇμεν παρὰ τὸν
Σωκράτη καὶ τὰ πολλὰ διημερεύομεν μετ' αὐτοῦ. καὶ δὴ καὶ
τότε πρωαίτερον συνελέγημεν· τῇ γὰρ προτεραίᾳ [ἡμέρᾳ]
e ἐπειδὴ ἐξήλθομεν ἐκ τοῦ δεσμωτηρίου ἑσπέρας, ἐπυθόμεθα
ὅτι τὸ πλοῖον ἐκ Δήλου ἀφιγμένον εἴη. παρηγγείλαμεν οὖν
ἀλλήλοις ἥκειν ὡς πρωαίτατα εἰς τὸ εἰωθός. καὶ ἥκομεν καὶ
ἡμῖν ἐξελθὼν ὁ θυρωρός, ὅσπερ εἰώθει ὑπακούειν, εἶπεν περι-
5 μένειν καὶ μὴ πρότερον παριέναι ἕως ἂν αὐτὸς κελεύσῃ·
"Λύουσι γάρ," ἔφη, "οἱ ἕνδεκα Σωκράτη καὶ παραγγέλλουσιν
ὅπως ἂν τῇδε τῇ ἡμέρᾳ τελευτᾷ." οὐ πολὺν δ' οὖν χρόνον
ἐπισχὼν ἧκεν καὶ ἐκέλευεν ἡμᾶς εἰσιέναι. εἰσιόντες οὖν
60 κατελαμβάνομεν τὸν μὲν Σωκράτη ἄρτι λελυμένον, τὴν δὲ
Ξανθίππην—γιγνώσκεις γάρ—ἔχουσάν τε τὸ παιδίον αὐτοῦ
καὶ παρακαθημένην. ὡς οὖν εἶδεν ἡμᾶς ἡ Ξανθίππη, ἀνηυ-
φήμησέ τε καὶ τοιαῦτ' ἄττα εἶπεν, οἷα δὴ εἰώθασιν αἱ
5 γυναῖκες, ὅτι "Ὦ Σώκρατες, ὕστατον δή σε προσεροῦσι νῦν
οἱ ἐπιτήδειοι καὶ σὺ τούτους." καὶ ὁ Σωκράτης βλέψας εἰς
τὸν Κρίτωνα, "Ὦ Κρίτων," ἔφη, "ἀπαγέτω τις αὐτὴν
οἴκαδε."

Καὶ ἐκείνην μὲν ἀπῆγόν τινες τῶν τοῦ Κρίτωνος βοῶσάν
b τε καὶ κοπτομένην· ὁ δὲ Σωκράτης ἀνακαθιζόμενος εἰς τὴν

---

d 5 ἀνεῴγετο Β Τ : ἀνεῴγνυτο W   d 6 εἰσῇειμεν Β : ᾖμεν Τ
d 8 ἡμέρᾳ secl. Hermann   e 4 ὅσπερ Β Τ : ὅστις Β² W   περι-
μένειν Β : ἐπιμένειν Τ   e 7 τελευτᾷ Τ : τελευτήσῃ Β   e 9 ἐκέ-
λευεν Β Τ : ἐκέλευσεν Β² W   εἰσιόντες Β Τ : εἰσελθόντες Β² W
a 7 αὐτὴν P. : ταύτην Τ W   b 1 εἰς Β Τ et s. v. W : ἐπὶ Β² W t

κλίνην συνέκαμψέ τε τὸ σκέλος καὶ ἐξέτριψε τῇ χειρί, καὶ
τρίβων ἅμα, Ὡς ἄτοπον, ἔφη, ὦ ἄνδρες, ἔοικέ τι εἶναι
τοῦτο ὃ καλοῦσιν οἱ ἄνθρωποι ἡδύ· ὡς θαυμασίως πέφυκε
πρὸς τὸ δοκοῦν ἐναντίον εἶναι, τὸ λυπηρόν, τὸ ἅμα μὲν 5
αὐτὼ μὴ 'θέλειν παραγίγνεσθαι τῷ ἀνθρώπῳ, ἐὰν δέ τις
διώκῃ τὸ ἕτερον καὶ λαμβάνῃ, σχεδόν τι ἀναγκάζεσθαι ἀεὶ
λαμβάνειν καὶ τὸ ἕτερον, ὥσπερ ἐκ μιᾶς κορυφῆς ἡμμένω
δύ' ὄντε. καί μοι δοκεῖ, ἔφη, εἰ ἐνενόησεν αὐτὰ Αἴσωπος, c
μῦθον ἂν συνθεῖναι ὡς ὁ θεὸς βουλόμενος αὐτὰ διαλλάξαι
πολεμοῦντα, ἐπειδὴ οὐκ ἐδύνατο, συνῆψεν εἰς ταὐτὸν αὐτοῖς
τὰς κορυφάς, καὶ διὰ ταῦτα ᾧ ἂν τὸ ἕτερον παραγένηται
ἐπακολουθεῖ ὕστερον καὶ τὸ ἕτερον. ὥσπερ οὖν καὶ αὐτῷ μοι 5
ἔοικεν· ἐπειδὴ ὑπὸ τοῦ δεσμοῦ ἦν ἐν τῷ σκέλει τὸ ἀλγεινόν,
ἥκειν δὴ φαίνεται ἐπακολουθοῦν τὸ ἡδύ.

Ὁ οὖν Κέβης ὑπολαβών, Νὴ τὸν Δία, ὦ Σώκρατες,
ἔφη, εὖ γ' ἐποίησας ἀναμνήσας με. περὶ γάρ τοι τῶν
ποιημάτων ὧν πεποίηκας ἐντείνας τοὺς τοῦ Αἰσώπου λόγους d
καὶ τὸ εἰς τὸν Ἀπόλλω προοίμιον καὶ ἄλλοι τινές με ἤδη
ἤροντο, ἀτὰρ καὶ Εὔηνος πρῴην, ὅτι ποτὲ διανοηθείς, ἐπειδὴ
δεῦρο ἦλθες, ἐποίησας αὐτά, πρότερον οὐδὲν πώποτε ποιήσας.
εἰ οὖν τί σοι μέλει τοῦ ἔχειν ἐμὲ Εὐήνῳ ἀποκρίνασθαι ὅταν 5
με αὖθις ἐρωτᾷ—εὖ οἶδα γὰρ ὅτι ἐρήσεται—εἰπὲ τί χρὴ
λέγειν.

Λέγε τοίνυν, ἔφη, αὐτῷ, ὦ Κέβης, τἀληθῆ, ὅτι οὐκ
ἐκείνῳ βουλόμενος οὐδὲ τοῖς ποιήμασιν αὐτοῦ ἀντίτεχνος
εἶναι ἐποίησα ταῦτα—ᾔδη γὰρ ὡς οὐ ῥᾴδιον εἴη—ἀλλ' e
ἐνυπνίων τινῶν ἀποπειρώμενος τί λέγοι, καὶ ἀφοσιούμενος
εἰ ἄρα πολλάκις ταύτην τὴν μουσικήν μοι ἐπιτάττοι ποιεῖν.

b 2 ἐξέτριψε B : ἔτριψε T   b 3 ἔοικέ τι B T : ἔοικεν W Stob.
b 5 τὸ B T W : τῷ B² t Stob.   b 7 ἀεὶ T Stob. : om. B   b 8 ἡμ-
μένω T Stob. : συνημμένω B   c 3 αὐτοῖς B : αὐτῶν T Stob.
c 5 αὐτό W   c 6 σκέλει B T Stob. : σκέλει πρότερον B² W   ἀλ-
γεινὸν B : ἀλγεῖν T Stob.   c 9 εὖ γε πεποίηκας W   d 5 ἀποκρί-
νασθαι B : ἀποκρίνεσθαι T   d 6 ἐρωτᾷ B T : ἔρηται B² T² W   χρὴ
B T : χρή με B² W   e 1 οὐ T W : ὅτι οὐ B   e 2 λέγοι ref. T :
λέγειν B : λέγει pr. T b   e 3 εἰ B : εἰ ἄρα B² T W

ἦν γὰρ δὴ ἄττα τοιάδε· πολλάκις μοι φοιτῶν τὸ αὐτὸ ἐν-
5 ύπνιον ἐν τῷ παρελθόντι βίῳ, ἄλλοτ' ἐν ἄλλῃ ὄψει φαινό-
μενον, τὰ αὐτὰ δὲ λέγον, "Ὦ Σώκρατες," ἔφη, "μουσικὴν
ποίει καὶ ἐργάζου." καὶ ἐγὼ ἕν γε τῷ πρόσθεν χρόνῳ ὅπερ
ἔπραττον τοῦτο ὑπελάμβανον αὐτό μοι παρακελεύεσθαί τε
61 καὶ ἐπικελεύειν, ὥσπερ οἱ τοῖς θέουσι διακελευόμενοι, καὶ
ἐμοὶ οὕτω τὸ ἐνύπνιον ὅπερ ἔπραττον τοῦτο ἐπικελεύειν,
μουσικὴν ποιεῖν, ὡς φιλοσοφίας μὲν οὔσης μεγίστης μουσι-
κῆς, ἐμοῦ δὲ τοῦτο πράττοντος. νῦν δ' ἐπειδὴ ἥ τε δίκη
5 ἐγένετο καὶ ἡ τοῦ θεοῦ ἑορτὴ διεκώλυέ με ἀποθνήσκειν, ἔδοξε
χρῆναι, εἰ ἄρα πολλάκις μοι προστάττοι τὸ ἐνύπνιον ταύτην
τὴν δημώδη μουσικὴν ποιεῖν, μὴ ἀπειθῆσαι αὐτῷ ἀλλὰ
ποιεῖν· ἀσφαλέστερον γὰρ εἶναι μὴ ἀπιέναι πρὶν ἀφοσιώ-
b σασθαι ποιήσαντα ποιήματα [καὶ] πιθόμενον τῷ ἐνυπνίῳ.
οὕτω δὴ πρῶτον μὲν εἰς τὸν θεὸν ἐποίησα οὗ ἦν ἡ παροῦσα
θυσία· μετὰ δὲ τὸν θεόν, ἐννοήσας ὅτι τὸν ποιητὴν δέοι,
εἴπερ μέλλοι ποιητὴς εἶναι, ποιεῖν μύθους ἀλλ' οὐ λόγους,
5 καὶ αὐτὸς οὐκ ἦ μυθολογικός, διὰ ταῦτα δὴ οὓς προχείρους
εἶχον μύθους καὶ ἠπιστάμην τοὺς Αἰσώπου, τούτων ἐποίησα
οἷς πρώτοις ἐνέτυχον. ταῦτα οὖν, ὦ Κέβης, Εὐήνῳ φράζε,
c καὶ ἐρρῶσθαι καί, ἂν σωφρονῇ, ἐμὲ διώκειν ὡς τάχιστα.
ἄπειμι δέ, ὡς ἔοικε, τήμερον· κελεύουσι γὰρ Ἀθηναῖοι.

Καὶ ὁ Σιμμίας, Οἷον παρακελεύῃ, ἔφη, τοῦτο, ὦ Σώ-
κρατες, Εὐήνῳ. πολλὰ γὰρ ἤδη ἐντετύχηκα τῷ ἀνδρί·
σχεδὸν οὖν ἐξ ὧν ἐγὼ ᾔσθημαι οὐδ' ὁπωστιοῦν σοι ἑκὼν
5 εἶναι πείσεται.

Τί δέ; ἦ δ' ὅς, οὐ φιλόσοφος Εὔηνος;

Ἔμοιγε δοκεῖ, ἔφη ὁ Σιμμίας.

Ἐθελήσει τοίνυν καὶ Εὔηνος καὶ πᾶς ὅτῳ ἀξίως τούτου
τοῦ πράγματος μέτεστιν. οὐ μέντοι ἴσως βιάσεται αὐτόν·

a 8 εἶναι Β Τ : εἶναι ἐνόμιζον Β² W   πρὶν Β Τ : πρότερον πρὶν ἂν
Β² W   b 1 καὶ Β Τ w : om. W et punct. not. t   πειθόμενον
Β Τ W sed ει ex ι Τ   b 5 δὴ Β : om. Τ   b 6 καὶ ἠπιστάμην
μύθους Β² Τ W   τούτων Τ : τούτους Β   b 8 ὡς τάχιστα Β : om.
Τ   c 4 σοι Β : ἄν σοι Τ   c 9 μέντοι Β Τ Olymp. : μέντοι γε
Β² W

οὐ γάρ φασι θεμιτὸν εἶναι. Καὶ ἅμα λέγων ταῦτα καθῆκε 10
τὰ σκέλη ἐπὶ τὴν γῆν, καὶ καθεζόμενος οὕτως ἤδη τὰ λοιπὰ d
διελέγετο.

Ἤρετο οὖν αὐτὸν ὁ Κέβης· Πῶς τοῦτο λέγεις, ὦ
Σώκρατες, τὸ μὴ θεμιτὸν εἶναι ἑαυτὸν βιάζεσθαι, ἐθέλειν δ'
ἂν τῷ ἀποθνῄσκοντι τὸν φιλόσοφον ἕπεσθαι; 5
Τί δέ, ὦ Κέβης; οὐκ ἀκηκόατε σύ τε καὶ Σιμμίας περὶ
τῶν τοιούτων Φιλολάῳ συγγεγονότες;
Οὐδέν γε σαφές, ὦ Σώκρατες.
Ἀλλὰ μὴν καὶ ἐγὼ ἐξ ἀκοῆς περὶ αὐτῶν λέγω· ἃ μὲν
οὖν τυγχάνω ἀκηκοὼς φθόνος οὐδεὶς λέγειν. καὶ γὰρ ἴσως 10
καὶ μάλιστα πρέπει μέλλοντα ἐκεῖσε ἀποδημεῖν διασκοπεῖν e
τε καὶ μυθολογεῖν περὶ τῆς ἀποδημίας τῆς ἐκεῖ, ποίαν τινὰ
αὐτὴν οἰόμεθα εἶναι· τί γὰρ ἄν τις καὶ ποιοῖ ἄλλο ἐν τῷ
μέχρι ἡλίου δυσμῶν χρόνῳ;
Κατὰ τί δὴ οὖν ποτε οὔ φασι θεμιτὸν εἶναι αὐτὸν ἑαυτὸν 5
ἀποκτεινύναι, ὦ Σώκρατες; ἤδη γὰρ ἔγωγε, ὅπερ νυνδὴ σὺ
ἤρου, καὶ Φιλολάου ἤκουσα, ὅτε παρ' ἡμῖν διῃτᾶτο, ἤδη δὲ
καὶ ἄλλων τινῶν, ὡς οὐ δέοι τοῦτο ποιεῖν· σαφὲς δὲ περὶ
αὐτῶν οὐδενὸς πώποτε οὐδὲν ἀκήκοα.
Ἀλλὰ προθυμεῖσθαι χρή, ἔφη· τάχα γὰρ ἂν καὶ ἀκού- 62
σαις. ἴσως μέντοι θαυμαστόν σοι φανεῖται εἰ τοῦτο μόνον
τῶν ἄλλων ἁπάντων ἁπλοῦν ἐστιν, καὶ οὐδέποτε τυγχάνει τῷ
ἀνθρώπῳ, ὥσπερ καὶ τἆλλα, ἔστιν ὅτε καὶ οἷς βέλτιον ⟨ὂν⟩
τεθνάναι ἢ ζῆν, οἷς δὲ βέλτιον τεθνάναι, θαυμαστὸν ἴσως 5
σοι φαίνεται εἰ τούτοις τοῖς ἀνθρώποις μὴ ὅσιον αὐτοὺς
ἑαυτοὺς εὖ ποιεῖν, ἀλλὰ ἄλλον δεῖ περιμένειν εὐεργέτην.
Καὶ ὁ Κέβης ἠρέμα ἐπιγελάσας, Ἴττω Ζεύς, ἔφη, τῇ
αὑτοῦ φωνῇ εἰπών.

d 1 σκέλη B Olymp. : σκέλη ἀπὸ τῆς κλίνης W et marg. T d 8 σα-
φές T W : σαφῶς B e 6 νῦν δὴ B T : δὴ νῦν W a 1 ἀκούσαις
B : ἀκούσαιο T a 3 τῷ ἀνθρώπῳ B T : τῶν ἀνθρώπων t a 4 ὂν
add. ci. Heindorf a 6 ὅσιον B T : ὅσιόν ἐστιν B² W a 8 ἴττω
s. v. W Olymp. : ἴττι ὦ B : ἰττίω b : ἴττιω T : εἰττίω W ζεὺς B T :
ζεῦ W

b   Καὶ γὰρ ἂν δόξειεν, ἔφη ὁ Σωκράτης, οὕτω γ᾽ εἶναι
ἄλογον· οὐ μέντοι ἀλλ᾽ ἴσως γ᾽ ἔχει τινὰ λόγον. ὁ μὲν οὖν
ἐν ἀπορρήτοις λεγόμενος περὶ αὐτῶν λόγος, ὡς ἔν τινι
φρουρᾷ ἐσμεν οἱ ἄνθρωποι καὶ οὐ δεῖ δὴ ἑαυτὸν ἐκ ταύτης
5 λύειν οὐδ᾽ ἀποδιδράσκειν, μέγας τέ τίς μοι φαίνεται καὶ οὐ
ῥᾴδιος διιδεῖν· οὐ μέντοι ἀλλὰ τόδε γέ μοι δοκεῖ, ὦ Κέβης,
εὖ λέγεσθαι, τὸ θεοὺς εἶναι ἡμῶν τοὺς ἐπιμελουμένους καὶ
ἡμᾶς τοὺς ἀνθρώπους ἐν τῶν κτημάτων τοῖς θεοῖς εἶναι. ἢ
σοὶ οὐ δοκεῖ οὕτως;
10   Ἔμοιγε, φησὶν ὁ Κέβης.

c   Οὐκοῦν, ἦ δ᾽ ὅς, καὶ σὺ ἂν τῶν σαυτοῦ κτημάτων εἴ
τι αὐτὸ ἑαυτὸ ἀποκτεινύοι, μὴ σημήναντός σου ὅτι βούλει
αὐτὸ τεθνάναι, χαλεπαίνοις ἂν αὐτῷ καί, εἴ τινα ἔχοις
τιμωρίαν, τιμωροῖο ἄν;
5   Πάνυ γ᾽, ἔφη.

Ἴσως τοίνυν ταύτῃ οὐκ ἄλογον μὴ πρότερον αὐτὸν
ἀποκτεινύναι δεῖν, πρὶν ἀνάγκην τινὰ θεὸς ἐπιπέμψῃ,
ὥσπερ καὶ τὴν νῦν ἡμῖν παροῦσαν.

Ἀλλ᾽ εἰκός, ἔφη ὁ Κέβης, τοῦτό γε φαίνεται. ὃ μέν-
10 τοι νυνδὴ ἔλεγες, τὸ τοὺς φιλοσόφους ῥᾳδίως ἂν ἐθέλειν
d ἀποθνῄσκειν, ἔοικεν τοῦτο, ὦ Σώκρατες, ἀτόπῳ, εἴπερ ὃ
νυνδὴ ἐλέγομεν εὐλόγως ἔχει, τὸ θεόν τε εἶναι τὸν ἐπιμε-
λούμενον ἡμῶν καὶ ἡμᾶς ἐκείνου κτήματα εἶναι. τὸ γὰρ μὴ
ἀγανακτεῖν τοὺς φρονιμωτάτους ἐκ ταύτης τῆς θεραπείας
5 ἀπιόντας, ἐν ᾗ ἐπιστατοῦσιν αὐτῶν οἵπερ ἄριστοί εἰσιν τῶν
ὄντων ἐπιστάται, θεοί, οὐκ ἔχει λόγον· οὐ γάρ που αὐτός γε
αὑτοῦ οἴεται ἄμεινον ἐπιμελήσεσθαι ἐλεύθερος γενόμενος.
ἀλλ᾽ ἀνόητος μὲν ἄνθρωπος τάχ᾽ ἂν οἰηθείη ταῦτα, φευκτέον
e εἶναι ἀπὸ τοῦ δεσπότου, καὶ οὐκ ἂν λογίζοιτο ὅτι οὐ δεῖ ἀπό
γε τοῦ ἀγαθοῦ φεύγειν ἀλλ᾽ ὅτι μάλιστα παραμένειν, διὸ

b 2 γ᾽ Β Τ : om. W   b 4 post ἐσμεν add. πάντες Β²   b 10 φη-
σιν Β : ἔφη Τ W   c 1 κτημάτων Β : om. Τ   c 7 πρὶν ⟨ἂν⟩ Heindorf
θεὸς Β : ὁ θεὸς Β² Τ W Olymp.   c 8 παροῦσαν ἡμῖν W   d 2 ἔχει
Β² Τ W : ἔχειν Β   d 6 που Β Olymp. : πω Τ   d 7 ἐπιμελήσεσθαι
Β Olymp. : ἐπιμελεῖσθαι Τ

ἀλογίστως ἂν φεύγοι· ὁ δὲ νοῦν ἔχων ἐπιθυμοῖ που ἂν ἀεὶ
εἶναι παρὰ τῷ αὐτοῦ βελτίονι. καίτοι οὕτως, ὦ Σώκρατες,
τοὐναντίον εἶναι εἰκὸς ἢ ὃ νυνδὴ ἐλέγετο· τοὺς μὲν γὰρ 5
φρονίμους ἀγανακτεῖν ἀποθνήσκοντας πρέπει, τοὺς δὲ ἄφρονας
χαίρειν.

Ἀκούσας οὖν ὁ Σωκράτης ἡσθῆναί τέ μοι ἔδοξε τῇ τοῦ
Κέβητος πραγματείᾳ, καὶ ἐπιβλέψας εἰς ἡμᾶς, Ἀεί τοι, 63
ἔφη, [ὁ] Κέβης λόγους τινὰς ἀνερευνᾷ, καὶ οὐ πάνυ εὐθέως
ἐθέλει πείθεσθαι ὅτι ἄν τις εἴπῃ.

Καὶ ὁ Σιμμίας, Ἀλλὰ μήν, ἔφη, ὦ Σώκρατες, νῦν γέ μοι
δοκεῖ τι καὶ αὐτῷ λέγειν Κέβης· τί γὰρ ἂν βουλόμενοι 5
ἄνδρες σοφοὶ ὡς ἀληθῶς δεσπότας ἀμείνους αὑτῶν φεύγοιεν
καὶ ῥᾳδίως ἀπαλλάττοιντο αὐτῶν; καί μοι δοκεῖ Κέβης εἰς
σὲ τείνειν τὸν λόγον, ὅτι οὕτω ῥᾳδίως φέρεις καὶ ἡμᾶς
ἀπολείπων καὶ ἄρχοντας ἀγαθούς, ὡς αὐτὸς ὁμολογεῖς, θεούς.

Δίκαια, ἔφη, λέγετε· οἶμαι γὰρ ὑμᾶς λέγειν ὅτι χρή με b
πρὸς ταῦτα ἀπολογήσασθαι ὥσπερ ἐν δικαστηρίῳ.

Πάνυ μὲν οὖν, ἔφη ὁ Σιμμίας.

Φέρε δή, ἦ δ' ὅς, πειραθῶ πιθανώτερον πρὸς ὑμᾶς ἀπολο-
γήσασθαι ἢ πρὸς τοὺς δικαστάς. ἐγὼ γάρ, ἔφη, ὦ Σιμμία 5
τε καὶ Κέβης, εἰ μὲν μὴ ᾤμην ἥξειν πρῶτον μὲν παρὰ
θεοὺς ἄλλους σοφούς τε καὶ ἀγαθούς, ἔπειτα καὶ παρ'
ἀνθρώπους τετελευτηκότας ἀμείνους τῶν ἐνθάδε, ἠδίκουν
ἂν οὐκ ἀγανακτῶν τῷ θανάτῳ· νῦν δὲ εὖ ἴστε ὅτι παρ'
ἄνδρας τε ἐλπίζω ἀφίξεσθαι ἀγαθούς—καὶ τοῦτο μὲν οὐκ ἂν c
πάνυ διισχυρισαίμην—ὅτι μέντοι παρὰ θεοὺς δεσπότας πάνυ
ἀγαθοὺς ἥξειν, εὖ ἴστε ὅτι εἴπερ τι ἄλλο τῶν τοιούτων
διισχυρισαίμην ἂν καὶ τοῦτο. ὥστε διὰ ταῦτα οὐχ ὁμοίως
ἀγανακτῶ, ἀλλ' εὔελπίς εἰμι εἶναί τι τοῖς τετελευτηκόσι καί, 5

e 5 εἰκὸς εἶναι T sed add. sign. transp.   a 2 ὁ om. pr. T
a 4 γέ μοι δοκεῖ τι B : γε δοκεῖ τί μοι T : τέ μοι δοκεῖ τι W   a 9 ἀπο-
λείπων B² T W : ἀπολιπὼν B   b 2 πρὸς ταῦτα B : om. T   b 4 πρὸς
ὑμᾶς πιθανώτερον T W   b 7 καὶ παρ' B t : παρ' T Stob.   b 9 ὅτι
om. Stob.   c 2 ὅτι B : τὸ T (in ras.) Stob.   c 4 διϊσχυρισαίμην
B Stob. : ἰσχυρισαίμην T sed δι s. v.

ὥσπερ γε καὶ πάλαι λέγεται, πολὺ ἄμεινον τοῖς ἀγαθοῖς ἢ
τοῖς κακοῖς.

Τί οὖν, ἔφη ὁ Σιμμίας, ὦ Σώκρατες; αὐτὸς ἔχων τὴν
διάνοιαν ταύτην ἐν νῷ ἔχεις ἀπιέναι, ἢ κἂν ἡμῖν μεταδοίης;
d κοινὸν γὰρ δὴ ἔμοιγε δοκεῖ καὶ ἡμῖν εἶναι ἀγαθὸν τοῦτο, καὶ
ἅμα σοι ἡ ἀπολογία ἔσται, ἐὰν ἅπερ λέγεις ἡμᾶς πείσῃς.

Ἀλλὰ πειράσομαι, ἔφη. πρῶτον δὲ Κρίτωνα τόνδε
σκεψώμεθα τί ἐστιν ὃ βούλεσθαί μοι δοκεῖ πάλαι εἰπεῖν.

5 Τί δέ, ὦ Σώκρατες, ἔφη ὁ Κρίτων, ἄλλο γε ἢ πάλαι
μοι λέγει ὁ μέλλων σοι δώσειν τὸ φάρμακον ὅτι χρή σοι
φράζειν ὡς ἐλάχιστα διαλέγεσθαι; φησὶ γὰρ θερμαίνεσθαι
μᾶλλον διαλεγομένους, δεῖν δὲ οὐδὲν τοιοῦτον προσφέρειν
e τῷ φαρμάκῳ· εἰ δὲ μή, ἐνίοτε ἀναγκάζεσθαι καὶ δὶς καὶ τρὶς
πίνειν τούς τι τοιοῦτον ποιοῦντας.

Καὶ ὁ Σωκράτης, Ἔα, ἔφη, χαίρειν αὐτόν· ἀλλὰ μόνον
τὸ ἑαυτοῦ παρασκευαζέτω ὡς καὶ δὶς δώσων, ἐὰν δὲ δέῃ,
5 καὶ τρίς.

Ἀλλὰ σχεδὸν μέν τι ἤδη, ἔφη ὁ Κρίτων· ἀλλά μοι πάλαι
πράγματα παρέχει.

Ἔα αὐτόν, ἔφη. ἀλλ᾽ ὑμῖν δὴ τοῖς δικασταῖς βούλομαι
ἤδη τὸν λόγον ἀποδοῦναι, ὥς μοι φαίνεται εἰκότως ἀνὴρ τῷ
10 ὄντι ἐν φιλοσοφίᾳ διατρίψας τὸν βίον θαρρεῖν μέλλων
64 ἀποθανεῖσθαι καὶ εὔελπις εἶναι ἐκεῖ μέγιστα οἴσεσθαι ἀγαθὰ
ἐπειδὰν τελευτήσῃ. πῶς ἂν οὖν δὴ τοῦθ᾽ οὕτως ἔχοι, ὦ
Σιμμία τε καὶ Κέβης, ἐγὼ πειράσομαι φράσαι.

Κινδυνεύουσι γὰρ ὅσοι τυγχάνουσιν ὀρθῶς ἁπτόμενοι
5 φιλοσοφίας λεληθέναι τοὺς ἄλλους ὅτι οὐδὲν ἄλλο αὐτοὶ
ἐπιτηδεύουσιν ἢ ἀποθνῄσκειν τε καὶ τεθνάναι. εἰ οὖν τοῦτο
ἀληθές, ἄτοπον δήπου ἂν εἴη προθυμεῖσθαι μὲν ἐν παντὶ τῷ

c 8 αὐτὸς BT : πότερον αὐτὸς B² W   ἔχων BT : οὕτως ἔχων B² W
d 2 ἢ T : οὕτως ἢ W : οm. B   ἔσται W : ἐστὶν BT   d 5 δὲ B² T :
δ᾽ W : om. B   d 6 prius σοι BT : om. W   d 7 φράζειν B² TW :
φροντίζειν B   d 8 μᾶλλον BT : μᾶλλον τοὺς B² W   e 6 μέν
τι T : μέντοι B   πάλαι πράγματα B : πράγματα πάλαι T   e 9 ἤδη
B : om. T   e 10 θαρρεῖν T : θαρρεῖ B

βίῳ μηδὲν ἄλλο ἢ τοῦτο, ἥκοντος δὲ δὴ αὐτοῦ ἀγανακτεῖν
ὃ πάλαι προυθυμοῦντό τε καὶ ἐπετήδευον.

Καὶ ὁ Σιμμίας γελάσας, Νὴ τὸν Δία, ἔφη, ὦ Σώκρατες,
οὐ πάνυ γέ με νυνδὴ γελασείοντα ἐποίησας γελάσαι. οἶμαι b
γὰρ ἂν τοὺς πολλοὺς αὐτὸ τοῦτο ἀκούσαντας δοκεῖν εὖ πάνυ
εἰρῆσθαι εἰς τοὺς φιλοσοφοῦντας—καὶ συμφάναι ἂν τοὺς μὲν
παρ' ἡμῖν ἀνθρώπους καὶ πάνυ—ὅτι τῷ ὄντι οἱ φιλοσο-
φοῦντες θανατῶσι, καὶ σφᾶς γε οὐ λελήθασιν ὅτι ἄξιοί εἰσιν 5
τοῦτο πάσχειν.

Καὶ ἀληθῆ γ' ἂν λέγοιεν, ὦ Σιμμία, πλήν γε τοῦ σφᾶς
μὴ λεληθέναι. λέληθεν γὰρ αὐτοὺς ᾗ τε θανατῶσι καὶ ᾗ ἄξιοί
εἰσιν θανάτου καὶ οἵου θανάτου οἱ ὡς ἀληθῶς φιλόσοφοι.
εἴπωμεν γάρ, ἔφη, πρὸς ἡμᾶς αὐτούς, χαίρειν εἰπόντες ἐκεί- c
νοις· ἡγούμεθά τι τὸν θάνατον εἶναι;

Πάνυ γε, ἔφη ὑπολαβὼν ὁ Σιμμίας.

Ἆρα μὴ ἄλλο τι ἢ τὴν τῆς ψυχῆς ἀπὸ τοῦ σώματος
ἀπαλλαγήν; καὶ εἶναι τοῦτο τὸ τεθνάναι, χωρὶς μὲν ἀπὸ τῆς 5
ψυχῆς ἀπαλλαγὲν αὐτὸ καθ' αὑτὸ τὸ σῶμα γεγονέναι, χωρὶς
δὲ τὴν ψυχὴν [ἀπὸ] τοῦ σώματος ἀπαλλαγεῖσαν αὐτὴν καθ'
αὑτὴν εἶναι; ἆρα μὴ ἄλλο τι ἢ ὁ θάνατος ἢ τοῦτο;

Οὔκ, ἀλλὰ τοῦτο, ἔφη.

Σκέψαι δή, ὠγαθέ, ἐὰν ἄρα καὶ σοὶ συνδοκῇ ἅπερ ἐμοί· 10
ἐκ γὰρ τούτων μᾶλλον οἶμαι ἡμᾶς εἴσεσθαι περὶ ὧν σκο- d
ποῦμεν. φαίνεταί σοι φιλοσόφου ἀνδρὸς εἶναι ἐσπουδακέναι
περὶ τὰς ἡδονὰς καλουμένας τὰς τοιάσδε, οἷον σιτίων [τε]
καὶ ποτῶν;

Ἥκιστα, ὦ Σώκρατες, ἔφη ὁ Σιμμίας. 5

Τί δὲ τὰς τῶν ἀφροδισίων;

Οὐδαμῶς.

a 9 ὃ B et s. v. t : ἃ T　　　b 3 ἂν B T Olymp. : ἂν δὴ B² W
b 7 γ' B T : τ' W　　　τοῦ B T : τοὺς W　　　b 9 καὶ οἵου θανάτου B
Iambl. Olymp. : om. T　　　c 5 τὸ T W Iambl. Olymp. : om. B
c 7 ἀπὸ B . om. T Iambl.　　　c 8 ἢ ὁ θάνατος ἢ T : ᾗ * θάνατος ἢ B :
ᾗ ὁ θάνατος ἢ W　　　c 10 ἅπερ B T : ἅπερ καὶ B²　　　d 3 σιτίων τε
B² T : σίτων B W sed ι s. v. W : σίτων τε Iambl.　　　d 5 ἥκιστα B :
ἥκιστά γε B² T W

Τί δὲ τὰς ἄλλας τὰς περὶ τὸ σῶμα θεραπείας; δοκεῖ σοι
ἐντίμους ἡγεῖσθαι ὁ τοιοῦτος; οἷον ἱματίων διαφερόντων
10 κτήσεις καὶ ὑποδημάτων καὶ τοὺς ἄλλους καλλωπισμοὺς
τοὺς περὶ τὸ σῶμα πότερον τιμᾶν δοκεῖ σοι ἢ ἀτιμάζειν,
e καθ' ὅσον μὴ πολλὴ ἀνάγκη μετέχειν αὐτῶν;
Ἀτιμάζειν ἔμοιγε δοκεῖ, ἔφη, ὅ γε ὡς ἀληθῶς φιλό-
σοφος.

Οὐκοῦν ὅλως δοκεῖ σοι, ἔφη, ἡ τοῦ τοιούτου πραγ-
5 ματεία οὐ περὶ τὸ σῶμα εἶναι, ἀλλὰ καθ' ὅσον δύναται
ἀφεστάναι αὐτοῦ, πρὸς δὲ τὴν ψυχὴν τετράφθαι;
Ἔμοιγε.

Ἆρ' οὖν πρῶτον μὲν ἐν τοῖς τοιούτοις δῆλός ἐστιν ὁ
65 φιλόσοφος ἀπολύων ὅτι μάλιστα τὴν ψυχὴν ἀπὸ τῆς τοῦ
σώματος κοινωνίας διαφερόντως τῶν ἄλλων ἀνθρώπων;
Φαίνεται.

Καὶ δοκεῖ γέ που, ὦ Σιμμία, τοῖς πολλοῖς ἀνθρώποις
5 ᾧ μηδὲν ἡδὺ τῶν τοιούτων μηδὲ μετέχει αὐτῶν οὐκ ἄξιον
εἶναι ζῆν, ἀλλ' ἐγγύς τι τείνειν τοῦ τεθνάναι ὁ μηδὲν φρον-
τίζων τῶν ἡδονῶν αἳ διὰ τοῦ σώματός εἰσιν.
Πάνυ μὲν οὖν ἀληθῆ λέγεις.

Τί δὲ δὴ περὶ αὐτὴν τὴν τῆς φρονήσεως κτῆσιν; πό-
10 τερον ἐμπόδιον τὸ σῶμα ἢ οὔ, ἐάν τις αὐτὸ ἐν τῇ ζητήσει
b κοινωνὸν συμπαραλαμβάνῃ; οἷον τὸ τοιόνδε λέγω· ἆρα ἔχει
ἀλήθειάν τινα ὄψις τε καὶ ἀκοὴ τοῖς ἀνθρώποις, ἢ τά γε
τοιαῦτα καὶ οἱ ποιηταὶ ἡμῖν ἀεὶ θρυλοῦσιν, ὅτι οὔτ' ἀκούομεν
ἀκριβὲς οὐδὲν οὔτε ὁρῶμεν; καίτοι εἰ αὗται τῶν περὶ τὸ
5 σῶμα αἰσθήσεων μὴ ἀκριβεῖς εἰσιν μηδὲ σαφεῖς, σχολῇ
αἵ γε ἄλλαι· πᾶσαι γάρ που τούτων φαυλότεραί εἰσιν. ἢ
σοὶ οὐ δοκοῦσιν;
Πάνυ μὲν οὖν, ἔφη.

Πότε οὖν, ἦ δ' ὅς, ἡ ψυχὴ τῆς ἀληθείας ἅπτεται; ὅταν

d 9 διαφερόντων B² T W : καὶ διαφερόντων B   d 11 σοι δοκεῖ W
a 4 γέ που T W : γε δήπου B   a 5 μετέχει C Iambl.: μετέχειν B T W
b 3 ἡμῖν ἀεὶ B : ἀεὶ ἡμῖν T Iambl. Olymp.

μὲν γὰρ μετὰ τοῦ σώματος ἐπιχειρῇ τι σκοπεῖν, δῆλον ὅτι 10
τότε ἐξαπατᾶται ὑπ' αὐτοῦ.

Ἀληθῆ λέγεις.   c

Ἆρ' οὖν οὐκ ἐν τῷ λογίζεσθαι εἴπερ που ἄλλοθι κατά-
δηλον αὐτῇ γίγνεταί τι τῶν ὄντων;

Ναί.

Λογίζεται δέ γέ που τότε κάλλιστα, ὅταν αὐτὴν τούτων 5
μηδὲν παραλυπῇ, μήτε ἀκοὴ μήτε ὄψις μήτε ἀλγηδὼν μηδέ
τις ἡδονή, ἀλλ' ὅτι μάλιστα αὐτὴ καθ' αὑτὴν γίγνηται ἐῶσα
χαίρειν τὸ σῶμα, καὶ καθ' ὅσον δύναται μὴ κοινωνοῦσα
αὐτῷ μηδ' ἁπτομένη ὀρέγηται τοῦ ὄντος.

Ἔστι ταῦτα.   10

Οὐκοῦν καὶ ἐνταῦθα ἡ τοῦ φιλοσόφου ψυχὴ μάλιστα
ἀτιμάζει τὸ σῶμα καὶ φεύγει ἀπ' αὐτοῦ, ζητεῖ δὲ αὐτὴ καθ'   d
αὑτὴν γίγνεσθαι;

Φαίνεται.

Τί δὲ δὴ τὰ τοιάδε, ὦ Σιμμία; φαμέν τι εἶναι δίκαιον
αὐτὸ ἢ οὐδέν;   5

Φαμὲν μέντοι νὴ Δία.

Καὶ αὖ καλόν γέ τι καὶ ἀγαθόν;

Πῶς δ' οὔ;

Ἤδη οὖν πώποτέ τι τῶν τοιούτων τοῖς ὀφθαλμοῖς εἶδες;
Οὐδαμῶς, ἦ δ' ὅς.   10

Ἀλλ' ἄλλῃ τινὶ αἰσθήσει τῶν διὰ τοῦ σώματος ἐφήψω
αὐτῶν; λέγω δὲ περὶ πάντων, οἷον μεγέθους πέρι, ὑγιείας,
ἰσχύος, καὶ τῶν ἄλλων ἑνὶ λόγῳ ἁπάντων τῆς οὐσίας ὃ
τυγχάνει ἕκαστον ὄν· ἆρα διὰ τοῦ σώματος αὐτῶν τὸ   e
ἀληθέστατον θεωρεῖται, ἢ ὧδε ἔχει· ὃς ἂν μάλιστα ἡμῶν
καὶ ἀκριβέστατα παρασκευάσηται αὐτὸ ἕκαστον διανοηθῆναι
περὶ οὗ σκοπεῖ, οὗτος ἂν ἐγγύτατα ἴοι τοῦ γνῶναι ἕκαστον;
Πάνυ μὲν οὖν.   5

c 5 τότε B² T W Iambl. : τοῦτό τε B   μηδὲν τούτων αὐτὴν W
c 6 μηδὲ B Iambl. : μήτε T W   d 6 μέντοι B : τοι T W Olymp.
d 7 αὖ Heindorf e Ficino : οὐ T : om. B   d 9 ἤδη B² T W : τί δὴ B
e 1 τἀληθέστατον αὐτῶν T Olymp.

Ἆρ᾽ οὖν ἐκεῖνος ἂν τοῦτο ποιήσειεν καθαρώτατα ὅστις ὅτι μάλιστα αὐτῇ τῇ διανοίᾳ ἴοι ἐφ᾽ ἕκαστον, μήτε τιν᾽ ὄψιν παρατιθέμενος ἐν τῷ διανοεῖσθαι μήτε [τινὰ] ἄλλην

66 αἴσθησιν ἐφέλκων μηδεμίαν μετὰ τοῦ λογισμοῦ, ἀλλ᾽ αὐτῇ καθ᾽ αὑτὴν εἰλικρινεῖ τῇ διανοίᾳ χρώμενος αὐτὸ καθ᾽ αὑτὸ εἰλικρινὲς ἕκαστον ἐπιχειροῖ θηρεύειν τῶν ὄντων, ἀπαλλαγεὶς ὅτι μάλιστα ὀφθαλμῶν τε καὶ ὤτων καὶ ὡς ἔπος εἰπεῖν σύμ-
5 παντος τοῦ σώματος, ὡς ταράττοντος καὶ οὐκ ἐῶντος τὴν ψυχὴν κτήσασθαι ἀλήθειάν τε καὶ φρόνησιν ὅταν κοινωνῇ; ἆρ᾽ οὐχ οὗτός ἐστιν, ὦ Σιμμία, εἴπερ τις [καὶ] ἄλλος ὁ τευξόμενος τοῦ ὄντος;

Ὑπερφυῶς, ἔφη ὁ Σιμμίας, ὡς ἀληθῆ λέγεις, ὦ
10 Σώκρατες.

b Οὐκοῦν ἀνάγκη, ἔφη, ἐκ πάντων τούτων παρίστασθαι δόξαν τοιάνδε τινὰ τοῖς γνησίως φιλοσόφοις, ὥστε καὶ πρὸς ἀλλήλους τοιαῦτα ἄττα λέγειν, ὅτι " Κινδυνεύει τοι ὥσπερ ἀτραπός τις ἐκφέρειν ἡμᾶς [μετὰ τοῦ λόγου ἐν τῇ σκέψει],
5 ὅτι, ἕως ἂν τὸ σῶμα ἔχωμεν καὶ συμπεφυρμένη ᾖ ἡμῶν ἡ ψυχὴ μετὰ τοιούτου κακοῦ, οὐ μή ποτε κτησώμεθα ἱκανῶς οὗ ἐπιθυμοῦμεν· φαμὲν δὲ τοῦτο εἶναι τὸ ἀληθές. μυρίας μὲν γὰρ ἡμῖν ἀσχολίας παρέχει τὸ σῶμα διὰ τὴν ἀναγκαίαν
c τροφήν· ἔτι δέ, ἄν τινες νόσοι προσπέσωσιν, ἐμποδίζουσιν ἡμῶν τὴν τοῦ ὄντος θήραν. ἐρώτων δὲ καὶ ἐπιθυμιῶν καὶ φόβων καὶ εἰδώλων παντοδαπῶν καὶ φλυαρίας ἐμπίμπλησιν ἡμᾶς πολλῆς, ὥστε τὸ λεγόμενον ὡς ἀληθῶς τῷ ὄντι ὑπ᾽
5 αὐτοῦ οὐδὲ φρονῆσαι ἡμῖν ἐγγίγνεται οὐδέποτε οὐδέν. καὶ γὰρ πολέμους καὶ στάσεις καὶ μάχας οὐδὲν ἄλλο παρέχει ἢ τὸ σῶμα καὶ αἱ τούτου ἐπιθυμίαι. διὰ γὰρ τὴν τῶν χρημάτων κτῆσιν πάντες οἱ πόλεμοι γίγνονται, τὰ δὲ χρήματα

---

e6 ποιήσειε(ν) B²TW : ποιήσῃ B   e7 μήτε BT : μήποτε W
τιν᾽ scripsi : τὴν BTW   e8 τινὰ B : om. T Iambl. Olymp.
a7 οὗτός Bt : οὕτως T   καὶ B : om. T Iambl.   b3 ἄττα Bt :
om. T   b4 τις B : om. T Iambl. Olymp.   ἐκφέρειν ἡμᾶς BT
Iambl. Olymp. : ἡμᾶς ἐκφέρειν W   μετὰ . . . σκέψει secl. Christ :
post b5 ἔχωμεν transp. ci. Schleiermacher   b6 τοιούτου B
Iambl. : τοῦ τοιούτου B²TW Olymp.   c2 δὲ B Iambl. Olymp. :
τε T   c8 οἱ BT Iambl. Olymp. : ἡμῖν οἱ B²W

ἀναγκαζόμεθα κτᾶσθαι διὰ τὸ σῶμα, δουλεύοντες τῇ τούτου d
θεραπείᾳ· καὶ ἐκ τούτου ἀσχολίαν ἄγομεν φιλοσοφίας πέρι
διὰ πάντα ταῦτα. τὸ δ' ἔσχατον πάντων ὅτι, ἐάν τις
ἡμῖν καὶ σχολὴ γένηται ἀπ' αὐτοῦ καὶ τραπώμεθα πρὸς τὸ
σκοπεῖν τι, ἐν ταῖς ζητήσεσιν αὖ πανταχοῦ παραπῖπτον 5
θόρυβον παρέχει καὶ ταραχὴν καὶ ἐκπλήττει, ὥστε μὴ
δύνασθαι ὑπ' αὐτοῦ καθορᾶν τἀληθές. ἀλλὰ τῷ ὄντι ἡμῖν
δέδεικται ὅτι, εἰ μέλλομέν ποτε καθαρῶς τι εἴσεσθαι,
ἀπαλλακτέον αὐτοῦ καὶ αὐτῇ τῇ ψυχῇ θεατέον αὐτὰ τὰ e
πράγματα· καὶ τότε, ὡς ἔοικεν, ἡμῖν ἔσται οὗ ἐπιθυμοῦμέν
τε καί φαμεν ἐρασταὶ εἶναι, φρονήσεως, ἐπειδὰν τελευτή-
σωμεν, ὡς ὁ λόγος σημαίνει, ζῶσιν δὲ οὔ. εἰ γὰρ μὴ οἷόν
τε μετὰ τοῦ σώματος μηδὲν καθαρῶς γνῶναι, δυοῖν θάτερον, 5
ἢ οὐδαμοῦ ἔστιν κτήσασθαι τὸ εἰδέναι ἢ τελευτήσασιν· τότε
γὰρ αὐτὴ καθ' αὑτὴν ἡ ψυχὴ ἔσται χωρὶς τοῦ σώματος, 67
πρότερον δ' οὔ. καὶ ἐν ᾧ ἂν ζῶμεν, οὕτως, ὡς ἔοικεν,
ἐγγυτάτω ἐσόμεθα τοῦ εἰδέναι, ἐὰν ὅτι μάλιστα μηδὲν
ὁμιλῶμεν τῷ σώματι μηδὲ κοινωνῶμεν, ὅτι μὴ πᾶσα ἀνάγκη,
μηδὲ ἀναπιμπλώμεθα τῆς τούτου φύσεως, ἀλλὰ καθαρεύωμεν 5
ἀπ' αὐτοῦ, ἕως ἂν ὁ θεὸς αὐτὸς ἀπολύσῃ ἡμᾶς· καὶ οὕτω μὲν
καθαροὶ ἀπαλλαττόμενοι τῆς τοῦ σώματος ἀφροσύνης, ὡς τὸ
εἰκὸς μετὰ τοιούτων τε ἐσόμεθα καὶ γνωσόμεθα δι' ἡμῶν
αὐτῶν πᾶν τὸ εἰλικρινές, τοῦτο δ' ἐστὶν ἴσως τὸ ἀληθές· b
μὴ καθαρῷ γὰρ καθαροῦ ἐφάπτεσθαι μὴ οὐ θεμιτὸν ᾖ."
τοιαῦτα οἶμαι, ὦ Σιμμία, ἀναγκαῖον εἶναι πρὸς ἀλλήλους
λέγειν τε καὶ δοξάζειν πάντας τοὺς ὀρθῶς φιλομαθεῖς. ἢ οὐ
δοκεῖ σοι οὕτως; 5

Παντός γε μᾶλλον, ὦ Σώκρατες.

Οὐκοῦν, ἔφη ὁ Σωκράτης, εἰ ταῦτα ἀληθῆ, ὦ ἑταῖρε,
πολλὴ ἐλπὶς ἀφικομένῳ οἷ ἐγὼ πορεύομαι, ἐκεῖ ἱκανῶς,

d 6 παρέχει B Iambl. : παρέξει T   e 3 φρονήσεως] φρόνησις Iambl.
a 1 ἡ ψυχὴ ἔσται B T : ἔσται ἡ ψυχὴ B² W Plut. Iambl.   a 6 αὐτὸς
B² T W Plut. Iambl. Olymp. : om. B   a 8 τε om. Iambl. Olymp.
b 4 τε B : om. T   b 8 ἐκεῖ ἱκανῶς B : ἱκανῶς ἐκεῖ T W Olymp.

εἴπερ που ἄλλοθι, κτήσασθαι τοῦτο οὗ ἕνεκα ἡ πολλὴ
10 πραγματεία ἡμῖν ἐν τῷ παρελθόντι βίῳ γέγονεν, ὥστε ἥ γε
c ἀποδημία ἡ νῦν μοι προστεταγμένη μετὰ ἀγαθῆς ἐλπίδος
γίγνεται καὶ ἄλλῳ ἀνδρὶ ὃς ἡγεῖταί οἱ παρεσκευάσθαι τὴν
διάνοιαν ὥσπερ κεκαθαρμένην.
Πάνυ μὲν οὖν, ἔφη ὁ Σιμμίας.

5 Κάθαρσις δὲ εἶναι ἆρα οὐ τοῦτο συμβαίνει, ὅπερ πάλαι
ἐν τῷ λόγῳ λέγεται, τὸ χωρίζειν ὅτι μάλιστα ἀπὸ τοῦ
σώματος τὴν ψυχὴν καὶ ἐθίσαι αὐτὴν καθ' αὑτὴν παντα-
χόθεν ἐκ τοῦ σώματος συναγείρεσθαί τε καὶ ἀθροίζεσθαι,
καὶ οἰκεῖν κατὰ τὸ δυνατὸν καὶ ἐν τῷ νῦν παρόντι καὶ ἐν τῷ
d ἔπειτα μόνην καθ' αὑτήν, ἐκλυομένην ὥσπερ [ἐκ] δεσμῶν ἐκ
τοῦ σώματος;
Πάνυ μὲν οὖν, ἔφη.
Οὐκοῦν τοῦτό γε θάνατος ὀνομάζεται, λύσις καὶ χωρισμὸς
5 ψυχῆς ἀπὸ σώματος;
Παντάπασί γε, ἦ δ' ὅς.
Λύειν δέ γε αὐτήν, ὥς φαμεν, προθυμοῦνται ἀεὶ μάλιστα
καὶ μόνοι οἱ φιλοσοφοῦντες ὀρθῶς, καὶ τὸ μελέτημα αὐτὸ
τοῦτό ἐστιν τῶν φιλοσόφων, λύσις καὶ χωρισμὸς ψυχῆς
10 ἀπὸ σώματος· ἢ οὔ;
Φαίνεται.
Οὐκοῦν, ὅπερ ἐν ἀρχῇ ἔλεγον, γελοῖον ἂν εἴη ἄνδρα
e παρασκευάζονθ' ἑαυτὸν ἐν τῷ βίῳ ὅτι ἐγγυτάτω ὄντα τοῦ
τεθνάναι οὕτω ζῆν, κἄπειθ' ἥκοντος αὐτῷ τούτου ἀγανακτεῖν;
Γελοῖον· πῶς δ' οὔ;
Τῷ ὄντι ἄρα, ἔφη, ὦ Σιμμία, οἱ ὀρθῶς φιλοσοφοῦντες
5 ἀποθνήσκειν μελετῶσι, καὶ τὸ τεθνάναι ἥκιστα αὐτοῖς
ἀνθρώπων φοβερόν. ἐκ τῶνδε δὲ σκόπει. εἰ γὰρ δια-

c 1 μοι B : ἐμοὶ B² T W   c 2 παρεσκευάσθαι B T : παρασκευά-
σασθαι W   d 1 prius ἐκ T Iambl. Protr. : om. B W : alterum ἐκ
B T W Iambl. Protr. : om. Iambl. v. Pyth.   d 4 θάνατος τοῦτό
γε W   d 5 ψυχῆς B² T W Iambl. Stob. : om. B   d 9 ψυχῆς
B² T W Iambl. : τῆς ψυχῆς B   e 3 γελοῖον scripsi : οὐ γελοῖον
B T W Socrati tribuentes : in Ars. spatium septem litterarum

βέβληνται μὲν πανταχῇ τῷ σώματι, αὐτὴν δὲ καθ' αὑτὴν
ἐπιθυμοῦσι τὴν ψυχὴν ἔχειν, τούτου δὲ γιγνομένου εἰ
φοβοῖντο καὶ ἀγανακτοῖεν, οὐ πολλὴ ἂν ἀλογία εἴη, εἰ μὴ
ἄσμενοι ἐκεῖσε ἴοιεν, οἷ ἀφικομένοις ἐλπίς ἐστιν οὗ διὰ βίου 68
ἤρων τυχεῖν—ἤρων δὲ φρονήσεως—ᾧ τε διεβέβληντο, τούτου
ἀπηλλάχθαι συνόντος αὐτοῖς; ἢ ἀνθρωπίνων μὲν παιδικῶν
καὶ γυναικῶν καὶ ὑέων ἀποθανόντων πολλοὶ δὴ ἑκόντες
ἠθέλησαν εἰς Ἅιδου μετελθεῖν, ὑπὸ ταύτης ἀγόμενοι τῆς 5
ἐλπίδος, τῆς τοῦ ὄψεσθαί τε ἐκεῖ ὧν ἐπεθύμουν καὶ συνέσε-
σθαι· φρονήσεως δὲ ἄρα τις τῷ ὄντι ἐρῶν, καὶ λαβὼν σφόδρα
τὴν αὐτὴν ταύτην ἐλπίδα, μηδαμοῦ ἄλλοθι ἐντεύξεσθαι αὐτῇ
ἀξίως λόγου ἢ ἐν Ἅιδου, ἀγανακτήσει τε ἀποθνῄσκων καὶ b
οὐχ ἅσμενος εἶσιν αὐτόσε; οἴεσθαί γε χρή, ἐὰν τῷ ὄντι γε
ᾖ, ὦ ἑταῖρε, φιλόσοφος· σφόδρα γὰρ αὐτῷ ταῦτα δόξει,
μηδαμοῦ ἄλλοθι καθαρῶς ἐντεύξεσθαι φρονήσει ἀλλ' ἢ ἐκεῖ.
εἰ δὲ τοῦτο οὕτως ἔχει, ὅπερ ἄρτι ἔλεγον, οὐ πολλὴ ἂν 5
ἀλογία εἴη εἰ φοβοῖτο τὸν θάνατον ὁ τοιοῦτος;

Πολλὴ μέντοι νὴ Δία, ἦ δ' ὅς.

Οὐκοῦν ἱκανόν σοι τεκμήριον, ἔφη, τοῦτο ἀνδρός, ὃν
ἂν ἴδῃς ἀγανακτοῦντα μέλλοντα ἀποθανεῖσθαι, ὅτι οὐκ ἄρ'
ἦν φιλόσοφος ἀλλά τις φιλοσώματος; ὁ αὐτὸς δέ που c
οὗτος τυγχάνει ὢν καὶ φιλοχρήματος καὶ φιλότιμος, ἤτοι τὰ
ἕτερα τούτων ἢ ἀμφότερα.

Πάνυ, ἔφη, ἔχει οὕτως ὡς λέγεις.

Ἆρ' οὖν, ἔφη, ὦ Σιμμία, οὐ καὶ ἡ ὀνομαζομένη ἀνδρεία 5
τοῖς οὕτω διακειμένοις μάλιστα προσήκει;

Πάντως δήπου, ἔφη.

e 8 ἔχειν B T et γρ. W : εἶναι W   εἰ B : om. T   a 4 καὶ
ὑέων] ἢ παίδων ἕνεκα Ars.   δὴ om. Ars.   a 5 μετελθεῖν B² T :
ἐλθεῖν B W t   a 6 τε C : τι B (in ras.) T W   b 2 εἶσιν B W t :
οἴσει T   γε ᾖ B Ars. : om. T W   b 3 δόξει B : δόξειν T
b 4 . . θαμου αλλοθι . . . . . . θαρως φρονήσει εν Ars. : γρ. ἄλλοθι δυνατὸν
εἶναι καθαρῶς in marg. B (i. e. μηδαμοῦ ἄλλοθι δυνατὸν εἶναι καθαρῶς
φρονήσει ἐντυχεῖν)   b 5 ἀλογία ἂν Ars.   b 8 ἔφη τεκμήριον Ars.
ἀνδρὸς et μέλλοντα ἀποθανεῖσθαι om. ut vid Ars.   c 2 . . γχάνει
φιλο . . Ars.   c 4 πάνυ B T Stob. : πάνυ γ' W

Οὐκοῦν καὶ ἡ σωφροσύνη, ἣν καὶ οἱ πολλοὶ ὀνομάζουσι
σωφροσύνην, τὸ περὶ τὰς ἐπιθυμίας μὴ ἐπτοῆσθαι ἀλλ᾽
10 ὀλιγώρως ἔχειν καὶ κοσμίως, ἆρ᾽ οὐ τούτοις μόνοις προσήκει,
τοῖς μάλιστα τοῦ σώματος ὀλιγωροῦσίν τε καὶ ἐν φιλοσοφίᾳ
ζῶσιν;

d ᾽Ανάγκη, ἔφη.

Εἰ γὰρ ἐθέλεις, ἢ δ᾽ ὅς, ἐννοῆσαι τήν γε τῶν ἄλλων
ἀνδρείαν τε καὶ σωφροσύνην, δόξει σοι εἶναι ἄτοπος.

Πῶς δή, ὦ Σώκρατες;

5 Οἶσθα, ἢ δ᾽ ὅς, ὅτι τὸν θάνατον ἡγοῦνται πάντες οἱ ἄλλοι
τῶν μεγάλων κακῶν;

Καὶ μάλ᾽, ἔφη.

Οὐκοῦν φόβῳ μειζόνων κακῶν ὑπομένουσιν αὐτῶν οἱ
ἀνδρεῖοι τὸν θάνατον, ὅταν ὑπομένωσιν;

10 Ἔστι ταῦτα.

Τῷ δεδιέναι ἄρα καὶ δέει ἀνδρεῖοί εἰσι πάντες πλὴν οἱ
φιλόσοφοι· καίτοι ἄλογόν γε δέει τινὰ καὶ δειλίᾳ ἀνδρεῖον
εἶναι.

e Πάνυ μὲν οὖν.

Τί δὲ οἱ κόσμιοι αὐτῶν; οὐ ταὐτὸν τοῦτο πεπόνθασιν·
ἀκολασίᾳ τινὶ σώφρονές εἰσιν; καίτοι φαμέν γε ἀδύνατον
εἶναι, ἀλλ᾽ ὅμως αὐτοῖς συμβαίνει τούτῳ ὅμοιον τὸ πάθος
5 τὸ περὶ ταύτην τὴν εὐήθη σωφροσύνην· φοβούμενοι γὰρ
ἑτέρων ἡδονῶν στερηθῆναι καὶ ἐπιθυμοῦντες ἐκείνων, ἄλλων
ἀπέχονται ὑπ᾽ ἄλλων κρατούμενοι. καίτοι καλοῦσί γε ἀκο-
69 λασίαν τὸ ὑπὸ τῶν ἡδονῶν ἄρχεσθαι, ἀλλ᾽ ὅμως συμβαίνει
αὐτοῖς κρατουμένοις ὑφ᾽ ἡδονῶν κρατεῖν ἄλλων ἡδονῶν.

c8 ἢ BT Iambl. Stob.: om. W   c10 μόνον Ars.   d1 ἔφη
om. Ars.   d2 ἐθέλεις BT Iambl. Stob.: ἐθελήσεις W   γε TW
Iambl. Stob.: τε B   d6 μεγάλων B γρ. T Iambl. Olymp. Stob. :
μεγίστων B²TW   κακῶν Bt Iambl. Olymp. : κακῶν εἶναι B²TW
Ars. Stob.   d9 ὑπομένωσιν] ὑπομειμω .. Ars.   d12 ἄλογον
B Ars. Iambl. Stob.: ἄτοπον B²TW   e3 ⟨σωφρον⟩ουσιν Ars.
γε B Iambl. Stob. : γέ που B²TW   e4 τοῦτο Ars.   ὅμοιον B
Iambl. Stob.: ὅμοιον εἶναι B²TW   e5 τὸ περὶ ταύτην] τοι επ αυτην
Ars.   εὐήθη] ἀνδραποδώδη Ars.   e6 στερηθῆναι ἑτέρων ἡδονῶν
Ars.   e7 κρατούμενοι ὑπ᾽ ἄλλων W   ἄλλων] ἐκείνων Ars.
a1 τῶν om. Ars.   ἀλλ᾽ ὅμως συμβαίνει] συμβαίνει δ᾽ οὖν Ars.

τοῦτο δ᾽ ὅμοιόν ἐστιν ᾧ νυνδὴ ἐλέγετο, τῷ τρόπον τινὰ δι᾽ ἀκολασίαν αὐτοὺς σεσωφρονίσθαι.

Ἔοικε γάρ. 5

Ὦ μακάριε Σιμμία, μὴ γὰρ οὐχ αὕτη ᾖ ἡ ὀρθὴ πρὸς ἀρετὴν ἀλλαγή, ἡδονὰς πρὸς ἡδονὰς καὶ λύπας πρὸς λύπας καὶ φόβον πρὸς φόβον καταλλάττεσθαι, [καὶ] μείζω πρὸς ἐλάττω ὥσπερ νομίσματα, ἀλλ᾽ ᾖ ἐκεῖνο μόνον τὸ νόμισμα ὀρθόν, ἀντὶ οὗ δεῖ πάντα ταῦτα καταλλάττεσθαι, φρόνησις, 10 [καὶ τούτου μὲν πάντα] καὶ μετὰ τούτου [ὠνούμενά τε καὶ b πιπρασκόμενα] τῷ ὄντι ᾖ καὶ ἀνδρεία καὶ σωφροσύνη καὶ δικαιοσύνη καὶ συλλήβδην ἀληθὴς ἀρετή, μετὰ φρονήσεως, καὶ προσγιγνομένων καὶ ἀπογιγνομένων καὶ ἡδονῶν καὶ φόβων καὶ τῶν ἄλλων πάντων τῶν τοιούτων· χωριζόμενα 5 δὲ φρονήσεως [καὶ] ἀλλαττόμενα ἀντὶ ἀλλήλων μὴ σκια-γραφία τις ᾖ ἡ τοιαύτη ἀρετὴ καὶ τῷ ὄντι ἀνδραποδώδης τε καὶ οὐδὲν ὑγιὲς οὐδ᾽ ἀληθὲς ἔχῃ, τὸ δ᾽ ἀληθὲς τῷ ὄντι ᾖ κάθαρσίς τις τῶν τοιούτων πάντων καὶ ἡ σωφροσύνη καὶ c ἡ δικαιοσύνη καὶ ἀνδρεία, καὶ αὐτὴ ἡ φρόνησις μὴ κα-θαρμός τις ᾖ. καὶ κινδυνεύουσι καὶ οἱ τὰς τελετὰς ἡμῖν οὗτοι καταστήσαντες οὐ φαῦλοί τινες εἶναι, ἀλλὰ τῷ ὄντι πάλαι αἰνίττεσθαι ὅτι ὃς ἂν ἀμύητος καὶ ἀτέλεστος εἰς 5 Ἅιδου ἀφίκηται ἐν βορβόρῳ κείσεται, ὁ δὲ κεκαθαρμένος τε καὶ τετελεσμένος ἐκεῖσε ἀφικόμενος μετὰ θεῶν οἰκήσει. εἰσὶν γὰρ δή, [ὥς] φασιν οἱ περὶ τὰς τελετάς, "ναρθηκοφόροι μὲν πολλοί, βάκχοι δέ τε παῦροι·" οὗτοι δ᾽ εἰσὶν κατὰ τὴν d ἐμὴν δόξαν οὐκ ἄλλοι ἢ οἱ πεφιλοσοφηκότες ὀρθῶς. ὧν δὴ καὶ ἐγὼ κατά γε τὸ δυνατὸν οὐδὲν ἀπέλιπον ἐν τῷ βίῳ

a 6 γὰρ B Ars. Olymp. Stob.: om. T   ᾖ ἡ] ᾖ B: ἡ T   a 7 ἀλλαγὴ W Iambl.: ἀλλὰ B: ＊＊＊＊ T   a 8 καὶ om. Iambl. Stob.   a 9 ἀλλ᾽ ᾖ W: ἀλλὴ B T   a 10 ἀνθ᾽ ὅτου W   πάντα T Iambl. Stob.: ἅπαντα B   b 1, 2 inclusa seclusi   δικαιοσύνη καὶ σωφροσύνη W   b 6 καὶ B² T W Iambl. Stob.: om. B   ἀλλήλων B² T W Iambl. Stob.: ἄλλων B   b 8 ὑγιὲς T W Iambl. Stob.: ὑγιὲς εἶναι B   ἔχῃ B T Stob.: ἔχει W Iambl.: γρ. ἔχουσα W   κάθαρσις ᾖ W   c 2 ἀνδρεία B: ἡ ἀνδρεία T W   c 3 κινδυνεύουσι B γρ. W Iambl. Olymp.: κινδυ-νεύωσι B² T W   c 4 τινες B² T W: om. B Iambl. Stob.   c 7 τε om. W   c 8 ὥς B Clem. Stob.: om. T Iambl.   d 3 ἐγὼ B: ἔγωγε T W   γε B W: om. T

ἀλλὰ παντὶ τρόπῳ προυθυμήθην γενέσθαι· εἰ δ' ὀρθῶς
5 προυθυμήθην καί τι ἠνύσαμεν, ἐκεῖσε ἐλθόντες τὸ σαφὲς
εἰσόμεθα, ἂν θεὸς ἐθέλῃ, ὀλίγον ὕστερον, ὡς ἐμοὶ δοκεῖ.
ταῦτ' οὖν ἐγώ, ἔφη, ὦ Σιμμία τε καὶ Κέβης, ἀπολογοῦμαι,
ὡς εἰκότως ὑμᾶς τε ἀπολείπων καὶ τοὺς ἐνθάδε δεσπότας οὐ
e χαλεπῶς φέρω οὐδ' ἀγανακτῶ, ἡγούμενος κἀκεῖ οὐδὲν ἧττον
ἢ ἐνθάδε δεσπόταις τε ἀγαθοῖς ἐντεύξεσθαι καὶ ἑταίροις·
[τοῖς δὲ πολλοῖς ἀπιστίαν παρέχει]· εἴ τι οὖν ὑμῖν πιθανώ-
τερός εἰμι ἐν τῇ ἀπολογίᾳ ἢ τοῖς Ἀθηναίων δικασταῖς, εὖ
5 ἂν ἔχοι.

Εἰπόντος δὴ τοῦ Σωκράτους ταῦτα, ὑπολαβὼν ὁ Κέβης
ἔφη· Ὦ Σώκρατες, τὰ μὲν ἄλλα ἔμοιγε δοκεῖ καλῶς λέγεσθαι,
70 τὰ δὲ περὶ τῆς ψυχῆς πολλὴν ἀπιστίαν παρέχει τοῖς ἀνθρώποις
μή, ἐπειδὰν ἀπαλλαγῇ τοῦ σώματος, οὐδαμοῦ ἔτι ᾖ, ἀλλ' ἐκείνῃ
τῇ ἡμέρᾳ διαφθείρηταί τε καὶ ἀπολλύηται ᾗ ἂν ὁ ἄνθρωπος ἀπο-
θνῄσκῃ, εὐθὺς ἀπαλλαττομένη τοῦ σώματος, καὶ ἐκβαίνουσα
5 ὥσπερ πνεῦμα ἢ καπνὸς διασκεδασθεῖσα οἴχηται διαπτομένη
καὶ οὐδὲν ἔτι οὐδαμοῦ ᾖ. ἐπεί, εἴπερ εἴη που αὐτὴ καθ'
αὑτὴν συνηθροισμένη καὶ ἀπηλλαγμένη τούτων τῶν κακῶν
ὧν σὺ νυνδὴ διῆλθες, πολλὴ ἂν εἴη ἐλπὶς καὶ καλή, ὦ
b Σώκρατες, ὡς ἀληθῆ ἐστιν ἃ σὺ λέγεις· ἀλλὰ τοῦτο δὴ
ἴσως οὐκ ὀλίγης παραμυθίας δεῖται καὶ πίστεως, ὡς ἔστι τε
ψυχὴ ἀποθανόντος τοῦ ἀνθρώπου καί τινα δύναμιν ἔχει καὶ
φρόνησιν.

5 Ἀληθῆ, ἔφη, λέγεις, ὁ Σωκράτης, ὦ Κέβης· ἀλλὰ τί δὴ
ποιῶμεν; ἢ περὶ αὐτῶν τούτων βούλει διαμυθολογῶμεν, εἴτε
εἰκὸς οὕτως ἔχειν εἴτε μή;

d 8 ἀπολείπων T W : ἀπολιπὼν B   e 2 ἑταίροις B² T W : ἑτέροις B
e 3 τοῖς . . παρέχει secl. Ast   e 7 ἔμοιγε δοκεῖ Bt Stob. : δοκεῖ
ἔμοιγε T W   a 2 ἔτι ᾖ] ἐστι Stob.   a 3 διαφθείρεται Stob.
ἀπόλλυται Stob.   ᾗ B T Stob. : om. W   ἀποθνῄσκῃ B² :
ἀποθνῄσκει B : ἀποθάνῃ B² (marg.) T W Stob.   a 5 οἴχηται . . . ᾖ
secl. Schanz   οἴχεται Stob.   a 8 νῦν δὴ B² W : νῦν ἂν B : νῦν
T Stob.   ἐλπὶς εἴη T   b 2 ἴσως B T W Stob. : σαφῶς s. v. W
b 3 ψυχὴ T : ἡ ψυχὴ B W Stob.

Ἐγὼ γοῦν, ἔφη ὁ Κέβης, ἡδέως ἂν ἀκούσαιμι ἥντινα δόξαν ἔχεις περὶ αὐτῶν.

Οὔκουν γ᾽ ἂν οἶμαι, ἦ δ᾽ ὃς ὁ Σωκράτης, εἰπεῖν τινα νῦν 10 ἀκούσαντα, οὐδ᾽ εἰ κωμῳδοποιὸς εἴη, ὡς ἀδολεσχῶ καὶ οὐ c περὶ προσηκόντων τοὺς λόγους ποιοῦμαι. εἰ οὖν δοκεῖ, χρὴ διασκοπεῖσθαι.

Σκεψώμεθα δὲ αὐτὸ τῇδέ πη, εἴτ᾽ ἄρα ἐν Ἅιδου εἰσὶν αἱ ψυχαὶ τελευτησάντων τῶν ἀνθρώπων εἴτε καὶ οὔ. παλαιὸς 5 μὲν οὖν ἔστι τις λόγος οὗ μεμνήμεθα, ὡς εἰσὶν ἐνθένδε ἀφικόμεναι ἐκεῖ, καὶ πάλιν γε δεῦρο ἀφικνοῦνται καὶ γίγνονται ἐκ τῶν τεθνεώτων· καὶ εἰ τοῦθ᾽ οὕτως ἔχει, πάλιν γίγνεσθαι ἐκ τῶν ἀποθανόντων τοὺς ζῶντας, ἄλλο τι ἢ εἶεν ἂν αἱ ψυχαὶ ἡμῶν ἐκεῖ; οὐ γὰρ ἄν που πάλιν ἐγίγνοντο μὴ d οὖσαι, καὶ τοῦτο ἱκανὸν τεκμήριον τοῦ ταῦτ᾽ εἶναι, εἰ τῷ ὄντι φανερὸν γίγνοιτο ὅτι οὐδαμόθεν ἄλλοθεν γίγνονται οἱ ζῶντες ἢ ἐκ τῶν τεθνεώτων· εἰ δὲ μὴ ἔστι τοῦτο, ἄλλου ἂν του δέοι λόγου. 5

Πάνυ μὲν οὖν, ἔφη ὁ Κέβης.

Μὴ τοίνυν κατ᾽ ἀνθρώπων, ἦ δ᾽ ὅς, σκόπει μόνον τοῦτο, εἰ βούλει ῥᾷον μαθεῖν, ἀλλὰ καὶ κατὰ ζῴων πάντων καὶ φυτῶν, καὶ συλλήβδην ὅσαπερ ἔχει γένεσιν περὶ πάντων ἴδωμεν ἆρ᾽ οὑτωσὶ γίγνεται πάντα, οὐκ ἄλλοθεν ἢ ἐκ τῶν e ἐναντίων τὰ ἐναντία, ὅσοις τυγχάνει ὂν τοιοῦτόν τι, οἷον τὸ καλὸν τῷ αἰσχρῷ ἐναντίον που καὶ δίκαιον ἀδίκῳ, καὶ ἄλλα δὴ μυρία οὕτως ἔχει. τοῦτο οὖν σκεψώμεθα, ἆρα ἀναγκαῖον ὅσοις ἔστι τι ἐναντίον, μηδαμόθεν ἄλλοθεν αὐτὸ γίγνεσθαι 5 ἢ ἐκ τοῦ αὐτῷ ἐναντίου. οἷον ὅταν μεῖζόν τι γίγνηται, ἀνάγκη που ἐξ ἐλάττονος ὄντος πρότερον ἔπειτα μεῖζον γίγνεσθαι;

b 8 ἔγωγε οὖν Β : ἐγωγοῦν Τ : ἔγωγ᾽ οὖν W   c 1 κωμῳδοποιὸς pr.
T (ut vid.) W : κωμῳδιοποιὸς Β t   c 4 δὲ Β : om. Τ   c 6 λόγος
Β : ὁ λόγος οὗτος Β² Τ W Olymp. : λόγος οὗτος Stob.   d 1 αἱ
ψυχαὶ ἡμῶν Β : ἡμῶν αἱ ψυχαὶ Τ W Stob.   d 3 γίγνοιτο Β Τ :
γένοιτο W Stob.   d 8 ῥᾷον Β Stob. : ῥᾴδιον Τ W   e 1 ἴδωμεν
Olymp. Stob. : εἰδῶμεν Β Τ W   οὕτως W   πάντα Β W
Olymp. Stob. : ἅπαντα Τ   e 4 τοῦτο οὖν Β W Stob. : om. Τ
e 5 ἔστι τι Β Τ Stob. : ἐστιν W   e 6 ἑαυτῷ W

Ναί.

10 Οὐκοῦν κἂν ἔλαττον γίγνηται, ἐκ μείζονος ὄντος πρότερον
71 ὕστερον ἔλαττον γενήσεται;

Ἔστιν οὕτω, ἔφη.

Καὶ μὴν ἐξ ἰσχυροτέρου γε τὸ ἀσθενέστερον καὶ ἐκ βρα-
δυτέρου τὸ θᾶττον;

5 Πάνυ γε.

Τί δέ; ἄν τι χεῖρον γίγνηται, οὐκ ἐξ ἀμείνονος, καὶ ἂν
δικαιότερον, ἐξ ἀδικωτέρου;

Πῶς γὰρ οὔ;

Ἱκανῶς οὖν, ἔφη, ἔχομεν τοῦτο, ὅτι πάντα οὕτω γίγνεται,
10 ἐξ ἐναντίων τὰ ἐναντία πράγματα;

Πάνυ γε.

Τί δ᾽ αὖ; ἔστι τι καὶ τοιόνδε ἐν αὐτοῖς, οἷον μεταξὺ
ἀμφοτέρων πάντων τῶν ἐναντίων δυοῖν ὄντοιν δύο γενέσεις,
b ἀπὸ μὲν τοῦ ἑτέρου ἐπὶ τὸ ἕτερον, ἀπὸ δ᾽ αὖ τοῦ ἑτέρου
πάλιν ἐπὶ τὸ ἕτερον· μείζονος μὲν πράγματος καὶ ἐλάττονος
μεταξὺ αὔξησις καὶ φθίσις, καὶ καλοῦμεν οὕτω τὸ μὲν αὐξά-
νεσθαι, τὸ δὲ φθίνειν;

5 Ναί, ἔφη.

Οὐκοῦν καὶ διακρίνεσθαι καὶ συγκρίνεσθαι, καὶ ψύχεσθαι
καὶ θερμαίνεσθαι, καὶ πάντα οὕτω, κἂν εἰ μὴ χρώμεθα τοῖς
ὀνόμασιν ἐνιαχοῦ, ἀλλ᾽ ἔργῳ γοῦν πανταχοῦ οὕτως ἔχειν
ἀναγκαῖον, γίγνεσθαί τε αὐτὰ ἐξ ἀλλήλων γένεσίν τε εἶναι
10 ἑκατέρου εἰς ἄλληλα;

Πάνυ μὲν οὖν, ἦ δ᾽ ὅς.

c Τί οὖν; ἔφη, τῷ ζῆν ἐστί τι ἐναντίον, ὥσπερ τῷ
ἐγρηγορέναι τὸ καθεύδειν;

Πάνυ μὲν οὖν, ἔφη.

Τί;

a 2 οὕτω ἔφη B : ἔφη οὕτω T W Stob.   a 3 γε T Olymp. Stob. :
om. B   a 7 ἐξ B T : οὐκ ἐξ W t Stob.   a 12 ἔστι τι B T : ἔστω
ἔτι B² : ἔστι W   b 2 μὲν B : γὰρ T : μὲν γὰρ B² W Olymp.
b 10 ἑκατέϳου T : ἐξ ἑκατέρου B W   b 11 μὲν οὖν B : γε T W

Τὸ τεθνάναι, ἔφη.   5

Οὐκοῦν ἐξ ἀλλήλων τε γίγνεται ταῦτα, εἴπερ ἐναντία
ἐστιν, καὶ αἱ γενέσεις εἰσὶν αὐτοῖν μεταξὺ δύο δυοῖν ὄντοιν;
Πῶς γὰρ οὔ;

Τὴν μὲν τοίνυν ἑτέραν συζυγίαν ὧν νυνδὴ ἔλεγον ἐγώ
σοι, ἔφη, ἐρῶ, ὁ Σωκράτης, καὶ αὐτὴν καὶ τὰς γενέσεις· σὺ   10
δέ μοι τὴν ἑτέραν. λέγω δὲ τὸ μὲν καθεύδειν, τὸ δὲ ἐγρη-
γορέναι, καὶ ἐκ τοῦ καθεύδειν τὸ ἐγρηγορέναι γίγνεσθαι καὶ
ἐκ τοῦ ἐγρηγορέναι τὸ καθεύδειν, καὶ τὰς γενέσεις αὐτοῖν   d
τὴν μὲν καταδαρθάνειν εἶναι, τὴν δ' ἀνεγείρεσθαι. ἱκανῶς
σοι, ἔφη, ἢ οὔ;

Πάνυ μὲν οὖν.

Λέγε δή μοι καὶ σύ, ἔφη, οὕτω περὶ ζωῆς καὶ θανάτου.   5
οὐκ ἐναντίον μὲν φῂς τῷ ζῆν τὸ τεθνάναι εἶναι;

Ἔγωγε.

Γίγνεσθαι δὲ ἐξ ἀλλήλων;

Ναί.

Ἐξ οὖν τοῦ ζῶντος τί τὸ γιγνόμενον;   10

Τὸ τεθνηκός, ἔφη.

Τί δέ, ἦ δ' ὅς, ἐκ τοῦ τεθνεῶτος;

Ἀναγκαῖον, ἔφη, ὁμολογεῖν ὅτι τὸ ζῶν.

Ἐκ τῶν τεθνεώτων ἄρα, ὦ Κέβης, τὰ ζῶντά τε καὶ οἱ
ζῶντες γίγνονται;   15

Φαίνεται, ἔφη.   e

Εἰσὶν ἄρα, ἔφη, αἱ ψυχαὶ ἡμῶν ἐν Ἅιδου.

Ἔοικεν.

Οὐκοῦν καὶ τοῖν γενεσέοιν τοῖν περὶ ταῦτα ἥ γ' ἑτέρα
σαφὴς οὖσα τυγχάνει; τὸ γὰρ ἀποθνῄσκειν σαφὲς δήπου,   5
ἢ οὔ;

Πάνυ μὲν οὖν, ἔφη.

Πῶς οὖν, ἦ δ' ὅς, ποιήσομεν; οὐκ ἀνταποδώσομεν τὴν

c 7 αὐτοῖν B Stob. : αὐτῶν T   c 11 ἐγρηγορέναι . . . 12 καθεύδειν
B² T W Stob. : om. B   d 1 αὐτῶν Stob.   d 5 μοι καὶ σύ B : καὶ
σύ μοι B² T W Stob.   e 2 εἰσὶν ἄρα T W Stob. : ἄρα εἰσὶν B

ἐναντίαν γένεσιν, ἀλλὰ ταύτῃ χωλὴ ἔσται ἡ φύσις; ἢ ἀνάγκη
10 ἀποδοῦναι τῷ ἀποθνῄσκειν ἐναντίαν τινὰ γένεσιν;
Πάντως που, ἔφη.
Τίνα ταύτην;
Τὸ ἀναβιώσκεσθαι.
Οὐκοῦν, ἦ δ' ὅς, εἴπερ ἔστι τὸ ἀναβιώσκεσθαι, ἐκ τῶν
72 τεθνεώτων ἂν εἴη γένεσις εἰς τοὺς ζῶντας αὕτη, τὸ ἀνα-
βιώσκεσθαι;
Πάνυ γε.
Ὁμολογεῖται ἄρα ἡμῖν καὶ ταύτῃ τοὺς ζῶντας ἐκ τῶν
5 τεθνεώτων γεγονέναι οὐδὲν ἧττον ἢ τοὺς τεθνεῶτας ἐκ τῶν
ζώντων, τούτου δὲ ὄντος ἱκανόν που ἐδόκει τεκμήριον εἶναι
ὅτι ἀναγκαῖον τὰς τῶν τεθνεώτων ψυχὰς εἶναί που, ὅθεν δὴ
πάλιν γίγνεσθαι.
Δοκεῖ μοι, ἔφη, ὦ Σώκρατες, ἐκ τῶν ὡμολογημένων
10 ἀναγκαῖον οὕτως ἔχειν.
Ἰδὲ τοίνυν οὕτως, ἔφη, ὦ Κέβης, ὅτι οὐδ' ἀδίκως ὡμο-
λογήκαμεν, ὡς ἐμοὶ δοκεῖ. εἰ γὰρ μὴ ἀεὶ ἀνταποδιδοίη τὰ
b ἕτερα τοῖς ἑτέροις γιγνόμενα, ὡσπερεὶ κύκλῳ περιιόντα, ἀλλ'
εὐθεῖά τις εἴη ἡ γένεσις ἐκ τοῦ ἑτέρου μόνον εἰς τὸ καταν-
τικρὺ καὶ μὴ ἀνακάμπτοι πάλιν ἐπὶ τὸ ἕτερον μηδὲ καμπὴν
ποιοῖτο, οἶσθ' ὅτι πάντα τελευτῶντα τὸ αὐτὸ σχῆμα ἂν σχοίη
5 καὶ τὸ αὐτὸ πάθος ἂν πάθοι καὶ παύσαιτο γιγνόμενα;
Πῶς λέγεις; ἔφη.
Οὐδὲν χαλεπόν, ἦ δ' ὅς, ἐννοῆσαι ὃ λέγω· ἀλλ' οἷον εἰ
τὸ καταδαρθάνειν μὲν εἴη, τὸ δ' ἀνεγείρεσθαι μὴ ἀνταποδιδοίη
γιγνόμενον ἐκ τοῦ καθεύδοντος, οἶσθ' ὅτι τελευτῶντα πάντ'
c ⟨ἂν⟩ λῆρον τὸν Ἐνδυμίωνα ἀποδείξειεν καὶ οὐδαμοῦ ἂν
φαίνοιτο διὰ τὸ καὶ τἆλλα πάντα ταὐτὸν ἐκείνῳ πεπονθέναι,
καθεύδειν. κἂν εἰ συγκρίνοιτο μὲν πάντα, διακρίνοιτο δὲ

a 4 ἄρα ἡμῖν Β T Stob. : ἡμῖν ἄρα W   a 6 ἐδόκει Β Stob. : om. T
a 11 οὕτως Β : om. TW   b 4 ποιοῖτο Β : ποιοῖ Τ   b 7 ἐννοῆσαι
Β² Τ W : ἐννοήσασιν Β   b 9 πάντ' ἂν Bekker : πάντα Β T W
c 3 διακρίνοιτο Τ : διακρίναιτο Β W

μή, ταχὺ ἂν τὸ τοῦ Ἀναξαγόρου γεγονὸς εἴη, "Ὁμοῦ πάντα χρήματα." ὡσαύτως δέ, ὦ φίλε Κέβης, καὶ εἰ ἀποθνήσκοι 5 μὲν πάντα ὅσα τοῦ ζῆν μεταλάβοι, ἐπειδὴ δὲ ἀποθάνοι, μένοι ἐν τούτῳ τῷ σχήματι τὰ τεθνεῶτα καὶ μὴ πάλιν ἀναβιώσκοιτο, ἆρ᾽ οὐ πολλὴ ἀνάγκη τελευτῶντα πάντα τεθνάναι καὶ μηδὲν ζῆν; εἰ γὰρ ἐκ μὲν τῶν ἄλλων τὰ d ζῶντα γίγνοιτο, τὰ δὲ ζῶντα θνῄσκοι, τίς μηχανὴ μὴ οὐχὶ πάντα καταναλωθῆναι εἰς τὸ τεθνάναι;

Οὐδὲ μία μοι δοκεῖ, ἔφη ὁ Κέβης, ὦ Σώκρατες, ἀλλά μοι δοκεῖς παντάπασιν ἀληθῆ λέγειν. 5

Ἔστιν γάρ, ἔφη, ὦ Κέβης, ὡς ἐμοὶ δοκεῖ, παντὸς μᾶλλον οὕτω, καὶ ἡμεῖς αὐτὰ ταῦτα οὐκ ἐξαπατώμενοι ὁμολογοῦμεν, ἀλλ᾽ ἔστι τῷ ὄντι καὶ τὸ ἀναβιώσκεσθαι καὶ ἐκ τῶν τεθνεώτων τοὺς ζῶντας γίγνεσθαι καὶ τὰς τῶν τεθνεώτων ψυχὰς εἶναι [καὶ ταῖς μέν γε ἀγαθαῖς ἄμεινον εἶναι, ταῖς δὲ κακαῖς e κάκιον].

Καὶ μήν, ἔφη ὁ Κέβης ὑπολαβών, καὶ κατ᾽ ἐκεῖνόν γε τὸν λόγον, ὦ Σώκρατες, εἰ ἀληθής ἐστιν, ὃν σὺ εἴωθας θαμὰ λέγειν, ὅτι ἡμῖν ἡ μάθησις οὐκ ἄλλο τι ἢ ἀνάμνησις 5 τυγχάνει οὖσα, καὶ κατὰ τοῦτον ἀνάγκη που ἡμᾶς ἐν προτέρῳ τινὶ χρόνῳ μεμαθηκέναι ἃ νῦν ἀναμιμνῃσκόμεθα. τοῦτο δὲ ἀδύνατον, εἰ μὴ ἦν που ἡμῖν ἡ ψυχὴ πρὶν ἐν τῷδε τῷ ἀν- 73 θρωπίνῳ εἴδει γενέσθαι· ὥστε καὶ ταύτῃ ἀθάνατον ἡ ψυχή τι ἔοικεν εἶναι.

Ἀλλά, ὦ Κέβης, ἔφη ὁ Σιμμίας ὑπολαβών, ποῖαι τούτων αἱ ἀποδείξεις; ὑπόμνησόν με· οὐ γὰρ σφόδρα ἐν τῷ παρόντι 5 μέμνημαι.

Ἑνὶ μὲν λόγῳ, ἔφη ὁ Κέβης, καλλίστῳ, ὅτι ἐρωτώμενοι οἱ ἄνθρωποι, ἐάν τις καλῶς ἐρωτᾷ, αὐτοὶ λέγουσιν πάντα ᾗ ἔχει—καίτοι εἰ μὴ ἐτύγχανεν αὐτοῖς ἐπιστήμη ἐνοῦσα καὶ

10 ὀρθὸς λόγος, οὐκ ἂν οἷοί τ᾿ ἦσαν τοῦτο ποιῆσαι—ἔπειτα
b ἐάν τις ἐπὶ τὰ διαγράμματα ἄγῃ ἢ ἄλλο τι τῶν τοιούτων,
ἐνταῦθα σαφέστατα κατηγορεῖ ὅτι τοῦτο οὕτως ἔχει.

Εἰ δὲ μὴ ταύτῃ γε, ἔφη, πείθῃ, ὦ Σιμμία, ὁ Σωκράτης,
σκέψαι ἂν τῇδέ πή σοι σκοπουμένῳ συνδόξῃ. ἀπιστεῖς γὰρ
5 δὴ πῶς ἡ καλουμένη μάθησις ἀνάμνησίς ἐστιν;

Ἀπιστῶ μέν [σοι] ἔγωγε, ἦ δ᾿ ὃς ὁ Σιμμίας, οὔ, αὐτὸ δὲ
τοῦτο, ἔφη, δέομαι παθεῖν περὶ οὗ ὁ λόγος, ἀναμνησθῆναι.
καὶ σχεδόν γε ἐξ ὧν Κέβης ἐπεχείρησε λέγειν ἤδη μέμνημαι
καὶ πείθομαι· οὐδὲν μεντἂν ἧττον ἀκούοιμι νῦν πῇ σὺ ἐπ-
10 εχείρησας λέγειν.

c Τῇδ᾿ ἔγωγε, ἦ δ᾿ ὅς. ὁμολογοῦμεν γὰρ δήπου, εἴ τίς τι
ἀναμνησθήσεται, δεῖν αὐτὸν τοῦτο πρότερόν ποτε ἐπίστασθαι.
Πάνυ γ᾿, ἔφη.

Ἆρ᾿ οὖν καὶ τόδε ὁμολογοῦμεν, ὅταν ἐπιστήμη παρα-
5 γίγνηται τρόπῳ τοιούτῳ, ἀνάμνησιν εἶναι; λέγω δὲ τίνα
τρόπον; τόνδε. ἐάν τίς τι ἕτερον ἢ ἰδὼν ἢ ἀκούσας ἤ τινα
ἄλλην αἴσθησιν λαβὼν μὴ μόνον ἐκεῖνο γνῷ, ἀλλὰ καὶ
ἕτερον ἐννοήσῃ οὗ μὴ ἡ αὐτὴ ἐπιστήμη ἀλλ᾿ ἄλλη, ἆρα
οὐχὶ τοῦτο δικαίως λέγομεν ὅτι ἀνεμνήσθη, οὗ τὴν ἔννοιαν
d ἔλαβεν;

Πῶς λέγεις;

Οἷον τὰ τοιάδε· ἄλλη που ἐπιστήμη ἀνθρώπου καὶ λύρας.

Πῶς γὰρ οὔ;

5 Οὐκοῦν οἶσθα ὅτι οἱ ἐρασταί, ὅταν ἴδωσιν λύραν ἢ ἱμάτιον
ἢ ἄλλο τι οἷς τὰ παιδικὰ αὐτῶν εἴωθε χρῆσθαι, πάσχουσι
τοῦτο· ἔγνωσάν τε τὴν λύραν καὶ ἐν τῇ διανοίᾳ ἔλαβον τὸ

a 10 ποιῆσαι Hirschig : ποιήσειν B : ποιεῖν TW   b 4 σοι TW : σοι
ἂν B (sed ἂν punct. not.)   b 6 σοι B : om. TW   b 7 παθεῖν
Heindorf: μαθεῖν BTW   b 9 μέντ᾿ ἂν B² W : μὲν ἂν BT   πῇ
σὺ BT : σὺ πῇ B² W   c 1 τῇδ᾿ B : τί δὲ T   c 6 τόνδε B :
τοῦτον T   ἕτερον T : πρότερον B Olymp.   ἢ (post ἕτερον) B Olymp. :
τι T   c 9 λέγομεν TW : ἐλέγομεν B   d 6 ἄλλο τι B : τι
ἄλλο T

εἶδος τοῦ παιδὸς οὗ ἦν ἡ λύρα; τοῦτο δέ ἐστιν ἀνάμνησις·
ὥσπερ γε καὶ Σιμμίαν τις ἰδὼν πολλάκις Κέβητος ἀνεμνήσθη,
καὶ ἄλλα που μυρία τοιαῦτ᾽ ἂν εἴη.   10

Μυρία μέντοι νὴ Δία, ἔφη ὁ Σιμμίας.

Οὐκοῦν, ἦ δ᾽ ὅς, τὸ τοιοῦτον ἀνάμνησίς τίς ἐστι; μάλιστα   e
μέντοι ὅταν τις τοῦτο πάθῃ περὶ ἐκεῖνα ἃ ὑπὸ χρόνου καὶ τοῦ
μὴ ἐπισκοπεῖν ἤδη ἐπελέληστο;

Πάνυ μὲν οὖν, ἔφη.

Τί δέ; ἦ δ᾽ ὅς· ἔστιν ἵππον γεγραμμένον ἰδόντα καὶ   5
λύραν γεγραμμένην ἀνθρώπου ἀναμνησθῆναι, καὶ Σιμμίαν
ἰδόντα γεγραμμένον Κέβητος ἀναμνησθῆναι;

Πάνυ γε.

Οὐκοῦν καὶ Σιμμίαν ἰδόντα γεγραμμένον αὐτοῦ Σιμμίου
ἀναμνησθῆναι;   10

Ἔστι μέντοι, ἔφη.   74

Ἆρ᾽ οὖν οὐ κατὰ πάντα ταῦτα συμβαίνει τὴν ἀνάμνησιν
εἶναι μὲν ἀφ᾽ ὁμοίων, εἶναι δὲ καὶ ἀπὸ ἀνομοίων;

Συμβαίνει.

Ἀλλ᾽ ὅταν γε ἀπὸ τῶν ὁμοίων ἀναμιμνήσκηταί τίς τι, ἆρ᾽   5
οὐκ ἀναγκαῖον τόδε προσπάσχειν, ἐννοεῖν εἴτε τι ἐλλείπει
τοῦτο κατὰ τὴν ὁμοιότητα εἴτε μὴ ἐκείνου οὗ ἀνεμνήσθη;

Ἀνάγκη, ἔφη.

Σκόπει δή, ἦ δ᾽ ὅς, εἰ ταῦτα οὕτως ἔχει. φαμέν πού τι
εἶναι ἴσον, οὐ ξύλον λέγω ξύλῳ οὐδὲ λίθον λίθῳ οὐδ᾽ ἄλλο   10
τῶν τοιούτων οὐδέν, ἀλλὰ παρὰ ταῦτα πάντα ἕτερόν τι, αὐτὸ
τὸ ἴσον· φῶμέν τι εἶναι ἢ μηδέν;

Φῶμεν μέντοι νὴ Δί᾽, ἔφη ὁ Σιμμίας, θαυμαστῶς γε.   b

Ἦ καὶ ἐπιστάμεθα αὐτὸ ὃ ἔστιν;

Πάνυ γε, ἦ δ᾽ ὅς.

Πόθεν λαβόντες αὐτοῦ τὴν ἐπιστήμην; ἆρ᾽ οὐκ ἐξ ὧν
νυνδὴ ἐλέγομεν, ἢ ξύλα ἢ λίθους ἢ ἄλλα ἄττα ἰδόντες   5

d 9 γε B²TW: om. B   e 9 αὐτοῦ B: αὖ τοῦ T   a 10 ἄλλο
BT: ἄλλο τι B²W   a 11 ταῦτα πάντα B: πάντα ταῦτα TW
a 12 τὸ B²TW: τε B   b 1 μέντοι B: τοίνυν T   b 2 ἐστιν BT:
ἐστιν ἴσον W: ἴσον in marg. B²T²

ἴσα, ἐκ τούτων ἐκεῖνο ἐνενοήσαμεν, ἕτερον ὂν τούτων; ἢ
οὐχ ἕτερόν σοι φαίνεται; σκόπει δὲ καὶ τῇδε. ἆρ᾽ οὐ λίθοι
μὲν ἴσοι καὶ ξύλα ἐνίοτε ταὐτὰ ὄντα τῷ μὲν ἴσα φαίνεται,
τῷ δ᾽ οὔ;

10   Πάνυ μὲν οὖν.

c   Τί δέ; αὐτὰ τὰ ἴσα ἔστιν ὅτε ἄνισά σοι ἐφάνη, ἢ ἡ ἰσότης
ἀνισότης;

Οὐδεπώποτέ γε, ὦ Σώκρατες.

Οὐ ταὐτὸν ἄρα ἐστίν, ἦ δ᾽ ὅς, ταῦτά τε τὰ ἴσα καὶ αὐτὸ
5 τὸ ἴσον.

Οὐδαμῶς μοι φαίνεται, ὦ Σώκρατες.

Ἀλλὰ μὴν ἐκ τούτων γ᾽, ἔφη, τῶν ἴσων, ἑτέρων ὄντων
ἐκείνου τοῦ ἴσου, ὅμως αὐτοῦ τὴν ἐπιστήμην ἐννενόηκάς τε
καὶ εἴληφας;

10   Ἀληθέστατα, ἔφη, λέγεις.

Οὐκοῦν ἢ ὁμοίου ὄντος τούτοις ἢ ἀνομοίου;

Πάνυ γε.

Διαφέρει δέ γε, ἦ δ᾽ ὅς, οὐδέν· ἕως ἂν ἄλλο ἰδὼν ἀπὸ
d ταύτης τῆς ὄψεως ἄλλο ἐννοήσῃς, εἴτε ὅμοιον εἴτε ἀνόμοιον,
ἀναγκαῖον, ἔφη, αὐτὸ ἀνάμνησιν γεγονέναι.

Πάνυ μὲν οὖν.

Τί δέ; ἦ δ᾽ ὅς· ἦ πάσχομέν τι τοιοῦτον περὶ τὰ ἐν τοῖς
5 ξύλοις τε καὶ οἷς νυνδὴ ἐλέγομεν τοῖς ἴσοις; ἆρα φαίνεται
ἡμῖν οὕτως ἴσα εἶναι ὥσπερ αὐτὸ τὸ ὃ ἔστιν, ἢ ἐνδεῖ τι
ἐκείνου τῷ τοιοῦτον εἶναι οἷον τὸ ἴσον, ἢ οὐδέν;

Καὶ πολύ γε, ἔφη, ἐνδεῖ.

Οὐκοῦν ὁμολογοῦμεν, ὅταν τίς τι ἰδὼν ἐννοήσῃ ὅτι βού-
10 λεται μὲν τοῦτο ὃ νῦν ἐγὼ ὁρῶ εἶναι οἷον ἄλλο τι τῶν ὄντων,
e ἐνδεῖ δὲ καὶ οὐ δύναται τοιοῦτον εἶναι [ἴσον] οἷον ἐκεῖνο, ἀλλ᾽

---

b 6 ἴσα B : τὰ ἴσα T   b 8–9 τῷ . . . τῷ B γρ. W : τότε . . . τότε
T W γρ. B   c 13 ἂν B : γὰρ ἂν B² T W   d 1 ἀνόμοιον εἴτε ὅμοιον T
d 4 δέ ; B : δὲ τόδ᾽ T   d 5 τοῖς W : ἐν τοῖς B T   d 6 τὸ ὃ W :
τὸ pr. B (ut vid.): ὃ T : om. B in ras.   ἐστιν B W : ἐστιν ἴσον T b
τι T W : τῷ B   d 7 τῷ] τοῦ Heindorf   e 1 ἴσον secl. Mudge
ἀλλ᾽ ἔστιν] ἀλλ᾽ ἀλλό ἐστιν in marg. B²

ἔστιν φαυλότερον, ἀναγκαῖόν που τὸν τοῦτο ἐννοοῦντα τυχεῖν
προειδότα ἐκεῖνο ᾧ φησιν αὐτὸ προσεοικέναι μέν, ἐνδεεστέρως
δὲ ἔχειν;

Ἀνάγκη.   5

Τί οὖν; τὸ τοιοῦτον πεπόνθαμεν καὶ ἡμεῖς ἢ οὔ περί τε
τὰ ἴσα καὶ αὐτὸ τὸ ἴσον;

Παντάπασί γε.

Ἀναγκαῖον ἄρα ἡμᾶς προειδέναι τὸ ἴσον πρὸ ἐκείνου τοῦ
χρόνου ὅτε τὸ πρῶτον ἰδόντες τὰ ἴσα ἐνενοήσαμεν ὅτι   75
ὀρέγεται μὲν πάντα ταῦτα εἶναι οἷον τὸ ἴσον, ἔχει δὲ
ἐνδεεστέρως.

Ἔστι ταῦτα.

Ἀλλὰ μὴν καὶ τόδε ὁμολογοῦμεν, μὴ ἄλλοθεν αὐτὸ ἐν-   5
νενοηκέναι μηδὲ δυνατὸν εἶναι ἐννοῆσαι ἀλλ᾽ ἢ ἐκ τοῦ ἰδεῖν
ἢ ἅψασθαι ἢ ἔκ τινος ἄλλης τῶν αἰσθήσεων· ταὐτὸν δὲ
πάντα ταῦτα λέγω.

Ταὐτὸν γὰρ ἔστιν, ὦ Σώκρατες, πρός γε ὃ βούλεται
δηλῶσαι ὁ λόγος.   10

Ἀλλὰ μὲν δὴ ἔκ γε τῶν αἰσθήσεων δεῖ ἐννοῆσαι ὅτι
πάντα τὰ ἐν ταῖς αἰσθήσεσιν ἐκείνου τε ὀρέγεται τοῦ ὃ   b
ἔστιν ἴσον, καὶ αὐτοῦ ἐνδεέστερά ἐστιν· ἢ πῶς λέγομεν;

Οὕτως.

Πρὸ τοῦ ἄρα ἄρξασθαι ἡμᾶς ὁρᾶν καὶ ἀκούειν καὶ τἆλλα
αἰσθάνεσθαι τυχεῖν ἔδει που εἰληφότας ἐπιστήμην αὐτοῦ   5
τοῦ ἴσου ὅτι ἔστιν, εἰ ἐμέλλομεν τὰ ἐκ τῶν αἰσθήσεων ἴσα
ἐκεῖσε ἀνοίσειν, ὅτι προθυμεῖται μὲν πάντα τοιαῦτ᾽ εἶναι οἷον
ἐκεῖνο, ἔστιν δὲ αὐτοῦ φαυλότερα.

Ἀνάγκη ἐκ τῶν προειρημένων, ὦ Σώκρατες.

Οὐκοῦν γενόμενοι εὐθὺς ἑωρῶμέν τε καὶ ἠκούομεν καὶ τὰς   10
ἄλλας αἰσθήσεις εἴχομεν;

Πάνυ γε.

e 2 τυχεῖν BT : τυγχάνειν B²W   e 6 τὸ Tb : om. B   ἢ B²
TW : om. B   a 9 γὰρ in marg. T   a 11 γε TW : om. B
b 1 τε BT : γε W   τοῦ B : τοῦθ᾽ T   b 4 τοῦ ἄρα B : γὰρ τοῦ T
prius καὶ B : ἢ T   b 7 τοιαῦτ᾽ B : τὰ τοιαῦτα T

c Ἔδει δέ γε, φαμέν, πρὸ τούτων τὴν τοῦ ἴσου ἐπιστήμην
εἰληφέναι;
Ναί.
Πρὶν γενέσθαι ἄρα, ὡς ἔοικεν, ἀνάγκη ἡμῖν αὐτὴν εἰλη-
5 φέναι.
Ἔοικεν.

Οὐκοῦν εἰ μὲν λαβόντες αὐτὴν πρὸ τοῦ γενέσθαι ἔχοντες
ἐγενόμεθα, ἠπιστάμεθα καὶ πρὶν γενέσθαι καὶ εὐθὺς γενό-
μενοι οὐ μόνον τὸ ἴσον καὶ τὸ μεῖζον καὶ τὸ ἔλαττον ἀλλὰ
10 καὶ σύμπαντα τὰ τοιαῦτα; οὐ γὰρ περὶ τοῦ ἴσου νῦν ὁ λόγος
ἡμῖν μᾶλλόν τι ἢ καὶ περὶ αὐτοῦ τοῦ καλοῦ καὶ αὐτοῦ τοῦ
d ἀγαθοῦ καὶ δικαίου καὶ ὁσίου καί, ὅπερ λέγω, περὶ ἁπάντων
οἷς ἐπισφραγιζόμεθα τὸ " αὐτὸ ὃ ἔστι " καὶ ἐν ταῖς ἐρωτή-
σεσιν ἐρωτῶντες καὶ ἐν ταῖς ἀποκρίσεσιν ἀποκρινόμενοι.
ὥστε ἀναγκαῖον ἡμῖν τούτων πάντων τὰς ἐπιστήμας πρὸ τοῦ
5 γενέσθαι εἰληφέναι.
Ἔστι ταῦτα.

Καὶ εἰ μέν γε λαβόντες ἑκάστοτε μὴ ἐπιλελήσμεθα,
εἰδότας ἀεὶ γίγνεσθαι καὶ ἀεὶ διὰ βίου εἰδέναι· τὸ γὰρ
εἰδέναι τοῦτ᾽ ἔστιν, λαβόντα του ἐπιστήμην ἔχειν καὶ μὴ
10 ἀπολωλεκέναι· ἢ οὐ τοῦτο λήθην λέγομεν, ὦ Σιμμία, ἐπι-
στήμης ἀποβολήν;
e Πάντως δήπου, ἔφη, ὦ Σώκρατες.

Εἰ δέ γε οἶμαι λαβόντες πρὶν γενέσθαι γιγνόμενοι ἀπω-
λέσαμεν, ὕστερον δὲ ταῖς αἰσθήσεσι χρώμενοι περὶ αὐτὰ
ἐκείνας ἀναλαμβάνομεν τὰς ἐπιστήμας ἅς ποτε καὶ πρὶν
5 εἴχομεν, ἆρ᾽ οὐχ ὃ καλοῦμεν μανθάνειν οἰκείαν ἂν ἐπιστήμην
ἀναλαμβάνειν εἴη; τοῦτο δέ που ἀναμιμνῄσκεσθαι λέγοντες
ὀρθῶς ἂν λέγοιμεν;
Πάνυ γε.

c 1 τούτων B T : τούτου B² c 11 ἢ T W : om. B d 2 τὸ αὐτὸ
scripsi : τοῦτο B T W : τὸ Iambl. d 4 ἡμῖν B : ἡμῖν εἶναι B² T W
πάντων B : ἁπάντων B² T W d 7 μὴ ἑκάστοτε B² T W d 8 εἰ-
δότας B W t : εἰδότες T b καὶ ἀεὶ T W : καὶ B d 10 ὦ Σιμμία
om. T e 1 πάντως B T : παντελῶς B² W e 3 αὐτὰ B T : ταῦτα
W e 5 ἂν T : om. B e 6 εἴη T : ἂν εἴη B

Δυνατὸν γὰρ δὴ τοῦτό γε ἐφάνη, αἰσθόμενόν τι ἢ ἰδόντα 76
ἢ ἀκούσαντα ἤ τινα ἄλλην αἴσθησιν λαβόντα ἕτερόν τι ἀπὸ
τούτου ἐννοῆσαι ὃ ἐπελέληστο, ᾧ τοῦτο ἐπλησίαζεν ἀνόμοιον
ὂν ἢ ᾧ ὅμοιον· ὥστε, ὅπερ λέγω, δυοῖν θάτερα, ἤτοι ἐπι-
στάμενοί γε αὐτὰ γεγόναμεν καὶ ἐπιστάμεθα διὰ βίου πάντες, 5
ἢ ὕστερον, οὕς φαμεν μανθάνειν, οὐδὲν ἀλλ᾽ ἢ ἀναμιμνή-
σκονται οὗτοι, καὶ ἡ μάθησις ἀνάμνησις ἂν εἴη.
    Καὶ μάλα δὴ οὕτως ἔχει, ὦ Σώκρατες.
    Πότερον οὖν αἱρῇ, ὦ Σιμμία; ἐπισταμένους ἡμᾶς γεγο-
νέναι, ἢ ἀναμιμνήσκεσθαι ὕστερον ὧν πρότερον ἐπιστήμην b
εἰληφότες ἦμεν;
    Οὐκ ἔχω, ὦ Σώκρατες, ἐν τῷ παρόντι ἑλέσθαι.
    Τί δέ; τόδε ἔχεις ἑλέσθαι, καὶ πῇ σοι δοκεῖ περὶ αὐτοῦ;
ἀνὴρ ἐπιστάμενος περὶ ὧν ἐπίσταται ἔχοι ἂν δοῦναι λόγον 5
ἢ οὔ;
    Πολλὴ ἀνάγκη, ἔφη, ὦ Σώκρατες.
    Ἦ καὶ δοκοῦσί σοι πάντες ἔχειν διδόναι λόγον περὶ τού-
των ὧν νυνδὴ ἐλέγομεν;
    Βουλοίμην μεντἄν, ἔφη ὁ Σιμμίας· ἀλλὰ πολὺ μᾶλλον 10
φοβοῦμαι μὴ αὔριον τηνικάδε οὐκέτι ᾖ ἀνθρώπων οὐδεὶς
ἀξίως οἷός τε τοῦτο ποιῆσαι.
    Οὐκ ἄρα δοκοῦσί σοι ἐπίστασθαί γε, ἔφη, ὦ Σιμμία, c
πάντες αὐτά;
    Οὐδαμῶς.
    Ἀναμιμνήσκονται ἄρα ἅ ποτε ἔμαθον;
    Ἀνάγκη.   5
    Πότε λαβοῦσαι αἱ ψυχαὶ ἡμῶν τὴν ἐπιστήμην αὐτῶν; οὐ
γὰρ δὴ ἀφ᾽ οὗ γε ἄνθρωποι γεγόναμεν.
    Οὐ δῆτα.
    Πρότερον ἄρα.
    Ναί.   10

a 1 αἰσθανόμενόν W   a 4 θάτερον B² T W : τὰ ἕτερα B   b 4 τόδε
W : om. B T   c 4 ἅ ποτε B : ποτε ἃ T   c 6 αὐτῶν B : om. T

Ἦσαν ἄρα, ὦ Σιμμία, αἱ ψυχαὶ καὶ πρότερον, πρὶν εἶναι ἐν ἀνθρώπου εἴδει, χωρὶς σωμάτων, καὶ φρόνησιν εἶχον.

Εἰ μὴ ἄρα ἅμα γιγνόμενοι λαμβάνομεν, ὦ Σώκρατες,
15 ταύτας τὰς ἐπιστήμας· οὗτος γὰρ λείπεται ἔτι ὁ χρόνος.

d Εἶεν, ὦ ἑταῖρε· ἀπόλλυμεν δὲ αὐτὰς ἐν ποίῳ ἄλλῳ χρόνῳ;
—οὐ γὰρ δὴ ἔχοντές γε αὐτὰς γιγνόμεθα, ὡς ἄρτι ὡμολογή
σαμεν—ἢ ἐν τούτῳ ἀπόλλυμεν ἐν ᾧπερ καὶ λαμβάνομεν; ἢ
ἔχεις ἄλλον τινὰ εἰπεῖν χρόνον;
5 Οὐδαμῶς, ὦ Σώκρατες, ἀλλὰ ἔλαθον ἐμαυτὸν οὐδὲν εἰ
πών.

Ἆρ᾽ οὖν οὕτως ἔχει, ἔφη, ἡμῖν, ὦ Σιμμία; εἰ μὲν ἔστιν
ἃ θρυλοῦμεν ἀεί, καλόν τέ τι καὶ ἀγαθὸν καὶ πᾶσα ἡ τοιαύτη
οὐσία, καὶ ἐπὶ ταύτην τὰ ἐκ τῶν αἰσθήσεων πάντα ἀναe φέρομεν, ὑπάρχουσαν πρότερον ἀνευρίσκοντες ἡμετέραν
οὖσαν, καὶ ταῦτα ἐκείνῃ ἀπεικάζομεν, ἀναγκαῖον, οὕτως ὥσπερ
καὶ ταῦτα ἔστιν, οὕτως καὶ τὴν ἡμετέραν ψυχὴν εἶναι καὶ
πρὶν γεγονέναι ἡμᾶς· εἰ δὲ μὴ ἔστι ταῦτα, ἄλλως ἂν ὁ λόγος
5 οὗτος εἰρημένος εἴη; ἆρ᾽ οὕτως ἔχει, καὶ ἴση ἀνάγκη ταῦτά
τε εἶναι καὶ τὰς ἡμετέρας ψυχὰς πρὶν καὶ ἡμᾶς γεγονέναι,
καὶ εἰ μὴ ταῦτα, οὐδὲ τάδε;

Ὑπερφυῶς, ὦ Σώκρατες, ἔφη ὁ Σιμμίας, δοκεῖ μοι ἡ
αὐτὴ ἀνάγκη εἶναι, καὶ εἰς καλόν γε καταφεύγει ὁ λόγος εἰς
77 τὸ ὁμοίως εἶναι τήν τε ψυχὴν ἡμῶν πρὶν γενέσθαι ἡμᾶς καὶ
τὴν οὐσίαν ἣν σὺ νῦν λέγεις. οὐ γὰρ ἔχω ἔγωγε οὐδὲν
οὕτω μοι ἐναργὲς ὂν ὡς τοῦτο, τὸ πάντα τὰ τοιαῦτ᾽ εἶναι ὡς
οἷόν τε μάλιστα, καλόν τε καὶ ἀγαθὸν καὶ τἆλλα πάντα ἃ
5 σὺ νυνδὴ ἔλεγες· καὶ ἔμοιγε δοκεῖ ἱκανῶς ἀποδέδεικται.

Τί δὲ δὴ Κέβητι; ἔφη ὁ Σωκράτης· δεῖ γὰρ καὶ Κέβητα
πείθειν.

Ἱκανῶς, ἔφη ὁ Σιμμίας, ὡς ἔγωγε οἶμαι· καίτοι καρτερώ

c 11 πρὶν ἂν W   c 14 ἅμα W: om. BT   c 15 ὁ om. W
d 3 ἐν ᾧπερ B: ᾧπερ T   d 7 ἔφη ἡμῖν ἔχει W   d 8 τι B²TW:
om. B   e 8 ἔφη ὦ σώκρατες W   a 4 πάντα BT: ἅπαντα B²W
a 5 ἐμοὶ ἐδόκει B: ἔμοιγε B²T: μοί γε W

τατος ἀνθρώπων ἐστὶν πρὸς τὸ ἀπιστεῖν τοῖς λόγοις. ἀλλ'
οἶμαι οὐκ ἐνδεῶς τοῦτο πεπεῖσθαι αὐτόν, ὅτι πρὶν γενέσθαι
ἡμᾶς ἦν ἡμῶν ἡ ψυχή· εἰ μέντοι καὶ ἐπειδὰν ἀποθάνωμεν b
ἔτι ἔσται, οὐδὲ αὐτῷ μοι δοκεῖ, ἔφη, ὦ Σώκρατες, ἀποδεδεῖ-
χθαι, ἀλλ' ἔτι ἐνέστηκεν ὁ νυνδὴ Κέβης ἔλεγε, τὸ τῶν
πολλῶν, ὅπως μὴ ἅμα ἀποθνῄσκοντος τοῦ ἀνθρώπου δια-
σκεδάννυται ἡ ψυχὴ καὶ αὐτῇ τοῦ εἶναι τοῦτο τέλος ᾖ. τί 5
γὰρ κωλύει γίγνεσθαι μὲν αὐτὴν καὶ συνίστασθαι ἄλλοθέν
ποθεν καὶ εἶναι πρὶν καὶ εἰς ἀνθρώπειον σῶμα ἀφικέσθαι,
ἐπειδὰν δὲ ἀφίκηται καὶ ἀπαλλάττηται τούτου, τότε καὶ αὐτὴν
τελευτᾶν καὶ διαφθείρεσθαι;
Εὖ λέγεις, ἔφη, ὦ Σιμμία, ὁ Κέβης. φαίνεται γὰρ c
ὥσπερ ἥμισυ ἀποδεδεῖχθαι οὗ δεῖ, ὅτι πρὶν γενέσθαι ἡμᾶς
ἦν ἡμῶν ἡ ψυχή, δεῖ δὲ προσαποδεῖξαι ὅτι καὶ ἐπειδὰν
ἀποθάνωμεν οὐδὲν ἧττον ἔσται ἢ πρὶν γενέσθαι, εἰ μέλλει
τέλος ἡ ἀπόδειξις ἕξειν. 5

Ἀποδέδεικται μέν, ἔφη, ὦ Σιμμία τε καὶ Κέβης, ὁ
Σωκράτης, καὶ νῦν, εἰ 'θέλετε συνθεῖναι τοῦτόν τε τὸν
λόγον εἰς ταὐτὸν καὶ ὃν πρὸ τούτου ὡμολογήσαμεν, τὸ
γίγνεσθαι πᾶν τὸ ζῶν ἐκ τοῦ τεθνεῶτος. εἰ γὰρ ἔστιν μὲν
ἡ ψυχὴ καὶ πρότερον, ἀνάγκη δὲ αὐτῇ εἰς τὸ ζῆν ἰούσῃ τε d
καὶ γιγνομένῃ μηδαμόθεν ἄλλοθεν ἢ ἐκ θανάτου καὶ τοῦ
τεθνάναι γίγνεσθαι, πῶς οὐκ ἀνάγκη αὐτὴν καὶ ἐπειδὰν
ἀποθάνῃ εἶναι, ἐπειδή γε δεῖ αὖθις αὐτὴν γίγνεσθαι; ἀπο-
δέδεικται μὲν οὖν ὅπερ λέγετε καὶ νῦν. ὅμως δέ μοι δοκεῖς 5
σύ τε καὶ Σιμμίας ἡδέως ἂν καὶ τοῦτον διαπραγματεύσασθαι
τὸν λόγον ἔτι μᾶλλον, καὶ δεδιέναι τὸ τῶν παίδων, μὴ ὡς
ἀληθῶς ὁ ἄνεμος αὐτὴν ἐκβαίνουσαν ἐκ τοῦ σώματος δια-

a 9 ἐστὶν . . . ἀπιστεῖν in marg. T   τοῖς in ras. T   b 2 δοκεῖ
om. pr. W   ὦ σώκρατες ἔφη T   b 4 ἅμα B² T W : om. B   δια-
σκεδαννῦται Matthiae   b 6 ἀμόθεν Bekker : ἄλλοθεν B T W   c 3 δει
B : δεῖν T   ὅτι B : ἔτι εἰ T (εἰ s. v.) W   c 5 ἕξειν T : ἔχειν B
c 9 μὲν B : om. T W   d 2 καὶ B : τε καὶ ἐκ T   d 3 αὐτὴν T b :
αὐτῇ B (ut vid.) W   d 4 γε B : δὲ T sed punct. not.   αὐτὴν
αὖθις W   d 5 λέγετε Par. 1811 : λέγεται B T W

e φυσᾷ καὶ διασκεδάννυσιν, ἄλλως τε καὶ ὅταν τύχῃ τις μὴ ἐν
νηνεμίᾳ ἀλλ᾽ ἐν μεγάλῳ τινὶ πνεύματι ἀποθνῄσκων.

Καὶ ὁ Κέβης ἐπιγελάσας, Ὡς δεδιότων, ἔφη, ὦ Σώκρατες,
πειρῶ ἀναπείθειν· μᾶλλον δὲ μὴ ὡς ἡμῶν δεδιότων, ἀλλ᾽
5 ἴσως ἔνι τις καὶ ἐν ἡμῖν παῖς ὅστις τὰ τοιαῦτα φοβεῖται.
τοῦτον οὖν πειρῶ μεταπείθειν μὴ δεδιέναι τὸν θάνατον ὥσπερ
τὰ μορμολύκεια.

Ἀλλὰ χρή, ἔφη ὁ Σωκράτης, ἐπᾴδειν αὐτῷ ἑκάστης ἡμέρας
ἕως ἂν ἐξεπᾴσητε.

78 Πόθεν οὖν, ἔφη, ὦ Σώκρατες, τῶν τοιούτων ἀγαθὸν ἐπῳδὸν
ληψόμεθα, ἐπειδὴ σύ, ἔφη, ἡμᾶς ἀπολείπεις;

Πολλὴ μὲν ἡ Ἑλλάς, ἔφη, ὦ Κέβης, ἐν ᾗ ἔνεισί που
ἀγαθοὶ ἄνδρες, πολλὰ δὲ καὶ τὰ τῶν βαρβάρων γένη, οὓς
5 πάντας χρὴ διερευνᾶσθαι ζητοῦντας τοιοῦτον ἐπῳδόν, μήτε
χρημάτων φειδομένους μήτε πόνων, ὡς οὐκ ἔστιν εἰς ὅτι
ἂν εὐκαιρότερον ἀναλίσκοιτε χρήματα. ζητεῖν δὲ χρὴ καὶ
αὐτοὺς μετ᾽ ἀλλήλων· ἴσως γὰρ ἂν οὐδὲ ῥᾳδίως εὕροιτε
μᾶλλον ὑμῶν δυναμένους τοῦτο ποιεῖν.

10 Ἀλλὰ ταῦτα μὲν δή, ἔφη, ὑπάρξει, ὁ Κέβης· ὅθεν δὲ
b ἀπελίπομεν ἐπανέλθωμεν, εἴ σοι ἡδομένῳ ἐστίν.

Ἀλλὰ μὴν ἡδομένῳ γε· πῶς γὰρ οὐ μέλλει;

Καλῶς, ἔφη, λέγεις.

Οὐκοῦν τοιόνδε τι, ἦ δ᾽ ὃς ὁ Σωκράτης, δεῖ ἡμᾶς ἀνερέσθαι
5 ἑαυτούς, τῷ ποίῳ τινὶ ἄρα προσήκει τοῦτο τὸ πάθος πάσχειν,
τὸ διασκεδάννυσθαι, καὶ ὑπὲρ τοῦ ποίου τινὸς δεδιέναι μὴ
πάθῃ αὐτό, καὶ τῷ ποίῳ τινὶ ⟨οὔ⟩· καὶ μετὰ τοῦτο αὖ
ἐπισκέψασθαι πότερον [ἡ] ψυχή ἐστιν, καὶ ἐκ τούτων
θαρρεῖν ἢ δεδιέναι ὑπὲρ τῆς ἡμετέρας ψυχῆς;

10 Ἀληθῆ, ἔφη, λέγεις.

c Ἆρ᾽ οὖν τῷ μὲν συντεθέντι τε καὶ συνθέτῳ ὄντι φύσει

e 6 πειρῶ μεταπείθειν W : πειρώμεθα πείθειν B T   e 9 ἐξεπᾴσητε
Vind. 21 T² : ἐξαπᾴσητε T : ἐξεπᾴσηται W : ἐξιάσηται B γρ. W et in
marg. t   a 1 ἀγαθῶν pr. T   a 7 ἂν εὐκαιρότερον T : ἀναγκαιότερον
B W γρ. T   a 10 ὑπάρξει ἔφη B² T W   b 1 ἀπελείπομεν T W
b 4 ἀνερέσθαι T W Olymp. : ἐρέσθαι B   b 6 τὸ T W Olymp. : τοῦ B
b 7 οὔ add. Heindorf   b 8 ἡ B : om. T W

προσήκει τοῦτο πάσχειν, διαιρεθῆναι ταύτῃ ᾗπερ συνετέθη·
εἰ δέ τι τυγχάνει ὂν ἀσύνθετον, τούτῳ μόνῳ προσήκει μὴ
πάσχειν ταῦτα, εἴπερ τῳ ἄλλῳ;

Δοκεῖ μοι, ἔφη, οὕτως ἔχειν, ὁ Κέβης.   5

Οὐκοῦν ἅπερ ἀεὶ κατὰ ταὐτὰ καὶ ὡσαύτως ἔχει, ταῦτα
μάλιστα εἰκὸς εἶναι τὰ ἀσύνθετα, τὰ δὲ ἄλλοτ᾽ ἄλλως καὶ
μηδέποτε κατὰ ταὐτά, ταῦτα δὲ σύνθετα;

Ἔμοιγε δοκεῖ οὕτως.

Ἴωμεν δή, ἔφη, ἐπὶ ταὐτὰ ἐφ᾽ ἅπερ ἐν τῷ ἔμπροσθεν 10
λόγῳ. αὐτὴ ἡ οὐσία ἧς λόγον δίδομεν τοῦ εἶναι καὶ ἐρω- d
τῶντες καὶ ἀποκρινόμενοι, πότερον ὡσαύτως ἀεὶ ἔχει κατὰ
ταὐτὰ ἢ ἄλλοτ᾽ ἄλλως; αὐτὸ τὸ ἴσον, αὐτὸ τὸ καλόν, αὐτὸ
ἕκαστον ὃ ἔστιν, τὸ ὄν, μή ποτε μεταβολὴν καὶ ἡντινοῦν
ἐνδέχεται; ἢ ἀεὶ αὐτῶν ἕκαστον ὃ ἔστι, μονοειδὲς ὂν αὐτὸ 5
καθ᾽ αὑτό, ὡσαύτως κατὰ ταὐτὰ ἔχει καὶ οὐδέποτε οὐδαμῇ
οὐδαμῶς ἀλλοίωσιν οὐδεμίαν ἐνδέχεται;

Ὡσαύτως, ἔφη, ἀνάγκη, ὁ Κέβης, κατὰ ταὐτὰ ἔχειν, ὦ
Σώκρατες.

Τί δὲ τῶν πολλῶν καλῶν, οἷον ἀνθρώπων ἢ ἵππων ἢ 10
ἱματίων ἢ ἄλλων ὡντινωνοῦν τοιούτων, ἢ ἴσων [ἢ καλῶν] ἢ e
πάντων τῶν ἐκείνοις ὁμωνύμων; ἆρα κατὰ ταὐτὰ ἔχει, ἢ πᾶν
τοὐναντίον ἐκείνοις οὔτε αὐτὰ αὑτοῖς οὔτε ἀλλήλοις οὐδέποτε
ὡς ἔπος εἰπεῖν οὐδαμῶς κατὰ ταὐτά;

Οὕτως αὖ, ἔφη ὁ Κέβης, ταῦτα· οὐδέποτε ὡσαύτως ἔχει. 5

Οὐκοῦν τούτων μὲν κἂν ἅψαιο κἂν ἴδοις κἂν ταῖς ἄλλαις 79
αἰσθήσεσιν αἴσθοιο, τῶν δὲ κατὰ ταὐτὰ ἐχόντων οὐκ ἔστιν
ὅτῳ ποτ᾽ ἂν ἄλλῳ ἐπιλάβοιο ἢ τῷ τῆς διανοίας λογισμῷ,
ἀλλ᾽ ἔστιν ἀιδῆ τὰ τοιαῦτα καὶ οὐχ ὁρατά;

c 4 ταῦτα B (sed punct. not.): τὰ αὐτὰ T   c 7 τὰ] ἃ Heindorf
c 8 δὲ B T : δὲ εἶναι B² W t   d 2 κατὰ ταὐτὰ B² T : κατὰ τὰ
αὐτὰ W : καταυτὰ B   d 10 καλῶν secl. Classen   e 1 ἢ ante
ἴσων om. T   ἢ καλῶν seclusi   e 3 οὔτε B T : καὶ οὔτε B² W
οὐδεπώποτε B² W   e 4 ταὐτά B : ταὐτά ἐστιν B² T W   e 5 αὖ
T b : om. B   ταῦτα B² T : om. B   a 4 ἀιδῆ] ἀιδές, ἀιδῆ constanter
pr. T Ars. : ἀειδές, ἀειδῆ B   ὁρατά B : ὁρᾶται T (sed ex emend.) W

5 Παντάπασιν, ἔφη, ἀληθῆ λέγεις.

Θῶμεν οὖν βούλει, ἔφη, δύο εἴδη τῶν ὄντων, τὸ μὲν
ὁρατόν, τὸ δὲ ἀιδές;

Θῶμεν, ἔφη.

Καὶ τὸ μὲν ἀιδὲς ἀεὶ κατὰ ταὐτὰ ἔχον, τὸ δὲ ὁρατὸν
10 μηδέποτε κατὰ ταὐτά;

Καὶ τοῦτο, ἔφη, θῶμεν.

b Φέρε δή, ἦ δ' ὅς, ἄλλο τι ἡμῶν αὐτῶν τὸ μὲν σῶμά ἐστι,
τὸ δὲ ψυχή;

Οὐδὲν ἄλλο, ἔφη.

Ποτέρῳ οὖν ὁμοιότερον τῷ εἴδει φαμὲν ἂν εἶναι καὶ
5 συγγενέστερον τὸ σῶμα;

Παντί, ἔφη, τοῦτό γε δῆλον, ὅτι τῷ ὁρατῷ.

Τί δὲ ἡ ψυχή; ὁρατὸν ἢ ἀιδές;

Οὐχ ὑπ' ἀνθρώπων γε, ὦ Σώκρατες, ἔφη.

Ἀλλὰ μὴν ἡμεῖς γε τὰ ὁρατὰ καὶ τὰ μὴ τῇ τῶν ἀνθρώπων
10 φύσει ἐλέγομεν· ἢ ἄλλῃ τινὶ οἴει;

Τῇ τῶν ἀνθρώπων.

Τί οὖν περὶ ψυχῆς λέγομεν; ὁρατὸν ἢ ἀόρατον εἶναι;

Οὐχ ὁρατόν.

Ἀιδὲς ἄρα;

15 Ναί.

Ὁμοιότερον ἄρα ψυχὴ σώματός ἐστιν τῷ ἀιδεῖ, τὸ δὲ τῷ
ὁρατῷ.

c Πᾶσα ἀνάγκη, ὦ Σώκρατες.

Οὐκοῦν καὶ τόδε πάλαι ἐλέγομεν, ὅτι ἡ ψυχή, ὅταν μὲν
τῷ σώματι προσχρῆται εἰς τὸ σκοπεῖν τι ἢ διὰ τοῦ ὁρᾶν ἢ
διὰ τοῦ ἀκούειν ἢ δι' ἄλλης τινὸς αἰσθήσεως—τοῦτο γάρ
5 ἐστιν τὸ διὰ τοῦ σώματος, τὸ δι' αἰσθήσεως σκοπεῖν τι—

a 6 βούλει B T Stob. : εἰ βούλει B² W   b 4 φαμὲν T Stob. : φαῖμεν
B Eus.   b 9 μὴν T W Eus. Stob. : om. B   b 10 ἐλέγομεν B² T W
(ante φύσει) Eus. Stob. : λέγομεν B   b 12 λέγομεν B T Eus. Stob. :
ἐλέγομεν B² W t   ἢ ἀόρατον B Eus. Stob. : om. T   c 2 ἐλέ-
γομεν B T W Eus. Stob. : λέγομεν Theodoretus   c 5 αἰσθήσεως
B² T W Stob. : αἰσθήσεων B

τότε μὲν ἕλκεται ὑπὸ τοῦ σώματος εἰς τὰ οὐδέποτε κατὰ
ταὐτὰ ἔχοντα, καὶ αὐτὴ πλανᾶται καὶ ταράττεται καὶ εἰλιγγιᾷ
ὥσπερ μεθύουσα, ἅτε τοιούτων ἐφαπτομένη;
Πάνυ γε.

Ὅταν δέ γε αὐτὴ καθ᾽ αὑτὴν σκοπῇ, ἐκεῖσε οἴχεται εἰς d
τὸ καθαρόν τε καὶ ἀεὶ ὂν καὶ ἀθάνατον καὶ ὡσαύτως ἔχον,
καὶ ὡς συγγενὴς οὖσα αὐτοῦ ἀεὶ μετ᾽ ἐκείνου τε γίγνεται,
ὅτανπερ αὐτὴ καθ᾽ αὑτὴν γένηται καὶ ἐξῇ αὐτῇ, καὶ πέπαυταί
τε τοῦ πλάνου καὶ περὶ ἐκεῖνα ἀεὶ κατὰ ταὐτὰ ὡσαύτως ἔχει, 5
ἅτε τοιούτων ἐφαπτομένη· καὶ τοῦτο αὐτῆς τὸ πάθημα φρό-
νησις κέκληται;
Παντάπασιν, ἔφη, καλῶς καὶ ἀληθῆ λέγεις, ὦ Σώκρατες.

Ποτέρῳ οὖν αὖ σοι δοκεῖ τῷ εἴδει καὶ ἐκ τῶν πρόσθεν καὶ ἐκ
τῶν νῦν λεγομένων ψυχὴ ὁμοιότερον εἶναι καὶ συγγενέστερον; e
Πᾶς ἄν μοι δοκεῖ, ἦ δ᾽ ὅς, συγχωρῆσαι, ὦ Σώκρατες, ἐκ
ταύτης τῆς μεθόδου, καὶ ὁ δυσμαθέστατος, ὅτι ὅλῳ καὶ
παντὶ ὁμοιότερόν ἐστι ψυχὴ τῷ ἀεὶ ὡσαύτως ἔχοντι μᾶλλον
ἢ τῷ μή. 5
Τί δὲ τὸ σῶμα;
Τῷ ἑτέρῳ.

Ὅρα δὴ καὶ τῇδε ὅτι ἐπειδὰν ἐν τῷ αὐτῷ ὦσι ψυχὴ καὶ
σῶμα, τῷ μὲν δουλεύειν καὶ ἄρχεσθαι ἡ φύσις προστάττει, 80
τῇ δὲ ἄρχειν καὶ δεσπόζειν· καὶ κατὰ ταῦτα αὖ πότερόν σοι
δοκεῖ ὅμοιον τῷ θείῳ εἶναι καὶ πότερον τῷ θνητῷ; ἢ οὐ
δοκεῖ σοι τὸ μὲν θεῖον οἷον ἄρχειν τε καὶ ἡγεμονεύειν πεφυ-
κέναι, τὸ δὲ θνητὸν ἄρχεσθαί τε καὶ δουλεύειν; 5
Ἔμοιγε.
Ποτέρῳ οὖν ἡ ψυχὴ ἔοικεν;
Δῆλα δή, ὦ Σώκρατες, ὅτι ἡ μὲν ψυχὴ τῷ θείῳ, τὸ δὲ
σῶμα τῷ θνητῷ.

c 6 τότε B² T Eus. : τὸ B Stob. : ὅτε W   d 3 τε in ras. B
d 4 γένηται B T Eus. Stob. : γίγνηται B² W   d 5 τε B T : γε W t
d 8 ἀληθῆ B T Stob. : ἀληθῶς B² W   d 9 πρόσθεν B² T W Eus.
Stob. : ἔμπροσθεν B   e 2 μοι B : ἔμοιγε B² T W Eus. Stob.   e 8 δὴ
B T Eus. Olymp. : δὲ W Stob.   a 2 τῇ ex τῷ T   κατὰ ταὐτὰ
B² T W : καταυτὰ B

10 Σκόπει δή, ἔφη, ὦ Κέβης, εἰ ἐκ πάντων τῶν εἰρημένων
b τάδε ἡμῖν συμβαίνει, τῷ μὲν θείῳ καὶ ἀθανάτῳ καὶ νοητῷ
καὶ μονοειδεῖ καὶ ἀδιαλύτῳ καὶ ἀεὶ ὡσαύτως κατὰ ταὐτὰ
ἔχοντι ἑαυτῷ ὁμοιότατον εἶναι ψυχή, τῷ δὲ ἀνθρωπίνῳ καὶ
θνητῷ καὶ πολυειδεῖ καὶ ἀνοήτῳ καὶ διαλυτῷ καὶ μηδέποτε
5 κατὰ ταὐτὰ ἔχοντι ἑαυτῷ ὁμοιότατον αὖ εἶναι σῶμα. ἔχομέν
τι παρὰ ταῦτα ἄλλο λέγειν, ὦ φίλε Κέβης, ᾗ οὐχ οὕτως ἔχει;
Οὐκ ἔχομεν.

Τί οὖν; τούτων οὕτως ἐχόντων ἆρ᾽ οὐχὶ σώματι μὲν
ταχὺ διαλύεσθαι προσήκει, ψυχῇ δὲ αὖ τὸ παράπαν ἀδια-
10 λύτῳ εἶναι ἢ ἐγγύς τι τούτου;
c   Πῶς γὰρ οὔ;
Ἐννοεῖς οὖν, ἔφη, ἐπειδὰν ἀποθάνῃ ὁ ἄνθρωπος, τὸ μὲν
ὁρατὸν αὐτοῦ, τὸ σῶμα, καὶ ἐν ὁρατῷ κείμενον, ὃ δὴ νεκρὸν
καλοῦμεν, ᾧ προσήκει διαλύεσθαι καὶ διαπίπτειν καὶ δια-
5 πνεῖσθαι, οὐκ εὐθὺς τούτων οὐδὲν πέπονθεν, ἀλλ᾽ ἐπιεικῶς
συχνὸν ἐπιμένει χρόνον, ἐὰν μέν τις καὶ χαριέντως ἔχων τὸ
σῶμα τελευτήσῃ καὶ ἐν τοιαύτῃ ὥρᾳ, καὶ πάνυ μάλα· συμ-
πεσὸν γὰρ τὸ σῶμα καὶ ταριχευθέν, ὥσπερ οἱ ἐν Αἰγύπτῳ
ταριχευθέντες, ὀλίγου ὅλον μένει ἀμήχανον ὅσον χρόνον,
d ἔνια δὲ μέρη τοῦ σώματος, καὶ ἂν σαπῇ, ὀστᾶ τε καὶ νεῦρα
καὶ τὰ τοιαῦτα πάντα, ὅμως ὡς ἔπος εἰπεῖν ἀθάνατά ἐστιν·
ἢ οὔ;
Ναί.

5 Ἡ δὲ ψυχὴ ἄρα, τὸ ἀιδές, τὸ εἰς τοιοῦτον τόπον ἕτερον
οἰχόμενον γενναῖον καὶ καθαρὸν καὶ ἀιδῆ, εἰς Ἅιδου ὡς
ἀληθῶς, παρὰ τὸν ἀγαθὸν καὶ φρόνιμον θεόν, οἷ, ἂν θεὸς

b 2 κατὰ B Eus. Stob. : καὶ κατὰ T   b 4 ἀνοήτῳ καὶ πολυειδεῖ
T W Eus. Stob.   b 6 ᾗ Schanz : ἢ B : ἢ W : ὡς T Eus. Stob. : ἢ
marg. t : ἢ ὡς marg. b   c 2 ἐπειδὰν B: ὅτι ἐπειδὰν B ᵗ T W Eus. Stob.
c 3 αὐτοῦ τὸ B Eus. : αὐτοῦ T Stob.   c 4 καὶ διαπνεῖσθαι T W b
Eus. Stob. : om. B   c 7 ὥρᾳ T W b Eus. Stob. : ἡμέρᾳ B
d 5 ἕτερον τόπον Ars.   d 6 τὸν γενναῖον Ars.   d 7 τὸν ἀγαθὸν
θεὸν ⟨καὶ φρόνιμον⟩ Ars. (ut vid.)   οἷ δὴ Ars. (ut vid.)

θέλῃ, αὐτίκα καὶ τῇ ἐμῇ ψυχῇ ἰτέον, αὕτη δὲ δὴ ἡμῖν ἡ
τοιαύτη καὶ οὕτω πεφυκυῖα ἀπαλλαττομένη τοῦ σώματος
εὐθὺς διαπεφύσηται καὶ ἀπόλωλεν, ὥς φασιν οἱ πολλοὶ 10
ἄνθρωποι; πολλοῦ γε δεῖ, ὦ φίλε Κέβης τε καὶ Σιμμία, e
ἀλλὰ πολλῷ μᾶλλον ὧδ᾽ ἔχει· ἐὰν μὲν καθαρὰ ἀπαλλάττηται,
μηδὲν τοῦ σώματος συνεφέλκουσα, ἅτε οὐδὲν κοινωνοῦσα
αὐτῷ ἐν τῷ βίῳ ἑκοῦσα εἶναι, ἀλλὰ φεύγουσα αὐτὸ καὶ
συνηθροισμένη αὐτὴ εἰς ἑαυτήν, ἅτε μελετῶσα ἀεὶ τοῦτο— 5
τὸ δὲ οὐδὲν ἄλλο ἐστὶν ἢ ὀρθῶς φιλοσοφοῦσα καὶ τῷ ὄντι
τεθνάναι μελετῶσα ῥᾳδίως· ἢ οὐ τοῦτ᾽ ἂν εἴη μελέτη 81
θανάτου;

Παντάπασί γε.

Οὐκοῦν οὕτω μὲν ἔχουσα εἰς τὸ ὅμοιον αὐτῇ τὸ ἀιδὲς
ἀπέρχεται, τὸ θεῖόν τε καὶ ἀθάνατον καὶ φρόνιμον, οἷ 5
ἀφικομένῃ ὑπάρχει αὐτῇ εὐδαίμονι εἶναι, πλάνης καὶ ἀνοίας
καὶ φόβων καὶ ἀγρίων ἐρώτων καὶ τῶν ἄλλων κακῶν τῶν
ἀνθρωπείων ἀπηλλαγμένη, ὥσπερ δὲ λέγεται κατὰ τῶν με-
μυημένων, ὡς ἀληθῶς τὸν λοιπὸν χρόνον μετὰ θεῶν διάγουσα;
οὕτω φῶμεν, ὦ Κέβης, ἢ ἄλλως; 10

Οὕτω νὴ Δία, ἔφη ὁ Κέβης.

Ἐὰν δέ γε οἶμαι μεμιασμένη καὶ ἀκάθαρτος τοῦ σώματος b
ἀπαλλάττηται, ἅτε τῷ σώματι ἀεὶ συνοῦσα καὶ τοῦτο θερα-
πεύουσα καὶ ἐρῶσα καὶ γοητευομένη ὑπ᾽ αὐτοῦ ὑπό τε. τῶν
ἐπιθυμιῶν καὶ ἡδονῶν, ὥστε μηδὲν ἄλλο δοκεῖν εἶναι ἀληθὲς
ἀλλ᾽ ἢ τὸ σωματοειδές, οὗ τις ἂν ἅψαιτο καὶ ἴδοι καὶ πίοι 5
καὶ φάγοι καὶ πρὸς τὰ ἀφροδίσια χρήσαιτο, τὸ δὲ τοῖς
ὄμμασι σκοτῶδες καὶ ἀιδές, νοητὸν δὲ καὶ φιλοσοφίᾳ αἱρετόν,

d 8 θέλει Ars. : ἐθέλῃ B T W Eus. Stob.   e 5 αὐτὴ εἰς ἑαυτὴν
(αὑτὴν) B² T W Eus. Stob. : om. B   e 6 τὸ Ars. : τοῦτο B T W
Eus. Stob.   a 1 ῥᾳδίως B T W Ars. Eus. Stob. : secl. Hirschig
a 8 ἀνθρωπείων B T (sed ει ex ι) W : ἀνθρωπίνων C Ars.   a 9 θεῶν
B² T Ars. Eus. Stob. : τῶν θεῶν B   b 1 οἶμαι] οι Ars.
b 3 γοητευομένη pr. T Ars. : γεγοητευμένη B t Eus. Stob.   ὑπ᾽ αὐτοῦ
om. Ars.   τε om. Ars.   b 4 ἡδονῶν καὶ ἐπιθυμιῶν W   b 5 ἀλλ᾽]
ἄλλο Ars.   ἄν τις Ars.   φάγοι καὶ πίοι W   b 7 σοφίᾳ Ars.

τοῦτο δὲ εἰθισμένη μισεῖν τε καὶ τρέμειν καὶ φεύγειν, οὕτω
c δὴ ἔχουσαν οἴει ψυχὴν αὐτὴν καθ᾽ αὑτὴν εἰλικρινῆ ἀπαλ-
λάξεσθαι;

Οὐδ᾽ ὁπωστιοῦν, ἔφη.

Ἀλλὰ [καὶ] διειλημμένην γε οἶμαι ὑπὸ τοῦ σωματοειδοῦς,
5 ὃ αὐτῇ ἡ ὁμιλία τε καὶ συνουσία τοῦ σώματος διὰ τὸ ἀεὶ
συνεῖναι καὶ διὰ τὴν πολλὴν μελέτην ἐνεποίησε σύμφυτον;

Πάνυ γε.

Ἐμβριθὲς δέ γε, ὦ φίλε, τοῦτο οἴεσθαι χρὴ εἶναι καὶ
βαρὺ καὶ γεῶδες καὶ ὁρατόν· ὃ δὴ καὶ ἔχουσα ἡ τοιαύτη
10 ψυχὴ βαρύνεταί τε καὶ ἕλκεται πάλιν εἰς τὸν ὁρατὸν τόπον
φόβῳ τοῦ ἀιδοῦς τε καὶ ᾍδου, ὥσπερ λέγεται, περὶ τὰ
d μνήματά τε καὶ τοὺς τάφους κυλινδουμένη, περὶ ἃ δὴ καὶ
ὤφθη ἄττα ψυχῶν σκιοειδῆ φαντάσματα, οἷα παρέχονται αἱ
τοιαῦται ψυχαὶ εἴδωλα, αἱ μὴ καθαρῶς ἀπολυθεῖσαι ἀλλὰ
τοῦ ὁρατοῦ μετέχουσαι, διὸ καὶ ὁρῶνται.

5 Εἰκός γε, ὦ Σώκρατες.

Εἰκὸς μέντοι, ὦ Κέβης· καὶ οὔ τί γε τὰς τῶν ἀγαθῶν
αὐτὰς εἶναι, ἀλλὰ τὰς τῶν φαύλων, αἳ περὶ τὰ τοιαῦτα
ἀναγκάζονται πλανᾶσθαι δίκην τίνουσαι τῆς προτέρας τρο-
φῆς κακῆς οὔσης. καὶ μέχρι γε τούτου πλανῶνται, ἕως ἂν τῇ
e τοῦ συνεπακολουθοῦντος, τοῦ σωματοειδοῦς, ἐπιθυμίᾳ πάλιν
ἐνδεθῶσιν εἰς σῶμα· ἐνδοῦνται δέ, ὥσπερ εἰκός, εἰς τοιαῦτα
ἤθη ὁποῖ᾽ ἄττ᾽ ἂν καὶ μεμελετηκυῖαι τύχωσιν ἐν τῷ βίῳ.

Τὰ ποῖα δὴ ταῦτα λέγεις, ὦ Σώκρατες;

5 Οἷον τοὺς μὲν γαστριμαργίας τε καὶ ὕβρεις καὶ φιλοποσίας
μεμελετηκότας καὶ μὴ διηυλαβημένους εἰς τὰ τῶν ὄνων γένη
82 καὶ τῶν τοιούτων θηρίων εἰκὸς ἐνδύεσθαι. ἢ οὐκ οἴει;

Πάνυ μὲν οὖν εἰκὸς λέγεις.

c 4 καὶ Β : om. Β² T Ars. Stob. διειλημμένη pr. B c 5 τε
om. W c 8 δέ γε τοῦτο ⟨ὦ φίλε⟩ ? Ars. οἴεσθαί γε W c 9 δὴ
καὶ Β T Stob. : δὴ W d 2 . . . χων φαν . . . Ars. et mox ω ταφ . . .
σθένει d 5 εἰκότως Ars. ὦ Σώκρατες] ἔφη Ars. d 7 αὐτὰς
Ars. : ταύτας Β T W Stob. d 8 τροφῆς B Stob : τρυφῆς T
e 2 τοιαῦτα Β T Stob. : τὰ τοιαῦτα W Eus. e 6 διευλαβημένους
T (sed η punct. not.) b : διευλαβουμένους B Stob.

Τοὺς δέ γε ἀδικίας τε καὶ τυραννίδας καὶ ἁρπαγὰς προ-
τετιμηκότας εἰς τὰ τῶν λύκων τε καὶ ἱεράκων καὶ ἰκτίνων
γένη· ἢ ποῖ ἂν ἄλλοσέ φαμεν τὰς τοιαύτας ἰέναι; 5
Ἀμέλει, ἔφη ὁ Κέβης, εἰς τὰ τοιαῦτα.

Οὐκοῦν, ἦ δ' ὅς, δῆλα δὴ καὶ τἆλλα ᾗ ἂν ἕκαστα ἴοι
κατὰ τὰς αὐτῶν ὁμοιότητας τῆς μελέτης;
Δῆλον δή, ἔφη· πῶς δ' οὔ;
Οὐκοῦν εὐδαιμονέστατοι, ἔφη, καὶ τούτων εἰσὶ καὶ εἰς 10
βέλτιστον τόπον ἰόντες οἱ τὴν δημοτικὴν καὶ πολιτικὴν
ἀρετὴν ἐπιτετηδευκότες, ἣν δὴ καλοῦσι σωφροσύνην τε καὶ b
δικαιοσύνην, ἐξ ἔθους τε καὶ μελέτης γεγονυῖαν ἄνευ φιλο-
σοφίας τε καὶ νοῦ;
Πῇ δὴ οὗτοι εὐδαιμονέστατοι;
Ὅτι τούτους εἰκός ἐστιν εἰς τοιοῦτον πάλιν ἀφικνεῖσθαι 5
πολιτικὸν καὶ ἥμερον γένος, ἤ που μελιττῶν ἢ σφηκῶν ἢ
μυρμήκων, καὶ εἰς ταὐτόν γε πάλιν τὸ ἀνθρώπινον γένος,
καὶ γίγνεσθαι ἐξ αὐτῶν ἄνδρας μετρίους.
Εἰκός.
Εἰς δέ γε θεῶν γένος μὴ φιλοσοφήσαντι καὶ παντελῶς 10
καθαρῷ ἀπιόντι οὐ θέμις ἀφικνεῖσθαι ἀλλ' ἢ τῷ φιλομαθεῖ. c
ἀλλὰ τούτων ἕνεκα, ὦ ἑταῖρε Σιμμία τε καὶ Κέβης, οἱ
ὀρθῶς φιλόσοφοι ἀπέχονται τῶν κατὰ τὸ σῶμα ἐπιθυμιῶν
ἁπασῶν καὶ καρτεροῦσι καὶ οὐ παραδιδόασιν αὐταῖς ἑαυτούς,
οὔ τι οἰκοφθορίαν τε καὶ πενίαν φοβούμενοι, ὥσπερ οἱ 5
πολλοὶ καὶ φιλοχρήματοι· οὐδὲ αὖ ἀτιμίαν τε καὶ ἀδοξίαν
μοχθηρίας δεδιότες, ὥσπερ οἱ φίλαρχοί τε καὶ φιλότιμοι,
ἔπειτα ἀπέχονται αὐτῶν.
Οὐ γὰρ ἂν πρέποι, ἔφη, ὦ Σώκρατες, ὁ Κέβης.
Οὐ μέντοι μὰ Δία, ἦ δ' ὅς. τοιγάρτοι τούτοις μὲν d

a 3 γε om. W   a 4 τε om. W   a 5 ἰέναι B² T : εἶναι B
a 7 ᾗ B T W Eus. : ἢ Stob. : οἷ recc.   ἕκαστα B W Stob. : ἑκάστῃ
T Eus.   a 11 καὶ B Eus. : τε καὶ T Stob.   b 5 ὅτι B² T W Eus.
Stob. : ὅτι οὐ B   ἐστιν om. Ars.   ἀφικέσθαι Ars.   b 6 καὶ
T Eus. Stob. : τε καὶ B   ⟨ἡμέ⟩τερον Ars. (ut vid.)   b 7 καὶ
T : ἢ W : ἢ καὶ B w Eus. Stob.   c 1 ἀλλ' B : ἄλλῳ B² T W Iambl.
Stob.   c 3 φιλόσοφοι T Ars. Iambl. : φιλοσοφοῦντες B   ἀπέχονται
T W Ars. Iambl. : ἔχονται B   c 4 πασῶν W   c 5 οὔτι B² T W :
οὐχὶ Iambl. : ὅτι B

ἅπασιν, ὦ Κέβης, ἐκεῖνοι οἷς τι μέλει τῆς ἑαυτῶν ψυχῆς
ἀλλὰ μὴ σώματι πλάττοντες ζῶσι, χαίρειν εἰπόντες, οὐ
κατὰ ταὐτὰ πορεύονται αὐτοῖς ὡς οὐκ εἰδόσιν ὅπη ἔρχονται,
5 αὐτοὶ δὲ ἡγούμενοι οὐ δεῖν ἐναντία τῇ φιλοσοφίᾳ πράττειν
καὶ τῇ ἐκείνης λύσει τε καὶ καθαρμῷ ταύτῃ δὴ τρέπονται
ἐκείνῃ ἑπόμενοι, ᾗ ἐκείνη ὑφηγεῖται.

Πῶς, ὦ Σώκρατες;

Ἐγὼ ἐρῶ, ἔφη. γιγνώσκουσι γάρ, ἦ δ᾽ ὅς, οἱ φιλομαθεῖς
e ὅτι παραλαβοῦσα αὐτῶν τὴν ψυχὴν ἡ φιλοσοφία ἀτεχνῶς
διαδεδεμένην ἐν τῷ σώματι καὶ προσκεκολλημένην, ἀναγκα-
ζομένην δὲ ὥσπερ διὰ εἱργμοῦ διὰ τούτου σκοπεῖσθαι τὰ
ὄντα ἀλλὰ μὴ αὐτὴν δι᾽ αὑτῆς, καὶ ἐν πάσῃ ἀμαθίᾳ κυλιν-
5 δουμένην, καὶ τοῦ εἱργμοῦ τὴν δεινότητα κατιδοῦσα ὅτι δι᾽
ἐπιθυμίας ἐστίν, ὡς ἂν μάλιστα αὐτὸς ὁ δεδεμένος συλλήπτωρ
83 εἴη τοῦ δεδέσθαι,—ὅπερ οὖν λέγω, γιγνώσκουσιν οἱ φιλομα-
θεῖς ὅτι οὕτω παραλαβοῦσα ἡ φιλοσοφία ἔχουσαν αὐτῶν
τὴν ψυχὴν ἠρέμα παραμυθεῖται καὶ λύειν ἐπιχειρεῖ, ἐνδεικνυ-
μένη ὅτι ἀπάτης μὲν μεστὴ ἡ διὰ τῶν ὀμμάτων σκέψις,
5 ἀπάτης δὲ ἡ διὰ τῶν ὤτων καὶ τῶν ἄλλων αἰσθήσεων,
πείθουσα δὲ ἐκ τούτων μὲν ἀναχωρεῖν, ὅσον μὴ ἀνάγκη
αὐτοῖς χρῆσθαι, αὐτὴν δὲ εἰς αὑτὴν συλλέγεσθαι καὶ
ἀθροίζεσθαι παρακελευομένη, πιστεύειν δὲ μηδενὶ ἄλλῳ ἀλλ᾽
b ἢ αὐτὴν αὑτῇ, ὅτι ἂν νοήσῃ αὐτὴ καθ᾽ αὑτὴν αὐτὸ καθ᾽
αὑτὸ τῶν ὄντων· ὅτι δ᾽ ἂν δι᾽ ἄλλων σκοπῇ ἐν ἄλλοις ὂν
ἄλλο, μηδὲν ἡγεῖσθαι ἀληθές· εἶναι δὲ τὸ μὲν τοιοῦτον
αἰσθητόν τε καὶ ὁρατόν, ὃ δὲ αὐτὴ ὁρᾷ νοητόν τε καὶ ἀιδές.
5 ταύτῃ οὖν τῇ λύσει οὐκ οἰομένη δεῖν ἐναντιοῦσθαι ἡ τοῦ ὡς

d 2 ὦ Β : ἔφη ὦ Β²TW   d 3 σώματι Β : σώματα Β²TW
d 4 πορεύσονται Ars.   d 6 καὶ τῷ καθαρμῷ Ars.   δὴ Ars. : om.
BT   d 7 ἐκείνῃ om. Ars.   d 8 πῶς] πῶς λέγεις ἔφη Ars.
d 9 ἔφη om. Ars.   e 1 ἡ BT : om. W   e 2 δεδεμένην
W   a 1 τοῦ Heindorf : τῷ Β T W Ars.   a 5 ὤτων
BT Iambl. : ἀκοῶν W   καὶ] ἢ Ars.   a 6 ἀποχωρεῖν W   a 7 αὑ-
τοῖς om. Ars.   a 8 ἀλλ᾽ et mox αὐτὴν om. Ars.   b 1 ὅτι ἂν]
ὅταν Ars. et mox αὐτὸ καθ᾽ αὑτό τι (ut vid.)   b 2 ὂν om. Ars.
b 4 τε om. Ars.   ὃ ... ὁρᾷ] ᾧ ... προσέχει Ars.   b 5 οὖν] δὲ b

ἀληθῶς φιλοσόφου ψυχὴ οὕτως ἀπέχεται τῶν ἡδονῶν τε
καὶ ἐπιθυμιῶν καὶ λυπῶν [καὶ φόβων] καθ' ὅσον δύναται,
λογιζομένη ὅτι, ἐπειδάν τις σφόδρα ἡσθῇ ἢ φοβηθῇ [ἢ
λυπηθῇ] ἢ ἐπιθυμήσῃ, οὐδὲν τοσοῦτον κακὸν ἔπαθεν ἀπ'
αὐτῶν ὧν ἄν τις οἰηθείη, οἷον ἢ νοσήσας ἤ τι ἀναλώσας c
διὰ τὰς ἐπιθυμίας, ἀλλ' ὃ πάντων μέγιστόν τε κακῶν καὶ
ἔσχατόν ἐστι, τοῦτο πάσχει καὶ οὐ λογίζεται αὐτό.

Τί τοῦτο, ὦ Σώκρατες; ἔφη ὁ Κέβης.

Ὅτι ψυχὴ παντὸς ἀνθρώπου ἀναγκάζεται ἅμα τε ἡσθῆναι 5
σφόδρα ἢ λυπηθῆναι ἐπί τῳ καὶ ἡγεῖσθαι περὶ ὃ ἂν μάλιστα
τοῦτο πάσχῃ, τοῦτο ἐναργέστατόν τε εἶναι καὶ ἀληθέστατον,
οὐχ οὕτως ἔχον· ταῦτα δὲ μάλιστα ⟨τὰ⟩ ὁρατά· ἢ οὔ;

Πάνυ γε.

Οὐκοῦν ἐν τούτῳ τῷ πάθει μάλιστα καταδεῖται ψυχὴ ὑπὸ d
σώματος;

Πῶς δή;

Ὅτι ἑκάστη ἡδονὴ καὶ λύπη ὥσπερ ἧλον ἔχουσα προσηλοῖ
αὐτὴν πρὸς τὸ σῶμα καὶ προσπερονᾷ καὶ ποιεῖ σωματοειδῆ, 5
δοξάζουσαν ταῦτα ἀληθῆ εἶναι ἅπερ ἂν καὶ τὸ σῶμα φῇ.
ἐκ γὰρ τοῦ ὁμοδοξεῖν τῷ σώματι καὶ τοῖς αὐτοῖς χαίρειν
ἀναγκάζεται οἶμαι ὁμότροπός τε καὶ ὁμότροφος γίγνεσθαι
καὶ οἷα μηδέποτε εἰς Ἅιδου καθαρῶς ἀφικέσθαι, ἀλλὰ ἀεὶ
τοῦ σώματος ἀναπλέα ἐξιέναι, ὥστε ταχὺ πάλιν πίπτειν εἰς 10
ἄλλο σῶμα καὶ ὥσπερ σπειρομένη ἐμφύεσθαι, καὶ ἐκ τούτων e
ἄμοιρος εἶναι τῆς τοῦ θείου τε καὶ καθαροῦ καὶ μονοειδοῦς
συνουσίας.

b 7 λυπῶν καὶ ἐπιθυμιῶν W   καὶ φόβων B et in marg. T : om. T
Ars. Iambl.   b 8 τις] τίς τι Ars.   ἢ λυπηθῇ T : post ἡσθῇ B² W
(sed καὶ pro ἢ W) Ars. Iambl. : om. B   c 1 ὧν B T W : ὡς Iambl.
τις οἰηθείη ἂν Ars.   c 2 κακῶν T Iambl. : κακὸν B   c 3 ἐστι om. W
c 6 σφόδρα ἢ λυπηθῆναι Ars. Iambl. : ἢ λυπηθῆναι σφόδρα B et marg.
T : om. T   δ] οὗ Ars.   c 7 τοῦτο . . . ἀληθέστατον] μάλιστα δὲ
(δὴ) εἶναι τοῦτο Ars.   c 8 τὰ add. Heindorf   d 1 ὑπὸ B T Iambl. :
ὑπὸ τοῦ B² W   d 6 καὶ om. Ars.   d 8 ὁμότροφος καὶ ὁμότροπος
B² W Ars.   d 9 καθαρῶς εἰς ἅιδου W Ars.   μηδέποτε post ἅιδου
Ars.   d 10 ἀναπλέα τοῦ σώματος T W Ars. Iambl.

'Αληθέστατα, ἔφη, λέγεις, ὁ Κέβης, ὦ Σώκρατες.

5 Τούτων τοίνυν ἕνεκα, ὦ Κέβης, οἱ δικαίως φιλομαθεῖς
κόσμιοί εἰσι καὶ ἀνδρεῖοι, οὐχ ὧν οἱ πολλοὶ ἕνεκά φασιν·
ἢ σὺ οἴει;

84 Οὐ δῆτα ἔγωγε.

Οὐ γάρ· ἀλλ' οὕτω λογίσαιτ' ἂν ψυχὴ ἀνδρὸς φιλοσόφου,
καὶ οὐκ ἂν οἰηθείη τὴν μὲν φιλοσοφίαν χρῆναι αὐτὴν λύειν,
λυούσης δὲ ἐκείνης, αὐτὴν παραδιδόναι ταῖς ἡδοναῖς καὶ
5 λύπαις ἑαυτὴν πάλιν αὖ ἐγκαταδεῖν καὶ ἀνήνυτον ἔργον πράτ-
τειν Πηνελόπης τινὰ ἐναντίως ἱστὸν μεταχειριζομένης, ἀλλὰ
γαλήνην τούτων παρασκευάζουσα, ἑπομένη τῷ λογισμῷ καὶ
ἀεὶ ἐν τούτῳ οὖσα, τὸ ἀληθὲς καὶ τὸ θεῖον καὶ τὸ ἀδόξαστον
b θεωμένη καὶ ὑπ' ἐκείνου τρεφομένη, ζῆν τε οἴεται οὕτω
δεῖν ἕως ἂν ζῇ, καὶ ἐπειδὰν τελευτήσῃ, εἰς τὸ συγγενὲς
καὶ εἰς τὸ τοιοῦτον ἀφικομένη ἀπηλλάχθαι τῶν ἀνθρωπίνων
κακῶν. ἐκ δὴ τῆς τοιαύτης τροφῆς οὐδὲν δεινὸν μὴ φοβηθῇ,
5 [ταῦτα δ' ἐπιτηδεύσασα,] ὦ Σιμμία τε καὶ Κέβης, ὅπως μὴ
διασπασθεῖσα ἐν τῇ ἀπαλλαγῇ τοῦ σώματος ὑπὸ τῶν ἀνέ-
μων διαφυσηθεῖσα καὶ διαπτομένη οἴχηται καὶ οὐδὲν ἔτι
οὐδαμοῦ ᾖ.

c Σιγὴ οὖν ἐγένετο ταῦτα εἰπόντος τοῦ Σωκράτους ἐπὶ
πολὺν χρόνον, καὶ αὐτός τε πρὸς τῷ εἰρημένῳ λόγῳ ἦν ὁ
Σωκράτης, ὡς ἰδεῖν ἐφαίνετο, καὶ ἡμῶν οἱ πλεῖστοι· Κέβης
δὲ καὶ Σιμμίας σμικρὸν πρὸς ἀλλήλω διελεγέσθην. καὶ ὁ
5 Σωκράτης ἰδὼν αὐτὼ ἤρετο, Τί; ἔφη, ὑμῖν τὰ λεχθέντα μῶν
μὴ δοκεῖ ἐνδεῶς λέγεσθαι; πολλὰς γὰρ δὴ ἔτι ἔχει ὑποψίας
καὶ ἀντιλαβάς, εἴ γε δή τις αὐτὰ μέλλει ἱκανῶς διεξιέναι. εἰ
μὲν οὖν τι ἄλλο σκοπεῖσθον, οὐδὲν λέγω· εἰ δέ τι περὶ

e 5 ὦ Κέβης om. Ars.   e 6 καὶ B T : τε καὶ B² W   φασιν
om. Ars.   a 3 αὐτὴν Ars. : ἑαυτὴν B T Iambl.]   a 4 αὐτὴ
Ars.   a 5 αὖ B T Iambl. : om. W   ἐγκαταδεῖν] ἐπι in marg. B²
a 6 μεταχειριζομένης B T W Ars. Iambl. : μεταχειριζομένην vulg.
a 8 τὸ alterum et tertium om. Ars.   b 1 οἴεται οὕτως δεῖν B Iambl. :
οἴεται δεῖν οὕτω T Ars. : οὕτως οἴεται δεῖν W   b 4 δὴ B² T W
Iambl. : δὲ B   b 5 δ'] γ' ci. Stephanus : inclusa secl. Ast
c 6 λέγεσθαι B T : λελέχθαι B² W t   c 8 δέ τι B : δὲ T

τούτων ἀπορεῖτον, μηδὲν ἀποκνήσητε καὶ αὐτοὶ εἰπεῖν καὶ διελθεῖν, εἴ πῃ ὑμῖν φαίνεται βέλτιον ⟨ἂν⟩ λεχθῆναι, καὶ d αὖ καὶ ἐμὲ συμπαραλαβεῖν, εἴ τι μᾶλλον οἴεσθε μετ' ἐμοῦ εὐπορήσειν.

Καὶ ὁ Σιμμίας ἔφη· Καὶ μήν, ὦ Σώκρατες, τἀληθῆ σοι ἐρῶ. πάλαι γὰρ ἡμῶν ἑκάτερος ἀπορῶν τὸν ἕτερον προωθεῖ 5 καὶ κελεύει ἐρέσθαι διὰ τὸ ἐπιθυμεῖν μὲν ἀκοῦσαι, ὀκνεῖν δὲ ὄχλον παρέχειν, μή σοι ἀηδὲς ᾖ διὰ τὴν παροῦσαν συμφοράν.

Καὶ ὃς ἀκούσας ἐγέλασέν τε ἠρέμα καί φησιν· Βαβαί, ὦ Σιμμία· ἦ που χαλεπῶς ἂν τοὺς ἄλλους ἀνθρώπους πεί- σαιμι ὡς οὐ συμφορὰν ἡγοῦμαι τὴν παροῦσαν τύχην, ὅτε e γε μηδ' ὑμᾶς δύναμαι πείθειν, ἀλλὰ φοβεῖσθε μὴ δυσκολώ- τερόν τι νῦν διάκειμαι ἢ ἐν τῷ πρόσθεν βίῳ· καί, ὡς ἔοικε, τῶν κύκνων δοκῶ φαυλότερος ὑμῖν εἶναι τὴν μαντικήν, οἳ ἐπειδὰν αἴσθωνται ὅτι δεῖ αὐτοὺς ἀποθανεῖν, ᾄδοντες καὶ ἐν 5 τῷ πρόσθεν χρόνῳ, τότε δὴ πλεῖστα καὶ κάλλιστα ᾄδουσι, 85 γεγηθότες ὅτι μέλλουσι παρὰ τὸν θεὸν ἀπιέναι οὗπέρ εἰσι θεράποντες. οἱ δ' ἄνθρωποι διὰ τὸ αὑτῶν δέος τοῦ θανάτου καὶ τῶν κύκνων καταψεύδονται, καί φασιν αὐτοὺς θρηνοῦντας τὸν θάνατον ὑπὸ λύπης ἐξᾴδειν, καὶ οὐ λογίζονται ὅτι οὐδὲν 5 ὄρνεον ᾄδει ὅταν πεινῇ ἢ ῥιγῷ ἤ τινα ἄλλην λύπην λυπῆται, οὐδὲ αὐτὴ ἥ τε ἀηδὼν καὶ χελιδὼν καὶ ὁ ἔποψ, ἃ δή φασι διὰ λύπην θρηνοῦντα ᾄδειν. ἀλλ' οὔτε ταῦτά μοι φαίνεται λυπούμενα ᾄδειν οὔτε οἱ κύκνοι, ἀλλ' ἅτε οἶμαι τοῦ Ἀπόλ- b λωνος ὄντες, μαντικοί τέ εἰσι καὶ προειδότες τὰ ἐν Ἅιδου ἀγαθὰ ᾄδουσι καὶ τέρπονται ἐκείνην τὴν ἡμέραν διαφερόντως ἢ ἐν τῷ ἔμπροσθεν χρόνῳ. ἐγὼ δὲ καὶ αὐτὸς ἡγοῦμαι ὁμόδουλός τε εἶναι τῶν κύκνων καὶ ἱερὸς τοῦ αὐτοῦ θεοῦ, 5 καὶ οὐ χεῖρον ἐκείνων τὴν μαντικὴν ἔχειν παρὰ τοῦ δεσπότου,

c 9 τούτων Β : τούτω Τ   d 1 διελθεῖν Β Τ : διεξελθεῖν Β² W t ἂν add. ci. Heindorf   e 3 τι om. Stob.   a 1 κάλλιστα W (conie- cerat Blomfield) : μάλιστα Β Τ Stob. et s. v. W   a 6 ῥιγοῖ Β Τ W a 7 ὁ om. W   b 3 καὶ Β : τε καὶ Τ W   b 4 ἡγοῦμαι Τ b Stob. : που οἶμαι Β (ut vid.) W   b 5 τε Τ W Stob. : γε Β   b 6 χεῖρον' Hermann

οὐδὲ δυσθυμότερον αὐτῶν τοῦ βίου ἀπαλλάττεσθαι. ἀλλὰ
τούτου γ᾽ ἕνεκα λέγειν τε χρὴ καὶ ἐρωτᾶν ὅτι ἂν βούλησθε,
ἕως ἂν ᾽Αθηναίων ἐῶσιν ἄνδρες ἕνδεκα.

10 Καλῶς, ἔφη, λέγεις, ὁ Σιμμίας· καὶ ἐγώ τέ σοι ἐρῶ ὃ
c ἀπορῶ, καὶ αὖ ὅδε, ᾗ οὐκ ἀποδέχεται τὰ εἰρημένα. ἐμοὶ
γὰρ δοκεῖ, ὦ Σώκρατες, περὶ τῶν τοιούτων ἴσως ὥσπερ καὶ
σοὶ τὸ μὲν σαφὲς εἰδέναι ἐν τῷ νῦν βίῳ ἢ ἀδύνατον εἶναι
ἢ παγχάλεπόν τι, τὸ μέντοι αὖ τὰ λεγόμενα περὶ αὐτῶν μὴ
5 οὐχὶ παντὶ τρόπῳ ἐλέγχειν καὶ μὴ προαφίστασθαι πρὶν ἂν
πανταχῇ σκοπῶν ἀπείπῃ τις, πάνυ μαλθακοῦ εἶναι ἀνδρός·
δεῖν γὰρ περὶ αὐτὰ ἕν γέ τι τούτων διαπράξασθαι, ἢ μαθεῖν
ὅπῃ ἔχει ἢ εὑρεῖν ἤ, εἰ ταῦτα ἀδύνατον, τὸν γοῦν βέλ-
τιστον τῶν ἀνθρωπίνων λόγων λαβόντα καὶ δυσεξελεγκτό-
d τατον, ἐπὶ τούτου ὀχούμενον ὥσπερ ἐπὶ σχεδίας κινδυνεύοντα
διαπλεῦσαι τὸν βίον, εἰ μή τις δύναιτο ἀσφαλέστερον καὶ
ἀκινδυνότερον ἐπὶ βεβαιοτέρου ὀχήματος, [ἢ] λόγου θείου
τινός, διαπορευθῆναι. καὶ δὴ καὶ νῦν ἔγωγε οὐκ ἐπαισχυν-
5 θήσομαι ἐρέσθαι, ἐπειδὴ καὶ σὺ ταῦτα λέγεις, οὐδ᾽ ἐμαυ-
τὸν αἰτιάσομαι ἐν ὑστέρῳ χρόνῳ ὅτι νῦν οὐκ εἶπον ἅ μοι
δοκεῖ. ἐμοὶ γάρ, ὦ Σώκρατες, ἐπειδὴ καὶ πρὸς ἐμαυτὸν
καὶ πρὸς τόνδε σκοπῶ τὰ εἰρημένα, οὐ πάνυ φαίνεται ἱκανῶς
10 εἰρῆσθαι.

e Καὶ ὁ Σωκράτης, ῎Ισως γάρ, ἔφη, ὦ ἑταῖρε, ἀληθῆ σοι
φαίνεται· ἀλλὰ λέγε ὅπῃ δὴ οὐχ ἱκανῶς.

Ταύτῃ ἔμοιγε, ἦ δ᾽ ὅς, ᾗ δὴ καὶ περὶ ἁρμονίας ἄν τις καὶ
λύρας τε καὶ χορδῶν τὸν αὐτὸν τοῦτον λόγον εἴποι, ὡς ἡ
5 μὲν ἁρμονία ἀόρατον καὶ ἀσώματον καὶ πάγκαλόν τι καὶ
86 θεῖόν ἐστιν ἐν τῇ ἡρμοσμένῃ λύρᾳ, αὐτὴ δ᾽ ἡ λύρα καὶ

b 9 ἕως ἂν T W : ἕως B   b 10 ἐγώ τε T W : ἔγωγε B t   c 1 ἐμοὶ
γὰρ T b : ἔμοιγε B (ut vid.) W   c 4 μέντοι αὖ τὰ B : τὸ μέντοι τὰ T :
τὸ δὲ τοιαῦτα ex emend. W   c 5 οὐχὶ B T : οὐ W   c 8 ἢ εἰ B t :
εἰ T   c 9 λόγον W   δυσελεγκτότατον W   d 3 ἢ secl.
Heindorf   d 6 ἅ μοι δοκεῖ B T : ἅ μοι ἐδόκει B² W   e 3 ᾗ δὴ
W : ἤδη B T   e 4 λόγον τοῦτον W   e 5 ἀόρατον T : ἀόρατόν
τι B

86 a

αἱ χορδαὶ σώματά τε καὶ σωματοειδῆ καὶ σύνθετα καὶ
γεώδη ἐστὶ καὶ τοῦ θνητοῦ συγγενῆ. ἐπειδὰν οὖν ἢ κατάξῃ
τις τὴν λύραν ἢ διατέμῃ καὶ διαρρήξῃ τὰς χορδάς, εἴ τις
διισχυρίζοιτο τῷ αὐτῷ λόγῳ ὥσπερ σύ, ὡς ἀνάγκη ἔτι εἶναι 5
τὴν ἁρμονίαν ἐκείνην καὶ μὴ ἀπολωλέναι—οὐδεμία γὰρ
μηχανὴ ἂν εἴη τὴν μὲν λύραν ἔτι εἶναι διερρωγυιῶν τῶν
χορδῶν καὶ τὰς χορδὰς θνητοειδεῖς οὔσας, τὴν δὲ ἁρμονίαν
ἀπολωλέναι τὴν τοῦ θείου τε καὶ ἀθανάτου ὁμοφυῆ τε καὶ b
συγγενῆ, προτέραν τοῦ θνητοῦ ἀπολομένην—ἀλλὰ φαίη
ἀνάγκη ἔτι που εἶναι αὐτὴν τὴν ἁρμονίαν, καὶ πρότερον τὰ
ξύλα καὶ τὰς χορδὰς κατασαπήσεσθαι πρίν τι ἐκείνην
παθεῖν—καὶ γὰρ οὖν, ὦ Σώκρατες, οἶμαι ἔγωγε καὶ αὐτόν 5
σε τοῦτο ἐντεθυμῆσθαι, ὅτι τοιοῦτόν τι μάλιστα ὑπολαμ-
βάνομεν τὴν ψυχὴν εἶναι, ὥσπερ ἐντεταμένου τοῦ σώματος
ἡμῶν καὶ συνεχομένου ὑπὸ θερμοῦ καὶ ψυχροῦ καὶ ξηροῦ
καὶ ὑγροῦ καὶ τοιούτων τινῶν, κρᾶσιν εἶναι καὶ ἁρμονίαν
αὐτῶν τούτων τὴν ψυχὴν ἡμῶν, ἐπειδὰν ταῦτα καλῶς καὶ c
μετρίως κραθῇ πρὸς ἄλληλα—εἰ οὖν τυγχάνει ἡ ψυχὴ οὖσα
ἁρμονία τις, δῆλον ὅτι, ὅταν χαλασθῇ τὸ σῶμα ἡμῶν
ἀμέτρως ἢ ἐπιταθῇ ὑπὸ νόσων καὶ ἄλλων κακῶν, τὴν μὲν
ψυχὴν ἀνάγκη εὐθὺς ὑπάρχει ἀπολωλέναι, καίπερ οὖσαν 5
θειοτάτην, ὥσπερ καὶ αἱ ἄλλαι ἁρμονίαι αἵ τ' ἐν τοῖς
φθόγγοις καὶ ἐν τοῖς τῶν δημιουργῶν ἔργοις πᾶσι, τὰ δὲ
λείψανα τοῦ σώματος ἑκάστου πολὺν χρόνον παραμένειν,
ἕως ἂν ἢ κατακαυθῇ ἢ κατασαπῇ—ὅρα οὖν πρὸς τοῦτον τὸν d
λόγον τί φήσομεν, ἐάν τις ἀξιοῖ κρᾶσιν οὖσαν τὴν ψυχὴν
τῶν ἐν τῷ σώματι ἐν τῷ καλουμένῳ θανάτῳ πρώτην ἀπόλ-
λυσθαι.

Διαβλέψας οὖν ὁ Σωκράτης, ὥσπερ τὰ πολλὰ εἰώθει, 5

a 2 σώματα B : σῶμα T   σύνθετα B : σύνθετά τε T   a 4 καὶ
B : ἢ T   a 7 ἂν secl. Bekker   b 1 ὁμοφυῆ καὶ ξυμφυῆ W
b 3 ἀνάγκη Baiter   b 4 καὶ B : τε καὶ B² T W   c 1 μετρίως
καὶ καλῶς W   c 3 ἡμῶν B : om. T   c 4 ἐπιταθῇ T W : ὑποταθῇ
B et ὑπο s. v. W in marg. t   c 5 ἀνάγκη B T W : ἀνάγκην t   ὑπάρ-
χειν B T W   c 7 ἐν T : αἱ ἐν B   d 1 κατακαυθῇ] καταθῇ pr. W
d 5 διαβλεψάμενος in marg. B²

καὶ μειδιάσας, Δίκαια μέντοι, ἔφη, λέγει ὁ Σιμμίας. εἰ
οὖν τις ὑμῶν εὐπορώτερος ἐμοῦ, τί οὐκ ἀπεκρίνατο; καὶ γὰρ
οὐ φαύλως ἔοικεν ἁπτομένῳ τοῦ λόγου. δοκεῖ μέντοι μοι
χρῆναι πρὸ τῆς ἀποκρίσεως ἔτι πρότερον Κέβητος ἀκοῦσαι
e τί αὖ ὅδε ἐγκαλεῖ τῷ λόγῳ, ἵνα χρόνου ἐγγενομένου βου-
λευσώμεθα τί ἐροῦμεν, ἔπειτα [δὲ] ἀκούσαντας ἢ συγχωρεῖν
αὐτοῖς ἐάν τι δοκῶσι προσᾴδειν, ἐὰν δὲ μή, οὕτως ἤδη
ὑπερδικεῖν τοῦ λόγου. ἀλλ᾽ ἄγε, ἦ δ᾽ ὅς, ὦ Κέβης, λέγε,
5 τί ἦν τὸ σὲ αὖ θρᾶττον [ἀπιστίαν παρέχει].

Λέγω δή, ἦ δ᾽ ὃς ὁ Κέβης. ἐμοὶ γὰρ φαίνεται ἔτι ἐν
τῷ αὐτῷ ὁ λόγος εἶναι, καί, ὅπερ ἐν τοῖς πρόσθεν ἐλέγομεν,
87 ταὐτὸν ἔγκλημα ἔχειν. ὅτι μὲν γὰρ ἦν ἡμῶν ἡ ψυχὴ καὶ
πρὶν εἰς τόδε τὸ εἶδος ἐλθεῖν, οὐκ ἀνατίθεμαι μὴ οὐχὶ πάνυ
χαριέντως καί, εἰ μὴ ἐπαχθές ἐστιν εἰπεῖν, πάνυ ἱκανῶς
ἀποδεδεῖχθαι· ὡς δὲ καὶ ἀποθανόντων ἡμῶν ἔτι που ἔστιν,
5 οὔ μοι δοκεῖ τῇδε. ὡς μὲν οὐκ ἰσχυρότερον καὶ πολυ-
χρονιώτερον ψυχὴ σώματος, οὐ συγχωρῶ τῇ Σιμμίου ἀντι-
λήψει· δοκεῖ γάρ μοι πᾶσι τούτοις πάνυ πολὺ διαφέρειν. τί
οὖν, ἂν φαίη ὁ λόγος, ἔτι ἀπιστεῖς, ἐπειδὴ ὁρᾷς ἀποθανόντος
τοῦ ἀνθρώπου τό γε ἀσθενέστερον ἔτι ὄν; τὸ δὲ πολυ-
b χρονιώτερον οὐ δοκεῖ σοι ἀναγκαῖον εἶναι ἔτι σῴζεσθαι ἐν
τούτῳ τῷ χρόνῳ; πρὸς δὴ τοῦτο τόδε ἐπίσκεψαι, εἴ τι λέγω·
εἰκόνος γάρ τινος, ὡς ἔοικεν, κἀγὼ ὥσπερ Σιμμίας δέομαι.
ἐμοὶ γὰρ δοκεῖ ὁμοίως λέγεσθαι ταῦτα ὥσπερ ἄν τις περὶ
5 ἀνθρώπου ὑφάντου πρεσβύτου ἀποθανόντος λέγοι τοῦτον
τὸν λόγον, ὅτι οὐκ ἀπόλωλεν ὁ ἄνθρωπος ἀλλ᾽ ἔστι που
σῶς, τεκμήριον δὲ παρέχοιτο θοἰμάτιον ὃ ἠμπείχετο αὐτὸς
ὑφηνάμενος ὅτι ἐστὶ σῶν καὶ οὐκ ἀπόλωλεν, καὶ εἴ τις
c ἀπιστοίη αὐτῷ, ἀνερωτῴη πότερον πολυχρονιώτερόν ἐστι

d 6 ὁ Σιμμίας λέγει W   ὁ B : om. T   e 2 δὲ B : om. T W
e 4 ἀλλά γε B T W   e 5 τὸ B T W : ὃ al.   ἀπιστίαν παρέχει secl.
Hermann   e 7 ἔμπροσθεν W   a 2 ἀνατίθεμαι W Olymp.: ἀντι-
τίθεμαι B T   a 4 ἔστιν B² T : ἔσται B W   a 8 ἐπειδὴ B : ἐπειδή
γε B² T W   b 7 σῶς Forster : ἴσως B T W   c 1 ἀπιστοίη
Heindorf : ἀπιστῶν B T W

τὸ γένος ἀνθρώπου ἢ ἱματίου ἐν χρείᾳ τε ὄντος καὶ φορου-
μένου, ἀποκριναμένου δή [τινος] ὅτι πολὺ τὸ τοῦ ἀνθρώπου,
οἴοιτο ἀποδεδεῖχθαι ὅτι παντὸς ἄρα μᾶλλον ὅ γε ἄνθρωπος
σῶς ἐστιν, ἐπειδὴ τό γε ὀλιγοχρονιώτερον οὐκ ἀπόλωλεν. 5
τὸ δ' οἶμαι, ὦ Σιμμία, οὐχ οὕτως ἔχει· σκόπει γὰρ καὶ σὺ
ἃ λέγω. πᾶς [γὰρ] ἂν ὑπολάβοι ὅτι εὔηθες λέγει ὁ τοῦτο
λέγων· ὁ γὰρ ὑφάντης οὗτος πολλὰ κατατρίψας τοιαῦτα
ἱμάτια καὶ ὑφηνάμενος ἐκείνων μὲν ὕστερος ἀπόλωλεν πολ-
λῶν ὄντων, τοῦ δὲ τελευταίου οἶμαι πρότερος, καὶ οὐδέν τι d
μᾶλλον τούτου ἕνεκα ἄνθρωπός ἐστιν ἱματίου φαυλότερον
οὐδ' ἀσθενέστερον. τὴν αὐτὴν δὲ ταύτην οἶμαι εἰκόνα
δέξαιτ' ἂν ψυχὴ πρὸς σῶμα, καί τις λέγων αὐτὰ ταῦτα περὶ
αὐτῶν μέτρι' ἄν μοι φαίνοιτο λέγειν, ὡς ἡ μὲν ψυχὴ 5
πολυχρόνιόν ἐστι, τὸ δὲ σῶμα ἀσθενέστερον καὶ ὀλιγο-
χρονιώτερον· ἀλλὰ γὰρ ἂν φαίη ἑκάστην τῶν ψυχῶν πολλὰ
σώματα κατατρίβειν, ἄλλως τε κἂν πολλὰ ἔτη βιῷ—εἰ γὰρ
ῥέοι τὸ σῶμα καὶ ἀπολλύοιτο ἔτι ζῶντος τοῦ ἀνθρώπου,
ἀλλ' ἡ ψυχὴ ἀεὶ τὸ κατατριβόμενον ἀνυφαίνοι—ἀναγκαῖον e
μεντἂν εἴη, ὁπότε ἀπολλύοιτο ἡ ψυχή, τὸ τελευταῖον ὕφασμα
τυχεῖν αὐτὴν ἔχουσαν καὶ τούτου μόνου προτέραν ἀπόλ-
λυσθαι, ἀπολομένης δὲ τῆς ψυχῆς τότ' ἤδη τὴν φύσιν τῆς
ἀσθενείας ἐπιδεικνύοι τὸ σῶμα καὶ ταχὺ σαπὲν διοίχοιτο. 5
ὥστε τούτῳ τῷ λόγῳ οὔπω ἄξιον πιστεύσαντα θαρρεῖν ὡς
ἐπειδὰν ἀποθάνωμεν ἔτι που ἡμῶν ἡ ψυχὴ ἔστιν. εἰ γάρ 88
τις καὶ πλέον ἔτι τῷ λέγοντι ἢ ἃ σὺ λέγεις συγχωρήσειεν,
δοὺς αὐτῷ μὴ μόνον ἐν τῷ πρὶν καὶ γενέσθαι ἡμᾶς χρόνῳ
εἶναι ἡμῶν τὰς ψυχάς, ἀλλὰ μηδὲν κωλύειν καὶ ἐπειδὰν
ἀποθάνωμεν ἐνίων ἔτι εἶναι καὶ ἔσεσθαι καὶ πολλάκις γενή- 5
σεσθαι καὶ ἀποθανεῖσθαι αὖθις—οὕτω γὰρ αὐτὸ φύσει

c 3 ἀποκρινομένου T   δή om. W   τινος seclusi   c 7 γὰρ
B : om. T W   c 9 ὕστερος B T et σ s. v. W : ὕστερον B² W
d 3 ταύτην B² T W : om. B   d 5 αὐτῶν B² T W : τῶν αὐτῶν B
μὲν ψυχὴ B : ψυχὴ μὲν T W   d 8 κἂν B² T W : καὶ εἰ B   βιῷ T :
βιῴη B W   a 1 ἡ ψυχὴ ἡμῶν T W   a 4 τὰς ψυχὰς B : τὴν
ψυχὴν T W

ἰσχυρὸν εἶναι, ὥστε πολλάκις γιγνομένην ψυχὴν ἀντέχειν
—δοὺς δὲ ταῦτα ἐκεῖνο μηκέτι συγχωροῖ, μὴ οὐ πονεῖν
αὐτὴν ἐν ταῖς πολλαῖς γενέσεσιν καὶ τελευτῶσάν γε ἔν
10 τινι τῶν θανάτων παντάπασιν ἀπόλλυσθαι, τοῦτον δὲ τὸν
b θάνατον καὶ ταύτην τὴν διάλυσιν τοῦ σώματος ἢ τῇ ψυχῇ
φέρει ὄλεθρον μηδένα φαίη εἰδέναι—ἀδύνατον γὰρ εἶναι
ὁτῳοῦν αἰσθέσθαι ἡμῶν—εἰ δὲ τοῦτο οὕτως ἔχει, οὐδενὶ
προσήκει θάνατον θαρροῦντι μὴ οὐκ ἀνοήτως θαρρεῖν, ὃς ἂν
5 μὴ ἔχῃ ἀποδεῖξαι ὅτι ἔστι ψυχὴ παντάπασιν ἀθάνατόν τε
καὶ ἀνώλεθρον· εἰ δὲ μή, ἀνάγκην εἶναι ἀεὶ τὸν μέλλοντα
ἀποθανεῖσθαι δεδιέναι ὑπὲρ τῆς αὑτοῦ ψυχῆς μὴ ἐν τῇ νῦν
τοῦ σώματος διαζεύξει παντάπασιν ἀπόληται.

c   Πάντες οὖν ἀκούσαντες εἰπόντων αὐτῶν ἀηδῶς διετέθη-
μεν, ὡς ὕστερον ἐλέγομεν πρὸς ἀλλήλους, ὅτι ὑπὸ τοῦ
ἔμπροσθεν λόγου σφόδρα πεπεισμένους ἡμᾶς πάλιν ἐδόκουν
ἀναταράξαι καὶ εἰς ἀπιστίαν καταβαλεῖν οὐ μόνον τοῖς
5 προειρημένοις λόγοις, ἀλλὰ καὶ εἰς τὰ ὕστερον μέλλοντα
ῥηθήσεσθαι, μὴ οὐδενὸς ἄξιοι εἶμεν κριταὶ ἢ καὶ τὰ πρά-
γματα αὐτὰ ἄπιστα ᾖ.

ΕΧ. Νὴ τοὺς θεούς, ὦ Φαίδων, συγγνώμην γε ἔχω ὑμῖν.
καὶ γὰρ αὐτόν με νῦν ἀκούσαντά σου τοιοῦτόν τι λέγειν
d πρὸς ἐμαυτὸν ἐπέρχεται· "Τίνι οὖν ἔτι πιστεύσομεν λόγῳ;
ὡς γὰρ σφόδρα πιθανὸς ὤν, ὃν ὁ Σωκράτης ἔλεγε λόγον,
νῦν εἰς ἀπιστίαν καταπέπτωκεν." θαυμαστῶς γάρ μου ὁ
λόγος οὗτος ἀντιλαμβάνεται καὶ νῦν καὶ ἀεί, τὸ ἁρμονίαν
5 τινὰ ἡμῶν εἶναι τὴν ψυχήν, καὶ ὥσπερ ὑπέμνησέν με ῥηθεὶς
ὅτι καὶ αὐτῷ μοι ταῦτα προυδέδοκτο. καὶ πάνυ δέομαι
πάλιν ὥσπερ ἐξ ἀρχῆς ἄλλου τινὸς λόγου ὅς με πείσει ὡς
τοῦ ἀποθανόντος οὐ συναποθνῄσκει ἡ ψυχή. λέγε οὖν πρὸς

a 7 τὴν ψυχὴν W   a 8 μηκέτι ἐκεῖνο T   b 1 ἢ T W :
εἰ B   b 3 αἰσθέσθαι T : αἰσθάνεσθαι B   b 4 προσήκειν Stephanus
b 6 ἀνάγκην B W t : ἀνάγκη T   c 3 πάλιν T : πάλαι B   c 5 ὕστερον
W sed α supra ον   c 6 εἴημεν T W : ἦμεν B   c 7 αὐτὰ B² T W :
om. B   ᾖ] εἴη Heindorf   d 1 πιστεύσομεν B : πιστεύσωμεν T

Διὸς πῇ ὁ Σωκράτης μετῆλθε τὸν λόγον; καὶ πότερον
κἀκεῖνος, ὥσπερ ὑμᾶς φής, ἔνδηλός τι ἐγένετο ἀχθόμενος ἢ e
οὔ, ἀλλὰ πράως ἐβοήθει τῷ λόγῳ; [ἢ] καὶ ἱκανῶς ἐβοήθησεν
ἢ ἐνδεῶς; πάντα ἡμῖν δίελθε ὡς δύνασαι ἀκριβέστατα.

ΦΑΙΔ. Καὶ μήν, ὦ Ἐχέκρατες, πολλάκις θαυμάσας
Σωκράτη οὐ πώποτε μᾶλλον ἠγάσθην ἢ τότε παραγενόμενος. 5
τὸ μὲν οὖν ἔχειν ὅτι λέγοι ἐκεῖνος ἴσως οὐδὲν ἄτοπον· ἀλλὰ 89
ἔγωγε μάλιστα ἐθαύμασα αὐτοῦ πρῶτον μὲν τοῦτο, ὡς ἡδέως
καὶ εὐμενῶς καὶ ἀγαμένως τῶν νεανίσκων τὸν λόγον ἀπ-
εδέξατο, ἔπειτα ἡμῶν ὡς ὀξέως ᾔσθετο ὃ ᾽πεπόνθεμεν ὑπὸ
τῶν λόγων, ἔπειτα ὡς εὖ ἡμᾶς ἰάσατο καὶ ὥσπερ πεφευγότας 5
καὶ ἡττημένους ἀνεκαλέσατο καὶ προύτρεψεν πρὸς τὸ παρ-
έπεσθαί τε καὶ συσκοπεῖν τὸν λόγον.

ΕΧ. Πῶς δή;

ΦΑΙΔ. Ἐγὼ ἐρῶ. ἔτυχον γὰρ ἐν δεξιᾷ αὐτοῦ καθή-
μενος παρὰ τὴν κλίνην ἐπὶ χαμαιζήλου τινός, ὁ δὲ ἐπὶ πολὺ b
ὑψηλοτέρου ἢ ἐγώ. καταψήσας οὖν μου τὴν κεφαλὴν καὶ
συμπιέσας τὰς ἐπὶ τῷ αὐχένι τρίχας—εἰώθει γάρ, ὁπότε
τύχοι, παίζειν μου εἰς τὰς τρίχας—Αὔριον δή, ἔφη, ἴσως, ὦ
Φαίδων, τὰς καλὰς ταύτας κόμας ἀποκερῇ. 5

Ἔοικεν, ἦν δ᾽ ἐγώ, ὦ Σώκρατες.

Οὔκ, ἄν γε ἐμοὶ πείθῃ.

Ἀλλὰ τί; ἦν δ᾽ ἐγώ.

Τήμερον, ἔφη, κἀγὼ τὰς ἐμὰς καὶ σὺ ταύτας, ἐάνπερ γε
ἡμῖν ὁ λόγος τελευτήσῃ καὶ μὴ δυνώμεθα αὐτὸν ἀναβιώ- 10
σασθαι. καὶ ἔγωγ᾽ ἄν, εἰ σὺ εἴην καί με διαφεύγοι ὁ c
λόγος, ἔνορκον ἂν ποιησαίμην ὥσπερ Ἀργεῖοι, μὴ πρότερον
κομήσειν, πρὶν ἂν νικήσω ἀναμαχόμενος τὸν Σιμμίου τε καὶ
Κέβητος λόγον.

e 1 τι Β : om. Τ   e 2 ἢ Β : ῇ Τ : om. al. Heindorf   e 5 τότε
Β² Τ W : ποτε Β   a 9 καθήμενος ἐν δεξιᾷ αὐτοῦ Τ W   b 1 πολὺ
Β : πολλῷ Τ b   b 5 ταύτας Β² Τ W : om. Β   b 7 γε ἐμοὶ Β Τ :
ἔμοιγε W   b 10 δυνώμεθα Β² Τ W : δυνάμεθα Β   c 1 διαφύγοι Τ W
c 3 ἀναμαχόμενος in marg. Τ

5 Ἀλλ', ἦν δ' ἐγώ, πρὸς δύο λέγεται οὐδ' ὁ Ἡρακλῆς οἷός
τε εἶναι.

Ἀλλὰ καὶ ἐμέ, ἔφη, τὸν Ἰόλεων παρακάλει, ἕως ἔτι
φῶς ἐστιν.

Παρακαλῶ τοίνυν, ἔφην, οὐχ ὡς Ἡρακλῆς, ἀλλ' ὡς
10 Ἰόλεως τὸν Ἡρακλῆ.

Οὐδὲν διοίσει, ἔφη. ἀλλὰ πρῶτον εὐλαβηθῶμέν τι πάθος
μὴ πάθωμεν.

Τὸ ποῖον; ἦν δ' ἐγώ.

d   Μὴ γενώμεθα, ἦ δ' ὅς, μισόλογοι, ὥσπερ οἱ μισάνθρωποι
γιγνόμενοι· ὡς οὐκ ἔστιν, ἔφη, ὅτι ἄν τις μεῖζον τούτου
κακὸν πάθοι ἢ λόγους μισήσας. γίγνεται δὲ ἐκ τοῦ αὐτοῦ
τρόπου μισολογία τε καὶ μισανθρωπία. ἥ τε γὰρ μισαν-
5 θρωπία ἐνδύεται ἐκ τοῦ σφόδρα τινὶ πιστεῦσαι ἄνευ τέχνης,
καὶ ἡγήσασθαι παντάπασί γε ἀληθῆ εἶναι καὶ ὑγιῆ καὶ
πιστὸν τὸν ἄνθρωπον, ἔπειτα ὀλίγον ὕστερον εὑρεῖν τοῦτον
πονηρόν τε καὶ ἄπιστον, καὶ αὖθις ἕτερον· καὶ ὅταν τοῦτο
πολλάκις πάθῃ τις καὶ ὑπὸ τούτων μάλιστα οὓς ἂν ἡγήσαιτο
e οἰκειοτάτους τε καὶ ἑταιροτάτους, τελευτῶν δὴ θαμὰ προσ-
κρούων μισεῖ τε πάντας καὶ ἡγεῖται οὐδενὸς οὐδὲν ὑγιὲς
εἶναι τὸ παράπαν. ἢ οὐκ ᾔσθησαι σύ πω τοῦτο γιγνόμενον;

Πάνυ γε, ἦν δ' ἐγώ.

5   Οὐκοῦν, ἦ δ' ὅς, αἰσχρόν, καὶ δῆλον ὅτι ἄνευ τέχνης τῆς
περὶ τἀνθρώπεια ὁ τοιοῦτος χρῆσθαι ἐπεχείρει τοῖς ἀνθρώ-
ποις; εἰ γάρ που μετὰ τέχνης ἐχρῆτο, ὥσπερ ἔχει οὕτως
90 ἂν ἡγήσατο, τοὺς μὲν χρηστοὺς καὶ πονηροὺς σφόδρα
ὀλίγους εἶναι ἑκατέρους, τοὺς δὲ μεταξὺ πλείστους.

Πῶς λέγεις; ἔφην ἐγώ.

Ὥσπερ, ἦ δ' ὅς, περὶ τῶν σφόδρα σμικρῶν καὶ μεγάλων·

c 5 οὐδ' ὁ ἡρακλῆς λέγεται B²TW   c 9 τοίνυν ἔφην B²W : τοίνυν
ἔφη B : ἔφην τοίνυν T   ὡς B : ὡς ὁ T   c 11 ἔφη B : om. T
d 6 γε B²TW : τε B   e 3 σύ πω] σὺ B et in marg. γρ. W : οὔπω
TW : οὕτω Stob.   e 6 ἐπεχείρει Stob. : ἐπιχειρεῖ BTW   ἀνθρώ-
ποις B²TW : ἀνθρωπείοις B   a 1 ἡγήσατο B Stob. : ἡγήσαιτο Tb
a 3 ἔφην B : ἦν δ' TW

οἴει τι σπανιώτερον εἶναι ἢ σφόδρα μέγαν ἢ σφόδρα σμικρὸν 5
ἐξευρεῖν ἄνθρωπον ἢ κύνα ἢ ἄλλο ὁτιοῦν; ἢ αὖ ταχὺν ἢ
βραδὺν ἢ αἰσχρὸν ἢ καλὸν ἢ λευκὸν ἢ μέλανα; ἢ οὐχὶ
ᾔσθησαι ὅτι πάντων τῶν τοιούτων τὰ μὲν ἄκρα τῶν ἐσχάτων
σπάνια καὶ ὀλίγα, τὰ δὲ μεταξὺ ἄφθονα καὶ πολλά;
Πάνυ γε, ἦν δ' ἐγώ. 10

Οὐκοῦν οἴει, ἔφη, εἰ πονηρίας ἀγὼν προτεθείη, πάνυ ἂν b
ὀλίγους καὶ ἐνταῦθα τοὺς πρώτους φανῆναι;
Εἰκός γε, ἦν δ' ἐγώ.

Εἰκὸς γάρ, ἔφη. ἀλλὰ ταύτῃ μὲν οὐχ ὅμοιοι οἱ λόγοι
τοῖς ἀνθρώποις, ἀλλὰ σοῦ νυνδὴ προάγοντος ἐγὼ ἐφεσπόμην, 5
ἀλλ' ἐκείνῃ, ᾗ, ἐπειδάν τις πιστεύσῃ λόγῳ τινὶ ἀληθεῖ
εἶναι ἄνευ τῆς περὶ τοὺς λόγους τέχνης, κἄπειτα ὀλίγον
ὕστερον αὐτῷ δόξῃ ψευδὴς εἶναι, ἐνίοτε μὲν ὤν, ἐνίοτε δ'
οὐκ ὤν, καὶ αὖθις ἕτερος καὶ ἕτερος·—καὶ μάλιστα δὴ οἱ
περὶ τοὺς ἀντιλογικοὺς λόγους διατρίψαντες οἶσθ' ὅτι τελευ- c
τῶντες οἴονται σοφώτατοι γεγονέναι καὶ κατανενοηκέναι
μόνοι ὅτι οὔτε τῶν πραγμάτων οὐδενὸς οὐδὲν ὑγιὲς οὐδὲ
βέβαιον οὔτε τῶν λόγων, ἀλλὰ πάντα τὰ ὄντα ἀτεχνῶς ὥσπερ
ἐν Εὐρίπῳ ἄνω κάτω στρέφεται καὶ χρόνον οὐδένα ἐν 5
οὐδενὶ μένει.
Πάνυ μὲν οὖν, ἔφην ἐγώ, ἀληθῆ λέγεις.

Οὐκοῦν, ὦ Φαίδων, ἔφη, οἰκτρὸν ἂν εἴη τὸ πάθος, εἰ
ὄντος δή τινος ἀληθοῦς καὶ βεβαίου λόγου καὶ δυνατοῦ
κατανοῆσαι, ἔπειτα διὰ τὸ παραγίγνεσθαι τοιούτοις τισὶ d
λόγοις, τοῖς αὐτοῖς τοτὲ μὲν δοκοῦσιν ἀληθέσιν εἶναι, τοτὲ
δὲ μή, μὴ ἑαυτόν τις αἰτιῷτο μηδὲ τὴν ἑαυτοῦ ἀτεχνίαν,
ἀλλὰ τελευτῶν διὰ τὸ ἀλγεῖν ἄσμενος ἐπὶ τοὺς λόγους ἀφ'

a 7 καλὸν ἢ αἰσχρὸν Τ W   οὐχὶ Τ W : οὐκ Β   a 10 γε Β :
om. W   b 3 γε W : δὲ Β Τ   b 4 οἱ Β Τ : om. W   b 5 ἀνθρώ-
ποις Β : ἀνθρώποις εἰσίν Τ W   ἐφεσπόμην Τ : ἐφεσποίμην Β W
b 6 ᾗ secl. Madvig   b 7 ὕστερον ὀλίγον Τ W   b 8 δόξει W
c 2 καὶ Τ W : τε καὶ Β   c 4 οὔτε τῶν λόγων] οὐδὲν τῶν ὄντων in
marg. Β²   τὰ Β² W : om. Β Τ   c 5 κάτω Τ W : καὶ κάτω Β
c 7 ἔφη Β Τ : om. Β² W   c 9 δὴ Β   γε Τ W   d 1 τοιουτοισὶ
τισὶ Τ : τοιουτοισὶ Β t   d 2 ἀληθέσιν Β : ἀληθῆ λέγειν Τ   d 3 μὴ
alterum om. pr. Τ   τις om. W

5 ἑαυτοῦ τὴν αἰτίαν ἀπώσαιτο καὶ ἤδη τὸν λοιπὸν βίον μισῶν
τε καὶ λοιδορῶν τοὺς λόγους διατελοῖ, τῶν δὲ ὄντων τῆς
ἀληθείας τε καὶ ἐπιστήμης στερηθείη.

Νὴ τὸν Δία, ἦν δ' ἐγώ, οἰκτρὸν δῆτα.

Πρῶτον μὲν τοίνυν, ἔφη, τοῦτο εὐλαβηθῶμεν, καὶ μὴ
e παρίωμεν εἰς τὴν ψυχὴν ὡς τῶν λόγων κινδυνεύει οὐδὲν
ὑγιὲς εἶναι, ἀλλὰ πολὺ μᾶλλον ὅτι ἡμεῖς οὔπω ὑγιῶς ἔχομεν,
ἀλλὰ ἀνδριστέον καὶ προθυμητέον ὑγιῶς ἔχειν, σοὶ μὲν οὖν
καὶ τοῖς ἄλλοις καὶ τοῦ ἔπειτα βίου παντὸς ἕνεκα, ἐμοὶ δὲ
91 αὐτοῦ ἕνεκα τοῦ θανάτου, ὡς κινδυνεύω ἔγωγε ἐν τῷ παρόντι
περὶ αὐτοῦ τούτου οὐ φιλοσόφως ἔχειν ἀλλ' ὥσπερ οἱ πάνυ
ἀπαίδευτοι φιλονίκως. καὶ γὰρ ἐκεῖνοι ὅταν περί του ἀμ-
φισβητῶσιν, ὅπῃ μὲν ἔχει περὶ ὧν ἂν ὁ λόγος ᾖ οὐ φροντί-
5 ζουσιν, ὅπως δὲ ἃ αὐτοὶ ἔθεντο ταῦτα δόξει τοῖς παροῦσιν,
τοῦτο προθυμοῦνται. καὶ ἐγώ μοι δοκῶ ἐν τῷ παρόντι
τοσοῦτον μόνον ἐκείνων διοίσειν· οὐ γὰρ ὅπως τοῖς παροῦσιν
ἃ ἐγὼ λέγω δόξει ἀληθῆ εἶναι προθυμήσομαι, εἰ μὴ εἴη
πάρεργον, ἀλλ' ὅπως αὐτῷ ἐμοὶ ὅτι μάλιστα δόξει οὕτως
b ἔχειν. λογίζομαι γάρ, ὦ φίλε ἑταῖρε—θέασαι ὡς πλεο-
νεκτικῶς—εἰ μὲν τυγχάνει ἀληθῆ ὄντα ἃ λέγω, καλῶς δὴ
ἔχει τὸ πεισθῆναι· εἰ δὲ μηδέν ἐστι τελευτήσαντι, ἀλλ' οὖν
τοῦτόν γε τὸν χρόνον αὐτὸν τὸν πρὸ τοῦ θανάτου ἧττον τοῖς
5 παροῦσιν ἀηδὴς ἔσομαι ὀδυρόμενος, ἡ δὲ ἄνοιά μοι αὕτη οὐ
συνδιατελεῖ—κακὸν γὰρ ἂν ἦν—ἀλλ' ὀλίγον ὕστερον ἀπο-
λεῖται. παρεσκευασμένος δή, ἔφη, ὦ Σιμμία τε καὶ Κέβης,
οὑτωσὶ ἔρχομαι ἐπὶ τὸν λόγον· ὑμεῖς μέντοι, ἂν ἐμοὶ πεί-
c θησθε, σμικρὸν φροντίσαντες Σωκράτους, τῆς δὲ ἀληθείας
πολὺ μᾶλλον, ἐὰν μέν τι ὑμῖν δοκῶ ἀληθὲς λέγειν, συνομο-
λογήσατε, εἰ δὲ μή, παντὶ λόγῳ ἀντιτείνετε, εὐλαβούμενοι

d 6 τοὺς λόγους B²TW : om. B   d 9 εὐλαβηθῶμεν BT : εὐλε-
βητέον B²W (sed θῶμεν s. v.)   a 3 φιλονείκως Bt : φιλονεικῶσιν T
ἀμφισβητήσωσιν TW   a 8–9 δόξει T : δόξῃ B   a 8 προθυμήσομαι T :
προθυμηθήσομαι B   b 1 ὡς BT : ὥσπερ W   b 4 γε B²TW :
δὲ B   b 5 ἄνοια B²TW : διάνοια B   b 7 δή B : μὲν δὴ Tb
c 2 λέγειν ἀληθές T   c 3 εὐλαβούμενοι B²TW : om. B

ὅπως μὴ ἐγὼ ὑπὸ προθυμίας ἅμα ἐμαυτόν τε καὶ ὑμᾶς ἐξα-
πατήσας, ὥσπερ μέλιττα τὸ κέντρον ἐγκαταλιπὼν οἰχήσομαι. 5
Ἀλλ' ἰτέον, ἔφη. πρῶτόν με ὑπομνήσατε ἃ ἐλέγετε, ἐὰν
μὴ φαίνωμαι μεμνημένος. Σιμμίας μὲν γάρ, ὡς ἐγᾦμαι,
ἀπιστεῖ τε καὶ φοβεῖται μὴ ἡ ψυχὴ ὅμως καὶ θειότερον καὶ
κάλλιον ὂν τοῦ σώματος προαπολλύηται ἐν ἁρμονίας εἴδει d
οὖσα· Κέβης δέ μοι ἔδοξε τοῦτο μὲν ἐμοὶ συγχωρεῖν,
πολυχρονιώτερόν γε εἶναι ψυχὴν σώματος, ἀλλὰ τόδε
ἄδηλον παντί, μὴ πολλὰ δὴ σώματα καὶ πολλάκις κατα-
τρίψασα ἡ ψυχὴ τὸ τελευταῖον σῶμα καταλιποῦσα νῦν 5
αὐτὴ ἀπολλύηται, καὶ ᾖ αὐτὸ τοῦτο θάνατος, ψυχῆς ὄλε-
θρος, ἐπεὶ σῶμά γε ἀεὶ ἀπολλύμενον οὐδὲν παύεται. ἆρα
ἄλλ' ἢ ταῦτ' ἐστίν, ὦ Σιμμία τε καὶ Κέβης, ἃ δεῖ ἡμᾶς
ἐπισκοπεῖσθαι;

Συνωμολογείτην δὴ ταῦτ' εἶναι ἄμφω. e

Πότερον οὖν, ἔφη, πάντας τοὺς ἔμπροσθε λόγους οὐκ
ἀποδέχεσθε, ἢ τοὺς μέν, τοὺς δ' οὔ;

Τοὺς μέν, ἐφάτην, τοὺς δ' οὔ.

Τί οὖν, ἦ δ' ὅς, περὶ ἐκείνου τοῦ λόγου λέγετε ἐν ᾧ 5
ἔφαμεν τὴν μάθησιν ἀνάμνησιν εἶναι, καὶ τούτου οὕτως
ἔχοντος ἀναγκαίως ἔχειν ἄλλοθι πρότερον ἡμῶν εἶναι τὴν
ψυχήν, πρὶν ἐν τῷ σώματι ἐνδεθῆναι; 92

Ἐγὼ μέν, ἔφη ὁ Κέβης, καὶ τότε θαυμαστῶς ὡς ἐπείσθην
ὑπ' αὐτοῦ καὶ νῦν ἐμμένω ὡς οὐδενὶ λόγῳ.

Καὶ μήν, ἔφη ὁ Σιμμίας, καὶ αὐτὸς οὕτως ἔχω, καὶ πάνυ
ἂν θαυμάζοιμι εἴ μοι περί γε τούτου ἄλλο ποτέ τι δόξειεν. 5

Καὶ ὁ Σωκράτης, Ἀλλὰ ἀνάγκη σοι, ἔφη, ὦ ξένε Θηβαῖε,
ἄλλα δόξαι, ἐάνπερ μείνῃ ἥδε ἡ οἴησις, τὸ ἁρμονίαν μὲν εἶναι
σύνθετον πρᾶγμα, ψυχὴν δὲ ἁρμονίαν τινὰ ἐκ τῶν κατὰ τὸ

---

c 7 γὰρ B : om. T   ὡς ἐγᾦμαι om. W : ἐγᾦμαι s. v. w   d 1 κάλ-
λιστον W   d 5 νῦν ante τὸ τελευταῖον transp. T   d 8 δεῖ e
δὴ T   e 4 ἐφάτην Tb Stob. : φάτην B W   e 5 λέγετε T Stob. :
λέγεται B W   e 7 ἄλλοθι T : ἄλλο τι B Stob. : ἄλλοθί που W
a 3 ἐμμενῶ W   a 5 ἄλλο Tb : ἄλλα B W Stob.   ποτέ τι scripsi :
ποτὲ ἔτι T Stob. : ποτὲ B W   a 7 ἄλλα] ἄλλο Stob.   δόξαι T
Stob. (sed δοξαι εν pr. T) : δοξάσαι B W

σῶμα ἐντεταμένων συγκεῖσθαι· οὐ γάρ που ἀποδέξῃ γε
b σαυτοῦ λέγοντος ὡς πρότερον ἦν ἁρμονία συγκειμένη, πρὶν
ἐκεῖνα εἶναι ἐξ ὧν ἔδει αὐτὴν συντεθῆναι. ἢ ἀποδέξῃ;
Οὐδαμῶς, ἔφη, ὦ Σώκρατες.

Αἰσθάνῃ οὖν, ἦ δ' ὅς, ὅτι ταῦτά σοι συμβαίνει λέγειν,
5 ὅταν φῇς μὲν εἶναι τὴν ψυχὴν πρὶν καὶ εἰς ἀνθρώπου εἶδός
τε καὶ σῶμα ἀφικέσθαι, εἶναι δὲ αὐτὴν συγκειμένην ἐκ τῶν
οὐδέπω ὄντων; οὐ γὰρ δὴ ἁρμονία γέ σοι τοιοῦτόν ἐστιν
ᾧ ἀπεικάζεις, ἀλλὰ πρότερον καὶ ἡ λύρα καὶ αἱ χορδαὶ καὶ
c οἱ φθόγγοι ἔτι ἀνάρμοστοι ὄντες γίγνονται, τελευταῖον δὲ
πάντων συνίσταται ἡ ἁρμονία καὶ πρῶτον ἀπόλλυται. οὗτος
οὖν σοι ὁ λόγος ἐκείνῳ πῶς συνᾴσεται;
Οὐδαμῶς, ἔφη ὁ Σιμμίας.

5 Καὶ μήν, ἦ δ' ὅς, πρέπει γε εἴπερ τῳ ἄλλῳ λόγῳ συνῳδῷ
εἶναι καὶ τῷ περὶ ἁρμονίας.
Πρέπει γάρ, ἔφη ὁ Σιμμίας.

Οὗτος τοίνυν, ἔφη, σοὶ οὐ συνῳδός· ἀλλ' ὅρα πότερον
αἱρῇ τῶν λόγων, τὴν μάθησιν ἀνάμνησιν εἶναι ἢ ψυχὴν
10 ἁρμονίαν;
Πολὺ μᾶλλον, ἔφη, ἐκεῖνον, ὦ Σώκρατες. ὅδε μὲν γάρ
d μοι γέγονεν ἄνευ ἀποδείξεως μετὰ εἰκότος τινὸς καὶ εὐπρε-
πείας, ὅθεν καὶ τοῖς πολλοῖς δοκεῖ ἀνθρώποις· ἐγὼ δὲ τοῖς
διὰ τῶν εἰκότων τὰς ἀποδείξεις ποιουμένοις λόγοις σύνοιδα
οὖσιν ἀλαζόσιν, καὶ ἄν τις αὐτοὺς μὴ φυλάττηται, εὖ μάλα
5 ἐξαπατῶσι, καὶ ἐν γεωμετρίᾳ καὶ ἐν τοῖς ἄλλοις ἅπασιν.
ὁ δὲ περὶ τῆς ἀναμνήσεως καὶ μαθήσεως λόγος δι' ὑποθέσεως
ἀξίας ἀποδέξασθαι εἴρηται. ἐρρήθη γάρ που οὕτως ἡμῶν
εἶναι ἡ ψυχὴ καὶ πρὶν εἰς σῶμα ἀφικέσθαι, ὥσπερ αὐτῆς
ἐστιν ἡ οὐσία ἔχουσα τὴν ἐπωνυμίαν τὴν τοῦ "ὃ ἔστιν"

b 1 σαυτοῦ B²TW Stob. : αὐτοῦ B   b 4 ὅτι BT Stob. : ὅτι οὐ W
b 6 τε B²TW : γε B : om. Stob.   b 8 ᾧ B²TW Stob. : ὃ B
c 3 ξυνᾴσεται B²TW : ξυνέσεται B : ξυναινέσεται Stob.   c 8 σοὶ
οὐ B²TW Stob : οἴου B   c 9 ψυχὴν B²TW Stob. : ψυχὴ B
c 11 ἔφη ἐκεῖνο B (ἐκεῖνον B²) : ἐκεῖνον ἔφη TW Stob.   d 7 ὑποδέ-
ξασθαι W sed ἀ supra ὑ   d 8 αὐτῆς] αὐτὴ Mudge

ἐγὼ δὲ ταύτην, ὡς ἐμαυτὸν πείθω, ἱκανῶς τε καὶ ὀρθῶς ἀπο- e
δέδεγμαι.   ἀνάγκη οὖν μοι, ὡς ἔοικε, διὰ ταῦτα μήτε ἐμαυτοῦ
μήτε ἄλλου ἀποδέχεσθαι λέγοντος ὡς ψυχή ἐστιν ἁρμονία.

Τί δέ, ἦ δ' ὅς, ὦ Σιμμία, τῇδε; δοκεῖ σοι ἁρμονίᾳ ἢ ἄλλῃ
τινὶ συνθέσει προσήκειν ἄλλως πως ἔχειν ἢ ὡς ἂν ἐκεῖνα 93
ἔχῃ ἐξ ὧν ἂν συγκέηται;

Οὐδαμῶς.

Οὐδὲ μὴν ποιεῖν τι, ὡς ἐγῷμαι, οὐδέ τι πάσχειν ἄλλο
παρ' ἃ ἂν ἐκεῖνα ἢ ποιῇ ἢ πάσχῃ;   Συνέφη.   5

Οὐκ ἄρα ἡγεῖσθαί γε προσήκει ἁρμονίαν τούτων ἐξ ὧν ἂν
συντεθῇ, ἀλλ' ἕπεσθαι.   Συνεδόκει.

Πολλοῦ ἄρα δεῖ ἐναντία γε ἁρμονία κινηθῆναι ἂν ἢ
φθέγξασθαι ἤ τι ἄλλο ἐναντιωθῆναι τοῖς αὑτῆς μέρεσιν.

Πολλοῦ μέντοι, ἔφη.   10

Τί δέ; οὐχ οὕτως ἁρμονία πέφυκεν εἶναι ἑκάστη ἁρμονία
ὡς ἂν ἁρμοσθῇ;

Οὐ μανθάνω, ἔφη.

Ἢ οὐχί, ἦ δ' ὅς, ἂν μὲν μᾶλλον ἁρμοσθῇ καὶ ἐπὶ πλέον,
εἴπερ ἐνδέχεται τοῦτο γίγνεσθαι, μᾶλλόν τε ἂν ἁρμονία εἴη καὶ b
πλείων, εἰ δ' ἧττόν τε καὶ ἐπ' ἔλαττον, ἥττων τε καὶ ἐλάττων;

Πάνυ γε.

Ἦ οὖν ἔστι τοῦτο περὶ ψυχήν, ὥστε καὶ κατὰ τὸ σμικρό-
τατον μᾶλλον ἑτέραν ἑτέρας ψυχῆς ἐπὶ πλέον καὶ μᾶλλον 5
ἢ ἐπ' ἔλαττον καὶ ἧττον αὐτὸ τοῦτο εἶναι, ψυχήν;

Οὐδ' ὁπωστιοῦν, ἔφη.

Φέρε δή, ἔφη, πρὸς Διός· λέγεται ψυχὴ ἡ μὲν νοῦν τε
ἔχειν καὶ ἀρετὴν καὶ εἶναι ἀγαθή, ἡ δὲ ἄνοιάν τε καὶ μοχθηρίαν
καὶ εἶναι κακή;   καὶ ταῦτα ἀληθῶς λέγεται;   c

Ἀληθῶς μέντοι.

a 1 ἂν ἐκεῖνα B Stob. : ἐκεῖνα ἂν T   a 2 ἐξ B T : τὰ ἐξ W
a 8 ἂν Stob. : om. B T W   a 14 ἢ om. Heusde   b 1 ἂν B Stob. :
om. T   b 2 ἥττων B T W Stob. : ἧττον al.   b 4 ἢ T b : ἢ B² et
s. v. W : εἰ B W   b 5 μᾶλλον secl. Heusde   ψυχὴν Stob.
b 6 ἐπ(ὶ) B T Stob. : om. W   b 8 ἔφη B Stob. : om. T   τε
B Stob. : om. T W

Τῶν οὖν θεμένων ψυχὴν ἁρμονίαν εἶναι τί τις φήσει
ταῦτα ὄντα εἶναι ἐν ταῖς ψυχαῖς, τήν τε ἀρετὴν καὶ τὴν
5 κακίαν; πότερον ἁρμονίαν αὖ τινα ἄλλην καὶ ἀναρμοστίαν;
καὶ τὴν μὲν ἡρμόσθαι, τὴν ἀγαθήν, καὶ ἔχειν ἐν αὐτῇ
ἁρμονίᾳ οὔσῃ ἄλλην ἁρμονίαν, τὴν δὲ ἀνάρμοστον αὐτήν τε
εἶναι καὶ οὐκ ἔχειν ἐν αὐτῇ ἄλλην;

Οὐκ ἔχω ἔγωγ', ἔφη ὁ Σιμμίας, εἰπεῖν· δῆλον δ' ὅτι
10 τοιαῦτ' ἅττ' ἂν λέγοι ὁ ἐκεῖνο ὑποθέμενος.

d   Ἀλλὰ προωμολόγηται, ἔφη, μηδὲν μᾶλλον μηδ' ἧττον
ἑτέραν ἑτέρας ψυχὴν ψυχῆς εἶναι· τοῦτο δ' ἔστι τὸ ὁμο-
λόγημα, μηδὲν μᾶλλον μηδ' ἐπὶ πλέον μηδ' ἧττον μηδ' ἐπ'
ἔλαττον ἑτέραν ἑτέρας ἁρμονίαν ἁρμονίας εἶναι.   ἦ γάρ;

5   Πάνυ γε.

Τὴν δέ γε μηδὲν μᾶλλον μηδὲ ἧττον ἁρμονίαν οὖσαν μήτε
μᾶλλον μήτε ἧττον ἡρμόσθαι· ἔστιν οὕτως;

Ἔστιν.

Ἡ δὲ μήτε μᾶλλον μήτε ἧττον ἡρμοσμένη ἔστιν ὅτι πλέον
10 ἢ ἔλαττον ἁρμονίας μετέχει, ἢ τὸ ἴσον;

Τὸ ἴσον.

Οὐκοῦν ψυχὴ ἐπειδὴ οὐδὲν μᾶλλον οὐδ' ἧττον ἄλλη
e ἄλλης αὐτὸ τοῦτο, ψυχή, ἐστίν, οὐδὲ δὴ μᾶλλον οὐδὲ ἧττον
ἥρμοσται;

Οὕτω.

Τοῦτο δέ γε πεπονθυῖα οὐδὲν πλέον ἀναρμοστίας οὐδὲ
5 ἁρμονίας μετέχοι ἄν;

Οὐ γὰρ οὖν.

Τοῦτο δ' αὖ πεπονθυῖα ἆρ' ἄν τι πλέον κακίας ἢ ἀρετῆς
μετέχοι ἑτέρα ἑτέρας, εἴπερ ἡ μὲν κακία ἀναρμοστία, ἡ δὲ
ἀρετὴ ἁρμονία εἴη;

c 3 θεμένων Β : τιθεμένων T b Stob.   c 5 πότερον Β : πότερα T
Stob.   αὖ τινα Β Stob. : τινὰ αὖ T   ἄλλην] καλὴν in marg. B²
c 9 ἔγωγε, φησὶν Stob.   ὃ B² T W : ὦ B   d 4 ἁρμονίας secl.
Schmidt   d 6-7 μήτε ... μήτε Stallbaum : μηδὲ ... μηδὲ Β T W
Stob.   d 9 ἤ T : η W : εἰ B Stob.   d 12 ἐπειδὴ om. Stob.
e 1 οὐδὲ] οὐδὲν Bekker

Οὐδὲν πλέον. 10

Μᾶλλον δέ γέ που, ὦ Σιμμία, κατὰ τὸν ὀρθὸν λόγον 94
κακίας οὐδεμία ψυχὴ μεθέξει, εἴπερ ἁρμονία ἐστίν· ἁρμονία
γὰρ δήπου παντελῶς αὐτὸ τοῦτο οὖσα, ἁρμονία, ἀναρμοστίας
οὔποτ' ἂν μετάσχοι.

Οὐ μέντοι. 5

Οὐδέ γε δήπου ψυχή, οὖσα παντελῶς ψυχή, κακίας.

Πῶς γὰρ ἔκ γε τῶν προειρημένων;

Ἐκ τούτου ἄρα τοῦ λόγου ἡμῖν πᾶσαι ψυχαὶ πάντων
ζῴων ὁμοίως ἀγαθαὶ ἔσονται, εἴπερ ὁμοίως ψυχαὶ πεφύκασιν
αὐτὸ τοῦτο, ψυχαί, εἶναι. 10

Ἔμοιγε δοκεῖ, ἔφη, ὦ Σώκρατες.

Ἦ καὶ καλῶς δοκεῖ, ἦ δ' ὅς, οὕτω λέγεσθαι, καὶ πάσχειν
ἂν ταῦτα ὁ λόγος εἰ ὀρθὴ ἡ ὑπόθεσις ἦν, τὸ ψυχὴν ἁρμονίαν b
εἶναι;

Οὐδ' ὁπωστιοῦν, ἔφη.

Τί δέ; ἦ δ' ὅς· τῶν ἐν ἀνθρώπῳ πάντων ἔσθ' ὅτι ἄλλο
λέγεις ἄρχειν ἢ ψυχὴν ἄλλως τε καὶ φρόνιμον; 5

Οὐκ ἔγωγε.

Πότερον συγχωροῦσαν τοῖς κατὰ τὸ σῶμα πάθεσιν ἢ καὶ
ἐναντιουμένην; λέγω δὲ τὸ τοιόνδε, οἷον καύματος ἐνόντος
καὶ δίψους ἐπὶ τοὐναντίον ἕλκειν, τὸ μὴ πίνειν, καὶ πείνης
ἐνούσης ἐπὶ τὸ μὴ ἐσθίειν, καὶ ἄλλα μυρία που ὁρῶμεν 10
ἐναντιουμένην τὴν ψυχὴν τοῖς κατὰ τὸ σῶμα· ἢ οὔ; c

Πάνυ μὲν οὖν.

Οὐκοῦν αὖ ὡμολογήσαμεν ἐν τοῖς πρόσθεν μήποτ' ἂν
αὐτήν, ἁρμονίαν γε οὖσαν, ἐναντία ᾄδειν οἷς ἐπιτείνοιτο

a 9 ψυχαὶ secl. ci. Heindorf   a 10 τοῦτο T W Stob. :   τοῦτο
τὸ B t   εἶναι ψυχαὶ Stob.   b 1 ἂν Stob. : om. B T W   ἢ T W
Stob. : om. B   b 7 πάθεσιν B T : παθήμασιν W Stob.   ἢ καὶ
B² T W Stob. : om. B   b 8 ἐναντιουμένην T (sed add. in marg.
παθήμασιν) W Stob. : ἐναντιουμένην παθήμασι B   τὸ B T Stob. :
om. W   οἷον T W Stob. : ὡς εἰ B : ὡσεὶ et ὡς καύματος in marg. b
b 9 τὸ B T : τοῦ W   b 10 που μυρία Stob.   c 3 πρόσθεν B T
Stob. : ἔμπροσθεν W   μήποτ' ἂν αὐτὴν B² T W : μήποτε ταύτην
B Stob.

5 καὶ χαλῷτο καὶ ψάλλοιτο καὶ ἄλλο ὁτιοῦν πάθος πάσχοι
ἐκεῖνα ἐξ ὧν τυγχάνοι οὖσα, ἀλλ' ἕπεσθαι ἐκείνοις καὶ οὔποτ'
ἂν ἡγεμονεύειν;
'Ωμολογήσαμεν, ἔφη· πῶς γὰρ οὔ;
Τί οὖν; νῦν οὐ πᾶν τοὐναντίον ἡμῖν φαίνεται ἐργαζομένη,
10 ἡγεμονεύουσά τε ἐκείνων πάντων ἐξ ὧν φησί τις αὐτὴν
d εἶναι, καὶ ἐναντιουμένη ὀλίγου πάντα διὰ παντὸς τοῦ βίου
καὶ δεσπόζουσα πάντας τρόπους, τὰ μὲν χαλεπώτερον κολά-
ζουσα καὶ μετ' ἀλγηδόνων, τά τε κατὰ τὴν γυμναστικὴν καὶ
τὴν ἰατρικήν, τὰ δὲ πρᾳότερον, καὶ τὰ μὲν ἀπειλοῦσα, τὰ δὲ
5 νουθετοῦσα, ταῖς ἐπιθυμίαις καὶ ὀργαῖς καὶ φόβοις ὡς ἄλλη
οὖσα ἄλλῳ πράγματι διαλεγομένη; οἷόν που καὶ Ὅμηρος ἐν
'Οδυσσείᾳ πεποίηκεν, οὗ λέγει τὸν 'Οδυσσέα·

στῆθος δὲ πλήξας κραδίην ἠνίπαπε μύθῳ·
e τέτλαθι δή, κραδίη· καὶ κύντερον ἄλλο ποτ' ἔτλης.

ἆρ' οἴει αὐτὸν ταῦτα ποιῆσαι διανοούμενον ὡς ἁρμονίας
αὐτῆς οὔσης καὶ οἵας ἄγεσθαι ὑπὸ τῶν τοῦ σώματος παθη-
μάτων, ἀλλ' οὐχ οἵας ἄγειν τε ταῦτα καὶ δεσπόζειν, καὶ
5 οὔσης αὐτῆς πολὺ θειοτέρου τινὸς πράγματος ἢ καθ'
ἁρμονίαν;
Νὴ Δία, ὦ Σώκρατες, ἔμοιγε δοκεῖ.
Οὐκ ἄρα, ὦ ἄριστε, ἡμῖν οὐδαμῇ καλῶς ἔχει ψυχὴν
95 ἁρμονίαν τινὰ φάναι εἶναι· οὔτε γὰρ ἄν, ὡς ἔοικεν, Ὁμήρῳ
θείῳ ποιητῇ ὁμολογοῖμεν οὔτε αὐτοὶ ἡμῖν αὐτοῖς.
Ἔχει οὕτως, ἔφη.
Εἶεν δή, ἦ δ' ὃς ὁ Σωκράτης, τὰ μὲν 'Αρμονίας ἡμῖν τῆς
5 Θηβαϊκῆς ἵλεά πως, ὡς ἔοικε, μετρίως γέγονεν· τί δὲ δὴ τὰ
Κάδμου, ἔφη, ὦ Κέβης, πῶς ἱλασόμεθα καὶ τίνι λόγῳ;
Σύ μοι δοκεῖς, ἔφη ὁ Κέβης, ἐξευρήσειν· τουτονὶ γοῦν

c 5 ψάλλοιτο pr. T (ut vid.) Stob.: πάλλοιτο B T W   c 6 τυγχάνοι
T : τυγχάνει B Stob.   c 9 νῦν B T Stob. : om. W   d 1 ἐνατιου-
μένη B² T W Stob. : ἐναντιουμένην B   d 3 τε B T Stob. : δὲ W
e 3 παθημάτων B² T W Stob. : παθῶν B   e 5 πράγματος B : om. T
Stob.   e 7 ἔμοιγε B Stob. : ἐμοὶ T   a 3 ἔχει T W Stob. :
ἔχειν B t   a 7 τουτονὶ B : τοῦτον T

τὸν λόγον τὸν πρὸς τὴν ἁρμονίαν θαυμαστῶς μοι εἶπες ὡς
παρὰ δόξαν. Σιμμίου γὰρ λέγοντος ὅτε ἠπόρει, πάνυ ἐθαύ-
μαζον εἴ τι ἕξει τις χρήσασθαι τῷ λόγῳ αὐτοῦ· πάνυ οὖν b
μοι ἀτόπως ἔδοξεν εὐθὺς τὴν πρώτην ἔφοδον οὐ δέξασθαι
τοῦ σοῦ λόγου. ταῦτα δὴ οὐκ ἂν θαυμάσαιμι καὶ τὸν τοῦ
Κάδμου λόγον εἰ πάθοι.

Ὠγαθέ, ἔφη ὁ Σωκράτης, μὴ μέγα λέγε, μή τις ἡμῖν 5
βασκανία περιτρέψῃ τὸν λόγον τὸν μέλλοντα ἔσεσθαι.
ἀλλὰ δὴ ταῦτα μὲν τῷ θεῷ μελήσει, ἡμεῖς δὲ Ὁμηρικῶς
ἐγγὺς ἰόντες πειρώμεθα εἰ ἄρα τι λέγεις. ἔστι δὲ δὴ τὸ
κεφάλαιον ὧν ζητεῖς· ἀξιοῖς ἐπιδειχθῆναι ἡμῶν τὴν ψυχὴν
ἀνώλεθρόν τε καὶ ἀθάνατον οὖσαν, εἰ φιλόσοφος ἀνὴρ μέλ- c
λων ἀποθανεῖσθαι, θαρρῶν τε καὶ ἡγούμενος ἀποθανὼν ἐκεῖ
εὖ πράξειν διαφερόντως ἢ εἰ ἐν ἄλλῳ βίῳ βιοὺς ἐτελεύτα,
μὴ ἀνόητόν τε καὶ ἠλίθιον θάρρος θαρρήσει. τὸ δὲ ἀπο-
φαίνειν ὅτι ἰσχυρόν τί ἐστιν ἡ ψυχὴ καὶ θεοειδὲς καὶ ἦν ἔτι 5
πρότερον, πρὶν ἡμᾶς ἀνθρώπους γενέσθαι, οὐδὲν κωλύειν
φῇς πάντα ταῦτα μηνύειν ἀθανασίαν μὲν μή, ὅτι δὲ πολυ-
χρόνιόν τέ ἐστιν ψυχὴ καὶ ἦν που πρότερον ἀμήχανον ὅσον
χρόνον καὶ ᾔδει τε καὶ ἔπραττεν πολλὰ ἄττα· ἀλλὰ γὰρ
οὐδέν τι μᾶλλον ἦν ἀθάνατον, ἀλλὰ καὶ αὐτὸ τὸ εἰς ἀν- d
θρώπου σῶμα ἐλθεῖν ἀρχὴ ἦν αὐτῇ ὀλέθρου, ὥσπερ νόσος·
καὶ ταλαιπωρουμένη τε δὴ τοῦτον τὸν βίον ζῴη καὶ τελευτῶσά
γε ἐν τῷ καλουμένῳ θανάτῳ ἀπολλύοιτο. διαφέρειν δὲ δὴ
φῇς οὐδὲν εἴτε ἅπαξ εἰς σῶμα ἔρχεται εἴτε πολλάκις, πρός 5
γε τὸ ἕκαστον ἡμῶν φοβεῖσθαι· προσήκει γὰρ φοβεῖσθαι,
εἰ μὴ ἀνόητος εἴη, τῷ μὴ εἰδότι μηδὲ ἔχοντι λόγον διδόναι
ὡς ἀθάνατόν ἐστι. τοιαῦτ' ἄττα ἐστίν, οἶμαι, ὦ Κέβης, ἃ e

a 9 ὅτε] ὅ τι ci. Forster   b 1 χρήσασθαι B : χρῆσθαι T   οὖν T :
μὲν οὖν B   b 5 ἡμῖν W : ἡμῶν B T   b 6 ἔσεσθαι B T : λέγεσθαι
B² W t   c 3 εἰ B : om. T   c 5 ἦν B T : ὅτι ἦν B² W   c 7 φῆς
ἂν in marg. b   πολυχρονιώτερόν W   c 8 ὅσον χρόνον B : om. T
d 4 διαφέρει al. Heindorf   d 6 προσήκειν Baiter   e 1 τοιαῦτ'
ἄττα B : τοιαῦτα T

λέγεις· καὶ ἐξεπίτηδες πολλάκις ἀναλαμβάνω, ἵνα μή τι διαφύγῃ ἡμᾶς, εἴ τέ τι βούλει, προσθῇς ἢ ἀφέλῃς.

Καὶ ὁ Κέβης, Ἀλλ᾽ οὐδὲν ἔγωγε ἐν τῷ παρόντι, ἔφη,
5 οὔτε ἀφελεῖν οὔτε προσθεῖναι δέομαι· ἔστι δὲ ταῦτα ἃ λέγω.

Ὁ οὖν Σωκράτης συχνὸν χρόνον ἐπισχὼν καὶ πρὸς ἑαυτόν τι σκεψάμενος, Οὐ φαῦλον πρᾶγμα, ἔφη, ὦ Κέβης, ζητεῖς· ὅλως γὰρ δεῖ περὶ γενέσεως καὶ φθορᾶς τὴν αἰτίαν δια-
96 πραγματεύσασθαι. ἐγὼ οὖν σοι δίειμι περὶ αὐτῶν, ἐὰν βούλῃ, τά γε ἐμὰ πάθη· ἔπειτα ἄν τί σοι χρήσιμον φαίνηται ὧν ἂν λέγω, πρὸς τὴν πειθὼ περὶ ὧν δὴ λέγεις χρήσῃ.
5 Ἀλλὰ μήν, ἔφη ὁ Κέβης, βούλομαί γε.

Ἄκουε τοίνυν ὡς ἐροῦντος. ἐγὼ γάρ, ἔφη, ὦ Κέβης, νέος ὢν θαυμαστῶς ὡς ἐπεθύμησα ταύτης τῆς σοφίας ἣν δὴ καλοῦσι περὶ φύσεως ἱστορίαν· ὑπερήφανος γάρ μοι ἐδόκει εἶναι, εἰδέναι τὰς αἰτίας ἑκάστου, διὰ τί γίγνεται
10 ἕκαστον καὶ διὰ τί ἀπόλλυται καὶ διὰ τί ἔστι. καὶ πολλάκις
b ἐμαυτὸν ἄνω κάτω μετέβαλλον σκοπῶν πρῶτον τὰ τοιάδε· "Ἆρ᾽ ἐπειδὰν τὸ θερμὸν καὶ τὸ ψυχρὸν σηπεδόνα τινὰ λάβῃ, ὥς τινες ἔλεγον, τότε δὴ τὰ ζῷα συντρέφεται; καὶ πότερον τὸ αἷμά ἐστιν ᾧ φρονοῦμεν, ἢ ὁ ἀὴρ ἢ τὸ πῦρ; ἢ
5 τούτων μὲν οὐδέν, ὁ δ᾽ ἐγκέφαλός ἐστιν ὁ τὰς αἰσθήσεις παρέχων τοῦ ἀκούειν καὶ ὁρᾶν καὶ ὀσφραίνεσθαι, ἐκ τούτων δὲ γίγνοιτο μνήμη καὶ δόξα, ἐκ δὲ μνήμης καὶ δόξης λα-βούσης τὸ ἠρεμεῖν, κατὰ ταῦτα γίγνεσθαι ἐπιστήμην; καὶ αὖ τούτων τὰς φθορὰς σκοπῶν, καὶ τὰ περὶ τὸν οὐρανόν

---

e 3 διαφύγῃ W : διαφεύγοι B T   e 9 δεῖ B T Stob. : δὴ W
a 3 φανεῖται T   δὴ λέγεις Baumann : ἂν λέγῃς B : λέγεις T Stob.
a 5–6 βούλομαι ... Κέβης om. B : add. in marg. B²   a 5 γε B² W t :
τε T   a 8 ὑπερήφανος B T W (ὑπέρφρων schol.) : ὑπερήφανον Eus.
Stob.   a 9 εἰδέναι B² T W Eus. Stob. : om. B   αἰτίας B W
Eus. Stob. et in marg. γρ. T : ἱστορίας T   b 1 πρῶτον B² T W
Eus. Stob. : om. B   b 2 καὶ τὸ ψυχρὸν T Eus. Stob. : καὶ ψυχρὸν
B W : secl. Schanz : καὶ τὸ ὑγρὸν Sprengel   b 8 κατὰ ταῦτα B W
Eus. Stob. : καὶ ταῦτα T : κατὰ ταὐτὰ Heindorf

τε καὶ τὴν γῆν πάθη, τελευτῶν οὕτως ἐμαυτῷ ἔδοξα πρὸς c
ταύτην τὴν σκέψιν ἀφυὴς εἶναι ὡς οὐδὲν χρῆμα. τεκμή-
ριον δέ σοι ἐρῶ ἱκανόν· ἐγὼ γὰρ ἃ καὶ πρότερον σαφῶς
ἠπιστάμην, ὥς γε ἐμαυτῷ καὶ τοῖς ἄλλοις ἐδόκουν, τότε
ὑπὸ ταύτης τῆς σκέψεως οὕτω σφόδρα ἐτυφλώθην, ὥστε 5
ἀπέμαθον καὶ ταῦτα ἃ πρὸ τοῦ ᾤμην εἰδέναι, περὶ ἄλλων τε
πολλῶν καὶ διὰ τί ἄνθρωπος αὐξάνεται. τοῦτο γὰρ ᾤμην
πρὸ τοῦ παντὶ δῆλον εἶναι, ὅτι διὰ τὸ ἐσθίειν καὶ πίνειν·
ἐπειδὰν γὰρ ἐκ τῶν σιτίων ταῖς μὲν σαρξὶ σάρκες προσ- d
γένωνται, τοῖς δὲ ὀστοῖς ὀστᾶ, καὶ οὕτω κατὰ τὸν αὐτὸν
λόγον καὶ τοῖς ἄλλοις τὰ αὐτῶν οἰκεῖα ἑκάστοις προσγένηται,
τότε δὴ τὸν ὀλίγον ὄγκον ὄντα ὕστερον πολὺν γεγονέναι,
καὶ οὕτω γίγνεσθαι τὸν σμικρὸν ἄνθρωπον μέγαν. οὕτως 5
τότε ᾤμην· οὐ δοκῶ σοι μετρίως;
  Ἔμοιγε, ἔφη ὁ Κέβης.
  Σκέψαι δὴ καὶ τάδε ἔτι. ᾤμην γὰρ ἱκανῶς μοι δοκεῖν,
ὁπότε τις φαίνοιτο ἄνθρωπος παραστὰς μέγας σμικρῷ μείζων
εἶναι αὐτῇ τῇ κεφαλῇ, καὶ ἵππος ἵππου· καὶ ἔτι γε τούτων e
ἐναργέστερα, τὰ δέκα μοι ἐδόκει τῶν ὀκτὼ πλέονα εἶναι διὰ
τὸ δύο αὐτοῖς προσεῖναι, καὶ τὸ δίπηχυ τοῦ πηχυαίου μεῖζον
εἶναι διὰ τὸ ἡμίσει αὐτοῦ ὑπερέχειν.
  Νῦν δὲ δή, ἔφη ὁ Κέβης, τί σοι δοκεῖ περὶ αὐτῶν; 5
  Πόρρω που, ἔφη, νὴ Δία ἐμὲ εἶναι τοῦ οἴεσθαι περὶ
τούτων του τὴν αἰτίαν εἰδέναι, ὅς γε οὐκ ἀποδέχομαι ἐμαυτοῦ
οὐδὲ ὡς ἐπειδὰν ἑνί τις προσθῇ ἕν, ἢ τὸ ἓν ᾧ προσετέθη
δύο γέγονεν, ⟨ἢ τὸ προστεθέν⟩, ἢ τὸ προστεθὲν καὶ ᾧ προσ-
ετέθη διὰ τὴν πρόσθεσιν τοῦ ἑτέρου τῷ ἑτέρῳ δύο ἐγένετο· 97
θαυμάζω γὰρ εἰ ὅτε μὲν ἑκάτερον αὐτῶν χωρὶς ἀλλήλων
ἦν, ἐν ἄρα ἑκάτερον ἦν καὶ οὐκ ἤστην τότε δύο, ἐπεὶ δ'

c 1 τε B²TW Eus. Stob. : om. B   c 5 ὑπὸ ταύτης BT : ὑπ' αὐ-
τῆς W Eus.   c 6 ἀπέμαθον καὶ ταῦτα B² (in marg.) TW Eus.
Stob. : ἅποτ' ἔμαθον B   c 8 τὸ B : τοῦ T   d 1 προσγένωνται
B²TW : προσγεννῶνται B   d 8 γὰρ B : γὰρ ἐγὼ T : γὰρ ἔγωγε b
d 9 παραστὰς ἄνθρωπος W   e 1 αὐτῇ] αὐτοῦ Wyttenbach   ἵππου
B : ἵππῳ Tb   e 3 τὸ BT : τὸ τὰ W   προσεῖναι B²TW :
προσθεῖναι B   e 4 ἡμίσει B²TW : ἥμισυ B   e 7 του Wt :
τοῦ BT   e 9 ἢ τὸ προστεθὲν add. Wyttenbach

ἐπλησίασαν ἀλλήλοις, αὕτη ἄρα αἰτία αὐτοῖς ἐγένετο τοῦ δύο
5 γενέσθαι, ἡ σύνοδος τοῦ πλησίον ἀλλήλων τεθῆναι. οὐδέ
γε ὡς ἐάν τις ἓν διασχίσῃ, δύναμαι ἔτι πείθεσθαι ὡς αὕτη
αὖ αἰτία γέγονεν, ἡ σχίσις, τοῦ δύο γεγονέναι· ἐναντία γὰρ
b γίγνεται ἢ τότε αἰτία τοῦ δύο γίγνεσθαι. τότε μὲν γὰρ ὅτι
συνήγετο πλησίον ἀλλήλων καὶ προσετίθετο ἕτερον ἑτέρῳ,
νῦν δ' ὅτι ἀπάγεται καὶ χωρίζεται ἕτερον ἀφ' ἑτέρου. οὐδέ
γε δι' ὅτι ἓν γίγνεται ὡς ἐπίσταμαι, ἔτι πείθω ἐμαυτόν,
5 οὐδ' ἄλλο οὐδὲν ἑνὶ λόγῳ δι' ὅτι γίγνεται ἢ ἀπόλλυται ἢ
ἔστι, κατὰ τοῦτον τὸν τρόπον τῆς μεθόδου, ἀλλά τιν' ἄλλον
τρόπον αὐτὸς εἰκῇ φύρω, τοῦτον δὲ οὐδαμῇ προσίεμαι.

Ἀλλ' ἀκούσας μέν ποτε ἐκ βιβλίου τινός, ὡς ἔφη, Ἀναξ-
c αγόρου ἀναγιγνώσκοντος, καὶ λέγοντος ὡς ἄρα νοῦς ἐστιν ὁ
διακοσμῶν τε καὶ πάντων αἴτιος, ταύτῃ δὴ τῇ αἰτίᾳ ἥσθην τε
καὶ ἔδοξέ μοι τρόπον τινὰ εὖ ἔχειν τὸ τὸν νοῦν εἶναι πάντων
αἴτιον, καὶ ἡγησάμην, εἰ τοῦθ' οὕτως ἔχει, τόν γε νοῦν
5 κοσμοῦντα πάντα κοσμεῖν καὶ ἕκαστον τιθέναι ταύτῃ ὅπῃ
ἂν βέλτιστα ἔχῃ· εἰ οὖν τις βούλοιτο τὴν αἰτίαν εὑρεῖν
περὶ ἑκάστου ὅπῃ γίγνεται ἢ ἀπόλλυται ἢ ἔστι, τοῦτο δεῖν
περὶ αὐτοῦ εὑρεῖν, ὅπῃ βέλτιστον αὐτῷ ἐστιν ἢ εἶναι ἢ
d ἄλλο ὁτιοῦν πάσχειν ἢ ποιεῖν· ἐκ δὲ δὴ τοῦ λόγου τούτου
οὐδὲν ἄλλο σκοπεῖν προσήκειν ἀνθρώπῳ καὶ περὶ αὐτοῦ ἐκεί-
νου καὶ περὶ τῶν ἄλλων ἀλλ' ἢ τὸ ἄριστον καὶ τὸ βέλτιστον.
ἀναγκαῖον δὲ εἶναι τὸν αὐτὸν τοῦτον καὶ τὸ χεῖρον εἰδέναι·
5 τὴν αὐτὴν γὰρ εἶναι ἐπιστήμην περὶ αὐτῶν. ταῦτα δὴ
λογιζόμενος ἅσμενος ηὑρηκέναι ᾤμην διδάσκαλον τῆς αἰτίας
περὶ τῶν ὄντων κατὰ νοῦν ἐμαυτῷ, τὸν Ἀναξαγόραν, καί
μοι φράσειν πρῶτον μὲν πότερον ἡ γῆ πλατεῖά ἐστιν ἢ
e στρογγύλη, ἐπειδὴ δὲ φράσειεν, ἐπεκδιηγήσεσθαι τὴν αἰτίαν

a 4 αὐτοῖς αἰτία T   τοῦ δύο W : δύο B : δυοῖν T   a 6 διχάσῃ W
a 7 αὖ om. T   b 1 ἢ W : ἡ B T   μὲν om. W   b 2 τὸ πλησίον
et mox τὸ ἕτερον W   b 3 ὑφ' W   b 5 ἑνὶ λόγῳ B : ἐν
ὀλίγῳ T   ἢ γίγνεται W   c 2 δὴ B Eus. : ἤδη T   τε B
Eus. : om. T   c 7 ὅπῃ ἢ Eus.   c 8 αὐτῷ B² T W Eus. : αὐ-
τῶν B   d 2 προσήκειν B² T W : προσήκει B w   ἐκείνου B : om.
T W Eus.   d 3 τῶν B² T W Eus. : om. B   d 8 ἐστιν om. W
e 1 ἐπεκδιηγήσασθαι W (et mox e 4, b 3)

καὶ τὴν ἀνάγκην, λέγοντα τὸ ἄμεινον καὶ ὅτι αὐτὴν ἄμεινον
ἦν τοιαύτην εἶναι· καὶ εἰ ἐν μέσῳ φαίη εἶναι αὐτήν, ἐπεκ-
διηγήσεσθαι ὡς ἄμεινον ἦν αὐτὴν ἐν μέσῳ εἶναι· καὶ εἴ μοι
ταῦτα ἀποφαίνοι, παρεσκευάσμην ὡς οὐκέτι ποθεσόμενος 98
αἰτίας ἄλλο εἶδος. καὶ δὴ καὶ περὶ ἡλίου οὕτω παρεσκευ-
άσμην ὡσαύτως πευσόμενος, καὶ σελήνης καὶ τῶν ἄλλων
ἄστρων, τάχους τε πέρι πρὸς ἄλληλα καὶ τροπῶν καὶ τῶν
ἄλλων παθημάτων, πῇ ποτε ταῦτ' ἄμεινόν ἐστιν ἕκαστον 5
καὶ ποιεῖν καὶ πάσχειν ἃ πάσχει. οὐ γὰρ ἄν ποτε αὐτὸν
ᾤμην, φάσκοντά γε ὑπὸ νοῦ αὐτὰ κεκοσμῆσθαι, ἄλλην τινὰ
αὐτοῖς αἰτίαν ἐπενεγκεῖν ἢ ὅτι βέλτιστον αὐτὰ οὕτως ἔχειν
ἐστὶν ὥσπερ ἔχει· ἑκάστῳ οὖν αὐτῶν ἀποδιδόντα τὴν αἰτίαν b
καὶ κοινῇ πᾶσι τὸ ἑκάστῳ βέλτιστον ᾤμην καὶ τὸ κοινὸν
πᾶσιν ἐπεκδιηγήσεσθαι ἀγαθόν· καὶ οὐκ ἂν ἀπεδόμην πολλοῦ
τὰς ἐλπίδας, ἀλλὰ πάνυ σπουδῇ λαβὼν τὰς βίβλους ὡς
τάχιστα οἷός τ' ἦ ἀνεγίγνωσκον, ἵν' ὡς τάχιστα εἰδείην τὸ 5
βέλτιστον καὶ τὸ χεῖρον.

Ἀπὸ δὴ θαυμαστῆς ἐλπίδος, ὦ ἑταῖρε, ᾠχόμην φερόμενος,
ἐπειδὴ προϊὼν καὶ ἀναγιγνώσκων ὁρῶ ἄνδρα τῷ μὲν νῷ
οὐδὲν χρώμενον οὐδέ τινας αἰτίας ἐπαιτιώμενον εἰς τὸ
διακοσμεῖν τὰ πράγματα, ἀέρας δὲ καὶ αἰθέρας καὶ ὕδατα c
αἰτιώμενον καὶ ἄλλα πολλὰ καὶ ἄτοπα. καί μοι ἔδοξεν
ὁμοιότατον πεπονθέναι ὥσπερ ἂν εἴ τις λέγων ὅτι Σωκράτης
πάντα ὅσα πράττει νῷ πράττει, κἄπειτα ἐπιχειρήσας λέγειν
τὰς αἰτίας ἑκάστων ὧν πράττω, λέγοι πρῶτον μὲν ὅτι διὰ 5
ταῦτα νῦν ἐνθάδε κάθημαι, ὅτι σύγκειταί μου τὸ σῶμα ἐξ
ὀστῶν καὶ νεύρων, καὶ τὰ μὲν ὀστᾶ ἐστιν στερεὰ καὶ
διαφυὰς ἔχει χωρὶς ἀπ' ἀλλήλων, τὰ δὲ νεῦρα οἷα ἐπι-
τείνεσθαι καὶ ἀνίεσθαι, περιαμπέχοντα τὰ ὀστᾶ μετὰ τῶν d
σαρκῶν καὶ δέρματος ὃ συνέχει αὐτά· αἰωρουμένων οὖν τῶν
ὀστῶν ἐν ταῖς αὑτῶν συμβολαῖς χαλῶντα καὶ συντείνοντα

a 1 ἀποφαίνοι T b : ἀποφαίνοιτο B   παρεσκευασάμην W (et mox)
ποθεσόμενος T Eus. : ὑποθέμενος B et γρ. T : ὑποθησόμενος W   a 8 αἰ-
τίαν αὐτοῖς B² W   βέλτιον W   b 1 αὐτῶν B Eus. : αὐτὸν T
b 7 ὦ ἑταῖρε ἐλπίδος T W Eus.   c 3 λέγοι pr. W

τὰ νεῦρα κάμπτεσθαί που ποιεῖ οἷόν τ' εἶναι ἐμὲ νῦν τὰ
5 μέλη, καὶ διὰ ταύτην τὴν αἰτίαν συγκαμφθεὶς ἐνθάδε κά-
θημαι· καὶ αὖ περὶ τοῦ διαλέγεσθαι ὑμῖν ἑτέρας τοιαύτας
αἰτίας λέγοι, φωνάς τε καὶ ἀέρας καὶ ἀκοὰς καὶ ἄλλα μυρία
e τοιαῦτα αἰτιώμενος, ἀμελήσας τὰς ὡς ἀληθῶς αἰτίας λέγειν,
ὅτι, ἐπειδὴ Ἀθηναίοις ἔδοξε βέλτιον εἶναι ἐμοῦ καταψη-
φίσασθαι, διὰ ταῦτα δὴ καὶ ἐμοὶ βέλτιον αὖ δέδοκται ἐνθάδε
καθῆσθαι, καὶ δικαιότερον παραμένοντα ὑπέχειν τὴν δίκην
5 ἣν ἂν κελεύσωσιν· ἐπεὶ νὴ τὸν κύνα, ὡς ἐγῷμαι, πάλαι ἂν
99 ταῦτα τὰ νεῦρα καὶ τὰ ὀστᾶ ἢ περὶ Μέγαρα ἢ Βοιωτοὺς ἦν,
ὑπὸ δόξης φερόμενα τοῦ βελτίστου, εἰ μὴ δικαιότερον ᾤμην
καὶ κάλλιον εἶναι πρὸ τοῦ φεύγειν τε καὶ ἀποδιδράσκειν
ὑπέχειν τῇ πόλει δίκην ἥντιν' ἂν τάττῃ. ἀλλ' αἴτια μὲν
5 τὰ τοιαῦτα καλεῖν λίαν ἄτοπον· εἰ δέ τις λέγοι ὅτι ἄνευ
τοῦ τὰ τοιαῦτα ἔχειν καὶ ὀστᾶ καὶ νεῦρα καὶ ὅσα ἄλλα ἔχω
οὐκ ἂν οἷός τ' ἢ ποιεῖν τὰ δόξαντά μοι, ἀληθῆ ἂν λέγοι· ὡς
μέντοι διὰ ταῦτα ποιῶ ἃ ποιῶ, καὶ ταῦτα νῷ πράττων, ἀλλ' οὐ
b τῇ τοῦ βελτίστου αἱρέσει, πολλὴ ἂν καὶ μακρὰ ῥᾳθυμία εἴη
τοῦ λόγου. τὸ γὰρ μὴ διελέσθαι οἷόν τ' εἶναι ὅτι ἄλλο μέν
τί ἐστι τὸ αἴτιον τῷ ὄντι, ἄλλο δὲ ἐκεῖνο ἄνευ οὗ τὸ αἴτιον
οὐκ ἄν ποτ' εἴη αἴτιον· ὃ δή μοι φαίνονται ψηλαφῶντες οἱ
5 πολλοὶ ὥσπερ ἐν σκότει, ἀλλοτρίῳ ὀνόματι προσχρώμενοι,
ὡς αἴτιον αὐτὸ προσαγορεύειν. διὸ δὴ καὶ ὁ μέν τις δίνην
περιτιθεὶς τῇ γῇ ὑπὸ τοῦ οὐρανοῦ μένειν δὴ ποιεῖ τὴν γῆν,
ὁ δὲ ὥσπερ καρδόπῳ πλατείᾳ βάθρον τὸν ἀέρα ὑπερείδει·
c τὴν δὲ τοῦ ὡς οἷόν τε βέλτιστα αὐτὰ τεθῆναι δύναμιν οὕτω
νῦν κεῖσθαι, ταύτην οὔτε ζητοῦσιν οὔτε τινὰ οἴονται δαι-
μονίαν ἰσχὺν ἔχειν, ἀλλὰ ἡγοῦνται τούτου Ἄτλαντα ἄν
ποτε ἰσχυρότερον καὶ ἀθανατώτερον καὶ μᾶλλον ἅπαντα

d 4 που om. W   e 1 ὡς om. pr. T   e 5 κελεύωσιν T   a 1 καὶ
T W Eus. : τε καὶ B   a 6 ἄλλα ὅσα W   a 7 ἀληθῆ ἂν λέγοι om. T
a 8 ποιῶ ἃ B² T W Eus. : ποιῶν ἃ B   πράττων Heindorf : πράττω
B T W Eus.   b 1 ἂν T W Eus. : om. B (post ῥᾳθυμία recc.)
b 3 ἐστι τι T   ἐκεῖνο B T Simpl. Stob. : ἐκεῖνο ὃ B² W t   b 5 σκότῳ
W   ὀνόματι T Simpl. Stob. : ὄμματι B W   b 8 ἀέρα B T
Simpl. Eus. Stob. : ἀέρα κάτω W   c 1 βέλτιστα αὐτὰ T Simpl. Eus.
Stob. : αὐτὰ βέλτιστα B² W : βέλτιστον αὐτὰ B   C. Ꞩ ἄν ποτε
ἄτλαντα T W Eus. Stob.

συνέχοντα ἐξευρεῖν, καὶ ὡς ἀληθῶς τὸ ἀγαθὸν καὶ δέον 5
συνδεῖν καὶ συνέχειν οὐδὲν οἴονται. ἐγὼ μὲν οὖν τῆς
τοιαύτης αἰτίας ὅπῃ ποτὲ ἔχει μαθητὴς ὁτουοῦν ἥδιστ' ἂν
γενοίμην· ἐπειδὴ δὲ ταύτης ἐστερήθην καὶ οὔτ' αὐτὸς εὑρεῖν
οὔτε παρ' ἄλλου μαθεῖν οἷός τε ἐγενόμην, τὸν δεύτερον
πλοῦν ἐπὶ τὴν τῆς αἰτίας ζήτησιν ᾗ πεπραγμάτευμαι βούλει d
σοι, ἔφη, ἐπίδειξιν ποιήσωμαι, ὦ Κέβης;
Ὑπερφυῶς μὲν οὖν, ἔφη, ὡς βούλομαι.

Ἔδοξε τοίνυν μοι, ἦ δ' ὅς, μετὰ ταῦτα, ἐπειδὴ ἀπειρήκη
τὰ ὄντα σκοπῶν, δεῖν εὐλαβηθῆναι μὴ πάθοιμι ὅπερ οἱ τὸν 5
ἥλιον ἐκλείποντα θεωροῦντες καὶ σκοπούμενοι πάσχουσιν·
διαφθείρονται γάρ που ἔνιοι τὰ ὄμματα, ἐὰν μὴ ἐν ὕδατι ἤ
τινι τοιούτῳ σκοπῶνται τὴν εἰκόνα αὐτοῦ. τοιοῦτόν τι καὶ e
ἐγὼ διενοήθην, καὶ ἔδεισα μὴ παντάπασι τὴν ψυχὴν τυφλω-
θείην βλέπων πρὸς τὰ πράγματα τοῖς ὄμμασι καὶ ἑκάστῃ
τῶν αἰσθήσεων ἐπιχειρῶν ἅπτεσθαι αὐτῶν. ἔδοξε δή μοι
χρῆναι εἰς τοὺς λόγους καταφυγόντα ἐν ἐκείνοις σκοπεῖν 5
τῶν ὄντων τὴν ἀλήθειαν. ἴσως μὲν οὖν ᾧ εἰκάζω τρόπον
τινὰ οὐκ ἔοικεν· οὐ γὰρ πάνυ συγχωρῶ τὸν ἐν [τοῖς] λόγοις 100
σκοπούμενον τὰ ὄντα ἐν εἰκόσι μᾶλλον σκοπεῖν ἢ τὸν ἐν
[τοῖς] ἔργοις. ἀλλ' οὖν δὴ ταύτῃ γε ὥρμησα, καὶ ὑποθέμενος
ἑκάστοτε λόγον ὃν ἂν κρίνω ἐρρωμενέστατον εἶναι, ἃ μὲν
ἄν μοι δοκῇ τούτῳ συμφωνεῖν τίθημι ὡς ἀληθῆ ὄντα, καὶ 5
περὶ αἰτίας καὶ περὶ τῶν ἄλλων ἁπάντων [ὄντων], ἃ δ' ἂν
μή, ὡς οὐκ ἀληθῆ. βούλομαι δέ σοι σαφέστερον εἰπεῖν
ἃ λέγω· οἶμαι γάρ σε νῦν οὐ μανθάνειν.

Οὐ μὰ τὸν Δία, ἔφη ὁ Κέβης, οὐ σφόδρα.

Ἀλλ', ἦ δ' ὅς, ὧδε λέγω, οὐδὲν καινόν, ἀλλ' ἅπερ ἀεί b

---

c 7 τοιαύτης B Stob. : αὐτῆς T   d 1 ᾗ T W b Stob. : ἡ B :
ἣν b   d 2 ποιήσωμαι recc. : ποιήσομαι B T W Stob.   d 3 οὖν
om. W   d 4 ἀπειρήκη T (η ex ει) : ἀπειρήκει Stob. : ἀπείρηκα
B W t   d 6 ἐκλιπόντα T   πάσχουσιν B² T W Stob. : om. B
d 7 ἔνιοι B T Stob. : ἐνίοτε B² W t   e 1 ἤ ἔν τινι T   e 6 ᾧ T b :
ὡς B W t Stob.   a 1 τοῖς B W : om. T Stob.   a 2 ἐν om. W
a 3 τοῖς B Stob. : om. T W   a 4 ὃν B² T W Stob. : om. B
a 6 ὄντων B W : om. T Stob. : τῶν ὄντων vulg.

τε ἄλλοτε καὶ ἐν τῷ παρεληλυθότι λόγῳ οὐδὲν πέπαυμαι
λέγων. ἔρχομαι [γὰρ] δὴ ἐπιχειρῶν σοι ἐπιδείξασθαι τῆς
αἰτίας τὸ εἶδος ὃ πεπραγμάτευμαι, καὶ εἶμι πάλιν ἐπ’ ἐκεῖνα
5 τὰ πολυθρύλητα καὶ ἄρχομαι ἀπ’ ἐκείνων, ὑποθέμενος εἶναί
τι καλὸν αὐτὸ καθ’ αὑτὸ καὶ ἀγαθὸν καὶ μέγα καὶ τἆλλα
πάντα· ἃ εἴ μοι δίδως τε καὶ συγχωρεῖς εἶναι ταῦτα, ἐλπίζω
σοι ἐκ τούτων τὴν αἰτίαν ἐπιδείξειν καὶ ἀνευρήσειν ὡς
ἀθάνατον [ἡ] ψυχή.

c   Ἀλλὰ μήν, ἔφη ὁ Κέβης, ὡς διδόντος σοι οὐκ ἂν
φθάνοις περαίνων.

Σκόπει δή, ἔφη, τὰ ἑξῆς ἐκείνοις ἐάν σοι συνδοκῇ ὥσπερ
ἐμοί. φαίνεται γάρ μοι, εἴ τί ἐστιν ἄλλο καλὸν πλὴν αὐτὸ
5 τὸ καλόν, οὐδὲ δι’ ἓν ἄλλο καλὸν εἶναι ἢ διότι μετέχει
ἐκείνου τοῦ καλοῦ· καὶ πάντα δὴ οὕτως λέγω. τῇ τοιᾷδε
αἰτίᾳ συγχωρεῖς;

Συγχωρῶ, ἔφη.

Οὐ τοίνυν, ἦ δ’ ὅς, ἔτι μανθάνω οὐδὲ δύναμαι τὰς ἄλλας
10 αἰτίας τὰς σοφὰς ταύτας γιγνώσκειν· ἀλλ’ ἐάν τίς μοι λέγῃ
d δι’ ὅτι καλόν ἐστιν ὁτιοῦν, ἢ χρῶμα εὐανθὲς ἔχον ἢ σχῆμα
ἢ ἄλλο ὁτιοῦν τῶν τοιούτων, τὰ μὲν ἄλλα χαίρειν ἐῶ,
—ταράττομαι γὰρ ἐν τοῖς ἄλλοις πᾶσι—τοῦτο δὲ ἁπλῶς καὶ
ἀτέχνως καὶ ἴσως εὐήθως ἔχω παρ’ ἐμαυτῷ, ὅτι οὐκ ἄλλο τι
5 ποιεῖ αὐτὸ καλὸν ἢ ἡ ἐκείνου τοῦ καλοῦ εἴτε παρουσία εἴτε
κοινωνία εἴτε ὅπῃ δὴ καὶ ὅπως †προσγενομένη· οὐ γὰρ ἔτι
τοῦτο διισχυρίζομαι, ἀλλ’ ὅτι τῷ καλῷ πάντα τὰ καλὰ
[γίγνεται] καλά. τοῦτο γάρ μοι δοκεῖ ἀσφαλέστατον εἶναι
καὶ ἐμαυτῷ ἀποκρίνασθαι καὶ ἄλλῳ, καὶ τούτου ἐχόμενος
e ἡγοῦμαι οὐκ ἄν ποτε πεσεῖν, ἀλλ’ ἀσφαλὲς εἶναι καὶ ἐμοὶ
καὶ ὁτῳοῦν ἄλλῳ ἀποκρίνασθαι ὅτι τῷ καλῷ τὰ καλὰ
[γίγνεται] καλά· ἢ οὐ καὶ σοὶ δοκεῖ;

b 2 τε B² T W : καὶ B   b 3 γὰρ B : om. T   b 8 σοι B : σε T
τὴν B T : τήν τε W   b 9 ἡ om. pr. T   c 4, 5 πλὴν . . . καλόν
B² T W : om. B   d 1 ἢ (bis) B : ἢ ὅτι B² T W   d 4 εὔηθες W
d 6 προσγενομένη] προσαγορευομένη Wyttenbach   d 7 πάντα T W b ·
om. B   d 8 γίγνεται T b : om. B W   d 9 ἀποκρίνεσθα· T
e 3 γίγνεται T et (post καλὰ) W : om. B

Δοκεῖ.

Καὶ μεγέθει ἄρα τὰ μεγάλα μεγάλα καὶ τὰ μείζω μείζω, 5
καὶ σμικρότητι τὰ ἐλάττω ἐλάττω;

Ναί.

Οὐδὲ σὺ ἄρ' ἂν ἀποδέχοιο εἴ τίς τινα φαίη ἕτερον ἑτέρου
τῇ κεφαλῇ μείζω εἶναι, καὶ τὸν ἐλάττω τῷ αὐτῷ τούτῳ
ἐλάττω, ἀλλὰ διαμαρτύροιο ἂν ὅτι σὺ μὲν οὐδὲν ἄλλο λέγεις 101
ἢ ὅτι τὸ μεῖζον πᾶν ἕτερον ἑτέρου οὐδενὶ ἄλλῳ μεῖζόν ἐστιν
ἢ μεγέθει, καὶ διὰ τοῦτο μεῖζον, διὰ τὸ μέγεθος, τὸ δὲ
ἔλαττον οὐδενὶ ἄλλῳ ἔλαττον ἢ σμικρότητι, καὶ διὰ τοῦτο
ἔλαττον, διὰ τὴν σμικρότητα, φοβούμενος οἶμαι μή τίς σοι 5
ἐναντίος λόγος ἀπαντήσῃ, ἐὰν τῇ κεφαλῇ μείζονά τινα φῇς
εἶναι καὶ ἐλάττω, πρῶτον μὲν τῷ αὐτῷ τὸ μεῖζον μεῖζον εἶναι
καὶ τὸ ἔλαττον ἔλαττον, ἔπειτα τῇ κεφαλῇ σμικρᾷ οὔσῃ τὸν
μείζω μείζω εἶναι, καὶ τοῦτο δὴ τέρας εἶναι, τὸ σμικρῷ τινι b
μέγαν τινὰ εἶναι· ἢ οὐκ ἂν φοβοῖο ταῦτα;

Καὶ ὁ Κέβης γελάσας, Ἔγωγε, ἔφη.

Οὐκοῦν, ἦ δ' ὅς, τὰ δέκα τῶν ὀκτὼ δυοῖν πλείω εἶναι, καὶ
διὰ ταύτην τὴν αἰτίαν ὑπερβάλλειν, φοβοῖο ἂν λέγειν, ἀλλὰ 5
μὴ πλήθει καὶ διὰ τὸ πλῆθος; καὶ τὸ δίπηχυ τοῦ πηχυαίου
ἡμίσει μεῖζον εἶναι ἀλλ' οὐ μεγέθει; ὁ αὐτὸς γάρ που φόβος.

Πάνυ γ', ἔφη.

Τί δέ; ἑνὶ ἑνὸς προστεθέντος τὴν πρόσθεσιν αἰτίαν εἶναι
τοῦ δύο γενέσθαι ἢ διασχισθέντος τὴν σχίσιν οὐκ εὐλαβοῖο c
ἂν λέγειν; καὶ μέγα ἂν βοῴης ὅτι οὐκ οἶσθα ἄλλως πως
ἕκαστον γιγνόμενον ἢ μετασχὸν τῆς ἰδίας οὐσίας ἑκάστου
οὗ ἂν μετάσχῃ, καὶ ἐν τούτοις οὐκ ἔχεις ἄλλην τινὰ αἰτίαν
τοῦ δύο γενέσθαι ἀλλ' ἢ τὴν τῆς δυάδος μετάσχεσιν, καὶ 5
δεῖν τούτου μετασχεῖν τὰ μέλλοντα δύο ἔσεσθαι, καὶ μονάδος
ὃ ἂν μέλλῃ ἓν ἔσεσθαι, τὰς δὲ σχίσεις ταύτας καὶ προσθέσεις
καὶ τὰς ἄλλας τὰς τοιαύτας κομψείας ἐῴης ἂν χαίρειν, παρεὶς

e 6 ἐλάττω alterum in marg. t   e 8 ἄρα ἂν T W : ἄρα B
a 2 τὸ B T : τὸ μὲν W   a 4 ἔλαττον (ante ἢ) om. T   b 2 εἶναι
B : εἰδέναι T   c 2 μέγα B² T W : μεγάλα B   οἶσθα T :
οἰόμεθα B : οἰώμεθα W   c 4 μετάσχῃ T et η s. v. W : μετάσχοι B W
10*

ἀποκρίνασθαι τοῖς σεαυτοῦ σοφωτέροις· σὺ δὲ δεδιὼς ἄν, τὸ
d λεγόμενον, τὴν σαυτοῦ σκιὰν καὶ τὴν ἀπειρίαν, ἐχόμενος
ἐκείνου τοῦ ἀσφαλοῦς τῆς ὑποθέσεως, οὕτως ἀποκρίναιο ἄν.
εἰ δέ τις αὐτῆς τῆς ὑποθέσεως ἔχοιτο, χαίρειν ἐῴης ἂν καὶ
οὐκ ἀποκρίναιο ἕως ἂν τὰ ἀπ' ἐκείνης ὁρμηθέντα σκέψαιο
5 εἴ σοι ἀλλήλοις συμφωνεῖ ἢ διαφωνεῖ· ἐπειδὴ δὲ ἐκείνης
αὐτῆς δέοι σε διδόναι λόγον, ὡσαύτως ἂν διδοίης, ἄλλην αὖ
ὑπόθεσιν ὑποθέμενος ἥτις τῶν ἄνωθεν βελτίστη φαίνοιτο,
e ἕως ἐπί τι ἱκανὸν ἔλθοις, ἅμα δὲ οὐκ ἂν φύροιο ὥσπερ οἱ
ἀντιλογικοὶ περί τε τῆς ἀρχῆς διαλεγόμενος καὶ τῶν ἐξ
ἐκείνης ὡρμημένων, εἴπερ βούλοιό τι τῶν ὄντων εὑρεῖν;
ἐκείνοις μὲν γὰρ ἴσως οὐδὲ εἷς περὶ τούτου λόγος οὐδὲ
5 φροντίς· ἱκανοὶ γὰρ ὑπὸ σοφίας ὁμοῦ πάντα κυκῶντες ὅμως
δύνασθαι αὐτοὶ αὑτοῖς ἀρέσκειν· σὺ δ', εἴπερ εἶ τῶν φιλοσόφων,
102 οἶμαι ἂν ὡς ἐγὼ λέγω ποιοῖς.

Ἀληθέστατα, ἔφη, λέγεις, ὅ τε Σιμμίας ἅμα καὶ ὁ Κέβης.

ΕΧ. Νὴ Δία, ὦ Φαίδων, εἰκότως γε· θαυμαστῶς γάρ
μοι δοκεῖ ὡς ἐναργῶς τῷ καὶ σμικρὸν νοῦν ἔχοντι εἰπεῖν
5 ἐκεῖνος ταῦτα.

ΦΑΙΔ. Πάνυ μὲν οὖν, ὦ Ἐχέκρατες, καὶ πᾶσι τοῖς
παροῦσιν ἔδοξεν.

ΕΧ. Καὶ γὰρ ἡμῖν τοῖς ἀποῦσι, νῦν δὲ ἀκούουσιν. ἀλλὰ
τίνα δὴ ἦν τὰ μετὰ ταῦτα λεχθέντα;

10 ΦΑΙΔ. Ὡς μὲν ἐγὼ οἶμαι, ἐπεὶ αὐτῷ ταῦτα συνεχωρήθη,
b καὶ ὡμολογεῖτο εἶναί τι ἕκαστον τῶν εἰδῶν καὶ τούτων
τἆλλα μεταλαμβάνοντα αὐτῶν τούτων τὴν ἐπωνυμίαν ἴσχειν,
τὸ δὴ μετὰ ταῦτα ἠρώτα, Εἰ δή, ἦ δ' ὅς, ταῦτα οὕτως λέγεις,
ἆρ' οὐχ, ὅταν Σιμμίαν Σωκράτους φῇς μείζω εἶναι, Φαίδωνος
5 δὲ ἐλάττω, λέγεις τότ' εἶναι ἐν τῷ Σιμμίᾳ ἀμφότερα, καὶ
μέγεθος καὶ σμικρότητα;

c 9 σεαυτοῦ B²TW : ἑαυτοῦ B   d 1 σαυτοῦ B²TW : ἑαυτοῦ B
d 2 ἀποκρίνοιο pr. TW   d 3 ἔφοιτο Madvig   d 6 αὖ B : δ' T
e 3 ὁρμωμένων pr. T   e 4 οὐδὲ εἷς B : οὐδεὶς TWb   e 5 ὅμως
B²TW : ὅπως B   b 5 τότ' B : τότε W : ταῦτ' T

Ἔγωγε.

Ἀλλὰ γάρ, ἦ δ' ὅς, ὁμολογεῖς τὸ τὸν Σιμμίαν ὑπερέχειν
Σωκράτους οὐχ ὡς τοῖς ῥήμασι λέγεται οὕτω καὶ τὸ ἀληθὲς
ἔχειν; οὐ γάρ που πεφυκέναι Σιμμίαν ὑπερέχειν τούτῳ, τῷ   c
Σιμμίαν εἶναι, ἀλλὰ τῷ μεγέθει ὃ τυγχάνει ἔχων· οὐδ' αὖ
Σωκράτους ὑπερέχειν ὅτι Σωκράτης ὁ Σωκράτης ἐστίν, ἀλλ'
ὅτι σμικρότητα ἔχει ὁ Σωκράτης πρὸς τὸ ἐκείνου μέγεθος;
Ἀληθῆ.   5
Οὐδέ γε αὖ ὑπὸ Φαίδωνος ὑπερέχεσθαι τῷ ὅτι Φαίδων
ὁ Φαίδων ἐστίν, ἀλλ' ὅτι μέγεθος ἔχει ὁ Φαίδων πρὸς τὴν
Σιμμίου σμικρότητα;
Ἔστι ταῦτα.
Οὕτως ἄρα ὁ Σιμμίας ἐπωνυμίαν ἔχει σμικρός τε καὶ   10
μέγας εἶναι, ἐν μέσῳ ὢν ἀμφοτέρων, τοῦ μὲν τῷ μεγέθει
ὑπερέχειν τὴν σμικρότητα ὑπέχων, τῷ δὲ τὸ μέγεθος τῆς   d
σμικρότητος παρέχων ὑπερέχον. Καὶ ἅμα μειδιάσας, Ἔοικα,
ἔφη, καὶ συγγραφικῶς ἐρεῖν, ἀλλ' οὖν ἔχει γέ που ὡς λέγω.
Συνέφη.
Λέγω δὴ τοῦδ' ἕνεκα, βουλόμενος δόξαι σοὶ ὅπερ ἐμοί.   5
ἐμοὶ γὰρ φαίνεται οὐ μόνον αὐτὸ τὸ μέγεθος οὐδέποτ' ἐθέλειν
ἅμα μέγα καὶ σμικρὸν εἶναι, ἀλλὰ καὶ τὸ ἐν ἡμῖν μέγεθος
οὐδέποτε προσδέχεσθαι τὸ σμικρὸν οὐδ' ἐθέλειν ὑπερέχεσθαι,
ἀλλὰ δυοῖν τὸ ἕτερον, ἢ φεύγειν καὶ ὑπεκχωρεῖν ὅταν αὐτῷ
προσίῃ τὸ ἐναντίον, τὸ σμικρόν, ἢ προσελθόντος ἐκείνου   e
ἀπολωλέναι· ὑπομένον δὲ καὶ δεξάμενον τὴν σμικρότητα
οὐκ ἐθέλειν εἶναι ἕτερον ἢ ὅπερ ἦν. ὥσπερ ἐγὼ δεξάμενος
καὶ ὑπομείνας τὴν σμικρότητα, καὶ ἔτι ὢν ὅσπερ εἰμί, οὗτος
ὁ αὐτὸς σμικρός εἰμι· ἐκεῖνο δὲ οὐ τετόλμηκεν μέγα ὂν   5
σμικρὸν εἶναι· ὡς δ' αὕτως καὶ τὸ σμικρὸν τὸ ἐν ἡμῖν οὐκ
ἐθέλει ποτὲ μέγα γίγνεσθαι οὐδὲ εἶναι, οὐδ' ἄλλο οὐδὲν τῶν

c 6 τῷ Β Τ : τούτῳ W   d 1 ὑπέχων Τ W : ὑπερέχων B t   τῷ
δὲ ex τὸ δὲ Τ et mox om. τὸ   d 5 δὴ Τ b : δὲ W   d 6 οὐδέ-
ποτ(ε) Β W : οὔποτε Τ   e 1 προσίῃ Τ b : προσείη Β : προσήει W
e 4 ὥσπερ W   e 5 ἐκεῖνο B² Τ W : ἐκεῖνος Β   οὐ Β⁴ Τ W :
om. Β   e 6 ὡσαύτως Τ   e 7 γενέσθαι W   οὐδὲ Β Τ : οὔτε
Β² W t

ἐναντίων, ἔτι ὂν ὅπερ ἦν, ἅμα τοὐναντίον γίγνεσθαί τε
103 καὶ εἶναι, ἀλλ᾽ ἤτοι ἀπέρχεται ἢ ἀπόλλυται ἐν τούτῳ τῷ
παθήματι.

Παντάπασιν, ἔφη ὁ Κέβης, οὕτω φαίνεταί μοι.

Καί τις εἶπε τῶν παρόντων ἀκούσας—ὅστις δ᾽ ἦν, οὐ
5 σαφῶς μέμνημαι—Πρὸς θεῶν, οὐκ ἐν τοῖς πρόσθεν ἡμῖν
λόγοις αὐτὸ τὸ ἐναντίον τῶν νυνὶ λεγομένων ὡμολογεῖτο, ἐκ
τοῦ ἐλάττονος τὸ μεῖζον γίγνεσθαι καὶ ἐκ τοῦ μείζονος τὸ
ἔλαττον, καὶ ἀτεχνῶς αὕτη εἶναι ἡ γένεσις τοῖς ἐναντίοις,
ἐκ τῶν ἐναντίων; νῦν δέ μοι δοκεῖ λέγεσθαι ὅτι τοῦτο οὐκ
10 ἄν ποτε γένοιτο.

Καὶ ὁ Σωκράτης παραβαλὼν τὴν κεφαλὴν καὶ ἀκούσας,
b Ἀνδρικῶς, ἔφη, ἀπεμνημόνευκας, οὐ μέντοι ἐννοεῖς τὸ
διαφέρον τοῦ τε νῦν λεγομένου καὶ τοῦ τότε. τότε μὲν
γὰρ ἐλέγετο ἐκ τοῦ ἐναντίου πράγματος τὸ ἐναντίον πρᾶγμα
γίγνεσθαι, νῦν δέ, ὅτι αὐτὸ τὸ ἐναντίον ἑαυτῷ ἐναντίον οὐκ
5 ἄν ποτε γένοιτο, οὔτε τὸ ἐν ἡμῖν οὔτε τὸ ἐν τῇ φύσει.
τότε μὲν γάρ, ὦ φίλε, περὶ τῶν ἐχόντων τὰ ἐναντία ἐλέγο-
μεν, ἐπονομάζοντες αὐτὰ τῇ ἐκείνων ἐπωνυμίᾳ, νῦν δὲ περὶ
ἐκείνων αὐτῶν ὧν ἐνόντων ἔχει τὴν ἐπωνυμίαν τὰ ὀνομαζό-
c μενα· αὐτὰ δ᾽ ἐκεῖνα οὐκ ἄν ποτέ φαμεν ἐθελῆσαι γένεσιν
ἀλλήλων δέξασθαι. Καὶ ἅμα βλέψας πρὸς τὸν Κέβητα
εἶπεν, Ἆρα μή που, ὦ Κέβης, ἔφη, καὶ σέ τι τούτων
ἐτάραξεν ὧν ὅδε εἶπεν;

5 Οὐδ᾽ αὖ, ἔφη ὁ Κέβης, οὕτως ἔχω· καίτοι οὔτι λέγω
ὡς οὐ πολλά με ταράττει.

Συνωμολογήκαμεν ἄρα, ἦ δ᾽ ὅς, ἁπλῶς τοῦτο, μηδέποτε
ἐναντίον ἑαυτῷ τὸ ἐναντίον ἔσεσθαι.

Παντάπασιν, ἔφη.

e 8 ἔτι ὂν T W : αἴτιον B et γρ. W   a 5 ἡμῖν W : ὑμῖν B T
a 11 παραλαβὼν W   b 5 ποτε om. T   c 2 πρὸς B : εἰς B² T W
c 3 ἔφη ὦ Κέβης T W   c 5 οὐδ᾽ αὖ W t : ὁ δ᾽ αὖ B T et γρ. W
καίτοι οὔτι B² : καὶ τοιοῦτό τι B T W   c 8 ἔσεσθαι ante ἑαυτῷ T

*Ετι δή μοι καὶ τόδε σκέψαι, ἔφη, εἰ ἄρα συνομολογήσεις. 10
θερμόν τι καλεῖς καὶ ψυχρόν;
*Εγωγε.
*Αρ᾽ ὅπερ χιόνα καὶ πῦρ;
Μὰ Δί᾽ οὐκ ἔγωγε.   d
Ἀλλ᾽ ἕτερόν τι πυρὸς τὸ θερμὸν καὶ ἕτερόν τι χιόνος τὸ
ψυχρόν;
Ναί.

Ἀλλὰ τόδε γ᾽ οἶμαι δοκεῖ σοι, οὐδέποτε χιόνα γ᾽ οὖσαν 5
δεξαμένην τὸ θερμόν, ὥσπερ ἐν τοῖς πρόσθεν ἐλέγομεν,
ἔτι ἔσεσθαι ὅπερ ἦν, χιόνα καὶ θερμόν, ἀλλὰ προσιόντος
τοῦ θερμοῦ ἢ ὑπεκχωρήσειν αὐτῷ ἢ ἀπολεῖσθαι.
Πάνυ γε.

Καὶ τὸ πῦρ γε αὖ προσιόντος τοῦ ψυχροῦ αὐτῷ ἢ 10
ὑπεξιέναι ἢ ἀπολεῖσθαι, οὐ μέντοι ποτὲ τολμήσειν δεξά-
μενον τὴν ψυχρότητα ἔτι εἶναι ὅπερ ἦν, πῦρ καὶ ψυχρόν.
Ἀληθῆ, ἔφη, λέγεις.   e

*Εστιν ἄρα, ἦ δ᾽ ὅς, περὶ ἔνια τῶν τοιούτων, ὥστε μὴ
μόνον αὐτὸ τὸ εἶδος ἀξιοῦσθαι τοῦ αὐτοῦ ὀνόματος εἰς τὸν
ἀεὶ χρόνον, ἀλλὰ καὶ ἄλλο τι ὃ ἔστι μὲν οὐκ ἐκεῖνο, ἔχει
δὲ τὴν ἐκείνου μορφὴν ἀεί, ὅτανπερ ᾖ. ἔτι δὲ ἐν τῷδε 5
ἴσως ἔσται σαφέστερον ὃ λέγω· τὸ γὰρ περιττὸν ἀεί που
δεῖ τούτου τοῦ ὀνόματος τυγχάνειν ὅπερ νῦν λέγομεν· ἢ οὔ;
Πάνυ γε.

*Αρα μόνον τῶν ὄντων—τοῦτο γὰρ ἐρωτῶ—ἢ καὶ ἄλλο
τι ὃ ἔστι μὲν οὐχ ὅπερ τὸ περιττόν, ὅμως δὲ δεῖ αὐτὸ 104
μετὰ τοῦ ἑαυτοῦ ὀνόματος καὶ τοῦτο καλεῖν ἀεὶ διὰ τὸ οὕτω
πεφυκέναι ὥστε τοῦ περιττοῦ μηδέποτε ἀπολείπεσθαι; λέγω
δὲ αὐτὸ εἶναι οἷον καὶ ἡ τριὰς πέπονθε καὶ ἄλλα πολλά.
σκόπει δὲ περὶ τῆς τριάδος. ἆρα οὐ δοκεῖ σοι τῷ τε αὐτῆς 5

c 13 χιόνα B : χιὼν T   d 5 χιόνα γ᾽ W : χιόνα B T   d 6 πρό-
σθεν T : ἔμπροσθεν B   d 8 αὐτῷ T W : αὐτὸ B   d 9-11 πάνυ ...
ἀπολεῖσθαι om. T   d 11 τολμήσειν B² T W : τολμήσειεν B
e 5 τῷδε T : τοῖσδε B

ὀνόματι ἀεὶ προσαγορευτέα εἶναι καὶ τῷ τοῦ περιττοῦ, ὄντος
οὐχ ὅπερ τῆς τριάδος; ἀλλ' ὅμως οὕτως πέφυκε καὶ ἡ
τριὰς καὶ ἡ πεμπτὰς καὶ ὁ ἥμισυς τοῦ ἀριθμοῦ ἅπας, ὥστε
b οὐκ ὢν ὅπερ τὸ περιττὸν ἀεὶ ἕκαστος αὐτῶν ἐστι περιττός·
καὶ αὖ τὰ δύο καὶ [τὰ] τέτταρα καὶ ἅπας ὁ ἕτερος αὖ στίχος
τοῦ ἀριθμοῦ οὐκ ὢν ὅπερ τὸ ἄρτιον ὅμως ἕκαστος αὐτῶν
ἄρτιός ἐστιν ἀεί· συγχωρεῖς ἢ οὔ;

5 Πῶς γὰρ οὔκ; ἔφη.

Ὁ τοίνυν, ἔφη, βούλομαι δηλῶσαι, ἄθρει. ἔστιν δὲ
τόδε, ὅτι φαίνεται οὐ μόνον ἐκεῖνα τὰ ἐναντία ἄλληλα οὐ
δεχόμενα, ἀλλὰ καὶ ὅσα οὐκ ὄντ' ἀλλήλοις ἐναντία ἔχει ἀεὶ
τἀναντία, οὐδὲ ταῦτα ἔοικε δεχομένοις ἐκείνην τὴν ἰδέαν ἢ
10 ἂν τῇ ἐν αὐτοῖς οὔσῃ ἐναντία ᾖ, ἀλλ' ἐπιούσης αὐτῆς ἤτοι
c ἀπολλύμενα ἢ ὑπεκχωροῦντα. ἢ οὐ φήσομεν τὰ τρία καὶ
ἀπολεῖσθαι πρότερον καὶ ἄλλο ὁτιοῦν πείσεσθαι, πρὶν ὑπο-
μεῖναι ἔτι τρία ὄντα ἄρτια γενέσθαι;

Πάνυ μὲν οὖν, ἔφη ὁ Κέβης.

5 Οὐδὲ μήν, ἦ δ' ὅς, ἐναντίον γέ ἐστι δυὰς τριάδι.

Οὐ γὰρ οὖν.

Οὐκ ἄρα μόνον τὰ εἴδη τὰ ἐναντία οὐχ ὑπομένει ἐπιόντα
ἄλληλα, ἀλλὰ καὶ ἄλλ' ἄττα τὰ ἐναντία οὐχ ὑπομένει
ἐπιόντα.

10 Ἀληθέστατα, ἔφη, λέγεις.

Βούλει οὖν, ἦ δ' ὅς, ἐὰν οἷοί τ' ὦμεν, ὁρισώμεθα ὁποῖα
ταῦτά ἐστιν;

Πάνυ γε.

d Ἆρ' οὖν, ἔφη, ὦ Κέβης, τάδε εἴη ἄν, ἃ ὅτι ἂν κατάσχῃ
μὴ μόνον ἀναγκάζει τὴν αὑτοῦ ἰδέαν αὐτὸ ἴσχειν, ἀλλὰ καὶ
ἐναντίου αὐτῷ ἀεί τινος;

a 7 οὗπερ Heindorf   οὕτως T : οὕτω πως B t   b 2 τὰ om. T
b 4 ἀεὶ om. T   b 8 ἀεὶ ἔχει T   b 10 αὐτοῖς recc. : αὐτῇ B T W
c 2 πρὶν T W : πρὶν ἢ B   c 5 οὐδὲ B² T W : οὐ δὴ B et ἢ s. v. W
c 8 τὰ om. T   c 11 ἢ δ' ὅς] ἔφη W   d 1 ἃ B² W : om. B T
d 2 ἀναγκάζει B² T W : ἀναγκάζειν B   αὐτὸ B T : αὐτοῖς W   ἴσχειν
T W : σχεῖν B   d 3 αὐτῷ ἀεί τινος B : ἀεί τινος αὐτῷ W : δεῖ
αὐτῷ τινος T

Πῶς λέγεις;

Ὥσπερ ἄρτι ἐλέγομεν. οἶσθα γὰρ δήπου ὅτι ἃ ἂν ἡ τῶν 5
τριῶν ἰδέα κατάσχῃ, ἀνάγκη αὐτοῖς οὐ μόνον τρισὶν εἶναι
ἀλλὰ καὶ περιττοῖς.

Πάνυ γε.

Ἐπὶ τὸ τοιοῦτον δή, φαμέν, ἡ ἐναντία ἰδέα ἐκείνῃ τῇ
μορφῇ ἣ ἂν τοῦτο ἀπεργάζηται οὐδέποτ' ἂν ἔλθοι.   10

Οὐ γάρ.

Εἰργάζετο δέ γε ἡ περιττή;

Ναί.

Ἐναντία δὲ ταύτῃ ἡ τοῦ ἀρτίου;

Ναί.   15

Ἐπὶ τὰ τρία ἄρα ἡ τοῦ ἀρτίου ἰδέα οὐδέποτε ἥξει.   e

Οὐ δῆτα.

Ἄμοιρα δὴ τοῦ ἀρτίου τὰ τρία.

Ἄμοιρα.

Ἀνάρτιος ἄρα ἡ τριάς.   5

Ναί.

Ὃ τοίνυν ἔλεγον ὁρίσασθαι, ποῖα οὐκ ἐναντία τινὶ ὄντα
ὅμως οὐ δέχεται αὐτό, τὸ ἐναντίον—οἷον νῦν ἡ τριὰς τῷ
ἀρτίῳ οὐκ οὖσα ἐναντία οὐδέν τι μᾶλλον αὐτὸ δέχεται, τὸ
γὰρ ἐναντίον ἀεὶ αὐτῷ ἐπιφέρει, καὶ ἡ δυὰς τῷ περιττῷ καὶ 10
τὸ πῦρ τῷ ψυχρῷ καὶ ἄλλα πάμπολλα—ἀλλ' ὅρα δὴ εἰ 105
οὕτως ὁρίζῃ, μὴ μόνον τὸ ἐναντίον τὸ ἐναντίον μὴ δέχεσθαι,
ἀλλὰ καὶ ἐκεῖνο, ὃ ἂν ἐπιφέρῃ τι ἐναντίον ἐκείνῳ, ἐφ' ὅτι
ἂν αὐτὸ ἴῃ, αὐτὸ τὸ ἐπιφέρον τὴν τοῦ ἐπιφερομένου ἐναν-
τιότητα μηδέποτε δέξασθαι. πάλιν δὲ ἀναμιμνῄσκου· οὐ 5
γὰρ χεῖρον πολλάκις ἀκούειν. τὰ πέντε τὴν τοῦ ἀρτίου
οὐ δέξεται, οὐδὲ τὰ δέκα τὴν τοῦ περιττοῦ, τὸ διπλάσιον.
τοῦτο μὲν οὖν καὶ αὐτὸ ἄλλῳ ἐναντίον, ὅμως δὲ τὴν

d 9 ἐπὶ B : ἐπεὶ T   d 10 ἢ W : ᾗ B T   e 7 ὁρίσασθαι B T :
ὁρίσασθαι δεῖν W   e 10 αὐτῷ ἀεὶ T W   a 2 μὴ δέχεσθαι τὸ
ἐναντίον T (add. sign. transp.)   a 3 ὅτι B T : ὅτῳ B² W   a 4 ἴῃ
T : ᾗ B : εἴη W   a 5 δέξεσθαι Madvig   a 8 αὐτὸ T W : αὐτῷ B
et ᾧ s. v. W

b τοῦ περιττοῦ οὐ δέξεται· οὐδὲ δὴ τὸ ἡμιόλιον οὐδὲ τἆλλα
τὰ τοιαῦτα, τὸ ἥμισυ, τὴν τοῦ ὅλου, καὶ τριτημόριον αὖ
καὶ πάντα τὰ τοιαῦτα, εἴπερ ἔπῃ τε καὶ συνδοκεῖ σοι οὕτως.
    Πάνυ σφόδρα καὶ συνδοκεῖ, ἔφη, καὶ ἕπομαι.
5   Πάλιν δή μοι, ἔφη, ἐξ ἀρχῆς λέγε. καὶ μή μοι ὃ ἂν
ἐρωτῶ ἀποκρίνου, ἀλλὰ μιμούμενος ἐμέ. λέγω δὴ παρ᾽ ἣν
τὸ πρῶτον ἔλεγον ἀπόκρισιν, τὴν ἀσφαλῆ ἐκείνην, ἐκ τῶν
νῦν λεγομένων ἄλλην ὁρῶν ἀσφάλειαν. εἰ γὰρ ἔροιό με
ᾧ ἂν τί ἐν τῷ σώματι ἐγγένηται θερμὸν ἔσται, οὐ τὴν
c ἀσφαλῆ σοι ἐρῶ ἀπόκρισιν ἐκείνην τὴν ἀμαθῆ, ὅτι ᾧ ἂν
θερμότης, ἀλλὰ κομψοτέραν ἐκ τῶν νῦν, ὅτι ᾧ ἂν πῦρ· οὐδὲ
ἂν ἔρῃ ᾧ ἂν σώματι τί ἐγγένηται νοσήσει, οὐκ ἐρῶ ὅτι
ᾧ ἂν νόσος, ἀλλ᾽ ᾧ ἂν πυρετός· οὐδ᾽ ᾧ ἂν ἀριθμῷ τί
5 ἐγγένηται περιττὸς ἔσται, οὐκ ἐρῶ ᾧ ἂν περιττότης, ἀλλ᾽
ᾧ ἂν μονάς, καὶ τἆλλα οὕτως. ἀλλ᾽ ὅρα εἰ ἤδη ἱκανῶς
οἶσθ᾽ ὅτι βούλομαι.
    Ἀλλὰ πάνυ ἱκανῶς, ἔφη.
    Ἀποκρίνου δή, ᾗ δ᾽ ὅς, ᾧ ἂν τί ἐγγένηται σώματι ζῶν
10 ἔσται;
    Ὧι ἂν ψυχή, ἔφη.
d   Οὐκοῦν ἀεὶ τοῦτο οὕτως ἔχει;
    Πῶς γὰρ οὐχί; ἦ δ᾽ ὅς.
    Ψυχὴ ἄρα ὅτι ἂν αὐτὴ κατάσχῃ, ἀεὶ ἥκει ἐπ᾽ ἐκεῖνο
φέρουσα ζωήν;
5   Ἥκει μέντοι, ἔφη.
    Πότερον δ᾽ ἔστι τι ζωῇ ἐναντίον ἢ οὐδέν;
    Ἔστιν, ἔφη.
    Τί;

b 1 δὴ T : om. B   b 5 μοι μὴ T   ὃ ἂν ἐρωτῶ B W : ᾧ ἂν ἐρωτῶ
T : ἣν ἂν ἐρωτῶ ἀπόκρισιν γρ. W   b 6 ἀλλὰ B W : ἀλλὰ ἄλλῳ T :
ἀλλ᾽ ἄλλην γρ. W   δὴ B² T W : δὲ B   b 7 ἐκ B T : ἀλλ᾽ ἣν ἐκ
W   b 8 ὁρῶν T b : ὁρῶ B   b 9 ᾧ T : ὃ B W et mox   ἐν τῷ
secl. ci. Stephanus   ἔστιν W sed αι s. v.   c 3 ᾧ ἂν] ὃ ἂν B W :
ᾧ δὲ T   τί om. W   νοσήσει . . . c 5 ἐγγένηται B² T W : om. B
c 4 ᾧ T : ὃ B² W   c 5 περιττὸν pr. T   c 9 ᾧ T Stob. : ὃ B
(et mox c 11)   c 11 ἔφη B Stob. : ἔφη ἔσται T   d 3 ψυχὴ T :
ἡ ψυχὴ B Stob.

Θάνατος.

Οὐκοῦν ψυχὴ τὸ ἐναντίον ᾧ αὐτὴ ἐπιφέρει ἀεὶ οὐ μή 10
ποτε δέξηται, ὡς ἐκ τῶν πρόσθεν ὡμολόγηται;
Καὶ μάλα σφόδρα, ἔφη ὁ Κέβης.

Τί οὖν; τὸ μὴ δεχόμενον τὴν τοῦ ἀρτίου ἰδέαν τί νυνδὴ
ὠνομάζομεν;

Ἀνάρτιον, ἔφη. 15

Τὸ δὲ δίκαιον μὴ δεχόμενον καὶ ὃ ἂν μουσικὸν μὴ δέχηται;

Ἄμουσον, ἔφη, τὸ δὲ ἄδικον. e

Εἶεν· ὃ δ' ἂν θάνατον μὴ δέχηται τί καλοῦμεν;
Ἀθάνατον, ἔφη.

Οὐκοῦν ψυχὴ οὐ δέχεται θάνατον;

Οὔ. 5

Ἀθάνατον ἄρα ψυχή.

Ἀθάνατον.

Εἶεν, ἔφη· τοῦτο μὲν δὴ ἀποδεδεῖχθαι φῶμεν; ἢ πῶς δοκεῖ;
Καὶ μάλα γε ἱκανῶς, ὦ Σώκρατες.

Τί οὖν, ἦ δ' ὅς, ὦ Κέβης; εἰ τῷ ἀναρτίῳ ἀναγκαῖον ἦν 10
ἀνωλέθρῳ εἶναι, ἄλλο τι τὰ τρία ἢ ἀνώλεθρα ἂν ἦν; 106
Πῶς γὰρ οὔ;

Οὐκοῦν εἰ καὶ τὸ ἄθερμον ἀναγκαῖον ἦν ἀνώλεθρον εἶναι,
ὁπότε τις ἐπὶ χιόνα θερμὸν ἐπάγοι, ὑπεξήει ἂν ἡ χιὼν οὖσα
σῶς καὶ ἄτηκτος; οὐ γὰρ ἂν ἀπώλετό γε, οὐδ' αὖ ὑπο- 5
μένουσα ἐδέξατο ἂν τὴν θερμότητα.

Ἀληθῆ, ἔφη, λέγεις.

Ὡς δ' αὔτως οἶμαι κἂν εἰ τὸ ἄψυκτον ἀνώλεθρον ἦν,
ὁπότε ἐπὶ τὸ πῦρ ψυχρόν τι ἐπήει, οὔποτ' ἂν ἀπεσβέννυτο
οὐδ' ἀπώλλυτο, ἀλλὰ σῶν ἂν ἀπελθὸν ᾤχετο. 10

d 10 ψυχὴ B Stob. : ἡ ψυχὴ T W   d 13 νῦν δὴ B² T W Stob. :
νυνδὴ ταῦτα B   d 14 ὠνομάζομεν B et in marg. T : ὡμολογήσαμεν
T : ὀνομάζομεν W Stob.   e 4 ψυχὴ T W Stob. : ἡ ψυχὴ B
e 6 ψυχὴ T Stob. : ἡ ψυχὴ B W   e 10 ἀναρτίῳ B t Stob. : ἀρτίῳ T
a 1 ἢ B et post τι t Stob. : om. T   a 3 ἄθερμον t : θερμὸν B T W
Stob.   a 4 ἐπάγοι T W : ἐπάγει Stob. : ἐπαγάγοι B   οὖσα σῶς
καὶ] μένουσα Stob.   a 8 ὡς δ' αὔτως T W Stob. : ὡσαύτως B
ἄψυκτον B T W : ψυχρὸν Stob. : ἄψυχρον Wyttenbach

Ἀνάγκη, ἔφη.

b Οὐκοῦν καὶ ὧδε, ἔφη, ἀνάγκη περὶ τοῦ ἀθανάτου εἰπεῖν;
εἰ μὲν τὸ ἀθάνατον καὶ ἀνώλεθρόν ἐστιν, ἀδύνατον ψυχῇ,
ὅταν θάνατος ἐπ᾽ αὐτὴν ἴῃ, ἀπόλλυσθαι· θάνατον μὲν γὰρ
δὴ ἐκ τῶν προειρημένων οὐ δέξεται οὐδ᾽ ἔσται τεθνηκυῖα,
5 ὥσπερ τὰ τρία οὐκ ἔσται, ἔφαμεν, ἄρτιον, οὐδέ γ᾽ αὖ τὸ
περιττόν, οὐδὲ δὴ πῦρ ψυχρόν, οὐδέ γε ἡ ἐν τῷ πυρὶ θερ-
μότης. "᾽Αλλὰ τί κωλύει," φαίη ἄν τις, "ἄρτιον μὲν τὸ
περιττὸν μὴ γίγνεσθαι ἐπιόντος τοῦ ἀρτίου, ὥσπερ ὡμολόγη-
c ται, ἀπολομένου δὲ αὐτοῦ ἀντ᾽ ἐκείνου ἄρτιον γεγονέναι;"
τῷ ταῦτα λέγοντι οὐκ ἂν ἔχοιμεν διαμαχέσασθαι ὅτι οὐκ
ἀπόλλυται· τὸ γὰρ ἀνάρτιον οὐκ ἀνώλεθρόν ἐστιν· ἐπεὶ εἰ
τοῦτο ὡμολόγητο ἡμῖν, ῥᾳδίως ἂν διεμαχόμεθα ὅτι ἐπελ-
5 θόντος τοῦ ἀρτίου τὸ περιττὸν καὶ τὰ τρία οἴχεται ἀπιόντα·
καὶ περὶ πυρὸς καὶ θερμοῦ καὶ τῶν ἄλλων οὕτως ἂν διεμαχό-
μεθα. ἢ οὔ;

Πάνυ μὲν οὖν.

Οὐκοῦν καὶ νῦν περὶ τοῦ ἀθανάτου, εἰ μὲν ἡμῖν ὁμολογεῖται
10 καὶ ἀνώλεθρον εἶναι, ψυχὴ ἂν εἴη πρὸς τῷ ἀθάνατος εἶναι
d καὶ ἀνώλεθρος· εἰ δὲ μή, ἄλλου ἂν δέοι λόγου.

᾽Αλλ᾽ οὐδὲν δεῖ, ἔφη, τούτου γε ἕνεκα· σχολῇ γὰρ ἂν
τι ἄλλο φθορὰν μὴ δέχοιτο, εἰ τό γε ἀθάνατον ἀΐδιον ὂν
φθορὰν δέξεται.

5 Ὁ δέ γε θεὸς οἶμαι, ἔφη ὁ Σωκράτης, καὶ αὐτὸ τὸ τῆς
ζωῆς εἶδος καὶ εἴ τι ἄλλο ἀθάνατόν ἐστιν, παρὰ πάντων ἂν
ὁμολογηθείη μηδέποτε ἀπόλλυσθαι.

Παρὰ πάντων μέντοι νὴ Δί᾽, ἔφη, ἀνθρώπων τέ γε καὶ
ἔτι μᾶλλον, ὡς ἐγῷμαι, παρὰ θεῶν.

e Ὁπότε δὴ τὸ ἀθάνατον καὶ ἀδιάφθορόν ἐστιν, ἄλλο

b 1 εἰπεῖν B: om. T Stob.   b 6 πῦρ B: τὸ πῦρ T Stob.
c 1 ἀπολομένου B T: ἀπολλυμένου W Stob.   c 2 διαμαχέσασθαι
T W: διαμάχεσθαι B Stob.   c 4 ὡμολόγητο B: ὡμολογεῖτο T Stob.
c 8 πάνυ μὲν οὖν B t: om. T   c 9 θανάτου pr. T Stob.   ἡμῖν
om. W   c 10 τῷ B² T W Stob.: τὸ B   d 3 εἰ τό γε B² T W:
εἰ τό τε Stob.: εἴ γε τὸ B   ἀΐδιον ὂν B Stob.: καὶ ἀΐδιον T
d 4 δέξεται B Stob. et ε, αι s. v. W: δέξαιτο T W   d 8 τέ γε B
Stob.: τε T W sed γ s. v. W

τι ψυχὴ ἤ, εἰ ἀθάνατος τυγχάνει οὖσα, καὶ ἀνώλεθρος
ἂν εἴη;

Πολλὴ ἀνάγκη.

Ἐπιόντος ἄρα θανάτου ἐπὶ τὸν ἄνθρωπον τὸ μὲν θνητόν, 5
ὡς ἔοικεν, αὐτοῦ ἀποθνήσκει, τὸ δ' ἀθάνατον σῶν καὶ
ἀδιάφθορον οἴχεται ἀπιόν, ὑπεκχωρῆσαν τῷ θανάτῳ.

Φαίνεται.

Παντὸς μᾶλλον ἄρα, ἔφη, ὦ Κέβης, ψυχὴ ἀθάνατον καὶ
ἀνώλεθρον, καὶ τῷ ὄντι ἔσονται ἡμῶν αἱ ψυχαὶ ἐν Ἅιδου. 107

Οὔκουν ἔγωγε, ὦ Σώκρατες, ἔφη, ἔχω παρὰ ταῦτα ἄλλο
τι λέγειν οὐδέ πη ἀπιστεῖν τοῖς λόγοις. ἀλλ' εἰ δή τι
Σιμμίας ὅδε ἤ τις ἄλλος ἔχει λέγειν, εὖ ἔχει μὴ κατασιγῆ-
σαι· ὡς οὐκ οἶδα εἰς ὅντινά τις ἄλλον καιρὸν ἀναβάλλοιτο 5
ἢ τὸν νῦν παρόντα, περὶ τῶν τοιούτων βουλόμενος ἤ τι
εἰπεῖν ἢ ἀκοῦσαι.

Ἀλλὰ μήν, ἦ δ' ὃς ὁ Σιμμίας, οὐδ' αὐτὸς ἔχω ἔτι ὅπῃ
ἀπιστῶ ἔκ γε τῶν λεγομένων· ὑπὸ μέντοι τοῦ μεγέθους περὶ
ὧν οἱ λόγοι εἰσίν, καὶ τὴν ἀνθρωπίνην ἀσθένειαν ἀτιμάζων, b
ἀναγκάζομαι ἀπιστίαν ἔτι ἔχειν παρ' ἐμαυτῷ περὶ τῶν
εἰρημένων.

Οὐ μόνον γ', ἔφη, ὦ Σιμμία, ὁ Σωκράτης, ἀλλὰ ταῦτά
τε εὖ λέγεις καὶ τάς γε ὑποθέσεις τὰς πρώτας, καὶ εἰ 5
πισταὶ ὑμῖν εἰσιν, ὅμως ἐπισκεπτέαι σαφέστερον· καὶ ἐὰν
αὐτὰς ἱκανῶς διέλητε, ὡς ἐγᾦμαι, ἀκολουθήσετε τῷ λόγῳ,
καθ' ὅσον δυνατὸν μάλιστ' ἀνθρώπῳ ἐπακολουθῆσαι· κἂν
τοῦτο αὐτὸ σαφὲς γένηται, οὐδὲν ζητήσετε περαιτέρω.

Ἀληθῆ, ἔφη, λέγεις. 10

Ἀλλὰ τόδε γ', ἔφη, ὦ ἄνδρες, δίκαιον διανοηθῆναι, ὅτι, c
εἴπερ ἡ ψυχὴ ἀθάνατος, ἐπιμελείας δὴ δεῖται οὐχ ὑπὲρ τοῦ

e 2 ψυχὴ B T Stob. : ἡ ψυχὴ W   ἤ B : post τι Stob. : om. T
a 3 οὐδέ πη B T : οὐδέτι W   a 4 ὅδε B² T W : om. B   a 5 τις
B T : τις ἂν W   ἀναβάλλοιτο W (in marg. ἀνακρούοιτο)   a 6 ἤ τι
B T : ἤτοι W   a 8 ἔτι T W : om. B   b 1 οὐκ ἀτιμάζων in marg.
B²   b 5 γε B² T W : om. B   b 6 ἐπισκεπτέα Seager   b 7 διέ-
λητε B² W : διέληται B : ἔληται T (ε s. v. t)   ἀκολουθήσετε B² W :
ὁκολουθήσεται B T (ε s. v. t)   b 8 κἂν B W t : καὶ T   c 1 τόδε
γ' B T : τόδε W : τό γ' Stob.   c 2 ἀθάνατος B T Iambl. Stob. :
ἀθάνατός ἐστιν B² W

χρόνου τούτου μόνον ἐν ᾧ καλοῦμεν τὸ ζῆν, ἀλλ' ὑπὲρ τοῦ
παντός, καὶ ὁ κίνδυνος νῦν δὴ καὶ δόξειεν ἂν δεινὸς εἶναι,
5 εἴ τις αὐτῆς ἀμελήσει. εἰ μὲν γὰρ ἦν ὁ θάνατος τοῦ παντὸς
ἀπαλλαγή, ἕρμαιον ἂν ἦν τοῖς κακοῖς ἀποθανοῦσι τοῦ τε
σώματος ἅμ' ἀπηλλάχθαι καὶ τῆς αὑτῶν κακίας μετὰ τῆς
ψυχῆς· νῦν δ' ἐπειδὴ ἀθάνατος φαίνεται οὖσα, οὐδεμία ἂν
d εἴη αὐτῇ ἄλλη ἀποφυγὴ κακῶν οὐδὲ σωτηρία πλὴν τοῦ ὡς
βελτίστην τε καὶ φρονιμωτάτην γενέσθαι. οὐδὲν γὰρ ἄλλο
ἔχουσα εἰς Ἅιδου ἡ ψυχὴ ἔρχεται πλὴν τῆς παιδείας τε καὶ
τροφῆς, ἃ δὴ καὶ μέγιστα λέγεται ὠφελεῖν ἢ βλάπτειν τὸν
5 τελευτήσαντα εὐθὺς ἐν ἀρχῇ τῆς ἐκεῖσε πορείας. λέγεται
δὲ οὕτως, ὡς ἄρα τελευτήσαντα ἕκαστον ὁ ἑκάστου δαίμων,
ὅσπερ ζῶντα εἰλήχει, οὗτος ἄγειν ἐπιχειρεῖ εἰς δή τινα
τόπον, οἷ δεῖ τοὺς συλλεγέντας διαδικασαμένους εἰς Ἅιδου
e πορεύεσθαι μετὰ ἡγεμόνος ἐκείνου ᾧ δὴ προστέτακται τοὺς
ἐνθένδε ἐκεῖσε πορεῦσαι· τυχόντας δὲ ἐκεῖ ὧν δὴ τυχεῖν
καὶ μείναντας ὃν χρὴ χρόνον ἄλλος δεῦρο πάλιν ἡγεμὼν
κομίζει ἐν πολλαῖς χρόνου καὶ μακραῖς περιόδοις. ἔστι δὲ
ἄρα ἡ πορεία οὐχ ὡς ὁ Αἰσχύλου Τήλεφος λέγει· ἐκεῖνος
108 μὲν γὰρ ἁπλῆν οἶμόν φησιν εἰς Ἅιδου φέρειν, ἡ δ' οὔτε
ἁπλῆ οὔτε μία φαίνεταί μοι εἶναι. οὐδὲ γὰρ ἂν ἡγεμόνων
ἔδει· οὐ γάρ πού τις ἂν διαμάρτοι οὐδαμόσε μιᾶς ὁδοῦ
οὔσης. νῦν δὲ ἔοικε σχίσεις τε καὶ τριόδους πολλὰς ἔχειν·
5 ἀπὸ τῶν θυσιῶν τε καὶ νομίμων τῶν ἐνθάδε τεκμαιρόμενος
λέγω. ἡ μὲν οὖν κοσμία τε καὶ φρόνιμος ψυχὴ ἕπεταί τε
καὶ οὐκ ἀγνοεῖ τὰ παρόντα· ἡ δ' ἐπιθυμητικῶς τοῦ σώματος
ἔχουσα, ὅπερ ἐν τῷ ἔμπροσθεν εἶπον, περὶ ἐκεῖνο πολὺν

c 5 ἀμελήσει B T Iambl. Stob. : ἀμελήσειεν B² W   c 6 ἂν B t
Iambl. : om. T Stob.   κακοῖς] κακῶς Stob.   d 4 μέγιστα λέγεται
B : λέγεται μέγιστα T W Iambl. Stob.   d 7 ὅσπερ . . . οὗτος] ὥσπερ
. . . οὕτως Stob.   e 2 ἐνθένδε B Stob. : ἐνθάδε T   πορεῦσαι B
Stob. : πορεύεσθαι T   ἐκεῖ ὧν T : ἐκείνων ὧν B : ἐκείνων Stob.   δὴ
Stob. : δεῖ B T W   a 2 οὐδὲ] οὐδὲν Stob.   ἂν B Stob. : om. T
sed add. post ἔδει   a 3 οὐ B T Stob. : οὐδὲ B² W   διαμάρτοι B :
ἀμάρτοι T W Stob.   a 4 τριόδους Olymp. Proclus : περιόδους B T W
Stob.   a 5 θυσιῶν T W Stob. : ὁσίων B et γρ. W t   a 6 οὖν
B² T W Stob. : om. B   a 8 ἔμπροσθεν B Stob. : πρόσθεν T

χρόνον ἐπτοημένη καὶ περὶ τὸν ὁρατὸν τόπον, πολλὰ b
ἀντιτείνασα καὶ πολλὰ παθοῦσα, βίᾳ καὶ μόγις ὑπὸ τοῦ
προστεταγμένου δαίμονος οἴχεται ἀγομένη. ἀφικομένην δὲ
ὅθιπερ αἱ ἄλλαι, τὴν μὲν ἀκάθαρτον καί τι πεποιηκυῖαν
τοιοῦτον, ἢ φόνων ἀδίκων ἡμμένην ἢ ἄλλ᾽ ἄττα τοιαῦτα 5
εἰργασμένην, ἃ τούτων ἀδελφά τε καὶ ἀδελφῶν ψυχῶν ἔργα
τυγχάνει ὄντα, ταύτην μὲν ἅπας φεύγει τε καὶ ὑπεκτρέπεται
καὶ οὔτε συνέμπορος οὔτε ἡγεμὼν ἐθέλει γίγνεσθαι, αὐτὴ
δὲ πλανᾶται ἐν πάσῃ ἐχομένη ἀπορίᾳ ἕως ἂν δή τινες c
χρόνοι γένωνται, ὧν ἐλθόντων ὑπ᾽ ἀνάγκης φέρεται εἰς τὴν
αὐτῇ πρέπουσαν οἴκησιν· ἡ δὲ καθαρῶς τε καὶ μετρίως τὸν
βίον διεξελθοῦσα, καὶ συνεμπόρων καὶ ἡγεμόνων θεῶν
τυχοῦσα, ᾤκησεν τὸν αὐτῇ ἑκάστῃ τόπον προσήκοντα. εἰσὶν 5
δὲ πολλοὶ καὶ θαυμαστοὶ τῆς γῆς τόποι, καὶ αὐτὴ οὔτε οἵα
οὔτε ὅση δοξάζεται ὑπὸ τῶν περὶ γῆς εἰωθότων λέγειν, ὡς
ἐγὼ ὑπό τινος πέπεισμαι.

Καὶ ὁ Σιμμίας, Πῶς ταῦτα, ἔφη, λέγεις, ὦ Σώκρατες; d
περὶ γάρ τοι γῆς καὶ αὐτὸς πολλὰ δὴ ἀκήκοα, οὐ μέντοι
ταῦτα ἃ σὲ πείθει· ἡδέως οὖν ἂν ἀκούσαιμι.

᾽Αλλὰ μέντοι, ὦ Σιμμία, οὐχ ἡ Γλαύκου τέχνη γέ μοι
δοκεῖ εἶναι διηγήσασθαι ἅ γ᾽ ἐστίν· ὡς μέντοι ἀληθῆ, 5
χαλεπώτερόν μοι φαίνεται ἢ κατὰ τὴν Γλαύκου τέχνην, καὶ
ἅμα μὲν ἐγὼ ἴσως οὐδ᾽ ἂν οἷός τε εἴην, ἅμα δέ, εἰ καὶ
ἠπιστάμην, ὁ βίος μοι δοκεῖ ὁ ἐμός, ὦ Σιμμία, τῷ μήκει
τοῦ λόγου οὐκ ἐξαρκεῖν. τὴν μέντοι ἰδέαν τῆς γῆς οἵαν
πέπεισμαι εἶναι, καὶ τοὺς τόπους αὐτῆς οὐδέν με κωλύει e
λέγειν.

᾽Αλλ᾽, ἔφη ὁ Σιμμίας, καὶ ταῦτα ἀρκεῖ.

b 1 πολλὰ] ἄλλα Stob.   b 2 μόλις T Stob.   ᴅ 4 οἷπερ Cobet
b 7 ὑπεκτρέπεται] ὑποκρύπτεται Stob.   c 4 θεῶν B² T W Stob. :
ὅσων B   c 5 ἑκάστῃ T   c 8 τινος B T W : δέ τινος Stob. (fort.
δή τινος)   d 2 γῆς B Stob. : τῆς γῆς B² T   d 3 οὖν ἂν B : ἂν οὖν T :
οὖν Stob.   d 4 οὐχ ἡ B T W Stob. : οὐχὶ ἡ Eus. : οὐχὶ Heindorf
τέχνη γέ μοι B T Eus. Stob. : γέ μοι τέχνη W   d 5 ἅ γ᾽ T Eus. :
ἅ γε W : ἅ τε Stob. : δέ γ᾽ B   d 7 οὐδ᾽ B T Eus. Stob. : οὐκ W
καὶ εἰ Eus.   d 9 ἐξαρκεῖν Τ W Eus. Stob. : ἐξαρκεῖ B

Πέπεισμαι τοίνυν, ἦ δ' ὅς, ἐγὼ ὡς πρῶτον μέν, εἰ ἔστιν
5 ἐν μέσῳ τῷ οὐρανῷ περιφερὴς οὖσα, μηδὲν αὐτῇ δεῖν μήτε
109 ἀέρος πρὸς τὸ μὴ πεσεῖν μήτε ἄλλης ἀνάγκης μηδεμιᾶς
τοιαύτης, ἀλλὰ ἱκανὴν εἶναι αὐτὴν ἴσχειν τὴν ὁμοιότητα
τοῦ οὐρανοῦ αὐτοῦ ἑαυτῷ πάντῃ καὶ τῆς γῆς αὐτῆς τὴν
ἰσορροπίαν· ἰσόρροπον γὰρ πρᾶγμα ὁμοίου τινὸς ἐν μέσῳ
5 τεθὲν οὐχ ἕξει μᾶλλον οὐδ' ἧττον οὐδαμόσε κλιθῆναι,
ὁμοίως δ' ἔχον ἀκλινὲς μενεῖ. πρῶτον μὲν τοίνυν, ἦ δ' ὅς,
τοῦτο πέπεισμαι.

Καὶ ὀρθῶς γε, ἔφη ὁ Σιμμίας.

Ἔτι τοίνυν, ἔφη, πάμμεγά τι εἶναι αὐτό, καὶ ἡμᾶς οἰκεῖν
b τοὺς μέχρι Ἡρακλείων στηλῶν ἀπὸ Φάσιδος ἐν σμικρῷ
τινι μορίῳ, ὥσπερ περὶ τέλμα μύρμηκας ἢ βατράχους περὶ
τὴν θάλατταν οἰκοῦντας, καὶ ἄλλους ἄλλοθι πολλοὺς ἐν
πολλοῖσι τοιούτοις τόποις οἰκεῖν. εἶναι γὰρ πανταχῇ περὶ
5 τὴν γῆν πολλὰ κοῖλα καὶ παντοδαπὰ καὶ τὰς ἰδέας καὶ τὰ
μεγέθη, εἰς ἃ συνερρυηκέναι τό τε ὕδωρ καὶ τὴν ὁμίχλην
καὶ τὸν ἀέρα· αὐτὴν δὲ τὴν γῆν καθαρὰν ἐν καθαρῷ κεῖσθαι
τῷ οὐρανῷ ἐν ᾧπέρ ἐστι τὰ ἄστρα, ὃν δὴ αἰθέρα ὀνομάζειν
c τοὺς πολλοὺς τῶν περὶ τὰ τοιαῦτα εἰωθότων λέγειν· οὗ δὴ
ὑποστάθμην ταῦτα εἶναι καὶ συρρεῖν ἀεὶ εἰς τὰ κοῖλα τῆς
γῆς. ἡμᾶς οὖν οἰκοῦντας ἐν τοῖς κοίλοις αὐτῆς λεληθέναι
καὶ οἴεσθαι ἄνω ἐπὶ τῆς γῆς οἰκεῖν, ὥσπερ ἂν εἴ τις ἐν
5 μέσῳ τῷ πυθμένι τοῦ πελάγους οἰκῶν οἴοιτό τε ἐπὶ τῆς
θαλάττης οἰκεῖν καὶ διὰ τοῦ ὕδατος ὁρῶν τὸν ἥλιον καὶ τὰ
ἄλλα ἄστρα τὴν θάλατταν ἡγοῖτο οὐρανὸν εἶναι, διὰ δὲ
d βραδυτῆτά τε καὶ ἀσθένειαν μηδεπώποτε ἐπὶ τὰ ἄκρα τῆς
θαλάττης ἀφιγμένος μηδὲ ἑωρακὼς εἴη, ἐκδὺς καὶ ἀνακύψας
ἐκ τῆς θαλάττης εἰς τὸν ἐνθάδε τόπον, ὅσῳ καθαρώτερος
καὶ καλλίων τυγχάνει ὢν τοῦ παρὰ σφίσι, μηδὲ ἄλλου

e 4 εἰ] γῇ Stob.   e 5 τοῦ οὐρανοῦ Stob.   a 3 αὐτῆς B t Stob. :
αὐτὴν T Eus.   a 6 μένει B T W   τοίνυν T W : δὴ Eus. : om.
B Stob.   ἦ δ' ὃς B Eus. Stob. : om. T (add. in marg.) W   b 4 πολ-
λοῖσι T : πολλοῖς B Eus.   b 4 τῆς B T Eus. : om. Stob.
d 1 οὐδεπώποτε W   d 4 καλλίω pr. T

ἀκηκοὼς εἴη τοῦ ἑωρακότος. ταὐτὸν δὴ τοῦτο καὶ ἡμᾶς 5
πεπονθέναι· οἰκοῦντας γὰρ ἔν τινι κοίλῳ τῆς γῆς οἴεσθαι
ἐπάνω αὐτῆς οἰκεῖν, καὶ τὸν ἀέρα οὐρανὸν καλεῖν, ὡς διὰ
τούτου οὐρανοῦ ὄντος τὰ ἄστρα χωροῦντα· τὸ δὲ εἶναι ταὐ-
τόν, ὑπ' ἀσθενείας καὶ βραδυτῆτος οὐχ οἵους τε εἶναι ἡμᾶς e
διεξελθεῖν ἐπ' ἔσχατον τὸν ἀέρα· ἐπεί, εἴ τις αὐτοῦ ἐπ' ἄκρα
ἔλθοι ἢ πτηνὸς γενόμενος ἀνάπτοιτο, κατιδεῖν ⟨ἂν⟩ ἀνακύ-
ψαντα, ὥσπερ ἐνθάδε οἱ ἐκ τῆς θαλάττης ἰχθύες ἀνακύ-
πτοντες ὁρῶσι τὰ ἐνθάδε, οὕτως ἄν τινα καὶ τὰ ἐκεῖ κατιδεῖν, 5
καὶ εἰ ἡ φύσις ἱκανὴ εἴη ἀνασχέσθαι θεωροῦσα, γνῶναι ἂν
ὅτι ἐκεῖνός ἐστιν ὁ ἀληθῶς οὐρανὸς καὶ τὸ ἀληθινὸν φῶς
καὶ ἡ ὡς ἀληθῶς γῆ. ἥδε μὲν γὰρ ἡ γῆ καὶ οἱ λίθοι καὶ 110
ἅπας ὁ τόπος ὁ ἐνθάδε διεφθαρμένα ἐστὶν καὶ καταβεβρω-
μένα, ὥσπερ τὰ ἐν τῇ θαλάττῃ ὑπὸ τῆς ἅλμης, καὶ οὔτε
φύεται ἄξιον λόγου οὐδὲν ἐν τῇ θαλάττῃ, οὔτε τέλειον ὡς
ἔπος εἰπεῖν οὐδέν ἐστι, σήραγγες δὲ καὶ ἄμμος καὶ πηλὸς 5
ἀμήχανος καὶ βόρβοροί εἰσιν, ὅπου ἂν καὶ [ἡ] γῆ ᾖ, καὶ
πρὸς τὰ παρ' ἡμῖν κάλλη κρίνεσθαι οὐδ' ὁπωστιοῦν ἄξια.
ἐκεῖνα δὲ αὖ τῶν παρ' ἡμῖν πολὺ ἂν ἔτι πλέον φανείη δια-
φέρειν· εἰ γὰρ δὴ καὶ μῦθον λέγειν καλόν, ἄξιον ἀκοῦσαι, ὦ b
Σιμμία, οἷα τυγχάνει τὰ ἐπὶ τῆς γῆς ὑπὸ τῷ οὐρανῷ ὄντα.

Ἀλλὰ μήν, ἔφη ὁ Σιμμίας, ὦ Σώκρατες, ἡμεῖς γε τούτου
τοῦ μύθου ἡδέως ἂν ἀκούσαιμεν.

Λέγεται τοίνυν, ἔφη, ὦ ἑταῖρε, πρῶτον μὲν εἶναι τοιαύτη 5
ἡ γῆ αὐτὴ ἰδεῖν, εἴ τις ἄνωθεν θεῷτο, ὥσπερ αἱ δωδεκάσκυ-
τοι σφαῖραι, ποικίλη, χρώμασιν διειλημμένη, ὧν καὶ τὰ
ἐνθάδε εἶναι χρώματα ὥσπερ δείγματα, οἷς δὴ οἱ γραφῆς

e 2 ἄκρα B T Eus. Stob. : ἄκρον W   e 3 ἂν Stephanus : δὴ Eus. :
om. B T W Stob.   e 6 ἀνασχέσθαι W t : ἂν ἀνασχέσθαι T Stob. :
ἀνέχεσθαι B Eus. et ε s. v. W   e 7 ἀληθινὸν B² T W Eus. Stob. :
ἀληθῶς B   a 1 ἥδε B² T W Eus. Stob. : ἤδη B   a 4 οὐδὲν
post λόγου T Eus. Stob. : ante ἄξιον B : utrobique W   a 6 καὶ
om. Stob. : ἡ om. recc.   a 8 πολὺ T W Eus. Stob. : πολλοῦ B t
b 1 δὴ T (e δεῖ) W Eus. Stob. : δεῖ B   καλόν B² T W Eus. Stob. :
om. B   ἄξιον B T Eus. Stob. : καὶ ἄξιον B² W   b 2 τῆς om.
Stob.   b 6 εἴ τις B² T W Eus. : ἥτις B Stob.   θεῷτο T Eus.
Stob. : θεῷτο ἂν B : θεῷτο αὐτὴν B² W

PLATO, VOL. I.   11

c καταχρῶνται. ἐκεῖ δὲ πᾶσαν τὴν γῆν ἐκ τοιούτων εἶναι, καὶ
πολὺ ἔτι ἐκ λαμπροτέρων καὶ καθαρωτέρων ἢ τούτων· τὴν
μὲν γὰρ ἁλουργῆ εἶναι [καὶ] θαυμαστὴν τὸ κάλλος, τὴν δὲ
χρυσοειδῆ, τὴν δὲ ὅση λευκὴ γύψου ἢ χιόνος λευκοτέραν,
5 καὶ ἐκ τῶν ἄλλων χρωμάτων συγκειμένην ὡσαύτως, καὶ ἔτι
πλειόνων καὶ καλλιόνων ἢ ὅσα ἡμεῖς ἑωράκαμεν. καὶ γὰρ
αὐτὰ ταῦτα τὰ κοῖλα αὐτῆς, ὕδατός τε καὶ ἀέρος ἔκπλεα
d ὄντα, χρώματός τι εἶδος παρέχεσθαι στίλβοντα ἐν τῇ τῶν
ἄλλων χρωμάτων ποικιλίᾳ, ὥστε ἕν τι αὐτῆς εἶδος συνεχὲς
ποικίλον φαντάζεσθαι. ἐν δὲ ταύτῃ οὔσῃ τοιαύτῃ ἀνὰ
λόγον τὰ φυόμενα φύεσθαι, δένδρα τε καὶ ἄνθη καὶ τοὺς
5 καρπούς· καὶ αὖ τὰ ὄρη ὡσαύτως καὶ τοὺς λίθους ἔχειν ἀνὰ
τὸν αὐτὸν λόγον τήν τε λειότητα καὶ τὴν διαφάνειαν καὶ τὰ
χρώματα καλλίω· ὧν καὶ τὰ ἐνθάδε λιθίδια εἶναι ταῦτα τὰ
ἀγαπώμενα μόρια, σάρδιά τε καὶ ἰάσπιδας καὶ σμαράγδους
e καὶ πάντα τὰ τοιαῦτα· ἐκεῖ δὲ οὐδὲν ὅτι οὐ τοιοῦτον εἶναι καὶ
ἔτι τούτων καλλίω. τὸ δ' αἴτιον τούτου εἶναι ὅτι ἐκεῖνοι οἱ
λίθοι εἰσὶ καθαροὶ καὶ οὐ κατεδηδεσμένοι οὐδὲ διεφθαρμένοι
ὥσπερ οἱ ἐνθάδε ὑπὸ σηπεδόνος καὶ ἅλμης ὑπὸ τῶν δεῦρο
5 συνερρυηκότων, ἃ καὶ λίθοις καὶ γῇ καὶ τοῖς ἄλλοις ζῴοις τε
καὶ φυτοῖς αἴσχη τε καὶ νόσους παρέχει. τὴν δὲ γῆν αὐτὴν
κεκοσμῆσθαι τούτοις τε ἅπασι καὶ ἔτι χρυσῷ τε καὶ ἀργύρῳ καὶ
III τοῖς ἄλλοις αὖ τοῖς τοιούτοις. ἐκφανῆ γὰρ αὐτὰ πεφυκέναι,
ὄντα πολλὰ πλήθει καὶ μεγάλα καὶ πανταχοῦ τῆς γῆς, ὥστε
αὐτὴν ἰδεῖν εἶναι θέαμα εὐδαιμόνων θεατῶν. ζῷα δ' ἐπ'
αὐτῇ εἶναι ἄλλα τε πολλὰ καὶ ἀνθρώπους, τοὺς μὲν ἐν
5 μεσογαίᾳ οἰκοῦντας, τοὺς δὲ περὶ τὸν ἀέρα ὥσπερ ἡμεῖς

c 3 καὶ B Stob. : om. T Eus.   c 5 ἐγκειμένην W   ἔτι B² T W :
ἐπὶ B   c 7 ἔκπλεα B T W Eus. Stob. : ἔμπλεα al.   d 1 παρ-
έχεσθαι B² T W Eus. : παρέχεται B Stob.   d 4 ἄνθη B T Eus. Stob. :
ἄλση B² W   d 6 * * * * * * * * τήν τε λειότητα T (τελειότητα B
Stob.)   e 1 ὅτι οὐ B T : ὁτιοῦν Eus. (et mox οὐκ εἶναι) : ὅτι μὴ B² W :
ὃ μὴ Stob.   e 3 εἰσὶ καθαροὶ B : καθαροί εἰσιν T W Eus. Stob.
e 5 & s. v. T : om. Stob.   λίθοις] τοῖς in marg. B²   e 7 ἅπασι
B Eus. Stob. : πᾶσιν T   τε καὶ T Eus. Stob. : καὶ B   a 2 παν-
ταχοῦ T W : πολλαχοῦ B Eus. Stob.   a 3 θεατῶν om. Stob.
a 4 αὐτῇ B : αὐτὴν T W : αὐτῆς Stob.

περὶ τὴν θάλατταν, τοὺς δ᾽ ἐν νήσοις ἃς περιρρεῖν τὸν ἀέρα
πρὸς τῇ ἠπείρῳ οὔσας· καὶ ἑνὶ λόγῳ, ὅπερ ἡμῖν τὸ ὕδωρ τε
καὶ ἡ θάλαττά ἐστι πρὸς τὴν ἡμετέραν χρείαν, τοῦτο ἐκεῖ
τὸν ἀέρα, ὃ δὲ ἡμῖν ἀήρ, ἐκείνοις τὸν αἰθέρα. τὰς δὲ ὥρας b
αὐτοῖς κρᾶσιν ἔχειν τοιαύτην ὥστε ἐκείνους ἀνόσους εἶναι καὶ
χρόνον τε ζῆν πολὺ πλείω τῶν ἐνθάδε, καὶ ὄψει καὶ ἀκοῇ καὶ
φρονήσει καὶ πᾶσι τοῖς τοιούτοις ἡμῶν ἀφεστάναι τῇ αὐτῇ
ἀποστάσει ᾗπερ ἀήρ τε ὕδατος ἀφέστηκεν καὶ αἰθὴρ ἀέρος 5
πρὸς καθαρότητα. καὶ δὴ καὶ θεῶν ἄλση τε καὶ ἱερὰ αὐτοῖς
εἶναι, ἐν οἷς τῷ ὄντι οἰκητὰς θεοὺς εἶναι, καὶ φήμας τε καὶ
μαντείας καὶ αἰσθήσεις τῶν θεῶν καὶ τοιαύτας συνουσίας
γίγνεσθαι αὐτοῖς πρὸς αὐτούς· καὶ τόν γε ἥλιον καὶ σελήνην c
καὶ ἄστρα ὁρᾶσθαι ὑπ᾽ αὐτῶν οἷα τυγχάνει ὄντα, καὶ τὴν
ἄλλην εὐδαιμονίαν τούτων ἀκόλουθον εἶναι.

Καὶ ὅλην μὲν δὴ τὴν γῆν οὕτω πεφυκέναι καὶ τὰ περὶ
τὴν γῆν· τόπους δ᾽ ἐν αὐτῇ εἶναι κατὰ τὰ ἔγκοιλα αὐτῆς 5
κύκλῳ περὶ ὅλην πολλούς, τοὺς μὲν βαθυτέρους καὶ ἀνα-
πεπταμένους μᾶλλον ἢ ἐν ᾧ ἡμεῖς οἰκοῦμεν, τοὺς δὲ βαθυ-
τέρους ὄντας τὸ χάσμα αὐτοὺς ἔλαττον ἔχειν τοῦ παρ᾽ ἡμῖν
τόπου, ἔστι δ᾽ οὓς καὶ βραχυτέρους τῷ βάθει τοῦ ἐνθάδε d
εἶναι καὶ πλατυτέρους. τούτους δὲ πάντας ὑπὸ γῆν εἰς
ἀλλήλους συντετρῆσθαί τε πολλαχῇ καὶ κατὰ στενότερα καὶ
εὐρύτερα καὶ διεξόδους ἔχειν, ᾗ πολὺ μὲν ὕδωρ ῥεῖν ἐξ
ἀλλήλων εἰς ἀλλήλους ὥσπερ εἰς κρατῆρας, καὶ ἀενάων 5
ποταμῶν ἀμήχανα μεγέθη ὑπὸ τὴν γῆν καὶ θερμῶν ὑδάτων
καὶ ψυχρῶν, πολὺ δὲ πῦρ καὶ πυρὸς μεγάλους ποταμούς,
πολλοὺς δὲ ὑγροῦ πηλοῦ καὶ καθαρωτέρου καὶ βορβορωδε-
στέρου, ὥσπερ ἐν Σικελίᾳ οἱ πρὸ τοῦ ῥύακος πηλοῦ ῥέοντες e
ποταμοὶ καὶ αὐτὸς ὁ ῥύαξ· ὧν δὴ καὶ ἑκάστους τοὺς τόπους

a 7 τε om. Stob.   b 2 αὐτοῖς T Stob. : αὐτῆς B   b 6 ἄλση
B Stob. : ἔδη T et ut vid. Timaeus   c 2 ὁρᾶσθαι B T : θεωρεῖσθαι
B² W   c 3 τούτων B Stob. : om. T   d 1 οὓς B S ob. : οὗ
pr. T   d 3 καὶ κατὰ B T W : καὶ addubitavit Heindorf· καὶ τὰ
Stob.   d 5 καὶ T W Stob. : ἐξ in ras. B   d 8 δὲ B T Stob. :
τε B² W   καθαρωδεστέρου in marg. B²   e 1 ἐν B Stob. : οἱ ἐν T

11*

πληροῦσθαι, ὡς ἂν ἑκάστοις τύχῃ ἑκάστοτε ἡ περιρροὴ γιγνο-
μένη. ταῦτα δὲ πάντα κινεῖν ἄνω καὶ κάτω ὥσπερ αἰώραν
5 τινὰ ἐνοῦσαν ἐν τῇ γῇ· ἔστι δὲ ἄρα αὕτη ἡ αἰώρα διὰ φύσιν
τοιάνδε τινά. ἔν τι τῶν χασμάτων τῆς γῆς ἄλλως τε
112 μέγιστον τυγχάνει ὂν καὶ διαμπερὲς τετρημένον δι᾽ ὅλης τῆς
γῆς, τοῦτο ὅπερ Ὅμηρος εἶπε, λέγων αὐτό

τῆλε μάλ᾽, ἧχι βάθιστον ὑπὸ χθονός ἐστι βέρεθρον·

ὃ καὶ ἄλλοθι καὶ ἐκεῖνος καὶ ἄλλοι πολλοὶ τῶν ποιητῶν Τάρ-
5 ταρον κεκλήκασιν. εἰς γὰρ τοῦτο τὸ χάσμα συρρέουσί τε
πάντες οἱ ποταμοὶ καὶ ἐκ τούτου πάλιν ἐκρέουσιν· γίγνονται
δὲ ἕκαστοι τοιοῦτοι δι᾽ οἵας ἂν καὶ τῆς γῆς ῥέωσιν. ἡ δὲ
b αἰτία ἐστὶν τοῦ ἐκρεῖν τε ἐντεῦθεν καὶ εἰσρεῖν πάντα τὰ
ῥεύματα, ὅτι πυθμένα οὐκ ἔχει οὐδὲ βάσιν τὸ ὑγρὸν τοῦτο.
αἰωρεῖται δὴ καὶ κυμαίνει ἄνω καὶ κάτω, καὶ ὁ ἀὴρ καὶ τὸ
πνεῦμα τὸ περὶ αὐτὸ ταὐτὸν ποιεῖ· συνέπεται γὰρ αὐτῷ καὶ
5 ὅταν εἰς τὸ ἐπ᾽ ἐκεῖνα τῆς γῆς ὁρμήσῃ καὶ ὅταν εἰς τὸ ἐπὶ
τάδε, καὶ ὥσπερ τῶν ἀναπνεόντων ἀεὶ ἐκπνεῖ τε καὶ ἀναπνεῖ
ῥέον τὸ πνεῦμα, οὕτω καὶ ἐκεῖ συναιωρούμενον τῷ ὑγρῷ τὸ
πνεῦμα δεινούς τινας ἀνέμους καὶ ἀμηχάνους παρέχεται καὶ
c εἰσιὸν καὶ ἐξιόν. ὅταν τε οὖν ὑποχωρήσῃ τὸ ὕδωρ εἰς τὸν
τόπον τὸν δὴ κάτω καλούμενον, τοῖς κατ᾽ ἐκεῖνα τὰ ῥεύματα
[διὰ] τῆς γῆς εἰσρεῖ τε καὶ πληροῖ αὐτὰ ὥσπερ οἱ ἐπαν-
τλοῦντες· ὅταν τε αὖ ἐκεῖθεν μὲν ἀπολίπῃ, δεῦρο δὲ ὁρμήσῃ,
5 τὰ ἐνθάδε πληροῖ αὖθις, τὰ δὲ πληρωθέντα ῥεῖ διὰ τῶν
ὀχετῶν καὶ διὰ τῆς γῆς, καὶ εἰς τοὺς τόπους ἕκαστα ἀφικνού-
μενα, εἰς οὓς ἑκάστοις ὡδοποίηται, θαλάττας τε καὶ λίμνας
καὶ ποταμοὺς καὶ κρήνας ποιεῖ· ἐντεῦθεν δὲ πάλιν δυόμενα
d κατὰ τῆς γῆς, τὰ μὲν μακροτέρους τόπους περιελθόντα καὶ
πλείους, τὰ δὲ ἐλάττους καὶ βραχυτέρους, πάλιν εἰς τὸν

e 3 ὡς Stob. : ὧν B T   a 5 τε B T Stob. : om. W   b 4 αὐτὸ
Heindorf : αὐτὸν B T Stob.   c 1 οὖν B T Stob. : οὖν ὁρμῆσαν
B² W   c 3 διὰ B T : om. Stob.   c 4 ἀπολείπῃ W   c 6 καὶ
διὰ om. W   c 7 ἑκάστοις T Stob. : ἑκάστους B   ὡδοποίηται
Stob. : ὁδοποιεῖται B T : εἰδοποιεῖται W (sed ὁ s. v.)   d 2 ἐλάττω W
βραχυτέρους B Stob. : βραδυτέρους T

Τάρταρον ἐμβάλλει, τὰ μὲν πολὺ κατωτέρω ⟨ἢ⟩ ᾗ ἐπην-
τλεῖτο, τὰ δὲ ὀλίγον· πάντα δὲ ὑποκάτω εἰσρεῖ τῆς ἐκροῆς,
καὶ ἔνια μὲν καταντικρὺ ⟨ἢ⟩ ᾗ [εἰσρεῖ] ἐξέπεσεν, ἔνια δὲ 5
κατὰ τὸ αὐτὸ μέρος· ἔστι δὲ ἃ παντάπασιν κύκλῳ περιελ-
θόντα, ἢ ἅπαξ ἢ καὶ πλεονάκις περιελιχθέντα περὶ τὴν γῆν
ὥσπερ οἱ ὄφεις, εἰς τὸ δυνατὸν κάτω καθέντα πάλιν ἐμβάλλει.
δυνατὸν δέ ἐστιν ἑκατέρωσε μέχρι τοῦ μέσου καθιέναι, πέρα e
δ' οὔ· ἄναντες γὰρ ἀμφοτέροις τοῖς ῥεύμασι τὸ ἑκατέρωθεν
γίγνεται μέρος.

Τὰ μὲν οὖν δὴ ἄλλα πολλά τε καὶ μεγάλα καὶ παντοδαπὰ
ῥεύματά ἐστι· τυγχάνει δ' ἄρα ὄντα ἐν τούτοις τοῖς πολλοῖς 5
τέτταρ' ἄττα ῥεύματα, ὧν τὸ μὲν μέγιστον καὶ ἐξωτάτω ῥέον
περὶ κύκλῳ ὁ καλούμενος Ὠκεανός ἐστιν, τούτου δὲ καταν-
τικρὺ καὶ ἐναντίως ῥέων Ἀχέρων, ὃς δι' ἐρήμων τε τόπων
ῥεῖ ἄλλων καὶ δὴ καὶ ὑπὸ γῆν ῥέων εἰς τὴν λίμνην ἀφικνεῖται 113
τὴν Ἀχερουσιάδα, οὗ αἱ τῶν τετελευτηκότων ψυχαὶ τῶν
πολλῶν ἀφικνοῦνται καί τινας εἱμαρμένους χρόνους μείνασαι,
αἱ μὲν μακροτέρους, αἱ δὲ βραχυτέρους, πάλιν ἐκπέμπονται
εἰς τὰς τῶν ζῴων γενέσεις. τρίτος δὲ ποταμὸς τούτων κατὰ 5
μέσον ἐκβάλλει, καὶ ἐγγὺς τῆς ἐκβολῆς ἐκπίπτει εἰς τόπον
μέγαν πυρὶ πολλῷ καόμενον, καὶ λίμνην ποιεῖ μείζω τῆς
παρ' ἡμῖν θαλάττης, ζέουσαν ὕδατος καὶ πηλοῦ· ἐντεῦθεν δὲ
χωρεῖ κύκλῳ θολερὸς καὶ πηλώδης, περιελιττόμενος δὲ τῇ b
γῇ ἄλλοσέ τε ἀφικνεῖται καὶ παρ' ἔσχατα τῆς Ἀχερουσιάδος
λίμνης, οὐ συμμειγνύμενος τῷ ὕδατι· περιελιχθεὶς δὲ πολλάκις
ὑπὸ γῆς ἐμβάλλει κατωτέρω τοῦ Ταρτάρου· οὗτος δ' ἐστὶν
ὃν ἐπονομάζουσιν Πυριφλεγέθοντα, οὗ καὶ οἱ ῥύακες ἀπο- 5

---

d 3 ἢ ᾗ] ᾗ Β Τ : ἢ W   d 5 ἢ ᾗ] ᾗ Β Τ W   εἰσρεῖ om. Stob.
e 2 γὰρ ἀμφοτέροις Τ Stob. : γὰρ πρὸς ἀμφοτέροις Β t : πρὸς γὰρ ἀμφο-
τέροις Β² W : γὰρ πρὸς ἀμφότερα in marg. W (error ortus e v. l.
πρόσαντες)   e 5 τυγχάνειν W   e 6 ἄττα Β : om. Τ Stob. : ὄντα
in marg. Β²   e 7 περὶ κύκλῳ Τ : περικύκλῳ Β : τὰ περὶ κύκλῳ Stob.
e 8 ἐναντίως Τ Stob. : ἐναντίος Β   a 2 οὗ] οἳ Schanz   a 5 τούτων
Β Τ Eus. Stob. : διὰ τούτων W   a 7 μέγα Τ   b 1 τῇ γῇ Β Τ W
Stob. : om. Theodoretus (habet Eus.)   b 5 ἐπονομάζουσι Τ W Eus.
Stob. : ἔτι ὀνομάζουσιν Β

σπάσματα ἀναφυσῶσιν ὅπη ἂν τύχωσι τῆς γῆς. τούτου δὲ
αὖ καταντικρὺ ὁ τέταρτος ἐκπίπτει εἰς τόπον πρῶτον δεινόν
τε καὶ ἄγριον, ὡς λέγεται, χρῶμα δ' ἔχοντα ὅλον οἷον ὁ
c κυανός, ὃν δὴ ἐπονομάζουσι Στύγιον, καὶ τὴν λίμνην ἣν
ποιεῖ ὁ ποταμὸς ἐμβάλλων, Στύγα· ὁ δ' ἐμπεσὼν ἐνταῦθα
καὶ δεινὰς δυνάμεις λαβὼν ἐν τῷ ὕδατι, δὺς κατὰ τῆς γῆς,
περιελιττόμενος χωρεῖ ἐναντίος τῷ Πυριφλεγέθοντι καὶ
5 ἀπαντᾷ ἐν τῇ Ἀχερουσιάδι λίμνῃ ἐξ ἐναντίας· καὶ οὐδὲ τὸ
τούτου ὕδωρ οὐδενὶ μείγνυται, ἀλλὰ καὶ οὗτος κύκλῳ περιελ-
θὼν ἐμβάλλει εἰς τὸν Τάρταρον ἐναντίος τῷ Πυριφλεγέθοντι·
ὄνομα δὲ τούτῳ ἐστίν, ὡς οἱ ποιηταὶ λέγουσιν, Κωκυτός.

d Τούτων δὲ οὕτως πεφυκότων, ἐπειδὰν ἀφίκωνται οἱ τετε-
λευτηκότες εἰς τὸν τόπον οἷ ὁ δαίμων ἕκαστον κομίζει,
πρῶτον μὲν διεδικάσαντο οἵ τε καλῶς καὶ ὁσίως βιώσαντες
καὶ οἱ μή. καὶ οἳ μὲν ἂν δόξωσι μέσως βεβιωκέναι, πορευ-
5 θέντες ἐπὶ τὸν Ἀχέροντα, ἀναβάντες ἃ δὴ αὐτοῖς ὀχήματά
ἐστιν, ἐπὶ τούτων ἀφικνοῦνται εἰς τὴν λίμνην, καὶ ἐκεῖ
οἰκοῦσί τε καὶ καθαιρόμενοι τῶν τε ἀδικημάτων διδόντες
δίκας ἀπολύονται, εἴ τίς τι ἠδίκηκεν, τῶν τε εὐεργεσιῶν
e τιμὰς φέρονται κατὰ τὴν ἀξίαν ἕκαστος· οἳ δ' ἂν δόξωσιν
ἀνιάτως ἔχειν διὰ τὰ μεγέθη τῶν ἁμαρτημάτων, ἢ ἱερο-
συλίας πολλὰς καὶ μεγάλας ἢ φόνους ἀδίκους καὶ παρανόμους
πολλοὺς ἐξειργασμένοι ἢ ἄλλα ὅσα τοιαῦτα τυγχάνει ὄντα,
5 τούτους δὲ ἡ προσήκουσα μοῖρα ῥίπτει εἰς τὸν Τάρταρον,
ὅθεν οὔποτε ἐκβαίνουσιν. οἳ δ' ἂν ἰάσιμα μὲν μεγάλα δὲ
δόξωσιν ἡμαρτηκέναι ἁμαρτήματα, οἷον πρὸς πατέρα ἢ μη-
114 τέρα ὑπ' ὀργῆς βίαιόν τι πράξαντες, καὶ μεταμέλον αὐτοῖς
τὸν ἄλλον βίον βιῶσιν, ἢ ἀνδροφόνοι τοιούτῳ τινὶ ἄλλῳ
τρόπῳ γένωνται, τούτους δὲ ἐμπεσεῖν μὲν εἰς τὸν Τάρταρον

b 6 ὅπη B T Stob. : ὅπου Eus.   b 7 αὖ B² T W Eus. Stob. : αὐτοῦ B
c 1 ἣν al. Theodoretus : om. B T W Eus. Stob.   c 4 ἐναντίως Stob.
c 7 ἐναντίως W Stob.   e 2 ἢ B² T W Eus. Stob. : om. B
e 4 τυγχάνει τοιαῦτα W   a 3 τούτους B Stob. : τούτοις T Eus.

ἀνάγκη, ἐμπεσόντας δὲ αὐτοὺς καὶ ἐνιαυτὸν ἐκεῖ γενομένους
ἐκβάλλει τὸ κῦμα, τοὺς μὲν ἀνδροφόνους κατὰ τὸν Κωκυτόν, 5
τοὺς δὲ πατραλοίας καὶ μητραλοίας κατὰ τὸν Πυριφλεγ-
έθοντα· ἐπειδὰν δὲ φερόμενοι γένωνται κατὰ τὴν λίμνην τὴν
Ἀχερουσιάδα, ἐνταῦθα βοῶσί τε καὶ καλοῦσιν, οἱ μὲν οὓς
ἀπέκτειναν, οἱ δὲ οὓς ὕβρισαν, καλέσαντες δ᾽ ἱκετεύουσι
καὶ δέονται ἐᾶσαι σφᾶς ἐκβῆναι εἰς τὴν λίμνην καὶ δέξασθαι, b
καὶ ἐὰν μὲν πείσωσιν, ἐκβαίνουσί τε καὶ λήγουσι τῶν
κακῶν, εἰ δὲ μή, φέρονται αὖθις εἰς τὸν Τάρταρον καὶ
ἐκεῖθεν πάλιν εἰς τοὺς ποταμούς, καὶ ταῦτα πάσχοντες οὐ
πρότερον παύονται πρὶν ἂν πείσωσιν οὓς ἠδίκησαν· αὕτη γὰρ 5
ἡ δίκη ὑπὸ τῶν δικαστῶν αὐτοῖς ἐτάχθη. οἱ δὲ δὴ ἂν δόξωσι
διαφερόντως πρὸς τὸ ὁσίως βιῶναι, οὗτοί εἰσιν οἱ τῶνδε μὲν
τῶν τόπων τῶν ἐν τῇ γῇ ἐλευθερούμενοί τε καὶ ἀπαλλαττό-
μενοι ὥσπερ δεσμωτηρίων, ἄνω δὲ εἰς τὴν καθαρὰν οἴκησιν c
ἀφικνούμενοι καὶ ἐπὶ γῆς οἰκιζόμενοι. τούτων δὲ αὐτῶν οἱ
φιλοσοφίᾳ ἱκανῶς καθηράμενοι ἄνευ τε σωμάτων ζῶσι τὸ
παράπαν εἰς τὸν ἔπειτα χρόνον, καὶ εἰς οἰκήσεις ἔτι τούτων
καλλίους ἀφικνοῦνται, ἃς οὔτε ῥᾴδιον δηλῶσαι οὔτε ὁ χρόνος 5
ἱκανὸς ἐν τῷ παρόντι. ἀλλὰ τούτων δὴ ἕνεκα χρὴ ὧν διεληλύ-
θαμεν, ὦ Σιμμία, πᾶν ποιεῖν ὥστε ἀρετῆς καὶ φρονήσεως ἐν
τῷ βίῳ μετασχεῖν· καλὸν γὰρ τὸ ἆθλον καὶ ἡ ἐλπὶς μεγάλη.

Τὸ μὲν οὖν ταῦτα διισχυρίσασθαι οὕτως ἔχειν ὡς ἐγὼ d
διελήλυθα, οὐ πρέπει νοῦν ἔχοντι ἀνδρί· ὅτι μέντοι ἢ ταῦτ᾽
ἐστὶν ἢ τοιαῦτ᾽ ἄττα περὶ τὰς ψυχὰς ἡμῶν καὶ τὰς οἰκήσεις,
ἐπείπερ ἀθάνατόν γε ἡ ψυχὴ φαίνεται οὖσα, τοῦτο καὶ
πρέπειν μοι δοκεῖ καὶ ἄξιον κινδυνεῦσαι οἰομένῳ οὕτως 5
ἔχειν—καλὸς γὰρ ὁ κίνδυνος—καὶ χρὴ τὰ τοιαῦτα ὥσπερ
ἐπᾴδειν ἑαυτῷ, διὸ δὴ ἔγωγε καὶ πάλαι μηκύνω τὸν μῦθον.

a 5 κῦμα B T Eus. : ῥεῦμα Stob.   b 2 ἐκβαίνουσι B² W Eus. :
ἀποβαίνουσι B T Stob.   b 5 ἠδικήκασιν W   b 7 βιῶναι B T W
Eus. Stob. : βιῶναι προσκεκλῆσθαι Clem. : βιῶναι προκεκρίσθαι Theo-
doretus   c 2 ἀφικόμενοι W   ἐπὶ τῆς γῆς Euseb. Stob.   οἰκ . . .
ζόμενοι T   c 3 σωμάτων] καμάτων Eus.   c 4 καλλίους τούτων W
d 1 ταῦτα B² T W Stob. : τοιαῦτα B   διισχυρίζεσθαι W   d 5 μοι
B Stob. : ἐμοὶ T

ἀλλὰ τούτων δὴ ἕνεκα θαρρεῖν χρὴ περὶ τῇ ἑαυτοῦ ψυχῇ
e ἄνδρα ὅστις ἐν τῷ βίῳ τὰς μὲν ἄλλας ἡδονὰς τὰς περὶ τὸ
σῶμα καὶ τοὺς κόσμους εἴασε χαίρειν, ὡς ἀλλοτρίους τε
ὄντας, καὶ πλέον θάτερον ἡγησάμενος ἀπεργάζεσθαι, τὰς δὲ
περὶ τὸ μανθάνειν ἐσπούδασέ τε καὶ κοσμήσας τὴν ψυχὴν
5 οὐκ ἀλλοτρίῳ ἀλλὰ τῷ αὐτῆς κόσμῳ, σωφροσύνῃ τε καὶ
115 δικαιοσύνῃ καὶ ἀνδρείᾳ καὶ ἐλευθερίᾳ καὶ ἀληθείᾳ, οὕτω
περιμένει τὴν εἰς Ἅιδου πορείαν [ὡς πορευσόμενος ὅταν ἡ
εἱμαρμένη καλῇ]. ὑμεῖς μὲν οὖν, ἔφη, ὦ Σιμμία τε καὶ
Κέβης καὶ οἱ ἄλλοι, εἰς αὖθις ἔν τινι χρόνῳ ἕκαστοι πορεύ-
5 σεσθε· ἐμὲ δὲ νῦν ἤδη καλεῖ, φαίη ἂν ἀνὴρ τραγικός, ἡ
εἱμαρμένη, καὶ σχεδόν τί μοι ὥρα τραπέσθαι πρὸς τὸ λουτρόν·
δοκεῖ γὰρ δὴ βέλτιον εἶναι λουσάμενον πιεῖν τὸ φάρμακον
καὶ μὴ πράγματα ταῖς γυναιξὶ παρέχειν νεκρὸν λούειν.

b Ταῦτα δὴ εἰπόντος αὐτοῦ ὁ Κρίτων, Εἶεν, ἔφη, ὦ
Σώκρατες· τί δὲ τούτοις ἢ ἐμοὶ ἐπιστέλλεις ἢ περὶ τῶν
παίδων ἢ περὶ ἄλλου του, ὅτι ἄν σοι ποιοῦντες ἡμεῖς ἐν
χάριτι μάλιστα ποιοῖμεν;
5 Ἅπερ ἀεὶ λέγω, ἔφη, ὦ Κρίτων, οὐδὲν καινότερον· ὅτι
ὑμῶν αὐτῶν ἐπιμελούμενοι ὑμεῖς καὶ ἐμοὶ καὶ τοῖς ἐμοῖς
καὶ ὑμῖν αὐτοῖς ἐν χάριτι ποιήσετε ἅττ' ἂν ποιῆτε, κἂν μὴ
νῦν ὁμολογήσητε· ἐὰν δὲ ὑμῶν [μὲν] αὐτῶν ἀμελῆτε καὶ
μὴ 'θέλητε ὥσπερ κατ' ἴχνη κατὰ τὰ νῦν τε εἰρημένα
10 καὶ τὰ ἐν τῷ ἔμπροσθεν χρόνῳ ζῆν, οὐδὲ ἐὰν πολλὰ ὁμολο-
c γήσητε ἐν τῷ παρόντι καὶ σφόδρα, οὐδὲν πλέον ποιήσετε.

Ταῦτα μὲν τοίνυν προθυμησόμεθα, ἔφη, οὕτω ποιεῖν·
θάπτωμεν δέ σε τίνα τρόπον;

Ὅπως ἄν, ἔφη, βούλησθε, ἐάνπερ γε λάβητέ με καὶ
5 μὴ ἐκφύγω ὑμᾶς. Γελάσας δὲ ἅμα ἡσυχῇ καὶ πρὸς ἡμᾶς
ἀποβλέψας εἶπεν· Οὐ πείθω, ὦ ἄνδρες, Κρίτωνα, ὡς

d 8 τῆς αὐτοῦ ψυχῆς W   e 2 τε om. W   a 7 δὴ B T :
ἤδη B² W   b 2 ἐπιστέλλεις Coisl. : ἐπιτέλλεις T : ἐπιτέλλει B :
ἐπιτέλλῃ B² W   b 4 ποιῶμεν B² W   b 5 ἔφη λέγω W
b 6 καὶ τοῖς ἐμοῖς om. T   b 8 μὲν B : om. T W   c 2 προθυμη-
σόμεθα T W : προθμνηθησόμεθα B   c 3 θάπτωμεν B : θάπτομεν T W
σε τίνα B : τίνα σε T   c 4 με B : om. T   c 6 ὦ T : ἔφη ὦ
B² W : om. B

ἐγώ εἰμι οὗτος Σωκράτης, ὁ νυνὶ διαλεγόμενος καὶ δια-
τάττων ἕκαστον τῶν λεγομένων, ἀλλ᾽ οἴεταί με ἐκεῖνον εἶναι
ὃν ὄψεται ὀλίγον ὕστερον νεκρόν, καὶ ἐρωτᾷ δὴ πῶς με d
θάπτῃ. ὅτι δὲ ἐγὼ πάλαι πολὺν λόγον πεποίημαι, ὡς,
ἐπειδὰν πίω τὸ φάρμακον, οὐκέτι ὑμῖν παραμενῶ, ἀλλ᾽
οἰχήσομαι ἀπιὼν εἰς μακάρων δή τινας εὐδαιμονίας, ταῦτά
μοι δοκῶ αὐτῷ ἄλλως λέγειν, παραμυθούμενος ἅμα μὲν 5
ὑμᾶς, ἅμα δ᾽ ἐμαυτόν. ἐγγυήσασθε οὖν με πρὸς Κρίτωνα,
ἔφη, τὴν ἐναντίαν ἐγγύην ἢ ἣν οὗτος πρὸς τοὺς δικαστὰς
ἠγγυᾶτο. οὗτος μὲν γὰρ ἦ μὴν παραμενεῖν· ὑμεῖς δὲ ἦ μὴν
μὴ παραμενεῖν ἐγγυήσασθε ἐπειδὰν ἀποθάνω, ἀλλὰ οἰχή-
σεσθαι ἀπιόντα, ἵνα Κρίτων ῥᾷον φέρῃ, καὶ μὴ ὁρῶν μου τὸ e
σῶμα ἢ καόμενον ἢ κατορυττόμενον ἀγανακτῇ ὑπὲρ ἐμοῦ
ὡς δεινὰ πάσχοντος, μηδὲ λέγῃ ἐν τῇ ταφῇ ὡς ἢ προτίθεται
Σωκράτη ἢ ἐκφέρει ἢ κατορύττει. εὖ γὰρ ἴσθι, ἦ δ᾽ ὅς, ὦ
ἄριστε Κρίτων, τὸ μὴ καλῶς λέγειν οὐ μόνον εἰς αὐτὸ τοῦτο 5
πλημμελές, ἀλλὰ καὶ κακόν τι ἐμποιεῖ ταῖς ψυχαῖς. ἀλλὰ
θαρρεῖν τε χρὴ καὶ φάναι τοὐμὸν σῶμα θάπτειν, καὶ θάπτειν
οὕτως ὅπως ἄν σοι φίλον ᾖ καὶ μάλιστα ἡγῇ νόμιμον εἶναι. 116

Ταῦτ᾽ εἰπὼν ἐκεῖνος μὲν ἀνίστατο εἰς οἴκημά τι ὡς λουσό-
μενος, καὶ ὁ Κρίτων εἵπετο αὐτῷ, ἡμᾶς δ᾽ ἐκέλευε περιμένειν.
περιεμένομεν οὖν πρὸς ἡμᾶς αὐτοὺς διαλεγόμενοι περὶ τῶν
εἰρημένων καὶ ἀνασκοποῦντες, τοτὲ δ᾽ αὖ περὶ τῆς συμφορᾶς 5
διεξιόντες ὅση ἡμῖν γεγονυῖα εἴη, ἀτεχνῶς ἡγούμενοι ὥσπερ
πατρὸς στερηθέντες διάξειν ὀρφανοὶ τὸν ἔπειτα βίον. ἐπειδὴ
δὲ ἐλούσατο καὶ ἠνέχθη παρ᾽ αὐτὸν τὰ παιδία—δύο γὰρ αὐτῷ b
ὑεῖς σμικροὶ ἦσαν, εἷς δὲ μέγας—καὶ αἱ οἰκεῖαι γυναῖκες
ἀφίκοντο ἐκεῖναι, ἐναντίον τοῦ Κρίτωνος διαλεχθείς τε καὶ
ἐπιστείλας ἅττα ἐβούλετο, τὰς μὲν γυναῖκας καὶ τὰ παιδία

c 7 οὗτος B : οὗτος ὁ T W   d 2 θάπτῃ B : θάπτει T W : θάψει
fecit W (ψ s. v.)   d 8 ἠγγυᾶτο B T et γρ. W : ἠγγυήσατο B² W
d 9 οὖν post ἐγγυήσασθε add. t   e 1 ῥᾷον T : ῥᾴδιον B   e 3 δεινὰ
πάσχοντος B t : δεινὰ ἄττα σχόντος T   e 7 θάπτειν καὶ om. pr. T
b 3 ἐκεῖναι ἐναντίον T W : ἐναντίον ἐκεῖναι B (ἐκείναις fecit B⁴)

5 ἀπιέναι ἐκέλευσεν, αὐτὸς δὲ ἧκε παρ' ἡμᾶς. καὶ ἦν ἤδη
ἐγγὺς ἡλίου δυσμῶν· χρόνον γὰρ πολὺν διέτριψεν ἔνδον.
ἐλθὼν δ' ἐκαθέζετο λελουμένος καὶ οὐ πολλὰ ἄττα μετὰ
ταῦτα διελέχθη, καὶ ἧκεν ὁ τῶν ἕνδεκα ὑπηρέτης καὶ στὰς
c παρ' αὐτόν, Ὦ Σώκρατες, ἔφη, οὐ καταγνώσομαί γε σοῦ
ὅπερ ἄλλων καταγιγνώσκω, ὅτι μοι χαλεπαίνουσι καὶ κατα-
ρῶνται ἐπειδὰν αὐτοῖς παραγγείλω πίνειν τὸ φάρμακον
ἀναγκαζόντων τῶν ἀρχόντων. σὲ δὲ ἐγὼ καὶ ἄλλως
5 ἔγνωκα ἐν τούτῳ τῷ χρόνῳ γενναιότατον καὶ πρᾳότατον
καὶ ἄριστον ἄνδρα ὄντα τῶν πώποτε δεῦρο ἀφικομένων, καὶ
δὴ καὶ νῦν εὖ οἶδ' ὅτι οὐκ ἐμοὶ χαλεπαίνεις, γιγνώσκεις γὰρ
τοὺς αἰτίους, ἀλλὰ ἐκείνοις. νῦν οὖν, οἶσθα γὰρ ἃ ἦλθον
d ἀγγέλλων, χαῖρέ τε καὶ πειρῶ ὡς ῥᾷστα φέρειν τὰ ἀναγκαῖα.
Καὶ ἅμα δακρύσας μεταστρεφόμενος ἀπῄει.

Καὶ ὁ Σωκράτης ἀναβλέψας πρὸς αὐτόν, Καὶ σύ, ἔφη,
χαῖρε, καὶ ἡμεῖς ταῦτα ποιήσομεν. Καὶ ἅμα πρὸς ἡμᾶς,
5 Ὡς ἀστεῖος, ἔφη, ὁ ἄνθρωπος· καὶ παρὰ πάντα μοι τὸν
χρόνον προσῄει καὶ διελέγετο ἐνίοτε καὶ ἦν ἀνδρῶν λῷστος,
καὶ νῦν ὡς γενναίως με ἀποδακρύει. ἀλλ' ἄγε δή, ὦ
Κρίτων, πειθώμεθα αὐτῷ, καὶ ἐνεγκάτω τις τὸ φάρμακον, εἰ
τέτριπται· εἰ δὲ μή, τριψάτω ὁ ἄνθρωπος.
e Καὶ ὁ Κρίτων, Ἀλλ' οἶμαι, ἔφη, ἔγωγε, ὦ Σώκρατες, ἔτι
ἥλιον εἶναι ἐπὶ τοῖς ὄρεσιν καὶ οὔπω δεδυκέναι. καὶ ἅμα
ἐγὼ οἶδα καὶ ἄλλους πάνυ ὀψὲ πίνοντας, ἐπειδὰν παραγγελθῇ
αὐτοῖς, δειπνήσαντάς τε καὶ πιόντας εὖ μάλα, καὶ συγγενο-
5 μένους γ' ἐνίους ὧν ἂν τύχωσιν ἐπιθυμοῦντες. ἀλλὰ μηδὲν
ἐπείγου· ἔτι γὰρ ἐγχωρεῖ.

Καὶ ὁ Σωκράτης, Εἰκότως γε, ἔφη, ὦ Κρίτων, ἐκεῖνοί τε
ταῦτα ποιοῦσιν, οὓς σὺ λέγεις—οἴονται γὰρ κερδαίνειν ταῦτα
ποιήσαντες—καὶ ἔγωγε ταῦτα εἰκότως οὐ ποιήσω· οὐδὲν γὰρ

b 7 ἄττα B² T W : om. B   c 1 γε T W : om. B   c 3 παραγ-
γείλω T : παραγγέλλω B   c 8 οὖν T : om. B   & Bt : om. T
d 1 ῥᾷστα B² T W : ἄριστα B   e 5 ἂν T W : om. B   e 9 εἰκότως
ταῦτα T

ΦΑΙΔΩΝ

117 a

οἶμαι κερδανεῖν ὀλίγον ὕστερον πιὼν ἄλλο γε ἢ γέλωτα 117
ὀφλήσειν παρ' ἐμαυτῷ, γλιχόμενος τοῦ ζῆν καὶ φειδόμενος οὐ-
δενὸς ἔτι ἐνόντος. ἀλλ' ἴθι, ἔφη, πείθου καὶ μὴ ἄλλως ποίει.
Καὶ ὁ Κρίτων ἀκούσας ἔνευσε τῷ παιδὶ πλησίον ἑστῶτι.
καὶ ὁ παῖς ἐξελθὼν καὶ συχνὸν χρόνον διατρίψας ἧκεν ἄγων 5
τὸν μέλλοντα δώσειν τὸ φάρμακον, ἐν κύλικι φέροντα τετριμ-
μένον. ἰδὼν δὲ ὁ Σωκράτης τὸν ἄνθρωπον, Εἶεν, ἔφη, ὦ
βέλτιστε, σὺ γὰρ τούτων ἐπιστήμων, τί χρὴ ποιεῖν;
Οὐδὲν ἄλλο, ἔφη, ἢ πιόντα περιιέναι, ἕως ἄν σου βάρος
ἐν τοῖς σκέλεσι γένηται, ἔπειτα κατακεῖσθαι· καὶ οὕτως αὐτὸ b
ποιήσει. Καὶ ἅμα ὤρεξε τὴν κύλικα τῷ Σωκράτει.
Καὶ ὃς λαβὼν καὶ μάλα ἵλεως, ὦ Ἐχέκρατες, οὐδὲν
τρέσας οὐδὲ διαφθείρας οὔτε τοῦ χρώματος οὔτε τοῦ προσ-
ώπου, ἀλλ' ὥσπερ εἰώθει ταυρηδὸν ὑποβλέψας πρὸς τὸν 5
ἄνθρωπον, Τί λέγεις, ἔφη, περὶ τοῦδε τοῦ πώματος πρὸς τὸ
ἀποσπεῖσαί τινι; ἔξεστιν ἢ οὔ;
Τοσοῦτον, ἔφη, ὦ Σώκρατες, τρίβομεν ὅσον οἰόμεθα
μέτριον εἶναι πιεῖν.
Μανθάνω, ἦ δ' ὅς· ἀλλ' εὔχεσθαί γέ που τοῖς θεοῖς ἔξεστί c
τε καὶ χρή, τὴν μετοίκησιν τὴν ἐνθένδε ἐκεῖσε εὐτυχῆ γενέ-
σθαι· ἃ δὴ καὶ ἐγὼ εὔχομαί τε καὶ γένοιτο ταύτῃ. Καὶ ἅμ'
εἰπὼν ταῦτα ἐπισχόμενος καὶ μάλα εὐχερῶς καὶ εὐκόλως
ἐξέπιεν. καὶ ἡμῶν οἱ πολλοὶ τέως μὲν ἐπιεικῶς οἷοί τε 5
ἦσαν κατέχειν τὸ μὴ δακρύειν, ὡς δὲ εἴδομεν πίνοντά τε καὶ
πεπωκότα, οὐκέτι, ἀλλ' ἐμοῦ γε βίᾳ καὶ αὐτοῦ ἀστακτὶ ἐχώρει
τὰ δάκρυα, ὥστε ἐγκαλυψάμενος ἀπέκλαον ἐμαυτόν—οὐ
γὰρ δὴ ἐκεῖνόν γε, ἀλλὰ τὴν ἐμαυτοῦ τύχην, οἵου ἀνδρὸς
ἑταίρου ἐστερημένος εἴην. ὁ δὲ Κρίτων ἔτι πρότερος ἐμοῦ, d
ἐπειδὴ οὐχ οἷός τ' ἦν κατέχειν τὰ δάκρυα, ἐξανέστη.
Ἀπολλόδωρος δὲ καὶ ἐν τῷ ἔμπροσθεν χρόνῳ οὐδὲν ἐπαύετο
δακρύων, καὶ δὴ καὶ τότε ἀναβρυχησάμενος κλάων καὶ

a 1 κερδανεῖν B² : κερδαίνειν B T   πιὼν B² t : ποιῶν B T : ἀπιὼν W
a 3 πείθου T W : πιθοῦ B   a 6 δώσειν B² T W : διδόναι B   a 8 τί
B T : εἰπὲ τί W   b 4 post διαφθείρας add. οὔτε τοῦ σώματος W
c 3 ἅμα λέγων W   c 7 γε βίᾳ καὶ αὐτοῦ B : αὐτοῦ βίᾳ καὶ T : τε καὶ
αὐτοῦ βίᾳ W   ἀστακτ(ε)ὶ B T : ἀσταλακτὶ W : γρ. καὶ ἀβαστακτὶ
καὶ βίᾳ W   d 1 πρότερον pr. W   ἐμοῦ B : μου T

5 ἀγανακτῶν οὐδένα ὅντινα οὐ κατέκλασε τῶν παρόντων πλήν
γε αὐτοῦ Σωκράτους.

Ἐκεῖνος δέ, Οἷα, ἔφη, ποιεῖτε, ὦ θαυμάσιοι. ἐγὼ μέντοι
οὐχ ἥκιστα τούτου ἕνεκα τὰς γυναῖκας ἀπέπεμψα, ἵνα μὴ
e τοιαῦτα πλημμελοῖεν· καὶ γὰρ ἀκήκοα ὅτι ἐν εὐφημίᾳ χρὴ
τελευτᾶν. ἀλλ᾽ ἡσυχίαν τε ἄγετε καὶ καρτερεῖτε.
Καὶ ἡμεῖς ἀκούσαντες ᾐσχύνθημέν τε καὶ ἐπέσχομεν τοῦ
δακρύειν. ὁ δὲ περιελθών, ἐπειδή οἱ βαρύνεσθαι ἔφη τὰ
5 σκέλη, κατεκλίνη ὕπτιος—οὕτω γὰρ ἐκέλευεν ὁ ἄνθρωπος—
καὶ ἅμα ἐφαπτόμενος αὐτοῦ οὗτος ὁ δοὺς τὸ φάρμακον,
διαλιπὼν χρόνον ἐπεσκόπει τοὺς πόδας καὶ τὰ σκέλη,
κἄπειτα σφόδρα πιέσας αὐτοῦ τὸν πόδα ἤρετο εἰ αἰσθάνοιτο,
118 ὁ δ᾽ οὐκ ἔφη. καὶ μετὰ τοῦτο αὖθις τὰς κνήμας· καὶ ἐπανιὼν
οὕτως ἡμῖν ἐπεδείκνυτο ὅτι ψύχοιτό τε καὶ πήγνυτο. καὶ
αὐτὸς ἥπτετο καὶ εἶπεν ὅτι, ἐπειδὰν πρὸς τῇ καρδίᾳ γένηται
αὐτῷ, τότε οἰχήσεται.
5 Ἤδη οὖν σχεδόν τι αὐτοῦ ἦν τὰ περὶ τὸ ἦτρον ψυχόμενα,
καὶ ἐκκαλυψάμενος—ἐνεκεκάλυπτο γάρ—εἶπεν—ὃ δὴ τελευ-
ταῖον ἐφθέγξατο—Ὦ Κρίτων, ἔφη, τῷ Ἀσκληπιῷ ὀφείλομεν
ἀλεκτρυόνα· ἀλλὰ ἀπόδοτε καὶ μὴ ἀμελήσητε.
Ἀλλὰ ταῦτα, ἔφη, ἔσται, ὁ Κρίτων· ἀλλ᾽ ὅρα εἴ τι ἄλλο
10 λέγεις.
Ταῦτα ἐρομένου αὐτοῦ οὐδὲν ἔτι ἀπεκρίνατο, ἀλλ᾽ ὀλίγον
χρόνον διαλιπὼν ἐκινήθη τε καὶ ὁ ἄνθρωπος ἐξεκάλυψεν
αὐτόν, καὶ ὃς τὰ ὄμματα ἔστησεν· ἰδὼν δὲ ὁ Κρίτων συνέλαβε
τὸ στόμα καὶ τοὺς ὀφθαλμούς.
15 Ἥδε ἡ τελευτή, ὦ Ἐχέκρατες, τοῦ ἑταίρου ἡμῖν ἐγένετο,
ἀνδρός, ὡς ἡμεῖς φαῖμεν ἄν, τῶν τότε ὧν ἐπειράθημεν ἀρίστου
καὶ ἄλλως φρονιμωτάτου καὶ δικαιοτάτου.

d 5 κατέκλασε Τ : κατέκλαυσε Β   e 3 τε Β Τ : γε W   ἐπ-
έχομεν pr. Τ   e 5 κατεκλίθη Β Τ W   a 2 οὕτως ἡμῖν Β :
ἡμῖν οὕτως ἡμῖν Τ : οὕτως ἡμῖν αὐτοῖς Β² W   πήγνυτο Β Τ W
a 8 διαμελήσητε W   a 9 ταῦτα ἔσται ἔφη Τ   a 14 καὶ Β : τε
καὶ Τ

ΚΡΑΤΥΛΟΣ

ΕΡΜΟΓΕΝΗΣ   ΚΡΑΤΥΛΟΣ   ΣΩΚΡΑΤΗΣ

ΕΡΜ. Βούλει οὖν καὶ Σωκράτει τῷδε ἀνακοινωσώμεθα **a**
τὸν λόγον;

ΚΡ. Εἴ σοι δοκεῖ.

ΕΡΜ. Κρατύλος φησὶν ὅδε, ὦ Σώκρατες, ὀνόματος
ὀρθότητα εἶναι ἑκάστῳ τῶν ὄντων φύσει πεφυκυῖαν, καὶ οὐ 5
τοῦτο εἶναι ὄνομα ὃ ἄν τινες συνθέμενοι καλεῖν καλῶσι, τῆς
αὑτῶν φωνῆς μόριον ἐπιφθεγγόμενοι, ἀλλὰ ὀρθότητά τινα τῶν
ὀνομάτων πεφυκέναι καὶ Ἕλλησι καὶ βαρβάροις τὴν αὐτὴν **b**
ἅπασιν. ἐρωτῶ οὖν αὐτὸν ἐγὼ εἰ αὐτῷ Κρατύλος τῇ ἀληθείᾳ
ὄνομα [ἐστὶν ἢ οὔ]· ὁ δὲ ὁμολογεῖ. "Τί δὲ Σωκράτει;"
ἔφην. "Σωκράτης," ἦ δ' ὅς. "Οὐκοῦν καὶ τοῖς ἄλλοις
ἀνθρώποις πᾶσιν, ὅπερ καλοῦμεν ὄνομα ἕκαστον, τοῦτό 5
ἐστιν ἑκάστῳ ὄνομα;" ὁ δέ, "Οὔκουν σοί γε," ἦ δ' ὅς,
"ὄνομα Ἑρμογένης, οὐδὲ ἂν πάντες καλῶσιν ἄνθρωποι."
καὶ ἐμοῦ ἐρωτῶντος καὶ προθυμουμένου εἰδέναι ὅτι ποτὲ
λέγει, οὔτε ἀποσαφεῖ οὐδὲν εἰρωνεύεταί τε πρός με, προσ- 384
ποιούμενός τι αὐτὸς ἐν ἑαυτῷ διανοεῖσθαι ὡς εἰδὼς περὶ
αὐτοῦ, ὃ εἰ βούλοιτο σαφῶς εἰπεῖν, ποιήσειεν ἂν καὶ ἐμὲ
ὁμολογεῖν καὶ λέγειν ἅπερ αὐτὸς λέγει. εἰ οὖν πῃ ἔχεις

a 1 ἀνακοινώσωμεν Τ   b 2 αὐτῷ Τ: αὐτῷ πότερον Β   b 3 ἐστὶν
ἢ οὔ Β: om. Τ   b 4 ἔφην Τ: ἔφην ἐγώ Β

5 συμβαλεῖν τὴν Κρατύλου μαντείαν, ἡδέως ἂν ἀκούσαιμι·
μᾶλλον δὲ αὐτῷ σοι ὅπῃ δοκεῖ [ἔχειν] περὶ ὀνομάτων
ὀρθότητος ἔτι ἂν ἥδιον πυθοίμην, εἴ σοι βουλομένῳ [ἐστίν].

ΣΩ. ˚Ω παῖ Ἱππονίκου Ἑρμόγενες, παλαιὰ παροιμία ὅτι
b χαλεπὰ τὰ καλά ἐστιν ὅπῃ ἔχει μαθεῖν· καὶ δὴ καὶ τὸ περὶ
τῶν ὀνομάτων οὐ σμικρὸν τυγχάνει ὂν μάθημα. εἰ μὲν οὖν
ἐγὼ ἤδη ἠκηκόη παρὰ Προδίκου τὴν πεντηκοντάδραχμον ἐπί-
δειξιν, ἣν ἀκούσαντι ὑπάρχει περὶ τοῦτο πεπαιδεῦσθαι, ὥς
5 φησιν ἐκεῖνος, οὐδὲν ἂν ἐκώλυέν σε αὐτίκα μάλα εἰδέναι
τὴν ἀλήθειαν περὶ ὀνομάτων ὀρθότητος· νῦν δὲ οὐκ ἀκήκοα,
c ἀλλὰ τὴν δραχμιαίαν. οὔκουν οἶδα πῇ ποτε τὸ ἀληθὲς
ἔχει περὶ τῶν τοιούτων· συζητεῖν μέντοι ἕτοιμός εἰμι καὶ
σοὶ καὶ Κρατύλῳ κοινῇ. ὅτι δὲ οὔ φησί σοι Ἑρμογένη
ὄνομα εἶναι τῇ ἀληθείᾳ, ὥσπερ ὑποπτεύω αὐτὸν σκώπτειν·
5 οἴεται γὰρ ἴσως σε χρημάτων ἐφιέμενον κτήσεως ἀπο-
τυγχάνειν ἑκάστοτε. ἀλλ᾽, ὃ νυνδὴ ἔλεγον, εἰδέναι μὲν
τὰ τοιαῦτα χαλεπόν, εἰς τὸ κοινὸν δὲ καταθέντας χρὴ σκοπεῖν
εἴτε ὡς σὺ λέγεις ἔχει εἴτε ὡς Κρατύλος.

ΕΡΜ. Καὶ μὴν ἔγωγε, ὦ Σώκρατες, πολλάκις δὴ καὶ
10 τούτῳ διαλεχθεὶς καὶ ἄλλοις πολλοῖς, οὐ δύναμαι πεισθῆναι
d ὡς ἄλλη τις ὀρθότης ὀνόματος ἢ συνθήκη καὶ ὁμολογία.
ἐμοὶ γὰρ δοκεῖ ὅτι ἄν τίς τῳ θῆται ὄνομα, τοῦτο εἶναι τὸ
ὀρθόν· καὶ ἂν αὖθίς γε ἕτερον μεταθῆται, ἐκεῖνο δὲ μηκέτι
καλῇ, οὐδὲν ἧττον τὸ ὕστερον ὀρθῶς ἔχειν τοῦ προτέρου,
5 ὥσπερ τοῖς οἰκέταις ἡμεῖς μετατιθέμεθα [οὐδὲν ἧττον τοῦτ᾽
εἶναι ὀρθὸν τὸ μετατεθὲν τοῦ πρότερον κειμένου]· οὐ γὰρ
φύσει ἑκάστῳ πεφυκέναι ὄνομα οὐδὲν οὐδενί, ἀλλὰ νόμῳ
καὶ ἔθει τῶν ἐθισάντων τε καὶ καλούντων. εἰ δέ πῃ ἄλλῃ
e ἔχει, ἕτοιμος ἔγωγε καὶ μανθάνειν καὶ ἀκούειν οὐ μόνον παρὰ
Κρατύλου, ἀλλὰ καὶ παρ᾽ ἄλλου ὁτουοῦν.

a 6 ἔχειν om. T   a 7 ὀρθότητος] ὀρθότης Schanz   ἐστίν om. T
b 5 ἐκώλυε Τ : ἐκώλυσεν Β   c 3 οὐ φήσει Β   c 4 σκοπεῖν marg. T
c 6 ἑκάστοτε om. T   d 2 εἶναι] εἶναι καὶ Τ : καὶ εἶναι Heindorf
d 5-6 οὐδὲν . . . κειμένου om. T   d 8 ἐθισάντων] μεθιστάντων al.

ΣΩ. Ἴσως μέντοι τὶ λέγεις, ὦ Ἑρμόγενες· σκεψώμεθα 385
δέ. ὃ ἂν φῇς καλῇ τις ἕκαστον, τοῦθ' ἑκάστῳ ὄνομα;

ΕΡΜ. Ἔμοιγε δοκεῖ.

ΣΩ. Καὶ ἐὰν ἰδιώτης καλῇ καὶ ἐὰν πόλις;

ΕΡΜ. Φημί. 5

ΣΩ. Τί οὖν; ἐὰν ἐγὼ καλῶ ὁτιοῦν τῶν ὄντων, οἷον
ὃ νῦν καλοῦμεν ἄνθρωπον, ἐὰν ἐγὼ τοῦτο ἵππον προσ-
αγορεύω, ὃ δὲ νῦν ἵππον, ἄνθρωπον, ἔσται δημοσίᾳ μὲν
ὄνομα ἄνθρωπος τῷ αὐτῷ, ἰδίᾳ δὲ ἵππος; καὶ ἰδίᾳ μὲν αὖ
ἄνθρωπος, δημοσίᾳ δὲ ἵππος; οὕτω λέγεις; 10

ΕΡΜ. Ἔμοιγε δοκεῖ. b

ΣΩ. Φέρε δή μοι τόδε εἰπέ· καλεῖς τι ἀληθῆ λέγειν καὶ
ψευδῆ;

ΕΡΜ. Ἔγωγε.

ΣΩ. Οὐκοῦν εἴη ἂν λόγος ἀληθής, ὁ δὲ ψευδής; 5

ΕΡΜ. Πάνυ γε.

ΣΩ. Ἆρ' οὖν οὗτος ὃς ἂν τὰ ὄντα λέγῃ ὡς ἔστιν, ἀληθής·
ὃς δ' ἂν ὡς οὐκ ἔστιν, ψευδής;

ΕΡΜ. Ναί.

ΣΩ. Ἔστιν ἄρα τοῦτο, λόγῳ λέγειν τὰ ὄντα τε καὶ μή; 10

ΕΡΜ. Πάνυ γε.

ΣΩ. Ὁ λόγος δ' ἐστὶν ὁ ἀληθὴς πότερον μὲν ὅλος ἀληθής, c
τὰ μόρια δ' αὐτοῦ οὐκ ἀληθῆ;

ΕΡΜ. Οὔκ, ἀλλὰ καὶ τὰ μόρια.

ΣΩ. Πότερον δὲ τὰ μὲν μεγάλα μόρια ἀληθῆ, τὰ δὲ
σμικρὰ οὔ· ἢ πάντα; 5

ΕΡΜ. Πάντα, οἶμαι ἔγωγε.

ΣΩ. Ἔστιν οὖν ὅτι λέγεις λόγου σμικρότερον μόριον
ἄλλο ἢ ὄνομα;

ΕΡΜ. Οὔκ, ἀλλὰ τοῦτο σμικρότατον.

ΣΩ. Καὶ τοῦτο [ὄνομα] ἄρα τὸ τοῦ ἀληθοῦς λόγου λέγεται; 10

a 2 ὃ ἂν, φῇς, καλῇ Hirschig : ὃ ἂν φῇς καλεῖ T : ὃ ἐὰν θῇ καλεῖν B : ὃ ἂν
φῇ καλεῖν Schanz   τοῦτ' ἐστὶν ἑκάστῳ B   b 2 τι] τὰ T   c 1 ὅλος
μὲν B   c 9 τοῦτο T G : τὸ B   c 10 ὄνομα B T : supraser. G : om. al.

ΕΡΜ. Ναί.

ΣΩ. Ἀληθές γε, ὡς φῄς.

ΕΡΜ. Ναί.

ΣΩ. Τὸ δὲ τοῦ ψεύδους μόριον οὐ ψεῦδος;

15 ΕΡΜ. Φημί.

ΣΩ. Ἔστιν ἄρα ὄνομα ψεῦδος καὶ ἀληθὲς λέγειν, εἴπερ καὶ λόγον;

d ΕΡΜ. Πῶς γὰρ οὔ;

ΣΩ. Ὃ ἂν ἄρα ἕκαστος φῇ τῳ ὄνομα εἶναι, τοῦτό ἐστιν ἑκάστῳ ὄνομα;

ΕΡΜ. Ναί.

5 ΣΩ. Ἦ καὶ ὁπόσα ἂν φῇ τις ἑκάστῳ ὀνόματα εἶναι, τοσαῦτα ἔσται καὶ τότε ὁπόταν φῇ;

ΕΡΜ. Οὐ γὰρ ἔχω ἔγωγε, ὦ Σώκρατες, ὀνόματος ἄλλην ὀρθότητα ἢ ταύτην, ἐμοὶ μὲν ἕτερον εἶναι καλεῖν ἑκάστῳ ὄνομα, ὃ ἐγὼ ἐθέμην, σοὶ δὲ ἕτερον, ὃ αὖ σύ. οὕτω δὲ καὶ

e ταῖς πόλεσιν ὁρῶ ἰδίᾳ [ἑκάσταις] ἐνίοις ἐπὶ τοῖς αὐτοῖς κείμενα ὀνόματα, καὶ Ἕλλησι παρὰ τοὺς ἄλλους Ἕλληνας, καὶ Ἕλλησι παρὰ βαρβάρους.

ΣΩ. Φέρε δὴ ἴδωμεν, ὦ Ἑρμόγενες, πότερον καὶ τὰ ὄντα
5 οὕτως ἔχειν σοι φαίνεται, ἰδίᾳ αὐτῶν ἡ οὐσία εἶναι ἑκάστῳ, ὥσπερ Πρωταγόρας ἔλεγεν λέγων "πάντων χρημάτων
386 μέτρον" εἶναι ἄνθρωπον—ὡς ἄρα οἷα μὲν ἂν ἐμοὶ φαίνηται τὰ πράγματα [εἶναι], τοιαῦτα μὲν ἔστιν ἐμοί· οἷα δ' ἂν σοί, τοιαῦτα δὲ σοί—ἢ ἔχειν δοκεῖ σοι αὐτὰ αὐτῶν τινα βεβαιότητα τῆς οὐσίας;

5 ΕΡΜ. Ἤδη ποτὲ ἔγωγε, ὦ Σώκρατες, ἀπορῶν καὶ ἐνταῦθα ἐξηνέχθην εἰς ἅπερ Πρωταγόρας λέγει· οὐ πάνυ τι μέντοι μοι δοκεῖ οὕτως ἔχειν.

d 5 τις φῇ T   d 9 αὖ Hirschig: ἂν BT   e 1 ταῖς πό-
λεσιν fort. secludendum   ἑκάσταις seclusi: ἑκάσταις ἐνίοις om. T
e 3 παρὰ om. B   a 2 εἶναι om. T   a 3 τοιαῦτα δέ σοι T:
τοιάδε B: τοιαῦτα δ' αὖ σοί W (cf. Theaet. 152 a)   δοκεῖ σοι αὐτὰ]
δοκεῖς οἱ ἄττα T

ΣΩ. Τί δέ; ἐς τόδε ἤδη ἐξηνέχθης, ὥστε μὴ πάνυ σοι
δοκεῖν εἶναί τινα ἄνθρωπον πονηρόν;   b

ΕΡΜ. Οὐ μὰ τὸν Δία, ἀλλὰ πολλάκις δὴ αὐτὸ πέπονθα,
ὥστε μοι δοκεῖν πάνυ πονηροὺς εἶναί τινας ἀνθρώπους, καὶ
μάλα συχνούς.

ΣΩ. Τί δέ; πάνυ χρηστοὶ οὔπω σοι ἔδοξαν εἶναι [ἄνθρω- 5
ποι];

ΕΡΜ. Καὶ μάλα ὀλίγοι.

ΣΩ. Ἔδοξαν δ' οὖν;

ΕΡΜ. Ἔμοιγε.

ΣΩ. Πῶς οὖν τοῦτο τίθεσαι; ἆρ' ὧδε· τοὺς μὲν πάνυ 10
χρηστοὺς πάνυ φρονίμους, τοὺς δὲ πάνυ πονηροὺς πάνυ
ἄφρονας;

ΕΡΜ. Ἔμοιγε δοκεῖ οὕτως.   c

ΣΩ. Οἷόν τε οὖν [ἐστιν], εἰ Πρωταγόρας ἀληθῆ ἔλεγεν
καὶ ἔστιν αὕτη ἡ ἀλήθεια, τὸ οἷα ἂν δοκῇ ἑκάστῳ τοιαῦτα
καὶ εἶναι, τοὺς μὲν ἡμῶν φρονίμους εἶναι, τοὺς δὲ ἄφρονας;

ΕΡΜ. Οὐ δῆτα.   5

ΣΩ. Καὶ ταῦτά γε, ὡς ἐγῷμαι, σοὶ πάνυ δοκεῖ, φρονή-
σεως οὔσης καὶ ἀφροσύνης μὴ πάνυ δυνατὸν εἶναι Πρω-
ταγόραν ἀληθῆ λέγειν· οὐδὲν γὰρ ἄν που τῇ ἀληθείᾳ ὁ
ἕτερος τοῦ ἑτέρου φρονιμώτερος εἴη, εἴπερ ἃ ἂν ἑκάστῳ
δοκῇ ἑκάστῳ ἀληθῆ ἔσται.   d

ΕΡΜ. Ἔστι ταῦτα.

ΣΩ. Ἀλλὰ μὴν οὐδὲ κατ' Εὐθύδημόν γε οἶμαι σοὶ δοκεῖ
πᾶσι πάντα ὁμοίως εἶναι ἅμα καὶ ἀεί· οὐδὲ γὰρ ἂν οὕτως
εἶεν οἱ μὲν χρηστοί, οἱ δὲ πονηροί, εἰ ὁμοίως ἅπασι καὶ ἀεὶ 5
ἀρετή τε καὶ κακία εἴη.

ΕΡΜ. Ἀληθῆ λέγεις.

ΣΩ. Οὐκοῦν εἰ μήτε πᾶσι πάντα ἐστὶν ὁμοίως ἅμα καὶ
ἀεί, μήτε ἑκάστῳ ἰδίᾳ ἕκαστον [τῶν ὄντων ἐστίν], δῆλον δὴ

b 2 αὐτὸ T : ταυτὸ B   b 5 ἄνθρωποι om. T   c 2 ἐστιν om. T
c 4 εἶναι om. G   c 9 ἃ ἂν] ὃ ἐὰν T   d 9 τῶν ὄντων ἐστίν om. T

e ὅτι αὐτὰ αὑτῶν οὐσίαν ἔχοντά τινα βέβαιόν ἐστι τὰ πράγματα, οὐ πρὸς ἡμᾶς οὐδὲ ὑφ' ἡμῶν ἑλκόμενα ἄνω καὶ κάτω τῷ ἡμετέρῳ φαντάσματι, ἀλλὰ καθ' αὑτὰ πρὸς τὴν αὑτῶν οὐσίαν ἔχοντα ᾗπερ πέφυκεν.

5 ΕΡΜ. Δοκεῖ μοι, ὦ Σώκρατες, οὕτω.

ΣΩ. Πότερον οὖν αὐτὰ μὲν ἂν εἴη οὕτω πεφυκότα, αἱ δὲ πράξεις αὐτῶν οὐ κατὰ τὸν αὐτὸν τρόπον; ἢ οὐ καὶ αὗται ἕν τι εἶδος τῶν ὄντων εἰσίν, αἱ πράξεις;

ΕΡΜ. Πάνυ γε καὶ αὗται.

387 ΣΩ. Κατὰ τὴν αὑτῶν ἄρα φύσιν καὶ αἱ πράξεις πράττονται, οὐ κατὰ τὴν ἡμετέραν δόξαν. οἷον ἐάν τι ἐπιχειρήσωμεν ἡμεῖς τῶν ὄντων τέμνειν, πότερον ἡμῖν τμητέον [ἐστὶν] ἕκαστον ὡς ἂν ἡμεῖς βουλώμεθα καὶ ᾧ ἂν βουληθῶμεν, 5 ἢ ἐὰν μὲν κατὰ τὴν φύσιν βουληθῶμεν ἕκαστον τέμνειν τοῦ τέμνειν τε καὶ τέμνεσθαι καὶ ᾧ πέφυκε, τεμοῦμέν τε καὶ πλέον τι ἡμῖν ἔσται καὶ ὀρθῶς πράξομεν τοῦτο, ἐὰν δὲ παρὰ φύσιν, ἐξαμαρτησόμεθά τε καὶ οὐδὲν πράξομεν;

b ΕΡΜ. Ἔμοιγε δοκεῖ οὕτω.

ΣΩ. Οὐκοῦν καὶ ἐὰν κάειν τι ἐπιχειρήσωμεν, οὐ κατὰ πᾶσαν δόξαν δεῖ κάειν, ἀλλὰ κατὰ τὴν ὀρθήν; αὕτη δ' ἐστὶν ᾗ ἐπεφύκει ἕκαστον κάεσθαί τε καὶ κάειν καὶ ᾧ ἐπεφύκει;

5 ΕΡΜ. Ἔστι ταῦτα.

ΣΩ. Οὐκοῦν καὶ τἆλλα οὕτω;

ΕΡΜ. Πάνυ γε.

ΣΩ. Ἆρ' οὖν οὐ καὶ τὸ λέγειν μία τις τῶν πράξεών ἐστιν;

10 ΕΡΜ. Ναί.

ΣΩ. Πότερον οὖν ᾗ ἄν τῳ δοκῇ λεκτέον εἶναι, ταύτῃ c λέγων ὀρθῶς λέξει, ἢ ἐὰν μὲν ᾗ πέφυκε τὰ πράγματα λέγειν τε καὶ λέγεσθαι καὶ ᾧ, ταύτῃ καὶ τούτῳ λέγῃ, πλέον τέ τι

---

e 2 ἡμᾶς] ἡμᾶς ὄντα d   e 3 ἀλλὰ] ἀλλὰ καὶ T   e 4 ᾗπερ pr. B
(ut videtur)   e 5 οὕτω] οὕτως ἔχειν B   e 6 ἂν εἴη] ἀεὶ ἢ T sed
corr. in marg.   e 7, 9 αὗται (bis) Heindorf: αὐταὶ B T   a 4 ἐστὶν
om. T : τῶν ὄντων G   b 4 ἐπεφύκει (bis) B T : πέφυκεν (bis) Hermann

ποιήσει καὶ ἐρεῖ· ἂν δὲ μή, ἐξαμαρτήσεταί τε καὶ οὐδὲν
ποιήσει;

ΕΡΜ. Οὕτω μοι δοκεῖ ὡς λέγεις. 5

ΣΩ. Οὐκοῦν τοῦ λέγειν μόριον τὸ ὀνομάζειν; διονομά-
ζοντες γάρ που λέγουσι τοὺς λόγους.

ΕΡΜ. Πάνυ γε.

ΣΩ. Οὐκοῦν καὶ τὸ ὀνομάζειν πρᾶξίς [τίς] ἐστιν, εἴπερ
καὶ τὸ λέγειν πρᾶξίς τις ἦν περὶ τὰ πράγματα; 10

ΕΡΜ. Ναί.

ΣΩ. Αἱ δὲ πράξεις ἐφάνησαν ἡμῖν οὐ πρὸς ἡμᾶς οὖσαι, d
ἀλλ' αὐτῶν τινα ἰδίαν φύσιν ἔχουσαι;

ΕΡΜ. Ἔστι ταῦτα.

ΣΩ. Οὐκοῦν καὶ ὀνομαστέον [ἐστὶν] ᾗ πέφυκε τὰ πρά-
γματα ὀνομάζειν τε καὶ ὀνομάζεσθαι καὶ ᾧ, ἀλλ' οὐχ ᾗ ἂν 5
ἡμεῖς βουληθῶμεν, εἴπερ τι τοῖς ἔμπροσθεν μέλλει ὁμολογού-
μενον εἶναι; καὶ οὕτω μὲν ἂν πλέον τι ποιοῖμεν καὶ ὀνομά-
ζοιμεν, ἄλλως δὲ οὔ;

ΕΡΜ. Φαίνεταί μοι.

ΣΩ. Φέρε δή, ὃ ἔδει τέμνειν, ἔδει τῳ, φαμέν, τέμνειν; 10

ΕΡΜ. Ναί.

ΣΩ. Καὶ ὃ ἔδει κερκίζειν, ἔδει τῳ κερκίζειν; καὶ ὃ ἔδει e
τρυπᾶν, ἔδει τῳ τρυπᾶν;

ΕΡΜ. Πάνυ γε.

ΣΩ. Καὶ ὃ ἔδει δὴ ὀνομάζειν, ἔδει τῳ ὀνομάζειν;

ΕΡΜ. Ἔστι ταῦτα. 388

ΣΩ. Τί δὲ ἦν ἐκεῖνο ᾧ ἔδει τρυπᾶν;

ΕΡΜ. Τρύπανον.

ΣΩ. Τί δὲ ᾧ κερκίζειν;

ΕΡΜ. Κερκίς. 5

ΣΩ. Τί δὲ ᾧ ὀνομάζειν;

ΕΡΜ. Ὄνομα.

c 6 καὶ διονομάζοντες Τ : ὀνομάζοντες Β   c 9 τίς om. Β   d 4 ἐστὶν
om. Τ   d 5 ὀνομάζειν τε καὶ om. Β   d 10 ὃ om. Β

ΣΩ. Εὖ λέγεις. ὄργανον ἄρα τί ἐστι καὶ τὸ ὄνομα.

ΕΡΜ. Πάνυ γε.

10 ΣΩ. Εἰ οὖν ἐγὼ ἐροίμην "Τί ἦν ὄργανον ἡ κερκίς;" οὐχ ᾧ κερκίζομεν;

ΕΡΜ. Ναί.

b ΣΩ. Κερκίζοντες δὲ τί δρῶμεν; οὐ τὴν κρόκην καὶ τοὺς στήμονας συγκεχυμένους διακρίνομεν;

ΕΡΜ. Ναί.

ΣΩ. Οὐκοῦν καὶ περὶ τρυπάνου ἕξεις οὕτως εἰπεῖν καὶ
5 περὶ τῶν ἄλλων;

ΕΡΜ. Πάνυ γε.

ΣΩ. Ἔχεις δὴ καὶ περὶ ὀνόματος οὕτως εἰπεῖν; ὀργάνῳ ὄντι τῷ ὀνόματι ὀνομάζοντες τί ποιοῦμεν;

ΕΡΜ. Οὐκ ἔχω λέγειν.

10 ΣΩ. Ἆρ' οὐ διδάσκομέν τι ἀλλήλους καὶ τὰ πράγματα διακρίνομεν ᾗ ἔχει;

ΕΡΜ. Πάνυ γε.

ΣΩ. Ὄνομα ἄρα διδασκαλικόν τί ἐστιν ὄργανον καὶ
c διακριτικὸν τῆς οὐσίας ὥσπερ κερκὶς ὑφάσματος.

ΕΡΜ. Ναί.

ΣΩ. Ὑφαντικὸν δέ γε ἡ κερκίς;

ΕΡΜ. Πῶς δ' οὔ;

5 ΣΩ. Ὑφαντικὸς μὲν ἄρα κερκίδι καλῶς χρήσεται, καλῶς δ' ἐστὶν ὑφαντικῶς· διδασκαλικὸς δὲ ὀνόματι, καλῶς δ' ἐστὶ διδασκαλικῶς.

ΕΡΜ. Ναί.

ΣΩ. Τῷ τίνος οὖν ἔργῳ ὁ ὑφάντης καλῶς χρήσεται ὅταν
10 τῇ κερκίδι χρῆται;

ΕΡΜ. Τῷ τοῦ τέκτονος.

ΣΩ. Πᾶς δὲ τέκτων ἢ ὁ τὴν τέχνην ἔχων;

ΕΡΜ. Ὁ τὴν τέχνην.

b 4 τοῦ ante τρυπάνου add. G   b 8 ποιοῖμεν B   b 10 οὐ Stephanus: οὖν B T sed ν punctis notatum in B   c 5 χρήσεται] κεχρήσεται T c 6 ὀνόματι ⟨καλῶς⟩, καλῶς al.

ΣΩ. Τῷ τίνος δὲ ἔργῳ ὁ τρυπητὴς καλῶς χρήσεται ὅταν **d**
τῷ τρυπάνῳ χρῆται;

ΕΡΜ. Τῷ τοῦ χαλκέως.

ΣΩ. Ἆρ᾽ οὖν πᾶς χαλκεὺς ἢ ὁ τὴν τέχνην ἔχων;

ΕΡΜ. Ὁ τὴν τέχνην. 5

ΣΩ. Εἶεν. τῷ δὲ τίνος ἔργῳ ὁ διδασκαλικὸς χρήσεται
ὅταν τῷ ὀνόματι χρῆται;

ΕΡΜ. Οὐδὲ τοῦτ᾽ ἔχω.

ΣΩ. Οὐδὲ τοῦτό γ᾽ ἔχεις εἰπεῖν, τίς παραδίδωσιν ἡμῖν
τὰ ὀνόματα οἷς χρώμεθα; 10

ΕΡΜ. Οὐ δῆτα.

ΣΩ. Ἆρ᾽ οὐχὶ ὁ νόμος δοκεῖ σοι [εἶναι] ὁ παραδιδοὺς
αὐτά;

ΕΡΜ. Ἔοικεν.

ΣΩ. Νομοθέτου ἄρα ἔργῳ χρήσεται ὁ διδασκαλικὸς ὅταν **e**
ὀνόματι χρῆται;

ΕΡΜ. Δοκεῖ μοι.

ΣΩ. Νομοθέτης δέ σοι δοκεῖ πᾶς εἶναι ἀνὴρ ἢ ὁ τὴν
τέχνην ἔχων; 5

ΕΡΜ. Ὁ τὴν τέχνην.

ΣΩ. Οὐκ ἄρα παντὸς ἀνδρός, ὦ Ἑρμόγενες, ὄνομα θέσθαι
[ἐστὶν] ἀλλά τινος ὀνοματουργοῦ· οὗτος δ᾽ ἐστίν, ὡς ἔοικεν, **389**
ὁ νομοθέτης, ὃς δὴ τῶν δημιουργῶν σπανιώτατος ἐν ἀνθρώ-
ποις γίγνεται.

ΕΡΜ. Ἔοικεν.

ΣΩ. Ἴθι δή, ἐπίσκεψαι ποῖ βλέπων ὁ νομοθέτης τὰ 5
ὀνόματα τίθεται· ἐκ τῶν ἔμπροσθεν δὲ ἀνάσκεψαι. ποῖ
βλέπων ὁ τέκτων τὴν κερκίδα ποιεῖ; ἆρ᾽ οὐ πρὸς τοιοῦτόν
τι ὃ ἐπεφύκει κερκίζειν;

ΕΡΜ. Πάνυ γε.

---

d 1 ὅταν ... χρῆται om. T   d 5 ὁ τὴν τέχνην om. B   d 8 οὐδὲ]
οὐ Heindorf   d 9 τοῦτό γ᾽] τοῦτ᾽ T   d 12 ὁ νόμος] ὀνόματος T :
ὁ νομοθέτης Schanz   εἶναι om. T   a 1 ἐστὶν om. T   a 2 ἐν
om. T   a 8 πεφύκει B : πέφυκε al. Stallbaum

b ΣΩ. Τί δέ; ἂν καταγῇ αὐτῷ ἡ κερκὶς ποιοῦντι, πότερον
πάλιν ποιήσει ἄλλην πρὸς τὴν κατεαγυῖαν βλέπων, ἢ πρὸς
ἐκεῖνο τὸ εἶδος πρὸς ὅπερ καὶ ἣν κατέαξεν ἐποίει;

ΕΡΜ. Πρὸς ἐκεῖνο, ἔμοιγε δοκεῖ.

5 ΣΩ. Οὐκοῦν ἐκεῖνο δικαιόταт' ἂν αὐτὸ ὃ ἔστιν κερκὶς
καλέσαιμεν;

ΕΡΜ. Ἔμοιγε δοκεῖ.

ΣΩ. Οὐκοῦν ἐπειδὰν δέῃ λεπτῷ ἱματίῳ ἢ παχεῖ ἢ λινῷ
ἢ ἐρεῷ ἢ ὁποιῳοῦν τινι κερκίδα ποιεῖν, πάσας μὲν δεῖ τὸ
10 τῆς κερκίδος ἔχειν εἶδος, οἵα δ' ἑκάστῳ καλλίστη ἐπεφύκει,
c ταύτην ἀποδιδόναι τὴν φύσιν εἰς τὸ ἔργον ἕκαστον;

ΕΡΜ. Ναί.

ΣΩ. Καὶ περὶ τῶν ἄλλων δὴ ὀργάνων ὁ αὐτὸς τρόπος·
τὸ φύσει ἑκάστῳ πεφυκὸς ὄργανον ἐξευρόντα δεῖ ἀποδοῦναι
5 εἰς ἐκεῖνο ἐξ οὗ ἂν ποιῇ [τὸ ἔργον], οὐχ οἷον ἂν αὐτὸς
βουληθῇ, ἀλλ' οἷον ἐπεφύκει. τὸ φύσει γὰρ ἑκάστῳ, ὡς ἔοικε,
τρύπανον πεφυκὸς εἰς τὸν σίδηρον δεῖ ἐπίστασθαι τιθέναι.

ΕΡΜ. Πάνυ γε.

ΣΩ. Καὶ τὴν φύσει κερκίδα ἑκάστῳ πεφυκυῖαν εἰς ξύλον.

10 ΕΡΜ. Ἔστι ταῦτα.

d ΣΩ. Φύσει γὰρ ἦν ἑκάστῳ εἴδει ὑφάσματος, ὡς ἔοικεν,
ἑκάστη κερκίς, καὶ τἆλλα οὕτως.

ΕΡΜ. Ναί.

ΣΩ. Ἆρ' οὖν, ὦ βέλτιστε, καὶ τὸ ἑκάστῳ φύσει πεφυκὸς
5 ὄνομα τὸν νομοθέτην ἐκεῖνον εἰς τοὺς φθόγγους καὶ τὰς
συλλαβὰς δεῖ ἐπίστασθαι τιθέναι, καὶ βλέποντα πρὸς αὐτὸ
ἐκεῖνο ὃ ἔστιν ὄνομα, πάντα τὰ ὀνόματα ποιεῖν τε καὶ
τίθεσθαι, εἰ μέλλει κύριος εἶναι ὀνομάτων θέτης; εἰ δὲ μὴ
εἰς τὰς αὐτὰς συλλαβὰς ἕκαστος ὁ νομοθέτης τίθησιν, οὐδὲν
e δεῖ τοῦτο ἀ⟨μφι⟩γνοεῖν· οὐδὲ γὰρ εἰς τὸν αὐτὸν σίδηρον

b 1 ἢ om. pr. T   b 5-7 οὐκοῦν . . . δοκεῖ om. B   b 9 δεῖ] δὴ T
b 10 πέφυκε Stallbaum   c 4 τὸ om. G   c 5 τὸ ἔργον om. T
c 6 πέφυκε Stallbaum   c 7 δεῖ] δὴ T   d 7 ὄνομα] ὀνόματα B
e 1 ἀμφιγνοεῖν Peipers : ἀγνοεῖν ΒΤ   οὐδὲ] οὐ T   αὐτὸν om. T

ἅπας χαλκεὺς τίθησιν, τοῦ αὐτοῦ ἕνεκα ποιῶν τὸ αὐτὸ
ὄργανον· ἀλλ' ὅμως, ἕως ἂν τὴν αὐτὴν ἰδέαν ἀποδιδῷ, ἐάντε
ἐν ἄλλῳ σιδήρῳ, ὅμως ὀρθῶς ἔχει τὸ ὄργανον, ἐάντε ἐνθάδε 390
ἐάντε ἐν βαρβάροις τις ποιῇ. ἢ γάρ;
ΕΡΜ. Πάνυ γε.

ΣΩ. Οὐκοῦν οὕτως ἀξιώσεις καὶ τὸν νομοθέτην τόν τε
ἐνθάδε καὶ τὸν ἐν τοῖς βαρβάροις, ἕως ἂν τὸ τοῦ ὀνόματος 5
εἶδος ἀποδιδῷ τὸ προσῆκον ἑκάστῳ ἐν ὁποιαισοῦν συλλαβαῖς,
οὐδὲν χείρω νομοθέτην εἶναι τὸν ἐνθάδε ἢ τὸν ὁπουοῦν ἄλλοθι;
ΕΡΜ. Πάνυ γε.

ΣΩ. Τίς οὖν ὁ γνωσόμενος εἰ τὸ προσῆκον εἶδος κερκίδος b
ἐν ὁποιῳοῦν ξύλῳ κεῖται; ὁ ποιήσας, ὁ τέκτων, ἢ ὁ χρη-
σόμενος [ὁ] ὑφάντης;
ΕΡΜ. Εἰκὸς μὲν μᾶλλον, ὦ Σώκρατες, τὸν χρησόμενον.

ΣΩ. Τίς οὖν ὁ τῷ τοῦ λυροποιοῦ ἔργῳ χρησόμενος; ἆρ' 5
οὐχ οὗτος ὃς ἐπίσταιτο ἂν ἐργαζομένῳ κάλλιστα ἐπιστατεῖν
καὶ εἰργασμένον γνοίη εἴτ' εὖ εἴργασται εἴτε μή;
ΕΡΜ. Πάνυ γε.
ΣΩ. Τίς;
ΕΡΜ. Ὁ κιθαριστής.   10
ΣΩ. Τίς δὲ ὁ τῷ τοῦ ναυπηγοῦ;
ΕΡΜ. Κυβερνήτης.   c
ΣΩ. Τίς δὲ τῷ τοῦ νομοθέτου ἔργῳ ἐπιστατήσειέ τ' ἂν
κάλλιστα καὶ εἰργασμένον κρίνειε καὶ ἐνθάδε καὶ ἐν τοῖς
βαρβάροις; ἆρ' οὐχ ὅσπερ χρήσεται;
ΕΡΜ. Ναί.   5
ΣΩ. Ἆρ' οὖν οὐχ ὁ ἐρωτᾶν ἐπιστάμενος οὗτός ἐστιν;
ΕΡΜ. Πάνυ γε.
ΣΩ. Ὁ δὲ αὐτὸς καὶ ἀποκρίνεσθαι;
ΕΡΜ. Ναί.

e 3 ἂν om. B   ἐάντε . . . a 1 ὅμως secl. Schanz   a 1 ἐν
⟨τῷ αὐτῷ ἐάντε ἐν⟩ ἄλλῳ Ast   a 5 τοῖς om. G   b 3 ὁ om. B
ὑφάντης secl. Naber   b 6 ἐπίσταιτο ἂν ἐργαζομένῳ T W: ἐπίσταται
τῷ ἀνεργαζομένῳ B

10 ΣΩ. Τὸν δὲ ἐρωτᾶν καὶ ἀποκρίνεσθαι ἐπιστάμενον ἄλλο
τι σὺ καλεῖς ἢ διαλεκτικόν;

ΕΡΜ. Οὔκ, ἀλλὰ τοῦτο.

d ΣΩ. Τέκτονος μὲν ἄρα ἔργον ἐστὶν ποιῆσαι πηδάλιον ἐπι-
στατοῦντος κυβερνήτου, εἰ μέλλει καλὸν εἶναι τὸ πηδάλιον.

ΕΡΜ. Φαίνεται.

ΣΩ. Νομοθέτου δέ γε, ὡς ἔοικεν, ὄνομα, ἐπιστάτην ἔχον-
5 τος διαλεκτικὸν ἄνδρα, εἰ μέλλει καλῶς ὀνόματα θήσεσθαι.

ΕΡΜ. Ἔστι ταῦτα.

ΣΩ. Κινδυνεύει ἄρα, ὦ Ἑρμόγενες, εἶναι οὐ φαῦλον, ὡς
σὺ οἴει, ἡ τοῦ ὀνόματος θέσις, οὐδὲ φαύλων ἀνδρῶν οὐδὲ
τῶν ἐπιτυχόντων. καὶ Κρατύλος ἀληθῆ λέγει λέγων φύσει
e τὰ ὀνόματα εἶναι τοῖς πράγμασι, καὶ οὐ πάντα δημιουργὸν
ὀνομάτων εἶναι, ἀλλὰ μόνον ἐκεῖνον τὸν ἀποβλέποντα εἰς τὸ
τῇ φύσει ὄνομα ὂν ἑκάστῳ καὶ δυνάμενον αὐτοῦ τὸ εἶδος
τιθέναι εἴς τε τὰ γράμματα καὶ τὰς συλλαβάς.

5 ΕΡΜ. Οὐκ ἔχω, ὦ Σώκρατες, ὅπως χρὴ πρὸς ἃ λέγεις
391 ἐναντιοῦσθαι. ἴσως μέντοι οὐ ῥᾴδιόν ἐστιν οὕτως ἐξαίφνης
πεισθῆναι, ἀλλὰ δοκῶ μοι ὧδε ἂν μᾶλλον πιθέσθαι σοι, εἴ
μοι δείξειας ἥντινα φῂς εἶναι τὴν φύσει ὀρθότητα ὀνόματος.

ΣΩ. Ἐγὼ μέν, ὦ μακάριε Ἑρμόγενες, οὐδεμίαν λέγω,
5 ἀλλ᾽ ἐπελάθου γε ὧν ὀλίγον πρότερον ἔλεγον, ὅτι οὐκ
εἰδείην ἀλλὰ σκεψοίμην μετὰ σοῦ. νῦν δὲ σκοπουμένοις
ἡμῖν, ἐμοί τε καὶ σοί, τοσοῦτον μὲν ἤδη φαίνεται παρὰ τὰ
πρότερα, φύσει τέ τινα ὀρθότητα ἔχον εἶναι τὸ ὄνομα καὶ οὐ
b παντὸς ἀνδρὸς ἐπίστασθαι [καλῶς] αὐτὸ πράγματι ὁτῳοῦν
θέσθαι· ἢ οὔ;

ΕΡΜ. Πάνυ γε.

ΣΩ. Οὐκοῦν τὸ μετὰ τοῦτο χρὴ ζητεῖν, εἴπερ ἐπιθυμεῖς
5 εἰδέναι, ἥτις ποτ᾽ αὖ ἐστιν αὐτοῦ ἡ ὀρθότης.

e 3 τὸ] τό τε T   a 2 ἀλλὰ . . . πιθέσθαι T G : om. B Schanz
πιθέσθαι σοι scripsi auctore Schanz : τίθεσθαί σε pr. T : πείθεσθαί σε pr.
G : πεισθῆναί σοι Cobet   a 3 μοι] μὴ Schanz   a 5 γε ὧν ὀλίγον
B : ὀλίγον γὰρ T   b 1 καλῶς om. T   b 5 αὖ B : ἄν T

ΕΡΜ. Ἀλλὰ μὴν ἐπιθυμῶ γε εἰδέναι.

ΣΩ. Σκόπει τοίνυν.

ΕΡΜ. Πῶς οὖν χρὴ σκοπεῖν;

ΣΩ. Ὀρθοτάτη μὲν τῆς σκέψεως, ὦ ἑταῖρε, μετὰ τῶν
ἐπισταμένων, χρήματα ἐκείνοις τελοῦντα καὶ χάριτας κατα- 10
τιθέμενον. εἰσὶ δὲ οὗτοι οἱ σοφισταί, οἷσπερ καὶ ὁ ἀδελφός
σου Καλλίας πολλὰ τελέσας χρήματα σοφὸς δοκεῖ εἶναι. c
ἐπειδὴ δὲ οὐκ ἐγκρατὴς εἶ τῶν πατρῴων, λιπαρεῖν χρὴ τὸν
ἀδελφὸν καὶ δεῖσθαι αὐτοῦ διδάξαι σε τὴν ὀρθότητα περὶ
τῶν τοιούτων ἣν ἔμαθεν παρὰ Πρωταγόρου.

ΕΡΜ. Ἄτοπος μεντἂν εἴη μου, ὦ Σώκρατες, ἡ δέησις, 5
εἰ τὴν μὲν Ἀλήθειαν τὴν Πρωταγόρου ὅλως οὐκ ἀποδέχομαι,
τὰ δὲ τῇ τοιαύτῃ ἀληθείᾳ ῥηθέντα ἀγαπῴην ὥς του ἄξια.

ΣΩ. Ἀλλ᾽ εἰ μὴ αὖ σε ταῦτα ἀρέσκει, παρ᾽ Ὁμήρου χρὴ
μανθάνειν καὶ παρὰ τῶν ἄλλων ποιητῶν. d

ΕΡΜ. Καὶ τί λέγει, ὦ Σώκρατες, Ὅμηρος περὶ ὀνομάτων,
καὶ ποῦ;

ΣΩ. Πολλαχοῦ· μέγιστα δὲ καὶ κάλλιστα ἐν οἷς διορίζει
ἐπὶ τοῖς αὐτοῖς ἅ τε οἱ ἄνθρωποι ὀνόματα καλοῦσι καὶ οἱ 5
θεοί. ἢ οὐκ οἴει αὐτὸν μέγα τι καὶ θαυμάσιον λέγειν ἐν
τούτοις περὶ ὀνομάτων ὀρθότητος; δῆλον γὰρ δὴ ὅτι οἵ γε
θεοὶ αὐτὰ καλοῦσιν πρὸς ὀρθότητα ἅπερ ἔστι φύσει ὀνόματα·
ἢ σὺ οὐκ οἴει; e

ΕΡΜ. Εὖ οἶδα μὲν οὖν ἔγωγε, εἴπερ καλοῦσιν, ὅτι ὀρθῶς
καλοῦσιν. ἀλλὰ ποῖα ταῦτα λέγεις;

ΣΩ. Οὐκ οἶσθα ὅτι περὶ τοῦ ποταμοῦ τοῦ ἐν τῇ Τροίᾳ,
ὃς ἐμονομάχει τῷ Ἡφαίστῳ, " ὃν Ξάνθον," φησί, " καλέουσι 5
θεοί, ἄνδρες δὲ Σκάμανδρον;"

ΕΡΜ. Ἔγωγε.

ΣΩ. Τί οὖν δή; οὐκ οἴει τοῦτο σεμνόν τι εἶναι γνῶναι, 392
ὅπῃ ποτὲ ὀρθῶς ἔχει ἐκεῖνον τὸν ποταμὸν Ξάνθον καλεῖν

---

c 5 ἄτοπος] fort. ἄτοπον (om. mox ἡ δέησις cum al.)   εἴη] εἴην al.
Cobet (om. mox μου . . . ἡ δέησις)

μᾶλλον ἢ Σκάμανδρον; εἰ δὲ βούλει, περὶ τῆς ὄρνιθος ἦν
λέγει ὅτι—

5   χαλκίδα κικλήσκουσι θεοί, ἄνδρες δὲ κύμινδιν,

φαῦλον ἡγῇ τὸ μάθημα ὅσῳ ὀρθότερόν ἐστι καλεῖσθαι χαλκὶς
κυμίνδιδος τῷ αὐτῷ ὀρνέῳ; ἢ τὴν Βατίειάν τε καὶ Μυρίνην,
b καὶ ἄλλα πολλὰ καὶ τούτου τοῦ ποιητοῦ καὶ ἄλλων; ἀλλὰ
ταῦτα μὲν ἴσως μείζω ἐστὶν ἢ κατ᾽ ἐμὲ καὶ σὲ ἐξευρεῖν·
ὁ δὲ Σκαμάνδριός τε καὶ ὁ Ἀστυάναξ ἀνθρωπινώτερον δια-
σκέψασθαι, ὡς ἐμοὶ δοκεῖ, καὶ ῥᾷον, ἅ φησιν ὀνόματα εἶναι
5 τῷ τοῦ Ἕκτορος ὑεῖ, τίνα ποτὲ λέγει τὴν ὀρθότητα αὐτῶν.
οἶσθα γὰρ δήπου ταῦτα τὰ ἔπη ἐν οἷς ἔνεστιν ἃ ἐγὼ
λέγω.

ΕΡΜ. Πάνυ γε.

ΣΩ. Πότερον οὖν οἴει Ὅμηρον ὀρθότερον ἡγεῖσθαι τῶν
10 ὀνομάτων κεῖσθαι τῷ παιδί, τὸν "Ἀστυάνακτα" ἢ τὸν
"Σκαμάνδριον";

c   ΕΡΜ. Οὐκ ἔχω λέγειν.

ΣΩ. Ὧδε δὴ σκόπει. εἴ τις ἔροιτό σε πότερον οἴει
ὀρθότερον καλεῖν τὰ ὀνόματα τοὺς φρονιμωτέρους ἢ τοὺς
ἀφρονεστέρους;

5   ΕΡΜ. Δῆλον δὴ ὅτι τοὺς φρονιμωτέρους, φαίην ἄν.

ΣΩ. Πότερον οὖν αἱ γυναῖκες ἐν ταῖς πόλεσιν φρονι-
μώτεραί σοι δοκοῦσιν εἶναι ἢ οἱ ἄνδρες, ὡς τὸ ὅλον εἰπεῖν
γένος;

ΕΡΜ. Οἱ ἄνδρες.

10   ΣΩ. Οὐκοῦν οἶσθα ὅτι Ὅμηρος τὸ παιδίον τὸ τοῦ Ἕκτορος
d ὑπὸ τῶν Τρώων φησὶν καλεῖσθαι Ἀστυάνακτα, Σκαμάνδριον
δὲ δῆλον ὅτι ὑπὸ τῶν γυναικῶν, ἐπειδὴ οἵ γε ἄνδρες αὐτὸν
Ἀστυάνακτα ἐκάλουν;

ΕΡΜ. Ἔοικέ γε.

b 2 ἐμὲ] ἐμέ τε B   b 3 σκάμανδρός B T   b 4 ῥᾷον] ῥᾴδιον T
d 2 γε] τε B T   d 3 ἐκάλουν] ἐκαλούμην B

ΣΩ. Οὐκοῦν καὶ Ὅμηρος τοὺς Τρῶας σοφωτέρους ἡγεῖτο 5
ἢ τὰς γυναῖκας αὐτῶν;

ΕΡΜ. Οἶμαι ἔγωγε.

ΣΩ. Τὸν " Ἀστυάνακτα" ἄρα ὀρθότερον ᾤετο κεῖσθαι τῷ
παιδὶ ἢ τὸν " Σκαμάνδριον";

ΕΡΜ. Φαίνεται. 10

ΣΩ. Σκοπῶμεν δὴ διὰ τί ποτε. ἢ αὐτὸς ἡμῖν κάλλιστα
ὑφηγεῖται τὸ διότι; φησὶν γάρ—

οἷος γάρ σφιν ἔρυτο πόλιν καὶ τείχεα μακρά. e

διὰ ταῦτα δή, ὡς ἔοικεν, ὀρθῶς ἔχει καλεῖν τὸν τοῦ σωτῆρος
υἱὸν Ἀστυάνακτα τούτου ὃ ἔσῳζεν ὁ πατὴρ αὐτοῦ, ὥς φησιν
Ὅμηρος.

ΕΡΜ. Φαίνεταί μοι. 5

ΣΩ. Τί δή ποτε; οὐ γάρ πω οὐδ' αὐτὸς ἔγωγε μανθάνω·
ὦ Ἑρμόγενες, σὺ δὲ μανθάνεις;

ΕΡΜ. Μὰ Δί' οὐκ ἔγωγε.

ΣΩ. Ἀλλ' ἆρα, ὠγαθέ, καὶ τῷ Ἕκτορι αὐτὸς ἔθετο τὸ 393
ὄνομα Ὅμηρος;

ΕΡΜ. Τί δή;

ΣΩ. Ὅτι μοι δοκεῖ καὶ τοῦτο παραπλήσιόν τι εἶναι τῷ
Ἀστυάνακτι, καὶ ἔοικεν Ἑλληνικοῖς ταῦτα [τὰ ὀνόματα]. 5
ὁ γὰρ " ἄναξ" καὶ ὁ " ἕκτωρ" σχεδόν τι ταὐτὸν σημαίνει,
βασιλικὰ ἀμφότερα εἶναι τὰ ὀνόματα· οὗ γὰρ ἄν τις " ἄναξ"
ᾖ, καὶ " ἕκτωρ" δήπου ἐστὶν τούτου· δῆλον γὰρ ὅτι κρατεῖ
τε αὐτοῦ καὶ κέκτηται καὶ ἔχει αὐτό. ἢ οὐδέν σοι δοκῶ b
λέγειν, ἀλλὰ λανθάνω καὶ ἐμαυτὸν οἰόμενός τινος ὥσπερ
ἴχνους ἐφάπτεσθαι τῆς Ὁμήρου δόξης περὶ ὀνομάτων
ὀρθότητος;

ΕΡΜ. Μὰ Δί' οὐ σύ γε, ὡς ἐμοὶ δοκεῖς, ἀλλὰ ἴσως τοῦ 5
ἐφάπτῃ.

d 5 καὶ] αὖ καὶ G   e 6-8 τί . . . ἔγωγε post d 10 φαίνεται transp.
Hermann   e 7 σὺ δὲ] οὐδὲ B   a 5 τὰ ὀνόματα seclusi : ὀνόματα T
a 7 βασιλικὰ . . . ὀνόματα secl. Stallbaum

ΣΩ. Δίκαιόν γέ τοί ἐστιν, ὡς ἐμοὶ φαίνεται, τὸν λέοντος ἔκγονον λέοντα καλεῖν καὶ τὸν ἵππου ἔκγονον ἵππον. οὔ τι λέγω ἐὰν ὥσπερ τέρας γένηται ἐξ ἵππου ἄλλο τι ἢ ἵππος,

c ἀλλ' οὗ ἂν ᾖ τοῦ γένους ἔκγονον τὴν φύσιν, τοῦτο λέγω· ἐὰν βοὸς ἔκγονον φύσει ἵππος παρὰ φύσιν τέκῃ μόσχον, οὐ πῶλον κλητέον ἀλλὰ μόσχον· οὐδ' ἂν ἐξ ἀνθρώπου οἶμαι μὴ τὸ ἀνθρώπου ἔκγονον γένηται, [ἀλλ' ὃ ἂν] τὸ ἔκγονον

5 ἄνθρωπος κλητέος· καὶ τὰ δένδρα ὡσαύτως καὶ τἆλλα ἅπαντα· ἢ οὐ συνδοκεῖ;

ΕΡΜ. Συνδοκεῖ.

ΣΩ. Καλῶς λέγεις· φύλαττε γάρ με μή πῃ παρακρούσωμαί σε. κατὰ γὰρ τὸν αὐτὸν λόγον κἂν ἐκ βασιλέως γίγνηταί τι

d ἔκγονον, βασιλεὺς κλητέος· εἰ δὲ ἐν ἑτέραις συλλαβαῖς ἢ ἐν ἑτέραις τὸ αὐτὸ σημαίνει, οὐδὲν πρᾶγμα· οὐδ' εἰ πρόσκειταί τι γράμμα ἢ ἀφῄρηται, οὐδὲν οὐδὲ τοῦτο, ἕως ἂν ἐγκρατὴς ᾖ ἡ οὐσία τοῦ πράγματος δηλουμένη ἐν τῷ ὀνόματι.

5 ΕΡΜ. Πῶς τοῦτο λέγεις;

ΣΩ. Οὐδὲν ποικίλον, ἀλλ' ὥσπερ τῶν στοιχείων οἶσθα ὅτι ὀνόματα λέγομεν ἀλλ' οὐκ αὐτὰ τὰ στοιχεῖα, πλὴν τεττάρων, τοῦ Ε καὶ τοῦ Υ καὶ τοῦ Ο καὶ τοῦ Ω· τοῖς δ'

e ἄλλοις φωνήεσί τε καὶ ἀφώνοις οἶσθα ὅτι περιτιθέντες ἄλλα γράμματα λέγομεν, ὀνόματα ποιοῦντες· ἀλλ' ἕως ἂν αὐτοῦ δηλουμένην τὴν δύναμιν ἐντιθῶμεν, ὀρθῶς ἔχει ἐκεῖνο τὸ ὄνομα καλεῖν ὃ αὐτὸ ἡμῖν δηλώσει. οἷον τὸ "βῆτα"· ὁρᾷς

5 ὅτι τοῦ ἦτα καὶ τοῦ ταῦ καὶ τοῦ ἄλφα προστεθέντων οὐδὲν ἐλύπησεν, ὥστε μὴ οὐχὶ τὴν ἐκείνου τοῦ στοιχείου φύσιν δηλῶσαι ὅλῳ τῷ ὀνόματι οὗ ἐβούλετο ὁ νομοθέτης· οὕτως ἠπιστήθη καλῶς θέσθαι τοῖς γράμμασι τὰ ὀνόματα.

ΕΡΜ. Ἀληθῆ μοι δοκεῖς λέγειν.

394 ΣΩ. Οὐκοῦν καὶ περὶ βασιλέως ὁ αὐτὸς λόγος; ἔσται

c 1 ἀλλ' οὗ ἂν Β Τ : ἀλλ' ὃ ἂν al.   c 2 μόσχον secl. Ast   c 4 ἀλλ' ὃ ἐὰν Β : ἄλλο ἐὰν Τ : secl. Peipers (cf. c 1)   c 5 τἆλλα Τ W : πολλὰ Β   ἅπαντα Β Τ : πάντα W   d 3 ἢ Τ : οὐδ' Β : οὐδ' εἰ al. e 1 περιτιθέντες] προστιθέντες Naber   e 4 καλεῖν ὃ Τ : κακεῖνο Β

γάρ ποτε ἐκ βασιλέως βασιλεύς, καὶ ἐξ ἀγαθοῦ ἀγαθός, καὶ
ἐκ καλοῦ καλός, καὶ τἆλλα πάντα οὕτως, ἐξ ἑκάστου γένους
ἕτερον τοιοῦτον ἔκγονον, ἐὰν μὴ τέρας γίγνηται· κλητέον δὴ
ταὐτὰ ὀνόματα. ποικίλλειν δὲ ἔξεστι ταῖς συλλαβαῖς, ὥστε 5
δόξαι ἂν τῷ ἰδιωτικῶς ἔχοντι ἕτερα εἶναι ἀλλήλων τὰ αὐτὰ
ὄντα· ὥσπερ ἡμῖν τὰ τῶν ἰατρῶν φάρμακα χρώμασιν καὶ
ὀσμαῖς πεποικιλμένα ἄλλα φαίνεται τὰ αὐτὰ ὄντα, τῷ δέ γε
ἰατρῷ, ἅτε τὴν δύναμιν τῶν φαρμάκων σκοπουμένῳ, τὰ αὐτὰ b
φαίνεται, καὶ οὐκ ἐκπλήττεται ὑπὸ τῶν προσόντων. οὕτω
δὲ ἴσως καὶ ὁ ἐπιστάμενος περὶ ὀνομάτων τὴν δύναμιν αὐτῶν
σκοπεῖ, καὶ οὐκ ἐκπλήττεται εἴ τι πρόσκειται γράμμα ἢ
μετάκειται ἢ ἀφήρηται, ἢ καὶ ἐν ἄλλοις παντάπασιν γράμ- 5
μασίν ἐστιν ἡ τοῦ ὀνόματος δύναμις. ὥσπερ ὃ νυνδὴ
ἐλέγομεν, "Ἀστυάναξ" τε καὶ "Ἕκτωρ" οὐδὲν τῶν αὐτῶν
γραμμάτων ἔχει πλὴν τοῦ ταῦ, ἀλλ' ὅμως ταὐτὸν σημαίνει. c
καὶ "Ἀρχέπολίς" γε τῶν μὲν γραμμάτων τί ἐπικοινωνεῖ;
δηλοῖ δὲ ὅμως τὸ αὐτό· καὶ ἄλλα πολλά ἐστιν ἃ οὐδὲν ἀλλ'
ἢ βασιλέα σημαίνει· καὶ ἄλλα γε αὖ στρατηγόν, οἷον "Ἆγις"
καὶ "Πολέμαρχος" καὶ "Εὐπόλεμος". καὶ ἰατρικά γε ἕτερα, 5
"Ἰατροκλῆς" καὶ "Ἀκεσίμβροτος"· καὶ ἕτερα ἂν ἴσως συχνὰ
εὕροιμεν ταῖς μὲν συλλαβαῖς καὶ τοῖς γράμμασι διαφωνοῦντα,
τῇ δὲ δυνάμει ταὐτὸν φθεγγόμενα. φαίνεται οὕτως ἢ οὔ;

ΕΡΜ. Πάνυ μὲν οὖν.   d

ΣΩ. Τοῖς μὲν δὴ κατὰ φύσιν γιγνομένοις τὰ αὐτὰ
ἀποδοτέον ὀνόματα.

ΕΡΜ. Πάνυ γε.

ΣΩ. Τί δὲ τοῖς παρὰ φύσιν, οἳ ἂν ἐν τέρατος εἴδει 5
γένωνται; οἷον ὅταν ἐξ ἀνδρὸς ἀγαθοῦ καὶ θεοσεβοῦς
ἀσεβὴς γένηται, ἆρ' οὐχ ὥσπερ ἐν τοῖς ἔμπροσθεν, κἂν
ἵππος βοὸς ἔκγονον τέκῃ, οὐ τοῦ τεκόντος δήπου ἔδει τὴν
ἐπωνυμίαν ἔχειν, ἀλλὰ τοῦ γένους οὗ εἴη;

ΕΡΜ. Πάνυ γε.   10

a 7 καὶ Τ : ἢ Β   b 2 προσιόντων Β   c 2 κοινωνεῖ G

e　　ΣΩ. Καὶ τῷ ἐκ τοῦ εὐσεβοῦς ἄρα γενομένῳ ἀσεβεῖ τὸ
τοῦ γένους ὄνομα ἀποδοτέον.

EPM. Ἔστι ταῦτα.

ΣΩ. Οὐ " Θεόφιλον," ὡς ἔοικεν, οὐδὲ " Μνησίθεον "
5 οὐδὲ τῶν τοιούτων οὐδέν· ἀλλ᾽ ὅτι τἀναντία τούτοις σημαίνει,
ἐάνπερ τῆς ὀρθότητος τυγχάνῃ τὰ ὀνόματα.

EPM. Παντός γε μᾶλλον, ὦ Σώκρατες.

ΣΩ. Ὥσπερ γε καὶ ὁ " Ὀρέστης," ὦ Ἑρμόγενες, κιν-
δυνεύει ὀρθῶς ἔχειν, εἴτε τις τύχη ἔθετο αὐτῷ τὸ ὄνομα εἴτε
10 καὶ ποιητής τις, τὸ θηριῶδες τῆς φύσεως καὶ τὸ ἄγριον αὐτοῦ
καὶ τὸ ὀρεινὸν ἐνδεικνύμενος τῷ ὀνόματι.

395　EPM. Φαίνεται οὕτως, ὦ Σώκρατες.

ΣΩ. Ἔοικεν δέ γε καὶ τῷ πατρὶ αὐτοῦ κατὰ φύσιν τὸ
ὄνομα εἶναι.

EPM. Φαίνεται.

5　ΣΩ. Κινδυνεύει γὰρ τοιοῦτός τις εἶναι ὁ " Ἀγαμέμνων,"
οἷος ἃ δόξειεν αὐτῷ διαπονεῖσθαι καὶ καρτερεῖν τέλος ἐπιτι-
θεὶς τοῖς δόξασι δι᾽ ἀρετήν. σημεῖον δὲ αὐτοῦ ἡ ἐν Τροίᾳ
μονὴ τοῦ πάθους τε καὶ καρτερίας. ὅτι οὖν ἀγαστὸς κατὰ
b τὴν ἐπιμονὴν οὗτος ὁ ἀνὴρ ἐνσημαίνει τὸ ὄνομα ὁ " Ἀγα-
μέμνων." ἴσως δὲ καὶ ὁ " Ἀτρεὺς " ὀρθῶς ἔχει. ὅ τε
γὰρ τοῦ Χρυσίππου αὐτῷ φόνος καὶ ἃ πρὸς τὸν Θυέστην
ὡς ὠμὰ διεπράττετο, πάντα ταῦτα ζημιώδη καὶ ἀτηρὰ πρὸς
5 ἀρετήν. ἡ οὖν τοῦ ὀνόματος ἐπωνυμία σμικρὸν παρακλίνει
καὶ ἐπικεκάλυπται, ὥστε μὴ πᾶσι δηλοῦν τὴν φύσιν τοῦ
ἀνδρός· τοῖς δ᾽ ἐπαΐουσι περὶ ὀνομάτων ἱκανῶς δηλοῖ ὃ
βούλεται ὁ " Ἀτρεύς." καὶ γὰρ κατὰ τὸ ἀτειρὲς καὶ
c κατὰ τὸ ἄτρεστον καὶ κατὰ τὸ ἀτηρὸν πανταχῇ ὀρθῶς
αὐτῷ τὸ ὄνομα κεῖται. δοκεῖ δέ μοι καὶ τῷ Πέλοπι
τὸ ὄνομα ἐμμέτρως κεῖσθαι· σημαίνει γὰρ τοῦτο τὸ

e 9 τύχῃ B　　a 6 & Hermann : ἂν B T　ἐπιθεὶς T　　a 8 πάθους
scripsi : πλήθους B T　καρτερία al.　　b 4 ἀτηρὰ] ἀτειρὰ B
b 8 ἀτειρὲς B : ἀτηρὲς T　c 1 ἄτρεστον] ἄτρεπτον G　c 2 αὐτῷ B :
αὑτῷ W sed ὃ supra ῷ : αὐτὸ T　δοκεῖ B : δοκῶ T

ὄνομα τὸν τὰ ἐγγὺς ὁρῶντα [ἄξιον εἶναι ταύτης τῆς ἐπω-
νυμίας].

ΕΡΜ. Πῶς δή;

ΣΩ. Οἷόν που καὶ κατ' ἐκείνου λέγεται τοῦ ἀνδρὸς ἐν
τῷ τοῦ Μυρτίλου φόνῳ οὐδὲν οἷον τε γενέσθαι προνοηθῆναι
οὐδὲ προϊδεῖν τῶν πόρρω τῶν εἰς τὸ πᾶν γένος, ὅσης αὐτὸ
δυστυχίας ἐνεπίμπλη, τὸ ἐγγὺς μόνον ὁρῶν καὶ τὸ παρα- d
χρῆμα—τοῦτο δ' ἐστὶ " πέλας "—ἡνίκα προεθυμεῖτο λαβεῖν
παντὶ τρόπῳ τὸν τῆς Ἱπποδαμείας γάμον. τῷ δὲ Ταντάλῳ
καὶ πᾶς ἂν ἡγήσαιτο τοὔνομα ὀρθῶς καὶ κατὰ φύσιν τεθῆναι
εἰ ἀληθῆ τὰ περὶ αὐτὸν λεγόμενα.

ΕΡΜ. Τὰ ποῖα ταῦτα;

ΣΩ. Ἅ τέ που ἔτι ζῶντι δυστυχήματα ἐγένετο πολλὰ
καὶ δεινά, ὧν καὶ τέλος ἡ πατρὶς αὐτοῦ ὅλη ἀνετράπετο,
καὶ τελευτήσαντι ἐν Ἅιδου ἡ ὑπὲρ τῆς κεφαλῆς τοῦ λίθου
ταλαντεία θαυμαστὴ ὡς σύμφωνος τῷ ὀνόματι· καὶ ἀτεχνῶς e
ἔοικεν, ὥσπερ ἂν εἴ τις βουλόμενος ταλάντατον ὀνομάσαι
ἀποκρυπτόμενος ὀνομάσειε καὶ εἴποι ἀντ' ἐκείνου "Τάνταλον,"
τοιοῦτόν τι καὶ τούτῳ τὸ ὄνομα ἔοικεν ἐκπορίσαι ἡ τύχη τῆς
φήμης. φαίνεται δὲ καὶ τῷ πατρὶ αὐτοῦ λεγομένῳ τῷ Διὶ
παγκάλως τὸ ὄνομα κεῖσθαι· ἔστι δὲ οὐ ῥᾴδιον κατανοῆσαι. 396
ἀτεχνῶς γάρ ἐστιν οἷον λόγος τὸ τοῦ Διὸς ὄνομα, διελόντες
δὲ αὐτὸ διχῇ οἱ μὲν τῷ ἑτέρῳ μέρει, οἱ δὲ τῷ ἑτέρῳ χρώμεθα—
οἱ μὲν γὰρ " Ζῆνα," οἱ δὲ " Δία " καλοῦσιν—συντιθέμενα
δ' εἰς ἓν δηλοῖ τὴν φύσιν τοῦ θεοῦ, ὃ δὴ προσήκειν φαμὲν
ὀνόματι οἵῳ τε εἶναι ἀπεργάζεσθαι. οὐ γὰρ ἔστιν ἡμῖν καὶ
τοῖς ἄλλοις πᾶσιν ὅστις ἐστὶν αἴτιος μᾶλλον τοῦ ζῆν ἢ ὁ
ἄρχων τε καὶ βασιλεὺς τῶν πάντων. συμβαίνει οὖν ὀρθῶς
ὀνομάζεσθαι οὗτος ὁ θεὸς εἶναι, δι' ὃν ζῆν ἀεὶ πᾶσι τοῖς b

c 4 ἄξιον . . . ἐπωνυμίας secl. Hermann   c 8 οἵου] οἵῳ Β Τ
c 9 αὐτὸ] αὐτῷ Β Τ   d 5 αὐτὸν] αὐτῶν Τ   e 1 ταλαντεία
Spalding : τανταλεία Β Τ   θαυμαστὴ ὡς συμφώνως Τ : θαυμαστῶς
ὡς σύμφωνος Β   e 4 τούτῳ] τοῦτο Τ   a 3 δὲ ante αὐτὸ om. Τ
b 1 δι' ὃν Τ Proclus : διὸ Β

ζῶσιν ὑπάρχει· διείληπται δὲ δίχα, ὥσπερ λέγω, ἐν ὂν τὸ ὄνομα, τῷ " Διὶ " καὶ τῷ " Ζηνί." τοῦτον δὲ Κρόνου υὸν ὑβριστικὸν μὲν ἄν τις δόξειεν εἶναι ἀκούσαντι ἐξαίφνης, 5 εὔλογον δὲ μεγάλης τινὸς διανοίας ἔκγονον εἶναι τὸν Δία· κόρον γὰρ σημαίνει οὐ παῖδα, ἀλλὰ τὸ καθαρὸν αὐτοῦ καὶ ἀκήρατον τοῦ νοῦ. ἔστι δὲ οὗτος Οὐρανοῦ υός, ὡς λόγος· ἡ δὲ αὖ ἐς τὸ ἄνω ὄψις καλῶς ἔχει τοῦτο τὸ ὄνομα καλεῖσθαι, c " οὐρανία," ὁρῶσα τὰ ἄνω, ὅθεν δὴ καί φασιν, ὦ Ἑρμόγενες, τὸν καθαρὸν νοῦν παραγίγνεσθαι οἱ μετεωρολόγοι, καὶ τῷ οὐρανῷ ὀρθῶς τὸ ὄνομα κεῖσθαι· εἰ δ' ἐμεμνήμην τὴν Ἡσιόδου γενεαλογίαν, τίνας ἔτι τοὺς ἀνωτέρω προγόνους 5 λέγει τούτων, οὐκ ἂν ἐπαυόμην διεξιὼν ὡς ὀρθῶς αὐτοῖς τὰ ὀνόματα κεῖται, ἕως ἀπεπειράθην τῆς σοφίας ταυτησὶ τί ποιήσει, εἰ ἄρα ἀπερεῖ ἢ οὔ, ἢ ἐμοὶ ἐξαίφνης νῦν οὑτωσὶ d προσπέπτωκεν ἄρτι οὐκ οἶδ' ὁπόθεν.

ΕΡΜ. Καὶ μὲν δή, ὦ Σώκρατες, ἀτεχνῶς γέ μοι δοκεῖς ὥσπερ οἱ ἐνθουσιῶντες ἐξαίφνης χρησμῳδεῖν.

ΣΩ. Καὶ αἰτιῶμαί γε, ὦ Ἑρμόγενες, μάλιστα αὐτὴν ἀπὸ 5 Εὐθύφρονος τοῦ Προσπαλτίου προσπεπτωκέναι μοι· ἕωθεν γὰρ πολλὰ αὐτῷ συνῆ καὶ παρεῖχον τὰ ὦτα. κινδυνεύει οὖν ἐνθουσιῶν οὐ μόνον τὰ ὦτά μου ἐμπλῆσαι τῆς δαιμονίας σοφίας, ἀλλὰ καὶ τῆς ψυχῆς ἐπειληφθαι. δοκεῖ οὖν μοι e χρῆναι οὑτωσὶ ἡμᾶς ποιῆσαι· τὸ μὲν τήμερον εἶναι χρήσασθαι αὐτῇ καὶ τὰ λοιπὰ περὶ τῶν ὀνομάτων ἐπισκέψασθαι, αὔριον δέ, ἂν καὶ ὑμῖν συνδοκῇ, ἀποδιοπομπησόμεθά τε αὐτὴν καὶ καθαρούμεθα ἐξευρόντες ὅστις τὰ τοιαῦτα δεινὸς 397 καθαίρειν, εἴτε τῶν ἱερέων τις εἴτε τῶν σοφιστῶν.

ΕΡΜ. Ἀλλ' ἐγὼ μὲν συγχωρῶ· πάνυ γὰρ ἂν ἡδέως τὰ ἐπίλοιπα περὶ τῶν ὀνομάτων ἀκούσαιμι.

ΣΩ. Ἀλλὰ χρὴ οὕτω ποιεῖν. πόθεν οὖν βούλει ἀρξώ- 5 μεθα διασκοποῦντες, ἐπειδήπερ εἰς τύπον τινὰ ἐμβεβήκαμεν,

---

c 2 μετεωρολόγω B   c 3 οὐραν * ῷ T   c 6 ταυτησὶ τί] ταύτης εἴ τι B   a 2 ἂν om. T

ἵνα εἰδῶμεν εἰ ἄρα ἡμῖν ἐπιμαρτυρήσει αὐτὰ τὰ ὀνόματα μὴ
πάνυ ἀπὸ τοῦ αὐτομάτου οὕτως ἕκαστα κεῖσθαι, ἀλλ᾽ ἔχειν
τινὰ ὀρθότητα; τὰ μὲν οὖν τῶν ἡρώων καὶ ἀνθρώπων λεγό- b
μενα ὀνόματα ἴσως ἂν ἡμᾶς ἐξαπατήσειεν· πολλὰ μὲν γὰρ
αὐτῶν κεῖται κατὰ προγόνων ἐπωνυμίας, οὐδὲν προσῆκον
ἐνίοις, ὥσπερ κατ᾽ ἀρχὰς ἐλέγομεν, πολλὰ δὲ ὥσπερ εὐχό-
μενοι τίθενται, οἷον "Εὐτυχίδην" καὶ "Σωσίαν" καὶ 5
"Θεόφιλον" καὶ ἄλλα πολλά. τὰ μὲν οὖν τοιαῦτα δοκεῖ μοι
χρῆναι ἐᾶν· εἰκὸς δὲ μάλιστα ἡμᾶς εὑρεῖν τὰ ὀρθῶς κείμενα
περὶ τὰ ἀεὶ ὄντα καὶ πεφυκότα. ἐσπουδάσθαι γὰρ ἐνταῦθα
μάλιστα πρέπει τὴν θέσιν τῶν ὀνομάτων· ἴσως δ᾽ ἔνια αὐτῶν c
καὶ ὑπὸ θειοτέρας δυνάμεως ἢ τῆς τῶν ἀνθρώπων ἐτέθη.

ΕΡΜ. Δοκεῖς μοι καλῶς λέγειν, ὦ Σώκρατες.

ΣΩ. Ἆρ᾽ οὖν οὐ δίκαιον ἀπὸ τῶν θεῶν ἄρχεσθαι, σκοπου-
μένους πῇ ποτε αὐτὸ τοῦτο τὸ ὄνομα οἱ "θεοὶ" ὀρθῶς 5
ἐκλήθησαν;

ΕΡΜ. Εἰκός γε.

ΣΩ. Τοιόνδε τοίνυν ἔγωγε ὑποπτεύω· φαίνονταί μοι οἱ
πρῶτοι τῶν ἀνθρώπων τῶν περὶ τὴν Ἑλλάδα τούτους μόνους
[τοὺς θεοὺς] ἡγεῖσθαι οὕσπερ νῦν πολλοὶ τῶν βαρβάρων, d
ἥλιον καὶ σελήνην καὶ γῆν καὶ ἄστρα καὶ οὐρανόν· ἅτε οὖν
αὐτὰ ὁρῶντες πάντα ἀεὶ ἰόντα δρόμῳ καὶ θέοντα, ἀπὸ ταύτης
τῆς φύσεως τῆς τοῦ θεῖν "θεοὺς" αὐτοὺς ἐπονομάσαι· ὕστε-
ρον δὲ κατανοοῦντες τοὺς ἄλλους πάντας ἤδη τούτῳ τῷ ὀνό- 5
ματι προσαγορεύειν. ἔοικέ τι ὃ λέγω τῷ ἀληθεῖ ἢ οὐδέν;

ΕΡΜ. Πάνυ μὲν οὖν ἔοικεν.

ΣΩ. Τί οὖν ἂν μετὰ τοῦτο σκοποῖμεν;

ΕΡΜ. Δῆλον δὴ ὅτι [δαίμονάς τε καὶ ἥρωας καὶ ἀνθρώ-
πους] δαίμονας. e

---

b 3 ἐπωνυμίας] ὁμωνυμίας B   b 5 εὐτυχιάδην B   b 7 χρῆναι]
χαίρειν al.   c 1 πρέπει] περὶ G   d 1 τοὺς θεοὺς seclusi: θεοὺς
Eusebius et (post ἡγεῖσθαι) Theodoretus   d 4 γρ. καὶ ἐπικαλέσαι W
d 6 τῷ ἀληθεῖ T : τῇ ἀληθείᾳ B   d 9 ἢ δῆλον al. Heindorf Schanz
Socrati tribuentes   δαίμονάς τε . . . ἀνθρώπους seclusi

PLATO, VOL. I.   13

ΣΩ. Καὶ ὡς ἀληθῶς, ὦ Ἑρμόγενες, τί ἄν ποτε νοοῖ τὸ ὄνομα οἱ "δαίμονες"; σκέψαι ἄν τί σοι δόξω εἰπεῖν.

ΕΡΜ. Λέγε μόνον.

5 ΣΩ. Οἶσθα οὖν τίνας φησὶν Ἡσίοδος εἶναι τοὺς δαίμονας;

ΕΡΜ. Οὐκ ἐννοῶ.

ΣΩ. Οὐδὲ ὅτι χρυσοῦν γένος τὸ πρῶτόν φησιν γενέσθαι τῶν ἀνθρώπων;

10 ΕΡΜ. Οἶδα τοῦτό γε.

ΣΩ. Λέγει τοίνυν περὶ αὐτοῦ—

398
Αὐτὰρ ἐπειδὴ τοῦτο γένος κατὰ μοῖρ᾽ ἐκάλυψεν,
οἱ μὲν δαίμονες ἁγνοὶ ὑποχθόνιοι καλέονται,
ἐσθλοί, ἀλεξίκακοι, φύλακες θνητῶν ἀνθρώπων.

ΕΡΜ. Τί οὖν δή;

ΣΩ. Ὅτι οἶμαι ἐγὼ λέγειν αὐτὸν τὸ χρυσοῦν γένος οὐκ
5 ἐκ χρυσοῦ πεφυκὸς ἀλλ᾽ ἀγαθόν τε καὶ καλόν. τεκμήριον δέ μοί ἐστιν ὅτι καὶ ἡμᾶς φησιν σιδηροῦν εἶναι γένος.

ΕΡΜ. Ἀληθῆ λέγεις.

ΣΩ. Οὐκοῦν καὶ τῶν νῦν οἴει ἂν φάναι αὐτὸν εἴ τις
b ἀγαθός ἐστιν ἐκείνου τοῦ χρυσοῦ γένους εἶναι;

ΕΡΜ. Εἰκός γε.

ΣΩ. Οἱ δ᾽ ἀγαθοὶ ἄλλο τι ἢ φρόνιμοι;

ΕΡΜ. Φρόνιμοι.

5 ΣΩ. Τοῦτο τοίνυν παντὸς μᾶλλον λέγει, ὡς ἐμοὶ δοκεῖ, τοὺς δαίμονας· ὅτι φρόνιμοι καὶ δαήμονες ἦσαν, "δαίμονας" αὐτοὺς ὠνόμασεν· καὶ ἔν γε τῇ ἀρχαίᾳ τῇ ἡμετέρᾳ φωνῇ αὐτὸ συμβαίνει τὸ ὄνομα. λέγει οὖν καλῶς καὶ οὗτος καὶ ἄλλοι ποιηταὶ πολλοὶ ὅσοι λέγουσιν ὡς, ἐπειδάν τις ἀγαθὸς
10 ὢν τελευτήσῃ, μεγάλην μοῖραν καὶ τιμὴν ἔχει καὶ γίγνεται
c δαίμων κατὰ τὴν τῆς φρονήσεως ἐπωνυμίαν. ταύτῃ οὖν τίθεμαι καὶ ἐγὼ [τὸν δαήμονα] πάντ᾽ ἄνδρα ὃς ἂν ἀγαθὸς ᾖ,

a 1 ὑποχθόνιοι Β Τ: ἐπιχθόνιοι vulg.   b 1 γένους] γένος Β   c 2 τὸν δαήμονα secl. Hermann

δαιμόνιον εἶναι καὶ ζῶντα καὶ τελευτήσαντα, καὶ ὀρθῶς
" δαίμονα " καλεῖσθαι.

ΕΡΜ. Καὶ ἐγώ μοι δοκῶ, ὦ Σώκρατες, τούτου πάνυ σοι 5
σύμψηφος εἶναι. ὁ δὲ δὴ " ἥρως " τί ἂν εἴη;

ΣΩ. Τοῦτο δὲ οὐ πάνυ χαλεπὸν ἐννοῆσαι. σμικρὸν
γὰρ παρῆκται αὐτῶν τὸ ὄνομα, δηλοῦν τὴν ἐκ τοῦ ἔρωτος
γένεσιν.

ΕΡΜ. Πῶς λέγεις; 10

ΣΩ. Οὐκ οἶσθα ὅτι ἡμίθεοι οἱ ἥρωες;

ΕΡΜ. Τί οὖν;

ΣΩ. Πάντες δήπου γεγόνασιν ἐρασθέντος ἢ θεοῦ θνητῆς d
ἢ θνητοῦ θεᾶς. ἐὰν οὖν σκοπῇς καὶ τοῦτο κατὰ τὴν Ἀττικὴν
τὴν παλαιὰν φωνήν, μᾶλλον εἴσῃ· δηλώσει γάρ σοι ὅτι
παρὰ τὸ τοῦ ἔρωτος ὄνομα, ὅθεν γεγόνασιν οἱ ἥρωες, σμικρὸν
παρηγμένον ἐστὶν †ὀνόματος† χάριν. καὶ ἤτοι τοῦτο λέγει 5
τοὺς ἥρωας, ἢ ὅτι σοφοὶ ἦσαν καὶ ῥήτορες [καὶ] δεινοὶ καὶ
διαλεκτικοί, ἐρωτᾶν ἱκανοὶ ὄντες· τὸ γὰρ " εἴρειν " λέγειν
ἐστίν. ὅπερ οὖν ἄρτι λέγομεν, ἐν τῇ Ἀττικῇ φωνῇ λεγό-
μενοι οἱ ἥρωες ῥήτορές τινες καὶ ἐρωτητικοὶ συμβαίνουσιν, e
ὥστε ῥητόρων καὶ σοφιστῶν γένος γίγνεται τὸ ἡρωικὸν
φῦλον. ἀλλὰ οὐ τοῦτο χαλεπόν ἐστιν ἐννοῆσαι, ἀλλὰ
μᾶλλον τὸ τῶν ἀνθρώπων, διὰ τί ποτε " ἄνθρωποι " κα-
λοῦνται· ⟨ἢ⟩ σὺ ἔχεις εἰπεῖν; 5

ΕΡΜ. Πόθεν, ὠγαθέ, ἔχω; οὐδ' εἴ τι οἷός τ' ἂν εἴην
εὑρεῖν, οὐ συντείνω διὰ τὸ ἡγεῖσθαι σὲ μᾶλλον εὑρήσειν ἢ
ἐμαυτόν.

ΣΩ. Τῇ τοῦ Εὐθύφρονος ἐπιπνοίᾳ πιστεύεις, ὡς ἔοικας. 399
ΕΡΜ. Δῆλα δή.

ΣΩ. Ὀρθῶς γε σὺ πιστεύων· ὡς καὶ νῦν γέ μοι

c 5 ἐγώ] ἔγωγε T   d 1 ἐρασθέντος ἢ θεοῦ θνητῆς ἢ θνητοῦ θεᾶς]
ἐρασθέντες ἢ θεοὶ θνητῆς ἢ θνητοὶ θεᾶς B T G   d 5 ὀνόματος] στόματος
Peipers   d 6 καὶ ante δεινοὶ B : ras. ante δεινοὶ T   d 7 ἐρωτᾶν
⟨καὶ εἴρειν⟩ H. Schmidt   d 8 λέγομεν] ἐλέγομεν T   e 1 ἐρωτη-
τικοὶ] ἐρωτικοὶ T   e 5 ἢ add. Heindorf

φαίνομαι κομψῶς ἐννενοηκέναι, καὶ κινδυνεύσω, ἐὰν μὴ
5 εὐλαβῶμαι, ἔτι τήμερον σοφώτερος τοῦ δέοντος γενέσθαι.
σκόπει δὴ ὃ λέγω. πρῶτον μὲν γὰρ τὸ τοιόνδε δεῖ ἐννοῆσαι
περὶ ὀνομάτων, ὅτι πολλάκις ἐπεμβάλλομεν γράμματα, τὰ
δ᾽ ἐξαιροῦμεν, παρ᾽ ὃ βουλόμεθα ὀνομάζοντες, καὶ τὰς
ὀξύτητας μεταβάλλομεν. οἷον " Διὶ φίλος"—τοῦτο ἵνα
b ἀντὶ ῥήματος ὄνομα ἡμῖν γένηται, τό τε ἕτερον αὐτόθεν ἰῶτα
ἐξείλομεν καὶ ἀντὶ ὀξείας τῆς μέσης συλλαβῆς βαρεῖαν
ἐφθεγξάμεθα. ἄλλων δὲ τοὐναντίον ἐμβάλλομεν γράμματα,
τὰ δὲ βαρύτερα ⟨ὀξύτερα⟩ φθεγγόμεθα.
5 ΕΡΜ. Ἀληθῆ λέγεις.
ΣΩ. Τούτων τοίνυν ἓν καὶ τὸ τῶν ἀνθρώπων ὄνομα
πέπονθεν, ὡς ἐμοὶ δοκεῖ. ἐκ γὰρ ῥήματος ὄνομα γέγονεν,
ἑνὸς γράμματος τοῦ ἄλφα ἐξαιρεθέντος καὶ βαρυτέρας τῆς
τελευτῆς γενομένης.
10 ΕΡΜ. Πῶς λέγεις;
c ΣΩ. Ὧδε. σημαίνει τοῦτο τὸ ὄνομα ὁ " ἄνθρωπος " ὅτι
τὰ μὲν ἄλλα θηρία ὧν ὁρᾷ οὐδὲν ἐπισκοπεῖ οὐδὲ ἀναλογίζεται
οὐδὲ ἀναθρεῖ, ὁ δὲ ἄνθρωπος ἅμα ἑώρακεν—τοῦτο δ᾽ ἐστὶ
[τὸ] "ὄπωπε "—καὶ ἀναθρεῖ καὶ λογίζεται τοῦτο ὃ ὄπωπεν.
5 ἐντεῦθεν δὴ μόνον τῶν θηρίων ὀρθῶς ὁ ἄνθρωπος " ἄνθρω-
πος " ὠνομάσθη, ἀναθρῶν ἃ ὄπωπε.
ΕΡΜ. Τί οὖν τὸ μετὰ τοῦτο; ἔρωμαί σε ὃ ἡδέως ἂν
πυθοίμην;
ΣΩ. Πάνυ γε.
d ΕΡΜ. Ὥσπερ τοίνυν μοι δοκεῖ τούτοις ἑξῆς εἶναί τι
χρῆμα. "ψυχὴν " γάρ που καὶ " σῶμα " καλοῦμεν τοῦ
ἀνθρώπου.
ΣΩ. Πῶς γὰρ οὔ;
5 ΕΡΜ. Πειρώμεθα δὴ καὶ ταῦτα διελεῖν ὥσπερ τὰ
ἔμπροσθεν.

b 4 ὀξύτερα add. Buttmann   b 6 τούτων] τοῦτο T   b 8 γράμ-
ματος om. G   c 4 τὸ om. al. Eusebius   c 5 δὴ] δὲ δὴ B   d 2 σῶμα]
σῶμά τι T

ΣΩ. Ψυχὴν λέγεις ἐπισκέψασθαι ὡς εἰκότως τούτου τοῦ ὀνόματος τυγχάνει, ἔπειτ' αὖ τὸ σῶμα;

ΕΡΜ. Ναί.

ΣΩ. Ὡς μὲν τοίνυν ἐκ τοῦ παραχρῆμα λέγειν, οἶμαί τι 10 τοιοῦτον νοεῖν τοὺς τὴν ψυχὴν ὀνομάσαντας, ὡς τοῦτο ἄρα, ὅταν παρῇ τῷ σώματι, αἴτιόν ἐστι τοῦ ζῆν αὐτῷ, τὴν τοῦ ἀναπνεῖν δύναμιν παρέχον καὶ ἀναψῦχον, ἅμα δὲ ἐκλεί- e ποντος τοῦ ἀναψύχοντος τὸ σῶμα ἀπόλλυταί τε καὶ τελευτᾷ· ὅθεν δή μοι δοκοῦσιν αὐτὸ "ψυχὴν" καλέσαι. εἰ δὲ βούλει —ἔχε ἠρέμα· δοκῶ γάρ μοί τι καθορᾶν πιθανώτερον τούτου τοῖς ἀμφὶ Εὐθύφρονα. τούτου μὲν γάρ, ὡς ἐμοὶ δοκεῖ, 400 καταφρονήσαιεν ἂν καὶ ἡγήσαιντο φορτικὸν εἶναι· τόδε δὲ σκόπει ἐὰν ἄρα καὶ σοὶ ἀρέσῃ.

ΕΡΜ. Λέγε μόνον.

ΣΩ. Τὴν φύσιν παντὸς τοῦ σώματος, ὥστε καὶ ζῆν καὶ 5 περιιέναι, τί σοι δοκεῖ ἔχειν τε καὶ ὀχεῖν ἄλλο ἢ ψυχή;

ΕΡΜ. Οὐδὲν ἄλλο.

ΣΩ. Τί δέ; καὶ τὴν τῶν ἄλλων ἀπάντων φύσιν οὐ πιστεύεις Ἀναξαγόρᾳ νοῦν καὶ ψυχὴν εἶναι τὴν διακοσμοῦσαν καὶ ἔχουσαν; 10

ΕΡΜ. Ἔγωγε.

ΣΩ. Καλῶς ἄρα ἂν τὸ ὄνομα τοῦτο ἔχοι τῇ δυνάμει b ταύτῃ ἢ φύσιν ὀχεῖ καὶ ἔχει "φυσέχην" ἐπονομάζειν. ἔξεστι δὲ καὶ "ψυχὴν" κομψευόμενον λέγειν.

ΕΡΜ. Πάνυ μὲν οὖν, καὶ δοκεῖ γέ μοι τοῦτο ἐκείνου τεχνικώτερον εἶναι. 5

ΣΩ. Καὶ γὰρ ἔστιν· γελοῖον μέντοι φαίνεται ὡς ἀληθῶς ὀνομαζόμενον ὡς ἐτέθη.

ΕΡΜ. Ἀλλὰ δὴ τὸ μετὰ τοῦτο πῶς φῶμεν ἔχειν;

ΣΩ. Τὸ σῶμα λέγεις;

ΕΡΜ. Ναί. 10

ΣΩ. Πολλαχῇ μοι δοκεῖ τοῦτό γε· ἂν μὲν καὶ σμικρόν τις παρακλίνῃ, καὶ πάνυ. καὶ γὰρ σῆμά τινές φασιν αὐτὸ c

εἶναι τῆς ψυχῆς, ὡς τεθαμμένης ἐν τῷ νῦν παρόντι· καὶ
διότι αὖ τούτῳ σημαίνει ἃ ἂν σημαίνῃ ἡ ψυχή, καὶ ταύτῃ
"σῆμα" ὀρθῶς καλεῖσθαι. δοκοῦσι μέντοι μοι μάλιστα
5 θέσθαι οἱ ἀμφὶ Ὀρφέα τοῦτο τὸ ὄνομα, ὡς δίκην διδούσης
τῆς ψυχῆς ὧν δὴ ἕνεκα δίδωσιν, τοῦτον δὲ περίβολον ἔχειν,
ἵνα σῴζηται, δεσμωτηρίου εἰκόνα· εἶναι οὖν τῆς ψυχῆς
τοῦτο, ὥσπερ αὐτὸ ὀνομάζεται, ἕως ἂν ἐκτείσῃ τὰ ὀφειλόμενα,
[τὸ] "σῶμα," καὶ οὐδὲν δεῖν παράγειν οὐδ' ἐν γράμμα.

d ΕΡΜ. Ταῦτα μέν μοι δοκεῖ ἱκανῶς, ὦ Σώκρατες, εἰρῆσθαι·
περὶ δὲ τῶν θεῶν τῶν ὀνομάτων, οἷον καὶ περὶ τοῦ "Διὸς"
νυνδὴ ἔλεγες, ἔχοιμεν ἄν που κατὰ τὸν αὐτὸν τρόπον
ἐπισκέψασθαι κατὰ τίνα ποτὲ ὀρθότητα αὐτῶν τὰ ὀνόματα
5 κεῖται;

ΣΩ. Ναὶ μὰ Δία ἡμεῖς γε, ὦ Ἑρμόγενες, εἴπερ γε νοῦν
ἔχοιμεν, ἕνα μὲν τὸν κάλλιστον τρόπον, ὅτι περὶ θεῶν οὐδὲν
ἴσμεν, οὔτε περὶ αὐτῶν οὔτε περὶ τῶν ὀνομάτων, ἅττα ποτὲ
ἑαυτοὺς καλοῦσιν· δῆλον γὰρ ὅτι ἐκεῖνοί γε τἀληθῆ καλοῦσι.

e δεύτερος δ' αὖ τρόπος ὀρθότητος, ὥσπερ ἐν ταῖς εὐχαῖς
νόμος ἐστὶν ἡμῖν εὔχεσθαι, οἵτινές τε καὶ ὁπόθεν χαίρουσιν
ὀνομαζόμενοι, ταῦτα καὶ ἡμᾶς αὐτοὺς καλεῖν, ὡς ἄλλο μηδὲν
401 εἰδότας· καλῶς γὰρ δὴ ἔμοιγε δοκεῖ νενομίσθαι. εἰ οὖν
βούλει, σκοπῶμεν ὥσπερ προειπόντες τοῖς θεοῖς ὅτι περὶ
αὐτῶν οὐδὲν ἡμεῖς σκεψόμεθα—οὐ γὰρ ἀξιοῦμεν οἷοί τ' ἂν
εἶναι σκοπεῖν—ἀλλὰ περὶ τῶν ἀνθρώπων, ἥν ποτέ τινα δόξαν
5 ἔχοντες ἐτίθεντο αὐτοῖς τὰ ὀνόματα· τοῦτο γὰρ ἀνεμέσητον.

ΕΡΜ. Ἀλλά μοι δοκεῖς, ὦ Σώκρατες, μετρίως λέγειν,
καὶ οὕτω ποιῶμεν.

b ΣΩ. Ἄλλο τι οὖν ἀφ' Ἑστίας ἀρχώμεθα κατὰ τὸν νόμον;
ΕΡΜ. Δίκαιον γοῦν.

c 3 σημήνῃ T   c 4 μοι om. Stobaeus   c 6 δὲ] δὴ Heindorf
c 8 τοῦτο, ὥσπερ αὐτὸ B T : τοῦτο αὐτό, ὥσπερ Stobaeus   c 9 τὸ om.
Stobaeus   οὐδ' ἐν scripsi : οὐδὲν B : οὐδὲ T   d 7 ἔχομεν ed.
Basileensis altera, Schanz   a 1 εἰ βούλει οὖν T : βούλει οὖν Jordan
a 4 ἥν ποτέ τινα B T : ἥντινά ποτε vulg.

ΣΩ. Τί οὖν ἄν τις φαίη διανοούμενον τὸν ὀνομάσαντα
Ἑστίαν ὀνομάσαι;

ΕΡΜ. Οὐ μὰ τὸν Δία οὐδὲ τοῦτο οἶμαι ῥᾴδιον εἶναι. 5

ΣΩ. Κινδυνεύουσι γοῦν, ὡγαθὲ Ἑρμόγενες, οἱ πρῶτοι τὰ
ὀνόματα τιθέμενοι οὐ φαῦλοι εἶναι ἀλλὰ μετεωρολόγοι καὶ
ἀδολέσχαι τινές.

ΕΡΜ. Τί δή;

ΣΩ. Καταφαίνεταί μοι ἡ θέσις τῶν ὀνομάτων τοιούτων 10
τινῶν ἀνθρώπων, καὶ ἐάν τις τὰ ξενικὰ ὀνόματα ἀνασκοπῇ, c
οὐχ ἧττον ἀνευρίσκεται ὃ ἕκαστον βούλεται. οἷον καὶ ἐν
τούτῳ ὃ ἡμεῖς "οὐσίαν" καλοῦμεν, εἰσὶν οἳ "ἐσσίαν"
καλοῦσιν, οἱ δ' αὖ "ὠσίαν." πρῶτον μὲν οὖν κατὰ τὸ
ἕτερον ὄνομα τούτων ἡ τῶν πραγμάτων οὐσία "Ἑστία" 5
καλεῖσθαι ἔχει λόγον, καὶ ὅτι γε αὖ ἡμεῖς τὸ τῆς οὐσίας
μετέχον "ἔστιν" φαμέν, καὶ κατὰ τοῦτο ὀρθῶς ἂν καλοῖτο
"Ἑστία"· ἐοίκαμεν γὰρ καὶ ἡμεῖς τὸ παλαιὸν "ἐσσίαν"
καλεῖν τὴν οὐσίαν. ἔτι δὲ καὶ κατὰ τὰς θυσίας ἄν τις
ἐννοήσας ἡγήσαιτο οὕτω νοεῖν ταῦτα τοὺς τιθεμένους· τὸ d
γὰρ πρὸ πάντων θεῶν τῇ Ἑστίᾳ πρώτῃ προθύειν εἰκὸς ἐκεί-
νους οἵτινες τὴν πάντων οὐσίαν "ἐσσίαν" ἐπωνόμασαν.
ὅσοι δ' αὖ "ὠσίαν," σχεδόν τι αὖ οὗτοι καθ' Ἡράκλειτον
ἂν ἡγοῖντο τὰ ὄντα ἰέναι τε πάντα καὶ μένειν οὐδέν· τὸ 5
οὖν αἴτιον καὶ τὸ ἀρχηγὸν αὐτῶν εἶναι τὸ ὠθοῦν, ὅθεν
δὴ καλῶς ἔχειν αὐτὸ "ὠσίαν" ὠνομάσθαι. καὶ ταῦτα
μὲν δὴ ταύτῃ ὡς παρὰ μηδὲν εἰδότων εἰρήσθω· μετὰ δ' e
Ἑστίαν δίκαιον Ῥέαν καὶ Κρόνον ἐπισκέψασθαι. καίτοι
τό γε τοῦ Κρόνου ὄνομα ἤδη διήλθομεν. ἴσως μέντοι
οὐδὲν λέγω.

ΕΡΜ. Τί δή, ὦ Σώκρατες; 5

ΣΩ. Ὠγαθέ, ἐννενόηκά τι σμῆνος σοφίας.

ΕΡΜ. Ποῖον δὴ τοῦτο;

b 6 γοῦν om. G   c 1 ἀνθρώπων] ἀνθρώπων εἶναι B   c 3 ἐσίαν B
c 7 ἔστιν scripsi : ἔστι Badham : ἐστίαν B : ἐστίαν T   d 2 προθύειν]
θύειν G   d 3 ἐσσίαν scripsi : ἐστίαν B : ἐστίαν T

402   ΣΩ. Γελοῖον μὲν πάνυ εἰπεῖν, οἶμαι μέντοι τινὰ πιθανότητα
ἔχον.

ΕΡΜ. Τίνα ταύτην;

ΣΩ. Τὸν Ἡράκλειτόν μοι δοκῶ καθορᾶν παλαί᾽ ἄττα
5 σοφὰ λέγοντα, ἀτεχνῶς τὰ ἐπὶ Κρόνου καὶ Ῥέας, ἃ καὶ
Ὅμηρος ἔλεγεν.

ΕΡΜ. Πῶς τοῦτο λέγεις;

ΣΩ. Λέγει που Ἡράκλειτος ὅτι " πάντα χωρεῖ καὶ οὐδὲν
μένει," καὶ ποταμοῦ ῥοῇ ἀπεικάζων τὰ ὄντα λέγει ὡς " δὶς
10 ἐς τὸν αὐτὸν ποταμὸν οὐκ ἂν ἐμβαίης."

ΕΡΜ. Ἔστι ταῦτα.

b   ΣΩ. Τί οὖν; δοκεῖ σοι ἀλλοιότερον Ἡρακλείτου νοεῖν ὁ
τιθέμενος τοῖς τῶν ἄλλων θεῶν προγόνοις " Ῥέαν " τε καὶ
" Κρόνον "; ἆρα οἴει ἀπὸ τοῦ αὐτομάτου αὐτὸν ἀμφοτέροις
ῥευμάτων ὀνόματα θέσθαι; ὥσπερ αὖ Ὅμηρος " Ὠκεανόν τε
5 θεῶν γένεσίν " φησιν " καὶ μητέρα Τηθύν·" οἶμαι δὲ καὶ
Ἡσίοδος. λέγει δέ που καὶ Ὀρφεὺς ὅτι

Ὠκεανὸς πρῶτος καλλίρροος ἦρξε γάμοιο,
c   ὅς ῥα κασιγνήτην ὁμομήτορα Τηθὺν ὄπυιεν.

ταῦτ᾽ οὖν σκόπει ὅτι καὶ ἀλλήλοις συμφωνεῖ καὶ πρὸς τὰ τοῦ
Ἡρακλείτου πάντα τείνει.

ΕΡΜ. Φαίνῃ τί μοι λέγειν, ὦ Σώκρατες· τὸ μέντοι τῆς
5 Τηθύος οὐκ ἐννοῶ ὄνομα τί βούλεται.

ΣΩ. Ἀλλὰ μὴν τοῦτό γε ὀλίγου αὐτὸ λέγει ὅτι πηγῆς
ὄνομα ἐπικεκρυμμένον ἐστίν. τὸ γὰρ διαττώμενον καὶ
d τὸ ἠθούμενον πηγῆς ἀπείκασμά ἐστιν· ἐκ δὲ τούτων ἀμ-
φοτέρων τῶν ὀνομάτων ἡ " Τηθὺς " τὸ ὄνομα σύγκειται.

ΕΡΜ. Τοῦτο μέν, ὦ Σώκρατες, κομψόν.

ΣΩ. Τί δ᾽ οὐ μέλλει; ἀλλὰ τί τὸ μετὰ τοῦτο; τὸν μὲν
5 Δία εἴπομεν.

a 1 μὲν om. T   a 4 παλαί᾽] πάλαι B : παλαι T   b 4 ῥευμάτων
om. T   b 5 φησιν B : φησὶ B² W : om. T   b 7 καλλιρόους B :
καλλιρρόους T   c 1 ὄπυιεν T· ὄπνιεν B   c 2 ἄλλοις B   c 4 φαίνει
τι T : φαίνεται B   d 4 μέλλει] μέλλω B T

ΕΡΜ. Ναί.

ΣΩ. Τοὺς ἀδελφοὺς δὴ αὐτοῦ λέγωμεν, τόν τε Ποσειδῶ καὶ τὸν Πλούτωνα καὶ τὸ ἕτερον ὄνομα ὃ ὀνομάζουσιν αὐτόν.

ΕΡΜ. Πάνυ γε. 10

ΣΩ. Τὸ μὲν τοίνυν τοῦ Ποσειδῶνός μοι φαίνεται ὠνομάσθαι [τοῦ πρώτου ὀνομάσαντος], ὅτι αὐτὸν βαδίζοντα e ἐπέσχεν ἡ τῆς θαλάττης φύσις καὶ οὐκέτι εἴασεν προελθεῖν, ἀλλ' ὥσπερ δεσμὸς τῶν ποδῶν αὐτῷ ἐγένετο. τὸν οὖν ἄρχοντα τῆς δυνάμεως ταύτης θεὸν ὠνόμασεν "Ποσειδῶνα," ὡς "ποσίδεσμον" ὄντα· τὸ δὲ ε ἔγκειται ἴσως εὐπρεπείας 5 ἕνεκα. τάχα δὲ οὐκ ἂν τοῦτο λέγοι, ἀλλ' ἀντὶ τοῦ σῖγμα δύο λάβδα τὸ πρῶτον ἐλέγετο, ὡς πολλὰ εἰδότος τοῦ 403 θεοῦ. ἴσως δὲ ἀπὸ τοῦ σείειν "ὁ σείων" ὠνόμασται· πρόσκειται δὲ τὸ πεῖ καὶ τὸ δέλτα. τὸ δὲ Πλούτωνος, τοῦτο μὲν κατὰ τὴν τοῦ πλούτου δόσιν, ὅτι ἐκ τῆς γῆς κάτωθεν ἀνίεται ὁ πλοῦτος, ἐπωνομάσθη· ὁ δὲ ""Αιδης," οἱ 5 πολλοὶ μέν μοι δοκοῦσιν ὑπολαμβάνειν τὸ ἀιδὲς προσειρῆσθαι τῷ ὀνόματι τούτῳ, καὶ φοβούμενοι τὸ ὄνομα "Πλούτωνα" καλοῦσιν αὐτόν.

ΕΡΜ. Σοὶ δὲ πῶς φαίνεται, ὦ Σώκρατες; b

ΣΩ. Πολλαχῇ ἔμοιγε δοκοῦσιν ἄνθρωποι διημαρτηκέναι περὶ τούτου τοῦ θεοῦ τῆς δυνάμεως καὶ φοβεῖσθαι αὐτὸν οὐκ ἄξιον ⟨ὄν⟩. ὅτι τε γάρ, ἐπειδὰν ἅπαξ τις ἡμῶν ἀποθάνῃ, ἀεὶ ἐκεῖ ἐστιν, φοβοῦνται, καὶ ὅτι ἡ ψυχὴ γυμνὴ τοῦ 5 σώματος παρ' ἐκεῖνον ἀπέρχεται, καὶ τοῦτο πεφόβηνται· τὰ δ' ἐμοὶ δοκεῖ πάντα ἐς ταὐτόν τι συντείνειν, καὶ ἡ ἀρχὴ τοῦ θεοῦ καὶ τὸ ὄνομα.

ΕΡΜ. Πῶς δή;

ΣΩ. Ἐγώ σοι ἐρῶ ἅ γέ μοι φαίνεται. εἰπὲ γάρ c

e 1 τοῦ . . . ὀνομάσαντος secl. Schanz : ὑπὸ τοῦ . . . ὀνομάσαντος al. a 6 ἀιδὲς scripsi (cf. 404 b 2) : ἀειδὲς Β Τ   b 2 ἄνθρωποι Β Τ : οἱ ἄνθρωποι G   b 4 ὄν add. Baiter   b 5-6 φοβεῖται . . . πεφόβηται Τ

μοι, δεσμὸς ζῴῳ ὁτῳοῦν ὥστε μένειν ὁπουοῦν, πότερος
ἰσχυρότερός ἐστιν, ἀνάγκη ἢ ἐπιθυμία;

ΕΡΜ. Πολὺ διαφέρει, ὦ Σώκρατες, ἡ ἐπιθυμία.

5 ΣΩ. Οἴει οὖν τὸν Ἅιδην οὐκ ἂν πολλοὺς ἐκφεύγειν, εἰ
μὴ τῷ ἰσχυροτάτῳ δεσμῷ ἔδει τοὺς ἐκεῖσε ἰόντας;

ΕΡΜ. Δῆλα δή.

ΣΩ. Ἐπιθυμίᾳ ἄρα τινὶ αὐτούς, ὡς ἔοικε, δεῖ, εἴπερ τῷ
μεγίστῳ δεσμῷ δεῖ, καὶ οὐκ ἀνάγκῃ.

10 ΕΡΜ. Φαίνεται.

ΣΩ. Οὐκοῦν ἐπιθυμίαι αὖ πολλαί εἰσιν;

ΕΡΜ. Ναί.

d ΣΩ. Τῇ μεγίστῃ ἄρα ἐπιθυμίᾳ τῶν ἐπιθυμιῶν δεῖ αὐτούς,
εἴπερ μέλλει τῷ μεγίστῳ δεσμῷ κατέχειν.

ΕΡΜ. Ναί.

ΣΩ. Ἔστιν οὖν τις μείζων ἐπιθυμία ἢ ὅταν τίς τῳ συνὼν
5 οἴηται δι' ἐκεῖνον ἔσεσθαι ἀμείνων ἀνήρ;

ΕΡΜ. Μὰ Δί' οὐδ' ὁπωστιοῦν, ὦ Σώκρατες.

ΣΩ. Διὰ ταῦτα ἄρα φῶμεν, ὦ Ἑρμόγενες, οὐδένα δεῦρο
ἐθελῆσαι ἀπελθεῖν τῶν ἐκεῖθεν, οὐδὲ αὐτὰς τὰς Σειρῆνας,
e ἀλλὰ κατακεκηλῆσθαι ἐκείνας τε καὶ τοὺς ἄλλους πάντας·
οὕτω καλούς τινας, ὡς ἔοικε, ἐπίσταται λόγους λέγειν
ὁ Ἅιδης, καὶ ἔστιν, ὥς γ' ἐκ τοῦ λόγου τούτου, ὁ θεὸς
[οὗτος] τέλεος σοφιστής τε καὶ μέγας εὐεργέτης τῶν παρ'
5 αὐτῷ, ὅς γε καὶ τοῖς ἐνθάδε τοσαῦτα ἀγαθὰ ἀνίησιν· οὕτω
πολλὰ αὐτῷ τὰ περιόντα ἐκεῖ ἐστιν, καὶ τὸν "Πλούτωνα"
ἀπὸ τούτου ἔσχε τὸ ὄνομα. καὶ τὸ αὖ μὴ ἐθέλειν συνεῖναι
τοῖς ἀνθρώποις ἔχουσι τὰ σώματα, ἀλλὰ τότε συγγίγνεσθαι,
404 ἐπειδὰν ἡ ψυχὴ καθαρὰ ᾖ πάντων τῶν περὶ τὸ σῶμα κακῶν
καὶ ἐπιθυμιῶν, οὐ φιλοσόφου δοκεῖ σοι εἶναι καὶ εὖ ἐντεθυμη-
μένου ὅτι οὕτω μὲν ἂν κατέχοι αὐτοὺς δήσας τῇ περὶ ἀρετὴν
ἐπιθυμίᾳ, ἔχοντας δὲ τὴν τοῦ σώματος πτοίησιν καὶ μανίαν

---

d 2 εἴπερ] εἴπερ γε G   d 5 ἔσεσθαι] ἔσται Τ   e 2 λέγειν
λόγους G   e 4 οὗτος om. Τ   a 2 φιλοσόφου . . . ἐντεθυμημένου
Heusde : φιλόσοφον . . . ἐντεθυμημένον Β Τ   σοι δοκεῖ Τ

οὐδ' ἂν ὁ Κρόνος δύναιτο ὁ πατὴρ συγκατέχειν αὐτῷ ἐν τοῖς 5
δεσμοῖς δήσας τοῖς αὐτοῦ λεγομένοις;

ΕΡΜ. Κινδυνεύεις τὶ λέγειν, ὦ Σώκρατες.

ΣΩ. Καὶ τό γε ὄνομα ὁ "῞Αιδης," ὦ Ἑρμόγενες, πολλοῦ b
δεῖ ἀπὸ τοῦ ἀιδοῦς ἐπωνομάσθαι, ἀλλὰ πολὺ μᾶλλον ἀπὸ
τοῦ πάντα τὰ καλὰ εἰδέναι, ἀπὸ τούτου ὑπὸ τοῦ νομοθέτου
"῞Αιδης" ἐκλήθη.

ΕΡΜ. Εἶεν· τί δὲ Δήμητρά τε καὶ ῞Ηραν καὶ Ἀπόλλω 5
καὶ Ἀθηνᾶν καὶ ῞Ηφαιστον καὶ ῎Αρη καὶ τοὺς ἄλλους θεούς,
πῶς λέγομεν;

ΣΩ. Δημήτηρ μὲν φαίνεται κατὰ τὴν δόσιν τῆς ἐδωδῆς
διδοῦσα ὡς μήτηρ "Δημήτηρ" κεκλῆσθαι, ῞Ηρα δὲ ἐρατή
τις, ὥσπερ οὖν καὶ λέγεται ὁ Ζεὺς αὐτῆς ἐρασθεὶς ἔχειν. c
ἴσως δὲ μετεωρολογῶν ὁ νομοθέτης τὸν ἀέρα "῞Ηραν"
ὠνόμασεν ἐπικρυπτόμενος, θεὶς τὴν ἀρχὴν ἐπὶ τελευτήν·
γνοίης δ' ἄν, εἰ πολλάκις λέγοις τὸ τῆς ῞Ηρας ὄνομα.
"Φερρέφαττα" δέ· πολλοὶ μὲν καὶ τοῦτο φοβοῦνται τὸ 5
ὄνομα καὶ τὸν "Ἀπόλλω," ὑπὸ ἀπειρίας, ὡς ἔοικεν, ὀνο-
μάτων ὀρθότητος. καὶ γὰρ μεταβάλλοντες σκοποῦνται τὴν
"Φερσεφόνην," καὶ δεινὸν αὐτοῖς φαίνεται· τὸ δὲ μηνύει
σοφὴν εἶναι τὴν θεόν. ἅτε γὰρ φερομένων τῶν πραγμάτων d
τὸ ἐφαπτόμενον καὶ ἐπαφῶν καὶ δυνάμενον ἐπακολουθεῖν
σοφία ἂν εἴη. "Φερέπαφα" οὖν διὰ τὴν σοφίαν καὶ τὴν
ἐπαφὴν τοῦ φερομένου ἡ θεὸς ἂν ὀρθῶς καλοῖτο, ἢ
τοιοῦτόν τι—δι' ὅπερ καὶ σύνεστιν αὐτῇ ὁ ῞Αιδης σοφὸς 5
ὤν, διότι τοιαύτη ἐστίν—νῦν δὲ αὐτῆς ἐκκλίνουσι τὸ ὄνομα
εὐστομίαν περὶ πλείονος ποιούμενοι τῆς ἀληθείας, ὥστε
"Φερρέφατταν" αὐτὴν καλεῖν. ταὐτὸν δὲ καὶ περὶ τὸν
Ἀπόλλω, ὅπερ λέγω, πολλοὶ πεφόβηνται περὶ τὸ ὄνομα τοῦ e
θεοῦ, ὥς τι δεινὸν μηνύοντος· ἢ οὐκ ᾔσθησαι;

ΕΡΜ. Πάνυ μὲν οὖν, καὶ ἀληθῆ λέγεις.

b 2 ἀιδοῦς re vera B T (cf. Phaed. 79 a 4) : ἀειδοῦς vulg.   b 3 ⟨ἀεὶ⟩
εἰδέναι Hermann   b 9 Δημήτηρ T W : om. B   c 1 ἐρασθεὶς ἔχειν
liber Bessarionis : ὁ ἐρασθεὶς ἔχει B T   d 1 θεόν] θεάν T

ΣΩ. Τὸ δέ γ᾽ ἐστίν, ὡς ἐμοὶ δοκεῖ, κάλλιστα κείμενον
5 πρὸς τὴν δύναμιν τοῦ θεοῦ.

ΕΡΜ. Πῶς δή;

ΣΩ. Ἐγὼ πειράσομαι φράσαι ὅ γέ μοι φαίνεται· οὐ γὰρ
405 ἔστιν ὅτι ἂν μᾶλλον ὄνομα ἥρμοσεν ἐν ὃν τέτταρσι δυνάμεσι
ταῖς τοῦ θεοῦ, ὥστε πασῶν ἐφάπτεσθαι καὶ δηλοῦν τρόπον
τινὰ μουσικήν τε καὶ μαντικὴν καὶ ἰατρικὴν καὶ τοξικήν.

ΕΡΜ. Λέγε δή· ἄτοπον γάρ τί μοι λέγεις τὸ ὄνομα
5 εἶναι.

ΣΩ. Εὐάρμοστον μὲν οὖν, ἅτε μουσικοῦ ὄντος τοῦ θεοῦ.
πρῶτον μὲν γὰρ ἡ κάθαρσις καὶ οἱ καθαρμοὶ καὶ κατὰ τὴν
ἰατρικὴν καὶ κατὰ τὴν μαντικὴν καὶ αἱ τοῖς ἰατρικοῖς
b φαρμάκοις καὶ αἱ τοῖς μαντικοῖς περιθειώσεις τε καὶ τὰ
λουτρὰ τὰ ἐν τοῖς τοιούτοις καὶ αἱ περιρράνσεις, πάντα ἕν
τι ταῦτα δύναιτ᾽ ἄν, καθαρὸν παρέχειν τὸν ἄνθρωπον καὶ
κατὰ τὸ σῶμα καὶ κατὰ τὴν ψυχήν· ἢ οὔ;

5 ΕΡΜ. Πάνυ μὲν οὖν.

ΣΩ. Οὐκοῦν ὁ καθαίρων θεὸς καὶ ὁ ἀπολούων τε καὶ
ἀπολύων τῶν τοιούτων κακῶν οὗτος ἂν εἴη;

ΕΡΜ. Πάνυ μὲν οὖν.

ΣΩ. Κατὰ μὲν τοίνυν τὰς ἀπολύσεις τε καὶ ἀπολούσεις,
c ὡς ἰατρὸς ὢν τῶν τοιούτων, "Ἀπολούων" ἂν ὀρθῶς καλοῖτο·
κατὰ δὲ τὴν μαντικὴν καὶ τὸ ἀληθές τε καὶ τὸ ἁπλοῦν—
ταὐτὸν γάρ ἐστιν—ὥσπερ οὖν οἱ Θετταλοὶ καλοῦσιν αὐτόν,
ὀρθότατ᾽ ἂν καλοῖτο· "Ἅπλουν" γάρ φασι πάντες Θετταλοὶ
5 τοῦτον τὸν θεόν. διὰ δὲ τὸ ἀεὶ βολῶν ἐγκρατὴς εἶναι τοξικῇ
"Ἀειβάλλων" ἐστίν. κατὰ δὲ τὴν μουσικὴν δεῖ ὑπολαβεῖν
[ὥσπερ τὸν ἀκόλουθόν τε καὶ τὴν ἄκοιτιν] ὅτι τὸ ἄλφα σημαίνει
πολλαχοῦ τὸ ὁμοῦ, καὶ ἐνταῦθα τὴν ὁμοῦ πόλησιν καὶ
περὶ τὸν οὐρανόν, οὓς δὴ "πόλους" καλοῦσιν, καὶ [τὴν] περὶ

a 1 ἥρμοσεν ἐν ὃν TW : ἡρμοσμένον B et in marg. W　　b 1 περι-
θειώσεις T : περιθεῖ ὡς εἰς B　　b 2 ταῦτα ἔν τι B　　b 7 ὁ ante ἀπολύων T
c 1 ἀπολύων ἢ ἀπολούων Heindorf　　c 4 Ἅπλουν Boeckh : ἁπλῶν B
ἁπλόν T　　c 7 ὥσπερ . . . ἄκοιτιν secl. Ast　　c 9 τὴν del. t

τὴν ἐν τῇ ᾠδῇ ἁρμονίαν, ἢ δὴ συμφωνία καλεῖται, ὅτι ταῦτα d
πάντα, ὥς φασιν οἱ κομψοὶ περὶ μουσικὴν καὶ ἀστρονομίαν,
ἁρμονίᾳ τινὶ πολεῖ ἅμα πάντα· ἐπιστατεῖ δὲ οὗτος ὁ θεὸς
τῇ ἁρμονίᾳ ὁμοπολῶν αὐτὰ πάντα καὶ κατὰ θεοὺς καὶ κατ'
ἀνθρώπους· ὥσπερ οὖν τὸν ὁμοκέλευθον καὶ ὁμόκοιτιν 5
" ἀκόλουθον " καὶ " ἄκοιτιν " ἐκαλέσαμεν, μεταβαλόντες
ἀντὶ τοῦ " ὁμο-" " ἀ-," οὕτω καὶ " Ἀπόλλωνα" ἐκαλέσαμεν
ὃς ἦν " Ὁμοπολῶν," ἕτερον λάβδα ἐμβαλόντες, ὅτι ὁμώ- e
νυμον ἐγίγνετο τῷ χαλεπῷ ὀνόματι.

ὅπερ καὶ νῦν ὑπο-
πτεύοντές τινες διὰ τὸ μὴ ὀρθῶς σκοπεῖσθαι τὴν δύναμιν
τοῦ ὀνόματος φοβοῦνται αὐτὸ ὡς σημαῖνον φθοράν τινα· τὸ
δὲ [πολύ], ὥσπερ ἄρτι ἐλέγετο, πασῶν ἐφαπτόμενον κεῖται 406
τῶν τοῦ θεοῦ δυνάμεων, ἁπλοῦ, ἀεὶ βάλλοντος, ἀπο-
λούοντος, ὁμοπολοῦντος. τὰς δὲ " Μούσας " τε καὶ
ὅλως τὴν μουσικὴν ἀπὸ τοῦ μῶσθαι, ὡς ἔοικεν, καὶ τῆς
ζητήσεώς τε καὶ φιλοσοφίας τὸ ὄνομα τοῦτο ἐπωνόμασεν. 5
Λητὼ δὲ ἀπὸ τῆς πρᾳότητος τῆς θεοῦ, κατὰ τὸ ἐθελήμονα
εἶναι ὧν ἄν τις δέηται. ἴσως δὲ ὡς οἱ ξένοι καλοῦσιν—
πολλοὶ γὰρ " Ληθὼ " καλοῦσιν—ἔοικεν οὖν πρὸς τὸ μὴ
τραχὺ τοῦ ἤθους ἀλλ' ἥμερόν τε καὶ λεῖον " Ληθὼ "
κεκλῆσθαι ὑπὸ τῶν τοῦτο καλούντων. "Ἄρτεμις" δὲ ⟨διὰ⟩ b
τὸ ἀρτεμὲς φαίνεται καὶ τὸ κόσμιον, διὰ τὴν τῆς παρθενίας
ἐπιθυμίαν· ἴσως δὲ ἀρετῆς ἵστορα τὴν θεὸν ἐκάλεσεν ὁ
καλέσας, τάχα δ' ἂν καὶ ὡς τὸν ἄροτον μισησάσης τὸν
ἀνδρὸς ἐν γυναικί· ἢ διὰ τούτων τι ἢ διὰ πάντα ταῦτα τὸ 5
ὄνομα τοῦτο ὁ τιθέμενος ἔθετο τῇ θεῷ.

ΕΡΜ. Τί δὲ ὁ " Διόνυσός " τε καὶ ἡ " Ἀφροδίτη ";

ΣΩ. Μεγάλα, ὦ παῖ Ἱππονίκου, ἐρωτᾷς. ἀλλὰ ἔστι
γὰρ καὶ σπουδαίως εἰρημένος ὁ τρόπος τῶν ὀνομάτων τούτοις

d 3 πολεῖ] πολεῖται Ast   d 4 αὐτὰ] ταῦτα Ast   d 7 ἀντὶ
τοῦ ὁμο ἄλφα Hermann : ἀντὶ τοῦ ἄλφα B : ἀντὶ τοῦ ὃ ᾶ T   e 1 ἐμ-
βαλόντες G : ἐμβάλλοντες B T   a 1 πολύ om. al. : που Hermann
a 3 ὁμοπολοῦντος om. B   a 6 θελήμονα T : ἐλεήμονα Orion (ut
videtur)   a 9 Λειηθὼ Heindorf   b 1 διὰ add. Stephanus   b 2 τὸ
om. G

c τοῖς θεοῖς καὶ παιδικῶς. τὸν μὲν οὖν σπουδαῖον ἄλλους
τινὰς ἐρώτα, τὸν δὲ παιδικὸν οὐδὲν κωλύει διελθεῖν· φιλο-
παίσμονες γὰρ καὶ οἱ θεοί. ὅ τε γὰρ Διόνυσος εἴη ἂν
ὁ διδοὺς τὸν οἶνον "Διδοίνυσος" ἐν παιδιᾷ καλούμενος,
5 οἶνος δ', ὅτι οἴεσθαι νοῦν ἔχειν ποιεῖ τῶν πινόντων τοὺς
πολλοὺς οὐκ ἔχοντας, "οἰόνους" δικαιότατ' ἂν καλούμενος.
περὶ δὲ Ἀφροδίτης οὐκ ἄξιον Ἡσιόδῳ ἀντιλέγειν, ἀλλὰ
d συγχωρεῖν ὅτι διὰ τὴν ⟨ἐκ⟩ τοῦ ἀφροῦ γένεσιν "'Αφροδίτη"
ἐκλήθη.

ΕΡΜ. Ἀλλὰ μὴν οὐδ' Ἀθηνᾶς Ἀθηναῖός γ' ὤν, ὦ Σώ-
κρατες, ἐπιλήσῃ, οὐδ' Ἡφαίστου τε καὶ Ἄρεως.

5 ΣΩ. Οὐδὲ εἰκός γε.

ΕΡΜ. Οὐ γάρ.

ΣΩ. Οὐκοῦν τὸ μὲν ἕτερον ὄνομα αὐτῆς οὐ χαλεπὸν
εἰπεῖν δι' ὃ κεῖται.

ΕΡΜ. Τὸ ποῖον;

10 ΣΩ. "Παλλάδα" που αὐτὴν καλοῦμεν.

ΕΡΜ. Πῶς γὰρ οὔ;

ΣΩ. Τοῦτο μὲν τοίνυν ἀπὸ τῆς ἐν τοῖς ὅπλοις ὀρχήσεως
e ἡγούμενοι τεθῆναι ὀρθῶς ἄν, ὡς ἐγῷμαι, ἡγοίμεθα· τὸ γάρ
που ἢ αὑτὸν ἤ τι ἄλλο μετεωρίζειν ἢ ἀπὸ τῆς γῆς ἢ ἐν ταῖς
407 χερσὶν "πάλλειν" τε καὶ "πάλλεσθαι" καὶ ὀρχεῖν καὶ
ὀρχεῖσθαι καλοῦμεν.

ΕΡΜ. Πάνυ μὲν οὖν.

ΣΩ. "Παλλάδα" μὲν τοίνυν ταύτῃ.

5 ΕΡΜ. Καὶ ὀρθῶς γε. ἀλλὰ δὴ τὸ ἕτερον πῶς λέγεις;

ΣΩ. Τὸ τῆς Ἀθηνᾶς;

ΕΡΜ. Ναί.

ΣΩ. Τοῦτο ἐμβριθέστερον, ὦ φίλε. ἐοίκασι δὴ καὶ οἱ
παλαιοὶ τὴν Ἀθηνᾶν νομίζειν ὥσπερ οἱ νῦν περὶ Ὅμηρον
b δεινοί. καὶ γὰρ τούτων οἱ πολλοὶ ἐξηγούμενοι τὸν ποιητήν

φασι τὴν Ἀθηνᾶν αὐτὸν νοῦν τε καὶ διάνοιαν πεποιηκέναι,
καὶ ὁ τὰ ὀνόματα ποιῶν ἔοικε τοιοῦτόν τι περὶ αὐτῆς δια-
νοεῖσθαι, ἔτι δὲ μειζόνως λέγων θεοῦ νόησιν ὡσπερεὶ λέγει
ὅτι "ἁ θεονόα" ἐστὶν αὕτη, τῷ ἄλφα ξενικῶς ἀντὶ τοῦ ἦτα 5
χρησάμενος καὶ τὸ ἰῶτα καὶ τὸ σῖγμα ἀφελών. ἴσως δὲ
οὐδὲ ταύτῃ, ἀλλ' ὡς τὰ θεῖα νοούσης αὐτῆς διαφερόντως τῶν
ἄλλων "Θεονόην" ἐκάλεσεν. οὐδὲν δὲ ἀπέχει καὶ τὴν ἐν
τῷ ἤθει νόησιν ὡς οὖσαν τὴν θεὸν ταύτην "Ἠθονόην" μὲν
βούλεσθαι προσειπεῖν· παραγαγὼν δὲ ἢ αὐτὸς ἤ τινες ὕστερον c
ἐπὶ τὸ κάλλιον ὡς ᾤοντο, "Ἀθηνάαν" ἐκάλεσαν.

ΕΡΜ. Τί δὲ δὴ τὸν Ἥφαιστον, πῇ λέγεις;

ΣΩ. Ἦ τὸν γενναῖον τὸν "φάεος ἵστορα" ἐρωτᾷς;

ΕΡΜ. Ἔοικα. 5

ΣΩ. Οὐκοῦν οὗτος μὲν παντὶ δῆλος "Φαῖστος" ὤν, τὸ
ἦτα προσελκυσάμενος;

ΕΡΜ. Κινδυνεύει, ἐὰν μή πῃ σοι, ὡς ἔοικεν, ἔτι ἄλλῃ δόξῃ.

ΣΩ. Ἀλλ' ἵνα μὴ δόξῃ, τὸν Ἄρη ἐρώτα.

ΕΡΜ. Ἐρωτῶ. 10

ΣΩ. Οὐκοῦν, εἰ μὲν βούλει, κατὰ τὸ ἄρρεν τε καὶ κατὰ d
τὸ ἀνδρεῖον "Ἄρης" ἂν εἴη· εἰ δ' αὖ κατὰ τὸ σκληρόν τε
καὶ ἀμετάστροφον, ὃ δὴ "ἄρρατον" καλεῖται, καὶ ταύτῃ ἂν
πανταχῇ πολεμικῷ θεῷ πρέποι "Ἄρη" καλεῖσθαι.

ΕΡΜ. Πάνυ μὲν οὖν. 5

ΣΩ. Ἐκ μὲν οὖν τῶν θεῶν πρὸς θεῶν ἀπαλλαγῶμεν, ὡς
ἐγὼ δέδοικα περὶ αὐτῶν διαλέγεσθαι· περὶ δὲ ἄλλων ⟨ὧν⟩
τινων βούλει πρόβαλλέ μοι, "ὄφρα ἴδηαι οἷοι" Εὐθύφρονος
"ἵπποι."

ΕΡΜ. Ἀλλὰ ποιήσω ταῦτα, ἔτι γε ἓν ἐρόμενός σε περὶ e
Ἑρμοῦ, ἐπειδή με καὶ οὔ φησιν Κρατύλος Ἑρμογένη εἶναι.
πειρώμεθα οὖν τὸν "Ἑρμῆν" σκέψασθαι τί καὶ νοεῖ τὸ
ὄνομα, ἵνα καὶ εἰδῶμεν εἰ τὶ ὅδε λέγει.

b 3 ὁ om. G   b 5 ἁ θεονόα Buttmann : ἡ θεονόη B : ηθονόη Τ   τῷ] τὸ Τ
b 7 οὐδὲ] οὐ Τ   c 2 ἀθηνάαν Τ : ἀθηνᾶν B   d 4 πρέπει Τ   d 6 οὖν
om. Τ   d 7 ὧν τινων] τινῶν B : εἴ τινων Τ   e 4 ἵνα καὶ] ἵνα Τ

5 ΣΩ. Ἀλλὰ μὴν τοῦτό γε ἔοικε περὶ λόγον τι εἶναι ὁ
"Ἑρμῆς," καὶ τὸ ἑρμηνέα εἶναι καὶ τὸ ἄγγελον καὶ τὸ
408 κλοπικόν τε καὶ τὸ ἀπατηλὸν ἐν λόγοις καὶ τὸ ἀγοραστικόν,
περὶ λόγου δύναμίν ἐστιν πᾶσα αὕτη ἡ πραγματεία· ὅπερ
οὖν καὶ ἐν τοῖς πρόσθεν ἐλέγομεν, τὸ " εἴρειν " λόγου χρεία
ἐστί, τὸ δέ, οἷον καὶ Ὅμηρος πολλαχοῦ λέγει, " ἐμήσατό "
5 φησιν, τοῦτο δὲ μηχανήσασθαί ἐστιν. ἐξ ἀμφοτέρων οὖν
τούτων τὸν τὸ λέγειν τε καὶ τὸν λόγον μησάμενον—τὸ δὲ
λέγειν δή ἐστιν εἴρειν—τοῦτον τὸν θεὸν ὡσπερεὶ ἐπιτάττει
b ἡμῖν ὁ νομοθέτης· "Ὦ ἄνθρωποι, ὃς τὸ εἴρειν ἐμήσατο,
δικαίως ἂν καλοῖτο ὑπὸ ὑμῶν Εἰρέμης "· νῦν δὲ ἡμεῖς,
ὡς οἰόμεθα, καλλωπίζοντες τὸ ὄνομα " Ἑρμῆν " καλοῦμεν.
[καὶ ἥ γε Ἶρις ἀπὸ τοῦ εἴρειν ἔοικεν κεκλημένη, ὅτι
5 ἄγγελος ἦν.]

ΕΡΜ. Νὴ τὸν Δία, εὖ ἄρα μοι δοκεῖ Κρατύλος λέγειν τὸ
ἐμὲ μὴ εἶναι Ἑρμογένη· οὔκουν εὐμήχανός γέ εἰμι λόγου.

ΣΩ. Καὶ τό γε τὸν Πᾶνα τοῦ Ἑρμοῦ εἶναι ὑὸν διφυῆ
ἔχει τὸ εἰκός, ὦ ἑταῖρε.

c ΕΡΜ. Πῶς δή;

ΣΩ. Οἶσθα ὅτι ὁ λόγος τὸ πᾶν σημαίνει καὶ κυκλεῖ καὶ
πολεῖ ἀεί, καὶ ἔστι διπλοῦς, ἀληθής τε καὶ ψευδής.

ΕΡΜ. Πάνυ γε.

5 ΣΩ. Οὐκοῦν τὸ μὲν ἀληθὲς αὐτοῦ λεῖον καὶ θεῖον καὶ
ἄνω οἰκοῦν ἐν τοῖς θεοῖς, τὸ δὲ ψεῦδος κάτω ἐν τοῖς πολλοῖς
τῶν ἀνθρώπων καὶ τραχὺ καὶ τραγικόν· ἐνταῦθα γὰρ πλεῖστοι
οἱ μῦθοί τε καὶ τὰ ψεύδη ἐστίν, περὶ τὸν τραγικὸν βίον.

ΕΡΜ. Πάνυ γε.

10 ΣΩ. Ὀρθῶς ἄρ' ⟨ἂν⟩ ὁ πᾶν μηνύων καὶ ἀεὶ πολῶν
d " Πὰν αἰπόλος " εἴη, διφυὴς Ἑρμοῦ υἱός, τὰ μὲν ἄνωθεν
λεῖος, τὰ δὲ κάτωθεν τραχὺς καὶ τραγοειδής. καὶ ἔστιν
ἤτοι λόγος ἢ λόγου ἀδελφὸς ὁ Πάν, εἴπερ Ἑρμοῦ υἱός

---

a 6 δὲ om. T   τὸ ... a 7 εἴρειν secl. Cornarius   b 4 καὶ
... b 5 ἦν secl. Heindorf   b 6 τὸ] τὸν Schanz   b 8 ὑὸν]
υἱὸν B : ὃν T   c 10 ἂν add. Stallbaum

ἐστιν· ἀδελφῷ δὲ ἐοικέναι ἀδελφὸν οὐδὲν θαυμαστόν. ἀλλ᾽
ὅπερ ἐγὼ ἔλεγον, ὦ μακάριε, ἀπαλλαγῶμεν ἐκ τῶν θεῶν. 5
ΕΡΜ. Τῶν γε τοιούτων, ὦ Σώκρατες, εἰ βούλει.
περὶ
τῶν τοιῶνδε δὲ τί σε κωλύει διελθεῖν, οἷον ἡλίου τε καὶ
σελήνης καὶ ἄστρων καὶ γῆς καὶ αἰθέρος καὶ ἀέρος καὶ πυρὸς
καὶ ὕδατος καὶ ὡρῶν καὶ ἐνιαυτοῦ;   e
ΣΩ. Συχνὰ μέν μοι προστάττεις, ὅμως δέ, εἴπερ σοι
κεχαρισμένον ἔσται, ἐθέλω.
ΕΡΜ. Καὶ μὴν χαριῇ.
ΣΩ. Τί δὴ οὖν πρῶτον βούλει; ἢ ὥσπερ εἶπες τὸν 5
ἥλιον διέλθωμεν;
ΕΡΜ. Πάνυ γε.
ΣΩ. Ἔοικε τοίνυν κατάδηλον γενόμενον ἂν μᾶλλον εἰ
τῷ Δωρικῷ τις ὀνόματι χρῷτο—" ἅλιον " γὰρ καλοῦσιν οἱ 409
Δωριῆς—" ἅλιος " οὖν εἴη μὲν ἂν κατὰ τὸ ἁλίζειν εἰς
ταὐτὸν τοὺς ἀνθρώπους ἐπειδὰν ἀνατείλῃ, εἴη δ᾽ ἂν καὶ τῷ περὶ
τὴν γῆν ἀεὶ εἱλεῖν ἰών, ἐοίκοι δ᾽ ἂν καὶ ὅτι ποικίλλει ἰὼν τὰ
γιγνόμενα ἐκ τῆς γῆς· τὸ δὲ ποικίλλειν καὶ αἰολεῖν ταὐτόν. 5
ΕΡΜ. Τί δὲ ἡ " σελήνη ";
ΣΩ. Τοῦτο δὲ τὸ ὄνομα φαίνεται τὸν Ἀναξαγόραν πιέζειν.
ΕΡΜ. Τί δή;
ΣΩ. Ἔοικε δηλοῦντι παλαιότερον ὃ ἐκεῖνος νεωστὶ ἔλεγεν,
ὅτι ἡ σελήνη ἀπὸ τοῦ ἡλίου ἔχει τὸ φῶς.   b
ΕΡΜ. Πῶς δή;
ΣΩ. Τὸ μέν που " σέλας " καὶ τὸ " φῶς " ταὐτόν.
ΕΡΜ. Ναί.
ΣΩ. Νέον δέ που καὶ ἔνον ἀεί ἐστι περὶ τὴν σελήνην 5
τοῦτο τὸ φῶς, εἴπερ ἀληθῆ οἱ Ἀναξαγόρειοι λέγουσιν· κύκλῳ
γάρ που ἀεὶ αὐτὴν περιιὼν νέον ἀεὶ ἐπιβάλλει, ἔνον δὲ
ὑπάρχει τὸ τοῦ προτέρου μηνός.
ΕΡΜ. Πάνυ γε.

d 7 τῶν τοιῶνδε δὲ] τῶν τοιῶνδε B : τῶν τοιούτων δὲ Τ : δὲ τῶν τοιούτων G
κωλύει σε Τ   a 2 ἂν om. B   a 4 εἰλεῖν Τ   ἔοικε G
a 9 δηλοῦντι Heusde : δηλοῦν τι Β Τ   b 5 ἔνον Τ
PLATO, VOL. I.   14

10 ΣΩ. " Σελαναίαν " δέ γε καλοῦσιν αὐτὴν πολλοί.

ΕΡΜ. Πάνυ γε.

ΣΩ. ῞Οτι δὲ σέλας νέον καὶ ἔνον ἔχει ἀεί, " Σελαενο-
c νεοάεια " μὲν δικαιότατ᾽ ἂν [τῶν] ὀνομάτων καλοῖτο, συγκε-
κροτημένον δὲ " Σελαναία " κέκληται.

ΕΡΜ. Διθυραμβῶδές γε τοῦτο τοὔνομα, ὦ Σώκρατες.
ἀλλὰ τὸν μῆνα καὶ τὰ ἄστρα πῶς λέγεις;

5 ΣΩ. ῾Ο μὲν " μεὶς " ἀπὸ τοῦ μειοῦσθαι εἴη ἂν " μείης "
ὀρθῶς κεκλημένος, τὰ δ᾽ " ἄστρα " ἔοικε τῆς ἀστραπῆς
ἐπωνυμίαν ἔχειν. ἡ δὲ " ἀστραπή," ὅτι τὰ ὦπα ἀνα-
στρέφει, " ἀναστρωπὴ " ἂν εἴη, νῦν δὲ " ἀστραπὴ " καλ-
λωπισθεῖσα κέκληται.

10 ΕΡΜ. Τί δὲ τὸ πῦρ καὶ τὸ ὕδωρ;

d ΣΩ. Τὸ " πῦρ " ἀπορῶ· καὶ κινδυνεύει ἤτοι ἡ τοῦ Εὐθύ-
φρονός με μοῦσα ἐπιλελοιπέναι, ἢ τοῦτό τι παγχάλεπον εἶναι.
σκέψαι οὖν ἣν εἰσάγω μηχανὴν ἐπὶ πάντα τὰ τοιαῦτα ἃ ἂν
ἀπορῶ.

5 ΕΡΜ. Τίνα δή;

ΣΩ. Ἐγώ σοι ἐρῶ. ἀπόκριναι γάρ μοι· ἔχοις ἂν εἰπεῖν
πῦρ κατὰ τίνα τρόπον καλεῖται;

ΕΡΜ. Μὰ Δί᾽ οὐκ ἔγωγε.

ΣΩ. Σκέψαι δὴ ὃ ἐγὼ ὑποπτεύω περὶ αὐτοῦ. ἐννοῶ γὰρ
e ὅτι πολλὰ οἱ Ἕλληνες ὀνόματα ἄλλως τε καὶ οἱ ὑπὸ τοῖς
βαρβάροις οἰκοῦντες παρὰ τῶν βαρβάρων εἰλήφασιν.

ΕΡΜ. Τί οὖν δή;

ΣΩ. Εἴ τις ζητοῖ ταῦτα κατὰ τὴν Ἑλληνικὴν φωνὴν ὡς
5 εἰκότως κεῖται, ἀλλὰ μὴ κατ᾽ ἐκείνην ἐξ ἧς τὸ ὄνομα τυγχάνει
ὄν, οἶσθα ὅτι ἀποροῖ ἄν.

ΕΡΜ. Εἰκότως γε.

410 ΣΩ. ῞Ορα τοίνυν καὶ τοῦτο τὸ ὄνομα τὸ " πῦρ " μή τι
βαρβαρικὸν ᾖ. τοῦτο γὰρ οὔτε ῥᾴδιον προσάψαι ἐστὶν

b 12 καὶ] τε καὶ T   σελαενονεοάεια Heindorf : σελαεννεοάεια B :
σελλαεννεοάεια T   c 1 τῶν seclusi   καλοῖτο τῶν ὀνομάτων pr. T
c 3 γε] δέ γε T   c 10 τε καὶ T   e 7 ἐοικότως B

Ἑλληνικῇ φωνῇ, φανεροί τ' εἰσὶν οὕτως αὐτὸ καλοῦντες
Φρύγες σμικρόν τι παρακλίνοντες· καὶ τό γε "ὕδωρ" καὶ
τὰς "κύνας" καὶ ἄλλα πολλά. 5

ΕΡΜ. Ἔστι ταῦτα.

ΣΩ. Οὐ τοίνυν δεῖ ταῦτα προσβιάζεσθαι, ἐπεὶ ἔχοι γ' ἄν
τις εἰπεῖν περὶ αὐτῶν. τὸ μὲν οὖν πῦρ καὶ τὸ ὕδωρ ταύτῃ
ἀπωθοῦμαι· ὁ δὲ δὴ ἀὴρ ἆρά γε, ὦ Ἑρμόγενες, ὅτι αἴρει b
τὰ ἀπὸ τῆς γῆς, "ἀὴρ" κέκληται; ἢ ὅτι ἀεὶ ῥεῖ; ἢ ὅτι
πνεῦμα ἐξ αὐτοῦ γίγνεται ῥέοντος; οἱ γὰρ ποιηταί που τὰ
πνεύματα "ἀήτας" καλοῦσιν· ἴσως οὖν λέγει, ὥσπερ ἂν εἰ
εἴποι πνευματόρρουν, "ἀητόρρουν" [ὅθεν δὴ βούλεται αὐτὸν 5
οὕτως εἰπεῖν, ὅτι ἐστὶν ἀήρ]. τὸν δὲ αἰθέρα τῇδέ πῃ ὑπο-
λαμβάνω, ὅτι ἀεὶ θεῖ περὶ τὸν ἀέρα ῥέων "ἀειθεὴρ" δικαίως
ἂν καλοῖτο. γῆ δὲ μᾶλλον σημαίνει ὃ βούλεται ἐάν τις
"γαῖαν" ὀνομάσῃ· γαῖα γὰρ γεννήτειρα ἂν εἴη ὀρθῶς c
κεκλημένη, ὥς φησιν Ὅμηρος· τὸ γὰρ "γεγάασιν" γεγεν-
νῆσθαι λέγει. εἶεν· τί οὖν ἡμῖν ἦν τὸ μετὰ τοῦτο;

ΕΡΜ. Ὧραι, ὦ Σώκρατες, καὶ ἐνιαυτὸς καὶ ἔτος.

ΣΩ. Αἱ μὲν δὴ ὧραι Ἀττικιστὶ ὡς τὸ παλαιὸν ῥητέον, 5
εἴπερ βούλει τὸ εἰκὸς εἰδέναι· ΗΟΡΑΙ γάρ εἰσι διὰ τὸ
ὁρίζειν χειμῶνάς τε καὶ θέρη καὶ πνεύματα καὶ τοὺς καρποὺς
τοὺς ἐκ τῆς γῆς· ὁρίζουσαι δὲ δικαίως ἂν "ὧραι" καλοῦντο.
ἐνιαυτὸς δὲ καὶ ἔτος κινδυνεύει ἕν τι εἶναι. τὸ γὰρ τὰ d
φυόμενα καὶ τὰ γιγνόμενα ἐν μέρει ἕκαστον προάγον εἰς
φῶς καὶ αὐτὸ ἐν αὑτῷ ἐξετάζον, τοῦτο, ὥσπερ ἐν τοῖς
πρόσθεν τὸ τοῦ Διὸς ὄνομα δίχα διῃρημένον οἱ μὲν Ζῆνα,
οἱ δὲ Δία ἐκάλουν, οὕτω καὶ ἐνταῦθα οἱ μὲν "ἐνιαυτόν," 5
ὅτι ἐν ἑαυτῷ, οἱ δὲ "ἔτος," ὅτι ἐτάζει· ὁ δὲ ὅλος λόγος
ἐστὶν τὸ "ἐν ἑαυτῷ ἐτάζον" τοῦτο προσαγορεύεσθαι ἐν ὂν
δίχα, ὥστε δύο ὀνόματα γεγονέναι, "ἐνιαυτόν" τε καὶ
"ἔτος," ἐξ ἑνὸς λόγου. e

b 1 δὴ G: om. BT   b 5 ὅθεν ... b 6 ἀήρ secl. Heindorf
b 7 ῥέων secl. Schanz   c 2 γεγενῆσθαι T: an γεγέννηνται?
c 8 ὧραι T   d 4 ἔμπροσθεν G   d 7 τοῦτο ⟨δὲ⟩ Stallbaum
14*

ΕΡΜ. Ἀλλὰ δῆτα, ὦ Σώκρατες, πολὺ ἐπιδίδως.

ΣΩ. Πόρρω ἤδη οἶμαι φαίνομαι σοφίας ἐλαύνειν.

ΕΡΜ. Πάνυ μὲν οὖν.

5 ΣΩ. Τάχα μᾶλλον φήσεις.

411 ΕΡΜ. Ἀλλὰ μετὰ τοῦτο τὸ εἶδος ἔγωγε ἡδέως ἂν
θεασαίμην ταῦτα τὰ καλὰ ὀνόματα τίνι ποτὲ ὀρθότητι
κεῖται, τὰ περὶ τὴν ἀρετήν, οἷον " φρόνησίς" τε καὶ
" σύνεσις" καὶ " δικαιοσύνη" καὶ τἆλλα τὰ τοιαῦτα πάντα.

5 ΣΩ. Ἐγείρεις μέν, ὦ ἑταῖρε, οὐ φαῦλον γένος ὀνομάτων·
ὅμως δὲ ἐπειδήπερ τὴν λεοντῆν ἐνδέδυκα, οὐκ ἀποδειλιατέον
ἀλλ᾽ ἐπισκεπτέον, ὡς ἔοικε, φρόνησιν καὶ σύνεσιν καὶ
γνώμην καὶ ἐπιστήμην καὶ τἆλλα δὴ ἃ φῂς πάντα ταῦτα τὰ
b καλὰ ὀνόματα.

ΕΡΜ. Πάνυ μὲν οὖν οὐ δεῖ ἡμᾶς προαποστῆναι.

ΣΩ. Καὶ μήν, νὴ τὸν κύνα, δοκῶ γέ μοι οὐ κακῶς
μαντεύεσθαι, ὃ καὶ νυνδὴ ἐνενόησα, ὅτι οἱ πάνυ παλαιοὶ
5 ἄνθρωποι οἱ τιθέμενοι τὰ ὀνόματα παντὸς μᾶλλον, ὥσπερ
καὶ τῶν νῦν οἱ πολλοὶ τῶν σοφῶν ὑπὸ τοῦ πυκνὰ περι-
στρέφεσθαι ζητοῦντες ὅπη ἔχει τὰ ὄντα εἰλιγγιῶσιν, κἄπειτα
αὐτοῖς φαίνεται περιφέρεσθαι τὰ πράγματα καὶ πάντως
c φέρεσθαι. αἰτιῶνται δὴ οὐ τὸ ἔνδον τὸ παρὰ σφίσιν πάθος
αἴτιον εἶναι ταύτης τῆς δόξης, ἀλλὰ αὐτὰ τὰ πράγματα
οὕτω πεφυκέναι, οὐδὲν αὐτῶν μόνιμον εἶναι οὐδὲ βέβαιον,
ἀλλὰ ῥεῖν καὶ φέρεσθαι καὶ μεστὰ εἶναι πάσης φορᾶς καὶ
5 γενέσεως ἀεί. λέγω δὴ ἐννοήσας πρὸς πάντα τὰ νυνδὴ
ὀνόματα.

ΕΡΜ. Πῶς δὴ τοῦτο, ὦ Σώκρατες;

ΣΩ. Οὐ κατενόησας ἴσως τὰ ἄρτι λεγόμενα ὅτι παντά-
πασιν ὡς φερομένοις τε καὶ ῥέουσι καὶ γιγνομένοις τοῖς
10 πράγμασι τὰ ὀνόματα ἐπίκειται.

ΕΡΜ. Οὐ πάνυ ἐνεθυμήθην.

e 3 ἤδη οἶμαι φαίνομαι B : ἤδη φαίνομαι W : δὲ οἶμαι T   e 5 φήσεις B :
ἐφήσεις T   b 7 ὄντα ἀεὶ εἰλιγγιῶσι T   c 5 δὴ T : δὲ B

ΣΩ. Καὶ μὴν πρῶτον μὲν τοῦτο ὃ πρῶτον εἴπομεν d
παντάπασιν ὡς ἐπὶ τοιούτων ἐστίν.

ΕΡΜ. Τὸ ποῖον;

ΣΩ. Ἡ " φρόνησις "· φορᾶς γάρ ἐστι καὶ ῥοῦ νόησις.
εἴη δ᾽ ἂν καὶ ὄνησιν ὑπολαβεῖν φορᾶς· ἀλλ᾽ οὖν περί γε 5
τὸ φέρεσθαί ἐστιν. εἰ δὲ βούλει, ἡ " γνώμη " παντάπασιν
δηλοῖ γονῆς σκέψιν καὶ νώμησιν· τὸ γὰρ " νωμᾶν "
καὶ τὸ " σκοπεῖν " ταὐτόν. εἰ δὲ βούλει, αὐτὸ ἡ " νόησις "
τοῦ νέου ἐστὶν ἕσις, τὸ δὲ νέα εἶναι τὰ ὄντα σημαίνει
γιγνόμενα ἀεὶ εἶναι· τούτου οὖν ἐφίεσθαι τὴν ψυχὴν μηνύει e
τὸ ὄνομα ὁ θέμενος τὴν " νεόεσιν." οὐ γὰρ " νόησις " τὸ
ἀρχαῖον ἐκαλεῖτο, ἀλλ᾽ ἀντὶ τοῦ ἦτα εἶ ἔδει λέγειν δύο,
" νοέεσιν." " σωφροσύνη " δὲ σωτηρία οὗ νυνδὴ ἐσκέμ-
μεθα, φρονήσεως. καὶ μὴν ἥ γε ἐπιστήμη μηνύει ὡς 412
φερομένοις τοῖς πράγμασιν ἑπομένης τῆς ψυχῆς τῆς ἀξίας
λόγου, καὶ οὔτε ἀπολειπομένης οὔτε προθεούσης· διὸ δὴ
ἐμβάλλοντας δεῖ τὸ εἶ " ἐπεϊστήμην " αὐτὴν ὀνομάζειν.
" σύνεσις " δ᾽ αὖ οὕτω μὲν δόξειεν ἂν ὥσπερ συλλογισ- 5
μὸς εἶναι, ὅταν δὲ συνιέναι λέγῃ, ταὐτὸν παντάπασιν τῷ
ἐπίστασθαι συμβαίνει λεγόμενον· συμπορεύεσθαι γὰρ λέγει
τὴν ψυχὴν τοῖς πράγμασι τὸ " συνιέναι." ἀλλὰ μὴν ἥ γε b
" σοφία " φορᾶς ἐφάπτεσθαι σημαίνει. σκοτωδέστερον δὲ
τοῦτο καὶ ξενικώτερον· ἀλλὰ δεῖ ἐκ τῶν ποιητῶν ἀναμιμνή-
σκεσθαι ὅτι πολλαχοῦ λέγουσιν περὶ ὅτου ἂν τύχωσιν τῶν
ἀρχομένων ταχὺ προϊέναι " ἐσύθη " φασίν. Λακωνικῷ δὲ 5
ἀνδρὶ τῶν εὐδοκίμων καὶ ὄνομα ἦν "Σοῦς"· τὴν γὰρ ταχεῖαν
ὁρμὴν οἱ Λακεδαιμόνιοι τοῦτο καλοῦσιν. ταύτης οὖν τῆς
φορᾶς ἐπαφὴν σημαίνει ἡ σοφία, ὡς φερομένων τῶν ὄντων.
καὶ μὴν τό γε " ἀγαθόν," τοῦτο τῆς φύσεως πάσης τῷ c
ἀγαστῷ βούλεται τὸ ὄνομα ἐπικεῖσθαι. ἐπειδὴ γὰρ πορεύ-
εται τὰ ὄντα, ἔνι μὲν ἄρ᾽ αὐτοῖς τάχος, ἔνι δὲ βραδυτής.

e 4 νοέεσιν G : νεόεσιν ΒΤ   a 4 ἐκβάλλοντες al.   δεῖ om. G
ἐπεϊστήμην Heindorf : ἐπιστήμην ΒΤ : πιστήμην G   a 6 λέγηται
Heindorf   b 5 Λακωνικῷ ... b 7 καλοῦσιν secl. Heindorf

ἔστιν οὖν οὐ πᾶν τὸ ταχὺ ἀλλὰ τὶ αὐτοῦ ἀγαστόν. τοῦ
5 θοοῦ δὴ τῷ ἀγαστῷ αὕτη ἡ ἐπωνυμία ἐστίν, "τἀγαθόν."
"Δικαιοσύνη" δέ, ὅτι μὲν ἐπὶ τῇ τοῦ δικαίου συνέσει
τοῦτο κεῖται τὸ ὄνομα, ῥᾴδιον συμβαλεῖν· αὐτὸ δὲ τὸ "δίκαιον"
χαλεπόν. καὶ γὰρ δὴ καὶ ἔοικε μέχρι μέν του ὁμολογεῖσθαι
d παρὰ πολλῶν, ἔπειτα δὲ ἀμφισβητεῖσθαι. ὅσοι γὰρ ἡγοῦνται
τὸ πᾶν εἶναι ἐν πορείᾳ, τὸ μὲν πολὺ αὐτοῦ ὑπολαμβάνουσιν
τοιοῦτόν τι εἶναι οἷον οὐδὲν ἄλλο ἢ χωρεῖν, διὰ δὲ τούτου
παντὸς εἶναί τι διεξιόν, δι' οὗ πάντα τὰ γιγνόμενα γίγνεσθαι·
5 εἶναι δὲ τάχιστον τοῦτο καὶ λεπτότατον. οὐ γὰρ ἂν δύνα-
σθαι ἄλλως διὰ τοῦ ὄντος ἰέναι παντός, εἰ μὴ λεπτότατόν
τε ἦν ὥστε αὐτὸ μηδὲν στέγειν, καὶ τάχιστον ὥστε χρῆσθαι
ὥσπερ ἑστῶσι τοῖς ἄλλοις. ἐπεὶ δ' οὖν ἐπιτροπεύει τὰ
e ἄλλα πάντα διαϊόν, τοῦτο τὸ ὄνομα ἐκλήθη ὀρθῶς "δίκαιον,"
εὐστομίας ἕνεκα τὴν τοῦ κάππα δύναμιν προσλαβόν. μέχρι
μὲν οὖν ἐνταῦθα, ὃ νυνδὴ ἐλέγομεν, παρὰ πολλῶν ὁμολο-
413 γεῖται τοῦτο εἶναι τὸ δίκαιον· ἐγὼ δέ, ὦ Ἑρμόγενες, ἅτε
λιπαρὴς ὢν περὶ αὐτοῦ, ταῦτα μὲν πάντα διαπέπυσμαι ἐν
ἀπορρήτοις, ὅτι τοῦτό ἐστι τὸ δίκαιον καὶ τὸ αἴτιον—δι' ὃ
γὰρ γίγνεται, τοῦτ' ἔστι τὸ αἴτιον—καὶ "Δία" καλεῖν ἔφη
5 τις τοῦτο ὀρθῶς ἔχειν διὰ ταῦτα. ἐπειδὰν δ' ἠρέμα αὐτοὺς
ἐπανερωτῶ ἀκούσας ταῦτα μηδὲν ἧττον· "Τί οὖν ποτ' ἐστιν,
ὦ ἄριστε, δίκαιον, εἰ τοῦτο οὕτως ἔχει;" δοκῶ τε ἤδη
μακρότερα τοῦ προσήκοντος ἐρωτᾶν καὶ ὑπὲρ τὰ ἐσκαμμένα
b ἅλλεσθαι. ἱκανῶς γάρ μέ φασι πεπύσθαι [ἀκηκοέναι] καὶ
ἐπιχειροῦσιν, βουλόμενοι ἀποπιμπλάναι με, ἄλλος ἄλλα ἤδη
λέγειν, καὶ οὐκέτι συμφωνοῦσιν. ὁ μὲν γὰρ τίς φησιν τοῦτο
εἶναι δίκαιον, τὸν ἥλιον· τοῦτον γὰρ μόνον διαϊόντα καὶ
5 κάοντα ἐπιτροπεύειν τὰ ὄντα. ἐπειδὰν οὖν τῳ λέγω αὐτὸ

c 4 τοῦ θοοῦ Baiter (coll. 422 a) : τοῦτο οὗ B T   d 2 ἐν πορείᾳ
liber Bessarionis : εὐπορία B : εὐπορίᾳ T   d 6 ὄντος B T (cf. 417 c) :
ἰόντος al.   d 7 μηδὲ B   d 8 ἑστῶς T (γρ. καθάπερ ἑστῶσι τοῖς ἄλλοις)
a 4 Δία Hermann : ἰδίᾳ B T   a 7 τὸ δίκαιον G   a 8 ἐσκεμμένα B
b 1 ἀκηκοέναι del. Schanz

ἄσμενος ὡς καλόν τι ἀκηκοώς, καταγελᾷ μου οὗτος ἀκούσας
καὶ ἐρωτᾷ εἰ οὐδὲν δίκαιον οἶμαι εἶναι ἐν τοῖς ἀνθρώποις ἐπει-
δὰν ὁ ἥλιος δύῃ. λιπαροῦντος οὖν ἐμοῦ ὅτι αὖ ἐκεῖνος λέγει c
αὐτό, τὸ πῦρ φησιν· τοῦτο δὲ οὐ ῥᾴδιόν ἐστιν εἰδέναι. ὁ δὲ
οὐκ αὐτὸ τὸ πῦρ φησιν, ἀλλ' αὐτὸ τὸ θερμὸν τὸ ἐν τῷ πυρὶ ἐνόν.
ὁ δὲ τούτων μὲν πάντων καταγελᾶν φησιν, εἶναι δὲ τὸ δίκαιον
ὃ λέγει Ἀναξαγόρας, νοῦν εἶναι τοῦτο· αὐτοκράτορα γὰρ 5
αὐτὸν ὄντα καὶ οὐδενὶ μεμειγμένον πάντα φησὶν αὐτὸν κοσ-
μεῖν τὰ πράγματα διὰ πάντων ἰόντα. ἐνταῦθα δὴ ἐγώ, ὦ φίλε,
πολὺ ἐν πλείονι ἀπορίᾳ εἰμὶ ἢ πρὶν ἐπιχειρῆσαι μανθάνειν
περὶ τοῦ δικαίου ὅτι ποτ' ἔστιν. ἀλλ' οὖν οὗπερ ἕνεκα ἐσκο- d
ποῦμεν, τό γε ὄνομα τοῦτο φαίνεται αὐτῷ διὰ ταῦτα κεῖσθαι.

ΕΡΜ. Φαίνῃ μοι, ὦ Σώκρατες, ταῦτα μὲν ἀκηκοέναι του
καὶ οὐκ αὐτοσχεδιάζειν.

ΣΩ. Τί δὲ τἆλλα; 5

ΕΡΜ. Οὐ πάνυ.

ΣΩ. Ἄκουε δή· ἴσως γὰρ ἄν σε καὶ τὰ ἐπίλοιπα ἐξαπατή-
σαιμι ὡς οὐκ ἀκηκοὼς λέγω. μετὰ γὰρ δικαιοσύνην τί ἡμῖν
λείπεται; ἀνδρείαν οἶμαι οὔπω διήλθομεν. ἀδικία μὲν γὰρ
δῆλον ὅτι ἐστὶν ὄντος ἐμπόδισμα τοῦ διαϊόντος, ἀνδρεία δὲ e
σημαίνει ὡς ἐν μάχῃ ἐπονομαζομένης τῆς ἀνδρείας—μάχην
δ' εἶναι ἐν τῷ ὄντι, εἴπερ ῥεῖ, οὐκ ἄλλο τι ἢ τὴν ἐναντίαν
ῥοήν—ἐὰν οὖν τις ἐξέλῃ τὸ δέλτα τοῦ ὀνόματος τῆς ἀνδρείας,
αὐτὸ μηνύει τὸ ἔργον τὸ ὄνομα ἡ " ἀνρεία." δῆλον οὖν ὅτι 5
οὐ πάσῃ ῥοῇ ἡ ἐναντία ῥοὴ ἀνδρεία ἐστίν, ἀλλὰ τῇ παρὰ
τὸ δίκαιον ῥεούσῃ· οὐ γὰρ ἂν ἐπῃνεῖτο ἡ ἀνδρεία. καὶ τὸ 414
" ἄρρεν " καὶ ὁ " ἀνὴρ " ἐπὶ παραπλησίῳ τινὶ τούτῳ ἐστί,
τῇ ἄνω ῥοῇ. " γυνὴ " δὲ γονή μοι φαίνεται βούλεσθαι
εἶναι. τὸ δὲ " θῆλυ " ἀπὸ τῆς θηλῆς τι φαίνεται ἐπωνο-
μάσθαι· ἡ δὲ " θηλὴ " ἆρά γε, ὦ Ἑρμόγενες, ὅτι τεθηλέναι 5
ποιεῖ ὥσπερ τὰ ἀρδόμενα;

ΕΡΜ. Ἔοικέν γε, ὦ Σώκρατες.

ΣΩ. Καὶ μὴν αὐτό γε τὸ " θάλλειν " τὴν αὔξην μοι δοκεῖ
ἀπεικάζειν τὴν τῶν νέων, ὅτι ταχεῖα καὶ ἐξαιφνιδία γίγνεται.

b οἷόνπερ οὖν μεμίμηται τῷ ὀνόματι, συναρμόσας ἀπὸ τοῦ
θεῖν καὶ ἅλλεσθαι τὸ ὄνομα. ἀλλ᾽ οὐ γὰρ ἐπισκοπεῖς με
ὥσπερ ἐκτὸς δρόμου φερόμενον ἐπειδὰν λείου ἐπιλάβωμαι·
ἐπίλοιπα δὲ ἡμῖν ἔτι συχνὰ τῶν δοκούντων σπουδαίων εἶναι.

5 ΕΡΜ. Ἀληθῆ λέγεις.

ΣΩ. Ὧν γ᾽ ἔστιν ἓν καὶ "τέχνην" ἰδεῖν ὅτι ποτὲ
βούλεται εἶναι.

ΕΡΜ. Πάνυ μὲν οὖν.

ΣΩ. Οὐκοῦν τοῦτό γε ἕξιν νοῦ σημαίνει, τὸ μὲν ταῦ
c ἀφελόντι, ἐμβαλόντι δὲ οὗ μεταξὺ τοῦ χεῖ καὶ τοῦ νῦ καὶ ⟨τοῦ
νῦ καὶ⟩ τοῦ ἦτα;

ΕΡΜ. Καὶ μάλα γε γλίσχρως, ὦ Σώκρατες.

ΣΩ. Ὦ μακάριε, οὐκ οἶσθ᾽ ὅτι τὰ πρῶτα ὀνόματα τεθέντα
5 κατακέχωσται ἤδη ὑπὸ τῶν βουλομένων τραγῳδεῖν αὐτά,
περιτιθέντων γράμματα καὶ ἐξαιρούντων εὐστομίας ἕνεκα καὶ
πανταχῇ στρεφόντων, καὶ ὑπὸ καλλωπισμοῦ καὶ ὑπὸ χρόνου.
ἐπεὶ ἐν τῷ "κατόπτρῳ" οὐ δοκεῖ [σοι] ἄτοπον εἶναι τὸ ἐμβε-
βλῆσθαι τὸ ῥῶ; ἀλλὰ τοιαῦτα οἶμαι ποιοῦσιν οἱ τῆς μὲν
d ἀληθείας οὐδὲν φροντίζοντες, τὸ δὲ στόμα πλάττοντες, ὥστ᾽
ἐπεμβάλλοντες πολλὰ ἐπὶ τὰ πρῶτα ὀνόματα τελευτῶντες
ποιοῦσιν μηδ᾽ ἂν ἕνα ἀνθρώπων συνεῖναι ὅτι ποτὲ βούλεται
τὸ ὄνομα· ὥσπερ καὶ τὴν Σφίγγα ἀντὶ " φικὸς " " σφίγγα "
5 καλοῦσιν, καὶ ἄλλα πολλά.

ΕΡΜ. Ταῦτα μὲν ἔστιν οὕτως, ὦ Σώκρατες.

ΣΩ. Εἰ δ᾽ αὖ τις ἐάσει καὶ ἐντιθέναι καὶ ἐξαιρεῖν ἅττ᾽
ἂν βούληταί τις εἰς τὰ ὀνόματα, πολλὴ εὐπορία ἔσται καὶ
πᾶν ἂν παντί τις ὄνομα πράγματι προσαρμόσειεν.

b 4 ἐπίλοιπα . . . συχνὰ scripsi: λοιπὰ . . . συχνὰ ἐπὶ B T (ἐπὶ om.
al. : ἔστι vulg.)   c 1 τοῦ νῦ καὶ add. Stephanus   c 8 ἐπεὶ] ἐπεὶ
καὶ G   σοι om. B   d 3 ἄνθρωπον B   d 4 τὸ ὄνομα secl. Schanz
φικὸς al. cum Hesiodo : σφιγγὸς B : φιγὸς T

ΕΡΜ. Ἀληθῆ λέγεις.   e

ΣΩ. Ἀληθῆ μέντοι. ἀλλὰ τὸ μέτριον οἶμαι δεῖ φυλάττειν
καὶ τὸ εἰκὸς σὲ τὸν σοφὸν ἐπιστάτην.

ΕΡΜ. Βουλοίμην ἄν.

ΣΩ. Καὶ ἐγώ σοι συμβούλομαι, ὦ Ἑρμόγενες. ἀλλὰ μὴ 5
λίαν, ὦ δαιμόνιε, ἀκριβολογοῦ,   415

        " μή μ' ἀπογυιώσῃς μένεος."

ἔρχομαι γὰρ ἐπὶ τὴν κορυφὴν ὧν εἴρηκα, ἐπειδὰν μετὰ
τέχνην μηχανὴν ἐπισκεψώμεθα. " μηχανὴ " γάρ μοι δοκεῖ
τοῦ ἄνειν ἐπὶ πολὺ σημεῖον εἶναι· τὸ γὰρ " μῆκός " πως 5
τὸ πολὺ σημαίνει· ἐξ ἀμφοῖν οὖν τούτοιν σύγκειται,
" μήκους " τε καὶ τοῦ " ἄνειν," τὸ ὄνομα ἡ " μηχανή."
ἀλλ', ὅπερ νυνδὴ εἶπον, ἐπὶ τὴν κορυφὴν δεῖ τῶν εἰρημένων
ἐλθεῖν· " ἀρετὴ " γὰρ καὶ " κακία " ὅτι βούλεται τὰ ὀνόματα
ζητητέα. τὸ μὲν οὖν ἕτερον οὔπω καθορῶ, τὸ δ' ἕτερον b
δοκεῖ μοι κατάδηλον εἶναι. συμφωνεῖ γὰρ τοῖς ἔμπροσθεν
πᾶσιν. ἅτε γὰρ ἰόντων τῶν πραγμάτων, πᾶν τὸ κακῶς
ἰὸν " κακία " ἂν εἴη· τοῦτο δὲ ὅταν ἐν ψυχῇ ᾖ, τὸ κακῶς
ἰέναι ἐπὶ τὰ πράγματα, μάλιστα τὴν τοῦ ὅλου ἐπωνυμίαν 5
ἔχει τῆς κακίας. τὸ δὲ κακῶς ἰέναι ὅτι ποτ' ἔστιν, δοκεῖ
μοι δηλοῦν καὶ ἐν τῇ " δειλίᾳ," ὃ οὔπω διήλθομεν ἀλλ'
ὑπερέβημεν, δέον αὐτὸ μετὰ τὴν ἀνδρείαν σκέψασθαι· c
δοκοῦμεν δέ μοι καὶ ἄλλα πολλὰ ὑπερβεβηκέναι. ἡ δ' οὖν
δειλία τῆς ψυχῆς σημαίνει δεσμὸν εἶναι ἰσχυρόν· τὸ γὰρ
" λίαν " ἰσχύς τίς ἐστιν. δεσμὸς οὖν ὁ λίαν καὶ ὁ μέγιστος
τῆς ψυχῆς ἡ δειλία ἂν εἴη· ὥσπερ γε καὶ ἡ ἀπορία κακόν, 5
καὶ πᾶν, ὡς ἔοικεν, ὅτι ἂν ἐμποδὼν ᾖ τῷ ἰέναι καὶ πορεύεσθαι.
τοῦτ' οὖν φαίνεται τὸ κακῶς ἰέναι δηλοῦν, τὸ ἰσχομένως τε
καὶ ἐμποδιζομένως πορεύεσθαι, ὃ δὴ ψυχὴ ὅταν ἔχῃ, κακίᾳ
μεστὴ γίγνεται. εἰ δ' ἐπὶ τοιούτοις ἡ " κακία " ἐστὶν

a 5 πως] πρὸς Β Τ   a 8 νυνδὴ] δὴ νῦν Β Τ   c 5 κακῶν Β   c 6 ᾖ]
εἴη Β   ἰέναι b : εἶναι Β Τ   c 7 ἴσχομαι ὥστε Β   c 8 ἐκποδιζομένως
Β Τ, sed μ supra κ Τ   δὴ] δ' ἡ Β   κακίᾳ Τ G : κακία Β : κακίας vulg.

10 τοὔνομα, τοὐναντίον τούτου ἡ " ἀρετὴ " ἂν εἴη, σημαῖνον πρῶ-
d τον μὲν εὐπορίαν, ἔπειτα δὲ λελυμένην τὴν ῥοὴν τῆς ἀγαθῆς
ψυχῆς εἶναι ἀεί, ὥστε τὸ ἀσχέτως καὶ τὸ ἀκωλύτως
ἀεὶ ῥέον ἐπωνυμίαν εἴληφεν, ὡς ἔοικε, τοῦτο τοὔνομα, ⟨ὃ⟩
ὀρθῶς μὲν ἔχει " ἀειρείτην " καλεῖν, [ἴσως δὲ αἱρετὴν λέγει,
5 ὡς οὔσης ταύτης τῆς ἕξεως αἱρετωτάτης,] συγκεκρότηται δὲ
καὶ καλεῖται " ἀρετή." καὶ ἴσως με αὖ φήσεις πλάττειν·
ἐγὼ δέ φημι, εἴπερ ὃ ἔμπροσθεν εἶπον ὀρθῶς ἔχει, ἡ " κακία,"
e καὶ τοῦτο τὸ ὄνομα τὴν " ἀρετὴν " ὀρθῶς ἔχειν.

416 ΕΡΜ. Τὸ δὲ δὴ " κακόν," δι' οὗ πολλὰ τῶν ἔμπροσθεν
εἴρηκας, τί ἂν νοοῖ τοὔνομα;

ΣΩ. Ἄτοπόν τι νὴ Δία ἔμοιγε δοκεῖ καὶ χαλεπὸν συμ-
βαλεῖν. ἐπάγω οὖν καὶ τούτῳ ἐκείνην τὴν μηχανήν.

5 ΕΡΜ. Ποίαν ταύτην;

ΣΩ. Τὴν τοῦ βαρβαρικόν τι καὶ τοῦτο φάναι εἶναι.

ΕΡΜ. Καὶ ἔοικάς γε ὀρθῶς λέγοντι. ἀλλ' εἰ δοκεῖ, ταῦτα
μὲν ἐῶμεν, τὸ δὲ " καλὸν " καὶ [τὸ] " αἰσχρὸν " πειρώμεθα
ἰδεῖν πῇ εὐλόγως ἔχει.

10 ΣΩ. Τὸ μὲν τοίνυν " αἰσχρὸν " καὶ δὴ κατάδηλόν μοι
b φαίνεται ὃ νοεῖ· καὶ τοῦτο γὰρ τοῖς ἔμπροσθεν ὁμολογεῖται.
τὸ γὰρ ἐμποδίζον καὶ ἴσχον τῆς ῥοῆς τὰ ὄντα λοιδορεῖν μοι
φαίνεται διὰ παντὸς ὁ τὰ ὀνόματα τιθείς, καὶ νῦν τῷ ἀεὶ
ἴσχοντι τὸν ῥοῦν τοῦτο τὸ ὄνομα ἔθετο ⟨τὸ⟩ " ἀεισχο-
5 ροῦν "· νῦν δὲ συγκροτήσαντες " αἰσχρὸν " καλοῦσιν.

ΕΡΜ. Τί δὲ τὸ " καλόν ";

ΣΩ. Τοῦτο χαλεπώτερον κατανοῆσαι. καίτοι λέγει γε
αὐτό· ἁρμονίᾳ μόνον καὶ μήκει τοῦ οὖ παρῆκται.

ΕΡΜ. Πῶς δή;

10 ΣΩ. Τῆς διανοίας τις ἔοικεν ἐπωνυμία εἶναι τοῦτο τὸ
ὄνομα.

d 3 ἀεί] δεῖ T   ὃ add. Heindorf   d 4 ἴσως . . . d 5 αἱρετωτάτης
seclusi   d 5 ἕξεως] λέξεως T   a 8 καὶ] τε καὶ T   τὸ om. G
b 4 τὸ add. Heindorf   b 7 λέγει γε B T : λέγουσί γε G : λέγω,
εἴ γε Schanz   b 8 post αὐτό distinxi   τοῦ οὖ B : τὸ ō T G

ΕΡΜ. Πῶς λέγεις;

ΣΩ. Φέρε, τί οἴει σὺ εἶναι τὸ αἴτιον κληθῆναι ἑκάστῳ c
τῶν ὄντων; ἆρ' οὐκ ἐκεῖνο τὸ τὰ ὀνόματα θέμενον;

ΕΡΜ. Πάντως που.

ΣΩ. Οὐκοῦν διάνοια ἂν εἴη τοῦτο ἤτοι θεῶν ἢ ἀνθρώπων
ἢ ἀμφότερα; 5

ΕΡΜ. Ναί.

ΣΩ. Οὐκοῦν τὸ καλέσαν τὰ πράγματα καὶ τὸ καλοῦν
ταὐτόν ἐστιν τοῦτο, διάνοια;

ΕΡΜ. Φαίνεται.

ΣΩ. Οὐκοῦν καὶ ὅσα μὲν ἂν νοῦς τε καὶ διάνοια ἐργά- 10
σηται, ταῦτά ἐστι τὰ ἐπαινετά, ἃ δὲ μή, ψεκτά;

ΕΡΜ. Πάνυ γε.

ΣΩ. Τὸ οὖν ἰατρικὸν ἰατρικὰ ἐργάζεται καὶ τὸ τεκτονικὸν d
τεκτονικά; ἢ πῶς λέγεις;

ΕΡΜ. Οὕτως ἔγωγε.

ΣΩ. Καὶ τὸ καλοῦν ἄρα καλά;

ΕΡΜ. Δεῖ γέ τοι. 5

ΣΩ. Ἔστι δέ γε τοῦτο, ὥς φαμεν, διάνοια;

ΕΡΜ. Πάνυ γε.

ΣΩ. Ὀρθῶς ἄρα φρονήσεως αὕτη ἡ ἐπωνυμία ἐστὶν
τὸ " καλὸν " τῆς τὰ τοιαῦτα ἀπεργαζομένης, ἃ δὴ καλὰ
φάσκοντες εἶναι ἀσπαζόμεθα. 10

ΕΡΜ. Φαίνεται.

ΣΩ. Τί οὖν ἔτι ἡμῖν λοιπὸν τῶν τοιούτων; e

ΕΡΜ. Ταῦτα τὰ περὶ τὸ ἀγαθόν τε καὶ καλόν, συμ-
φέροντά τε καὶ λυσιτελοῦντα καὶ ὠφέλιμα καὶ κερδαλέα καὶ 417
τἀναντία τούτων.

ΣΩ. Οὐκοῦν τὸ μὲν " συμφέρον " ἤδη που κἂν σὺ εὕροις
ἐκ τῶν πρότερον ἐπισκοπῶν· τῆς γὰρ ἐπιστήμης ἀδελφόν

c 5 ἀμφοτέρων Τ   c 7 καλοῦν Badham : καλὸν Β Τ   c 11 ἃ
Heindorf : τὰ Β Τ   d 4 καλοῦν scripsi : καλὸν Β Τ   d 9 τὰ
om. Τ   e 1 ἡμῖν ἔτι Τ   a 3 κἂν] καὶ Β   a 4 προτέρων Β
σκοπῶν Τ

5 τι φαίνεται. οὐδὲν γὰρ ἄλλο δηλοῖ ἢ τὴν ἅμα φορὰν τῆς
ψυχῆς μετὰ τῶν πραγμάτων, καὶ τὰ ὑπὸ τοῦ τοιούτου πρατ-
τόμενα "συμφέροντά" τε καὶ "σύμφορα" κεκλῆσθαι ἀπὸ
τοῦ συμπεριφέρεσθαι ἔοικε, τὸ δέ γε "κερδαλέον" ἀπὸ τοῦ
b κέρδους. "κέρδος" δὲ νῦ ἀντὶ τοῦ δέλτα ἀποδιδόντι ἐς τὸ
ὄνομα δηλοῖ ὃ βούλεται· τὸ γὰρ ἀγαθὸν κατ' ἄλλον τρόπον
ὀνομάζει. ὅτι γὰρ κεράννυται ἐς πάντα διεξιόν, ταύτην
αὐτοῦ τὴν δύναμιν ἐπονομάζων ἔθετο τοὔνομα· δέλτα ⟨δ'⟩
5 ἐνθεὶς ἀντὶ τοῦ νῦ "κέρδος" ἐφθέγξατο.

ΕΡΜ. "Λυσιτελοῦν" δὲ τί δή;

ΣΩ. Ἔοικεν, ὦ Ἑρμόγενες, οὐχὶ καθάπερ οἱ κάπηλοι
αὐτῷ χρῶνται, ἐὰν τὸ ἀνάλωμα ἀπολύῃ, οὐ ταύτῃ λέγειν
c μοι δοκεῖ τὸ "λυσιτελοῦν," ἀλλ' ὅτι τάχιστον ὂν τοῦ ὄντος
ἵστασθαι οὐκ ἐᾷ τὰ πράγματα, οὐδὲ τέλος λαβοῦσαν τὴν
φορὰν τοῦ φέρεσθαι στῆναί τε καὶ παύσασθαι, ἀλλ' ἀεὶ
λύει αὐτῆς ἄν τι ἐπιχειρῇ τέλος ἐγγίγνεσθαι, καὶ παρέχει
5 ἄπαυστον καὶ ἀθάνατον αὐτήν, ταύτῃ μοι δοκεῖ ἐπιφημίσαι
τὸ ἀγαθὸν λυσιτελοῦν· τὸ γὰρ τῆς φορᾶς λύον τὸ τέλος
"λυσιτελοῦν" καλέσαι. "ὠφέλιμον" δὲ ξενικὸν τοὔνομα,
ᾧ καὶ Ὅμηρος πολλαχοῦ κέχρηται, τῷ "ὀφέλλειν"· ἔστι
δὲ τοῦτο τοῦ αὔξειν καὶ †ποιεῖν ἐπωνυμία.

d ΕΡΜ. Τὰ δὲ δὴ τούτων ἐναντία πῶς ἔχει ἡμῖν;

ΣΩ. Ὅσα μὲν ἀπόφησιν αὐτῶν, ὥς γέ μοι δοκεῖ, οὐδὲν
δεῖ ταῦτα διεξιέναι.

ΕΡΜ. Ποῖα ταῦτα;

5 ΣΩ. "Ἀσύμφορον" καὶ "ἀνωφελὲς" καὶ "ἀλυσιτελὲς"
καὶ "ἀκερδές."

ΕΡΜ. Ἀληθῆ λέγεις.

ΣΩ. Ἀλλὰ "βλαβερόν" γε καὶ "ζημιῶδες."

ΕΡΜ. Ναί.

10 ΣΩ. Καὶ τὸ μέν γε "βλαβερὸν" τὸ βλάπτον τὸν

a 8 ἔοικε TW : om. B   b 4 δ' add. Bekker   c 7 καλέσαι secl.
Schanz   c 8 ὠφελεῖν T   c 9 ποιεῖν] πλέον ποιεῖν Orelli : παί-
νειν vel πίονα ποιεῖν Heindorf

ῥοῦν εἶναι λέγει· τὸ δὲ "βλάπτον" αὖ σημαίνει βουλό- e
μενον ἅπτειν· τὸ δὲ "ἅπτειν" καὶ δεῖν ταὐτόν ἐστι, τοῦτο
δὲ πανταχοῦ ψέγει. τὸ βουλόμενον οὖν ἅπτειν ῥοῦν
ὀρθότατα μὲν ἂν εἴη "βουλαπτεροῦν," καλλωπισθὲν δὲ
καλεῖσθαί μοι φαίνεται "βλαβερόν." 5
ΕΡΜ. Ποικίλα γέ σοι, ὦ Σώκρατες, ἐκβαίνει τὰ ὀνόματα.
καὶ γὰρ νῦν μοι ἔδοξας ὥσπερ τοῦ τῆς Ἀθηνάας νόμου
προαύλιον στομαυλῆσαι, τοῦτο τὸ ὄνομα προειπὼν τὸ
"βουλαπτεροῦν." 418
ΣΩ. Οὐκ ἐγώ, ὦ Ἑρμόγενες, αἴτιος, ἀλλ᾽ οἱ θέμενοι
τὸ ὄνομα.
ΕΡΜ. Ἀληθῆ λέγεις· ἀλλὰ δὴ τὸ "ζημιῶδες" τί ἂν εἴη;
ΣΩ. Τί δ᾽ ἂν εἴη ποτὲ "ζημιῶδες"; θέασαι, ὦ Ἑρμό- 5
γενες, ὡς ἐγὼ ἀληθῆ λέγω λέγων ὅτι προστιθέντες γράμματα
καὶ ἐξαιροῦντες σφόδρα ἀλλοιοῦσι τὰς τῶν ὀνομάτων διανοίας,
οὕτως ὥστε σμικρὰ πάνυ παραστρέφοντες ἐνίοτε τἀναντία
ποιεῖν σημαίνειν. οἷον καὶ ἐν τῷ "δέοντι"· ἐνενόησα γὰρ b
αὐτὸ καὶ ἀνεμνήσθην ἄρτι ἀπὸ τοῦδε ὃ ἔμελλόν σοι ἐρεῖν ὅτι
ἡ μὲν νέα φωνὴ ἡμῖν ἡ καλὴ αὑτηὶ καὶ τοὐναντίον περι-
έτρεψε μηνύειν τὸ "δέον" καὶ τὸ "ζημιῶδες," ἀφανίζουσα
ὅτι νοεῖ, ἡ δὲ παλαιὰ ἀμφότερον δηλοῖ ὃ βούλεται τοὔνομα. 5
ΕΡΜ. Πῶς λέγεις;
ΣΩ. Ἐγώ σοι ἐρῶ. οἶσθα ὅτι οἱ παλαιοὶ οἱ ἡμέτεροι
τῷ ἰῶτα καὶ τῷ δέλτα εὖ μάλα ἐχρῶντο, καὶ οὐχ ἥκιστα
αἱ γυναῖκες, αἵπερ μάλιστα τὴν ἀρχαίαν φωνὴν σῴζουσι. c
νῦν δὲ ἀντὶ μὲν τοῦ ἰῶτα ἢ εἶ ἢ ἦτα μεταστρέφουσιν, ἀντὶ
δὲ τοῦ δέλτα ζῆτα, ὡς δὴ μεγαλοπρεπέστερα ὄντα.
ΕΡΜ. Πῶς δή;
ΣΩ. Οἷον οἱ μὲν ἀρχαιότατοι "ἱμέραν" τὴν ἡμέραν 5
ἐκάλουν, οἱ δὲ "ἐμέραν," οἱ δὲ νῦν "ἡμέραν."
ΕΡΜ. Ἔστι ταῦτα.

e 7 Ἀθηνᾶς T   a 2 ἔγωγε B   b 3 αὑτηὶ scripsi : αὕτηι B :
αὕτη T   c 5 ἱμέραν] ἐμέραν? Iannaris   c 6 ἐμέραν] ὕστερον
ἐμέραν Heindorf e Proclo

ΣΩ. Οἶσθα οὖν ὅτι μόνον τούτων δηλοῖ τὸ ἀρχαῖον
ὄνομα τὴν διάνοιαν τοῦ θεμένου; ὅτι γὰρ ἀσμένοις τοῖς
d ἀνθρώποις καὶ ἱμείρουσιν ἐκ τοῦ σκότους τὸ φῶς ἐγίγνετο,
ταύτῃ ὠνόμασαν "ἱμέραν."

ΕΡΜ. Φαίνεται.

ΣΩ. Νῦν δέ γε τετραγῳδημένον οὐδ' ἂν κατανοήσαις ὅτι
5 βούλεται ἡ "ἡμέρα." καίτοι τινὲς οἴονται, ὡς δὴ ἡ ἡμέρα
ἥμερα ποιεῖ, διὰ ταῦτα ὠνομάσθαι αὐτὴν οὕτως.

ΕΡΜ. Δοκεῖ μοι.

ΣΩ. Καὶ τό γε "ζυγὸν" οἶσθα ὅτι "δυογὸν" οἱ παλαιοὶ
ἐκάλουν.

10 ΕΡΜ. Πάνυ γε.

ΣΩ. Καὶ τὸ μέν γε "ζυγὸν" οὐδὲν δηλοῖ, τὸ δὲ τοῖν
e δυοῖν ἕνεκα τῆς δέσεως ἐς τὴν ἀγωγὴν ἐπωνόμασται
"δυογὸν" δικαίως· νῦν δὲ "ζυγόν." καὶ ἄλλα πάμπολλα
οὕτως ἔχει.

ΕΡΜ. Φαίνεται.

5 ΣΩ. Κατὰ ταὐτὰ τοίνυν πρῶτον μὲν τὸ "δέον" οὕτω
λεγόμενον τοὐναντίον σημαίνει πᾶσι τοῖς περὶ τὸ ἀγαθὸν
ὀνόμασιν· ἀγαθοῦ γὰρ ἰδέα οὖσα τὸ δέον φαίνεται δεσμὸς
εἶναι καὶ κώλυμα φορᾶς, ὥσπερ ἀδελφὸν ὂν τοῦ βλαβεροῦ.

ΕΡΜ. Καὶ μάλα, ὦ Σώκρατες, οὕτω φαίνεται.

10 ΣΩ. Ἀλλ' οὐκ ἐὰν τῷ ἀρχαίῳ ὀνόματι χρῇ, ὃ πολὺ
419 μᾶλλον εἰκός ἐστιν ὀρθῶς κεῖσθαι ἢ τὸ νῦν, ἀλλ' ὁμολογήσει
τοῖς πρόσθεν ἀγαθοῖς, ἐὰν ἀντὶ τοῦ εἶ τὸ ἰῶτα ἀποδιδῷς,
ὥσπερ τὸ παλαιόν· διϊὸν γὰρ αὖ σημαίνει, ἀλλ' οὐ δέον,
τἀγαθόν, ὅπερ δὴ ἐπαινεῖ. καὶ οὕτω οὐκ ἐναντιοῦται αὐτὸς
5 αὑτῷ ὁ τὰ ὀνόματα τιθέμενος, ἀλλὰ "δέον" καὶ "ὠφέλιμον"
καὶ "λυσιτελοῦν" καὶ "κερδαλέον" καὶ "ἀγαθὸν" καὶ
"συμφέρον" καὶ "εὔπορον" τὸ αὐτὸ φαίνεται, ἑτέροις

c 8 τούτων] τοῦτο B   d 2 ἡμέραν pr. B T   d 8 δυαγὸν
Schneider ex Et. Mag.   e 8 ὂν om. B   e 10 ἐὰν . . . χρῇ] ἐν
. . . χρή T   a 3 διϊὸν Heindorf: διὸν T : διάϊον B   αὖ om. T
a 4 δὴ B : ἀεὶ T W

ὀνόμασι σημαῖνον τὸ διακοσμοῦν καὶ ἰὸν πανταχοῦ ἐγκεκω-
μιασμένον, τὸ δὲ ἴσχον καὶ δοῦν ψεγόμενον. καὶ δὴ καὶ b
τὸ " ζημιῶδες," ἐὰν κατὰ τὴν ἀρχαίαν φωνὴν ἀποδῷς ἀντὶ
τοῦ ζῆτα δέλτα, φανεῖταί σοι κεῖσθαι τὸ ὄνομα ἐπὶ τῷ
δοῦντι τὸ ἰόν, ἐπονομασθὲν " δημιῶδες."

ΕΡΜ. Τί δὲ δὴ " ἡδονὴ " καὶ " λύπη " καὶ " ἐπιθυμία " 5
καὶ τὰ τοιαῦτα, ὦ Σώκρατες;

ΣΩ. Οὐ πάνυ χαλεπά μοι φαίνεται, ὦ Ἑρμόγενες. ἥ
τε γὰρ " ἡδονή," ἡ πρὸς τὴν ὄνησιν ἔοικε τείνουσα πρᾶξις
τοῦτο ἔχειν τὸ ὄνομα—τὸ δέλτα δὲ ἔγκειται, ὥστε " ἡδονὴ "
ἀντὶ " ἡονῆς " καλεῖται—ἥ τε " λύπη " ἀπὸ τῆς διαλύσεως c
τοῦ σώματος ἔοικεν ἐπωνομάσθαι ἣν ἐν τούτῳ τῷ πάθει
ἴσχει τὸ σῶμα. καὶ ἥ γε " ἀνία " τὸ ἐμποδίζον τοῦ ἰέναι.
ἡ δὲ " ἀλγηδὼν " ξενικόν τι φαίνεταί μοι ἀπὸ τοῦ ἀλγεινοῦ
ὠνομασμένον. " ὀδύνη " δὲ ἀπὸ τῆς ἐνδύσεως τῆς λύπης 5
κεκλημένη ἔοικεν. " ἀχθηδὼν " δὲ καὶ παντὶ δῆλον ἀπει-
κασμένον τὸ ὄνομα τῷ τῆς φορᾶς βάρει. " χαρὰ " δὲ τῇ
διαχύσει καὶ εὐπορίᾳ τῆς ῥοῆς τῆς ψυχῆς ἔοικε κεκλημένῃ.
" τέρψις " δὲ ἀπὸ τοῦ τερπνοῦ· τὸ δὲ " τερπνὸν " ἀπὸ τῆς d
διὰ τῆς ψυχῆς ἕρψεως πνοῇ ἀπεικασθὲν κέκληται, ἐν δίκῃ
μὲν ἂν " ἕρπνουν " καλούμενον, ὑπὸ χρόνου δὲ " τερπνὸν "
παρηγμένον. " εὐφροσύνη " δὲ οὐδὲν προσδεῖται τοῦ διότι
ῥηθῆναι· παντὶ γὰρ δῆλον ὅτι ἀπὸ τοῦ εὖ τοῖς πράγμασι 5
τὴν ψυχὴν συμφέρεσθαι τοῦτο ἔλαβε τὸ ὄνομα, " εὐφερο-
σύνην" τό γε δίκαιον· ὅμως δὲ αὐτὸ καλοῦμεν " εὐφροσύνην."
οὐδ' " ἐπιθυμία " χαλεπόν· τῇ γὰρ ἐπὶ τὸν θυμὸν ἰούσῃ
δυνάμει δῆλον ὅτι τοῦτο ἐκλήθη τὸ ὄνομα. " θυμὸς " δὲ ἀπὸ e
τῆς θύσεως καὶ ζέσεως τῆς ψυχῆς ἔχοι ἂν τοῦτο τὸ ὄνομα.
ἀλλὰ μὴν " ἵμερός " γε τῷ μάλιστα ἕλκοντι τὴν ψυχὴν ῥῷ

---

a 8 ἰὸν Bekker: ὂν ΒΤ   b 3 φαίνεται Β   c 1 ἡονῆς]
ἡόνησις Τ: ὄνησις G   c 2 ἐπωνομασθῆναι (sic) Β   ἣν... c 3 σῶμα
secl. Baiter   ἣν] ἢ Stallbaum   c 6 κεκλημένη Heindorf: κεκλημένη
ΒΤ (et mox c 8)   d 2 ἕρψεως] τέρψεως Τ   d 6 εὐφεροσύνην
Bekker: εὐφροσύνην Β: ἐφερωσύνη Τ

420 ἐπωνομάσθη· ὅτι γὰρ ἱέμενος ῥεῖ καὶ ἐφιέμενος τῶν
πραγμάτων, καὶ οὕτω δὴ ἐπισπᾷ σφόδρα τὴν ψυχὴν διὰ τὴν
ἔσιν τῆς ῥοῆς, ἀπὸ ταύτης οὖν πάσης τῆς δυνάμεως
"ἵμερος" ἐκλήθη. καὶ μὴν "πόθος" αὖ καλεῖται σημαίνων
5 οὐ τοῦ παρόντος εἶναι [ἱμέρου τε καὶ ῥεύματος] ἀλλὰ τοῦ
ἄλλοθί που ὄντος καὶ ἀπόντος, ὅθεν "πόθος" ἐπωνό-
μασται ὃς τότε, ὅταν παρῇ οὗ τις ἐφίετο, "ἵμερος"
ἐκαλεῖτο· ἀπογενομένου δὲ ὁ αὐτὸς οὗτος "πόθος" ἐκλήθη.
"ἔρως" δέ, ὅτι εἰσρεῖ ἔξωθεν καὶ οὐκ οἰκεία ἐστὶν ἡ ῥοὴ
b αὕτη τῷ ἔχοντι ἀλλ' ἐπείσακτος διὰ τῶν ὀμμάτων, διὰ
ταῦτα ἀπὸ τοῦ ἐσρεῖν "ἔσρος" τό γε παλαιὸν ἐκαλεῖτο—
τῷ γὰρ οὗ ἀντὶ τοῦ ὦ ἐχρώμεθα—νῦν δ' "ἔρως" κέκληται
διὰ τὴν τοῦ ὦ ἀντὶ τοῦ οὗ μεταλλαγήν. ἀλλὰ τί ἔτι σὺ
5 λέγεις ὅτι σκοπῶμεν;
   ΕΡΜ. "Δόξα" καὶ τὰ τοιαῦτα πῇ σοι φαίνεται;
   ΣΩ. "Δόξα" δὴ ἤτοι τῇ διώξει ἐπωνόμασται, ἣν ἡ
ψυχὴ διώκουσα τὸ εἰδέναι ὅπῃ ἔχει τὰ πράγματα πορεύεται,
ἢ τῇ ἀπὸ τοῦ τόξου βολῇ. ἔοικε δὲ τούτῳ μᾶλλον. ἡ
c γοῦν "οἴησις" τούτῳ συμφωνεῖ. "οἶσιν" γὰρ τῆς ψυχῆς
ἐπὶ πᾶν πρᾶγμα, οἷόν ἐστιν ἕκαστον τῶν ὄντων, δηλούσῃ
προσέοικεν, ὥσπερ γε καὶ ἡ "βουλή" πως τὴν βολήν, καὶ
τὸ "βούλεσθαι" τὸ ἐφίεσθαι σημαίνει καὶ ⟨τὸ⟩ "βουλεύ-
5 εσθαι"· πάντα ταῦτα δόξῃ ἑπόμεν' ἄττα φαίνεται τῆς
βολῆς ἀπεικάσματα, ὥσπερ αὖ καὶ τοὐναντίον ἡ "ἀβουλία"
ἀτυχία δοκεῖ εἶναι, ὡς οὐ βαλόντος οὐδὲ τυχόντος οὗ τ'
ἔβαλλε καὶ ὃ ἐβούλετο καὶ περὶ οὗ ἐβουλεύετο καὶ οὗ ἐφίετο.
d   ΕΡΜ. Ταῦτα ἤδη μοι δοκεῖς, ὦ Σώκρατες, πυκνότερα
ἐπάγειν.

a 5 ἱμέρου . . . ῥεύματος secl. Ast   a 9 ἐσρεῖ B   b 4 σὺ
(vel αὖ) Heindorf : οὐ B T   b 7 δὴ ἤτοι] δὲ ἤτοι B T : δή τοι Schanz
b 8 τὸ B : τοῦ T   b 9 τούτῳ T : τοῦτο B   c 1 οἶσιν γὰρ t in marg.:
οἴσειν· ἴσως γὰρ B : εἰσὶν γὰρ T : οἶσιν· ἴσως γὰρ W   c 2 πᾶν T : τὸ B
c 3 πως Hermann : πρὸς B T   c 4 τὸ add. Heindorf   c 6 βολῆς T :
βουλῆς B   c 7 βαλόντος B t : βάλλοντος T W   τυχόντος B T : τυγ-
χάνοντος W   οὗ τ'] οὖτ' B : οὗ T   c 8 ἔβαλλε] ἐβάλλετο B T   ὃ B : οὗ T

ΣΩ. Τέλος γὰρ ἤδη θέω. "ἀνάγκην" δ' οὖν ἔτι βούλομαι διαπερᾶναι, ὅτι τούτοις ἑξῆς ἐστι, καὶ τὸ "ἑκούσιον." τὸ μὲν οὖν "ἑκούσιον," τὸ εἶκον καὶ μὴ ἀντιτυποῦν ἀλλ', 5 ὥσπερ λέγω, εἶκον τῷ ἰόντι δεδηλωμένον ἂν εἴη τούτῳ τῷ ὀνόματι, τῷ κατὰ τὴν βούλησιν γιγνομένῳ· τὸ δὲ "ἀναγκαῖον" καὶ ἀντίτυπον, παρὰ τὴν βούλησιν ὄν, τὸ περὶ τὴν ἁμαρτίαν ἂν εἴη καὶ ἀμαθίαν, ἀπείκασται δὲ τῇ κατὰ τὰ ἄγκη πορείᾳ, ὅτι δύσπορα καὶ τραχέα καὶ λάσια ὄντα ἴσχει e τοῦ ἰέναι. ἐντεῦθεν οὖν ἴσως ἐκλήθη "ἀναγκαῖον," τῇ διὰ τοῦ ἄγκους ἀπεικασθὲν πορείᾳ. ἕως δὲ πάρεστιν ἡ ῥώμη, μὴ ἀνιῶμεν αὐτήν· ἀλλὰ καὶ σὺ μὴ ἀνίει, ἀλλὰ ἐρώτα.

ΕΡΜ. Ἐρωτῶ δὴ τὰ μέγιστα καὶ τὰ κάλλιστα, τήν τε 421 "ἀλήθειαν" καὶ τὸ "ψεῦδος" καὶ τὸ "ὄν" καὶ αὐτὸ τοῦτο περὶ ὧν νῦν ὁ λόγος ἡμῖν ἐστιν, "ὄνομα," δι' ὅτι τὸ ὄνομα ἔχει.

ΣΩ. Μαίεσθαι οὖν καλεῖς τι; 5

ΕΡΜ. Ἔγωγε, τό γε ζητεῖν.

ΣΩ. Ἔοικε τοίνυν ἐκ λόγου ὀνόματι συγκεκροτημένῳ, λέγοντος ὅτι τοῦτ' ἔστιν ὄν, οὗ τυγχάνει ζήτημα ⟨ὄν⟩, [τὸ] "ὄνομα." μᾶλλον δὲ ἂν αὐτὸ γνοίης ἐν ᾧ λέγομεν τὸ "ὀνομαστόν"· ἐνταῦθα γὰρ σαφῶς λέγει τοῦτο εἶναι ὄν οὗ 10 μάσμα ἐστίν. ἡ δ' "ἀλήθεια," καὶ τοῦτο τοῖς ἄλλοις ἔοικε b [συγκεκροτῆσθαι]· ἡ γὰρ θεία τοῦ ὄντος φορὰ ἔοικε προσειρῆσθαι τούτῳ τῷ ῥήματι, τῇ "ἀληθείᾳ," ὡς θεία οὖσα ἄλη. τὸ ⟨δὲ⟩ "ψεῦδος" τοὐναντίον τῇ φορᾷ· πάλιν γὰρ αὖ λοιδορούμενον ἥκει τὸ ἰσχόμενον καὶ τὸ ἀναγκαζόμενον ἡσυχάζειν, 5 ἀπείκασται δὲ τοῖς καθεύδουσι· τὸ ψεῖ δὲ προσγενόμενον ἐπικρύπτει τὴν βούλησιν τοῦ ὀνόματος. τὸ δὲ "ὄν" καὶ ἡ "οὐσία" ὁμολογεῖ τῷ ἀληθεῖ, τὸ ἰῶτα ἀπολαβόν· ἰὸν γὰρ

d 3 θέω Adam : θεῶ Τ : θεω Β : θεῷ vulg.   d 8 ἀντιτυποῦν Β
d 9 τὰ ἄγκη b: ἀνάγκην Β Τ   a 2 καὶ τὸ ὃν Τ W : om. Β   a 3 ὧν
Β Τ : ὃ vel οὗ al.   a 6 γε om. Τ   a 8 ὄν addidi, τὸ seclusi
a 10 ὃν οὗ μᾶσμα ἐστίν Heusde (μάσμα Buttmann) : ὀνόμασμά ἐστιν Β Τ
b 2 συγκεκροτῆσθαι secl. Hermann   b 4 δὲ om. Β Τ

c σημαίνει, καὶ τὸ " οὐκ ὄν " αὖ, ὥς τινες καὶ ὀνομάζουσιν
αὐτό, " οὐκ ἰόν."

ΕΡΜ. Ταῦτα μέν μοι δοκεῖς, ὦ Σώκρατες, ἀνδρείως πάνυ
διακεκροτηκέναι· εἰ δέ τίς σε ἔροιτο τοῦτο τὸ " ἰὸν " καὶ
5 τὸ " ῥέον " καὶ τὸ " δοῦν," τίνα ἔχει ὀρθότητα ταῦτα τὰ
ὀνόματα—

ΣΩ. " Τί ἂν αὐτῷ ἀποκριναίμεθα; " λέγεις; ἦ γάρ;

ΕΡΜ. Πάνυ μὲν οὖν.

ΣΩ. Ἑν μὲν τοίνυν ἄρτι που ἐπορισάμεθα ὥστε δοκεῖν
10 τὶ λέγειν ἀποκρινόμενοι.

ΕΡΜ. Τὸ ποῖον τοῦτο;

ΣΩ. Φάναι, ὃ ἂν μὴ γιγνώσκωμεν, βαρβαρικόν τι τοῦτ᾽
d εἶναι. εἴη μὲν οὖν ἴσως ἄν τι τῇ ἀληθείᾳ καὶ τοιοῦτον
αὐτῶν, εἴη δὲ κἂν ὑπὸ παλαιότητος τὰ πρῶτα τῶν ὀνομάτων
ἀνεύρετα εἶναι· διὰ γὰρ τὸ πανταχῇ στρέφεσθαι τὰ ὀνόματα,
οὐδὲν θαυμαστὸν [ἂν] εἰ ἡ παλαιὰ φωνὴ πρὸς τὴν νυνὶ
5 βαρβαρικῆς μηδὲν διαφέρει.

ΕΡΜ. Καὶ οὐδέν γε ἀπὸ τρόπου λέγεις.

ΣΩ. Λέγω γὰρ οὖν εἰκότα. οὐ μέντοι μοι δοκεῖ προ-
φάσεις ἀγὼν δέχεσθαι, ἀλλὰ προθυμητέον ταῦτα διασκέ-
ψασθαι. ἐνθυμηθῶμεν δέ, εἴ τις ἀεί, δι᾽ ὧν ἂν λέγηται τὸ
e ὄνομα, ἐκεῖνα ἀνερήσεται τὰ ῥήματα, καὶ αὖθις αὖ δι᾽ ὧν
ἂν τὰ ῥήματα λεχθῇ, ἐκεῖνα πεύσεται, καὶ τοῦτο μὴ παύσεται
ποιῶν, ἆρ᾽ οὐκ ἀνάγκη τελευτῶντα ἀπειπεῖν τὸν ἀποκρινό-
μενον;

5 ΕΡΜ. Ἔμοιγε δοκεῖ.

422 ΣΩ. Πότε οὖν ἀπειπὼν ὁ ἀπαγορεύων δικαίως παύοιτο
ἄν; ἆρ᾽ οὐκ ἐπειδὰν ἐπ᾽ ἐκείνοις γένηται τοῖς ὀνόμασιν, ἃ
ὡσπερεὶ στοιχεῖα τῶν ἄλλων ἐστὶ καὶ λόγων καὶ ὀνομάτων;

c 2 οὐκ ἰόν B T (et sic Boeoti) : οὐκὶ ὄν Bekker   c 4 σε T G :
om. B   c 12 τι om. T   d 1 οὖν om. T   d 3 ἀνεύρετα]
ἀνερεύνητα al.   d 4 ἂν seclusi   εἰ ἡ] εἴη B T   d 5 δια-
φέρειν B T   d 6 λέγεις T W : φέρεις B   d 8 ταῦτα] αὐτὰ T
e 1 ἀνερήσεται Bekker : ἐρήσεται B : ἂν ἐρήσεται T   e 3 τὸν] τὸ B

ταῦτα γάρ που οὐκέτι δίκαιον φανῆναι ἐξ ἄλλων ὀνομάτων
συγκείμενα, ἂν οὕτως ἔχῃ. οἷον νυνδὴ τὸ " ἀγαθὸν " 5
ἔφαμεν ἐκ τοῦ ἀγαστοῦ καὶ ἐκ τοῦ θοοῦ συγκεῖσθαι, τὸ
δὲ " θοὸν " ἴσως φαῖμεν ἂν ἐξ ἑτέρων, ἐκεῖνα δὲ ἐξ ἄλλων·
ἀλλ᾽ ἐάν ποτέ γε λάβωμεν ὃ οὐκέτι ἔκ τινων ἑτέρων b
σύγκειται ὀνομάτων, δικαίως ἂν φαῖμεν ἐπὶ στοιχείῳ τε
ἤδη εἶναι καὶ οὐκέτι τοῦτο ἡμᾶς δεῖν εἰς ἄλλα ὀνόματα
ἀναφέρειν.

ΕΡΜ. Ἔμοιγε δοκεῖς ὀρθῶς λέγειν.   5

ΣΩ. Ἆρ᾽ οὖν καὶ νῦν ἅ γ᾽ ἐρωτᾷς τὰ ὀνόματα στοιχεῖα
ὄντα τυγχάνει, καὶ δεῖ αὐτῶν ἄλλῳ τινὶ τρόπῳ ἤδη τὴν
ὀρθότητα ἐπισκέψασθαι ἥτις ἐστίν;

ΕΡΜ. Εἰκός γε.

ΣΩ. Εἰκὸς δῆτα, ὦ Ἑρμόγενες· πάντα γοῦν φαίνεται τὰ 10
ἔμπροσθεν εἰς ταῦτα ἀνεληλυθέναι. εἰ δὲ τοῦτο οὕτως ἔχει, c
ὥς μοι δοκεῖ ἔχειν, δεῦρο αὖ συνεπίσκεψαι μετ᾽ ἐμοῦ μή
τι παραληρήσω λέγων οἵαν δεῖ τὴν τῶν πρώτων ὀνομάτων
ὀρθότητα εἶναι.

ΕΡΜ. Λέγε μόνον, ὡς ὅσον γε δυνάμεως παρ᾽ ἐμοί ἐστιν 5
συνεπισκέψομαι.

ΣΩ. Ὅτι μὲν τοίνυν μία γέ τις ἡ ὀρθότης παντὸς
ὀνόματος καὶ πρώτου καὶ ὑστάτου, καὶ οὐδὲν διαφέρει τῷ
ὄνομα εἶναι οὐδὲν αὐτῶν, οἶμαι καὶ σοὶ συνδοκεῖ.

ΕΡΜ. Πάνυ γε.   10

ΣΩ. Ἀλλὰ μὴν ὧν γε νυν⟨δὴ⟩ διεληλύθαμεν τῶν d
ὀνομάτων ἡ ὀρθότης τοιαύτη τις ἐβούλετο εἶναι, οἵα δηλοῦν
οἷον ἕκαστόν ἐστι τῶν ὄντων.

ΕΡΜ. Πῶς γὰρ οὔ;

ΣΩ. Τοῦτο μὲν ἄρα οὐδὲν ἧττον καὶ τὰ πρῶτα δεῖ ἔχειν 5
καὶ τὰ ὕστερα, εἴπερ ὀνόματα ἔσται.

ΕΡΜ. Πάνυ γε.

a 5 ἂν scripsi (ἃ ἂν Heindorf) : ἂν Β Τ   b 1 γε om. Τ   b 6 ἃ
γ᾽ ἐρωτᾷς fort. scribendum Schanz : ἀγρόταις Β : ἃ ἐρωτᾷς (sed γρ.
ἀγρώταις) Τ   d 1 δὴ add. Heindorf

ΣΩ. Ἀλλὰ τὰ μὲν ὕστερα, ὡς ἔοικε, διὰ τῶν προτέρων οἷά τε ἦν τοῦτο ἀπεργάζεσθαι.

10 ΕΡΜ. Φαίνεται.

ΣΩ. Εἶεν· τὰ δὲ δὴ πρῶτα, οἷς οὔπω ἕτερα ὑπόκειται, τίνι τρόπῳ κατὰ τὸ δυνατὸν ὅτι μάλιστα φανερὰ ἡμῖν e ποιήσει τὰ ὄντα, εἴπερ μέλλει ὀνόματα εἶναι; ἀπόκριναι δέ μοι τόδε· εἰ φωνὴν μὴ εἴχομεν μηδὲ γλῶτταν, ἐβουλόμεθα δὲ δηλοῦν ἀλλήλοις τὰ πράγματα, ἆρ' οὐκ ἄν, ὥσπερ νῦν οἱ ἐνεοί, ἐπεχειροῦμεν ἂν σημαίνειν ταῖς χερσὶ καὶ κεφαλῇ 5 καὶ τῷ ἄλλῳ σώματι;

ΕΡΜ. Πῶς γὰρ ἂν ἄλλως, ὦ Σώκρατες;

423 ΣΩ. Εἰ μέν γ' οἶμαι τὸ ἄνω καὶ τὸ κοῦφον ἐβουλόμεθα δηλοῦν, ἤρομεν ἂν πρὸς τὸν οὐρανὸν τὴν χεῖρα, μιμούμενοι αὐτὴν τὴν φύσιν τοῦ πράγματος· εἰ δὲ τὰ κάτω καὶ τὰ βαρέα, πρὸς τὴν γῆν. καὶ εἰ ἵππον θέοντα ἤ τι ἄλλο τῶν 5 ζῴων ἐβουλόμεθα δηλοῦν, οἶσθα ὅτι ὡς ὁμοιότατ' ἂν τὰ ἡμέτερα αὐτῶν σώματα καὶ σχήματα ἐποιοῦμεν ἐκείνοις.

ΕΡΜ. Ἀνάγκη μοι δοκεῖ ὡς λέγεις ἔχειν.

ΣΩ. Οὕτω γὰρ ἂν οἶμαι δήλωμά του [σώματος] ἐγίγνετο, b μιμησαμένου, ὡς ἔοικε, τοῦ σώματος ἐκεῖνο ὃ ἐβούλετο δηλῶσαι.

ΕΡΜ. Ναί.

ΣΩ. Ἐπειδὴ δὲ φωνῇ τε καὶ γλώττῃ καὶ στόματι βουλό- 5 μεθα δηλοῦν, ἆρ' οὐ τότε ἑκάστου δήλωμα ἡμῖν ἔσται τὸ ἀπὸ τούτων γιγνόμενον, ὅταν μίμημα γένηται διὰ τούτων περὶ ὁτιοῦν;

ΕΡΜ. Ἀνάγκη μοι δοκεῖ.

ΣΩ. Ὄνομ' ἄρ' ἐστίν, ὡς ἔοικε, μίμημα φωνῇ ἐκείνου 10 ὃ μιμεῖται, καὶ ὀνομάζει ὁ μιμούμενος τῇ φωνῇ ὃ ἂν μιμῆται.

ΕΡΜ. Δοκεῖ μοι.

e 6 ἄλλως secl. Schanz   a 3 τὰ ante κάτω G : om. B T
a 8 του Heindorf : τοῦ B T   σώματος secl. Schanz   b 1 μι-
μησαμένους B   b 9 φωνῆς ἐκεῖνο T   b 10 ὃ ἂν] ὅταν Heindorf

ΣΩ. Μὰ Δί᾽ ἀλλ᾽ οὐκ ἐμοί πω δοκεῖ καλῶς λέγεσθαι, c ὦ ἑταῖρε.

ΕΡΜ. Τί δή;

ΣΩ. Τοὺς τὰ πρόβατα μιμουμένους τούτους καὶ τοὺς ἀλεκτρυόνας καὶ τὰ ἄλλα ζῷα ἀναγκαζοίμεθ᾽ ἂν ὁμολογεῖν 5 ὀνομάζειν ταῦτα ἅπερ μιμοῦνται.

ΕΡΜ. Ἀληθῆ λέγεις.

ΣΩ. Καλῶς οὖν ἔχειν δοκεῖ σοι;

ΕΡΜ. Οὐκ ἔμοιγε. ἀλλὰ τίς ἄν, ὦ Σώκρατες, μίμησις εἴη τὸ ὄνομα; 10

ΣΩ. Πρῶτον μέν, ὡς ἐμοὶ δοκεῖ, οὐκ ἐὰν καθάπερ τῇ μουσικῇ μιμούμεθα τὰ πράγματα οὕτω μιμώμεθα, καίτοι d φωνῇ γε καὶ τότε μιμούμεθα· ἔπειτα οὐκ ἐὰν ἅπερ ἡ μουσικὴ μιμεῖται καὶ ἡμεῖς μιμώμεθα, οὔ μοι δοκοῦμεν ὀνομάσειν. λέγω δέ τοι τοῦτο· ἔστι τοῖς πράγμασι φωνὴ καὶ σχῆμα ἑκάστῳ, καὶ χρῶμά γε πολλοῖς; 5

ΕΡΜ. Πάνυ γε.

ΣΩ. Ἔοικε τοίνυν οὐκ ἐάν τις ταῦτα μιμῆται, οὐδὲ περὶ ταύτας τὰς μιμήσεις ἡ τέχνη ἡ ὀνομαστικὴ εἶναι. αὗται μὲν γάρ εἰσιν ἡ μὲν μουσική, ἡ δὲ γραφική· ἦ γάρ;

ΕΡΜ. Ναί. 10

ΣΩ. Τί δὲ δὴ τόδε; οὐ καὶ οὐσία δοκεῖ σοι εἶναι ἑκάστῳ, e ὥσπερ καὶ χρῶμα καὶ ἃ νυνδὴ ἐλέγομεν; πρῶτον αὐτῷ τῷ χρώματι καὶ τῇ φωνῇ οὐκ ἔστιν οὐσία τις ἑκατέρῳ αὐτῶν καὶ τοῖς ἄλλοις πᾶσιν ὅσα ἠξίωται ταύτης τῆς προσρήσεως, τοῦ εἶναι; 5

ΕΡΜ. Ἔμοιγε δοκεῖ.

ΣΩ. Τί οὖν; εἴ τις αὐτὸ τοῦτο μιμεῖσθαι δύναιτο ἑκάστου, τὴν οὐσίαν, γράμμασί τε καὶ συλλαβαῖς, ἆρ᾽ οὐκ ἂν δηλοῖ ἕκαστον ὃ ἔστιν; ἢ οὔ;

ΕΡΜ. Πάνυ μὲν οὖν. 424

c 1 ἀλλ᾽ οὐκ γρ. Τ: οὐκ ἄλλ᾽ Β: οὐκ ἀλλ᾽ Τ   πω] οὕπω Τ   d 1 μιμούμεθα] μιμώμεθα Β   d 3 μιμῆται Β Τ   d 4 δέ ται G: δέ τι Β Τ: δ᾽ ἔτι Baiter   d 8 ἡ ante ὀνομαστικὴ om. Β   e 1 τόδε] τότε Β

ΣΩ. Καὶ τί ἂν φαίης τὸν τοῦτο δυνάμενον, ὥσπερ τοὺς προτέρους τὸν μὲν μουσικὸν ἔφησθα, τὸν δέ [τινα] γραφικόν. τοῦτον δὲ τίνα;

5   ΕΡΜ. Τοῦτο ἔμοιγε δοκεῖ, ὦ Σώκρατες, ὅπερ πάλαι ζητοῦμεν, οὗτος ἂν εἶναι ὁ ὀνομαστικός.

ΣΩ. Εἰ ἄρα τοῦτο ἀληθές, ἤδη ἔοικεν ἐπισκεπτέον περὶ ἐκείνων τῶν ὀνομάτων ὧν σὺ ἤρου, περὶ " ῥοῆς " τε καὶ τοῦ " ἰέναι " καὶ " σχέσεως," εἰ τοῖς γράμμασι καὶ ταῖς συλλαβαῖς b τοῦ ὄντος ἐπιλαμβάνεται αὐτῶν ὥστε ἀπομιμεῖσθαι τὴν οὐσίαν, εἴτε καὶ οὔ;

ΕΡΜ. Πάνυ μὲν οὖν.

ΣΩ. Φέρε δὴ ἴδωμεν πότερον ἄρα ταῦτα μόνα ἐστὶ τῶν 5 πρώτων ὀνομάτων ἢ καὶ ἄλλα πολλά.

ΕΡΜ. Οἶμαι ἔγωγε καὶ ἄλλα.

ΣΩ. Εἰκὸς γάρ. ἀλλὰ τίς ἂν εἴη ὁ τρόπος τῆς διαιρέσεως ὅθεν ἄρχεται μιμεῖσθαι ὁ μιμούμενος; ἆρα οὐκ ἐπείπερ συλλαβαῖς τε καὶ γράμμασιν ἡ μίμησις τυγχάνει οὖσα τῆς 10 οὐσίας, ὀρθότατόν ἐστι διελέσθαι τὰ στοιχεῖα πρῶτον, ὥσπερ c οἱ ἐπιχειροῦντες τοῖς ῥυθμοῖς τῶν στοιχείων πρῶτον τὰς δυνάμεις διείλοντο, ἔπειτα τῶν συλλαβῶν, καὶ οὕτως ἤδη ἔρχονται ἐπὶ τοὺς ῥυθμοὺς σκεψόμενοι, πρότερον δ' οὔ;

ΕΡΜ. Ναί.

5   ΣΩ. Ἆρ' οὖν καὶ ἡμᾶς οὕτω δεῖ πρῶτον μὲν τὰ φωνήεντα διελέσθαι, ἔπειτα τῶν ἑτέρων κατὰ εἴδη τά τε ἄφωνα καὶ ἄφθογγα—οὑτωσὶ γάρ που λέγουσιν οἱ δεινοὶ περὶ τούτων— καὶ τὰ αὖ φωνήεντα μὲν οὔ, οὐ μέντοι γε ἄφθογγα; καὶ αὐτῶν τῶν φωνηέντων ὅσα διάφορα εἴδη ἔχει ἀλλήλων; καὶ d ἐπειδὰν ταῦτα διελώμεθα [τὰ ὄντα] εὖ πάντα αὖ οἷς δεῖ ὀνό- ματα ἐπιθεῖναι, εἰ ἔστιν εἰς ἃ ἀναφέρεται πάντα ὥσπερ τὰ στοιχεῖα, ἐξ ὧν ἔστιν ἰδεῖν αὐτά τε καὶ εἰ ἐν αὐτοῖς ἔνεστιν

a 3 τινα om. B   a 6 ἐζητοῦμεν Β Τ   a 7 ὡς ἔοικεν Τ
b 1 ὥστε om. B : ὥστε . . . οὐσίαν secl. Schanz   c 8 οὔ om. Τ
c 9 αὐτῶν τῶν] αὐτῶν Β : αὖ τῶν al. Schanz   d 1 ταῦτα] πάντα Β
τὰ ὄντα secl. Beck   αὖ οἷς Badham : αὖθις Β Τ

εἴδη κατὰ τὸν αὐτὸν τρόπον ὥσπερ ἐν τοῖς στοιχείοις· ταῦτα
πάντα καλῶς διαθεασαμένους ἐπίστασθαι ἐπιφέρειν ἕκαστον 5
κατὰ τὴν ὁμοιότητα, ἐάντε ἐν ἑνὶ δέῃ ἐπιφέρειν, ἐάντε
συγκεραννύντα πολλὰ [ἑνί], ὥσπερ οἱ ζωγράφοι βουλόμενοι
ἀφομοιοῦν ἐνίοτε μὲν ὄστρεον μόνον ἐπήνεγκαν, ἐνίοτε δὲ
ὁτιοῦν ἄλλο τῶν φαρμάκων, ἔστι δὲ ὅτε πολλὰ συγκερά- e
σαντες, οἷον ὅταν ἀνδρείκελον σκευάζωσιν ἢ ἄλλο τι τῶν
τοιούτων—ὡς ἂν οἶμαι δοκῇ ἑκάστη ἡ εἰκὼν δεῖσθαι ἑκάστου
φαρμάκου—οὕτω δὴ καὶ ἡμεῖς τὰ στοιχεῖα ἐπὶ τὰ πράγματα
ἐποίσομεν, καὶ ἓν ἐπὶ ἕν, οὗ ἂν δοκῇ δεῖν, καὶ σύμπολλα, 5
ποιοῦντες ὃ δὴ συλλαβὰς καλοῦσιν, καὶ συλλαβὰς αὖ συντι-
θέντες, ἐξ ὧν τά τε ὀνόματα καὶ τὰ ῥήματα συντίθενται· καὶ 425
πάλιν ἐκ τῶν ὀνομάτων καὶ ῥημάτων μέγα ἤδη τι καὶ καλὸν
καὶ ὅλον συστήσομεν, ὥσπερ ἐκεῖ τὸ ζῷον τῇ γραφικῇ,
ἐνταῦθα τὸν λόγον τῇ ὀνομαστικῇ ἢ ῥητορικῇ ἢ ἥτις ἐστὶν
ἡ τέχνη. μᾶλλον δὲ οὐχ ἡμεῖς, ἀλλὰ λέγων ἐξηνέχθην. 5
συνέθεσαν μὲν γὰρ οὕτως ᾗπερ σύγκειται οἱ παλαιοί· ἡμᾶς
δὲ δεῖ, εἴπερ τεχνικῶς ἐπιστησόμεθα σκοπεῖσθαι αὐτὰ πάντα,
οὕτω διελομένους, εἴτε κατὰ τρόπον τά τε πρῶτα ὀνόματα b
κεῖται καὶ τὰ ὕστερα εἴτε μή, οὕτω θεᾶσθαι· ἄλλως δὲ
συνείρειν μὴ φαῦλον ᾖ καὶ οὐ καθ᾽ ὁδόν, ὦ φίλε Ἑρμόγενες.

ΕΡΜ. Ἴσως νὴ Δί᾽, ὦ Σώκρατες.

ΣΩ. Τί οὖν; σὺ πιστεύεις σαυτῷ οἷός τ᾽ ἂν εἶναι ταῦτα 5
οὕτω διελέσθαι; ἐγὼ μὲν γὰρ οὔ.

ΕΡΜ. Πολλοῦ ἄρα δέω ἔγωγε.

ΣΩ. Ἐάσομεν οὖν, ἢ βούλει οὕτως ὅπως ἂν δυνώμεθα,
καὶ ἂν σμικρόν τι αὐτῶν οἷοί τ᾽ ὦμεν κατιδεῖν, ἐπιχειρῶμεν,
προειπόντες, ὥσπερ ὀλίγον πρότερον τοῖς θεοῖς, ὅτι οὐδὲν c
εἰδότες τῆς ἀληθείας τὰ τῶν ἀνθρώπων δόγματα περὶ αὐτῶν
εἰκάζομεν, οὕτω δὲ καὶ νῦν αὖ εἰπόντες [ἡμῖν] αὐτοῖς ἴωμεν,

---

d 5 ἕκαστον] καθ᾽ ἕκαστον T   d 7 ἑνί om. T   e 5 δεῖν]
ἰδεῖν B   σύμπολλα] σύμβολα T   e 6 δ] ἆ Heindorf   a 1 συντί-
θεται al.   a 6 ᾗπερ] εἴπερ B T   b 2 καὶ supra εἴτε add. T
c 3 ἡμῖν seclusi

ὅτι εἰ μέν τι χρῆν [ἔδει] αὐτὰ διελέσθαι εἴτε ἄλλον ὁντινοῦν
5 εἴτε ἡμᾶς, οὕτως ἔδει αὐτὰ διαιρεῖσθαι, νῦν δὲ τὸ λεγόμενον
κατὰ δύναμιν δεήσει ἡμᾶς περὶ αὐτῶν πραγματεύεσθαι· δοκεῖ
ταῦτα, ἢ πῶς λέγεις;

ΕΡΜ. Πάνυ μὲν οὖν σφόδρα ἔμοιγε δοκεῖ.

d   ΣΩ. Γελοῖα μὲν οἶμαι φανεῖσθαι, ὦ Ἑρμόγενες, γράμμασι
καὶ συλλαβαῖς τὰ πράγματα μεμιμημένα κατάδηλα γιγνό-
μενα· ὅμως δὲ ἀνάγκη.   οὐ γὰρ ἔχομεν τούτου βέλτιον εἰς
ὅτι ἐπανενέγκωμεν περὶ ἀληθείας τῶν πρώτων ὀνομάτων,
5 εἰ μὴ ἄρα ⟨βού⟩λει, ὥσπερ οἱ τραγῳδοποιοὶ ἐπειδάν τι
ἀπορῶσιν ἐπὶ τὰς μηχανὰς καταφεύγουσι θεοὺς αἴροντες,
καὶ ἡμεῖς οὕτως εἰπόντες ἀπαλλαγῶμεν, ὅτι τὰ πρῶτα
ὀνόματα οἱ θεοὶ ἔθεσαν καὶ διὰ ταῦτα ὀρθῶς ἔχει.   ἆρα
e   καὶ ἡμῖν κράτιστος οὗτος τῶν λόγων; ἢ ἐκεῖνος, ὅτι παρὰ
βαρβάρων τινῶν αὐτὰ παρειλήφαμεν, εἰσὶ δὲ ἡμῶν ἀρχαιό-
τεροι βάρβαροι; ἢ ὅτι ὑπὸ παλαιότητος ἀδύνατον αὐτὰ
426 ἐπισκέψασθαι, ὥσπερ καὶ τὰ βαρβαρικά; αὗται γὰρ ἂν
πᾶσαι ἐκδύσεις εἶεν καὶ μάλα κομψαὶ τῷ μὴ ἐθέλοντι λόγον
διδόναι περὶ τῶν πρώτων ὀνομάτων ὡς ὀρθῶς κεῖται.   καίτοι
ὅτῳ τις τρόπῳ τῶν πρώτων ὀνομάτων τὴν ὀρθότητα μὴ οἶδεν,
5 ἀδύνατόν που τῶν γε ὑστέρων εἰδέναι, ἃ ἐξ ἐκείνων ἀνάγκη
δηλοῦσθαι ὧν τις πέρι μηδὲν οἶδεν· ἀλλὰ δῆλον ὅτι τὸν
φάσκοντα περὶ αὐτῶν τεχνικὸν εἶναι περὶ τῶν πρώτων
b   ὀνομάτων μάλιστά τε καὶ καθαρώτατα δεῖ ἔχειν ἀποδεῖξαι,
ἢ εὖ εἰδέναι ὅτι τά γε ὕστερα ἤδη φλυαρήσει.   ἢ σοὶ ἄλλως
δοκεῖ;

ΕΡΜ. Οὐδ᾽ ὁπωστιοῦν, ὦ Σώκρατες, ἄλλως.

5   ΣΩ. Ἃ μὲν τοίνυν ἐγὼ ᾔσθημαι περὶ τῶν πρώτων ὀνο-
μάτων πάνυ μοι δοκεῖ ὑβριστικὰ εἶναι καὶ γελοῖα.   τούτων
οὖν σοι μεταδώσω, ἂν βούλῃ· σὺ δ᾽ ἄν τι ἔχῃς βέλτιόν
ποθεν λαβεῖν, πειρᾶσθαι καὶ ἐμοὶ μεταδιδόναι.

c 4 χρῆν Ast : χρηστὸν Β Τ   ἔδει del. Ast   d 5 βούλει
Hermann : δεῖ Β Τ : δὴ al.   a 2 εἰσδύσεις Β   b 4 ἄλλως ὦ
Σώκρατες G

ΕΡΜ. Ποιήσω ταῦτα. ἀλλὰ θαρρῶν λέγε.

ΣΩ. Πρῶτον μὲν τοίνυν τὸ ῥῶ ἔμοιγε φαίνεται ὥσπερ c
ὄργανον εἶναι πάσης τῆς κινήσεως, ἣν οὐδ' εἴπομεν δι' ὅτι
ἔχει τοῦτο τοὔνομα· ἀλλὰ γὰρ δῆλον ὅτι ἔσις βούλεται
εἶναι· οὐ γὰρ ἦτα ἐχρώμεθα ἀλλὰ εἶ τὸ παλαιόν. ἡ δὲ
ἀρχὴ ἀπὸ τοῦ " κίειν "—ξενικὸν δὲ τοὔνομα—τοῦτο δ' ἐστὶν 5
ἰέναι. εἰ οὖν τις τὸ παλαιὸν αὐτῆς εὕροι ὄνομα εἰς τὴν
ἡμετέραν φωνὴν συμβαῖνον, " ἔσις " ἂν ὀρθῶς καλοῖτο· νῦν
δὲ ἀπό τε τοῦ ξενικοῦ τοῦ κίειν καὶ ἀπὸ τῆς τοῦ ἦτα μετα-
βολῆς καὶ τῆς τοῦ νῦ ἐνθέσεως " κίνησις " κέκληται, ἔδει
δὲ " κιείνησιν " καλεῖσθαι [ἢ εἶσιν]. ἡ δὲ στάσις ἀπόφασις d
τοῦ ἰέναι βούλεται εἶναι, διὰ δὲ τὸν καλλωπισμὸν " στάσις "
ὠνόμασται. τὸ δὲ οὖν ῥῶ τὸ στοιχεῖον, ὥσπερ λέγω,
καλὸν ἔδοξεν ὄργανον εἶναι τῆς κινήσεως τῷ τὰ ὀνόματα
τιθεμένῳ πρὸς τὸ ἀφομοιοῦν τῇ φορᾷ, πολλαχοῦ γοῦν χρῆται 5
αὐτῷ εἰς αὐτήν· πρῶτον μὲν ἐν αὐτῷ τῷ " ῥεῖν " καὶ " ῥοῇ "
διὰ τούτου τοῦ γράμματος τὴν φορὰν μιμεῖται, εἶτα ἐν τῷ
" τρόμῳ," εἶτα ἐν τῷ " τρέχειν," ἔτι δὲ ἐν τοῖς τοιοῖσδε e
ῥήμασιν οἷον " κρούειν," " θραύειν," " ἐρείκειν," " θρύπτειν,"
" κερματίζειν," " ῥυμβεῖν," πάντα ταῦτα τὸ πολὺ ἀπεικάζει
διὰ τοῦ ῥῶ. ἑώ⟨ρα⟩ γὰρ οἶμαι τὴν γλῶτταν ἐν τούτῳ ἥκιστα
μένουσαν, μάλιστα δὲ σειομένην· διὸ φαίνεταί μοι τούτῳ 5
πρὸς ταῦτα κατακεχρῆσθαι. τῷ δὲ αὖ ἰῶτα πρὸς τὰ λεπτὰ
πάντα, ἃ δὴ μάλιστα διὰ πάντων ἴοι ἄν. διὰ ταῦτα τὸ
" ἰέναι " καὶ τὸ " ἵεσθαι " διὰ τοῦ ἰῶτα ἀπομιμεῖται, ὥσπερ 427
γε διὰ τοῦ φεῖ καὶ τοῦ ψεῖ καὶ τοῦ σῖγμα καὶ τοῦ ζῆτα, ὅτι
πνευματώδη τὰ γράμματα, πάντα τὰ τοιαῦτα μεμίμηται
αὐτοῖς ὀνομάζων, οἷον τὸ " ψυχρὸν " καὶ τὸ " ζέον " καὶ τὸ
" σείεσθαι " καὶ ὅλως σεισμόν. καὶ ὅταν που τὸ φυσῶδες 5

c 2 οὐ διείπομεν Naber   c 3 ἔσις scripsi : ἴεσις Β : ἴεσις Τ (et
mox c 7)   c 6 ἰέναι Β   c 9 ἔδει ... d 3 ὠνόμασται secl. Hein-
dorf Ast Schanz   d 1 ἢ εἶσιν seclusi   d 2 ἰέναι Β   d 6 ἐν om. Τ
e 1 τρέχειν] τραχεῖ Β Τ   e 4 ἑώρα Heindorf : ἐῶ Β Τ   e 6 πρὸς
ταῦτα] καὶ πρὸς ταῦτα Τ   a 1 ἵεσθαι Schanz : ἱενέσθαι Β : ἵεσθαι Τ
ἀπομιμεῖσθαι al. Heindorf   a 5 σισμόν Heindorf

μιμῆται, πανταχοῦ ἐνταῦθα ὡς τὸ πολὺ τὰ τοιαῦτα γράμματα
ἐπιφέρειν φαίνεται ὁ τὰ ὀνόματα τιθέμενος. τῆς δ᾽ αὖ τοῦ
δέλτα συμπιέσεως καὶ τοῦ ταῦ καὶ ἀπερείσεως τῆς γλώττης
b τὴν δύναμιν χρήσιμον φαίνεται ἡγήσασθαι πρὸς τὴν μίμησιν
τοῦ " δεσμοῦ " καὶ τῆς " στάσεως." ὅτι δὲ ὀλισθάνει μάλιστα
ἐν τῷ λάβδα ἡ γλῶττα κατιδών, ἀφομοιῶν ὠνόμασε τά τε
" λεῖα " καὶ αὐτὸ τὸ " ὀλισθάνειν " καὶ τὸ " λιπαρὸν " καὶ
5 τὸ " κολλῶδες " καὶ τἆλλα πάντα τὰ τοιαῦτα. ᾗ δὲ ὀλισθα-
νούσης τῆς γλώττης ἀντιλαμβάνεται ἡ τοῦ γάμμα δύναμις,
τὸ " γλίσχρον " ἀπεμιμήσατο καὶ " γλυκὺ " καὶ " γλοιῶδες."
c τοῦ δ᾽ αὖ νῦ τὸ εἴσω αἰσθόμενος τῆς φωνῆς, τὸ " ἔνδον "
καὶ τὰ " ἐντὸς " ὠνόμασεν, ὡς ἀφομοιῶν τοῖς γράμμασι τὰ
ἔργα. τὸ δ᾽ αὖ ἄλφα τῷ " μεγάλῳ " ἀπέδωκε, καὶ τῷ
" μήκει " τὸ ἦτα, ὅτι μεγάλα τὰ γράμματα. εἰς δὲ τὸ
5 " γογγύλον " τοῦ οὖ δεόμενος σημείου, τοῦτο πλεῖστον αὐτῷ
εἰς τὸ ὄνομα ἐνεκέρασεν. καὶ τἆλλα οὕτω φαίνεται προσβι-
βάζειν καὶ κατὰ γράμματα καὶ κατὰ συλλαβὰς ἑκάστῳ τῶν
ὄντων σημεῖόν τε καὶ ὄνομα ποιῶν ὁ νομοθέτης, ἐκ δὲ τούτων
τὰ λοιπὰ ἤδη αὐτοῖς τούτοις συντιθέναι ἀπομιμούμενος. αὕτη
d μοι φαίνεται, ὦ Ἑρμόγενες, βούλεσθαι εἶναι ἡ τῶν ὀνομάτων
ὀρθότης, εἰ μή τι ἄλλο Κρατύλος ὅδε λέγει.

ΕΡΜ. Καὶ μήν, ὦ Σώκρατες, πολλά γέ μοι πολλάκις
πράγματα παρέχει Κρατύλος, ὥσπερ κατ᾽ ἀρχὰς ἔλεγον,
5 φάσκων μὲν εἶναι ὀρθότητα ὀνομάτων, ἥτις δ᾽ ἐστὶν οὐδὲν
σαφὲς λέγων, ὥστε με μὴ δύνασθαι εἰδέναι πότερον ἑκὼν ἢ
ἄκων οὕτως ἀσαφῶς ἑκάστοτε περὶ αὐτῶν λέγει. νῦν οὖν
e μοι, ὦ Κρατύλε, ἐναντίον Σωκράτους εἰπὲ πότερον ἀρέσκει
σοι ᾗ λέγει Σωκράτης περὶ ὀνομάτων, ἢ ἔχεις πῃ ἄλλῃ
κάλλιον λέγειν; καὶ εἰ ἔχεις, λέγε, ἵνα ἤτοι μάθῃς παρὰ
Σωκράτους ἢ διδάξῃς ἡμᾶς ἀμφοτέρους.

5 ΚΡ. Τί δέ, ὦ Ἑρμόγενες; δοκεῖ σοι ῥᾴδιον εἶναι οὕτω

ταχὺ μαθεῖν τε καὶ διδάξαι ὁτιοῦν πρᾶγμα, μὴ ὅτι τοσοῦτον,
ὃ δὴ δοκεῖ ἐν τοῖς [μεγίστοις] μέγιστον εἶναι;

ΕΡΜ. Μὰ Δί', οὐκ ἔμοιγε. ἀλλὰ τὸ τοῦ Ἡσιόδου 428
καλῶς μοι φαίνεται ἔχειν, τὸ εἰ καί τις σμικρὸν ἐπὶ σμικρῷ
καταθείη, προὔργου εἶναι. εἰ οὖν καὶ σμικρόν τι οἷός τ' εἶ
πλέον ποιῆσαι, μὴ ἀπόκαμνε ἀλλ' εὐεργέτει καὶ Σωκράτη
τόνδε—δίκαιος δ' εἶ—καὶ ἐμέ. 5

ΣΩ. Καὶ μὲν δὴ ἔγωγε καὶ αὐτός, ὦ Κρατύλε, οὐδὲν ἂν
ἰσχυρισαίμην ὧν εἴρηκα, ᾗ δέ μοι ἐφαίνετο μεθ' Ἑρμογένους
ἐπεσκεψάμην, ὥστε τούτου γε ἕνεκα θαρρῶν λέγε, εἴ τι
ἔχεις βέλτιον, ὡς ἐμοῦ ἐνδεξομένου. εἰ μέντοι ἔχεις τι σὺ b
κάλλιον τούτων λέγειν, οὐκ ἂν θαυμάζοιμι· δοκεῖς γάρ μοι
αὐτός τε ἐσκέφθαι τὰ τοιαῦτα καὶ παρ' ἄλλων μεμαθηκέναι.
ἐὰν οὖν λέγῃς τι κάλλιον, ἕνα τῶν μαθητῶν περὶ ὀρθότητος
ὀνομάτων καὶ ἐμὲ γράφου. 5

ΚΡ. Ἀλλὰ μὲν δή, ὦ Σώκρατες, ὥσπερ σὺ λέγεις,
μεμέληκέν τέ μοι περὶ αὐτῶν καὶ ἴσως ἄν σε ποιησαίμην
μαθητήν. φοβοῦμαι μέντοι μὴ τούτου πᾶν τοὐναντίον *, c
ὅτι μοί πως ἐπέρχεται λέγειν πρὸς σὲ τὸ τοῦ Ἀχιλλέως,
ὃ ἐκεῖνος ἐν Λιταῖς πρὸς τὸν Αἴαντα λέγει. φησὶ δὲ

Αἶαν Διογενὲς Τελαμώνιε, κοίρανε λαῶν,
πάντα τί μοι κατὰ θυμὸν ἐείσω μυθήσασθαι. 5

καὶ ἐμοὶ σύ, ὦ Σώκρατες, ἐπιεικῶς φαίνῃ κατὰ νοῦν χρη-
σμῳδεῖν, εἴτε παρ' Εὐθύφρονος ἐπίπνους γενόμενος, εἴτε καὶ
ἄλλη τις Μοῦσα πάλαι σε ἐνοῦσα ἐλελήθει.

ΣΩ. Ὠγαθὲ Κρατύλε, θαυμάζω καὶ αὐτὸς πάλαι τὴν d
ἐμαυτοῦ σοφίαν καὶ ἀπιστῶ. δοκεῖ οὖν μοι χρῆναι ἐπανα-
σκέψασθαι τί καὶ λέγω. τὸ γὰρ ἐξαπατᾶσθαι αὐτὸν ὑφ'
αὑτοῦ πάντων χαλεπώτατον· ὅταν γὰρ μηδὲ σμικρὸν ἀπο-
στατῇ ἀλλ' ἀεὶ παρῇ ὁ ἐξαπατήσων, πῶς οὐ δεινόν; δεῖ δή, 5

e 6 μὴ] ἢ B   e 7 μεγίστοις om. liber Bessarionis   a 2 σμικρῷ]
σμικροῦ B   c 2 πρὸς σὲ λέγειν G   c 5 ἐείσαο Cobet   c 7 ἐπι-
γνούς B

ὡς ἔοικε, θαμὰ μεταστρέφεσθαι ἐπὶ τὰ προειρημένα, καὶ
πειρᾶσθαι, τὸ ἐκείνου τοῦ ποιητοῦ, βλέπειν " ἅμα πρόσσω
καὶ ὀπίσσω." καὶ δὴ καὶ νυνὶ ἡμεῖς ἴδωμεν τί ἡμῖν εἴρηται.

e ὀνόματος, φαμέν, ὀρθότης ἐστὶν αὕτη, ἥτις ἐνδείξεται οἷόν
ἐστι τὸ πρᾶγμα· τοῦτο φῶμεν ἱκανῶς εἰρῆσθαι;
  ΚΡ. Ἐμοὶ μὲν δοκεῖ πάνυ σφόδρα, ὦ Σώκρατες.
  ΣΩ. Διδασκαλίας ἄρα ἕνεκα τὰ ὀνόματα λέγεται;
5 ΚΡ. Πάνυ γε.
  ΣΩ. Οὐκοῦν φῶμεν καὶ ταύτην τέχνην εἶναι καὶ δη-
μιουργοὺς αὐτῆς;
  ΚΡ. Πάνυ γε.
  ΣΩ. Τίνας;
429 ΚΡ. Οὕσπερ σὺ κατ' ἀρχὰς ἔλεγες, τοὺς νομοθέτας.
  ΣΩ. Πότερον οὖν καὶ ταύτην φῶμεν τὴν τέχνην ἐν τοῖς
ἀνθρώποις ἐγγίγνεσθαι ὥσπερ καὶ τὰς ἄλλας ἢ μή; βούλομαι
δὲ λέγειν τὸ τοιόνδε. ζωγράφοι εἰσίν που οἱ μὲν χείρους,
5 οἱ δὲ ἀμείνους;
  ΚΡ. Πάνυ γε.
  ΣΩ. Οὐκοῦν οἱ μὲν ἀμείνους τὰ αὑτῶν ἔργα καλλίω
παρέχονται, τὰ ζῷα, οἱ δὲ φαυλότερα; καὶ οἰκοδόμοι ὡσαύτως
οἱ μὲν καλλίους τὰς οἰκίας ἐργάζονται, οἱ δὲ αἰσχίους;
10 ΚΡ. Ναί.
b ΣΩ. Ἆρ' οὖν καὶ νομοθέται οἱ μὲν καλλίω τὰ [ἔργα]
αὑτῶν παρέχονται, οἱ δὲ αἰσχίω;
  ΚΡ. Οὔ μοι δοκεῖ τοῦτο ἔτι.
  ΣΩ. Οὐκ ἄρα δοκοῦσί σοι νόμοι οἱ μὲν βελτίους, οἱ δὲ
5 φαυλότεροι εἶναι;
  ΚΡ. Οὐ δῆτα.
  ΣΩ. Οὐδὲ δὴ ὄνομα, ὡς ἔοικε, δοκεῖ σοι κεῖσθαι τὸ μὲν
χεῖρον, τὸ δὲ ἄμεινον;
  ΚΡ. Οὐ δῆτα.
10 ΣΩ. Πάντα ἄρα τὰ ὀνόματα ὀρθῶς κεῖται;

d 8 νυνὶ] νῦν T   e 2 καὶ ante τοῦτο add. B   b 1 ἔργα seclusi

ΚΡ. Ὅσα γε ὀνόματά ἐστιν.

ΣΩ. Τί οὖν; ὃ καὶ ἄρτι ἐλέγετο, Ἑρμογένει τῷδε πότερον μηδὲ ὄνομα τοῦτο κεῖσθαι φῶμεν, εἰ μή τι αὐτῷ Ἑρμοῦ c γενέσεως προσήκει, ἢ κεῖσθαι μέν, οὐ μέντοι ὀρθῶς γε;

ΚΡ. Οὐδὲ κεῖσθαι ἔμοιγε δοκεῖ, ὦ Σώκρατες, ἀλλὰ δοκεῖν κεῖσθαι, εἶναι δὲ ἑτέρου τοῦτο τοὔνομα, οὗπερ καὶ ἡ φύσις [ἡ τὸ ὄνομα δηλοῦσα]. 5

ΣΩ. Πότερον οὐδὲ ψεύδεται ὅταν τις φῇ Ἑρμογένη αὐτὸν εἶναι; μὴ γὰρ οὐδὲ τοῦτο αὖ ᾖ, τὸ τοῦτον φάναι Ἑρμογένη εἶναι, εἰ μὴ ἔστιν;

ΚΡ. Πῶς λέγεις;

ΣΩ. Ἆρα ὅτι ψευδῆ λέγειν τὸ παράπαν οὐκ ἔστιν, ἆρα d τοῦτό σοι δύναται ὁ λόγος; συχνοὶ γάρ τινες οἱ λέγοντες, ὦ φίλε Κρατύλε, καὶ νῦν καὶ πάλαι.

ΚΡ. Πῶς γὰρ ἄν, ὦ Σώκρατες, λέγων γέ τις τοῦτο ὃ λέγει, μὴ τὸ ὂν λέγοι; ἢ οὐ τοῦτό ἐστιν τὸ ψευδῆ λέγειν, 5 τὸ μὴ τὰ ὄντα λέγειν;

ΣΩ. Κομψότερος μὲν ὁ λόγος ἢ κατ' ἐμὲ καὶ κατὰ τὴν ἐμὴν ἡλικίαν, ὦ ἑταῖρε. ὅμως μέντοι εἰπέ μοι τοσόνδε· πότερον λέγειν μὲν οὐ δοκεῖ σοι εἶναι ψευδῆ, φάναι δέ; e

ΚΡ. Οὔ μοι δοκεῖ οὐδὲ φάναι.

ΣΩ. Οὐδὲ εἰπεῖν οὐδὲ προσειπεῖν; οἷον εἴ τις ἀπαντήσας σοι ἐπὶ ξενίας, λαβόμενος τῆς χειρὸς εἴποι· "Χαῖρε, ὦ ξένε Ἀθηναῖε, ὑὲ Σμικρίωνος Ἑρμόγενες," οὗτος λέξειεν ἂν 5 ταῦτα ἢ φαίη ἂν ταῦτα ἢ εἴποι ἂν ταῦτα ἢ προσείποι ἂν οὕτω σὲ μὲν οὔ, Ἑρμογένη δὲ τόνδε; ἢ οὐδένα;

ΚΡ. Ἐμοὶ μὲν δοκεῖ, ὦ Σώκρατες, ἄλλως ἂν οὗτος ταῦτα φθέγξασθαι.

ΣΩ. Ἀλλ' ἀγαπητὸν καὶ τοῦτο. πότερον γὰρ ἀληθῆ ἂν 430 φθέγξαιτο ταῦτα ὁ φθεγξάμενος ἢ ψευδῆ; ἢ τὸ μέν τι αὐτῶν ἀληθές, τὸ δὲ ψεῦδος; καὶ γὰρ ἂν καὶ τοῦτο ἐξαρκοῖ.

c 1 τοῦτο secl. Schanz   c 5 ἡ . . . δηλοῦσα secl. Schanz
e 4 ξενίας] ξένης Cobet   a 2 ταῦτα om. T   a 3 ἐξαρκοίη T

ΚΡ. Ψοφεῖν ἔγωγ' ἂν φαίην τὸν τοιοῦτον, μάτην αὐτὸν
5 ἑαυτὸν κινοῦντα, ὥσπερ ἂν εἴ τις χαλκίον κινήσειε κρούσας.

ΣΩ. Φέρε δή, ἐάν πῃ διαλλαχθῶμεν, ὦ Κρατύλε· ἆρ'
οὐκ ἄλλο μὲν ἂν φαίης τὸ ὄνομα εἶναι, ἄλλο δὲ ἐκεῖνο οὗ
τὸ ὄνομά ἐστιν;

ΚΡ. Ἔγωγε.

10 ΣΩ. Οὐκοῦν καὶ τὸ ὄνομα ὁμολογεῖς μίμημά τι εἶναι τοῦ
b πράγματος;

ΚΡ. Πάντων μάλιστα.

ΣΩ. Οὐκοῦν καὶ τὰ ζωγραφήματα τρόπον τινὰ ἄλλον
λέγεις μιμήματα εἶναι πραγμάτων τινῶν;

5 ΚΡ. Ναί.

ΣΩ. Φέρε δή—ἴσως γὰρ ἐγὼ οὐ μανθάνω ἅττα ποτ'
ἔστιν ἃ λέγεις, σὺ δὲ τάχ' ἂν ὀρθῶς λέγοις—ἔστι δια-
νεῖμαι καὶ προσενεγκεῖν ταῦτα ἀμφότερα τὰ μιμήματα, τά
τε ζωγραφήματα κἀκεῖνα τὰ ὀνόματα, τοῖς πράγμασιν ὧν
10 μιμήματά ἐστιν, ἢ οὔ;

c ΚΡ. Ἔστιν.

ΣΩ. Πρῶτον μὲν δὴ σκόπει τόδε. ἆρ' ἄν τις τὴν μὲν
τοῦ ἀνδρὸς εἰκόνα τῷ ἀνδρὶ ἀποδοίη, τὴν δὲ τῆς γυναικὸς τῇ
γυναικί, καὶ τἆλλα οὕτως;

5 ΚΡ. Πάνυ μὲν οὖν.

ΣΩ. Οὐκοῦν καὶ τοὐναντίον τὴν μὲν τοῦ ἀνδρὸς τῇ γυναικί,
τὴν δὲ τῆς γυναικὸς τῷ ἀνδρί;

ΚΡ. Ἔστι καὶ ταῦτα.

ΣΩ. Ἆρ' οὖν αὗται αἱ διανομαὶ ἀμφότεραι ὀρθαί, ἢ ἡ
10 ἑτέρα;

ΚΡ. Ἡ ἑτέρα.

ΣΩ. Ἡ ἂν ἑκάστῳ οἶμαι τὸ προσῆκόν τε καὶ τὸ ὅμοιον
ἀποδιδῷ.

ΚΡ. Ἔμοιγε δοκεῖ.

d ΣΩ. Ἵνα τοίνυν μὴ μαχώμεθα ἐν τοῖς λόγοις ἐγώ τε καὶ

σὺ φίλοι ὄντες, ἀπόδεξαί μου ὃ λέγω. τὴν τοιαύτην γάρ, ὦ ἑταῖρε, καλῶ ἔγωγε διανομὴν ἐπ' ἀμφοτέροις μὲν τοῖς μιμήμασιν, τοῖς τε ζῴοις καὶ τοῖς ὀνόμασιν, ὀρθήν, ἐπὶ δὲ τοῖς ὀνόμασι πρὸς τῷ ὀρθὴν καὶ ἀληθῆ· τὴν δ' ἑτέραν, τὴν 5 τοῦ ἀνομοίου δόσιν τε καὶ ἐπιφοράν, οὐκ ὀρθήν, καὶ ψευδῆ ὅταν ἐπ' ὀνόμασιν ᾖ.

ΚΡ. Ἀλλ' ὅπως μή, ὦ Σώκρατες, ἐν μὲν τοῖς ζωγραφήμασιν ᾖ τοῦτο, τὸ μὴ ὀρθῶς διανέμειν, ἐπὶ δὲ τοῖς ὀνόμασιν e οὔ, ἀλλ' ἀναγκαῖον ᾖ ἀεὶ ὀρθῶς.

ΣΩ. Πῶς λέγεις; τί τοῦτο ἐκείνου διαφέρει; ἆρ' οὐκ ἔστι προσελθόντα ἀνδρί τῳ εἰπεῖν ὅτι "Τουτί ἐστι σὸν γράμμα," καὶ δεῖξαι αὐτῷ, ἂν μὲν τύχῃ, ἐκείνου εἰκόνα, ἂν 5 δὲ τύχῃ, γυναικός; τὸ δὲ δεῖξαι λέγω εἰς τὴν τῶν ὀφθαλμῶν αἴσθησιν καταστῆσαι.

ΚΡ. Πάνυ γε.

ΣΩ. Τί δέ; πάλιν αὐτῷ τούτῳ προσελθόντα εἰπεῖν ὅτι "Τουτί ἐστιν σὸν ὄνομα"; ἔστι δέ που καὶ τὸ ὄνομα μίμημα 10 ὥσπερ τὸ ζωγράφημα. τοῦτο δὴ λέγω· ἆρ' οὐκ ἂν εἴη αὐτῷ εἰπεῖν ὅτι "Τουτί ἐστι σὸν ὄνομα," καὶ μετὰ τοῦτο εἰς τὴν 431 τῆς ἀκοῆς αὖ αἴσθησιν καταστῆσαι, ἂν μὲν τύχῃ, τὸ ἐκείνου μίμημα, εἰπόντα ὅτι ἀνήρ, ἂν δὲ τύχῃ, τὸ τοῦ θήλεος τοῦ ἀνθρωπίνου γένους, εἰπόντα ὅτι γυνή; οὐ δοκεῖ σοι τοῦτο οἷόν τ' εἶναι καὶ γίγνεσθαι ἐνίοτε; 5

ΚΡ. Ἐθέλω σοι, ὦ Σώκρατες, συγχωρῆσαι καὶ ἔστω οὕτως.

ΣΩ. Καλῶς γε σὺ ποιῶν, ὦ φίλε, εἰ ἔστι τοῦτο οὕτως· οὐδὲν γὰρ δεῖ νῦν πάνυ διαμάχεσθαι περὶ αὐτοῦ. εἰ δ' οὖν ἔστι τοιαύτη τις διανομὴ καὶ ἐνταῦθα, τὸ μὲν ἕτερον τούτων b ἀληθεύειν βουλόμεθα καλεῖν, τὸ δ' ἕτερον ψεύδεσθαι. εἰ δὲ τοῦτο οὕτως ἔχει, καὶ ἔστι μὴ ὀρθῶς διανέμειν τὰ ὀνόματα μηδὲ ἀποδιδόναι τὰ προσήκοντα ἑκάστῳ, ἀλλ' ἐνίοτε τὰ μὴ προσήκοντα, εἴη ἂν καὶ ῥήματα ταὐτὸν τοῦτο ποιεῖν. εἰ δὲ 5

d 3 ἐγὼ καλῶ γε Τ   d 5 τῷ] τὸ Β   e 10 δέ om. Β   a 8 οὐ-
δὲν] οὐδὲ Β

ῥήματα καὶ ὀνόματα ἔστιν οὕτω τιθέναι, ἀνάγκη καὶ λόγους·
c λόγοι γάρ που, ὡς ἐγῷμαι, ἡ τούτων σύνθεσίς ἐστιν· ἢ πῶς
λέγεις, ὦ Κρατύλε;

ΚΡ. Οὕτω· καλῶς γάρ μοι δοκεῖς λέγειν.

ΣΩ. Οὐκοῦν εἰ γράμμασιν αὖ τὰ πρῶτα ὀνόματα ἀπεικά-
5 ζομεν, ἔστιν ὥσπερ ἐν τοῖς ζωγραφήμασιν καὶ πάντα τὰ
προσήκοντα χρώματά τε καὶ σχήματα ἀποδοῦναι, καὶ μὴ
πάντα αὖ, ἀλλ' ἔνια ἐλλείπειν, ἔνια δὲ καὶ προστιθέναι, καὶ
πλείω καὶ μείζω· ἢ οὐκ ἔστιν;

ΚΡ. Ἔστιν.

10 ΣΩ. Οὐκοῦν ὁ μὲν ἀποδιδοὺς πάντα καλὰ τὰ γράμματά
τε καὶ τὰς εἰκόνας ἀποδίδωσιν, ὁ δὲ ἢ προστιθεὶς ἢ ἀφαιρ-
ῶν γράμματα μὲν καὶ εἰκόνας ἐργάζεται καὶ οὗτος, ἀλλὰ
πονηράς;

d ΚΡ. Ναί.

ΣΩ. Τί δὲ ὁ διὰ τῶν συλλαβῶν τε καὶ γραμμάτων τὴν
οὐσίαν τῶν πραγμάτων ἀπομιμούμενος; ἆρα οὐ κατὰ τὸν
αὐτὸν λόγον, ἂν μὲν πάντα ἀποδῷ τὰ προσήκοντα, καλὴ
5 ἡ εἰκὼν ἔσται—τοῦτο δ' ἐστὶν ὄνομα—ἐὰν δὲ σμικρὰ
ἐλλείπῃ ἢ προστιθῇ ἐνίοτε, εἰκὼν μὲν γενήσεται, καλὴ δὲ
οὔ; ὥστε τὰ μὲν καλῶς εἰργασμένα ἔσται τῶν ὀνομάτων, τὰ
δὲ κακῶς;

ΚΡ. Ἴσως.

e ΣΩ. Ἴσως ἄρα ἔσται ὁ μὲν ἀγαθὸς δημιουργὸς ὀνομάτων,
ὁ δὲ κακός;

ΚΡ. Ναί.

ΣΩ. Οὐκοῦν τούτῳ ὁ " νομοθέτης " ἦν ὄνομα.

5 ΚΡ. Ναί.

ΣΩ. Ἴσως ἄρα νὴ Δί' ἔσται, ὥσπερ ἐν ταῖς ἄλλαις
τέχναις, καὶ νομοθέτης ὁ μὲν ἀγαθός, ὁ δὲ κακός, ἐάνπερ
τὰ ἔμπροσθεν ἐκεῖνα ὁμολογηθῇ ἡμῖν.

ΚΡ. Ἔστι ταῦτα. ἀλλ' ὁρᾷς, ὦ Σώκρατες, ὅταν ταῦτα

b 6 ὀνόματα] οὐκ ὀνόματα T   e 7 ὁ ante νομοθέτης T

τὰ γράμματα, τό τε ἄλφα καὶ τὸ βῆτα και ἕκαστον τῶν 10
στοιχείων, τοῖς ὀνόμασιν ἀποδιδῶμεν τῇ γραμματικῇ τέχνῃ,
ἐάν τι ἀφέλωμεν ἢ προσθῶμεν ἢ μεταθῶμέν τι, ⟨οὐ⟩ 432
γέγραπται μὲν ἡμῖν τὸ ὄνομα, οὐ μέντοι ὀρθῶς, ἀλλὰ τὸ
παράπαν οὐδὲ γέγραπται, ἀλλ' εὐθὺς ἕτερόν ἐστιν ἐάν τι
τούτων πάθῃ.

ΣΩ. Μὴ γὰρ οὐ καλῶς σκοπῶμεν οὕτω σκοποῦντες, ὦ 5
Κρατύλε.

ΚΡ. Πῶς δή;

ΣΩ. Ἴσως ὅσα ἔκ τινος ἀριθμοῦ ἀναγκαῖον εἶναι ἢ μὴ
εἶναι πάσχοι ἂν τοῦτο ὃ σὺ λέγεις, ὥσπερ καὶ αὐτὰ
τὰ δέκα ἢ ὅστις βούλει ἄλλος ἀριθμός, ἐὰν ἀφέλῃς τι ἢ 10
προσθῇς, ἕτερος εὐθὺς γέγονε· τοῦ δὲ ποιοῦ τινος καὶ b
συμπάσης εἰκόνος μὴ οὐχ αὕτη ⟨ᾖ⟩ ἡ ὀρθότης, ἀλλὰ τὸ
ἐναντίον οὐδὲ τὸ παράπαν δέῃ πάντα ἀποδοῦναι οἷόν ἐστιν
ᾧ εἰκάζει, εἰ μέλλει εἰκὼν εἶναι. σκόπει δὲ εἰ τὶ λέγω.
ἆρ' ἂν δύο πράγματα εἴη τοιάδε, οἷον Κρατύλος καὶ Κρα- 5
τύλου εἰκών, εἴ τις θεῶν μὴ μόνον τὸ σὸν χρῶμα καὶ
σχῆμα ἀπεικάσειεν ὥσπερ οἱ ζωγράφοι, ἀλλὰ καὶ τὰ ἐντὸς
πάντα τοιαῦτα ποιήσειεν οἷάπερ τὰ σά, καὶ μαλακότητας
καὶ θερμότητας τὰς αὐτὰς ἀποδοίη, καὶ κίνησιν καὶ ψυχὴν c
καὶ φρόνησιν οἷαπερ ἡ παρὰ σοὶ ἐνθείη αὐτοῖς, καὶ ἑνὶ λόγῳ
πάντα ἅπερ σὺ ἔχεις, τοιαῦτα ἕτερα καταστήσειεν πλησίον
σου; πότερον Κρατύλος ἂν καὶ εἰκὼν Κρατύλου τότ' εἴη τὸ
τοιοῦτον, ἢ δύο Κρατύλοι; 5

ΚΡ. Δύο ἔμοιγε δοκοῦσιν, ὦ Σώκρατες, Κρατύλοι.

ΣΩ. Ὁρᾷς οὖν, ὦ φίλε, ὅτι ἄλλην χρὴ εἰκόνος ὀρθότητα
ζητεῖν καὶ ὧν νυνδὴ ἐλέγομεν, καὶ οὐκ ἀναγκάζειν, ἐάν τι
ἀπῇ ἢ προσῇ, μηκέτι αὐτὴν εἰκόνα εἶναι; ἢ οὐκ αἰσθάνῃ d
ὅσου ἐνδέουσιν αἱ εἰκόνες τὰ αὐτὰ ἔχειν ἐκείνοις ὧν εἰκόνες
εἰσίν;

---

e 10 ἕκαστον] ἐν ἕκαστον T   a 1 οὐ add. Bekker   b 2 ᾖ add.
Heindorf   b 3 ἐναντίον] ἐν αὐτῷ ὂν pr. T   b 4 ᾧ scripsi :
ὃ BT   c 8 καὶ . . . ἐλέγομεν secl. Schanz   τι] τις T

ΚΡ. Ἔγωγε.

5 ΣΩ. Γελοῖα γοῦν, ὦ Κρατύλε, ὑπὸ τῶν ὀνομάτων πάθοι
ἂν ἐκεῖνα ὧν ὀνόματά ἐστιν τὰ ὀνόματα, εἰ πάντα πανταχῇ
αὐτοῖς ὁμοιωθείη. διττὰ γὰρ ἄν που πάντα γένοιτο, καὶ
οὐκ ἂν ἔχοι αὐτῶν εἰπεῖν ⟨οὐδεὶς⟩ οὐδέτερον ὁπότερόν ἐστι
τὸ μὲν αὐτό, τὸ δὲ ὄνομα.

10 ΚΡ. Ἀληθῆ λέγεις.

ΣΩ. Θαρρῶν τοίνυν, ὦ γενναῖε, ἔα καὶ ὄνομα τὸ μὲν εὖ
e κεῖσθαι, τὸ δὲ μή, καὶ μὴ ἀνάγκαζε πάντ' ἔχειν τὰ γράμ-
ματα, ἵνα κομιδῇ ᾖ τοιοῦτον οἷόνπερ οὗ ὄνομά ἐστιν, ἀλλ'
ἔα καὶ τὸ μὴ προσῆκον γράμμα ἐπιφέρειν. εἰ δὲ γράμμα,
καὶ ὄνομα ἐν λόγῳ· εἰ δὲ ὄνομα, καὶ λόγον ἐν λόγῳ μὴ
5 προσήκοντα τοῖς πράγμασιν ἐπιφέρεσθαι, καὶ μηδὲν ἧττον
ὀνομάζεσθαι τὸ πρᾶγμα καὶ λέγεσθαι, ἕως ἂν ὁ τύπος ἐνῇ
τοῦ πράγματος περὶ οὗ ἂν ὁ λόγος ᾖ, ὥσπερ ἐν τοῖς
433 τῶν στοιχείων ὀνόμασιν, εἰ μέμνησαι ἃ νυνδὴ ἐγὼ καὶ
Ἑρμογένης ἐλέγομεν.

ΚΡ. Ἀλλὰ μέμνημαι.

ΣΩ. Καλῶς τοίνυν. ὅταν γὰρ τοῦτο ἐνῇ, κἂν μὴ πάντα
5 τὰ προσήκοντα ἔχῃ, λέξεταί γε τὸ πρᾶγμα, καλῶς ὅταν
πάντα, κακῶς δὲ ὅταν ὀλίγα· λέγεσθαι δ' οὖν, ὦ μακάριε,
ἐῶμεν, ἵνα μὴ ὄφλωμεν ὥσπερ οἱ ἐν Αἰγίνῃ νύκτωρ περι-
ιόντες ὀψὲ ὁδοῦ, καὶ ἡμεῖς ἐπὶ τὰ πράγματα δόξωμεν αὖ
b τῇ ἀληθείᾳ οὕτω πως ἐληλυθέναι ὀψιαίτερον τοῦ δέοντος,
ἢ ζήτει τινὰ ἄλλην ὀνόματος ὀρθότητα, καὶ μὴ ὁμολόγει
δήλωμα συλλαβαῖς καὶ γράμμασι πράγματος ὄνομα εἶναι.
εἰ γὰρ ταῦτα ἀμφότερα ἐρεῖς, οὐχ οἷός τ' ἔσῃ συμφωνεῖν
5 σαυτῷ.

ΚΡ. Ἀλλά μοι δοκεῖς γε, ὦ Σώκρατες, μετρίως λέγειν,
καὶ οὕτω τίθεμαι.

ΣΩ. Ἐπειδὴ τοίνυν ταῦτα ἡμῖν συνδοκεῖ, μετὰ ταῦτα

d 8 ἔχοις vel ἔχοι τις Heindorf   οὐδεὶς addidi   e 6 ἕως] ὡς B
a 5 λελέξεται al.   a 7 ἵνα] ἃ Τ   a 8 ὀψὲ ὁδοῦ] suspicor ὀψισμοῦ
vel fort. ὀψιοδίου scribendum esse   αὖ Heindorf: αὐτῇ Β Τ

τάδε σκοπῶμεν· εἰ μέλλει φαμὲν καλῶς κεῖσθαι τὸ ὄνομα,
τὰ προσήκοντα δεῖ αὐτὸ γράμματα ἔχειν;   10

ΚΡ. Ναί.

ΣΩ. Προσήκει δὲ τὰ ὅμοια τοῖς πράγμασιν;   c

ΚΡ. Πάνυ γε.

ΣΩ. Τὰ μὲν ἄρα καλῶς κείμενα οὕτω κεῖται· εἰ δὲ μή
τι καλῶς ἐτέθη, τὸ μὲν ἂν πολὺ ἴσως ἐκ προσηκόντων εἴη
γραμμάτων καὶ ὁμοίων, εἴπερ ἔσται εἰκών, ἔχοι δ' ἄν τι 5
καὶ οὐ προσῆκον, δι' ὃ οὐκ ἂν καλὸν εἴη οὐδὲ καλῶς
εἰργασμένον τὸ ὄνομα. οὕτω φαμὲν ἢ ἄλλως;

ΚΡ. Οὐδὲν δεῖ οἶμαι διαμάχεσθαι, ὦ Σώκρατες· ἐπεὶ οὐκ
ἀρέσκει γέ με τὸ φάναι ὄνομα μὲν εἶναι, μὴ μέντοι καλῶς
γε κεῖσθαι.   10

ΣΩ. Πότερον τοῦτο οὐκ ἀρέσκει σε, τὸ εἶναι τὸ ὄνομα d
δήλωμα τοῦ πράγματος;

ΚΡ. Ἔμοιγε.

ΣΩ. Ἀλλὰ τὸ εἶναι τῶν ὀνομάτων τὰ μὲν ἐκ προτέρων
συγκείμενα, τὰ δὲ πρῶτα, οὐ καλῶς σοι δοκεῖ λέγεσθαι; 5

ΚΡ. Ἔμοιγε.

ΣΩ. Ἀλλὰ τὰ πρῶτα εἰ μέλλει δηλώματά τινων γίγνε-
σθαι, ἔχεις τινὰ καλλίω τρόπον τοῦ δηλώματα αὐτὰ γενέσθαι
ἄλλον ἢ αὐτὰ ποιῆσαι ὅτι μάλιστα τοιαῦτα οἷα ἐκεῖνα ἃ δεῖ e
δηλοῦν αὐτά; ἢ ὅδε μᾶλλόν σε ἀρέσκει ὁ τρόπος ὃν Ἑρ-
μογένης λέγει καὶ ἄλλοι πολλοί, τὸ συνθήματα εἶναι τὰ
ὀνόματα καὶ δηλοῦν τοῖς συνθεμένοις προειδόσι δὲ τὰ
πράγματα, καὶ εἶναι ταύτην ὀρθότητα ὀνόματος, συνθήκην, 5
διαφέρειν δὲ οὐδὲν ἐάντε τις συνθῆται ὥσπερ νῦν σύγ-
κειται, ἐάντε καὶ τοὐναντίον ἐπὶ μὲν ᾧ νῦν σμικρόν, μέγα
καλεῖν, ἐπὶ δὲ ᾧ μέγα, σμικρόν; πότερός σε ὁ τρόπος
ἀρέσκει;

b 9 τάδε] δὲ T   b 10 αὐτὸ] αὐτῶ (sic) T   c 8 μάχεσθαι T
d 3 ἐμοί T : ἐμέ γε Bekker   d 5 οὐ καλῶς t : οὐκ ἄλλως B (in T
plurima desunt)   e 1 ἃ om. T   e 2 ἢ] ἤ T : καὶ ἤ B   e 7 ᾧ]
ὁ B T (sed ex emend. B)   e 8 ᾧ μέγα] ὧ μέγα T

434 ΚΡ. Ὅλῳ καὶ παντὶ διαφέρει, ὦ Σώκρατες, τὸ ὁμοιώματι
δηλοῦν ὅτι ἄν τις δηλοῖ ἀλλὰ μὴ τῷ ἐπιτυχόντι.

ΣΩ. Καλῶς λέγεις. οὐκοῦν εἴπερ ἔσται τὸ ὄνομα ὅμοιον
τῷ πράγματι, ἀναγκαῖον πεφυκέναι τὰ στοιχεῖα ὅμοια τοῖς
5 πράγμασιν, ἐξ ὧν τὰ πρῶτα ὀνόματά τις συνθήσει; ὧδε
δὲ λέγω· ἆρά ποτ' ἄν τις συνέθηκεν ὃ νυνδὴ ἐλέγομεν
ζωγράφημα ὅμοιόν τῳ τῶν ὄντων, εἰ μὴ φύσει ὑπῆρχε
b φαρμακεῖα ὅμοια ὄντα, ἐξ ὧν συντίθεται τὰ ζωγραφούμενα,
ἐκείνοις ἃ μιμεῖται ἡ γραφική· ἢ ἀδύνατον;

ΚΡ. Ἀδύνατον.

ΣΩ. Οὐκοῦν ὡσαύτως καὶ ὀνόματα οὐκ ἄν ποτε ὅμοια
5 γένοιτο οὐδενί, εἰ μὴ ὑπάρξει ἐκεῖνα πρῶτον ὁμοιότητά τινα
ἔχοντα, ἐξ ὧν συντίθεται τὰ ὀνόματα, ἐκείνοις ὧν ἐστι τὰ
ὀνόματα μιμήματα; ἔστι δέ, ἐξ ὧν συνθετέον, στοιχεῖα;

ΚΡ. Ναί.

ΣΩ. Ἤδη τοίνυν καὶ σὺ κοινώνη τοῦ λόγου οὗπερ ἄρτι
c Ἑρμογένης. φέρε, καλῶς σοι δοκοῦμεν λέγειν ὅτι τὸ ῥῶ τῇ
φορᾷ καὶ κινήσει καὶ σκληρότητι προσέοικεν, ἢ οὐ καλῶς;

ΚΡ. Καλῶς ἔμοιγε.

ΣΩ. Τὸ δὲ λάβδα τῷ λείῳ καὶ μαλακῷ καὶ οἷς νυνδὴ
5 ἐλέγομεν;

ΚΡ. Ναί.

ΣΩ. Οἶσθα οὖν ὅτι ἐπὶ τῷ αὐτῷ ἡμεῖς μέν φαμεν
" σκληρότης," Ἐρετριῆς δὲ " σκληροτήρ";

ΚΡ. Πάνυ γε.

10 ΣΩ. Πότερον οὖν τό τε ῥῶ καὶ τὸ σῖγμα ἔοικεν ἀμφότερα
τῷ αὐτῷ, καὶ δηλοῖ ἐκείνοις τε τὸ αὐτὸ τελευτῶντος τοῦ
ῥῶ καὶ ἡμῖν τοῦ σῖγμα, ἢ τοῖς ἑτέροις ἡμῶν οὐ δηλοῖ;

d ΚΡ. Δηλοῖ μὲν οὖν ἀμφοτέροις.

ΣΩ. Πότερον ᾗ ὅμοια τυγχάνει ὄντα τὸ ῥῶ καὶ τὸ σῖγμα,
ἢ ᾗ μή;

a 6 ἆρα ὁπότ' ἄν ΒΤ   c 7 τῷ αὐτῷ] τὸ αὐτὸ Τ   c 8 σκλη-
ροτήρ Β : sine accentu Τ : σκληρότηρ al.   d 2 καί] τε καὶ Β

ΚΡ. Ἧι ὅμοια.

ΣΩ. Ἦ οὖν ὅμοιά ἐστι πανταχῆ; 5

ΚΡ. Πρός γε τὸ ἴσως φορὰν δηλοῦν.

ΣΩ. Ἦ καὶ τὸ λάβδα ἐγκείμενον; οὐ τὸ ἐναντίον δηλοῖ σκληρότητος;

ΚΡ. Ἴσως γὰρ οὐκ ὀρθῶς ἔγκειται, ὦ Σώκρατες· ὥσπερ καὶ ἃ νυνδὴ σὺ πρὸς Ἑρμογένη ἔλεγες ἐξαιρῶν τε καὶ 10 ἐντιθεὶς γράμματα οὗ δέοι, καὶ ὀρθῶς ἐδόκεις ἔμοιγε. καὶ νῦν ἴσως ἀντὶ τοῦ λάβδα ῥῶ δεῖ λέγειν.

ΣΩ. Εὖ λέγεις. τί οὖν; νῦν ὡς λέγομεν, οὐδὲν μανθά- e νομεν ἀλλήλων, ἐπειδάν τις φῇ " σκληρόν," οὐδὲ οἶσθα σὺ νῦν ὅτι ἐγὼ λέγω;

ΚΡ. Ἔγωγε, διά γε τὸ ἔθος, ὦ φίλτατε.

ΣΩ. Ἔθος δὲ λέγων οἴει τι διάφορον λέγειν συνθήκης; 5 ἢ ἄλλο τι λέγεις τὸ ἔθος ἢ ὅτι ἐγώ, ὅταν τοῦτο φθέγγωμαι, διανοοῦμαι ἐκεῖνο, σὺ δὲ γιγνώσκεις ὅτι ἐκεῖνο διανοοῦμαι; οὐ τοῦτο λέγεις;

ΚΡ. Ναί. 435

ΣΩ. Οὐκοῦν εἰ γιγνώσκεις ἐμοῦ φθεγγομένου, δήλωμα σοι γίγνεται παρ' ἐμοῦ;

ΚΡ. Ναί.

ΣΩ. Ἀπὸ τοῦ ἀνομοίου γε ἢ ὃ διανοούμενος φθέγγομαι, 5 εἴπερ τὸ λάβδα ἀνόμοιόν ἐστι τῇ ᾗ φῂς σὺ σκληρότητι· εἰ δὲ τοῦτο οὕτως ἔχει, τί ἄλλο ἢ αὐτὸς σαυτῷ συνέθου καί σοι γίγνεται ἡ ὀρθότης τοῦ ὀνόματος συνθήκη, ἐπειδή γε δηλοῖ καὶ τὰ ὅμοια καὶ τὰ ἀνόμοια γράμματα, ἔθους τε καὶ συνθήκης τυχόντα; εἰ δ' ὅτι μάλιστα μή ἐστι τὸ ἔθος 10 συνθήκη, οὐκ ἂν καλῶς ἔτι ἔχοι λέγειν τὴν ὁμοιότητα b δήλωμα εἶναι, ἀλλὰ τὸ ἔθος· ἐκεῖνο γάρ, ὡς ἔοικε, καὶ ὁμοίῳ καὶ ἀνομοίῳ δηλοῖ. ἐπειδὴ δὲ ταῦτα συγχωροῦμεν, ὦ Κρατύλε—τὴν γὰρ σιγήν σου συγχώρησιν θήσω—ἀναγκαῖόν που καὶ συνθήκην τι καὶ ἔθος συμβάλλεσθαι πρὸς 5

δήλωσιν ὧν διανοούμενοι λέγομεν· ἐπεί, ὦ βέλτιστε, εἰ
'θέλεις ἐπὶ τὸν ἀριθμὸν ἐλθεῖν, πόθεν οἴει ἕξειν ὀνόματα
ὅμοια ἑνὶ ἑκάστῳ τῶν ἀριθμῶν ἐπενεγκεῖν, ἐὰν μὴ ἐᾷς τι
c τὴν σὴν ὁμολογίαν καὶ συνθήκην κῦρος ἔχειν τῶν ὀνομάτων
ὀρθότητος πέρι; ἐμοὶ μὲν οὖν καὶ αὐτῷ ἀρέσκει μὲν κατὰ τὸ
δυνατὸν ὅμοια εἶναι τὰ ὀνόματα τοῖς πράγμασιν· ἀλλὰ μὴ
ὡς ἀληθῶς, τὸ τοῦ Ἑρμογένους, γλίσχρα ᾖ ἡ ὁλκὴ αὕτη τῆς
5 ὁμοιότητος, ἀναγκαῖον δὲ ᾖ καὶ τῷ φορτικῷ τούτῳ προσ-
χρῆσθαι, τῇ συνθήκῃ, εἰς ὀνομάτων ὀρθότητα. ἐπεὶ ἴσως
κατά γε τὸ δυνατὸν κάλλιστ' ἂν λέγοιτο ὅταν ἢ πᾶσιν ἢ
ὡς πλείστοις ὁμοίοις λέγηται, τοῦτο δ' ἐστὶ προσήκουσιν,
d αἴσχιστα δὲ τοὐναντίον. τόδε δέ μοι ἔτι εἰπὲ μετὰ ταῦτα,
τίνα ἡμῖν δύναμιν ἔχει τὰ ὀνόματα καὶ τί φῶμεν αὐτὰ καλὸν
ἀπεργάζεσθαι;

ΚΡ. Διδάσκειν ἔμοιγε δοκεῖ, ὦ Σώκρατες, καὶ τοῦτο πάνυ
5 ἁπλοῦν εἶναι, ὃς ἂν τὰ ὀνόματα ἐπίστηται, ἐπίστασθαι καὶ
τὰ πράγματα.

ΣΩ. Ἴσως γάρ, ὦ Κρατύλε, τὸ τοιόνδε λέγεις, ὡς ἐπειδάν
τις εἰδῇ τὸ ὄνομα οἷόν ἐστιν—ἔστι δὲ οἷόνπερ τὸ πρᾶγμα—
e εἴσεται δὴ καὶ τὸ πρᾶγμα, ἐπείπερ ὅμοιον τυγχάνει ὂν τῷ
ὀνόματι, τέχνη δὲ μία ἄρ' ἐστὶν ἡ αὐτὴ πάντων τῶν ἀλλή-
λοις ὁμοίων. κατὰ τοῦτο δή μοι δοκεῖς λέγειν ὡς ὃς ἂν τὰ
ὀνόματα εἰδῇ εἴσεται καὶ τὰ πράγματα.

5 ΚΡ. Ἀληθέστατα λέγεις.

ΣΩ. Ἔχε δή, ἴδωμεν τίς ποτ' ἂν εἴη ὁ τρόπος οὗτος τῆς
διδασκαλίας τῶν ὄντων ὃν σὺ λέγεις νῦν, καὶ πότερον ἔστι
μὲν καὶ ἄλλος, οὗτος μέντοι βελτίων, ἢ οὐδ' ἔστιν ἄλλος
ἢ οὗτος. ποτέρως οἴει;

436 ΚΡ. Οὕτως ἔγωγε, οὐ πάνυ τι εἶναι ἄλλον, τοῦτον δὲ καὶ
μόνον καὶ βέλτιστον.

ΣΩ. Πότερον δὲ καὶ εὕρεσιν τῶν ὄντων τὴν αὐτὴν ταύτην

εἶναι, τὸν τὰ ὀνόματα εὑρόντα καὶ ἐκεῖνα ηὑρηκέναι ὧν ἐστι
τὰ ὀνόματα· ἢ ζητεῖν μὲν καὶ εὑρίσκειν ἕτερον δεῖν τρόπον, 5
μανθάνειν δὲ τοῦτον;

ΚΡ. Πάντων μάλιστα καὶ ζητεῖν καὶ εὑρίσκειν τὸν αὐτὸν
τρόπον τοῦτον κατὰ ταὐτά.

ΣΩ. Φέρε δὴ ἐννοήσωμεν, ὦ Κρατύλε, εἴ τις ζητῶν τὰ
πράγματα ἀκολουθοῖ τοῖς ὀνόμασι, σκοπῶν οἷον ἕκαστον b
βούλεται εἶναι, ἆρ᾽ ἐννοεῖς ὅτι οὐ σμικρὸς κίνδυνός ἐστιν
ἐξαπατηθῆναι;

ΚΡ. Πῶς;

ΣΩ. Δῆλον ὅτι ὁ θέμενος πρῶτος τὰ ὀνόματα, οἷα ἡγεῖτο 5
εἶναι τὰ πράγματα, τοιαῦτα ἐτίθετο καὶ τὰ ὀνόματα, ὥς
φαμεν. ἦ γάρ;

ΚΡ. Ναί.

ΣΩ. Εἰ οὖν ἐκεῖνος μὴ ὀρθῶς ἡγεῖτο, ἔθετο δὲ οἷα ἡγεῖτο,
τί οἴει ἡμᾶς τοὺς ἀκολουθοῦντας αὐτῷ πείσεσθαι; ἄλλο τι ἢ 10
ἐξαπατηθήσεσθαι;

ΚΡ. Ἀλλὰ μὴ οὐχ οὕτως ἔχει, ὦ Σώκρατες, ἀλλ᾽ ἀναγκαῖον
ᾖ εἰδότα τίθεσθαι τὸν τιθέμενον τὰ ὀνόματα· εἰ δὲ μή, ὅπερ c
πάλαι ἐγὼ ἔλεγον, οὐδ᾽ ἂν ὀνόματα εἴη. μέγιστον δέ σοι
ἔστω τεκμήριον ὅτι οὐκ ἔσφαλται τῆς ἀληθείας ὁ τιθέμενος·
οὐ γὰρ ἄν ποτε οὕτω σύμφωνα ἦν αὐτῷ ἅπαντα. ἦ οὐκ
ἐνενόεις αὐτὸς λέγων ὡς πάντα κατὰ ταὐτὸν καὶ ἐπὶ ταὐτὸν 5
ἐγίγνετο τὰ ὀνόματα;

ΣΩ. Ἀλλὰ τοῦτο μέν, ὠγαθὲ Κρατύλε, οὐδέν ἐστιν ἀπο-
λόγημα. εἰ γὰρ τὸ πρῶτον σφαλεὶς ὁ τιθέμενος τἆλλα ἤδη
πρὸς τοῦτ᾽ ἐβιάζετο καὶ αὐτῷ συμφωνεῖν ἠνάγκαζεν, οὐδὲν d
ἄτοπον, ὥσπερ τῶν διαγραμμάτων ἐνίοτε τοῦ πρώτου σμικροῦ
καὶ ἀδήλου ψεύδους γενομένου, τὰ λοιπὰ πάμπολλα ἤδη ὄντα
ἑπόμενα ὁμολογεῖν ἀλλήλοις. δεῖ δὴ περὶ τῆς ἀρχῆς παντὸς
πράγματος παντὶ ἀνδρὶ τὸν πολὺν λόγον εἶναι καὶ τὴν πολλὴν 5
σκέψιν εἴτε ὀρθῶς εἴτε μὴ ὑπόκειται· ἐκείνης δὲ ἐξετασθείσης

b 1 ἀκολουθεῖ T   b 12 ἔχῃ B   c 5 κατὰ ταὐτὸν] κατ᾽ αὐτὸ B: om. T

ἱκανῶς, τὰ λοιπὰ φαίνεσθαι ἐκείνῃ ἑπόμενα. οὐ μέντοι ἀλλὰ
e θαυμάζοιμ' ἂν εἰ καὶ τὰ ὀνόματα συμφωνεῖ αὐτὰ αὐτοῖς.
πάλιν γὰρ ἐπισκεψώμεθα ἃ τὸ πρότερον διήλθομεν. ὡς
τοῦ παντὸς ἰόντος τε καὶ φερομένου καὶ ῥέοντός φαμεν
σημαίνειν ἡμῖν τὴν οὐσίαν τὰ ὀνόματα. ἄλλο τι οὕτω σοι
5 δοκεῖ δηλοῦν;

437 ΚΡ. Πάνυ σφόδρα, καὶ ὀρθῶς γε σημαίνει.

ΣΩ. Σκοπῶμεν δὴ ἐξ αὐτῶν ἀναλαβόντες πρῶτον μὲν
τοῦτο τὸ ὄνομα, τὴν "ἐπιστήμην," ὡς ἀμφίβολόν [ἐστι],
καὶ μᾶλλον ἔοικε σημαίνοντι ὅτι ἵστησιν ἡμῶν ἐπὶ τοῖς
5 πράγμασι τὴν ψυχὴν ἢ ὅτι συμπεριφέρεται, καὶ ὀρθότερόν
ἐστιν ὥσπερ νῦν αὐτοῦ τὴν ἀρχὴν λέγειν μᾶλλον ἢ ἐμβάλ-
λοντας τὸ εἶ "ἐπεϊστήμην," ἀλλὰ τὴν ἐμβολὴν ποιήσασθαι
ἀντὶ τῆς ἐν τῷ εἶ ἐν τῷ ἰῶτα. ἔπειτα τὸ "βέβαιον," ὅτι
βάσεώς τινός ἐστιν καὶ στάσεως μίμημα ἀλλ' οὐ φορᾶς.
b ἔπειτα ἡ "ἱστορία" αὐτό που σημαίνει ὅτι ἵστησι τὸν
ῥοῦν. καὶ τὸ "πιστὸν" ἱστὰν παντάπασι σημαίνει. ἔπειτα
δὲ ἡ "μνήμη" παντί που μηνύει ὅτι μονή ἐστιν ἐν τῇ ψυχῇ
ἀλλ' οὐ φορά. εἰ δὲ βούλει, ἡ "ἁμαρτία" καὶ ἡ "συμφορά,"
5 εἰ κατὰ τὸ ὄνομά τις ἀκολουθήσει, φανεῖται ταὐτὸν τῇ
"συνέσει" ταύτῃ καὶ "ἐπιστήμῃ" καὶ τοῖς ἄλλοις πᾶσι
τοῖς περὶ τὰ σπουδαῖα ὀνόμασιν. ἔτι τοίνυν ἡ "ἀμαθία"
καὶ ἡ "ἀκολασία" παραπλησία τούτοις φαίνεται· ἡ μὲν
c γὰρ τοῦ ἅμα θεῷ ἰόντος πορεία φαίνεται, ἡ "ἀμαθία,"
ἡ δ' "ἀκολασία" παντάπασιν ἀκολουθία τοῖς πράγμασι
φαίνεται. καὶ οὕτως, ἃ νομίζομεν ἐπὶ τοῖς κακίστοις ὀνό-
ματα εἶναι, ὁμοιότατ' ἂν φαίνοιτο τοῖς ἐπὶ τοῖς καλλίστοις.
5 οἶμαι δὲ καὶ ἄλλα πόλλ' ἄν τις εὕροι εἰ πραγματεύοιτο,
ἐξ ὧν οἰηθείη ἂν αὖ πάλιν τὸν τὰ ὀνόματα τιθέμενον
οὐχὶ ἰόντα οὐδὲ φερόμενα ἀλλὰ μένοντα τὰ πράγματα
σημαίνειν.

a 2 μὲν] μὲν δὴ pr. T   a 3 ἐστι om. T   a 6 ἐκβάλλοντας B
a 7 ἐπεϊστήμην Heindorf: ἐπιστήμην B T: πιστήμην al.   ἀλλὰ . . .
a 8 ἰῶτα secl. Ast

ΚΡ. Ἀλλ', ὦ Σώκρατες, ὁρᾷς ὅτι. τὰ πολλὰ ἐκείνως d
ἐσήμαινεν.

ΣΩ. Τί οὖν τοῦτο, ὦ Κρατύλε; ὥσπερ ψήφους διαριθμη-
σόμεθα τὰ ὀνόματα, καὶ ἐν τούτῳ ἔσται ἡ ὀρθότης; ὁπότερα
ἂν πλείω φαίνηται τὰ ὀνόματα σημαίνοντα, ταῦτα δὴ ἔσται 5
τἀληθῆ;

ΚΡ. Οὔκουν εἰκός γε.

ΣΩ. Οὐδ' ὁπωστιοῦν, ὦ φίλε. καὶ ταῦτα μέν γε αὐτοῦ
ἐάσωμεν, ἐπανέλθωμεν δὲ πάλιν ὅθεν δεῦρο μετέβημεν. 438
ἄρτι γὰρ ἐν τοῖς πρόσθεν, εἰ μέμνησαι, τὸν τιθέμενον τὰ
ὀνόματα ἀναγκαῖον ἔφησθα εἶναι εἰδότα τίθεσθαι οἷς ἐτίθετο.
πότερον οὖν ἔτι σοι δοκεῖ οὕτως ἢ οὔ;

ΚΡ. Ἔτι. 5

ΣΩ. Ἦ καὶ τὸν τὰ πρῶτα τιθέμενον εἰδότα φὴς τίθεσθαι;

ΚΡ. Εἰδότα.

ΣΩ. Ἐκ ποίων οὖν ὀνομάτων ἢ μεμαθηκὼς ἢ ηὑρηκὼς ἦν
τὰ πράγματα, εἴπερ τά γε πρῶτα μήπω ἔκειτο, μαθεῖν δ' αὖ b
φαμεν τὰ πράγματα καὶ εὑρεῖν ἀδύνατον εἶναι ἄλλως ἢ τὰ
ὀνόματα μαθόντας ἢ αὐτοὺς ἐξευρόντας οἷά ἐστι;

ΚΡ. Δοκεῖς τί μοι λέγειν, ὦ Σώκρατες.

ΣΩ. Τίνα οὖν τρόπον φῶμεν αὐτοὺς εἰδότας θέσθαι ἢ 5
νομοθέτας εἶναι, πρὶν καὶ ὁτιοῦν ὄνομα κεῖσθαί τε καὶ
ἐκείνους εἰδέναι, εἴπερ μὴ ἔστι τὰ πράγματα μαθεῖν ἀλλ' ἢ
ἐκ τῶν ὀνομάτων;

ΚΡ. Οἶμαι μὲν ἐγὼ τὸν ἀληθέστατον λόγον περὶ τούτων c
εἶναι, ὦ Σώκρατες, μείζω τινὰ δύναμιν εἶναι ἢ ἀνθρωπείαν

d 1 ἐκείνως] ἐκείνῳ B   a 1 post ἐάσωμεν add. d in marg. man.
rec. τάδε δὲ ἐπισκεψώμεθα, εἰ ἡμῖν καὶ τῇδε ὁμολογεῖς εἴτε καὶ οὔ.
φέρε, τοὺς τὰ ὀνόματα ἐν ταῖς πόλεσι τιθεμένους ἑκάστοτε, ἔν τε ταῖς
Ἑλληνικαῖς καὶ βαρβαρικαῖς, οὐκ ἀρτίως ὁμολογοῦμεν νομοθέτας εἶναι καὶ
τὴν τέχνην τὴν τοῦτο δυναμένην νομοθετικήν; ΚΡ. Πάνυ γε. ΣΩ. Λέγε
δή, οἱ πρῶτοι νομοθέται τὰ πρῶτα ὀνόματα πότερον γιγνώσκοντες τὰ
πράγματα, οἷς ἐτίθεντο, ἐτίθεντο ἢ ἀγνοοῦντες; ΚΡ. Οἶμαι μὲν ἐγώ, ὦ
Σώκρατες, γιγνώσκοντες. ΣΩ. Οὐ γάρ πω (l. που), ὦ ἑταῖρε Κρατύλε,
ἀγνοοῦντές γε. ΚΡ. Οὔ μοι δοκεῖ. mox add. eadem manus ἐκ ποίων
δὲ ut significet a 1 ἐπανέλθωμεν . . . a 7 εἰδότα omittenda esse

τὴν θεμένην τὰ πρῶτα ὀνόματα τοῖς πράγμασιν, ὥστε ἀναγκαῖον εἶναι αὐτὰ ὀρθῶς ἔχειν.

5 ΣΩ. Εἶτα οἴει ἐναντία ἂν ἐτίθετο αὐτὸς αὑτῷ ὁ θείς, ὢν δαίμων τις ἢ θεός; ἢ οὐδέν σοι ἐδοκοῦμεν ἄρτι λέγειν;

ΚΡ. Ἀλλὰ μὴ οὐκ ἦν τούτων τὰ ἕτερα ὀνόματα.

ΣΩ. Πότερα, ὦ ἄριστε, τὰ ἐπὶ τὴν στάσιν ἄγοντα ἢ τὰ ἐπὶ τὴν φοράν; οὐ γάρ που κατὰ τὸ ἄρτι λεχθὲν πλήθει 10 κριθήσεται.

d ΚΡ. Οὗτοι δὴ δίκαιόν γε, ὦ Σώκρατες.

ΣΩ. Ὀνομάτων οὖν στασιασάντων, καὶ τῶν μὲν φασκόντων ἑαυτὰ εἶναι τὰ ὅμοια τῇ ἀληθείᾳ, τῶν δ' ἑαυτά, τίνι ἔτι διακρινοῦμεν, ἢ ἐπὶ τί ἐλθόντες; οὐ γάρ που ἐπὶ ὀνόματά γε 5 ἕτερα ἄλλα τούτων· οὐ γὰρ ἔστιν, ἀλλὰ δῆλον ὅτι ἄλλ' ἄττα ζητητέα πλὴν ὀνομάτων, ἃ ἡμῖν ἐμφανιεῖ ἄνευ ὀνομάτων ὁπότερα τούτων ἐστὶ τἀληθῆ, δείξαντα δῆλον ὅτι τὴν ἀλήθειαν τῶν ὄντων.

e ΚΡ. Δοκεῖ μοι οὕτω.

ΣΩ. Ἔστιν ἄρα, ὡς ἔοικεν, ὦ Κρατύλε, δυνατὸν μαθεῖν ἄνευ ὀνομάτων τὰ ὄντα, εἴπερ ταῦτα οὕτως ἔχει.

ΚΡ. Φαίνεται.

5 ΣΩ. Διὰ τίνος ἄλλου οὖν ἔτι προσδοκᾷς ἂν ταῦτα μαθεῖν; ἆρα δι' ἄλλου του ἢ οὗπερ εἰκός τε καὶ δικαιότατον, δι' ἀλλήλων γε, εἴ πῃ συγγενῆ ἐστιν, καὶ αὐτὰ δι' αὑτῶν; τὸ γάρ που ἕτερον ἐκείνων καὶ ἀλλοῖον ἕτερον ἄν τι καὶ ἀλλοῖον σημαίνοι ἀλλ' οὐκ ἐκεῖνα.

10 ΚΡ. Ἀληθῆ μοι φαίνῃ λέγειν.

439 ΣΩ. Ἔχε δὴ πρὸς Διός· τὰ δὲ ὀνόματα οὐ πολλάκις μέντοι ὡμολογήσαμεν τὰ καλῶς κείμενα ἐοικότα εἶναι ἐκείνοις ὧν ὀνόματα κεῖται, καὶ εἶναι εἰκόνας τῶν πραγμάτων;

ΚΡ. Ναί.

ΣΩ. Εἰ οὖν ἔστι μὲν ὅτι μάλιστα δι' ὀνομάτων τὰ πρά- 5
γματα μανθάνειν, ἔστι δὲ καὶ δι' αὐτῶν, ποτέρα ἂν εἴη καλλίων
καὶ σαφεστέρα ἡ μάθησις; ἐκ τῆς εἰκόνος μανθάνειν αὐτήν
τε αὐτὴν εἰ καλῶς εἴκασται, καὶ τὴν ἀλήθειαν ἧς ἦν εἰκών,
ἢ ἐκ τῆς ἀληθείας αὐτήν τε αὐτὴν καὶ τὴν εἰκόνα αὐτῆς εἰ b
πρεπόντως εἴργασται;

ΚΡ. Ἐκ τῆς ἀληθείας μοι δοκεῖ ἀνάγκη εἶναι.

ΣΩ. Ὅντινα μὲν τοίνυν τρόπον δεῖ μανθάνειν ἢ εὑρίσκειν
τὰ ὄντα, μεῖζον ἴσως ἐστὶν ἐγνωκέναι ἢ κατ' ἐμὲ καὶ σέ· 5
ἀγαπητὸν δὲ καὶ τοῦτο ὁμολογήσασθαι, ὅτι οὐκ ἐξ ὀνομάτων
ἀλλὰ πολὺ μᾶλλον αὐτὰ ἐξ αὑτῶν καὶ μαθητέον καὶ ζητητέον
ἢ ἐκ τῶν ὀνομάτων.

ΚΡ. Φαίνεται, ὦ Σώκρατες.

ΣΩ. Ἔτι τοίνυν τόδε σκεψώμεθα, ὅπως μὴ ἡμᾶς τὰ 10
πολλὰ ταῦτα ὀνόματα ἐς ταὐτὸν τείνοντα ἐξαπατᾷ, εἰ τῷ c
ὄντι μὲν οἱ θέμενοι αὐτὰ διανοηθέντες γε ἔθεντο ὡς ἰόντων
ἁπάντων ἀεὶ καὶ ῥεόντων—φαίνονται γὰρ ἔμοιγε καὶ αὐτῷ
οὕτω διανοηθῆναι—τὸ δ', εἰ ἔτυχεν, οὐχ οὕτως ἔχει, ἀλλ'
οὗτοι αὐτοί τε ὥσπερ εἴς τινα δίνην ἐμπεσόντες κυκῶνται 5
καὶ ἡμᾶς ἐφελκόμενοι προσεμβάλλουσιν. σκέψαι γάρ, ὦ
θαυμάσιε Κρατύλε, ὃ ἔγωγε πολλάκις ὀνειρώττω. πότερον
φῶμέν τι εἶναι αὐτὸ καλὸν καὶ ἀγαθὸν καὶ ἓν ἕκαστον τῶν
ὄντων οὕτω, ἢ μή; d

ΚΡ. Ἔμοιγε δοκεῖ, ὦ Σώκρατες, [εἶναι].

ΣΩ. Αὐτὸ τοίνυν ἐκεῖνο σκεψώμεθα, μὴ εἰ πρόσωπόν τί
ἐστιν καλὸν ἤ τι τῶν τοιούτων, καὶ δοκεῖ ταῦτα πάντα ῥεῖν·
ἀλλ' αὐτό, φῶμεν, τὸ καλὸν οὐ τοιοῦτον ἀεί ἐστιν οἷόν 5
ἐστιν;

ΚΡ. Ἀνάγκη.

a 6 αὐτῶν Baiter   a 8 ἡ ante εἰκών add. T   b 5 μείζων B
c 1 ἐξαπατᾷ, εἰ Wyttenbach : ἐξαπατᾶται καὶ B : ἐξαπατᾷ καὶ T
c 2 γε Ast : τε B T   c 3 αὐτῷ Heindorf : αὐτοὶ B T   c 5 ἐμπε-
σόντες b t : ἐκπεσόντες B T   c 7 ἔγωγε] ἐγὼ T   d 2 εἶναι om. B
d 4 καὶ . . . ῥεῖν secl. Schanz

ΣΩ. Ἆρ' οὖν οἷόν τε προσειπεῖν αὐτὸ ὀρθῶς, εἰ ἀεὶ
ὑπεξέρχεται, πρῶτον μὲν ὅτι ἐκεῖνό ἐστιν, ἔπειτα ὅτι τοιοῦτον,
10 ἢ ἀνάγκη ἅμα ἡμῶν λεγόντων ἄλλο αὐτὸ εὐθὺς γίγνεσθαι
καὶ ὑπεξιέναι καὶ μηκέτι οὕτως ἔχειν;
     ΚΡ. Ἀνάγκη.
e   ΣΩ. Πῶς οὖν ἂν εἴη τὶ ἐκεῖνο ὃ μηδέποτε ὡσαύτως
ἔχει; εἰ γάρ ποτε ὡσαύτως ἴσχει, ἔν γ' ἐκείνῳ τῷ χρόνῳ
δῆλον ὅτι οὐδὲν μεταβαίνει· εἰ δὲ ἀεὶ ὡσαύτως ἔχει καὶ τὸ
αὐτό ἐστι, πῶς ἂν τοῦτό γε μεταβάλλοι ἢ κινοῖτο, μηδὲν
5 ἐξιστάμενον τῆς αὑτοῦ ἰδέας;
     ΚΡ. Οὐδαμῶς.
     ΣΩ. Ἀλλὰ μὴν οὐδ' ἂν γνωσθείη γε ὑπ' οὐδενός. ἅμα
440 γὰρ ἂν ἐπιόντος τοῦ γνωσομένου ἄλλο καὶ ἀλλοῖον γίγνοιτο,
ὥστε οὐκ ἂν γνωσθείη ἔτι ὁποῖόν γέ τί ἐστιν ἢ πῶς ἔχον·
γνῶσις δὲ δήπου οὐδεμία γιγνώσκει ὃ γιγνώσκει μηδαμῶς
ἔχον.
5   ΚΡ. Ἔστιν ὡς λέγεις.
     ΣΩ. Ἀλλ' οὐδὲ γνῶσιν εἶναι φάναι εἰκός, ὦ Κρατύλε, εἰ
μεταπίπτει πάντα χρήματα καὶ μηδὲν μένει. εἰ μὲν γὰρ
αὐτὸ τοῦτο, ἡ γνῶσις, τοῦ γνῶσις εἶναι μὴ μεταπίπτει, μένοι
τε ἂν ἀεὶ ἡ γνῶσις καὶ εἴη γνῶσις. εἰ δὲ καὶ αὐτὸ τὸ εἶδος
b μεταπίπτει τῆς γνώσεως, ἅμα τ' ἂν μεταπίπτοι εἰς ἄλλο
εἶδος γνώσεως καὶ οὐκ ἂν εἴη γνῶσις· εἰ δὲ ἀεὶ μεταπίπτει,
ἀεὶ οὐκ ἂν εἴη γνῶσις, καὶ ἐκ τούτου τοῦ λόγου οὔτε τὸ
γνωσόμενον οὔτε τὸ γνωσθησόμενον ἂν εἴη. εἰ δὲ ἔστι μὲν
5 ἀεὶ τὸ γιγνῶσκον, ἔστι δὲ τὸ γιγνωσκόμενον, ἔστι δὲ τὸ
καλόν, ἔστι δὲ τὸ ἀγαθόν, ἔστι δὲ ἓν ἕκαστον τῶν ὄντων,
οὔ μοι φαίνεται ταῦτα ὅμοια ὄντα, ἃ νῦν ἡμεῖς λέγομεν, ῥοῇ
c οὐδὲν οὐδὲ φορᾷ. ταῦτ' οὖν πότερόν ποτε οὕτως ἔχει ἢ
ἐκείνως ὡς οἱ περὶ Ἡράκλειτόν τε λέγουσιν καὶ ἄλλοι
πολλοί, μὴ οὐ ῥᾴδιον ᾖ ἐπισκέψασθαι, οὐδὲ πάνυ νοῦν
ἔχοντος ἀνθρώπου ἐπιτρέψαντα ὀνόμασιν αὐτὸν καὶ τὴν αὑτοῦ

ψυχὴν θεραπεύειν, πεπιστευκότα ἐκείνοις καὶ τοῖς θεμένοις 5
αὐτά, διισχυρίζεσθαι ὥς τι εἰδότα, καὶ αὐτοῦ τε καὶ τῶν ὄντων
καταγιγνώσκειν ὡς οὐδὲν ὑγιὲς οὐδενός, ἀλλὰ πάντα ὥσπερ
κεράμια ῥεῖ, καὶ ἀτεχνῶς ὥσπερ οἱ κατάρρῳ νοσοῦντες
ἄνθρωποι οὕτως οἴεσθαι καὶ τὰ πράγματα διακεῖσθαι, ὑπὸ d
ῥεύματός τε καὶ κατάρρου πάντα [τὰ] χρήματα ἔχεσθαι. ἴσως
μὲν οὖν δή, ὦ Κρατύλε, οὕτως ἔχει, ἴσως δὲ καὶ οὔ. σκο-
πεῖσθαι οὖν χρὴ ἀνδρείως τε καὶ εὖ, καὶ μὴ ῥᾳδίως ἀποδέ-
χεσθαι—ἔτι γὰρ νέος εἶ καὶ ἡλικίαν ἔχεις—σκεψάμενον δέ, 5
ἐὰν εὕρῃς, μεταδιδόναι καὶ ἐμοί.

ΚΡ. Ἀλλὰ ποιήσω ταῦτα. εὖ μέντοι ἴσθι, ὦ Σώκρατες,
ὅτι οὐδὲ νυνὶ ἀσκέπτως ἔχω, ἀλλά μοι σκοπουμένῳ καὶ
πράγματα ἔχοντι πολὺ μᾶλλον ἐκείνως φαίνεται ἔχειν ὡς e
Ἡράκλειτος λέγει.

ΣΩ. Εἰς αὖθις τοίνυν με, ὦ ἑταῖρε, διδάξεις, ἐπειδὰν
ἥκῃς· νῦν δέ, ὥσπερ παρεσκεύασαι, πορεύου εἰς ἀγρόν·
προπέμψει δέ σε καὶ Ἑρμογένης ὅδε. 5

ΚΡ. Ταῦτ' ἔσται, ὦ Σώκρατες, ἀλλὰ καὶ σὺ πειρῶ ἔτι
ἐννοεῖν ταῦτα ἤδη.

c 6 τε] γε T   d 2 τὰ om. T   d 8 καὶ ante πράγματα
secl. Naber

ΘΕΑΙΤΗΤΟΣ

ΕΥΚΛΕΙΔΗΣ   ΤΕΡΨΙΩΝ

ΕΥ. Ἄρτι, ὦ Τερψίων, ἢ πάλαι ἐξ ἀγροῦ;   a

ΤΕΡ. Ἐπιεικῶς πάλαι.   καὶ σέ γε ἐζήτουν κατ' ἀγορὰν
καὶ ἐθαύμαζον ὅτι οὐχ οἷός τ' ἦ εὑρεῖν.

ΕΥ. Οὐ γὰρ ἦ κατὰ πόλιν.

ΤΕΡ. Ποῦ μήν;   5

ΕΥ. Εἰς λιμένα καταβαίνων Θεαιτήτῳ ἐνέτυχον φερο-
μένῳ ἐκ Κορίνθου ἀπὸ τοῦ στρατοπέδου Ἀθήναζε.

ΤΕΡ. Ζῶντι ἢ τετελευτηκότι;

ΕΥ. Ζῶντι καὶ μάλα μόλις· χαλεπῶς μὲν γὰρ ἔχει καὶ   b
ὑπὸ τραυμάτων τινῶν, μᾶλλον μὴν αὐτὸν αἱρεῖ τὸ γεγονὸς
νόσημα ἐν τῷ στρατεύματι.

ΤΕΡ. Μῶν ἡ δυσεντερία;

ΕΥ. Ναί.   5

ΤΕΡ. Οἷον ἄνδρα λέγεις ἐν κινδύνῳ εἶναι.

ΕΥ. Καλόν τε καὶ ἀγαθόν, ὦ Τερψίων, ἐπεί τοι καὶ νῦν
ἤκουόν τινων μάλα ἐγκωμιαζόντων αὐτὸν περὶ τὴν μάχην.

ΤΕΡ. Καὶ οὐδέν γ' ἄτοπον, ἀλλὰ πολὺ θαυμαστότερον εἰ
μὴ τοιοῦτος ἦν.   ἀτὰρ πῶς οὐκ αὐτοῦ Μεγαροῖ κατέλυεν;   c

b 1 μόγις W   b 7 τε] γε al.   b 8 περὶ τὴν μάχην αὐτόν pr. T
(sed corr. T)   b 9 οὐδέν] οὐδέ W

ΕΥ. Ἠπείγετο οἴκαδε· ἐπεὶ ἔγωγ' ἐδεόμην καὶ συν-
εβούλευον, ἀλλ' οὐκ ἤθελεν. καὶ δῆτα προπέμψας αὐτόν,
ἀπιὼν πάλιν ἀνεμνήσθην καὶ ἐθαύμασα Σωκράτους ὡς μαν-
5 τικῶς ἄλλα τε δὴ εἶπε καὶ περὶ τούτου. δοκεῖ γάρ μοι
ὀλίγον πρὸ τοῦ θανάτου ἐντυχεῖν αὐτῷ μειρακίῳ ὄντι, καὶ
συγγενόμενός τε καὶ διαλεχθεὶς πάνυ ἀγασθῆναι αὐτοῦ τὴν
φύσιν. καί μοι ἐλθόντι Ἀθήναζε τούς τε λόγους οὓς δι-
d ελέχθη αὐτῷ διηγήσατο καὶ μάλα ἀξίους ἀκοῆς, εἶπέ τε ὅτι
πᾶσα ἀνάγκη εἴη τοῦτον ἐλλόγιμον γενέσθαι, εἴπερ εἰς
ἡλικίαν ἔλθοι.

ΤΕΡ. Καὶ ἀληθῆ γε, ὡς ἔοικεν, εἶπεν. ἀτὰρ τίνες ἦσαν
5 οἱ λόγοι; ἔχοις ἂν διηγήσασθαι;

ΕΥ. Οὐ μὰ τὸν Δία, οὔκουν οὕτω γε ἀπὸ στόματος·
143 ἀλλ' ἐγραψάμην μὲν τότ' εὐθὺς οἴκαδ' ἐλθὼν ὑπομνήματα,
ὕστερον δὲ κατὰ σχολὴν ἀναμιμνησκόμενος ἔγραφον, καὶ
ὁσάκις Ἀθήναζε ἀφικοίμην, ἐπανηρώτων τὸν Σωκράτη ὃ μὴ
ἐμεμνήμην, καὶ δεῦρο ἐλθὼν ἐπηνορθούμην· ὥστε μοι σχεδόν
5 τι πᾶς ὁ λόγος γέγραπται.

ΤΕΡ. Ἀληθῆ· ἤκουσά σου καὶ πρότερον, καὶ μέντοι ἀεὶ
μέλλων κελεύσειν ἐπιδεῖξαι διατέτριφα δεῦρο. ἀλλὰ τί
κωλύει νῦν ἡμᾶς διελθεῖν; πάντως ἔγωγε καὶ ἀναπαύσασθαι
δέομαι ὡς ἐξ ἀγροῦ ἥκων.

b ΕΥ. Ἀλλὰ μὲν δὴ καὶ αὐτὸς μέχρι Ἐρινοῦ Θεαίτητον
προύπεμψα, ὥστε οὐκ ἂν ἀηδῶς ἀναπαυοίμην. ἀλλ' ἴωμεν,
καὶ ἡμῖν ἅμα ἀναπαυομένοις ὁ παῖς ἀναγνώσεται.

ΤΕΡ. Ὀρθῶς λέγεις.

5 ΕΥ. Τὸ μὲν δὴ βιβλίον, ὦ Τερψίων, τουτί· ἐγραψάμην
δὲ δὴ οὑτωσὶ τὸν λόγον, οὐκ ἐμοὶ Σωκράτη διηγούμενον ὡς
διηγεῖτο, ἀλλὰ διαλεγόμενον οἷς ἔφη διαλεχθῆναι. ἔφη δὲ
1 ῷ τε γεωμέτρῃ Θεοδώρῳ καὶ τῷ Θεαιτήτῳ. ἵνα οὖν ἐν τῇ

a 1 μὲν om. B   a 4 ἐπηνορθούμην BT: ἐπηνωρθούμην vulg.
a 6 ἀληθῆ] ἀλλ' ἤδη Heindorf   a 8 πάντως; ἐγὼ δὲ καὶ W
b 1 μὲν om. W   ἐρινοῦ W: ἐρείνου B: ἐρεῖν οὗ T

γραφῇ μὴ παρέχοιεν πράγματα αἱ μεταξὺ τῶν λόγων διηγήσεις c
περὶ αὑτοῦ τε ὁπότε λέγοι ὁ Σωκράτης, οἷον " καὶ ἐγὼ ἔφην" ἢ
" καὶ ἐγὼ εἶπον," ἢ αὖ περὶ τοῦ ἀποκρινομένου ὅτι " συνέφη "
ἢ " οὐχ ὡμολόγει," τούτων ἕνεκα ὡς αὐτὸν αὐτοῖς διαλεγό-
μενον ἔγραψα, ἐξελὼν τὰ τοιαῦτα. 5
ΤΕΡ. Καὶ οὐδέν γε ἀπὸ τρόπου, ὦ Εὐκλείδη.
ΕΥ. Ἀλλά, παῖ, λαβὲ τὸ βιβλίον καὶ λέγε.

ΣΩΚΡΑΤΗΣ   ΘΕΟΔΩΡΟΣ   ΘΕΑΙΤΗΤΟΣ

ΣΩ. Εἰ μὲν τῶν ἐν Κυρήνῃ μᾶλλον ἐκηδόμην, ὦ Θεό- d
δωρε, τὰ ἐκεῖ ἄν σε καὶ περὶ ἐκείνων ἀνηρώτων, εἴ τινες
αὐτόθι περὶ γεωμετρίαν ἤ τινα ἄλλην φιλοσοφίαν εἰσὶ τῶν
νέων ἐπιμέλειαν ποιούμενοι· νῦν δὲ ἧττον γὰρ ἐκείνους ἢ
τούσδε φιλῶ, καὶ μᾶλλον ἐπιθυμῶ εἰδέναι τίνες ἡμῖν τῶν 5
νέων ἐπίδοξοι γενέσθαι ἐπιεικεῖς. ταῦτα δὴ αὐτός τε σκοπῶ
καθ᾽ ὅσον δύναμαι, καὶ τοὺς ἄλλους ἐρωτῶ οἷς ἂν ὁρῶ τοὺς
νέους ἐθέλοντας συγγίγνεσθαι. σοὶ δὴ οὐκ ὀλίγιστοι πλησιά-
ζουσι, καὶ δικαίως· ἄξιος γὰρ τά τε ἄλλα καὶ γεωμετρίας e
ἕνεκα. εἰ δὴ οὖν τινι ἐνέτυχες ἀξίῳ λόγου, ἡδέως ἂν
πυθοίμην.
ΘΕΟ. Καὶ μήν, ὦ Σώκρατες, ἐμοί τε εἰπεῖν καὶ σοὶ
ἀκοῦσαι πάνυ ἄξιον οἵῳ ὑμῖν τῶν πολιτῶν μειρακίῳ ἐντετύ- 5
χηκα. καὶ εἰ μὲν ἦν καλός, ἐφοβούμην ἂν σφόδρα λέγειν,
μὴ καί τῳ δόξω ἐν ἐπιθυμίᾳ αὐτοῦ εἶναι. νῦν δέ—καὶ μή
μοι ἄχθου—οὐκ ἔστι καλός, προσέοικε δὲ σοὶ τήν τε σιμό-
τητα καὶ τὸ ἔξω τῶν ὀμμάτων· ἧττον δὲ ἢ σὺ ταῦτ᾽ ἔχει.
ἀδεῶς δὴ λέγω. εὖ γὰρ ἴσθι ὅτι ὧν δὴ πώποτε ἐνέτυχον 144
—καὶ πάνυ πολλοῖς πεπλησίακα—οὐδένα πω ᾐσθόμην οὕτω
θαυμαστῶς εὖ πεφυκότα. τὸ γὰρ εὐμαθῆ ὄντα ὡς ἄλλῳ
χαλεπὸν πρᾷον αὖ εἶναι διαφερόντως, καὶ ἐπὶ τούτοις

---

c 2 αὑτοῦ W : αὐτοῦ Β Τ   d 2 ἀνηρώτων] ἄν· ἠρώτων Β   d 8 συγ-
γενέσθαι W   δὴ] δὲ W   a 2 πολλοῖς] πολλοῖς δὴ W   a 3 εὖ
om. W   a 4 αὖ om. Τ

5 ἀνδρεῖον παρ' ὁντινοῦν, ἐγὼ μὲν οὖτ' ἂν ᾠόμην γενέσθαι
οὔτε ὁρῶ γιγνόμενον· ἀλλ' οἵ τε ὀξεῖς ὥσπερ οὗτος καὶ
ἀγχίνοι καὶ μνήμονες ὡς τὰ πολλὰ καὶ πρὸς τὰς ὀργὰς
ὀξύρροποί εἰσι, καὶ ᾄττοντες φέρονται ὥσπερ τὰ ἀνερμά-
b τιστα πλοῖα, καὶ μανικώτεροι ἢ ἀνδρειότεροι φύονται, οἵ τε
αὖ ἐμβριθέστεροι νωθροί πως ἀπαντῶσι πρὸς τὰς μαθήσεις
καὶ λήθης γέμοντες. ὁ δὲ οὕτω λείως τε καὶ ἀπταίστως
καὶ ἀνυσίμως ἔρχεται ἐπὶ τὰς μαθήσεις τε καὶ ζητήσεις
5 μετὰ πολλῆς πρᾳότητος, οἷον ἐλαίου ῥεῦμα ἀψοφητὶ ῥέοντος,
ὥστε θαυμάσαι τὸ τηλικοῦτον ὄντα οὕτως ταῦτα διαπράτ-
τεσθαι.

ΣΩ. Εὖ ἀγγέλλεις. τίνος δὲ καὶ ἔστι τῶν πολιτῶν;

ΘΕΟ. Ἀκήκοα μὲν τοὔνομα, μνημονεύω δὲ οὔ. ἀλλὰ
c γάρ ἐστι τῶνδε τῶν προσιόντων ὁ ἐν τῷ μέσῳ· ἄρτι γὰρ ἐν
τῷ ἔξω δρόμῳ ἠλείφοντο ἑταῖροί τέ τινες οὗτοι αὐτοῦ καὶ
αὐτός, νῦν δέ μοι δοκοῦσιν ἀλειψάμενοι δεῦρο ἰέναι. ἀλλὰ
σκόπει εἰ γιγνώσκεις αὐτόν.

5 ΣΩ. Γιγνώσκω· ὁ τοῦ Σουνιῶς Εὐφρονίου ἐστίν, καὶ
πάνυ γε, ὦ φίλε, ἀνδρὸς οἷον καὶ σὺ τοῦτον διηγῇ, καὶ
ἄλλως εὐδοκίμου, καὶ μέντοι καὶ οὐσίαν μάλα πολλὴν
κατέλιπεν. τὸ δ' ὄνομα οὐκ οἶδα τοῦ μειρακίου.

d ΘΕΟ. Θεαίτητος, ὦ Σώκρατες, τό γε ὄνομα· τὴν μέντοι
οὐσίαν δοκοῦσί μοι ἐπίτροποί τινες διεφθαρκέναι. ἀλλ' ὅμως
καὶ πρὸς τὴν τῶν χρημάτων ἐλευθεριότητα θαυμαστός, ὦ
Σώκρατες.

5 ΣΩ. Γεννικὸν λέγεις τὸν ἄνδρα. καί μοι κέλευε αὐτὸν
ἐνθάδε παρακαθίζεσθαι.

ΘΕΟ. Ἔσται ταῦτα. Θεαίτητε, δεῦρο παρὰ Σωκράτη.

ΣΩ. Πάνυ μὲν οὖν, ὦ Θεαίτητε, ἵνα κἀγὼ ἐμαυτὸν
ἀνασκέψωμαι ποῖόν τι ἔχω τὸ πρόσωπον· φησὶν γὰρ Θεό-

a 6 γιγνόμενον T ut videtur: γιγνομένους B Berol.   b 2 ἀπαντῶσι B:
ἃ πάντων T   b 3 τε om. W   b 5 οἷον] οἰονεὶ W   b 8 εὐαγγελεῖς
T Berol.   c 2 ἑταῖροί B : ἕτεροί T   c 6 γε om. W   c 7 εὐδόκιμον
B   d 3 καὶ] ὁ W   d 7 ἔσται T : ἔστι B

δωρος ἔχειν με σοὶ ὅμοιον.   ἀτὰρ εἰ νῷν ἐχόντοιν ἑκατέρου e
λύραν ἔφη αὐτὰς ἡρμόσθαι ὁμοίως, πότερον εὐθὺς ἂν
ἐπιστεύομεν ἢ ἐπεσκεψάμεθ᾽ ἂν εἰ μουσικὸς ὢν λέγει;

ΘΕΑΙ. Ἐπεσκεψάμεθ᾽ ἄν.

ΣΩ. Οὐκοῦν τοιοῦτον μὲν εὑρόντες ἐπειθόμεθ᾽ ἄν, ἄμουσον 5
δέ, ἠπιστοῦμεν;

ΘΕΑΙ. Ἀληθῆ.

ΣΩ. Νῦν δέ γ᾽, οἶμαι, εἴ τι μέλει ἡμῖν τῆς τῶν προσώπων
ὁμοιότητος, σκεπτέον εἰ γραφικὸς ὢν λέγει ἢ οὔ.   145

ΘΕΑΙ. Δοκεῖ μοι.

ΣΩ. Ἦ οὖν ζωγραφικὸς Θεόδωρος;

ΘΕΑΙ. Οὔχ, ὅσον γέ με εἰδέναι.

ΣΩ. Ἆρ᾽ οὐδὲ γεωμετρικός;   5

ΘΕΑΙ. Πάντως δήπου, ὦ Σώκρατες.

ΣΩ. Ἦ καὶ ἀστρονομικὸς καὶ λογιστικός τε καὶ μουσικὸς
καὶ ὅσα παιδείας ἔχεται;

ΘΕΑΙ. Ἔμοιγε δοκεῖ.

ΣΩ. Εἰ μὲν ἄρα ἡμᾶς τοῦ σώματός τι ὁμοίους φησὶν 10
εἶναι ἐπαινῶν πῃ ἢ ψέγων, οὐ πάνυ αὐτῷ ἄξιον τὸν νοῦν
προσέχειν.

ΘΕΑΙ. Ἴσως οὔ.

ΣΩ. Τί δ᾽ εἰ ποτέρου τὴν ψυχὴν ἐπαινοῖ πρὸς ἀρετήν b
τε καὶ σοφίαν; ἆρ᾽ οὐκ ἄξιον τῷ μὲν ἀκούσαντι προθυμεῖ-
σθαι ἀνασκέψασθαι τὸν ἐπαινεθέντα, τῷ δὲ προθύμως ἑαυτὸν
ἐπιδεικνύναι;

ΘΕΑΙ. Πάνυ μὲν οὖν, ὦ Σώκρατες.   5

ΣΩ. Ὥρα τοίνυν, ὦ φίλε Θεαίτητε, σοὶ μὲν ἐπιδεικνύναι,
ἐμοὶ δὲ σκοπεῖσθαι· ὡς εὖ ἴσθι ὅτι Θεόδωρος πολλοὺς δὴ
πρός με ἐπαινέσας ξένους τε καὶ ἀστοὺς οὐδένα πω ἐπήνεσεν
ὡς σὲ νυνδή.

ΘΕΑΙ. Εὖ ἂν ἔχοι, ὦ Σώκρατες· ἀλλ᾽ ὅρα μὴ παίζων 10
ἔλεγεν.   c

a 9 ἔμοιγε] ἐμοὶ T   a 10 φησὶν ὁμοίους T   a 11 ἄξιον αὐτῷ W
17*

ΣΩ. Οὐχ οὗτος ὁ τρόπος Θεοδώρου· ἀλλὰ μὴ ἀναδύου
τὰ ὡμολογημένα σκηπτόμενος παίζοντα λέγειν τόνδε, ἵνα μὴ
καὶ ἀναγκασθῇ μαρτυρεῖν—πάντως γὰρ οὐδεὶς ἐπισκήψετ᾽
5 αὐτῷ—ἀλλὰ θαρρῶν ἔμμενε τῇ ὁμολογίᾳ.

ΘΕΑΙ. Ἀλλὰ χρὴ ταῦτα ποιεῖν, εἰ σοὶ δοκεῖ.

ΣΩ. Λέγε δή μοι· μανθάνεις που παρὰ Θεοδώρου
γεωμετρίας ἄττα;

ΘΕΑΙ. Ἔγωγε.

d ΣΩ. Καὶ τῶν περὶ ἀστρονομίαν τε καὶ ἁρμονίας καὶ
λογισμούς;

ΘΕΑΙ. Προθυμοῦμαί γε δή.

ΣΩ. Καὶ γὰρ ἐγώ, ὦ παῖ, παρά τε τούτου καὶ παρ᾽
5 ἄλλων οὓς ἂν οἴωμαί τι τούτων ἐπαΐειν. ἀλλ᾽ ὅμως τὰ
μὲν ἄλλα ἔχω περὶ αὐτὰ μετρίως, μικρὸν δέ τι ἀπορῶ ὃ
μετὰ σοῦ τε καὶ τῶνδε σκεπτέον. καί μοι λέγε· ἆρ᾽ οὐ τὸ
μανθάνειν ἐστὶν τὸ σοφώτερον γίγνεσθαι περὶ ὃ μανθάνει
τις;

10 ΘΕΑΙ. Πῶς γὰρ οὔ;

ΣΩ. Σοφίᾳ δέ γ᾽ οἶμαι σοφοὶ οἱ σοφοί.

ΘΕΑΙ. Ναί.

e ΣΩ. Τοῦτο δὲ μῶν διαφέρει τι ἐπιστήμης;

ΘΕΑΙ. Τὸ ποῖον;

ΣΩ. Ἡ σοφία. ἢ οὐχ ἅπερ ἐπιστήμονες ταῦτα καὶ
σοφοί;

5 ΘΕΑΙ. Τί μήν;

ΣΩ. Ταὐτὸν ἄρα ἐπιστήμη καὶ σοφία;

ΘΕΑΙ. Ναί.

ΣΩ. Τοῦτ᾽ αὐτὸ τοίνυν ἐστὶν ὃ ἀπορῶ καὶ οὐ δύναμαι
λαβεῖν ἱκανῶς παρ᾽ ἐμαυτῷ, ἐπιστήμη ὅτι ποτὲ τυγχάνει ὄν.

146 ἆρ᾽ οὖν δὴ ἔχομεν λέγειν αὐτό; τί φατέ; τίς ἂν ἡμῶν
πρῶτος εἴποι; ὁ δὲ ἁμαρτών, καὶ ὃς ἂν ἀεὶ ἁμαρτάνῃ,

c 4 καὶ om. W   ἐπισκήψετ᾽ Schanz : ἐπισκήψει Β Τ   d 1 ἁρμο-
νίαν W   d 4 τε W Berol. : γε Β Τ   d 6 δέ τι] δ᾽ ἔτι Heindorf
d 11 γ᾽ om. W

καθεδεῖται, ὥσπερ φασὶν οἱ παῖδες οἱ σφαιρίζοντες, ὄνος· ὃς
δ᾽ ἂν περιγένηται ἀναμάρτητος, βασιλεύσει ἡμῶν καὶ ἐπιτάξει
ὅτι ἂν βούληται ἀποκρίνεσθαι. τί σιγᾶτε; οὔ τί που, ὦ 5
Θεόδωρε, ἐγὼ ὑπὸ φιλολογίας ἀγροικίζομαι, προθυμούμενος
ἡμᾶς ποιῆσαι διαλέγεσθαι καὶ φίλους τε καὶ προσηγόρους
ἀλλήλοις γίγνεσθαι;

ΘΕΟ. Ἥκιστα μέν, ὦ Σώκρατες, τὸ τοιοῦτον ἂν εἴη b
ἄγροικον, ἀλλὰ τῶν μειρακίων τι κέλευέ σοι ἀποκρίνεσθαι·
ἐγὼ μὲν γὰρ ἀήθης τῆς τοιαύτης διαλέκτου, καὶ οὐδ᾽ αὖ
συνεθίζεσθαι ἡλικίαν ἔχω. τοῖσδε δὲ πρέποι τε ἂν τοῦτο
καὶ πολὺ πλέον ἐπιδιδοῖεν· τῷ γὰρ ὄντι ἡ νεότης εἰς πᾶν 5
ἐπίδοσιν ἔχει. ἀλλ᾽, ὥσπερ ἤρξω, μὴ ἀφίεσο τοῦ Θεαιτήτου
ἀλλ᾽ ἐρώτα.

ΣΩ. Ἀκούεις δή, ὦ Θεαίτητε, ἃ λέγει Θεόδωρος, ᾧ
ἀπειθεῖν, ὡς ἐγὼ οἶμαι, οὔτε σὺ ἐθελήσεις, οὔτε θέμις περὶ c
τὰ τοιαῦτα ἀνδρὶ σοφῷ ἐπιτάττοντι νεώτερον ἀπειθεῖν.
ἀλλ᾽ εὖ καὶ γενναίως εἰπέ· τί σοι δοκεῖ εἶναι ἐπιστήμη;

ΘΕΑΙ. Ἀλλὰ χρή, ὦ Σώκρατες, ἐπειδήπερ ὑμεῖς κελεύετε.
πάντως γάρ, ἄν τι καὶ ἁμάρτω, ἐπανορθώσετε. 5

ΣΩ. Πάνυ μὲν οὖν, ἄνπερ γε οἷοί τε ὦμεν.

ΘΕΑΙ. Δοκεῖ τοίνυν μοι καὶ ἃ παρὰ Θεοδώρου ἄν τις
μάθοι ἐπιστῆμαι εἶναι, γεωμετρία τε καὶ ἃς νυνδὴ σὺ διῆλθες,
καὶ αὖ σκυτοτομική τε καὶ αἱ τῶν ἄλλων δημιουργῶν τέχναι, d
πᾶσαί τε καὶ ἑκάστη τούτων, οὐκ ἄλλο τι ἢ ἐπιστήμη εἶναι.

ΣΩ. Γενναίως γε καὶ φιλοδώρως, ὦ φίλε, ἐν αἰτηθεὶς
πολλὰ δίδως καὶ ποικίλα ἀντὶ ἁπλοῦ.

ΘΕΑΙ. Πῶς τί τοῦτο λέγεις, ὦ Σώκρατες; 5

ΣΩ. Ἴσως μὲν οὐδέν· ὃ μέντοι οἶμαι, φράσω. ὅταν
λέγῃς σκυτικήν, μή τι ἄλλο φράζεις ἢ ἐπιστήμην ὑποδημάτων
ἐργασίας;

ΘΕΑΙ. Οὐδέν.

a 5 ὅτι] ὃν W   ἀποκρίνασθαι W   a 7 ἡμᾶς] ὑμᾶς T   b 1 μέν
om. T   b 2 τι] τινὰ W   b 4 τε om. W   c 1 ἀπειθεῖν W :
ἀπελθεῖν al. : ἀπιστεῖν B T   d 7 μὴ ἄλλο τι W

e ΣΩ. Τί δ' ὅταν τεκτονικήν; μή τι ἄλλο ἢ ἐπιστήμην τῆς τῶν ξυλίνων σκευῶν ἐργασίας;

ΘΕΑΙ. Οὐδὲ τοῦτο.

ΣΩ. Οὐκοῦν ἐν ἀμφοῖν, οὗ ἑκατέρα ἐπιστήμη, τοῦτο
5 ὁρίζεις;

ΘΕΑΙ. Ναί.

ΣΩ. Τὸ δέ γ' ἐρωτηθέν, ὦ Θεαίτητε, οὐ τοῦτο ἦν, τίνων ἡ ἐπιστήμη, οὐδὲ ὁπόσαι τινές· οὐ γὰρ ἀριθμῆσαι αὐτὰς βουλόμενοι ἠρόμεθα ἀλλὰ γνῶναι ἐπιστήμην αὐτὸ ὅτι ποτ'
10 ἐστίν. ἢ οὐδὲν λέγω;

ΘΕΑΙ. Πάνυ μὲν οὖν ὀρθῶς.

147 ΣΩ. Σκέψαι δὴ καὶ τόδε. εἴ τις ἡμᾶς τῶν φαύλων τι καὶ προχείρων ἔροιτο, οἷον περὶ πηλοῦ ὅτι ποτ' ἐστίν, εἰ ἀποκριναίμεθα αὐτῷ πηλὸς ὁ τῶν χυτρέων καὶ πηλὸς ὁ τῶν ἱπνοπλαθῶν καὶ πηλὸς ὁ τῶν πλινθουργῶν, οὐκ ἂν γελοῖοι
5 εἶμεν;

ΘΕΑΙ. Ἴσως.

ΣΩ. Πρῶτον μέν γέ που οἰόμενοι συνιέναι ἐκ τῆς ἡμετέρας ἀποκρίσεως τὸν ἐρωτῶντα, ὅταν εἴπωμεν πηλός, εἴτε ὁ τῶν
b κοροπλαθῶν προσθέντες εἴτε ἄλλων ὡντινωνοῦν δημιουργῶν. ἢ οἴει τίς τι συνίησίν τινος ὄνομα, ὃ μὴ οἶδεν τί ἐστιν;

ΘΕΑΙ. Οὐδαμῶς.

ΣΩ. Οὐδ' ἄρα ἐπιστήμην ὑποδημάτων συνίησιν ὁ ἐπι-
5 στήμην μὴ εἰδώς.

ΘΕΑΙ. Οὐ γάρ.

ΣΩ. Σκυτικὴν ἄρα οὐ συνίησιν ὃς ἂν ἐπιστήμην ἀγνοῇ, οὐδέ τινα ἄλλην τέχνην.

ΘΕΑΙ. Ἔστιν οὕτως.

10 ΣΩ. Γελοία ἄρα ἡ ἀπόκρισις τῷ ἐρωτηθέντι ἐπιστήμη τί ἐστιν, ὅταν ἀποκρίνηται τέχνης τινὸς ὄνομα. τινὸς γὰρ
c ἐπιστήμην ἀποκρίνεται οὐ τοῦτ' ἐρωτηθείς.

e 7 τὸ δέ γε ἐρωτηθέν W Berol. : τὸ δ' ἐπερωτηθέν B T   a 4 ἱπνο-
πλαθῶν B T W Berol. : κοροπλάθων T W in marg.   πλινθουλκῶν Berol.
a 5 ἦμεν T W   b 2 τί B T · ὅτι W Berol.   c 1 οὐ] ὁ W

ΘΕΑΙ. Ἔοικεν.

ΣΩ. Ἔπειτά γέ που ἐξὸν φαύλως καὶ βραχέως ἀποκρί-
νασθαι περιέρχεται ἀπέραντον ὁδόν. οἷον καὶ ἐν τῇ τοῦ
πηλοῦ ἐρωτήσει φαῦλόν που καὶ ἁπλοῦν εἰπεῖν ὅτι γῆ ὑγρῷ 5
φυραθεῖσα πηλὸς ἂν εἴη, τὸ δ' ὅτου ἐᾶν χαίρειν.

ΘΕΑΙ. Ῥᾴδιον, ὦ Σώκρατες, νῦν γε οὕτω φαίνεται· ἀτὰρ
κινδυνεύεις ἐρωτᾶν οἷον καὶ αὐτοῖς ἡμῖν ἔναγχος εἰσῆλθε
διαλεγομένοις, ἐμοί τε καὶ τῷ σῷ ὁμωνύμῳ τούτῳ Σωκράτει. d

ΣΩ. Τὸ ποῖον δή, ὦ Θεαίτητε;

ΘΕΑΙ. Περὶ δυνάμεών τι ἡμῖν Θεόδωρος ὅδε ἔγραφε, τῆς
τε τρίποδος πέρι καὶ πεντέποδος [ἀποφαίνων] ὅτι μήκει οὐ
σύμμετροι τῇ ποδιαίᾳ, καὶ οὕτω κατὰ μίαν ἑκάστην προαιρού- 5
μενος μέχρι τῆς ἑπτακαιδεκάποδος· ἐν δὲ ταύτῃ πως ἐνέσχετο.
ἡμῖν οὖν εἰσῆλθέ τι τοιοῦτον, ἐπειδὴ ἄπειροι τὸ πλῆθος αἱ
δυνάμεις ἐφαίνοντο, πειραθῆναι συλλαβεῖν εἰς ἕν, ὅτῳ πάσας
ταύτας προσαγορεύσομεν τὰς δυνάμεις. e

ΣΩ. Ἦ καὶ ηὕρετέ τι τοιοῦτον;

ΘΕΑΙ. Ἔμοιγε δοκοῦμεν· σκόπει δὲ καὶ σύ.

ΣΩ. Λέγε.

ΘΕΑΙ. Τὸν ἀριθμὸν πάντα δίχα διελάβομεν· τὸν μὲν 5
δυνάμενον ἴσον ἰσάκις γίγνεσθαι τῷ τετραγώνῳ τὸ σχῆμα
ἀπεικάσαντες τετράγωνόν τε καὶ ἰσόπλευρον προσείπομεν.

ΣΩ. Καὶ εὖ γε.

ΘΕΑΙ. Τὸν τοίνυν μεταξὺ τούτου, ὧν καὶ τὰ τρία καὶ
τὰ πέντε καὶ πᾶς ὃς ἀδύνατος ἴσος ἰσάκις γενέσθαι, ἀλλ' ἢ 148
πλείων ἐλαττονάκις ἢ ἐλάττων πλεονάκις γίγνεται, μείζων
δὲ καὶ ἐλάττων ἀεὶ πλευρὰ αὐτὸν περιλαμβάνει, τῷ προμήκει
αὖ σχήματι ἀπεικάσαντες προμήκη ἀριθμὸν ἐκαλέσαμεν.

ΣΩ. Κάλλιστα. ἀλλὰ τί τὸ μετὰ τοῦτο; 5

ΘΕΑΙ. Ὅσαι μὲν γραμμαὶ τὸν ἰσόπλευρον καὶ ἐπίπεδον
ἀριθμὸν τετραγωνίζουσι, μῆκος ὡρισάμεθα, ὅσαι δὲ τὸν ἑτερο-

c 4 ἀπέρατον Berol.   c 5 γῆ om. pr. B   d 3 ἔγραψε W
d 4 ἀποφαίνων om. T   e 1 προσεροῦμεν Cobet   e 5 τὸν μὲν B
corr. Berol.: τὸ μὲν T pr. Berol.: καὶ τὸν μὲν W   a 1 γίγνεσθαι
W   a 3 πλευρὰν pr. T

b μήκη, δυνάμεις, ὡς μήκει μὲν οὐ συμμέτρους ἐκείναις, τοῖς δ' ἐπιπέδοις ἃ δύνανται. καὶ περὶ τὰ στερεὰ ἄλλο τοιοῦτον.

ΣΩ. Ἀριστά γ' ἀνθρώπων, ὦ παῖδες· ὥστε μοι δοκεῖ ὁ Θεόδωρος οὐκ ἔνοχος τοῖς ψευδομαρτυρίοις ἔσεσθαι.

5 ΘΕΑΙ. Καὶ μήν, ὦ Σώκρατες, ὅ γε ἐρωτᾷς περὶ ἐπιστήμης οὐκ ἂν δυναίμην ἀποκρίνασθαι ὥσπερ περὶ τοῦ μήκους τε καὶ τῆς δυνάμεως. καίτοι σύ γέ μοι δοκεῖς τοιοῦτόν τι ζητεῖν· ὥστε πάλιν αὖ φαίνεται ψευδὴς ὁ Θεόδωρος.

c ΣΩ. Τί δέ; εἴ σε πρὸς δρόμον ἐπαινῶν μηδενὶ οὕτω δρομικῷ ἔφη τῶν νέων ἐντετυχηκέναι, εἶτα διαθέων τοῦ ἀκμάζοντος καὶ ταχίστου ἡττήθης, ἧττόν τι ἂν οἴει ἀληθῆ τόνδ' ἐπαινέσαι;

5 ΘΕΑΙ. Οὐκ ἔγωγε.

ΣΩ. Ἀλλὰ τὴν ἐπιστήμην, ὥσπερ νυνδὴ ἐγὼ ἔλεγον, σμικρόν τι οἴει εἶναι ἐξευρεῖν καὶ οὐ τῶν πάντῃ ἄκρων;

ΘΕΑΙ. Νὴ τὸν Δί' ἔγωγε καὶ μάλα γε τῶν ἀκροτάτων.

ΣΩ. Θάρρει τοίνυν περὶ σαυτῷ καὶ τὶ οἴου Θεόδωρον d λέγειν, προθυμήθητι δὲ παντὶ τρόπῳ τῶν τε ἄλλων πέρι καὶ ἐπιστήμης λαβεῖν λόγον τί ποτε τυγχάνει ὄν.

ΘΕΑΙ. Προθυμίας μὲν ἕνεκα, ὦ Σώκρατες, φανεῖται.

ΣΩ. Ἴθι δή—καλῶς γὰρ ἄρτι ὑφηγήσω—πειρῶ μιμού-
5 μενος τὴν περὶ τῶν δυνάμεων ἀπόκρισιν, ὥσπερ ταύτας πολλὰς οὔσας ἑνὶ εἴδει περιέλαβες, οὕτω καὶ τὰς πολλὰς ἐπιστήμας ἑνὶ λόγῳ προσειπεῖν.

e ΘΕΑΙ. Ἀλλ' εὖ ἴσθι, ὦ Σώκρατες, πολλάκις δὴ αὐτὸ ἐπεχείρησα σκέψασθαι, ἀκούων τὰς παρὰ σοῦ ἀποφερομένας ἐρωτήσεις. ἀλλὰ γὰρ οὔτ' αὐτὸς δύναμαι πεῖσαι ἐμαυτὸν ὡς ἱκανῶς τι λέγω οὔτ' ἄλλου ἀκοῦσαι λέγοντος οὕτως ὡς σὺ δια-
5 κελεύῃ, οὐ μὲν δὴ αὖ οὐδ' ἀπαλλαγῆναι τοῦ μέλειν.

ΣΩ. Ὠδίνεις γάρ, ὦ φίλε Θεαίτητε, διὰ τὸ μὴ κενὸς ἀλλ' ἐγκύμων εἶναι.

b 7 τε καὶ TW Berol. : καὶ B   c 1 ἔφη οὕτω δρομικῷ T
c 7 ἄκρων T : ἀκριβῶν B   e 5 τοῦ B T Berol. : τοῦ τοῦ W   μέλειν
B Berol. et γρ. W : μέλλειν T : εὑρεῖν W

ΘΕΑΙ. Οὐκ οἶδα, ὦ Σώκρατες· ὃ μέντοι πέπονθα λέγω.

ΣΩ. Εἶτα, ὦ καταγέλαστε, οὐκ ἀκήκοας ὡς ἐγώ εἰμι ὑὸς 149
μαίας μάλα γενναίας τε καὶ βλοσυρᾶς, Φαιναρέτης;

ΘΕΑΙ. Ἤδη τοῦτό γε ἤκουσα.

ΣΩ. ͅΑρα καὶ ὅτι ἐπιτηδεύω τὴν αὐτὴν τέχνην ἀκήκοας;

ΘΕΑΙ. Οὐδαμῶς. 5

ΣΩ. ᾿Αλλ᾿ εὖ ἴσθ᾿ ὅτι· μὴ μέντοι μου κατείπῃς πρὸς τοὺς
ἄλλους. λέληθα γάρ, ὦ ἑταῖρε, ταύτην ἔχων τὴν τέχνην·
οἱ δέ, ἅτε οὐκ εἰδότες, τοῦτο μὲν οὐ λέγουσι περὶ ἐμοῦ, ὅτι
δὲ ἀτοπώτατός εἰμι καὶ ποιῶ τοὺς ἀνθρώπους ἀπορεῖν. ἦ καὶ
τοῦτο ἀκήκοας; 10

ΘΕΑΙ. Ἔγωγε. b

ΣΩ. Εἴπω οὖν σοι τὸ αἴτιον;

ΘΕΑΙ. Πάνυ μὲν οὖν.

ΣΩ. ᾿Εννόησον δὴ τὸ περὶ τὰς μαίας ἅπαν ὡς ἔχει, καὶ
ῥᾷον μαθήσῃ ὃ βούλομαι. οἶσθα γάρ που ὡς οὐδεμία αὐτῶν 5
ἔτι αὐτὴ κυϊσκομένη τε καὶ τίκτουσα ἄλλας μαιεύεται, ἀλλ᾿
αἱ ἤδη ἀδύνατοι τίκτειν.

ΘΕΑΙ. Πάνυ μὲν οὖν.

ΣΩ. Αἰτίαν δέ γε τούτου φασὶν εἶναι τὴν ῎Αρτεμιν, ὅτι
ἄλοχος οὖσα τὴν λοχείαν εἴληχε. στερίφαις μὲν οὖν ἄρα 10
οὐκ ἔδωκε μαιεύεσθαι, ὅτι ἡ ἀνθρωπίνη φύσις ἀσθενεστέρα ἢ c
λαβεῖν τέχνην ὧν ἂν ᾖ ἄπειρος· ταῖς δὲ δι᾿ ἡλικίαν ἀτόκοις
προσέταξε τιμῶσα τὴν αὑτῆς ὁμοιότητα.

ΘΕΑΙ. Εἰκός.

ΣΩ. Οὐκοῦν καὶ τόδε εἰκός τε καὶ ἀναγκαῖον, τὰς 5
κυούσας καὶ μὴ γιγνώσκεσθαι μᾶλλον ὑπὸ τῶν μαιῶν ἢ τῶν
ἄλλων;

ΘΕΑΙ. Πάνυ γε.

ΣΩ. Καὶ μὴν καὶ διδοῦσαί γε αἱ μαῖαι φαρμάκια καὶ
ἐπᾴδουσαι δύνανται ἐγείρειν τε τὰς ὠδῖνας καὶ μαλθακω- d

a 8 ἐμοῦ B W : μοῦ T Berol. c 2 ἀτόποις pr. B c 5 τε]
γε W c 9 φαρμάκια W : φαρμάκεια B T

τέρας ἂν βούλωνται ποιεῖν, καὶ τίκτειν τε δὴ τὰς δυστο-
κούσας, καὶ ἐὰν †νέον ὄν† δόξῃ ἀμβλίσκειν, ἀμβλίσκουσιν;

ΘΕΑΙ. Ἔστι ταῦτα.

5 ΣΩ. Ἆρ' οὖν ἔτι καὶ τόδε αὐτῶν ᾔσθησαι, ὅτι καὶ
προμνήστριαί εἰσι δεινόταται, ὡς πάσσοφοι οὖσαι περὶ τοῦ
γνῶναι ποίαν χρὴ ποίῳ ἀνδρὶ συνοῦσαν ὡς ἀρίστους παῖδας
τίκτειν;

ΘΕΑΙ. Οὐ πάνυ τοῦτο οἶδα.

10 ΣΩ. Ἀλλ' ἴσθ' ὅτι ἐπὶ τούτῳ μεῖζον φρονοῦσιν ἢ ἐπὶ
e τῇ ὀμφαλητομίᾳ. ἐννόει γάρ· τῆς αὐτῆς ἢ ἄλλης οἴει
τέχνης εἶναι θεραπείαν τε καὶ συγκομιδὴν τῶν ἐκ γῆς
καρπῶν καὶ αὖ τὸ γιγνώσκειν εἰς ποίαν γῆν ποῖον φυτόν
τε καὶ σπέρμα καταβλητέον;

5 ΘΕΑΙ. Οὔκ, ἀλλὰ τῆς αὐτῆς.

ΣΩ. Εἰς γυναῖκα δέ, ὦ φίλε, ἄλλην μὲν οἴει τοῦ
τοιούτου, ἄλλην δὲ συγκομιδῆς;

ΘΕΑΙ. Οὔκουν εἰκός γε.

150 ΣΩ. Οὐ γάρ. ἀλλὰ διὰ τὴν ἄδικόν τε καὶ ἄτεχνον
συναγωγὴν ἀνδρὸς καὶ γυναικός, ᾗ δὴ προαγωγία ὄνομα,
φεύγουσι καὶ τὴν προμνηστικὴν ἅτε σεμναὶ οὖσαι αἱ μαῖαι,
φοβούμεναι μὴ εἰς ἐκείνην τὴν αἰτίαν διὰ ταύτην ἐμπέσωσιν·
5 ἐπεὶ ταῖς γε ὄντως μαίαις μόναις που προσήκει καὶ προμνή-
σασθαι ὀρθῶς.

ΘΕΑΙ. Φαίνεται.

ΣΩ. Τὸ μὲν τοίνυν τῶν μαιῶν τοσοῦτον, ἔλαττον δὲ
τοῦ ἐμοῦ δράματος. οὐ γὰρ πρόσεστι γυναιξὶν ἐνίοτε μὲν
b εἴδωλα τίκτειν, ἔστι δ' ὅτε ἀληθινά, τοῦτο δὲ μὴ ῥᾴδιον
εἶναι διαγνῶναι. εἰ γὰρ προσῆν, μέγιστόν τε καὶ κάλλιστον
ἔργον ἦν ἂν ταῖς μαίαις τὸ κρίνειν τὸ ἀληθές τε καὶ μή· ἢ
οὐκ οἴει;

5 ΘΕΑΙ. Ἔγωγε.

d 2 δὴ] καὶ W   d 3 νέον ὄν] νόμιμον Schanz   d 5 ἔτι om. W
d 10 ἴσθ'] ἐσθ' T : οἶσθ' W   b 1 ἀληθινά] λιθινά T

ΣΩ. Τῇ δέ γ᾽ ἐμῇ τέχνῃ τῆς μαιεύσεως τὰ μὲν ἄλλα
ὑπάρχει ὅσα ἐκείναις, διαφέρει δὲ τῷ τε ἄνδρας ἀλλὰ μὴ
γυναῖκας μαιεύεσθαι καὶ τῷ τὰς ψυχὰς αὐτῶν τικτούσας
ἐπισκοπεῖν ἀλλὰ μὴ τὰ σώματα. μέγιστον δὲ τοῦτ᾽ ἔνι
τῇ ἡμετέρᾳ τέχνῃ, βασανίζειν δυνατὸν εἶναι παντὶ τρόπῳ c
πότερον εἴδωλον καὶ ψεῦδος ἀποτίκτει τοῦ νέου ἡ διάνοια
ἢ γόνιμόν τε καὶ ἀληθές. ἐπεὶ τόδε γε καὶ ἐμοὶ ὑπάρχει
ὅπερ ταῖς μαίαις· ἄγονός εἰμι σοφίας, καὶ ὅπερ ἤδη πολλοί
μοι ὠνείδισαν, ὡς τοὺς μὲν ἄλλους ἐρωτῶ, αὐτὸς δὲ οὐδὲν 5
ἀποφαίνομαι περὶ οὐδενὸς διὰ τὸ μηδὲν ἔχειν σοφόν, ἀληθὲς
ὀνειδίζουσιν. τὸ δὲ αἴτιον τούτου τόδε· μαιεύεσθαί με ὁ
θεὸς ἀναγκάζει, γεννᾶν δὲ ἀπεκώλυσεν. εἰμὶ δὴ οὖν αὐτὸς
μὲν οὐ πάνυ τι σοφός, οὐδέ τί μοι ἔστιν εὕρημα τοιοῦτον d
γεγονὸς τῆς ἐμῆς ψυχῆς ἔκγονον· οἱ δ᾽ ἐμοὶ συγγιγνόμενοι
τὸ μὲν πρῶτον φαίνονται ἔνιοι μὲν καὶ πάνυ ἀμαθεῖς, πάντες
δὲ προϊούσης τῆς συνουσίας, οἷσπερ ἂν ὁ θεὸς παρείκῃ,
θαυμαστὸν ὅσον ἐπιδιδόντες, ὡς αὐτοῖς τε καὶ τοῖς ἄλλοις 5
δοκοῦσι· καὶ τοῦτο ἐναργὲς ὅτι παρ᾽ ἐμοῦ οὐδὲν πώποτε
μαθόντες, ἀλλ᾽ αὐτοὶ παρ᾽ αὑτῶν πολλὰ καὶ καλὰ εὑρόντες
τε καὶ τεκόντες. τῆς μέντοι μαιείας ὁ θεός τε καὶ ἐγὼ
αἴτιος. ὧδε δὲ δῆλον· πολλοὶ ἤδη τοῦτο ἀγνοήσαντες καὶ e
ἑαυτοὺς αἰτιασάμενοι, ἐμοῦ δὲ καταφρονήσαντες, ἢ αὐτοὶ ἢ
ὑπ᾽ ἄλλων πεισθέντες ἀπῆλθον πρωαίτερον τοῦ δέοντος,
ἀπελθόντες δὲ τά τε λοιπὰ ἐξήμβλωσαν διὰ πονηρὰν
συνουσίαν καὶ τὰ ὑπ᾽ ἐμοῦ μαιευθέντα κακῶς τρέφοντες 5
ἀπώλεσαν, ψευδῆ καὶ εἴδωλα περὶ πλείονος ποιησάμενοι
τοῦ ἀληθοῦς, τελευτῶντες δ᾽ αὑτοῖς τε καὶ τοῖς ἄλλοις
ἔδοξαν ἀμαθεῖς εἶναι. ὧν εἷς γέγονεν Ἀριστείδης ὁ Λυσι- 151
μάχου καὶ ἄλλοι πάνυ πολλοί· οὕς, ὅταν πάλιν ἔλθωσι
δεόμενοι τῆς ἐμῆς συνουσίας καὶ θαυμαστὰ δρῶντες, ἐνίοις

c 4 πολλοί B T Berol.: πολλοὶ πολλάκις W   c 6 ἀποφαίνομαι W
Berol.: ἀποκρίνομαι B T   d 1 πάνυ τι T W Berol.: πάνυ τις B
d 3 ἔνιοι T W: ἐνί ὅτε B   d 8 καὶ τεκόντες W Berol.: κατέχοντες
B T   e 2 ἢ αὐτοὶ ἢ W: ἢ αὐτοὶ B T   a 1 ἀμαθεῖς ἔδοξαν W

μὲν τὸ γιγνόμενόν μοι δαιμόνιον ἀποκωλύει συνεῖναι, ἐνίοις
5 δὲ ἐᾷ, καὶ πάλιν οὗτοι ἐπιδιδόασι. πάσχουσι δὲ δὴ οἱ ἐμοὶ
συγγιγνόμενοι καὶ τοῦτο ταὐτὸν ταῖς τικτούσαις· ὠδίνουσι
γὰρ καὶ ἀπορίας ἐμπίμπλανται νύκτας τε καὶ ἡμέρας πολὺ
μᾶλλον ἢ 'κεῖναι· ταύτην δὲ τὴν ὠδῖνα ἐγείρειν τε καὶ
b ἀποπαύειν ἡ ἐμὴ τέχνη δύναται. καὶ οὗτοι μὲν δὴ οὕτως.
ἐνίοις δέ, ὦ Θεαίτητε, οἳ ἄν μοι μὴ δόξωσί πως ἐγκύμονες
εἶναι, γνοὺς ὅτι οὐδὲν ἐμοῦ δέονται, πάνυ εὐμενῶς προμνῶμαι
καί, σὺν θεῷ εἰπεῖν, πάνυ ἱκανῶς τοπάζω οἷς ἂν συγγενό-
5 μενοι ὄναιντο· ὧν πολλοὺς μὲν δὴ ἐξέδωκα Προδίκῳ, πολλοὺς
δὲ ἄλλοις σοφοῖς τε καὶ θεσπεσίοις ἀνδράσι. ταῦτα δή
σοι, ὦ ἄριστε, ἕνεκα τοῦδε ἐμήκυνα· ὑποπτεύω σε, ὥσπερ
καὶ αὐτὸς οἴει, ὠδίνειν τι κυοῦντα ἔνδον. προσφέρου οὖν
c πρός με ὡς πρὸς μαίας ὑὸν καὶ αὐτὸν μαιευτικόν, καὶ ἃ ἂν
ἐρωτῶ προθυμοῦ ὅπως οἷός τ' εἶ οὕτως ἀποκρίνασθαι· καὶ
ἐὰν ἄρα σκοπούμενός τι ὧν ἂν λέγῃς ἡγήσωμαι εἴδωλον
καὶ μὴ ἀληθές, εἶτα ὑπεξαιρῶμαι καὶ ἀποβάλλω, μὴ ἀγρίαινε
5 ὥσπερ αἱ πρωτότοκοι περὶ τὰ παιδία. πολλοὶ γὰρ ἤδη,
ὦ θαυμάσιε, πρός με οὕτω διετέθησαν, ὥστε ἀτεχνῶς δάκνειν
ἕτοιμοι εἶναι, ἐπειδάν τινα λῆρον αὐτῶν ἀφαιρῶμαι, καὶ οὐκ
οἴονταί με εὐνοίᾳ τοῦτο ποιεῖν, πόρρω ὄντες τοῦ εἰδέναι ὅτι
d οὐδεὶς θεὸς δύσνους ἀνθρώποις, οὐδ' ἐγὼ δυσνοίᾳ τοιοῦτον
οὐδὲν δρῶ, ἀλλά μοι ψεῦδός τε συγχωρῆσαι καὶ ἀληθὲς
ἀφανίσαι οὐδαμῶς θέμις. πάλιν δὴ οὖν ἐξ ἀρχῆς, ὦ
Θεαίτητε, ὅτι ποτ' ἐστὶν ἐπιστήμη, πειρῶ λέγειν· ὡς δ' οὐχ
5 οἷός τ' εἶ, μηδέποτ' εἴπῃς. ἐὰν γὰρ θεὸς ἐθέλῃ καὶ ἀνδρίζῃ,
οἷός τ' ἔσῃ.

ΘΕΑΙ. Ἀλλὰ μέντοι, ὦ Σώκρατες, σοῦ γε οὕτω παρα-
κελευομένου αἰσχρὸν μὴ οὐ παντὶ τρόπῳ προθυμεῖσθαι ὅτι

a 5 οὗτοι Τ : αὐτοὶ Β   a 8 κεῖναι Τ : ἐκεῖναι Β   b 2 ἐνίοις
Berol. : ἐνίοτε Β Τ : ἔνιοι W   μοι om. W   b 4 σὺν om. pr. B
b 6 ἄλλοις] ἄλλους Β Τ   b 7 ὑποπτεύων Β   b 8 κύοντα Β
c 1 μαίας] μαίας τε καὶ W   c 4 ἀποβάλλω Τ : ὑποβάλω Β : ἀποβάλω
W   c 5 ἤδη] δὴ Plutarchus   c 7 αὐτῶν om. Τ   c 8 με
Plutarchus : om. Β Τ W Berol.

τις ἔχει λέγειν. δοκεῖ οὖν μοι ὁ ἐπιστάμενός τι αἰσθάνεσθαι e
τοῦτο ὃ ἐπίσταται, καὶ ὥς γε νυνὶ φαίνεται, οὐκ ἄλλο τί
ἐστιν ἐπιστήμη ἢ αἴσθησις.

ΣΩ. Εὖ γε καὶ γενναίως, ὦ παῖ· χρὴ γὰρ οὕτως ἀποφαι-
νόμενον λέγειν. ἀλλὰ φέρε δὴ αὐτὸ κοινῇ σκεψώμεθα, 5
γόνιμον ἢ ἀνεμιαῖον τυγχάνει ὄν. αἴσθησις, φής, ἐπιστήμη;
ΘΕΑΙ. Ναί.

ΣΩ. Κινδυνεύεις μέντοι λόγον οὐ φαῦλον εἰρηκέναι περὶ
ἐπιστήμης, ἀλλ᾽ ὃν ἔλεγε καὶ Πρωταγόρας. τρόπον δέ τινα 152
ἄλλον εἴρηκε τὰ αὐτὰ ταῦτα. φησὶ γάρ που " πάντων
χρημάτων μέτρον " ἄνθρωπον εἶναι, " τῶν μὲν ὄντων ὡς ἔστι,
τῶν δὲ μὴ ὄντων ὡς οὐκ ἔστιν." ἀνέγνωκας γάρ που;
ΘΕΑΙ. Ἀνέγνωκα καὶ πολλάκις. 5

ΣΩ. Οὐκοῦν οὕτω πως λέγει, ὡς οἷα μὲν ἕκαστα ἐμοὶ
φαίνεται τοιαῦτα μὲν ἔστιν ἐμοί, οἷα δὲ σοί, τοιαῦτα δὲ αὖ
σοί· ἄνθρωπος δὲ σύ τε κἀγώ;
ΘΕΑΙ. Λέγει γὰρ οὖν οὕτω.

ΣΩ. Εἰκὸς μέντοι σοφὸν ἄνδρα μὴ ληρεῖν· ἐπακολουθή- b
σωμεν οὖν αὐτῷ. ἆρ᾽ οὐκ ἐνίοτε πνέοντος ἀνέμου τοῦ αὐτοῦ
ὁ μὲν ἡμῶν ῥιγῷ, ὁ δ᾽ οὔ; καὶ ὁ μὲν ἠρέμα, ὁ δὲ σφόδρα;
ΘΕΑΙ. Καὶ μάλα.

ΣΩ. Πότερον οὖν τότε αὐτὸ ἐφ᾽ ἑαυτοῦ τὸ πνεῦμα 5
ψυχρὸν ἢ οὐ ψυχρὸν φήσομεν; ἢ πεισόμεθα τῷ Πρωταγόρᾳ
ὅτι τῷ μὲν ῥιγῶντι ψυχρόν, τῷ δὲ μὴ οὔ;
ΘΕΑΙ. Ἔοικεν.

ΣΩ. Οὐκοῦν καὶ φαίνεται οὕτω ἑκατέρῳ;
ΘΕΑΙ. Ναί. 10

ΣΩ. Τὸ δέ γε " φαίνεται " αἰσθάνεσθαί ἐστιν;
ΘΕΑΙ. Ἔστιν γάρ.

ΣΩ. Φαντασία ἄρα καὶ αἴσθησις ταὐτὸν ἔν τε θερμοῖς c
καὶ πᾶσι τοῖς τοιούτοις. οἷα γὰρ αἰσθάνεται ἕκαστος,
τοιαῦτα ἑκάστῳ καὶ κινδυνεύει εἶναι.

b 5 ἑαυτοῦ W Berol. : ἑαυτὸ B T   **b 11** αἰσθάνεται Berol.

ΘΕΑΙ. Ἔοικεν.

5 ΣΩ. Αἴσθησις ἄρα τοῦ ὄντος ἀεί ἐστιν καὶ ἀψευδὲς ὡς
ἐπιστήμη οὖσα.

ΘΕΑΙ. Φαίνεται.

ΣΩ. Ἀρ᾽ οὖν πρὸς Χαρίτων πάσσοφός τις ἦν ὁ Πρω-
ταγόρας, καὶ τοῦτο ἡμῖν μὲν ᾐνίξατο τῷ πολλῷ συρφετῷ,
10 τοῖς δὲ μαθηταῖς ἐν ἀπορρήτῳ τὴν ἀλήθειαν ἔλεγεν;

d   ΘΕΑΙ. Πῶς δή, ὦ Σώκρατες, τοῦτο λέγεις;

ΣΩ. Ἐγὼ ἐρῶ καὶ μάλ᾽ οὐ φαῦλον λόγον, ὡς ἄρα ἓν
μὲν αὐτὸ καθ᾽ αὑτὸ οὐδέν ἐστιν, οὐδ᾽ ἄν τι προσείποις
ὀρθῶς οὐδ᾽ ὁποιονοῦν τι, ἀλλ᾽ ἐὰν ὡς μέγα προσαγορεύῃς,
5 καὶ σμικρὸν φανεῖται, καὶ ἐὰν βαρύ, κοῦφον, σύμπαντά τε
οὕτως, ὡς μηδενὸς ὄντος ἑνὸς μήτε τινὸς μήτε ὁποιουοῦν·
ἐκ δὲ δὴ φορᾶς τε καὶ κινήσεως καὶ κράσεως πρὸς ἄλληλα
γίγνεται πάντα ἃ δή φαμεν εἶναι, οὐκ ὀρθῶς προσαγο-
e ρεύοντες· ἔστι μὲν γὰρ οὐδέποτ᾽ οὐδέν, ἀεὶ δὲ γίγνεται.
καὶ περὶ τούτου πάντες ἑξῆς οἱ σοφοὶ πλὴν Παρμενίδου
συμφερέσθων, Πρωταγόρας τε καὶ Ἡράκλειτος καὶ Ἐμπε-
δοκλῆς, καὶ τῶν ποιητῶν οἱ ἄκροι τῆς ποιήσεως ἑκατέρας,
5 κωμῳδίας μὲν Ἐπίχαρμος, τραγῳδίας δὲ Ὅμηρος, ⟨ὃς⟩
εἰπών—

Ὠκεανόν τε θεῶν γένεσιν καὶ μητέρα Τηθύν

πάντα εἴρηκεν ἔκγονα ῥοῆς τε καὶ κινήσεως· ἢ οὐ δοκεῖ
τοῦτο λέγειν;

10   ΘΕΑΙ. Ἔμοιγε.

153   ΣΩ. Τίς οὖν ἂν ἔτι πρός γε τοσοῦτον στρατόπεδον καὶ
στρατηγὸν Ὅμηρον δύναιτο ἀμφισβητήσας μὴ οὐ κατα-
γέλαστος γενέσθαι;

ΘΕΑΙ. Οὐ ῥᾴδιον, ὦ Σώκρατες.

d 4 post προσαγορεύῃς add. τι Stobaeus   d 5 ἐὰν om. T   post
βαρύ add. τι Stobaeus   e 2 ἑξῆς οἱ T Stob. : ἐξαίσιοι B W Eus. :
ἐξαίσιοι οἱ Berol.   e 3 συμφερέσθων B (ut videtur : συμφερέσθον
T W Berol. Eus. : συμφέροντα Stobaeus   e 5 ὃς add. Heindorf
a 2 μὴ οὐ W Eus. Stob. : μὴ B T

ΣΩ. Οὐ γάρ, ὦ Θεαίτητε. ἐπεὶ καὶ τάδε τῷ λόγῳ 5
σημεῖα ἱκανά, ὅτι τὸ μὲν εἶναι δοκοῦν καὶ τὸ γίγνεσθαι
κίνησις παρέχει, τὸ δὲ μὴ εἶναι καὶ ἀπόλλυσθαι ἡσυχία· τὸ
γὰρ θερμόν τε καὶ πῦρ, ὃ δὴ καὶ τἆλλα γεννᾷ καὶ ἐπιτρο-
πεύει, αὐτὸ γεννᾶται ἐκ φορᾶς καὶ τρίψεως· τούτω δὲ
κινήσεις. ἢ οὐχ αὗται γενέσεις πυρός; 10
ΘΕΑΙ. Αὗται μὲν οὖν. b
ΣΩ. Καὶ μὴν τό γε τῶν ζῴων γένος ἐκ τῶν αὐτῶν
τούτων φύεται.
ΘΕΑΙ. Πῶς δ' οὔ;
ΣΩ. Τί δέ; ἡ τῶν σωμάτων ἕξις οὐχ ὑπὸ ἡσυχίας μὲν 5
καὶ ἀργίας διόλλυται, ὑπὸ γυμνασίων δὲ καὶ κινήσεως ἐπὶ
πολὺ σῴζεται;
ΘΕΑΙ. Ναί.
ΣΩ. Ἡ δ' ἐν τῇ ψυχῇ ἕξις οὐχ ὑπὸ μαθήσεως μὲν καὶ
μελέτης, κινήσεων ὄντων, κτᾶταί τε μαθήματα καὶ σῴζεται 10
καὶ γίγνεται βελτίων, ὑπὸ δ' ἡσυχίας, ἀμελετησίας τε καὶ
ἀμαθίας οὔσης, οὔτε τι μανθάνει ἅ τε ἂν μάθῃ ἐπιλανθάνεται; c
ΘΕΑΙ. Καὶ μάλα.
ΣΩ. Τὸ μὲν ἄρα ἀγαθὸν κίνησις κατά τε ψυχὴν καὶ
κατὰ σῶμα, τὸ δὲ τοὐναντίον;
ΘΕΑΙ. Ἔοικεν. 5
ΣΩ. Ἔτι οὖν σοι λέγω νηνεμίας τε καὶ γαλήνας καὶ
ὅσα τοιαῦτα, ὅτι αἱ μὲν ἡσυχίαι σήπουσι καὶ ἀπολλύασι,
τὰ δ' ἕτερα σῴζει; καὶ ἐπὶ τούτοις τὸν κολοφῶνα, [ἀναγκάζω]
προσβιβάζω τὴν χρυσῆν σειρὰν ὡς οὐδὲν ἄλλο ἢ τὸν ἥλιον
Ὅμηρος λέγει, καὶ δηλοῖ ὅτι ἕως μὲν ἂν ἡ περιφορὰ ᾖ d
κινουμένη καὶ ὁ ἥλιος, πάντα ἔστι καὶ σῴζεται τὰ ἐν θεοῖς

a 6 δοκοῦν secl. Schanz   a 9 τούτω B² W Berol. : τοῦτο B T
Stobaeus   a 10 κινήσεις B W : κίνησις T : ἡ κίνησις Stobaeus
b 2 γε τὸ pr. B   b 6 ἀπόλλυται W   κινήσεως pr. W Stob. : κινήσεων
B T W   ἐπὶ πολύ] ὡς ἐπὶ πολὺ T (sed ὡς supra versum): ἐπὶ τὸ πολὺ B
Stobaeus   b 10 κινήσεων οὐσῶν Stobaeus : κινησέοιν ὄντοιν Buttmann
c 8 ἀναγκάζω secl. Cobet   c 9 προσβιβάζω Cobet : προβιβάζων B
Stobaeus : προσβιβάζων T W Berol.   d 2 τὰ om. Stobaeus

τε καὶ ἀνθρώποις, εἰ δὲ σταίη τοῦτο ὥσπερ δεθέν, πάντα
χρήματ' ἂν διαφθαρείη καὶ γένοιτ' ἂν τὸ λεγόμενον ἄνω
5 κάτω πάντα;

ΘΕΑΙ. Ἀλλ' ἔμοιγε δοκεῖ, ὦ Σώκρατες, ταῦτα δηλοῦν
ἅπερ λέγεις.

ΣΩ. Ὑπόλαβε τοίνυν, ὦ ἄριστε, οὑτωσί· κατὰ τὰ
ὄμματα πρῶτον, ὃ δὴ καλεῖς χρῶμα λευκόν, μὴ εἶναι αὐτὸ
10 ἕτερόν τι ἔξω τῶν σῶν ὀμμάτων μηδ' ἐν τοῖς ὄμμασι μηδέ
e τιν' αὐτῷ χώραν ἀποτάξῃς· ἤδη γὰρ ἂν εἴη τε δήπου ἐν
τάξει καὶ μένον καὶ οὐκ ἂν ἐν γενέσει γίγνοιτο.

ΘΕΑΙ. Ἀλλὰ πῶς;

ΣΩ. Ἑπώμεθα τῷ ἄρτι λόγῳ, μηδὲν αὐτὸ καθ' αὑτὸ ἐν
5 ὂν τιθέντες· καὶ ἡμῖν οὕτω μέλαν τε καὶ λευκὸν καὶ ὁτιοῦν
ἄλλο χρῶμα ἐκ τῆς προσβολῆς τῶν ὀμμάτων πρὸς τὴν
προσήκουσαν φορὰν φανεῖται γεγενημένον, καὶ ὃ δὴ ἕκαστον
154 εἶναί φαμεν χρῶμα οὔτε τὸ προσβάλλον οὔτε τὸ προσβαλ-
λόμενον ἔσται, ἀλλὰ μεταξύ τι ἑκάστῳ ἴδιον γεγονός· ἢ
σὺ διισχυρίσαιο ἂν ὡς οἷον σοὶ φαίνεται ἕκαστον χρῶμα,
τοιοῦτον καὶ κυνὶ καὶ ὁτῳοῦν ζῴῳ;

5 ΘΕΑΙ. Μὰ Δί' οὐκ ἔγωγε.

ΣΩ. Τί δέ; ἄλλῳ ἀνθρώπῳ ἆρ' ὅμοιον καὶ σοὶ φαίνεται
ὁτιοῦν; ἔχεις τοῦτο ἰσχυρῶς, ἢ πολὺ μᾶλλον ὅτι οὐδὲ σοὶ
αὐτῷ ταὐτὸν διὰ τὸ μηδέποτε ὁμοίως αὐτὸν σεαυτῷ ἔχειν;

ΘΕΑΙ. Τοῦτο μᾶλλόν μοι δοκεῖ ἢ ἐκεῖνο.

b ΣΩ. Οὐκοῦν εἰ μὲν ᾧ παραμετρούμεθα ἢ οὗ ἐφαπτόμεθα
μέγα ἢ λευκὸν ἢ θερμὸν ἦν, οὐκ ἄν ποτε ἄλλῳ προσπεσὸν
ἄλλο ἂν ἐγεγόνει, αὐτό γε μηδὲν μεταβάλλον· εἰ δὲ αὖ τὸ
παραμετρούμενον ἢ ἐφαπτόμενον ἕκαστον ἦν τούτων, οὐκ
5 ἂν αὖ ἄλλου προσελθόντος ἤ τι παθόντος αὐτὸ μηδὲν παθὸν

---

d 3 δεθέν T : δοθέν B Stobaeus   d 4 τὰ ἄνω κάτω Stobaeus
d 8 κατὰ T W : καὶ B : εἰ κατὰ B²   e 1 δήπου Schanz : ἄν που B T
e 2 καὶ μένον Stobaeus : κείμενοι pr. B (sed corr. καὶ μένοι) : κείμενον T
a 8 αὐτὸν] σεαυτὸν W   b 1 ᾧ] ὃ Cornarius   b 2 ἄλλῳ T : ἄλλο B
b 4 ἢ] ἢ τὸ W Stobaeus

ἄλλο ἂν ἐγένετο. ἐπεὶ νῦν γε, ὦ φίλε, θαυμαστά τε καὶ
γελοῖα εὐχερῶς πως ἀναγκαζόμεθα λέγειν, ὡς φαίη ἂν
Πρωταγόρας τε καὶ πᾶς ὁ τὰ αὐτὰ ἐκείνῳ ἐπιχειρῶν λέγειν.

ΘΕΑΙ. Πῶς δὴ καὶ ποῖα λέγεις;

ΣΩ. Σμικρὸν λαβὲ παράδειγμα, καὶ πάντα εἴσῃ ἃ βού- c
κομαι. ἀστραγάλους γάρ που ἕξ, ἂν μὲν τέτταρας αὐτοῖς
προσενέγκῃς, πλείους φαμὲν εἶναι τῶν τεττάρων καὶ ἡμιο-
λίους, ἐὰν δὲ δώδεκα, ἐλάττους καὶ ἡμίσεις, καὶ οὐδὲ ἀνεκτὸν
ἄλλως λέγειν· ἢ σὺ ἀνέξῃ;   5

ΘΕΑΙ. Οὐκ ἔγωγε.

ΣΩ. Τί οὖν; ἄν σε Πρωταγόρας ἔρηται ἤ τις ἄλλος·
"Ὦ Θεαίτητε, ἔσθ᾽ ὅπως τι μεῖζον ἢ πλέον γίγνεται ἄλλως
ἢ αὐξηθέν;" τί ἀποκρινῇ;

ΘΕΑΙ. Ἐὰν μέν, ὦ Σώκρατες, τὸ δοκοῦν πρὸς τὴν νῦν 10
ἐρώτησιν ἀποκρίνωμαι, ὅτι οὐκ ἔστιν· ἐὰν δὲ πρὸς τὴν d
προτέραν, φυλάττων μὴ ἐναντία εἴπω, ὅτι ἔστιν.

ΣΩ. Εὖ γε νὴ τὴν Ἥραν, ὦ φίλε, καὶ θείως. ἀτάρ, ὡς
ἔοικεν, ἐὰν ἀποκρίνῃ ὅτι ἔστιν, Εὐριπίδειόν τι συμβήσεται·
ἡ μὲν γὰρ γλῶττα ἀνέλεγκτος ἡμῖν ἔσται, ἡ δὲ φρὴν οὐκ 5
ἀνέλεγκτος.

ΘΕΑΙ. Ἀληθῆ.

ΣΩ. Οὐκοῦν εἰ μὲν δεινοὶ καὶ σοφοὶ ἐγώ τε καὶ σὺ
ἦμεν, πάντα τὰ τῶν φρενῶν ἐξητακότες, ἤδη ἂν τὸ λοιπὸν
ἐκ περιουσίας ἀλλήλων ἀποπειρώμενοι, συνελθόντες σοφι- e
στικῶς εἰς μάχην τοιαύτην, ἀλλήλων τοὺς λόγους τοῖς λόγοις
ἐκρούομεν· νῦν δὲ ἅτε ἰδιῶται πρῶτον βουλησόμεθα θεά-
σασθαι αὐτὰ πρὸς αὑτὰ τί ποτ᾽ ἐστὶν ἃ διανοούμεθα, πότερον
ἡμῖν ἀλλήλοις συμφωνεῖ ἢ οὐδ᾽ ὁπωστιοῦν.   5

ΘΕΑΙ. Πάνυ μὲν οὖν ἔγωγε τοῦτ᾽ ἂν βουλοίμην.

ΣΩ. Καὶ μὴν ἐγώ. ὅτε δ᾽ οὕτως ἔχει, ἄλλο τι ἢ ἠρέμα,
ὡς πάνυ πολλὴν σχολὴν ἄγοντες, πάλιν ἐπανασκεψόμεθα,
οὐ δυσκολαίνοντες ἀλλὰ τῷ ὄντι ἡμᾶς αὐτοὺς ἐξετάζοντες, 155

ἄττα ποτ' ἐστὶ ταῦτα τὰ φάσματα ἐν ἡμῖν; ὧν πρῶτον
ἐπισκοποῦντες φήσομεν, ὡς ἐγὼ οἶμαι, μηδέποτε μηδὲν ἂν
μεῖζον μηδὲ ἔλαττον γενέσθαι μήτε ὄγκῳ μήτε ἀριθμῷ, ἕως
5 ἴσον εἴη αὐτὸ ἑαυτῷ. οὐχ οὕτως;

ΘΕΑΙ. Ναί.

ΣΩ. Δεύτερον δέ γε, ᾧ μήτε προστιθοῖτο μήτε ἀφαιροῖτο,
τοῦτο μήτε αὐξάνεσθαί ποτε μήτε φθίνειν, ἀεὶ δὲ ἴσον
εἶναι.

10 ΘΕΑΙ. Κομιδῇ μὲν οὖν.

b ΣΩ. Ἆρ' οὖν οὐ καὶ τρίτον, ὃ μὴ πρότερον ἦν, ὕστερον
ἀλλὰ τοῦτο εἶναι ἄνευ τοῦ γενέσθαι καὶ γίγνεσθαι ἀδύνατον;

ΘΕΑΙ. Δοκεῖ γε δή.

ΣΩ. Ταῦτα δή, οἴομαι, ὁμολογήματα τρία μάχεται αὐτὰ
5 αὐτοῖς ἐν τῇ ἡμετέρᾳ ψυχῇ, ὅταν τὰ περὶ τῶν ἀστραγάλων
λέγωμεν, ἢ ὅταν φῶμεν ἐμὲ τηλικόνδε ὄντα, μήτε αὐξηθέντα
μήτε τοὐναντίον παθόντα, ἐν ἐνιαυτῷ σοῦ τοῦ νέου νῦν μὲν
μείζω εἶναι, ὕστερον δὲ ἐλάττω, μηδὲν τοῦ ἐμοῦ ὄγκου
c ἀφαιρεθέντος ἀλλὰ σοῦ αὐξηθέντος. εἰμὶ γὰρ δὴ ὕστερον
ὃ πρότερον οὐκ ἦ, οὐ γενόμενος· ἄνευ γὰρ τοῦ γίγνεσθαι
γενέσθαι ἀδύνατον, μηδὲν δὲ ἀπολλὺς τοῦ ὄγκου οὐκ ἄν
ποτε ἐγιγνόμην ἐλάττων. καὶ ἄλλα δὴ μυρία ἐπὶ μυρίοις
5 οὕτως ἔχει, εἴπερ καὶ ταῦτα παραδεξόμεθα. ἕπῃ γάρ που,
ὦ Θεαίτητε· δοκεῖς γοῦν μοι οὐκ ἄπειρος τῶν τοιούτων
εἶναι.

ΘΕΑΙ. Καὶ νὴ τοὺς θεούς γε, ὦ Σώκρατες, ὑπερφυῶς
ὡς θαυμάζω τί ποτ' ἐστὶ ταῦτα, καὶ ἐνίοτε ὡς ἀληθῶς
10 βλέπων εἰς αὐτὰ σκοτοδινιῶ.

d ΣΩ. Θεόδωρος γάρ, ὦ φίλε, φαίνεται οὐ κακῶς τοπάζειν
περὶ τῆς φύσεώς σου. μάλα γὰρ φιλοσόφου τοῦτο τὸ

a 2 φάσματα] φαντάσματ᾿ W   a 4 μηδὲ] μήτε W   a 7 ᾧ] ὃ W
b 1 ἀλλὰ ὕστερον Stephanus (at schol. ὁ Πρόκλος τὸ ἀλλὰ παρέλκειν
λέγει)   b 3 δή TW : δοκεῖ B   b 4 δή] γε δή W   b 7 ἐνιαυτῷ]
ἐμαυτῷ al.   c 5 ἔπει Heindorf : εἰπὲ BT   c 6 γοῦν] γὰρ οὖν W
c 8 γε secl. Schanz   c 9 ὡς post ὑπερφυῶς om. T   d 1 γάρ] γὰρ
ὅδε W

πάθος, τὸ θαυμάζειν· οὐ γὰρ ἄλλη ἀρχὴ φιλοσοφίας ἢ
αὕτη, καὶ ἔοικεν ὁ τὴν Ἶριν Θαύμαντος ἔκγονον φήσας οὐ
κακῶς γενεαλογεῖν. ἀλλὰ πότερον μανθάνεις ἤδη δι' ὃ 5
ταῦτα τοιαῦτ' ἐστὶν ἐξ ὧν τὸν Πρωταγόραν φαμὲν λέγειν,
ἢ οὔπω;

ΘΕΑΙ. Οὔπω μοι δοκῶ.

ΣΩ. Χάριν οὖν μοι εἴσῃ ἐάν σοι ἀνδρός, μᾶλλον δὲ
ἀνδρῶν ὀνομαστῶν τῆς διανοίας τὴν ἀλήθειαν ἀποκεκρυμμένην 10
συνεξερευνήσωμαι αὐτῶν; e

ΘΕΑΙ. Πῶς γὰρ οὐκ εἴσομαι, καὶ πάνυ γε πολλήν;

ΣΩ. Ἄθρει δὴ περισκοπῶν μή τις τῶν ἀμυήτων ἐπακούῃ.
εἰσὶν δὲ οὗτοι οἱ οὐδὲν ἄλλο οἰόμενοι εἶναι ἢ οὗ ἂν δύνωνται
ἀπρὶξ τοῖν χεροῖν λαβέσθαι, πράξεις δὲ καὶ γενέσεις καὶ πᾶν 5
τὸ ἀόρατον οὐκ ἀποδεχόμενοι ὡς ἐν οὐσίας μέρει.

ΘΕΑΙ. Καὶ μὲν δή, ὦ Σώκρατες, σκληρούς γε λέγεις καὶ
ἀντιτύπους ἀνθρώπους. 156

ΣΩ. Εἰσὶν γάρ, ὦ παῖ, μάλ' εὖ ἄμουσοι· ἄλλοι δὲ πολὺ
κομψότεροι, ὧν μέλλω σοι τὰ μυστήρια λέγειν. ἀρχὴ δέ,
ἐξ ἧς καὶ ἃ νυνδὴ ἐλέγομεν πάντα ἤρτηται, ἥδε αὐτῶν, ὡς
τὸ πᾶν κίνησις ἦν καὶ ἄλλο παρὰ τοῦτο οὐδέν, τῆς δὲ κινή- 5
σεως δύο εἴδη, πλήθει μὲν ἄπειρον ἑκάτερον, δύναμιν δὲ τὸ
μὲν ποιεῖν ἔχον, τὸ δὲ πάσχειν. ἐκ δὲ τῆς τούτων ὁμιλίας
τε καὶ τρίψεως πρὸς ἄλληλα γίγνεται ἔκγονα πλήθει μὲν
ἄπειρα, δίδυμα δέ, τὸ μὲν αἰσθητόν, τὸ δὲ αἴσθησις, ἀεὶ b
συνεκπίπτουσα καὶ γεννωμένη μετὰ τοῦ αἰσθητοῦ. αἱ μὲν
οὖν αἰσθήσεις τὰ τοιάδε ἡμῖν ἔχουσιν ὀνόματα, ὄψεις τε καὶ
ἀκοαὶ καὶ ὀσφρήσεις καὶ ψύξεις τε καὶ καύσεις καὶ ἡδοναί
γε δὴ καὶ λῦπαι καὶ ἐπιθυμίαι καὶ φόβοι κεκλημέναι καὶ 5
ἄλλαι, ἀπέραντοι μὲν αἱ ἀνώνυμοι, παμπληθεῖς δὲ αἱ ὠνο-

---

d 6 ταῦτα] τὰ W   λέγειν φαμέν W   e 1 αὐτῶν] αὑτῶν (ἢν above) W
e 4 οἱ ... οἰόμενοι] οἳ ... οἴομαι B   a 2 ἄλλοι δὲ scripsi : ἄλλοι
δὲ B T : ἀλλ' οἶδε Schleiermacher   πολὺ] πολλοὶ T   a 4 ἐξ ἧς
W² b: ἑξῆς B T W   a 5 ἦν secl. Schanz   b 2 συνεκπίπτουσα]
συνεκτίκτουσα Ast   b 4 καύσεις] θερμάνσεις in marg. t : pr. W

18*

μασμέναι· τὸ δ' αὖ αἰσθητὸν γένος τούτων ἑκάσταις ὁμό-
c γονον, ὄψεσι μὲν χρώματα παντοδαπαῖς παντοδαπά, ἀκοαῖς
δὲ ὡσαύτως φωναί, καὶ ταῖς ἄλλαις αἰσθήσεσι τὰ ἄλλα
αἰσθητὰ συγγενῆ γιγνόμενα. τί δὴ οὖν ἡμῖν βούλεται οὗτος
ὁ μῦθος, ὦ Θεαίτητε, πρὸς τὰ πρότερα; ἆρα ἐννοεῖς;
5 ΘΕΑΙ. Οὐ πάνυ, ὦ Σώκρατες.
ΣΩ. 'Αλλ' ἄθρει ἐάν πως ἀποτελεσθῇ. βούλεται γὰρ
δὴ λέγειν ὡς ταῦτα πάντα μὲν ὥσπερ λέγομεν κινεῖται,
τάχος δὲ καὶ βραδυτὴς ἔνι τῇ κινήσει αὐτῶν. ὅσον μὲν
οὖν βραδύ, ἐν τῷ αὐτῷ καὶ πρὸς τὰ πλησιάζοντα τὴν
d κίνησιν ἴσχει καὶ οὕτω δὴ γεννᾷ, τὰ δὲ γεννώμενα οὕτω
δὴ θάττω ἐστίν. φέρεται γὰρ καὶ ἐν φορᾷ αὐτῶν ἡ κίνησις
πέφυκεν. ἐπειδὰν οὖν ὄμμα καὶ ἄλλο τι τῶν τούτῳ συμ-
μέτρων πλησιάσαν γεννήσῃ τὴν λευκότητά τε καὶ αἴσθησιν
5 αὐτῇ σύμφυτον, ἃ οὐκ ἄν ποτε ἐγένετο ἑκατέρου ἐκείνων
πρὸς ἄλλο ἐλθόντος, τότε δὴ μεταξὺ φερομένων τῆς μὲν
e ὄψεως πρὸς τῶν ὀφθαλμῶν, τῆς δὲ λευκότητος πρὸς τοῦ
συναποτίκτοντος τὸ χρῶμα, ὁ μὲν ὀφθαλμὸς ἄρα ὄψεως
ἔμπλεως ἐγένετο καὶ ὁρᾷ δὴ τότε καὶ ἐγένετο οὔ τι ὄψις
ἀλλ' ὀφθαλμὸς ὁρῶν, τὸ δὲ συγγεννῆσαν τὸ χρῶμα λευκότητος
5 περιεπλήσθη καὶ ἐγένετο οὐ λευκότης αὖ ἀλλὰ λευκόν, εἴτε
ξύλον εἴτε λίθος εἴτε ὁτῳοῦν συνέβη χρῆμα χρωσθῆναι τῷ
τοιούτῳ χρώματι. καὶ τᾶλλα δὴ οὕτω, σκληρὸν καὶ θερμὸν
καὶ πάντα, τὸν αὐτὸν τρόπον ὑποληπτέον, αὐτὸ μὲν καθ'
157 αὑτὸ μηδὲν εἶναι, ὃ δὴ καὶ τότε ἐλέγομεν, ἐν δὲ τῇ πρὸς
ἄλληλα ὁμιλίᾳ πάντα γίγνεσθαι καὶ παντοῖα ἀπὸ τῆς
κινήσεως, ἐπεὶ καὶ τὸ ποιοῦν εἶναί τι καὶ τὸ πάσχον αὐτῶν
ἐπὶ ἑνὸς νοῆσαι, ὥς φασιν, οὐκ εἶναι παγίως. οὔτε γὰρ
5 ποιοῦν ἐστί τι πρὶν ἂν τῷ πάσχοντι συνέλθῃ, οὔτε πάσχον

b 7 ἑκάσταις ὁμόλογον W: ἑκάστης ὁμόγονον Β Τ W² c 1 παντο-
δαπαῖς χρώματα Τ c 7 δὴ om. W μὲν om. Τ d 1 post
οὕτω δὴ lacunam indicat Schanz d 3 καὶ] τε καὶ W τούτῳ]
τοιούτων W e 6 ὁτῳοῦν Campbell : ὅτου οὖν Β Τ : ὁτιοῦν al.
χρῆμ. al. Heindorf: χρῶμα Β Τ: secl. Campbell: σχῆμα Schanz
a 3 αὐτῶν] αὖ Schanz a 5 τι om. Τ ἄν] αὖ Β

πρὶν ἂν τῷ ποιοῦντι· τό τέ τινι συνελθὸν καὶ ποιοῦν ἄλλῳ
αὖ προσπεσὸν πάσχον ἀνεφάνη. ὥστε ἐξ ἁπάντων τούτων,
ὅπερ ἐξ ἀρχῆς ἐλέγομεν, οὐδὲν εἶναι ἓν αὐτὸ καθ' αὑτό, ἀλλά
τινι ἀεὶ γίγνεσθαι, τὸ δ' εἶναι πανταχόθεν ἐξαιρετέον, οὐχ b
ὅτι ἡμεῖς πολλὰ καὶ ἄρτι ἠναγκάσμεθα ὑπὸ συνηθείας καὶ
ἀνεπιστημοσύνης χρῆσθαι αὐτῷ. τὸ δ' οὐ δεῖ, ὡς ὁ τῶν
σοφῶν λόγος, οὔτε τι συγχωρεῖν οὔτε του οὔτ' ἐμοῦ οὔτε
τόδε οὔτ' ἐκεῖνο οὔτε ἄλλο οὐδὲν ὄνομα ὅτι ἂν ἱστῇ, ἀλλὰ 5
κατὰ φύσιν φθέγγεσθαι γιγνόμενα καὶ ποιούμενα καὶ ἀπολ-
λύμενα καὶ ἀλλοιούμενα· ὡς ἐάν τί τις στήσῃ τῷ λόγῳ,
εὐέλεγκτος ὁ τοῦτο ποιῶν. δεῖ δὲ καὶ κατὰ μέρος οὕτω
λέγειν καὶ περὶ πολλῶν ἀθροισθέντων, ᾧ δὴ ἀθροίσματι
ἄνθρωπόν τε τίθενται καὶ λίθον καὶ ἕκαστον ζῷόν τε καὶ c
εἶδος. ταῦτα δή, ὦ Θεαίτητε, ἆρ' ἡδέα δοκεῖ σοι εἶναι, καὶ
γεύοιο ἂν αὐτῶν ὡς ἀρεσκόντων;

ΘΕΑΙ. Οὐκ οἶδα ἔγωγε, ὦ Σώκρατες· καὶ γὰρ οὐδὲ περι
σοῦ δύναμαι κατανοῆσαι πότερα δοκοῦντά σοι λέγεις αὐτὰ ἢ 5
ἐμοῦ ἀποπειρᾷ.

ΣΩ. Οὐ μνημονεύεις, ὦ φίλε, ὅτι ἐγὼ μὲν οὔτ' οἶδα οὔτε
ποιοῦμαι τῶν τοιούτων οὐδὲν ἐμόν, ἀλλ' εἰμὶ αὐτῶν ἄγονος,
σὲ δὲ μαιεύομαι καὶ τούτου ἕνεκα ἐπᾴδω τε καὶ παρατίθημι
ἑκάστων τῶν σοφῶν ἀπογεύσασθαι, ἕως ἂν εἰς φῶς τὸ σὸν d
δόγμα συνεξαγάγω· ἐξαχθέντος δὲ τότ' ἤδη σκέψομαι εἴτ'
ἀνεμιαῖον εἴτε γόνιμον ἀναφανήσεται. ἀλλὰ θαρρῶν καὶ
καρτερῶν εὖ καὶ ἀνδρείως ἀποκρίνου ἃ ἂν φαίνηταί σοι περὶ
ὧν ἂν ἐρωτῶ. 5

ΘΕΑΙ. Ἐρώτα δή.

ΣΩ. Λέγε τοίνυν πάλιν εἴ σοι ἀρέσκει τὸ μή τι εἶναι ἀλλὰ
γίγνεσθαι ἀεὶ ἀγαθὸν καὶ καλὸν καὶ πάντα ἃ ἄρτι διῆμεν.

a 7 αὖ] ἂν W   ἀνεφάνη] ἂν ἐφάνη T   b 4 του οὔτ' ἐμοῦ]
τοῦτο Schanz : σοῦ οὔτ' ἐμοῦ Hirschig   b 8 καὶ κατὰ] κατὰ T
c 1 ζῷόν τε καὶ ἕκαστον εἶδος Schanz   c 2 σοι δοκεῖ W   c 3 ὡς
om. T   d 1 ἀπογεύεσθαι T   d 8 ἀγαθὸν καὶ καλὸν secl. Ast
διῆμεν Β T et in marg. w : διήλθομεν W

ΘΕΑΙ. Ἀλλ' ἔμοιγε, ἐπειδὴ σοῦ ἀκούω οὕτω διεξιόντος,
10 θαυμασίως φαίνεται ὡς ἔχειν λόγον καὶ ὑποληπτέον ἧπερ
διελήλυθας.

e   ΣΩ. Μὴ τοίνυν ἀπολίπωμεν ὅσον ἐλλεῖπον αὐτοῦ. λεί-
πεται δὲ ἐνυπνίων τε πέρι καὶ νόσων τῶν τε ἄλλων καὶ
μανίας, ὅσα τε παρακούειν ἢ παρορᾶν ἤ τι ἄλλο παραισθά-
νεσθαι λέγεται. οἶσθα γάρ που ὅτι ἐν πᾶσι τούτοις
5 ὁμολογουμένως ἐλέγχεσθαι δοκεῖ ὃν ἄρτι διῇμεν λόγον,
158 ὡς παντὸς μᾶλλον ἡμῖν ψευδεῖς αἰσθήσεις ἐν αὐτοῖς γιγνο-
μένας, καὶ πολλοῦ δεῖ τὰ φαινόμενα ἑκάστῳ ταῦτα καὶ εἶναι,
ἀλλὰ πᾶν τοὐναντίον οὐδὲν ὧν φαίνεται εἶναι.

ΘΕΑΙ. Ἀληθέστατα λέγεις, ὦ Σώκρατες.

5   ΣΩ. Τίς δὴ οὖν, ὦ παῖ, λείπεται λόγος τῷ τὴν αἴσθησιν
ἐπιστήμην τιθεμένῳ καὶ τὰ φαινόμενα ἑκάστῳ ταῦτα καὶ
εἶναι τούτῳ ᾧ φαίνεται;

ΘΕΑΙ. Ἐγὼ μέν, ὦ Σώκρατες, ὀκνῶ εἰπεῖν ὅτι οὐκ ἔχω
τί λέγω, διότι μοι νυνδὴ ἐπέπληξας εἰπόντι αὐτό. ἐπεὶ ὡς
b ἀληθῶς γε οὐκ ἂν δυναίμην ἀμφισβητῆσαι ὡς οἱ μαινόμενοι
ἢ [οἱ] ὀνειρώττοντες οὐ ψευδῆ δοξάζουσιν, ὅταν οἱ μὲν θεοὶ
αὐτῶν οἴωνται εἶναι, οἱ δὲ πτηνοί τε καὶ ὡς πετόμενοι ἐν τῷ
ὕπνῳ διανοῶνται.

5   ΣΩ. Ἆρ' οὖν οὐδὲ τὸ τοιόνδε ἀμφισβήτημα ἐννοεῖς περὶ
αὐτῶν, μάλιστα δὲ περὶ τοῦ ὄναρ τε καὶ ὕπαρ;

ΘΕΑΙ. Τὸ ποῖον;

ΣΩ. Ὃ πολλάκις σε οἶμαι ἀκηκοέναι ἐρωτώντων, τί ἄν
τις ἔχοι τεκμήριον ἀποδεῖξαι, εἴ τις ἔροιτο νῦν οὕτως ἐν τῷ
10 παρόντι πότερον καθεύδομεν καὶ πάντα ἃ διανοούμεθα ὀνει-
c ρώττομεν, ἢ ἐγρηγόραμέν τε καὶ ὕπαρ ἀλλήλοις διαλεγόμεθα.

ΘΕΑΙ. Καὶ μήν, ὦ Σώκρατες, ἄπορόν γε ὅτῳ χρὴ
ἐπιδεῖξαι τεκμηρίῳ· πάντα γὰρ ὥσπερ ἀντίστροφα τὰ αὐτὰ

e 1 ἀπολείπωμεν W   e 2 τῶν τε] τε τῶν Stobaeus   a 1 μᾶλλον]
μᾶλλον ἂν Stobaeus   a 2 δεῖ] δεῖν Heindorf   a 3 ὧν T b :
ὃν B Stobaeus   b 2 οἱ om. T   b 9 ἔχοι om. T   c 2 χρὴ
T W : χρόνῳ χρὴ B : χρεὼν Hultsch   c 3 τὰ αὐτὰ] ταῦτα W

παρακολουθεῖ. ἅ τε γὰρ νυνὶ διειλέγμεθα οὐδὲν κωλύει καὶ
ἐν τῷ ὕπνῳ δοκεῖν ἀλλήλοις διαλέγεσθαι· καὶ ὅταν δὴ ὄναρ 5
ὀνείρατα δοκῶμεν διηγεῖσθαι, ἄτοπος ἡ ὁμοιότης τούτων
ἐκείνοις.

ΣΩ. Ὁρᾷς οὖν ὅτι τό γε ἀμφισβητῆσαι οὐ χαλεπόν, ὅτε
καὶ πότερόν ἐστιν ὕπαρ ἢ ὄναρ ἀμφισβητεῖται, καὶ δὴ ἴσου d
ὄντος τοῦ χρόνου ὃν καθεύδομεν ᾧ ἐγρηγόραμεν, ἐν ἑκατέρῳ
διαμάχεται ἡμῶν ἡ ψυχὴ τὰ ἀεὶ παρόντα δόγματα παντὸς
μᾶλλον εἶναι ἀληθῆ, ὥστε ἴσον μὲν χρόνον τάδε φαμὲν
ὄντα εἶναι, ἴσον δὲ ἐκεῖνα, καὶ ὁμοίως ἐφ' ἑκατέροις 5
διισχυριζόμεθα.

ΘΕΑΙ. Παντάπασι μὲν οὖν.

ΣΩ. Οὐκοῦν καὶ περὶ νόσων τε καὶ μανιῶν ὁ αὐτὸς λόγος,
πλὴν τοῦ χρόνου ὅτι οὐχὶ ἴσος;

ΘΕΑΙ. Ὀρθῶς. 10

ΣΩ. Τί οὖν; πλήθει χρόνου καὶ ὀλιγότητι τὸ ἀληθὲς
ὁρισθήσεται;

ΘΕΑΙ. Γελοῖον μεντἂν εἴη πολλαχῇ. e

ΣΩ. Ἀλλά τι ἄλλο ἔχεις σαφὲς ἐνδείξασθαι ὁποῖα τούτων
τῶν δοξασμάτων ἀληθῆ;

ΘΕΑΙ. Οὔ μοι δοκῶ.

ΣΩ. Ἐμοῦ τοίνυν ἄκουε οἷα περὶ αὐτῶν ἂν λέγοιεν οἱ τὰ 5
ἀεὶ δοκοῦντα ὁριζόμενοι τῷ δοκοῦντι εἶναι ἀληθῆ. λέγουσι
δέ, ὡς ἐγὼ οἶμαι, οὕτως ἐρωτῶντες· "Ὦ Θεαίτητε, ὃ ἂν
ἕτερον ᾖ παντάπασιν, μή πή τινα δύναμιν τὴν αὐτὴν ἕξει
τῷ ἑτέρῳ; καὶ μὴ ὑπολάβωμεν τῇ μὲν ταὐτὸν εἶναι ὃ
ἐρωτῶμεν τῇ δὲ ἕτερον, ἀλλ' ὅλως ἕτερον." 10

ΘΕΑΙ. Ἀδύνατον τοίνυν ταὐτόν τι ἔχειν ἢ ἐν δυνάμει ἢ 159
ἐν ἄλλῳ ὁτῳοῦν, ὅταν ᾖ κομιδῇ ἕτερον.

ΣΩ. Ἆρ' οὖν οὐ καὶ ἀνόμοιον ἀναγκαῖον τὸ τοιοῦτον
ὁμολογεῖν;

c 4 νυνὶ] νυνδὴ Cobet   c 6 ὀνείρατα] ἄττα Heindorf   c 8 τό
γε] τότε γε W   d 9 οὐχὶ] οὐκ W   e 1 μεντἂν] μὲν ἂν W
e 8 ἕξῃ τὴν δ' αὐτὴν W   a 2 ὅταν] ὅτι ἂν Dobree : ὃ ἂν Hirschig

5 ΘΕΑΙ. Ἔμοιγε δοκεῖ.

ΣΩ. Εἰ ἄρα τι συμβαίνει ὅμοιόν τῳ γίγνεσθαι ἢ ἀνόμοιον, εἴτε ἑαυτῷ εἴτε ἄλλῳ, ὁμοιούμενον μὲν ταὐτὸν φήσομεν γίγνεσθαι, ἀνομοιούμενον δὲ ἕτερον;

ΘΕΑΙ. Ἀνάγκη.

10 ΣΩ. Οὐκοῦν πρόσθεν ἐλέγομεν ὡς πολλὰ μὲν εἴη τὰ ποιοῦντα καὶ ἄπειρα, ὡσαύτως δέ γε τὰ πάσχοντα;

ΘΕΑΙ. Ναί.

ΣΩ. Καὶ μὴν ὅτι γε ἄλλο ἄλλῳ συμμειγνύμενον καὶ ἄλλῳ οὐ ταὐτὰ ἀλλ᾽ ἕτερα γεννήσει;

b ΘΕΑΙ. Πάνυ μὲν οὖν.

ΣΩ. Λέγωμεν δὴ ἐμέ τε καὶ σὲ καὶ τἆλλα ἤδη κατὰ τὸν αὐτὸν λόγον, Σωκράτη ὑγιαίνοντα καὶ Σωκράτη αὖ ἀσθενοῦντα. πότερον ὅμοιον τοῦτ᾽ ἐκείνῳ ἢ ἀνόμοιον 5 φήσομεν;

ΘΕΑΙ. Ἆρα τὸν ἀσθενοῦντα Σωκράτη, ὅλον τοῦτο λέγεις ὅλῳ ἐκείνῳ, τῷ ὑγιαίνοντι Σωκράτει;

ΣΩ. Κάλλιστα ὑπέλαβες· αὐτὸ τοῦτο λέγω.

ΘΕΑΙ. Ἀνόμοιον δήπου.

10 ΣΩ. Καὶ ἕτερον ἄρα οὕτως ὥσπερ ἀνόμοιον;

ΘΕΑΙ. Ἀνάγκη.

c ΣΩ. Καὶ καθεύδοντα δὴ καὶ πάντα ἃ νυνδὴ διήλθομεν, ὡσαύτως φήσεις;

ΘΕΑΙ. Ἔγωγε.

ΣΩ. Ἕκαστον δὴ τῶν πεφυκότων τι ποιεῖν, ἄλλο τι, ὅταν 5 μὲν λάβῃ ὑγιαίνοντα Σωκράτη, ὡς ἑτέρῳ μοι χρήσεται, ὅταν δὲ ἀσθενοῦντα, ὡς ἑτέρῳ;

ΘΕΑΙ. Τί δ᾽ οὐ μέλλει;

ΣΩ. Καὶ ἕτερα δὴ ἐφ᾽ ἑκατέρου γεννήσομεν ἐγώ τε ὁ πάσχων καὶ ἐκεῖνο τὸ ποιοῦν;

10 ΘΕΑΙ. Τί μήν;

a 10 πρόσθεν] ἐν τοῖς πρόσθεν W   c 1 καθεύδοντι B   νυνδὴ
Heindorf: νῦν B T   c 2 φήσεις] φήσομεν T

ΣΩ. Ὅταν δὴ οἶνον πίνω ὑγιαίνων, ἡδύς μοι φαίνεται καὶ γλυκύς;

ΘΕΑΙ. Ναί.

ΣΩ. Ἐγέννησε γὰρ δὴ ἐκ τῶν προωμολογημένων τό τε ποιοῦν καὶ τὸ πάσχον γλυκύτητά τε καὶ αἴσθησιν, ἅμα d φερόμενα ἀμφότερα, καὶ ἡ μὲν αἴσθησις πρὸς τοῦ πάσχοντος οὖσα αἰσθανομένην τὴν γλῶτταν ἀπηργάσατο, ἡ δὲ γλυκύτης πρὸς τοῦ οἴνου περὶ αὐτὸν φερομένη γλυκὺν τὸν οἶνον τῇ ὑγιαινούσῃ γλώττῃ ἐποίησεν καὶ εἶναι καὶ φαίνεσθαι. 5

ΘΕΑΙ. Πάνυ μὲν οὖν τὰ πρότερα ἡμῖν οὕτως ὡμολόγητο.

ΣΩ. Ὅταν δὲ ἀσθενοῦντα, ἄλλο τι πρῶτον μὲν τῇ ἀληθείᾳ οὐ τὸν αὐτὸν ἔλαβεν; ἀνομοίῳ γὰρ δὴ προσῆλθεν.

ΘΕΑΙ. Ναί.

ΣΩ. Ἕτερα δὴ αὖ ἐγεννησάτην ὅ τε τοιοῦτος Σωκράτης e καὶ ἡ τοῦ οἴνου πόσις, περὶ μὲν τὴν γλῶτταν αἴσθησιν πικρότητος, περὶ δὲ τὸν οἶνον γιγνομένην καὶ φερομένην πικρότητα, καὶ τὸν μὲν οὐ πικρότητα ἀλλὰ πικρόν, ἐμὲ δὲ οὐκ αἴσθησιν ἀλλ᾽ αἰσθανόμενον; 5

ΘΕΑΙ. Κομιδῇ μὲν οὖν.

ΣΩ. Οὔκουν ἐγώ τε οὐδὲν ἄλλο ποτὲ γενήσομαι οὕτως αἰσθανόμενος· τοῦ γὰρ ἄλλου ἄλλη αἴσθησις, καὶ ἀλλοῖον καὶ ἄλλον ποιεῖ τὸν αἰσθανόμενον· οὔτ᾽ ἐκεῖνο τὸ ποιοῦν ἐμὲ 160 μήποτ᾽ ἄλλῳ συνελθὸν ταὐτὸν γεννῆσαν τοιοῦτον γένηται· ἀπὸ γὰρ ἄλλου ἄλλο γεννῆσαν ἀλλοῖον γενήσεται.

ΘΕΑΙ. Ἔστι ταῦτα.

ΣΩ. Οὐδὲ μὴν ἔγωγε ἐμαυτῷ τοιοῦτος, ἐκεῖνό τε ἑαυτῷ 5 τοιοῦτον γενήσεται.

ΘΕΑΙ. Οὐ γὰρ οὖν.

ΣΩ. Ἀνάγκη δέ γε ἐμέ τε τινὸς γίγνεσθαι, ὅταν αἰσθανόμενος γίγνωμαι· αἰσθανόμενον γάρ, μηδενὸς δὲ αἰσθανόμενον, ἀδύνατον γίγνεσθαι· ἐκεῖνό τε τινὶ γίγνεσθαι, ὅταν γλυκὺ ἢ b

πικρὸν ἤ τι τοιοῦτον γίγνηται· γλυκὺ γάρ, μηδενὶ δὲ γλυκὺ
ἀδύνατον γενέσθαι.

ΘΕΑΙ. Παντάπασι μὲν οὖν.

5 ΣΩ. Λείπεται δὴ οἶμαι ἡμῖν ἀλλήλοις, εἴτ᾽ ἐσμέν, εἶναι,
εἴτε γιγνόμεθα, γίγνεσθαι, ἐπείπερ ἡμῶν ἡ ἀνάγκη τὴν οὐσίαν
συνδεῖ μέν, συνδεῖ δὲ οὐδενὶ τῶν ἄλλων οὐδ᾽ αὖ ἡμῖν αὐτοῖς.
ἀλλήλοις δὴ λείπεται συνδεδέσθαι. ὥστε εἴτε τις εἶναί τι
ὀνομάζει, τινὶ εἶναι ἢ τινὸς ἢ πρός τι ῥητέον αὐτῷ, εἴτε
10 γίγνεσθαι· αὐτὸ δὲ ἐφ᾽ αὑτοῦ τι ἢ ὂν ἢ γιγνόμενον οὔτε
c αὐτῷ λεκτέον οὔτ᾽ ἄλλου λέγοντος ἀποδεκτέον, ὡς ὁ λόγος
ὃν διεληλύθαμεν σημαίνει.

ΘΕΑΙ. Παντάπασι μὲν οὖν, ὦ Σώκρατες.

ΣΩ. Οὐκοῦν ὅτε δὴ τὸ ἐμὲ ποιοῦν ἐμοί ἐστιν καὶ οὐκ
5 ἄλλῳ, ἐγὼ καὶ αἰσθάνομαι αὐτοῦ, ἄλλος δ᾽ οὔ;

ΘΕΑΙ. Πῶς γὰρ οὔ;

ΣΩ. Ἀληθὴς ἄρα ἐμοὶ ἡ ἐμὴ αἴσθησις—τῆς γὰρ ἐμῆς
οὐσίας ἀεί ἐστιν—καὶ ἐγὼ κριτὴς κατὰ τὸν Πρωταγόραν
τῶν τε ὄντων ἐμοὶ ὡς ἔστι, καὶ τῶν μὴ ὄντων ὡς οὐκ ἔστιν.

10 ΘΕΑΙ. Ἔοικεν.

d ΣΩ. Πῶς ἂν οὖν ἀψευδὴς ὢν καὶ μὴ πταίων τῇ διανοίᾳ
περὶ τὰ ὄντα ἢ γιγνόμενα οὐκ ἐπιστήμων ἂν εἴην ὧνπερ
αἰσθητής;

ΘΕΑΙ. Οὐδαμῶς ὅπως οὔ.

5 ΣΩ. Παγκάλως ἄρα σοι εἴρηται ὅτι ἐπιστήμη οὐκ ἄλλο
τί ἐστιν ἢ αἴσθησις, καὶ εἰς ταὐτὸν συμπέπτωκεν, κατὰ μὲν
Ὅμηρον καὶ Ἡράκλειτον καὶ πᾶν τὸ τοιοῦτον φῦλον οἷον
ῥεύματα κινεῖσθαι τὰ πάντα, κατὰ δὲ Πρωταγόραν τὸν
σοφώτατον πάντων χρημάτων ἄνθρωπον μέτρον εἶναι, κατὰ
e δὲ Θεαίτητον τούτων οὕτως ἐχόντων αἴσθησιν ἐπιστήμην
γίγνεσθαι. ἦ γάρ, ὦ Θεαίτητε; φῶμεν τοῦτο σὸν μὲν
εἶναι οἷον νεογενὲς παιδίον, ἐμὸν δὲ μαίευμα; ἢ πῶς λέγεις;

b 2 γίγνεται W   b 5 δὴ] δὲ W   b 10 γίγνεσθαι, ⟨γίγνεσθαι⟩
Frei   c 1 οὔτ᾽ . . . ἀποδεκτέον om. pr. B   d 1 οὖν ἂν T
d 4 οὔ] οὖν B   e 2 τοῦτο οὕτω φῶμεν W

ΘΕΑΙ. Οὕτως ἀνάγκη, ὦ Σώκρατες.

ΣΩ. Τοῦτο μὲν δή, ὡς ἔοικεν, μόλις ποτὲ ἐγεννήσαμεν, 5
ὅτι δή ποτε τυγχάνει ὄν. μετὰ δὲ τὸν τόκον τὰ ἀμφιδρόμια
αὐτοῦ ὡς ἀληθῶς ἐν κύκλῳ περιθρεκτέον τῷ λόγῳ, σκοπου-
μένους μὴ λάθῃ ἡμᾶς οὐκ ἄξιον ὂν τροφῆς τὸ γιγνόμενον,
ἀλλὰ ἀνεμιαῖόν τε καὶ ψεῦδος. ἢ σὺ οἴει πάντως δεῖν τό γε 161
σὸν τρέφειν καὶ μὴ ἀποτιθέναι, ἢ καὶ ἀνέξῃ ἐλεγχόμενον
ὁρῶν, καὶ οὐ σφόδρα χαλεπανεῖς ἐάν τις σοῦ ὡς πρωτοτόκου
αὐτὸ ὑφαιρῇ;

ΘΕΟ. Ἀνέξεται, ὦ Σώκρατες, Θεαίτητος· οὐδαμῶς γὰρ 5
δύσκολος. ἀλλὰ πρὸς θεῶν εἰπὲ ᾗ αὖ οὐχ οὕτως ἔχει;

ΣΩ. Φιλόλογός γ᾽ εἶ ἀτεχνῶς καὶ χρηστός, ὦ Θεόδωρε,
ὅτι με οἴει λόγων τινὰ εἶναι θύλακον καὶ ῥᾳδίως ἐξελόντα
ἐρεῖν ὡς οὐκ αὖ ἔχει οὕτω ταῦτα· τὸ δὲ γιγνόμενον οὐκ b
ἐννοεῖς, ὅτι οὐδεὶς τῶν λόγων ἐξέρχεται παρ᾽ ἐμοῦ ἀλλ᾽ ἀεὶ
παρὰ τοῦ ἐμοὶ προσδιαλεγομένου, ἐγὼ δὲ οὐδὲν ἐπίσταμαι
πλέον πλὴν βραχέος, ὅσον λόγον παρ᾽ ἑτέρου σοφοῦ λαβεῖν
καὶ ἀποδέξασθαι μετρίως. καὶ νῦν τοῦτο παρὰ τοῦδε πειρά- 5
σομαι, οὔ τι αὐτὸς εἰπεῖν.

ΘΕΟ. Σὺ κάλλιον, ὦ Σώκρατες, λέγεις· καὶ ποίει οὕτως.

ΣΩ. Οἶσθ᾽ οὖν, ὦ Θεόδωρε, ὃ θαυμάζω τοῦ ἑταίρου σου
Πρωταγόρου;

ΘΕΟ. Τὸ ποῖον; c

ΣΩ. Τὰ μὲν ἄλλα μοι πάνυ ἡδέως εἴρηκεν, ὡς τὸ δοκοῦν
ἑκάστῳ τοῦτο καὶ ἔστιν· τὴν δ᾽ ἀρχὴν τοῦ λόγου τεθαύμακα,
ὅτι οὐκ εἶπεν ἀρχόμενος τῆς Ἀληθείας ὅτι "Πάντων χρη-
μάτων μέτρον ἐστὶν ὗς" ἢ "κυνοκέφαλος" ἤ τι ἄλλο ἀτοπώ- 5
τερον τῶν ἐχόντων αἴσθησιν, ἵνα μεγαλοπρεπῶς καὶ πάνυ
καταφρονητικῶς ἤρξατο ἡμῖν λέγειν, ἐνδεικνύμενος ὅτι ἡμεῖς
μὲν αὐτὸν ὥσπερ θεὸν ἐθαυμάζομεν ἐπὶ σοφίᾳ, ὁ δ᾽ ἄρα
ἐτύγχανεν ὢν εἰς φρόνησιν οὐδὲν βελτίων βατράχου γυρίνου, d

e 5 μόγις W   a 6 ᾗ scripsi : ἢ B : ᾗ W : εἰ T   οὐχ om. T
a 8 με] μοι Stallbaum   b 1 αὖ ἔχει] ἔχει αὖ W   b 6 οὔτι T :
ὅτι B   c 5 ἀτοπώτατον W   d 1 βατράχου secl. Valckenaer

μὴ ὅτι ἄλλου του ἀνθρώπων. ἢ πῶς λέγωμεν, ὦ Θεόδωρε;
εἰ γὰρ δὴ ἑκάστῳ ἀληθὲς ἔσται ὃ ἂν δι᾽ αἰσθήσεως δοξάζῃ,
καὶ μήτε τὸ ἄλλου πάθος ἄλλος βέλτιον διακρινεῖ, μήτε τὴν
5 δόξαν κυριώτερος ἔσται ἐπισκέψασθαι ἕτερος τὴν ἑτέρου
ὀρθὴ ἢ ψευδής, ἀλλ᾽ ὃ πολλάκις εἴρηται, αὐτὸς τὰ αὑτοῦ
ἕκαστος μόνος δοξάσει, ταῦτα δὲ πάντα ὀρθὰ καὶ ἀληθῆ, τί
δή ποτε, ὦ ἑταῖρε, Πρωταγόρας μὲν σοφός, ὥστε καὶ ἄλλων
e διδάσκαλος ἀξιοῦσθαι δικαίως μετὰ μεγάλων μισθῶν, ἡμεῖς
δὲ ἀμαθέστεροί τε καὶ φοιτητέον ἡμῖν ἦν παρ᾽ ἐκεῖνον, μέτρῳ
ὄντι αὐτῷ ἑκάστῳ τῆς αὑτοῦ σοφίας; ταῦτα πῶς μὴ φῶμεν
δημούμενον λέγειν τὸν Πρωταγόραν; τὸ δὲ δὴ ἐμόν τε καὶ
5 τῆς ἐμῆς τέχνης τῆς μαιευτικῆς σιγῶ ὅσον γέλωτα ὀφλισκά-
νομεν, οἶμαι δὲ καὶ σύμπασα ἡ τοῦ διαλέγεσθαι πραγματεία.
τὸ γὰρ ἐπισκοπεῖν καὶ ἐπιχειρεῖν ἐλέγχειν τὰς ἀλλήλων
φαντασίας τε καὶ δόξας, ὀρθὰς ἑκάστου οὔσας, οὐ μακρὰ
162 μὲν καὶ διωλύγιος φλυαρία, εἰ ἀληθὴς ἡ ᾽Αλήθεια Πρω-
ταγόρου ἀλλὰ μὴ παίζουσα ἐκ τοῦ ἀδύτου τῆς βίβλου
ἐφθέγξατο;

ΘΕΟ. ῍Ω Σώκρατες, φίλος ἀνήρ, ὥσπερ σὺ νυνδὴ εἶπες.
5 οὐκ ἂν οὖν δεξαίμην δι᾽ ἐμοῦ ὁμολογοῦντος ἐλέγχεσθαι
Πρωταγόραν, οὐδ᾽ αὖ σοὶ παρὰ δόξαν ἀντιτείνειν. τὸν οὖν
Θεαίτητον πάλιν λαβέ· πάντως καὶ νυνδὴ μάλ᾽ ἐμμελῶς σοι
ἐφαίνετο ὑπακούειν.

b ΣΩ. ῍Αρα κἂν εἰς Λακεδαίμονα ἐλθών, ὦ Θεόδωρε, πρὸς
τὰς παλαίστρας ἀξιοῖς ἂν ἄλλους θεώμενος γυμνούς, ἐνίους
φαύλους, αὐτὸς μὴ ἀντεπιδεικνύναι τὸ εἶδος παραποδυόμενος;

ΘΕΟ. ᾽Αλλὰ τί μὴν δοκεῖς, εἴπερ μέλλοιέν μοι ἐπιτρέψειν
5 καὶ πείσεσθαι; ὥσπερ νῦν οἶμαι ὑμᾶς πείσειν ἐμὲ μὲν ἐᾶν
θεᾶσθαι καὶ μὴ ἕλκειν πρὸς τὸ γυμνάσιον σκληρὸν ἤδη ὄντα,
τῷ δὲ δὴ νεωτέρῳ τε καὶ ὑγροτέρῳ ὄντι προσπαλαίειν.

d 2 λέγομεν vulg.   d 4 διακρινεῖ] διακρίνῃ B (ex emend.) T
d 7 μόνος B : μόνον T   d 8 ὥστε B : ὡς T   e 2 ἦν ἡμῖν W   e 7 ἐπι-
χειρεῖν T W : om. B   a 1 μὲν om. W   a 2 βύβλου B T   a 4 ἀνήρ
Bekker : ἀνὴρ B T   νυνδὴ εἶπες] εἶπες νῦν W   b 6 θεάσασθαι T

ΣΩ. Ἀλλ' εἰ οὕτως, ὦ Θεόδωρε, σοὶ φίλον, οὐδ' ἐμοὶ
ἐχθρόν, φασὶν οἱ παροιμιαζόμενοι. πάλιν δὴ οὖν ἐπὶ τὸν c
σοφὸν Θεαίτητον ἰτέον. λέγε δή, ὦ Θεαίτητε, πρῶτον
μὲν ἃ νυνδὴ διήλθομεν, ἆρα οὐ σὺ θαυμάζεις εἰ ἐξαίφνης
οὕτως ἀναφανήσῃ μηδὲν χείρων εἰς σοφίαν ὁτουοῦν ἀνθρώπων
ἢ καὶ θεῶν; ἢ ἧττόν τι οἴει τὸ Πρωταγόρειον μέτρον εἰς 5
θεοὺς ἢ εἰς ἀνθρώπους λέγεσθαι;

ΘΕΑΙ. Μὰ Δί' οὐκ ἔγωγε· καὶ ὅπερ γε ἐρωτᾷς, πάνυ
θαυμάζω. ἡνίκα γὰρ διῇμεν ὃν τρόπον λέγοιεν τὸ δοκοῦν
ἑκάστῳ τοῦτο καὶ εἶναι τῷ δοκοῦντι, πάνυ μοι εὖ ἐφαίνετο d
λέγεσθαι· νῦν δὲ τοὐναντίον τάχα μεταπέπτωκεν.

ΣΩ. Νέος γὰρ εἶ, ὦ φίλε παῖ· τῆς οὖν δημηγορίας ὀξέως
ὑπακούεις καὶ πείθῃ. πρὸς γὰρ ταῦτα ἐρεῖ Πρωταγόρας ἤ τις
ἄλλος ὑπὲρ αὐτοῦ· "Ὦ γενναῖοι παῖδές τε καὶ γέροντες, 5
δημηγορεῖτε συγκαθεζόμενοι, θεούς τε εἰς τὸ μέσον ἄγοντες,
οὓς ἐγὼ ἔκ τε τοῦ λέγειν καὶ τοῦ γράφειν περὶ αὐτῶν ὡς e
εἰσὶν ἢ ὡς οὐκ εἰσίν, ἐξαιρῶ, καὶ ἃ οἱ πολλοὶ ἂν ἀποδέχοιντο
ἀκούοντες, λέγετε ταῦτα, ὡς δεινὸν εἰ μηδὲν διοίσει εἰς σοφίαν
ἕκαστος τῶν ἀνθρώπων βοσκήματος ὁτουοῦν· ἀπόδειξιν δὲ
καὶ ἀνάγκην οὐδ' ἡντινοῦν λέγετε ἀλλὰ τῷ εἰκότι χρῆσθε, 5
ᾧ εἰ ἐθέλοι Θεόδωρος ἢ ἄλλος τις τῶν γεωμετρῶν χρώμενος
γεωμετρεῖν, ἄξιος οὐδ' ἑνὸς μόνου ἂν εἴη. σκοπεῖτε οὖν σύ
τε καὶ Θεόδωρος εἰ ἀποδέξεσθε πιθανολογίᾳ τε καὶ εἰκόσι
περὶ τηλικούτων λεγομένους λόγους." 163

ΘΕΑΙ. Ἀλλ' οὐ δίκαιον, ὦ Σώκρατες, οὔτε σὺ οὔτε ἂν
ἡμεῖς φαῖμεν.

ΣΩ. Ἄλλῃ δὴ σκεπτέον, ὡς ἔοικεν, ὡς ὅ τε σὸς καὶ ὁ
Θεοδώρου λόγος. 5

ΘΕΑΙ. Πάνυ μὲν οὖν ἄλλῃ.

c 1 φροιμιαζόμενοι pr. W   c 2 δή] οὖν W   c 3 σὺ θαυμάζεις W :
συνθαυμάζεις B T   c 4 οὕτως ἐξαίφνης W   d 1 καὶ om. W
d 2 τάχα] ταχὺ T   d 5 ὑπὲρ] περὶ W   d 6 ἄγοντες T W :
λέγοντες B   e 1 τοῦ γράφειν] γράφειν W   e 6 θέλοι W
e 7 οὐδ' ἑνὸς schol. : οὐδενὸς B T   e 8 πιθανολογίᾳ] πιθανολογίαις B
a 1 τηλικούτων] τούτων B   a 5 Θεόδωρος B   λόγος post a 4 σὸς T

ΣΩ. Τῇδε δὴ σκοπῶμεν εἰ ἄρα ἐστὶν ἐπιστήμη τε καὶ
αἴσθησις ταὐτὸν ἢ ἕτερον. εἰς γὰρ τοῦτό που πᾶς ὁ λόγος
ἡμῖν ἔτεινεν, καὶ τούτου χάριν τὰ πολλὰ καὶ ἄτοπα ταῦτα
10 ἐκινήσαμεν. οὐ γάρ;

ΘΕΑΙ. Παντάπασι μὲν οὖν.

b   ΣΩ. Ἦ οὖν ὁμολογήσομεν, ἃ τῷ ὁρᾶν αἰσθανόμεθα ἢ
τῷ ἀκούειν, πάντα ταῦτα ἅμα καὶ ἐπίστασθαι; οἷον τῶν
βαρβάρων πρὶν μαθεῖν τὴν φωνὴν πότερον οὐ φήσομεν
ἀκούειν ὅταν φθέγγωνται, ἢ ἀκούειν τε καὶ ἐπίστασθαι
5 ἃ λέγουσι; καὶ αὖ γράμματα μὴ ἐπιστάμενοι, βλέποντες
εἰς αὐτὰ πότερον οὐχ ὁρᾶν ἢ ἐπίστασθαι εἴπερ ὁρῶμεν
διισχυριούμεθα;

ΘΕΑΙ. Αὐτό γε, ὦ Σώκρατες, τοῦτο αὐτῶν, ὅπερ ὁρῶμέν
τε καὶ ἀκούομεν, ἐπίστασθαι φήσομεν· τῶν μὲν γὰρ τὸ
10 σχῆμα καὶ τὸ χρῶμα ὁρᾶν τε καὶ ἐπίστασθαι, τῶν δὲ τὴν
c ὀξύτητα καὶ βαρύτητα ἀκούειν τε ἅμα καὶ εἰδέναι· ἃ δὲ οἵ τε
γραμματισταὶ περὶ αὐτῶν καὶ οἱ ἑρμηνῆς διδάσκουσιν, οὔτε
αἰσθάνεσθαι τῷ ὁρᾶν ἢ ἀκούειν οὔτε ἐπίστασθαι.

ΣΩ. Ἄριστά γ᾽, ὦ Θεαίτητε, καὶ οὐκ ἄξιόν σοι πρὸς
5 ταῦτα ἀμφισβητῆσαι, ἵνα καὶ αὐξάνῃ. ἀλλ᾽ ὅρα δὴ καὶ
τόδε ἄλλο προσιόν, καὶ σκόπει πῇ αὐτὸ διωσόμεθα.

ΘΕΑΙ. Τὸ ποῖον δή;

d   ΣΩ. Τὸ τοιόνδε· εἴ τις ἔροιτο· "Ἆρα δυνατὸν ὅτου τις
ἐπιστήμων γένοιτό ποτε, ἔτι ἔχοντα μνήμην αὐτοῦ τούτου
καὶ σῳζόμενον, τότε ὅτε μέμνηται μὴ ἐπίστασθαι αὐτὸ τοῦτο
ὃ μέμνηται;" μακρολογῶ δέ, ὡς ἔοικε, βουλόμενος ἐρέσθαι
5 εἰ μαθών τίς τι μεμνημένος μὴ οἶδε.

ΘΕΑΙ. Καὶ πῶς, ὦ Σώκρατες; τέρας γὰρ ἂν εἴη ὃ λέγεις.

ΣΩ. Μὴ οὖν ἐγὼ ληρῶ; σκόπει δέ. ἆρα τὸ ὁρᾶν οὐκ
αἰσθάνεσθαι λέγεις καὶ τὴν ὄψιν αἴσθησιν;

a 7 τῇδε T W : τί δὲ B   a 8 ἢ ἕτερον] πότερον B   τοῦτό]
τοῦτόν B   a 9 ἔτεινεν] τείνει W   b 3 πότερον] πρότερον T
b 10 καὶ] τε καὶ T   καὶ τὸ χρῶμα om. W   c 6 πῇ] ποῦ W
d 2 ἔτι ἔχοντα] ἐπέχοντα B   d 6 καὶ om. W

ΘΕΑΙ. Ἔγωγε.

ΣΩ. Οὐκοῦν ὁ ἰδών τι ἐπιστήμων ἐκείνου γέγονεν ὃ εἶδεν e
κατὰ τὸν ἄρτι λόγον;

ΘΕΑΙ. Ναί.

ΣΩ. Τί δέ; μνήμην οὐ λέγεις μέντοι τι;

ΘΕΑΙ. Ναί. 5

ΣΩ. Πότερον οὐδενὸς ἢ τινός;

ΘΕΑΙ. Τινὸς δήπου.

ΣΩ. Οὐκοῦν ὧν ἔμαθε καὶ ὧν ᾔσθετο, τοιουτωνί τινων;

ΘΕΑΙ. Τί μήν;

ΣΩ. Ὃ δὴ εἶδέ τις, μέμνηταί που ἐνίοτε; 10

ΘΕΑΙ. Μέμνηται.

ΣΩ. Ἦ καὶ μύσας; ἢ τοῦτο δράσας ἐπελάθετο;

ΘΕΑΙ. Ἀλλὰ δεινόν, ὦ Σώκρατες, τοῦτό γε φάναι.

ΣΩ. Δεῖ γε μέντοι, εἰ σώσομεν τὸν πρόσθε λόγον· εἰ 164
δὲ μή, οἴχεται.

ΘΕΑΙ. Καὶ ἐγώ, νὴ τὸν Δία, ὑποπτεύω, οὐ μὴν ἱκανῶς
γε συννοῶ· ἀλλ' εἰπὲ πῇ.

ΣΩ. Τῇδε· ὁ μὲν ὁρῶν ἐπιστήμων, φαμέν, τούτου γέγονεν 5
οὗπερ ὁρῶν· ὄψις γὰρ καὶ αἴσθησις καὶ ἐπιστήμη ταὐτὸν
ὡμολόγηται.

ΘΕΑΙ. Πάνυ γε.

ΣΩ. Ὁ δέ γε ὁρῶν καὶ ἐπιστήμων γεγονὼς οὗ ἑώρα, ἐὰν
μύσῃ, μέμνηται μέν, οὐχ ὁρᾷ δὲ αὐτό. ἦ γάρ; 10

ΘΕΑΙ. Ναί.

ΣΩ. Τὸ δέ γε " οὐχ ὁρᾷ " " οὐκ ἐπίσταταί " ἐστιν, εἴπερ b
καὶ τὸ " ὁρᾷ " " ἐπίσταται."

ΘΕΑΙ. Ἀληθῆ.

ΣΩ. Συμβαίνει ἄρα, οὗ τις ἐπιστήμων ἐγένετο, ἔτι μεμνη-
μένον αὐτὸν μὴ ἐπίστασθαι, ἐπειδὴ οὐχ ὁρᾷ· ὃ τέρας ἔφαμεν 5
ἂν εἶναι εἰ γίγνοιτο.

a 1 σώσομεν Dissen: σώσοιμεν B T   a 6 ὁρῶν B T : ὁρᾷ W
b 1-2 ἐστιν . . . ἐπίσταται om. pr. B   b 5 αὐτὸν μὴ T W : αὐτὸν ἢ
ut videtur pr. B : αὐτὸ μὴ Hirschig   ἂν ἔφαμεν W

ΘΕΑΙ. Ἀληθέστατα λέγεις.

ΣΩ. Τῶν ἀδυνάτων δή τι συμβαίνειν φαίνεται ἐάν τις ἐπιστήμην καὶ αἴσθησιν ταὐτὸν φῇ εἶναι.

10 ΘΕΑΙ. Ἔοικεν.

ΣΩ. Ἄλλο ἄρα ἑκάτερον φατέον.

ΘΕΑΙ. Κινδυνεύει.

c ΣΩ. Τί οὖν δῆτ᾽ ἂν εἴη ἐπιστήμη; πάλιν ἐξ ἀρχῆς, ὡς ἔοικεν, λεκτέον. καίτοι τί ποτε μέλλομεν, ὦ Θεαίτητε, δρᾶν;

ΘΕΑΙ. Τίνος πέρι;

ΣΩ. Φαινόμεθά μοι ἀλεκτρυόνος ἀγεννοῦς δίκην πρὶν 5 νενικηκέναι ἀποπηδήσαντες ἀπὸ τοῦ λόγου ᾄδειν.

ΘΕΑΙ. Πῶς δή;

ΣΩ. Ἀντιλογικῶς ἐοίκαμεν πρὸς τὰς τῶν ὀνομάτων ὁμολογίας ἀνομολογησάμενοι καὶ τοιούτῳ τινὶ περιγενόμενοι τοῦ λόγου ἀγαπᾶν, καὶ οὐ φάσκοντες ἀγωνισταὶ ἀλλὰ φιλό- d σοφοι εἶναι λανθάνομεν ταὐτὰ ἐκείνοις τοῖς δεινοῖς ἀνδράσιν ποιοῦντες.

ΘΕΑΙ. Οὔπω μανθάνω ὅπως λέγεις.

ΣΩ. Ἀλλ᾽ ἐγὼ πειράσομαι δηλῶσαι περὶ αὐτῶν ὅ γε 5 δὴ νοῶ. ἠρόμεθα γὰρ δὴ εἰ μαθὼν καὶ μεμνημένος τίς τι μὴ ἐπίσταται, καὶ τὸν ἰδόντα καὶ μύσαντα μεμνημένον ὁρῶντα δὲ οὐ ἀποδείξαντες, οὐκ εἰδότα ἀπεδείξαμεν καὶ ἅμα μεμνημένον· τοῦτο δ᾽ εἶναι ἀδύνατον. καὶ οὕτω δὴ μῦθος ἀπώλετο ὁ Πρωταγόρειος, καὶ ὁ σὸς ἅμα ὁ τῆς 10 ἐπιστήμης καὶ αἰσθήσεως ὅτι ταὐτόν ἐστιν.

e ΘΕΑΙ. Φαίνεται.

ΣΩ. Οὔ τι ἄν, οἶμαι, ὦ φίλε, εἴπερ γε ὁ πατὴρ τοῦ ἑτέ- ρου μύθου ἔζη, ἀλλὰ πολλὰ ἂν ἤμυνε· νῦν δὲ ὀρφανὸν αὐτὸν ἡμεῖς προπηλακίζομεν. καὶ γὰρ οὐδ᾽ οἱ ἐπίτροποι, οὓς Πρω- 5 ταγόρας κατέλιπεν, βοηθεῖν ἐθέλουσιν, ὧν Θεόδωρος εἷς ὅδε. ἀλλὰ δὴ αὐτοὶ κινδυνεύσομεν τοῦ δικαίου ἕνεκ᾽ αὐτῷ βοηθεῖν.

ΘΕΟ. Οὐ γὰρ ἐγώ, ὦ Σώκρατες, ἀλλὰ μᾶλλον Καλλίας
ὁ Ἱππονίκου τῶν ἐκείνου ἐπίτροπος· ἡμεῖς δέ πως θᾶττον 165
ἐκ τῶν ψιλῶν λόγων πρὸς τὴν γεωμετρίαν ἀπενεύσαμεν.
χάριν γε μέντοι σοὶ ἕξομεν ἐὰν αὐτῷ βοηθῇς.
ΣΩ. Καλῶς λέγεις, ὦ Θεόδωρε. σκέψαι οὖν τήν γ'
ἐμὴν βοήθειαν. τῶν γὰρ ἄρτι δεινότερα ἄν τις ὁμολογή- 5
σειεν μὴ προσέχων τοῖς ῥήμασι τὸν νοῦν, ᾗ τὸ πολὺ
εἰθίσμεθα φάναι τε καὶ ἀπαρνεῖσθαι. σοὶ λέγω ὅπῃ, ἢ
Θεαιτήτῳ.
ΘΕΟ. Εἰς τὸ κοινὸν μὲν οὖν, ἀποκρινέσθω δὲ ὁ νεώτερος·
σφαλεὶς γὰρ ἧττον ἀσχημονήσει. b
ΣΩ. Λέγω δὴ τὸ δεινότατον ἐρώτημα, ἔστι δὲ οἶμαι
τοιόνδε τι· "Ἆρα οἷόν τε τὸν αὐτὸν εἰδότα τι τοῦτο ὃ οἶδεν
μὴ εἰδέναι;"
ΘΕΟ. Τί δὴ οὖν ἀποκρινούμεθα, ὦ Θεαίτητε; 5
ΘΕΑΙ. Ἀδύνατόν που, οἶμαι ἔγωγε.
ΣΩ. Οὔκ, εἰ τὸ ὁρᾶν γε ἐπίστασθαι θήσεις. τί γὰρ
χρήσῃ ἀφύκτῳ ἐρωτήματι, τὸ λεγόμενον ἐν φρέατι συσχό-
μενος, ὅταν ἐρωτᾷ ἀνέκπληκτος ἀνήρ, καταλαβὼν τῇ χειρὶ
σοῦ τὸν ἕτερον ὀφθαλμόν, εἰ ὁρᾷς τὸ ἱμάτιον τῷ κατειλημ- c
μένῳ;
ΘΕΑΙ. Οὐ φήσω οἶμαι τούτῳ γε, τῷ μέντοι ἑτέρῳ.
ΣΩ. Οὐκοῦν ὁρᾷς τε καὶ οὐχ ὁρᾷς ἅμα ταὐτόν;
ΘΕΑΙ. Οὕτω γέ πως. 5
ΣΩ. Οὐδὲν ἐγώ, φήσει, τοῦτο οὔτε τάττω οὔτ' ἠρόμην
τὸ ὅπως, ἀλλ' εἰ ὃ ἐπίστασαι, τοῦτο καὶ οὐκ ἐπίστασαι.
νῦν δὲ ὃ οὐχ ὁρᾷς ὁρῶν φαίνῃ. ὡμολογηκὼς δὲ τυγχάνεις
τὸ ὁρᾶν ἐπίστασθαι καὶ τὸ μὴ ὁρᾶν μὴ ἐπίστασθαι. ἐξ
οὖν τούτων λογίζου τί σοι συμβαίνει. 10
ΘΕΑΙ. Ἀλλὰ λογίζομαι ὅτι τἀναντία οἷς ὑπεθέμην. d

a 3 σοὶ om. B   a 6 προσσχὼν al.   b 2 δεινότερον W
b 7 γε om. W   θήσεις] φήσεις W   b 8 συσχόμενος B²T :
συνεχόμενος B   c 3 μέντοι] μέντοι γ' W   c 7 εἰ ὃ TW : εἴτ' B
c 8 ὃ om. W

ΣΩ. Ἴσως δέ γ᾽, ὦ θαυμάσιε, πλείω ἂν τοιαῦτ᾽ ἔπαθες
εἴ τίς σε προσηρώτα εἰ ἐπίστασθαι ἔστι μὲν ὀξύ, ἔστι δὲ
ἀμβλύ, καὶ ἐγγύθεν μὲν ἐπίστασθαι, πόρρωθεν δὲ μή, καὶ
5 σφόδρα καὶ ἠρέμα τὸ αὐτό, καὶ ἄλλα μυρία, ἃ ἐλλοχῶν ἂν
πελταστικὸς ἀνὴρ μισθοφόρος ἐν λόγοις ἐρόμενος, ἡνίκ᾽
ἐπιστήμην καὶ αἴσθησιν ταὐτὸν ἔθου, ἐμβαλὼν ἂν εἰς τὸ
ἀκούειν καὶ ὀσφραίνεσθαι καὶ τὰς τοιαύτας αἰσθήσεις, ἤλεγχεν
e ἂν ἐπέχων καὶ οὐκ ἀνιεὶς πρὶν θαυμάσας τὴν πολυάρατον
σοφίαν συνεποδίσθης ὑπ᾽ αὐτοῦ, οὗ δή σε χειρωσάμενός τε
καὶ συνδήσας ἤδη ἂν τότε ἐλύτρου χρημάτων ὅσων σοί τε
κἀκείνῳ ἐδόκει. τίν᾽ οὖν δὴ ὁ Πρωταγόρας, φαίης ἂν ἴσως,
5 λόγον ἐπίκουρον τοῖς αὐτοῦ ἐρεῖ; ἄλλο τι πειρώμεθα λέγειν;
ΘΕΑΙ. Πάνυ μὲν οὖν.

ΣΩ. Ταῦτά τε δὴ πάντα ὅσα ἡμεῖς ἐπαμύνοντες αὐτῷ
166 λέγομεν, καὶ ὁμόσε οἶμαι χωρήσεται καταφρονῶν ἡμῶν καὶ
λέγων· "Οὗτος δὴ ὁ Σωκράτης ὁ χρηστός, ἐπειδὴ αὐτῷ
παιδίον τι ἐρωτηθὲν ἔδεισεν εἰ οἷόν τε τὸν αὐτὸν τὸ αὐτὸ
μεμνῆσθαι ἅμα καὶ μὴ εἰδέναι, καὶ δεῖσαν ἀπέφησεν διὰ τὸ
5 μὴ δύνασθαι προορᾶν, γέλωτα δὴ τὸν ἐμὲ ἐν τοῖς λόγοις
ἀπέδειξεν. τὸ δέ, ὦ ῥᾳθυμότατε Σώκρατες, τῇδ᾽ ἔχει· ὅταν
τι τῶν ἐμῶν δι᾽ ἐρωτήσεως σκοπῇς, ἐὰν μὲν ὁ ἐρωτηθεὶς
οἷάπερ ἂν ἐγὼ ἀποκριναίμην ἀποκρινάμενος σφάλληται, ἐγὼ
b ἐλέγχομαι, εἰ δὲ ἀλλοῖα, αὐτὸς ὁ ἐρωτηθείς. αὐτίκα γὰρ
δοκεῖς τινά σοι συγχωρήσεσθαι μνήμην παρεῖναί τῳ ὧν
ἔπαθε, τοιοῦτόν τι οὖσαν πάθος οἷον ὅτε ἔπασχε, μηκέτι
πάσχοντι; πολλοῦ γε δεῖ. ἢ αὖ ἀποκνήσειν ὁμολογεῖν οἷόν
5 τ᾽ εἶναι εἰδέναι καὶ μὴ εἰδέναι τὸν αὐτὸν τὸ αὐτό; ἢ ἐάνπερ
τοῦτο δείσῃ, δώσειν ποτὲ τὸν αὐτὸν εἶναι τὸν ἀνομοιούμενον
τῷ πρὶν ἀνομοιοῦσθαι ὄντι; μᾶλλον δὲ τὸν εἶναί τινα
ἀλλ᾽ οὐχὶ τούς, καὶ τούτους γιγνομένους ἀπείρους, ἐάνπερ

d 2 δέ γ᾽, ὦ] δ᾽ ἐγὼ B   d 3 δὲ] δὲ καὶ W   d 5 ἐνλοχῶν BT
ἂν] ἄν τις W   e 3 τε] γε B   e 7 ὅσα] ὅσα γ᾽ W   a 8 ἂν
om. T   ἀποκρινόμενος T   σφάληται W   b 3 οἷον ὅτε T: οἷόν τε
B : οἷόν τε ὅτ᾽ W   b 5 εἰδέναι post εἶναι om. T   b 8 καὶ om. T

ἀνομοίωσις γίγνηται, εἰ δὴ ὀνομάτων γε δεήσει θηρεύσεις c
διευλαβεῖσθαι ἀλλήλων; ἀλλ᾽, ὦ μακάριε," φήσει, "γενναιο-
τέρως ἐπ᾽ αὐτὸ ἐλθὼν ὃ λέγω, εἰ δύνασαι, ἐξέλεγξον ὡς οὐχὶ
ἴδιαι αἰσθήσεις ἑκάστῳ ἡμῶν γίγνονται, ἢ ὡς ἰδίων γιγνο-
μένων οὐδέν τι ἂν μᾶλλον τὸ φαινόμενον μόνῳ ἐκείνῳ 5
γίγνοιτο, ἢ εἰ εἶναι δεῖ ὀνομάζειν, εἴη ᾧπερ φαίνεται· ὗς δὲ
δὴ καὶ κυνοκεφάλους λέγων οὐ μόνον αὐτὸς ὑηνεῖς, ἀλλὰ καὶ
τοὺς ἀκούοντας τοῦτο δρᾶν εἰς τὰ συγγράμματά μου ἀνα-
πείθεις, οὐ καλῶς ποιῶν. ἐγὼ γάρ φημι μὲν τὴν ἀλήθειαν d
ἔχειν ὡς γέγραφα· μέτρον γὰρ ἕκαστον ἡμῶν εἶναι τῶν τε
ὄντων καὶ μή, μυρίον μέντοι διαφέρειν ἕτερον ἑτέρου αὐτῷ
τούτῳ, ὅτι τῷ μὲν ἄλλα ἔστι τε καὶ φαίνεται, τῷ δὲ ἄλλα.
καὶ σοφίαν καὶ σοφὸν ἄνδρα πολλοῦ δέω τὸ μὴ φάναι εἶναι, 5
ἀλλ᾽ αὐτὸν τοῦτον καὶ λέγω σοφόν, ὃς ἄν τινι ἡμῶν,
ᾧ φαίνεται καὶ ἔστι κακά, μεταβάλλων ποιήσῃ ἀγαθὰ φαί-
νεσθαί τε καὶ εἶναι. τὸν δὲ λόγον αὖ μὴ τῷ ῥήματί μου
δίωκε, ἀλλ᾽ ὧδε ἔτι σαφέστερον μάθε τί λέγω. οἷον γὰρ ἐν e
τοῖς πρόσθεν ἐλέγετο ἀναμνήσθητι, ὅτι τῷ μὲν ἀσθενοῦντι
πικρὰ φαίνεται ἃ ἐσθίει καὶ ἔστι, τῷ δὲ ὑγιαίνοντι τἀναντία
ἔστι καὶ φαίνεται. σοφώτερον μὲν οὖν τούτων οὐδέτερον δεῖ
ποιῆσαι—οὐδὲ γὰρ δυνατόν—οὐδὲ κατηγορητέον ὡς ὁ μὲν 167
κάμνων ἀμαθὴς ὅτι τοιαῦτα δοξάζει, ὁ δὲ ὑγιαίνων σοφὸς
ὅτι ἀλλοῖα, μεταβλητέον δ᾽ ἐπὶ θάτερα· ἀμείνων γὰρ ἡ ἑτέρα
ἕξις. οὕτω δὲ καὶ ἐν τῇ παιδείᾳ ἀπὸ ἑτέρας ἕξεως ἐπὶ τὴν
ἀμείνω μεταβλητέον· ἀλλ᾽ ὁ μὲν ἰατρὸς φαρμάκοις μετα- 5
βάλλει, ὁ δὲ σοφιστὴς λόγοις. ἐπεὶ οὔ τί γε ψευδῆ δοξάζοντά
τίς τινα ὕστερον ἀληθῆ ἐποίησε δοξάζειν· οὔτε γὰρ τὰ μὴ
ὄντα δυνατὸν δοξάσαι, οὔτε ἄλλα παρ᾽ ἃ ἂν πάσχῃ, ταῦτα
δὲ ἀεὶ ἀληθῆ. ἀλλ᾽ οἶμαι πονηρᾶς ψυχῆς ἕξει δοξάζοντα b

c 1 ἀνομοίωσις] ἀνομοίως B   c 4 ἡμῶν ἑκάστῳ T   c 6 ᾧπερ]
ὅπερ W : ὃ in marg. b   c 7 αὐτὸ συηνεῖς T Photius   c 8 εἰς]
πρὸς Photius   d 2 γέγραφα] ἔγραψα W   d 5 τὸ] τῷ T   d 6 ὃς]
ὡς T   d 7 ᾧ φαίνεται B T : φαίνηται W   e 2 πρόσθεν] ἔμπροσθεν T
a 6 οὗ] οὔτε T   a 8 παρ᾽ ἃ ἂν W : παρὰ ἃν B : παρα ἃν T
b 1 πονηρᾶς] πονηρᾷ Aldina   δοξάζοντα] δοξάζοντας B
19*

συγγενῆ ἑαυτῆς χρηστὴ ἐποίησε δοξάσαι ἕτερα τοιαῦτα, ἃ δή
τινες τὰ φαντάσματα ὑπὸ ἀπειρίας ἀληθῆ καλοῦσιν, ἐγὼ
δὲ βελτίω μὲν τὰ ἕτερα τῶν ἑτέρων, ἀληθέστερα δὲ οὐδέν.
5 καὶ τοὺς σοφούς, ὦ φίλε Σώκρατες, πολλοῦ δέω βατράχους
λέγειν, ἀλλὰ κατὰ μὲν σώματα ἰατροὺς λέγω, κατὰ δὲ φυτὰ
γεωργούς. φημὶ γὰρ καὶ τούτους τοῖς φυτοῖς ἀντὶ πονηρῶν
c αἰσθήσεων, ὅταν τι αὐτῶν ἀσθενῇ, χρηστὰς καὶ ὑγιεινὰς
αἰσθήσεις τε καὶ ἀληθεῖς ἐμποιεῖν, τοὺς δέ γε σοφούς τε καὶ
ἀγαθοὺς ῥήτορας ταῖς πόλεσι τὰ χρηστὰ ἀντὶ τῶν πονηρῶν
δίκαια δοκεῖν εἶναι ποιεῖν. ἐπεὶ οἷά γ᾽ ἂν ἑκάστῃ πόλει δίκαια
5 καὶ καλὰ δοκῇ, ταῦτα καὶ εἶναι αὐτῇ, ἕως ἂν αὐτὰ νομίζῃ· ἀλλ᾽
ὁ σοφὸς ἀντὶ πονηρῶν ὄντων αὐτοῖς ἑκάστων χρηστὰ ἐποίησεν
εἶναι καὶ δοκεῖν. κατὰ δὲ τὸν αὐτὸν λόγον καὶ ὁ σοφιστὴς
τοὺς παιδευομένους οὕτω δυνάμενος παιδαγωγεῖν σοφός τε
d καὶ ἄξιος πολλῶν χρημάτων τοῖς παιδευθεῖσιν. καὶ οὕτω
σοφώτεροί τέ εἰσιν ἕτεροι ἑτέρων καὶ οὐδεὶς ψευδῆ δοξάζει,
καὶ σοί, ἐάντε βούλῃ ἐάντε μή, ἀνεκτέον ὄντι μέτρῳ· σῴζεται
γὰρ ἐν τούτοις ὁ λόγος οὗτος. ᾧ σὺ εἰ μὲν ἔχεις ἐξ ἀρχῆς
5 ἀμφισβητεῖν, ἀμφισβήτει λόγῳ ἀντιδιεξελθών· εἰ δὲ δι᾽
ἐρωτήσεων βούλει, δι᾽ ἐρωτήσεων· οὐδὲ γὰρ τοῦτο φευκτέον,
ἀλλὰ πάντων μάλιστα διωκτέον τῷ νοῦν ἔχοντι. ποίει
e μέντοι οὑτωσί· μὴ ἀδίκει ἐν τῷ ἐρωτᾶν. καὶ γὰρ πολλὴ
ἀλογία ἀρετῆς φάσκοντα ἐπιμελεῖσθαι μηδὲν ἀλλ᾽ ἢ ἀδικοῦντα
ἐν λόγοις διατελεῖν. ἀδικεῖν δ᾽ ἐστὶν ἐν τῷ τοιούτῳ, ὅταν
τις μὴ χωρὶς μὲν ὡς ἀγωνιζόμενος τὰς διατριβὰς ποιῆται,
5 χωρὶς δὲ διαλεγόμενος, καὶ ἐν μὲν τῷ παίζῃ τε καὶ σφάλλῃ
καθ᾽ ὅσον ἂν δύνηται, ἐν δὲ τῷ διαλέγεσθαι σπουδάζῃ τε καὶ
ἐπανορθοῖ τὸν προσδιαλεγόμενον, ἐκεῖνα μόνα αὐτῷ ἐνδεικνύ-
168 μενος τὰ σφάλματα, ἃ αὐτὸς ὑφ᾽ ἑαυτοῦ καὶ τῶν προτέρων
συνουσιῶν παρεκέκρουστο. ἂν μὲν γὰρ οὕτω ποιῇς, ἑαυτοὺς

b 2 ἑαυτῆς] αὐτῆς al.   χρηστῇ W   b 6 φυτὰ] τὰ φυτὰ W
c 2 ἀληθεῖς] ἀληθείας Schleiermacher   c 4 εἶναι secl. Schanz
οἷά γ᾽] ἄττ᾽ Cobet   c 7 καὶ post εἶναι om. W   d 4 ἐν τούτοις
post οὗτος W   e 4 ὡς om. W

αἰτιάσονται οἱ προσδιατρίβοντές σοι τῆς αὑτῶν ταραχῆς καὶ
ἀπορίας ἀλλ' οὐ σέ, καὶ σὲ μὲν διώξονται καὶ φιλήσουσιν,
αὑτοὺς δὲ μισήσουσι καὶ φεύξονται ἀφ' ἑαυτῶν εἰς φιλο- 5
σοφίαν, ἵν' ἄλλοι γενόμενοι ἀπαλλαγῶσι τῶν οἳ πρότερον
ἦσαν· ἐὰν δὲ τἀναντία τούτων δρᾷς ὥσπερ οἱ πολλοί,
τἀναντία συμβήσεταί σοι καὶ τοὺς συνόντας ἀντὶ φιλοσόφων
μισοῦντας τοῦτο τὸ πρᾶγμα ἀποφανεῖς ἐπειδὰν πρεσβύτεροι b
γένωνται. ἐὰν οὖν ἐμοὶ πείθῃ, ὃ καὶ πρότερον ἐρρήθη, οὐ
δυσμενῶς οὐδὲ μαχητικῶς ἀλλ' ἵλεῳ τῇ διανοίᾳ συγκαθεὶς
ὡς ἀληθῶς σκέψῃ τί ποτε λέγομεν, κινεῖσθαί τε ἀποφαινό-
μενοι τὰ πάντα, τό τε δοκοῦν ἑκάστῳ τοῦτο καὶ εἶναι ἰδιώτῃ 5
τε καὶ πόλει. καὶ ἐκ τούτων ἐπισκέψῃ εἴτε ταὐτὸν εἴτε καὶ
ἄλλο ἐπιστήμη καὶ αἴσθησις, ἀλλ' οὐχ ὥσπερ ἄρτι ἐκ συνη-
θείας ῥημάτων τε καὶ ὀνομάτων, ἃ οἱ πολλοὶ ὅπῃ ἂν τύχωσιν c
ἕλκοντες ἀπορίας ἀλλήλοις παντοδαπὰς παρέχουσι." ταῦτα,
ὦ Θεόδωρε, τῷ ἑταίρῳ σου εἰς βοήθειαν προσηρξάμην κατ'
ἐμὴν δύναμιν σμικρὰ ἀπὸ σμικρῶν· εἰ δ' αὐτὸς ἔζη, μεγα-
λειότερον ἂν τοῖς αὑτοῦ ἐβοήθησεν. 5

ΘΕΟ. Παίζεις, ὦ Σώκρατες· πάνυ γὰρ νεανικῶς τῷ ἀνδρὶ
βεβοήθηκας.

ΣΩ. Εὖ λέγεις, ὦ ἑταῖρε. καί μοι εἰπέ· ἐνενόησάς που
λέγοντος ἄρτι τοῦ Πρωταγόρου καὶ ὀνειδίζοντος ἡμῖν ὅτι
πρὸς παιδίον τοὺς λόγους ποιούμενοι τῷ τοῦ παιδὸς φόβῳ d
ἀγωνιζοίμεθα εἰς τὰ ἑαυτοῦ, καὶ χαριεντισμόν τινα ἀπο-
καλῶν, ἀποσεμνύνων δὲ τὸ πάντων μέτρον, σπουδάσαι ἡμᾶς
διεκελεύσατο περὶ τὸν αὑτοῦ λόγον;

ΘΕΟ. Πῶς γὰρ οὐκ ἐνενόησα, ὦ Σώκρατες; 5

ΣΩ. Τί οὖν; κελεύεις πείθεσθαι αὐτῷ;

ΘΕΟ. Σφόδρα γε.

ΣΩ. Ὁρᾷς οὖν ὅτι τάδε πάντα πλὴν σοῦ παιδία ἐστίν.
εἰ οὖν πεισόμεθα τῷ ἀνδρί, ἐμὲ καὶ σὲ δεῖ ἐρωτῶντάς τε καὶ

---

a 5 αὑτοὺς δὲ μισήσουσι om. pr. B   b 6 τούτων] τῶν T   c 3 προσ-
ηρξάμην] προσηρκεσάμην Schneider : προσήρκεσα μὲν Coraes   c 5 ἐβοή-
θησαν B   d 1 post ποιούμενοι add. οἱ B   d 2 ἀγωνιζόμεθα B

e ἀποκρινομένους ἀλλήλοις σπουδάσαι αὐτοῦ περὶ τὸν λόγον,
ἵνα μὴ τοῦτό γε ἔχῃ ἐγκαλεῖν, ὡς παίζοντες πρὸς μειράκια
διεσκεψάμεθ᾽ αὐτοῦ τὸν λόγον.

ΘΕΟ. Τί δ᾽; οὐ πολλῶν τοι Θεαίτητος μεγάλους πώγωνας
5 ἐχόντων ἄμεινον ἂν ἐπακολουθήσειε λόγῳ διερευνωμένῳ;

ΣΩ. Ἀλλ᾽ οὔ τι σοῦ γε, ὦ Θεόδωρε, ἄμεινον. μὴ οὖν
οἴου ἐμὲ μὲν τῷ σῷ ἑταίρῳ τετελευτηκότι δεῖν παντὶ τρόπῳ
169 ἐπαμύνειν, σὲ δὲ μηδενί. ἀλλ᾽ ἴθι, ὦ ἄριστε, ὀλίγον ἐπίσπου,
μέχρι τούτου αὐτοῦ ἕως ἂν εἰδῶμεν εἴτε ἄρα σὲ δεῖ διαγραμ-
μάτων πέρι μέτρον εἶναι, εἴτε πάντες ὁμοίως σοὶ ἱκανοὶ
ἑαυτοῖς εἴς τε ἀστρονομίαν καὶ τἆλλα ὧν δὴ σὺ πέρι αἰτίαν
5 ἔχεις διαφέρειν.

ΘΕΟ. Οὐ ῥᾴδιον, ὦ Σώκρατες, σοὶ παρακαθήμενον μὴ
διδόναι λόγον, ἀλλ᾽ ἐγὼ ἄρτι παρελήρησα φάσκων σε ἐπι-
τρέψειν μοι μὴ ἀποδύεσθαι, καὶ οὐχὶ ἀναγκάσειν καθάπερ
Λακεδαιμόνιοι· σὺ δέ μοι δοκεῖς πρὸς τὸν Σκίρωνα μᾶλλον
b τείνειν. Λακεδαιμόνιοι μὲν γὰρ ἀπιέναι ἢ ἀποδύεσθαι
κελεύουσι, σὺ δὲ κατ᾽ Ἀνταῖόν τί μοι μᾶλλον δοκεῖς τὸ
δρᾶμα δρᾶν· τὸν γὰρ προσελθόντα οὐκ ἀνίῃς πρὶν ⟨ἂν⟩
ἀναγκάσῃς ἀποδύσας ἐν τοῖς λόγοις προσπαλαῖσαι.

5 ΣΩ. Ἄριστά γε, ὦ Θεόδωρε, τὴν νόσον μου ἀπῄκασας·
ἰσχυρικώτερος μέντοι ἐγὼ ἐκείνων. μυρίοι γὰρ ἤδη μοι
Ἡρακλέες τε καὶ Θησέες ἐντυχόντες καρτεροὶ πρὸς τὸ λέγειν
μάλ᾽ εὖ συγκεκόφασιν, ἀλλ᾽ ἐγὼ οὐδέν τι μᾶλλον ἀφίσταμαι·
c οὕτω τις ἔρως δεινὸς ἐνδέδυκε τῆς περὶ ταῦτα γυμνασίας.
μὴ οὖν μηδὲ σὺ φθονήσῃς προσανατριψάμενος σαυτόν τε
ἅμα καὶ ἐμὲ ὀνῆσαι.

ΘΕΟ. Οὐδὲν ἔτι ἀντιλέγω, ἀλλ᾽ ἄγε ὅπῃ ᾽θέλεις· πάντως
5 τὴν περὶ ταῦτα εἱμαρμένην ἣν ⟨ἂν⟩ σὺ ἐπικλώσῃς δεῖ ἀνα-

e 2 τοῦτό γε W : τοι τοῦτό γε B : τοι τό γε T   e 3 αὐτοῦ] αὖ τοῦ
τὸν B : αὖ τοῦτον T   a 4 τε] γε T   a 8 οὐχὶ] οὐκ W
b 2 μᾶλλον om. W   b 3 ἂν add. Heindorf   b 7 ἐντυγχά-
νοντες B   κρατεροὶ TW   c 4 ἀλλ᾽ ἄγε T : ἀλλὰ λέγε B   c 5 ἂν
add. w

τλῆναι ἐλεγχόμενον. οὐ μέντοι περαιτέρω γε ὧν προτίθεσαι
οἷός τ᾽ ἔσομαι παρασχεῖν ἐμαυτόν σοι.

ΣΩ. Ἀλλ᾽ ἀρκεῖ καὶ μέχρι τούτων. καί μοι πάνυ τήρει
τὸ τοιόνδε, μή που παιδικόν τι λάθωμεν εἶδος τῶν λόγων
ποιούμενοι, καί τις πάλιν ἡμῖν αὐτὸ ὀνειδίσῃ. d

ΘΕΟ. Ἀλλὰ δὴ πειράσομαί γε καθ᾽ ὅσον ἂν δύνωμαι.

ΣΩ. Τοῦδε τοίνυν πρῶτον πάλιν ἀντιλαβώμεθα οὗπερ τὸ
πρότερον, καὶ ἴδωμεν ὀρθῶς ἢ οὐκ ὀρθῶς ἐδυσχεραίνομεν
ἐπιτιμῶντες τῷ λόγῳ ὅτι αὐτάρκη ἕκαστον εἰς φρόνησιν 5
ἐποίει, καὶ ἡμῖν συνεχώρησεν ὁ Πρωταγόρας περί τε τοῦ
ἀμείνονος καὶ χείρονος διαφέρειν τινάς, οὓς δὴ καὶ εἶναι
σοφούς. οὐχί;

ΘΕΟ. Ναί.

ΣΩ. Εἰ μὲν τοίνυν αὐτὸς παρὼν ὡμολόγει ἀλλὰ μὴ ἡμεῖς 10
βοηθοῦντες ὑπὲρ αὐτοῦ συνεχωρήσαμεν, οὐδὲν ἂν πάλιν ἔδει e
ἐπαναλαβόντας βεβαιοῦσθαι· νῦν δὲ τάχ᾽ ἄν τις ἡμᾶς ἀκύρους
τιθείη τῆς ὑπὲρ ἐκείνου ὁμολογίας. διὸ καλλιόνως ἔχει
σαφέστερον περὶ τούτου αὐτοῦ διομολογήσασθαι· οὐ γάρ τι
σμικρὸν παραλλάττει οὕτως ἔχον ἢ ἄλλως. 5

ΘΕΟ. Λέγεις ἀληθῆ.

ΣΩ. Μὴ τοίνυν δι᾽ ἄλλων ἀλλ᾽ ἐκ τοῦ ἐκείνου λόγου ὡς
διὰ βραχυτάτων λάβωμεν τὴν ὁμολογίαν. 170

ΘΕΟ. Πῶς;

ΣΩ. Οὑτωσί· τὸ δοκοῦν ἑκάστῳ τοῦτο καὶ εἶναί φησί
που ᾧ δοκεῖ;

ΘΕΟ. Φησὶ γὰρ οὖν. 5

ΣΩ. Οὐκοῦν, ὦ Πρωταγόρα, καὶ ἡμεῖς ἀνθρώπου, μᾶλλον
δὲ πάντων ἀνθρώπων δόξας λέγομεν, καὶ φαμὲν οὐδένα
ὅντινα οὐ τὰ μὲν αὑτὸν ἡγεῖσθαι τῶν ἄλλων σοφώτερον, τὰ
δὲ ἄλλους ἑαυτοῦ, καὶ ἕν γε τοῖς μεγίστοις κινδύνοις, ὅταν
ἐν στρατείαις ἢ νόσοις ἢ ἐν θαλάττῃ χειμάζωνται, ὥσπερ 10

c 8 πᾶν ὑπηρειτο B   d 2 δὴ] δεῖ T   d 4 εἰδῶμεν B   e 4 αὐ-
τοῦ] αὖ Schanz   e 7 ἄλλων] ἄλλου W   a 8 οὐ] οὖν T : οὔ. οὐ W
a 10 νόσοις] ἐν νόσοις W   ὥσπερ] ὡς T

πρὸς θεοὺς ἔχειν τοὺς ἐν ἑκάστοις ἄρχοντας, σωτῆρας σφῶν
b προσδοκῶντας, οὐκ ἄλλῳ τῳ διαφέροντας ἢ τῷ εἰδέναι· καὶ
πάντα που μεστὰ τἀνθρώπινα ζητούντων διδασκάλους τε καὶ
ἄρχοντας ἑαυτῶν τε καὶ τῶν ἄλλων ζῴων τῶν τε ἐργασιῶν,
οἰομένων τε αὖ ἱκανῶν μὲν διδάσκειν, ἱκανῶν δὲ ἄρχειν
5 εἶναι. καὶ ἐν τούτοις ἅπασι τί ἄλλο φήσομεν ἢ αὐτοὺς τοὺς
ἀνθρώπους ἡγεῖσθαι σοφίαν καὶ ἀμαθίαν εἶναι παρὰ σφίσιν;
ΘΕΟ. Οὐδὲν ἄλλο.
ΣΩ. Οὐκοῦν τὴν μὲν σοφίαν ἀληθῆ διάνοιαν ἡγοῦνται,
τὴν δὲ ἀμαθίαν ψευδῆ δόξαν;
c ΘΕΟ. Τί μήν;
ΣΩ. Τί οὖν, ὦ Πρωταγόρα, χρησόμεθα τῷ λόγῳ; πότε-
ρον ἀληθῆ φῶμεν ἀεὶ τοὺς ἀνθρώπους δοξάζειν, ἢ τοτὲ μὲν
ἀληθῆ, τοτὲ δὲ ψευδῆ; ἐξ ἀμφοτέρων γάρ που συμβαίνει μὴ
5 ἀεὶ ἀληθῆ ἀλλ' ἀμφότερα αὐτοὺς δοξάζειν. σκόπει γάρ, ὦ
Θεόδωρε, εἰ ἐθέλοι ἄν τις τῶν ἀμφὶ Πρωταγόραν ἢ σὺ
αὐτὸς διαμάχεσθαι ὡς οὐδεὶς ἡγεῖται ἕτερος ἕτερον ἀμαθῆ
τε εἶναι καὶ ψευδῆ δοξάζειν.
ΘΕΟ. Ἀλλ' ἄπιστον, ὦ Σώκρατες.
d ΣΩ. Καὶ μὴν εἰς τοῦτό γε ἀνάγκης ὁ λόγος ἥκει ὁ
πάντων χρημάτων μέτρον ἄνθρωπον λέγων.
ΘΕΟ. Πῶς δή;
ΣΩ. Ὅταν σὺ κρίνας τι παρὰ σαυτῷ πρός με ἀποφαίνῃ
5 περί τινος δόξαν, σοὶ μὲν δὴ τοῦτο κατὰ τὸν ἐκείνου λόγον
ἀληθὲς ἔστω, ἡμῖν δὲ δὴ τοῖς ἄλλοις περὶ τῆς σῆς κρίσεως
πότερον οὐκ ἔστιν κριταῖς γενέσθαι, ἢ ἀεὶ σὲ κρίνομεν
ἀληθῆ δοξάζειν; ἢ μυρίοι ἑκάστοτέ σοι μάχονται ἀντιδοξά-
ζοντες, ἡγούμενοι ψευδῆ κρίνειν τε καὶ οἴεσθαι;
e ΘΕΟ. Νὴ τὸν Δία, ὦ Σώκρατες, μάλα μυρίοι δῆτα,
φησὶν Ὅμηρος, οἵ γέ μοι τὰ ἐξ ἀνθρώπων πράγματα
παρέχουσιν.

c 2 ὦ Πρωταγόρα B² T : τῷ Πρωταγόρᾳ B
W : ποτὲ ... ποτὲ B T   c 5 ἀεὶ om. W
d 7 αἰεὶ σὲ B : σὲ ἀεὶ T

c 3, 4 πότε ... πότε
c 8 τε om. W

ΣΩ. Τί οὖν; βούλει λέγωμεν ὡς σὺ τότε σαυτῷ μὲν
ἀληθῆ δοξάζεις, τοῖς δὲ μυρίοις ψευδῆ; 5
ΘΕΟ. Ἔοικεν ἔκ γε τοῦ λόγου ἀνάγκη εἶναι.

ΣΩ. Τί δὲ αὐτῷ Πρωταγόρᾳ; ἆρ' οὐχὶ ἀνάγκη, εἰ μὲν
μηδὲ αὐτὸς ᾤετο μέτρον εἶναι ἄνθρωπον μηδὲ οἱ πολλοί,
ὥσπερ οὐδὲ οἴονται, μηδενὶ δὴ εἶναι ταύτην τὴν ἀλήθειαν
ἣν ἐκεῖνος ἔγραψεν; εἰ δὲ αὐτὸς μὲν ᾤετο, τὸ δὲ πλῆθος μὴ 171
συνοίεται, οἶσθ' ὅτι πρῶτον μὲν ὅσῳ πλείους οἷς μὴ δοκεῖ ἢ
οἷς δοκεῖ, τοσούτῳ μᾶλλον οὐκ ἔστιν ἢ ἔστιν.
ΘΕΟ. Ἀνάγκη, εἴπερ γε καθ' ἑκάστην δόξαν ἔσται καὶ
οὐκ ἔσται. 5

ΣΩ. Ἔπειτά γε τοῦτ' ἔχει κομψότατον· ἐκεῖνος μὲν περὶ
τῆς αὑτοῦ οἰήσεως τὴν τῶν ἀντιδοξαζόντων οἴησιν, ᾗ ἐκεῖ-
νον ἡγοῦνται ψεύδεσθαι, συγχωρεῖ που ἀληθῆ εἶναι ὁμολογῶν
τὰ ὄντα δοξάζειν ἅπαντας.
ΘΕΟ. Πάνυ μὲν οὖν. 10

ΣΩ. Οὐκοῦν τὴν αὑτοῦ ἂν ψευδῆ συγχωροῖ, εἰ τὴν τῶν b
ἡγουμένων αὐτὸν ψεύδεσθαι ὁμολογεῖ ἀληθῆ εἶναι;
ΘΕΟ. Ἀνάγκη.

ΣΩ. Οἱ δέ γ' ἄλλοι οὐ συγχωροῦσιν ἑαυτοῖς ψεύδεσθαι;
ΘΕΟ. Οὐ γὰρ οὖν. 5

ΣΩ. Ὁ δέ γ' αὖ ὁμολογεῖ καὶ ταύτην ἀληθῆ τὴν δόξαν
ἐξ ὧν γέγραφεν.
ΘΕΟ. Φαίνεται.

ΣΩ. Ἐξ ἁπάντων ἄρα ἀπὸ Πρωταγόρου ἀρξαμένων
ἀμφισβητήσεται, μᾶλλον δὲ ὑπό γε ἐκείνου ὁμολογήσεται, 10
ὅταν τῷ τἀναντία λέγοντι συγχωρῇ ἀληθῆ αὐτὸν δοξάζειν,
τότε καὶ ὁ Πρωταγόρας αὐτὸς συγχωρήσεται μήτε κύνα μήτε c
τὸν ἐπιτυχόντα ἄνθρωπον μέτρον εἶναι μηδὲ περὶ ἑνὸς οὗ ἂν
μὴ μάθῃ. οὐχ οὕτως;
ΘΕΟ. Οὕτως.

e 9 δὴ om. W   a 2 ἢ οἷς δοκεῖ om. pr. B   b 4 ἑαυτοῖς Β Τ :
ἑαυτοὺς W   b 8 φαίνεται Τ W : om. B   b 11 τῷ om. W   συγχωρῇ
B : συγχωρηθῇ Τ

5 ΣΩ. Οὐκοῦν ἐπειδὴ ἀμφισβητεῖται ὑπὸ πάντων, οὐδενὶ
ἂν εἴη ἡ Πρωταγόρου Ἀλήθεια ἀληθής, οὔτε τινὶ ἄλλῳ οὔτ᾽
αὐτῷ ἐκείνῳ.

ΘΕΟ. Ἄγαν, ὦ Σώκρατες, τὸν ἑταῖρόν μου καταθέομεν.

ΣΩ. Ἀλλά τοι, ὦ φίλε, ἄδηλον εἰ καὶ παραθέομεν τὸ
10 ὀρθόν. εἰκός γε ἄρα ἐκεῖνον πρεσβύτερον ὄντα σοφώτερον
d ἡμῶν εἶναι· καὶ εἰ αὐτίκα ἐντεῦθεν ἀνακύψειε μέχρι τοῦ
αὐχένος, πολλὰ ἂν ἐμέ τε ἐλέγξας ληροῦντα, ὡς τὸ εἰκός,
καὶ σὲ ὁμολογοῦντα, καταδὺς ἂν οἴχοιτο ἀποτρέχων. ἀλλ᾽
ἡμῖν ἀνάγκη οἶμαι χρῆσθαι ἡμῖν αὐτοῖς ὁποῖοί τινές ἐσμεν,
5 καὶ τὰ δοκοῦντα ἀεὶ ταῦτα λέγειν. καὶ δῆτα καὶ νῦν ἄλλο
τι φῶμεν ὁμολογεῖν ἂν τοῦτό γε ὁντινοῦν, τὸ εἶναι σοφώτερον
ἕτερον ἑτέρου, εἶναι δὲ καὶ ἀμαθέστερον;

ΘΕΟ. Ἐμοὶ γοῦν δοκεῖ.

ΣΩ. Ἦ καὶ ταύτῃ ἂν μάλιστα ἵστασθαι τὸν λόγον, ᾗ
e ἡμεῖς ὑπεγράψαμεν βοηθοῦντες Πρωταγόρᾳ, ὡς τὰ μὲν
πολλὰ ᾗ δοκεῖ, ταύτῃ καὶ ἔστιν ἑκάστῳ, θερμά, ξηρά,
γλυκέα, πάντα ὅσα τοῦ τύπου τούτου· εἰ δέ που ἔν τισι
συγχωρήσεται διαφέρειν ἄλλον ἄλλου, περὶ τὰ ὑγιεινὰ καὶ
5 νοσώδη ἐθελῆσαι ἂν φάναι μὴ πᾶν γύναιον καὶ παιδίον, καὶ
θηρίον δέ, ἱκανὸν εἶναι ἰᾶσθαι αὐτὸ γιγνῶσκον ἑαυτῷ τὸ
ὑγιεινόν, ἀλλὰ ἐνταῦθα δὴ ἄλλον ἄλλου διαφέρειν, εἴπερ
που;

ΘΕΟ. Ἔμοιγε δοκεῖ οὕτως.

172 ΣΩ. Οὐκοῦν καὶ περὶ πολιτικῶν, καλὰ μὲν καὶ αἰσχρὰ
καὶ δίκαια καὶ ἄδικα καὶ ὅσια καὶ μή, οἷα ἂν ἑκάστη πόλις
οἰηθεῖσα θῆται νόμιμα αὑτῇ, ταῦτα καὶ εἶναι τῇ ἀληθείᾳ
ἑκάστῃ, καὶ ἐν τούτοις μὲν οὐδὲν σοφώτερον οὔτε ἰδιώτην
5 ἰδιώτου οὔτε πόλιν πόλεως εἶναι· ἐν δὲ τῷ συμφέροντα
ἑαυτῇ ἢ μὴ συμφέροντα τίθεσθαι, ἐνταῦθ᾽, εἴπερ που, αὖ
ὁμολογήσει σύμβουλόν τε συμβούλου διαφέρειν καὶ πόλεως

c 10 γε ἄρα Β : γε ἄρ᾽ Τ : γὰρ W   d 6 τὸ Β : τοῦ Τ
d 9 ἵστασθαι] ἰᾶσθαι Badham   a 7 συμβούλου] συμβούλου αὖ W

δόξαν ἑτέραν ἑτέρας πρὸς ἀλήθειαν, καὶ οὐκ ἂν πάνυ τολμή-
σειε φῆσαι, ἃ ἂν θῆται πόλις συμφέροντα οἰηθεῖσα αὑτῇ, b
παντὸς μᾶλλον ταῦτα καὶ συνοίσειν· ἀλλ' ἐκεῖ οὗ λέγω, ἐν
τοῖς δικαίοις καὶ ἀδίκοις καὶ ὁσίοις καὶ ἀνοσίοις, ἐθέλουσιν
ἰσχυρίζεσθαι ὡς οὐκ ἔστι φύσει αὐτῶν οὐδὲν οὐσίαν ἑαυτοῦ
ἔχον, ἀλλὰ τὸ κοινῇ δόξαν τοῦτο γίγνεται ἀληθὲς τότε, ὅταν 5
δόξῃ καὶ ὅσον ἂν δοκῇ χρόνον. καὶ ὅσοι γε ἂν μὴ παντάπασι
τὸν Πρωταγόρου λόγον λέγωσιν, ὧδέ πως τὴν σοφίαν ἄγουσι.
λόγος δὲ ἡμᾶς, ὦ Θεόδωρε, ἐκ λόγου μείζων ἐξ ἐλάττονος
καταλαμβάνει.　　　　　　　　　　　　　　　　　　　　c

ΘΕΟ. Οὐκοῦν σχολὴν ἄγομεν, ὦ Σώκρατες;

ΣΩ. Φαινόμεθα. καὶ πολλάκις μέν γε δή, ὦ δαιμόνιε,
καὶ ἄλλοτε κατενόησα, ἀτὰρ καὶ νῦν, ὡς εἰκότως οἱ ἐν ταῖς
φιλοσοφίαις πολὺν χρόνον διατρίψαντες εἰς τὰ δικαστήρια 5
ἰόντες γελοῖοι φαίνονται ῥήτορες.

ΘΕΟ. Πῶς δὴ οὖν λέγεις;

ΣΩ. Κινδυνεύουσιν οἱ ἐν δικαστηρίοις καὶ τοῖς τοιούτοις
ἐκ νέων κυλινδούμενοι πρὸς τοὺς ἐν φιλοσοφίᾳ καὶ τῇ
τοιᾷδε διατριβῇ τεθραμμένους ὡς οἰκέται πρὸς ἐλευθέρους d
τεθράφθαι.

ΘΕΟ. Πῇ δή;

ΣΩ. Ἧι τοῖς μὲν τοῦτο ὃ σὺ εἶπες ἀεὶ πάρεστι, σχολή,
καὶ τοὺς λόγους ἐν εἰρήνῃ ἐπὶ σχολῆς ποιοῦνται· ὥσπερ 5
ἡμεῖς νυνὶ τρίτον ἤδη λόγον ἐκ λόγου μεταλαμβάνομεν,
οὕτω κἀκεῖνοι, ἐὰν αὐτοὺς ὁ ἐπελθὼν τοῦ προκειμένου μᾶλλον
καθάπερ ἡμᾶς ἀρέσῃ· καὶ διὰ μακρῶν ἢ βραχέων μέλει
οὐδὲν λέγειν, ἂν μόνον τύχωσι τοῦ ὄντος· οἱ δὲ ἐν ἀσχολίᾳ
τε ἀεὶ λέγουσι—κατεπείγει γὰρ ὕδωρ ῥέον—καὶ οὐκ ἐγχωρεῖ e
περὶ οὗ ἂν ἐπιθυμήσωσι τοὺς λόγους ποιεῖσθαι, ἀλλ' ἀνάγ-

a 8 τολμήσῃς Τ　　b 3 καὶ ἀδίκοις W : om. Β Τ　　ἐθέλουσι
διισχυρίζεσθαι W　　b 4 ἑαυτοῦ] ἐφ' αὐτοῦ Badham　　b 6 ἂν
Schanz : δὴ Β Τ　　b 7 λέγωσιν Β Τ : λέγουσιν al.　　ἄγουσι Β Τ :
ἄγχουσιν W : λέγουσι Badham　　c 9 καὶ] καὶ ἐν W　　d 2 τε-
θράφθαι W : τετράφθαι Β Τ　　e 2 ποιήσασθαι W

κην ἔχων ὁ ἀντίδικος ἐφέστηκεν καὶ ὑπογραφὴν παρανα-
γιγνωσκομένην ὧν ἐκτὸς οὐ ῥητέον [ἣν ἀντωμοσίαν καλοῦσιν]·
5 οἱ δὲ λόγοι ἀεὶ περὶ ὁμοδούλου πρὸς δεσπότην καθήμενον,
ἐν χειρί τινα δίκην ἔχοντα, καὶ οἱ ἀγῶνες οὐδέποτε τὴν
ἄλλως ἀλλ᾽ ἀεὶ τὴν περὶ αὐτοῦ, πολλάκις δὲ καὶ περὶ ψυχῆς
173 ὁ δρόμος· ὥστ᾽ ἐξ ἁπάντων τούτων ἔντονοι καὶ δριμεῖς
γίγνονται, ἐπιστάμενοι τὸν δεσπότην λόγῳ τε θωπεῦσαι καὶ
ἔργῳ ὑπελθεῖν, σμικροὶ δὲ καὶ οὐκ ὀρθοὶ τὰς ψυχάς. τὴν
γὰρ αὔξην καὶ τὸ εὐθύ τε καὶ τὸ ἐλευθέριον ἡ ἐκ νέων δου-
5 λεία ἀφῄρηται, ἀναγκάζουσα πράττειν σκολιά, μεγάλους
κινδύνους καὶ φόβους ἔτι ἁπαλαῖς ψυχαῖς ἐπιβάλλουσα, οὓς
οὐ δυνάμενοι μετὰ τοῦ δικαίου καὶ ἀληθοῦς ὑποφέρειν, εὐθὺς
ἐπὶ τὸ ψεῦδός τε καὶ τὸ ἀλλήλους ἀνταδικεῖν τρεπόμενοι
b πολλὰ κάμπτονται καὶ συγκλῶνται, ὥσθ᾽ ὑγιὲς οὐδὲν ἔχοντες
τῆς διανοίας εἰς ἄνδρας ἐκ μειρακίων τελευτῶσι, δεινοί τε
καὶ σοφοὶ γεγονότες, ὡς οἴονται. καὶ οὗτοι μὲν δὴ τοιοῦτοι,
ὦ Θεόδωρε· τοὺς δὲ τοῦ ἡμετέρου χοροῦ πότερον βούλει
5 διελθόντες ἢ ἐάσαντες πάλιν ἐπὶ τὸν λόγον τρεπώμεθα, ἵνα
μὴ καί, ὃ νυνδὴ ἐλέγομεν, λίαν πολὺ τῇ ἐλευθερίᾳ καὶ
μεταλήψει τῶν λόγων καταχρώμεθα;
ΘΕΟ. Μηδαμῶς, ὦ Σώκρατες, ἀλλὰ διελθόντες. πάνυ
c γὰρ εὖ τοῦτο εἴρηκας, ὅτι οὐχ ἡμεῖς οἱ ἐν τῷ τοιῷδε χορεύ-
οντες τῶν λόγων ὑπηρέται, ἀλλ᾽ οἱ λόγοι ἡμέτεροι ὥσπερ
οἰκέται, καὶ ἕκαστος αὐτῶν περιμένει ἀποτελεσθῆναι ὅταν
ἡμῖν δοκῇ· οὔτε γὰρ δικαστὴς οὔτε θεατὴς ὥσπερ ποιηταῖς
5 ἐπιτιμήσων τε καὶ ἄρξων ἐπιστατεῖ παρ᾽ ἡμῖν.
ΣΩ. Λέγωμεν δή, ὡς ἔοικεν, ἐπεὶ σοί γε δοκεῖ, περὶ τῶν
κορυφαίων· τί γὰρ ἄν τις τούς γε φαύλως διατρίβοντας ἐν
φιλοσοφίᾳ λέγοι; οὗτοι δέ που ἐκ νέων πρῶτον μὲν εἰς
d ἀγορὰν οὐκ ἴσασι τὴν ὁδόν, οὐδὲ ὅπου δικαστήριον ἢ βου-

e 4 ἦν ... καλοῦσιν secl. Abresch   e 6 τινα] τὴν T   a 3 ὑπελ-
θεῖν Cobet e Themistio : χαρίσασθαι B T   a 4 τὸ ἐλευθέριον Themis-
tius : τὸ ἐλεύθερον B T : ἐλεύθερον W   c 2 ἡμέτεροι W : οἱ ἡμέ-
τεροι B T   c 7 φαύλους W

λευτήριον ἤ τι κοινὸν ἄλλο τῆς πόλεως συνέδριον· νόμους
δὲ καὶ ψηφίσματα λεγόμενα ἢ γεγραμμένα οὔτε ὁρῶσιν οὔτε
ἀκούουσι· σπουδαὶ δὲ ἑταιριῶν ἐπ' ἀρχὰς καὶ σύνοδοι καὶ δεῖπνα
καὶ σὺν αὐλητρίσι κῶμοι, οὐδὲ ὄναρ πράττειν προσίσταται 5
αὐτοῖς. εὖ δὲ ἢ κακῶς τις γέγονεν ἐν πόλει, ἤ τί τῳ
κακόν ἐστιν ἐκ προγόνων γεγονὸς ἢ πρὸς ἀνδρῶν ἢ γυναι-
κῶν, μᾶλλον αὐτὸν λέληθεν ἢ οἱ τῆς θαλάττης λεγόμενοι
χόες. καὶ ταῦτα πάντ' οὐδ' ὅτι οὐκ οἶδεν, οἶδεν· οὐδὲ γὰρ e
αὐτῶν ἀπέχεται τοῦ εὐδοκιμεῖν χάριν, ἀλλὰ τῷ ὄντι τὸ σῶμα
μόνον ἐν τῇ πόλει κεῖται αὐτοῦ καὶ ἐπιδημεῖ, ἡ δὲ διάνοια,
ταῦτα πάντα ἡγησαμένη σμικρὰ καὶ οὐδέν, ἀτιμάσασα παν-
ταχῇ πέτεται κατὰ Πίνδαρον "τᾶς τε γᾶς ὑπένερθε" καὶ 5
τὰ ἐπίπεδα γεωμετροῦσα, "οὐρανοῦ θ' ὕπερ" ἀστρονομοῦσα,
καὶ πᾶσαν πάντῃ φύσιν ἐρευνωμένη τῶν ὄντων ἑκάστου ὅλου, 174
εἰς τῶν ἐγγὺς οὐδὲν αὐτὴν συγκαθιεῖσα.

ΘΕΟ. Πῶς τοῦτο λέγεις, ὦ Σώκρατες;

ΣΩ. Ὥσπερ καὶ Θαλῆν ἀστρονομοῦντα, ὦ Θεόδωρε, καὶ
ἄνω βλέποντα, πεσόντα εἰς φρέαρ, Θρᾷττά τις ἐμμελὴς καὶ 5
χαρίεσσα θεραπαινὶς ἀποσκῶψαι λέγεται ὡς τὰ μὲν ἐν
οὐρανῷ προθυμοῖτο εἰδέναι, τὰ δ' ἔμπροσθεν αὐτοῦ καὶ παρὰ
πόδας λανθάνοι αὐτόν. ταὐτὸν δὲ ἀρκεῖ σκῶμμα ἐπὶ πάντας
ὅσοι ἐν φιλοσοφίᾳ διάγουσι. τῷ γὰρ ὄντι τὸν τοιοῦτον b
ὁ μὲν πλησίον καὶ ὁ γείτων λέληθεν, οὐ μόνον ὅτι πράττει,
ἀλλ' ὀλίγου καὶ εἰ ἄνθρωπός ἐστιν ἤ τι ἄλλο θρέμμα· τί δέ
ποτ' ἐστὶν ἄνθρωπος καὶ τί τῇ τοιαύτῃ φύσει προσήκει
διάφορον τῶν ἄλλων ποιεῖν ἢ πάσχειν, ζητεῖ τε καὶ πράγματ' 5
ἔχει διερευνώμενος. μανθάνεις γάρ που, ὦ Θεόδωρε· ἢ οὔ;

ΘΕΟ. Ἔγωγε· καὶ ἀληθῆ λέγεις.

ΣΩ. Τοιγάρτοι, ὦ φίλε, ἰδίᾳ τε συγγιγνόμενος ὁ τοιοῦτος

d 6 τις W Iambl. Clem.: τι B T   ἐν τῇ πόλει W   τῷ] τὸ W
e 1 οἶδεν, οἶδεν T W Iambl.: οἶδεν δ εἶδεν B   e 5 πέτεται B² W
Iambl. Clem. Eus.: φέρεται B T   τᾶς τε Campbell e Clem.: τᾶ
τε B: τά τε T   e 6 θ' ὕπερ scripsi: τε ὕπερ B T   a 1 τῶν] ὧν B
a 2 συγκαθεῖσα T   a 7 ἔμπροσθεν B T et γρ. W: ὄπισθεν W t
Iambl. Eus.   a 8 πάντας T Iambl. Eus.: πάντα B   b 1 ἐν B T: ἐπὶ W
b 7 καὶ om. B

c ἑκάστῳ καὶ δημοσίᾳ, ὅπερ ἀρχόμενος ἔλεγον, ὅταν ἐν
δικαστηρίῳ ἤ που ἄλλοθι ἀναγκασθῇ περὶ τῶν παρὰ πόδας
καὶ τῶν ἐν ὀφθαλμοῖς διαλέγεσθαι, γέλωτα παρέχει οὐ
μόνον Θρᾴτταις ἀλλὰ καὶ τῷ ἄλλῳ ὄχλῳ, εἰς φρέατά τε
5 καὶ πᾶσαν ἀπορίαν ἐμπίπτων ὑπὸ ἀπειρίας, καὶ ἡ ἀσχη-
μοσύνη δεινή, δόξαν ἀβελτερίας παρεχομένη· ἔν τε γὰρ
ταῖς λοιδορίαις ἴδιον ἔχει οὐδὲν οὐδένα λοιδορεῖν, ἅτ᾽ οὐκ
εἰδὼς κακὸν οὐδὲν οὐδενὸς ἐκ τοῦ μὴ μεμελετηκέναι· ἀπορῶν
d οὖν γελοῖος φαίνεται. ἔν τε τοῖς ἐπαίνοις καὶ ταῖς τῶν
ἄλλων μεγαλαυχίαις οὐ προσποιήτως ἀλλὰ τῷ ὄντι γελῶν
ἔνδηλος γιγνόμενος ληρώδης δοκεῖ εἶναι. τύραννόν τε γὰρ
ἢ βασιλέα ἐγκωμιαζόμενον, ἕνα τῶν νομέων, οἷον συβώτην
5 ἢ ποιμένα ἤ τινα βουκόλον, ἡγεῖται ἀκούειν εὐδαιμονιζό-
μενον πολὺ βδάλλοντα· δυσκολώτερον δὲ ἐκείνων ζῷον καὶ
ἐπιβουλότερον ποιμαίνειν τε καὶ βδάλλειν νομίζει αὐτούς,
ἄγροικον δὲ καὶ ἀπαίδευτον ὑπὸ ἀσχολίας οὐδὲν ἧττον τῶν
e νομέων τὸν τοιοῦτον ἀναγκαῖον γίγνεσθαι, σηκὸν ἐν ὄρει τὸ
τεῖχος περιβεβλημένον. γῆς δὲ ὅταν μυρία πλέθρα ἢ ἔτι
πλείω ἀκούσῃ ὥς τις ἄρα κεκτημένος θαυμαστὰ πλήθει
κέκτηται, πάνσμικρα δοκεῖ ἀκούειν εἰς ἅπασαν εἰωθὼς τὴν
5 γῆν βλέπειν. τὰ δὲ δὴ γένη ὑμνούντων, ὡς γενναῖός τις
ἑπτὰ πάππους πλουσίους ἔχων ἀποφῆναι, παντάπασιν
ἀμβλὺ καὶ ἐπὶ σμικρὸν ὁρώντων ἡγεῖται τὸν ἔπαινον, ὑπὸ
175 ἀπαιδευσίας οὐ δυναμένων εἰς τὸ πᾶν ἀεὶ βλέπειν οὐδὲ λογί-
ζεσθαι ὅτι πάππων καὶ προγόνων μυριάδες ἑκάστῳ γεγόνασιν
ἀναρίθμητοι, ἐν αἷς πλούσιοι καὶ πτωχοὶ καὶ βασιλῆς καὶ
δοῦλοι βάρβαροί τε καὶ Ἕλληνες πολλάκις μυρίοι γεγόνασιν
5 ὁτῳοῦν· ἀλλ᾽ ἐπὶ πέντε καὶ εἴκοσι καταλόγῳ προγόνων
σεμνυνομένων καὶ ἀναφερόντων εἰς Ἡρακλέα τὸν Ἀμφι-
τρύωνος ἄτοπα αὐτῷ καταφαίνεται τῆς σμικρολογίας, ὅτι
b δὲ ὁ ἀπ᾽ Ἀμφιτρύωνος εἰς τὸ ἄνω πεντεκαιεικοστὸς τοιοῦ-
τος ἦν οἷα συνέβαινεν αὐτῷ τύχη, καὶ ὁ πεντηκοστὸς ἀπ᾽

a 6 ἀναφερομένων W   b 2 οἷα ... τύχῃ B

αὐτοῦ, γελᾷ οὐ δυναμένων λογίζεσθαί τε καὶ χαυνότητα
ἀνοήτου ψυχῆς ἀπαλλάττειν. ἐν ἅπασι δὴ τούτοις ὁ τοιοῦ-
τος ὑπὸ τῶν πολλῶν καταγελᾶται, τὰ μὲν ὑπερηφάνως 5
ἔχων, ὡς δοκεῖ, τὰ δ' ἐν ποσὶν ἀγνοῶν τε καὶ ἐν ἑκάστοις
ἀπορῶν.

ΘΕΟ. Παντάπασι τὰ γιγνόμενα λέγεις, ὦ Σώκρατες.

ΣΩ. Ὅταν δέ γέ τινα αὐτός, ὦ φίλε, ἑλκύσῃ ἄνω, καὶ
ἐθελήσῃ τις αὐτῷ ἐκβῆναι ἐκ τοῦ "Τί ἐγὼ σὲ ἀδικῶ ἢ σὺ c
ἐμέ"; εἰς σκέψιν αὐτῆς δικαιοσύνης τε καὶ ἀδικίας, τί τε
ἑκάτερον αὐτοῖν καὶ τί τῶν πάντων ἢ ἀλλήλων διαφέρετον,
ἢ ἐκ τοῦ "εἰ βασιλεὺς εὐδαίμων," "κεκτημένος τ' αὖ
χρυσίον," βασιλείας πέρι καὶ ἀνθρωπίνης ὅλως εὐδαιμονίας 5
καὶ ἀθλιότητος ἐπὶ σκέψιν, ποίω τέ τινε ἐστὸν καὶ τίνα
τρόπον ἀνθρώπου φύσει προσήκει τὸ μὲν κτήσασθαι αὐτοῖν,
τὸ δὲ ἀποφυγεῖν—περὶ τούτων ἁπάντων ὅταν αὖ δέῃ λόγον
διδόναι τὸν σμικρὸν ἐκεῖνον τὴν ψυχὴν καὶ δριμὺν καὶ d
δικανικόν, πάλιν αὖ τὰ ἀντίστροφα ἀποδίδωσιν· εἰλιγγιῶν
τε ἀπὸ ὑψηλοῦ κρεμασθεὶς καὶ βλέπων μετέωρος ἄνωθεν
ὑπὸ ἀηθείας ἀδημονῶν τε καὶ ἀπορῶν καὶ βατταρίζων γέλωτα
Θρᾴτταις μὲν οὐ παρέχει οὐδ' ἄλλῳ ἀπαιδεύτῳ οὐδενί, οὐ 5
γὰρ αἰσθάνονται, τοῖς δ' ἐναντίως ἢ ὡς ἀνδραπόδοις τρα-
φεῖσι πᾶσιν. οὗτος δὴ ἑκατέρου τρόπος, ὦ Θεόδωρε, ὁ
μὲν τῷ ὄντι ἐν ἐλευθερίᾳ τε καὶ σχολῇ τεθραμμένου, ὃν e
δὴ φιλόσοφον καλεῖς, ᾧ ἀνεμέσητον εὐήθει δοκεῖν καὶ
οὐδενὶ εἶναι ὅταν εἰς δουλικὰ ἐμπέσῃ διακονήματα, οἷον
στρωματόδεσμον μὴ ἐπισταμένου συσκευάσασθαι μηδὲ ὄψον
ἡδῦναι ἢ θῶπας λόγους· ὁ δ' αὖ τὰ μὲν τοιαῦτα πάντα 5
δυναμένου τορῶς τε καὶ ὀξέως διακονεῖν, ἀναβάλλεσθαι δὲ

b 3 δυναμένων B Iambl. : δυναμένῳ T   b 5 μὲν B T et s.v. W :
νῦν W   b 8 τὸ γιγνόμενον W   b 9 γε om. W   ἄνω T W Iambl.
Eus. : om. B   c 2 αὐτῆς W : αὖ τῆς B T   c 4 εἰ B T Iambl. : om. al.
τ' αὖ] τ' αὖ πολὺ Eus. vulg. : πολὺ Iambl. et s.v. t   c 5 βασιλείας B T :
ἢ βασιλείας W t Iambl. Eus.   c 7 κτήσασθαι B² Iambl. Eus. : κτή-
σεσθαι B T   c 8 τούτων ἁπάντων B : πάντων τούτων T Iambl. Eus.
d 4 βατταρίζων Themistius : βαρβαρίζων B T   d 6 τραφεῖσι πᾶσιν T
Iambl. Eus. : τραφεῖσιν ἅπασιν B   e 4 ἐπισταμένου B T Iambl. Eus. :
ἐπιστάμενος W t   e 5 ὁ δ' t Iambl. : οὐδ' B T

οὐκ ἐπισταμένου ἐπιδέξια ἐλευθερίως οὐδέ γ' ἁρμονίαν λόγων
176 λαβόντος ὀρθῶς ὑμνῆσαι θεῶν τε καὶ ἀνδρῶν εὐδαιμόνων
βίον [ἀληθῆ].

ΘΕΟ. Εἰ πάντας, ὦ Σώκρατες, πείθοις ἃ λέγεις ὥσπερ
ἐμέ, πλείων ἂν εἰρήνη καὶ κακὰ ἐλάττω κατ' ἀνθρώπους εἴη.

5 ΣΩ. 'Αλλ' οὔτ' ἀπολέσθαι τὰ κακὰ δυνατόν, ὦ Θεόδωρε—
ὑπεναντίον γάρ τι τῷ ἀγαθῷ ἀεὶ εἶναι ἀνάγκη—οὔτ' ἐν
θεοῖς αὐτὰ ἱδρῦσθαι, τὴν δὲ θνητὴν φύσιν καὶ τόνδε τὸν
τόπον περιπολεῖ ἐξ ἀνάγκης. διὸ καὶ πειρᾶσθαι χρὴ ἐνθένδε
b ἐκεῖσε φεύγειν ὅτι τάχιστα. φυγὴ δὲ ὁμοίωσις θεῷ κατὰ
τὸ δυνατόν· ὁμοίωσις δὲ δίκαιον καὶ ὅσιον μετὰ φρονήσεως
γενέσθαι. ἀλλὰ γάρ, ὦ ἄριστε, οὐ πάνυ τι ῥᾴδιον πεῖσαι
ὡς ἄρα οὐχ ὧν ἕνεκα οἱ πολλοί φασι δεῖν πονηρίαν μὲν
5 φεύγειν, ἀρετὴν δὲ διώκειν, τούτων χάριν τὸ μὲν ἐπιτη-
δευτέον, τὸ δ' οὔ, ἵνα δὴ μὴ κακὸς καὶ ἵνα ἀγαθὸς δοκῇ
εἶναι· ταῦτα μὲν γάρ ἐστιν ὁ λεγόμενος γραῶν ὕθλος, ὡς
ἐμοὶ φαίνεται· τὸ δὲ ἀληθὲς ὧδε λέγωμεν. θεὸς οὐδαμῇ
c οὐδαμῶς ἄδικος, ἀλλ' ὡς οἷόν τε δικαιότατος, καὶ οὐκ ἔστιν
αὐτῷ ὁμοιότερον οὐδὲν ἢ ὃς ἂν ἡμῶν αὖ γένηται ὅτι δικαιό-
τατος. περὶ τοῦτο καὶ ἡ ὡς ἀληθῶς δεινότης ἀνδρὸς καὶ
οὐδενία τε καὶ ἀνανδρία. ἡ μὲν γὰρ τούτου γνῶσις σοφία
5 καὶ ἀρετὴ ἀληθινή, ἡ δὲ ἄγνοια ἀμαθία καὶ κακία ἐναργής·
αἱ δ' ἄλλαι δεινότητές τε δοκοῦσαι καὶ σοφίαι ἐν μὲν
πολιτικαῖς δυναστείαις γιγνόμεναι φορτικαί, ἐν δὲ τέχναις
d βάναυσοι. τῷ οὖν ἀδικοῦντι καὶ ἀνόσια λέγοντι ἢ πράττοντι
μακρῷ ἄριστ' ἔχει τὸ μὴ συγχωρεῖν δεινῷ ὑπὸ πανουργίας
εἶναι· ἀγάλλονται γὰρ τῷ ὀνείδει καὶ οἴονται ἀκούειν ὅτι
οὐ ληροί εἰσι, γῆς ἄλλως ἄχθη, ἀλλ' ἄνδρες οἵους δεῖ
5 ἐν πόλει τοὺς σωθησομένους. λεκτέον οὖν τἀληθές, ὅτι
τοσούτῳ μᾶλλόν εἰσιν οἷοι οὐκ οἴονται, ὅτι οὐχὶ οἴονται·

e 7 ἐλευθερίως Athenaeus : ἐλευθέρως B T   γ' om. W   a 1 ἀν-
δρῶν] ἀνθρώπων al.   a 2 ἀληθῆ om. Athenaeus   b 3 τι om. B
b 6 δὴ om. B : δὲ Eusebius   b 7 μὲν om. B   c 3 τοῦτο Iambl.
Eus. Stob.: τούτου B T   c 6 καὶ om. T   σοφίαι T Iambl.: σοφαὶ B

ἀγνοοῦσι γὰρ ζημίαν ἀδικίας, ὃ δεῖ ἥκιστα ἀγνοεῖν. οὐ γάρ
ἐστιν ἣν δοκοῦσιν, πληγαί τε καὶ θάνατοι, ὧν ἐνίοτε πάσχουσιν
οὐδὲν ἀδικοῦντες, ἀλλὰ ἣν ἀδύνατον ἐκφυγεῖν.   e

ΘΕΟ. Τίνα δὴ λέγεις;

ΣΩ. Παραδειγμάτων, ὦ φίλε, ἐν τῷ ὄντι ἑστώτων, τοῦ
μὲν θείου εὐδαιμονεστάτου, τοῦ δὲ ἀθέου ἀθλιωτάτου, οὐχ
ὁρῶντες ὅτι οὕτως ἔχει, ὑπὸ ἠλιθιότητός τε καὶ τῆς ἐσχάτης 5
ἀνοίας λανθάνουσι τῷ μὲν ὁμοιούμενοι διὰ τὰς ἀδίκους 177
πράξεις, τῷ δὲ ἀνομοιούμενοι. οὗ δὴ τίνουσι δίκην ζῶντες
τὸν εἰκότα βίον ᾧ ὁμοιοῦνται· ἐὰν δ' εἴπωμεν ὅτι, ἂν μὴ
ἀπαλλαγῶσι τῆς δεινότητος, καὶ τελευτήσαντας αὐτοὺς
ἐκεῖνος μὲν ὁ τῶν κακῶν καθαρὸς τόπος οὐ δέξεται, ἐνθάδε 5
δὲ τὴν αὐτοῖς ὁμοιότητα τῆς διαγωγῆς ἀεὶ ἕξουσι, κακοὶ
κακοῖς συνόντες, ταῦτα δὴ καὶ παντάπασιν ὡς δεινοὶ καὶ
πανοῦργοι ἀνοήτων τινῶν ἀκούσονται.

ΘΕΟ. Καὶ μάλα δή, ὦ Σώκρατες.

ΣΩ. Οἶδά τοι, ὦ ἑταῖρε. ἐν μέντοι τι αὐτοῖς συμ- b
βέβηκεν· ὅταν ἰδίᾳ λόγον δέῃ δοῦναί τε καὶ δέξασθαι
περὶ ὧν ψέγουσι, καὶ ἐθελήσωσιν ἀνδρικῶς πολὺν χρόνον
ὑπομεῖναι καὶ μὴ ἀνάνδρως φυγεῖν, τότε ἀτόπως, ὦ δαιμόνιε,
τελευτῶντες οὐκ ἀρέσκουσιν αὐτοὶ αὑτοῖς περὶ ὧν λέγουσι, 5
καὶ ἡ ῥητορικὴ ἐκείνη πως ἀπομαραίνεται, ὥστε παίδων
μηδὲν δοκεῖν διαφέρειν. περὶ μὲν οὖν τούτων, ἐπειδὴ καὶ
πάρεργα τυγχάνει λεγόμενα, ἀποστῶμεν—εἰ δὲ μή, πλείω
ἀεὶ ἐπιρρέοντα καταχώσει ἡμῶν τὸν ἐξ ἀρχῆς λόγον—ἐπὶ c
δὲ τὰ ἔμπροσθεν ἴωμεν, εἰ καὶ σοὶ δοκεῖ.

ΘΕΟ. Ἐμοὶ μὲν τὰ τοιαῦτα, ὦ Σώκρατες, οὐκ ἀηδέστερα
ἀκούειν· ῥᾴω γὰρ τηλικῷδε ὄντι ἐπακολουθεῖν. εἰ μέντοι
δοκεῖ, πάλιν ἐπανίωμεν. 5

ΣΩ. Οὐκοῦν ἐνταῦθά που ἦμεν τοῦ λόγου, ἐν ᾧ ἔφαμεν
τοὺς τὴν φερομένην οὐσίαν λέγοντας, καὶ τὸ ἀεὶ δοκοῦν

e 3 ὄντι] παντὶ W   b 2 ὅτ' ἂν W Iambl. : ὅτι ἂν B T   b 4 φυ-
γεῖν W : φεύγειν B T Iambl.   b 7 οὖν om. W

ἑκάστῳ τοῦτο καὶ εἶναι τούτῳ ᾧ δοκεῖ, ἐν μὲν τοῖς ἄλλοις
ἐθέλειν διισχυρίζεσθαι καὶ οὐχ ἥκιστα περὶ τὰ δίκαια, ὡς
d παντὸς μᾶλλον ἃ ἂν θῆται πόλις δόξαντα αὐτῇ, ταῦτα καὶ
ἔστι δίκαια τῇ θεμένῃ, ἕωσπερ ἂν κέηται· περὶ δὲ τἀγαθὰ
οὐδένα ἀνδρεῖον ἔθ᾽ οὕτως εἶναι ὥστε τολμᾶν διαμάχεσθαι ὅτι
καὶ ἃ ἂν ὠφέλιμα οἰηθεῖσα πόλις ἑαυτῇ θῆται, καὶ ἔστι τοσοῦ-
5 τον χρόνον ὅσον ἂν κέηται ὠφέλιμα, πλὴν εἴ τις τὸ ὄνομα
λέγοι· τοῦτο δέ που σκῶμμ᾽ ἂν εἴη πρὸς ὃ λέγομεν. ἢ οὐχί;
ΘΕΟ. Πάνυ γε.

e ΣΩ. Μὴ γὰρ λεγέτω τὸ ὄνομα, ἀλλὰ τὸ πρᾶγμα τὸ
ὀνομαζόμενον θεωρείτω.
ΘΕΟ. Μὴ γάρ.

ΣΩ. ᾽Αλλ᾽ ὃ ἂν τοῦτο ὀνομάζῃ, τούτου δήπου στοχάζεται
5 νομοθετουμένη, καὶ πάντας τοὺς νόμους, καθ᾽ ὅσον οἴεταί τε
καὶ δύναται, ὡς ὠφελιμωτάτους ἑαυτῇ τίθεται· ἢ πρὸς ἄλλο
τι βλέπουσα νομοθετεῖται;
178 ΘΕΟ. Οὐδαμῶς.

ΣΩ. ῏Η οὖν καὶ τυγχάνει ἀεί, ἢ πολλὰ καὶ διαμαρτάνει
ἑκάστη;
ΘΕΟ. Οἶμαι ἔγωγε καὶ ἁμαρτάνειν.

5 ΣΩ. ῎Ετι τοίνυν ἐνθένδε ἂν μᾶλλον πᾶς τις ὁμολογήσειεν
ταὐτὰ ταῦτα, εἰ περὶ παντός τις τοῦ εἴδους ἐρωτῷη ἐν ᾧ
καὶ τὸ ὠφέλιμον τυγχάνει ὄν· ἔστι δέ που καὶ περὶ τὸν
μέλλοντα χρόνον. ὅταν γὰρ νομοθετώμεθα, ὡς ἐσομένους
ὠφελίμους τοὺς νόμους τιθέμεθα εἰς τὸν ἔπειτα χρόνον·
10 τοῦτο δὲ " μέλλον " ὀρθῶς ἂν λέγοιμεν.
b ΘΕΟ. Πάνυ γε.

ΣΩ. ῎Ιθι δή, οὑτωσὶ ἐρωτῶμεν Πρωταγόραν ἢ ἄλλον
τινὰ τῶν ἐκείνῳ τὰ αὐτὰ λεγόντων· " Πάντων μέτρον

---

c 9 τὰ om. B   d 2 τῇ θεμένῃ] τιθεμένῃ T   τἀγαθὰ T W : τἀγα-
θοῦ B W²   d 6 ἢ W : om. B T   e 1–3 λεγέτω . . . μὴ γάρ
om. T   e 1 τὸ ὀνομαζόμενον W : ὃ ὀνομαζόμενον B   e 2 θεω-
ρείτω] θεωρεῖτο pr. W : θεωρεῖται B   a 2 πολλὰ] καὶ πολλὰ T
a 3 ἑκάστη W : ἑκάστῃ B T   a 10 μέλλον W : μᾶλλον B T

ἄνθρωπός ἐστιν," ὥς φατέ, ὦ Πρωταγόρα, λευκῶν βαρέων
κούφων, οὐδενὸς ὅτου οὐ τῶν τοιούτων· ἔχων γὰρ αὐτῶν 5
τὸ κριτήριον ἐν αὑτῷ, οἷα πάσχει τοιαῦτα οἰόμενος, ἀληθῆ
τε οἴεται αὑτῷ καὶ ὄντα. οὐχ οὕτω;

ΘΕΟ. Οὕτω.

ΣΩ. Ἦ καὶ τῶν μελλόντων ἔσεσθαι, φήσομεν, ὦ Πρω-
ταγόρα, ἔχει τὸ κριτήριον ἐν αὑτῷ, καὶ οἷα ἂν οἰηθῇ ἔσεσθαι, c
ταῦτα καὶ γίγνεται ἐκείνῳ τῷ οἰηθέντι; οἷον θερμή· ἆρ'
ὅταν τις οἰηθῇ ἰδιώτης αὑτὸν πυρετὸν λήψεσθαι καὶ ἔσεσθαι
ταύτην τὴν θερμότητα, καὶ ἕτερος, ἰατρὸς δέ, ἀντοιηθῇ, κατὰ
τὴν ποτέρου δόξαν φῶμεν τὸ μέλλον ἀποβήσεσθαι, ἢ κατὰ 5
τὴν ἀμφοτέρων, καὶ τῷ μὲν ἰατρῷ οὐ θερμὸς οὐδὲ πυρέττων
γενήσεται, ἑαυτῷ δὲ ἀμφότερα;

ΘΕΟ. Γελοῖον μεντἂν εἴη.

ΣΩ. Ἀλλ' οἶμαι περὶ οἴνου γλυκύτητος καὶ αὐστηρότητος
μελλούσης ἔσεσθαι ἡ τοῦ γεωργοῦ δόξα ἀλλ' οὐχ ἡ τοῦ d
κιθαριστοῦ κυρία.

ΘΕΟ. Τί μήν;

ΣΩ. Οὐδ' ἂν αὖ περὶ ἀναρμόστου τε καὶ εὐαρμόστου
ἐσομένου παιδοτρίβης ἂν βέλτιον δοξάσειεν μουσικοῦ, ὃ καὶ 5
ἔπειτα αὑτῷ τῷ παιδοτρίβῃ δόξει εὐάρμοστον εἶναι.

ΘΕΟ. Οὐδαμῶς.

ΣΩ. Οὐκοῦν καὶ τοῦ μέλλοντος ἑστιάσεσθαι μὴ μαγει-
ρικοῦ ὄντος, σκευαζομένης θοίνης, ἀκυροτέρα ἡ κρίσις τῆς
τοῦ ὀψοποιοῦ περὶ τῆς ἐσομένης ἡδονῆς. περὶ μὲν γὰρ τοῦ 10
ἤδη ὄντος ἑκάστῳ ἡδέος ἢ γεγονότος μηδέν πω τῷ λόγῳ e
διαμαχώμεθα, ἀλλὰ περὶ τοῦ μέλλοντος ἑκάστῳ καὶ δόξειν
καὶ ἔσεσθαι πότερον αὐτὸς αὑτῷ ἄριστος κριτής, ἢ σύ, ὦ
Πρωταγόρα, τό γε περὶ λόγους πιθανὸν ἑκάστῳ ἡμῶν
ἐσόμενον εἰς δικαστήριον βέλτιον ἂν προδοξάσαις ἢ τῶν 5
ἰδιωτῶν ὁστισοῦν;

c 2 θερμή Timaeus Phrynichus : θερμά libri   c 3 καὶ ἔσεσθαι
om. T   d 5 δ om. T   e 4 τό γε W : τότε B T

20*

ΘΕΟ. Καὶ μάλα, ὦ Σώκρατες, τοῦτό γε σφόδρα ὑπ-
ισχνεῖτο πάντων διαφέρειν αὐτός.

ΣΩ. Νὴ Δία, ὦ μέλε· ἢ οὐδείς γ' ἂν αὐτῷ διελέγετο
179 διδοὺς πολὺ ἀργύριον, εἰ μὴ τοὺς συνόντας ἔπειθεν ὅτι καὶ
τὸ μέλλον ἔσεσθαί τε καὶ δόξειν οὔτε μάντις οὔτε τις ἄλλος
ἄμεινον κρίνειεν ἂν ἢ αὐτός [αὑτῷ].

ΘΕΟ. Ἀληθέστατα.

5 ΣΩ. Οὐκοῦν καὶ αἱ νομοθεσίαι καὶ τὸ ὠφέλιμον περὶ
τὸ μέλλον ἐστί, καὶ πᾶς ἂν ὁμολογοῖ νομοθετουμένην
πόλιν πολλάκις ἀνάγκην εἶναι τοῦ ὠφελιμωτάτου ἀπο-
τυγχάνειν;

ΘΕΟ. Μάλα γε.

10 ΣΩ. Μετρίως ἄρα ἡμῖν πρὸς τὸν διδάσκαλόν σου εἰρή-
b σεται ὅτι ἀνάγκη αὐτῷ ὁμολογεῖν σοφώτερόν τε ἄλλον
ἄλλου εἶναι καὶ τὸν μὲν τοιοῦτον μέτρον εἶναι, ἐμοὶ δὲ τῷ
ἀνεπιστήμονι μηδὲ ὁπωστιοῦν ἀνάγκην εἶναι μέτρῳ γίγνεσθαι,
ὡς ἄρτι με ἠνάγκαζεν ὁ ὑπὲρ ἐκείνου λόγος, εἴτ' ἐβουλόμην
5 εἴτε μή, τοιοῦτον εἶναι.

ΘΕΟ. Ἐκείνῃ μοι δοκεῖ, ὦ Σώκρατες, μάλιστα ἁλίσκε-
σθαι ὁ λόγος, ἁλισκόμενος καὶ ταύτῃ, ᾗ τὰς τῶν ἄλλων
δόξας κυρίας ποιεῖ, αὗται δὲ ἐφάνησαν τοὺς ἐκείνου λόγους
οὐδαμῇ ἀληθεῖς ἡγούμεναι.

c ΣΩ. Πολλαχῇ, ὦ Θεόδωρε, καὶ ἄλλῃ ἂν τό γε τοιοῦτον
ἁλοίη μὴ πᾶσαν παντὸς ἀληθῆ δόξαν εἶναι· περὶ δὲ τὸ
παρὸν ἑκάστῳ πάθος, ἐξ ὧν αἱ αἰσθήσεις καὶ αἱ κατὰ ταύτας
δόξαι γίγνονται, χαλεπώτερον ἑλεῖν ὡς οὐκ ἀληθεῖς. ἴσως
5 δὲ οὐδὲν λέγω· ἀνάλωτοι γάρ, εἰ ἔτυχον, εἰσίν, καὶ οἱ
φάσκοντες αὐτὰς ἐναργεῖς τε εἶναι καὶ ἐπιστήμας τάχα ἂν
ὄντα λέγοιεν, καὶ Θεαίτητος ὅδε οὐκ ἀπὸ σκοποῦ εἴρηκεν
d αἴσθησιν καὶ ἐπιστήμην ταὐτὸν θέμενος. προσιτέον οὖν ἐγγυ-
τέρω, ὡς ὁ ὑπὲρ Πρωταγόρου λόγος ἐπέταττε, καὶ σκεπτέον

a 1 μὴ] πῃ Heindorf: δὴ Campbell   a 3 αὑτῷ secl. Schleier-
macher   a 7 ἀνάγκη Τ   c 1 πολλαχῇ] πολλαχῇ οὖν Stobaeus
c 2 παντὸς] πάντως Stobaeus

τὴν φερομένην ταύτην οὐσίαν διακρούοντα εἴτε ὑγιὲς εἴτε
σαθρὸν φθέγγεται· μάχη δ' οὖν περὶ αὐτῆς οὐ φαύλη οὐδ'
ὀλίγοις γέγονεν.   5

ΘΕΟ. Πολλοῦ καὶ δεῖ φαύλη εἶναι, ἀλλὰ περὶ μὲν τὴν
Ἰωνίαν καὶ ἐπιδίδωσι πάμπολυ. οἱ γὰρ τοῦ Ἡρακλείτου
ἑταῖροι χορηγοῦσι τούτου τοῦ λόγου μάλα ἐρρωμένως.

ΣΩ. Τῷ τοι, ὦ φίλε Θεόδωρε, μᾶλλον σκεπτέον καὶ ἐξ
ἀρχῆς, ὥσπερ αὐτοὶ ὑποτείνονται.   e

ΘΕΟ. Παντάπασι μὲν οὖν. καὶ γάρ, ὦ Σώκρατες, περὶ
τούτων τῶν Ἡρακλειτείων ἤ, ὥσπερ σὺ λέγεις, Ὁμηρείων
καὶ ἔτι παλαιοτέρων, αὐτοῖς μὲν τοῖς περὶ τὴν Ἔφεσον, ὅσοι
προσποιοῦνται ἔμπειροι, οὐδὲν μᾶλλον οἷόν τε διαλεχθῆναι   5
ἢ τοῖς οἰστρῶσιν. ἀτεχνῶς γὰρ κατὰ τὰ συγγράμματα
φέρονται, τὸ δ' ἐπιμεῖναι ἐπὶ λόγῳ καὶ ἐρωτήματι καὶ ἡσυχίως
ἐν μέρει ἀποκρίνασθαι καὶ ἐρέσθαι ἧττον αὐτοῖς ἔνι ἢ τὸ   180
μηδέν· μᾶλλον δὲ ὑπερβάλλει τὸ οὐδ' οὐδὲν πρὸς τὸ μηδὲ
σμικρὸν ἐνεῖναι τοῖς ἀνδράσιν ἡσυχίας. ἀλλ' ἄν τινά τι
ἔρῃ, ὥσπερ ἐκ φαρέτρας ῥηματίσκια αἰνιγματώδη ἀνασπῶντες
ἀποτοξεύουσι, κἂν τούτου ζητῇς λόγον λαβεῖν τί εἴρηκεν,   5
ἑτέρῳ πεπλήξῃ καινῶς μετωνομασμένῳ. περανεῖς δὲ οὐδέποτε
οὐδὲν πρὸς οὐδένα αὐτῶν· οὐδέ γε ἐκεῖνοι αὐτοὶ πρὸς ἀλλή-
λους, ἀλλ' εὖ πάνυ φυλάττουσι τὸ μηδὲν βέβαιον ἐᾶν εἶναι
μήτ' ἐν λόγῳ μήτ' ἐν ταῖς αὐτῶν ψυχαῖς, ἡγούμενοι, ὡς ἐμοὶ   b
δοκεῖ, αὐτὸ στάσιμον εἶναι· τούτῳ δὲ πάνυ πολεμοῦσιν, καὶ
καθ' ὅσον δύνανται πανταχόθεν ἐκβάλλουσιν.

ΣΩ. Ἴσως, ὦ Θεόδωρε, τοὺς ἄνδρας μαχομένους ἑώρακας,
εἰρηνεύουσιν δὲ οὐ συγγέγονας· οὐ γὰρ σοὶ ἑταῖροί εἰσιν.   5
ἀλλ' οἶμαι τὰ τοιαῦτα τοῖς μαθηταῖς ἐπὶ σχολῆς φράζουσιν,
οὓς ἂν βούλωνται ὁμοίους αὐτοῖς ποιῆσαι.

ΘΕΟ. Ποίοις μαθηταῖς, ὦ δαιμόνιε; οὐδὲ γίγνεται τῶν
τοιούτων ἕτερος ἑτέρου μαθητής, ἀλλ' αὐτόματοι ἀναφύονται   c

d 3 διακρούοντα T W: ἀκούοντα B   d 7 πάμπολυν B   d 9 τῷ τοι
B Eusebius : τοῦτο ut videtur T   μᾶλλον] μάλα T   καὶ om. T
e 4 καὶ] τε καὶ W   a 1 ἀποκρίνεσθαι W

ὁπόθεν ἂν τύχῃ ἕκαστος αὐτῶν ἐνθουσιάσας, καὶ τὸν ἕτερον
ὁ ἕτερος οὐδὲν ἡγεῖται εἰδέναι. παρὰ μὲν οὖν τούτων, ὅπερ
ᾖα ἐρῶν, οὐκ ἄν ποτε λάβοις λόγον οὔτε ἑκόντων οὔτε
5 ἀκόντων· αὐτοὺς δὲ δεῖ παραλαβόντας ὥσπερ πρόβλημα
ἐπισκοπεῖσθαι.

ΣΩ. Καὶ μετρίως γε λέγεις. τὸ δὲ δὴ πρόβλημα ἄλλο
τι παρειλήφαμεν παρὰ μὲν τῶν ἀρχαίων μετὰ ποιήσεως
d ἐπικρυπτομένων τοὺς πολλούς, ὡς ἡ γένεσις τῶν ἄλλων
πάντων Ὠκεανός τε καὶ Τηθὺς ῥεύματα ⟨ὄντα⟩ τυγχάνει καὶ
οὐδὲν ἕστηκε, παρὰ δὲ τῶν ὑστέρων ἅτε σοφωτέρων ἀνα-
φανδὸν ἀποδεικνυμένων, ἵνα καὶ οἱ σκυτοτόμοι αὐτῶν τὴν
5 σοφίαν μάθωσιν ἀκούσαντες καὶ παύσωνται ἠλιθίως οἰόμενοι
τὰ μὲν ἑστάναι, τὰ δὲ κινεῖσθαι τῶν ὄντων, μαθόντες δὲ ὅτι
πάντα κινεῖται τιμῶσιν αὐτούς; ὀλίγου δὲ ἐπελαθόμην, ὦ
Θεόδωρε, ὅτι ἄλλοι αὖ τἀναντία τούτοις ἀπεφήναντο,

e †οἷον ἀκίνητον τελέθει τῷ παντὶ ὄνομ' εἶναι†

καὶ ἄλλα ὅσα Μέλισσοί τε καὶ Παρμενίδαι ἐναντιούμενοι
πᾶσι τούτοις διισχυρίζονται, ὡς ἕν τε πάντα ἐστὶ καὶ ἕστηκεν
αὐτὸ ἐν αὑτῷ οὐκ ἔχον χώραν ἐν ᾗ κινεῖται. τούτοις οὖν, ὦ
5 ἑταῖρε, πᾶσι τί χρησόμεθα; κατὰ σμικρὸν γὰρ προϊόντες
λελήθαμεν ἀμφοτέρων εἰς τὸ μέσον πεπτωκότες, καὶ ἂν μή
181 πῃ ἀμυνόμενοι διαφύγωμεν, δίκην δώσομεν ὥσπερ οἱ ἐν ταῖς
παλαίστραις διὰ γραμμῆς παίζοντες, ὅταν ὑπ' ἀμφοτέρων
ληφθέντες ἕλκωνται εἰς τἀναντία. δοκεῖ οὖν μοι τοὺς ἑτέρους
πρότερον σκεπτέον, ἐφ' οὕσπερ ὡρμήσαμεν, τοὺς ῥέοντας, καὶ
5 ἐὰν μέν τι φαίνωνται λέγοντες, συνέλξομεν μετ' αὐτῶν ἡμᾶς
αὐτούς, τοὺς ἑτέρους ἐκφυγεῖν πειρώμενοι· ἐὰν δὲ οἱ τοῦ
ὅλου στασιῶται ἀληθέστερα λέγειν δοκῶσι, φευξόμεθα παρ'

c 3 ὅπερ ᾖα ἐρῶν] ὅπεριηι ἀέρων (sic) B   c 7 δὲ δὴ W Eusebius:
γε δὴ B T   d 2 ὄντα addidi   d 6 μαθόντες δὲ om. T   e 1 de
hoc versu vide Diels ad Parmenidem 8. 38   a 7 παρ' αὐτοὺς ἀπ'
αὖ τῶν Schleiermacher: παρ' αὐτοὺς ἀπ' αὐτῶν τῶν W: ἀπ' αὐτῶν τῶν
παρ' αὐτοὺς B: τῶν παρ' αὐτοὺς ἀπ' αὐτῶν T

αὐτοὺς ἀπ' αὖ τῶν τὰ ἀκίνητα κινούντων.   ἀμφότεροι δ' ἂν b
φανῶσι μηδὲν μέτριον λέγοντες, γελοῖοι ἐσόμεθα ἡγούμενοι
ἡμᾶς μὲν τὶ λέγειν φαύλους ὄντας, παμπαλαίους δὲ καὶ
πασσόφους ἄνδρας ἀποδεδοκιμακότες.   ὅρα οὖν, ὦ Θεόδωρε,
εἰ λυσιτελεῖ εἰς τοσοῦτον προϊέναι κίνδυνον.   5

ΘΕΟ. Οὐδὲν μὲν οὖν ἀνεκτόν, ὦ Σώκρατες, μὴ οὐ
διασκέψασθαι τί λέγουσιν ἑκάτεροι τῶν ἀνδρῶν.

ΣΩ. Σκεπτέον ἂν εἴη σοῦ γε οὕτω προθυμουμένου.   δοκεῖ
οὖν μοι ἀρχὴ εἶναι τῆς σκέψεως κινήσεως πέρι, ποῖόν τί c
ποτε ἄρα λέγοντές φασι τὰ πάντα κινεῖσθαι.   βούλομαι δὲ
λέγειν τὸ τοιόνδε· πότερον ἕν τι εἶδος αὐτῆς λέγουσιν ἤ,
ὥσπερ ἐμοὶ φαίνεται, δύο; μὴ μέντοι μόνον ἐμοὶ δοκείτω,
ἀλλὰ συμμέτεχε καὶ σύ, ἵνα κοινῇ πάσχωμεν ἄν τι καὶ δέῃ. 5
καί μοι λέγε· ἆρα κινεῖσθαι καλεῖς ὅταν τι χώραν ἐκ χώρας
μεταβάλλῃ ἢ καὶ ἐν τῷ αὐτῷ στρέφηται;

ΘΕΟ. Ἔγωγε.

ΣΩ. Τοῦτο μὲν τοίνυν ἓν ἔστω εἶδος.   ὅταν δὲ ᾖ μὲν ἐν
τῷ αὐτῷ, γηράσκῃ δέ, ἢ μέλαν ἐκ λευκοῦ ἢ σκληρὸν ἐκ d
μαλακοῦ γίγνηται, ἤ τινα ἄλλην ἀλλοίωσιν ἀλλοιῶται, ἆρα
οὐκ ἄξιον ἕτερον εἶδος φάναι κινήσεως;

ΘΕΟ. [Ἔμοιγε δοκεῖ] ἀναγκαῖον μὲν οὖν.

ΣΩ. Δύο δὴ λέγω τούτω εἴδει κινήσεως, ἀλλοίωσιν, τὴν 5
δὲ φοράν.

ΘΕΟ. Ὀρθῶς γε λέγων.

ΣΩ. Τοῦτο τοίνυν οὕτω διελόμενοι διαλεγώμεθα ἤδη τοῖς
τὰ πάντα φάσκουσιν κινεῖσθαι καὶ ἐρωτῶμεν· Πότερον πᾶν
φατε ἀμφοτέρως κινεῖσθαι, φερόμενόν τε καὶ ἀλλοιούμενον, e
ἢ τὸ μέν τι ἀμφοτέρως, τὸ δ' ἑτέρως;

ΘΕΟ. Ἀλλὰ μὰ Δί' ἔγωγε οὐκ ἔχω εἰπεῖν· οἶμαι δ' ἂν
φάναι ἀμφοτέρως.

b 1 τὰ] καὶ τὰ T   b 2 ἡγούμεθα B   b 6 ἀνεκτόν] ἀνετέον
Madvig   c 2 φασι om. T   d 4 ἔμοιγε δοκεῖ om. Stobaeus
ἀναγκαῖον μὲν οὖν vulgo Socrati tribuunt ; Theodoro iam tribuit B
d 5 εἴδη κινήσεως τούτω T   d 6 φοράν W : περιφοράν B T Stobaeus

5 ΣΩ. Εἰ δέ γε μή, ὦ ἑταῖρε, κινούμενά τε αὐτοῖς καὶ ἑστῶτα φανεῖται, καὶ οὐδὲν μᾶλλον ὀρθῶς ἕξει εἰπεῖν ὅτι κινεῖται τὰ πάντα ἢ ὅτι ἕστηκεν.

ΘΕΟ. Ἀληθέστατα λέγεις.

ΣΩ. Οὐκοῦν ἐπειδὴ κινεῖσθαι αὐτὰ δεῖ, τὸ δὲ μὴ κινεῖσθαι

182 μὴ ἐνεῖναι μηδενί, πάντα δὴ πᾶσαν κίνησιν ἀεὶ κινεῖται.

ΘΕΟ. Ἀνάγκη.

ΣΩ. Σκόπει δή μοι τόδε αὐτῶν· τῆς θερμότητος ἢ λευκότητος ἢ ὁτουοῦν γένεσιν οὐχ οὕτω πως ἐλέγομεν φάναι
5 αὐτούς, φέρεσθαι ἕκαστον τούτων ἅμα αἰσθήσει μεταξὺ τοῦ ποιοῦντός τε καὶ πάσχοντος, καὶ τὸ μὲν πάσχον αἰσθητικὸν ἀλλ' οὐκ αἴσθησιν [ἔτι] γίγνεσθαι, τὸ δὲ ποιοῦν ποιόν τι ἀλλ' οὐ ποιότητα; ἴσως οὖν ἡ "ποιότης" ἅμα ἀλλόκοτόν τε φαίνεται ὄνομα καὶ οὐ μανθάνεις ἀθρόον λεγόμενον· κατὰ
b μέρη οὖν ἄκουε. τὸ γὰρ ποιοῦν οὔτε θερμότης οὔτε λευκότης, θερμὸν δὲ καὶ λευκὸν γίγνεται, καὶ τἆλλα οὕτω· μέμνησαι γάρ που ἐν τοῖς πρόσθεν ὅτι οὕτως ἐλέγομεν, ἐν μηδὲν αὐτὸ καθ' αὑτὸ εἶναι, μηδ' αὖ τὸ ποιοῦν ἢ πάσχον, ἀλλ' ἐξ ἀμφο-
5 τέρων πρὸς ἄλληλα συγγιγνομένων τὰς αἰσθήσεις καὶ τὰ αἰσθητὰ ἀποτίκτοντα τὰ μέν ποι' ἄττα γίγνεσθαι, τὰ δὲ αἰσθανόμενα.

ΘΕΟ. Μέμνημαι· πῶς δ' οὔ;

c ΣΩ. Τὰ μὲν τοίνυν ἄλλα χαίρειν ἐάσωμεν, εἴτε ἄλλως εἴτε οὕτως λέγουσιν· οὗ δ' ἕνεκα λέγομεν, τοῦτο μόνον φυλάττωμεν, ἐρωτῶντες· Κινεῖται καὶ ῥεῖ, ὥς φατε, τὰ πάντα; ἢ γάρ;

5 ΘΕΟ. Ναί.

ΣΩ. Οὐκοῦν ἀμφοτέρας ἃς διειλόμεθα κινήσεις, φερόμενά τε καὶ ἀλλοιούμενα;

ΘΕΟ. Πῶς δ' οὔ; εἴπερ γε δὴ τελέως κινήσεται.

e 5 αὐτοῖς W : ἑαυτοῖς B T   a 1 ἐνεῖναι W : ἐν εἶναι B T
a 6 αἰσθητικὸν] αἰσθητὸν B T : αἰσθανόμενον Heindorf   a 7 ἔτι om.
W (suspicor e correctione lectionis αἰσθητὸν ortum esse)   ποιόν τι
W : ποιοῦντι B : ποιοῦν, τι T   b 3 ἐν] καὶ ἐν B

ΣΩ. Εἰ μὲν τοίνυν ἐφέρετο μόνον, ἠλλοιοῦτο δὲ μή, εἴχομεν ἄν που εἰπεῖν οἷα ἄττα ῥεῖ τὰ φερόμενα· ἢ πῶς 10 λέγομεν;

ΘΕΟ. Οὕτως.

ΣΩ. Ἐπειδὴ δὲ οὐδὲ τοῦτο μένει, τὸ λευκὸν ῥεῖν τὸ ῥέον, d ἀλλὰ μεταβάλλει, ὥστε καὶ αὐτοῦ τούτου εἶναι ῥοήν, τῆς λευκότητος, καὶ μεταβολὴν εἰς ἄλλην χρόαν, ἵνα μὴ ἁλῷ ταύτῃ μένον, ἆρά ποτε οἷόν τέ τι προσειπεῖν χρῶμα, ὥστε καὶ ὀρθῶς προσαγορεύειν; 5

ΘΕΟ. Καὶ τίς μηχανή, ὦ Σώκρατες; ἢ ἄλλο γέ τι τῶν τοιούτων, εἴπερ ἀεὶ λέγοντος ὑπεξέρχεται ἅτε δὴ ῥέον;

ΣΩ. Τί δὲ περὶ αἰσθήσεως ἐροῦμεν ὁποιασοῦν, οἷον τῆς τοῦ ὁρᾶν ἢ ἀκούειν; μένειν ποτὲ ἐν αὐτῷ τῷ ὁρᾶν ἢ ἀκούειν; e

ΘΕΟ. Οὔκουν δεῖ γε, εἴπερ πάντα κινεῖται.

ΣΩ. Οὔτε ἄρα ὁρᾶν προσρητέον τι μᾶλλον ἢ μὴ ὁρᾶν, οὐδέ τιν' ἄλλην αἴσθησιν μᾶλλον ἢ μή, πάντων γε πάντως κινουμένων. 5

ΘΕΟ. Οὐ γὰρ οὖν.

ΣΩ. Καὶ μὴν αἴσθησίς γε ἐπιστήμη, ὡς ἔφαμεν ἐγώ τε καὶ Θεαίτητος.

ΘΕΟ. Ἦν ταῦτα.

ΣΩ. Οὐδὲν ἄρα ἐπιστήμην μᾶλλον ἢ μὴ ἐπιστήμην 10 ἀπεκρινάμεθα ἐρωτώμενοι ὅτι ἐστὶν ἐπιστήμη.

ΘΕΟ. Ἐοίκατε. 183

ΣΩ. Καλὸν ἂν ἡμῖν συμβαίνοι τὸ ἐπανόρθωμα τῆς ἀποκρίσεως, προθυμηθεῖσιν ἀποδεῖξαι ὅτι πάντα κινεῖται, ἵνα δὴ ἐκείνη ἡ ἀπόκρισις ὀρθὴ φανῇ. τὸ δ', ὡς ἔοικεν, ἐφάνη, εἰ πάντα κινεῖται, πᾶσα ἀπόκρισις, περὶ ὅτου ἄν τις ἀποκρίνηται, 5 ὁμοίως ὀρθὴ εἶναι, οὕτω τ' ἔχειν φάναι καὶ μὴ οὕτω, εἰ δὲ βούλει, γίγνεσθαι, ἵνα μὴ στήσωμεν αὐτοὺς τῷ λόγῳ.

ΘΕΟ. Ὀρθῶς λέγεις.

c 11 λέγωμεν B   d 1 τοῦτο] τότε T   d 2 τούτου] τοῦ T
e 4 οὐδέ] οὔτε Dissen   e 9 ἦν ταῦτα om. T   a 7 αὐτοὺς (sic)
B : αὐτοὺς T : αὑτοὺς Schanz   a 8 ὀρθῶς B T : ὀρθότατα W

ΣΩ. Πλήν γε, ὦ Θεόδωρε, ὅτι " οὕτω " τε εἶπον καὶ
10 " οὐχ οὕτω." δεῖ δὲ οὐδὲ τοῦτο ⟨τὸ⟩ " οὕτω " λέγειν—οὐδὲ
b γὰρ ἂν ἔτι κινοῖτο ⟨τὸ⟩ " οὕτω "—οὐδ' αὖ " μὴ οὕτω "—
οὐδὲ γὰρ τοῦτο κίνησις—ἀλλά τιν' ἄλλην φωνὴν θετέον τοῖς
τὸν λόγον τοῦτον λέγουσιν, ὡς νῦν γε πρὸς τὴν αὐτῶν ὑπό-
θεσιν οὐκ ἔχουσι ῥήματα, εἰ μὴ ἄρα τὸ " οὐδ' οὕτως" μάλιστα
5 [δ' οὕτως] ἂν αὐτοῖς ἁρμόττοι, ἄπειρον λεγόμενον.
ΘΕΟ. Οἰκειοτάτη γοῦν διάλεκτος αὕτη αὐτοῖς.
ΣΩ. Οὐκοῦν, ὦ Θεόδωρε, τοῦ τε σοῦ ἑταίρου ἀπηλ-
λάγμεθα, καὶ οὔπω συγχωροῦμεν αὐτῷ πάντ' ἄνδρα πάντων
c χρημάτων μέτρον εἶναι, ἂν μὴ φρόνιμός τις ᾖ· ἐπιστήμην
τε αἴσθησιν οὐ συγχωρησόμεθα κατά γε τὴν τοῦ πάντα
κινεῖσθαι μέθοδον, [ἢ] εἰ μή [τί] πως ἄλλως Θεαίτητος ὅδε
λέγει.
5 ΘΕΟ. Ἄριστ' εἴρηκας, ὦ Σώκρατες· τούτων γὰρ περαν-
θέντων καὶ ἐμὲ ἔδει ἀπηλλάχθαι σοι ἀποκρινόμενον κατὰ τὰς
συνθήκας, ἐπειδὴ τὸ περὶ τοῦ Πρωταγόρου λόγου τέλος σχοίη.
ΘΕΑΙ. Μὴ πρίν γ' ἄν, ὦ Θεόδωρε, Σωκράτης τε καὶ σὺ
d τοὺς φάσκοντας αὖ τὸ πᾶν ἑστάναι διέλθητε, ὥσπερ ἄρτι
προύθεσθε.
ΘΕΟ. Νέος ὤν, ὦ Θεαίτητε, τοὺς πρεσβυτέρους ἀδικεῖν
διδάσκεις ὁμολογίας παραβαίνοντας; ἀλλὰ παρασκευάζου
5 ὅπως τῶν ἐπιλοίπων Σωκράτει δώσεις λόγον.
ΘΕΑΙ. Ἐάνπερ γε βούληται. ἥδιστα μεντἂν ἤκουσα
περὶ ὧν λέγω.
ΘΕΟ. " Ἱππέας εἰς πεδίον " προκαλῇ Σωκράτη εἰς λόγους
προκαλούμενος· ἐρώτα οὖν καὶ ἀκούσῃ.
10 ΣΩ. Ἀλλά μοι δοκῶ, ὦ Θεόδωρε, περί γε ὧν κελεύει
e Θεαίτητος οὐ πείσεσθαι αὐτῷ.
ΘΕΟ. Τί δὴ οὖν οὐ πείσεσθαι;

a 10-b 1 τὸ (bis) add. Schleiermacher   b 4 οὕτως W : ὅπως B T
b 5 δ' οὕτως (e correctione lectionis οὐδ' ὅπως ortum) om. W   b 6 γ'
οὖν B W : οὖν T   b 8 οὔπω T W : οὕτω B   c 3 ἢ om. W
τι del. Schanz (glossema fuit ἤ τι)   c 6 ἔδει scripsi : δεῖ B T

ΣΩ. Μέλισσον μὲν καὶ τοὺς ἄλλους, οἳ ἓν ἑστὸς λέγουσι
τὸ πᾶν, αἰσχυνόμενος μὴ φορτικῶς σκοπῶμεν, ἧττον αἰσχύ-
νομαι ἢ ἕνα ὄντα Παρμενίδην. Παρμενίδης δέ μοι φαίνεται, 5
τὸ τοῦ Ὁμήρου, " αἰδοῖός τέ μοι " εἶναι ἅμα " δεινός τε."
συμπροσέμειξα γὰρ δὴ τῷ ἀνδρὶ πάνυ νέος πάνυ πρεσβύτῃ,
καί μοι ἐφάνη βάθος τι ἔχειν παντάπασι γενναῖον. φοβοῦμαι 184
οὖν μὴ οὔτε τὰ λεγόμενα συνιῶμεν, τί τε διανοούμενος εἶπε
πολὺ πλέον λειπώμεθα, καὶ τὸ μέγιστον, οὗ ἕνεκα ὁ λόγος
ὥρμηται, ἐπιστήμης πέρι τί ποτ᾽ ἐστίν, ἄσκεπτον γένηται
ὑπὸ τῶν ἐπεισκωμαζόντων λόγων, εἴ τις αὐτοῖς πείσεται· 5
ἄλλως τε καὶ ὃν νῦν ἐγείρομεν πλήθει ἀμήχανον, εἴτε τις ἐν
παρέργῳ σκέψεται, ἀνάξι᾽ ἂν πάθοι, εἴτε ἱκανῶς, μηκυνόμενος
τὸ τῆς ἐπιστήμης ἀφανιεῖ. δεῖ δὲ οὐδέτερα, ἀλλὰ Θεαίτητον
ὧν κυεῖ περὶ ἐπιστήμης πειρᾶσθαι ἡμᾶς τῇ μαιευτικῇ τέχνῃ b
ἀπολῦσαι.

ΘΕΟ. Ἀλλὰ χρή, εἰ δοκεῖ, οὕτω ποιεῖν.

ΣΩ. Ἔτι τοίνυν, ὦ Θεαίτητε, τοσόνδε περὶ τῶν εἰρη-
μένων ἐπίσκεψαι. αἴσθησιν γὰρ δὴ ἐπιστήμην ἀπεκρίνω· 5
ἢ γάρ;

ΘΕΑΙ. Ναί.

ΣΩ. Εἰ οὖν τίς σε ὧδ᾽ ἐρωτῴη· " Τῷ τὰ λευκὰ καὶ μέλανα
ὁρᾷ ἄνθρωπος καὶ τῷ τὰ ὀξέα καὶ βαρέα ἀκούει; " εἴποις ἂν
οἶμαι " Ὄμμασί τε καὶ ὠσίν." 10

ΘΕΑΙ. Ἔγωγε.

ΣΩ. Τὸ δὲ εὐχερὲς τῶν ὀνομάτων τε καὶ ῥημάτων καὶ c
μὴ δι᾽ ἀκριβείας ἐξεταζόμενον τὰ μὲν πολλὰ οὐκ ἀγεννές,
ἀλλὰ μᾶλλον τὸ τούτου ἐναντίον ἀνελεύθερον, ἔστι δὲ ὅτε
ἀναγκαῖον, οἷον καὶ νῦν ἀνάγκη ἐπιλαβέσθαι τῆς ἀποκρίσεως
ἣν ἀπεκρίθη, ᾗ οὐκ ὀρθή. σκόπει γάρ· ἀπόκρισις ποτέρα 5
ὀρθοτέρα, ᾧ ὁρῶμεν τοῦτο εἶναι ὀφθαλμούς, ἢ δι᾽ οὗ ὁρῶμεν,
καὶ ᾧ ἀκούομεν ὦτα, ἢ δι᾽ οὗ ἀκούομεν;

ΘΕΑΙ. Δι' ὧν ἕκαστα αἰσθανόμεθα, ἔμοιγε δοκεῖ, ὦ
Σώκρατες, μᾶλλον ἢ οἷς.

d   ΣΩ. Δεινὸν γάρ που, ὦ παῖ, εἰ πολλαί τινες ἐν ἡμῖν
ὥσπερ ἐν δουρείοις ἵπποις αἰσθήσεις ἐγκάθηνται, ἀλλὰ μὴ
εἰς μίαν τινὰ ἰδέαν, εἴτε ψυχὴν εἴτε ὅτι δεῖ καλεῖν, πάντα
ταῦτα συντείνει, ᾗ διὰ τούτων οἷον ὀργάνων αἰσθανόμεθα
5 ὅσα αἰσθητά.

ΘΕΑΙ. 'Αλλά μοι δοκεῖ οὕτω μᾶλλον ἢ ἐκείνως.

ΣΩ. Τοῦδέ τοι ἕνεκα αὐτά σοι διακριβοῦμαι, εἴ τινι ἡμῶν
αὐτῶν τῷ αὐτῷ διὰ μὲν ὀφθαλμῶν ἐφικνούμεθα λευκῶν τε
e   καὶ μελάνων, διὰ δὲ τῶν ἄλλων ἑτέρων αὖ τινῶν· καὶ ἕξεις
ἐρωτώμενος πάντα τὰ τοιαῦτα εἰς τὸ σῶμα ἀναφέρειν; ἴσως
δὲ βέλτιον σὲ λέγειν αὐτὰ ἀποκρινόμενον μᾶλλον ἢ ἐμὲ
ὑπὲρ σοῦ πολυπραγμονεῖν. καί μοι λέγε· θερμὰ καὶ σκληρὰ
5 καὶ κοῦφα καὶ γλυκέα δι' ὧν αἰσθάνῃ, ἆρα οὐ τοῦ σώματος
ἕκαστα τίθης; ἢ ἄλλου τινός;

ΘΕΑΙ. Οὐδενὸς ἄλλου.

ΣΩ. ῏Η καὶ ἐθελήσεις ὁμολογεῖν ἃ δι' ἑτέρας δυνάμεως
185 αἰσθάνῃ, ἀδύνατον εἶναι δι' ἄλλης ταῦτ' αἰσθέσθαι, οἷον ἃ
δι' ἀκοῆς, δι' ὄψεως, ἢ ἃ δι' ὄψεως, δι' ἀκοῆς;

ΘΕΑΙ. Πῶς γὰρ οὐκ ἐθελήσω;

ΣΩ. Εἴ τι ἄρα περὶ ἀμφοτέρων διανοῇ, οὐκ ἂν διά γε
5 τοῦ ἑτέρου ὀργάνου, οὐδ' αὖ διὰ τοῦ ἑτέρου περὶ ἀμφοτέρων
αἰσθάνοι' ἄν.

ΘΕΑΙ. Οὐ γὰρ οὖν.

ΣΩ. Περὶ δὴ φωνῆς καὶ περὶ χρόας πρῶτον μὲν αὐτὸ
τοῦτο περὶ ἀμφοτέρων ᾗ διανοῇ, ὅτι ἀμφοτέρω ἐστόν;

10   ΘΕΑΙ. ῎Εγωγε.

ΣΩ. Οὐκοῦν καὶ ὅτι ἑκάτερον ἑκατέρου μὲν ἕτερον, ἑαυτῷ
δὲ ταὐτόν;

b   ΘΕΑΙ. Τί μήν;

d 3 ὅτι] ὃ T   d 4 ὀργάνῳ pr. B (ut videtur)   d 7 τοῦδέ]
τοῦ δέ Bekker   d 8 ἐφικνούμεθα] διικνούμεθα T   e 4 ξηρὰ T
a 1 ταῦτ'] ταύτης T : τούτων vulg.   a 9 ᾗ om. W

ΣΩ. Καὶ ὅτι ἀμφοτέρω δύο, ἑκάτερον δὲ ἕν;

ΘΕΑΙ. Καὶ τοῦτο.

ΣΩ. Οὐκοῦν καὶ εἴτε ἀνομοίω εἴτε ὁμοίω ἀλλήλοιν, δυνατὸς εἶ ἐπισκέψασθαι; 5

ΘΕΑΙ. Ἴσως.

ΣΩ. Ταῦτα δὴ πάντα διὰ τίνος περὶ αὐτοῖν διανοῇ; οὔτε γὰρ δι᾿ ἀκοῆς οὔτε δι᾿ ὄψεως οἷόν τε τὸ κοινὸν λαμβάνειν περὶ αὐτῶν. ἔτι δὲ καὶ τόδε τεκμήριον περὶ οὗ λέγομεν· εἰ γὰρ δυνατὸν εἴη ἀμφοτέρω σκέψασθαι ἆρ᾿ ἐστὸν ἁλμυρὼ ἢ οὔ, 10 οἶσθ᾿ ὅτι ἕξεις εἰπεῖν ᾧ ἐπισκέψῃ, καὶ τοῦτο οὔτε ὄψις οὔτε c ἀκοὴ φαίνεται, ἀλλά τι ἄλλο.

ΘΕΑΙ. Τί δ᾿ οὐ μέλλει, ἥ γε διὰ τῆς γλώττης δύναμις;

ΣΩ. Καλῶς λέγεις. ἡ δὲ δὴ διὰ τίνος δύναμις τό τ᾿ ἐπὶ πᾶσι κοινὸν καὶ τὸ ἐπὶ τούτοις δηλοῖ σοι, ᾧ τὸ "ἔστιν" 5 ἐπονομάζεις καὶ τὸ "οὐκ ἔστι" καὶ ἃ νυνδὴ ἠρωτῶμεν περὶ αὐτῶν; τούτοις πᾶσι ποῖα ἀποδώσεις ὄργανα δι᾿ ὧν αἰσθάνεται ἡμῶν τὸ αἰσθανόμενον ἕκαστα;

ΘΕΑΙ. Οὐσίαν λέγεις καὶ τὸ μὴ εἶναι, καὶ ὁμοιότητα καὶ ἀνομοιότητα, καὶ τὸ ταὐτόν τε καὶ [τὸ] ἕτερον, ἔτι δὲ 10 ἕν τε καὶ τὸν ἄλλον ἀριθμὸν περὶ αὐτῶν. δῆλον δὲ ὅτι d καὶ ἄρτιόν τε καὶ περιττὸν ἐρωτᾷς, καὶ τἆλλα ὅσα τούτοις ἕπεται, διὰ τίνος ποτὲ τῶν τοῦ σώματος τῇ ψυχῇ αἰσθανόμεθα.

ΣΩ. Ὑπέρευ, ὦ Θεαίτητε, ἀκολουθεῖς, καὶ ἔστιν ἃ ἐρωτῶ 5 αὐτὰ ταῦτα.

ΘΕΑΙ. Ἀλλὰ μὰ Δία, ὦ Σώκρατες, ἔγωγε οὐκ ἂν ἔχοιμι εἰπεῖν, πλήν γ᾿ ὅτι μοι δοκεῖ τὴν ἀρχὴν οὐδ᾿ εἶναι τοιοῦτον οὐδὲν τούτοις ὄργανον ἴδιον ὥσπερ ἐκείνοις, ἀλλ᾿ αὐτὴ δι᾿ αὑτῆς ἡ ψυχὴ τὰ κοινά μοι φαίνεται περὶ πάντων e ἐπισκοπεῖν.

ΣΩ. Καλὸς γὰρ εἶ, ὦ Θεαίτητε, καὶ οὐχ, ὡς ἔλεγε

b 6 ἴσως πως W   b 10 ἀμφοτέρω revera B W : ἀμφοτέρως T
c 6 καὶ ἃ W : ἃ B T   ἠρωτῶμεν T W : πρώτῳ μὲν B   c 10 τὸ
om. W   d 9 ὄργανον ἴδιον] ὀργανίδιον B   e 1 ἁπάντων W

Θεόδωρος, αἰσχρός· ὁ γὰρ καλῶς λέγων καλός τε καὶ
5 ἀγαθός. πρὸς δὲ τῷ καλῷ εὖ ἐποίησάς με μάλα συχνοῦ λόγου
ἀπαλλάξας, εἰ φαίνεταί σοι τὰ μὲν αὐτὴ δι' αὐτῆς ἡ ψυχὴ
ἐπισκοπεῖν, τὰ δὲ διὰ τῶν τοῦ σώματος δυνάμεων. τοῦτο γὰρ
ἦν ὃ καὶ αὐτῷ μοι ἐδόκει, ἐβουλόμην δὲ καὶ σοὶ δόξαι.
186 ΘΕΑΙ. Ἀλλὰ μὴν φαίνεταί γε.
ΣΩ. Ποτέρων οὖν τίθης τὴν οὐσίαν; τοῦτο γὰρ μάλιστα
ἐπὶ πάντων παρέπεται.
ΘΕΑΙ. Ἐγὼ μὲν ὧν αὐτὴ ἡ ψυχὴ καθ' αὑτὴν ἐπορέγεται.
5 ΣΩ. Ἦ καὶ τὸ ὅμοιον καὶ τὸ ἀνόμοιον καὶ τὸ ταὐτὸν καὶ
ἕτερον;
ΘΕΑΙ. Ναί.
ΣΩ. Τί δέ; καλὸν καὶ αἰσχρὸν καὶ ἀγαθὸν καὶ κακόν;
ΘΕΑΙ. Καὶ τούτων μοι δοκεῖ ἐν τοῖς μάλιστα πρὸς
10 ἄλληλα σκοπεῖσθαι τὴν οὐσίαν, ἀναλογιζομένη ἐν ἑαυτῇ τὰ
b γεγονότα καὶ τὰ παρόντα πρὸς τὰ μέλλοντα.
ΣΩ. Ἔχε δή· ἄλλο τι τοῦ μὲν σκληροῦ τὴν σκληρότητα
διὰ τῆς ἐπαφῆς αἰσθήσεται, καὶ τοῦ μαλακοῦ τὴν μαλακότητα
ὡσαύτως;
5 ΘΕΑΙ. Ναί.
ΣΩ. Τὴν δέ γε οὐσίαν καὶ ὅτι ἐστὸν καὶ τὴν ἐναντιότητα
πρὸς ἀλλήλω καὶ τὴν οὐσίαν αὖ τῆς ἐναντιότητος αὐτὴ ἡ
ψυχὴ ἐπανιοῦσα καὶ συμβάλλουσα πρὸς ἄλληλα κρίνειν
πειρᾶται ἡμῖν.
10 ΘΕΑΙ. Πάνυ μὲν οὖν.
ΣΩ. Οὐκοῦν τὰ μὲν εὐθὺς γενομένοις πάρεστι φύσει
c αἰσθάνεσθαι ἀνθρώποις τε καὶ θηρίοις, ὅσα διὰ τοῦ σώματος
παθήματα ἐπὶ τὴν ψυχὴν τείνει· τὰ δὲ περὶ τούτων ἀνα-
λογίσματα πρός τε οὐσίαν καὶ ὠφέλειαν μόγις καὶ ἐν χρόνῳ
διὰ πολλῶν πραγμάτων καὶ παιδείας παραγίγνεται οἷς ἂν καὶ
5 παραγίγνηται;
ΘΕΑΙ. Παντάπασι μὲν οὖν.

e 7 ἐπισκοποῦσα W   a 5 καὶ τὸ ἕτερον W   b 9 πειρᾶσθαι T

ΣΩ. Οἷόν τε οὖν ἀληθείας τυχεῖν, ᾧ μηδὲ οὐσίας;

ΘΕΑΙ. Ἀδύνατον.

ΣΩ. Οὗ δὲ ἀληθείας τις ἀτυχήσει, ποτὲ τούτου ἐπιστήμων
ἔσται;   10

ΘΕΑΙ. Καὶ πῶς ἄν, ὦ Σώκρατες;   d

ΣΩ. Ἐν μὲν ἄρα τοῖς παθήμασιν οὐκ ἔνι ἐπιστήμη,
ἐν δὲ τῷ περὶ ἐκείνων συλλογισμῷ· οὐσίας γὰρ καὶ ἀλη-
θείας ἐνταῦθα μέν, ὡς ἔοικε, δυνατὸν ἅψασθαι, ἐκεῖ δὲ
ἀδύνατον.   5

ΘΕΑΙ. Φαίνεται.

ΣΩ. Ἦ οὖν ταὐτὸν ἐκεῖνό τε καὶ τοῦτο καλεῖς, τοσαύτας
διαφορὰς ἔχοντε;

ΘΕΑΙ. Οὔκουν δὴ δίκαιόν γε.

ΣΩ. Τί οὖν δὴ ἐκείνῳ ἀποδίδως ὄνομα, τῷ ὁρᾶν ἀκούειν 10
ὀσφραίνεσθαι ψύχεσθαι θερμαίνεσθαι;

ΘΕΑΙ. Αἰσθάνεσθαι ἔγωγε· τί γὰρ ἄλλο;   e

ΣΩ. Σύμπαν ἄρ' αὐτὸ καλεῖς αἴσθησιν;

ΘΕΑΙ. Ἀνάγκη.

ΣΩ. Ὧι γε, φαμέν, οὐ μέτεστιν ἀληθείας ἅψασθαι· οὐδὲ
γὰρ οὐσίας.   5

ΘΕΑΙ. Οὐ γὰρ οὖν.

ΣΩ. Οὐδ' ἄρ' ἐπιστήμης.

ΘΕΑΙ. Οὐ γάρ.

ΣΩ. Οὐκ ἄρ' ἂν εἴη ποτέ, ὦ Θεαίτητε, αἴσθησίς τε καὶ
ἐπιστήμη ταὐτόν.   10

ΘΕΑΙ. Οὐ φαίνεται, ὦ Σώκρατες. καὶ μάλιστά γε νῦν
καταφανέστατον γέγονεν ἄλλο ὂν αἰσθήσεως ἐπιστήμη.

ΣΩ. Ἀλλ' οὔ τι μὲν δὴ τούτου γε ἕνεκα ἠρχόμεθα δια- 187
λεγόμενοι, ἵνα εὕρωμεν τί ποτ' οὐκ ἔστ' ἐπιστήμη, ἀλλὰ τί
ἔστιν. ὅμως δὲ τοσοῦτόν γε προβεβήκαμεν, ὥστε μὴ ζητεῖν
αὐτὴν ἐν αἰσθήσει τὸ παράπαν ἀλλ' ἐν ἐκείνῳ τῷ ὀνόματι,

c 7 ᾧ] οὗ Heindorf   c 9 οὗ δὲ Τ: οὐδὲ Β sed rasura supra υ
d 6-7 φαίνεται ἢ οὔ; ταὐτόν, Β   d 7 τοῦτο] ταὐτὸ Τ: ταὐτὸν Β
d 9 δὴ] ἂν δὴ Τ

5 ὅτι ποτ᾽ ἔχει ἡ ψυχή, ὅταν αὐτὴ καθ᾽ αὑτὴν πραγματεύηται
περὶ τὰ ὄντα.

ΘΕΑΙ. Ἀλλὰ μὴν τοῦτό γε καλεῖται, ὦ Σώκρατες, ὡς
ἐγῷμαι, δοξάζειν.

ΣΩ. Ὀρθῶς γὰρ οἴει, ὦ φίλε. καὶ ὅρα δὴ νῦν πάλιν ἐξ
b ἀρχῆς, πάντα τὰ πρόσθεν ἐξαλείψας, εἴ τι μᾶλλον καθορᾷς,
ἐπειδὴ ἐνταῦθα προελήλυθας. καὶ λέγε αὖθις τί ποτ᾽ ἐστὶν
ἐπιστήμη.

ΘΕΑΙ. Δόξαν μὲν πᾶσαν εἰπεῖν, ὦ Σώκρατες, ἀδύνατον,
5 ἐπειδὴ καὶ ψευδής ἐστι δόξα· κινδυνεύει δὲ ἡ ἀληθὴς δόξα
ἐπιστήμη εἶναι, καί μοι τοῦτο ἀποκεκρίσθω. ἐὰν γὰρ μὴ
φανῇ προϊοῦσιν ὥσπερ τὸ νῦν, ἄλλο τι πειρασόμεθα λέγειν.

ΣΩ. Οὕτω μέντοι χρή, ὦ Θεαίτητε, λέγειν προθύμως
μᾶλλον, ἢ ὡς τὸ πρῶτον ὤκνεις ἀποκρίνεσθαι. ἐὰν γὰρ
c οὕτω δρῶμεν, δυοῖν θάτερα, ἢ εὑρήσομεν ἐφ᾽ ὃ ἐρχόμεθα, ἢ
ἧττον οἰησόμεθα εἰδέναι ὃ μηδαμῇ ἴσμεν· καίτοι οὐκ ἂν εἴη
μεμπτὸς μισθὸς ὁ τοιοῦτος. καὶ δὴ καὶ νῦν τί φῄς; δυοῖν
ὄντοιν ἰδέαιν δόξης, τοῦ μὲν ἀληθινοῦ, ψευδοῦς δὲ τοῦ ἑτέρου,
5 τὴν ἀληθῆ δόξαν ἐπιστήμην ὁρίζῃ;

ΘΕΑΙ. Ἔγωγε· τοῦτο γὰρ αὖ νῦν μοι φαίνεται.

ΣΩ. Ἆρ᾽ οὖν ἔτ᾽ ἄξιον περὶ δόξης ἀναλαβεῖν πάλιν—

ΘΕΑΙ. Τὸ ποῖον δὴ λέγεις;

d ΣΩ. Θράττει μέ πως νῦν τε καὶ ἄλλοτε δὴ πολλάκις,
ὥστ᾽ ἐν ἀπορίᾳ πολλῇ πρὸς ἐμαυτὸν καὶ πρὸς ἄλλον γεγο-
νέναι, οὐκ ἔχοντα εἰπεῖν τί ποτ᾽ ἐστὶ τοῦτο τὸ πάθος παρ᾽
ἡμῖν καὶ τίνα τρόπον ἐγγιγνόμενον.

5 ΘΕΑΙ. Τὸ ποῖον δή;

ΣΩ. Τὸ δοξάζειν τινὰ ψευδῆ. σκοπῶ δὴ καὶ νῦν ἔτι
διστάζων, πότερον ἐάσωμεν αὐτὸ ἢ ἐπισκεψώμεθα ἄλλον
τρόπον ἢ ὀλίγον πρότερον.

ΘΕΑΙ. Τί μήν, ὦ Σώκρατες, εἴπερ γε καὶ ὁπητιοῦν φαί-

b 5 ἡ om. W   c 4 ἰδέαιν B T W : εἰδέοιν vulg.   c 6 μοι
νῦν W   d 7 ἐάσομεν . . . ἐπισκεψόμεθα T   d 9 ὁπητιοῦν scripsi
(coll. Apol. 35 b) : ὁπηγοῦν B : ὅπῃ γοῦν W : ὅπῃουν T

νεται δεῖν; ἄρτι γὰρ οὐ κακῶς γε σὺ καὶ Θεόδωρος ἐλέγετε 10
σχολῆς πέρι, ὡς οὐδὲν ἐν τοῖς τοιοῖσδε κατεπείγει.

ΣΩ. Ὀρθῶς ὑπέμνησας· ἴσως γὰρ οὐκ ἀπὸ καιροῦ πάλιν e
ὥσπερ ἴχνος μετελθεῖν. κρεῖττον γάρ που σμικρὸν εὖ ἢ πολὺ
μὴ ἱκανῶς περᾶναι.

ΘΕΑΙ. Τί μήν;

ΣΩ. Πῶς οὖν; τί δὴ καὶ λέγομεν; ψευδῆ φαμεν ἑκάστοτε 5
εἶναι δόξαν, καί τινα ἡμῶν δοξάζειν ψευδῆ, τὸν δ' αὖ ἀληθῆ,
ὡς φύσει οὕτως ἐχόντων;

ΘΕΑΙ. Φαμὲν γὰρ δή.

ΣΩ. Οὐκοῦν τόδε γ' ἔσθ' ἡμῖν περὶ πάντα καὶ καθ' 188
ἕκαστον, ἤτοι εἰδέναι ἢ μὴ εἰδέναι; μανθάνειν γὰρ καὶ
ἐπιλανθάνεσθαι μεταξὺ τούτων ὡς ὄντα χαίρειν λέγω ἐν τῷ
παρόντι· νῦν γὰρ ἡμῖν πρὸς λόγον ἐστὶν οὐδέν.

ΘΕΑΙ. Ἀλλὰ μήν, ὦ Σώκρατες, ἄλλο γ' οὐδὲν λείπεται 5
περὶ ἕκαστον πλὴν εἰδέναι ἢ μὴ εἰδέναι.

ΣΩ. Οὐκοῦν ἤδη ἀνάγκη τὸν δοξάζοντα δοξάζειν ἢ ὧν τι
οἶδεν ἢ μὴ οἶδεν;

ΘΕΑΙ. Ἀνάγκη.

ΣΩ. Καὶ μὴν εἰδότα γε μὴ εἰδέναι τὸ αὐτὸ ἢ μὴ εἰδότα 10
εἰδέναι ἀδύνατον.   b

ΘΕΑΙ. Πῶς δ' οὔ;

ΣΩ. Ἆρ' οὖν ὁ τὰ ψευδῆ δοξάζων, ἃ οἶδε, ταῦτα οἴεται
οὐ ταῦτα εἶναι ἀλλὰ ἕτερα ἄττα ὧν οἶδε, καὶ ἀμφότερα εἰδὼς
ἀγνοεῖ αὖ ἀμφότερα;   5

ΘΕΑΙ. Ἀλλ' ἀδύνατον, ὦ Σώκρατες.

ΣΩ. Ἀλλ' ἆρα, ἃ μὴ οἶδεν, ἡγεῖται αὐτὰ εἶναι ἕτερα
ἄττα ὧν μὴ οἶδε, καὶ τοῦτ' ἔστι τῷ μήτε Θεαίτητον μήτε
Σωκράτη εἰδότι εἰς τὴν διάνοιαν λαβεῖν ὡς ὁ Σωκράτης
Θεαίτητος ἢ [ὁ] Θεαίτητος Σωκράτης;   10

ΘΕΑΙ. Καὶ πῶς ἄν;   c

e 5 τί] ἔτι W   a 1 τοῦτό γ' ἐστὶν W   a 3 λέγω] λέγομεν W
b 4 εἶναι] εἰδέναι W   b 5 αὖ W : om. BT   b 9 εἰδότα W
b 10 ὁ om. T

ΣΩ. Ἀλλ' οὐ μήν, ἅ γέ τις οἶδεν, οἴεταί που ἃ μὴ οἶδεν αὐτὰ εἶναι, οὐδ' αὖ ἃ μὴ οἶδεν, ἃ οἶδεν.

ΘΕΑΙ. Τέρας γὰρ ἔσται.

5   ΣΩ. Πῶς οὖν ἂν ἔτι ψευδῆ δοξάσειεν; ἐκτὸς γὰρ τούτων ἀδύνατόν που δοξάζειν, ἐπείπερ πάντ' ἢ ἴσμεν ἢ οὐκ ἴσμεν, ἐν δὲ τούτοις οὐδαμοῦ φαίνεται δυνατὸν ψευδῆ δοξάσαι.

ΘΕΑΙ. Ἀληθέστατα.

ΣΩ. Ἆρ' οὖν οὐ ταύτῃ σκεπτέον ὃ ζητοῦμεν, κατὰ τὸ
d εἰδέναι καὶ μὴ εἰδέναι ἰόντας, ἀλλὰ κατὰ τὸ εἶναι καὶ μή;

ΘΕΑΙ. Πῶς λέγεις;

ΣΩ. Μὴ ἁπλοῦν ᾖ ὅτι ὁ τὰ μὴ ὄντα περὶ ὁτουοῦν δοξάζων οὐκ ἔσθ' ὡς οὐ ψευδῆ δοξάσει, κἂν ὁπωσοῦν ἄλλως τὰ τῆς
5 διανοίας ἔχῃ.

ΘΕΑΙ. Εἰκός γ' αὖ, ὦ Σώκρατες.

ΣΩ. Πῶς οὖν; τί ἐροῦμεν, ὦ Θεαίτητε, ἐάν τις ἡμᾶς ἀνακρίνῃ· " Δυνατὸν δὲ ὁτῳοῦν ὃ λέγεται, καί τις ἀνθρώπων τὸ μὴ ὂν δοξάσει, εἴτε περὶ τῶν ὄντων του εἴτε αὐτὸ καθ'
10 αὑτό;" καὶ ἡμεῖς δή, ὡς ἔοικεν, πρὸς ταῦτα φήσομεν· "Ὅταν
e γε μὴ ἀληθῆ οἴηται οἰόμενος·" ἢ πῶς ἐροῦμεν;

ΘΕΑΙ. Οὕτως.

ΣΩ. Ἦ οὖν καὶ ἄλλοθί που τὸ τοιοῦτόν ἐστιν;

ΘΕΑΙ. Τὸ ποῖον;

5   ΣΩ. Εἴ τις ὁρᾷ μέν τι, ὁρᾷ δὲ οὐδέν.

ΘΕΑΙ. Καὶ πῶς;

ΣΩ. Ἀλλὰ μὴν εἰ ἕν γέ τι ὁρᾷ, τῶν ὄντων τι ὁρᾷ. ἢ σὺ οἴει ποτὲ τὸ ἓν ἐν τοῖς μὴ οὖσιν εἶναι;

ΘΕΑΙ. Οὐκ ἔγωγε.

10   ΣΩ. Ὁ ἄρα ἕν γέ τι ὁρῶν ὄν τι ὁρᾷ.

ΘΕΑΙ. Φαίνεται.

c 3 ἃ οἶδεν om. B W   c 5 ἂν] ἄν τις B   c 6 πάντ' ἢ] πάντῃ B : πάντα Τ : πάντα ἢ W   c 9 ὃ ζητοῦμεν] ἐζητοῦμεν B   d 1 εἶναι] εἰδέναι B Τ   d 6 γ'] γὰρ W   d 8 δὲ] δὴ Heindorf   λέγετε Buttmann   d 10 δή] δέ W   e 1 ἀληθῆ μὴ Τ   e 5 εἴ τις] ἢ τις Heindorf   e 8 τὸ ἓν] ἓν Τ : τὸ ὂν W   e 10 ὄν] ἕν B

ΣΩ. Καὶ ὁ ἄρα τι ἀκούων ἕν γέ τι ἀκούει καὶ ὂν [ἀκούει]. 189
ΘΕΑΙ. Ναί.

ΣΩ. Καὶ ὁ ἁπτόμενος δή του ἑνός γέ του ἅπτεται καὶ
ὄντος, εἴπερ ἑνός;
ΘΕΑΙ. Καὶ τοῦτο. 5

ΣΩ. Ὁ δὲ δὴ δοξάζων οὐχ ἕν γέ τι δοξάζει;
ΘΕΑΙ. Ἀνάγκη.

ΣΩ. Ὁ δ᾽ ἕν τι δοξάζων οὐκ ὄν τι;
ΘΕΑΙ. Συγχωρῶ.

ΣΩ. Ὁ ἄρα μὴ ὂν δοξάζων οὐδὲν δοξάζει. 10
ΘΕΑΙ. Οὐ φαίνεται.

ΣΩ. Ἀλλὰ μὴν ὅ γε μηδὲν δοξάζων τὸ παράπαν οὐδὲ
δοξάζει.
ΘΕΑΙ. Δῆλον, ὡς ἔοικεν.

ΣΩ. Οὐκ ἄρα οἷόν τε τὸ μὴ ὂν δοξάζειν, οὔτε περὶ τῶν b
ὄντων οὔτε αὐτὸ καθ᾽ αὑτό.
ΘΕΑΙ. Οὐ φαίνεται.

ΣΩ. Ἄλλο τι ἄρ᾽ ἐστὶ τὸ ψευδῆ δοξάζειν τοῦ τὰ μὴ ὄντα
δοξάζειν.
ΘΕΑΙ. Ἄλλο ἔοικεν. 5

ΣΩ. Οὔτ᾽ ἄρ᾽ οὕτως οὔτε ὡς ὀλίγον πρότερον ἐσκοποῦμεν,
ψευδής ἐστι δόξα ἐν ἡμῖν.
ΘΕΑΙ. Οὐ γὰρ οὖν δή.

ΣΩ. Ἀλλ᾽ ἆρα ὧδε γιγνόμενον τοῦτο προσαγορεύομεν; 10
ΘΕΑΙ. Πῶς;

ΣΩ. Ἀλλοδοξίαν τινὰ οὖσαν ψευδῆ φαμεν εἶναι δόξαν,
ὅταν τίς ⟨τι⟩ τῶν ὄντων ἄλλο αὖ τῶν ὄντων ἀνταλλαξάμενος c
τῇ διανοίᾳ φῇ εἶναι. οὕτω γὰρ ὂν μὲν ἀεὶ δοξάζει, ἕτερον
δὲ ἀνθ᾽ ἑτέρου, καὶ ἁμαρτάνων οὗ ἐσκόπει δικαίως ἂν καλοῖτο
ψευδῆ δοξάζων.

a 1 ὂν] ὄν τι W   ἀκούει seclusi   a 3 ὅ] ὅ τι W   του] που Β
a 4 ὄντος ἅπτεται vulg.   a 6 γέ W : om. Β Τ   b 3 οὐ Β Τ : om. W
b 7 οὔτ᾽ ἄρ᾽ Heusde : οὐ γὰρ Β Τ   b 9 οὖν] οὐ Β   b 10 post
ὧδε add. αὐτὸ W   c 1 τι om. Β Τ

5 ΘΕΑΙ. Ὀρθότατά μοι νῦν δοκεῖς εἰρηκέναι. ὅταν γάρ
τις ἀντὶ καλοῦ αἰσχρὸν ἢ ἀντὶ αἰσχροῦ καλὸν δοξάζῃ, τότε
ὡς ἀληθῶς δοξάζει ψευδῆ.

ΣΩ. Δῆλος εἶ, ὦ Θεαίτητε, καταφρονῶν μου καὶ οὐ
δεδιώς.

10 ΘΕΑΙ. Τί μάλιστα;

ΣΩ. Οὐκ ἂν οἶμαι σοὶ δοκῶ τοῦ ἀληθῶς ψευδοῦς ἀντι-
d λαβέσθαι, ἐρόμενος εἰ οἷόν τε ταχὺ βραδέως ἢ κοῦφον
βαρέως ἢ ἄλλο τι ἐναντίον μὴ κατὰ τὴν αὐτοῦ φύσιν ἀλλὰ
κατὰ τὴν τοῦ ἐναντίου γίγνεσθαι ἑαυτῷ ἐναντίως. τοῦτο
μὲν οὖν, ἵνα μὴ μάτην θαρρήσῃς, ἀφίημι. ἀρέσκει δέ, ὡς
5 φῄς, τὸ τὰ ψευδῆ δοξάζειν ἀλλοδοξεῖν εἶναι;

ΘΕΑΙ. Ἔμοιγε.

ΣΩ. Ἔστιν ἄρα κατὰ τὴν σὴν δόξαν ἕτερόν τι ὡς ἕτερον
καὶ μὴ ὡς ἐκεῖνο τῇ διανοίᾳ τίθεσθαι.

ΘΕΑΙ. Ἔστι μέντοι.

e ΣΩ. Ὅταν οὖν τοῦθ' ἡ διάνοιά του δρᾷ, οὐ καὶ ἀνάγκη
αὐτὴν ἤτοι ἀμφότερα ἢ τὸ ἕτερον διανοεῖσθαι;

ΘΕΑΙ. Ἀνάγκη μὲν οὖν· ἤτοι ἅμα γε ἢ ἐν μέρει.

ΣΩ. Κάλλιστα. τὸ δὲ διανοεῖσθαι ἆρ' ὅπερ ἐγὼ καλεῖς;

5 ΘΕΑΙ. Τί καλῶν;

ΣΩ. Λόγον ὃν αὐτὴ πρὸς αὑτὴν ἡ ψυχὴ διεξέρχεται περὶ
ὧν ἂν σκοπῇ. ὥς γε μὴ εἰδώς σοι ἀποφαίνομαι. τοῦτο γάρ
μοι ἰνδάλλεται διανοουμένη οὐκ ἄλλο τι ἢ διαλέγεσθαι, αὐτὴ
190 ἑαυτὴν ἐρωτῶσα καὶ ἀποκρινομένη, καὶ φάσκουσα καὶ οὐ
φάσκουσα. ὅταν δὲ ὁρίσασα, εἴτε βραδύτερον εἴτε καὶ
ὀξύτερον ἐπᾴξασα, τὸ αὐτὸ ἤδη φῇ καὶ μὴ διστάζῃ, δόξαν
ταύτην τίθεμεν αὐτῆς. ὥστ' ἔγωγε τὸ δοξάζειν λέγειν καλῶ
5 καὶ τὴν δόξαν λόγον εἰρημένον, οὐ μέντοι πρὸς ἄλλον οὐδὲ
φωνῇ, ἀλλὰ σιγῇ πρὸς αὑτόν· σὺ δὲ τί;

ΘΕΑΙ. Κἀγώ.

d 7 post ἕτερον alterum add. τι Τ   e 3 ἅμα] ἀλλὰ Τ   a 4 τιθέ-
μεθα Badham

ΣΩ. Ὅταν ἄρα τις τὸ ἕτερον ἕτερον δοξάζῃ, καὶ φησίν, ὡς ἔοικε, τὸ ἕτερον ἕτερον εἶναι πρὸς ἑαυτόν.

ΘΕΑΙ. Τί μήν; b

ΣΩ. Ἀναμιμνήσκου δὴ εἰ πώποτ᾽ εἶπες πρὸς σεαυτὸν ὅτι παντὸς μᾶλλον τό τοι καλὸν αἰσχρόν ἐστιν ἢ τὸ ἄδικον δίκαιον. ἢ καί, τὸ πάντων κεφάλαιον, σκόπει εἴ ποτ᾽ ἐπεχείρησας σεαυτὸν πείθειν ὡς παντὸς μᾶλλον τὸ ἕτερον ἕτερόν 5 ἐστιν, ἢ πᾶν τοὐναντίον οὐδ᾽ ἐν ὕπνῳ πώποτε ἐτόλμησας εἰπεῖν πρὸς σεαυτὸν ὡς παντάπασιν ἄρα τὰ περιττὰ ἄρτιά ἐστιν ἤ τι ἄλλο τοιοῦτον.

ΘΕΑΙ. Ἀληθῆ λέγεις.

ΣΩ. Ἄλλον δέ τινα οἴει ὑγιαίνοντα ἢ μαινόμενον τολμῆσαι c σπουδῇ πρὸς ἑαυτὸν εἰπεῖν ἀναπείθοντα αὐτὸν ὡς ἀνάγκη τὸν βοῦν ἵππον εἶναι ἢ τὰ δύο ἕν;

ΘΕΑΙ. Μὰ Δί᾽ οὐκ ἔγωγε.

ΣΩ. Οὐκοῦν εἰ τὸ λέγειν πρὸς ἑαυτὸν δοξάζειν ἐστίν, 5 οὐδεὶς ἀμφότερά γε λέγων καὶ δοξάζων [καὶ] ἐφαπτόμενος ἀμφοῖν τῇ ψυχῇ εἴποι ἂν καὶ δοξάσειεν ὡς τὸ ἕτερον ἕτερόν ἐστιν. ἐατέον δὲ καὶ σοὶ τὸ ῥῆμα [περὶ τοῦ ἑτέρου]· λέγω γὰρ αὐτὸ τῇδε, μηδένα δοξάζειν ὡς τὸ αἰσχρὸν καλὸν ἢ ἄλλο d τι τῶν τοιούτων.

ΘΕΑΙ. Ἀλλ᾽, ὦ Σώκρατες, ἐῶ τε καί μοι δοκεῖ ὡς λέγεις.

ΣΩ. Ἄμφω μὲν ἄρα δοξάζοντα ἀδύνατον τό γε ἕτερον ἕτερον δοξάζειν. 5

ΘΕΑΙ. Ἔοικεν.

ΣΩ. Ἀλλὰ μὴν τὸ ἕτερόν γε μόνον δοξάζων, τὸ δὲ ἕτερον μηδαμῇ, οὐδέποτε δοξάσει τὸ ἕτερον ἕτερον εἶναι.

ΘΕΑΙ. Ἀληθῆ λέγεις· ἀναγκάζοιτο γὰρ ἂν ἐφάπτεσθαι καὶ οὗ μὴ δοξάζει. 10

b 2 ἑαυτὸν W et mox   b 4 εἴποτ᾽ T : εἴτ᾽ B   c 6 καὶ post δοξάζων om. T   c 8 δὲ καὶ] δ᾽ ἔσται Campbell   post ῥῆμα add. B ἐπὶ τῶν ἐν μέρει, ἐπειδὴ τὸ ῥῆμα ἕτερον τῷ ἑτέρῳ κατὰ ῥῆμα ταὐτόν ἐστιν: haec tuentur Badham Schanz al. omisso ῥῆμα priore et mox περὶ τοῦ ἑτέρου : ἐν τῷ μέρει Archer Hind   d 4 τό γε Heindorf: τότε B : τό * * T

ΣΩ. Οὔτ' ἄρ' ἀμφότερα οὔτε τὸ ἕτερον δοξάζοντι ἐγχωρεῖ
e ἀλλοδοξεῖν. ὥστ' εἴ τις ὁριεῖται δόξαν εἶναι ψευδῆ τὸ
ἑτεροδοξεῖν, οὐδὲν ἂν λέγοι· οὔτε γὰρ ταύτῃ οὔτε κατὰ τὰ
πρότερα φαίνεται ψευδὴς ἐν ἡμῖν οὖσα δόξα.
ΘΕΑΙ. Οὐκ ἔοικεν.
5 ΣΩ. Ἀλλὰ μέντοι, ὦ Θεαίτητε, εἰ τοῦτο μὴ φανήσεται
ὄν, πολλὰ ἀναγκασθησόμεθα ὁμολογεῖν καὶ ἄτοπα.
ΘΕΑΙ. Τὰ ποῖα δή;
ΣΩ. Οὐκ ἐρῶ σοι πρὶν ἂν πανταχῇ πειραθῶ σκοπῶν.
αἰσχυνοίμην γὰρ ἂν ὑπὲρ ἡμῶν, ἐν ᾧ ἀπορούμεν, ἀναγκαζο-
191 μένων ὁμολογεῖν οἷα λέγω. ἀλλ' ἐὰν εὔρωμεν καὶ ἐλεύθεροι
γενώμεθα, τότ' ἤδη περὶ τῶν ἄλλων ἐροῦμεν ὡς πασχόντων
αὐτὰ ἐκτὸς τοῦ γελοίου ἑστῶτες· ἐὰν δὲ πάντῃ ἀπορήσωμεν,
ταπεινωθέντες οἶμαι τῷ λόγῳ παρέξομεν ὡς ναυτιῶντες
5 πατεῖν τε καὶ χρῆσθαι ὅτι ἂν βούληται. ᾗ οὖν ἔτι πόρον
τινὰ εὑρίσκω τοῦ ζητήματος ἡμῖν, ἄκουε.
ΘΕΑΙ. Λέγε μόνον.
ΣΩ. Οὐ φήσω ἡμᾶς ὀρθῶς ὁμολογῆσαι, ἡνίκα ὡμολογή-
σαμεν ἅ τις οἶδεν, ἀδύνατον δοξάσαι ἃ μὴ οἶδεν εἶναι αὐτὰ
b καὶ ψευσθῆναι· ἀλλά πῃ δυνατόν.
ΘΕΑΙ. Ἆρα λέγεις ὃ καὶ ἐγὼ τότε ὑπώπτευσα, ἡνίκ'
αὐτὸ ἔφαμεν τοιοῦτον εἶναι, ὅτι ἐνίοτ' ἐγὼ γιγνώσκων
Σωκράτη, πόρρωθεν δὲ ὁρῶν ἄλλον ὃν οὐ γιγνώσκω, ᾠήθην
5 εἶναι Σωκράτη ὃν οἶδα; γίγνεται γὰρ δὴ ἐν τῷ τοιούτῳ
οἷον λέγεις.
ΣΩ. Οὐκοῦν ἀπέστημεν αὐτοῦ, ὅτι ἃ ἴσμεν ἐποίει ἡμᾶς
εἰδότας μὴ εἰδέναι;
ΘΕΑΙ. Πάνυ μὲν οὖν.
10 ΣΩ. Μὴ γὰρ οὕτω τιθῶμεν, ἀλλ' ὧδε· ἴσως πῃ ἡμῖν
c συγχωρήσεται, ἴσως δὲ ἀντιτενεῖ. ἀλλὰ γὰρ ἐν τοιούτῳ
ἐχόμεθα, ἐν ᾧ ἀνάγκη πάντα μεταστρέφοντα λόγον βασανί-

---

d 11 τὸ] τῷ W   a 3 αὐτὰ] αὐτῶν W : αὐτοὶ Ast : αὐτό, αὐτοὶ Hein-
dorf   b 10 καὶ ante ἴσως add. T   c 1 ἐν τῷ τοιούτῳ T   c 2 ἐν
ᾧ] νῷ B   μεστὰ τρέφοντα T

ζειν. σκόπει οὖν εἰ τὶ λέγω. ἆρα ἔστιν μὴ εἰδότα τι
πρότερον ὕστερον μαθεῖν;

ΘΕΑΙ. Ἔστι μέντοι. 5

ΣΩ. Οὐκοῦν καὶ αὖθις ἕτερον καὶ ἕτερον;

ΘΕΑΙ. Τί δ' οὔ;

ΣΩ. Θὲς δή μοι λόγου ἕνεκα ἐν ταῖς ψυχαῖς ἡμῶν ἐνὸν
κήρινον ἐκμαγεῖον, τῷ μὲν μεῖζον, τῷ δ' ἔλαττον, καὶ τῷ
μὲν καθαρωτέρου κηροῦ, τῷ δὲ κοπρωδεστέρου, καὶ σκλη- 10
ροτέρου, ἐνίοις δὲ ὑγροτέρου, ἔστι δ' οἷς μετρίως ἔχοντος. d

ΘΕΑΙ. Τίθημι.

ΣΩ. Δῶρον τοίνυν αὐτὸ φῶμεν εἶναι τῆς τῶν Μουσῶν
μητρὸς Μνημοσύνης, καὶ εἰς τοῦτο ὅτι ἂν βουληθῶμεν μνη-
μονεῦσαι ὧν ἂν ἴδωμεν ἢ ἀκούσωμεν ἢ αὐτοὶ ἐννοήσωμεν, 5
ὑπέχοντας αὐτὸ ταῖς αἰσθήσεσι καὶ ἐννοίαις, ἀποτυποῦσθαι,
ὥσπερ δακτυλίων σημεῖα ἐνσημαινομένους· καὶ ὃ μὲν ἂν
ἐκμαγῇ, μνημονεύειν τε καὶ ἐπίστασθαι ἕως ἂν ἐνῇ τὸ
εἴδωλον αὐτοῦ· ὃ δ' ἂν ἐξαλειφθῇ ἢ μὴ οἷόν τε γένηται
ἐκμαγῆναι, ἐπιλελῆσθαί τε καὶ μὴ ἐπίστασθαι. e

ΘΕΑΙ. Ἔστω οὕτως.

ΣΩ. Ὁ τοίνυν ἐπιστάμενος μὲν αὐτά, σκοπῶν δέ τι ὧν
ὁρᾷ ἢ ἀκούει, ἄθρει εἰ ἄρα τοιῷδε τρόπῳ ψευδῆ ἂν δοξάσαι.

ΘΕΑΙ. Ποίῳ δή τινι; 5

ΣΩ. Ἃ οἶδεν, οἰηθεὶς εἶναι τοτὲ μὲν ἃ οἶδε, τοτὲ δὲ
ἃ μή. ταῦτα γὰρ ἐν τοῖς πρόσθεν οὐ καλῶς ὡμολογήσαμεν
ὁμολογοῦντες ἀδύνατα.

ΘΕΑΙ. Νῦν δὲ πῶς λέγεις;

ΣΩ. Δεῖ ὧδε λέγεσθαι περὶ αὐτῶν ἐξ ἀρχῆς διοριζο- 192
μένους ὅτι ὃ μέν τις οἶδεν, σχὼν αὐτοῦ μνημεῖον ἐν τῇ
ψυχῇ, αἰσθάνεται δὲ αὐτὸ μή, οἰηθῆναι ἕτερόν τι ὧν οἶδεν,
ἔχοντα καὶ ἐκείνου τύπον, αἰσθανόμενον δὲ μή, ἀδύνατον.

c 10 καὶ σκληροτέρου om. W   d 5 ἂν om. T   εἰδῶμεν B   ἀκούω-
μεν BT   d 6 ὑπέχοντε W : ὑπέχοντες vulg.   d 9 ὃ δ' ἂν B² W :
ὅταν B : ὅτἂν δὲ T   a 2 σχὼν BT : ἔχων W   a 3 ante οἰηθῆναι
add. τοῦτο B   τι] τι εἶναι W   a 4 αἰσθανόμενος W

5 καὶ ὅ γε οἶδεν αὖ, οἰηθῆναι εἶναι ὃ μὴ οἶδε μηδ' ἔχει αὐτοῦ
σφραγῖδα· καὶ ὃ μὴ οἶδεν, ὃ μὴ οἶδεν αὖ· καὶ ὃ μὴ οἶδεν,
ὃ οἶδε· καὶ ὃ αἰσθάνεταί γε, ἕτερόν τι ὧν αἰσθάνεται
οἰηθῆναι εἶναι· καὶ ὃ αἰσθάνεται, ὧν τι μὴ αἰσθάνεται· καὶ
b ὃ μὴ αἰσθάνεται, ὧν μὴ αἰσθάνεται· καὶ ὃ μὴ αἰσθάνεται,
ὧν αἰσθάνεται. καὶ ἔτι γε αὖ καὶ ὃ οἶδε καὶ αἰσθάνεται καὶ
ἔχει τὸ σημεῖον κατὰ τὴν αἴσθησιν, οἰηθῆναι αὖ ἕτερόν τι
ὧν οἶδε καὶ αἰσθάνεται καὶ ἔχει αὖ καὶ ἐκείνου τὸ σημεῖον
5 κατὰ τὴν αἴσθησιν, ἀδυνατώτερον ἔτι ἐκείνων, εἰ οἷόν τε.
καὶ ὃ οἶδε καὶ [ὃ] αἰσθάνεται ἔχων τὸ μνημεῖον ὀρθῶς, ὃ
οἶδεν οἰηθῆναι ἀδύνατον· καὶ ὃ οἶδε καὶ αἰσθάνεται ἔχων
c κατὰ ταὐτά, ὃ αἰσθάνεται· καὶ ὃ αὖ μὴ οἶδε μηδὲ αἰσθάνεται,
ὃ μὴ οἶδε μηδὲ αἰσθάνεται· καὶ ὃ μὴ οἶδε μηδὲ αἰσθά-
νεται, ὃ μὴ οἶδε· καὶ ὃ μὴ οἶδε μηδὲ αἰσθάνεται, ὃ μὴ
αἰσθάνεται· πάντα ταῦτα ὑπερβάλλει ἀδυναμίᾳ τοῦ ἐν
5 αὐτοῖς ψευδῆ τινα δοξάσαι. λείπεται δὴ ἐν τοῖς τοιοῖσδε,
εἴπερ που ἄλλοθι, τὸ τοιοῦτον γενέσθαι.

ΘΕΑΙ. Ἐν τίσι δή; ἐὰν ἄρα ἐξ αὐτῶν τι μᾶλλον μάθω·
νῦν μὲν γὰρ οὐχ ἕπομαι.

ΣΩ. Ἐν οἷς οἶδεν, οἰηθῆναι αὐτὰ ἕτερ' ἄττα εἶναι ὧν
10 οἶδε καὶ αἰσθάνεται· ἢ ὧν μὴ οἶδεν, αἰσθάνεται δέ· ἢ ὧν
d οἶδε καὶ αἰσθάνεται, ὧν οἶδεν αὖ καὶ αἰσθάνεται.

ΘΕΑΙ. Νῦν πολὺ πλέον ἀπελείφθην ἢ τότε.

ΣΩ. Ὧδε δὴ ἀνάπαλιν ἄκουε. ἐγὼ εἰδὼς Θεόδωρον καὶ
ἐν ἐμαυτῷ μεμνημένος οἷός ἐστι, καὶ Θεαίτητον κατὰ ταὐτά,
5 ἄλλο τι ἐνίοτε μὲν ὁρῶ αὐτούς, ἐνίοτε δὲ οὔ, καὶ ἅπτομαί ποτ'
αὐτῶν, τοτὲ δ' οὔ, καὶ ἀκούω ἤ τινα ἄλλην αἴσθησιν αἰσθάνο-
μαι, τοτὲ δ' αἴσθησιν μὲν οὐδεμίαν ἔχω περὶ ὑμῶν, μέμνημαι
δὲ ὑμᾶς οὐδὲν ἧττον καὶ ἐπίσταμαι αὐτὸς ἐν ἐμαυτῷ;

b 1 ὧν αἰσθάνεται Β   καὶ ... b 2 ὧν αἰσθάνεται om. Β   b 2 καὶ
ὃ W: ὧν Β Τ   b 3 ante ἔχει add. ὧ Β: ὧν Τ (sed utrumque
punctis notatum)   αὖ] αὐτὸ W   b 6 ὃ secl. Bonitz   τὸ
μνημεῖον ... b 7 ἔχων om. Β Τ : add. Β² Τ in marg.   c 3 ὃ μὴ οἶδε·
καὶ ... μὴ αἰσθάνεται om. Β   c 10 ὧν] & Ast   d 5 ποτ'
secl, Schanz   d 8 ἐν W : om. pr. Β Τ

ΘΕΑΙ. Πάνυ μὲν οὖν.   e

ΣΩ. Τοῦτο τοίνυν πρῶτον μάθε ὧν βούλομαι δηλῶσαι,
ὅτι ἔστι μὲν ἃ οἶδε μὴ αἰσθάνεσθαι, ἔστιν δὲ αἰσθάνεσθαι.

ΘΕΑΙ. Ἀληθῆ.

ΣΩ. Οὐκοῦν καὶ ἃ μὴ οἶδε, πολλάκις μὲν ἔστι μηδὲ   5
αἰσθάνεσθαι, πολλάκις δὲ αἰσθάνεσθαι μόνον;

ΘΕΑΙ. Ἔστι καὶ τοῦτο.

ΣΩ. Ἰδὲ δὴ ἐάν τι μᾶλλον νῦν ἐπίσπῃ. Σωκράτης
εἰ γιγνώσκει Θεόδωρον καὶ Θεαίτητον, ὁρᾷ δὲ μηδέτερον,   193
μηδὲ ἄλλη αἴσθησις αὐτῷ πάρεστι περὶ αὐτῶν, οὐκ ἄν ποτε
ἐν ἑαυτῷ δοξάσειεν ὡς ὁ Θεαίτητός ἐστι Θεόδωρος. λέγω
τὶ ἢ οὐδέν;

ΘΕΑΙ. Ναί, ἀληθῆ γε.   5

ΣΩ. Τοῦτο μὲν τοίνυν ἐκείνων πρῶτον ἦν ὧν ἔλεγον.

ΘΕΑΙ. Ἦν γάρ.

ΣΩ. Δεύτερον τοίνυν, ὅτι τὸν μὲν γιγνώσκων ὑμῶν, τὸν
δὲ μὴ γιγνώσκων, αἰσθανόμενος δὲ μηδέτερον, οὐκ ἄν ποτε
αὖ οἰηθείην ὃν οἶδα εἶναι ὃν μὴ οἶδα.   10

ΘΕΑΙ. Ὀρθῶς.

ΣΩ. Τρίτον δέ, μηδέτερον γιγνώσκων μηδὲ αἰσθανό-   b
μενος οὐκ ἂν οἰηθείην ὃν μὴ οἶδα ἕτερόν τιν' εἶναι ὧν μὴ
οἶδα. καὶ τἆλλα τὰ πρότερα πάνθ' ἑξῆς νόμιζε πάλιν
ἀκηκοέναι, ἐν οἷς οὐδέποτ' ἐγὼ περὶ σοῦ καὶ Θεοδώρου τὰ
ψευδῆ δοξάσω, οὔτε γιγνώσκων οὔτε ἀγνοῶν ἄμφω, οὔτε   5
τὸν μέν, τὸν δ' οὐ γιγνώσκων· καὶ περὶ αἰσθήσεων κατὰ
ταὐτά, εἰ ἄρα ἔπῃ.

ΘΕΑΙ. Ἕπομαι.

ΣΩ. Λείπεται τοίνυν τὰ ψευδῆ δοξάσαι ἐν τῷδε, ὅταν
γιγνώσκων σὲ καὶ Θεόδωρον, καὶ ἔχων ἐν ἐκείνῳ τῷ κηρίνῳ   10
ὥσπερ δακτυλίων σφῷν ἀμφοῖν τὰ σημεῖα, διὰ μακροῦ καὶ   c

e 3 ὅτι W : ὡς pr. BT   ἔστιν δὲ ... e 5 μηδὲ αἰσθάνεσθαι om. B
a 1 εἰ γινώσκει W : ἐπιγιγνώσκει BT : ἐπεὶ γιγνώσκει Ast   b 6 καὶ
om. W   b 9 τὰ] τὸ Wagner   b 10 κηρίῳ W   c 1 ἀμφοῖν]
αὐτοῖν B

μὴ ἱκανῶς ὁρῶν ἄμφω προθυμηθῶ, τὸ οἰκεῖον ἑκατέρου ση-
μεῖον ἀποδοὺς τῇ οἰκείᾳ ὄψει, ἐμβιβάσας προσαρμόσαι εἰς τὸ
ἑαυτῆς ἴχνος, ἵνα γένηται ἀναγνώρισις, εἶτα τούτων ἀπο-
5 τυχὼν καὶ ὥσπερ οἱ ἔμπαλιν ὑποδούμενοι παραλλάξας
προσβάλω τὴν ἑκατέρου ὄψιν πρὸς τὸ ἀλλότριον σημεῖον,
ἢ καὶ οἷα τὰ ἐν τοῖς κατόπτροις τῆς ὄψεως πάθη, δεξιὰ εἰς
d ἀριστερὰ μεταρρεούσης, ταὐτὸν παθὼν διαμάρτω· τότε δὴ
συμβαίνει ἡ ἑτεροδοξία καὶ τὸ ψευδῆ δοξάζειν.
ΘΕΑΙ. Ἔοικε γάρ, ὦ Σώκρατες. θαυμασίως ὡς λέγεις
τὸ τῆς δόξης πάθος.
5 ΣΩ. Ἔτι τοίνυν καὶ ὅταν ἀμφοτέρους γιγνώσκων τὸν
μὲν πρὸς τῷ γιγνώσκειν αἰσθάνωμαι, τὸν δὲ μή, τὴν δὲ
γνῶσιν τοῦ ἑτέρου μὴ κατὰ τὴν αἴσθησιν ἔχω, ὃ ἐν τοῖς
πρόσθεν οὕτως ἔλεγον καί μου τότε οὐκ ἐμάνθανες.
ΘΕΑΙ. Οὐ γὰρ οὖν.
10 ΣΩ. Τοῦτο μὴν ἔλεγον, ὅτι γιγνώσκων τὸν ἕτερον καὶ
e αἰσθανόμενος, καὶ τὴν γνῶσιν κατὰ τὴν αἴσθησιν αὐτοῦ ἔχων,
οὐδέποτε οἰήσεται εἶναι αὐτὸν ἕτερόν τινα ὃν γιγνώσκει τε
καὶ αἰσθάνεται καὶ τὴν γνῶσιν αὖ καὶ ἐκείνου ἔχει κατὰ τὴν
αἴσθησιν. ἦν γὰρ τοῦτο;
5 ΘΕΑΙ. Ναί.
ΣΩ. Παρελείπετο δέ γέ που τὸ νῦν λεγόμενον, ἐν ᾧ δή
φαμεν τὴν ψευδῆ δόξαν γίγνεσθαι τὸ ἄμφω γιγνώσκοντα
194 καὶ ἄμφω ὁρῶντα ἤ τινα ἄλλην αἴσθησιν ἔχοντα ἀμφοῖν τὼ
σημείω μὴ κατὰ τὴν αὐτοῦ αἴσθησιν ἑκάτερον ἔχειν, ἀλλ'
οἷον τοξότην φαῦλον ἱέντα παραλλάξαι τοῦ σκοποῦ καὶ
ἁμαρτεῖν, ὃ δὴ καὶ ψεῦδος ἄρα ὠνόμασται.
5 ΘΕΑΙ. Εἰκότως γε.
ΣΩ. Καὶ ὅταν τοίνυν τῷ μὲν παρῇ αἴσθησις τῶν σημείων,

c 5 παραλλάξ W   c 7 δεξιᾶς εἰς ἀριστερὰν Ast   d 1 μεταφε-
ρούσης Buttmann   d 6 τῷ] τὸ B   αἰσθάνομαι B   d 8 μου]
μοι W   d 10 ⟨ὁ⟩ γιγνώσκων Heindorf   τὸν] τὸ W   e 2 ὃν]
ὧν T   a 1 τὼ σημείω al. Heusde : τῷ σημείῳ T W² : τὸ σημεῖον B W
a 2 ἔχῃ B

τῷ δὲ μή, τὸ δὲ τῆς ἀπούσης αἰσθήσεως τῇ παρούσῃ προσαρμόσῃ, πάντῃ ταύτῃ ψεύδεται ἡ διάνοια. καὶ ἑνὶ λόγῳ, περὶ ὧν μὲν μὴ οἶδέ τις μηδ᾽ ἐπῄσθετο πώποτε, οὐκ ἔστιν, ὡς ἔοικεν, οὔτε ψεύδεσθαι οὔτε ψευδὴς δόξα, εἴ τι νῦν ἡμεῖς b ὑγιὲς λέγομεν· περὶ δὲ ὧν ἴσμεν τε καὶ αἰσθανόμεθα, ἐν αὐτοῖς τούτοις στρέφεται καὶ ἑλίττεται ἡ δόξα ψευδὴς καὶ ἀληθὴς γιγνομένη, καταντικρὺ μὲν καὶ κατὰ τὸ εὐθὺ τὰ οἰκεῖα συνάγουσα ἀποτυπώματα καὶ τύπους ἀληθής, εἰς πλάγια δὲ καὶ 5 σκολιὰ ψευδής.

ΘΕΑΙ. Οὐκοῦν καλῶς, ὦ Σώκρατες, λέγεται;

ΣΩ. Ἔτι τοίνυν καὶ τάδε ἀκούσας μᾶλλον αὐτὸ ἐρεῖς. τὸ c μὲν γὰρ τἀληθὲς δοξάζειν καλόν, τὸ δὲ ψεύδεσθαι αἰσχρόν.

ΘΕΑΙ. Πῶς δ᾽ οὔ;

ΣΩ. Ταῦτα τοίνυν φασὶν ἐνθένδε γίγνεσθαι. ὅταν μὲν ὁ κηρός του ἐν τῇ ψυχῇ βαθύς τε καὶ πολὺς καὶ λεῖος καὶ 5 μετρίως ὠργασμένος ᾖ, τὰ ἰόντα διὰ τῶν αἰσθήσεων, ἐνσημαινόμενα εἰς τοῦτο τὸ τῆς ψυχῆς "κέαρ," ὃ ἔφη Ὅμηρος αἰνιττόμενος τὴν τοῦ κηροῦ ὁμοιότητα, τότε μὲν καὶ τούτοις καθαρὰ τὰ σημεῖα ἐγγιγνόμενα καὶ ἱκανῶς τοῦ βάθους ἔχοντα d πολυχρόνιά τε γίγνεται καὶ εἰσὶν οἱ τοιοῦτοι πρῶτον μὲν εὐμαθεῖς, ἔπειτα μνήμονες, εἶτα οὐ παραλλάττουσι τῶν αἰσθήσεων τὰ σημεῖα ἀλλὰ δοξάζουσιν ἀληθῆ. σαφῆ γὰρ καὶ ἐν εὐρυχωρίᾳ ὄντα ταχὺ διανέμουσιν ἐπὶ τὰ αὐτῶν ἕκαστα 5 ἐκμαγεῖα, ἃ δὴ ὄντα καλεῖται, καὶ σοφοὶ δὴ οὗτοι καλοῦνται. ἢ οὐ δοκεῖ σοι;

ΘΕΑΙ. Ὑπερφυῶς μὲν οὖν.

ΣΩ. Ὅταν τοίνυν λάσιόν του τὸ κέαρ ᾖ, ὃ δὴ ἐπῄνεσεν e ὁ πάσσοφος ποιητής, ἢ ὅταν κοπρῶδες καὶ μὴ καθαροῦ τοῦ κηροῦ, ἢ ὑγρὸν σφόδρα ἢ σκληρόν, ὧν μὲν ὑγρὸν εὐμαθεῖς μέν, ἐπιλήσμονες δὲ γίγνονται, ὧν δὲ σκληρόν, τἀναντία.

5 οἱ δὲ δὴ λάσιον καὶ τραχὺ λιθῶδές τι ἢ γῆς ἢ κόπρου συμμιγείσης ἔμπλεων ἔχοντες ἀσαφῆ τὰ ἐκμαγεῖα ἴσχουσιν. ἀσαφῆ δὲ καὶ οἱ τὰ σκληρά· βάθος γὰρ οὐκ ἔνι. ἀσαφῆ 195 δὲ καὶ οἱ τὰ ὑγρά· ὑπὸ γὰρ τοῦ συγχεῖσθαι ταχὺ γίγνεται ἀμυδρά. ἐὰν δὲ πρὸς πᾶσι τούτοις ἐπ' ἀλλήλων συμπεπτωκότα ᾖ ὑπὸ στενοχωρίας, ἐάν του σμικρὸν ᾖ τὸ ψυχάριον, ἔτι ἀσαφέστερα ἐκείνων. πάντες οὖν οὗτοι γίγνονται οἷοι 5 δοξάζειν ψευδῆ. ὅταν γάρ τι ὁρῶσιν ἢ ἀκούωσιν ἢ ἐπινοῶσιν, ἕκαστα ἀπονέμειν ταχὺ ἑκάστοις οὐ δυνάμενοι βραδεῖς τέ εἰσι καὶ ἀλλοτριονομοῦντες παρορῶσί τε καὶ παρακούουσι καὶ παρανοοῦσι πλεῖστα, καὶ καλοῦνται αὖ οὗτοι ἐψευσμένοι τε δὴ τῶν ὄντων καὶ ἀμαθεῖς.

b   ΘΕΑΙ. Ὀρθότατα ἀνθρώπων λέγεις, ὦ Σώκρατες.

    ΣΩ. Φῶμεν ἄρα ἐν ἡμῖν ψευδεῖς δόξας εἶναι;

    ΘΕΑΙ. Σφόδρα γε.

    ΣΩ. Καὶ ἀληθεῖς δή;

5   ΘΕΑΙ. Καὶ ἀληθεῖς.

    ΣΩ. Ἤδη οὖν οἰόμεθα ἱκανῶς ὡμολογῆσθαι ὅτι παντὸς μᾶλλον ἐστὸν ἀμφοτέρα τούτω τὼ δόξα;

    ΘΕΑΙ. Ὑπερφυῶς μὲν οὖν.

    ΣΩ. Δεινόν τε, ὦ Θεαίτητε, ὡς ἀληθῶς κινδυνεύει καὶ 10 ἀηδὲς εἶναι ἀνὴρ ἀδολέσχης.

    ΘΕΑΙ. Τί δέ; πρὸς τί τοῦτ' εἶπες;

c   ΣΩ. Τὴν ἐμαυτοῦ δυσμαθίαν δυσχεράνας καὶ ὡς ἀληθῶς ἀδολεσχίαν. τί γὰρ ἄν τις ἄλλο θεῖτο ὄνομα, ὅταν ἄνω κάτω τοὺς λόγους ἕλκῃ τις ὑπὸ νωθείας οὐ δυνάμενος πεισθῆναι, καὶ ᾖ δυσαπάλλακτος ἀφ' ἑκάστου λόγου;

5   ΘΕΑΙ. Σὺ δὲ δὴ τί δυσχεραίνεις;

    ΣΩ. Οὐ δυσχεραίνω μόνον ἀλλὰ καὶ δέδοικα ὅτι ἀποκρινοῦμαι ἄν τις ἔρηταί με· "Ὦ Σώκρατες, ηὕρηκας δὴ ψευδῆ δόξαν, ὅτι οὔτε ἐν ταῖς αἰσθήσεσίν ἐστι πρὸς ἀλλήλας οὔτ'

ἐν ταῖς διανοιαις ἀλλ᾽ ἐν τῇ συνάψει αἰσθήσεως πρὸς d
διάνοιαν;" φήσω δὲ ἐγὼ οἶμαι καλλωπιζόμενος ὥς τι
ηὑρηκότων ἡμῶν καλόν.

ΘΕΑΙ. Ἔμοιγε δοκεῖ, ὦ Σώκρατες, οὐκ αἰσχρὸν εἶναι τὸ
νῦν ἀποδεδειγμένον. 5

ΣΩ. "Οὐκοῦν," φησί, "λέγεις ὅτι αὖ τὸν ἄνθρωπον
ὃν διανοούμεθα μόνον, ὁρῶμεν δ᾽ οὔ, ἵππον οὐκ ἄν ποτε
οἰηθείημεν εἶναι, ὃν αὖ οὔτε ὁρῶμεν οὔτε ἁπτόμεθα, διανοού-
μεθα δὲ μόνον καὶ ἄλλ᾽ οὐδὲν αἰσθανόμεθα περὶ αὐτοῦ;"
ταῦτα οἶμαι φήσω λέγειν. 10

ΘΕΑΙ. Καὶ ὀρθῶς γε.

ΣΩ. "Τί οὖν," φησί, "τὰ ἕνδεκα ἃ μηδὲν ἄλλο ἢ δια- e
νοεῖταί τις, ἄλλο τι ἐκ τούτου τοῦ λόγου οὐκ ἄν ποτε οἰηθείη
δώδεκα εἶναι ἃ μόνον αὖ διανοεῖται;" ἴθι οὖν δή, σὺ
ἀποκρίνου.

ΘΕΑΙ. Ἀλλ᾽ ἀποκρινοῦμαι ὅτι ὁρῶν μὲν ἄν τις ἢ ἐφαπτό- 5
μενος οἰηθείη τὰ ἕνδεκα δώδεκα εἶναι, ἃ μέντοι ἐν τῇ διανοίᾳ
ἔχει, οὐκ ἄν ποτε περὶ αὐτῶν ταῦτα δοξάσειεν οὕτως.

ΣΩ. Τί οὖν; οἴει τινὰ πώποτε αὐτὸν ἐν αὑτῷ πέντε καὶ
ἑπτά, λέγω δὲ μὴ ἀνθρώπους ἑπτὰ καὶ πέντε προθέμενον 196
σκοπεῖν μηδ᾽ ἄλλο τοιοῦτον, ἀλλ᾽ αὐτὰ πέντε καὶ ἑπτά, ἅ
φαμεν ἐκεῖ μνημεῖα ἐν τῷ ἐκμαγείῳ εἶναι καὶ ψευδῆ ἐν αὐτοῖς
οὐκ εἶναι δοξάσαι, ταῦτα αὐτὰ εἴ τις ἀνθρώπων ἤδη πώποτε
ἐσκέψατο λέγων πρὸς αὑτὸν καὶ ἐρωτῶν πόσα ποτ᾽ ἐστίν, 5
καὶ ὁ μέν τις εἶπεν οἰηθεὶς ἕνδεκα αὐτὰ εἶναι, ὁ δὲ δώδεκα,
ἢ πάντες λέγουσί τε καὶ οἴονται δώδεκα αὐτὰ εἶναι;

ΘΕΑΙ. Οὐ μὰ τὸν Δία, ἀλλὰ πολλοὶ δὴ καὶ ἕνδεκα· ἐὰν b
δέ γε ἐν πλείονι ἀριθμῷ τις σκοπῇται, μᾶλλον σφάλλεται.
οἶμαι γάρ σε περὶ παντὸς [μᾶλλον] ἀριθμοῦ λέγειν.

ΣΩ. Ὀρθῶς γὰρ οἴει· καὶ ἐνθυμοῦ μή τι τότε γίγνεται

d 6 φήσει al.   αὖ τὸν] αὐτὸν ex emend. D : αὐτὸν τὸν Heindorf
d 8 ὃν αὖ | ὃ νῦν T   e 1 φησί] φής B : φήσει Stephanus   a 2 αὐτὰ]
αὐτὰ τὰ Heindorf   a 3 φαμεν | ἔφαμεν Ast   b 3 μᾶλλον om. W :
post ἀριθμοῦ T   b 4 μή] δή W   τότε W : ποτε B T

5 ἄλλο ἢ αὐτὰ τὰ δώδεκα τὰ ἐν τῷ ἐκμαγείῳ ἕνδεκα οἰ-
ηθῆναι.

ΘΕΑΙ. Ἔοικέ γε.

ΣΩ. Οὐκοῦν εἰς τοὺς πρώτους πάλιν ἀνήκει λόγους; ὁ γὰρ
τοῦτο παθών, ὃ οἶδεν, ἕτερον αὐτὸ οἴεται εἶναι ὧν αὖ οἶδεν,
10 ὃ ἔφαμεν ἀδύνατον, καὶ τούτῳ αὐτῷ ἠναγκάζομεν μὴ εἶναι
c ψευδῆ δόξαν, ἵνα μὴ τὰ αὐτὰ ὁ αὐτὸς ἀναγκάζοιτο εἰδὼς μὴ
εἰδέναι ἅμα.

ΘΕΑΙ. Ἀληθέστατα.

ΣΩ. Οὐκοῦν ἀλλ' ὁτιοῦν δεῖ ἀποφαίνειν τὸ τὰ ψευδῆ
5 δοξάζειν ἢ διανοίας πρὸς αἴσθησιν παραλλαγήν. εἰ γὰρ
τοῦτ' ἦν, οὐκ ἄν ποτε ἐν αὐτοῖς τοῖς διανοήμασιν ἐψευδόμεθα.
νῦν δὲ ἤτοι οὐκ ἔστι ψευδὴς δόξα, ἢ ἅ τις οἶδεν, οἷόν τε μὴ
εἰδέναι. καὶ τούτων πότερα αἱρῇ;

ΘΕΑΙ. Ἄπορον αἵρεσιν προτίθης, ὦ Σώκρατες.

d ΣΩ. Ἀλλὰ μέντοι ἀμφότερά γε κινδυνεύει ὁ λόγος οὐκ
ἐάσειν. ὅμως δέ—πάντα γὰρ τολμητέον—τί εἰ ἐπιχειρή-
σαιμεν ἀναισχυντεῖν;

ΘΕΑΙ. Πῶς;

5 ΣΩ. Ἐθελήσαντες εἰπεῖν ποῖόν τί ποτ' ἐστὶ τὸ ἐπίστασθαι.

ΘΕΑΙ. Καὶ τί τοῦτο ἀναίσχυντον;

ΣΩ. Ἔοικας οὐκ ἐννοεῖν ὅτι πᾶς ἡμῖν ἐξ ἀρχῆς ὁ λόγος
ζήτησις γέγονεν ἐπιστήμης ὡς οὐκ εἰδόσι τί ποτ' ἐστίν.

ΘΕΑΙ. Ἐννοῶ μὲν οὖν.

10 ΣΩ. Ἔπειτ' οὐκ ἀναιδὲς δοκεῖ μὴ εἰδότας ἐπιστήμην
ἀποφαίνεσθαι τὸ ἐπίστασθαι οἷόν ἐστιν; ἀλλὰ γάρ, ὦ
e Θεαίτητε, πάλαι ἐσμὲν ἀνάπλεῳ τοῦ μὴ καθαρῶς διαλέ-
γεσθαι. μυριάκις γὰρ εἰρήκαμεν τὸ " γιγνώσκομεν " καὶ
" οὐ γιγνώσκομεν," καὶ " ἐπιστάμεθα " καὶ " οὐκ ἐπιστά-
μεθα," ὥς τι συνιέντες ἀλλήλων ἐν ᾧ ἔτι ἐπιστήμην ἀγνοοῦ-
5 μεν· εἰ δὲ βούλει, καὶ νῦν ἐν τῷ παρόντι κεχρήμεθ' αὖ τῷ

b 8 ἀνήκει] ἀνῆκε W : fort. ἂν ἥκοι Campbell   c 4 τὸ] τοῦ T
τὰ om. W   c 7 δόξα] ἡ δόξα B   c 8 πότερα W · ποτέραν B T

" ἀγνοεῖν " τε καὶ " συνιέναι," ὡς προσῆκον αὐτοῖς χρῆσθαι
εἴπερ στερόμεθα ἐπιστήμης.

ΘΕΑΙ. Ἀλλὰ τίνα τρόπον διαλέξῃ, ὦ Σώκρατες, τούτων
ἀπεχόμενος;

ΣΩ. Οὐδένα ὧν γε ὃς εἰμί, εἰ μέντοι ἢ ἀντιλογικός· οἷος 197
ἀνὴρ εἰ καὶ νῦν παρῆν, τούτων τ' ἂν ἔφη ἀπέχεσθαι καὶ
ἡμῖν σφόδρ' ἂν ἃ ἐγὼ λέγω ἐπέπληττεν. ἐπειδὴ οὖν ἐσμεν
φαῦλοι, βούλει τολμήσω εἰπεῖν οἷόν ἐστι τὸ ἐπίστασθαι;
φαίνεται γάρ μοι προὔργου τι ἂν γενέσθαι.   5

ΘΕΑΙ. Τόλμα τοίνυν νὴ Δία. τούτων δὲ μὴ ἀπεχομένῳ
σοι ἔσται πολλὴ συγγνώμη.

ΣΩ. Ἀκήκοας οὖν ὃ νῦν λέγουσιν τὸ ἐπίστασθαι;

ΘΕΑΙ. Ἴσως· οὐ μέντοι ἔν γε τῷ παρόντι μνημονεύω.

ΣΩ. Ἐπιστήμης που ἕξιν φασὶν αὐτὸ εἶναι.   b

ΘΕΑΙ. Ἀληθῆ.

ΣΩ. Ἡμεῖς τοίνυν σμικρὸν μεταθώμεθα καὶ εἴπωμεν
ἐπιστήμης κτῆσιν.

ΘΕΑΙ. Τί οὖν δὴ φήσεις τοῦτο ἐκείνου διαφέρειν;   5

ΣΩ. Ἴσως μὲν οὐδέν· ὃ δ' οὖν δοκεῖ ἀκούσας συνδοκίμαζε.

ΘΕΑΙ. Ἐάνπερ γε οἷός τ' ὦ.

ΣΩ. Οὐ τοίνυν μοι ταὐτὸν φαίνεται τῷ κεκτῆσθαι τὸ
ἔχειν. οἷον ἱμάτιον πριάμενός τις καὶ ἐγκρατὴς ὢν μὴ φορῶν,
ἔχειν μὲν οὐκ ἂν αὐτὸν αὐτό, κεκτῆσθαί γε μὴν φαῖμεν.   10

ΘΕΑΙ. Ὀρθῶς γε.

ΣΩ. Ὅρα δὴ καὶ ἐπιστήμην εἰ δυνατὸν οὕτω κεκτημένον c
μὴ ἔχειν, ἀλλ' ὥσπερ εἴ τις ὄρνιθας ἀγρίας, περιστερὰς ἢ
τι ἄλλο, θηρεύσας οἴκοι κατασκευασάμενος περιστερεῶνα
τρέφοι, τρόπον μὲν [γὰρ] ἄν πού τινα φαῖμεν αὐτὸν αὐτὰς
ἀεὶ ἔχειν, ὅτι δὴ κέκτηται. ἢ γάρ;   5

a 3 ἃ] ἀκούων ἃ W   b 5 δὴ οὖν W   b 8 τὸ κεκτῆσθαι τῷ T
b 9 εἰ ante ἱμάτιον add. vulg. et mox φοροῖ   φορῶν b : φορῶ B :
φορῶ TW : φορεῖ Campbell   b 10 γε μὴν W : γε δὴ B : γε T :
δέ γε vulg.   b 11 καὶ ὀρθῶς γε T   c 2 ἢ ante περιστερὰς add. W
c 4 γὰρ om. W

ΘΕΑΙ. Ναί.

ΣΩ. Τρόπον δέ γ᾿ ἄλλον οὐδεμίαν ἔχειν, ἀλλὰ δύναμιν μὲν αὐτῷ περὶ αὐτὰς παραγεγονέναι, ἐπειδὴ ἐν οἰκείῳ περι-βόλῳ ὑποχειρίους ἐποιήσατο, λαβεῖν καὶ σχεῖν ἐπειδὰν

d βούληται, θηρευσαμένῳ ἣν ἂν ἀεὶ ἐθέλῃ, καὶ πάλιν ἀφιέναι, καὶ τοῦτο ἐξεῖναι ποιεῖν ὁποσάκις ἂν δοκῇ αὐτῷ.

ΘΕΑΙ. Ἔστι ταῦτα.

ΣΩ. Πάλιν δή, ὥσπερ ἐν τοῖς πρόσθεν κήρινόν τι ἐν ταῖς
5 ψυχαῖς κατεσκευάζομεν οὐκ οἶδ᾿ ὅτι πλάσμα, νῦν αὖ ἐν ἑκάστῃ ψυχῇ ποιήσωμεν περιστερεῶνά τινα παντοδαπῶν ὀρνίθων, τὰς μὲν κατ᾿ ἀγέλας οὔσας χωρὶς τῶν ἄλλων, τὰς δὲ κατ᾿ ὀλίγας, ἐνίας δὲ μόνας διὰ πασῶν ὅπῃ ἂν τύχωσι πετομένας.

e ΘΕΑΙ. Πεποιήσθω δή. ἀλλὰ τί τοὐντεῦθεν;

ΣΩ. Παιδίων μὲν ὄντων φάναι χρὴ εἶναι τοῦτο τὸ ἀγγεῖον κενόν, ἀντὶ δὲ τῶν ὀρνίθων ἐπιστήμας νοῆσαι· ἣν δ᾿ ἂν ἐπιστήμην κτησάμενος καθείρξῃ εἰς τὸν περίβολον, φάναι
5 αὐτὸν μεμαθηκέναι ἢ ηὑρηκέναι τὸ πρᾶγμα οὗ ἦν αὕτη ἡ ἐπιστήμη, καὶ τὸ ἐπίστασθαι τοῦτ᾿ εἶναι.

ΘΕΑΙ. Ἔστω.

198 ΣΩ. Τὸ τοίνυν πάλιν ἣν ἂν βούληται τῶν ἐπιστημῶν θηρεύειν καὶ λαβόντα ἴσχειν καὶ αὖθις ἀφιέναι σκόπει τίνων δεῖται ὀνομάτων, εἴτε τῶν αὐτῶν ὧν τὸ πρῶτον ὅτε ἐκτᾶτο εἴτε ἑτέρων. μαθήσῃ δ᾿ ἐνθένδε σαφέστερον τί λέγω.
5 ἀριθμητικὴν μὲν γὰρ λέγεις τέχνην;

ΘΕΑΙ. Ναί.

ΣΩ. Ταύτην δὴ ὑπόλαβε θήραν ἐπιστημῶν ἀρτίου τε καὶ περιττοῦ παντός.

ΘΕΑΙ. Ὑπολαμβάνω.

10 ΣΩ. Ταύτῃ δὴ οἶμαι τῇ τέχνῃ αὐτός τε ὑποχειρίους τὰς
b ἐπιστήμας τῶν ἀριθμῶν ἔχει καὶ ἄλλῳ παραδίδωσιν ὁ παραδιδούς.

c 9 σχεῖν] ἔχειν T   d 4 τοῖς] τῷ W   e 2 χρὴ εἶναι] χρῆναι W
a 4 ἐνθένδε] ἐντεῦθεν B   a 5 μὲν om. W   b 1 ἄλλῳ T W :
ἄλλο pr. B

ΘΕΑΙ. Ναί.

ΣΩ. Καὶ καλοῦμέν γε παραδιδόντα μὲν διδάσκειν, παρα-
λαμβάνοντα δὲ μανθάνειν, ἔχοντα δὲ δὴ τῷ κεκτῆσθαι ἐν τῷ 5
περιστερεῶνι ἐκείνῳ ἐπίστασθαι.

ΘΕΑΙ. Πάνυ μὲν οὖν.

ΣΩ. Τῷ δὲ δὴ ἐντεῦθεν ἤδη πρόσσχες τὸν νοῦν. ἀριθμη-
τικὸς γὰρ ὢν τελέως ἄλλο τι πάντας ἀριθμοὺς ἐπίσταται;
πάντων γὰρ ἀριθμῶν εἰσιν αὐτῷ ἐν τῇ ψυχῇ ἐπιστῆμαι. 10

ΘΕΑΙ. Τί μήν;

ΣΩ. ᾟ οὖν ὁ τοιοῦτος ἀριθμοῖ ἄν ποτέ τι ἢ αὐτὸς πρὸς c
αὑτὸν αὐτὰ ἢ ἄλλο τι τῶν ἔξω ὅσα ἔχει ἀριθμόν;

ΘΕΑΙ. Πῶς γὰρ οὔ;

ΣΩ. Τὸ δὲ ἀριθμεῖν γε οὐκ ἄλλο τι θήσομεν τοῦ
σκοπεῖσθαι πόσος τις ἀριθμὸς τυγχάνει ὤν. 5

ΘΕΑΙ. Οὕτως.

ΣΩ. Ὃ ἄρα ἐπίσταται, σκοπούμενος φαίνεται ὡς οὐκ
εἰδώς, ὃν ὡμολογήκαμεν ἅπαντα ἀριθμὸν εἰδέναι. ἀκούεις
γάρ που τὰς τοιαύτας ἀμφισβητήσεις.

ΘΕΑΙ. Ἔγωγε. 10

ΣΩ. Οὐκοῦν ἡμεῖς ἀπεικάζοντες τῇ τῶν περιστερῶν κτήσει d
τε καὶ θήρᾳ ἐροῦμεν ὅτι διττὴ ἦν ἡ θήρα, ἡ μὲν πρὶν ἐκτῆσθαι
τοῦ κεκτῆσθαι ἕνεκα, ἡ δὲ κεκτημένῳ τοῦ λαβεῖν καὶ ἔχειν
ἐν ταῖς χερσὶν ἃ πάλαι ἐκέκτητο. οὕτως δὲ καὶ ὧν πάλαι
ἐπιστῆμαι ἦσαν αὐτῷ μαθόντι καὶ ἠπίστατο αὐτά, πάλιν ἔστι 5
καταμανθάνειν ταὐτὰ ταῦτα ἀναλαμβάνοντα τὴν ἐπιστήμην
ἑκάστου καὶ ἴσχοντα, ἣν ἐκέκτητο μὲν πάλαι, πρόχειρον δ'
οὐκ εἶχε τῇ διανοίᾳ;

ΘΕΑΙ. Ἀληθῆ.

ΣΩ. Τοῦτο δὴ ἄρτι ἠρώτων, ὅπως χρὴ τοῖς ὀνόμασι e

b 5 δὲ δὴ] δὴ Β   b 8 τῷ δὲ W : τῶδε Β : τῷ Τ   b 9 ἐπί-
στασαι Β   b 10 ἐπιστῆμαι ἐν τῇ ψυχῇ W   c 1 ἢ οὖν] τί οὖν Badham
c 2 αὐτὰ] ἐντὸς Cornarius   c 5 ὁπόσός Τ   c 8 ὃν] ὧν Τ
d 3 ἔχειν] σχεῖν Naber   d 4 οὕτως] ὄντως Τ   d 5 μαθόντι
καὶ W : μαθόντι ΒΤ : μαθών τ' Badham

χρώμενον λέγειν περὶ αὐτῶν, ὅταν ἀριθμήσων ἴῃ ὁ ἀριθμη-
τικὸς ἤ τι ἀναγνωσόμενος ὁ γραμματικός, ὡς ἐπιστάμενος
ἄρα ἐν τῷ τοιούτῳ πάλιν ἔρχεται μαθησόμενος παρ' ἑαυτοῦ
5 ἃ ἐπίσταται;

ΘΕΑΙ. Ἀλλ' ἄτοπον, ὦ Σώκρατες.

ΣΩ. Ἀλλ' ἃ οὐκ ἐπίσταται φῶμεν αὐτὸν ἀναγνώσεσθαι
199 καὶ ἀριθμήσειν, δεδωκότες αὐτῷ πάντα μὲν γράμματα πάντα
δὲ ἀριθμὸν ἐπίστασθαι;

ΘΕΑΙ. Ἀλλὰ καὶ τοῦτ' ἄλογον.

ΣΩ. Βούλει οὖν λέγωμεν ὅτι τῶν μὲν ὀνομάτων οὐδὲν
5 ἡμῖν μέλει, ὅπῃ τις χαίρει ἕλκων τὸ ἐπίστασθαι καὶ μανθάνειν,
ἐπειδὴ δὲ ὡρισάμεθα ἕτερον μέν τι τὸ κεκτῆσθαι τὴν ἐπι-
στήμην, ἕτερον δὲ τὸ ἔχειν, ὃ μέν τις ἔκτηται μὴ κεκτῆσθαι
ἀδύνατόν φαμεν εἶναι, ὥστε οὐδέποτε συμβαίνει ὅ τις οἶδεν μὴ
εἰδέναι, ψευδῆ μέντοι δόξαν οἷόν τ' εἶναι περὶ αὐτοῦ λαβεῖν;
b μὴ γὰρ ἔχειν τὴν ἐπιστήμην τούτου οἷόν τε, ἀλλ' ἑτέραν ἀντ'
ἐκείνης, ὅταν θηρεύων τινά πού ποτ' ἐπιστήμην διαπετομένων
ἀνθ' ἑτέρας ἑτέραν ἁμαρτὼν λάβῃ, τότε ἄρα τὰ ἕνδεκα δώ-
δεκα ᾠήθη εἶναι, τὴν τῶν ἕνδεκα ἐπιστήμην ἀντὶ τῆς τῶν
5 δώδεκα λαβὼν τὴν ἐν ἑαυτῷ οἷον φάτταν ἀντὶ περιστερᾶς.

ΘΕΑΙ. Ἔχει γὰρ οὖν λόγον.

ΣΩ. Ὅταν δέ γε ἣν ἐπιχειρεῖ λαβεῖν λάβῃ, ἀψευδεῖν τε
καὶ τὰ ὄντα δοξάζειν τότε, καὶ οὕτω δὴ εἶναι ἀληθῆ τε καὶ
c ψευδῆ δόξαν, καὶ ὧν ἐν τοῖς πρόσθεν ἐδυσχεραίνομεν οὐδὲν
ἐμποδὼν γίγνεσθαι; ἴσως οὖν μοι συμφήσεις· ἢ πῶς
ποιήσεις;

ΘΕΑΙ. Οὕτως.

5 ΣΩ. Καὶ γὰρ τοῦ μὲν ἃ ἐπίστανται μὴ ἐπίστασθαι
ἀπηλλάγμεθα· ἃ γὰρ κεκτήμεθα μὴ κεκτῆσθαι οὐδαμοῦ ἔτι
συμβαίνει, οὔτε ψευσθεῖσί τινος οὔτε μή. δεινότερον μέντοι
πάθος ἄλλο παραφαίνεσθαί μοι δοκεῖ.

e 7 ἃ om. W   b 2 πού ποτ' W : ἀπ' αὐτοῦ Β Τ   b 3 τότε
W : ὅτε Β Τ   c 5 ἐπίσταται D   c 8 ἄλλο] ἄλλο τι W   παρα-
φαίνεσθαι] φαίνεσθαι W : παρεμφαίνεσθαι al.

ΘΕΑΙ. Τὸ ποῖον;

ΣΩ. Εἰ ἡ τῶν ἐπιστημῶν μεταλλαγὴ ψευδὴς γενήσεταί 10
ποτε δόξα.

ΘΕΑΙ. Πῶς δή;

ΣΩ. Πρῶτον μὲν τό τινος ἔχοντα ἐπιστήμην τοῦτο αὐτὸ d
ἀγνοεῖν, μὴ ἀγνωμοσύνῃ ἀλλὰ τῇ ἑαυτοῦ ἐπιστήμῃ· ἔπειτα
ἕτερον αὖ τοῦτο δοξάζειν, τὸ δ' ἕτερον τοῦτο, πῶς οὐ πολλὴ
ἀλογία, ἐπιστήμης παραγενομένης γνῶναι μὲν τὴν ψυχὴν
μηδέν, ἀγνοῆσαι δὲ πάντα; ἐκ γὰρ τούτου τοῦ λόγου κωλύει 5
οὐδὲν καὶ ἄγνοιαν παραγενομένην γνῶναί τι ποιῆσαι καὶ
τυφλότητα ἰδεῖν, εἴπερ καὶ ἐπιστήμη ἀγνοῆσαί ποτέ τινα
ποιήσει.

ΘΕΑΙ. Ἴσως γάρ, ὦ Σώκρατες, οὐ καλῶς τὰς ὄρνιθας e
ἐτίθεμεν ἐπιστήμας μόνον τιθέντες, ἔδει δὲ καὶ ἀνεπιστη-
μοσύνας τιθέναι ὁμοῦ συνδιαπετομένας ἐν τῇ ψυχῇ, καὶ
τὸν θηρεύοντα τοτὲ μὲν ἐπιστήμην λαμβάνοντα, τοτὲ δ'
ἀνεπιστημοσύνην τοῦ αὐτοῦ πέρι ψευδῆ μὲν δοξάζειν τῇ 5
ἀνεπιστημοσύνῃ, ἀληθῆ δὲ τῇ ἐπιστήμῃ.

ΣΩ. Οὐ ῥᾴδιόν γε, ὦ Θεαίτητε, μὴ ἐπαινεῖν σε· ὃ μέντοι
εἶπες πάλιν ἐπίσκεψαι. ἔστω μὲν γὰρ ὡς λέγεις· ὁ δὲ δὴ τὴν
ἀνεπιστημοσύνην λαβὼν ψευδῆ μέν, φῄς, δοξάσει. ἦ γάρ; 200

ΘΕΑΙ. Ναί.

ΣΩ. Οὐ δήπου καὶ ἡγήσεταί γε ψευδῆ δοξάζειν.

ΘΕΑΙ. Πῶς γάρ;

ΣΩ. Ἀλλ' ἀληθῆ γε, καὶ ὡς εἰδὼς διακείσεται περὶ ὧν 5
ἔψευσται.

ΘΕΑΙ. Τί μήν;

ΣΩ. Ἐπιστήμην ἄρα οἰήσεται τεθηρευκὼς ἔχειν ἀλλ' οὐκ
ἀνεπιστημοσύνην.

ΘΕΑΙ. Δῆλον. 10

ΣΩ. Οὐκοῦν μακρὰν περιελθόντες πάλιν ἐπὶ τὴν πρώτην

πάρεσμεν ἀπορίαν. ὁ γὰρ ἐλεγκτικὸς ἐκεῖνος γελάσας φήσει·
b "Πότερον," ὦ βέλτιστοι, "ἀμφοτέρας τις εἰδώς, ἐπιστήμην
τε καὶ ἀνεπιστημοσύνην, ἣν οἶδεν, ἑτέραν αὐτὴν οἴεταί τινα
εἶναι ὧν οἶδεν; ἢ οὐδετέραν [αὐτὴν] εἰδώς, ἣν μὴ οἶδε, δοξάζει
ἑτέραν ὧν οὐκ οἶδεν; ἢ τὴν μὲν εἰδώς, τὴν δ' οὔ, ἣν οἶδεν,
5 ἣν μὴ οἶδεν; ἢ ἣν μὴ οἶδεν, ἣν οἶδεν ἡγεῖται; ἢ πάλιν αὖ
μοι ἐρεῖτε ὅτι τῶν ἐπιστημῶν καὶ ἀνεπιστημοσυνῶν εἰσὶν
αὖ ἐπιστῆμαι, ἃς ὁ κεκτημένος ἐν ἑτέροις τισὶ γελοίοις
c περιστερεῶσιν ἢ κηρίνοις πλάσμασι καθείρξας, ἕωσπερ ἂν
κεκτῆται ἐπίσταται, καὶ ἐὰν μὴ προχείρους ἔχῃ ἐν τῇ ψυχῇ;
καὶ οὕτω δὴ ἀναγκασθήσεσθε εἰς ταὐτὸν περιτρέχειν μυριάκις
οὐδὲν πλέον ποιοῦντες;" τί πρὸς ταῦτα, ὦ Θεαίτητε, ἀποκρι-
5 νούμεθα;

ΘΕΑΙ. Ἀλλὰ μὰ Δί', ὦ Σώκρατες, ἔγωγε οὐκ ἔχω τί
χρὴ λέγειν.

ΣΩ. Ἆρ' οὖν ἡμῖν, ὦ παῖ, καλῶς ὁ λόγος ἐπιπλήττει
καὶ ἐνδείκνυται ὅτι οὐκ ὀρθῶς ψευδῆ δόξαν προτέραν ζητοῦμεν
d ἐπιστήμης, ἐκείνην ἀφέντες; τὸ δ' ἐστὶν ἀδύνατον γνῶναι
πρὶν ἄν τις ἐπιστήμην ἱκανῶς λάβῃ τί ποτ' ἐστίν.

ΘΕΑΙ. Ἀνάγκη, ὦ Σώκρατες, ἐν τῷ παρόντι ὡς λέγεις
οἴεσθαι.

5 ΣΩ. Τί οὖν τις ἐρεῖ πάλιν ἐξ ἀρχῆς ἐπιστήμην; οὐ γάρ
που ἀπεροῦμέν γέ πω;

ΘΕΑΙ. Ἥκιστα, ἐάνπερ μὴ σύ γε ἀπαγορεύῃς.

ΣΩ. Λέγε δή, τί ἂν αὐτὸ μάλιστα εἰπόντες ἥκιστ' ἂν
ἡμῖν αὐτοῖς ἐναντιωθεῖμεν;

e ΘΕΑΙ. Ὅπερ ἐπεχειροῦμεν, ὦ Σώκρατες, ἐν τῷ πρόσθεν·
οὐ γὰρ ἔχω ἔγωγε ἄλλο οὐδέν.

ΣΩ. Τὸ ποῖον;

b 1 ἐπιστήμην] ἐπιστημοσύνην W   b 3 αὐτὴν ΒΤ: om. W:
αὐτοῖν vulg.   c 9 προτέραν] ἑτέραν Β   d 5 γάρ που W: γάρ πω
ΒΤ: γέ πω Schanz   d 6 γέ πω] γέ που W: om. Schanz   d 7 ἀπ-
αγορεύσῃς Τ sed corr. Τ: ἀπαγορεύεις pr. Β   d 8 δή] δέ W   αὐτὸ]
αὐτῷ W   ἂν] ἂν αὐτὸ Β

ΘΕΑΙ. Τὴν ἀληθῆ δόξαν ἐπιστήμην εἶναι. ἀναμάρτητόν
γέ πού ἐστιν τὸ δοξάζειν ἀληθῆ, καὶ τὰ ὑπ' αὐτοῦ γιγνόμενα 5
πάντα καλὰ καὶ ἀγαθὰ γίγνεται.

ΣΩ. Ὁ τὸν ποταμὸν καθηγούμενος, ὦ Θεαίτητε, ἔφη ἄρα
δείξειν αὐτό· καὶ τοῦτο ἐὰν ἰόντες ἐρευνῶμεν, τάχ' ἂν
ἐμπόδιον γενόμενον αὐτὸ φήνειεν τὸ ζητούμενον, μένουσι 201
δὲ δῆλον οὐδέν.

ΘΕΑΙ. Ὀρθῶς λέγεις· ἀλλ' ἴωμέν γε καὶ σκοπῶμεν.

ΣΩ. Οὐκοῦν τοῦτό γε βραχείας σκέψεως· τέχνη γάρ
σοι ὅλη σημαίνει μὴ εἶναι ἐπιστήμην αὐτό.   5

ΘΕΑΙ. Πῶς δή; καὶ τίς αὕτη;

ΣΩ. Ἡ τῶν μεγίστων εἰς σοφίαν, οὓς δὴ καλοῦσιν
ῥήτοράς τε καὶ δικανικούς. οὗτοι γάρ που τῇ ἑαυτῶν τέχνῃ
πείθουσιν οὐ διδάσκοντες ἀλλὰ δοξάζειν ποιοῦντες ἃ ἂν
βούλωνται. ἢ σὺ οἴει δεινούς τινας οὕτω διδασκάλους εἶναι, 10
ὥστε οἷς μὴ παρεγένοντό τινες ἀποστερουμένοις χρήματα b
ἤ τι ἄλλο βιαζομένοις, τούτοις δύνασθαι πρὸς ὕδωρ σμικρὸν
διδάξαι ἱκανῶς τῶν γενομένων τὴν ἀλήθειαν;

ΘΕΑΙ. Οὐδαμῶς ἔγωγε οἶμαι, ἀλλὰ πεῖσαι μέν.

ΣΩ. Τὸ πεῖσαι δ' οὐχὶ δοξάσαι λέγεις ποιῆσαι;   5

ΘΕΑΙ. Τί μήν;

ΣΩ. Οὐκοῦν ὅταν δικαίως πεισθῶσιν δικασταὶ περὶ ὧν
ἰδόντι μόνον ἔστιν εἰδέναι, ἄλλως δὲ μή, ταῦτα τότε ἐξ
ἀκοῆς κρίνοντες, ἀληθῆ δόξαν λαβόντες, ἄνευ ἐπιστήμης c
ἔκριναν, ὀρθὰ πεισθέντες, εἴπερ εὖ ἐδίκασαν;

ΘΕΑΙ. Παντάπασι μὲν οὖν.

ΣΩ. Οὐκ ἄν, ὦ φίλε, εἴ γε ταὐτὸν ἦν δόξα τε ἀληθὴς
†καὶ δικαστήρια† καὶ ἐπιστήμη, ὀρθά ποτ' ἂν δικαστὴς 5
ἄκρος ἐδόξαζεν ἄνευ ἐπιστήμης· νῦν δὲ ἔοικεν ἄλλο τι
ἑκάτερον εἶναι.

e 5 γέ] γάρ W   a 3 γε] τε W   a 7 ἡ om. B   b 1 οἷς]
εἰ Naber   b 2 τούτους T   b 8 ἰδόντι] εἶδον τί B : εἰδότι W
ἄλλως] ἄλλῳ Ast   c 5 καὶ δικαστήρια] καὶ δικαστήριον T : secl.
Heindorf : κατὰ δικαστήρια Jowett : καὶ δικαστηρία Madvig

ΘΕΑΙ. Ὅ γε ἐγώ, ὦ Σώκρατες, εἰπόντος του ἀκούσας
ἐπελελήσμην, νῦν δ᾽ ἐννοῶ· ἔφη δὲ τὴν μὲν μετὰ λόγου
d ἀληθῆ δόξαν ἐπιστήμην εἶναι, τὴν δὲ ἄλογον ἐκτὸς ἐπιστή-
μης· καὶ ὧν μὲν μή ἐστι λόγος, οὐκ ἐπιστητὰ εἶναι, οὑτωσὶ
καὶ ὀνομάζων, ἃ δ᾽ ἔχει, ἐπιστητά.
ΣΩ. Ἦ καλῶς λέγεις. τὰ δὲ δὴ ἐπιστητὰ ταῦτα καὶ μὴ
5 πῇ διῄρει, λέγε, εἰ ἄρα κατὰ ταὐτὰ σύ τε κἀγὼ ἀκηκόαμεν.
ΘΕΑΙ. Ἀλλ᾽ οὐκ οἶδα εἰ ἐξευρήσω· λέγοντος μεντἂν
ἑτέρου, ὡς ἐγᾦμαι, ἀκολουθήσαιμ᾽ ἄν.
ΣΩ. Ἄκουε δὴ ὄναρ ἀντὶ ὀνείρατος. ἐγὼ γὰρ αὖ ἐδόκουν
e ἀκούειν τινῶν ὅ-ι τὰ μὲν πρῶτα οἱονπερεὶ στοιχεῖα, ἐξ ὧν
ἡμεῖς τε συγκείμεθα καὶ τἆλλα, λόγον οὐκ ἔχοι. αὐτὸ γὰρ
καθ᾽ αὑτὸ ἕκαστον ὀνομάσαι μόνον εἴη, προσειπεῖν δὲ οὐδὲν
ἄλλο δυνατόν, οὔθ᾽ ὡς ἔστιν, οὔθ᾽ ὡς οὐκ ἔστιν· ἤδη γὰρ
202 ἂν οὐσίαν ἢ μὴ οὐσίαν αὐτῷ προστίθεσθαι, δεῖν δὲ οὐδὲν
προσφέρειν, εἴπερ αὐτὸ ἐκεῖνο μόνον τις ἐρεῖ. ἐπεὶ οὐδὲ
τὸ "αὐτὸ" οὐδὲ τὸ "ἐκεῖνο" οὐδὲ τὸ "ἕκαστον" οὐδὲ τὸ
"μόνον" οὐδὲ "τοῦτο" προσοιστέον οὐδ᾽ ἄλλα πολλὰ
5 τοιαῦτα· ταῦτα μὲν γὰρ περιτρέχοντα πᾶσι προσφέρεσθαι,
ἕτερα ὄντα ἐκείνων οἷς προστίθεται, δεῖν δέ, εἴπερ ἦν
δυνατὸν αὐτὸ λέγεσθαι καὶ εἶχεν οἰκεῖον αὑτοῦ λόγον, ἄνευ
τῶν ἄλλων ἁπάντων λέγεσθαι. νῦν δὲ ἀδύνατον εἶναι
b ὁτιοῦν τῶν πρώτων ῥηθῆναι λόγῳ· οὐ γὰρ εἶναι αὐτῷ ἀλλ᾽
ἢ ὀνομάζεσθαι μόνον—ὄνομα γὰρ μόνον ἔχειν—τὰ δὲ ἐκ
τούτων ἤδη συγκείμενα, ὥσπερ αὐτὰ πέπλεκται, οὕτω καὶ
τὰ ὀνόματα αὐτῶν συμπλακέντα λόγον γεγονέναι· ὀνομάτων
5 γὰρ συμπλοκὴν εἶναι λόγου οὐσίαν. οὕτω δὴ τὰ μὲν
στοιχεῖα ἄλογα καὶ ἄγνωστα εἶναι, αἰσθητὰ δέ· τὰς δὲ
συλλαβὰς γνωστάς τε καὶ ῥητὰς καὶ ἀληθεῖ δόξῃ δοξαστάς.
ὅταν μὲν οὖν ἄνευ λόγου τὴν ἀληθῆ δόξαν τινός τις λάβῃ,

d 2 ὧν] ᾧ B   d 3 ὀνομάζω B   ἃ δ᾽ T : ἀλλ᾽ B   d 7 ἀκολου-
θήσαιμ᾽ ἄν Schanz : ἀκολουθησαίμην B T : ἀκολουθήσαιμι al.   a 1 δεῖν]
δεῖ T   a 4 τοῦτο] τὸ τοῦτο Heindorf : τὸ τὸ Buttmann   b 1 αὐτῷ]
αὐτὸ Bonitz   b 2 ἔχειν] ἔχει B

ἀληθεύειν μὲν αὐτοῦ τὴν ψυχὴν περὶ αὐτό, γιγνώσκειν δ' c
οὔ· τὸν γὰρ μὴ δυνάμενον δοῦναί τε καὶ δέξασθαι λόγον
ἀνεπιστήμονα εἶναι περὶ τούτου· προσλαβόντα δὲ λόγον
δυνατόν τε ταῦτα πάντα γεγονέναι καὶ τελείως πρὸς ἐπιστή-
μην ἔχειν. οὕτως σὺ τὸ ἐνύπνιον ἢ ἄλλως ἀκήκοας; 5
ΘΕΑΙ. Οὕτω μὲν οὖν παντάπασιν.
ΣΩ. Ἀρέσκει οὖν σε καὶ τίθεσαι ταύτῃ, δόξαν ἀληθῆ
μετὰ λόγου ἐπιστήμην εἶναι;
ΘΕΑΙ. Κομιδῇ μὲν οὖν.
ΣΩ. Ἆρ', ὦ Θεαίτητε, νῦν οὕτω τῇδε τῇ ἡμέρᾳ εἰλήφαμεν d
ὃ πάλαι καὶ πολλοὶ τῶν σοφῶν ζητοῦντες πρὶν εὑρεῖν
κατεγήρασαν;
ΘΕΑΙ. Ἐμοὶ γοῦν δοκεῖ, ὦ Σώκρατες, καλῶς λέγεσθαι
τὸ νῦν ῥηθέν. 5
ΣΩ. Καὶ εἰκός γε αὐτὸ τοῦτο οὕτως ἔχειν· τίς γὰρ ἂν
καὶ ἔτι ἐπιστήμη εἴη χωρὶς τοῦ λόγου τε καὶ ὀρθῆς δόξης;
ἐν μέντοι τί με τῶν ῥηθέντων ἀπαρέσκει.
ΘΕΑΙ. Τὸ ποῖον δή;
ΣΩ. Ὃ καὶ δοκεῖ λέγεσθαι κομψότατα, ὡς τὰ μὲν 10
στοιχεῖα ἄγνωστα, τὸ δὲ τῶν συλλαβῶν γένος γνωστόν. e
ΘΕΑΙ. Οὐκοῦν ὀρθῶς;
ΣΩ. Ἰστέον δή· ὥσπερ γὰρ ὁμήρους ἔχομεν τοῦ λόγου
τὰ παραδείγματα οἷς χρώμενος εἶπε πάντα ταῦτα.
ΘΕΑΙ. Ποῖα δή; 5
ΣΩ. Τὰ τῶν γραμμάτων στοιχεῖά τε καὶ συλλαβάς. ἢ οἴει
ἄλλοσέ ποι βλέποντα ταῦτα εἰπεῖν τὸν εἰπόντα ἃ λέγομεν;
ΘΕΑΙ. Οὔκ, ἀλλ' εἰς ταῦτα.
ΣΩ. Βασανίζωμεν δὴ αὐτὰ ἀναλαμβάνοντες, μᾶλλον δὲ 203
ἡμᾶς αὐτούς, οὕτως ἢ οὐχ οὕτως γράμματα ἐμάθομεν. φέρε
πρῶτον· ἆρ' αἱ μὲν συλλαβαὶ λόγον ἔχουσι, τὰ δὲ στοιχεῖα
ἄλογα;
ΘΕΑΙ. Ἴσως. 5

ΣΩ. Πάνυ μὲν οὖν καὶ ἐμοὶ φαίνεται. Σωκράτους γοῦν εἴ τις ἔροιτο τὴν πρώτην συλλαβὴν οὑτωσί· "῏Ω Θεαίτητε, λέγε τί ἐστι ΣΩ"; τί ἀποκρινῇ;

ΘΕΑΙ. Ὅτι σῖγμα καὶ ὦ.

10 ΣΩ. Οὐκοῦν τοῦτον ἔχεις λόγον τῆς συλλαβῆς;

ΘΕΑΙ. Ἔγωγε.

b ΣΩ. Ἴθι δή, οὕτως εἰπὲ καὶ τὸν τοῦ σῖγμα λόγον.

ΘΕΑΙ. Καὶ πῶς τοῦ στοιχείου τις ἐρεῖ στοιχεῖα; καὶ γὰρ δή, ὦ Σώκρατες, τό τε σῖγμα τῶν ἀφώνων ἐστί, ψόφος τις μόνον, οἷον συριττούσης τῆς γλώττης· τοῦ δ' αὖ βῆτα 5 οὔτε φωνὴ οὔτε ψόφος, οὐδὲ τῶν πλείστων στοιχείων. ὥστε πάνυ εὖ ἔχει τὸ λέγεσθαι αὐτὰ ἄλογα, ὧν γε τὰ ἐναργέστατα αὐτὰ τὰ ἑπτὰ φωνὴν μόνον ἔχει, λόγον δὲ οὐδ' ὁντινοῦν.

ΣΩ. Τουτὶ μὲν ἄρα, ὦ ἑταῖρε, κατωρθώκαμεν περὶ ἐπιστήμης.

10 ΘΕΑΙ. Φαινόμεθα.

c ΣΩ. Τί δέ; τὸ μὴ γνωστὸν εἶναι τὸ στοιχεῖον ἀλλὰ τὴν συλλαβὴν ἆρ' ὀρθῶς ἀποδεδείγμεθα;

ΘΕΑΙ. Εἰκός γε.

ΣΩ. Φέρε δή, τὴν συλλαβὴν πότερον λέγομεν τὰ ἀμφό-5 τερα στοιχεῖα, καὶ ἐὰν πλείω ᾖ ἢ δύο, τὰ πάντα, ἢ μίαν τινὰ ἰδέαν γεγονυῖαν συντεθέντων αὐτῶν;

ΘΕΑΙ. Τὰ ἅπαντα ἔμοιγε δοκοῦμεν.

ΣΩ. Ὅρα δὴ ἐπὶ δυοῖν, σῖγμα καὶ ὦ. ἀμφότερά ἐστιν ἡ πρώτη συλλαβὴ τοῦ ἐμοῦ ὀνόματος. ἄλλο τι ὁ γιγνώσκων 10 αὐτὴν τὰ ἀμφότερα γιγνώσκει;

d ΘΕΑΙ. Τί μήν;

ΣΩ. Τὸ σῖγμα καὶ τὸ ὦ ἄρα γιγνώσκει.

ΘΕΑΙ. Ναί.

ΣΩ. Τί δ'; ἑκάτερον ἆρ' ἀγνοεῖ καὶ οὐδέτερον εἰδὼς 5 ἀμφότερα γιγνώσκει;

b 6 ἔχει τὸ εὖ T   b 7 τὰ ἑπτὰ om. T, sed add. ἑπτὰ in marg.
c 2 ἀποδεδείγμεθα al.   c 4 λέγωμεν B

ΘΕΑΙ. Ἀλλὰ δεινὸν καὶ ἄλογον, ὦ Σώκρατες.

ΣΩ. Ἀλλὰ μέντοι εἴ γε ἀνάγκη ἑκάτερον γιγνώσκειν, εἴπερ ἀμφότερά τις γνώσεται, προγιγνώσκειν τὰ στοιχεῖα ἅπασα ἀνάγκη τῷ μέλλοντί ποτε γνώσεσθαι συλλαβήν, καὶ οὕτως ἡμῖν ὁ καλὸς λόγος ἀποδεδρακὼς οἰχήσεται. 10

ΘΕΑΙ. Καὶ μάλα γε ἐξαίφνης. e

ΣΩ. Οὐ γὰρ καλῶς αὐτὸν φυλάττομεν. χρῆν γὰρ ἴσως τὴν συλλαβὴν τίθεσθαι μὴ τὰ στοιχεῖα ἀλλ' ἐξ ἐκείνων ἕν τι γεγονὸς εἶδος, ἰδέαν μίαν αὐτὸ αὑτοῦ ἔχον, ἕτερον δὲ τῶν στοιχείων. 5

ΘΕΑΙ. Πάνυ μὲν οὖν· καὶ τάχα γ' ἂν μᾶλλον οὕτως ἢ 'κείνως ἔχοι.

ΣΩ. Σκεπτέον καὶ οὐ προδοτέον οὕτως ἀνάνδρως μέγαν τε καὶ σεμνὸν λόγον.

ΘΕΑΙ. Οὐ γὰρ οὖν. 10

ΣΩ. Ἐχέτω δὴ ὡς νῦν φαμεν, μία ἰδέα ἐξ ἑκάστων τῶν 204 συναρμοττόντων στοιχείων γιγνομένη ἡ συλλαβή, ὁμοίως ἕν τε γράμμασι καὶ ἐν τοῖς ἄλλοις ἅπασι.

ΘΕΑΙ. Πάνυ μὲν οὖν.

ΣΩ. Οὐκοῦν μέρη αὐτῆς οὐ δεῖ εἶναι. 5

ΘΕΑΙ. Τί δή;

ΣΩ. Ὅτι οὗ ἂν ᾖ μέρη, τὸ ὅλον ἀνάγκη τὰ πάντα μέρη εἶναι. ἢ καὶ τὸ ὅλον ἐκ τῶν μερῶν λέγεις γεγονὸς ἕν τι εἶδος ἕτερον τῶν πάντων μερῶν;

ΘΕΑΙ. Ἔγωγε. 10

ΣΩ. Τὸ δὲ δὴ πᾶν καὶ τὸ ὅλον πότερον ταὐτὸν καλεῖς ἢ ἕτερον ἑκάτερον; b

ΘΕΑΙ. Ἔχω μὲν οὐδὲν σαφές, ὅτι δὲ κελεύεις προθύμως ἀποκρίνασθαι, παρακινδυνεύων λέγω ὅτι ἕτερον.

ΣΩ. Ἡ μὲν προθυμία, ὦ Θεαίτητε, ὀρθή· εἰ δὲ καὶ ἡ ἀπόκρισις, σκεπτέον. 5

ΘΕΑΙ. Δεῖ γε δή.

ΣΩ. Οὐκοῦν διαφέροι ἂν τὸ ὅλον τοῦ παντός, ὡς ὁ νῦν λόγος;

ΘΕΑΙ. Ναί.

10 ΣΩ. Τί δὲ δή; τὰ πάντα καὶ τὸ πᾶν ἔσθ᾽ ὅτι διαφέρει; οἷον ἐπειδὰν λέγωμεν ἕν, δύο, τρία, τέτταρα, πέντε, ἕξ, καὶ
c ἐὰν δὶς τρία ἢ τρὶς δύο ἢ τέτταρά τε καὶ δύο ἢ τρία καὶ δύο καὶ ἕν, πότερον ἐν πᾶσι τούτοις τὸ αὐτὸ ἢ ἕτερον λέγομεν;

ΘΕΑΙ. Τὸ αὐτό.

ΣΩ. ᾽Αρ᾽ ἄλλο τι ἢ ἕξ;

5 ΘΕΑΙ. Οὐδέν.

ΣΩ. Οὐκοῦν ἐφ᾽ ἑκάστης λέξεως πάντα ἐξ εἰρήκαμεν;

ΘΕΑΙ. Ναί.

ΣΩ. Πᾶν δ᾽ οὐδὲν λέγομεν τὰ πάντα λέγοντες;

ΘΕΑΙ. ᾽Ανάγκη.

10 ΣΩ. ῍Η ἄλλο τι ἢ τὰ ἕξ;

ΘΕΑΙ. Οὐδέν.

d ΣΩ. Ταὐτὸν ἄρα ἕν γε τοῖς ὅσα ἐξ ἀριθμοῦ ἐστι τό τε πᾶν προσαγορεύομεν καὶ τὰ ἅπαντα;

ΘΕΑΙ. Φαίνεται.

ΣΩ. ῟Ωδε δὴ περὶ αὐτῶν λέγωμεν. ὁ τοῦ πλέθρου
5 ἀριθμὸς καὶ τὸ πλέθρον ταὐτόν· ἢ γάρ;

ΘΕΑΙ. Ναί.

ΣΩ. Καὶ ὁ τοῦ σταδίου δὴ ὡσαύτως.

ΘΕΑΙ. Ναί.

ΣΩ. Καὶ μὴν καὶ ὁ τοῦ στρατοπέδου γε καὶ τὸ στρατό-
10 πεδον, καὶ πάντα τὰ τοιαῦτα ὁμοίως; ὁ γὰρ ἀριθμὸς πᾶς τὸ ὂν πᾶν ἕκαστον αὐτῶν ἐστιν.

· b 6 γε δή W : δέ γε δή B T   b 10 ὅτι] ὅτε W   c 1 τε om. W
τρία] τρία τε W   c 2 τὸ αὐτὸ om. W   c 3 τὸ αὐτό W :
τὸ αὐτόν B : ταὐτόν T   c 6 πάντα W : πάντα τὰ B T   εὐρή-
καμεν T   c 8 πᾶν olim Campbell : πάλιν B T : πάλιν δὲ πᾶν nunc
Campbell   τὰ πάντα] τὸ πᾶν Schleiermacher : τὸ πᾶν αὐτὰ Wohlrab
c 10 ἢ om. T   d 4 περὶ] τὰ περὶ W   d 9 καὶ μὴν καὶ] καὶ
μὴν T   γε] τε W   d 11 τὸ πᾶν ὂν Heindorf

ΘΕΑΙ. Ναί.

ΣΩ. Ὁ δὲ ἑκάστων ἀριθμὸς μῶν ἄλλο τι ἢ μέρη ἐστίν; e

ΘΕΑΙ. Οὐδέν.

ΣΩ. Ὅσα ἄρα ἔχει μέρη, ἐκ μερῶν ἂν εἴη;

ΘΕΑΙ. Φαίνεται.

ΣΩ. Τὰ δέ γε πάντα μέρη τὸ πᾶν εἶναι ὡμολόγηται, 5
εἴπερ καὶ ὁ πᾶς ἀριθμὸς τὸ πᾶν ἔσται.

ΘΕΑΙ. Οὕτως.

ΣΩ. Τὸ ὅλον ἄρ' οὐκ ἔστιν ἐκ μερῶν. πᾶν γὰρ ἂν εἴη
τὰ πάντα ὂν μέρη.

ΘΕΑΙ. Οὐκ ἔοικεν. 10

ΣΩ. Μέρος δ' ἔσθ' ὅτου ἄλλου ἐστὶν ὅπερ ἐστὶν ἢ τοῦ
ὅλου;

ΘΕΑΙ. Τοῦ παντός γε.

ΣΩ. Ἀνδρικῶς γε, ὦ Θεαίτητε, μάχῃ. τὸ πᾶν δὲ οὐχ 205
ὅταν μηδὲν ἀπῇ, αὐτὸ τοῦτο πᾶν ἐστιν;

ΘΕΑΙ. Ἀνάγκη.

ΣΩ. Ὅλον δὲ οὐ ταὐτὸν τοῦτο ἔσται, οὗ ἂν μηδαμῇ
μηδὲν ἀποστατῇ; οὗ δ' ἂν ἀποστατῇ, οὔτε ὅλον οὔτε πᾶν, 5
ἅμα γενόμενον ἐκ τοῦ αὐτοῦ τὸ αὐτό;

ΘΕΑΙ. Δοκεῖ μοι νῦν οὐδὲν διαφέρειν πᾶν τε καὶ ὅλον.

ΣΩ. Οὐκοῦν ἐλέγομεν ὅτι οὗ ἂν μέρη ᾖ, τὸ ὅλῳ τε καὶ
πᾶν τὰ πάντα μέρη ἔσται;

ΘΕΑΙ. Πάνυ γε. 10

ΣΩ. Πάλιν δή, ὅπερ ἄρτι ἐπεχείρουν, οὐκ, εἴπερ ἡ
συλλαβὴ μὴ τὰ στοιχεῖά ἐστιν, ἀνάγκη αὐτὴν μὴ ὡς μέρη b
ἔχειν ἑαυτῆς τὰ στοιχεῖα, ἢ ταὐτὸν οὖσαν αὐτοῖς ὁμοίως
ἐκείνοις γνωστὴν εἶναι;

ΘΕΑΙ. Οὕτως.

ΣΩ. Οὐκοῦν τοῦτο ἵνα μὴ γένηται, ἕτερον αὐτῶν αὐτὴν 5
ἐθέμεθα;

e 5 ὁμολογεῖται B   a 5 ἂν] ἂν μὴ T   a 7 καὶ] καὶ τὸ W
a 8 καὶ] καὶ τὸ W   a 9 ἔσται] ἐστιν W

ΘΕΑΙ. Ναί.

ΣΩ. Τί δ'; εἰ μὴ τὰ στοιχεῖα συλλαβῆς μέρη ἐστίν, ἔχεις ἄλλ' ἄττα εἰπεῖν ἃ μέρη μέν ἐστι συλλαβῆς, οὐ
10 μέντοι στοιχεῖά γ' ἐκείνης;

ΘΕΑΙ. Οὐδαμῶς. εἰ γάρ, ὦ Σώκρατες, μόρι' ἄττ' αὐτῆς συγχωροίην, γελοῖόν που τὰ στοιχεῖα ἀφέντα ἐπ' ἄλλα ἰέναι.

c ΣΩ. Παντάπασι δή, ὦ Θεαίτητε, κατὰ τὸν νῦν λόγον μία τις ἰδέα ἀμέριστος συλλαβὴ ἂν εἴη.

ΘΕΑΙ. Ἔοικεν.

ΣΩ. Μέμνησαι οὖν, ὦ φίλε, ὅτι ὀλίγον ἐν τῷ πρόσθεν
5 ἀπεδεχόμεθα ἡγούμενοι εὖ λέγεσθαι ὅτι τῶν πρώτων οὐκ εἴη λόγος ἐξ ὧν τἆλλα σύγκειται, διότι αὐτὸ καθ' αὑτὸ ἕκαστον εἴη ἀσύνθετον, καὶ οὐδὲ τὸ " εἶναι" περὶ αὐτοῦ ὀρθῶς ἔχοι προσφέροντα εἰπεῖν, οὐδὲ " τοῦτο," ὡς ἕτερα καὶ ἀλλότρια λεγόμενα, καὶ αὕτη δὴ ἡ αἰτία ἄλογόν τε καὶ
10 ἄγνωστον αὐτὸ ποιοῖ;

ΘΕΑΙ. Μέμνημαι.

d ΣΩ. Ἦ οὖν ἄλλη τις ἢ αὕτη ἡ αἰτία τοῦ μονοειδές τε καὶ ἀμέριστον αὐτὸ εἶναι; ἐγὼ μὲν γὰρ οὐχ ὁρῶ ἄλλην.

ΘΕΑΙ. Οὐ γὰρ οὖν δὴ φαίνεται.

ΣΩ. Οὐκοῦν εἰς ταὐτὸν ἐμπέπτωκεν ἡ συλλαβὴ εἶδος
5 ἐκείνῳ, εἴπερ μέρη τε μὴ ἔχει καὶ μία ἐστὶν ἰδέα;

ΘΕΑΙ. Παντάπασι μὲν οὖν.

ΣΩ. Εἰ μὲν ἄρα πολλὰ στοιχεῖα ἡ συλλαβή ἐστιν καὶ ὅλον τι, μέρη δ' αὐτῆς ταῦτα, ὁμοίως αἵ τε συλλαβαὶ γνωσταὶ καὶ ῥηταὶ καὶ τὰ στοιχεῖα, ἐπείπερ τὰ πάντα μέρη τῷ
10 ὅλῳ ταὐτὸν ἐφάνη.

e ΘΕΑΙ. Καὶ μάλα.

ΣΩ. Εἰ δέ γε ἕν τε καὶ ἀμερές, ὁμοίως μὲν συλλαβή,

ὡσαύτως δὲ στοιχεῖον ἄλογόν τε καὶ ἄγνωστον· ἡ γὰρ
αὐτὴ αἰτία ποιήσει αὐτὰ τοιαῦτα.

ΘΕΑΙ. Οὐκ ἔχω ἄλλως εἰπεῖν. 5

ΣΩ. Τοῦτο μὲν ἄρα μὴ ἀποδεχώμεθα, ὃς ἂν λέγῃ συλλα-
βὴν μὲν γνωστὸν καὶ ῥητόν, στοιχεῖον δὲ τοὐναντίον.

ΘΕΑΙ. Μὴ γάρ, εἴπερ τῷ λόγῳ πειθόμεθα.

ΣΩ. Τί δ' αὖ; τοὐναντίον λέγοντος ἆρ' οὐ μᾶλλον ἂν 206
ἀποδέξαιο ἐξ ὧν αὐτὸς σύνοισθα σαυτῷ ἐν τῇ τῶν γραμμάτων
μαθήσει;

ΘΕΑΙ. Τὸ ποῖον;

ΣΩ. Ὡς οὐδὲν ἄλλο μανθάνων διετέλεσας ἢ τὰ στοιχεῖα 5
ἔν τε τῇ ὄψει διαγιγνώσκειν πειρώμενος καὶ ἐν τῇ ἀκοῇ αὐτὸ
καθ' αὑτὸ ἕκαστον, ἵνα μὴ ἡ θέσις σε ταράττοι λεγομένων
τε καὶ γραφομένων.

ΘΕΑΙ. Ἀληθέστατα λέγεις.

ΣΩ. Ἐν δὲ κιθαριστοῦ τελέως μεμαθηκέναι μῶν ἄλλο τι 10
ἦν ἢ τὸ τῷ φθόγγῳ ἑκάστῳ δύνασθαι ἐπακολουθεῖν, ποίας b
χορδῆς εἴη· ἃ δὴ στοιχεῖα πᾶς ἂν ὁμολογήσειε μουσικῆς
λέγεσθαι;

ΘΕΑΙ. Οὐδὲν ἄλλο.

ΣΩ. Ὧν μὲν ἄρ' αὐτοὶ ἔμπειροί ἐσμεν στοιχείων καὶ 5
συλλαβῶν, εἰ δεῖ ἀπὸ τούτων τεκμαίρεσθαι καὶ εἰς τὰ ἄλλα,
πολὺ τὸ τῶν στοιχείων γένος ἐναργεστέραν τε τὴν γνῶσιν
ἔχειν φήσομεν καὶ κυριωτέραν τῆς συλλαβῆς πρὸς τὸ λαβεῖν
τελέως ἕκαστον μάθημα, καὶ ἐάν τις φῇ συλλαβὴν μὲν γνω-
στόν, ἄγνωστον δὲ πεφυκέναι στοιχεῖον, ἑκόντα ἢ ἄκοντα ιο
παίζειν ἡγησόμεθ' αὐτόν.

ΘΕΑΙ. Κομιδῇ μὲν οὖν.

ΣΩ. Ἀλλὰ δὴ τούτου μὲν ἔτι κἂν ἄλλαι φανεῖεν ἀπο- c
δείξεις, ὡς ἐμοὶ δοκεῖ· τὸ δὲ προκείμενον μὴ ἐπιλαθώμεθα
δι' αὐτὰ ἰδεῖν, ὅτι δή ποτε καὶ λέγεται τὸ μετὰ δόξης

e 6 τοῦτο] τούτου Heindorf   e 7 γνωστὸν W : ἄγνωστον pr. B T
a 6 τε W : om. B T   b 1 τὸ om. B   b 2 ἃ δὴ] ἀλλ' ἢ B
c 1 ἔτι κἂν om. T

ἀληθοῦς λόγον προσγενόμενον τὴν τελεωτάτην ἐπιστήμην
5 γεγονέναι.

ΘΕΑΙ. Οὐκοῦν χρὴ ὁρᾶν.

ΣΩ. Φέρε δή, τί ποτε βούλεται τὸν λόγον ἡμῖν σημαί-
νειν; τριῶν γὰρ ἕν τί μοι δοκεῖ λέγειν.

ΘΕΑΙ. Τίνων δή;

d ΣΩ. Τὸ μὲν πρῶτον εἴη ἂν τὸ τὴν αὑτοῦ διάνοιαν ἐμ-
φανῆ ποιεῖν διὰ φωνῆς μετὰ ῥημάτων τε καὶ ὀνομάτων,
ὥσπερ εἰς κάτοπτρον ἢ ὕδωρ τὴν δόξαν ἐκτυπούμενον εἰς
τὴν διὰ τοῦ στόματος ῥοήν. ἢ οὐ δοκεῖ σοι τὸ τοιοῦτον
5 λόγος εἶναι;

ΘΕΑΙ. Ἔμοιγε.   τὸν γοῦν αὐτὸ δρῶντα λέγειν φαμέν.

ΣΩ. Οὐκοῦν αὖ τοῦτό γε πᾶς ποιεῖν δυνατὸς θᾶττον ἢ
σχολαίτερον, τὸ ἐνδείξασθαι τί δοκεῖ περὶ ἑκάστου αὐτῷ,
ὁ μὴ ἐνεὸς ἢ κωφὸς ἀπ᾽ ἀρχῆς· καὶ οὕτως ὅσοι τι ὀρθὸν
e δοξάζουσι, πάντες αὐτὸ μετὰ λόγου φανοῦνται ἔχοντες, καὶ
οὐδαμοῦ ἔτι ὀρθὴ δόξα χωρὶς ἐπιστήμης γενήσεται.

ΘΕΑΙ. Ἀληθῆ.

ΣΩ. Μὴ τοίνυν ῥᾳδίως καταγιγνώσκωμεν τὸ μηδὲν εἰρη-
5 κέναι τὸν ἀποφηνάμενον ἐπιστήμην ὃ νῦν σκοποῦμεν. ἴσως
γὰρ ὁ λέγων οὐ τοῦτο ἔλεγεν, ἀλλὰ τὸ ἐρωτηθέντα τί
ἕκαστον δυνατὸν εἶναι τὴν ἀπόκρισιν διὰ τῶν στοιχείων
207 ἀποδοῦναι τῷ ἐρομένῳ.

ΘΕΑΙ. Οἷον τί λέγεις, ὦ Σώκρατες;

ΣΩ. Οἷον καὶ Ἡσίοδος περὶ ἁμάξης λέγει τὸ " ἑκατὸν
δέ τε δούραθ᾽ ἁμάξης." ἃ ἐγὼ μὲν οὐκ ἂν δυναίμην εἰπεῖν,
5 οἶμαι δὲ οὐδὲ σύ· ἀλλ᾽ ἀγαπῶμεν ἂν ἐρωτηθέντες ὅτι ἐστὶν
ἅμαξα, εἰ ἔχοιμεν εἰπεῖν τροχοί, ἄξων, ὑπερτερία, ἄντυγες,
ζυγόν.

c 7 τὸν λόγον] τὸ λόγος Stallbaum   d 4 στόματος] σώματος W
d 6 γοῦν W : οὖν BT   d 7 αὖ W : om. BT   d 9 ἢ κωφὸς
ἀπ᾽ ἀρχῆς secl. Cobet : ἄφωνος in marg. T   e 1 φανοῦνται μετὰ λό-
γου T   e 5 τοῦ ἀποφηναμένου Heindorf   e 6 τί] τί ἐστιν W
a 5 ἀγαπῶμεν BT   ἀνερωτηθέντες B   a 6 ὑπερτερία Kuhn : ὑπερ-
τηρία B : ὑπερτήρια T

ΘΕΑΙ. Πάνυ μὲν οὖν.

ΣΩ. Ὁ δέ γε ἴσως οἴοιτ᾽ ἂν ἡμᾶς, ὥσπερ ἂν τὸ σὸν
ὄνομα ἐρωτηθέντας καὶ ἀποκρινομένους κατὰ συλλαβήν,   10
γελοίους εἶναι, ὀρθῶς μὲν δοξάζοντας καὶ λέγοντας ἃ λέ-   b
γομεν, οἰομένους δὲ γραμματικοὺς εἶναι καὶ ἔχειν τε καὶ
λέγειν γραμματικῶς τὸν τοῦ Θεαιτήτου ὀνόματος λόγον· τὸ
δ᾽ οὐκ εἶναι ἐπιστημόνως οὐδὲν λέγειν, πρὶν ἂν διὰ τῶν
στοιχείων μετὰ τῆς ἀληθοῦς δόξης ἕκαστον περαίνῃ τις,   5
ὅπερ καὶ ἐν τοῖς πρόσθε που ἐρρήθη.

ΘΕΑΙ. Ἐρρήθη γάρ.

ΣΩ. Οὕτω τοίνυν καὶ περὶ ἁμάξης ἡμᾶς μὲν ὀρθὴν ἔχειν
δόξαν, τὸν δὲ διὰ τῶν ἑκατὸν ἐκείνων δυνάμενον διελθεῖν
αὐτῆς τὴν οὐσίαν, προσλαβόντα τοῦτο, λόγον τε προσειλη-   c
φέναι τῇ ἀληθεῖ δόξῃ καὶ ἀντὶ δοξαστικοῦ τεχνικόν τε καὶ
ἐπιστήμονα περὶ ἁμάξης οὐσίας γεγονέναι, διὰ στοιχείων τὸ
ὅλον περάναντα.

ΘΕΑΙ. Οὐκοῦν εὖ δοκεῖ σοι, ὦ Σώκρατες;   5

ΣΩ. Εἰ σοί, ὦ ἑταῖρε, δοκεῖ, καὶ ἀποδέχῃ τὴν διὰ στοι-
χείου διέξοδον περὶ ἑκάστου λόγον εἶναι, τὴν δὲ κατὰ
συλλαβὰς ἢ καὶ κατὰ μεῖζον ἔτι ἀλογίαν, τοῦτό μοι λέγε,
ἵν᾽ αὐτὸ ἐπισκοπῶμεν.   d

ΘΕΑΙ. Ἀλλὰ πάνυ ἀποδέχομαι.

ΣΩ. Πότερον ἡγούμενος ἐπιστήμονα εἶναι ὁντινοῦν
ὁτουοῦν, ὅταν τὸ αὐτὸ τοτὲ μὲν τοῦ αὐτοῦ δοκῇ αὐτῷ εἶναι,
τοτὲ δὲ ἑτέρου, ἢ καὶ ὅταν τοῦ αὐτοῦ τοτὲ μὲν ἕτερον, τοτὲ   5
δὲ ἕτερον δοξάζῃ;

ΘΕΑΙ. Μὰ Δί᾽ οὐκ ἔγωγε.

ΣΩ. Εἶτα ἀμνημονεῖς ἐν τῇ τῶν γραμμάτων μαθήσει
κατ᾽ ἀρχὰς σαυτόν τε καὶ τοὺς ἄλλους δρῶντας αὐτά;

ΘΕΑΙ. Ἆρα λέγεις τῆς αὐτῆς συλλαβῆς τοτὲ μὲν ἕτε-   10
ρον, τοτὲ δὲ ἕτερον ἡγουμένους γράμμα, καὶ τὸ αὐτὸ τοτὲ   e

b 2 τε om. W   b 6 πρόσθεν ου B   b 9 τὸν] τὸ Turicenses
τῶν] τὸν T   διὰ] διὰ τοῦ T   d 3 εἶναι] εἶναι καὶ W   d 4 τοτὲ]
τότε W : ὅτε B T   αὐτῷ] αὐτὸ B

μὲν εἰς τὴν προσήκουσαν, τοτὲ δὲ εἰς ἄλλην τιθέντας
συλλαβήν;

ΣΩ. Ταῦτα λέγω.

5 ΘΕΑΙ. Μὰ Δί' οὐ τοίνυν ἀμνημονῶ, οὐδέ γέ πω
ἡγοῦμαι ἐπίστασθαι τοὺς οὕτως ἔχοντας.

ΣΩ. Τί οὖν; ὅταν ἐν τῷ τοιούτῳ καιρῷ " Θεαίτητον "
γράφων τις θῆτα καὶ εἶ οἴηταί τε δεῖν γράφειν καὶ γράψῃ,
208 καὶ αὖ " Θεόδωρον " ἐπιχειρῶν γράφειν ταῦ καὶ εἶ οἴηταί
τε δεῖν γράφειν καὶ γράψῃ, ἆρ' ἐπίστασθαι φήσομεν αὐτὸν
τὴν πρώτην τῶν ὑμετέρων ὀνομάτων συλλαβήν;

ΘΕΑΙ. Ἀλλ' ἄρτι ὡμολογήσαμεν τὸν οὕτως ἔχοντα
5 μήπω εἰδέναι.

ΣΩ. Κωλύει οὖν τι καὶ περὶ τὴν δευτέραν συλλαβὴν καὶ
τρίτην καὶ τετάρτην οὕτως ἔχειν τὸν αὐτόν;

ΘΕΑΙ. Οὐδέν γε.

ΣΩ. Ἆρ' οὖν τότε τὴν διὰ στοιχείου διέξοδον ἔχων
10 γράψει " Θεαίτητον " μετὰ ὀρθῆς δόξης, ὅταν ἑξῆς γράφῃ;

ΘΕΑΙ. Δῆλον δή.

b ΣΩ. Οὐκοῦν ἔτι ἀνεπιστήμων ὤν, ὀρθὰ δὲ δοξάζων, ὥς
φαμεν;

ΘΕΑΙ. Ναί.

ΣΩ. Λόγον γε ἔχων μετὰ ὀρθῆς δόξης. τὴν γὰρ διὰ
5 τοῦ στοιχείου ὁδὸν ἔχων ἔγραφεν, ἣν δὴ λόγον ὡμολογή-
σαμεν.

ΘΕΑΙ. Ἀληθῆ.

ΣΩ. Ἔστιν ἄρα, ὦ ἑταῖρε, μετὰ λόγου ὀρθὴ δόξα, ἣν
οὔπω δεῖ ἐπιστήμην καλεῖν.

10 ΘΕΑΙ. Κινδυνεύει.

ΣΩ. Ὄναρ δή, ὡς ἔοικεν, ἐπλουτήσαμεν οἰηθέντες ἔχειν
τὸν ἀληθέστατον ἐπιστήμης λόγον. ἢ μήπω κατηγορῶμεν;
c ἴσως γὰρ οὐ τοῦτό τις αὐτὸν ὁριεῖται, ἀλλὰ τὸ λοιπὸν

e 8 οἴηταί] οἴεταί BT et mox a 1   τε om. W   a 2 τε]
τι W   b 1 δὲ om. W   b 5 ἔγραψεν W   b 8 ἄρα ἔστιν W
b 9 καλεῖ B

εἶδος τῶν τριῶν, ὧν ἕν γέ τι ἔφαμεν λόγον θήσεσθαι τὸν
ἐπιστήμην ὁριζόμενον δόξαν εἶναι ὀρθὴν μετὰ λόγου.

ΘΕΑΙ. Ὀρθῶς ὑπέμνησας· ἔτι γὰρ ἐν λοιπόν. τὸ μὲν
γὰρ ἦν διανοίας ἐν φωνῇ ὥσπερ εἴδωλον, τὸ δ' ἄρτι λεχθὲν 5
διὰ στοιχείου ὁδὸς ἐπὶ τὸ ὅλον· τὸ δὲ δὴ τρίτον τί λέγεις;

ΣΩ. Ὅπερ ἂν οἱ πολλοὶ εἴποιεν, τὸ ἔχειν τι σημεῖον
εἰπεῖν ᾧ τῶν ἁπάντων διαφέρει τὸ ἐρωτηθέν.

ΘΕΑΙ. Οἷον τίνα τίνος ἔχεις μοι λόγον εἰπεῖν;

ΣΩ. Οἷον, εἰ βούλει, ἡλίου πέρι ἱκανὸν οἶμαί σοι εἶναι d
ἀποδέξασθαι, ὅτι τὸ λαμπρότατόν ἐστι τῶν κατὰ τὸν οὐρανὸν
ἰόντων περὶ γῆν.

ΘΕΑΙ. Πάνυ μὲν οὖν.

ΣΩ. Λαβὲ δὴ οὗ χάριν εἴρηται. ἔστι δὲ ὅπερ ἄρτι 5
ἐλέγομεν, ὡς ἄρα τὴν διαφορὰν ἑκάστου ἂν λαμβάνῃς ᾗ τῶν
ἄλλων διαφέρει, λόγον, ὥς φασί τινες, λήψῃ· ἕως δ' ἂν
κοινοῦ τινος ἐφάπτῃ, ἐκείνων πέρι σοι ἔσται ὁ λόγος ὧν ἂν
ἡ κοινότης ᾖ.

ΘΕΑΙ. Μανθάνω· καί μοι δοκεῖ καλῶς ἔχειν λόγον τὸ e
τοιοῦτον καλεῖν.

ΣΩ. Ὃς δ' ἂν μετ' ὀρθῆς δόξης περὶ ὁτουοῦν τῶν ὄντων
τὴν διαφορὰν τῶν ἄλλων προσλάβῃ, αὐτοῦ ἐπιστήμων γεγονὼς
ἔσται οὗ πρότερον ἦν δοξαστής. 5

ΘΕΑΙ. Φαμέν γε μὴν οὕτω.

ΣΩ. Νῦν δῆτα, ὦ Θεαίτητε, παντάπασιν ἔγωγε, ἐπειδὴ
ἐγγὺς ὥσπερ σκιαγραφήματος γέγονα τοῦ λεγομένου, συνίημι
οὐδὲ σμικρόν· ἕως δὲ ἀφειστήκη πόρρωθεν, ἐφαίνετό τί μοι
λέγεσθαι. 10

ΘΕΑΙ. Πῶς τί τοῦτο;

ΣΩ. Φράσω, ἐὰν οἷός τε γένωμαι. ὀρθὴν ἔγωγε ἔχων 209

c 2 φαμὲν W   d 3 περὶ γῆν ἰόντων W   d 4 πάνυ μὲν οὖν
. . . 209 a 2 λόγον T W : om. B D   d 7 διαφέρει W : om. T
d 8 ἐκείνων] ἐκείνου W   σοι] ἴσως W   ὧν] ᾧ W   e 4 ἄλλων]
ὄντων W   e 5 οὗ] οὖπερ W   e 6 μὴν] νῦν W   e 7 παντά-
πασιν ἔγωγε W : παντάπασί γε ἐγὼ T   e 9 ἀφειστήκη Schanz :
ἀφεστήκη T : ἀφεστήκει W   a 1 ἔγωγε W : ἐγὼ T

PLATO, VOL. I.   23

δόξαν περὶ σοῦ, ἐὰν μὲν προσλάβω τὸν σὸν λόγον, γιγνώσκω
δή σε, εἰ δὲ μή, δοξάζω μόνον.

ΘΕΑΙ. Ναί.

5 ΣΩ. Λόγος δέ γε ἦν ἡ τῆς σῆς διαφορότητος ἑρμηνεία.

ΘΕΑΙ. Οὕτως.

ΣΩ. Ἡνίκ᾽ οὖν ἐδόξαζον μόνον, ἄλλο τι ᾧ τῶν ἄλλων
διαφέρεις, τούτων οὐδενὸς ἡπτόμην τῇ διανοίᾳ;

ΘΕΑΙ. Οὐκ ἔοικε.

10 ΣΩ. Τῶν κοινῶν τι ἄρα διενοούμην, ὧν οὐδὲν σὺ μᾶλλον
ἤ τις ἄλλος ἔχει.

b ΘΕΑΙ. Ἀνάγκη.

ΣΩ. Φέρε δὴ πρὸς Διός· πῶς ποτε ἐν τῷ τοιούτῳ σὲ
μᾶλλον ἐδόξαζον ἢ ἄλλον ὁντινοῦν; θὲς γάρ με διανοούμενον
ὡς ἔστιν οὗτος Θεαίτητος, ὃς ἂν ᾖ τε ἄνθρωπος καὶ ἔχῃ
5 ῥῖνα καὶ ὀφθαλμοὺς καὶ στόμα καὶ οὕτω δὴ ἐν ἕκαστον τῶν
μελῶν. αὕτη οὖν ἡ διάνοια ἔσθ᾽ ὅτι μᾶλλον ποιήσει με
Θεαίτητον ἢ Θεόδωρον διανοεῖσθαι, ἢ τῶν λεγομένων
Μυσῶν τὸν ἔσχατον;

ΘΕΑΙ. Τί γάρ;

10 ΣΩ. Ἀλλ᾽ ἐὰν δὴ μὴ μόνον τὸν ἔχοντα ῥῖνα καὶ ὀφθαλ-
c μοὺς διανοηθῶ, ἀλλὰ καὶ τὸν σιμόν τε καὶ ἐξόφθαλμον, μή
τι σὲ αὖ μᾶλλον δοξάσω ἢ ἐμαυτὸν ἢ ὅσοι τοιοῦτοι;

ΘΕΑΙ. Οὐδέν.

ΣΩ. Ἀλλ᾽ οὐ πρότερόν γε, οἶμαι, Θεαίτητος ἐν ἐμοὶ
5 δοξασθήσεται, πρὶν ἂν ἡ σιμότης αὕτη τῶν ἄλλων σιμοτή-
των ὧν ἐγὼ ἑώρακα διάφορόν τι μνημεῖον παρ᾽ ἐμοὶ ἐνσημη-
ναμένη κατάθηται—καὶ τἆλλα οὕτω ἐξ ὧν εἶ σύ—ἥ με, καὶ
ἐὰν αὔριον ἀπαντήσω, ἀναμνήσει καὶ ποιήσει ὀρθὰ δοξάζειν
περὶ σοῦ.

10 ΘΕΑΙ. Ἀληθέστατα.

a 2 γιγνώσκω in hac voce redit B   a 9 ἔοικε] ἔγωγε B   b 7 τὸ
λεγόμενον Cornarius   c 1 μή τι] μήτε W   c 7 εἰ σύ ἤ με W
(sed ἤ postea additum): εἰ σὺ ἐμὲ B : εἴσει ἐμὲ T   c 8 ἀναμνήσεις
... ποιήσεις T

ΣΩ. Περὶ τὴν διαφορότητα ἄρα καὶ ἡ ὀρθὴ δόξα ἂν εἴη **d**
ἑκάστου πέρι.

ΘΕΑΙ. Φαίνεταί γε.

ΣΩ. Τὸ οὖν προσλαβεῖν λόγον τῇ ὀρθῇ δόξῃ τί ἂν ἔτι
εἴη; εἰ μὲν γὰρ προσδοξάσαι λέγει ᾗ διαφέρει τι τῶν 5
ἄλλων, πάνυ γελοία γίγνεται ἡ ἐπίταξις.

ΘΕΑΙ. Πῶς;

ΣΩ. Ὧν ὀρθὴν δόξαν ἔχομεν ᾗ τῶν ἄλλων διαφέρει,
τούτων προσλαβεῖν κελεύει ἡμᾶς ὀρθὴν δόξαν ᾗ τῶν ἄλλων
διαφέρει. καὶ οὕτως ἡ μὲν σκυτάλης ἢ ὑπέρου ἢ ὅτου δὴ 10
λέγεται περιτροπὴ πρὸς ταύτην τὴν ἐπίταξιν οὐδὲν ἂν λέγοι, **e**
τυφλοῦ δὲ παρακέλευσις ἂν καλοῖτο δικαιότερον· τὸ γάρ,
ἃ ἔχομεν, ταῦτα προσλαβεῖν κελεύειν, ἵνα μάθωμεν ἃ
δοξάζομεν, πάνυ γενναίως ἔοικεν ἐσκοτωμένῳ.

ΘΕΑΙ. Εἰπὲ δὴ τί νυνδὴ ὡς ἐρῶν ἐπύθου; 5

ΣΩ. Εἰ τὸ λόγον, ὦ παῖ, προσλαβεῖν γνῶναι κελεύει,
ἀλλὰ μὴ δοξάσαι τὴν διαφορότητα, ἡδὺ χρῆμ᾽ ἂν εἴη τοῦ
καλλίστου τῶν περὶ ἐπιστήμης λόγου. τὸ γὰρ γνῶναι
ἐπιστήμην που λαβεῖν ἐστιν· ἦ γάρ; **210**

ΘΕΑΙ. Ναί.

ΣΩ. Οὐκοῦν ἐρωτηθείς, ὡς ἔοικε, τί ἐστιν ἐπιστήμη,
ἀποκρινεῖται ὅτι δόξα ὀρθὴ μετὰ ἐπιστήμης διαφορότητος.
λόγου γὰρ πρόσληψις τοῦτ᾽ ἂν εἴη κατ᾽ ἐκεῖνον. 5

ΘΕΑΙ. Ἔοικεν.

ΣΩ. Καὶ παντάπασί γε εὔηθες, ζητούντων ἡμῶν ἐπιστή-
μην, δόξαν φάναι ὀρθὴν εἶναι μετ᾽ ἐπιστήμης εἴτε διαφορό-
τητος εἴτε ὁτουοῦν. οὔτε ἄρα αἴσθησις, ὦ Θεαίτητε, οὔτε
δόξα ἀληθὴς οὔτε μετ᾽ ἀληθοῦς δόξης λόγος προσγιγνόμενος **b**
ἐπιστήμη ἂν εἴη.

ΘΕΑΙ. Οὐκ ἔοικεν.

d 6 ἀπόταξις B   d 9 ἡμᾶς κελεύει T   d 10 σκυτάλης ἢ] σκυ-
τάλη σὴ T   e 2 δὲ] δὲ καὶ W   e 4 δοξάζωμεν T   e 5 εἰπὲ
δὴ T et in marg. W : εἰ γε δὴ B : εἴ γε δὴ B² W   ὡς ἕτερον ὑπέθου
Badham   e 8 ἐπιστήμην T   b 1 μετὰ δόξης ἀληθοῦς W

ΣΩ. Ἦ οὖν ἔτι κυοῦμέν τι καὶ ὠδίνομεν, ὦ φίλε, περὶ
5 ἐπιστήμης, ἢ πάντα ἐκτετόκαμεν;

ΘΕΑΙ. Καὶ ναὶ μὰ Δί᾽ ἔγωγε πλείω ἢ ὅσα εἶχον ἐν
ἐμαυτῷ διὰ σὲ εἴρηκα.

ΣΩ. Οὐκοῦν ταῦτα μὲν πάντα ἡ μαιευτικὴ ἡμῖν τέχνη
ἀνεμιαῖά φησι γεγενῆσθαι καὶ οὐκ ἄξια τροφῆς;

10 ΘΕΑΙ. Παντάπασι μὲν οὖν.

ΣΩ. Ἐὰν τοίνυν ἄλλων μετὰ ταῦτα ἐγκύμων ἐπιχειρῇς
c γίγνεσθαι, ὦ Θεαίτητε, ἐάντε γίγνῃ, βελτιόνων ἔσῃ πλήρης
διὰ τὴν νῦν ἐξέτασιν, ἐάντε κενὸς ᾖς, ἧττον ἔσῃ βαρὺς τοῖς
συνοῦσι καὶ ἡμερώτερος σωφρόνως οὐκ οἰόμενος εἰδέναι ἃ
μὴ οἶσθα. τοσοῦτον γὰρ μόνον ἡ ἐμὴ τέχνη δύναται, πλέον
5 δὲ οὐδέν, οὐδέ τι οἶδα ὧν οἱ ἄλλοι, ὅσοι μεγάλοι καὶ θαυ-
μάσιοι ἄνδρες εἰσί τε καὶ γεγόνασιν· τὴν δὲ μαιείαν ταύτην
ἐγώ τε καὶ ἡ μήτηρ ἐκ θεοῦ ἐλάχομεν, ἡ μὲν τῶν γυναικῶν,
d ἐγὼ δὲ τῶν νέων τε καὶ γενναίων καὶ ὅσοι καλοί. νῦν μὲν
οὖν ἀπαντητέον μοι εἰς τὴν τοῦ βασιλέως στοὰν ἐπὶ τὴν
Μελήτου γραφὴν ἥν με γέγραπται· ἕωθεν δέ, ὦ Θεόδωρε,
δεῦρο πάλιν ἀπαντῶμεν.

b 8 πάντα] ἅπαντα T   b 9 φασι W   καὶ om. T   b 11 τοίνυν]
οὖν τοίνυν B   c 3 συνοῦσι] οὖσι B

ΣΟΦΙΣΤΗΣ

ΘΕΟΔΩΡΟΣ   ΣΩΚΡΑΤΗΣ

ΕΛΕΑΤΗΣ   ΞΕΝΟΣ   ΘΕΑΙΤΗΤΟΣ

ΘΕΟ. Κατὰ τὴν χθὲς ὁμολογίαν, ὦ Σώκρατες, ἥκομεν a
αὐτοί τε κοσμίως καὶ τόνδε τινὰ ξένον ἄγομεν, τὸ μὲν
γένος ἐξ Ἐλέας, ἑταῖρον δὲ τῶν ἀμφὶ Παρμενίδην καὶ
Ζήνωνα [ἑταίρων], μάλα δὲ ἄνδρα φιλόσοφον.

ΣΩ. Ἆρ' οὖν, ὦ Θεόδωρε, οὐ ξένον ἀλλά τινα θεὸν 5
ἄγων κατὰ τὸν Ὁμήρου λόγον λέληθας; ὅς φησιν ἄλλους
τε θεοὺς τοῖς ἀνθρώποις ὁπόσοι μετέχουσιν αἰδοῦς δικαίας, b
καὶ δὴ καὶ τὸν ξένιον οὐχ ἥκιστα θεὸν συνοπαδὸν γιγνό-
μενον ὕβρεις τε καὶ εὐνομίας τῶν ἀνθρώπων καθορᾶν. τάχ'
οὖν ἂν καὶ σοί τις οὗτος τῶν κρειττόνων συνέποιτο, φαύλους
ἡμᾶς ὄντας ἐν τοῖς λόγοις ἐποψόμενός τε καὶ ἐλέγξων, θεὸς 5
ὤν τις ἐλεγκτικός.

ΘΕΟ. Οὐχ οὗτος ὁ τρόπος, ὦ Σώκρατες, τοῦ ξένου,
ἀλλὰ μετριώτερος τῶν περὶ τὰς ἔριδας ἐσπουδακότων. καί
μοι δοκεῖ θεὸς μὲν ἀνὴρ οὐδαμῶς εἶναι, θεῖος μήν· πάντας
γὰρ ἐγὼ τοὺς φιλοσόφους τοιούτους προσαγορεύω. c

ΣΩ. Καὶ καλῶς γε, ὦ φίλε. τοῦτο μέντοι κινδυνεύει τὸ

a 2 τινὰ] τὸν W   a 3 τῶν W : τὸν B T   Παρμενείδην B ut solet
a 4 ἑταίρων secl. Upton   a 6 ἄλλους] ἀλλήλους B   b 4 οὕτως W
b 9 ἀνὴρ Bekker : ἀνὴρ B T   c 2 καὶ om. B   γε] γὰρ W

γένος οὐ πολύ τι ῥᾷον ὡς ἔπος εἰπεῖν εἶναι διακρίνειν ἢ τὸ
τοῦ θεοῦ· πάνυ γὰρ ἄνδρες οὗτοι παντοῖοι φανταζόμενοι διὰ
5 τὴν τῶν ἄλλων ἄγνοιαν "ἐπιστρωφῶσι πόληας," οἱ μὴ
πλαστῶς ἀλλ᾽ ὄντως φιλόσοφοι, καθορῶντες ὑψόθεν τὸν
τῶν κάτω βίον, καὶ τοῖς μὲν δοκοῦσιν εἶναι τοῦ μηδενὸς
[τίμιοι], τοῖς δ᾽ ἄξιοι τοῦ παντός· καὶ τοτὲ μὲν πολιτικοὶ
d φαντάζονται, τοτὲ δὲ σοφισταί, τοτὲ δ᾽ ἔστιν οἷς δόξαν
παράσχοιντ᾽ ἂν ὡς παντάπασιν ἔχοντες μανικῶς. τοῦ μέντοι
ξένου ἡμῖν ἡδέως ἂν πυνθανοίμην, εἰ φίλον αὐτῷ, τί ταῦθ᾽
217 οἱ περὶ τὸν ἐκεῖ τόπον ἡγοῦντο καὶ ὠνόμαζον.

ΘΕΟ. Τὰ ποῖα δή;

ΣΩ. Σοφιστήν, πολιτικόν, φιλόσοφον.

ΘΕΟ. Τί δὲ μάλιστα καὶ τὸ ποῖόν τι περὶ αὐτῶν δια-
5 πορηθεὶς ἐρέσθαι διενοήθης;

ΣΩ. Τόδε· πότερον ἐν πάντα ταῦτα ἐνόμιζον ἢ δύο, ἢ
καθάπερ τὰ ὀνόματα τρία, τρία καὶ τὰ γένη διαιρούμενοι
καθ᾽ ἓν ὄνομα [γένος] ἑκάστῳ προσῆπτον;

ΘΕΟ. Ἀλλ᾽ οὐδείς, ὡς ἐγῷμαι, φθόνος αὐτῷ διελθεῖν
10 αὐτά· ἢ πῶς, ὦ ξένε, λέγωμεν;

b ΞΕ. Οὕτως, ὦ Θεόδωρε. φθόνος μὲν γὰρ οὐδεὶς οὐδὲ
χαλεπὸν εἰπεῖν ὅτι γε τρί᾽ ἡγοῦντο· καθ᾽ ἕκαστον μὴν διορί-
σασθαι σαφῶς τί ποτ᾽ ἔστιν, οὐ σμικρὸν οὐδὲ ῥᾴδιον ἔργον.

ΘΕΟ. Καὶ μὲν δὴ κατὰ τύχην γε, ὦ Σώκρατες, λόγων
5 ἐπελάβου παραπλησίων ὧν καὶ πρὶν ἡμᾶς δεῦρ᾽ ἐλθεῖν
διερωτῶντες αὐτὸν ἐτυγχάνομεν, ὁ δὲ ταὐτὰ ἅπερ πρὸς σὲ
νῦν καὶ τότε ἐσκήπτετο πρὸς ἡμᾶς· ἐπεὶ διακηκοέναι γέ
φησιν ἱκανῶς καὶ οὐκ ἀμνημονεῖν.

c ΣΩ. Μὴ τοίνυν, ὦ ξένε, ἡμῶν τήν γε πρώτην αἰτησάντων
χάριν ἀπαρνηθεὶς γένῃ, τοσόνδε δ᾽ ἡμῖν φράζε. πότερον

c 3 πολύ Β Τ et s. v. W : πάνυ pr. W   c 4 τοῦ θεοῦ] τῶν θεῶν Cobet
ἄνδρες Bekker : ἄνδρες Β Τ   c 5 οἱ μὴ . . . φιλόσοφοι secl. Cobet
c 8 τίμιοι secl. Madvig : ἄξιοι et mox τοῖς δὲ τοῦ παντός Cobet
a 6 ταῦτα πάντα W   a 7 τὰ γένη Τ : γένη Β   a 8 γένος secl.
Schleiermacher : γένει Stephanus : ἑνὶ Cobet   a 10 λέγομεν W
b 5 ὧν καὶ ἡμεῖς πρὶν Cobet : καὶ ἡμεῖς πρὶν Schanz

εἴωθας ἥδιον αὐτὸς ἐπὶ σαυτοῦ μακρῷ λόγῳ διεξιέναι λέγων
τοῦτο ὃ ἂν ἐνδείξασθαί τῳ βουληθῇς, ἢ δι' ἐρωτήσεων, οἷόν
ποτε καὶ Παρμενίδῃ χρωμένῳ καὶ διεξιόντι λόγους παγκάλους 5
παρεγενόμην ἐγὼ νέος ὤν, ἐκείνου μάλα δὴ τότε ὄντος
πρεσβύτου;

ΞΕ. Τῷ μέν, ὦ Σώκρατες, ἀλύπως τε καὶ εὐηνίως προσ- d
διαλεγομένῳ ῥᾷον οὕτω, τὸ πρὸς ἄλλον· εἰ δὲ μή, τὸ καθ'
αὑτόν.

ΣΩ. Ἔξεστι τοίνυν τῶν παρόντων ὃν ἂν βουληθῇς ἐκ-
λέξασθαι, πάντες γὰρ ὑπακούσονταί σοι πρᾴως· συμβούλῳ 5
μὴν ἐμοὶ χρώμενος τῶν νέων τινὰ αἱρήσῃ, Θεαίτητον τόνδε,
ἢ καὶ τῶν ἄλλων εἴ τίς σοι κατὰ νοῦν.

ΞΕ. Ὦ Σώκρατες, αἰδώς τίς μ' ἔχει τὸ νῦν πρῶτον συγ-
γενόμενον ὑμῖν μὴ κατὰ σμικρὸν ἔπος πρὸς ἔπος ποιεῖσθαι
τὴν συνουσίαν, ἀλλ' ἐκτείναντα ἀπομηκύνειν λόγον συχνὸν e
κατ' ἐμαυτόν, εἴτε καὶ πρὸς ἕτερον, οἷον ἐπίδειξιν ποιού-
μενον· τῷ γὰρ ὄντι τὸ νῦν ῥηθὲν οὐχ ὅσον ὧδε ἐρωτηθὲν
ἐλπίσειεν ἂν αὐτὸ εἶναί τις, ἀλλὰ τυγχάνει λόγου παμμήκους
ὄν. τὸ δὲ αὖ σοὶ μὴ χαρίζεσθαι καὶ τοῖσδε, ἄλλως τε καὶ 5
σοῦ λέξαντος ὡς εἶπες, ἄξενόν τι καταφαίνεταί μοι καὶ
ἄγριον. ἐπεὶ Θεαίτητόν γε τὸν προσδιαλεγόμενον εἶναι 218
δέχομαι παντάπασιν ἐξ ὧν αὐτός τε πρότερον διείλεγμαι καὶ
σὺ τὰ νῦν μοι διακελεύῃ.

ΘΕΑΙ. Δρᾶ τοίνυν, ὦ ξένε, οὕτω καὶ καθάπερ εἶπε
Σωκράτης πᾶσιν κεχαρισμένος ἔσῃ. 5

ΞΕ. Κινδυνεύει πρὸς μὲν ταῦτα οὐδὲν ἔτι λεκτέον εἶναι,
Θεαίτητε· πρὸς δὲ σὲ ἤδη τὸ μετὰ τοῦτο, ὡς ἔοικε, γίγνοιτο
ἂν ὁ λόγος. ἂν δ' ἄρα τι τῷ μήκει πονῶν ἄχθῃ, μὴ ἐμὲ
αἰτιᾶσθαι τούτων, ἀλλὰ τούσδε τοὺς σοὺς ἑταίρους.

c 4 οἴων W   c 5 καὶ secludendum putat Schanz   d 8 τὸ νῦν
T W : τὸν νοῦν B   e 2 οἷον Ast : ὅσον B T   e 5 τε] δὲ T
e 6 εἶπας W   a 3 διακελεύῃ] παρακελεύῃ W   a 4 δρᾶ Badham :
ἄρα B : ἆρα T W   a 6 εἶναι λεκτέον W   a 7 ὦ Θεαίτητε Schanz
a 8 μὴ ἐμὲ T W : μὴμὲ Cobet : μή με B

b   ΘΕΑΙ. 'Αλλ' οἶμαι μὲν δὴ νῦν οὕτως οὐκ ἀπερεῖν· ἂν δ'
ἄρα τι τοιοῦτον γίγνηται, καὶ τόνδε παραληψόμεθα Σωκράτη,
τὸν Σωκράτους μὲν ὁμώνυμον, ἐμὸν δὲ ἡλικιώτην καὶ συγ-
γυμναστήν, ᾧ συνδιαπονεῖν μετ' ἐμοῦ τὰ πολλὰ οὐκ ἄηθες.

5   ΞΕ. Εὖ λέγεις, καὶ ταῦτα μὲν ἰδίᾳ βουλεύσῃ προϊόντος
τοῦ λόγου· κοινῇ δὲ μετ' ἐμοῦ σοι συσκεπτέον ἀρχομένῳ
πρῶτον, ὡς ἐμοὶ φαίνεται, νῦν ἀπὸ τοῦ σοφιστοῦ, ζητοῦντι
c   καὶ ἐμφανίζοντι λόγῳ τί ποτ' ἔστι. νῦν γὰρ δὴ σύ τε κἀγὼ
τούτου πέρι τοὔνομα μόνον ἔχομεν κοινῇ, τὸ δὲ ἔργον ἐφ'
ᾧ καλοῦμεν ἑκάτερος τάχ' ἂν ἰδίᾳ παρ' ἡμῖν αὐτοῖς ἔχοιμεν·
δεῖ δὲ ἀεὶ παντὸς πέρι τὸ πρᾶγμα αὐτὸ μᾶλλον διὰ λόγων ἢ
5 τοὔνομα μόνον συνωμολογῆσθαι χωρὶς λόγου. τὸ δὲ φῦλον
ὃ νῦν ἐπινοοῦμεν ζητεῖν οὐ πάντων ῥᾷστον συλλαβεῖν τί
ποτ' ἔστιν, ὁ σοφιστής· ὅσα δ' αὖ τῶν μεγάλων δεῖ δια-
πονεῖσθαι καλῶς, περὶ τῶν τοιούτων δέδοκται πᾶσιν καὶ πάλαι
d   τὸ πρότερον ἐν σμικροῖς καὶ ῥᾴοσιν αὐτὰ δεῖν μελετᾶν, πρὶν
ἐν αὐτοῖς τοῖς μεγίστοις. νῦν οὖν, ὦ Θεαίτητε, ἔγωγε καὶ
νῷν οὕτω συμβουλεύω, χαλεπὸν καὶ δυσθήρευτον ἡγησαμένοις
εἶναι τὸ τοῦ σοφιστοῦ γένος πρότερον ἐν ἄλλῳ ῥᾴονι τὴν
5 μέθοδον αὐτοῦ προμελετᾶν, εἰ μὴ σύ ποθεν εὐπετεστέραν
ἔχεις εἰπεῖν ἄλλην ὁδόν.

     ΘΕΑΙ. 'Αλλ' οὐκ ἔχω.

     ΞΕ. Βούλει δῆτα περί τινος τῶν φαύλων μετιόντες
πειραθῶμεν παράδειγμα αὐτὸ θέσθαι τοῦ μείζονος;

e   ΘΕΑΙ. Ναί.

     ΞΕ. Τί δῆτα προταξαίμεθ' ἂν εὔγνωστον μὲν καὶ σμι-
κρόν, λόγον δὲ μηδενὸς ἐλάττονα ἔχον τῶν μειζόνων; οἷον
ἀσπαλιευτής· ἆρ' οὐ πᾶσί τε γνώριμον καὶ σπουδῆς οὐ πάνυ
5 τι πολλῆς τινος ἐπάξιον;

     ΘΕΑΙ. Οὕτως.

b 3 συνηλικιώτην T   b 4 τὰ πολλὰ μετ' ἐμοῦ W   c 1 τε W:
om. B T   c 3 αὐτοῖς ἡμῖν W   c 5 συνομολογήσασθαι B : συνο-
μολογεῖσθαι W   c 7 ὁ σοφιστής secl. Cobet   c 8 τῶν τοιούτων]
τούτων Stobaeus   d 1 πρὶν] πρὶν ἂν W   d 8 δῆτα] δὴ W

ΞΕ. Μέθοδον μὴν αὐτὸν ἐλπίζω καὶ λόγον οὐκ ἀνεπιτή- **219**
δειον ἡμῖν ἔχειν πρὸς ὃ βουλόμεθα.

ΘΕΑΙ. Καλῶς ἂν ἔχοι.

ΞΕ. Φέρε δή, τῇδε ἀρχώμεθα αὐτοῦ. καί μοι λέγε·
ΙΙΙπότερον ὡς τεχνίτην αὐτὸν ἢ τινα ἄτεχνον, ἄλλην δὲ 5
δύναμιν ἔχοντα θήσομεν;

ΘΕΑΙ. Ἥκιστά γε ἄτεχνον.

ΞΕ. Ἀλλὰ μὴν τῶν γε τεχνῶν πασῶν σχεδὸν εἴδη δύο.

ΘΕΑΙ. Πῶς;

ΞΕ. Γεωργία μὲν καὶ ὅση περὶ τὸ θνητὸν πᾶν σῶμα 10
θεραπεία, τό τε αὖ περὶ τὸ σύνθετον καὶ πλαστόν, ὃ δὴ
σκεῦος ὠνομάκαμεν, ἥ τε μιμητική, σύμπαντα ταῦτα δικαιότατ' **b**
ἂν ἑνὶ προσαγορεύοιτ' ἂν ὀνόματι.

ΘΕΑΙ. Πῶς καὶ τίνι;

ΞΕ. Πᾶν ὅπερ ἂν μὴ πρότερόν τις ὂν ὕστερον εἰς οὐσίαν
ἄγῃ, τὸν μὲν ἄγοντα ποιεῖν, τὸ δὲ ἀγόμενον ποιεῖσθαί πού 5
φαμεν.

ΘΕΑΙ. Ὀρθῶς.

ΞΕ. Τὰ δέ γε νυνδὴ ⟨ἂ⟩ διήλθομεν ἄπαντα εἶχεν εἰς
τοῦτο τὴν αὐτῶν δύναμιν.

ΘΕΑΙ. Εἶχε γὰρ οὖν.   10

ΞΕ. Ποιητικὴν τοίνυν αὐτὰ συγκεφαλαιωσάμενοι προσ-
είπωμεν.

ΘΕΑΙ. Ἔστω.   **c**

ΞΕ. Τὸ δὴ μαθηματικὸν αὖ μετὰ τοῦτο εἶδος ὅλον καὶ
τὸ τῆς γνωρίσεως τό τε χρηματιστικὸν καὶ ἀγωνιστικὸν καὶ
θηρευτικόν, ἐπειδὴ δημιουργεῖ μὲν οὐδὲν τούτων, τὰ δὲ ὄντα
καὶ γεγονότα τὰ μὲν χειροῦται λόγοις καὶ πράξεσι, τὰ δὲ τοῖς 5
χειρουμένοις οὐκ ἐπιτρέπει, μάλιστ' ἄν που διὰ ταῦτα συν-
άπαντα τὰ μέρη τέχνῃ τις κτητικὴ λεχθεῖσα ἂν διαπρέψειεν.

a 3 καλῶς] καλῶς τοίνυν W   a 6 θήσομεν] φήσομεν W   a 7 γε
om. B   b 1 δικαιότατ' ἂν] δικαιότατα W Stobaeus   b 4 ἂν]
ἂν W   b 8 ἂ om. B T W   c 2 δὴ] δὲ Heindorf   c 7 ἂν
διαγράψειεν T : ἀντρέψειεν Stobaeus

ΘΕΑΙ. Ναί· πρέποι γὰρ ἄν.

d ΞΕ. Κτητικῆς δὴ καὶ ποιητικῆς συμπασῶν οὐσῶν τῶν τεχνῶν ἐν ποτέρᾳ τὴν ἀσπαλιευτικήν, ὦ Θεαίτητε, τιθῶμεν;

ΘΕΑΙ. Ἐν κτητικῇ που δῆλον.

ΞΕ. Κτητικῆς δὲ ἆρ' οὐ δύο εἴδη; τὸ μὲν ἑκόντων πρὸς
5 ἑκόντας μεταβλητικὸν ὂν διά τε δωρεῶν καὶ μισθώσεων καὶ
ἀγοράσεων, τὸ δὲ λοιπόν, ἢ κατ' ἔργα ἢ κατὰ λόγους χειρού-
μενον σύμπαν, χειρωτικὸν ἂν εἴη;

ΘΕΑΙ. Φαίνεται γοῦν ἐκ τῶν εἰρημένων.

ΞΕ. Τί δέ; τὴν χειρωτικὴν ἆρ' οὐ διχῇ τμητέον;
10 ΘΕΑΙ. Πῇ;

e ΞΕ. Τὸ μὲν ἀναφανδὸν ὅλον ἀγωνιστικὸν θέντας, τὸ δὲ
κρυφαῖον αὐτῆς πᾶν θηρευτικόν.

ΘΕΑΙ. Ναί.

ΞΕ. Τὴν δέ γε μὴν θηρευτικὴν ἄλογον τὸ μὴ οὐ τέμνειν
5 διχῇ.

ΘΕΑΙ. Λέγε ὅπη.

ΞΕ. Τὸ μὲν ἀψύχου γένους διελομένους, τὸ δ' ἐμψύχου.

ΘΕΑΙ. Τί μήν; εἴπερ ἔστον γε ἄμφω.

220 ΞΕ. Πῶς δὲ οὐκ ἔστον; καὶ δεῖ γε ἡμᾶς τὸ μὲν
τῶν ἀψύχων, ἀνώνυμον ὂν πλὴν κατ' ἔνια τῆς κολυμ-
βητικῆς ἄττα μέρη καὶ τοιαῦτ' ἄλλα βραχέα, χαίρειν
ἐᾶσαι, τὸ δέ, τῶν ἐμψύχων ζῴων οὖσαν θήραν, προσειπεῖν
5 ζῳοθηρικήν.

ΘΕΑΙ. Ἔστω.

ΞΕ. Ζῳοθηρικῆς δὲ ἆρ' οὐ διπλοῦν εἶδος ἂν λέγοιτο ἐν
δίκῃ, τὸ μὲν πεζοῦ γένους, πολλοῖς εἴδεσι καὶ ὀνόμασι
διῃρημένον, πεζοθηρικόν, τὸ δ' ἕτερον νευστικοῦ ζῴου πᾶν
10 ἐνυγροθηρικόν;

ΘΕΑΙ. Πάνυ γε.

c 8 ναί secl. Cobet   d 5 ἀγοράσεων καὶ μισθώσεων T   e 1 θέντας
Stobaeus: θέντᾶς W: θέντες B T   e 4 δέ om. W   οὐ om. W
a 2 ὂν Heindorf: ἐὰν B T W: om. Stobaei cod. A   a 3 τοιαῦτ'] τὰ
τοιαῦτ' W

ΞΕ. Νευστικοῦ μὴν τὸ μὲν πτηνὸν φῦλον ὁρῶμεν, τὸ δὲ b
ἔνυδρον;

ΘΕΑΙ. Πῶς δ' οὔ;

ΞΕ. Καὶ τοῦ πτηνοῦ μὴν γένους πᾶσα ἡμῖν ἡ θήρα
λέγεταί πού τις ὀρνιθευτική. 5

ΘΕΑΙ. Λέγεται γὰρ οὖν.

ΞΕ. Τοῦ δὲ ἐνύδρου σχεδὸν τὸ σύνολον ἁλιευτική.

ΘΕΑΙ. Ναί.

ΞΕ. Τί δέ; ταύτην αὖ τὴν θήραν ἆρ' οὐκ ἂν κατὰ
μέγιστα μέρη δύο διέλοιμεν; 10

ΘΕΑΙ. Κατὰ ποῖα;

ΞΕ. Καθ' ἃ τὸ μὲν ἔρκεσιν αὐτόθεν ποιεῖται τὴν θήραν,
τὸ δὲ πληγῇ.

ΘΕΑΙ. Πῶς λέγεις, καὶ πῇ διαιρούμενος ἑκάτερον;

ΞΕ. Τὸ μέν, ὅτι πᾶν ὅσον ἂν ἕνεκα κωλύσεως εἴργῃ τι c
περιέχον, ἕρκος εἰκὸς ὀνομάζειν.

ΘΕΑΙ. Πάνυ μὲν οὖν.

ΞΕ. Κύρτους δὴ καὶ δίκτυα καὶ βρόχους καὶ πόρκους καὶ
τὰ τοιαῦτα μῶν ἄλλο τι πλὴν ἕρκη χρὴ προσαγορεύειν; 5

ΘΕΑΙ. Οὐδέν.

ΞΕ. Τοῦτο μὲν ἄρα ἑρκοθηρικὸν τῆς ἄγρας τὸ μέρος
φήσομεν ἤ τι τοιοῦτον.

ΘΕΑΙ. Ναί.

ΞΕ. Τὸ δὲ ἀγκίστροις καὶ τριόδουσι πληγῇ γιγνόμενον 10
ἕτερον μὲν ἐκείνου, πληκτικὴν δέ τινα θήραν ἡμᾶς προσ- d
ειπεῖν ἑνὶ λόγῳ νῦν χρεών· ἢ τί τις ἄν, ὦ Θεαίτητε, εἴποι
κάλλιον;

ΘΕΑΙ. Ἀμελῶμεν τοῦ ὀνόματος· ἀρκεῖ γὰρ καὶ τοῦτο.

ΞΕ. Τῆς τοίνυν πληκτικῆς τὸ μὲν νυκτερινὸν οἶμαι 5

b 1 ὁρῶμεν post ἔνυδρον transp. W   b 9 αὖ T W Stobaeus : ἂν B
κατὰ] κατὰ τὰ Stobaeus   b 10 διέλοιμεν Stobaei cod. A : διελοί-
μην B T   b 12 τὸ] τὰ W   αὐτόθεν al. : αὐτόθι B T : αὐτοῖν
Baumann   c 4 δὴ] δὲ W   c 6 οὐδὲν ἄλλο W   d 2 ὦ W
Stobaeus : om. B T   εἴποι ante ὦ Θεαίτητε transp. W

πρὸς πυρὸς φῶς γιγνόμενον ὑπ᾽ αὐτῶν τῶν περὶ τὴν θήραν
πυρευτικὴν ῥηθῆναι συμβέβηκεν.

ΘΕΑΙ. Πάνυ γε.

ΞΕ. Τὸ δέ γε μεθημερινόν, ὡς ἐχόντων ἐν ἄκροις ἄγ-
10 κιστρα καὶ τῶν τριοδόντων, πᾶν ἀγκιστρευτικόν.

e   ΘΕΑΙ. Λέγεται γὰρ οὖν.

ΞΕ. Τοῦ τοίνυν ἀγκιστρευτικοῦ τῆς πληκτικῆς τὸ μὲν
ἄνωθεν εἰς τὸ κάτω γιγνόμενον διὰ τὸ τοῖς τριόδουσιν οὕτω
μάλιστα χρῆσθαι τριοδοντία τις οἶμαι κέκληται.

5   ΘΕΑΙ. Φασὶ γοῦν τινές.

ΞΕ. Τὸ δέ γε λοιπόν ἐστιν ἓν ἔτι μόνον ὡς εἰπεῖν εἶδος.

ΘΕΑΙ. Τὸ ποῖον;

ΞΕ. Τὸ τῆς ἐναντίας ταύτῃ πληγῆς, ἀγκίστρῳ τε γιγνό-
μενον καὶ τῶν ἰχθύων οὐχ ᾗ τις ἂν τύχῃ τοῦ σώματος, ὥσπερ
221 τοῖς τριόδουσιν, ἀλλὰ περὶ τὴν κεφαλὴν καὶ τὸ στόμα τοῦ
θηρευθέντος ἑκάστοτε, καὶ κάτωθεν εἰς τοὐναντίον ἄνω
ῥάβδοις καὶ καλάμοις ἀνασπώμενον· οὗ τί φήσομεν, ὦ
Θεαίτητε, δεῖν τοὔνομα λέγεσθαι;

5   ΘΕΑΙ. Δοκῶ μέν, ὅπερ ἄρτι προυθέμεθα δεῖν ἐξευρεῖν,
τοῦτ᾽ αὐτὸ νῦν ἀποτετελέσθαι.

ΞΕ. Νῦν ἄρα τῆς ἀσπαλιευτικῆς πέρι σύ τε κἀγὼ
b   συνωμολογήκαμεν οὐ μόνον τοὔνομα, ἀλλὰ καὶ τὸν λόγον
περὶ αὐτὸ τοὔργον εἰλήφαμεν ἱκανῶς. συμπάσης γὰρ τέχνης
τὸ μὲν ἥμισυ μέρος κτητικὸν ἦν, κτητικοῦ δὲ χειρωτικόν,
χειρωτικοῦ δὲ θηρευτικόν, τοῦ δὲ θηρευτικοῦ ζῳοθηρικόν,
5   ζῳοθηρικοῦ δὲ ἐνυγροθηρικόν, ἐνυγροθηρικοῦ δὲ τὸ κάτωθεν
τμῆμα ὅλον ἁλιευτικόν, ἁλιευτικῆς δὲ πληκτικόν, πληκ-
τικῆς δὲ ἀγκιστρευτικόν· τούτου δὲ τὸ περὶ τὴν κάτωθεν
c   ἄνω πληγὴν ἀνασπωμένην, ἀπ᾽ αὐτῆς τῆς πράξεως ἀφο-

d 8 γε] μὲν οὖν W   e 4 τις οἶμαι B Stob. : οἶμαί τις T   e 7 τὸ
ποῖον T W : om. B   e 8 ταύτης W   e 9 ᾗ τις] ἥτις B   a 2 θη-
ρεύοντος W (θηρευθέντος pr. T)   a 3 καλάμοις] τεράμωσιν Herodianus
a 5 δοκῶ μέν B Stob. : δοκῶμεν T W   a 7 σύ Heindorf : οὗ σύ B T
τε] γε W   b 5 ἐνυδροθηρικὸν ἐνυδροθηρικοῦ T   b 7 τούτου] τοῦτο T

μοιωθὲν τοὔνομα, ἡ νῦν ἀσπαλιευτικὴ ζητηθεῖσα ἐπίκλην γέγονεν.

ΘΕΑΙ. Παντάπασι μὲν οὖν τοῦτό γε ἱκανῶς δεδήλωται.

ΞΕ. Φέρε δή, κατὰ τοῦτο τὸ παράδειγμα καὶ τὸν σοφιστὴν 5 ἐπιχειρῶμεν εὑρεῖν ὅτι ποτ᾽ ἔστιν.

ΘΕΑΙ. Κομιδῇ μὲν οὖν.

ΞΕ. Καὶ μὴν ἐκεῖνό γ᾽ ἦν τὸ ζήτημα πρῶτον, πότερον ἰδιώτην ἤ τινα τέχνην ἔχοντα θετέον εἶναι τὸν ἀσπαλιευτήν.

ΘΕΑΙ. Ναί. 10

ΞΕ. Καὶ νῦν δὴ τοῦτον ἰδιώτην θήσομεν, ὦ Θεαίτητε, ἢ d παντάπασιν ὡς ἀληθῶς σοφιστήν;

ΘΕΑΙ. Οὐδαμῶς ἰδιώτην· μανθάνω γὰρ ὃ λέγεις, ὡς παντὸς δεῖ τοιοῦτος εἶναι τό γε ὄνομα τοῦτο ἔχων.

ΞΕ. Ἀλλά τινα τέχνην αὐτὸν ἡμῖν ἔχοντα, ὡς ἔοικε, 5 θετέον.

ΘΕΑΙ. Τίνα ποτ᾽ οὖν δὴ ταύτην;

ΞΕ. Ἆρ᾽ ὦ πρὸς θεῶν ἠγνοήκαμεν τἀνδρὸς τὸν ἄνδρα ὄντα συγγενῆ;

ΘΕΑΙ. Τίνα τοῦ; 10

ΞΕ. Τὸν ἀσπαλιευτὴν τοῦ σοφιστοῦ.

ΘΕΑΙ. Πῇ;

ΞΕ. Θηρευτά τινε καταφαίνεσθον ἄμφω μοι.

ΘΕΑΙ. Τίνος θήρας ἅτερος; τὸν μὲν γὰρ ἕτερον εἴπομεν. e

ΞΕ. Δίχα που νυνδὴ διείλομεν τὴν ἄγραν πᾶσαν, νευστικοῦ μέρους, τὸ δὲ πεζοῦ τέμνοντες.

ΘΕΑΙ. Ναί.

ΞΕ. Καὶ τὸ μὲν διήλθομεν, ὅσον περὶ τὰ νευστικὰ τῶν 5 ἐνύδρων· τὸ δὲ πεζὸν εἰάσαμεν ἄσχιστον, εἰπόντες ὅτι πολυειδὲς εἴη.

c 8 ζήτημα] ζητούμενον W c 9 τέχνην τινα W d 4 παντὸς δεῖ τοιοῦτος Winckelmann : πάντως δεῖ τοιοῦτος Β : πάντως δεῖ τοιοῦτον Τ d 5 ἔχοντα ἡμῖν αὐτόν W d 8 ἆρ᾽] ἆρ᾽ οὖν W d 10 τοῦ Heindorf: τοῦτον Β Τ d 13 καταφαινέσθωσαν pr. W e 2 νῦν δὴ Τ : νῦν Β ἄπασαν W νευστικὸν μέρος Madvig e 3 πεζοῦ τέμνοντες Τ W : πεζὸν τέμνοντος Β e 7 εἴη] εἴην Β

222   ΘΕΑΙ. Πάνυ γε.

ΞΕ. Μέχρι μὲν τοίνυν ἐνταῦθα ὁ σοφιστὴς καὶ [ὁ] ἀσπαλιευτὴς ἅμα ἀπὸ τῆς κτητικῆς τέχνης πορεύεσθον.

ΘΕΑΙ. Ἐοίκατον γοῦν.

5   ΞΕ. Ἐκτρέπεσθον δέ γε ἀπὸ τῆς ζῳοθηρικῆς, ὁ μὲν ἐπὶ θάλατταν που καὶ ποταμοὺς καὶ λίμνας, τὰ ἐν τούτοις ζῷα θηρευσόμενος.

ΘΕΑΙ. Τί μήν;

ΞΕ. Ὁ δέ γε ἐπὶ [τὴν] γῆν καὶ ποταμοὺς ἑτέρους αὖ
10 τινας, πλούτου καὶ νεότητος οἷον λειμῶνας ἀφθόνους, τὰν τούτοις θρέμματα χειρωσόμενος.

b   ΘΕΑΙ. Πῶς λέγεις;

ΞΕ. Τῆς πεζῆς θήρας γίγνεσθον δύο μεγίστω τινὲ μέρει.

ΘΕΑΙ. Ποῖον ἑκάτερον;

5   ΞΕ. Τὸ μὲν τῶν ἡμέρων, τὸ δὲ τῶν ἀγρίων.

ΘΕΑΙ. Εἶτ᾽ ἔστι τις θήρα τῶν ἡμέρων;

ΞΕ. Εἴπερ γέ ἐστιν ἄνθρωπος ἥμερον ζῷον. θὲς δὲ ὅπη χαίρεις, εἴτε μηδὲν τιθεὶς ἥμερον, εἴτε ἄλλο μὲν ἥμερόν τι, τὸν δὲ ἄνθρωπον ἄγριον, εἴτε ἥμερον μὲν λέγεις αὖ τὸν
10 ἄνθρωπον, ἀνθρώπων δὲ μηδεμίαν ἡγῇ θήραν· τούτων ὁπότερ᾽ ἂν ἡγῇ φίλον εἰρῆσθαί σοι, τοῦτο ἡμῖν διόρισον.

c   ΘΕΑΙ. Ἀλλ᾽ ἡμᾶς τε ἥμερον, ὦ ξένε, ἡγοῦμαι ζῷον, θήραν τε ἀνθρώπων εἶναι λέγω.

ΞΕ. Διττὴν τοίνυν καὶ τὴν ἡμεροθηρικὴν εἴπωμεν.

ΘΕΑΙ. Κατὰ τί λέγοντες;

5   ΞΕ. Τὴν μὲν ληστικὴν καὶ ἀνδραποδιστικὴν καὶ τυραν-

a 2 τοίνυν] οὖν W   καὶ] τε καὶ B   ὁ om. W   a 5 δέ γε TW : δ᾽ ἐγὼ B   a 9 δέ γε] δ᾽ W   τὴν om. W   a 10 οἷον λειμῶνας ἀφθόνους secl. Cobet   b 2 γιγνέσθω B : γιγνέσθων W b 5 ἀγρίων . . . ἡμέρων transp. W   b 6 τῶν ἡμέρων θήρα W b 7 γε] τε T   ἄνθρωπος coni. Heindorf   δὴ T : om. W b 8 τιθεὶς Cobet   εἴτε ἄλλο] ἢ ἄλλο Cobet   b 10 ὁπότερ᾽ ἂν] ὅτιπερ ἂν Badham : ὁπότερον Cobet   b 11 εἰρῆσθαί σοι om. W διόρισον TW : διοριστέον B et τέον s.v. W   c 1 ὦ ξένε ἥμερον W

νικὴν καὶ σύμπασαν τὴν πολεμικήν, ἐν πάντα, βίαιον θήραν,
ὁρισάμενοι.

ΘΕΑΙ. Καλῶς.

ΞΕ. Τὴν δέ γε δικανικὴν καὶ δημηγορικὴν καὶ προσ-
ομιλητικήν, ἐν αὖ τὸ σύνολον, πιθανουργικήν τινα μίαν   10
τέχνην προσειπόντες.   d

ΘΕΑΙ. Ὀρθῶς.

ΞΕ. Τῆς δὴ πιθανουργικῆς διττὰ λέγωμεν γένη.

ΘΕΑΙ. Ποῖα;

ΞΕ. Τὸ μὲν ἕτερον ἰδίᾳ, τὸ δὲ δημοσίᾳ γιγνόμενον.   5

ΘΕΑΙ. Γίγνεσθον γὰρ οὖν εἶδος ἑκάτερον.

ΞΕ. Οὐκοῦν αὖ τῆς ἰδιοθηρευτικῆς τὸ μὲν μισθαρνητικόν
ἐστιν, τὸ δὲ δωροφορικόν;

ΘΕΑΙ. Οὐ μανθάνω.

ΞΕ. Τῇ τῶν ἐρώντων θήρᾳ τὸν νοῦν, ὡς ἔοικας, οὔπω   10
προσέσχες.

ΘΕΑΙ. Τοῦ πέρι;

ΞΕ. Ὅτι τοῖς θηρευθεῖσι δῶρα προσεπιδιδόασιν.   e

ΘΕΑΙ. Ἀληθέστατα λέγεις.

ΞΕ. Τοῦτο μὲν τοίνυν ἐρωτικῆς τέχνης ἔστω εἶδος.

ΘΕΑΙ. Πάνυ γε.

ΞΕ. Τοῦ δέ γε μισθαρνητικοῦ τὸ μὲν προσομιλοῦν διὰ   5
χάριτος καὶ παντάπασι δι᾽ ἡδονῆς τὸ δέλεαρ πεποιημένον καὶ
τὸν μισθὸν πραττόμενον τροφὴν ἑαυτῷ μόνον κολακικήν, ὡς
ἐγᾦμαι, πάντες φαῖμεν ἂν ⟨ἢ⟩ ἡδυντικήν τινα τέχνην εἶναι.   223

ΘΕΑΙ. Πῶς γὰρ οὔ;

ΞΕ. Τὸ δὲ ἐπαγγελλόμενον μὲν ὡς ἀρετῆς ἕνεκα τὰς
ὁμιλίας ποιούμενον, μισθὸν δὲ νόμισμα πραττόμενον, ἆρα οὐ
τοῦτο τὸ γένος ἑτέρῳ προσειπεῖν ἄξιον ὀνόματι;   5

c 10 ἐν αὖ τὸ W : εναυτο B : ἐν αὐτὸ T   d 7 μισθαρνευτικόν
B T W : correxit Heindorf (et mox infra)   d 8 ἐστιν] τί ἐστιν T
d 10 τὸν νοῦν post προσέσχες transp. W   e 1 πρὸς ἔτι δῶρα διδόασιν W
e 3 εἶδος ἔστω T : ἔστω W   e 7 μόνον] μόνην T   κολακικήν secl.
Schanz   a 1 ἢ add. Heindorf   a 5 γένος] γεγονὸς B

ΘΕΑΙ. Πῶς γὰρ οὔ;

ΞΕ. Τίνι δὴ τούτῳ; πειρῶ λέγειν.

ΘΕΑΙ. Δῆλον δή· τὸν γὰρ σοφιστήν μοι δοκοῦμεν ἀνηυρηκέναι. τοῦτ' οὖν ἔγωγε εἰπὼν τὸ προσῆκον ὄνομ' ἂν
10 ἡγοῦμαι καλεῖν αὐτόν.

b   ΞΕ. Κατὰ δὴ τὸν νῦν, ὦ Θεαίτητε, λόγον, ὡς ἔοικεν, ἡ τέχνης οἰκειωτικῆς, ⟨χειρωτικῆς⟩, [κτητικῆς,] θηρευτικῆς, ζῳοθηρίας, [πεζοθηρίας,] χερσαίας, [ἡμεροθηρικῆς,] ἀνθρω- ποθηρίας, ⟨πιθανοθηρίας⟩, ἰδιοθηρίας, [μισθαρνικῆς,] νομισ-
5 ματοπωλικῆς, δοξοπαιδευτικῆς, νέων πλουσίων καὶ ἐνδόξων γιγνομένη θήρα προσρητέον, ὡς ὁ νῦν λόγος ἡμῖν συμβαίνει, σοφιστική.

ΘΕΑΙ. Παντάπασι μὲν οὖν.

c   ΞΕ. Ἔτι δὲ καὶ τῇδε ἴδωμεν· οὐ γάρ τι φαύλης μέτοχόν ἐστι τέχνης τὸ νῦν ζητούμενον, ἀλλ' εὖ μάλα ποικίλης. καὶ γὰρ οὖν ἐν τοῖς πρόσθεν εἰρημένοις φάντασμα παρέχεται μὴ τοῦτο ὃ νῦν αὐτὸ ἡμεῖς φαμεν ἀλλ' ἕτερον εἶναί τι γένος.

5 ΘΕΑΙ. Πῇ δή;

ΞΕ. Τὸ τῆς κτητικῆς τέχνης διπλοῦν ἦν εἶδός που, τὸ μὲν θηρευτικὸν μέρος ἔχον, τὸ δὲ ἀλλακτικόν.

ΘΕΑΙ. Ἦν γὰρ οὖν.

ΞΕ. Τῆς τοίνυν ἀλλακτικῆς δύο εἴδη λέγωμεν, τὸ μὲν
10 δωρητικόν, τὸ δὲ ἕτερον ἀγοραστικόν;

ΘΕΑΙ. Εἰρήσθω.

ΞΕ. Καὶ μὴν αὖ φήσομεν ἀγοραστικὴν διχῇ τέμνεσθαι.

d   ΘΕΑΙ. Πῇ;

ΞΕ. Τὴν μὲν τῶν αὐτουργῶν αὐτοπωλικὴν διαιρουμένην, τὴν δὲ τὰ ἀλλότρια ἔργα μεταβαλλομένην μεταβλητικήν.

ΘΕΑΙ. Πάνυ γε.

b 2 χειρωτικῆς add. Aldina   b 2-4 κτητικῆς, πεζοθηρίας, ἡμερο- θηρικῆς secl. Schleiermacher   b 4 πιθανοθηρίας add. Heindorf μισθαρνικῆς secl. Schleiermacher   c 1 ἴδωμεν W : εἰδῶμεν B T μετέχον W   c 4 ἡμεῖς αὐτὸ W   c 7 ἔχον μέρος W   ἀλλα- κτικὸν ⟨ὂν⟩ Heindorf   c 10 ἕτερον om. W   c 12 αὖ φήσομεν T W : ἂν φήσωμεν B   d 2 διαιρούμενοι al. : δὴ εἰρημένην Stephanus

ΞΕ. Τί δέ; τῆς μεταβλητικῆς οὐχ ἡ μὲν κατὰ πόλιν 5
ἀλλαγή, σχεδὸν αὐτῆς ἥμισυ μέρος ὄν, καπηλικὴ προσαγο-
ρεύεται;

ΘΕΑΙ. Ναί.

ΞΕ. Τὸ δέ γε ἐξ ἄλλης εἰς ἄλλην πόλιν διαλλάττον
ὠνῇ καὶ πράσει ἐμπορική; 10

ΘΕΑΙ. Τί δ' οὔ;

ΞΕ. Τῆς δ' ἐμπορικῆς ἆρ' οὐκ ᾐσθήμεθα ὅτι τὸ μὲν ὅσοις e
τὸ σῶμα τρέφεται καὶ χρῆται, τὸ δὲ ὅσοις ἡ ψυχή, πωλοῦν
διὰ νομίσματος ἀλλάττεται;

ΘΕΑΙ. Πῶς τοῦτο λέγεις;

ΞΕ. Τὸ περὶ τὴν ψυχὴν ἴσως ἀγνοοῦμεν, ἐπεὶ τό γε 5
ἕτερόν που συνίεμεν.

ΘΕΑΙ. Ναί.

ΞΕ. Μουσικήν τε τοίνυν συνάπασαν λέγωμεν, ἐκ πόλεως 224
ἑκάστοτε εἰς πόλιν ἔνθεν μὲν ὠνηθεῖσαν, ἑτέρωσε δὲ ἀγο-
μένην [καὶ πιπρασκομένην], καὶ γραφικὴν καὶ θαυματοποιικὴν
καὶ πολλὰ ἕτερα τῆς ψυχῆς, τὰ μὲν παραμυθίας, τὰ δὲ καὶ
σπουδῆς χάριν ἀχθέντα καὶ πωλούμενα, τὸν ἄγοντα καὶ 5
πωλοῦντα μηδὲν ἧττον τῆς τῶν σιτίων καὶ ποτῶν πράσεως
ἔμπορον ὀρθῶς ἂν λεγόμενον παρασχεῖν.

ΘΕΑΙ. Ἀληθέστατα λέγεις.

ΞΕ. Οὐκοῦν καὶ τὸν μαθήματα συνωνούμενον πόλιν τε b
ἐκ πόλεως νομίσματος ἀμείβοντα ταὐτὸν προσερεῖς ὄνομα;

ΘΕΑΙ. Σφόδρα γε.

ΞΕ. Τῆς δὴ ψυχεμπορικῆς ταύτης ἆρ' οὐ τὸ μὲν ἐπι-
δεικτικὴ δικαιότατα λέγοιτ' ἄν, τὸ δὲ γελοίῳ μὲν οὐχ ἧττον 5
τοῦ πρόσθεν, ὅμως δὲ μαθημάτων οὖσαν πρᾶσιν αὐτὴν
ἀδελφῷ τινι τῆς πράξεως ὀνόματι προσειπεῖν ἀνάγκη;

d 6 καὶ πηλίκη ΒΤ (corr. b t) : καπηλευτική W   d 9 διαλλάττον]
διαλάτ τον W : διαλλαττομένων ΒΤ : διαλλαττόμενον vulg.   e 2 καὶ
χρῆται Heindorf : κέχρηται ΒΤ   a 1 λέγομεν συνάπασαν W   a 3 καὶ
πιπρασκομένην seclusi   θαυματοποιητικὴν W   a 7 παρέχειν ΤW :
ὑπάρχειν Badham   b 5 γελοίῳ Heindorf : γελοῖον ΒΤ

ΘΕΑΙ. Πάνυ μὲν οὖν.

ΞΕ. Ταύτης τοίνυν τῆς μαθηματοπωλικῆς τὸ μὲν περὶ
c τὰ τῶν ἄλλων τεχνῶν μαθήματα ἑτέρῳ, τὸ δὲ περὶ τὸ τῆς
ἀρετῆς ἄλλῳ προσρητέον.

ΘΕΑΙ. Πῶς γὰρ οὔ;

ΞΕ. Τεχνοπωλικὸν μὴν τό γε περὶ τἆλλα ἂν ἁρμόττοι·
5 τὸ δὲ περὶ ταῦτα σὺ προθυμήθητι λέγειν ὄνομα.

ΘΕΑΙ. Καὶ τί τις ἂν ἄλλο ὄνομα εἰπὼν οὐκ ἂν πλημ-
μελοίη πλὴν τὸ νῦν ζητούμενον αὐτὸ εἶναι τὸ σοφιστικὸν
γένος;

ΞΕ. Οὐδὲν ἄλλο. ἴθι δὴ νῦν συναγάγωμεν αὐτὸ λέ-
10 γοντες ὡς τὸ τῆς κτητικῆς, μεταβλητικῆς, ἀγοραστικῆς,
d ἐμπορικῆς, ψυχεμπορικῆς περὶ λόγους καὶ μαθήματα ἀρετῆς
πωλητικὸν δεύτερον ἀνεφάνη σοφιστική.

ΘΕΑΙ. Μάλα γε.

ΞΕ. Τρίτον δέ γ᾽ οἶμαί σε, κἂν εἴ τις αὐτοῦ καθιδρυμένος
5 ἐν πόλει, τὰ μὲν ὠνούμενος, τὰ δὲ καὶ τεκταινόμενος αὐτὸς
μαθήματα περὶ τὰ αὐτὰ ταῦτα καὶ πωλῶν, ἐκ τούτου τὸ ζῆν
προυτάξατο, καλεῖν οὐδὲν ἄλλο πλὴν ὅπερ νυνδή.

ΘΕΑΙ. Τί δ᾽ οὐ μέλλω;

e ΞΕ. Καὶ τὸ κτητικῆς ἄρα μεταβλητικόν, ἀγοραστικόν,
καπηλικὸν εἴτε αὐτοπωλικόν, ἀμφοτέρως, ὅτιπερ ἂν ᾖ περὶ
τὰ τοιαῦτα μαθηματοπωλικὸν γένος, ἀεὶ σὺ προσερεῖς, ὡς
φαίνῃ, σοφιστικόν.

5 ΘΕΑΙ. Ἀνάγκη· τῷ γὰρ λόγῳ δεῖ συνακολουθεῖν.

ΞΕ. Ἔτι δὴ σκοπῶμεν εἴ τινι τοιῷδε προσέοικεν ἄρα τὸ
νῦν μεταδιωκόμενον γένος.

225 ΘΕΑΙ. Ποίῳ δή;

ΞΕ. Τῆς κτητικῆς ἀγωνιστική τι μέρος ἡμῖν ἦν.

c 1 τὸ] τῷ W   c 6 εἰπὼν ὄνομα W   c 9 ἴθι νῦν B T
(sed δὴ supra versum T) : ἴθι δὴ W   c 10 μεταβλητικῆς] μετα-
βλητικὸν B T   d 1 ἐμπορικῆς] ἐμπορικοῦ B T   ψυχεμπορικοῦ W
sed ῆς supra versum   e 5 λόγῳ] λογικῷ B   a 2 μέρος τι ἦν
ἡμῖν W

ΘΕΑΙ. Ἦν γὰρ οὖν.

ΞΕ. Οὐκ ἀπὸ τρόπου τοίνυν ἐστὶ διαιρεῖν αὐτὴν δίχα.

ΘΕΑΙ. Καθ' ὁποῖα λέγε. 5

ΞΕ. Τὸ μὲν ἀμιλλητικὸν αὐτῆς τιθέντας, τὸ δὲ μαχητικόν.

ΘΕΑΙ. Ἔστιν.

ΞΕ. Τῆς τοίνυν μαχητικῆς τῷ μὲν σώματι πρὸς σώματα γιγνομένῳ σχεδὸν εἰκὸς καὶ πρέπον ὄνομα λέγειν τι τοιοῦτον τιθεμένους οἷον βιαστικόν. 10

ΘΕΑΙ. Ναί.

ΞΕ. Τῷ δὲ λόγοις πρὸς λόγους τί τις, ὦ Θεαίτητε, ἄλλο εἴπῃ πλὴν ἀμφισβητητικόν; b

ΘΕΑΙ. Οὐδέν.

ΞΕ. Τὸ δέ γε περὶ τὰς ἀμφισβητήσεις θετέον διττόν.

ΘΕΑΙ. Πῇ;

ΞΕ. Καθ' ὅσον μὲν γὰρ γίγνεται μήκεσί τε πρὸς ἐναντία 5 μήκη λόγων καὶ περὶ [τὰ] δίκαια καὶ ἄδικα δημοσίᾳ, δικανικόν.

ΘΕΑΙ. Ναί.

ΞΕ. Τὸ δ' ἐν ἰδίοις αὖ καὶ κατακεκερματισμένον ἐρωτήσεσι πρὸς ἀποκρίσεις μῶν εἰθίσμεθα καλεῖν ἄλλο πλὴν ἀντιλογικόν; 10

ΘΕΑΙ. Οὐδέν.

ΞΕ. Τοῦ δὲ ἀντιλογικοῦ τὸ μὲν ὅσον περὶ τὰ συμβόλαια ἀμφισβητεῖται μέν, εἰκῇ δὲ καὶ ἀτέχνως περὶ αὐτὸ πράτ- c τεται, ταῦτα θετέον μὲν εἶδος, ἐπείπερ αὐτὸ διέγνωκεν ὡς ἕτερον ὂν ὁ λόγος, ἀτὰρ ἐπωνυμίας οὔθ' ὑπὸ τῶν ἔμπροσθεν ἔτυχεν οὔτε νῦν ὑφ' ἡμῶν τυχεῖν ἄξιον.

ΘΕΑΙ. Ἀληθῆ· κατὰ σμικρὰ γὰρ λίαν καὶ παντοδαπὰ 5 διῄρηται.

ΞΕ. Τὸ δέ γε ἔντεχνον, καὶ περὶ δικαίων αὐτῶν καὶ ἀδίκων καὶ περὶ τῶν ἄλλων ὅλως ἀμφισβητοῦν, ἆρ' οὐκ ἐριστικὸν αὖ λέγειν εἰθίσμεθα;

a 3 οὖν om. W   b 1 ἀμφισβητητικόν] ἀμφισβητικόν B T W
b 3 διττὸν θετέον W   b 5 γὰρ om. W   b 6 τὰ om. T W
c 2 ταῦτα B T : τοῦτο al.   c 9 αὖ om. W
24*

10 ΘΕΑΙ. Πῶς γὰρ οὔ;

d ΞΕ. Τοῦ μὴν ἐριστικοῦ τὸ μὲν χρηματοφθορικόν, τὸ δὲ χρηματιστικὸν ὂν τυγχάνει.

ΘΕΑΙ. Παντάπασί γε.

ΞΕ. Τὴν ἐπωνυμίαν τοίνυν ἣν ἑκάτερον δεῖ καλεῖν
5 αὐτῶν πειραθῶμεν εἰπεῖν.

ΘΕΑΙ. Οὐκοῦν χρή.

ΞΕ. Δοκῶ μὴν τό γε δι' ἡδονὴν τῆς περὶ ταῦτα διατριβῆς ἀμελὲς τῶν οἰκείων γιγνόμενον, περὶ δὲ τὴν λέξιν τοῖς πολλοῖς τῶν ἀκουόντων οὐ μεθ' ἡδονῆς ἀκουόμενον καλεῖσθαι
10 κατὰ γνώμην τὴν ἐμὴν οὐχ ἕτερον ἀδολεσχικοῦ.

ΘΕΑΙ. Λέγεται γὰρ οὖν οὕτω πως.

e ΞΕ. Τούτου τοίνυν τοὐναντίον, ἀπὸ τῶν ἰδιωτικῶν ἐρίδων χρηματιζόμενον, ἐν τῷ μέρει σὺ πειρῶ νῦν εἰπεῖν.

ΘΕΑΙ. Καὶ ⟨τί⟩ τις ἂν αὖ εἰπὼν ἕτερον οὐκ ἐξαμάρτοι πλήν γε τὸν θαυμαστὸν πάλιν ἐκεῖνον ἥκειν αὖ νῦν τέταρτον
5 τὸν μεταδιωκόμενον ὑφ' ἡμῶν σοφιστήν;

226 ΞΕ. Οὐδὲν ἀλλ' ἢ τὸ χρηματιστικὸν γένος, ὡς ἔοικεν, ἐριστικῆς ὂν τέχνης, τῆς ἀντιλογικῆς, τῆς ἀμφισβητητικῆς, τῆς μαχητικῆς, τῆς ἀγωνιστικῆς, τῆς κτητικῆς ἔστιν, ὡς ὁ λόγος αὖ μεμήνυκε νῦν, ὁ σοφιστής.

5 ΘΕΑΙ. Κομιδῇ μὲν οὖν.

ΞΕ. Ὁρᾷς οὖν ὡς ἀληθῆ λέγεται τὸ ποικίλον εἶναι τοῦτο τὸ θηρίον καὶ τὸ λεγόμενον οὐ τῇ ἑτέρᾳ ληπτόν;

ΘΕΑΙ. Οὐκοῦν ἀμφοῖν χρή.

b ΞΕ. Χρὴ γὰρ οὖν, καὶ κατὰ δύναμίν γε οὕτω ποιητέον, τοιόνδε τι μεταθέοντας ἴχνος αὐτοῦ. καί μοι λέγε· τῶν οἰκετικῶν ὀνομάτων καλοῦμεν ἅττα που;

ΘΕΑΙ. Καὶ πολλά· ἀτὰρ ποῖα δὴ τῶν πολλῶν πυνθάνῃ;

d 5 αὐτῶν] αὐτὸν Β   d 7 μὴν] μὲν Heindorf   τό γε] τόδε ΒΤ :
τὸ δε W   d 8 ἀμελῶς W   d 10 τὴν] τήν γ' W   e 3 τί add.
Heindorf   ἐξαμαρτάνοι W   e 5 τὸν om. Β   a 2 ἀμφισβη-
τικῆς ΒΤW   a 3 κτητητικῆς Β   a 6 τὸ θηρίον τοῦτο W
a 7 τῇ ἑτέρᾳ] θατέρᾳ Cobet   ληπτόν W : ληπτέον ΒΤ

ΞΕ. Τὰ τοιάδε, οἷον διηθεῖν τε λέγομεν καὶ διαττᾶν καὶ 5
βράττειν καὶ †διακρίνειν.†

ΘΕΑΙ. Τί μήν;

ΞΕ. Καὶ πρός γε τούτοις ἔτι ξαίνειν, κατάγειν, κερκίζειν,
καὶ μυρία ἐν ταῖς τέχναις ἄλλα τοιαῦτα ἐνόντα ἐπιστάμεθα.
ἢ γάρ; 10

ΘΕΑΙ. Τὸ ποῖον αὐτῶν πέρι βουληθεὶς δηλῶσαι παρα- c
δείγματα προθεὶς ταῦτα κατὰ πάντων ἤρου;

ΞΕ. Διαιρετικά που τὰ λεχθέντα εἴρηται σύμπαντα.

ΘΕΑΙ. Ναί.

ΞΕ. Κατὰ τὸν ἐμὸν τοίνυν λόγον ὡς περὶ ταῦτα μίαν 5
οὖσαν ἐν ἅπασι τέχνην ἑνὸς ὀνόματος ἀξιώσομεν αὐτήν.

ΘΕΑΙ. Τίνα προσειπόντες;

ΞΕ. Διακριτικήν.

ΘΕΑΙ. Ἔστω.

ΞΕ. Σκόπει δὴ ταύτης αὖ δύο ἄν πῃ δυνώμεθα κατιδεῖν 10
εἴδη.

ΘΕΑΙ. Ταχεῖαν ὡς ἐμοὶ σκέψιν ἐπιτάττεις.

ΞΕ. Καὶ μὴν ἔν γε ταῖς εἰρημέναις διακρίσεσι τὸ μὲν d
χεῖρον ἀπὸ βελτίονος ἀποχωρίζειν ἦν, τὸ δ' ὅμοιον ἀφ'
ὁμοίου.

ΘΕΑΙ. Σχεδὸν οὕτω νῦν λεχθὲν φαίνεται.

ΞΕ. Τῆς μὲν τοίνυν ὄνομα οὐκ ἔχω λεγόμενον· τῆς δὲ 5
καταλειπούσης μὲν τὸ βέλτιον διακρίσεως, τὸ δὲ χεῖρον
ἀποβαλλούσης ἔχω.

ΘΕΑΙ. Λέγε τί.

ΞΕ. Πᾶσα ἡ τοιαύτη διάκρισις, ὡς ἐγὼ συννοῶ, λέγεται
παρὰ πάντων καθαρμός τις. 10

ΘΕΑΙ. Λέγεται γὰρ οὖν.

b 5 διηθεῖν ΒΤ : διησήθειν in marg. Τ sed η priore eraso (διασήθειν voluit) τε ΒΤ : τι W post λέγομεν add. διασήθειν W b 6 διακρίνειν] διαρρινεῖν Orelli : διακινεῖν Campbell : suspicor διασήθειν fuisse vel ἀνακινεῖν b 8 ξαίνειν καὶ κατάγειν καὶ κερκίζειν W d 4 οὕτω ΤW : οὖν τω Β d 6 καταλειπούσης W : καταλιπούσης ΒΤ

e ΞΕ. Οὐκοῦν τό γε καθαρτικὸν εἶδος αὖ διπλοῦν ὂν πᾶς
ἂν ἴδοι;

ΘΕΑΙ. Ναί, κατὰ σχολήν γε ἴσως· οὐ μὴν ἔγωγε
καθορῶ νῦν.

5 ΞΕ. Καὶ μὴν τά γε περὶ τὰ σώματα πολλὰ εἴδη καθάρ-
σεων ἑνὶ περιλαβεῖν ὀνόματι προσήκει.

ΘΕΑΙ. Ποῖα καὶ τίνι;

ΞΕ. Τά τε τῶν ζῴων, ὅσα ἐντὸς σωμάτων ὑπὸ γυμνασ-
227 τικῆς ἰατρικῆς τε ὀρθῶς διακρινόμενα καθαίρεται καὶ περὶ
τἀκτός, εἰπεῖν μὲν φαῦλα, ὅσα βαλανευτικὴ παρέχεται· καὶ
τῶν ἀψύχων σωμάτων, ὧν γναφευτικὴ καὶ σύμπασα κοσμη-
τικὴ τὴν ἐπιμέλειαν παρεχομένη κατὰ σμικρὰ πολλὰ καὶ
5 γελοῖα δοκοῦντα ὀνόματα ἔσχεν.

ΘΕΑΙ. Μάλα γε.

ΞΕ. Παντάπασι μὲν οὖν, ὦ Θεαίτητε. ἀλλὰ γὰρ τῇ
τῶν λόγων μεθόδῳ σπογγιστικῆς ἢ φαρμακοποσίας οὐδὲν
ἧττον οὐδέ τι μᾶλλον τυγχάνει μέλον εἰ τὸ μὲν σμικρά, τὸ
10 δὲ μεγάλα ἡμᾶς ὠφελεῖ καθαῖρον. τοῦ κτήσασθαι γὰρ
b ἕνεκα νοῦν πασῶν τεχνῶν τὸ συγγενὲς καὶ τὸ μὴ συγγενὲς
κατανοεῖν πειρωμένη τιμᾷ πρὸς τοῦτο ἐξ ἴσου πάσας, καὶ
θάτερα τῶν ἑτέρων κατὰ τὴν ὁμοιότητα οὐδὲν ἡγεῖται γελοιό-
τερα, σεμνότερον δέ τι τὸν διὰ στρατηγικῆς ἢ φθειριστικῆς
5 δηλοῦντα θηρευτικὴν οὐδὲν νενόμικεν, ἀλλ' ὡς τὸ πολὺ
χαυνότερον. καὶ δὴ καὶ νῦν, ὅπερ ἤρου, τί προσεροῦμεν ὄνομα
συμπάσας δυνάμεις ὅσαι σῶμα εἴτε ἔμψυχον εἴτε ἄψυχον
c εἰλήχασι καθαίρειν, οὐδὲν αὐτῇ διοίσει ποῖόν τι λεχθὲν
εὐπρεπέστατον εἶναι δόξει· μόνον ἐχέτω χωρὶς τῶν τῆς
ψυχῆς καθάρσεων πάντα συνδῆσαν ὅσα ἄλλο τι καθαίρει.

e 2 ἴδοι] εἴδοι T : συνίδοι W   e 3 ναί secl. Cobet   e 5 γε
W : om. B T   e 8–a 2 ὅσοις . . . φαῦλα Badham : ὅσοις . . . φαύλοις
Schanz   a 1 καθαίρεται T W : καθαιρεῖται B   περὶ τἀκτός]
περιτακτὸς B : τὰ περὶ τὰ ἐκτὸς & T   a 3 κοσμητικὴ] σμητικὴ
Badham   a 8 φαρμακοποιίας Ast   b 4 δέ τι W : τέ τι B T
ἢ φθειριστικῆς T W : om. B   b 6 δὴ καὶ om. T   c 1 εἰλήχασι
W : εἰλήφασι B T

τὸν γὰρ περὶ τὴν διάνοιαν καθαρμὸν ἀπὸ τῶν ἄλλων ἐπι-
κεχείρηκεν ἀφορίσασθαι τὰ νῦν, εἴ γε ὅπερ βούλεται 5
μανθάνομεν.

ΘΕΑΙ. Ἀλλὰ μεμάθηκα, καὶ συγχωρῶ δύο μὲν εἴδη
καθάρσεως, ἐν δὲ τὸ περὶ τὴν ψυχὴν εἶδος εἶναι, τοῦ περὶ
τὸ σῶμα χωρὶς ὄν.

ΞΕ. Πάντων κάλλιστα. καί μοι τὸ μετὰ τοῦτο ἐπάκουε 10
πειρώμενος αὖ τὸ λεχθὲν διχῇ τέμνειν.   d

ΘΕΑΙ. Καθ' ὁποῖ' ἂν ὑφηγῇ πειράσομαί σοι συν-
τέμνειν.

ΞΕ. Πονηρίαν ἕτερον ἀρετῆς ἐν ψυχῇ λέγομέν τι;

ΘΕΑΙ. Πῶς γὰρ οὔ;   5

ΞΕ. Καὶ μὴν καθαρμός γ' ἦν τὸ λείπειν μὲν θάτερον,
ἐκβάλλειν δὲ ὅσον ἂν ᾖ πού τι φλαῦρον.

ΘΕΑΙ. Ἦν γὰρ οὖν.

ΞΕ. Καὶ ψυχῆς ἄρα, καθ' ὅσον ἂν εὑρίσκωμεν κακίας
ἀφαίρεσίν τινα, καθαρμὸν αὐτὸν λέγοντες ἐν μέλει φθεγ-   10
ξόμεθα.

ΘΕΑΙ. Καὶ μάλα γε.

ΞΕ. Δύο μὲν εἴδη κακίας περὶ ψυχὴν ῥητέον.

ΘΕΑΙ. Ποῖα;

ΞΕ. Τὸ μὲν οἷον νόσον ἐν σώματι, τὸ δ' οἷον αἶσχος 228
ἐγγιγνόμενον.

ΘΕΑΙ. Οὐκ ἔμαθον.

ΞΕ. Νόσον ἴσως καὶ στάσιν οὐ ταὐτὸν νενόμικας;

ΘΕΑΙ. Οὐδ' αὖ πρὸς τοῦτο ἔχω τί χρή με ἀποκρί-   5
νασθαι.

ΞΕ. Πότερον ἄλλο τι στάσιν ἡγούμενος ἢ τὴν τοῦ φύσει
συγγενοῦς ἔκ τινος διαφθορᾶς διαφοράν;

c 4 τὸν] τὸ W   c 10 ἐπάκουε πειρώμενος] ἐπακολούθει πειρωμένῳ Bad-
ham   d 2 καθόποι ἂν B : καθόποί ἂν T : καθ' ὁποίαν W   d 4 ἀρετῆς]
ἄρ' τῆς B   d 6 γ' W : om. B T   λείπειν Heindorf : καταλείπειν
Olympiodorus : λιπεῖν B T   d 13 μὲν B T W Stobaeus : μὴν Heindorf
a 5 τί] ὅτι W   a 8 διαφθορᾶς διαφοράν Galenus : διαφορᾶς διαφθοράν
B T Stobaeus

ΘΕΑΙ. Οὐδέν.

10 ΞΕ. Ἀλλ' αἶσχος ἄλλο τι πλὴν τὸ τῆς ἀμετρίας πανταχοῦ δυσειδὲς ἐνὸν γένος;

b ΘΕΑΙ. Οὐδαμῶς ἄλλο.

ΞΕ. Τί δέ; ἐν ψυχῇ δόξας ἐπιθυμίαις καὶ θυμὸν ἡδοναῖς καὶ λόγον λύπαις καὶ πάντα ἀλλήλοις ταῦτα τῶν φλαύρως ἐχόντων οὐκ ᾐσθήμεθα διαφερόμενα;

5 ΘΕΑΙ. Καὶ σφόδρα γε.

ΞΕ. Συγγενῆ γε μὴν ἐξ ἀνάγκης σύμπαντα γέγονεν.

ΘΕΑΙ. Πῶς γὰρ οὔ;

ΞΕ. Στάσιν ἄρα καὶ νόσον τῆς ψυχῆς πονηρίαν λέγοντες ὀρθῶς ἐροῦμεν.

10 ΘΕΑΙ. Ὀρθότατα μὲν οὖν.

c ΞΕ. Τί δ'; ὅσ' ⟨ἂν⟩ κινήσεως μετασχόντα καὶ σκοπόν τινα θέμενα πειρώμενα τούτου τυγχάνειν καθ' ἑκάστην ὁρμὴν παράφορα αὐτοῦ γίγνηται καὶ ἀποτυγχάνῃ, πότερον αὐτὰ φήσομεν ὑπὸ συμμετρίας τῆς πρὸς ἄλληλα ἢ τοὐναντίον 5 ὑπὸ ἀμετρίας αὐτὰ πάσχειν;

ΘΕΑΙ. Δῆλον ὡς ὑπὸ ἀμετρίας.

ΞΕ. Ἀλλὰ μὴν ψυχήν γε ἴσμεν ἄκουσαν πᾶσαν πᾶν ἀγνοοῦσαν.

ΘΕΑΙ. Σφόδρα γε.

10 ΞΕ. Τό γε μὴν ἀγνοεῖν ἐστιν ἐπ' ἀλήθειαν ὁρμωμένης d ψυχῆς, παραφόρου συνέσεως γιγνομένης, οὐδὲν ἄλλο πλὴν παραφροσύνη.

ΘΕΑΙ. Πάνυ μὲν οὖν.

ΞΕ. Ψυχὴν ἄρα ἀνόητον αἰσχρὰν καὶ ἄμετρον θετέον.

5 ΘΕΑΙ. Ἔοικεν.

ΞΕ. Ἔστι δὴ δύο ταῦτα, ὡς φαίνεται, κακῶν ἐν αὐτῇ

a 11 ἐνὸν Schleiermacher: ἐν ὂν Stobaeus: ἐν ὄν t: ὂν ΒΤ **b** 2 ψυχῇ] τῇ ψυχῇ W **c** 1 ἂν add. Cobet **c** 2 θέμενον Stobaeus πειρώμενα om. Β: add. T Galenus Stobaeus: πειρώμεθα W καθ'] καὶ καθ' Stobaeus **c** 3 γίγνεται Galenus Stobaeus al. ἀποτυγχάνει Β Galenus Stobaeus al.

γένη, τὸ μὲν πονηρία καλούμενον ὑπὸ τῶν πολλῶν, νόσος αὐτῆς σαφέστατα ὄν.

ΘΕΑΙ. Ναί.

ΞΕ. Τὸ δέ γε ἄγνοιαν μὲν καλοῦσι, κακίαν δὲ αὐτὸ ἐν 10 ψυχῇ μόνον γιγνόμενον οὐκ ἐθέλουσιν ὁμολογεῖν.

ΘΕΑΙ. Κομιδῇ συγχωρητέον, ὃ νυνδὴ λέξαντος ἠμφε- e γνόησά σου, τὸ δύο εἶναι γένη κακίας ἐν ψυχῇ, καὶ δειλίαν μὲν καὶ ἀκολασίαν καὶ ἀδικίαν σύμπαντα ἡγητέον νόσον ἐν ἡμῖν, τὸ δὲ τῆς πολλῆς καὶ παντοδαπῆς ἀγνοίας πάθος αἶσχος θετέον. 5

ΞΕ. Οὐκοῦν ἔν γε σώματι περὶ δύο παθήματε τούτω δύο τέχνα τινὲ ἐγενέσθην;

ΘΕΑΙ. Τίνε τούτω;

ΞΕ. Περὶ μὲν αἶσχος γυμναστική, περὶ δὲ νόσον ἰατρική. 229

ΘΕΑΙ. Φαίνεσθον.

ΞΕ. Οὐκοῦν καὶ περὶ μὲν ὕβριν καὶ ἀδικίαν καὶ δειλίαν ἡ κολαστικὴ πέφυκε τεχνῶν μάλιστα δὴ πασῶν προσήκουσα Δίκη. 5

ΘΕΑΙ. Τὸ γοῦν εἰκός, ὡς εἰπεῖν κατὰ τὴν ἀνθρωπίνην δόξαν.

ΞΕ. Τί δέ; περὶ σύμπασαν ἄγνοιαν μῶν ἄλλην τινὰ ἢ διδασκαλικὴν ὀρθότερον εἴποι τις ἄν;

ΘΕΑΙ. Οὐδεμίαν. 10

ΞΕ. Φέρε δή· διδασκαλικῆς δὲ ἆρα ἓν μόνον γένος b φατέον [εἶναι] ἢ πλείω, δύο δέ τινε αὐτῆς εἶναι μεγίστω; σκόπει.

ΘΕΑΙ. Σκοπῶ.

ΞΕ. Καί μοι δοκοῦμεν τῇδε ἄν πῃ τάχιστα εὑρεῖν. 5

ΘΕΑΙ. Πῇ;

e 1 ὃν νῦν δὴ B : ὃ δὴ νῦν Stobaeus   ἠμφεγνόησας ου T   e 3 νόσον]
ὅσον T   e 6 ἔν γε σώματι Stobaeus : ἔν γε τῷ σώματι W : ἐν σώματί
γε B T   ταὐτὼ Stobaeus   a 2 φαίνεται Stobaeus   a 4 δὴ
T Stobaeus : δ' ἡ B : ante μάλιστα transp. W   a 5 Δίκη Cobet :
δίκη B T Stobaeus   b 2 εἶναι om. Stobaeus

ΞΕ. Τὴν ἄγνοιαν ἰδόντες εἴ πη κατὰ μέσον αὐτῆς τομὴν ἔχει τινά. διπλῆ γὰρ αὕτη γιγνομένη δῆλον ὅτι καὶ τὴν διδασκαλικὴν δύο ἀναγκάζει μόρια ἔχειν, ἐν ἐφ' ἑνὶ [γένει]
10 τῶν αὐτῆς ἑκατέρῳ.

ΘΕΑΙ. Τί οὖν; καταφανές πή σοι τὸ νῦν ζητούμενον;

c ΞΕ. Ἀγνοίας γοῦν μέγα τί μοι δοκῶ καὶ χαλεπὸν ἀφωρισμένον ὁρᾶν εἶδος, πᾶσι τοῖς ἄλλοις αὐτῆς ἀντίσταθμον μέρεσιν.

ΘΕΑΙ. Ποῖον δή;

5 ΞΕ. Τὸ μὴ κατειδότα τι δοκεῖν εἰδέναι· δι' οὗ κινδυνεύει πάντα ὅσα διανοίᾳ σφαλλόμεθα γίγνεσθαι πᾶσιν.

ΘΕΑΙ. Ἀληθῆ.

ΞΕ. Καὶ δὴ καὶ τούτῳ γε οἶμαι μόνῳ τῆς ἀγνοίας ἀμαθίαν τοὔνομα προσρηθῆναι.

10 ΘΕΑΙ. Πάνυ γε.

ΞΕ. Τί δὲ δὴ τῷ τῆς διδασκαλικῆς ἄρα μέρει τῷ τοῦτο ἀπαλλάττοντι λεκτέον;

d ΘΕΑΙ. Οἶμαι μὲν [οὖν], ὦ ξένε, τὸ μὲν ἄλλο δημιουργικὰς διδασκαλίας, τοῦτο δὲ ἐνθάδε γε παιδείαν δι' ἡμῶν κεκλῆσθαι.

ΞΕ. Καὶ γὰρ σχεδόν, ὦ Θεαίτητε, ἐν πᾶσιν Ἕλλησιν.
5 ἀλλὰ γὰρ ἡμῖν ἔτι καὶ τοῦτο σκεπτέον, ἆρ' ἄτομον ἤδη ἐστὶ πᾶν ἢ τινα ἔχον διαίρεσιν ἀξίαν ἐπωνυμίας.

ΘΕΑΙ. Οὐκοῦν χρὴ σκοπεῖν.

ΞΕ. Δοκεῖ τοίνυν μοι καὶ τοῦτο ἔτι πη σχίζεσθαι.

ΘΕΑΙ. Κατὰ τί;

b 7 αὐτῆς W : αὕτη Stobaeus : αὐτῆς B T   b 9 γένει om. Stobaeus   c 1 γοῦν W : δ' οὖν B T : τ' οὖν Stobaei cod. L   ἀφοριζόμενον Stobaeus   c 2 αὐτὸν ἀντισταθμοῦν Stobaeus   c 6 διανοίᾳ B T : δι' ἀγνοίας Stobaeus   c 8 μόνῳ] μορίῳ Badham   c 9 ἀμαθίαν W Stobaeus : ἀμαθία B T   c 11 τῷ ante τῆς om. Stobaeus   d 1 οὖν om. W Stobaeus   δημιουργικὴ Stobaeus   d 2 δι'] ὑφ' W Stobaeus   d 5 ante ἡμῖν add. ἐν B W: om. T Stobaeus   καὶ τοῦτο ἐπισκεπτέον Stobaeus   ἆρ' ἄτομον W : ἐξάτομόν Stobaei cod. L : εἰ ἄτομον B T   ἐστιν ἤδη Stobaeus   d 6 ἔχει W Stobaeus   d 8 καὶ] κατὰ Hermann

ΞΕ. Τῆς ἐν τοῖς λόγοις διδασκαλικῆς ἡ μὲν τραχυτέρα e
τις ἔοικεν ὁδὸς εἶναι, τὸ δ' ἕτερον αὐτῆς μόριον λειότερον.

ΘΕΑΙ. Τὸ ποῖον δὴ τούτων ἑκάτερον λέγομεν;

ΞΕ. Τὸ μὲν ἀρχαιοπρεπές τι πάτριον, ᾧ πρὸς τοὺς ὑεῖς
μάλιστ' ἐχρῶντό τε καὶ ἔτι πολλοὶ χρῶνται τὰ νῦν, ὅταν 5
αὐτοῖς ἐξαμαρτάνωσί τι, τὰ μὲν χαλεπαίνοντες, τὰ δὲ μαλθα- 230
κωτέρως παραμυθούμενοι· τὸ δ' οὖν σύμπαν αὐτὸ ὀρθότατα
εἴποι τις ἂν νουθετητικήν.

ΘΕΑΙ. Ἔστιν οὕτως.

ΞΕ. Τὸ δέ γε, εἴξασί τινες αὖ λόγον ἑαυτοῖς δόντες 5
ἡγήσασθαι πᾶσαν ἀκούσιον ἀμαθίαν εἶναι, καὶ μαθεῖν οὐδέν
ποτ' ἂν ἐθέλειν τὸν οἰόμενον εἶναι σοφὸν τούτων ὧν οἴοιτο
πέρι δεινὸς εἶναι, μετὰ δὲ πολλοῦ πόνου τὸ νουθετητικὸν
εἶδος τῆς παιδείας σμικρὸν ἀνύτειν.

ΘΕΑΙ. Ὀρθῶς γε νομίζοντες. 10

ΞΕ. Τῷ τοι ταύτης τῆς δόξης ἐπὶ ἐκβολὴν ἄλλῳ τρόπῳ b
στέλλονται.

ΘΕΑΙ. Τίνι δή;

ΞΕ. Διερωτῶσιν ὧν ἂν οἴηταί τίς τι πέρι λέγειν λέγων
μηδέν· εἶθ' ἅτε πλανωμένων τὰς δόξας ῥᾳδίως ἐξετάζουσι, 5
καὶ συνάγοντες δὴ τοῖς λόγοις εἰς ταὐτὸν τιθέασι παρ'
ἀλλήλας, τιθέντες δὲ ἐπιδεικνύουσιν αὐτὰς αὑταῖς ἅμα περὶ
τῶν αὐτῶν πρὸς τὰ αὐτὰ κατὰ ταὐτὰ ἐναντίας. οἱ δ' ὁρῶντες
ἑαυτοῖς μὲν χαλεπαίνουσι, πρὸς δὲ τοὺς ἄλλους ἡμεροῦνται,
καὶ τούτῳ δὴ τῷ τρόπῳ τῶν περὶ αὐτοὺς μεγάλων καὶ σκλη- c
ρῶν δοξῶν ἀπαλλάττονται πασῶν [τε] ἀπαλλαγῶν ἀκούειν τε
ἡδίστην καὶ τῷ πάσχοντι βεβαιότατα γιγνομένην. νομίζοντες
γάρ, ὦ παῖ φίλε, οἱ καθαίροντες αὐτούς, ὥσπερ οἱ περὶ τὰ
σώματα ἰατροὶ νενομίκασι μὴ πρότερον ἂν τῆς προσφερομένης 5

e 2 μόριον αὐτῆς W Stobaeus   e 3 λέγομεν W Stobaeus : λέγωμεν
BT   e 4 τὸ μὲν om. Stobaeus   a 1 τι om. T   a 5 ὡς
ante εἴξασι add. vulg. : om. BT Stobaeus   a 6 οὐδὰν ποτ' ἂν T :
οὐδέ τ' ἂν Stobaei cod. L   b 1 τῷ τοι B Stobaeus : καὶ γάρ τοι T
b 6 συνάγουσι et mox εἰς ταὐτόν τε Stobaeus   b 7 αὐταῖς] αὑταῖς
TW : αὐτοῖς B   c 2 τε om. Stobaeus

τροφῆς ἀπολαύειν δύνασθαι σῶμα, πρὶν ἂν τὰ ἐμποδίζοντα
ἐντός τις ἐκβάλῃ, ταὐτὸν καὶ περὶ ψυχῆς διενοήθησαν ἐκεῖνοι,
μὴ πρότερον αὐτὴν ἕξειν τῶν προσφερομένων μαθημάτων
d ὄνησιν, πρὶν ἂν ἐλέγχων τις τὸν ἐλεγχόμενον εἰς αἰσχύνην
καταστήσας, τὰς τοῖς μαθήμασιν ἐμποδίους δόξας ἐξελών,
καθαρὸν ἀποφήνῃ καὶ ταῦτα ἡγούμενον ἅπερ οἶδεν εἰδέναι
μόνα, πλείω δὲ μή.

5 ΘΕΑΙ. Βελτίστη γοῦν καὶ σωφρονεστάτη τῶν ἕξεων αὕτη.

ΞΕ. Διὰ ταῦτα δὴ πάντα ἡμῖν, ὦ Θεαίτητε, καὶ τὸν
ἔλεγχον λεκτέον ὡς ἄρα μεγίστη καὶ κυριωτάτη τῶν καθάρ-
σεών ἐστι, καὶ τὸν ἀνέλεγκτον αὖ νομιστέον, ἂν καὶ τυγχάνῃ
e βασιλεὺς ὁ μέγας ὤν, τὰ μέγιστα ἀκάθαρτον ὄντα, ἀπαίδευτόν
τε καὶ αἰσχρὸν γεγονέναι ταῦτα ἃ καθαρώτατον καὶ κάλλιστον
ἔπρεπε τὸν ὄντως ἐσόμενον εὐδαίμονα εἶναι.

ΘΕΑΙ. Παντάπασι μὲν οὖν.

5 ΞΕ. Τί δέ; τοὺς ταύτῃ χρωμένους τῇ τέχνῃ τίνας
231 φήσομεν; ἐγὼ μὲν γὰρ φοβοῦμαι σοφιστὰς φάναι.

ΘΕΑΙ. Τί δή;

ΞΕ. Μὴ μεῖζον αὐτοῖς προσάπτωμεν γέρας.

ΘΕΑΙ. Ἀλλὰ μὴν προσέοικέ γε τοιούτῳ τινὶ τὰ νῦν
5 εἰρημένα.

ΞΕ. Καὶ γὰρ κυνὶ λύκος, ἀγριώτατον ἡμερωτάτῳ. τὸν
δὲ ἀσφαλῆ δεῖ πάντων μάλιστα περὶ τὰς ὁμοιότητας ἀεὶ
ποιεῖσθαι τὴν φυλακήν· ὀλισθηρότατον γὰρ τὸ γένος. ὅμως
δὲ ἔστω· οὐ γὰρ περὶ σμικρῶν ὅρων τὴν ἀμφισβήτησιν οἴομαι
b γενήσεσθαι τότε ὁπόταν ἱκανῶς φυλάττωσιν.

ΘΕΑΙ. Οὔκουν τό γε εἰκός.

ΞΕ. Ἔστω δὴ διακριτικῆς τέχνης καθαρτική, καθαρτικῆς
δὲ τὸ περὶ ψυχὴν μέρος ἀφωρίσθω, τούτου δὲ διδασκαλική,

c 6 ἂν om. W   c 7 ἐντός Stobaeus : ἐν αὐτῷ B T   d 8 τὸν
B Stobaeus : τὸ T   e 1 ὤν T Stobaeus : ὄν B   a 1 μὲν om. W
a 3 προσάπτωμεν] προσάπτομεν B : προσάγωμεν W   a 4 γε W : om.
B T   a 6 ἀγριώτερον B   a 7 ἀεὶ om. Stobaeus   a 9 ἔστω
scripsi : ἔστωσαν B T : ἔστων Schanz   b 1 φυλάττωμεν Schanz
b 2 τό γε] τότε W

διδασκαλικῆς δὲ παιδευτική· τῆς δὲ παιδευτικῆς ὁ περὶ τὴν 5
μάταιον δοξοσοφίαν γιγνόμενος ἔλεγχος ἐν τῷ νῦν λόγῳ
παραφανέντι μηδὲν ἀλλ᾽ ἡμῖν εἶναι λεγέσθω πλὴν ἡ γένει
γενναία σοφιστική.

ΘΕΑΙ. Λεγέσθω μέν· ἀπορῶ δὲ ἔγωγε ἤδη διὰ τὸ πολλὰ
πεφάνθαι, τί χρή ποτε ὡς ἀληθῆ λέγοντα καὶ διισχυριζόμενον c
εἰπεῖν ὄντως εἶναι τὸν σοφιστήν.

ΞΕ. Εἰκότως γε σὺ ἀπορῶν. ἀλλά τοι κἀκεῖνον ἡγεῖσθαι
χρὴ νῦν ἤδη σφόδρα ἀπορεῖν ὅπῃ ποτὲ ἔτι διαδύσεται τὸν
λόγον· ὀρθὴ γὰρ ἡ παροιμία, τὸ τὰς ἁπάσας μὴ ῥᾴδιον εἶναι 5
διαφεύγειν.   νῦν οὖν καὶ μάλιστα ἐπιθετέον αὐτῷ.

ΘΕΑΙ. Καλῶς λέγεις.

ΞΕ. Πρῶτον δὴ στάντες οἷον ἐξαναπνεύσωμεν, καὶ πρὸς
ἡμᾶς αὐτοὺς διαλογισώμεθα ἅμα ἀναπαυόμενοι, φέρε, ὁπόσα d
ἡμῖν ὁ σοφιστὴς πέφανται.   δοκῶ μὲν γάρ, τὸ πρῶτον
ηὑρέθη νέων καὶ πλουσίων ἔμμισθος θηρευτής.

ΘΕΑΙ. Ναί.

ΞΕ. Τὸ δέ γε δεύτερον ἔμπορός τις περὶ τὰ τῆς ψυχῆς 5
μαθήματα.

ΘΕΑΙ. Πάνυ γε.

ΞΕ. Τρίτον δὲ ἆρα οὐ περὶ αὐτὰ ταῦτα κάπηλος ἀνεφάνη;

ΘΕΑΙ. Ναί, καὶ τέταρτόν γε αὐτοπώλης περὶ τὰ μαθήματα
ἡμῖν ⟨ἦν⟩.   10

ΞΕ. Ὀρθῶς ἐμνημόνευσας.   πέμπτον δ᾽ ἐγὼ πειράσομαι
μνημονεύειν· τῆς γὰρ ἀγωνιστικῆς περὶ λόγους ἦν τις ἀθλητής, e
τὴν ἐριστικὴν τέχνην ἀφωρισμένος.

ΘΕΑΙ. Ἦν γὰρ οὖν.

ΞΕ. Τό γε μὴν ἕκτον ἀμφισβητήσιμον μέν, ὅμως δ᾽
ἔθεμεν αὐτῷ συγχωρήσαντες δοξῶν ἐμποδίων μαθήμασιν περὶ 5
ψυχὴν καθαρτὴν αὐτὸν εἶναι.

---

d 2 γάρ W : γὰρ ἄν Β Τ : γὰρ δή Schanz   d 3 καὶ secl. Cobet
d 5 δέ om. Τ   d 8 αὐτὰ W : ταῦτα Β Τ   ἀνεφάνη εἶναι W
d 10 ἦν add. Heindorf   e 1 γὰρ ἀγωνιστικῆς Τ W : παραγωνιστικῆς Β
e 5 μαθήμασι Τ W : μάθησιν Β

ΘΕΑΙ. Παντάπασι μὲν οὖν.

232   ΞΕ. Ἆρ' οὖν ἐννοεῖς, ὅταν ἐπιστήμων τις πολλῶν φαί-
νηται, μιᾶς δὲ τέχνης ὀνόματι προσαγορεύηται, τὸ φάντασμα
τοῦτο ὡς οὐκ ἔσθ' ὑγιές, ἀλλὰ δῆλον ὡς ὁ πάσχων αὐτὸ πρός
τινα τέχνην οὐ δύναται κατιδεῖν ἐκεῖνο αὐτῆς εἰς ὃ πάντα τὰ
5 μαθήματα ταῦτα βλέπει, διὸ καὶ πολλοῖς ὀνόμασιν ἀνθ' ἑνὸς
τὸν ἔχοντα αὐτὰ προσαγορεύει;

ΘΕΑΙ. Κινδυνεύει τοῦτο ταύτῃ πῃ μάλιστα πεφυκέναι.

b   ΞΕ. Μὴ τοίνυν ἡμεῖς γε αὐτὸ ἐν τῇ ζητήσει δι' ἀργίαν
πάσχωμεν, ἀλλ' ἀναλάβωμεν ⟨ἐν⟩ πρῶτον τῶν περὶ τὸν
σοφιστὴν εἰρημένων. ἐν γάρ τί μοι μάλιστα κατεφάνη
αὐτὸν μηνῦον.

5   ΘΕΑΙ. Τὸ ποῖον;

ΞΕ. Ἀντιλογικὸν αὐτὸν ἔφαμεν εἶναί που.

ΘΕΑΙ. Ναί.

ΞΕ. Τί δ'; οὐ καὶ τῶν ἄλλων αὐτοῦ τούτου διδάσκαλον
γίγνεσθαι;

10   ΘΕΑΙ. Τί μήν;

ΞΕ. Σκοπῶμεν δή, περὶ τίνος ἄρα καί φασιν οἱ τοιοῦτοι
ποιεῖν ἀντιλογικούς. ἡ δὲ σκέψις ἡμῖν ἐξ ἀρχῆς ἔστω τῇδέ

c πῃ. φέρε, περὶ τῶν θείων, ὅσ' ἀφανῆ τοῖς πολλοῖς, ἆρ'
ἱκανοὺς ποιοῦσι τοῦτο δρᾶν;

ΘΕΑΙ. Λέγεται γοῦν δὴ περὶ αὐτῶν ταῦτα.

ΞΕ. Τί δ' ὅσα φανερὰ γῆς τε καὶ οὐρανοῦ καὶ τῶν περὶ
5 τὰ τοιαῦτα;

ΘΕΑΙ. Τί γάρ;

ΞΕ. Ἀλλὰ μὴν ἔν γε ταῖς ἰδίαις συνουσίαις, ὁπόταν
γενέσεώς τε καὶ οὐσίας πέρι κατὰ πάντων λέγηταί τι,
σύνισμεν ὡς αὐτοί τε ἀντειπεῖν δεινοὶ τούς τε ἄλλους ὅτι
10 ποιοῦσιν ἅπερ αὐτοὶ δυνατούς;

---

a 2 φάντασμα] φάσμα W   b 1 τῇ om. W   b 2 ἐν add.
Heindorf   πρῶτον] πρῶτόν τι al.   b 3 κατεφάνη μάλιστα W
b 4 αὐτὸν] αὐτὸ T   c 3 γοῦν W : οὖν B T   c 8 οὐσίας] οἰκίας T
c 9 δεινοὶ] δυνατοὶ W   ὅτι secl. Cobet

ΘΕΑΙ. Παντάπασί γε.

ΞΕ. Τί δ' αὖ περὶ νόμων καὶ συμπάντων τῶν πολιτικῶν, d ἆρ' οὐχ ὑπισχνοῦνται ποιεῖν ἀμφισβητητικούς;

ΘΕΑΙ. Οὐδεὶς γὰρ ἂν αὐτοῖς ὡς ἔπος εἰπεῖν διελέγετο μὴ τοῦτο ὑπισχνουμένοις.

ΞΕ. Τά γε μὴν περὶ πασῶν τε καὶ κατὰ μίαν ἑκάστην 5 τέχνην, ἃ δεῖ πρὸς ἕκαστον αὐτὸν τὸν δημιουργὸν ἀντειπεῖν, δεδημοσιωμένα που καταβέβληται γεγραμμένα τῷ βουλομένῳ μαθεῖν.

ΘΕΑΙ. Τὰ Πρωταγόρειά μοι φαίνῃ περί τε πάλης καὶ τῶν ἄλλων τεχνῶν εἰρηκέναι. e

ΞΕ. Καὶ πολλῶν γε, ὦ μακάριε, ἑτέρων. ἀτὰρ δὴ τὸ τῆς ἀντιλογικῆς τέχνης ἆρ' οὐκ ἐν κεφαλαίῳ περὶ πάντων πρὸς ἀμφισβήτησιν ἱκανή τις δύναμις ἔοικ' εἶναι;

ΘΕΑΙ. Φαίνεται γοῦν δὴ σχεδὸν οὐδὲν ὑπολιπεῖν. 5

ΞΕ. Σὺ δὴ πρὸς θεῶν, ὦ παῖ, δυνατὸν ἡγῇ τοῦτο; τάχα γὰρ ἂν ὑμεῖς μὲν ὀξύτερον οἱ νέοι πρὸς αὐτὸ βλέποιτε, ἡμεῖς δὲ ἀμβλύτερον.

ΘΕΑΙ. Τὸ ποῖον, καὶ πρὸς τί μάλιστα λέγεις; οὐ γάρ 233 που κατανοῶ τὸ νῦν ἐρωτώμενον.

ΞΕ. Εἰ πάντα ἐπίστασθαί τινα ἀνθρώπων ἐστὶ δυνατόν.

ΘΕΑΙ. Μακάριον μεντἂν ἡμῶν, ὦ ξένε, ἦν τὸ γένος.

ΞΕ. Πῶς οὖν ἂν ποτέ τις πρός γε τὸν ἐπιστάμενον αὐτὸς 5 ἀνεπιστήμων ὢν δύναιτ' ἂν ὑγιές τι λέγων ἀντειπεῖν;

ΘΕΑΙ. Οὐδαμῶς.

ΞΕ. Τί ποτ' οὖν ἂν εἴη τὸ τῆς σοφιστικῆς δυνάμεως θαῦμα;

ΘΕΑΙ. Τοῦ δὴ πέρι; 10

ΞΕ. Καθ' ὅντινα τρόπον ποτὲ δυνατοὶ τοῖς νέοις δόξαν b παρασκευάζειν ὡς εἰσὶ πάντα πάντων αὐτοὶ σοφώτατοι.

d 1 τῶν om. W   d 2 ἀμφισβητητικούς T   d 3 ὡς ἔπος εἰπεῖν αὐτοῖς W   d 6 αὐτὸν] αὐτὸ B   d 7 που TW: om. B   e 4 πρὸς] καὶ πρὸς B   e 5 δὴ W: om. BT   e 6 δὴ BT Stobaeus: δὲ δὴ W   a 2 που] πω Stobaeus   a 8 τὸ om. T

δῆλον γὰρ ὡς εἰ μήτε ἀντέλεγον ὀρθῶς μήτε ἐκείνοις ἐφαί-
νοντο, φαινόμενοί τε εἰ μηδὲν αὖ μᾶλλον ἐδόκουν διὰ τὴν
5 ἀμφισβήτησιν εἶναι φρόνιμοι, τὸ σὸν δὴ τοῦτο, σχολῇ ποτ᾽
ἂν αὐτοῖς τις χρήματα διδοὺς ἤθελεν ἂν τούτων αὐτῶν μαθητὴς
γίγνεσθαι.

ΘΕΑΙ. Σχολῇ μεντἄν.

ΞΕ. Νῦν δέ γ᾽ ἐθέλουσιν;

10 ΘΕΑΙ. Καὶ μάλα.

c ΞΕ. Δοκοῦσι γὰρ οἶμαι πρὸς ταῦτα ἐπιστημόνως ἔχειν
αὐτοὶ πρὸς ἅπερ ἀντιλέγουσιν.

ΘΕΑΙ. Πῶς γὰρ οὔ;

ΞΕ. Δρῶσι δέ γε τοῦτο πρὸς ἅπαντα, φαμέν;

5 ΘΕΑΙ. Ναί.

ΞΕ. Πάντα ἄρα σοφοὶ τοῖς μαθηταῖς φαίνονται.

ΘΕΑΙ. Τί μήν;

ΞΕ. Οὐκ ὄντες γε· ἀδύνατον γὰρ τοῦτό γε ἐφάνη.

ΘΕΑΙ. Πῶς γὰρ οὐκ ἀδύνατον;

10 ΞΕ. Δοξαστικὴν ἄρα τινὰ περὶ πάντων ἐπιστήμην ὁ
σοφιστὴς ἡμῖν ἀλλ᾽ οὐκ ἀλήθειαν ἔχων ἀναπέφανται.

d ΘΕΑΙ. Παντάπασι μὲν οὖν, καὶ κινδυνεύει γε τὸ νῦν
εἰρημένον ὀρθότατα περὶ αὐτῶν εἰρῆσθαι.

ΞΕ. Λάβωμεν τοίνυν σαφέστερόν τι παράδειγμα περὶ
τούτων.

5 ΘΕΑΙ. Τὸ ποῖον δή;

ΞΕ. Τόδε. καί μοι πειρῶ προσέχων τὸν νοῦν εὖ μάλα
ἀποκρίνασθαι.

ΘΕΑΙ. Τὸ ποῖον;

ΞΕ. Εἴ τις φαίη μὴ λέγειν μηδ᾽ ἀντιλέγειν, ἀλλὰ ποιεῖν
10 καὶ δρᾶν μιᾷ τέχνῃ συνάπαντα ἐπίστασθαι πράγματα—

e ΘΕΑΙ. Πῶς πάντα εἶπες;

ΞΕ. Τὴν ἀρχὴν τοῦ ῥηθέντος σύ γ᾽ ἡμῖν εὐθὺς ἀγνοεῖς·
τὰ γὰρ σύμπαντα, ὡς ἔοικας, οὐ μανθάνεις.

b 4 μηδὲν TW : μὴ μηδὲν B   αὖ om. W   b 5 τὸ σὸν] τόσον B T W

ΘΕΑΙ. Οὐ γὰρ οὖν.

ΞΕ. Λέγω τοίνυν σὲ καὶ ἐμὲ τῶν πάντων καὶ πρὸς ἡμῖν 5
τἆλλα ζῷα καὶ δένδρα.

ΘΕΑΙ. Πῶς λέγεις;

ΞΕ. Εἴ τις ἐμὲ καὶ σὲ καὶ τἆλλα φυτὰ πάντα ποιήσειν
φαίη—

ΘΕΑΙ. Τίνα δὴ λέγων τὴν ποίησιν; οὐ γὰρ δὴ γεωργόν 234
γε ἐρεῖς τινα· καὶ γὰρ ζῴων αὐτὸν εἶπες ποιητήν.

ΞΕ. Φημί, καὶ πρός γε θαλάττης καὶ γῆς καὶ οὐρανοῦ καὶ
θεῶν καὶ τῶν ἄλλων συμπάντων· καὶ τοίνυν καὶ ταχὺ ποιή-
σας αὐτῶν ἕκαστα πάνυ σμικροῦ νομίσματος ἀποδίδοται. 5

ΘΕΑΙ. Παιδιὰν λέγεις τινά.

ΞΕ. Τί δέ; τὴν τοῦ λέγοντος ὅτι πάντα οἶδε καὶ ταῦτα
ἕτερον ἂν διδάξειεν ὀλίγου καὶ ἐν ὀλίγῳ χρόνῳ, μῶν οὐ
παιδιὰν νομιστέον;

ΘΕΑΙ. Πάντως που. 10

ΞΕ. Παιδιᾶς δὲ ἔχεις ἤ τι τεχνικώτερον ἢ καὶ χαριέστερον b
εἶδος ἢ τὸ μιμητικόν;

ΘΕΑΙ. Οὐδαμῶς· πάμπολυ γὰρ εἴρηκας εἶδος εἰς ἓν
πάντα συλλαβὼν καὶ σχεδὸν ποικιλώτατον.

ΞΕ. Οὐκοῦν τόν γ᾽ ὑπισχνούμενον δυνατὸν εἶναι μιᾷ 5
τέχνῃ πάντα ποιεῖν γιγνώσκομέν που τοῦτο, ὅτι μιμήματα
καὶ ὁμώνυμα τῶν ὄντων ἀπεργαζόμενος τῇ γραφικῇ τέχνῃ
δυνατὸς ἔσται τοὺς ἀνοήτους τῶν νέων παίδων, πόρρωθεν τὰ
γεγραμμένα ἐπιδεικνύς, λανθάνειν ὡς ὅτιπερ ἂν βουληθῇ
δρᾶν, τοῦτο ἱκανώτατος ὢν ἀποτελεῖν ἔργῳ. 10

ΘΕΑΙ. Πῶς γὰρ οὔ; c

ΞΕ. Τί δὲ δή; περὶ τοὺς λόγους ἆρ᾽ οὐ προσδοκῶμεν
εἶναί τινα ἄλλην τέχνην, ᾗ αὖ δυνατὸν ⟨ὂν⟩ [αὖ] τυγχάνει

e 4 οὖν] οὔ W   e 8 ποιήσειν W : ποίησιν B T   a 2 γὰρ] γὰρ
δὴ καὶ W   a 3 καὶ γῆς W : om. B T   a 4 καὶ τοίνυν] καίτοι εὖ
Badham   a 7 τὴν] τὸ Schanz   b 1 ἢ bis om. W   b 6 τοῦτο]
τοῦτον al.   c 3 τέχνην τινα ἄλλην W   ᾗ αὖ scripsi : ἢ οὐ B : ᾗ
οὐ T   ὂν addidi   αὖ seclusi   τυγχάνει Heindorf : τυγχάνειν B T

τοὺς νέους καὶ ἔτι πόρρω τῶν πραγμάτων τῆς ἀληθείας
5 ἀφεστῶτας διὰ τῶν ὤτων τοῖς λόγοις γοητεύειν, δεικνύντας
εἴδωλα λεγόμενα περὶ πάντων, ὥστε ποιεῖν ἀληθῆ δοκεῖν λέ-
γεσθαι καὶ τὸν λέγοντα δὴ σοφώτατον πάντων ἅπαντ' εἶναι;
d   ΘΕΑΙ. Τί γὰρ οὐκ ἂν εἴη ἄλλη τις τοιαύτη τέχνη;

ΞΕ. Τοὺς πολλοὺς οὖν, ὦ Θεαίτητε, τῶν τότε ἀκουόντων
ἆρ' οὐκ ἀνάγκη χρόνου τε ἐπελθόντος αὐτοῖς ἱκανοῦ καὶ
προϊούσης ἡλικίας τοῖς τε οὖσι προσπίπτοντας ἐγγύθεν καὶ
5 διὰ παθημάτων ἀναγκαζομένους ἐναργῶς ἐφάπτεσθαι τῶν
ὄντων, μεταβάλλειν τὰς τότε γενομένας δόξας, ὥστε σμικρὰ
μὲν φαίνεσθαι τὰ μεγάλα, χαλεπὰ δὲ τὰ ῥᾴδια, καὶ πάντα
e πάντῃ ἀνατετράφθαι τὰ ἐν τοῖς λόγοις φαντάσματα ὑπὸ τῶν
ἐν ταῖς πράξεσιν ἔργων παραγενομένων;

ΘΕΑΙ. Ὡς γοῦν ἐμοὶ τηλικῷδε ὄντι κρῖναι. οἶμαι δὲ
καὶ ἐμὲ τῶν ἔτι πόρρωθεν ἀφεστηκότων εἶναι.

5 ΞΕ. Τοιγαροῦν ἡμεῖς σε οἵδε πάντες πειρασόμεθα καὶ
νῦν πειρώμεθα ὡς ἐγγύτατα ἄνευ τῶν παθημάτων προσάγειν.
περὶ δ' οὖν τοῦ σοφιστοῦ τόδε μοι λέγε· πότερον ἤδη τοῦτο
235 σαφές, ὅτι τῶν γοήτων ἐστί τις, μιμητὴς ὢν τῶν ὄντων, ἢ
διστάζομεν ἔτι μὴ περὶ ὅσωνπερ ἀντιλέγειν δοκεῖ δυνατὸς
εἶναι, περὶ τοσούτων καὶ τὰς ἐπιστήμας ἀληθῶς ἔχων
τυγχάνει;

5 ΘΕΑΙ. Καὶ πῶς ἄν, ὦ ξένε; ἀλλὰ σχεδὸν ἤδη σαφὲς
ἐκ τῶν εἰρημένων, ὅτι τῶν τῆς παιδιᾶς μετεχόντων ἐστί τις
† μερῶν † εἷς.

ΞΕ. Γόητα μὲν δὴ καὶ μιμητὴν ἄρα θετέον αὐτόν τινα.

ΘΕΑΙ. Πῶς γὰρ οὐ θετέον;

10 ΞΕ. Ἄγε δή, νῦν ἡμέτερον ἔργον ἤδη τὸν θῆρα μηκέτ'
b ἀνεῖναι· σχεδὸν γὰρ αὐτὸν περιειλήφαμεν ἐν ἀμφιβληστρικῷ

c 7 ἁπάντων W   d 1 τοιαύτη τις ἄλλη W   d 2 ὦ om. B
d 4 τοῖς τε οὖσι om. pr. T   e 3 κρῖναι secl. Ast: κρίνειν W
e 6 πειρώμεθα del. Schanz   a 4 τυγχάνῃ Heindorf   a 7 μερῶν]
μυρίων Apelt   εἷς W: εἰς BT (hospiti tribuunt ut sit εἰς γόητα)
a 8 αὐτόν TW: om. B   a 10 νῦν] νῦν γὰρ W

τινι τῶν ἐν τοῖς λόγοις περὶ τὰ τοιαῦτα ὀργάνων, ὥστε
οὐκέτ᾿ ἐκφεύξεται τόδε γε.

ΘΕΑΙ. Τὸ ποῖον;

ΞΕ. Τὸ μὴ οὐ τοῦ γένους εἶναι τοῦ τῶν θαυματοποιῶν 5
τις εἶς.

ΘΕΑΙ. Κἀμοὶ τοῦτό γε οὕτω περὶ αὐτοῦ συνδοκεῖ.

ΞΕ. Δέδοκται τοίνυν ὅτι τάχιστα διαιρεῖν τὴν εἰδωλο-
ποιικὴν τέχνην, καὶ καταβάντας εἰς αὐτήν, ἐὰν μὲν ἡμᾶς εὐθὺς
ὁ σοφιστὴς ὑπομείνῃ, συλλαβεῖν αὐτὸν κατὰ τὰ ἐπεσταλμένα 10
ὑπὸ τοῦ βασιλικοῦ λόγου, κἀκείνῳ παραδόντας ἀποφῆναι c
τὴν ἄγραν· ἐὰν δ᾿ ἄρα κατὰ μέρη τῆς μιμητικῆς δύηταί πῃ,
συνακολουθεῖν αὐτῷ διαιροῦντας ἀεὶ τὴν ὑποδεχομένην αὐτὸν
μοῖραν, ἕωσπερ ἂν ληφθῇ. πάντως οὔτε οὗτος οὔτε ἄλλο
γένος οὐδὲν μή ποτε ἐκφυγὸν ἐπεύξηται τὴν τῶν οὕτω 5
δυναμένων μετιέναι καθ᾿ ἕκαστά τε καὶ ἐπὶ πάντα μέθοδον.

ΘΕΑΙ. Λέγεις εὖ, καὶ ταῦτα ταύτῃ ποιητέον.

ΞΕ. Κατὰ δὴ τὸν παρεληλυθότα τρόπον τῆς διαιρέσεως
ἔγωγέ μοι καὶ νῦν φαίνομαι δύο καθορᾶν εἴδη τῆς μιμητικῆς· d
τὴν δὲ ζητουμένην ἰδέαν, ἐν ὁποτέρῳ ποθ᾿ ἡμῖν οὖσα τυγχάνει,
καταμαθεῖν οὐδέπω μοι δοκῶ νῦν δυνατὸς εἶναι.

ΘΕΑΙ. Σὺ δ᾿ ἀλλ᾿ εἰπὲ πρῶτον καὶ δίελε ἡμῖν τίνε τὼ
δύο λέγεις. 5

ΞΕ. Μίαν μὲν τὴν εἰκαστικὴν ὁρῶν ἐν αὐτῇ τέχνην.
ἔστι δ᾿ αὕτη μάλιστα ὁπόταν κατὰ τὰς τοῦ παραδείγματος
συμμετρίας τις ἐν μήκει καὶ πλάτει καὶ βάθει, καὶ πρὸς
τούτοις ἔτι χρώματα ἀποδιδοὺς τὰ προσήκοντα ἑκάστοις, τὴν e
τοῦ μιμήματος γένεσιν ἀπεργάζηται.

ΘΕΑΙ. Τί δ᾿; οὐ πάντες οἱ μιμούμενοί τι τοῦτ᾿ ἐπιχειροῦσι
δρᾶν;

b 3 οὐκέτ᾿ W : οὐκ ἔτι B : οὐκ T   b 4 τὸ W : om. B T   b 5 τοῦ
τῶν T W : τούτων B   b 8 δέδεικται W : δέδεικται B T   c 2 κατά]
κατὰ τὰ Heindorf   d 2 ποτὲ οὖσα ἡμῖν W   d 3 νῦν δοκῶ μοι W
d 4 καὶ δίελε πρῶτον W   d 6 ὁρῶ W   e 1 ἑκάστοις W Stobaeus :
ἑκάσταις B T

5 ΞΕ. Οὔκουν ὅσοι γε τῶν μεγάλων πού τι πλάττουσιν
ἔργων ἢ γράφουσιν. εἰ γὰρ ἀποδιδοῖεν τὴν τῶν καλῶν
ἀληθινὴν συμμετρίαν, οἶσθ᾽ ὅτι σμικρότερα μὲν τοῦ δέοντος
236 τὰ ἄνω, μείζω δὲ τὰ κάτω φαίνοιτ᾽ ἂν διὰ τὸ τὰ μὲν πόρρωθεν,
τὰ δ᾽ ἐγγύθεν ὑφ᾽ ἡμῶν ὁρᾶσθαι.

ΘΕΑΙ. Πάνυ μὲν οὖν.

ΞΕ. ᾽Αρ᾽ οὖν οὐ χαίρειν τὸ ἀληθὲς ἐάσαντες οἱ δημιουργοὶ
5 νῦν οὐ τὰς οὔσας συμμετρίας ἀλλὰ τὰς δοξούσας εἶναι καλὰς
τοῖς εἰδώλοις ἐναπεργάζονται;

ΘΕΑΙ. Παντάπασί γε.

ΞΕ. Τὸ μὲν ἄρα ἕτερον οὐ δίκαιον, εἰκός γε ὄν, εἰκόνα
καλεῖν;

10 ΘΕΑΙ. Ναί.

b ΞΕ. Καὶ τῆς γε μιμητικῆς τὸ ἐπὶ τούτῳ μέρος κλητέον
ὅπερ εἴπομεν ἐν τῷ πρόσθεν, εἰκαστικήν;

ΘΕΑΙ. Κλητέον.

ΞΕ. Τί δέ; τὸ φαινόμενον μὲν διὰ τὴν οὐκ ἐκ καλοῦ
5 θέαν ἐοικέναι τῷ καλῷ, δύναμιν δὲ εἴ τις λάβοι τὰ τηλικαῦτα
ἱκανῶς ὁρᾶν, μηδ᾽ εἰκὸς ᾧ φησιν ἐοικέναι, τί καλοῦμεν; ἆρ᾽
οὐκ, ἐπείπερ φαίνεται μέν, ἔοικε δὲ οὔ, φάντασμα;

ΘΕΑΙ. Τί μήν;

ΞΕ. Οὐκοῦν πάμπολυ καὶ κατὰ τὴν ζωγραφίαν τοῦτο τὸ
c μέρος ἐστὶ καὶ κατὰ σύμπασαν μιμητικήν;

ΘΕΑΙ. Πῶς δ᾽ οὔ;

ΞΕ. Τὴν δὴ φάντασμα ἀλλ᾽ οὐκ εἰκόνα ἀπεργαζομένην
τέχνην ἆρ᾽ οὐ φανταστικὴν ὀρθότατ᾽ ἂν προσαγορεύοιμεν;

5 ΘΕΑΙ. Πολύ γε.

ΞΕ. Τούτω τοίνυν τὼ δύο ἔλεγον εἴδη τῆς εἰδωλοποιικῆς,
εἰκαστικὴν καὶ φανταστικήν.

e 6 καλῶν] κώλων Badham   a 3 πάνυ μὲν οὖν T Stobaeus : δοκεῖ
μοι πάνυ μὲν οὖν W : om. B   a 5 νῦν] οἱ νῦν Heindorf   a 7 παν-
τάπασί γε W : πάνυ μὲν οὖν B T   a 8 τὸ μὲν ἄρα] ἆρ᾽ οὖν τὸ
μὲν W   εἰκός γε ὄν] εἰκαστικόν W   εἰκόνα om. W   b 4 οὐκ ἐκ]
τοῦ Stobaei cod. A : ἐκ al.   b 6 ᾧ] ὅ W   c 1 τὴν ξύμπασαν
T Stobaeus   c 3 φάντασμα W : φαντάσματα B T   c 5 πάνυ γε W

ΘΕΑΙ. Ὀρθῶς.

ΞΕ. Ὁ δέ γε καὶ τότ᾽ ἠμφεγνόουν, ⟨ἐν⟩ ποτέρᾳ τὸν
σοφιστὴν θετέον, οὐδὲ νῦν πω δύναμαι θεάσασθαι σαφῶς, 10
ἀλλ᾽ ὄντως θαυμαστὸς ἀνὴρ καὶ κατιδεῖν παγχάλεπος, ἐπεὶ d
καὶ νῦν μάλα εὖ καὶ κομψῶς εἰς ἄπορον εἶδος διερευνήσασθαι
καταπέφευγεν.

ΘΕΑΙ. Ἔοικεν.

ΞΕ. Ἆρ᾽ οὖν αὐτὸ γιγνώσκων σύμφῃς, ἤ σε οἷον ῥύμη 5
τις ὑπὸ τοῦ λόγου συνειθισμένον συνεπεσπάσατο πρὸς τὸ
ταχὺ συμφῆσαι;

ΘΕΑΙ. Πῶς καὶ πρὸς τί τοῦτο εἴρηκας;

ΞΕ. Ὄντως, ὦ μακάριε, ἐσμὲν ἐν παντάπασι χαλεπῇ
σκέψει. τὸ γὰρ φαίνεσθαι τοῦτο καὶ τὸ δοκεῖν, εἶναι δὲ e
μή, καὶ τὸ λέγειν μὲν ἄττα, ἀληθῆ δὲ μή, πάντα ταῦτά ἐστι
μεστὰ ἀπορίας ἀεὶ ἐν τῷ πρόσθεν χρόνῳ καὶ νῦν. ὅπως γὰρ
εἰπόντα χρὴ ψευδῆ λέγειν ἢ δοξάζειν ὄντως εἶναι, καὶ τοῦτο
φθεγξάμενον ἐναντιολογίᾳ μὴ συνέχεσθαι, παντάπασιν, ὦ 5
Θεαίτητε, χαλεπόν.   237

ΘΕΑΙ. Τί δή;

ΞΕ. Τετόλμηκεν ὁ λόγος οὗτος ὑποθέσθαι τὸ μὴ ὂν
εἶναι· ψεῦδος γὰρ οὐκ ἂν ἄλλως ἐγίγνετο ὄν. Παρμενίδης
δὲ ὁ μέγας, ὦ παῖ, παισὶν ἡμῖν οὖσιν ἀρχόμενός τε καὶ διὰ 5
τέλους τοῦτο ἀπεμαρτύρατο, πεζῇ τε ὧδε ἑκάστοτε λέγων καὶ
μετὰ μέτρων—

Οὐ γὰρ μή ποτε τοῦτο δαμῇ, φησίν, εἶναι μὴ ἐόντα·
ἀλλὰ σὺ τῆσδ᾽ ἀφ᾽ ὁδοῦ διζήμενος εἶργε νόημα.

c 9 τότ᾽] τοῦτ᾽ T   ἐν add. Bessarionis liber   ποτερα B :
πότερα TW   c 10 θεάσασθαι] βεβαιώσασθαι W (an θεάσασθαι
βεβαίως?)   d 1 θαυμαστῶς B   ἀνὴρ Bekker : ἀνὴρ BT   d 6 συν-
επεσπάσατο W : νῦν ἐπεσπάσατο BT   d 8 τί W : ὅτι BT   e 3 μεστὰ
TW : om. B   a 4 ἐγίγνετο] γίγνοιτο W   a 5 ἡμῖν W : μὲν BT
τε καὶ Heindorf : γε καὶ W : δὲ καὶ BT   a 6 τοῦτο] ταῦτ᾽ W
πεζῇ] παίζει T   a 8 τοῦτο δαμῇ Simplicius : τοῦτ᾽ οὐδαμῇ BT : τοῦτ᾽
οὐ δαμῇ W   ἐόντα Aristoteles Met. 1089 a, 4 : ὄντα BT   a 9 διζή-
μενος BTW (sed διζήσιος infra 258 d)

b παρ' ἐκείνου τε οὖν μαρτυρεῖται, καὶ μάλιστά γε δὴ πάντων
ὁ λόγος αὐτὸς ἂν δηλώσειε μέτρια βασανισθείς. τοῦτο οὖν
αὐτὸ πρῶτον θεασώμεθα, εἰ μή τί σοι διαφέρει.

ΘΕΑΙ. Τὸ μὲν ἐμὸν ὅπῃ βούλει τίθεσο, τὸν δὲ λόγον
5 ᾗ βέλτιστα διέξεισι σκοπῶν αὐτός τε ἴθι κἀμὲ κατὰ ταύτην
τὴν ὁδὸν ἄγε.

ΞΕ. Ἀλλὰ χρὴ δρᾶν ταῦτα. καί μοι λέγε· τὸ μηδαμῶς
ὂν τολμῶμέν που φθέγγεσθαι;

ΘΕΑΙ. Πῶς γὰρ οὔ;

10 ΞΕ. Μὴ τοίνυν ἔριδος ἕνεκα μηδὲ παιδιᾶς, ἀλλ' εἰ σπουδῇ
c δέοι συννοήσαντά τινα ἀποκρίνασθαι τῶν ἀκροατῶν ποῖ χρὴ
τοὔνομ' ἐπιφέρειν τοῦτο, τὸ μὴ ὄν, τί δοκοῦμεν ἂν εἰς τί
καὶ ἐπὶ ποῖον αὐτόν τε καταχρήσασθαι καὶ τῷ πυνθανομένῳ
δεικνύναι;

5 ΘΕΑΙ. Χαλεπὸν ἤρου καὶ σχεδὸν εἰπεῖν οἵῳ γε ἐμοὶ
παντάπασιν ἄπορον.

ΞΕ. Ἀλλ' οὖν τοῦτό γε δῆλον, ὅτι τῶν ὄντων ἐπί ⟨τι⟩
τὸ μὴ ὂν οὐκ οἰστέον.

ΘΕΑΙ. Πῶς γὰρ ἄν;

10 ΞΕ. Οὐκοῦν ἐπείπερ οὐκ ἐπὶ τὸ ὄν, οὐδ' ἐπὶ τὸ τὶ φέρων
ὀρθῶς ἄν τις φέροι.

ΘΕΑΙ. Πῶς δή;

d ΞΕ. Καὶ τοῦτο ἡμῖν που φανερόν, ὡς καὶ τὸ " τὶ " τοῦτο
[ῥῆμα] ἐπ' ὄντι λέγομεν ἑκάστοτε· μόνον γὰρ αὐτὸ λέγειν,
ὥσπερ γυμνὸν καὶ ἀπηρημωμένον ἀπὸ τῶν ὄντων ἁπάντων,
ἀδύνατον· ἢ γάρ;

5 ΘΕΑΙ. Ἀδύνατον.

ΞΕ. Ἆρα τῇδε σκοπῶν σύμφης, ὡς ἀνάγκη τόν τι λέγοντα
ἕν γέ τι λέγειν;

b 2 αὐτὸς W : οὗτος B T   b 8 φθέγξασθαι W   b 10 ἀλλ' εἰ
σπουδῇ Bekker : ἄλλης ποῦ δὴ B : ἀλλὴ σπουδῇ T : ἀλλ' ἢ σπουδῆι W
c 2 τί] ὅτι T W   c 7 τι add. corr. Par. 1808   c 10 φέρων]
φέρον W   d 1 τοῦτο Schanz : τοῦτο ῥῆμα T : τοῦ ῥήματος B :
ῥῆμα W   d 2 γὰρ om. T

ΘΕΑΙ. Οὕτως.

ΞΕ. Ἑνὸς γὰρ δὴ τό γε "τὶ" φήσεις σημεῖον εἶναι, τὸ
δὲ "τινὲ" δυοῖν, τὸ δὲ "τινὲς" πολλῶν. 10

ΘΕΑΙ. Πῶς γὰρ οὔ;

ΞΕ. Τὸν δὲ δὴ μὴ τὶ λέγοντα ἀναγκαιότατον, ὡς ἔοικε, e
παντάπασι μηδὲν λέγειν.

ΘΕΑΙ. Ἀναγκαιότατον μὲν οὖν.

ΞΕ. Ἆρ' οὖν οὐδὲ τοῦτο συγχωρητέον, τὸ τὸν τοιοῦτον
λέγειν μέν [τι], λέγειν μέντοι μηδέν, ἀλλ' οὐδὲ λέγειν 5
φατέον, ὅς γ' ἂν ἐπιχειρῇ μὴ ὂν φθέγγεσθαι;

ΘΕΑΙ. Τέλος γοῦν ἂν ἀπορίας ὁ λόγος ἔχοι.

ΞΕ. Μήπω μέγ' εἴπῃς· ἔτι γάρ, ὦ μακάριε, ἔστι, καὶ 238
ταῦτά γε τῶν ἀποριῶν ἡ μεγίστη καὶ πρώτη. περὶ γὰρ
αὐτὴν αὐτοῦ τὴν ἀρχὴν οὖσα τυγχάνει.

ΘΕΑΙ. Πῶς φής; λέγε καὶ μηδὲν ἀποκνήσῃς.

ΞΕ. Τῷ μὲν ὄντι που προσγένοιτ' ἄν τι τῶν ὄντων ἕτερον. 5

ΘΕΑΙ. Πῶς γὰρ οὔ;

ΞΕ. Μὴ ὄντι δέ τι τῶν ὄντων ἆρά ποτε προσγίγνεσθαι
φήσομεν δυνατὸν εἶναι;

ΘΕΑΙ. Καὶ πῶς;

ΞΕ. Ἀριθμὸν δὴ τὸν σύμπαντα τῶν ὄντων τίθεμεν. 10

ΘΕΑΙ. Εἴπερ γε καὶ ἄλλο τι θετέον ὡς ὄν. b

ΞΕ. Μὴ τοίνυν μηδ' ἐπιχειρῶμεν ἀριθμοῦ μήτε πλῆθος
μήτε ἓν πρὸς τὸ μὴ ὂν προσφέρειν.

ΘΕΑΙ. Οὔκουν ἂν ὀρθῶς γε, ὡς ἔοικεν, ἐπιχειροῖμεν, ὥς
φησιν ὁ λόγος. 5

ΞΕ. Πῶς οὖν ἂν ἢ διὰ τοῦ στόματος φθέγξαιτο ἄν τις ἢ
καὶ τῇ διανοίᾳ τὸ παράπαν λάβοι τὰ μὴ ὄντα ἢ τὸ μὴ ὂν
χωρὶς ἀριθμοῦ;

d 9 γε om. W   e 4 τὸν τὸ B   e 5 μέν om. B   τι secl.
Schleiermacher   e 6 γ'] δ' W : om. T   μὴ ὂν] μηδὲν W
e 7 ἂν] δὴ W   ἔχοι ὁ λόγος T   a 1 ἔτι] ἔστι T   a 2 γε
delendum susp. Heindorf   a 7 ὄντι δέ τι] ὂν δέ τι B : ὄντι δὲ T
ποτε om. B   a 7 φήσομεν προσγίγνεσθαι W   b 3 ἓν] τὸ ἓν
W : τὸ ὂν T

ΘΕΑΙ. Λέγε πῆ;

10 ΞΕ. Μὴ ὄντα μὲν ἐπειδὰν λέγωμεν, ἆρα οὐ πλῆθος
c ἐπιχειροῦμεν ἀριθμοῦ προστιθέναι;

ΘΕΑΙ. Τί μήν;

ΞΕ. Μὴ ὂν δέ, ἆρα οὐ τὸ ἓν αὖ;

ΘΕΑΙ. Σαφέστατά γε.

5 ΞΕ. Καὶ μὴν οὔτε δίκαιόν γε οὔτε ὀρθόν φαμεν ὂν
ἐπιχειρεῖν μὴ ὄντι προσαρμόττειν.

ΘΕΑΙ. Λέγεις ἀληθέστατα.

ΞΕ. Συννοεῖς οὖν ὡς οὔτε φθέγξασθαι δυνατὸν ὀρθῶς
οὔτ' εἰπεῖν οὔτε διανοηθῆναι τὸ μὴ ὂν αὐτὸ καθ' αὑτό, ἀλλ'
10 ἔστιν ἀδιανόητόν τε καὶ ἄρρητον καὶ ἄφθεγκτον καὶ ἄλογον;

ΘΕΑΙ. Παντάπασι μὲν οὖν.

d ΞΕ. Ἆρ' οὖν ἐψευσάμην ἄρτι λέγων τὴν μεγίστην ἀπορίαν
ἐρεῖν αὐτοῦ πέρι, τὸ δὲ ἔτι μείζω τινὰ λέγειν ἄλλην ἔχομεν;

ΘΕΑΙ. Τίνα δή;

ΞΕ. Ὦ θαυμάσιε, οὐκ ἐννοεῖς αὐτοῖς τοῖς λεχθεῖσιν ὅτι
5 καὶ τὸν ἐλέγχοντα εἰς ἀπορίαν καθίστησι τὸ μὴ ὂν οὕτως,
ὥστε, ὁπόταν αὐτὸ ἐπιχειρῇ τις ἐλέγχειν, ἐναντία αὐτὸν
αὑτῷ περὶ ἐκεῖνο ἀναγκάζεσθαι λέγειν;

ΘΕΑΙ. Πῶς φής; εἰπὲ ἔτι σαφέστερον.

ΞΕ. Οὐδὲν δεῖ τὸ σαφέστερον ἐν ἐμοὶ σκοπεῖν. ἐγὼ μὲν
e γὰρ ὑποθέμενος οὔτε ἑνὸς οὔτε τῶν πολλῶν τὸ μὴ ὂν δεῖν
μετέχειν, ἄρτι τε καὶ νῦν οὕτως ἓν αὐτὸ εἴρηκα· τὸ μὴ ὂν
γὰρ φημί. συνίης τοι.

ΘΕΑΙ. Ναί.

5 ΞΕ. Καὶ μὴν αὖ καὶ σμικρὸν ἔμπροσθεν ἄφθεγκτόν τε
αὐτὸ καὶ ἄρρητον καὶ ἄλογον ἔφην εἶναι. συνέπῃ;

ΘΕΑΙ. Συνέπομαι. πῶς γὰρ οὔ;

c 1 ἀριθμοῦ ἐπιχειροῦμεν T   c 5 ὂν TW: om. B   d 2 τὸ δὲ
W: τόδε B T sed τοῦ in marg. T: τί δὲ in marg. al.: τό δὲ (τί δὲ)
. . . ἔχομεν hospiti primus tribuit Winckelmann   d 3 τίνα δή;
Winckelmann: τί δέ; B: τι δαί; T hospiti tribuentes   d 4 αὐτοῖς]
ἐν αὐτοῖς W   d 7 αὑτῷ T: αὐτῷ W: αὐτὸ B   e 7 ξυνέπομαι.
πῶς γὰρ οὔ; T W: ξυνέπομαί πως B

ΞΕ. Οὐκοῦν τό γε εἶναι προσάπτειν πειρώμενος ἐναντία
τοῖς πρόσθεν ἔλεγον; 239
ΘΕΑΙ. Φαίνῃ.

ΞΕ. Τί δέ; τοῦτο προσάπτων οὐχ ὡς ἑνὶ διελεγόμην;
ΘΕΑΙ. Ναί.

ΞΕ. Καὶ μὴν ἄλογόν γε λέγων καὶ ἄρρητον καὶ ἄφθεγκτον 5
ὥς γε πρὸς ἓν τὸν λόγον ἐποιούμην.
ΘΕΑΙ. Πῶς δ' οὔ;

ΞΕ. Φαμὲν δέ γε δεῖν, εἴπερ ὀρθῶς τις λέξει, μήτε ὡς
ἓν μήτε ὡς πολλὰ διορίζειν αὐτό, μηδὲ τὸ παράπαν αὐτὸ
καλεῖν· ἑνὸς γὰρ εἴδει καὶ κατὰ ταύτην ἂν τὴν πρόσρησιν 10
προσαγορεύοιτο.
ΘΕΑΙ. Παντάπασί γε.

ΞΕ. Τὸν μὲν τοίνυν ἐμέ γε τί τις ἂν λέγοι; καὶ γὰρ b
πάλαι καὶ τὰ νῦν ἡττημένον ἂν εὕροι περὶ τὸν τοῦ μὴ ὄντος
ἔλεγχον. ὥστε ἐν ἔμοιγε λέγοντι, καθάπερ εἶπον, μὴ
σκοπῶμεν τὴν ὀρθολογίαν περὶ τὸ μὴ ὄν, ἀλλ' εἶα δὴ νῦν
ἐν σοὶ σκεψώμεθα. 5
ΘΕΑΙ. Πῶς φῄς;

ΞΕ. Ἴθι ἡμῖν εὖ καὶ γενναίως, ἅτε νέος ὤν, ὅτι μάλιστα
δύνασαι συντείνας πειράθητι, μήτε οὐσίαν μήτε τὸ ἓν μήτε
πλῆθος ἀριθμοῦ προστιθεὶς τῷ μὴ ὄντι, κατὰ τὸ ὀρθὸν
φθέγξασθαί τι περὶ αὐτοῦ. 10
ΘΕΑΙ. Πολλὴ μεντἄν με καὶ ἄτοπος ἔχοι προθυμία c
τῆς ἐπιχειρήσεως, εἰ σὲ τοιαῦθ' ὁρῶν πάσχοντα αὐτὸς
ἐπιχειροίην.

ΞΕ. Ἀλλ' εἰ δοκεῖ, σὲ μὲν καὶ ἐμὲ χαίρειν ἐῶμεν· ἕως
δ' ἄν τινι δυναμένῳ δρᾶν τοῦτο ἐντυγχάνωμεν, μέχρι τούτου 5

a 1 ἔλεγον TW: λόγον B   a 3 προσάπτων] προσάγων T   ἑνί]
ἐν T: ἐν ὂν Heindorf   a 5 γε TW: τε B   a 8 τις] τι W
a 10 ἑνὸς γὰρ εἴδει B: ἔν τε γὰρ εἴδει T: ἑνὸς γὰρ ἔδει W: ἐν ἑνὸς γὰρ
εἴδει Winckelmann: ἔν τι γὰρ ἤδη Heindorf   b 1 ἐμέ τε τι τίς B:
ἐμέ γε ἔτι τις T: ἐμὲ ἔτι τί τίς W   b 4 εἶα Bessarionis liber:
ἔα BT   b 8 τὸ om. W   b 9 τὸ ὀρθὸν] τὸν ὀρθὸν λόγον T
c 2 ὁρῶν τοιαῦτα W

λέγωμεν ὡς παντὸς μᾶλλον πανούργως εἰς ἄπορον ὁ σοφιστὴς τόπον καταδέδυκεν.

ΘΕΑΙ. Καὶ μάλα δὴ φαίνεται.

ΞΕ. Τοιγαροῦν εἴ τινα φήσομεν αὐτὸν ἔχειν φανταστικὴν
d τέχνην, ῥᾳδίως ἐκ ταύτης τῆς χρείας τῶν λόγων ἀντιλαμβα-
νόμενος ἡμῶν εἰς τοὐναντίον ἀποστρέψει τοὺς λόγους, ὅταν
εἰδωλοποιὸν αὐτὸν καλῶμεν, ἀνερωτῶν τί ποτε τὸ παράπαν
εἴδωλον λέγομεν. σκοπεῖν οὖν, ὦ Θεαίτητε, χρὴ τί τις τῷ
5 νεανίᾳ πρὸς τὸ ἐρωτώμενον ἀποκρινεῖται.

ΘΕΑΙ. Δῆλον ὅτι φήσομεν τά τε ἐν τοῖς ὕδασι καὶ
κατόπτροις εἴδωλα, ἔτι καὶ τὰ γεγραμμένα καὶ τὰ τετυπωμένα
καὶ τἆλλα ὅσα που τοιαῦτ' ἔσθ' ἕτερα.

e ΞΕ. Φανερός, ὦ Θεαίτητε, εἶ σοφιστὴν οὐχ ἑωρακώς.

ΘΕΑΙ. Τί δή;

ΞΕ. Δόξει σοι μύειν ἢ παντάπασιν οὐκ ἔχειν ὄμματα.

ΘΕΑΙ. Πῶς;

5 ΞΕ. Τὴν ἀπόκρισιν ὅταν οὕτως αὐτῷ διδῷς ἐὰν ἐν κατό-
πτροις ἢ πλάσμασι λέγῃς τι, καταγελάσεταί σου τῶν λόγων,
ὅταν ὡς βλέποντι λέγῃς αὐτῷ, προσποιούμενος οὔτε κάτοπτρα
240 οὔτε ὕδατα γιγνώσκειν οὔτε τὸ παράπαν ὄψιν, τὸ δ' ἐκ τῶν
λόγων ἐρωτήσει σε μόνον.

ΘΕΑΙ. Ποῖον;

ΞΕ. Τὸ διὰ πάντων τούτων ἃ πολλὰ εἰπὼν ἠξίωσας ἑνὶ
5 προσειπεῖν ὀνόματι φθεγξάμενος εἴδωλον ἐπὶ πᾶσιν ὡς ἓν
ὄν. λέγε οὖν καὶ ἀμύνου μηδὲν ὑποχωρῶν τὸν ἄνδρα.

ΘΕΑΙ. Τί δῆτα, ὦ ξένε, εἴδωλον ἂν φαῖμεν εἶναι πλήν
γε τὸ πρὸς τἀληθινὸν ἀφωμοιωμένον ἕτερον τοιοῦτον;

ΞΕ. Ἕτερον δὲ λέγεις τοιοῦτον ἀληθινόν, ἢ ἐπὶ τίνι τὸ
b τοιοῦτον εἶπες;

c 6 πανοῦργος B   d 1 χρείας τῶν λόγων T W : χρείας τὸν λόγον B :
χειᾶς τοῦ λόγου Madvig   d 2 ἀποστρέψει corr. T : ἀποτρέψει B T W
d 3 ποτε om. T W   d 4 χρή, ὦ θεαίτητε W   d 7 ἔτι om. W :
ἔτι ⟨δὲ⟩ καὶ Heindorf   e 1 εἶ, ὦ θεαίτητε W   e 5 ἐὰν secl.
Heindorf: ἐὰν ... λέγῃς τι secl. Cobet   e 7 ὅταν ... αὐτῷ del.
Cobet   βλέποντι] βλέπων τι T   a 2 λόγων] ἔργων W

ΘΕΑΙ. Οὐδαμῶς ἀληθινόν γε, ἀλλ' ἐοικὸς μέν.

ΞΕ. Ἆρα τὸ ἀληθινὸν ὄντως ὂν λέγων;

ΘΕΑΙ. Οὕτως.

ΞΕ. Τί δέ; τὸ μὴ ἀληθινὸν ἆρ' ἐναντίον ἀληθοῦς; 5

ΘΕΑΙ. Τί μήν;

ΞΕ. Οὐκ ὄντως [οὐκ] ὂν ἄρα λέγεις τὸ ἐοικός, εἴπερ αὐτό
γε μὴ ἀληθινὸν ἐρεῖς.

ΘΕΑΙ. 'Αλλ' ἔστι γε μήν πως.

ΞΕ. Οὔκουν ἀληθῶς γε, φῄς. 10

ΘΕΑΙ. Οὐ γὰρ οὖν· πλήν γ' εἰκὼν ὄντως.

ΞΕ. Οὐκ ὂν ἄρα [οὐκ] ὄντως ἐστὶν ὄντως ἣν λέγομεν
εἰκόνα;

ΘΕΑΙ. Κινδυνεύει τοιαύτην τινὰ πεπλέχθαι συμπλοκὴν c
τὸ μὴ ὂν τῷ ὄντι, καὶ μάλα ἄτοπον.

ΞΕ. Πῶς γὰρ οὐκ ἄτοπον; ὁρᾷς γοῦν ὅτι καὶ νῦν διὰ
τῆς ἐπαλλάξεως ταύτης ὁ πολυκέφαλος σοφιστὴς ἠνάγκακεν
ἡμᾶς τὸ μὴ ὂν οὐχ ἑκόντας ὁμολογεῖν εἶναί πως. 5

ΘΕΑΙ. Ὁρῶ καὶ μάλα.

ΞΕ. Τί δὲ δή; τὴν τέχνην αὐτοῦ τίνα ἀφορίσαντες ἡμῖν
αὐτοῖς συμφωνεῖν οἷοί τε ἐσόμεθα;

ΘΕΑΙ. Πῇ καὶ τὸ ποῖόν τι φοβούμενος οὕτω λέγεις;

ΞΕ. Ὅταν περὶ τὸ φάντασμα αὐτὸν ἀπατᾶν φῶμεν καὶ d
τὴν τέχνην εἶναί τινα ἀπατητικὴν αὐτοῦ, τότε πότερον ψευδῆ
δοξάζειν τὴν ψυχὴν ἡμῶν φήσομεν ὑπὸ τῆς ἐκείνου τέχνης,
ἢ τί ποτ' ἐροῦμεν;

ΘΕΑΙ. Τοῦτο· τί γὰρ ἂν ἄλλο εἴπαιμεν; 5

ΞΕ. Ψευδὴς δ' αὖ δόξα ἔσται τἀναντία τοῖς οὖσι δοξά-
ζουσα, ἢ πῶς;

b7 ὄντως W: ὄντων B: om. T   ὂν T: οὐκὸν B: οὐκ ὂν W
b9 πως Hermann: πῶς; BT (praecedentia hospiti tribuentes)
b10 οὔκουν W: οὐκοῦν T: οὐκὸν B   γε φῄς (sic) T: γ' ἔφην BW
b11 ὄντως] ὄντος rec. t (et mox)   b12 οὐκ ὂν] οὐκὸν B: οὐκοῦν T
οὐκ secl. Badham   c3 ὁρᾷς γοῦν TW Stobaeus: om. B   c4 ἐπ-
αλλάξεως] ἐπάλξεως Stobaeus   c7 ἀφορίζοντες W Stobaeus
d1 φάντασμα T Stobaeus: φάσμα B   d2 πότερα W

ΘΕΑΙ. Οὕτως· τἀναντία.

ΞΕ. Λέγεις ἄρα τὰ μὴ ὄντα δοξάζειν τὴν ψευδῆ δόξαν;

10 ΘΕΑΙ. Ἀνάγκη.

e ΞΕ. Πότερον μὴ εἶναι τὰ μὴ ὄντα δοξάζουσαν, ἤ πως
εἶναι τὰ μηδαμῶς ὄντα;

ΘΕΑΙ. Εἶναί πως τὰ μὴ ὄντα δεῖ γε, εἴπερ ψεύσεταί
ποτέ τίς τι καὶ κατὰ βραχύ.

5 ΞΕ. Τί δ'; οὐ καὶ μηδαμῶς εἶναι τὰ πάντως ὄντα
δοξάζεται;

ΘΕΑΙ. Ναί.

ΞΕ. Καὶ τοῦτο δὴ ψεῦδος;

ΘΕΑΙ. Καὶ τοῦτο.

10 ΞΕ. Καὶ λόγος οἶμαι ψευδὴς οὕτω κατὰ ταὐτὰ νομισθή-
241 σεται τά τε ὄντα λέγων μὴ εἶναι καὶ τὰ μὴ ὄντα εἶναι.

ΘΕΑΙ. Πῶς γὰρ ἂν ἄλλως τοιοῦτος γένοιτο;

ΞΕ. Σχεδὸν οὐδαμῶς· ἀλλὰ ταῦτα ὁ σοφιστὴς οὐ φήσει.
ἢ τίς μηχανὴ συγχωρεῖν τινα τῶν εὖ φρονούντων, ὅταν
5 [ἄφθεγκτα καὶ ἄρρητα καὶ ἄλογα καὶ ἀδιανόητα] προσ-
διωμολογημένα ᾖ τὰ πρὸ τούτων ὁμολογηθέντα; μανθάνομεν,
ὦ Θεαίτητε, ἃ λέγει;

ΘΕΑΙ. Πῶς γὰρ οὐ μανθάνομεν ὅτι τἀναντία φήσει
λέγειν ἡμᾶς τοῖς νυνδή, ψευδῆ τολμήσαντας εἰπεῖν ὡς ἔστιν
b ἐν δόξαις τε καὶ κατὰ λόγους; τῷ γὰρ μὴ ὄντι τὸ ὂν προσ-
άπτειν ἡμᾶς πολλάκις ἀναγκάζεσθαι, διομολογησαμένους
νυνδὴ τοῦτο εἶναι πάντων ἀδυνατώτατον.

ΞΕ. Ὀρθῶς ἀπεμνημόνευσας. ἀλλ' ὅρα δὴ [βουλεύεσθαι]
5 τί χρὴ δρᾶν τοῦ σοφιστοῦ πέρι· τὰς γὰρ ἀντιλήψεις καὶ

d 8 οὕτως Stobaeus : om. B T   d 9 δοξάζειν τὰ μὴ ὄντα W : μὴ
ὄντα δοξάζειν Stobaeus   e 1 πως] πῶς λέγεις Stobaeus   e 3 δεῖ
γε] λέγε Stobaeus : δή γε Heindorf   e 4 τι om. T   e 10 ταὐτὰ
Stobaeus : ταῦτα ταῦτα B : ταῦτα T : ταὐτὰ ταῦτα W   a 2 ἄλλως
W Stobaeus : ἄλλος B T   a 3 οὐ om. W   a 4 ἢ om. W
a 5 ἄφθεγκτα . . . ἀδιανόητα secl. Madvig   προδιωμολογημένα T
a 7 λέγει] λέγεις B T   a 8 λέγειν φησὶν W   b 3 τοῦτο W :
που τοῦτο B T   b 4 ὅρα] ὥρα al.   βουλεύεσθαι seclusi : βου-
λεύσασθαι T

ἀπορίας, ἐὰν αὐτὸν διερευνῶμεν ἐν τῇ τῶν ψευδουργῶν καὶ
γοήτων τέχνῃ τιθέντες, ὁρᾷς ὡς εὔποροι καὶ πολλαί.

ΘΕΑΙ. Καὶ μάλα.

ΞΕ. Μικρὸν μέρος τοίνυν αὐτῶν διεληλύθαμεν, οὐσῶν
ὡς ἔπος εἰπεῖν ἀπεράντων.   c

ΘΕΑΙ. Ἀδύνατόν γ' ἄν, ὡς ἔοικεν, εἴη τὸν σοφιστὴν
ἑλεῖν, εἰ ταῦτα οὕτως ἔχει.

ΞΕ. Τί οὖν; οὕτως ἀποστησόμεθα νῦν μαλθακισθέντες;

ΘΕΑΙ. Οὔκουν ἔγωγέ φημι δεῖν, εἰ καὶ κατὰ σμικρὸν 5
οἷοί τ' ἐπιλαβέσθαι πῃ τἀνδρός ἐσμεν.

ΞΕ. Ἕξεις οὖν συγγνώμην καὶ καθάπερ νῦν εἶπες ἀγα-
πήσεις ἐάν πῃ καὶ κατὰ βραχὺ παρασπασώμεθα οὕτως
ἰσχυροῦ λόγου;

ΘΕΑΙ. Πῶς γὰρ οὐχ ἕξω;   10

ΞΕ. Τόδε τοίνυν ἔτι μᾶλλον παραιτοῦμαί σε.   d

ΘΕΑΙ. Τὸ ποῖον;

ΞΕ. Μή με οἷον πατραλοίαν ὑπολάβῃς γίγνεσθαί τινα.

ΘΕΑΙ. Τί δή;

ΞΕ. Τὸν τοῦ πατρὸς Παρμενίδου λόγον ἀναγκαῖον ἡμῖν 5
ἀμυνομένοις ἔσται βασανίζειν, καὶ βιάζεσθαι τό τε μὴ ὂν ὡς
ἔστι κατά τι καὶ τὸ ὂν αὖ πάλιν ὡς οὐκ ἔστι πῃ.

ΘΕΑΙ. Φαίνεται τὸ τοιοῦτον διαμαχετέον ἐν τοῖς λόγοις.

ΞΕ. Πῶς γὰρ οὐ φαίνεται καὶ τὸ λεγόμενον δὴ τοῦτο τυ-
φλῷ; τούτων γὰρ μήτ' ἐλεγχθέντων μήτε ὁμολογηθέντων σχολῇ e
ποτέ τις οἷός τε ἔσται περὶ λόγων ψευδῶν λέγων ἢ δόξης,
εἴτε εἰδώλων εἴτε εἰκόνων εἴτε μιμημάτων εἴτε φαντασμάτων
αὐτῶν, ἢ καὶ περὶ τεχνῶν τῶν ὅσαι περὶ ταῦτά εἰσι, μὴ κατα-
γέλαστος εἶναι τά ⟨γ'⟩ ἐναντία ἀναγκαζόμενος αὐτῷ λέγειν. 5

b 6 γοήτων καὶ ψευδουργῶν τιθέντες τέχνῃ W   b 7 εὔποροι] ἄποροι
Heusde   c 2 γ' ἄν scripsi : γὰρ Β Τ : ἄρ' W : γὰρ ἂν al. : τἄρ' Camp-
bell (et mox ἔοικ', ἂν εἴη)   c 4 οὕτως W : om. Β Τ   c 7 εἶπες
νῦν W   c 8 πῃ] πῇ τι Badham   d 8 τὸ . . . λόγοις secl.
Hermann   διαμαχητέον Τ W : om. Β   e 1 μήτε ἐλεγχθέντων Τ :
μητελεχθέντων Β : μήτε λεχθέντων W   e 5 τά γ' ἐναντία scripsi :
τὰ μὲν ἀντι Β : τὰ ἐναντία Τ W

ΘΕΑΙ. Ἀληθέστατα.

242 ΞΕ. Διὰ ταῦτα μέντοι τολμητέον ἐπιτίθεσθαι τῷ πατρικῷ λόγῳ νῦν, ἢ τὸ παράπαν ἐατέον, εἰ τοῦτό τις εἴργει δρᾶν ὄκνος.

ΘΕΑΙ. Ἀλλ' ἡμᾶς τοῦτό γε μηδὲν μηδαμῇ εἴρξῃ.

5 ΞΕ. Τρίτον τοίνυν ἔτι σε σμικρόν τι παραιτήσομαι.

ΘΕΑΙ. Λέγε μόνον.

ΞΕ. Εἶπόν που νυνδὴ λέγων ὡς πρὸς τὸν περὶ ταῦτ' ἔλεγχον ἀεί τε ἀπειρηκὼς ἐγὼ τυγχάνω καὶ δὴ καὶ τὰ νῦν.

ΘΕΑΙ. Εἶπες.

10 ΞΕ. Φοβοῦμαι δὴ τὰ εἰρημένα, μή ποτε διὰ ταῦτά σοι μανικὸς εἶναι δόξω παρὰ πόδα μεταβαλὼν ἐμαυτὸν ἄνω καὶ b κάτω. σὴν γὰρ δὴ χάριν ἐλέγχειν τὸν λόγον ἐπιθησόμεθα, ἐάνπερ ἐλέγχωμεν.

ΘΕΑΙ. Ὡς τοίνυν ἔμοιγε μηδαμῇ δόξων μηδὲν πλημμελεῖν, ἂν ἐπὶ τὸν ἔλεγχον τοῦτον καὶ τὴν ἀπόδειξιν ἴῃς,
5 θαρρῶν ἴθι τούτου γε ἕνεκα.

ΞΕ. Φέρε δή, τίνα ἀρχήν τις ἂν ἄρξαιτο παρακινδυνευτικοῦ λόγου; δοκῶ μὲν γὰρ τήνδ', ὦ παῖ, τὴν ὁδὸν ἀναγκαιοτάτην ἡμῖν εἶναι τρέπεσθαι.

ΘΕΑΙ. Ποίαν δή;

10 ΞΕ. Τὰ δοκοῦντα νῦν ἐναργῶς ἔχειν ἐπισκέψασθαι πρῶ-
c τον μή πῃ τεταραγμένοι μὲν ὦμεν περὶ ταῦτα, ῥᾳδίως δ' ἀλλήλοις ὁμολογῶμεν ὡς εὐκρινῶς ἔχοντες.

ΘΕΑΙ. Λέγε σαφέστερον ὃ λέγεις.

ΞΕ. Εὐκόλως μοι δοκεῖ Παρμενίδης ἡμῖν διειλέχθαι καὶ
5 πᾶς ὅστις πώποτε ἐπὶ κρίσιν ὥρμησε τοῦ τὰ ὄντα διορίσασθαι πόσα τε καὶ ποῖά ἐστιν.

ΘΕΑΙ. Πῇ;

ΞΕ. Μῦθόν τινα ἕκαστος φαίνεταί μοι διηγεῖσθαι παισὶν ὡς οὖσιν ἡμῖν, ὁ μὲν ὡς τρία τὰ ὄντα, πολεμεῖ δὲ ἀλλήλοις

a 2 νῦν om. T   a 7 που νυνδὴ] νῦν δή που B   c 1 μὲν ὦμεν W :
μένωμεν B T   δ' om. T   c 4 δοκεῖ μοι W   c 5 ὅστις] ὅστις
ἡμῖν Eusebius

ἐνίοτε αὐτῶν ἄττα πῃ, τοτὲ δὲ καὶ φίλα γιγνόμενα γάμους d
τε καὶ τόκους καὶ τροφὰς τῶν ἐκγόνων παρέχεται· δύο δὲ
ἕτερος εἰπών, ὑγρὸν καὶ ξηρὸν ἢ θερμὸν καὶ ψυχρόν, συνοι-
κίζει τε αὐτὰ καὶ ἐκδίδωσι· τὸ δὲ παρ' ἡμῖν Ἐλεατικὸν ἔθνος,
ἀπὸ Ξενοφάνους τε καὶ ἔτι πρόσθεν ἀρξάμενον, ὡς ἑνὸς ὄντος 5
τῶν πάντων καλουμένων οὕτω διεξέρχεται τοῖς μύθοις. Ἰάδες
δὲ καὶ Σικελαί τινες ὕστερον Μοῦσαι συνενόησαν ὅτι συμ-
πλέκειν ἀσφαλέστατον ἀμφότερα καὶ λέγειν ὡς τὸ ὂν πολλά e
τε καὶ ἕν ἐστιν, ἔχθρᾳ δὲ καὶ φιλίᾳ συνέχεται. διαφερόμενον
γὰρ ἀεὶ συμφέρεται, φασὶν αἱ συντονώτεραι τῶν Μουσῶν·
αἱ δὲ μαλακώτεραι τὸ μὲν ἀεὶ ταῦτα οὕτως ἔχειν ἐχάλασαν,
ἐν μέρει δὲ τοτὲ μὲν ἓν εἶναί φασι τὸ πᾶν καὶ φίλον ὑπ' 5
Ἀφροδίτης, τοτὲ δὲ πολλὰ καὶ πολέμιον αὐτὸ αὑτῷ διὰ νεῖκός 243
τι. ταῦτα δὲ πάντα εἰ μὲν ἀληθῶς τις ἢ μὴ τούτων εἴρηκε,
χαλεπὸν καὶ πλημμελὲς οὕτω μεγάλα κλεινοῖς καὶ παλαιοῖς
ἀνδράσιν ἐπιτιμᾶν· ἐκεῖνο δὲ ἀνεπίφθονον ἀποφήνασθαι—
ΘΕΑΙ. Τὸ ποῖον; 5
ΞΕ. Ὅτι λίαν τῶν πολλῶν ἡμῶν ὑπεριδόντες ὠλιγώρησαν·
οὐδὲν γὰρ φροντίσαντες εἴτ' ἐπακολουθοῦμεν αὐτοῖς λέγουσιν
εἴτε ἀπολειπόμεθα, περαίνουσι τὸ σφέτερον αὐτῶν ἕκαστοι. b
ΘΕΑΙ. Πῶς λέγεις;
ΞΕ. Ὅταν τις αὐτῶν φθέγξηται λέγων ὡς ἔστιν ἢ
γέγονεν ἢ γίγνεται πολλὰ ἢ ἓν ἢ δύο, καὶ θερμὸν αὖ ψυχρῷ
συγκεραννύμενον, ἄλλοθί πῃ διακρίσεις καὶ συγκρίσεις ὑπο- 5
τιθείς, τούτων, ὦ Θεαίτητε, ἑκάστοτε σύ τι πρὸς θεῶν
συνίης ὅτι λέγουσιν; ἐγὼ μὲν γὰρ ὅτε μὲν ἦν νεώτερος,
τοῦτό τε τὸ νῦν ἀπορούμενον ὁπότε τις εἴποι, τὸ μὴ ὄν,

d 1 ἄττα πῃ] ἀγάπῃ B   καὶ B Eusebius : om. T   d 3 καὶ] τε
καὶ W   ψυχρὸν καὶ θερμόν W   d 4 ἡμῖν al. Eusebius : ἡμῶν B T W
d 6 τοὺς μύθους Theodoretus   d 7 σικελαί B Simplicius : σικελικαί
T W Eusebius   ξυνενόησαν T Eusebius Simplicius : ξυννενοήκασιν B
ἐμπλέκειν W   e 1 ἀσφαλέστερον Eusebius   e 5 ἓν T W Eusebius
Simpl.: ὂν B   a 1 δὲ B Eus. Simpl. : δὲ καὶ T   αὐτῷ αὐτὸ B
a 2 πάντα δὲ ταῦτα W   b 8 τε secl. Cobet : γε Hermann   τὸ T W :
om. B   τὸ μὴ ὂν secl. Cobet

ἀκριβῶς ᾤμην συνιέναι. νῦν δὲ ὁρᾷς ἵν᾽ ἐσμὲν αὐτοῦ πέρι
10 τῆς ἀπορίας.

c ΘΕΑΙ. Ὁρῶ.

ΞΕ. Τάχα τοίνυν ἴσως οὐχ ἧττον κατὰ τὸ ὂν ταὐτὸν
τοῦτο πάθος εἰληφότες ἐν τῇ ψυχῇ περὶ μὲν τοῦτο εὐπορεῖν
φαμὲν καὶ μανθάνειν ὁπόταν τις αὐτὸ φθέγξηται, περὶ δὲ
5 θάτερον οὔ, πρὸς ἀμφότερα ὁμοίως ἔχοντες.

ΘΕΑΙ. Ἴσως.

ΞΕ. Καὶ περὶ τῶν ἄλλων δὴ τῶν προειρημένων ἡμῖν
ταὐτὸν τοῦτο εἰρήσθω.

ΘΕΑΙ. Πάνυ γε.

10 ΞΕ. Τῶν μὲν τοίνυν πολλῶν πέρι καὶ μετὰ τοῦτο σκεψό-
d μεθ᾽, ἂν δόξῃ, περὶ δὲ τοῦ μεγίστου τε καὶ ἀρχηγοῦ πρώτου
νῦν σκεπτέον.

ΘΕΑΙ. Τίνος δὴ λέγεις; ἢ δῆλον ὅτι τὸ ὂν φῂς πρῶτον
δεῖν διερευνήσασθαι τί ποθ᾽ οἱ λέγοντες αὐτὸ δηλοῦν
5 ἡγοῦνται;

ΞΕ. Κατὰ πόδα γε, ὦ Θεαίτητε, ὑπέλαβες. λέγω γὰρ
δὴ ταύτῃ δεῖν ποιεῖσθαι τὴν μέθοδον ἡμᾶς, οἷον αὐτῶν
παρόντων ἀναπυνθανομένους ὧδε· "Φέρε, ὁπόσοι θερμὸν
καὶ ψυχρὸν ἤ τινε δύο τοιούτω τὰ πάντ᾽ εἶναί φατε, τί ποτε
e ἄρα τοῦτ᾽ ἐπ᾽ ἀμφοῖν φθέγγεσθε, λέγοντες ἄμφω καὶ ἑκάτερον
εἶναι; τί τὸ εἶναι τοῦτο ὑπολάβωμεν ὑμῶν; πότερον τρίτον
παρὰ τὰ δύο ἐκεῖνα, καὶ τρία τὸ πᾶν ἀλλὰ μὴ δύο ἔτι καθ᾽
ὑμᾶς τιθῶμεν; οὐ γάρ που τοῖν γε δυοῖν καλοῦντες θάτερον
5 ὂν ἀμφότερα ὁμοίως εἶναι λέγετε· σχεδὸν γὰρ ἂν ἀμφοτέρως
ἕν, ἀλλ᾽ οὐ δύο εἴτην."

ΘΕΑΙ. Ἀληθῆ λέγεις.

ΞΕ. "Ἀλλ᾽ ἆρά γε τὰ ἄμφω βούλεσθε καλεῖν ὄν;"

b 10 τῆς secl. Cobet   c 4 ὁπόταν] ὁπότε B   d 1 πρώτου νῦν
T W: πρώτου δὴ B: πρῶτον νῦν al.: πρῶτον δὴ Schanz   d 4 δεῖ W
d 6 πόδα T (ex emend.) W: πολλά B pr. T   d 7 δὴ om. W
e 1 φθέγγεσθαι B   e 2 τοῦτο] τούτω B   e 5 λέγετε] λέγεται B
e 6 εἴτην W: εἰ τὴν B T   e 8 γε W: om. B T

ΘΕΑΙ. Ἴσως.

ΞΕ. "Ἀλλ', ὦ φίλοι," φήσομεν, "κἂν οὕτω τὰ δύο 244
λέγοιτ' ἂν σαφέστατα ἕν."

ΘΕΑΙ. Ὀρθότατα εἴρηκας.

ΞΕ. "Ἐπειδὴ τοίνυν ἡμεῖς ἠπορήκαμεν, ὑμεῖς αὐτὰ
ἡμῖν ἐμφανίζετε ἱκανῶς, τί ποτε βούλεσθε σημαίνειν ὁπόταν 5
ὂν φθέγγησθε. δῆλον γὰρ ὡς ὑμεῖς μὲν ταῦτα πάλαι
γιγνώσκετε, ἡμεῖς δὲ πρὸ τοῦ μὲν ᾠόμεθα, νῦν δ' ἠπορή-
καμεν. διδάσκετε οὖν πρῶτον τοῦτ' αὐτὸ ἡμᾶς, ἵνα μὴ
δοξάζωμεν μανθάνειν μὲν τὰ λεγόμενα παρ' ὑμῶν, τὸ δὲ
τούτου γίγνηται πᾶν τοὐναντίον." ταῦτα δὴ λέγοντές τε b
καὶ ἀξιοῦντες παρά τε τούτων καὶ παρὰ τῶν ἄλλων ὅσοι
πλεῖον ἑνὸς λέγουσι τὸ πᾶν εἶναι, μῶν, ὦ παῖ, τι πλημ-
μελήσομεν;

ΘΕΑΙ. Ἥκιστά γε.   5

ΞΕ. Τί δέ; παρὰ τῶν ἓν τὸ πᾶν λεγόντων ἆρ' οὐ
πευστέον εἰς δύναμιν τί ποτε λέγουσι τὸ ὄν;

ΘΕΑΙ. Πῶς γὰρ οὔ;

ΞΕ. Τόδε τοίνυν ἀποκρινέσθων. "Ἓν πού φατε μόνον
εἶναι;"—"Φαμὲν γάρ," φήσουσιν. ἦ γάρ;   10

ΘΕΑΙ. Ναί.

ΞΕ. "Τί δέ; ὂν καλεῖτέ τι;"

ΘΕΑΙ. Ναί.

ΞΕ. "Πότερον ὅπερ ἕν, ἐπὶ τῷ αὐτῷ προσχρώμενοι δυοῖν c
ὀνόμασιν, ἢ πῶς;"

ΘΕΑΙ. Τίς οὖν αὐτοῖς ἡ μετὰ τοῦτ', ὦ ξένε, ἀπόκρισις;

ΞΕ. Δῆλον, ὦ Θεαίτητε, ὅτι τῷ ταύτην τὴν ὑπόθεσιν
ὑποθεμένῳ πρὸς τὸ νῦν ἐρωτηθὲν καὶ πρὸς ἄλλο δὲ ὁτιοῦν 5
οὐ πάντων ῥᾷστον ἀποκρίνασθαι.

ΘΕΑΙ. Πῶς;

a 1-2 κἂν . . . λέγοιτο ἂν B : καὶ . . . λέγετε ἂν T (sed οι supra-
scripto) : κἂν . . . λέγετ' ἂν W   a 7 ᾠμεθα B   a 9 δόξωμεν W
b 9 ἀποκρινέσθων Simpl. : ἀποκρινέσθωσαν B T W   b 12 καλεῖτέ T W :
καλεῖταί B Simpl.   c 1 τῷ αὐτῷ] τὸ αὐτὸ W   c 4 τῷ T W Simpl. : τὸ B

ΞΕ. Τό τε δύο ὀνόματα ὁμολογεῖν εἶναι μηδὲν θέμενον πλὴν ἐν καταγέλαστόν που.

10 ΘΕΑΙ. Πῶς δ' οὔ;

ΞΕ. Καὶ τὸ παράπαν γε ἀποδέχεσθαί του λέγοντος ὡς
d ἔστιν ὄνομά τι, λόγον οὐκ ἂν ἔχον.

ΘΕΑΙ. Πῇ;

ΞΕ. Τιθείς τε τοὔνομα τοῦ πράγματος ἕτερον δύο λέγει πού τινε.

5 ΘΕΑΙ. Ναί.

ΞΕ. Καὶ μὴν ἂν ταὐτόν γε αὐτῷ τιθῇ τοὔνομα, ἢ μηδενὸς ὄνομα ἀναγκασθήσεται λέγειν, εἰ δέ τινος αὐτὸ φήσει, συμβήσεται τὸ ὄνομα ὀνόματος ὄνομα μόνον, ἄλλου δὲ οὐδενὸς ὄν.

10 ΘΕΑΙ. Οὕτως.

ΞΕ. Καὶ τὸ ἕν γε, ἑνὸς ὄνομα ὂν καὶ τοῦ ὀνόματος αὖ τὸ ἓν ὄν.

ΘΕΑΙ. Ἀνάγκη.

ΞΕ. Τί δέ; τὸ ὅλον ἕτερον τοῦ ὄντος ἑνὸς ἢ ταὐτὸν
15 φήσουσι τούτῳ;

e ΘΕΑΙ. Πῶς γὰρ οὐ φήσουσί τε καὶ φασίν;

ΞΕ. Εἰ τοίνυν ὅλον ἐστίν, ὥσπερ καὶ Παρμενίδης λέγει,

Πάντοθεν εὐκύκλου σφαίρης ἐναλίγκιον ὄγκῳ,
μεσσόθεν ἰσοπαλὲς πάντῃ· τὸ γὰρ οὔτε τι μεῖζον
5 οὔτε τι βαιότερον πελέναι χρεόν ἐστι τῇ ἢ τῇ,

τοιοῦτόν γε ὂν τὸ ὂν μέσον τε καὶ ἔσχατα ἔχει, ταῦτα δὲ ἔχον πᾶσα ἀνάγκη μέρη ἔχειν· ἢ πῶς;

ΘΕΑΙ. Οὕτως.

c 8 τε] δὲ pr. T   c 11 του Hermann : τοῦ B T   d 1 οὐκ ἂν
ἔχον T W Simplicius : ἔχου κανέχον B : οὐκ ἂν ἔχοι al.   d 3 λέγει
δύο W   d 11 ὄνομα ὂν Apelt : ἐν ὂν μόνον B : ὂν μόνον T : ὄνομα
ὂν μόνον Zeller   τοῦ B W Simpl. : τοῦτο T   αὖ τὸ Schleiermacher :
αὐτὸ B T W   d 15 φήσουσι τούτῳ T W Simplicius : θήσουσι τοῦτο B
e 3 σφαίρης Simplicius : σφαίρας B T sed ηι suprascr. T   e 5 πελέναι
B T : πέλαν W   χρεόν B T : χρεών W   e 6 ἔχει] ἔχειν al.
e 7 ἔχον T W Simplicius : ἔχων B   πᾶσαν T

ΞΕ. Ἀλλὰ μὴν τό γε μεμερισμένον πάθος μὲν τοῦ ἑνὸς 245
ἔχειν ἐπὶ τοῖς μέρεσι πᾶσιν οὐδὲν ἀποκωλύει, καὶ ταύτῃ δὴ
πᾶν τε ὂν καὶ ὅλον ἓν εἶναι.

ΘΕΑΙ. Τί δ᾽ οὔ;

ΞΕ. Τὸ δὲ πεπονθὸς ταῦτα ἆρ᾽ οὐκ ἀδύνατον αὐτό γε τὸ 5
ἓν αὐτὸ εἶναι;

ΘΕΑΙ. Πῶς;

ΞΕ. Ἀμερὲς δήπου δεῖ παντελῶς τό γε ἀληθῶς ἓν κατὰ
τὸν ὀρθὸν λόγον εἰρῆσθαι.

ΘΕΑΙ. Δεῖ γὰρ οὖν. 10

ΞΕ. Τὸ δέ γε τοιοῦτον ἐκ πολλῶν μερῶν ὂν οὐ συμ- b
φωνήσει τῷ [ὅλῳ] λόγῳ.

ΘΕΑΙ. Μανθάνω.

ΞΕ. Πότερον δὴ πάθος ἔχον τὸ ὂν τοῦ ἑνὸς οὕτως ἕν τε
ἔσται καὶ ὅλον, ἢ παντάπασι μὴ λέγωμεν ὅλον εἶναι τὸ ὄν; 5

ΘΕΑΙ. Χαλεπὴν προβέβληκας αἵρεσιν.

ΞΕ. Ἀληθέστατα μέντοι λέγεις. πεπονθός τε γὰρ τὸ
ὂν ἓν εἶναί πως οὐ ταὐτὸν ὂν τῷ ἑνὶ φανεῖται, καὶ πλέονα
δὴ τὰ πάντα ἑνὸς ἔσται.

ΘΕΑΙ. Ναί. 10

ΞΕ. Καὶ μὴν ἐάν γε τὸ ὂν ᾖ μὴ ὅλον διὰ τὸ πεπονθέναι c
τὸ ὑπ᾽ ἐκείνου πάθος, ᾖ δὲ αὐτὸ τὸ ὅλον, ἐνδεὲς τὸ ὂν ἑαυτοῦ
συμβαίνει.

ΘΕΑΙ. Πάνυ γε.

ΞΕ. Καὶ κατὰ τοῦτον δὴ τὸν λόγον ἑαυτοῦ στερόμενον 5
οὐκ ὂν ἔσται τὸ ὄν.

ΘΕΑΙ. Οὕτως.

ΞΕ. Καὶ ἑνός γε αὖ πλείω τὰ πάντα γίγνεται, τοῦ τε
ὄντος καὶ τοῦ ὅλου χωρὶς ἰδίαν ἑκατέρου φύσιν εἰληφότος.

ΘΕΑΙ. Ναί. 10

ΞΕ. Μὴ ὄντος δέ γε τὸ παράπαν τοῦ ὅλου, ταῦτά τε

a 2 ἅπασιν W   b 2 ὅλῳ B : om. Simplicii E F : post λόγῳ
add. T Simplicii D   b 5 ὄν Schleiermacher : ὅλον B T Simplicius
b 8 φανεῖται Simplicius : φαίνεται B T   πλέονα] πλέον ἃ B

26*

d ταῦτα ὑπάρχει τῷ ὄντι, καὶ πρὸς τῷ μὴ εἶναι μηδ' ἂν γενέσθαι
ποτὲ ὄν.

ΘΕΑΙ. Τί δή;

ΞΕ. Τὸ γενόμενον ἀεὶ γέγονεν ὅλον· ὥστε οὔτε οὐσίαν
5 οὔτε γένεσιν ὡς οὖσαν δεῖ προσαγορεύειν [τὸ ἓν ἢ] τὸ ὅλον
ἐν τοῖς οὖσι μὴ τιθέντα.

ΘΕΑΙ. Παντάπασιν ἔοικε ταῦθ' οὕτως ἔχειν.

ΞΕ. Καὶ μὴν οὐδ' ὁποσονοῦν τι δεῖ τὸ μὴ ὅλον εἶναι·
ποσόν τι γὰρ ὄν, ὁπόσον ἂν ᾖ, τοσοῦτον ὅλον ἀναγκαῖον
10 αὐτὸ εἶναι.

ΘΕΑΙ. Κομιδῇ γε.

ΞΕ. Καὶ τοίνυν ἄλλα μυρία ἀπεράντους ἀπορίας ἕκαστον
e εἰληφὸς φανεῖται τῷ τὸ ὂν εἴτε δύο τινὲ εἴτε ἓν μόνον εἶναι
λέγοντι.

ΘΕΑΙ. Δηλοῖ σχεδὸν καὶ τὰ νῦν ὑποφαίνοντα· συν-
άπτεται γὰρ ἕτερον ἐξ ἄλλου, μείζω καὶ χαλεπωτέραν φέρον
5 περὶ τῶν ἔμπροσθεν ἀεὶ ῥηθέντων πλάνην.

ΞΕ. Τοὺς μὲν τοίνυν διακριβολογουμένους ὄντος τε πέρι
καὶ μή, πάντας μὲν οὐ διεληλύθαμεν, ὅμως δὲ ἱκανῶς ἐχέτω·
τοὺς δὲ ἄλλως λέγοντας αὖ θεατέον, ἵν' ἐκ πάντων ἴδωμεν
246 ὅτι τὸ ὂν τοῦ μὴ ὄντος οὐδὲν εὐπορώτερον εἰπεῖν ὅτι ποτ'
ἔστιν.

ΘΕΑΙ. Οὐκοῦν πορεύεσθαι χρὴ καὶ ἐπὶ τούτους.

ΞΕ. Καὶ μὴν ἔοικέ γε ἐν αὐτοῖς οἷον γιγαντομαχία τις
5 εἶναι διὰ τὴν ἀμφισβήτησιν περὶ τῆς οὐσίας πρὸς ἀλλήλους.

ΘΕΑΙ. Πῶς;

ΞΕ. Οἱ μὲν εἰς γῆν ἐξ οὐρανοῦ καὶ τοῦ ἀοράτου πάντα
ἕλκουσι, ταῖς χερσὶν ἀτεχνῶς πέτρας καὶ δρῦς περιλαμ-
βάνοντες. τῶν γὰρ τοιούτων ἐφαπτόμενοι πάντων διισχυρί-

d 1 πρὸς τῷ T W Simpl. : πρὸς τὸ B   d 5 γένεσιν ὡς] γενομένην
οὔτε W Simpl.   τὸ ἓν ἢ secl. Bekker   d 10 αὐτὸ W Simpl.: om. B T
d 12 ἄλλας μυρίας al.   e 1 τὸ T W : om. B   e 3 ὑποφαίνοντα νῦν W
e 6 τε om. W   e 7 πάντας Eusebius : πάνυ B T   e 8 αὖ λέ-
γοντας W   ἴδωμεν Eusebius : εἰδῶμεν B : εἰδωμεν T   a 8 ἀτεχνῶς
⟨ὡς⟩ Hermann

ζονται τοῦτο εἶναι μόνον ὃ παρέχει προσβολὴν καὶ ἐπαφήν 10
τινα, ταὐτὸν σῶμα καὶ οὐσίαν ὁριζόμενοι, τῶν δὲ ἄλλων εἴ b
τίς ⟨τι⟩ φήσει μὴ σῶμα ἔχον εἶναι, καταφρονοῦντες τὸ
παράπαν καὶ οὐδὲν ἐθέλοντες ἄλλο ἀκούειν.

ΘΕΑΙ. Ἦ δεινοὺς εἴρηκας ἄνδρας· ἤδη γὰρ καὶ ἐγὼ
τούτων συχνοῖς προσέτυχον. 5

ΞΕ. Τοιγαροῦν οἱ πρὸς αὐτοὺς ἀμφισβητοῦντες μάλα
εὐλαβῶς ἄνωθεν ἐξ ἀοράτου ποθὲν ἀμύνονται, νοητὰ ἄττα
καὶ ἀσώματα εἴδη βιαζόμενοι τὴν ἀληθινὴν οὐσίαν εἶναι·
τὰ δὲ ἐκείνων σώματα καὶ τὴν λεγομένην ὑπ᾽ αὐτῶν ἀλήθειαν
κατὰ σμικρὰ διαθραύοντες ἐν τοῖς λόγοις γένεσιν ἀντ᾽ οὐσίας c
φερομένην τινὰ προσαγορεύουσιν. ἐν μέσῳ δὲ περὶ ταῦτα
ἄπλετος ἀμφοτέρων μάχη τις, ὦ Θεαίτητε, ἀεὶ συνέστηκεν.

ΘΕΑΙ. Ἀληθῆ.

ΞΕ. Παρ᾽ ἀμφοῖν τοίνυν τοῖν γενοῖν κατὰ μέρος λάβωμεν 5
λόγον ὑπὲρ ἧς τίθενται τῆς οὐσίας.

ΘΕΑΙ. Πῶς οὖν δὴ ληψόμεθα;

ΞΕ. Παρὰ μὲν τῶν ἐν εἴδεσιν αὐτὴν τιθεμένων ῥᾷον,
ἡμερώτεροι γάρ· παρὰ δὲ τῶν εἰς σῶμα πάντα ἑλκόντων
βίᾳ χαλεπώτερον, ἴσως δὲ καὶ σχεδὸν ἀδύνατον. ἀλλ᾽ ὧδέ d
μοι δεῖν δοκεῖ περὶ αὐτῶν δρᾶν.

ΘΕΑΙ. Πῶς;

ΞΕ. Μάλιστα μέν, εἴ πῃ δυνατὸν ἦν, ἔργῳ βελτίους
αὐτοὺς ποιεῖν· εἰ δὲ τοῦτο μὴ ἐγχωρεῖ, λόγῳ ποιῶμεν, 5
ὑποτιθέμενοι νομιμώτερον αὐτοὺς ἢ νῦν ἐθέλοντας ἂν ἀποκρί-
νασθαι. τὸ γὰρ ὁμολογηθὲν παρὰ βελτιόνων που κυριώτερον
ἢ τὸ παρὰ χειρόνων· ἡμεῖς δὲ οὐ τούτων φροντίζομεν, ἀλλὰ
τἀληθὲς ζητοῦμεν.

ΘΕΑΙ. Ὀρθότατα. e

ΞΕ. Κέλευε δὴ τοὺς βελτίους γεγονότας ἀποκρίνασθαί
σοι, καὶ τὸ λεχθὲν παρ᾽ αὐτῶν ἀφερμήνευε.

b 2 τι add. al. : om. B T   φήσει B Eusebius : φησι T   b 4 γὰρ]
δὲ pr. W   b 5 προσέτυχον B pr. T Eusebius : περιέτυχον W corr. T al.
c 8 τιθεμένων αὐτὴν W   d 2 δοκεῖ δεῖν W   e 3 ἐφερμήνευε W

ΘΕΑΙ. Ταῦτ᾽ ἔσται.

5   ΞΕ. Λεγόντων δὴ θνητὸν ζῷον εἴ φασιν εἶναί τι.

ΘΕΑΙ. Πῶς δ᾽ οὔ;

ΞΕ. Τοῦτο δὲ οὐ σῶμα ἔμψυχον ὁμολογοῦσιν;

ΘΕΑΙ. Πάνυ γε.

ΞΕ. Τιθέντες τι τῶν ὄντων ψυχήν;

247   ΘΕΑΙ. Ναί.

ΞΕ. Τί δέ; ψυχὴν οὐ τὴν μὲν δικαίαν, τὴν δὲ ἄδικόν φασιν εἶναι, καὶ τὴν μὲν φρόνιμον, τὴν δὲ ἄφρονα;

ΘΕΑΙ. Τί μήν;

5   ΞΕ. ᾿Αλλ᾽ οὐ δικαιοσύνης ἕξει καὶ παρουσίᾳ τοιαύτην αὐτῶν ἑκάστην γίγνεσθαι, καὶ τῶν ἐναντίων τὴν ἐναντίαν;

ΘΕΑΙ. Ναί, καὶ ταῦτα σύμφασιν.

ΞΕ. ᾿Αλλὰ μὴν τό γε δυνατόν τῳ παραγίγνεσθαι καὶ ἀπογίγνεσθαι πάντως εἶναί τι φήσουσιν.

10   ΘΕΑΙ. Φασὶ μὲν οὖν.

b   ΞΕ. Οὔσης οὖν δικαιοσύνης καὶ φρονήσεως καὶ τῆς ἄλλης ἀρετῆς καὶ τῶν ἐναντίων, καὶ δὴ καὶ ψυχῆς ἐν ᾗ ταῦτα ἐγγίγνεται, πότερον ὁρατὸν καὶ ἁπτὸν εἶναί φασί τι αὐτῶν ἢ πάντα ἀόρατα;

5   ΘΕΑΙ. Σχεδὸν οὐδὲν τούτων γε ὁρατόν.

ΞΕ. Τί δὲ τῶν τοιούτων; μῶν σῶμά τι λέγουσιν ἴσχειν;

ΘΕΑΙ. Τοῦτο οὐκέτι κατὰ ταὐτὰ ἀποκρίνονται πᾶν, ἀλλὰ τὴν μὲν ψυχὴν αὐτὴν δοκεῖν σφίσι σῶμά τι κεκτῆσθαι, φρόνησιν δὲ καὶ τῶν ἄλλων ἕκαστον ὧν ἠρώτηκας, αἰσχύ-

c   νονται τὸ τολμᾶν ἢ μηδὲν τῶν ὄντων αὐτὰ ὁμολογεῖν ἢ πάντ᾽ εἶναι σώματα διισχυρίζεσθαι.

ΞΕ. Σαφῶς γὰρ ἡμῖν, ὦ Θεαίτητε, βελτίους γεγόνασιν ἄνδρες· ἐπεὶ τούτων οὐδ᾽ ἂν ἓν ἐπαισχυνθεῖεν οἵ γε αὐτῶν

5   σπαρτοί τε καὶ αὐτόχθονες, ἀλλὰ διατείνοιντ᾽ ἂν πᾶν ὃ μὴ

a 3 φρονίμην T   a 5 παρουσίᾳ] φρονήσεως Campbell   a 8 τῳ] τῷ B T : τὸ W   a 9 τι om. W   b 3 τι φασὶν W   b 7 τὰ αὐτὰ W : ταῦτα B T   b 9 ἕκαστον] ἕκαστα W   c 3 ὦ θεαίτητε ἡμῖν W c 4 ἄνδρες Bekker : ἄνδρες B T   οὐδ᾽ ἂν ἓν] οὐδὲν ἂν W   ἐνεπαισχυνθεῖεν B

δυνατοὶ ταῖς χερσὶ συμπιέζειν εἰσίν, ὡς ἄρα τοῦτο οὐδὲν τὸ
παράπαν ἐστίν.

ΘΕΑΙ. Σχεδὸν οἷα διανοοῦνται λέγεις.

ΞΕ. Πάλιν τοίνυν ἀνερωτῶμεν αὐτούς· εἰ γάρ τι καὶ
σμικρὸν ἐθέλουσι τῶν ὄντων συγχωρεῖν ἀσώματον, ἐξαρκεῖ. d
τὸ γὰρ ἐπί τε τούτοις ἅμα καὶ ἐπ᾽ ἐκείνοις ὅσα ἔχει σῶμα
συμφυὲς γεγονός, εἰς ὃ βλέποντες ἀμφότερα εἶναι λέγουσι,
τοῦτο αὐτοῖς ῥητέον. τάχ᾽ οὖν ἴσως ἂν ἀποροῖεν· εἰ δή
τι τοιοῦτον πεπόνθασι, σκόπει, προτεινομένων ἡμῶν, ἆρ᾽ 5
ἐθέλοιεν ἂν δέχεσθαι καὶ ὁμολογεῖν τοιόνδ᾽ εἶναι τὸ ὄν.

ΘΕΑΙ. Τὸ ποῖον δή; λέγε, καὶ τάχα εἰσόμεθα.

ΞΕ. Λέγω δὴ τὸ καὶ ὁποιανοῦν [τινα] κεκτημένον δύναμιν
εἴτ᾽ εἰς τὸ ποιεῖν ἕτερον ὁτιοῦν πεφυκὸς εἴτ᾽ εἰς τὸ παθεῖν e
καὶ σμικρότατον ὑπὸ τοῦ φαυλοτάτου, κἂν εἰ μόνον εἰς ἅπαξ,
πᾶν τοῦτο ὄντως εἶναι· τίθεμαι γὰρ ὅρον [ὁρίζειν] τὰ ὄντα
ὡς ἔστιν οὐκ ἄλλο τι πλὴν δύναμις.

ΘΕΑΙ. Ἀλλ᾽ ἐπείπερ αὐτοί γε οὐκ ἔχουσιν ἐν τῷ παρόντι 5
τούτου βέλτιον λέγειν, δέχονται τοῦτο.

ΞΕ. Καλῶς· ἴσως γὰρ ἂν εἰς ὕστερον ἡμῖν τε καὶ τούτοις
ἕτερον ἂν φανείη. πρὸς μὲν οὖν τούτους τοῦτο ἡμῖν ἐνταῦθα 248
μενέτω συνομολογηθέν.

ΘΕΑΙ. Μένει.

ΞΕ. Πρὸς δὴ τοὺς ἑτέρους ἴωμεν, τοὺς τῶν εἰδῶν φίλους·
σὺ δ᾽ ἡμῖν καὶ τὰ παρὰ τούτων ἀφερμήνευε. 5

ΘΕΑΙ. Ταῦτ᾽ ἔσται.

ΞΕ. Γένεσιν, τὴν δὲ οὐσίαν χωρίς που διελόμενοι λέγετε;
ἦ γάρ;

ΘΕΑΙ. Ναί.

ΞΕ. Καὶ σώματι μὲν ἡμᾶς γενέσει δι᾽ αἰσθήσεως κοι- 10
νωνεῖν, διὰ λογισμοῦ δὲ ψυχῇ πρὸς τὴν ὄντως οὐσίαν,

d 4 δή] δέ Heindorf   d 5 ἡμῶν om. B   d 8 τινα om. B
e 1 εἴτ᾽ εἰς W : εἴ τις B T   e 3 ὁρίζειν secl. Ast : ὁρίζειν τὰ ὄντα
secl. Badham   e 7 ἂν] δὴ Schanz   a 3 μενεῖ Schanz   a 4 δὴ]
δὲ W   a 11 δὲ λογισμοῦ W

ἦν ἀεὶ κατὰ ταὐτὰ ὡσαύτως ἔχειν φατέ, γένεσιν δὲ ἄλλοτε
ἄλλως.

b ΘΕΑΙ. Φαμὲν γὰρ οὖν.

ΞΕ. Τὸ δὲ δὴ κοινωνεῖν, ὦ πάντων ἄριστοι, τί τοῦθ' ὑμᾶς
ἐπ' ἀμφοῖν λέγειν φῶμεν; ἆρ' οὐ τὸ νυνδὴ παρ' ἡμῶν ῥηθέν;

ΘΕΑΙ. Τὸ ποῖον;

5 ΞΕ. Πάθημα ἢ ποίημα ἐκ δυνάμεώς τινος ἀπὸ τῶν πρὸς
ἄλληλα συνιόντων γιγνόμενον. τάχ' οὖν, ὦ Θεαίτητε, αὐτῶν
τὴν πρὸς ταῦτα ἀπόκρισιν σὺ μὲν οὐ κατακούεις, ἐγὼ δὲ ἴσως
διὰ συνήθειαν.

ΘΕΑΙ. Τίν' οὖν δὴ λέγουσι λόγον;

c ΞΕ. Οὐ συγχωροῦσιν ἡμῖν τὸ νυνδὴ ῥηθὲν πρὸς τοὺς
γηγενεῖς οὐσίας πέρι.

ΘΕΑΙ. Τὸ ποῖον;

ΞΕ. Ἱκανὸν ἔθεμεν ὅρον που τῶν ὄντων, ὅταν τῳ παρῇ
5 ἡ τοῦ πάσχειν ἢ δρᾶν καὶ πρὸς τὸ σμικρότατον δύναμις;

ΘΕΑΙ. Ναί.

ΞΕ. Πρὸς δὴ ταῦτα τόδε λέγουσιν, ὅτι γενέσει μὲν
μέτεστι τοῦ πάσχειν καὶ ποιεῖν δυνάμεως, πρὸς δὲ οὐσίαν
τούτων οὐδετέρου τὴν δύναμιν ἁρμόττειν φασίν.

10 ΘΕΑΙ. Οὐκοῦν λέγουσί τι;

ΞΕ. Πρὸς ὅ γε λεκτέον ἡμῖν ὅτι δεόμεθα παρ' αὐτῶν
d ἔτι πυθέσθαι σαφέστερον εἰ προσομολογοῦσι τὴν μὲν ψυχὴν
γιγνώσκειν, τὴν δ' οὐσίαν γιγνώσκεσθαι.

ΘΕΑΙ. Φασὶ μὴν τοῦτό γε.

ΞΕ. Τί δέ; τὸ γιγνώσκειν ἢ τὸ γιγνώσκεσθαί φατε
5 ποίημα ἢ πάθος ἢ ἀμφότερον; ἢ τὸ μὲν πάθημα, τὸ δὲ
θάτερον; ἢ παντάπασιν οὐδέτερον οὐδετέρου τούτων μετα-
λαμβάνειν;

ΘΕΑΙ. Δῆλον ὡς οὐδέτερον οὐδετέρου· τἀναντία γὰρ ἂν
τοῖς ἔμπροσθεν λέγοιεν.

b 3 φῶμεν λέγειν T   c 7 τόδε] τόδε γε W   ὅτι] ὅτε W
d 5 ἢ τὸ μὲν . . . d 6 θάτερον om. T   d 8 δῆλον . . . λέγοιεν
primus Theaeteto tribuit Heindorf

ΞΕ. Μανθάνω· τόδε γε, ὡς τὸ γιγνώσκειν εἴπερ ἔσται 10
ποιεῖν τι, τὸ γιγνωσκόμενον ἀναγκαῖον αὖ συμβαίνει πάσχειν. e
τὴν οὐσίαν δὴ κατὰ τὸν λόγον τοῦτον γιγνωσκομένην ὑπὸ τῆς
γνώσεως, καθ' ὅσον γιγνώσκεται, κατὰ τοσοῦτον κινεῖσθαι διὰ
τὸ πάσχειν, ὃ δή φαμεν οὐκ ἂν γενέσθαι περὶ τὸ ἠρεμοῦν.
ΘΕΑΙ. Ὀρθῶς. 5

ΞΕ. Τί δὲ πρὸς Διός; ὡς ἀληθῶς κίνησιν καὶ ζωὴν καὶ
ψυχὴν καὶ φρόνησιν ἦ ῥᾳδίως πεισθησόμεθα τῷ παντελῶς
ὄντι μὴ παρεῖναι, μηδὲ ζῆν αὐτὸ μηδὲ φρονεῖν, ἀλλὰ σεμνὸν 249
καὶ ἅγιον, νοῦν οὐκ ἔχον, ἀκίνητον ἑστὸς εἶναι;
ΘΕΑΙ. Δεινὸν μεντἂν, ὦ ξένε, λόγον συγχωροῖμεν.
ΞΕ. Ἀλλὰ νοῦν μὲν ἔχειν, ζωὴν δὲ μὴ φῶμεν;
ΘΕΑΙ. Καὶ πῶς; 5
ΞΕ. Ἀλλὰ ταῦτα μὲν ἀμφότερα ἐνόντ' αὐτῷ λέγομεν, οὐ
μὴν ἐν ψυχῇ γε φήσομεν αὐτὸ ἔχειν αὐτά;
ΘΕΑΙ. Καὶ τίν' ἂν ἕτερον ἔχοι τρόπον;
ΞΕ. Ἀλλὰ δῆτα νοῦν μὲν καὶ ζωὴν καὶ ψυχὴν ⟨ἔχειν⟩,
ἀκίνητον μέντοι τὸ παράπαν ἔμψυχον ὂν ἑστάναι; 10
ΘΕΑΙ. Πάντα ἔμοιγε ἄλογα ταῦτ' εἶναι φαίνεται. b
ΞΕ. Καὶ τὸ κινούμενον δὴ καὶ κίνησιν συγχωρητέον ὡς
ὄντα.
ΘΕΑΙ. Πῶς δ' οὔ;
ΞΕ. Συμβαίνει δ' οὖν, ὦ Θεαίτητε, ἀκινήτων τε ὄντων 5
νοῦν μηδενὶ περὶ μηδενὸς εἶναι μηδαμοῦ.
ΘΕΑΙ. Κομιδῇ μὲν οὖν.
ΞΕ. Καὶ μὴν ἐὰν αὖ φερόμενα καὶ κινούμενα πάντ' εἶναι
συγχωρῶμεν, καὶ τούτῳ τῷ λόγῳ ταὐτὸν τοῦτο ἐκ τῶν ὄντων
ἐξαιρήσομεν. 10
ΘΕΑΙ. Πῶς;

d 10 τὸ δέ γε T : τὸ δὲ B   e 3 διὰ] κατὰ W   e 4 ἠρεμοῦν]
ἠρεμεῖν B   a 6 ἐνόν τ'αὐτῷ W : ἐνόντα αὐτῷ Simplicius : ενὸν
ταυτῷ B : ἐν ὂν ταυτῷ T   λέγωμεν T   a 7 γε B Simplicius : τε T
a 9 ἔχειν add. Schleiermacher   b 1 ἔμοιγε ἄλογα] ἐμοὶ γελοῖα
Simplicius   b 2 δὴ om. pr. T   b 5 δ' οὖν] γοῦν W Simplicius
ὄντων] ὄντων τῶν ὄντων Heindorf: ὄντων πάντων Badham

ΞΕ. Τὸ κατὰ ταὐτὰ καὶ ὡσαύτως καὶ περὶ τὸ αὐτὸ δοκεῖ
c σοι χωρὶς στάσεως γενέσθαι ποτ' ἄν;

ΘΕΑΙ. Οὐδαμῶς.

ΞΕ. Τί δ'; ἄνευ τούτων νοῦν καθορᾷς ὄντα ἢ γενόμενον
ἂν καὶ ὁπουοῦν;

5 ΘΕΑΙ. Ἥκιστα.

ΞΕ. Καὶ μὴν πρός γε τοῦτον παντὶ λόγῳ μαχετέον, ὃς
ἂν ἐπιστήμην ἢ φρόνησιν ἢ νοῦν ἀφανίζων ἰσχυρίζηται περί
τινος ὁπῃοῦν.

ΘΕΑΙ. Σφόδρα γε.

10 ΞΕ. Τῷ δὴ φιλοσόφῳ καὶ ταῦτα μάλιστα τιμῶντι πᾶσα,
ὡς ἔοικεν, ἀνάγκη διὰ ταῦτα μήτε τῶν ἓν ἢ καὶ τὰ πολλὰ
d εἴδη λεγόντων τὸ πᾶν ἑστηκὸς ἀποδέχεσθαι, τῶν τε αὖ
πανταχῇ τὸ ὂν κινούντων μηδὲ τὸ παράπαν ἀκούειν, ἀλλὰ
κατὰ τὴν τῶν παίδων εὐχήν, ὅσα ἀκίνητα καὶ κεκινημένα, τὸ
ὄν τε καὶ τὸ πᾶν συναμφότερα λέγειν.

5 ΘΕΑΙ. Ἀληθέστατα.

ΞΕ. Τί οὖν; ἆρ' οὐκ ἐπιεικῶς ἤδη φαινόμεθα περιειλη-
φέναι τῷ λόγῳ τὸ ὄν;

ΘΕΑΙ. Πάνυ μὲν οὖν.

ΞΕ. Βαβαὶ †μέντ' ἂν ἄρα,† ὦ Θεαίτητε, ὥς μοι δοκοῦμεν
10 νῦν αὐτοῦ γνώσεσθαι πέρι τὴν ἀπορίαν τῆς σκέψεως.

e ΘΕΑΙ. Πῶς αὖ καὶ τί τοῦτ' εἴρηκας;

ΞΕ. Ὦ μακάριε, οὐκ ἐννοεῖς ὅτι νῦν ἐσμεν ἐν ἀγνοίᾳ
τῇ πλείστῃ περὶ αὐτοῦ, φαινόμεθα δέ τι λέγειν ἡμῖν
αὐτοῖς;

5 ΘΕΑΙ. Ἐμοὶ γοῦν· ὅπῃ δ' αὖ λελήθαμεν οὕτως ἔχοντες,
οὐ πάνυ συνίημι.

ΞΕ. Σκόπει δὴ σαφέστερον εἰ τὰ νῦν συνομολογοῦντες

c 1 ποτ'] τότ' B   c 4 ἂν TW : αὖ B   c 11 τῶν TW : τὸ B
d 1 τῶν TW : τὸν B   d 3 ὅσα . . . κεκινημένα secl. Schanz
d 4 λέγειν] λέγει B   d 6 οὖν] δὴ οὖν W   d 9 μέντ' ἂν ἄρα
BT : μὴ λίαν θάρρει Apelt : fort. μενετέον ἄρα   e 7 τὰ νῦν] ταῦτα
νῦν T : ταῦτα W : τα B

δικαίως ἂν ἐπερωτηθεῖμεν ἅπερ αὐτοὶ τότε ἠρωτῶμεν τοὺς 250
λέγοντας εἶναι τὸ πᾶν θερμὸν καὶ ψυχρόν.

ΘΕΑΙ. Ποῖα; ὑπόμνησόν με.

ΞΕ. Πάνυ μὲν οὖν· καὶ πειράσομαί γε δρᾶν τοῦτο
ἐρωτῶν σὲ καθάπερ ἐκείνους τότε, ἵνα ἅμα τι καὶ 5
προΐωμεν.

ΘΕΑΙ. Ὀρθῶς.

ΞΕ. Εἶεν δή, κίνησιν καὶ στάσιν ἆρ᾽ οὐκ ἐναντιώτατα
λέγεις ἀλλήλοις;

ΘΕΑΙ. Πῶς γὰρ οὔ;   10

ΞΕ. Καὶ μὴν εἶναί γε ὁμοίως φῇς ἀμφότερα αὐτὰ καὶ
ἑκάτερον;

ΘΕΑΙ. Φημὶ γὰρ οὖν.   b

ΞΕ. Ἆρα κινεῖσθαι λέγων ἀμφότερα καὶ ἑκάτερον, ὅταν
εἶναι συγχωρῇς;

ΘΕΑΙ. Οὐδαμῶς.

ΞΕ. Ἀλλ᾽ ἑστάναι σημαίνεις λέγων αὐτὰ ἀμφότερα εἶναι; 5

ΘΕΑΙ. Καὶ πῶς;

ΞΕ. Τρίτον ἄρα τι παρὰ ταῦτα τὸ ὂν ἐν τῇ ψυχῇ τιθείς,
ὡς ὑπ᾽ ἐκείνου τήν τε στάσιν καὶ τὴν κίνησιν περιεχομένην,
συλλαβὼν καὶ ἀπιδὼν αὐτῶν πρὸς τὴν τῆς οὐσίας κοινωνίαν,
οὕτως εἶναι προσεῖπας ἀμφότερα;   10

ΘΕΑΙ. Κινδυνεύομεν ὡς ἀληθῶς τρίτον ἀπομαντεύεσθαί c
τι τὸ ὄν, ὅταν κίνησιν καὶ στάσιν εἶναι λέγωμεν.

ΞΕ. Οὐκ ἄρα κίνησις καὶ στάσις ἐστὶ συναμφότερον τὸ
ὂν ἀλλ᾽ ἕτερον δή τι τούτων.

ΘΕΑΙ. Ἔοικεν.   5

ΞΕ. Κατὰ τὴν αὑτοῦ φύσιν ἄρα τὸ ὂν οὔτε ἕστηκεν οὔτε
κινεῖται.

ΘΕΑΙ. Σχεδόν.

a 1 ἐπερωτηθεῖμεν] ἐρωτηθείημεν TW   a 11 αὐτὰ] ταῦτα W
b 2 λέγων] λέγομεν W   b 8 τήν τε κίνησιν καὶ τὴν στάσιν W
b 9 αὐτῶν] αὐτὸν B   c 1 κινδυνεύωμεν T   c 4 τούτων]
τοῦτο W

ΞΕ. Ποῖ δὴ χρὴ τὴν διάνοιαν ἔτι τρέπειν τὸν βουλόμενον
10 ἐναργές τι περὶ αὐτοῦ παρ' ἑαυτῷ βεβαιώσασθαι;

ΘΕΑΙ. Ποῖ γάρ;

ΞΕ. Οἶμαι μὲν οὐδαμόσε ἔτι ῥᾴδιον. εἰ γάρ τι μὴ
d κινεῖται, πῶς οὐχ ἕστηκεν; ἢ τὸ μηδαμῶς ἐστὸς πῶς οὐκ
αὖ κινεῖται; τὸ δὲ ὂν ἡμῖν νῦν ἐκτὸς τούτων ἀμφοτέρων
ἀναπέφανται. ἦ δυνατὸν οὖν τοῦτο;

ΘΕΑΙ. Πάντων μὲν οὖν ἀδυνατώτατον.

5 ΞΕ. Τόδε τοίνυν μνησθῆναι δίκαιον ἐπὶ τούτοις.

ΘΕΑΙ. Τὸ ποῖον;

ΞΕ. Ὅτι τοῦ μὴ ὄντος ἐρωτηθέντες τοὔνομα ἐφ' ὅτι
ποτὲ δεῖ φέρειν, πάσῃ συνεσχόμεθα ἀπορίᾳ. μέμνησαι;

ΘΕΑΙ. Πῶς γὰρ οὔ;

e ΞΕ. Μῶν οὖν ἐν ἐλάττονί τινι νῦν ἐσμεν ἀπορίᾳ περὶ
τὸ ὄν;

ΘΕΑΙ. Ἐμοὶ μέν, ὦ ξένε, εἰ δυνατὸν εἰπεῖν, ἐν πλείονι
φαινόμεθα.

5 ΞΕ. Τοῦτο μὲν τοίνυν ἐνταῦθα κείσθω διηπορημένον·
ἐπειδὴ δὲ ἐξ ἴσου τό τε ὂν καὶ τὸ μὴ ὂν ἀπορίας μετειλή-
φατον, νῦν ἐλπὶς ἤδη καθάπερ ἂν αὐτῶν θάτερον εἴτε
ἀμυδρότερον εἴτε σαφέστερον ἀναφαίνηται, καὶ θάτερον οὕτως
251 ἀναφαίνεσθαι· καὶ ἐὰν αὖ μηδέτερον ἰδεῖν δυνώμεθα, τὸν
γοῦν λόγον ὅπῃπερ ἂν οἷοί τε ὦμεν εὐπρεπέστατα διωσόμεθα
οὕτως ἀμφοῖν ἅμα.

ΘΕΑΙ. Καλῶς.

5 ΞΕ. Λέγωμεν δὴ καθ' ὁντινά ποτε τρόπον πολλοῖς ὀνόμασι
ταὐτὸν τοῦτο ἑκάστοτε προσαγορεύομεν.

ΘΕΑΙ. Οἶον δὴ τί; παράδειγμα εἰπέ.

ΞΕ. Λέγομεν ἄνθρωπον δήπου πόλλ' ἄττα ἐπονομάζοντες,
τά τε χρώματα ἐπιφέροντες αὐτῷ καὶ τὰ σχήματα καὶ μεγέθη

c 9 δὴ om. T   d 8 συνεχόμεθα W: συνειχόμεθα Heindorf
e 7 καθάπερ ἂν T W: καθετέραν B   a 1 ἀναφανεῖσθαι Heindorf:
ἂν ἀναφαίνεσθαι Hirschig   a 2 διωσόμεθα] διοισόμεθα Wagner
a 9 μεγέθη B T Simpl.: τὰ μεγέθη W t

καὶ κακίας καὶ ἀρετάς, ἐν οἷς πᾶσι καὶ ἑτέροις μυρίοις οὐ μόνον 10
ἄνθρωπον αὐτὸν εἶναί φαμεν, ἀλλὰ καὶ ἀγαθὸν καὶ ἕτερα b
ἄπειρα, καὶ τἆλλα δὴ κατὰ τὸν αὐτὸν λόγον οὕτως ἐν ἕκαστον
ὑποθέμενοι πάλιν αὐτὸ πολλὰ καὶ πολλοῖς ὀνόμασι λέγομεν.

ΘΕΑΙ. Ἀληθῆ λέγεις.

ΞΕ. Ὅθεν γε οἶμαι τοῖς τε νέοις καὶ τῶν γερόντων τοῖς 5
ὀψιμαθέσι θοίνην παρεσκευάκαμεν· εὐθὺς γὰρ ἀντιλαβέσθαι
παντὶ πρόχειρον ὡς ἀδύνατον τά τε πολλὰ ἓν καὶ τὸ ἓν
πολλὰ εἶναι, καὶ δήπου χαίρουσιν οὐκ ἐῶντες ἀγαθὸν λέγειν
ἄνθρωπον, ἀλλὰ τὸ μὲν ἀγαθὸν ἀγαθόν, τὸν δὲ ἄνθρωπον c
ἄνθρωπον. ἐντυγχάνεις γάρ, ὦ Θεαίτητε, ὡς ἐγῷμαι,
πολλάκις τὰ τοιαῦτα ἐσπουδακόσιν, ἐνίοτε πρεσβυτέροις
ἀνθρώποις, καὶ ὑπὸ πενίας τῆς περὶ φρόνησιν κτήσεως τὰ
τοιαῦτα τεθαυμακόσι, καὶ δή τι καὶ πάσσοφον οἰομένοις 5
τοῦτο αὐτὸ ἀνηυρηκέναι.

ΘΕΑΙ. Πάνυ μὲν οὖν.

ΞΕ. Ἵνα τοίνυν πρὸς ἅπαντας ἡμῖν ὁ λόγος ᾖ τοὺς
πώποτε περὶ οὐσίας καὶ ὁτιοῦν διαλεχθέντας, ἔστω καὶ πρὸς d
τούτους καὶ πρὸς τοὺς ἄλλους, ὅσοις ἔμπροσθεν διειλέγμεθα,
τὰ νῦν ὡς ἐν ἐρωτήσει λεχθησόμενα.

ΘΕΑΙ. Τὰ ποῖα δή;

ΞΕ. Πότερον μήτε τὴν οὐσίαν κινήσει καὶ στάσει προσ- 5
άπτωμεν μήτε ἄλλο ἄλλῳ μηδὲν μηδενί, ἀλλ' ὡς ἄμεικτα ὄντα
καὶ ἀδύνατον μεταλαμβάνειν ἀλλήλων οὕτως αὐτὰ ἐν τοῖς παρ'
ἡμῖν λόγοις τιθῶμεν; ἢ πάντα εἰς ταὐτὸν συναγάγωμεν ὡς
δυνατὰ ἐπικοινωνεῖν ἀλλήλοις; ἢ τὰ μέν, τὰ δὲ μή; τούτων,
ὦ Θεαίτητε, τί ποτ' ἂν αὐτοὺς προαιρεῖσθαι φήσομεν; e

b 3 πολλὰ om. Simplicius   b 5 γε TW Simplicius: τε B   b 6 παρε-
σκευάσαμεν W   ἀντιλαβέσθαι] εἰ λαβέσθαι Simplicius   c 1 τὸ]
τὸν Simplicius   τὸν δὲ] τοδὲ (sic) B: τὸ δὲ W   c 3 τὰ
τοιαῦτα πολλάκις W   ἐνίοτε om. Simplicius   c 4 κτήσεως secl.
Badham   c 6 αὐτὸ om. W Simplicius   c 8 ὁ λόγος] ὁμό-
λογος in marg. T   d 7 ἀδύνατα T   d 8 ξυναγάγωμεν W:
ξυνάγωμεν B T   e 1 αὐτοὺς προαιρεῖσθαι] προαιρεῖσθαι τούτους T
φήσομεν W: φήσαιμεν B T

ΘΕΑΙ. Ἐγὼ μὲν ὑπὲρ αὐτῶν οὐδὲν ἔχω πρὸς ταῦτα
ἀποκρίνασθαι.

ΞΕ. Τί οὖν οὐ καθ' ἓν ἀποκρινόμενος ἐφ' ἑκάστου τὰ
5 συμβαίνοντα ἐσκέψω;

ΘΕΑΙ. Καλῶς λέγεις.

ΞΕ. Καὶ τιθῶμέν γε αὐτοὺς λέγειν, εἰ βούλει, πρῶτον
μηδενὶ μηδὲν μηδεμίαν δύναμιν ἔχειν κοινωνίας εἰς μηδέν.
οὐκοῦν κίνησίς τε καὶ στάσις οὐδαμῇ μεθέξετον οὐσίας;

252 ΘΕΑΙ. Οὐ γὰρ οὖν.

ΞΕ. Τί δέ; ἔσται πότερον αὐτῶν οὐσίας μὴ προσκοι-
νωνοῦν;

ΘΕΑΙ. Οὐκ ἔσται.

5 ΞΕ. Ταχὺ δὴ ταύτῃ γε τῇ συνομολογίᾳ πάντα ἀνάστατα
γέγονεν, ὡς ἔοικεν, ἅμα τε τῶν τὸ πᾶν κινούντων καὶ τῶν
ὡς ἐν ἱστάντων καὶ ὅσοι κατ' εἴδη τὰ ὄντα κατὰ ταὐτὰ
ὡσαύτως ἔχοντα εἶναί φασιν ἀεί· πάντες γὰρ οὗτοι τό γε
εἶναι προσάπτουσιν, οἱ μὲν ὄντως κινεῖσθαι λέγοντες, οἱ δὲ
10 ὄντως ἑστηκότ' εἶναι.

ΘΕΑΙ. Κομιδῇ μὲν οὖν.

b ΞΕ. Καὶ μὴν καὶ ὅσοι τοτὲ μὲν συντιθέασι τὰ πάντα,
τοτὲ δὲ διαιροῦσιν, εἴτε εἰς ἓν καὶ ἐξ ἑνὸς ἄπειρα εἴτε εἰς
πέρας ἔχοντα στοιχεῖα διαιρούμενοι καὶ ἐκ τούτων συντι-
θέντες, ὁμοίως μὲν ἐὰν ἐν μέρει τοῦτο τιθῶσι γιγνόμενον,
5 ὁμοίως δὲ καὶ ἐὰν ἀεί, κατὰ πάντα ταῦτα λέγοιεν ἂν οὐδέν,
εἴπερ μηδεμία ἔστι σύμμειξις.

ΘΕΑΙ. Ὀρθῶς.

ΞΕ. Ἔτι τοίνυν ἂν αὐτοὶ πάντων καταγελαστότατα
μετίοιεν τὸν λόγον οἱ μηδὲν ἐῶντες κοινωνίᾳ παθήματος
10 ἑτέρου θάτερον προσαγορεύειν.

c ΘΕΑΙ. Πῶς;

e 4 τί οὖν ... e 5 ἐσκέψω hospiti tribuit Badham et mox Theaeteto
καλῶς λέγεις a 2 προσκοινωνοῦν W : προσκοινωνεῖν Β Τ a 6 τε]
τὰ Campbell a 8 γε] τε γε W b 8 αὐτοὶ] αὐτῶν W b 9 μετ-
ίοιεν] μετίοιμεν Β Τ W

ΞΕ. Τῷ τε "εἶναί" που περὶ πάντα ἀναγκάζονται
χρῆσθαι καὶ τῷ "χωρὶς" καὶ τῷ "τῶν ἄλλων" καὶ τῷ
"καθ' αὐτὸ" καὶ μυρίοις ἑτέροις, ὧν ἀκρατεῖς ὄντες
εἴργεσθαι καὶ μὴ συνάπτειν ἐν τοῖς λόγοις οὐκ ἄλλων 5
δέονται τῶν ἐξελεγξόντων, ἀλλὰ τὸ λεγόμενον οἴκοθεν
τὸν πολέμιον καὶ ἐναντιωσόμενον ἔχοντες, ἐντὸς ὑποφθεγ-
γόμενον ὥσπερ τὸν ἄτοπον Εὐρυκλέα περιφέροντες ἀεὶ
πορεύονται.

ΘΕΑΙ. Κομιδῇ λέγεις ὅμοιόν τε καὶ ἀληθές.   d

ΞΕ. Τί δ', ἂν πάντα ἀλλήλοις ἐῶμεν δύναμιν ἔχειν
ἐπικοινωνίας;

ΘΕΑΙ. Τοῦτο μὲν οἷός τε κἀγὼ διαλύειν.

ΞΕ. Πῶς;   5

ΘΕΑΙ. Ὅτι κίνησίς τε αὐτὴ παντάπασιν ἵσταιτ' ἂν καὶ
στάσις αὖ πάλιν αὐτὴ κινοῖτο, εἴπερ ἐπιγιγνοίσθην ἐπ'
ἀλλήλοιν.

ΞΕ. Ἀλλὰ μὴν τοῦτό γέ που ταῖς μεγίσταις ἀνάγκαις
ἀδύνατον, κίνησίν τε ἵστασθαι καὶ στάσιν κινεῖσθαι;   10

ΘΕΑΙ. Πῶς γὰρ οὔ;

ΞΕ. Τὸ τρίτον δὴ μόνον λοιπόν.

ΘΕΑΙ. Ναί.

ΞΕ. Καὶ μὴν ἕν γέ τι τούτων ἀναγκαῖον, ἢ πάντα ἢ e
μηδὲν ἢ τὰ μὲν ἐθέλειν, τὰ δὲ μὴ συμμείγνυσθαι.

ΘΕΑΙ. Πῶς γὰρ οὔ;

ΞΕ. Καὶ μὴν τά γε δύο ἀδύνατον ηὑρέθη.

ΘΕΑΙ. Ναί.   5

ΞΕ. Πᾶς ἄρα ὁ βουλόμενος ὀρθῶς ἀποκρίνεσθαι τὸ λοιπὸν
τῶν τριῶν θήσει.

ΘΕΑΙ. Κομιδῇ μὲν οὖν.

ΞΕ. Ὅτε δὴ τὰ μὲν ἐθέλει τοῦτο δρᾶν, τὰ δ' οὔ, σχεδὸν

c 3 τῶν ἄλλων] ἄλλων T : ἀλλήλων Campbell   c 6 ἐξελεγ-
χόντων T   c 7 ἐναντιωθησόμενον W   d 3 ἐπικοινωνίας T W :
ἐπὶ κοινωνίας B : ἐπικοινωνεῖν Schanz   d 6 τε] γε B T W   e 4 εὑ-
ρέθη. ναί Heindorf : εὑρεθῆναι B T : εὑρεθῆναι. ναί W

253 οἷον τὰ γράμματα πεπονθότ᾽ ἂν εἴη. καὶ γὰρ ἐκείνων τὰ
μὲν ἀναρμοστεῖ που πρὸς ἄλληλα, τὰ δὲ συναρμόττει.

ΘΕΑΙ. Πῶς δ᾽ οὔ;

ΞΕ. Τὰ δέ γε φωνήεντα διαφερόντως τῶν ἄλλων οἷον
5 δεσμὸς διὰ πάντων κεχώρηκεν, ὥστε ἄνευ τινὸς αὐτῶν
ἀδύνατον ἁρμόττειν καὶ τῶν ἄλλων ἕτερον ἑτέρῳ.

ΘΕΑΙ. Καὶ μάλα γε.

ΞΕ. Πᾶς οὖν οἶδεν ὁποῖα ὁποίοις δυνατὰ κοινωνεῖν, ἢ
τέχνης δεῖ τῷ μέλλοντι δρᾶν ἱκανῶς αὐτό;

10 ΘΕΑΙ. Τέχνης.

ΞΕ. Ποίας;

ΘΕΑΙ. Τῆς γραμματικῆς.

b ΞΕ. Τί δέ; περὶ τοὺς τῶν ὀξέων καὶ βαρέων φθόγγους
ἆρ᾽ οὐχ οὕτως; ὁ μὲν τοὺς συγκεραννυμένους τε καὶ μὴ
τέχνην ἔχων γιγνώσκειν μουσικός, ὁ δὲ μὴ συνιεὶς ἄμουσος;

ΘΕΑΙ. Οὕτως.

5 ΞΕ. Καὶ κατὰ τῶν ἄλλων δὴ τεχνῶν καὶ ἀτεχνιῶν
τοιαῦτα εὑρήσομεν ἕτερα.

ΘΕΑΙ. Πῶς δ᾽ οὔ;

ΞΕ. Τί δ᾽; ἐπειδὴ καὶ τὰ γένη πρὸς ἄλληλα κατὰ ταὐτὰ
μείξεως ἔχειν ὡμολογήκαμεν, ἆρ᾽ οὐ μετ᾽ ἐπιστήμης τινὸς
10 ἀναγκαῖον διὰ τῶν λόγων πορεύεσθαι τὸν ὀρθῶς μέλλοντα
δείξειν ποῖα ποίοις συμφωνεῖ τῶν γενῶν καὶ ποῖα ἄλληλα
c οὐ δέχεται; καὶ δὴ καὶ διὰ πάντων εἰ συνέχοντ᾽ ἄττ᾽ αὔτ᾽
ἐστιν, ὥστε συμμείγνυσθαι δυνατὰ εἶναι, καὶ πάλιν ἐν ταῖς
διαιρέσεσιν, εἰ δι᾽ ὅλων ἕτερα τῆς διαιρέσεως αἴτια;

ΘΕΑΙ. Πῶς γὰρ οὐκ ἐπιστήμης δεῖ, καὶ σχεδόν γε ἴσως
5 τῆς μεγίστης;

ΞΕ. Τίν᾽ οὖν αὖ [νῦν] προσεροῦμεν, ὦ Θεαίτητε, ταύτην;

a 2 συναρμόττει] ἁρμόττει T   a 8 ὁποῖα] ὁποῖα καὶ W   δυνατὰ]
δύναται W corr. T   a 9 αὐτό] αὐτά T W   b 5 ἀτέχνων T
b 8 ταὐτὰ] τὰ τοιαῦτα B   b 9 ἔχειν T W : om. B   οὐ] οὖν W
b 11 ποῖα om. W   c 1 δὴ καὶ] δὴ W   συνέχοντ᾽ ἄττ᾽ αὔτ᾽ Wagner :
συνέχοντα ταῦτ᾽ B T W   c 7 τίν᾽] τί Stephanus   νῦν om. T

ἢ πρὸς Διὸς ἐλάθομεν εἰς τὴν τῶν ἐλευθέρων ἐμπεσόντες
ἐπιστήμην, καὶ κινδυνεύομεν ζητοῦντες τὸν σοφιστὴν πρότερον
ἀνηυρηκέναι τὸν φιλόσοφον;

ΘΕΑΙ. Πῶς λέγεις;   10

ΞΕ. Τὸ κατὰ γένη διαιρεῖσθαι καὶ μήτε ταὐτὸν εἶδος d
ἕτερον ἡγήσασθαι μήτε ἕτερον ὂν ταὐτὸν μῶν οὐ τῆς διαλεκ-
τικῆς φήσομεν ἐπιστήμης εἶναι;

ΘΕΑΙ. Ναί, φήσομεν.

ΞΕ. Οὐκοῦν ὅ γε τοῦτο δυνατὸς δρᾶν μίαν ἰδέαν διὰ 5
πολλῶν, ἑνὸς ἑκάστου κειμένου χωρίς, πάντῃ διατεταμένην
ἱκανῶς διαισθάνεται, καὶ πολλὰς ἑτέρας ἀλλήλων ὑπὸ μιᾶς
ἔξωθεν περιεχομένας, καὶ μίαν αὖ δι' ὅλων πολλῶν ἐν ἑνὶ
συνημμένην, καὶ πολλὰς χωρὶς πάντῃ διωρισμένας· τοῦτο δ'
ἔστιν, ᾗ τε κοινωνεῖν ἕκαστα δύναται καὶ ὅπῃ μή, διακρίνειν e
κατὰ γένος ἐπίστασθαι.

ΘΕΑΙ. Παντάπασι μὲν οὖν.

ΞΕ. Ἀλλὰ μὴν τό γε διαλεκτικὸν οὐκ ἄλλῳ δώ-
σεις, ὡς ἐγᾦμαι, πλὴν τῷ καθαρῶς τε καὶ δικαίως φιλο- 5
σοφοῦντι.

ΘΕΑΙ. Πῶς γὰρ ἂν ἄλλῳ δοίη τις;

ΞΕ. Τὸν μὲν δὴ φιλόσοφον ἐν τοιούτῳ τινὶ τόπῳ καὶ νῦν
καὶ ἔπειτα ἀνευρήσομεν ἐὰν ζητῶμεν, ἰδεῖν μὲν χαλεπὸν
ἐναργῶς καὶ τοῦτον, ἕτερον μὴν τρόπον ἥ τε τοῦ σοφιστοῦ 254
χαλεπότης ἥ τε τούτου.

ΘΕΑΙ. Πῶς;

ΞΕ. Ὁ μὲν ἀποδιδράσκων εἰς τὴν τοῦ μὴ ὄντος σκοτει-
νότητα, τριβῇ προσαπτόμενος αὐτῆς, διὰ τὸ σκοτεινὸν τοῦ 5
τόπου κατανοῆσαι χαλεπός· ἢ γάρ;

ΘΕΑΙ. Ἔοικεν.

ΞΕ. Ὁ δέ γε φιλόσοφος, τῇ τοῦ ὄντος ἀεὶ διὰ λογισμῶν
προσκείμενος ἰδέᾳ, διὰ τὸ λαμπρὸν αὖ τῆς χώρας οὐδαμῶς

d 1 ταὐτὸν ⟨ὂν⟩ Hermann   d 8 ὅλων] ἄλλων Proclus   ἐν] ἓν
Apelt   e 8 τὸν] τὸ W   a 3 πῶς T W : om. B

PLATO, VOL. I.   27

10 εὐπετὴς ὀφθῆναι· τὰ γὰρ τῆς τῶν πολλῶν ψυχῆς ὄμματα
b καρτερεῖν πρὸς τὸ θεῖον ἀφορῶντα ἀδύνατα.

ΘΕΑΙ. Καὶ ταῦτα εἰκὸς οὐχ ἧττον ἐκείνων οὕτως ἔχειν.

ΞΕ. Οὐκοῦν περὶ μὲν τούτου καὶ τάχα ἐπισκεψόμεθα
σαφέστερον, ἂν ἔτι βουλομένοις ἡμῖν ᾖ· περὶ δὲ τοῦ σοφιστοῦ
5 που δῆλον ὡς οὐκ ἀνετέον πρὶν ἂν ἱκανῶς αὐτὸν θεασώμεθα.

ΘΕΑΙ. Καλῶς εἶπες.

ΞΕ. Ὅτ᾽ οὖν δὴ τὰ μὲν ἡμῖν τῶν γενῶν ὡμολόγηται
κοινωνεῖν ἐθέλειν ἀλλήλοις, τὰ δὲ μή, καὶ τὰ μὲν ἐπ᾽ ὀλίγον,
τὰ δ᾽ ἐπὶ πολλά, τὰ δὲ καὶ διὰ πάντων οὐδὲν κωλύειν τοῖς
c πᾶσι κεκοινωνηκέναι, τὸ δὴ μετὰ τοῦτο συνεπισπώμεθα τῷ
λόγῳ τῇδε σκοποῦντες, μὴ περὶ πάντων τῶν εἰδῶν, ἵνα μὴ
ταραττώμεθα ἐν πολλοῖς, ἀλλὰ προελόμενοι τῶν μεγίστων
λεγομένων ἄττα, πρῶτον μὲν ποῖα ἕκαστά ἐστιν, ἔπειτα
5 κοινωνίας ἀλλήλων πῶς ἔχει δυνάμεως, ἵνα τό τε ὂν καὶ
μὴ ὂν εἰ μὴ πάσῃ σαφηνείᾳ δυνάμεθα λαβεῖν, ἀλλ᾽ οὖν
λόγου γε ἐνδεεῖς μηδὲν γιγνώμεθα περὶ αὐτῶν, καθ᾽ ὅσον
ὁ τρόπος ἐνδέχεται τῆς νῦν σκέψεως, ἐὰν ἄρα ἡμῖν πῃ
d παρεικάθῃ τὸ μὴ ὂν λέγουσιν ὡς ἔστιν ὄντως μὴ ὂν ἀθῴοις
ἀπαλλάττειν.

ΘΕΑΙ. Οὐκοῦν χρή.

ΞΕ. Μέγιστα μὴν τῶν γενῶν ἃ νυνδὴ διῇμεν τό τε ὂν
5 αὐτὸ καὶ στάσις καὶ κίνησις.

ΘΕΑΙ. Πολύ γε.

ΞΕ. Καὶ μὴν τώ γε δύο φαμὲν αὐτοῖν ἀμείκτω πρὸς
ἀλλήλω.

ΘΕΑΙ. Σφόδρα γε.

10 ΞΕ. Τὸ δέ γε ὂν μεικτὸν ἀμφοῖν· ἐστὸν γὰρ ἄμφω που.

ΘΕΑΙ. Πῶς δ᾽ οὔ;

ΞΕ. Τρία δὴ γίγνεται ταῦτα.

ΘΕΑΙ. Τί μήν;

a 10 εὐπετὴς W : εὐπετῶς B T   c 5 καὶ μὴ ὂν om. W   d 1 πορει-
κάθη Boeckh : παρεικασθῇ B T   d 4 τε] γε B   d 5 καὶ . . . καὶ]
καὶ ἡ . . . καὶ ἡ W

ΞΕ. Οὐκοῦν αὐτῶν ἕκαστον τοῖν μὲν δυοῖν ἕτερόν ἐστιν,
αὐτὸ δ' ἑαυτῷ ταὐτόν. 15

ΘΕΑΙ. Οὕτως. e

ΞΕ. Τί ποτ' αὖ νῦν οὕτως εἰρήκαμεν τό τε ταὐτὸν καὶ
θάτερον; πότερα δύο γένη τινὲ αὐτώ, τῶν μὲν τριῶν ἄλλω,
συμμειγνυμένω μὴν ἐκείνοις ἐξ ἀνάγκης ἀεί, καὶ περὶ πέντε
ἀλλ' οὐ περὶ τριῶν ὡς ὄντων αὐτῶν σκεπτέον, ἢ τό τε ταὐτὸν 5
τοῦτο καὶ θάτερον ὡς ἐκείνων τι προσαγορεύοντες λανθάνομεν 255
ἡμᾶς αὐτούς;

ΘΕΑΙ. Ἴσως.

ΞΕ. Ἀλλ' οὔ τι μὴν κίνησίς γε καὶ στάσις οὔθ' ἕτερον
οὔτε ταὐτόν ἐστι. 5

ΘΕΑΙ. Πῶς;

ΞΕ. Ὅτιπερ ἂν κοινῇ προσείπωμεν κίνησιν καὶ στάσιν,
τοῦτο οὐδέτερον αὐτοῖν οἷόν τε εἶναι.

ΘΕΑΙ. Τί δή;

ΞΕ. Κίνησίς τε στήσεται καὶ στάσις αὖ κινηθήσεται· 10
περὶ γὰρ ἀμφότερα θάτερον ὁποτερονοῦν γιγνόμενον αὐτοῖν
ἀναγκάσει μεταβάλλειν αὖ θάτερον ἐπὶ τοὐναντίον τῆς αὑτοῦ
φύσεως, ἅτε μετασχὸν τοῦ ἐναντίου. b

ΘΕΑΙ. Κομιδῇ γε.

ΞΕ. Μετέχετον μὴν ἄμφω ταὐτοῦ καὶ θατέρου.

ΘΕΑΙ. Ναί.

ΞΕ. Μὴ τοίνυν λέγωμεν κίνησίν γ' εἶναι ταὐτὸν ἢ 5
θάτερον, μηδ' αὖ στάσιν.

ΘΕΑΙ. Μὴ γάρ.

ΞΕ. Ἀλλ' ἆρα τὸ ὂν καὶ τὸ ταὐτὸν ὡς ἕν τι διανοητέον
ἡμῖν;

ΘΕΑΙ. Ἴσως. 10

ΞΕ. Ἀλλ' εἰ τὸ ὂν καὶ τὸ ταὐτὸν μηδὲν διάφορον σημαί-

---

e 2 αὖ] ἃ B   εἴρηκεν W   e 3 αὐτώ] αυτοῦ (sic) B : αὐτου (sic) T
ἄλλω] ἄλλῳ T   e 4 ξυμμιγνυμένων B   a 12 αὖ] αὐτὰ W
b 5 γ'] τε W   b 8 τὸ alterum om. W   b 11 διάφορον W :
διαφόρον T : διαφέρον B

27*

νετον, κίνησιν αὖ πάλιν καὶ στάσιν ἀμφότερα εἶναι λέγοντες
c ἀμφότερα οὕτως αὐτὰ ταὐτὸν ὡς ὄντα προσεροῦμεν.

ΘΕΑΙ. Ἀλλὰ μὴν τοῦτό γε ἀδύνατον.

ΞΕ. Ἀδύνατον ἄρα ταὐτὸν καὶ τὸ ὂν ἓν εἶναι.

ΘΕΑΙ. Σχεδόν.

5 ΞΕ. Τέταρτον δὴ πρὸς τοῖς τρισὶν εἴδεσιν τὸ ταὐτὸν
τιθῶμεν;

ΘΕΑΙ. Πάνυ μὲν οὖν.

ΞΕ. Τί δέ; τὸ θάτερον ἆρα ἡμῖν λεκτέον πέμπτον; ἢ
τοῦτο καὶ τὸ ὂν ὡς δύ' ἄττα ὀνόματα ἐφ' ἑνὶ γένει διανοεῖ-
10 σθαι δεῖ;

ΘΕΑΙ. Τάχ' ἄν.

ΞΕ. Ἀλλ' οἶμαί σε συγχωρεῖν τῶν ὄντων τὰ μὲν αὐτὰ
καθ' αὑτά, τὰ δὲ πρὸς ἄλλα ἀεὶ λέγεσθαι.

ΘΕΑΙ. Τί δ' οὔ;

d ΞΕ. Τὸ δέ γ' ἕτερον ἀεὶ πρὸς ἕτερον· ἢ γάρ;

ΘΕΑΙ. Οὕτως.

ΞΕ. Οὐκ ἄν, εἴ γε τὸ ὂν καὶ τὸ θάτερον μὴ πάμπολυ
διεφερέτην· ἀλλ' εἴπερ θάτερον ἀμφοῖν μετεῖχε τοῖν εἰδοῖν
5 ὥσπερ τὸ ὄν, ἦν ἄν ποτέ τι καὶ τῶν ἑτέρων ἕτερον οὐ πρὸς
ἕτερον· νῦν δὲ ἀτεχνῶς ἡμῖν ὅτιπερ ἂν ἕτερον ᾖ, συμβέβηκεν
ἐξ ἀνάγκης ἑτέρου τοῦτο ὅπερ ἐστὶν εἶναι.

ΘΕΑΙ. Λέγεις καθάπερ ἔχει.

ΞΕ. Πέμπτον δὴ τὴν θατέρου φύσιν λεκτέον ἐν τοῖς
e εἴδεσιν οὖσαν, ἐν οἷς προαιρούμεθα.

ΘΕΑΙ. Ναί.

ΞΕ. Καὶ διὰ πάντων γε αὐτὴν αὐτῶν φήσομεν εἶναι
διεληλυθυῖαν· ἓν ἕκαστον γὰρ ἕτερον εἶναι τῶν ἄλλων οὐ
5 διὰ τὴν αὑτοῦ φύσιν, ἀλλὰ διὰ τὸ μετέχειν τῆς ἰδέας τῆς
θατέρου.

ΘΕΑΙ. Κομιδῇ μὲν οὖν.

c 5 εἴδεσι Β Τ : εἴδεσιν εἶδος W   c 8 ἆρα om. W   c 13 ἄλλα
Τ W: ἄλληλα Β   d 1 δέ γ'] δέ γε W : δ' Β Τ   d 7 ἑτέρου]
ἕτερον Τ   τοῦτο] τοῦτ' αὐτὸ W

ΞΕ. ῟Ωδε δὴ λέγωμεν ἐπὶ τῶν πέντε καθ᾽ ἓν ἀναλαμ-
βάνοντες.

ΘΕΑΙ. Πῶς;   10

ΞΕ. Πρῶτον μὲν κίνησιν, ὡς ἔστι παντάπασιν ἕτερον
στάσεως. ἢ πῶς λέγομεν;

ΘΕΑΙ. Οὕτως.

ΞΕ. Οὐ στάσις ἄρ᾽ ἐστίν.

ΘΕΑΙ. Οὐδαμῶς.   15

ΞΕ. ῎Εστι δέ γε διὰ τὸ μετέχειν τοῦ ὄντος.   256

ΘΕΑΙ. ῎Εστιν.

ΞΕ. Αὖθις δὴ πάλιν ἡ κίνησις ἕτερον ταὐτοῦ ἐστιν.

ΘΕΑΙ. Σχεδόν.

ΞΕ. Οὐ ταὐτὸν ἄρα ἐστίν.   5

ΘΕΑΙ. Οὐ γὰρ οὖν.

ΞΕ. ᾽Αλλὰ μὴν αὕτη γ᾽ ἦν ταὐτὸν διὰ τὸ μετέχειν αὖ
πάντ᾽ αὐτοῦ.

ΘΕΑΙ. Καὶ μάλα.

ΞΕ. Τὴν κίνησιν δὴ ταὐτόν τ᾽ εἶναι καὶ μὴ ταὐτὸν ὁμολο- 10
γητέον καὶ οὐ δυσχεραντέον. οὐ γὰρ ὅταν εἴπωμεν αὐτὴν
ταὐτὸν καὶ μὴ ταὐτόν, ὁμοίως εἰρήκαμεν, ἀλλ᾽ ὁπόταν μὲν
ταὐτόν, διὰ τὴν μέθεξιν ταὐτοῦ πρὸς ἑαυτὴν οὕτω λέγομεν, b
ὅταν δὲ μὴ ταὐτόν, διὰ τὴν κοινωνίαν αὖ θατέρου, δι᾽ ἣν
ἀποχωριζομένη ταὐτοῦ γέγονεν οὐκ ἐκεῖνο ἀλλ᾽ ἕτερον, ὥστε
ὀρθῶς αὖ λέγεται πάλιν οὐ ταὐτόν.

ΘΕΑΙ. Πάνυ μὲν οὖν.   5

ΞΕ. Οὐκοῦν κἂν εἴ πῃ μεταλάμβανεν αὐτὴ κίνησις στά-
σεως, οὐδὲν ἂν ἄτοπον ἦν στάσιμον αὐτὴν προσαγορεύειν;

ΘΕΑΙ. ᾽Ορθότατά γε, εἴπερ τῶν γενῶν συγχωρησόμεθα
τὰ μὲν ἀλλήλοις ἐθέλειν μείγνυσθαι, τὰ δὲ μή.

e 12 λέγομεν W : λέγωμεν B T   a 3 ἔστι ταυτοῦ W   a 7 αὕτη]
ἑαυτῇ (αὑτῇ Schanz) Madvig : αὖ πῃ Heindorf   a 8 πάντ᾽ αὐτοῦ]
πᾶν ταὐτοῦ Madvig   a 10 τ᾽] τε B T : τι W   b 1 λέγομεν W :
λέγωμεν B pr. T   b 6 αὐτὴ] αὖ ἡ Ast : αὐτὴ ἡ Stallbaum : αὖ
Schanz   b 7 post προσαγορεύειν lacunam statuit Heindorf

c   ΞΕ. Καὶ μὴν ἐπί γε τὴν τούτου πρότερον ἀπόδειξιν ἢ τῶν νῦν ἀφικόμεθα, ἐλέγχοντες ὡς ἔστι κατὰ φύσιν ταύτῃ.

ΘΕΑΙ. Πῶς γὰρ οὔ;

5   ΞΕ. Λέγωμεν δὴ πάλιν· ἡ κίνησίς ἐστιν ἕτερον τοῦ ἑτέρου, καθάπερ ταὐτοῦ τε ἦν ἄλλο καὶ τῆς στάσεως;

ΘΕΑΙ. Ἀναγκαῖον.

ΞΕ. Οὐχ ἕτερον ἄρ' ἐστί πη καὶ ἕτερον κατὰ τὸν νυνδὴ λόγον.

10   ΘΕΑΙ. Ἀληθῆ.

ΞΕ. Τί οὖν δὴ τὸ μετὰ τοῦτο; ἆρ' αὖ τῶν μὲν τριῶν ἕτερον αὐτὴν φήσομεν εἶναι, τοῦ δὲ τετάρτου μὴ φῶμεν,

d ὁμολογήσαντες αὐτὰ εἶναι πέντε, περὶ ὧν καὶ ἐν οἷς προυθέμεθα σκοπεῖν;

ΘΕΑΙ. Καὶ πῶς; ἀδύνατον γὰρ συγχωρεῖν ἐλάττω τὸν ἀριθμὸν τοῦ νυνδὴ φανέντος.

5   ΞΕ. Ἀδεῶς ἄρα τὴν κίνησιν ἕτερον εἶναι τοῦ ὄντος διαμαχόμενοι λέγωμεν;

ΘΕΑΙ. Ἀδεέστατα μὲν οὖν.

ΞΕ. Οὐκοῦν δὴ σαφῶς ἡ κίνησις ὄντως οὐκ ὄν ἐστι καὶ ὄν, ἐπείπερ τοῦ ὄντος μετέχει;

10   ΘΕΑΙ. Σαφέστατά γε.

ΞΕ. Ἔστιν ἄρα ἐξ ἀνάγκης τὸ μὴ ὂν ἐπί τε κινήσεως εἶναι καὶ κατὰ πάντα τὰ γένη· κατὰ πάντα γὰρ ἡ θατέρου

e φύσις ἕτερον ἀπεργαζομένη τοῦ ὄντος ἕκαστον οὐκ ὂν ποιεῖ, καὶ σύμπαντα δὴ κατὰ ταὐτὰ οὕτως οὐκ ὄντα ὀρθῶς ἐροῦμεν, καὶ πάλιν, ὅτι μετέχει τοῦ ὄντος, εἶναί τε καὶ ὄντα.

ΘΕΑΙ. Κινδυνεύει.

5   ΞΕ. Περὶ ἕκαστον ἄρα τῶν εἰδῶν πολὺ μέν ἐστι τὸ ὄν, ἄπειρον δὲ πλήθει τὸ μὴ ὄν.

ΘΕΑΙ. Ἔοικεν.

c 5 ἢ TW : εἰ B   c 11 αὖ Heindorf : οὐ BT   d 6 λέγομεν B
e 3 τε secl. Schanz

ΞΕ. Οὐκοῦν καὶ τὸ ὂν αὐτὸ τῶν ἄλλων ἕτερον εἶναι 257
λεκτέον.

ΘΕΑΙ. Ἀνάγκη.

ΞΕ. Καὶ τὸ ὂν ἄρ' ἡμῖν, ὅσαπέρ ἐστι τὰ ἄλλα, κατὰ
τοσαῦτα οὐκ ἔστιν· ἐκεῖνα γὰρ οὐκ ὂν ἓν μὲν αὐτό ἐστιν, 5
ἀπέραντα δὲ τὸν ἀριθμὸν τἆλλα οὐκ ἔστιν αὖ.

ΘΕΑΙ. Σχεδὸν οὕτως.

ΞΕ. Οὐκοῦν δὴ καὶ ταῦτα οὐ δυσχεραντέον, ἐπείπερ ἔχει
κοινωνίαν ἀλλήλοις ἡ τῶν γενῶν φύσις. εἰ δέ τις ταῦτα
μὴ συγχωρεῖ, πείσας ἡμῶν τοὺς ἔμπροσθεν λόγους οὕτω 10
πειθέτω τὰ μετὰ ταῦτα.

ΘΕΑΙ. Δικαιότατα εἴρηκας.

ΞΕ. Ἴδωμεν δὴ καὶ τόδε. b

ΘΕΑΙ. Τὸ ποῖον;

ΞΕ. Ὁπόταν τὸ μὴ ὂν λέγωμεν, ὡς ἔοικεν, οὐκ ἐναντίον
τι λέγομεν τοῦ ὄντος ἀλλ' ἕτερον μόνον.

ΘΕΑΙ. Πῶς; 5

ΞΕ. Οἷον ὅταν εἴπωμέν τι μὴ μέγα, τότε μᾶλλόν τί σοι
φαινόμεθα τὸ σμικρὸν ἢ τὸ ἴσον δηλοῦν τῷ ῥήματι;

ΘΕΑΙ. Καὶ πῶς;

ΞΕ. Οὐκ ἄρ', ἐναντίον ὅταν ἀπόφασις λέγηται σημαίνειν,
συγχωρησόμεθα, τοσοῦτον δὲ μόνον, ὅτι τῶν ἄλλων τὶ μηνύει 10
τὸ μὴ καὶ τὸ οὗ προτιθέμενα τῶν ἐπιόντων ὀνομάτων, μᾶλλον c
δὲ τῶν πραγμάτων περὶ ἅττ' ἂν κέηται τὰ ἐπιφθεγγόμενα
ὕστερον τῆς ἀποφάσεως ὀνόματα.

ΘΕΑΙ. Παντάπασι μὲν οὖν.

ΞΕ. Τόδε δὲ διανοηθῶμεν, εἰ καὶ σοὶ συνδοκεῖ. 5

ΘΕΑΙ. Τὸ ποῖον;

ΞΕ. Ἡ θατέρου μοι φύσις φαίνεται κατακεκερματίσθαι
καθάπερ ἐπιστήμη.

a 4 ὂν ἄρ'] ὄναρ B   a 11 μετὰ ταῦτα] μεταῦτα B   b 1 ἴδωμεν
W (sed suprascripto ει) : εἰδῶμεν B : εἴδωμεν T   b 10 συγχωρή-
σομεν W   c 2 τὰ ἐπιφθεγγόμενα] ἃ ἐπιφθεγγόμεθα Heindorf
c 7 φύσις μοι W

ΘΕΑΙ. Πῶς;

10 ΞΕ. Μία μέν ἐστί που καὶ ἐκείνη, τὸ δ' ἐπί τῳ γιγνόμενον μέρος αὐτῆς ἕκαστον ἀφορισθὲν ἐπωνυμίαν ἴσχει τινὰ

d ἑαυτῆς ἰδίαν· διὸ πολλαὶ τέχναι τ' εἰσὶ λεγόμεναι καὶ ἐπιστῆμαι.

ΘΕΑΙ. Πάνυ μὲν οὖν.

ΞΕ. Οὐκοῦν καὶ τὰ τῆς θατέρου φύσεως μόρια μιᾶς

5 οὔσης ταὐτὸν πέπονθε τοῦτο.

ΘΕΑΙ. Τάχ' ἄν· ἀλλ' ὅπῃ δὴ λέγωμεν;

ΞΕ. Ἔστι τῷ καλῷ τι θατέρου μόριον ἀντιτιθέμενον;

ΘΕΑΙ. Ἔστιν.

ΞΕ. Τοῦτ' οὖν ἀνώνυμον ἐροῦμεν ἤ τιν' ἔχον ἐπωνυμίαν;

10 ΘΕΑΙ. Ἔχον· ὃ γὰρ μὴ καλὸν ἑκάστοτε φθεγγόμεθα, τοῦτο οὐκ ἄλλου τινὸς ἕτερόν ἐστιν ἢ τῆς τοῦ καλοῦ φύσεως.

ΞΕ. Ἴθι νυν τόδε μοι λέγε.

e ΘΕΑΙ. Τὸ ποῖον;

ΞΕ. Ἄλλο τι τῶν ὄντων τινὸς ἑνὸς γένους ἀφορισθὲν καὶ πρός τι τῶν ὄντων αὖ πάλιν ἀντιτεθὲν οὕτω συμβέβηκεν εἶναι τὸ μὴ καλόν;

5 ΘΕΑΙ. Οὕτως.

ΞΕ. Ὄντος δὴ πρὸς ὂν ἀντίθεσις, ὡς ἔοικ', εἶναί τις συμβαίνει τὸ μὴ καλόν.

ΘΕΑΙ. Ὀρθότατα.

ΞΕ. Τί οὖν; κατὰ τοῦτον τὸν λόγον ἆρα μᾶλλον μὲν τὸ

10 καλὸν ἡμῖν ἐστι τῶν ὄντων, ἧττον δὲ τὸ μὴ καλόν;

ΘΕΑΙ. Οὐδέν.

258 ΞΕ. Ὁμοίως ἄρα τὸ μὴ μέγα καὶ τὸ μέγα αὐτὸ εἶναι λεκτέον;

c 10 ἐκείνη] ἐκείνη BT   τῷ] τὸ B : τούτῳ W   c 11 ἴσχει τινὰ ἐπωνυμίαν W   d 1 ἑαυτῆς secl. Heindorf : ἑαυτοῦ Baumann   τέ εἰσι W : τείσι T : τισιν B   d 6 ἀλλ' ὅπῃ δὴ W : ἄλλό πῃ T : ἄλλο πῇ B   e 2 ἑνὸς om. B   γένους] γρ. μέρους in marg. T : μέρους W (an ἑνός γέ τινος?)   e 3 ξυμβέβηκεν εἶναι Stephanus : ξυμβεβηκέναι BT   e 6 ὃν D : ὃν BT : ὂ W   ἀντίθεσιν B : ἡ ἀντίθεσις W   τις Apelt : τι BT : om. W

ΘΕΑΙ. Ὁμοίως.

ΞΕ. Οὐκοῦν καὶ τὸ μὴ δίκαιον τῷ δικαίῳ κατὰ ταὐτὰ
θετέον πρὸς τὸ μηδέν τι μᾶλλον εἶναι θάτερον θατέρου; 5

ΘΕΑΙ. Τί μήν;

ΞΕ. Καὶ τἆλλα δὴ ταύτῃ λέξομεν, ἐπείπερ ἡ θατέρου
φύσις ἐφάνη τῶν ὄντων οὖσα, ἐκείνης δὲ οὔσης ἀνάγκη δὴ
καὶ τὰ μόρια αὐτῆς μηδενὸς ἧττον ὄντα τιθέναι.

ΘΕΑΙ. Πῶς γὰρ οὔ; 10

ΞΕ. Οὐκοῦν, ὡς ἔοικεν, ἡ τῆς θατέρου μορίου φύσεως
καὶ τῆς τοῦ ὄντος πρὸς ἄλληλα ἀντικειμένων ἀντίθεσις οὐδὲν b
ἧττον, εἰ θέμις εἰπεῖν, αὐτοῦ τοῦ ὄντος οὐσία ἐστίν, οὐκ ἐναν-
τίον ἐκείνῳ σημαίνουσα ἀλλὰ τοσοῦτον μόνον, ἕτερον ἐκείνου.

ΘΕΑΙ. Σαφέστατά γε.

ΞΕ. Τίν᾽ οὖν αὐτὴν προσείπωμεν; 5

ΘΕΑΙ. Δῆλον ὅτι τὸ μὴ ὄν, ὃ διὰ τὸν σοφιστὴν ἐζητοῦμεν,
αὐτό ἐστι τοῦτο.

ΞΕ. Πότερον οὖν, ὥσπερ εἶπες, ἔστιν οὐδενὸς τῶν ἄλλων
οὐσίας ἐλλειπόμενον, καὶ δεῖ θαρροῦντα ἤδη λέγειν ὅτι τὸ
μὴ ὂν βεβαίως ἐστὶ τὴν αὐτοῦ φύσιν ἔχον, ὥσπερ τὸ μέγα 10
ἦν μέγα καὶ τὸ καλὸν ἦν καλὸν καὶ τὸ μὴ μέγα ⟨μὴ μέγα⟩ καὶ c
τὸ μὴ καλὸν ⟨μὴ καλόν⟩, οὕτω δὲ καὶ τὸ μὴ ὂν κατὰ ταὐτὸν
ἦν τε καὶ ἔστι μὴ ὄν, ἐνάριθμον τῶν πολλῶν ὄντων εἶδος ἕν;
ἤ τινα ἔτι πρὸς αὐτό, ὦ Θεαίτητε, ἀπιστίαν ἔχομεν;

ΘΕΑΙ. Οὐδεμίαν. 5

ΞΕ. Οἶσθ᾽ οὖν ὅτι Παρμενίδῃ μακροτέρως τῆς ἀπορρήσεως
ἠπιστήκαμεν;

ΘΕΑΙ. Τί δή;

ΞΕ. Πλεῖον ἢ ᾽κεῖνος ἀπεῖπε σκοπεῖν, ἡμεῖς εἰς τὸ
πρόσθεν ἔτι ζητήσαντες ἀπεδείξαμεν αὐτῷ. 10

a 8 ἐφάνη] φανῇ B   b 2 οὐσία] οὖσα Simplicius   b 8 ὥσπερ]
ὅπερ W   b 9 οὐσίας] οὐσία Madvig   δεῖ T W : δὴ B   c 1 μὴ
μέγα et mox μὴ καλόν add. Boeckh   c 4 ἔχομεν T W : om. B   c 7 ἠπι-
στήκαμεν] ἀφεστήκαμεν Cornarius   c 10 ἔτι ζητήσαντες] ἐπιζητή-
σαντες Simplicius

ΘΕΑΙ. Πῶς;

d ΞΕ. Ὅτι ὁ μέν πού φησιν—

Οὐ γὰρ μή ποτε τοῦτο δαμῇ, εἶναι μὴ ἐόντα,
ἀλλὰ σὺ τῆσδ' ἀφ' ὁδοῦ διζήσιος εἶργε νόημα.

ΘΕΑΙ. Λέγει γὰρ οὖν οὕτως.

5 ΞΕ. Ἡμεῖς δέ γε οὐ μόνον τὰ μὴ ὄντα ὡς ἔστιν ἀπε-
δείξαμεν, ἀλλὰ καὶ τὸ εἶδος ὃ τυγχάνει ὂν τοῦ μὴ ὄντος
ἀπεφηνάμεθα· τὴν γὰρ θατέρου φύσιν ἀποδείξαντες οὖσάν
e τε καὶ κατακεκερματισμένην ἐπὶ πάντα τὰ ὄντα πρὸς ἄλληλα,
τὸ πρὸς τὸ ὂν ἕκαστον μόριον αὐτῆς ἀντιτιθέμενον ἐτολμή-
σαμεν εἰπεῖν ὡς αὐτὸ τοῦτό ἐστιν ὄντως τὸ μὴ ὄν.

ΘΕΑΙ. Καὶ παντάπασί γε, ὦ ξένε, ἀληθέστατά μοι
5 δοκοῦμεν εἰρηκέναι.

ΞΕ. Μὴ τοίνυν ἡμᾶς εἴπῃ τις ὅτι τοὐναντίον τοῦ ὄντος
τὸ μὴ ὂν ἀποφαινόμενοι τολμῶμεν λέγειν ὡς ἔστιν. ἡμεῖς
γὰρ περὶ μὲν ἐναντίου τινὸς αὐτῷ χαίρειν πάλαι λέγομεν,
259 εἴτ' ἔστιν εἴτε μή, λόγον ἔχον ἢ καὶ παντάπασιν ἄλογον·
ὃ δὲ νῦν εἰρήκαμεν εἶναι τὸ μὴ ὄν, ἢ πεισάτω τις ὡς οὐ
καλῶς λέγομεν ἐλέγξας, ἢ μέχριπερ ἂν ἀδυνατῇ, λεκτέον
καὶ ἐκείνῳ καθάπερ ἡμεῖς λέγομεν, ὅτι συμμείγνυταί τε
5 ἀλλήλοις τὰ γένη καὶ τό τε ὂν καὶ θάτερον διὰ πάντων καὶ
δι' ἀλλήλων διεληλυθότε τὸ μὲν ἕτερον μετασχὸν τοῦ ὄντος
ἔστι μὲν διὰ ταύτην τὴν μέθεξιν, οὐ μὴν ἐκεῖνό γε οὗ
μετέσχεν ἀλλ' ἕτερον, ἕτερον δὲ τοῦ ὄντος ὂν ἔστι σαφέστατα
b ἐξ ἀνάγκης εἶναι μὴ ὄν· τὸ δὲ ὂν αὖ θατέρου μετειληφὸς
ἕτερον τῶν ἄλλων ἂν εἴη γενῶν, ἕτερον δ' ἐκείνων ἁπάντων
ὂν οὐκ ἔστιν ἕκαστον αὐτῶν οὐδὲ σύμπαντα τὰ ἄλλα πλὴν
αὐτό, ὥστε τὸ ὂν ἀναμφισβητήτως αὖ μυρία ἐπὶ μυρίοις οὐκ

d 2 τοῦτο δαμῇ Simplicius : τοῦτ' οὐδαμῇ ΒΤ   ἐόντα Aristoteles :
ὄντα ΒΤ   d 3 διζήσιος hic re vera ΒΤ (sed cf. 237 a)   d 5 ὡς
ἔστιν τὰ μὴ ὄντα Β Simplicius   e 2 ἕκαστον Simplicius : ἑκάστου
ΒΤ   a 4 τε Β Simplicius : om. Τ   a 6 διεληλυθότε Simplicius :
διεληλυθότα ΒΤ

ἔστι, καὶ τἆλλα δὴ καθ' ἕκαστον οὕτω καὶ σύμπαντα πολλαχῇ 5
μὲν ἔστι, πολλαχῇ δ' οὐκ ἔστιν.

ΘΕΑΙ. Ἀληθῆ.

ΞΕ. Καὶ ταύταις δὴ ταῖς ἐναντιώσεσιν εἴτε ἀπιστεῖ τις,
σκεπτέον αὐτῷ καὶ λεκτέον βέλτιόν τι τῶν νῦν εἰρημένων·
εἴτε ὥς τι χαλεπὸν κατανενοηκὼς χαίρει τοτὲ μὲν ἐπὶ θάτερα c
τοτὲ δ' ἐπὶ θάτερα τοὺς λόγους ἕλκων, οὐκ ἄξια πολλῆς
σπουδῆς ἐσπούδακεν, ὡς οἱ νῦν λόγοι φασί. τοῦτο μὲν γὰρ
οὔτε τι κομψὸν οὔτε χαλεπὸν εὑρεῖν, ἐκεῖνο δ' ἤδη καὶ χαλεπὸν
ἅμα καὶ καλόν.   5

ΘΕΑΙ. Τὸ ποῖον;

ΞΕ. Ὃ καὶ πρόσθεν εἴρηται, τὸ ταῦτα ἐάσαντα ὡς
† δυνατὰ † τοῖς λεγομένοις οἷόν τ' εἶναι καθ' ἕκαστον
ἐλέγχοντα ἐπακολουθεῖν, ὅταν τέ τις ἕτερον ὄν πῃ ταὐτὸν
εἶναι φῇ καὶ ὅταν ταὐτὸν ὄν ἕτερον, ἐκείνῃ καὶ κατ' ἐκεῖνο d
ὅ φησι τούτων πεπονθέναι πότερον. τὸ δὲ ταὐτὸν ἕτερον
ἀποφαίνειν ἀμῇ γέ πῃ καὶ τὸ θάτερον ταὐτὸν καὶ τὸ μέγα
σμικρὸν καὶ τὸ ὅμοιον ἀνόμοιον, καὶ χαίρειν οὕτω τἀναντία
ἀεὶ προφέροντα ἐν τοῖς λόγοις, οὔτε τις ἔλεγχος οὗτος 5
ἀληθινὸς ἄρτι τε τῶν ὄντων τινὸς ἐφαπτομένου δῆλος
νεογενὴς ὤν.

ΘΕΑΙ. Κομιδῇ μὲν οὖν.

ΞΕ. Καὶ γάρ, ὠγαθέ, τό γε πᾶν ἀπὸ παντὸς ἐπιχειρεῖν
ἀποχωρίζειν ἄλλως τε οὐκ ἐμμελὲς καὶ δὴ καὶ παντάπασιν e
ἀμούσου τινὸς καὶ ἀφιλοσόφου.

ΘΕΑΙ. Τί δή;

ΞΕ. Τελεωτάτη πάντων λόγων ἐστὶν ἀφάνισις τὸ δια-
λύειν ἕκαστον ἀπὸ πάντων· διὰ γὰρ τὴν ἀλλήλων τῶν εἰδῶν 5
συμπλοκὴν ὁ λόγος γέγονεν ἡμῖν.

b 9 σκεπτέον] ἐπισκεπτέον T   c 4 ἤδη καὶ] ἤδη W   c 8 δυνατὰ]
δυνατώτατα Schanz : ἀνήνυτα Badham : δυνατὸν μάλιστα Campbell :
an δέον αὐτὰ ? Apelt   d 2 τούτων T W : τοῦτο B   d 5 προσφέ-
ροντα W   τις om. W   e 4 ἀφάνισίς ἐστι W   e 5 ἀλλήλων]
ἀλλήλοις Baumann

ΘΕΑΙ. Ἀληθῆ.

260   ΞΕ. Σκόπει τοίνυν ὡς ἐν καιρῷ νυνδὴ τοῖς τοιού-
τοις διεμαχόμεθα καὶ προσηναγκάζομεν ἐᾶν ἕτερον ἑτέρῳ
μείγνυσθαι.

ΘΕΑΙ. Πρὸς δὴ τί;

5   ΞΕ. Πρὸς τὸ τὸν λόγον ἡμῖν τῶν ὄντων ἕν τι γενῶν
εἶναι. τούτου γὰρ στερηθέντες, τὸ μὲν μέγιστον, φιλοσοφίας
ἂν στερηθεῖμεν· ἔτι δ᾽ ἐν τῷ παρόντι δεῖ λόγον ἡμᾶς
διομολογήσασθαι τί ποτ᾽ ἔστιν, εἰ δὲ ἀφῃρέθημεν αὐτὸ μηδ᾽
εἶναι τὸ παράπαν, οὐδὲν ἂν ἔτι που λέγειν οἷοί τ᾽ ἦμεν.

b   ἀφῃρέθημεν δ᾽ ἄν, εἰ συνεχωρήσαμεν μηδεμίαν εἶναι μεῖξιν
μηδενὶ πρὸς μηδέν.

ΘΕΑΙ. Ὀρθῶς τοῦτό γε· λόγον δὲ δι᾽ ὅτι νῦν διομολογητέον
οὐκ ἔμαθον.

5   ΞΕ. Ἀλλ᾽ ἴσως τῇδ᾽ ἑπόμενος ῥᾷστ᾽ ἂν μάθοις.

ΘΕΑΙ. Πῇ;

ΞΕ. Τὸ μὲν δὴ μὴ ὂν ἡμῖν ἕν τι τῶν ἄλλων γένος ὂν
ἀνεφάνη, κατὰ πάντα τὰ ὄντα διεσπαρμένον.

ΘΕΑΙ. Οὕτως.

10   ΞΕ. Οὐκοῦν τὸ μετὰ τοῦτο σκεπτέον εἰ δόξῃ τε καὶ λόγῳ
μείγνυται.

ΘΕΑΙ. Τί δή;

c   ΞΕ. Μὴ μειγνυμένου μὲν αὐτοῦ τούτοις ἀναγκαῖον ἀληθῆ
πάντ᾽ εἶναι, μειγνυμένου δὲ δόξα τε ψευδὴς γίγνεται καὶ
λόγος· τὸ γὰρ τὰ μὴ ὄντα δοξάζειν ἢ λέγειν, τοῦτ᾽ ἔστι που
τὸ ψεῦδος ἐν διανοίᾳ τε καὶ λόγοις γιγνόμενον.

5   ΘΕΑΙ. Οὕτως.

ΞΕ. Ὄντος δέ γε ψεύδους ἔστιν ἀπάτη.

ΘΕΑΙ. Ναί.

ΞΕ. Καὶ μὴν ἀπάτης οὔσης εἰδώλων τε καὶ εἰκόνων ἤδη
καὶ φαντασίας πάντα ἀνάγκη μεστὰ εἶναι.

a 4 δὴ τί] τί δή W   a 5 τὸν W : om. BT   a 8 αὐτὸ] αὖ
τὸ W   μηδ᾽] μηδὲν B   b 3 ὁμολογητέον W   b 7 ὂν om. T
b 8 ἐφάνη W

ΘΕΑΙ. Πῶς γὰρ οὔ;　　　　　　　　　　　　　10

ΞΕ. Τὸν δέ γε σοφιστὴν ἔφαμεν ἐν τούτῳ που τῷ τόπῳ
καταπεφευγέναι μέν, ἔξαρνον δὲ γεγονέναι τὸ παράπαν μηδ' d
εἶναι ψεῦδος· τὸ γὰρ μὴ ὂν οὔτε διανοεῖσθαί τινα οὔτε λέγειν·
οὐσίας γὰρ οὐδὲν οὐδαμῇ τὸ μὴ ὂν μετέχειν.

ΘΕΑΙ. Ἦν ταῦτα.

ΞΕ. Νῦν δέ γε τοῦτο μὲν ἐφάνη μετέχον τοῦ ὄντος, 5
ὥστε ταύτῃ μὲν ἴσως οὐκ ἂν μάχοιτο ἔτι· τάχα δ' ἂν φαίη
τῶν εἰδῶν τὰ μὲν μετέχειν τοῦ μὴ ὄντος, τὰ δ' οὔ, καὶ
λόγον δὴ καὶ δόξαν εἶναι τῶν οὐ μετεχόντων, ὥστε τὴν
εἰδωλοποιικὴν καὶ φανταστικήν, ἐν ᾗ φαμεν αὐτὸν εἶναι,
διαμάχοιτ' ἂν πάλιν ὡς παντάπασιν οὐκ ἔστιν, ἐπειδὴ δόξα e
καὶ λόγος οὐ κοινωνεῖ τοῦ μὴ ὄντος· ψεῦδος γὰρ τὸ παράπαν
οὐκ εἶναι ταύτης μὴ συνισταμένης τῆς κοινωνίας. διὰ ταῦτ'
οὖν λόγον πρῶτον καὶ δόξαν καὶ φαντασίαν διερευνητέον
ὅτι ποτ' ἔστιν, ἵνα φανέντων καὶ τὴν κοινωνίαν αὐτῶν τῷ 5
μὴ ὄντι κατίδωμεν, κατιδόντες δὲ τὸ ψεῦδος ὂν ἀποδείξωμεν, 261
ἀποδείξαντες δὲ τὸν σοφιστὴν εἰς αὐτὸ ἐνδήσωμεν, εἴπερ
ἔνοχός ἐστιν, ἢ καὶ ἀπολύσαντες ἐν ἄλλῳ γένει ζητῶμεν.

ΘΕΑΙ. Κομιδῇ δέ γε, ὦ ξένε, ἔοικεν ἀληθὲς εἶναι τὸ
περὶ τὸν σοφιστὴν κατ' ἀρχὰς λεχθέν, ὅτι δυσθήρευτον εἴη 5
τὸ γένος. φαίνεται γὰρ οὖν προβλημάτων γέμειν, ὧν
ἐπειδάν τι προβάλῃ, τοῦτο πρότερον ἀναγκαῖον διαμάχεσθαι
πρὶν ἐπ' αὐτὸν ἐκεῖνον ἀφικέσθαι. νῦν γὰρ μόγις μὲν τὸ
μὴ ὂν ὡς οὐκ ἔστι προβληθὲν διεπεράσαμεν, ἕτερον δὲ
προβέβληται, καὶ δεῖ δὴ ψεῦδος ὡς ἔστι καὶ περὶ λόγον καὶ b
περὶ δόξαν ἀποδεῖξαι, καὶ μετὰ τοῦτο ἴσως ἕτερον, καὶ ἔτ'
ἄλλο μετ' ἐκεῖνο· καὶ πέρας, ὡς ἔοικεν, οὐδὲν φανήσεταί
ποτε.

ΞΕ. Θαρρεῖν, ὦ Θεαίτητε, χρὴ τὸν καὶ σμικρόν τι δυνά- 5
μενον εἰς τὸ πρόσθεν ἀεὶ προϊέναι. τί γὰρ ὅ γ' ἀθυμῶν ἐν

c 11 δέ γε W : δὲ BT　　d 9 αὐτὸν] αὐτῶν B　　　e 2 γὰρ τὸ
TW : τὸ γὰρ B　　a 2 αὐτὸ W : αὐτὸν BT　　a 4 δέ om. TW
a 7 τοῦτο] τούτῳ W

τούτοις δράσειεν ἂν ἐν ἄλλοις, ἢ μηδὲν ἐν ἐκείνοις ἀνύτων
ἢ καὶ πάλιν εἰς τοὔπισθεν ἀπωσθείς; σχολῇ που, τὸ κατὰ
c τὴν παροιμίαν λεγόμενον, ὅ γε τοιοῦτος ἄν ποτε ἕλοι πόλιν.
νῦν δ' ἐπεί, ὠγαθέ, τοῦτο ὃ λέγεις διαπεπέρανται, τό τοι
μέγιστον ἡμῖν τεῖχος ᾑρημένον ἂν εἴη, τὰ δ' ἄλλα ἤδη ῥᾴω
καὶ σμικρότερα.

5 ΘΕΑΙ. Καλῶς εἶπες.

ΞΕ. Λόγον δὴ πρῶτον καὶ δόξαν, καθάπερ ἐρρήθη νυνδή,
λάβωμεν, ἵνα ἐναργέστερον ἀπολογισώμεθα πότερον αὐτῶν
ἅπτεται τὸ μὴ ὂν ἢ παντάπασιν ἀληθῆ μέν ἐστιν ἀμφότερα
ταῦτα, ψεῦδος δὲ οὐδέποτε οὐδέτερον.

10 ΘΕΑΙ. Ὀρθῶς.

d ΞΕ. Φέρε δή, καθάπερ περὶ τῶν εἰδῶν καὶ τῶν γραμμάτων
ἐλέγομεν, περὶ τῶν ὀνομάτων πάλιν ὡσαύτως ἐπισκεψώμεθα.
φαίνεται γάρ πῃ ταύτῃ τὸ νῦν ζητούμενον.

ΘΕΑΙ. Τὸ ποῖον οὖν δὴ περὶ τῶν ὀνομάτων ὑπακουστέον;

5 ΞΕ. Εἴτε πάντα ἀλλήλοις συναρμόττει εἴτε μηδέν, εἴτε
τὰ μὲν ἐθέλει, τὰ δὲ μή.

ΘΕΑΙ. Δῆλον τοῦτό γε, ὅτι τὰ μὲν ἐθέλει, τὰ δ' οὔ.

ΞΕ. Τὸ τοιόνδε λέγεις ἴσως, ὅτι τὰ μὲν ἐφεξῆς λεγόμενα
e καὶ δηλοῦντά τι συναρμόττει, τὰ δὲ τῇ συνεχείᾳ μηδὲν
σημαίνοντα ἀναρμοστεῖ.

ΘΕΑΙ. Πῶς τί τοῦτ' εἶπας;

ΞΕ. Ὅπερ ᾠήθην ὑπολαβόντα σε προσομολογεῖν. ἔστι
5 γὰρ ἡμῖν που τῶν τῇ φωνῇ περὶ τὴν οὐσίαν δηλωμάτων
διττὸν γένος.

ΘΕΑΙ. Πῶς;

262 ΞΕ. Τὸ μὲν ὀνόματα, τὸ δὲ ῥήματα κληθέν.

ΘΕΑΙ. Εἰπὲ ἑκάτερον.

b 7 ἀνύτω B   c 1 ἄν ποτε B : ἄν ποθ' W : om. T   c 6 καὶ δόξαν
πρῶτον W   c 7 ἀπολογισώμεθα Heindorf : ἀπολογησώμεθα B T
d 1 περὶ B Stobaeus : ἐπὶ T   d 3 φαίνεται B T Stobaeus : φανεῖται
Heindorf   d 5 ξυναρμόττει W : ξυναρμόττειν B T   d 8 ἴσως
B Stobaeus : ὡς T

ΞΕ. Τὸ μὲν ἐπὶ ταῖς πράξεσιν ὂν δήλωμα ῥῆμά που λέγομεν.

ΘΕΑΙ. Ναί. 5

ΞΕ. Τὸ δέ γ' ἐπ' αὐτοῖς τοῖς ἐκείνας πράττουσι σημεῖον τῆς φωνῆς ἐπιτεθὲν ὄνομα.

ΘΕΑΙ. Κομιδῇ μὲν οὖν.

ΞΕ. Οὐκοῦν ἐξ ὀνομάτων μὲν μόνων συνεχῶς λεγομένων οὐκ ἔστι ποτὲ λόγος, οὐδ' αὖ ῥημάτων χωρὶς ὀνομάτων 10 λεχθέντων.

ΘΕΑΙ. Ταῦτ' οὐκ ἔμαθον.

ΞΕ. Δῆλον γὰρ ὡς πρὸς ἕτερόν τι βλέπων ἄρτι συνωμο- b λόγεις· ἐπεὶ τοῦτ' αὐτὸ ἐβουλόμην εἰπεῖν, ὅτι συνεχῶς ὧδε λεγόμενα ταῦτα οὐκ ἔστι λόγος.

ΘΕΑΙ. Πῶς;

ΞΕ. Οἷον "βαδίζει" "τρέχει" "καθεύδει," καὶ 5 τἆλλα ὅσα πράξεις σημαίνει ῥήματα, κἂν πάντα τις ἐφεξῆς αὔτ' εἴπῃ, λόγον οὐδέν τι μᾶλλον ἀπεργάζεται.

ΘΕΑΙ. Πῶς γάρ;

ΞΕ. Οὐκοῦν καὶ πάλιν ὅταν λέγηται "λέων" "ἔλαφος" "ἵππος," ὅσα τε ὀνόματα τῶν τὰς πράξεις αὖ πραττόντων 10 ὠνομάσθη, καὶ κατὰ ταύτην δὴ τὴν συνέχειαν οὐδείς πω c συνέστη λόγος· οὐδεμίαν γὰρ οὔτε οὕτως οὔτ' ἐκείνως πρᾶξιν οὐδ' ἀπραξίαν οὐδὲ οὐσίαν ὄντος οὐδὲ μὴ ὄντος δηλοῖ τὰ φωνηθέντα, πρὶν ἄν τις τοῖς ὀνόμασι τὰ ῥήματα κεράσῃ. τότε δ' ἥρμοσέν τε καὶ λόγος ἐγένετο εὐθὺς 5 ἡ πρώτη συμπλοκή, σχεδὸν τῶν λόγων ὁ πρῶτός τε καὶ σμικρότατος.

ΘΕΑΙ. Πῶς ἄρ' ὧδε λέγεις;

a 4 λεγόμενον Stobaeus a 6 αὐτοῖς τοῖς ἐκείνας B Stobaeus: αὐτοῖς τοῖς ἐκεῖνά γε W (sed γε ex σε factum): αὐτοῖς ἐκεῖνα T: αὖ τοῖς ἐκεῖνα Heindorf a 9 μόνον W b 1 ξυνωμολόγεις T Stobaeus: ξυνομολογεῖς B b 2 ἐπεὶ τοῦτ'] ἔπειτ' οὔτ' T b 9 ὅταν TW: om. B (sed κὰν pro καὶ b) b 10 τε] τε ἄλλα W c 1 ὠνομάσθη T Stobaeus: ὀνομασθῇ B: ὀνομαστί W c 3 ὄντος post οὐσίαν B Stobaeus: ὄντως T c 6 τε καὶ W Stobaeus: εἰ καὶ T: καὶ B

ΞΕ. Ὅταν εἴπῃ τις· "ἄνθρωπος μανθάνει," λόγον
10 εἶναι φῇς τοῦτον ἐλάχιστόν τε καὶ πρῶτον;
d ΘΕΑΙ. Ἔγωγε.

ΞΕ. Δηλοῖ γὰρ ἤδη που τότε περὶ τῶν ὄντων ἢ γιγνο-
μένων ἢ γεγονότων ἢ μελλόντων, καὶ οὐκ ὀνομάζει μόνον
ἀλλά τι περαίνει, συμπλέκων τὰ ῥήματα τοῖς ὀνόμασι. διὸ
5 λέγειν τε αὐτὸν ἀλλ᾽ οὐ μόνον ὀνομάζειν εἴπομεν, καὶ δὴ καὶ
τῷ πλέγματι τούτῳ τὸ ὄνομα ἐφθεγξάμεθα λόγον.
ΘΕΑΙ. Ὀρθῶς.

ΞΕ. Οὕτω δὴ καθάπερ τὰ πράγματα τὰ μὲν ἀλλήλοις
ἥρμοττεν, τὰ δ᾽ οὔ, καὶ περὶ τὰ τῆς φωνῆς αὖ σημεῖα τὰ μὲν
e οὐχ ἁρμόττει, τὰ δὲ ἁρμόττοντα αὐτῶν λόγον ἀπηργάσατο.
ΘΕΑΙ. Παντάπασι μὲν οὖν.

ΞΕ. Ἔτι δὴ σμικρὸν τόδε.
ΘΕΑΙ. Τὸ ποῖον;

5 ΞΕ. Λόγον ἀναγκαῖον, ὅτανπερ ᾖ, τινὸς εἶναι λόγον, μὴ
δὲ τινὸς ἀδύνατον.
ΘΕΑΙ. Οὕτως.

ΞΕ. Οὐκοῦν καὶ ποιόν τινα αὐτὸν εἶναι δεῖ;
ΘΕΑΙ. Πῶς δ᾽ οὔ;

10 ΞΕ. Προσέχωμεν δὴ τὸν νοῦν ἡμῖν αὐτοῖς.
ΘΕΑΙ. Δεῖ γοῦν.

ΞΕ. Λέξω τοίνυν σοι λόγον συνθεὶς πρᾶγμα πράξει
δι᾽ ὀνόματος καὶ ῥήματος· ὅτου δ᾽ ἂν ὁ λόγος ᾖ, σύ μοι
φράζειν.

263 ΘΕΑΙ. Ταῦτ᾽ ἔσται κατὰ δύναμιν.

ΞΕ. "Θεαίτητος κάθηται." μῶν μὴ μακρὸς ὁ λόγος;

d 2 τότε] τὸ W   d 4 περαίνει T W Stobaeus : περαίνει καὶ B :
καὶ περαίνει Hermann   d 5 τε W Stobaeus : τε καὶ B T   εἴπο-
μεν Stobaeus : εἴποιμεν B T   καὶ δὴ καὶ B Stobaeus : καὶ δὴ T
d 6 ἐπεφθεγξάμεθα Stobaeus   d 8 τὰ πράγματα καθάπερ W   τὰ
μὲν T W Stobaeus : μὲν B   d 9 ἁρμόττεῖ W   e 1 λόγον T W Sto-
baeus : om. B   e 3 δὴ om. T   e 8 δεῖ εἶναι W   e 12 πρᾶγμα]
πράγματα W   e 14 φράζε W   a 2 μῶν μὴ B : μὴ T, sed μῶν
suprascripto et μὴ eraso

ΘΕΑΙ. Οὔκ, ἀλλὰ μέτριος.

ΞΕ. Σὸν ἔργον δὴ φράζειν περὶ οὗ τ' ἐστὶ καὶ ὅτου.

ΘΕΑΙ. Δῆλον ὅτι περὶ ἐμοῦ τε καὶ ἐμός.   5

ΞΕ. Τί δὲ ὅδ' αὖ;

ΘΕΑΙ. Ποῖος;

ΞΕ. " Θεαίτητος, ᾧ νῦν ἐγὼ διαλέγομαι, πέτεται."

ΘΕΑΙ. Καὶ τοῦτον οὐδ' ἂν εἷς ἄλλως εἴποι πλὴν ἐμόν τε καὶ περὶ ἐμοῦ.   10

ΞΕ. Ποιὸν δέ γέ τινά φαμεν ἀναγκαῖον ἕκαστον εἶναι τῶν λόγων.

ΘΕΑΙ. Ναί.   b

ΞΕ. Τούτων δὴ ποῖόν τινα ἑκάτερον φατέον εἶναι;

ΘΕΑΙ. Τὸν μὲν ψευδῆ που, τὸν δὲ ἀληθῆ.

ΞΕ. Λέγει δὲ αὐτῶν ὁ μὲν ἀληθὴς τὰ ὄντα ὡς ἔστιν περὶ σοῦ.   5

ΘΕΑΙ. Τί μήν;

ΞΕ. Ὁ δὲ δὴ ψευδὴς ἕτερα τῶν ὄντων.

ΘΕΑΙ. Ναί.

ΞΕ. Τὰ μὴ ὄντ' ἄρα ὡς ὄντα λέγει.

ΘΕΑΙ. Σχεδόν.   10

ΞΕ. Ὄντων δέ γε ὄντα ἕτερα περὶ σοῦ. πολλὰ μὲν γὰρ ἔφαμεν ὄντα περὶ ἕκαστον εἶναί που, πολλὰ δὲ οὐκ ὄντα.

ΘΕΑΙ. Κομιδῇ μὲν οὖν.

ΞΕ. Ὃν ὕστερον δὴ λόγον εἴρηκα περὶ σοῦ, πρῶτον μέν,   c
ἐξ ὧν ὡρισάμεθα τί ποτ' ἔστι λόγος, ἀναγκαιότατον αὐτὸν ἕνα τῶν βραχυτάτων εἶναι.

ΘΕΑΙ. Νυνδὴ γοῦν ταύτῃ συνωμολογήσαμεν.

ΞΕ. Ἔπειτα δέ γε τινός.   5

ΘΕΑΙ. Οὕτως.

ΞΕ. Εἰ δὲ μὴ ἔστιν σός, οὐκ ἄλλου γε οὐδενός.

a 10 τε] τ' εἶναι B W   b 4 αὐτῶν] αὐτῷ B   b 11 ὄντων Cornarius: ὄντως B T   b 12 ὄντα ἔφαμεν W   c 5 δέ γε B: λέγε T   c 7 γε T W: τε B

ΘΕΑΙ. Πῶς γάρ;

ΞΕ. Μηδενὸς ⟨δέ⟩ γε ὢν οὐδ' ἂν λόγος εἴη τὸ παράπαν·
10 ἀπεφήναμεν γὰρ ὅτι τῶν ἀδυνάτων ἦν λόγον ὄντα μηδενὸς
εἶναι λόγον.

ΘΕΑΙ. Ὀρθότατα.

d   ΞΕ. Περὶ δὴ σοῦ λεγόμενα, ⟨λεγόμενα⟩ μέντοι θάτερα
ὡς τὰ αὐτὰ καὶ μὴ ὄντα ὡς ὄντα, παντάπασιν [ὡς] ἔοικεν ἡ
τοιαύτη σύνθεσις ἔκ τε ῥημάτων γιγνομένη καὶ ὀνομάτων
ὄντως τε καὶ ἀληθῶς γίγνεσθαι λόγος ψευδής.

5   ΘΕΑΙ. Ἀληθέστατα μὲν οὖν.

ΞΕ. Τί δὲ δή; διάνοιά τε καὶ δόξα καὶ φαντασία, μῶν
οὐκ ἤδη δῆλον ὅτι ταῦτά γε ψευδῆ τε καὶ ἀληθῆ πάνθ' ἡμῶν
ἐν ταῖς ψυχαῖς ἐγγίγνεται;

ΘΕΑΙ. Πῶς;

10   ΞΕ. Ὧδ' εἴσῃ ῥᾷον, ἂν πρῶτον λάβῃς αὐτὰ τί ποτ' ἔστιν
e καὶ τί διαφέρουσιν ἕκαστα ἀλλήλων.

ΘΕΑΙ. Δίδου μόνον.

ΞΕ. Οὐκοῦν διάνοια μὲν καὶ λόγος ταὐτόν· πλὴν ὁ μὲν
ἐντὸς τῆς ψυχῆς πρὸς αὑτὴν διάλογος ἄνευ φωνῆς γιγνόμενος
5 τοῦτ' αὐτὸ ἡμῖν ἐπωνομάσθη, διάνοια;

ΘΕΑΙ. Πάνυ μὲν οὖν.

ΞΕ. Τὸ δέ γ' ἀπ' ἐκείνης ῥεῦμα διὰ τοῦ στόματος ἰὸν
μετὰ φθόγγου κέκληται λόγος;

ΘΕΑΙ. Ἀληθῆ.

10   ΞΕ. Καὶ μὴν ἐν λόγοις γε αὖ ἴσμεν ἐνὸν—

ΘΕΑΙ. Τὸ ποῖον;

ΞΕ. Φάσιν τε καὶ ἀπόφασιν.

ΘΕΑΙ. Ἴσμεν.

c 9 δέ add. Heindorf   c 10 ἀπεφηνάμην Τ   d 1 λεγόμενα
add. Badham   d 2 ὡς om. W   ἐν τοιαύτῃ συνθέσει ῥημάτων W
d 7 γε Stobaeus: γένη Τ: τὰ γένη Β   d 10 αὐτὰ W Stobaeus:
om. ΒΤ   e 1 διαφέρονθ' Schanz   e 5 ἐπωνομάσθη W Stobaeus:
ἐπωνομᾶσθαι Β: ἐπωνομάσθαι Τ   e 7 δέ γ'] δ' Stobaeus   e 10 γε
αὖ Stobaeus: γε αὐτὸ W: αὐτὸ ΒΤ   ἴσμεν ΒΤ: οἷς μὲν Stobaeus
ἐνὸν Stobaeus: ὃν ΒΤ

ΞΕ. Ὅταν οὖν τοῦτο ἐν ψυχῇ κατὰ διάνοιαν ἐγγίγνηται 264
μετὰ σιγῆς, πλὴν δόξης ἔχεις ὅτι προσείπῃς αὐτό;

ΘΕΑΙ. Καὶ πῶς;

ΞΕ. Τί δ᾽ ὅταν μὴ καθ᾽ αὑτὸ ἀλλὰ δι᾽ αἰσθήσεως παρῇ
τωι, τὸ τοιοῦτον αὖ πάθος ἆρ᾽ οἷόν τε ὀρθῶς εἰπεῖν ἕτερόν 5
τι πλὴν φαντασίαν;

ΘΕΑΙ. Οὐδέν.

ΞΕ. Οὐκοῦν ἐπείπερ λόγος ἀληθὴς ἦν καὶ ψευδής, τού-
των δ᾽ ἐφάνη διάνοια μὲν αὐτῆς πρὸς ἑαυτὴν ψυχῆς διάλογος,
δόξα δὲ διανοίας ἀποτελεύτησις, "φαίνεται" δὲ ὃ λέγομεν b
σύμμειξις αἰσθήσεως καὶ δόξης, ἀνάγκη δὴ καὶ τούτων τῷ
λόγῳ συγγενῶν ὄντων ψευδῆ [τε] αὐτῶν ἔνια καὶ ἐνίοτε εἶναι.

ΘΕΑΙ. Πῶς δ᾽ οὔ;

ΞΕ. Κατανοεῖς οὖν ὅτι πρότερον ηὑρέθη ψευδὴς δόξα 5
καὶ λόγος ἢ κατὰ τὴν προσδοκίαν ἣν ἐφοβήθημεν ἄρτι, μὴ
παντάπασιν ἀνήνυτον ἔργον ἐπιβαλλοίμεθα ζητοῦντες αὐτό;

ΘΕΑΙ. Κατανοῶ.

ΞΕ. Μὴ τοίνυν μηδ᾽ εἰς τὰ λοιπὰ ἀθυμῶμεν. ἐπειδὴ
γὰρ πέφανται ταῦτα, τῶν ἔμπροσθεν ἀναμνησθῶμεν κατ᾽ c
εἴδη διαιρέσεων.

ΘΕΑΙ. Ποίων δή;

ΞΕ. Διειλόμεθα τῆς εἰδωλοποιικῆς εἴδη δύο, τὴν μὲν
εἰκαστικήν, τὴν δὲ φανταστικήν. 5

ΘΕΑΙ. Ναί.

ΞΕ. Καὶ τὸν σοφιστὴν εἴπομεν ὡς ἀποροῖμεν εἰς ὁποτέραν
θήσομεν.

ΘΕΑΙ. Ἦν ταῦτα.

ΞΕ. Καὶ τοῦθ᾽ ἡμῶν ἀπορουμένων ἔτι μείζων κατεχύθη 10
σκοτοδινία, φανέντος τοῦ λόγου τοῦ πᾶσιν ἀμφισβητοῦντος

a 4 ὅταν] ὅταν δόξα Stobaeus   καθ᾽ αὑτὸ Stobaeus : καθ᾽ αὑτὴν B T
ἀλλὰ] ἀλλ᾽ ἢ W   a 5 ἆρ᾽ om. Stobaeus   a 8 ὁ ante λόγος W
a 9 ψυχῆς] τῆς ψυχῆς W   b 1 φαίνεσθαι Stobaeus   b 2 τῷ λόγῳ]
τῶν λόγων Stobaeus   b 3 τε secl. Heindorf : γε Schanz   b 5 πρό-
τερον] πραότερον T Stobaeus   c 10 μείζω B

ὡς οὔτε εἰκὼν οὔτε εἴδωλον οὔτε φάντασμ' εἴη τὸ παράπαν

d οὐδὲν διὰ τὸ μηδαμῶς μηδέποτε μηδαμοῦ ψεῦδος εἶναι.

ΘΕΑΙ. Λέγεις ἀληθῆ.

ΞΕ. Νῦν δέ γ' ἐπειδὴ πέφανται μὲν λόγος, πέφανται
δ' οὖσα δόξα ψευδής, ἐγχωρεῖ δὴ μιμήματα τῶν ὄντων εἶναι
5 καὶ τέχνην ἐκ ταύτης γίγνεσθαι τῆς διαθέσεως ἀπατητικήν.

ΘΕΑΙ. Ἐγχωρεῖ.

ΞΕ. Καὶ μὴν ὅτι γ' ἦν ὁ σοφιστὴς τούτων πότερον,
διωμολογημένον ἡμῖν ἐν τοῖς πρόσθεν ἦν.

ΘΕΑΙ. Ναί.

10 ΞΕ. Πάλιν τοίνυν ἐπιχειρῶμεν, σχίζοντες διχῇ τὸ
e προτεθὲν γένος, πορεύεσθαι κατὰ τοὐπὶ δεξιὰ ἀεὶ μέρος τοῦ
τμηθέντος, ἐχόμενοι τῆς τοῦ σοφιστοῦ κοινωνίας, ἕως ἂν
αὐτοῦ τὰ κοινὰ πάντα περιελόντες, τὴν οἰκείαν λιπόντες
265 φύσιν ἐπιδείξωμεν μάλιστα μὲν ἡμῖν αὐτοῖς, ἔπειτα καὶ
τοῖς ἐγγυτάτω γένει τῆς τοιαύτης μεθόδου πεφυκόσιν.

ΘΕΑΙ. Ὀρθῶς.

ΞΕ. Οὐκοῦν τότε μὲν ἠρχόμεθα ποιητικὴν καὶ κτητικὴν
5 τέχνην διαιρούμενοι;

ΘΕΑΙ. Ναί.

ΞΕ. Καὶ τῆς κτητικῆς ἐν θηρευτικῇ καὶ ἀγωνίᾳ καὶ
ἐμπορικῇ καί τισιν ἐν τοιούτοις εἴδεσιν ἐφαντάζεθ' ἡμῖν;

ΘΕΑΙ. Πάνυ μὲν οὖν.

10 ΞΕ. Νῦν δέ γ' ἐπειδὴ μιμητικὴ περιείληφεν αὐτὸν τέχνη,
δῆλον ὡς αὐτὴν τὴν ποιητικὴν δίχα διαιρετέον πρώτην.

b ἡ γάρ που μίμησις ποίησίς τίς ἐστιν, εἰδώλων μέντοι,
φαμέν, ἀλλ' οὐκ αὐτῶν ἑκάστων· ἦ γάρ;

ΘΕΑΙ. Παντάπασι μὲν οὖν.

ΞΕ. Ποιητικῆς δὴ πρῶτον δύ' ἔστω μέρη.

5 ΘΕΑΙ. Ποίω;

ΞΕ. Τὸ μὲν θεῖον, τὸ δ' ἀνθρώπινον.

d 4 ψευδεῖς T   δὴ om. W   d 7 ὅτι γ'] ὅτ' W   e 3 οἰκείαν]
ἴδιον οἰκείαν T   a 1 ἔπειτα] ἔπειτα δὲ T   a 7 ἐν ἀγωνίᾳ W
a 8 ἐν ἐμπορικῇ T W   b 1 εἴδωλον T   b 4 ἔστω δύο Stobaeus

ΘΕΑΙ. Οὔπω μεμάθηκα.

ΞΕ. Ποιητικήν, εἴπερ μεμνήμεθα τὰ κατ᾽ ἀρχὰς λεχθέντα,
πᾶσαν ἔφαμεν εἶναι δύναμιν ἥτις ἂν αἰτία γίγνηται τοῖς μὴ
πρότερον οὖσιν ὕστερον γίγνεσθαι. 10

ΘΕΑΙ. Μεμνήμεθα.

ΞΕ. Ζῷα δὴ πάντα θνητά, καὶ δὴ καὶ φυτὰ ὅσα τ᾽ ἐπὶ c
γῆς ἐκ σπερμάτων καὶ ῥιζῶν φύεται, καὶ ὅσα ἄψυχα ἐν γῇ
συνίσταται σώματα τηκτὰ καὶ ἄτηκτα, μῶν ἄλλου τινὸς ἢ
θεοῦ δημιουργοῦντος φήσομεν ὕστερον γίγνεσθαι πρότερον
οὐκ ὄντα; ἢ τῷ τῶν πολλῶν δόγματι καὶ ῥήματι χρώμενοι— 5

ΘΕΑΙ. Ποίῳ τῳ;

ΞΕ. Τὴν φύσιν αὐτὰ γεννᾶν ἀπό τινος αἰτίας αὐτομάτης
καὶ ἄνευ διανοίας φυούσης, ἢ μετὰ λόγου τε καὶ ἐπιστήμης
θείας ἀπὸ θεοῦ γιγνομένης;

ΘΕΑΙ. Ἐγὼ μὲν ἴσως διὰ τὴν ἡλικίαν πολλάκις ἀμφό- d
τερα μεταδοξάζω· νῦν μὴν βλέπων εἰς σὲ καὶ ὑπολαμβάνων
οἴεσθαί σε κατά γε θεὸν αὐτὰ γίγνεσθαι, ταύτῃ καὶ αὐτὸς
νενόμικα.

ΞΕ. Καλῶς γε, ὦ Θεαίτητε. καὶ εἰ μέν γέ σε ἡγούμεθα 5
τῶν εἰς τὸν ἔπειτ᾽ ⟨ἂν⟩ χρόνον ἄλλως πως δοξαζόντων εἶναι,
νῦν ἂν τῷ λόγῳ μετὰ πειθοῦς ἀναγκαίας ἐπεχειροῦμεν ποιεῖν
ὁμολογεῖν· ἐπειδὴ δέ σου καταμανθάνω τὴν φύσιν, ὅτι καὶ
ἄνευ τῶν παρ᾽ ἡμῶν λόγων αὐτὴ πρόσεισιν ἐφ᾽ ἅπερ νῦν e
ἕλκεσθαι φῄς, ἐάσω· χρόνος γὰρ ἐκ περιττοῦ γίγνοιτ᾽ ἄν.
ἀλλὰ θήσω τὰ μὲν φύσει λεγόμενα ποιεῖσθαι θείᾳ τέχνῃ,
τὰ δ᾽ ἐκ τούτων ὑπ᾽ ἀνθρώπων συνιστάμενα ἀνθρωπίνῃ,
καὶ κατὰ τοῦτον δὴ τὸν λόγον δύο ποιητικῆς γένη, τὸ μὲν 5
ἀνθρώπινον εἶναι, τὸ δὲ θεῖον.

b 11 μεμάθηκα Stobaeus   c 1 δὴ καὶ W Stobaeus : om. BT
c 2 ἐκ γῆς ἐν γῇ Stobaeus   c 3 τικτὰ καὶ ἄτικτα B   c 5 τῷ τῶν]
τῶν Stobaeus   καὶ ῥήματι om. Stobaeus   c 6 ποίῳ τῳ Hermann :
ποίῳ τῷ BT : ποιητῶν Stobaeus : Ποίῳ; ΞΕ. Τῷ vulg.   d 2 μὴν
b : μὴ BT : μὲν Stobaeus   d 3 γε om. W Stobaeus   d 5 γε
om. Stobaeus   d 6 ἂν addidi   δοξασόντων Baumann   e 1 αὐτὴ
W : αὕτη B : αυτη T : αὐτῇ Stobaeus   ἅπερ] ἂ Stobaeus

ΘΕΑΙ. Ὀρθῶς.

ΞΕ. Τέμνε δὴ δυοῖν οὔσαιν δίχα ἑκατέραν αὖθις.

ΘΕΑΙ. Πῶς;

266 ΞΕ. Οἷον τότε μὲν κατὰ πλάτος τέμνων τὴν ποιητικὴν πᾶσαν, νῦν δὲ αὖ κατὰ μῆκος.

ΘΕΑΙ. Τετμήσθω.

ΞΕ. Τέτταρα μὴν αὐτῆς οὕτω τὰ πάντα μέρη γίγνεται,
5 δύο μὲν τὰ πρὸς ἡμῶν, ἀνθρώπεια, δύο δ᾽ αὖ τὰ πρὸς θεῶν,
θεῖα.

ΘΕΑΙ. Ναί.

ΞΕ. Τὰ δέ γ᾽ ὡς ἑτέρως αὖ διῃρημένα, μέρος μὲν ἐν
ἀφ᾽ ἑκατέρας τῆς μερίδος αὐτοποιητικόν, τὼ δ᾽ ὑπολοίπω
10 σχεδὸν μάλιστ᾽ ἂν λεγοίσθην εἰδωλοποιικώ· καὶ κατὰ ταῦτα
δὴ πάλιν ἡ ποιητικὴ διχῇ διαιρεῖται.

b ΘΕΑΙ. Λέγε ὅπῃ ἑκατέρα αὖθις.

ΞΕ. Ἡμεῖς μέν που καὶ τἆλλα ζῷα καὶ ἐξ ὧν τὰ
πεφυκότ᾽ ἐστίν, πῦρ καὶ ὕδωρ καὶ τὰ τούτων ἀδελφά, θεοῦ
γεννήματα πάντα ἴσμεν αὐτὰ ἀπειργασμένα ἕκαστα· ἢ πῶς;
5 ΘΕΑΙ. Οὕτως.

ΞΕ. Τούτων δέ γε ἑκάστων εἴδωλα ἀλλ᾽ οὐκ αὐτὰ
παρέπεται, δαιμονίᾳ καὶ ταῦτα μηχανῇ γεγονότα.

ΘΕΑΙ. Ποῖα;

ΞΕ. Τά τε ἐν τοῖς ὕπνοις καὶ ὅσα μεθ᾽ ἡμέραν φαντάσ-
10 ματα αὐτοφυῆ λέγεται, σκιὰ μὲν ὅταν ἐν τῷ πυρὶ σκότος
c ἐγγίγνηται, διπλοῦν δὲ ἡνίκ᾽ ἂν φῶς οἰκεῖόν τε καὶ ἀλλότριον
περὶ τὰ λαμπρὰ καὶ λεῖα εἰς ἓν συνελθὸν τῆς ἔμπροσθεν
εἰωθυίας ὄψεως ἐναντίαν αἴσθησιν παρέχον εἶδος ἀπεργά-
ζηται.

5 ΘΕΑΙ. Δύο γὰρ οὖν ἐστι ταῦτα θείας ἔργα ποιήσεως,
αὐτό τε καὶ τὸ παρακολουθοῦν εἴδωλον ἑκάστῳ.

e 8 αὖθις] αὐτοῖς T sed θις in marg. a 4 τὰ πάντα T : πάντα W :
τὰ B a 8 αὖ T : δύο B W a 9 αὖ τὸ ποιητικόν T W a 10 μά-
λιστα (om. ἂν) B b 1 ὅπῃ] ὅποι B T : ὁποῖ᾽ W ἑκάτερα B
b 9 φάσματ᾽ W c 1 ἡνίκα (om. ἂν) T c 3 παρασχὸν T

ΞΕ. Τί δὲ τὴν ἡμετέραν τέχνην; ἆρ᾽ οὐκ αὐτὴν μὲν οἰκίαν οἰκοδομικῇ φήσομεν ποιεῖν, γραφικῇ δέ τιν᾽ ἑτέραν, οἷον ὄναρ ἀνθρώπινον ἐγρηγορόσιν ἀπειργασμένην;

ΘΕΑΙ. Πάνυ μὲν οὖν.   d

ΞΕ. Οὐκοῦν καὶ τἆλλα οὕτω κατὰ δύο διττὰ ἔργα τῆς ἡμετέρας αὖ ποιητικῆς πράξεως, τὸ μὲν αὐτό, φαμέν, [αὐτουργική], τὸ δὲ εἴδωλον [εἰδωλοποιική].

ΘΕΑΙ. Νῦν μᾶλλον ἔμαθον, καὶ τίθημι δύο διχῇ ποιητικῆς 5 εἴδει· θείαν μὲν καὶ ἀνθρωπίνην κατὰ θάτερον τμῆμα, κατὰ δὲ θάτερον τὸ μὲν αὐτῶν ὄν, τὸ δὲ ὁμοιωμάτων τινῶν γέννημα.

ΞΕ. Τῆς τοίνυν εἰδωλουργικῆς ἀναμνησθῶμεν ὅτι τὸ μὲν εἰκαστικόν, τὸ δὲ φανταστικὸν ἔμελλεν εἶναι γένος, εἰ τὸ ψεῦδος ὄντως ὂν ψεῦδος καὶ τῶν ὄντων ἔν τι φανείη πεφυκός.   e

ΘΕΑΙ. Ἦν γὰρ οὖν.

ΞΕ. Οὐκοῦν ἐφάνη τε καὶ διὰ ταῦτα δὴ καταριθμήσομεν αὐτὼ νῦν ἀναμφισβητήτως εἴδη δύο;

ΘΕΑΙ. Ναί.   5

ΞΕ. Τὸ τοίνυν φανταστικὸν αὖθις διορίζωμεν δίχα.   267

ΘΕΑΙ. Πῇ;

ΞΕ. Τὸ μὲν δι᾽ ὀργάνων γιγνόμενον, τὸ δὲ αὐτοῦ παρέχοντος ἑαυτὸν ὄργανον τοῦ ποιοῦντος τὸ φάντασμα.

ΘΕΑΙ. Πῶς φής;   5

ΞΕ. Ὅταν οἶμαι τὸ σὸν σχῆμά τις τῷ ἑαυτοῦ χρώμενος σώματι προσόμοιον ἢ φωνὴν φωνῇ φαίνεσθαι ποιῇ, μίμησις τοῦτο τῆς φανταστικῆς μάλιστα κέκληταί που.

ΘΕΑΙ. Ναί.

ΞΕ. Μιμητικὸν δὴ τοῦτο αὐτῆς προσειπόντες ἀπονειμώ- 10 μεθα· τὸ δ᾽ ἄλλο πᾶν ἀφῶμεν μαλακισθέντες καὶ παρέντες ἑτέρῳ συναγαγεῖν τε εἰς ἓν καὶ πρέπουσαν ἐπωνυμίαν b ἀποδοῦναί τιν᾽ αὐτῷ.

d 2 κατὰ] καὶ τὰ B   d 4 αὐτουργική et mox εἰδωλοποιική secl. Apelt   d 6 θείαν ... ἀνθρωπίνην Heindorf: θεία ... ἀνθρωπίνη B : θεία ... ἀνθρωπίνη T   e 4 αὐτὼ] αὐτῷ B T   a 10 ἀπονειμώ- μεθα W : ἀπονειμόμεθα B T

ΘΕΑΙ. Νενεμήσθω, τὸ δὲ μεθείσθω.

ΞΕ. Καὶ μὴν καὶ τοῦτο ἔτι διπλοῦν, ὦ Θεαίτητε, ἄξιον
5 ἡγεῖσθαι· δι᾽ ἃ δέ, σκόπει.

ΘΕΑΙ. Λέγε.

ΞΕ. Τῶν μιμουμένων οἱ μὲν εἰδότες ὃ μιμοῦνται τοῦτο
πράττουσιν, οἱ δ᾽ οὐκ εἰδότες. καίτοι τίνα μείζω διαίρεσιν
ἀγνωσίας τε καὶ γνώσεως θήσομεν;

10 ΘΕΑΙ. Οὐδεμίαν.

ΞΕ. Οὐκοῦν τό γε ἄρτι λεχθὲν εἰδότων ἦν μίμημα; τὸ
γὰρ σὸν σχῆμα καὶ σὲ γιγνώσκων ἄν τις μιμήσαιτο.

c ΘΕΑΙ. Πῶς δ᾽ οὔ;

ΞΕ. Τί δὲ δικαιοσύνης τὸ σχῆμα καὶ ὅλης συλλήβδην
ἀρετῆς; ἆρ᾽ οὐκ ἀγνοοῦντες μέν, δοξάζοντες δέ πῃ, σφόδρα
ἐπιχειροῦσιν πολλοὶ τὸ δοκοῦν σφίσιν τοῦτο ὡς ἐνὸν αὐτοῖς
5 προθυμεῖσθαι φαίνεσθαι ποιεῖν, ὅτι μάλιστα ἔργοις τε καὶ
λόγοις μιμούμενοι;

ΘΕΑΙ. Καὶ πάνυ γε πολλοί.

ΞΕ. Μῶν οὖν πάντες ἀποτυγχάνουσι τοῦ δοκεῖν εἶναι
δίκαιοι μηδαμῶς ὄντες; ἢ τούτου πᾶν τοὐναντίον;

10 ΘΕΑΙ. Πᾶν.

d ΞΕ. Μιμητὴν δὴ τοῦτόν γε ἕτερον ἐκείνου λεκτέον οἶμαι,
τὸν ἀγνοοῦντα τοῦ γιγνώσκοντος.

ΘΕΑΙ. Ναί.

ΞΕ. Πόθεν οὖν ὄνομα ἑκατέρῳ τις αὐτῶν λήψεται
5 πρέπον; ἢ δῆλον δὴ χαλεπὸν ὄν, διότι τῆς τῶν γενῶν κατ᾽
εἴδη διαιρέσεως παλαιά τις, ὡς ἔοικεν, ἀργία τοῖς ἔμπροσθεν
καὶ ἀσύννους παρῆν, ὥστε μηδ᾽ ἐπιχειρεῖν μηδένα διαιρεῖσθαι·
καθὸ δὴ τῶν ὀνομάτων ἀνάγκη μὴ σφόδρα εὐπορεῖν. ὅμως
δέ, κἂν εἰ τολμηρότερον εἰρῆσθαι, διαγνώσεως ἕνεκα τὴν
e μὲν μετὰ δόξης μίμησιν δοξομιμητικὴν προσείπωμεν, τὴν δὲ
μετ᾽ ἐπιστήμης ἱστορικήν τινα μίμησιν.

b 4 καὶ alterum om. W   c 3 δόξαντες W   πῃ] δή W
d 6 ἀργία Madvig : αἰτία B T   d 8 καθὸ] καθ᾽ ἃ W

ΘΕΑΙ. Ἔστω.

ΞΕ. Θατέρῳ τοίνυν χρηστέον· ὁ γὰρ σοφιστὴς οὐκ ἐν τοῖς εἰδόσιν ἦν ἀλλ᾽ ἐν τοῖς μιμουμένοις δή. 5

ΘΕΑΙ. Καὶ μάλα.

ΞΕ. Τὸν δοξομιμητὴν δὴ σκοπώμεθα ὥσπερ σίδηρον, εἴτε ὑγιὴς εἴτε διπλόην ἔτ᾽ ἔχων τινά ἐστιν ἐν αὑτῷ.

ΘΕΑΙ. Σκοπῶμεν.

ΞΕ. Ἔχει τοίνυν καὶ μάλα συχνήν. ὁ μὲν γὰρ εὐήθης 10 αὐτῶν ἐστιν, οἰόμενος εἰδέναι ταῦτα ἃ δοξάζει· τὸ δὲ 268 θατέρου σχῆμα διὰ τὴν ἐν τοῖς λόγοις κυλίνδησιν ἔχει πολλὴν ὑποψίαν καὶ φόβον ὡς ἀγνοεῖ ταῦτα ἃ πρὸς τοὺς ἄλλους ὡς εἰδὼς ἐσχημάτισται.

ΘΕΑΙ. Πάνυ μὲν οὖν ἔστιν ἑκατέρου γένος ὧν εἴρηκας. 5

ΞΕ. Οὐκοῦν τὸν μὲν ἁπλοῦν μιμητήν τινα, τὸν δὲ εἰρωνικὸν μιμητὴν θήσομεν;

ΘΕΑΙ. Εἰκὸς γοῦν.

ΞΕ. Τούτου δ᾽ αὖ τὸ γένος ἓν ἢ δύο φῶμεν;

ΘΕΑΙ. Ὅρα σύ. 10

ΞΕ. Σκοπῶ, καί μοι διττὼ καταφαίνεσθόν τινε· τὸν b μὲν δημοσίᾳ τε καὶ μακροῖς λόγοις πρὸς πλήθη δυνατὸν εἰρωνεύεσθαι καθορῶ, τὸν δὲ ἰδίᾳ τε καὶ βραχέσι λόγοις ἀναγκάζοντα τὸν προσδιαλεγόμενον ἐναντιολογεῖν αὐτὸν αὑτῷ. 5

ΘΕΑΙ. Λέγεις ὀρθότατα.

ΞΕ. Τίνα οὖν ἀποφαινώμεθα τὸν μακρολογώτερον εἶναι; πότερα πολιτικὸν ἢ δημολογικόν;

ΘΕΑΙ. Δημολογικόν.

ΞΕ. Τί δὲ τὸν ἕτερον ἐροῦμεν; σοφὸν ἢ σοφιστικόν; 10

ΘΕΑΙ. Τὸ μέν που σοφὸν ἀδύνατον, ἐπείπερ οὐκ εἰδότα αὐτὸν ἔθεμεν· μιμητὴς δ᾽ ὢν τοῦ σοφοῦ δῆλον ὅτι παρω- c

---

e 8 ἔτ᾽ om. T   a 5 ἑκατέρου γένος Apelt: ἑκατέρου * γένου *
(ἑκατέρους γένους Vat) B: ἑκατέρου γένους T: ἑκάτερον γένος Madvig
b 1 διττὼ] διττὸν T   b 7 τίνα] τί W   b 11 τὸ Stephanus:
τὸν B T

νύμιον αὐτοῦ τι λήψεται, καὶ σχεδὸν ἤδη μεμάθηκα ὅτι
τοῦτον δεῖ προσειπεῖν ἀληθῶς αὐτὸν ἐκεῖνον τὸν παντάπασιν
ὄντως σοφιστήν.

5 ΞΕ. Οὐκοῦν συνδήσομεν αὐτοῦ, καθάπερ ἔμπροσθεν,
τοὔνομα συμπλέξαντες ἀπὸ τελευτῆς ἐπ᾽ ἀρχήν;

ΘΕΑΙ. Πάνυ μὲν οὖν.

ΞΕ. Τὸ δὴ τῆς ἐναντιοποιολογικῆς εἰρωνικοῦ μέρους
τῆς δοξαστικῆς μιμητικόν, τοῦ φανταστικοῦ γένους ἀπὸ τῆς
d εἰδωλοποιικῆς οὐ θεῖον ἀλλ᾽ ἀνθρωπικὸν τῆς ποιήσεως
ἀφωρισμένον ἐν λόγοις τὸ θαυματοποιικὸν μόριον, "ταύτης
τῆς γενεᾶς τε καὶ αἵματος" ὃς ἂν φῇ τὸν ὄντως σοφιστὴν
εἶναι, τἀληθέστατα, ὡς ἔοικεν, ἐρεῖ.

5 ΘΕΑΙ. Παντάπασι μὲν οὖν.

c 3 τὸν] τὸ W   c 8 τὸ Schleiermacher : τὸν B T   d 2 θαυ-
ματοποιικὸν W : θαυμαστοποιηκὸν B : θαυμαστοποιικὸν T

ΠΟΛΙΤΙΚΟΣ

ΣΩΚΡΑΤΗΣ   ΘΕΟΔΩΡΟΣ   ΞΕΝΟΣ

ΣΩΚΡΑΤΗΣ Ο ΝΕΩΤΕΡΟΣ

ΣΩ. Ἡ πολλὴν χάριν ὀφείλω σοι τῆς Θεαιτήτου γνωρί- a
σεως, ὦ Θεόδωρε, ἅμα καὶ τῆς τοῦ ξένου.

ΘΕΟ. Τάχα δέ [γε], ὦ Σώκρατες, ὀφειλήσεις ταύτης
τριπλασίαν· ἐπειδὰν τόν τε πολιτικὸν ἀπεργάσωνταί σοι
καὶ τὸν φιλόσοφον.   5

ΣΩ. Εἶεν· οὕτω τοῦτο, ὦ φίλε Θεόδωρε, φήσομεν
ἀκηκοότες εἶναι τοῦ περὶ λογισμοὺς καὶ τὰ γεωμετρικὰ
κρατίστου;

ΘΕΟ. Πῶς, ὦ Σώκρατες;   b

ΣΩ. Τῶν ἀνδρῶν ἕκαστον θέντος τῆς ἴσης ἀξίας, οἳ τῇ
τιμῇ πλέον ἀλλήλων ἀφεστᾶσιν ἢ κατὰ τὴν ἀναλογίαν τὴν
τῆς ὑμετέρας τέχνης.

ΘΕΟ. Εὖ γε νὴ τὸν ἡμέτερον θεόν, ὦ Σώκρατες, τὸν 5
Ἄμμωνα, καὶ δικαίως, καὶ πάνυ μὲν οὖν μνημονικῶς ἐπέ-
πληξάς μοι τὸ περὶ τοὺς λογισμοὺς ἁμάρτημα. καὶ σὲ μὲν
ἀντὶ τούτων εἰς αὖθις μέτειμι· σὺ δ' ἡμῖν, ὦ ξένε, μηδαμῶς
ἀποκάμῃς χαριζόμενος, ἀλλ' ἑξῆς, εἴτε τὸν πολιτικὸν ἄνδρα
πρότερον εἴτε τὸν φιλόσοφον προαιρῇ, προελόμενος διέξελθε. c

a 3 γε om. B : supra versum T   a 7 τοῦ] τοι T   b 2 θέντος
Heindorf : θέντες B T   b 3 ἀλλήλων om. B

ΞΕ. Ταῦτ', ὦ Θεόδωρε, ποιητέον· ἐπείπερ ἅπαξ γε
ἐγκεχειρήκαμεν, [καὶ] οὐκ ἀποστατέον πρὶν ἂν αὐτῶν πρὸς
τὸ τέλος ἔλθωμεν. ἀλλὰ γὰρ περὶ Θεαιτήτου τοῦδε τί
5 χρὴ δρᾶν με;

ΘΕΟ. Τοῦ πέρι;

ΞΕ. Διαναπαύσωμεν αὐτὸν μεταλαβόντες αὐτοῦ τὸν
συγγυμναστὴν τόνδε Σωκράτη; ἢ πῶς συμβουλεύεις;

ΘΕΟ. Καθάπερ εἶπες, μεταλάμβανε· νέω γὰρ ὄντε ῥᾷον
10 οἴσετον πάντα πόνον ἀναπαυομένω.

d ΣΩ. Καὶ μὴν κινδυνεύετον, ὦ ξένε, ἄμφω ποθὲν ἐμοὶ
συγγένειαν ἔχειν τινά. τὸν μέν γε οὖν ὑμεῖς κατὰ τὴν τοῦ
προσώπου φύσιν ὅμοιον ἐμοὶ φαίνεσθαί φατε, τοῦ δ' ἡμῖν ἡ
258 κλῆσις ὁμώνυμος οὖσα καὶ ἡ πρόσρησις παρέχεταί τινα
οἰκειότητα. δεῖ δὴ τούς γε συγγενεῖς ἡμᾶς ἀεὶ προθύμως
διὰ λόγων ἀναγνωρίζειν. Θεαιτήτῳ μὲν οὖν αὐτός τε συν-
έμειξα χθὲς διὰ λόγων καὶ νῦν ἀκήκοα ἀποκρινομένου, Σω-
5 κράτους δὲ οὐδέτερα· δεῖ δὲ σκέψασθαι καὶ τοῦτον. ἐμοὶ
μὲν οὖν εἰς αὖθις, σοὶ δὲ νῦν ἀποκρινέσθω.

ΞΕ. Ταῦτ' ἔσται. ὦ Σώκρατες, ἀκούεις δὴ Σωκράτους;

ΝΕ. ΣΩ. Ναί.

ΞΕ. Συγχωρεῖς οὖν οἷς λέγει;

10 ΝΕ. ΣΩ. Πάνυ μὲν οὖν.

b ΞΕ. Οὐ τὰ σὰ κωλύειν φαίνεται, δεῖ δὲ ἴσως ἔτι ἧττον
τἀμὰ διακωλύειν. ἀλλὰ δὴ μετὰ τὸν σοφιστὴν ἀναγκαῖον, ὡς
ἐμοὶ φαίνεται, πολιτικὸν [τὸν ἄνδρα] διαζητεῖν νῷν· καί μοι λέγε
πότερον τῶν ἐπιστημόνων τιν' ἡμῖν καὶ τοῦτον θετέον, ἢ πῶς;

5 ΝΕ. ΣΩ. Οὕτως.

ΞΕ. Τὰς ἐπιστήμας ἄρα διαληπτέον, ὥσπερ ἡνίκα τὸν
πρότερον ἐσκοποῦμεν;

ΝΕ. ΣΩ. Τάχ' ἄν.

c 3 καὶ om. B   a 2 γε] τε Β Τ   a 4 ἀποκριναμένου Β   b 1 κω-
λύειν Τ   b 3 πολιτικὸν τὸν ἄνδρα Β Τ (sed τὸν ante πολιτικὸν supra-
scr. t) : τὸν πολιτικὸν τὸν ἄνδρα al. : τὸν ἄνδρα seclusi : τὸν πολιτικὸν
ἄνδρα W

ΞΕ. Οὐ μὲν δὴ κατὰ ταὐτόν γε, ὦ Σώκρατες, φαίνεταί
μοι τμῆμα.   10

ΝΕ. ΣΩ. Τί μήν;

ΞΕ. Κατ' ἄλλο.   c

ΝΕ. ΣΩ. Ἔοικέν γε.

ΞΕ. Τὴν οὖν πολιτικὴν ἀτραπὸν πῇ τις ἀνευρήσει;
δεῖ γὰρ αὐτὴν ἀνευρεῖν, καὶ χωρὶς ἀφελόντας ἀπὸ τῶν
ἄλλων ἰδέαν αὐτῇ μίαν ἐπισφραγίσασθαι, καὶ ταῖς ἄλλαις 5
ἐκτροπαῖς ἐν ἄλλο εἶδος ἐπισημηναμένους πάσας τὰς
ἐπιστήμας ὡς οὔσας δύο εἴδη διανοηθῆναι τὴν ψυχὴν ἡμῶν
ποιῆσαι.

ΝΕ. ΣΩ. Τοῦτ' ἤδη σὸν οἶμαι τὸ ἔργον, ὦ ξένε, ἀλλ'
οὐκ ἐμὸν γίγνεται.   10

ΞΕ. Δεῖ γε μήν, ὦ Σώκρατες, αὐτὸ εἶναι καὶ σόν, ὅταν d
ἐμφανὲς ἡμῖν γένηται.

ΝΕ. ΣΩ. Καλῶς εἶπες.

ΞΕ. Ἆρ' οὖν οὐκ ἀριθμητικὴ μὲν καί τινες ἕτεραι ταύτῃ
συγγενεῖς τέχναι ψιλαὶ τῶν πράξεών εἰσι, τὸ δὲ γνῶναι 5
παρέσχοντο μόνον;

ΝΕ. ΣΩ. Ἔστιν οὕτως.

ΞΕ. Αἱ δέ γε περὶ τεκτονικὴν αὖ καὶ σύμπασαν χει-
ρουργίαν ὥσπερ ἐν ταῖς πράξεσιν ἐνοῦσαν σύμφυτον τὴν
ἐπιστήμην κέκτηνται, καὶ συναποτελοῦσι τὰ γιγνόμενα ὑπ' e
αὐτῶν σώματα πρότερον οὐκ ὄντα.

ΝΕ. ΣΩ. Τί μήν;

ΞΕ. Ταύτῃ τοίνυν συμπάσας ἐπιστήμας διαίρει, τὴν μὲν
πρακτικὴν προσειπών, τὴν δὲ μόνον γνωστικήν.   5

ΝΕ. ΣΩ. Ἔστω σοι ταῦθ' ὡς μιᾶς ἐπιστήμης τῆς ὅλης
εἴδη δύο.

ΞΕ. Πότερον οὖν τὸν πολιτικὸν καὶ βασιλέα καὶ
δεσπότην καὶ ἔτ' οἰκονόμον θήσομεν ὡς ἓν πάντα ταῦτα

b 9 κατά] καὶ Τ   c 3 ἀνευρήσει] ἂν εὑρήσῃ Β : ἂν εὑρήσει pr. Τ
c 4 ἀνευρεῖν ΒΤ : εὑρεῖν W   c 6 ἁπάσας Τ (sed ά postea additum)

10 προσαγορεύοντες, ἢ τοσαύτας τέχνας αὐτὰς εἶναι φῶμεν
ὅσαπερ ὀνόματα ἐρρήθη; μᾶλλον δέ μοι δεῦρο ἕπου.
ΝΕ. ΣΩ. Πῇ;

259 ΞΕ. Τῇδε. εἴ τῴ τις τῶν δημοσιευόντων ἰατρῶν ἱκανὸς
συμβουλεύειν ἰδιωτεύων αὐτός, ἆρ᾽ οὐκ ἀναγκαῖον αὐτῷ
προσαγορεύεσθαι τοὔνομα τῆς τέχνης ταὐτὸν ὅπερ ᾧ συμ-
βουλεύει;
5 ΝΕ. ΣΩ. Ναί.

ΞΕ. Τί δ᾽; ὅστις βασιλεύοντι χώρας ἀνδρὶ παραινεῖν
δεινὸς ἰδιώτης ὢν αὐτός, ἆρ᾽ οὐ φήσομεν ἔχειν αὐτὸν τὴν
ἐπιστήμην ἣν ἔδει τὸν ἄρχοντα αὐτὸν κεκτῆσθαι;
ΝΕ. ΣΩ. Φήσομεν.

b ΞΕ. Ἀλλὰ μὴν ἥ γε ἀληθινοῦ βασιλέως βασιλική;
ΝΕ. ΣΩ. Ναί.

ΞΕ. Ταύτην δὲ ὁ κεκτημένος οὐκ, ἄντε ἄρχων ἄντε
ἰδιώτης ὢν τυγχάνῃ, πάντως κατά γε τὴν τέχνην αὐτὴν
5 βασιλικὸς ὀρθῶς προσρηθήσεται;
ΝΕ. ΣΩ. Δίκαιον γοῦν.

ΞΕ. Καὶ μὴν οἰκονόμος γε καὶ δεσπότης ταὐτόν.
ΝΕ. ΣΩ. Τί μήν;

ΞΕ. Τί δέ; μεγάλης σχῆμα οἰκήσεως ἢ σμικρᾶς αὖ
10 πόλεως ὄγκος μῶν τι πρὸς ἀρχὴν διοίσετον;
ΝΕ. ΣΩ. Οὐδέν.

c ΞΕ. Οὐκοῦν, ὃ νυνδὴ διεσκοπούμεθα, φανερὸν ὡς ἐπι-
στήμη μία περὶ πάντ᾽ ἐστὶ ταῦτα· ταύτην δὲ εἴτε βασιλικὴν
εἴτε πολιτικὴν εἴτε οἰκονομικήν τις ὀνομάζει, μηδὲν αὐτῷ
διαφερώμεθα.
5 ΝΕ. ΣΩ. Τί γάρ;

ΞΕ. Ἀλλὰ μὴν τόδε γε δῆλον, ὡς βασιλεὺς ἅπας χερσὶ
καὶ σύμπαντι τῷ σώματι σμίκρ᾽ ἄττα εἰς τὸ κατέχειν τὴν
ἀρχὴν δύναται πρὸς τὴν τῆς ψυχῆς σύνεσιν καὶ ῥώμην.

a 3 ταὐτὸν ὅπερ] ταὐτόνπερ T   b 5 προσρηθήσεται B T sed
supraser. αγορευ t : προσαγορευθήσεται al.   b 10 τι om. T

ΝΕ. ΣΩ. Δῆλον.

ΞΕ. Τῆς δὴ γνωστικῆς μᾶλλον ἢ τῆς χειροτεχνικῆς καὶ 10
ὅλως πρακτικῆς βούλει τὸν βασιλέα φῶμεν οἰκειότερον εἶναι; d

ΝΕ. ΣΩ. Τί μήν;

ΞΕ. Τὴν ἄρα πολιτικὴν καὶ πολιτικὸν καὶ βασιλικὴν καὶ
βασιλικὸν εἰς ταὐτὸν ὡς ἐν πάντα ταῦτα συνθήσομεν;

ΝΕ. ΣΩ. Δῆλον. 5

ΞΕ. Οὐκοῦν πορευοίμεθ᾽ ἂν ἑξῆς, εἰ μετὰ ταῦτα τὴν
γνωστικὴν διοριζοίμεθα;

ΝΕ. ΣΩ. Πάνυ γε.

ΞΕ. Πρόσεχε δὴ τὸν νοῦν ἂν ἄρα ἐν αὐτῇ τινα διαφυὴν
κατανοήσωμεν. 10

ΝΕ. ΣΩ. Φράζε ποίαν.

ΞΕ. Τοιάνδε. λογιστική πού τις ἡμῖν ἦν τέχνη. e

ΝΕ. ΣΩ. Ναί.

ΞΕ. Τῶν γνωστικῶν γε οἶμαι παντάπασι τεχνῶν.

ΝΕ. ΣΩ. Πῶς δ᾽ οὔ;

ΞΕ. Γνούσῃ δὴ λογιστικῇ τὴν ἐν τοῖς ἀριθμοῖς διαφορὰν 5
μῶν τι πλέον ἔργον δώσομεν ἢ τὰ γνωσθέντα κρῖναι;

ΝΕ. ΣΩ. Τί μήν;

ΞΕ. Καὶ γὰρ ἀρχιτέκτων γε πᾶς οὐκ αὐτὸς ἐργατικὸς
ἀλλ᾽ ἐργατῶν ἄρχων.

ΝΕ. ΣΩ. Ναί. 10

ΞΕ. Παρεχόμενός γέ που γνῶσιν ἀλλ᾽ οὐ χειρουργίαν.

ΝΕ. ΣΩ. Οὕτως.

ΞΕ. Δικαίως δὴ μετέχειν ἂν λέγοιτο τῆς γνωστικῆς 260
ἐπιστήμης.

ΝΕ. ΣΩ. Πάνυ γε.

ΞΕ. Τούτῳ δέ γε οἶμαι προσήκει κρίναντι μὴ τέλος

d 3 καὶ ante πολιτικὸν om. pr. T   καὶ ante βασιλικὸν om. pr. T
d 4 πάντα ταῦτα T (sed add. signis transpositionis)   d 9 διαφυὴν]
διαφυγὴν B T sed γ erasum in T   e 1 ἦν] ἡ pr. T   e 5 γνούσῃ
B T: γνούσι W   δὴ] δὲ B   e 6 κρῖναι] κρίνομεν pr. T sed μεν
erasum et αι suprascriptum   a 4 τούτῳ] τοῦτο T

5 ἔχειν μηδ᾽ ἀπηλλάχθαι, καθάπερ ὁ λογιστὴς ἀπήλλακτο,
προστάττειν δὲ ἑκάστοις τῶν ἐργατῶν τό γε πρόσφορον ἕως
ἂν ἀπεργάσωνται τὸ προσταχθέν.

ΝΕ. ΣΩ. Ὀρθῶς.

ΞΕ. Οὐκοῦν γνωστικαὶ μὲν αἵ τε τοιαῦται σύμπασαι καὶ
10 ὁπόσαι συνέπονται τῇ λογιστικῇ, κρίσει δὲ καὶ ἐπιτάξει
b διαφέρετον ἀλλήλοιν τούτω τὼ γένη;

ΝΕ. ΣΩ. Φαίνεσθον.

ΞΕ. Ἆρ᾽ οὖν συμπάσης τῆς γνωστικῆς εἰ τὸ μὲν ἐπι-
τακτικὸν μέρος, τὸ δὲ κριτικὸν διαιρούμενοι προσείποιμεν,
5 ἐμμελῶς ἂν φαῖμεν διῃρῆσθαι;

ΝΕ. ΣΩ. Κατά γε τὴν ἐμὴν δόξαν.

ΞΕ. Ἀλλὰ μὴν τοῖς γε κοινῇ τι πράττουσιν ἀγαπητὸν
ὁμονοεῖν.

ΝΕ. ΣΩ. Πῶς δ᾽ οὔ;

10 ΞΕ. Τούτου τοίνυν μέχριπερ ἂν αὐτοὶ κοινωνῶμεν, ἐατέον
τά γε τῶν ἄλλων δοξάσματα χαίρειν.

ΝΕ. ΣΩ. Τί μήν;

c ΞΕ. Φέρε δή, τούτοιν τοῖν τέχναιν ἡμῖν τὸν βασιλικὸν
ἐν ποτέρᾳ θετέον; ἆρ᾽ ἐν τῇ κριτικῇ, καθάπερ τινὰ θεατήν,
ἢ μᾶλλον τῆς ἐπιτακτικῆς ὡς ὄντα αὐτὸν τέχνης θήσομεν,
δεσπόζοντά γε;

5 ΝΕ. ΣΩ. Πῶς γὰρ οὐ μᾶλλον;

ΞΕ. Τὴν ἐπιτακτικὴν δὴ τέχνην πάλιν ἂν εἴη θεατέον
εἴ πη διέστηκεν. καί μοι δοκεῖ τῇδέ πη, καθάπερ ἡ τῶν
καπήλων τέχνη τῆς τῶν αὐτοπωλῶν διώρισται τέχνης, καὶ
d τὸ βασιλικὸν γένος ἔοικεν ἀπὸ τοῦ τῶν κηρύκων γένους
ἀφωρίσθαι.

ΝΕ. ΣΩ. Πῶς;

ΞΕ. Πωληθέντα που πρότερον ἔργα ἀλλότρια παρα-
5 δεχόμενοι δεύτερον πωλοῦσι πάλιν οἱ κάπηλοι.

b 4 προσείπομεν Τ: προσείπωμεν al.   c 1 ταύταιν ταῖν Β Τ
c 3 αὐτὸν] αὑτου Τ   c 8 αὐτοπωλῶν Β: αὐτοπώλων Τ

ΝΕ. ΣΩ. Πάνυ μὲν οὖν.

ΞΕ. Οὐκοῦν καὶ τὸ κηρυκικὸν φῦλον ἐπιταχθέντ᾽ ἀλλότρια νοήματα παραδεχόμενον αὐτὸ δεύτερον ἐπιτάττει πάλιν ἑτέροις.

ΝΕ. ΣΩ. Ἀληθέστατα. 10

ΞΕ. Τί οὖν; εἰς ταὐτὸν μείξομεν βασιλικὴν ἑρμηνευτικῇ, κελευστικῇ, μαντικῇ, κηρυκικῇ, καὶ πολλαῖς ἑτέραις τούτων e τέχναις συγγενέσιν, αἳ σύμπασαι τό γ᾽ ἐπιτάττειν ἔχουσιν; ἢ βούλει, καθάπερ ἠκάζομεν νυνδή, καὶ τοὔνομα παρεικάσωμεν, ἐπειδὴ καὶ σχεδὸν ἀνώνυμον ὂν τυγχάνει τὸ τῶν αὐτεπιτακτῶν γένος, καὶ ταύτῃ ταῦτα διελώμεθα, τὸ μὲν τῶν 5 βασιλέων γένος εἰς τὴν αὐτεπιτακτικὴν θέντες, τοῦ δὲ ἄλλου παντὸς ἀμελήσαντες, ὄνομα ἕτερον αὐτοῖς παραχωρήσαντες θέσθαι τινά; τοῦ γὰρ ἄρχοντος ἕνεκα ἡμῖν ἡ μέθοδος ἦν ἀλλ᾽ οὐχὶ τοῦ ἐναντίου. 261

ΝΕ. ΣΩ. Πάνυ μὲν οὖν.

ΞΕ. Οὐκοῦν ἐπειδὴ τοῦτο μετρίως ἀφέστηκεν ἀπ᾽ ἐκείνων, ἀλλοτριότητι διορισθὲν πρὸς οἰκειότητα, τοῦτο αὐτὸ πάλιν αὖ διαιρεῖν ἀναγκαῖον, εἴ τινα τομὴν ἔτι ἔχομεν ὑπείκουσαν ἐν 5 τούτῳ;

ΝΕ. ΣΩ. Πάνυ γε.

ΞΕ. Καὶ μὴν φαινόμεθα ἔχειν· ἀλλ᾽ ἐπακολουθῶν σύντεμνε.

ΝΕ. ΣΩ. Πῇ; 10

ΞΕ. Πάντας ὁπόσους ἂν ἄρχοντας διανοηθῶμεν ἐπιτάξει προσχρωμένους ἆρ᾽ οὐχ εὑρήσομεν γενέσεώς τινος ἕνεκα b προστάττοντας;

ΝΕ. ΣΩ. Πῶς δ᾽ οὔ;

ΞΕ. Καὶ μὴν τά γε γιγνόμενα πάντα δίχα διαλαβεῖν οὐ παντάπασι χαλεπόν. 5

ΝΕ. ΣΩ. Πῇ;

d 7 ἐπιταχθὲν τἀλλότρια Β Τ   d 11 μίξομεν Τ : μίξωμεν Β
e 3 ἢ] εἰ Β   e 4 αὐτεπιτάκτων Β   a 10 πῇ om. pr. Τ
b 2 προστάττοντες Τ   b 4 γε] τε Β Τ
PLATO, VOL. I.   29

ΞΕ. Τὰ μὲν ἄψυχα αὐτῶν ἐστί που συμπάντων, τὰ δ' ἔμψυχα.

ΝΕ. ΣΩ. Ναί.

10 ΞΕ. Τούτοις δέ γε αὐτοῖς τὸ τοῦ γνωστικοῦ μέρος ἐπιτακτικὸν ὄν, εἴπερ βουλόμεθα τέμνειν, τεμοῦμεν.

ΝΕ. ΣΩ. Κατὰ τί;

ΞΕ. Τὸ μὲν ἐπὶ ταῖς τῶν ἀψύχων γενέσεσιν αὐτοῦ τάτ-
c τοντες, τὸ δ' ἐπὶ ⟨ταῖς⟩ τῶν ἐμψύχων· καὶ πᾶν οὕτως ἤδη διαιρήσεται δίχα.

ΝΕ. ΣΩ. Παντάπασί γε.

ΞΕ. Τὸ μὲν τοίνυν αὐτῶν παραλίπωμεν, τὸ δ' ἀναλάβω-
5 μεν, ἀναλαβόντες δὲ μερισώμεθα εἰς δύο τὸ σύμπαν.

ΝΕ. ΣΩ. Λέγεις δ' αὐτοῖν ἀναληπτέον εἶναι πότερον;

ΞΕ. Πάντως που τὸ περὶ τὰ ζῷα ἐπιτακτικόν. οὐ γὰρ δὴ τό γε τῆς βασιλικῆς ἐπιστήμης ἐστί ποτε τῶν ἀψύχων ἐπιστατοῦν, οἷον ἀρχιτεκτονικόν, ἀλλὰ γενναιότερον, ἐν τοῖς
d ζῴοις καὶ περὶ αὐτὰ ταῦτα τὴν δύναμιν ἀεὶ κεκτημένον.

ΝΕ. ΣΩ. Ὀρθῶς.

ΞΕ. Τήν γε μὴν τῶν ζῴων γένεσιν καὶ τροφὴν τὴν μέν τις ἂν ἴδοι μονοτροφίαν οὖσαν, τὴν δὲ κοινὴν τῶν ἐν ταῖς
5 ἀγέλαις θρεμμάτων ἐπιμέλειαν.

ΝΕ. ΣΩ. Ὀρθῶς.

ΞΕ. Ἀλλ' οὐ μὴν τόν γε πολιτικὸν εὑρήσομεν ἰδιοτρόφον, ὥσπερ βοηλάτην ἤ τινα ἱπποκόμον, ἀλλ' ἱπποφορβῷ τε καὶ βουφορβῷ μᾶλλον προσεοικότα.

10 ΝΕ. ΣΩ. Φαίνεταί γε δὴ ῥηθὲν νῦν.

e ΞΕ. Πότερον οὖν τῆς ζῳοτροφίας τὴν τῶν συμπόλλων κοινὴν τροφὴν ἀγελαιοτροφίαν ἢ κοινοτροφικήν τινα ὀνο-μάζομεν;

ΝΕ. ΣΩ. Ὁπότερον ἂν ἐν τῷ λόγῳ συμβαίνῃ.

5 ΞΕ. Καλῶς γε, ὦ Σώκρατες· κἂν διαφυλάξῃς τὸ μὴ

b 10 μέρους vulg.   b 13 τάσσοντες BT   c 1 ταῖς al. : om. BT
d 4 κοινὴν] κοινῇ B   d 7 ἰδιοτρόφον D : ἰδιότροπον BT   e 1 τὴν]
τῆς B   e 2 ὀνομάζομεν BT : ὀνομάζωμεν al.

σπουδάζειν ἐπὶ τοῖς ὀνόμασιν, πλουσιώτερος εἰς τὸ γῆρας
ἀναφανήσῃ φρονήσεως. νῦν δὲ τοῦτο μέν, καθάπερ δια-
κελεύῃ, ποιητέον· τὴν δὲ ἀγελαιοτροφικὴν ἆρ᾽ ἐννοεῖς πῇ
τις δίδυμον ἀποφήνας τὸ ζητούμενον ἐν διπλασίοισι τὰ νῦν 262
ἐν τοῖς ἡμίσεσιν εἰς τότε ποιήσει ζητεῖσθαι;

ΝΕ. ΣΩ. Προθυμήσομαι. καί μοι δοκεῖ τῶν μὲν ἀνθρώπων
ἑτέρα τις εἶναι, τῶν δ᾽ αὖ θηρίων ἄλλη τροφή.

ΞΕ. Παντάπασί γε προθυμότατα καὶ ἀνδρειότατα δι- 5
ῄρησαι· μὴ μέντοι τοῦτό γε εἰς αὖθις κατὰ δύναμιν πάσχωμεν.

ΝΕ. ΣΩ. Τὸ ποῖον;

ΞΕ. Μὴ σμικρὸν μόριον ἓν πρὸς μεγάλα καὶ πολλὰ
ἀφαιρῶμεν, μηδὲ εἴδους χωρίς· ἀλλὰ τὸ μέρος ἅμα εἶδος b
ἐχέτω. κάλλιστον μὲν γὰρ ἀπὸ τῶν ἄλλων εὐθὺς διαχωρίζειν
τὸ ζητούμενον, ἂν ὀρθῶς ἔχῃ, καθάπερ ὀλίγον σὺ πρότερον
οἰηθεὶς ἔχειν τὴν διαίρεσιν ἐπέσπευσας τὸν λόγον, ἰδὼν ἐπ᾽
ἀνθρώπους πορευόμενον· ἀλλὰ γάρ, ὦ φίλε, λεπτουργεῖν οὐκ 5
ἀσφαλές, διὰ μέσων δὲ ἀσφαλέστερον ἰέναι τέμνοντας, καὶ
μᾶλλον ἰδέαις ἄν τις προστυγχάνοι. τοῦτο δὲ διαφέρει τὸ
πᾶν πρὸς τὰς ζητήσεις. c

ΝΕ. ΣΩ. Πῶς, ὦ ξένε, λέγεις τοῦτο;

ΞΕ. Πειρατέον ἔτι σαφέστερον φράζειν εὐνοίᾳ τῆς σῆς
φύσεως, ὦ Σώκρατες. ἐν τῷ μὲν οὖν παρεστηκότι τὰ νῦν
δηλῶσαι μηδὲν ἐνδεῶς ἀδύνατον· ἐπιχειρητέον δέ τι καὶ 5
σμικρῷ πλέον αὐτὸ προαγαγεῖν εἰς τὸ πρόσθεν σαφηνείας
ἕνεκα.

ΝΕ. ΣΩ. Ποῖον οὖν δὴ φράζεις διαιρουμένους ἡμᾶς οὐκ
ὀρθῶς ἄρτι δρᾶν;

ΞΕ. Τοιόνδε, οἷον εἴ τις τἀνθρώπινον ἐπιχειρήσας δίχα 10
διελέσθαι γένος διαιροῖ καθάπερ οἱ πολλοὶ τῶν ἐνθάδε δια- d
νέμουσι, τὸ μὲν Ἑλληνικὸν ὡς ἓν ἀπὸ πάντων ἀφαιροῦντες
χωρίς, σύμπασι δὲ τοῖς ἄλλοις γένεσιν, ἀπείροις οὖσι καὶ

e 6 εἰς τὸ] καὶ εἰς Athenaeus   a 1 διπλασίοισι] διπλασίοις ἢ B T
b 4 οἰηθεὶς] οἰήθης B   c 6 προσαγαγεῖν T   πρόσθε T   c 8 δὴ
om. T   d 3 σὺν πᾶσι B

29*

ἀμείκτοις καὶ ἀσυμφώνοις πρὸς ἄλληλα, βάρβαρον μιᾷ κλήσει
5 προσειπόντες αὐτὸ διὰ ταύτην τὴν μίαν κλῆσιν καὶ γένος
ἐν αὐτὸ εἶναι προσδοκῶσιν· ἢ τὸν ἀριθμόν τις αὖ νομίζοι
κατ᾽ εἴδη δύο διαιρεῖν μυριάδα ἀποτεμνόμενος ἀπὸ πάντων,
e ὡς ἐν εἶδος ἀποχωρίζων, καὶ τῷ λοιπῷ δὴ παντὶ θέμενος ἐν
ὄνομα διὰ τὴν κλῆσιν αὖ καὶ τοῦτ᾽ ἀξιοῖ γένος ἐκείνου χωρὶς
ἕτερον ἐν γίγνεσθαι. κάλλιον δέ που καὶ μᾶλλον κατ᾽ εἴδη
καὶ δίχα διαιροῖτ᾽ ἄν, εἰ τὸν μὲν ἀριθμὸν ἀρτίῳ καὶ περιττῷ
5 τις τέμνοι, τὸ δὲ αὖ τῶν ἀνθρώπων γένος ἄρρενι καὶ θήλει,
Λυδοὺς δὲ ἢ Φρύγας ἤ τινας ἑτέρους πρὸς ἅπαντας τάττων
ἀποσχίζοι τότε, ἡνίκα ἀποροῖ γένος ἅμα καὶ μέρος εὑρίσκειν
263 ἑκάτερον τῶν σχισθέντων.

ΝΕ. ΣΩ. Ὀρθότατα· ἀλλὰ γὰρ τοῦτο αὐτό, ὦ ξένε, πῶς
ἄν τις γένος καὶ μέρος ἐναργέστερον γνοίη, ὡς οὐ ταὐτόν
ἐστον ἀλλ᾽ ἕτερον ἀλλήλοιν;

5 ΞΕ. Ὦ βέλτιστε ἀνδρῶν, οὐ φαῦλον προστάττεις, Σώ-
κρατες. ἡμεῖς μὲν καὶ νῦν μακροτέραν τοῦ δέοντος ἀπὸ
τοῦ προτεθέντος λόγου πεπλανήμεθα, σὺ δὲ ἔτι πλέον ἡμᾶς
κελεύεις πλανηθῆναι. νῦν μὲν οὖν, ὥσπερ εἰκός, ἐπανίωμεν
b πάλιν· ταῦτα δὲ εἰς αὖθις κατὰ σχολὴν καθάπερ ἰχνεύοντες
μέτιμεν. οὐ μὴν ἀλλὰ τοῦτό γε αὖ παντάπασιν φύλαξαι, μή
ποτε παρ᾽ ἐμοῦ δόξῃς αὐτὸ ἐναργῶς διωρισμένον ἀκηκοέναι.

ΝΕ. ΣΩ. Τὸ ποῖον;

5 ΞΕ. Εἶδός τε καὶ μέρος ἕτερον ἀλλήλων εἶναι.

ΝΕ. ΣΩ. Τί μήν;

ΞΕ. Ὡς εἶδος μὲν ὅταν ᾖ του, καὶ μέρος αὐτὸ ἀναγκαῖον
εἶναι τοῦ πράγματος ὅτουπερ ἂν εἶδος λέγηται· μέρος δὲ
εἶδος οὐδεμία ἀνάγκη. ταύτῃ με ἢ ᾽κείνῃ μᾶλλον, ὦ Σώκρατες,
10 ἀεὶ φάθι λέγειν.

ΝΕ. ΣΩ. Ταῦτ᾽ ἔσται.

d 5 αὐτὸ secl. Stallbaum   d 6 ἢ] ἢ εἰ Heindorf   e 3 ἐν
γίγνεσθαι Stallbaum : ἐγγίγνεσθαι Β Τ   a 6 μακρότερον Τ
a 7 προ * τεθέντος Τ   b 1 ἰχνεύομεν D   b 7 ὅταν] ὅτι ἂν
Schleiermacher   b 9 εἶδος] εἴδους Β Τ   ἤ κεινή Β

ΞΕ. Φράσον δή μοι τὸ μετὰ τοῦτο.   c

ΝΕ. ΣΩ. Ποῖον;

ΞΕ. Τὸ τῆς ἀποπλανήσεως ὁπόθεν ἡμᾶς δεῦρ' ἤγαγεν. οἶμαι μὲν γὰρ μάλιστα, ὅθεν ἐρωτηθεὶς σὺ τὴν ἀγελαιοτρο- φίαν ὅπη διαιρετέον εἶπες μάλα προθύμως δύ' εἶναι ζῴων 5 γένη, τὸ μὲν ἀνθρώπινον, ἕτερον δὲ τῶν ἄλλων συμπάντων θηρίων ἕν.

ΝΕ. ΣΩ. Ἀληθῆ.

ΞΕ. Καὶ ἔμοιγε δὴ τότ' ἐφάνης μέρος ἀφαιρῶν ἡγεῖσθαι καταλιπεῖν τὸ λοιπὸν αὖ πάντων γένος ἕν, ὅτι πᾶσι ταὐτὸν 10 ἐπονομάζειν ἔσχες ὄνομα, θηρία καλέσας.   d

ΝΕ. ΣΩ. Ἦν καὶ ταῦτα οὕτως.

ΞΕ. Τὸ δέ γε, ὦ πάντων ἀνδρειότατε, τάχ' ἄν, εἴ που φρόνιμόν ἐστί τι ζῷον ἕτερον, οἷον δοκεῖ τὸ τῶν γεράνων, ἤ τι τοιοῦτον ἄλλο, ὃ κατὰ ταὐτὰ ἴσως διονομάζει καθάπερ 5 καὶ σύ, γεράνους μὲν ἓν γένος ἀντιτιθὲν τοῖς ἄλλοις ζῴοις καὶ σεμνῦνον αὐτὸ ἑαυτό, τὰ δὲ ἄλλα μετὰ τῶν ἀνθρώπων συλλαβὸν εἰς ταὐτὸ οὐδὲν ἄλλο πλὴν ἴσως θηρία προσείποι. πειραθῶμεν οὖν ἡμεῖς ἐξευλαβεῖσθαι πάνθ' ὁπόσα τοιαῦτα.   e

ΝΕ. ΣΩ. Πῶς;

ΞΕ. Μὴ πᾶν τὸ τῶν ζῴων γένος διαιρούμενοι, ἵνα ἧττον αὐτὰ πάσχωμεν.

ΝΕ. ΣΩ. Οὐδὲν γὰρ δεῖ.   5

ΞΕ. Καὶ γὰρ οὖν καὶ τότε ἡμαρτάνετο ταύτῃ.

ΝΕ. ΣΩ. Τί δή;

ΞΕ. Τῆς γνωστικῆς ὅσον ἐπιτακτικὸν ἡμῖν μέρος ἦν που τοῦ ζῳοτροφικοῦ γένους, ἀγελαίων μὴν ζῴων. ἦ γάρ;

ΝΕ. ΣΩ. Ναί.   10

ΞΕ. Διῄρητο τοίνυν ἤδη καὶ τότε σύμπαν τὸ ζῷον τῷ 264 τιθασῷ καὶ ἀγρίῳ. τὰ μὲν γὰρ ἔχοντα τιθασεύεσθαι φύσιν ἥμερα προσείρηται, τὰ δὲ μὴ 'θέλοντα ἄγρια.

c 9 τότ'] τοῦτ' B   d 3 δέ γε] λέγε B   d 5 ὃ secl. Heindorf
διονομάζει B T : διονομάζοι W t   e 9 μὴν] ἦν B   a 3 θέλοντα W :
ἔχοντα B T

ΝΕ. ΣΩ. Καλῶς.

5 ΞΕ. Ἦν δέ γε θηρεύομεν ἐπιστήμην, ἐν τοῖς ἡμέροις ἦν τε καὶ ἔστιν, ἐπὶ τοῖς ἀγελαίοις μὴν ζητητέα θρέμμασιν.

ΝΕ. ΣΩ. Ναί.

ΞΕ. Μὴ τοίνυν διαιρώμεθα ὥσπερ τότε πρὸς ἅπαντα ἀποβλέψαντες, μηδὲ σπεύσαντες, ἵνα δὴ ταχὺ γενώμεθα
b πρὸς τῇ πολιτικῇ. πεποίηκε γὰρ ἡμᾶς καὶ νῦν παθεῖν τὸ κατὰ τὴν παροιμίαν πάθος.

ΝΕ. ΣΩ. Ποῖον;

ΞΕ. Οὐχ ἡσύχους εὖ διαιροῦντας ἠνυκέναι βραδύτερον.

5 ΝΕ. ΣΩ. Καὶ καλῶς γε, ὦ ξένε, πεποίηκε.

ΞΕ. Ταῦτ' ἔστω. πάλιν δ' οὖν ἐξ ἀρχῆς τὴν κοινο-τροφικὴν πειρώμεθα διαιρεῖν· ἴσως γὰρ καὶ τοῦτο ὃ σὺ προθυμῇ διαπεραινόμενος ὁ λόγος αὐτός σοι κάλλιον μηνύσει. καί μοι φράζε.

10 ΝΕ. ΣΩ. Ποῖον δή;

ΞΕ. Τόδε, εἴ τινων πολλάκις ἄρα διακήκοας· οὐ γὰρ δὴ
c προστυχής γε αὐτὸς οἶδ' ὅτι γέγονας ταῖς ἐν τῷ Νείλῳ τιθασείαις τῶν ἰχθύων καὶ τῶν ἐν ταῖς βασιλικαῖς λίμναις. ἐν μὲν γὰρ κρήναις τάχ' ἂν ἴσως εἴης ᾐσθημένος.

ΝΕ. ΣΩ. Πάνυ μὲν οὖν καὶ ταῦτα τεθέαμαι κἀκεῖνα
5 πολλῶν ἀκήκοα.

ΞΕ. Καὶ μὴν χηνοβωτίας γε καὶ γερανοβωτίας, εἰ καὶ μὴ πεπλάνησαι περὶ τὰ Θετταλικὰ πεδία, πέπυσαι γοῦν καὶ πιστεύεις εἶναι.

ΝΕ. ΣΩ. Τί μήν;

d ΞΕ. Τοῦδ' ἕνεκά τοι πάντα ἠρώτησα ταῦτα, διότι τῆς τῶν ἀγελαίων τροφῆς ἔστι μὲν ἔνυδρον, ἔστι δὲ καὶ ξηροβατικόν.

ΝΕ. ΣΩ. Ἔστι γὰρ οὖν.

5 ΞΕ. Ἆρ' οὖν καὶ σοὶ συνδοκεῖ ταύτῃ δεῖν διχάζειν τὴν

κοινοτροφικὴν ἐπιστήμην, ἐφ' ἑκατέρῳ τούτων τὸ μέρος
αὐτῆς ἐπινέμοντας ἑκάτερον, τὸ μὲν ἕτερον ὑγροτροφικὸν
ὀνομάζοντας, τὸ δ' ἕτερον ξηροτροφικόν;

ΝΕ. ΣΩ. Ἔμοιγε.

ΞΕ. Καὶ μὴν καὶ τὸ βασιλικὸν οὕτως οὐ ζητήσομεν 10
ὁποτέρας ἐστὶ τῆς τέχνης· δῆλον [δὴ] γὰρ παντί.   e

ΝΕ. ΣΩ. Πῶς δ' οὔ;

ΞΕ. Πᾶς μὲν δὴ τό γε ξηροτροφικὸν τῆς ἀγελαιοτροφίας
διέλοιτ' ἂν φῦλον.

ΝΕ. ΣΩ. Πῶς;   5

ΞΕ. Τῷ πτηνῷ τε καὶ πεζῷ διορισάμενος.

ΝΕ. ΣΩ. Ἀληθέστατα.

ΞΕ. Τί δέ; τὸ πολιτικὸν ἢ περὶ τὸ πεζὸν ζητητέον; ἢ
οὐκ οἴει καὶ τὸν ἀφρονέστατον ὡς ἔπος εἰπεῖν δοξάζειν
οὕτως;   10

ΝΕ. ΣΩ. Ἔγωγε.

ΞΕ. Τὴν δὲ πεζονομικήν, καθάπερ ἄρτι τὸν ἀριθμόν, δεῖ
τεμνομένην δίχα ἀποφαίνειν.

ΝΕ. ΣΩ. Δῆλον.

ΞΕ. Καὶ μὴν ἐφ' ὅ γε μέρος ὥρμηκεν ἡμῖν ὁ λόγος, ἐπ' **265**
ἐκεῖνο δύο τινὲ καθορᾶν ὁδὼ τεταμένα φαίνεται, τὴν μὲν
θάττω, πρὸς μέγα μέρος σμικρὸν διαιρουμένην, τὴν δέ, ὅπερ
ἐν τῷ πρόσθεν ἐλέγομεν ὅτι δεῖ μεσοτομεῖν ὡς μάλιστα, τοῦτ'
ἔχουσαν μᾶλλον, μακροτέραν γε μήν. ἔξεστιν οὖν ὁποτέραν 5
ἂν βουληθῶμεν, ταύτην πορευθῆναι.

ΝΕ. ΣΩ. Τί δέ; ἀμφοτέρας ἀδύνατον;

ΞΕ. Ἅμα γ', ὦ θαυμαστέ· ἐν μέρει γε μὴν δῆλον ὅτι
δυνατόν.

ΝΕ. ΣΩ. Ἐν μέρει τοίνυν ἔγωγε ἀμφοτέρας αἱροῦμαι.   b

ΞΕ. Ῥᾴδιον, ἐπειδὴ τὸ λοιπὸν βραχύ· κατ' ἀρχὰς μὴν
καὶ μεσοῦσιν ἅμα τῆς πορείας χαλεπὸν ἂν ἦν ἡμῖν τὸ πρόσ-

e 1 δὴ seclusi: post γὰρ transp. al.   e 8 ἢ περὶ Heindorf : ὥσπερ
Β Τ   e 12 ἄρτι τὸν Ast : ἄρτιον Β Τ   b 2 μὴν] μὲν οὖν Τ

ταγμα. νῦν δ᾽, ἐπειδὴ δοκεῖ ταύτῃ, τὴν μακροτέραν πρότερον

5 ἴωμεν· νεαλέστεροι γὰρ ὄντες ῥᾷον αὐτὴν πορευσόμεθα. τὴν
δὲ δὴ διαίρεσιν ὅρα.

ΝΕ. ΣΩ. Λέγε.

ΞΕ. Τὰ πεζὰ ἡμῖν τῶν ἡμέρων, ὅσαπερ ἀγελαῖα, διῃρημένα
ἐστὶ φύσει δίχα.

10 ΝΕ. ΣΩ. Τίνι;

ΞΕ. Τῷ τῶν μὲν τὴν γένεσιν ἄκερων εἶναι, τῶν δὲ
κερασφόρον.

c ΝΕ. ΣΩ. Φαίνεται.

ΞΕ. Τὴν δὴ πεζονομικὴν διελὼν ἀπόδος ἑκατέρῳ τῷ μέρει
λόγῳ χρώμενος. ἂν γὰρ ὀνομάζειν αὐτὰ βουληθῇς, ἔσται σοι
περιπεπλεγμένον μᾶλλον τοῦ δέοντος.

5 ΝΕ. ΣΩ. Πῶς οὖν χρὴ λέγειν;

ΞΕ. Ὧδε· τῆς πεζονομικῆς ἐπιστήμης δίχα διαιρεθείσης
τὸ μόριον θάτερον ἐπὶ τῷ κερασφόρῳ μέρει τῷ τῆς ἀγέλης
ἐπιτετάχθαι, τὸ δὲ ἕτερον ἐπὶ τῷ τῆς ἀκεράτου.

d ΝΕ. ΣΩ. Ταῦτ᾽ ἔστω ταύτῃ λεχθέντα· πάντως γὰρ ἱκανῶς
δεδήλωται.

ΞΕ. Καὶ μὴν ὅ γε βασιλεὺς ἡμῖν αὖ καταφανὴς ὅτι
κολοβὸν ἀγέλην τινὰ κεράτων νομεύει.

5 ΝΕ. ΣΩ. Πῶς γὰρ οὐ δῆλος;

ΞΕ. Ταύτην τοίνυν καταθραύσαντες τὸ γιγνόμενον αὐτῷ
πειρώμεθα ἀποδοῦναι.

ΝΕ. ΣΩ. Πάνυ γε.

ΞΕ. Πότερον οὖν βούλει τῷ σχιστῷ τε καὶ τῷ καλουμένῳ
10 μώνυχι διαιρεῖν αὐτὴν ἢ τῇ κοινογονίᾳ τε καὶ ἰδιογονίᾳ;
μανθάνεις γάρ που.

ΝΕ. ΣΩ. Τὸ ποῖον;

e ΞΕ. Ὅτι τὸ μὲν τῶν ἵππων καὶ ὄνων πέφυκεν ἐξ ἀλλήλων
γεννᾶν.

b 4 προτέραν B T   c 7 κεροφόρῳ B   d 4 τινα ἀγέλην T
κεράτων] ἀκεράτων T   d 6 γιγνόμενον Cornarius : κινούμενον B T W
d 10 τῇ] πῃ B

ΝΕ. ΣΩ. Ναί.

ΞΕ. Τὸ δέ γε λοιπὸν ἔτι τῆς λείας ἀγέλης τῶν ἡμέρων
ἀμιγὲς γένει πρὸς ἄλληλα. 5

ΝΕ. ΣΩ. Πῶς δ' οὔ;

ΞΕ. Τί δ'; ὁ πολιτικὸς ἆρ' ἐπιμέλειαν ἔχειν φαίνεται
πότερα κοινογενοῦς φύσεως ἤ τινος ἰδιογενοῦς;

ΝΕ. ΣΩ. Δῆλον ὅτι τῆς ἀμείκτου.

ΞΕ. Ταύτην δὴ δεῖ καθάπερ τὰ ἔμπροσθεν, ὡς ἔοικεν, 10
ἡμᾶς δίχα διαστέλλειν.

ΝΕ. ΣΩ. Δεῖ γὰρ οὖν.

ΞΕ. Καὶ μὴν τό γε ζῷον, ὅσον ἥμερον καὶ ἀγελαῖον, 266
σχεδὸν πλὴν γενοῖν δυοῖν πᾶν ἤδη κατακεκερμάτισται. τὸ
γὰρ τῶν κυνῶν οὐκ ἐπάξιον καταριθμεῖν γένος ὡς ἐν ἀγελαίοις
θρέμμασιν.

ΝΕ. ΣΩ. Οὐ γὰρ οὖν. ἀλλὰ τίνι δὴ τὼ δύο διαιροῦμεν; 5

ΞΕ. ᾯιπερ καὶ δίκαιόν γε Θεαίτητόν τε καὶ σὲ διανέμειν,
ἐπειδὴ καὶ γεωμετρίας ἅπτεσθον.

ΝΕ. ΣΩ. Τῷ;

ΞΕ. Τῇ διαμέτρῳ δήπου καὶ πάλιν τῇ τῆς διαμέτρου
διαμέτρῳ. 10

ΝΕ. ΣΩ. Πῶς εἶπες;

ΞΕ. Ἡ φύσις, ἣν τὸ γένος ἡμῶν τῶν ἀνθρώπων κέκτη- b
ται, μῶν ἄλλως πως εἰς τὴν πορείαν πέφυκεν ἢ καθάπερ ἡ
διάμετρος ἡ δυνάμει δίπους;

ΝΕ. ΣΩ. Οὐκ ἄλλως.

ΞΕ. Καὶ μὴν ἥ γε τοῦ λοιποῦ γένους πάλιν ἐστὶ κατὰ 5
δύναμιν αὖ τῆς ἡμετέρας δυνάμεως διάμετρος, εἴπερ δυοῖν γέ
ἐστι ποδοῖν δὶς πεφυκυῖα.

ΝΕ. ΣΩ. Πῶς δ' οὐκ ἔστι; καὶ δὴ καὶ σχεδὸν ὃ βούλει
δηλοῦν μανθάνω.

ΞΕ. Πρὸς δὴ τούτοις ἕτερον αὖ τι τῶν πρὸς γέλωτα 10

c εὐδοκιμησάντων ἄν, ὦ Σώκρατες, ἆρα καθορῶμεν ἡμῖν γεγονὸς
ἐν τοῖς διῃρημένοις;

ΝΕ. ΣΩ. Τὸ ποῖον;

ΞΕ. Τἀνθρώπινον ἡμῶν ἅμα γένος συνειληχὸς καὶ
5 συνδεδραμηκὸς γένει τῷ τῶν ὄντων γενναιοτάτῳ καὶ ἅμα
εὐχερεστάτῳ.

ΝΕ. ΣΩ. Καθορῶ καὶ μάλ' ἀτόπως συμβαῖνον.

ΞΕ. Τί δ'; οὐκ εἰκὸς ὕστατα ἀφικνεῖσθαι τὰ βραδύτατα;

ΝΕ. ΣΩ. Ναί, τοῦτό γε.

10 ΞΕ. Τόδε δὲ οὐκ ἐννοοῦμεν, ὡς ἔτι γελοιότερος ὁ βασι-
λεὺς φαίνεται μετὰ τῆς ἀγέλης συνδιαθέων καὶ σύνδρομα
d πεπορευμένος τῷ τῶν ἀνδρῶν αὖ πρὸς τὸν εὐχερῆ βίον ἄριστα
γεγυμνασμένῳ;

ΝΕ. ΣΩ. Παντάπασι μὲν οὖν.

ΞΕ. Νῦν γάρ, ὦ Σώκρατες, ἐκεῖνό ἐστι καταφανὲς μᾶλλον
5 τὸ ῥηθὲν τότ' ἐν τῇ περὶ τὸν σοφιστὴν ζητήσει.

ΝΕ. ΣΩ. Τὸ ποῖον;

ΞΕ. Ὅτι τῇ τοιᾷδε μεθόδῳ τῶν λόγων οὔτε σεμνοτέρου
μᾶλλον ἐμέλησεν ἢ μή, τόν τε σμικρότερον οὐδὲν ἠτίμακε
πρὸ τοῦ μείζονος, ἀεὶ δὲ καθ' αὑτὴν περαίνει τἀληθέστατον.

10 ΝΕ. ΣΩ. Ἔοικεν.

ΞΕ. Οὐκοῦν μετὰ τοῦτο, ἵνα μή με φθῇς ἐρωτήσας τὴν
e βραχυτέραν ὁδὸν ἥτις τότε ἦν ἐπὶ τὸν τοῦ βασιλέως ὅρον,
αὐτός σοι πρότερον ἔλθω;

ΝΕ. ΣΩ. Σφόδρα γε.

ΞΕ. Λέγω δὴ δεῖν τότε εὐθὺς τὸ πεζὸν τῷ δίποδι πρὸς
5 τὸ τετράπουν γένος διανεῖμαι, κατιδόντα δὲ τἀνθρώπινον ἔτι
μόνῳ τῷ πτηνῷ συνειληχὸς τὴν δίποδα ἀγέλην πάλιν τῷ
ψιλῷ καὶ τῷ πτεροφυεῖ τέμνειν, τμηθείσης δὲ αὐτῆς καὶ
τότ' ἤδη τῆς ἀνθρωπονομικῆς δηλωθείσης τέχνης, φέροντα
τὸν πολιτικὸν καὶ βασιλικὸν οἷον ἡνίοχον εἰς αὐτὴν ἐνστή-

c 4 ἡμῖν al.   c 7 μάλα τὸ πῶς B T   c 10 τόδε δὲ] τόδε γε B :
fort. τὸ δέ γε Stallbaum   d 11 τοῦτο ἵνα] τούτοιν ἃ B   με φθῇς
Stephanus e Ficino : μ' ἔφθης B : μεμφθῆς T   e 5 τὸ om. B T

σαντα, παραδοῦναι τὰς τῆς πόλεως ἡνίας ὡς οἰκείας καὶ 10
αὑτῷ ταύτης οὔσης τῆς ἐπιστήμης.

ΝΕ. ΣΩ. Καλῶς καὶ καθαπερεὶ χρέος ἀπέδωκάς μοι τὸν 267
λόγον, προσθεὶς τὴν ἐκτροπὴν οἷον τόκον καὶ ἀναπληρώσας
αὐτόν.

ΞΕ. Φέρε δὴ καὶ συνείρωμεν ἐπανελθόντες ἐπὶ τὴν ἀρχὴν
μέχρι τῆς τελευτῆς τὸν λόγον τοῦ ὀνόματος τῆς τοῦ πολιτικοῦ 5
τέχνης.

ΝΕ. ΣΩ. Πάνυ μὲν οὖν.

ΞΕ. Τῆς γνωστικῆς τοίνυν ἐπιστήμης ἡμῖν ἦν κατ' ἀρχὰς
μέρος ἐπιτακτικόν· τούτου δὲ ἀπεικασθὲν τὸ μόριον αὐτεπι-
τακτικὸν ἐρρήθη. ζῳοτροφικὴ δὲ πάλιν αὐτεπιτακτικῆς οὐ τὸ b
σμικρότατον τῶν γενῶν ἀπεσχίζετο· καὶ ζῳοτροφικῆς εἶδος
ἀγελαιοτροφικόν, ἀγελαιοτροφικοῦ δ' αὖ πεζονομικόν· τοῦ δὲ
πεζονομικοῦ μάλιστα ἀπετέμνετο τέχνη τῆς ἀκεράτου φύσεως
θρεπτική. ταύτης δ' αὖ τὸ μέρος οὐκ ἔλαττον τριπλοῦν 5
συμπλέκειν ἀναγκαῖον, ἂν εἰς ἕν τις αὐτὸ ὄνομα συναγαγεῖν
βουληθῇ, γενέσεως ἀμείκτου νομευτικὴν ἐπιστήμην προσ-
αγορεύων. τὸ δ' ἀπὸ τούτου τμῆμα, ἐπὶ ποίμνῃ δίποδι μέρος c
ἀνθρωπονομικὸν ἔτι λειφθὲν μόνον, τοῦτ' αὐτό ἐστιν ἤδη τὸ
ζητηθέν, ἅμα βασιλικὸν ταὐτὸν κληθὲν καὶ πολιτικόν.

ΝΕ. ΣΩ. Παντάπασι μὲν οὖν.

ΞΕ. Ἆρά γ', ὦ Σώκρατες, ἀληθῶς ἡμῖν τοῦτο καθάπερ 5
σὺ νῦν εἴρηκας οὕτως ἐστὶ καὶ πεπραγμένον;

ΝΕ. ΣΩ. Τὸ ποῖον δή;

ΞΕ. Τὸ παντάπασιν ἱκανῶς εἰρῆσθαι τὸ προτεθέν; ἢ
τοῦτ' αὐτὸ καὶ μάλιστα ἡ ζήτησις ἐλλείπει, τὸ τὸν λόγον
εἰρῆσθαι μέν πως, οὐ μὴν παντάπασί γε τελέως ἀπειργάσθαι; d

ΝΕ. ΣΩ. Πῶς εἶπες;

ΞΕ. Ἐγὼ νῷν πειράσομαι τοῦτ' αὐτὸ ὃ διανοοῦμαι νῦν
ἔτι μᾶλλον δηλῶσαι.

a 1 ἀποδέδωκας T   a 9 αὐτεπίτακτον B T   b 5 τριπλοῦ al.
Stallbaum   b 6 ξυνάγειν T   b 7 ἀμίκτου Boeckh : μικτοῦ B T
νομευτικὴν Heindorf : νομευτικῆς B T   c 2 ἔτι] ἔνι B

5 ΝΕ. ΣΩ. Λέγοις ἄν.

ΞΕ. Οὐκοῦν τῶν νομευτικῶν ἡμῖν πολλῶν φανεισῶν ἄρτι τεχνῶν μία τις ἦν ἡ πολιτικὴ καὶ μιᾶς τινος ἀγέλης ἐπιμέλεια;

ΝΕ. ΣΩ. Ναί.

10 ΞΕ. Ταύτην δέ γε διώριζεν ὁ λόγος οὐχ ἵππων εἶναι τροφὸν οὐδ᾽ ἄλλων θηρίων, ἀλλ᾽ ἀνθρώπων κοινοτροφικὴν ἐπιστήμην.

ΝΕ. ΣΩ. Οὕτως.

e ΞΕ. Τὸ δὴ τῶν νομέων πάντων διάφορον καὶ τὸ τῶν βασιλέων θεασώμεθα.

ΝΕ. ΣΩ. Τὸ ποῖον;

ΞΕ. Εἴ τις τῶν ἄλλων τῳ, τέχνης ἄλλης ὄνομα ἔχων,
5 κοινῇ τῆς ἀγέλης σύντροφος εἶναί φησι καὶ προσποιεῖται.

ΝΕ. ΣΩ. Πῶς φής;

ΞΕ. Οἷον οἱ ἔμποροι καὶ γεωργοὶ καὶ σιτουργοὶ πάντες, καὶ πρὸς τούτοις γυμνασταὶ καὶ τὸ τῶν ἰατρῶν γένος, οἶσθ᾽ ὅτι τοῖς περὶ τὰ ἀνθρώπινα νομεῦσιν, οὓς πολιτικοὺς ἐκαλέ-
268 σαμεν, παντάπασι τῷ λόγῳ διαμάχοιντ᾽ ἂν οὗτοι σύμπαντες, ὡς σφεῖς τῆς τροφῆς ἐπιμελοῦνται τῆς ἀνθρωπίνης, οὐ μόνον ἀγελαίων ἀνθρώπων ἀλλὰ καὶ τῆς τῶν ἀρχόντων αὐτῶν;

ΝΕ. ΣΩ. Οὐκοῦν ὀρθῶς ἂν λέγοιεν;

5 ΞΕ. Ἴσως. καὶ τοῦτο μὲν ἐπισκεψόμεθα, τόδε δὲ ἴσμεν, ὅτι βουκόλῳ γε οὐδεὶς ἀμφισβητήσει περὶ τούτων οὐδενός, ἀλλ᾽ αὐτὸς τῆς ἀγέλης τροφὸς ὁ βουφορβός, αὐτὸς ἰατρός, αὐτὸς οἷον νυμφευτὴς καὶ περὶ τοὺς τῶν γιγνομένων τόκους
b καὶ λοχείας μόνος ἐπιστήμων τῆς μαιευτικῆς. ἔτι τοίνυν παιδιᾶς καὶ μουσικῆς ἐφ᾽ ὅσον αὐτοῦ τὰ θρέμματα φύσει μετείληφεν, οὐκ ἄλλος κρείττων παραμυθεῖσθαι καὶ κηλῶν πραΰνειν, μετά τε ὀργάνων καὶ ψιλῷ τῷ στόματι τὴν τῆς
5 αὐτοῦ ποίμνης ἄριστα μεταχειριζόμενος μουσικήν. καὶ δὴ καὶ τῶν ἄλλων πέρι νομέων ὁ αὐτὸς τρόπος. ἦ γάρ;

e 4 τῳ G : τῷ T : τὸ B   e 5 ξύντροφος T   προσποιεῖται T
a 4 λέγοιμεν B   a 6 ἀμφισβητεῖ T : ἀμφισβητεῖται vulg.   b 4 τε]
γε vulg.

ΝΕ. ΣΩ. Ὀρθότατα.

ΞΕ. Πῶς οὖν ἡμῖν ὁ λόγος ὀρθὸς φανεῖται καὶ ἀκέραιος
ὁ περὶ τοῦ βασιλέως, ὅταν αὐτὸν νομέα καὶ τροφὸν ἀγέλης c
ἀνθρωπίνης θῶμεν μόνον ἐκκρίνοντες μυρίων ἄλλων ἀμφισ-
βητούντων;

ΝΕ. ΣΩ. Οὐδαμῶς.

ΞΕ. Οὐκοῦν ὀρθῶς ὀλίγον ἔμπροσθεν ἐφοβήθημεν ὑπο- 5
πτεύσαντες μὴ λέγοντες μέν τι τυγχάνοιμεν σχῆμα βασιλικόν,
οὐ μὴν ἀπειργασμένοι γε εἶμέν πω δι᾽ ἀκριβείας τὸν πολι-
τικόν, ἕως ἂν τοὺς περικεχυμένους αὐτῷ καὶ τῆς συννομῆς
αὐτῷ ἀντιποιουμένους περιελόντες καὶ χωρίσαντες ἀπ᾽ ἐκείνων
καθαρὸν μόνον αὐτὸν ἀποφήνωμεν; 10

ΝΕ. ΣΩ. Ὀρθότατα μὲν οὖν. d

ΞΕ. Τοῦτο τοίνυν, ὦ Σώκρατες, ἡμῖν ποιητέον, εἰ μὴ
μέλλομεν ἐπὶ τῷ τέλει καταισχῦναι τὸν λόγον.

ΝΕ. ΣΩ. Ἀλλὰ μὴν οὐδαμῶς τοῦτό γε δραστέον.

ΞΕ. Πάλιν τοίνυν ἐξ ἄλλης ἀρχῆς δεῖ καθ᾽ ἑτέραν ὁδὸν 5
πορευθῆναί τινα.

ΝΕ. ΣΩ. Ποίαν δή;

ΞΕ. Σχεδὸν παιδιὰν ἐγκερασαμένους· συχνῷ γὰρ μέρει
δεῖ μεγάλου μύθου προσχρήσασθαι, καὶ τὸ λοιπὸν δή, καθάπερ
ἐν τοῖς πρόσθεν, μέρος ἀεὶ μέρους ἀφαιρουμένους ἐπ᾽ ἄκρον e
ἀφικνεῖσθαι τὸ ζητούμενον. οὐκοῦν χρή;

ΝΕ. ΣΩ. Πάνυ μὲν οὖν.

ΞΕ. Ἀλλὰ δὴ τῷ μύθῳ μου πάνυ πρόσεχε τὸν νοῦν,
καθάπερ οἱ παῖδες· πάντως οὐ πολλὰ ἐκφεύγεις παιδιὰς 5
ἔτη.

ΝΕ. ΣΩ. Λέγοις ἄν.

ΞΕ. Ἦν τοίνυν καὶ ἔτι ἔσται τῶν πάλαι λεχθέντων
πολλά τε ἄλλα καὶ δὴ καὶ τὸ περὶ τὴν Ἀτρέως τε καὶ

b 8 ἀκέραιος T sed in marg. γρ. ἀκριβὴς   c 2 θῶμεν] φῶμεν vulg.
c 7 εἶμέν] εἰμέν B : ἦμέν T   c 8 συνομῆς B   d 3 μέλλομεν
Ast : μέλλοιμεν B T   d 9 δή] δεῖ B   e 5 παιδιὰς Campbell :
παιδιας (sic) B T : παιδίας Stephanus : παιδείας al.   e 9 δὴ καὶ om. B

10 Θυέστου λεχθεῖσαν ἔριν φάσμα. ἀκήκοας γάρ που καὶ
ἀπομνημονεύεις ὅ φασι γενέσθαι τότε.

ΝΕ. ΣΩ. Τὸ περὶ τῆς χρυσῆς ἀρνὸς ἴσως σημεῖον
φράζεις.

269 ΞΕ. Οὐδαμῶς, ἀλλὰ τὸ περὶ τῆς μεταβολῆς δύσεώς τε
καὶ ἀνατολῆς ἡλίου καὶ τῶν ἄλλων ἄστρων, ὡς ἄρα ὅθεν μὲν
ἀνατέλλει νῦν εἰς τοῦτον τότε τὸν τόπον ἐδύετο, ἀνέτελλε δ'
ἐκ τοῦ ἐναντίου, τότε δὲ δὴ μαρτυρήσας ἄρα ὁ θεὸς Ἀτρεῖ
5 μετέβαλεν αὐτὸ ἐπὶ τὸ νῦν σχῆμα.

ΝΕ. ΣΩ. Λέγεται γὰρ οὖν δὴ καὶ τοῦτο.

ΞΕ. Καὶ μὴν αὖ καὶ τήν γε βασιλείαν ἣν ἦρξε Κρόνος
πολλῶν ἀκηκόαμεν.

b ΝΕ. ΣΩ. Πλείστων μὲν οὖν.

ΞΕ. Τί δέ; τὸ τοὺς ἔμπροσθεν φύεσθαι γηγενεῖς καὶ μὴ
ἐξ ἀλλήλων γεννᾶσθαι;

ΝΕ. ΣΩ. Καὶ τοῦτο ἓν τῶν πάλαι λεχθέντων.

5 ΞΕ. Ταῦτα τοίνυν ἔστι μὲν σύμπαντα ἐκ ταὐτοῦ πάθους,
καὶ πρὸς τούτοις ἕτερα μυρία καὶ τούτων ἔτι θαυμαστότερα,
διὰ δὲ χρόνου πλῆθος τὰ μὲν αὐτῶν ἀπέσβηκε, τὰ δὲ διεσπαρ-
μένα εἴρηται χωρὶς ἕκαστα ἀπ' ἀλλήλων. ὃ δ' ἐστὶν πᾶσι
c τούτοις αἴτιον τὸ πάθος οὐδεὶς εἴρηκεν, νῦν δὲ δὴ λεκτέον·
εἰς γὰρ τὴν τοῦ βασιλέως ἀπόδειξιν πρέψει ῥηθέν.

ΝΕ. ΣΩ. Κάλλιστ' εἶπες, καὶ λέγε μηδὲν ἐλλείπων.

ΞΕ. Ἀκούοις ἄν. τὸ γὰρ πᾶν τόδε τοτὲ μὲν αὐτὸς ὁ
5 θεὸς συμποδηγεῖ πορευόμενον καὶ συγκυκλεῖ, τοτὲ δὲ ἀνῆκεν,
ὅταν αἱ περίοδοι τοῦ προσήκοντος αὐτῷ μέτρον εἰλήφωσιν
ἤδη χρόνου, τὸ δὲ πάλιν αὐτόματον εἰς τἀναντία περιάγεται,
d ζῷον ὂν καὶ φρόνησιν εἰληχὸς ἐκ τοῦ συναρμόσαντος αὐτὸ
κατ' ἀρχάς. τοῦτο δὲ αὐτῷ τὸ ἀνάπαλιν ἰέναι διὰ τόδ' ἐξ
ἀνάγκης ἔμφυτον γέγονε.

ΝΕ. ΣΩ. Διὰ τὸ ποῖον δή;

a 7 ἤν] η Β   b 3 ἀλλήλων] ἀδήλων pr. Τ   c 3 ἐλλεῖπον Β
c 4 γάρ] γὰρ δὴ Demetrius Phalereus   c 5 πορευόμενος Eusebius
ξυγκυκλοῖ Eusebius   d 1 εἰληφὸς Eusebius

ΞΕ. Τὸ κατὰ ταὐτὰ καὶ ὡσαύτως ἔχειν ἀεὶ καὶ ταὐτὸν 5
εἶναι τοῖς πάντων θειοτάτοις προσήκει μόνοις, σώματος
δὲ φύσις οὐ ταύτης τῆς τάξεως. ὃν δὲ οὐρανὸν καὶ
κόσμον ἐπωνομάκαμεν, πολλῶν μὲν καὶ μακαρίων παρὰ
τοῦ γεννήσαντος μετείληφεν, ἀτὰρ οὖν δὴ κεκοινώνηκέ γε
καὶ σώματος· ὅθεν αὐτῷ μεταβολῆς ἀμοίρῳ γίγνεσθαι διὰ e
παντὸς ἀδύνατον, κατὰ δύναμίν γε μὴν ὅτι μάλιστα ἐν τῷ
αὐτῷ κατὰ ταὐτὰ μίαν φορὰν κινεῖται· διὸ τὴν ἀνακύκλησιν
εἴληχεν, ὅτι σμικροτάτην τῆς αὐτοῦ κινήσεως παράλλαξιν.
αὐτὸ δὲ ἑαυτὸ στρέφειν ἀεὶ σχεδὸν οὐδενὶ δυνατὸν πλὴν τῷ 5
τῶν κινουμένων αὖ πάντων ἡγουμένῳ· κινεῖν δὲ τούτῳ τοτὲ
μὲν ἄλλως, αὖθις δὲ ἐναντίως οὐ θέμις. ἐκ πάντων δὴ
τούτων τὸν κόσμον μήτε αὐτὸν χρὴ φάναι στρέφειν ἑαυτὸν
ἀεί, μήτ' αὖ ὅλον ἀεὶ ὑπὸ θεοῦ στρέφεσθαι διττὰς καὶ ἐναντίας
περιαγωγάς, μήτ' αὖ δύο τινὲ θεὼ φρονοῦντε ἑαυτοῖς ἐναντία 270
στρέφειν αὐτόν, ἀλλ' ὅπερ ἄρτι ἐρρήθη καὶ μόνον λοιπόν,
τοτὲ μὲν ὑπ' ἄλλης συμποδηγεῖσθαι θείας αἰτίας, τὸ ζῆν
πάλιν ἐπικτώμενον καὶ λαμβάνοντα ἀθανασίαν ἐπισκευαστὴν
παρὰ τοῦ δημιουργοῦ, τοτὲ δ' ὅταν ἀνεθῇ, δι' ἑαυτοῦ αὐ- 5
τὸν ἰέναι, κατὰ καιρὸν ἀφεθέντα τοιοῦτον, ὥστε ἀνάπαλιν
πορεύεσθαι πολλὰς περιόδων μυριάδας διὰ δὴ τὸ μέγιστον
ὂν καὶ ἰσορροπώτατον ἐπὶ μικροτάτου βαῖνον ποδὸς ἰέναι.

ΝΕ. ΣΩ. Φαίνεται γοῦν δὴ καὶ μάλα εἰκότως εἰρῆσθαι b
πάνθ' ὅσα διελήλυθας.

ΞΕ. Λογισάμενοι δὴ συννοήσωμεν τὸ πάθος ἐκ τῶν νῦν
λεχθέντων, ὃ πάντων ἔφαμεν εἶναι τῶν θαυμαστῶν αἴτιον.
ἔστι γὰρ οὖν δὴ τοῦτ' αὐτό. 5

ΝΕ. ΣΩ. Τὸ ποῖον;

ΞΕ. Τὸ τὴν τοῦ παντὸς φορὰν τοτὲ μὲν ἐφ' ἃ νῦν
κυκλεῖται φέρεσθαι, τοτὲ δ' ἐπὶ τἀναντία.

d 6 εἶναι] εἶναι πάντως Theodoretus   d 7 ὂν δὲ] καὶ δὴ ὂν Theo-
doretus   d 8 μὲν] μὲν οὖν B   d 9 γεννήσαντος] πεποιηκότος
Theodoretus   e 4 ὅτι] τι B   e 5 τῷ] τὸ B   a 5 ἑαυτοῦ
Eusebius : ἑαυτὸν B T   αὐτὸν] ἑαυτὸν B   a 7 δὴ Stallbaum :
δὲ B T   b 1 καὶ punctis notatum T

ΝΕ. ΣΩ. Πῶς δή;

10 ΞΕ. Ταύτην τὴν μεταβολὴν ἡγεῖσθαι δεῖ τῶν περὶ τὸν
c οὐρανὸν γιγνομένων τροπῶν πασῶν εἶναι μεγίστην καὶ
τελεωτάτην τροπήν.

ΝΕ. ΣΩ. Ἔοικε γοῦν.

ΞΕ. Μεγίστας τοίνυν καὶ μεταβολὰς χρὴ νομίζειν γί-
5 γνεσθαι τότε τοῖς ἐντὸς ἡμῖν οἰκοῦσιν αὐτοῦ.

ΝΕ. ΣΩ. Καὶ τοῦτο εἰκός.

ΞΕ. Μεταβολὰς δὲ μεγάλας καὶ πολλὰς καὶ παντοίας
συμφερομένας ἆρ᾽ οὐκ ἴσμεν τὴν τῶν ζῴων φύσιν ὅτι χαλε-
πῶς ἀνέχεται;

10 ΝΕ. ΣΩ. Πῶς δ᾽ οὔ;

ΞΕ. Φθοραὶ τοίνυν ἐξ ἀνάγκης τότε μέγισται συμβαί-
νουσι τῶν τε ἄλλων ζῴων, καὶ δὴ καὶ τὸ τῶν ἀνθρώπων
d γένος ὀλίγον τι περιλείπεται· περὶ δὲ τούτους ἄλλα τε
παθήματα πολλὰ καὶ θαυμαστὰ καὶ καινὰ συμπίπτει, μέγισ-
τον δὲ τόδε καὶ συνεπόμενον τῇ τοῦ παντὸς ἀνειλίξει τότε,
ὅταν ἡ τῆς νῦν καθεστηκυίας ἐναντία γίγνηται τροπή.

5 ΝΕ. ΣΩ. Τὸ ποῖον;

ΞΕ. Ἣν ἡλικίαν ἕκαστον εἶχε τῶν ζῴων, αὕτη πρῶτον
μὲν ἔστη πάντων, καὶ ἐπαύσατο πᾶν ὅσον ἦν θνητὸν ἐπὶ τὸ
γεραίτερον ἰδεῖν πορευόμενον, μεταβάλλον δὲ πάλιν ἐπὶ
e τοὐναντίον οἷον νεώτερον καὶ ἁπαλώτερον ἐφύετο· καὶ τῶν
μὲν πρεσβυτέρων αἱ λευκαὶ τρίχες ἐμελαίνοντο, τῶν δ᾽ αὖ
γενειώντων αἱ παρειαὶ λεαινόμεναι πάλιν ἐπὶ τὴν παρελ-
θοῦσαν ὥραν ἕκαστον καθίστασαν, τῶν δὲ ἡβώντων τὰ
5 σώματα λεαινόμενα καὶ σμικρότερα καθ᾽ ἡμέραν καὶ νύκτα
ἑκάστην γιγνόμενα πάλιν εἰς τὴν τοῦ νεογενοῦς παιδὸς φύσιν
ἀπῄει, κατά τε τὴν ψυχὴν καὶ κατὰ τὸ σῶμα ἀφομοιούμενα·
τὸ δ᾽ ἐντεῦθεν ἤδη μαραινόμενα κομιδῇ τὸ πάμπαν ἐξηφα-

b 9 δή] δ᾽ οὔ Schleiermacher   c 1 τρόπων B   c 2 τελειο-
τάτην T   c 7 δὲ] δέ γε Eusebius   d 7 ἔστη] ἐστι B   e 4 δὲ]
τε vulg.   e 5 σμικρότερα T   καθ᾽ ἑκάστην ἡμέραν καὶ νύκτα T : καθ᾽
ἡμέραν ἑκάστην καὶ νύκτα signis transpositionis effecit t   e 7 τε om. T

νίζετο. τῶν δ' αὖ βιαίως τελευτώντων ἐν τῷ τότε χρόνῳ
τὸ τοῦ νεκροῦ σῶμα τὰ αὐτὰ ταῦτα πάσχον παθήματα διὰ 10
τάχους ἄδηλον ἐν ὀλίγαις ἡμέραις διεφθείρετο. 271

ΝΕ. ΣΩ. Γένεσις δὲ δὴ τίς τότ' ἦν, ὦ ξένε, ζῴων; καὶ
τίνα τρόπον ἐξ ἀλλήλων ἐγεννῶντο;

ΞΕ. Δῆλον, ὦ Σώκρατες, ὅτι τὸ μὲν ἐξ ἀλλήλων οὐκ ἦν
ἐν τῇ τότε φύσει γεννώμενον, τὸ δὲ γηγενὲς εἶναί ποτε 5
γένος λεχθὲν τοῦτ' ἦν τὸ κατ' ἐκεῖνον τὸν χρόνον ἐκ γῆς
πάλιν ἀναστρεφόμενον, ἀπεμνημονεύετο δὲ ὑπὸ τῶν ἡμετέ-
ρων προγόνων τῶν πρώτων, οἳ τελευτώσῃ μὲν τῇ προτέρᾳ
περιφορᾷ τὸν ἑξῆς χρόνον ἐγειτόνουν, τῆσδε δὲ κατ' ἀρχὰς b
ἐφύοντο· τούτων γὰρ οὗτοι κήρυκες ἐγένονθ' ἡμῖν τῶν λόγων,
οἳ νῦν ὑπὸ πολλῶν οὐκ ὀρθῶς ἀπιστοῦνται. τὸ γὰρ ἐντεῦθεν
οἶμαι χρὴ συννοεῖν. ἑπόμενον γάρ ἐστι τῷ τοὺς πρεσβύτας
ἐπὶ τὴν τοῦ παιδὸς ἰέναι φύσιν, ἐκ τῶν τετελευτηκότων 5
αὖ, κειμένων δὲ ἐν γῇ, πάλιν ἐκεῖ συνισταμένους καὶ ἀνα-
βιωσκομένους, ἕπεσθαι τῇ τροπῇ συνανακυκλουμένης εἰς
τἀναντία τῆς γενέσεως, καὶ γηγενεῖς δὴ κατὰ τοῦτον τὸν
λόγον ἐξ ἀνάγκης φυομένους, οὕτως ἔχειν τοὔνομα καὶ τὸν c
λόγον, ὅσους μὴ θεὸς αὐτῶν εἰς ἄλλην μοῖραν ἐκόμισεν.

ΝΕ. ΣΩ. Κομιδῇ μὲν οὖν τοῦτό γε ἕπεται τοῖς ἔμ-
προσθεν. ἀλλὰ δὴ τὸν βίον ὃν ἐπὶ τῆς Κρόνου φῂς εἶναι
δυνάμεως, πότερον ἐν ἐκείναις ἦν ταῖς τροπαῖς ἢ ἐν ταῖσδε; 5
τὴν μὲν γὰρ τῶν ἄστρων τε καὶ ἡλίου μεταβολὴν δῆλον ὡς
ἐν ἑκατέραις συμπίπτει ταῖς τροπαῖς γίγνεσθαι.

ΞΕ. Καλῶς τῷ λόγῳ συμπαρηκολούθηκας. ὃ δ' ἤρου
περὶ τοῦ πάντα αὐτόματα γίγνεσθαι τοῖς ἀνθρώποις, ἥκιστα d
τῆς νῦν ἐστι καθεστηκυίας φορᾶς, ἀλλ' ἦν καὶ τοῦτο τῆς
ἔμπροσθεν. τότε γὰρ αὐτῆς πρῶτον τῆς κυκλήσεως ἦρχεν

---

e 10 σῶμα om. B   διὰ τέλους T (in marg. γρ. διὰ τάχους t)
a 2 δὲ δὴ τίς] δὲ δ' ἥτις B : δέ τις Eusebius   a 7 ἀπεμνημόνευε· τo
δὲ B   b 4 ἑπόμενον Stallbaum : ἐχόμενον B T   b 7 ἕπεσθαι om. B
c 1 λόγον] τρόπον Eusebius   c 2 ἐκόσμησε ex ἐκόμισε fecit t
c 5 δυνάμεως T sed in marg. δυναστείας t

ἐπιμελούμενος ὅλης ὁ θεός, ὡς δ' αὖ κατὰ τόπους ταὐτὸν τοῦτο,
5 ὑπὸ θεῶν ἀρχόντων πάντ' ἦν τὰ τοῦ κόσμου μέρη διειλημ-
μένα· καὶ δὴ καὶ τὰ ζῷα κατὰ γένη καὶ ἀγέλας οἷον νομῆς θεῖοι
διειλήφεσαν δαίμονες, αὐτάρκης εἰς πάντα ἕκαστος ἑκάστοις
e ὧν οἷς αὐτὸς ἔνεμεν, ὥστε οὔτ' ἄγριον ἦν οὐδὲν οὔτε ἀλλή-
λων ἐδωδαί, πόλεμός τε οὐκ ἐνῆν οὐδὲ στάσις τὸ παράπαν·
ἄλλα θ' ὅσα τῆς τοιαύτης ἐστὶ κατακοσμήσεως ἑπόμενα,
μυρία ἂν εἴη λέγειν. τὸ δ' οὖν τῶν ἀνθρώπων λεχθὲν
5 αὐτομάτου πέρι βίου διὰ τὸ τοιόνδε εἴρηται. θεὸς ἔνεμεν
αὐτοὺς αὐτὸς ἐπιστατῶν, καθάπερ νῦν ἄνθρωποι, ζῷον ὂν
ἕτερον θειότερον, ἄλλα γένη φαυλότερα αὐτῶν νομεύουσι·
νέμοντος δὲ ἐκείνου πολιτεῖαί τε οὐκ ἦσαν οὐδὲ κτήσεις
272 γυναικῶν καὶ παίδων· ἐκ γῆς γὰρ ἀνεβιώσκοντο πάντες,
οὐδὲν μεμνημένοι τῶν πρόσθεν· ἀλλὰ τὰ μὲν τοιαῦτα ἀπῆν
πάντα, καρποὺς δὲ ἀφθόνους εἶχον ἀπό τε δένδρων καὶ
πολλῆς ὕλης ἄλλης, οὐχ ὑπὸ γεωργίας φυομένους, ἀλλ'
5 αὐτομάτης ἀναδιδούσης τῆς γῆς. γυμνοὶ δὲ καὶ ἄστρωτοι
θυραυλοῦντες τὰ πολλὰ ἐνέμοντο· τὸ γὰρ τῶν ὡρῶν αὐτοῖς
ἄλυπον ἐκέκρατο, μαλακὰς δὲ εὐνὰς εἶχον ἀναφυομένης ἐκ
b γῆς πόας ἀφθόνου. τὸν δὴ βίον, ὦ Σώκρατες, ἀκούεις μὲν
τὸν τῶν ἐπὶ Κρόνου· τόνδε δ' ὃν λόγος ἐπὶ Διὸς εἶναι, τὸν
νυνί, παρὼν αὐτὸς ᾔσθησαι· κρῖναι δ' αὐτοῖν τὸν εὐδαιμον-
έστερον ἆρ' ἂν δύναιό τε καὶ ἐθελήσειας;
5 ΝΕ. ΣΩ. Οὐδαμῶς.

ΞΕ. Βούλει δῆτα ἐγώ σοι τρόπον τινὰ διακρίνω;
ΝΕ. ΣΩ. Πάνυ μὲν οὖν.

ΞΕ. Εἰ μὲν τοίνυν οἱ τρόφιμοι τοῦ Κρόνου, παρούσης
αὐτοῖς οὕτω πολλῆς σχολῆς καὶ δυνάμεως πρὸς τὸ μὴ μόνον
10 ἀνθρώποις ἀλλὰ καὶ θηρίοις διὰ λόγων δύνασθαι συγγίγνε-
c σθαι, κατεχρῶντο τούτοις σύμπασιν ἐπὶ φιλοσοφίαν, μετά
τε θηρίων καὶ μετ' ἀλλήλων ὁμιλοῦντες, καὶ πυνθανόμενοι

d 4 ὡς δ' αὖ scripsi: ὡς νῦν B T: an ὡσαύτως δ' αὖ ? Campbell
d 5 πάντ' ἦν Stallbaum: πάντῃ B T   e 7 ἑτέρων al. Apelt
a 3 δένδρων] δρυῶν vulg.   b 2 ὂν] ὡς B T: ὂν ὡς al.

παρὰ πάσης φύσεως εἴ τινά τις ἰδίαν δύναμιν ἔχουσα ᾔσθετό
τι διάφορον τῶν ἄλλων εἰς συναγυρμὸν φρονήσεως, εὔκριτον
ὅτι τῶν νῦν οἱ τότε μυρίῳ πρὸς εὐδαιμονίαν διέφερον· εἰ δ' 5
ἐμπιμπλάμενοι σίτων ἅδην καὶ ποτῶν διελέγοντο πρὸς ἀλλή-
λους καὶ τὰ θηρία [μύθους] οἷα δὴ καὶ τὰ νῦν περὶ αὐτῶν
λέγονται, καὶ τοῦτο, ὥς γε κατὰ τὴν ἐμὴν δόξαν ἀποφήνασθαι, d
καὶ μάλ' εὔκριτον. ὅμως δ' οὖν ταῦτα μὲν ἀφῶμεν, ἕως ἂν
ἡμῖν μηνυτής τις ἱκανὸς φανῇ, ποτέρως οἱ τότε τὰς ἐπι-
θυμίας εἶχον περί τε ἐπιστημῶν καὶ τῆς τῶν λόγων χρείας·
οὗ δ' ἕνεκα τὸν μῦθον ἠγείραμεν, τοῦτο λεκτέον, ἵνα τὸ 5
μετὰ τοῦτο εἰς τὸ πρόσθεν περαίνωμεν. ἐπειδὴ γὰρ πάντων
τούτων χρόνος ἐτελεώθη καὶ μεταβολὴν ἔδει γίγνεσθαι καὶ
δὴ καὶ τὸ γήινον ἤδη πᾶν ἀνήλωτο γένος, πάσας ἑκάστης e
τῆς ψυχῆς τὰς γενέσεις ἀποδεδωκυίας, ὅσα ἦν ἑκάστῃ προσ-
ταχθὲν τοσαῦτα εἰς γῆν σπέρματα πεσούσης, τότε δὴ τοῦ
παντὸς ὁ μὲν κυβερνήτης, οἷον πηδαλίων οἴακος ἀφέμενος,
εἰς τὴν αὑτοῦ περιωπὴν ἀπέστη, τὸν δὲ δὴ κόσμον πάλιν 5
ἀνέστρεφεν εἱμαρμένη τε καὶ σύμφυτος ἐπιθυμία. πάντες
οὖν οἱ κατὰ τοὺς τόπους συνάρχοντες τῷ μεγίστῳ δαίμονι
θεοί, γνόντες ἤδη τὸ γιγνόμενον, ἀφίεσαν αὖ τὰ μέρη τοῦ
κόσμου τῆς αὑτῶν ἐπιμελείας· ὁ δὲ μεταστρεφόμενος καὶ 273
συμβάλλων, ἀρχῆς τε καὶ τελευτῆς ἐναντίαν ὁρμὴν ὁρμηθείς,
σεισμὸν πολὺν ἐν ἑαυτῷ ποιῶν ἄλλην αὖ φθορὰν ζῴων
παντοίων ἀπηργάσατο. μετὰ δὲ ταῦτα προελθόντος ἱκανοῦ
χρόνου, θορύβων τε καὶ ταραχῆς ἤδη παυόμενος καὶ τῶν 5
σεισμῶν γαλήνης ἐπιλαβόμενος εἴς τε τὸν εἰωθότα δρόμον
τὸν ἑαυτοῦ κατακοσμούμενος ᾔει, ἐπιμέλειαν καὶ κράτος ἔχων
αὐτὸς τῶν ἐν αὑτῷ τε καὶ ἑαυτοῦ, τὴν τοῦ δημιουργοῦ καὶ b
πατρὸς ἀπομνημονεύων διδαχὴν εἰς δύναμιν. κατ' ἀρχὰς

---

c 7 μύθους seclusi auctore Wohlrab   d 1 ὥς γε G : ὥσͅτε T : ὥστε B
e 2 ἑκάστῃ] ἑκάστην B   προσταχθὲν τοσαῦτα al. Eusebius : προσ-
ταχθέντος αὐτὰ B T   a 3 ἑαυτῷ] αὐτῷ T   a 4 προ * ελθόντος
T : προσελθόντος B   a 5 θορύβου T Eusebius   a 6 an omit-
tendum τε ? Campbell

μὲν οὖν ἀκριβέστερον ἀπετέλει, τελευτῶν δὲ ἀμβλύτερον·
τούτων δὲ αὐτῷ τὸ σωματοειδὲς τῆς συγκράσεως αἴτιον, τὸ
5 τῆς πάλαι ποτὲ φύσεως σύντροφον, ὅτι πολλῆς ἦν μετέχον
ἀταξίας πρὶν εἰς τὸν νῦν κόσμον ἀφικέσθαι. παρὰ μὲν γὰρ
τοῦ συνθέντος πάντα καλὰ κέκτηται· παρὰ δὲ τῆς ἔμπροσθεν
c ἕξεως, ὅσα χαλεπὰ καὶ ἄδικα ἐν οὐρανῷ γίγνεται, ταῦτα ἐξ
ἐκείνης αὐτός τε ἔχει καὶ τοῖς ζῴοις ἐναπεργάζεται. μετὰ
μὲν οὖν τοῦ κυβερνήτου τὰ ζῷα τρέφων ἐν αὐτῷ σμικρὰ μὲν
φλαῦρα, μεγάλα δὲ ἐνέτικτεν ἀγαθά· χωριζόμενος δὲ ἐκείνου
5 τὸν ἐγγύτατα χρόνον ἀεὶ τῆς ἀφέσεως κάλλιστα πάντα
διάγει, προϊόντος δὲ τοῦ χρόνου καὶ λήθης ἐγγιγνομένης ἐν
αὐτῷ μᾶλλον καὶ δυναστεύει τὸ τῆς παλαιᾶς ἀναρμοστίας
d πάθος, τελευτῶντος δὲ ἐξανθεῖ τοῦ χρόνου καὶ σμικρὰ μὲν
τἀγαθά, πολλὴν δὲ τὴν τῶν ἐναντίων κρᾶσιν ἐπεγκεραννύ-
μενος ἐπὶ διαφθορᾶς κίνδυνον αὐτοῦ τε ἀφικνεῖται καὶ τῶν
ἐν αὐτῷ. διὸ δὴ καὶ τότ᾽ ἤδη θεὸς ὁ κοσμήσας αὐτόν, καθο-
5 ρῶν ἐν ἀπορίαις ὄντα, κηδόμενος ἵνα μὴ χειμασθεὶς ὑπὸ
ταραχῆς διαλυθεὶς εἰς τὸν τῆς ἀνομοιότητος ἄπειρον ὄντα
e πόντον δύῃ, πάλιν ἔφεδρος αὐτοῦ τῶν πηδαλίων γιγνόμενος,
τὰ νοσήσαντα καὶ λυθέντα ἐν τῇ καθ᾽ ἑαυτὸν προτέρᾳ περι-
όδῳ στρέψας, κοσμεῖ τε καὶ ἐπανορθῶν ἀθάνατον αὐτὸν καὶ
ἀγήρων ἀπεργάζεται. τοῦτο μὲν οὖν τέλος ἁπάντων εἴρηται·
5 τὸ δ᾽ ἐπὶ τὴν τοῦ βασιλέως ἀπόδειξιν ἱκανὸν ἐκ τοῦ πρόσθεν
ἁπτομένοις τοῦ λόγου· στρεφθέντος γὰρ αὖ τοῦ κόσμου τὴν
ἐπὶ τὴν νῦν γένεσιν ὁδὸν τὸ τῆς ἡλικίας αὖ πάλιν ἵστατο
καὶ καινὰ τἀναντία ἀπεδίδου τοῖς τότε. τὰ μὲν γὰρ ὑπὸ
σμικρότητος ὀλίγου δέοντα ἠφανίσθαι τῶν ζῴων ηὐξάνετο,
10 τὰ δ᾽ ἐκ γῆς νεογενῆ σώματα πολιὰ φύντα πάλιν ἀποθνή-
σκοντα εἰς γῆν κατῄει. καὶ τἆλλά τε πάντα μετέβαλλε,

b 4 σωματοειδὲς] σῶμα τὸ εἶδος B   b 5 μέτοχον vulg.   b 7 πάντα]
πάντα τὰ B   κέκτηται B Simplicius : κέκληται pr. T   c 5 ἀφέσεως]
φύσεως B et in marg. t   d 6 διαλυθεὶς B T : διαλυθῇ t   e 1 πόντον
Simpl. Proclus : τόπον libri   γενόμενος Eusebius   e 2 τὰ secl.
Heusde   e 10 πολιὰ W² t : πολιᾶι B : πολλὰ T : om. pr. W

ἀπομιμούμενα καὶ συνακολουθοῦντα τῷ τοῦ παντὸς παθήματι, **274**
καὶ δὴ καὶ τὸ τῆς κυήσεως καὶ γεννήσεως καὶ τροφῆς μίμημα
συνείπετο τοῖς πᾶσιν ὑπ' ἀνάγκης· οὐ γὰρ ἐξῆν ἔτ' ἐν γῇ δι'
ἑτέρων συνιστάντων φύεσθαι ζῷον, ἀλλὰ καθάπερ τῷ κόσμῳ
προσετέτακτο αὐτοκράτορα εἶναι τῆς αὑτοῦ πορείας, οὕτω δὴ 5
κατὰ ταὐτὰ καὶ τοῖς μέρεσιν αὐτοῖς δι' αὑτῶν, καθ' ὅσον οἷόν
τ' ἦν, φύειν τε καὶ γεννᾶν καὶ τρέφειν προσετάττετο ὑπὸ τῆς
ὁμοίας ἀγωγῆς. οὗ δὲ ἕνεκα ὁ λόγος ὥρμηκε πᾶς, ἐπ' αὐτῷ b
νῦν ἐσμὲν ἤδη. περὶ μὲν γὰρ τῶν ἄλλων θηρίων πολλὰ ἂν
καὶ μακρὰ διεξελθεῖν γίγνοιτο, ἐξ ὧν ἕκαστα καὶ δι' ἃς αἰτίας
μεταβέβληκε· περὶ δὲ ἀνθρώπων βραχύτερα καὶ μᾶλλον
προσήκοντα. τῆς γὰρ τοῦ κεκτημένου καὶ νέμοντος ἡμᾶς 5
δαίμονος ἀπερημωθέντες ἐπιμελείας, τῶν πολλῶν αὖ θηρίων,
ὅσα χαλεπὰ τὰς φύσεις ἦν, ἀπαγριωθέντων, αὐτοὶ δὲ ἀσθε-
νεῖς ἄνθρωποι καὶ ἀφύλακτοι γεγονότες διηρπάζοντο ὑπ'
αὐτῶν, καὶ ἔτ' ἀμήχανοι καὶ ἄτεχνοι κατὰ τοὺς πρώτους c
ἦσαν χρόνους, ἅτε τῆς μὲν αὐτομάτης τροφῆς ἐπιλελοιπυίας,
πορίζεσθαι δὲ οὐκ ἐπιστάμενοί πω διὰ τὸ μηδεμίαν αὐτοὺς
χρείαν πρότερον ἀναγκάζειν. ἐκ τούτων πάντων ἐν μεγά-
λαις ἀπορίαις ἦσαν. ὅθεν δὴ τὰ πάλαι λεχθέντα παρὰ 5
θεῶν δῶρα ἡμῖν δεδώρηται μετ' ἀναγκαίας διδαχῆς καὶ παι-
δεύσεως, πῦρ μὲν παρὰ Προμηθέως, τέχναι δὲ παρ' Ἡφαί-
στου καὶ τῆς συντέχνου, σπέρματα δὲ αὖ καὶ φυτὰ παρ' d
ἄλλων· καὶ πάνθ' ὁπόσα τὸν ἀνθρώπινον βίον συγκατε-
σκεύακεν ἐκ τούτων γέγονεν, ἐπειδὴ τὸ μὲν ἐκ θεῶν, ὅπερ
ἐρρήθη νυνδή, τῆς ἐπιμελείας ἐπέλιπεν ἀνθρώπους, δι' ἑαυτῶν
τε ἔδει τήν τε διαγωγὴν καὶ τὴν ἐπιμέλειαν αὐτοὺς αὑτῶν 5
ἔχειν καθάπερ ὅλος ὁ κόσμος, ᾧ συμμιμούμενοι καὶ συνεπό-
μενοι τὸν ἀεὶ χρόνον νῦν μὲν οὕτως, τοτὲ δὲ ἐκείνως ζῶμέν
τε καὶ φυόμεθα. καὶ τὸ μὲν δὴ τοῦ μύθου τέλος ἐχέτω, e
χρήσιμον δὲ αὐτὸν ποιησόμεθα πρὸς τὸ κατιδεῖν ὅσον ἡμάρ-

---

a 4 ζῷον] ζῴων B   b 7 ἦν] ἢ B   c 3 δὲ om. B   πω] τι
ὧν B   d 2 ἄλλων Stephanus e Ficino : ἀλλήλων B T   d 5 τε
ἔδει] δὲ ἔδει B

τομεν ἀποφηνάμενοι τὸν βασιλικόν τε καὶ πολιτικὸν ἐν τῷ
πρόσθε λόγῳ.

5 ΝΕ. ΣΩ. Πῶς οὖν καὶ πόσον ἁμάρτημα φῂς εἶναι γεγονὸς
ἡμῖν;

ΞΕ. Τῇ μὲν βραχύτερον, τῇ δὲ μάλα γενναῖον καὶ πολλῷ
μεῖζον καὶ πλέον ἢ τότε.

ΝΕ. ΣΩ. Πῶς;

10 ΞΕ. Ὅτι μὲν ἐρωτώμενοι τὸν ἐκ τῆς νῦν περιφορᾶς καὶ
γενέσεως βασιλέα καὶ πολιτικὸν τὸν ἐκ τῆς ἐναντίας περιόδου
275 ποιμένα τῆς τότε ἀνθρωπίνης ἀγέλης εἴπομεν, καὶ ταῦτα θεὸν
ἀντὶ θνητοῦ, ταύτῃ μὲν πάμπολυ παρηνέχθημεν· ὅτι δὲ
συμπάσης τῆς πόλεως ἄρχοντα αὐτὸν ἀπεφήναμεν, ὅντινα
δὲ τρόπον οὐ διείπομεν, ταύτῃ δὲ αὖ τὸ μὲν λεχθὲν ἀληθές,
5 οὐ μὴν ὅλον γε οὐδὲ σαφὲς ἐρρήθη, διὸ καὶ βραχύτερον ἢ
κατ' ἐκεῖνο ἡμαρτήκαμεν.

ΝΕ. ΣΩ. Ἀληθῆ.

ΞΕ. Δεῖ τοίνυν τὸν τρόπον, ὡς ἔοικε, διορίσαντας τῆς
ἀρχῆς τῆς πόλεως οὕτω τελέως τὸν πολιτικὸν ἡμῖν εἰρῆσθαι
10 προσδοκᾶν.

ΝΕ. ΣΩ. Καλῶς.

b ΞΕ. Διὰ ταῦτα μὴν καὶ τὸν μῦθον παρεθέμεθα, ἵνα ἐν-
δείξαιτο περὶ τῆς ἀγελαιοτροφίας μὴ μόνον ὡς πάντες αὐτῆς
ἀμφισβητοῦσι τῷ ζητουμένῳ τὰ νῦν, ἀλλὰ κἀκεῖνον αὐτὸν
ἐναργέστερον ἴδοιμεν, ὃν προσήκει μόνον κατὰ τὸ παράδειγμα
5 ποιμένων τε καὶ βουκόλων τῆς ἀνθρωπίνης ἐπιμέλειαν ἔχοντα
τροφῆς τούτου μόνον ἀξιωθῆναι τοῦ προσρήματος.

ΝΕ. ΣΩ. Ὀρθῶς.

ΞΕ. Οἶμαι δέ γ', ὦ Σώκρατες, τοῦτο μὲν ἔτι μεῖζον ἢ
c κατὰ βασιλέα εἶναι τὸ σχῆμα τὸ τοῦ θείου νομέως, τοὺς δ'
ἐνθάδε νῦν ὄντας πολιτικοὺς τοῖς ἀρχομένοις ὁμοίους τε

e 7 μάλα] μᾶλλα (sic) T (μᾶλλον voluit)   a 1 θεὸν ... a 4 ταύτῃ
δὲ om. pr. T sed add. in marg. (ubi, pro τρόπον οὐ διείπομεν, τρόπομεν)
b 5 τῆς] τὸν B T   ἐπιμελείας B   b 7 ὀρθῶς om. B   b 8 δέ
γ'] δ' ἔγωγε T   μὲν ἔτι om. B

εἶναι μᾶλλον πολὺ τὰς φύσεις καὶ παραπλησιαίτερον παιδείας
μετειληφέναι καὶ τροφῆς.

ΝΕ. ΣΩ. Πάντως που. 5

ΞΕ. Ζητητέοι γε μὴν οὐδὲν ἂν εἴησαν οὔθ᾽ ἧττον οὔτε
μᾶλλον, εἴθ᾽ οὕτως εἴτ᾽ ἐκείνως πεφύκασιν.

ΝΕ. ΣΩ. Πῶς γὰρ οὔ;

ΞΕ. Τῇδε δὴ πάλιν ἐπανέλθωμεν. ἦν γὰρ ἔφαμεν αὐτ-
επιτακτικὴν μὲν εἶναι τέχνην ἐπὶ ζῴοις, οὐ μὴν ἰδίᾳ γε ἀλλὰ 10
κοινῇ τὴν ἐπιμέλειαν ἔχουσαν, καὶ προσείπομεν δὴ τότε εὐθὺς d
ἀγελαιοτροφικήν—μέμνησαι γάρ;

ΝΕ. ΣΩ. Ναί.

ΞΕ. Ταύτης τοίνυν πῃ διημαρτάνομεν. τὸν γὰρ πολιτικὸν
οὐδαμοῦ συνελάβομεν οὐδ᾽ ὠνομάσαμεν, ἀλλ᾽ ἡμᾶς ἔλαθεν κατὰ 5
τὴν ὀνομασίαν ἐκφυγών.

ΝΕ. ΣΩ. Πῶς;

ΞΕ. Τοῦ τὰς ἀγέλας ἑκάστας τρέφειν τοῖς μὲν ἄλλοις
που πᾶσι μέτεστι νομεῦσι, τῷ πολιτικῷ δὲ οὐ μετὸν ἐπηνέγ-
καμεν τοὔνομα, δέον τῶν κοινῶν ἐπενεγκεῖν τι σύμπασιν. e

ΝΕ. ΣΩ. Ἀληθῆ λέγεις, εἴπερ ἐτύγχανέ γε ὄν.

ΞΕ. Πῶς δ᾽ οὐκ ἦν τό γε θεραπεύειν που πᾶσι κοινόν,
μηδὲν διορισθείσης τροφῆς μηδέ τινος ἄλλης πραγματείας;
ἀλλ᾽ ἤ τινα ἀγελαιοκομικὴν ἢ θεραπευτικὴν ἢ καί τινα 5
ἐπιμελητικὴν αὐτὴν ὀνομάσασιν ὡς κατὰ πάντων ἐξῆν περι-
καλύπτειν καὶ τὸν πολιτικὸν ἅμα τοῖς ἄλλοις, ἐπειδὴ δεῖν
τοῦτ᾽ ἐσήμαινεν ὁ λόγος.

ΝΕ. ΣΩ. Ὀρθῶς. ἀλλ᾽ ἡ μετὰ τοῦτο διαίρεσις αὖ τίνα 276
τρόπον ἐγίγνετ᾽ ἄν;

ΞΕ. Κατὰ ταὐτὰ καθ᾽ ἅπερ ἔμπροσθεν διῃρούμεθα τὴν
ἀγελαιοτροφικὴν πεζοῖς τε καὶ ἀπτῆσι, καὶ ἀμείκτοις τε καὶ

c 6 ζητητέον Β Τ   c 9 τῇδε Stephanus : τί δὲ Β Τ   ἔφαμεν]
φαμὲν Τ   c 10 τέχνην om. Β   d 1 ἔχουσα Β   τότε] τότε
γε Τ   d 4 ταύτης] ταύτῃ Ast   διημαρτάνομεν Τ   e 1 δέον
τῶν] λεόντων Β : δέοντι τῶν vulg.   e 3 γε] τε Β   που] πολὺ Β
e 5 ἀλλ᾽ ἤ] ἄλλη Β : ἄλλην Τ   e 6 κατὰ πάντων] καὶ ἀπάντων Β
e 7 δεῖν om. Β   a 2 ἐγγίγνετ᾽ Β

5 ἀκεράτοις, τοῖς αὐτοῖς ἄν που τούτοις διαιρούμενοι καὶ τὴν
ἀγελαιοκομικὴν τήν τε νῦν καὶ τὴν ἐπὶ Κρόνου βασιλείαν
περιειληφότες ἂν ἦμεν ὁμοίως ἐν τῷ λόγῳ.

ΝΕ. ΣΩ. Φαίνεται· ζητῶ δὲ αὖ τί τὸ μετὰ τοῦτο.

ΞΕ. Δῆλον ὅτι λεχθέντος οὕτω τοῦ τῆς ἀγελαιοκομικῆς
b ὀνόματος οὐκ ἄν ποτε ἐγένεθ' ἡμῖν τό τινας ἀμφισβητεῖν
ὡς οὐδ' ἐπιμέλεια τὸ παράπαν ἐστίν, ὥσπερ τότε δικαίως
ἠμφεσβητήθη μηδεμίαν εἶναι τέχνην ἐν ἡμῖν ἀξίαν τούτου τοῦ
θρεπτικοῦ προσρήματος, εἰ δ' οὖν τις εἴη, πολλοῖς πρότερον
5 αὐτῆς καὶ μᾶλλον προσήκειν ἤ τινι τῶν βασιλέων.

ΝΕ. ΣΩ. Ὀρθῶς.

ΞΕ. Ἐπιμέλεια δέ γε ἀνθρωπίνης συμπάσης κοινωνίας
οὐδεμία ἂν ἐθελήσειεν ἑτέρα μᾶλλον καὶ προτέρα τῆς βασι-
c λικῆς φάναι καὶ κατὰ πάντων ἀνθρώπων ἀρχῆς εἶναι τέχνη.

ΝΕ. ΣΩ. Λέγεις ὀρθῶς.

ΞΕ. Μετὰ ταῦτα δέ γε, ὦ Σώκρατες, ἆρ' ἐννοοῦμεν ὅτι
πρὸς αὐτῷ δὴ τῷ τέλει συχνὸν αὖ διημαρτάνετο;

5 ΝΕ. ΣΩ. Τὸ ποῖον;

ΞΕ. Τόδε, ὡς ἄρ' εἰ καὶ διενοήθημεν ὅτι μάλιστα τῆς
δίποδος ἀγέλης εἶναί τινα θρεπτικὴν τέχνην, οὐδέν τι
μᾶλλον ἡμᾶς ἔδει βασιλικὴν αὐτὴν εὐθὺς καὶ πολιτικὴν ὡς
ἀποτετελεσμένην προσαγορεύειν.

10 ΝΕ. ΣΩ. Τί μήν;

ΞΕ. Πρῶτον μέν, ὃ λέγομεν, τοὔνομα μετασκευω-
d ρήσασθαι, πρὸς τὴν ἐπιμέλειαν μᾶλλον προσαγόντας ἢ
τὴν τροφήν, ἔπειτα ταύτην τέμνειν· οὐ γὰρ σμικρὰς ἂν ἔχοι
τμήσεις ἔτι.

ΝΕ. ΣΩ. Ποίας;

5 ΞΕ. Ἧι τε τὸν θεῖον ἄν που διειλόμεθα νομέα χωρὶς καὶ
τὸν ἀνθρώπινον ἐπιμελητήν.

a 6, a 9 ἀγελαιονομικήν, -ῆς al.   b 5 ἤ] εἴ B   b 7 γε om. B
b 8 προτέρα Stallbaum : πραοτερα B : πραοτέρα T   c 1 τέχνην B
c 3 δέ γε] λέγε B   c 11 ὃ λέγομεν] ἐλέγομεν B : ὃ ἐλέγομεν T (sed ὃ
supra versum)   d 1 προσαγαγόντας B T Stobaeus : ἐπαγαγόντας vulg.

ΝΕ. ΣΩ. Ὀρθῶς.

ΞΕ. Αὖθις δέ γε τὴν ἀπονεμηθεῖσαν ἐπιμελητικὴν δίχα τέμνειν ἀναγκαῖον ἦν.

ΝΕ. ΣΩ. Τίνι; 10

ΞΕ. Τῷ βιαίῳ τε και ἑκουσίῳ.

ΝΕ. ΣΩ. Τί δή;

ΞΕ. Καὶ ταύτῃ που τὸ πρότερον ἁμαρτάνοντες εὐηθέστερα e τοῦ δέοντος εἰς ταὐτὸν βασιλέα καὶ τύραννον συνέθεμεν, ἀνομοιοτάτους ὄντας αὐτούς τε καὶ τὸν τῆς ἀρχῆς ἑκατέρου τρόπον.

ΝΕ. ΣΩ. Ἀληθῆ. 5

ΞΕ. Νῦν δέ γε πάλιν ἐπανορθούμενοι, καθάπερ εἶπον, τὴν ἀνθρωπίνην ἐπιμελητικὴν δίχα διαιρώμεθα, τῷ βιαίῳ τε καὶ ἑκουσίῳ;

ΝΕ. ΣΩ. Πάνυ μὲν οὖν.

ΞΕ. Καὶ τὴν μέν γέ που τῶν βιαίων τυραννικήν, τὴν 10 δὲ ἑκούσιον καὶ ἑκουσίων διπόδων ἀγελαιοκομικὴν ζῴων προσειπόντες πολιτικήν, τὸν ἔχοντα αὖ τέχνην ταύτην καὶ ἐπιμέλειαν ὄντως ὄντα βασιλέα καὶ πολιτικὸν ἀποφαινώμεθα;

ΝΕ. ΣΩ. Καὶ κινδυνεύει γε, ὦ ξένε, τελέως ἂν ἡμῖν οὕτως 277 ἔχειν ἡ περὶ τὸν πολιτικὸν ἀπόδειξις.

ΞΕ. Καλῶς ἄν, ὦ Σώκρατες, ἡμῖν ἔχοι. δεῖ δὲ μὴ σοὶ μόνῳ ταῦτα, ἀλλὰ κἀμοὶ μετὰ σοῦ κοινῇ συνδοκεῖν. νῦν δὲ κατά γε τὴν ἐμὴν οὔπω φαίνεται τέλεον ὁ βασιλεὺς ἡμῖν 5 σχῆμα ἔχειν, ἀλλὰ καθάπερ ἀνδριαντοποιοὶ παρὰ καιρὸν ἐνίοτε σπεύδοντες πλείω καὶ μείζω τοῦ δέοντος ἕκαστα τῶν ἔργων ἐπεμβαλλόμενοι βραδύνουσι, καὶ νῦν ἡμεῖς, ἵνα δὴ b πρὸς τῷ ταχὺ καὶ μεγαλοπρεπῶς δηλώσαιμεν τὸ τῆς ἔμπροσθεν ἁμάρτημα διεξόδου, τῷ βασιλεῖ νομίσαντες πρέπειν μεγάλα παραδείγματα ποιεῖσθαι, θαυμαστὸν ὄγκον ἀράμενοι τοῦ μύθου, μείζονι τοῦ δέοντος ἠναγκάσθημεν αὐτοῦ μέρει 5

e 6 δέ] ὧδέ B   e 11 ἀγελαιοκομικὴν T (sed κ ex ν)   a 2 τῶν
πολιτικῶν T   a 4 κἀμοὶ] καὶ μοὶ B   a 5 ἐμὴν] ἐμὴν δόξαν al.
a 7 τῷ ἔργῳ Badham   b 2 ταχὺ] ταχεῖ vulg.   b 5 μείζονι] μεῖζον ἢ T

προσχρήσασθαι· διὸ μακροτέραν τὴν ἀπόδειξιν πεποιήκαμεν
καὶ πάντως τῷ μύθῳ τέλος οὐκ ἐπέθεμεν, ἀλλ' ἀτεχνῶς ὁ
c λόγος ἡμῖν ὥσπερ ζῷον τὴν ἔξωθεν μὲν περιγραφὴν ἔοικεν
ἱκανῶς ἔχειν, τὴν δὲ οἷον τοῖς φαρμάκοις καὶ τῇ συγκράσει
τῶν χρωμάτων ἐνάργειαν οὐκ ἀπειληφέναι πω. γραφῆς δὲ
καὶ συμπάσης χειρουργίας λέξει καὶ λόγῳ δηλοῦν πᾶν ζῷον
5 μᾶλλον πρέπει τοῖς δυναμένοις ἕπεσθαι· τοῖς δ' ἄλλοις διὰ
χειρουργιῶν.

ΝΕ. ΣΩ. Τοῦτο μὲν ὀρθῶς· ὅπῃ δὲ ἡμῖν οὔπω φῂς ἱκανῶς
εἰρῆσθαι δήλωσον.

d ΞΕ. Χαλεπόν, ὦ δαιμόνιε, μὴ παραδείγμασι χρώμενον
ἱκανῶς ἐνδείκνυσθαί τι τῶν μειζόνων. κινδυνεύει γὰρ ἡμῶν
ἕκαστος οἷον ὄναρ εἰδὼς ἅπαντα πάντ' αὖ πάλιν ὥσπερ ὕπαρ
ἀγνοεῖν.

5 ΝΕ. ΣΩ. Πῶς τοῦτ' εἶπες;

ΞΕ. Καὶ μάλ' ἀτόπως ἔοικά γε ἐν τῷ παρόντι κινήσας
τὸ περὶ τῆς ἐπιστήμης πάθος ἐν ἡμῖν.

ΝΕ. ΣΩ. Τί δή;

ΞΕ. Παραδείγματος, ὦ μακάριε, αὖ μοι καὶ τὸ παράδειγμα
10 αὐτὸ δεδέηκεν.

e ΝΕ. ΣΩ. Τί οὖν; λέγε μηδὲν ἐμοῦ γε ἕνεκα ἀποκνῶν.

ΞΕ. Λεκτέον ἐπειδὴ καὶ σύ γε ἕτοιμος ἀκολουθεῖν.
τοὺς γάρ που παῖδας ἴσμεν, ὅταν ἄρτι γραμμάτων ἔμπειροι
γίγνωνται—

5 ΝΕ. ΣΩ. Τὸ ποῖον;

ΞΕ. Ὅτι τῶν στοιχείων ἕκαστον ἐν ταῖς βραχυτάταις
καὶ ῥᾴσταις τῶν συλλαβῶν ἱκανῶς διαισθάνονται, καὶ τἀληθῆ
φράζειν περὶ ἐκεῖνα δυνατοὶ γίγνονται.

278 ΝΕ. ΣΩ. Πῶς γὰρ οὔ;

c 3 ἐνέργειαν B   d 2 ἐνδείξασθαι Stobaeus   d 3 ἅπαντα] ἕκαστα
Stobaeus   πάντ' om. B   d 6 μάλα τὸ πῶς B : μάλα ἀτόπως T
ἔοικα γ εν | ἕκαστον ἐν ταῖς τὸ ἑξῆς (sic !) βραχυτάταις γε ἐν τῷ | παρόντι
κ.τ.λ. T (cf. e 6)   παριόντι B   κινήσας] κινῆσαι T   d 10 δεδέηκε T
e 1 γε om. B   e 2 σύ γε B (sic) T : σὺ al.

ΞΕ. Ταὐτὰ δέ γε ταῦτα ἐν ἄλλαις ἀμφιγνοοῦντες πάλιν δόξῃ τε ψεύδονται καὶ λόγῳ.

ΝΕ. ΣΩ. Πάνυ μὲν οὖν.

ΞΕ. Ἆρ' οὖν οὐχ ὧδε ῥᾷστον καὶ κάλλιστον ἐπάγειν 5 αὐτοὺς ἐπὶ τὰ μήπω γιγνωσκόμενα;

ΝΕ. ΣΩ. Πῶς;

ΞΕ. Ἀνάγειν πρῶτον ἐπ' ἐκεῖνα ἐν οἷς ταὐτὰ ταῦτα ὀρθῶς ἐδόξαζον, ἀναγαγόντας δὲ τιθέναι παρὰ τὰ μήπω γιγνωσκόμενα, καὶ παραβάλλοντας ἐνδεικνύναι τὴν αὐτὴν b ὁμοιότητα καὶ φύσιν ἐν ἀμφοτέραις οὖσαν ταῖς συμπλοκαῖς, μέχριπερ ἂν πᾶσι τοῖς ἀγνοουμένοις τὰ δοξαζόμενα ἀληθῶς παρατιθέμενα δειχθῇ, δειχθέντα δέ, παραδείγματα οὕτω γιγνόμενα, ποιήσῃ τῶν στοιχείων ἕκαστον πάντων ἐν πάσαις 5 ταῖς συλλαβαῖς τὸ μὲν ἕτερον ὡς τῶν ἄλλων ἕτερον ὄν, τὸ δὲ ταὐτὸν ὡς ταὐτὸν ἀεὶ κατὰ ταὐτὰ ἑαυτῷ προσαγορεύεσθαι. c

ΝΕ. ΣΩ. Παντάπασι μὲν οὖν.

ΞΕ. Οὐκοῦν τοῦτο μὲν ἱκανῶς συνειλήφαμεν, ὅτι παραδείγματός γ' ἐστὶ τότε γένεσις, ὁπόταν ὂν ταὐτὸν ἐν ἑτέρῳ διεσπασμένῳ δοξαζόμενον ὀρθῶς καὶ συναχθὲν περὶ ἑκάτερον 5 ὡς συνάμφω μίαν ἀληθῆ δόξαν ἀποτελῇ;

ΝΕ. ΣΩ. Φαίνεται.

ΞΕ. Θαυμάζοιμεν ἂν οὖν εἰ ταὐτὸν τοῦτο ἡμῶν ἡ ψυχὴ φύσει περὶ τὰ τῶν πάντων στοιχεῖα πεπονθυῖα τοτὲ μὲν ὑπ' d ἀληθείας περὶ ἓν ἕκαστον ἔν τισι συνίσταται, τοτὲ δὲ περὶ ἅπαντα ἐν ἑτέροις αὖ φέρεται, καὶ τὰ μὲν αὐτῶν ἀμῇ γέ πῃ τῶν συγκράσεων ὀρθῶς δοξάζει, μετατιθέμενα δ' εἰς τὰς τῶν πραγμάτων μακρὰς καὶ μὴ ῥᾳδίους συλλαβὰς ταὐτὰ ταῦτα 5 πάλιν ἀγνοεῖ;

ΝΕ. ΣΩ. Καὶ θαυμαστόν γε οὐδέν.

a 3 ψεύδοντι T   a 7 πῶς ἄν B   a 8 ἀναγεῖν T   a 9 ἀνά-
γοντας B   b 2 οὖσαν ex οὖσι T : οὖσιν B   b 4 δειχθῇ] δειχθείη B
οὕτω] τούτων T   b 5 ἕκαστον πάντων] πάντων ἕκαστον B
c 5 ἑκάτερον] ἕτερον Cornarius   c 6 ὡς] καὶ B   d 2 ἔν τισι]
ἔν τι B   d 3 πάντα T

ΞΕ. Πῶς γάρ, ὦ φίλε, δύναιτο ἄν τις ἀρχόμενος ἀπὸ
e δόξης ψευδοῦς ἐπί τι τῆς ἀληθείας καὶ μικρὸν μέρος ἀφικό-
μενος κτήσασθαι φρόνησιν;

ΝΕ. ΣΩ. Σχεδὸν οὐδαμῶς.

ΞΕ. Οὐκοῦν ταῦτα εἰ ταύτῃ πέφυκεν, οὐδὲν δὴ πλημμε-
5 λοῖμεν ἂν ἐγώ τε καὶ σὺ πρῶτον μὲν ἐπιχειρήσαντες ὅλου
παραδείγματος ἰδεῖν τὴν φύσιν ἐν σμικρῷ κατὰ μέρος ἄλλῳ
παραδείγματι, μετὰ δὲ ταῦτα μέλλοντες, ἐπὶ τὸ τοῦ βασιλέως
μέγιστον ὂν ταὐτὸν εἶδος ἀπ' ἐλαττόνων φέροντές ποθεν, διὰ
παραδείγματος ἐπιχειρεῖν αὖ τὴν τῶν κατὰ πόλιν θεραπείαν
10 τέχνῃ γνωρίζειν, ἵνα ὕπαρ ἀντ' ὀνείρατος ἡμῖν γίγνηται;

ΝΕ. ΣΩ. Πάνυ μὲν οὖν ὀρθῶς.

279 ΞΕ. Πάλιν δὴ τὸν ἔμπροσθε λόγον ἀναληπτέον, ὡς
ἐπειδὴ τῷ βασιλικῷ γένει τῆς περὶ τὰς πόλεις ἐπιμελείας
ἀμφισβητοῦσι μυρίοι, δεῖ δὴ πάντας ἀποχωρίζειν τούτους
καὶ μόνον ἐκεῖνον λείπειν καὶ πρὸς τοῦτο δὴ παραδείγματος
5 ἔφαμεν δεῖν τινος ἡμῖν.

ΝΕ. ΣΩ. Καὶ μάλα.

ΞΕ. Τί δῆτα παράδειγμά τις ἄν, ἔχον τὴν αὐτὴν πολιτικῇ
πραγματείαν, σμικρότατον παραθέμενος ἱκανῶς ἂν εὕροι τὸ
b ζητούμενον; βούλει πρὸς Διός, ὦ Σώκρατες, εἰ μή τι πρό-
χειρον ἕτερον ἔχομεν, ἀλλ' οὖν τήν γε ὑφαντικὴν προελώμεθα;
καὶ ταύτην, εἰ δοκεῖ, μὴ πᾶσαν· ἀποχρήσει γὰρ ἴσως ἡ περὶ
τὰ ἐκ τῶν ἐρίων ὑφάσματα· τάχα γὰρ ἂν ἡμῖν καὶ τοῦτο τὸ
5 μέρος αὐτῆς μαρτυρήσειε προαιρεθὲν ὃ βουλόμεθα.

ΝΕ. ΣΩ. Τί γὰρ οὔ;

ΞΕ. Τί δῆτα οὐ, καθάπερ ἐν τοῖς ἔμπροσθε τέμνοντες
μέρη μερῶν ἕκαστον διῃρούμεθα, καὶ νῦν περὶ ὑφαντικὴν
c ταὐτὸν τοῦτ' ἐδράσαμεν, καὶ κατὰ δύναμιν ὅτι μάλιστα διὰ

d 8 γάρ] ἄρ' Stallbaum   e 4 εἰ ταύτῃ] ἐπ' αὐτῇ B   οὐδὲν δὴ]
οὐδένα ἢ B   e 5 τε om. T   e 6 παραδείγματος] πράγματος Schleier-
macher   e 9 αὖ τὴν] αὐτὴν B   a 4 λειπειν B : λείπειν T   a 5 ἡμῖν
τινος T   a 7 ἔχων T   πολιτικῇ Ast : πολιτικὴν B T   a 8 πραγ-
ματείαν] παραδειγματειαν B   b 2 ἕτερον om. T sed add. in marg.

βραχέων ταχὺ πάντ᾽ ἐπελθόντες πάλιν ἤλθομεν ἐπὶ τὸ νῦν
χρήσιμον·

ΝΕ. ΣΩ. Πῶς λέγεις;

ΞΕ. Αὐτὴν τὴν διέξοδον ἀπόκρισίν σοι ποιήσομαι. 5

ΝΕ. ΣΩ. Κάλλιστ᾽ εἶπες.

ΞΕ. Ἔστι τοίνυν πάντα ἡμῖν ὁπόσα δημιουργοῦμεν καὶ
κτώμεθα, τὰ μὲν ἕνεκα τοῦ ποιεῖν τι, τὰ δὲ τοῦ μὴ πάσχειν
ἀμυντήρια· καὶ τῶν ἀμυντηρίων τὰ μὲν ἀλεξιφάρμακα καὶ
θεῖα καὶ ἀνθρώπινα, τὰ δὲ προβλήματα· τῶν δὲ προβλημάτων d
τὰ μὲν πρὸς τὸν πόλεμον ὁπλίσματα, τὰ δὲ φράγματα· καὶ
τῶν φραγμάτων τὰ μὲν παραπετάσματα, τὰ δὲ πρὸς χειμῶνας
καὶ καύματα ἀλεξητήρια· τῶν δὲ ἀλεξητηρίων τὰ μὲν στε-
γάσματα, τὰ δὲ σκεπάσματα· καὶ τῶν σκεπασμάτων ὑποπε- 5
τάσματα μὲν ἄλλα, περικαλύμματα δὲ ἕτερα· περικαλυμμάτων
δὲ τὰ μὲν ὁλόσχιστα, σύνθετα δὲ ἕτερα· τῶν δὲ συνθέτων
τὰ μὲν τρητά, τὰ δὲ ἄνευ τρήσεως συνδετά· καὶ τῶν ἀτρή- e
των τὰ μὲν νεύρινα φυτῶν ἐκ γῆς, τὰ δὲ τρίχινα· τῶν δὲ
τριχίνων τὰ μὲν ὕδασι καὶ γῇ κολλητά, τὰ δὲ αὐτὰ αὑτοῖς
συνδετά. τούτοισι δὴ τοῖς ἐκ τῶν ἑαυτοῖς συνδουμένων
ἐργασθεῖσιν ἀμυντηρίοις καὶ σκεπάσμασι τὸ μὲν ὄνομα ἱμάτια 5
ἐκαλέσαμεν· τὴν δὲ τῶν ἱματίων μάλιστα ἐπιμελουμένην
τέχνην, ὥσπερ τότε τὴν τῆς πόλεως πολιτικὴν εἴπομεν, 280
οὕτω καὶ νῦν ταύτην προσείπωμεν ἀπ᾽ αὐτοῦ τοῦ πράγματος
ἱματιουργικήν; φῶμεν δὲ καὶ ὑφαντικήν, ὅσον ἐπὶ τῇ τῶν
ἱματίων ἐργασίᾳ μέγιστον ἦν μόριον, μηδὲν διαφέρειν πλὴν
ὀνόματι ταύτης τῆς ἱματιουργικῆς, καθάπερ κἀκεῖ τότε τὴν 5
βασιλικὴν τῆς πολιτικῆς;

ΝΕ. ΣΩ. Ὀρθότατά γε.

ΞΕ. Τὸ μετὰ τοῦτο δὴ συλλογισώμεθα ὅτι τὴν ἱματίων
ὑφαντικὴν οὕτω ῥηθεῖσάν τις τάχ᾽ ἂν ἱκανῶς εἰρῆσθαι δόξειεν, b

c 4 λέγεις] λέγετε B   d 4 ἀλεξιτήρια ΒΤ (et mox ἀλεξι-
τηρίων)   e 4 τουτοισὶ Τ   ἑαυτοῖς συνδουμένων] αὑτῶν (αυτῶν Β)
συνδουμένοις ΒΤ   a 3 ἱματουργικήν Τ (et mox ἱματουργικῆς):
ἱμαντουργικήν al.

μὴ δυνάμενος συννοεῖν ὅτι τῶν μὲν ἐγγὺς συνεργῶν οὔπω
διώρισται, πολλῶν δὲ ἑτέρων συγγενῶν ἀπεμερίσθη.

ΝΕ. ΣΩ. Ποίων, εἰπέ, συγγενῶν;

5 ΞΕ. Οὐχ ἕσπου τοῖς λεχθεῖσιν, ὡς φαίνῃ· πάλιν οὖν
ἔοικεν ἐπανιτέον ἀρχόμενον ἀπὸ τελευτῆς. εἰ γὰρ συν-
νοεῖς τὴν οἰκειότητα, τὴν μὲν διετέμομεν ἀπ' αὐτῆς νυνδή,
τὴν τῶν στρωμάτων σύνθεσιν περιβολῇ χωρίζοντες καὶ
ὑποβολῇ.

10 ΝΕ. ΣΩ. Μανθάνω.

c ΞΕ. Καὶ μὴν τὴν ἐκ τῶν λίνων καὶ σπάρτων καὶ πάντων
ὁπόσα φυτῶν ἄρτι νεῦρα κατὰ λόγον εἴπομεν, δημιουργίαν
πᾶσαν ἀφείλομεν· τήν τε αὖ πιλητικὴν ἀφωρισάμεθα καὶ
τὴν τρήσει καὶ ῥαφῇ χρωμένην σύνθεσιν, ἧς ἡ πλείστη
5 σκυτοτομική.

ΝΕ. ΣΩ. Πάνυ μὲν οὖν.

ΞΕ. Καὶ τοίνυν τὴν τῶν ὁλοσχίστων σκεπασμάτων θερα-
πείαν δερματουργικὴν καὶ τὰς τῶν στεγασμάτων, ὅσαι τε ἐν
οἰκοδομικῇ καὶ ὅλῃ τεκτονικῇ καὶ ἐν ἄλλαις τέχναις ῥευμάτων
d στεκτικαὶ γίγνονται, συμπάσας ἀφείλομεν, ὅσαι τε περὶ τὰς
κλοπὰς καὶ τὰς βίᾳ πράξεις διακωλυτικὰ ἔργα παρέχονται
τέχναι φραγμάτων, περί τε γένεσιν ἐπιθηματουργίας οὖσαι
καὶ τὰς τῶν θυρωμάτων πήξεις, γομφωτικῆς ἀπονεμηθεῖσαι
5 μόρια τέχνης· τήν τε ὁπλοποιικὴν ἀπετεμόμεθα, μεγάλης καὶ
παντοίας τῆς προβληματουργικῆς τμῆμα οὖσαν δυνάμεως·
e καὶ δὴ καὶ τὴν μαγευτικὴν τὴν περὶ τὰ ἀλεξιφάρμακα κατ'
ἀρχὰς εὐθὺς διωρισάμεθα σύμπασαν, καὶ λελοίπαμεν, ὡς
δόξαιμεν ἄν, αὐτὴν τὴν ζητηθεῖσαν ἀμυντικὴν χειμώνων, ἐρεοῦ
προβλήματος ἐργαστικήν, ὄνομα δὲ ὑφαντικὴν λεχθεῖσαν.

5 ΝΕ. ΣΩ. Ἔοικε γὰρ οὖν.

ΞΕ. Ἀλλ' οὐκ ἔστι πω τέλεον, ὦ παῖ, τοῦτο λελεγμένον.

c 1 λινῶν B   πάντων] πάντα B   c 3 πολιτικὴν T   c 4 τρήϋει]
τῇ τρήσει B   d 1 τε D: om. B T   d 2 κλοπὰς] πλοκὰς B T
d 3 οὖσαι] ὅσαι pr. T   d 5 ὁπλοποιητικὴν T   e 3 ἐρέου T   e 6 πω]
που vulg.

ὁ γὰρ ἐν ἀρχῇ τῆς τῶν ἱματίων ἐργασίας ἁπτόμενος τοὐναντίον
ὑφῇ δρᾶν φαίνεται.   281

ΝΕ. ΣΩ. Πῶς;

ΞΕ. Τὸ μὲν τῆς ὑφῆς συμπλοκή τίς ἐστί που.

ΝΕ. ΣΩ. Ναί.

ΞΕ. Τὸ δέ γε τῶν συνεστώτων καὶ συμπεπιλημένων 5
διαλυτική.

ΝΕ. ΣΩ. Τὸ ποῖον δή;

ΞΕ. Τὸ τῆς τοῦ ξαίνοντος τέχνης ἔργον. ἢ τὴν ξαντικὴν
τολμήσομεν ὑφαντικὴν καὶ τὸν ξάντην ὡς ὄντα ὑφάντην
καλεῖν;   10

ΝΕ. ΣΩ. Οὐδαμῶς.

ΞΕ. Καὶ μὴν τήν γε αὖ στήμονος ἐργαστικὴν καὶ κρόκης
εἴ τις ὑφαντικὴν προσαγορεύει, παράδοξόν τε καὶ ψεῦδος
ὄνομα λέγει.   b

ΝΕ. ΣΩ. Πῶς γὰρ οὔ;

ΞΕ. Τί δέ; κναφευτικὴν σύμπασαν καὶ τὴν ἀκεστικὴν
πότερα μηδεμίαν ἐπιμέλειαν μηδέ τινα θεραπείαν ἐσθῆτος
θῶμεν, ἢ καὶ ταύτας πάσας ὡς ὑφαντικὰς λέξομεν;   5

ΝΕ. ΣΩ. Οὐδαμῶς.

ΞΕ. ᾿Αλλὰ μὴν τῆς γε θεραπείας ἀμφισβητήσουσιν
αὗται σύμπασαι καὶ τῆς γενέσεως τῆς τῶν ἱματίων τῇ τῆς
ὑφαντικῆς δυνάμει, μέγιστον μὲν μέρος ἐκείνῃ διδοῦσαι,
μεγάλα δὲ καὶ σφίσιν αὐταῖς ἀπονέμουσαι.   10

ΝΕ. ΣΩ. Πάνυ γε.   c

ΞΕ. Πρὸς τοίνυν ταύταις ἔτι τὰς τῶν ἐργαλείων δη-
μιουργοὺς τέχνας, δι᾿ ὧν ἀποτελεῖται τὰ τῆς ὑφῆς ἔργα,
δοκεῖν χρὴ τό γε συναιτίας εἶναι προσποιήσασθαι παντὸς
ὑφάσματος.   5

ΝΕ. ΣΩ. ᾿Ορθότατα.

ΞΕ. Πότερον οὖν ἡμῖν ὁ περὶ τῆς ὑφαντικῆς λόγος, οὗ
προειλόμεθα μέρους, ἱκανῶς ἔσται διωρισμένος, ἐὰν ἄρ᾿ αὐτὴν

τῶν ἐπιμελειῶν ὁπόσαι περὶ τὴν ἐρεᾶν ἐσθῆτα, εἰς τὴν
d καλλίστην καὶ μεγίστην πασῶν τιθῶμεν· ἢ λέγοιμεν μὲν ἄν
τι ἀληθές, οὐ μὴν σαφές γε οὐδὲ τέλεον, πρὶν ἂν καὶ ταύτας
αὐτῆς πάσας περιέλωμεν;

ΝΕ. ΣΩ. Ὀρθῶς.

5 ΞΕ. Οὐκοῦν μετὰ ταῦτα ποιητέον ὃ λέγομεν, ἵν᾽ ἐφεξῆς
ἡμῖν ὁ λόγος ἴῃ;

ΝΕ. ΣΩ. Πῶς δ᾽ οὔ;

ΞΕ. Πρῶτον μὲν τοίνυν δύο τέχνας οὔσας περὶ πάντα
τὰ δρώμενα θεασώμεθα.

10 ΝΕ. ΣΩ. Τίνας;

ΞΕ. Τὴν μὲν γενέσεως οὖσαν συναίτιον, τὴν δ᾽ αὐτὴν αἰτίαν.

ΝΕ. ΣΩ. Πῶς;

e ΞΕ. Ὅσαι μὲν τὸ πρᾶγμα αὐτὸ μὴ δημιουργοῦσι, ταῖς
δὲ δημιουργούσαις ὄργανα παρασκευάζουσιν, ὧν μὴ παρα-
γενομένων οὐκ ἄν ποτε ἐργασθείη τὸ προστεταγμένον ἑκάστῃ
τῶν τεχνῶν, ταύτας μὲν συναιτίους, τὰς δὲ αὐτὸ τὸ πρᾶγμα
5 ἀπεργαζομένας αἰτίας.

ΝΕ. ΣΩ. Ἔχει γοῦν λόγον.

ΞΕ. Μετὰ τοῦτο δὴ τὰς μὲν περί τε ἀτράκτους καὶ
κερκίδας καὶ ὁπόσα ἄλλα ὄργανα τῆς περὶ τὰ ἀμφιέσματα
γενέσεως κοινωνεῖ, πάσας συναιτίους εἴπωμεν, τὰς δὲ αὐτὰ
10 θεραπευούσας καὶ δημιουργούσας αἰτίας;

ΝΕ. ΣΩ. Ὀρθότατα.

282 ΞΕ. Τῶν αἰτιῶν δὴ πλυντικὴν μὲν καὶ ἀκεστικὴν καὶ
πᾶσαν τὴν περὶ ταῦτα θεραπευτικήν, πολλῆς οὔσης τῆς
κοσμητικῆς, τοὐνταῦθα αὐτῆς μόριον εἰκὸς μάλιστα περι-
λαμβάνειν ὀνομάζοντας πᾶν τῇ τέχνῃ τῇ κναφευτικῇ.

5 ΝΕ. ΣΩ. Καλῶς.

ΞΕ. Καὶ μὴν ξαντική γε καὶ νηστικὴ καὶ πάντα αὖ
τὰ περὶ τὴν ποίησιν αὐτὴν τῆς ἐσθῆτος ἧς λέγομεν

c 9 εἶς B T : εἰσὶ W   τὴν T W : γῆν B   d 2 ἂν ... περιέλωμεν] αὖ ...
περιέλωμεν B T : αὖ ... περιέλοιμεν Hermann   a 4 πᾶν τῇ] πάντῃ T
a 6 ξαντικὴ ... νηστικὴ Stephanus : ξαντικὴν ... νηστικὴν B T   γε] τε B

μέρη, μία τίς ἐστι τέχνη τῶν ὑπὸ πάντων λεγομένων,
ἡ ταλασιουργική.

ΝΕ. ΣΩ. Πῶς γὰρ οὔ; 10

ΞΕ. Τῆς δὴ ταλασιουργικῆς δύο τμήματά ἐστον, καὶ b
τούτοιν ἑκάτερον ἅμα δυοῖν πεφύκατον τέχναιν μέρη.

ΝΕ. ΣΩ. Πῶς;

ΞΕ. Τὸ μὲν ξαντικὸν καὶ τὸ τῆς κερκιστικῆς ἥμισυ καὶ
ὅσα τὰ συγκείμενα ἀπ' ἀλλήλων ἀφίστησι, πᾶν τοῦτο ὡς ἓν 5
φράζειν τῆς τε ταλασιουργίας αὐτῆς ἐστί που, καὶ μεγάλα τινὲ
κατὰ πάντα ἡμῖν ἤστην τέχνα, ἡ συγκριτική τε καὶ διακριτική.

ΝΕ. ΣΩ. Ναί.

ΞΕ. Τῆς τοίνυν διακριτικῆς ἥ τε ξαντικὴ καὶ τὰ νυνδὴ
ῥηθέντα ἅπαντά ἐστιν· ἡ γὰρ ἐν ἐρίοις τε καὶ στήμοσι δια- c
κριτική, κερκίδι μὲν ἄλλον τρόπον γιγνομένη, χερσὶ δὲ ἕτερον,
ἔσχεν ὅσα ἀρτίως ὀνόματα ἐρρήθη.

ΝΕ. ΣΩ. Πάνυ μὲν οὖν.

ΞΕ. Αὖθις δὴ πάλιν συγκριτικῆς μόριον ἅμα καὶ ταλα- 5
σιουργίας ἐν αὐτῇ γιγνόμενον λάβωμεν· ὅσα δὲ τῆς διακρι-
τικῆς ἦν αὐτόθι, μεθιῶμεν σύμπαντα, δίχα τέμνοντες τὴν
ταλασιουργίαν διακριτικῷ τε καὶ συγκριτικῷ τμήματι.

ΝΕ. ΣΩ. Διῃρήσθω.

ΞΕ. Τὸ συγκριτικὸν τοίνυν αὖ σοι καὶ ταλασιουργικὸν 10
ἅμα μόριον, ὦ Σώκρατες, διαιρετέον, εἴπερ ἱκανῶς μέλλομεν d
τὴν προρρηθεῖσαν ὑφαντικὴν αἱρήσειν.

ΝΕ. ΣΩ. Οὐκοῦν χρή.

ΞΕ. Χρὴ μὲν οὖν· καὶ λέγωμέν γε αὐτῆς τὸ μὲν εἶναι
στρεπτικόν, τὸ δὲ συμπλεκτικόν. 5

ΝΕ. ΣΩ. Ἆρ' οὖν μανθάνω; δοκεῖς γάρ μοι τὸ περὶ τὴν
τοῦ στήμονος ἐργασίαν λέγειν στρεπτικόν.

ΞΕ. Οὐ μόνον γε, ἀλλὰ καὶ κρόκης· ἢ γένεσιν ἄστροφόν
τινα αὐτῆς εὑρήσομεν;

c 7 μεθιῶμεν (vel μεθῶμεν) Hermann : μετίωμεν Β Τ   d 9 τινα
ἄστροφον Τ (sed add. signis transpositionis)

10   ΝΕ. ΣΩ. Οὐδαμῶς.

e   ΞΕ. Διόρισαι δὴ καὶ τούτοιν ἑκάτερον· ἴσως γὰρ ὁ
διορισμὸς ἔγκαιρος ἄν σοι γένοιτο.

      ΝΕ. ΣΩ. Πῇ;

      ΞΕ. Τῇδε· τῶν περὶ ξαντικὴν ἔργων μηκυνθέν τε καὶ
5 σχὸν πλάτος λέγομεν εἶναι κάταγμά τι;

      ΝΕ. ΣΩ. Ναί.

      ΞΕ. Τούτου δὴ τὸ μὲν ἀτράκτῳ τε στραφὲν καὶ στερεὸν
νῆμα γενόμενον στήμονα μὲν φάθι τὸ νῆμα, τὴν δὲ ἀπευθύ-
νουσαν αὐτὸ τέχνην εἶναι στημονονητικήν.

10   ΝΕ. ΣΩ. Ὀρθῶς.

      ΞΕ. Ὅσα δέ γε αὖ τὴν μὲν συστροφὴν χαύνην λαμβάνει,
τῇ δὲ τοῦ στήμονος ἐμπλέξει πρὸς τὴν τῆς γνάψεως ὁλκὴν
ἐμμέτρως τὴν μαλακότητα ἴσχει, ταῦτ' ἄρα κρόκην μὲν τὰ
νηθέντα, τὴν δὲ ἐπιτεταγμένην αὐτοῖς εἶναι τέχνην τὴν
283 κροκονητικὴν φῶμεν.

      ΝΕ. ΣΩ. Ὀρθότατα.

      ΞΕ. Καὶ μὴν τό γε τῆς ὑφαντικῆς μέρος ὃ προυθέ-
μεθα, παντί που δῆλον ἤδη. τὸ γὰρ συγκριτικῆς τῆς
5 ἐν ταλασιουργίᾳ μόριον ὅταν εὐθυπλοκίᾳ κρόκης καὶ στή-
μονος ἀπεργάζηται πλέγμα, τὸ μὲν πλεχθὲν σύμπαν ἐσθῆτα
ἐρεᾶν, τὴν δ' ἐπὶ τούτῳ τέχνην οὖσαν προσαγορεύομεν
ὑφαντικήν.

      ΝΕ. ΣΩ. Ὀρθότατα.

b   ΞΕ. Εἶεν· τί δή ποτε οὖν οὐκ εὐθὺς ἀπεκρινάμεθα πλεκ-
τικὴν εἶναι κρόκης καὶ στήμονος ὑφαντικήν, ἀλλὰ περιήλθομεν
ἐν κύκλῳ πάμπολλα διοριζόμενοι μάτην;

      ΝΕ. ΣΩ. Οὔκουν ἔμοιγε, ὦ ξένε, μάτην οὐδὲν τῶν
5 ῥηθέντων ἔδοξε ῥηθῆναι.

      ΞΕ. Καὶ θαυμαστόν γε οὐδέν· ἀλλὰ τάχ' ἄν, ὦ μακάριε,
δόξειε.   πρὸς δὴ τὸ νόσημα τὸ τοιοῦτον, ἂν ἄρα πολλάκις

e 1 δὴ] δὲ �η T   ὁ διορισμὸς] ὅδ' ὁρισμὸς T   e 4 μηκυνθέν τε] μηκυν-
θέντες B   e 8 φάθι] φασι vulg.   e 9 αὐτὸ] αὐτὰ B   στημονονητι-
κήν T   e 14 τὴν] τινὰ Campbell : om. al.   b 1 οὖν οὐκ] οὐκοῦν οὐκ B

ὕστερον ἐπίῃ—θαυμαστὸν γὰρ οὐδέν—λόγον ἄκουσόν τινα
προσήκοντα περὶ πάντων τῶν τοιούτων ῥηθῆναι.   c

ΝΕ. ΣΩ. Λέγε μόνον.

ΞΕ. Πρῶτον τοίνυν ἴδωμεν πᾶσαν τήν τε ὑπερβολὴν καὶ
τὴν ἔλλειψιν, ἵνα κατὰ λόγον ἐπαινῶμεν καὶ ψέγωμεν τὰ
μακρότερα τοῦ δέοντος ἑκάστοτε λεγόμενα καὶ τἀναντία περὶ 5
τὰς τοιάσδε διατριβάς.

ΝΕ. ΣΩ. Οὐκοῦν χρή.

ΞΕ. Περὶ δὴ τούτων αὐτῶν ὁ λόγος ἡμῖν οἶμαι γιγνόμενος
ὀρθῶς ἂν γίγνοιτο.

ΝΕ. ΣΩ. Τίνων;   10

ΞΕ. Μήκους τε πέρι καὶ βραχύτητος καὶ πάσης ὑπεροχῆς
τε καὶ ἐλλείψεως· ἡ γάρ που μετρητικὴ περὶ πάντ᾽ ἐστὶ d
ταῦτα.

ΝΕ. ΣΩ. Ναί.

ΞΕ. Διέλωμεν τοίνυν αὐτὴν δύο μέρη· δεῖ γὰρ δὴ πρὸς
ὃ νῦν σπεύδομεν.   5

ΝΕ. ΣΩ. Λέγοις ἂν τὴν διαίρεσιν ὅπῃ.

ΞΕ. Τῇδε· τὸ μὲν κατὰ τὴν πρὸς ἄλληλα μεγέθους καὶ
σμικρότητος κοινωνίαν, τὸ δὲ [τὸ] κατὰ τὴν τῆς γενέσεως
ἀναγκαίαν οὐσίαν.

ΝΕ. ΣΩ. Πῶς λέγεις;   10

ΞΕ. Ἆρ᾽ οὐ κατὰ φύσιν δοκεῖ σοι τὸ μεῖζον μηδενὸς
ἑτέρου δεῖν μεῖζον λέγειν ἢ τοῦ ἐλάττονος, καὶ τοὔλαττον αὖ
τοῦ μείζονος ἔλαττον, ἄλλου δὲ μηδενός;   e

ΝΕ. ΣΩ. Ἔμοιγε.

ΞΕ. Τί δέ; τὸ τὴν τοῦ μετρίου φύσιν ὑπερβάλλον καὶ
ὑπερβαλλόμενον ὑπ᾽ αὐτῆς ἐν λόγοις εἴτε καὶ ἐν ἔργοις ἆρ᾽
οὐκ αὖ λέξομεν ὡς ὄντως γιγνόμενον, ἐν ᾧ καὶ διαφέρουσι 5
μάλιστα ἡμῶν οἵ τε κακοὶ καὶ [οἱ] ἀγαθοί;

ΝΕ. ΣΩ. Φαίνεται.

c 3 εἰδῶμεν Β Τ   c 6 τοιάσδε] τοιαύτας Τ   c 11 ὑπερβολῆς Β Τ W :
ὑπεροχῆς in marg. W   d 8 τὸ om. Β   d 12 αὖ Τ : ἀντὶ (sic) Β
e 6 οἱ om. Τ

31*

ΞΕ. Διττὰς ἄρα ταύτας οὐσίας καὶ κρίσεις τοῦ μεγάλου
καὶ τοῦ σμικροῦ θετέον, ἀλλ' οὐχ ὡς ἔφαμεν ἄρτι πρὸς
10 ἄλληλα μόνον δεῖν, ἀλλ' ὥσπερ νῦν εἴρηται μᾶλλον τὴν μὲν
πρὸς ἄλληλα λεκτέον, τὴν δ' αὖ πρὸς τὸ μέτριον· οὗ δὲ
ἕνεκα, μαθεῖν ἆρ' ἂν βουλοίμεθα;
    ΝΕ. ΣΩ. Τί μήν;
284 ΞΕ. Εἰ πρὸς μηδὲν ἕτερον τὴν τοῦ μείζονος ἐάσει τις
φύσιν ἢ πρὸς τοὔλαττον, οὐκ ἔσται ποτὲ πρὸς τὸ μέτριον·
ἢ γάρ;
    ΝΕ. ΣΩ. Οὕτως.

5 ΞΕ. Οὐκοῦν τὰς τέχνας τε αὐτὰς καὶ τἆργα αὐτῶν σύμ-
παντα διολοῦμεν τούτῳ τῷ λόγῳ, καὶ δὴ καὶ τὴν ζητουμένην
νῦν πολιτικὴν καὶ τὴν ῥηθεῖσαν ὑφαντικὴν ἀφανιοῦμεν;
ἅπασαι γὰρ αἱ τοιαῦταί που τὸ τοῦ μετρίου πλέον καὶ
ἔλαττον οὐχ ὡς οὐκ ὂν ἀλλ' ὡς ὂν χαλεπὸν περὶ τὰς πράξεις
b παραφυλάττουσι, καὶ τούτῳ δὴ τῷ τρόπῳ τὸ μέτρον σῴζουσαι
πάντα ἀγαθὰ καὶ καλὰ ἀπεργάζονται.
    ΝΕ. ΣΩ. Τί μήν;
    ΞΕ. Οὐκοῦν ἂν τὴν πολιτικὴν ἀφανίσωμεν, ἄπορος ἡμῖν
5 ἡ μετὰ τοῦτο ἔσται ζήτησις τῆς βασιλικῆς ἐπιστήμης;
    ΝΕ. ΣΩ. Καὶ μάλα.
    ΞΕ. Πότερον οὖν, καθάπερ ἐν τῷ σοφιστῇ προσηναγκά-
σαμεν εἶναι τὸ μὴ ὄν, ἐπειδὴ κατὰ τοῦτο διέφυγεν ἡμᾶς
ὁ λόγος, οὕτω καὶ νῦν τὸ πλέον αὖ καὶ ἔλαττον μετρητὰ
10 προσαναγκαστέον γίγνεσθαι μὴ πρὸς ἄλληλα μόνον ἀλλὰ καὶ
c πρὸς τὴν τοῦ μετρίου γένεσιν; οὐ γὰρ δὴ δυνατόν γε οὔτε
πολιτικὸν οὔτ' ἄλλον τινὰ τῶν περὶ τὰς πράξεις ἐπιστήμονα
ἀναμφισβητήτως γεγονέναι τούτου μὴ συνομολογηθέντος.
    ΝΕ. ΣΩ. Οὐκοῦν καὶ νῦν ὅτι μάλιστα χρὴ ταὐτὸν
5 ποιεῖν.
    ΞΕ. Πλέον, ὦ Σώκρατες, ἔτι τοῦτο τὸ ἔργον ἢ 'κεῖνο—

---

a 6 διολοῦμεν Bekker : διελοῦμεν Β Τ   νῦν ζητουμένην Τ
b 1 μέτρον] μέτριον Τ   b 8 τοῦτο] τοῦτον Β Τ   c 1 γε post
πολιτικόν add. Τ   c 2 τῶν] τὸν Β

καίτοι κἀκείνου γε μεμνήμεθα τὸ μῆκος ὅσον ἦν—ἀλλ'
ὑποτίθεσθαι μὲν τὸ τοιόνδε περὶ αὐτῶν καὶ μάλα δίκαιον.

ΝΕ. ΣΩ. Τὸ ποῖον;

ΞΕ. Ὡς ποτε δεήσει τοῦ νῦν λεχθέντος πρὸς τὴν περὶ d
αὐτὸ τἀκριβὲς ἀπόδειξιν. ὅτι δὲ πρὸς τὰ νῦν καλῶς καὶ
ἱκανῶς δείκνυται, δοκεῖ μοι βοηθεῖν μεγαλοπρεπῶς ἡμῖν οὗτος
ὁ λόγος, ὡς ἄρα ἡγητέον ὁμοίως τὰς τέχνας πάσας εἶναι,
μεῖζόν τε ἅμα καὶ ἔλαττον μετρεῖσθαι μὴ πρὸς ἄλληλα μόνον 5
ἀλλὰ καὶ πρὸς τὴν τοῦ μετρίου γένεσιν. τούτου τε γὰρ ὄντος
ἐκεῖνα ἔστι, κἀκείνων οὐσῶν ἔστι καὶ τοῦτο, μὴ δὲ ὄντος
ποτέρου τούτων οὐδέτερον αὐτῶν ἔσται ποτέ.

ΝΕ. ΣΩ. Τοῦτο μὲν ὀρθῶς· ἀλλὰ τί δὴ τὸ μετὰ τοῦτο; e

ΞΕ. Δῆλον ὅτι διαιροῖμεν ἂν τὴν μετρητικήν, καθάπερ
ἐρρήθη, ταύτῃ δίχα τέμνοντες, ἐν μὲν τιθέντες αὐτῆς μόριον
συμπάσας τέχνας ὁπόσαι τὸν ἀριθμὸν καὶ μήκη καὶ βάθη
καὶ πλάτη καὶ ταχυτῆτας πρὸς τοὐναντίον μετροῦσιν, τὸ δὲ 5
ἕτερον, ὁπόσαι πρὸς τὸ μέτριον καὶ τὸ πρέπον καὶ τὸν καιρὸν
καὶ τὸ δέον καὶ πάνθ' ὁπόσα εἰς τὸ μέσον ἀπῳκίσθη τῶν
ἐσχάτων.

ΝΕ. ΣΩ. Καὶ μέγα γε ἑκάτερον τμῆμα εἶπες, καὶ πολὺ
διαφέρον ἀλλήλοιν. 10

ΞΕ. Ὁ γὰρ ἐνίοτε, ὦ Σώκρατες, οἰόμενοι δή τι σοφὸν
φράζειν πολλοὶ τῶν κομψῶν λέγουσιν, ὡς ἄρα μετρητικὴ 285
περὶ πάντ' ἐστὶ τὰ γιγνόμενα, τοῦτ' αὐτὸ τὸ νῦν λεχθὲν ὂν
τυγχάνει. μετρήσεως μὲν γὰρ δή τινα τρόπον πάνθ' ὁπόσα
ἔντεχνα μετείληφεν· διὰ δὲ τὸ μὴ κατ' εἴδη συνειθίσθαι
σκοπεῖν διαιρουμένους ταῦτά τε τοσοῦτον διαφέροντα συμ- 5
βάλλουσιν εὐθὺς εἰς ταὐτὸν ὅμοια νομίσαντες, καὶ τοὐναντίον
αὖ τούτου δρῶσιν ἕτερα οὐ κατὰ μέρη διαιροῦντες, δέον, ὅταν
μὲν τὴν τῶν πολλῶν τις πρότερον αἴσθηται κοινωνίαν, μὴ b

d 2 ὅτι] ἔτι Cornarius   d 3 δείκνυται] δείκνυσθαι Cornarius
d 4 εἶναι] εἶναι καὶ al.   d 5 τε] τι BT   d 7 ἐκεῖνα ἔστι]
ἐκεῖναι εἰσί Madvig   τοῦτο] ταῦτα BT   e 5 ταχυτῆτας] παχύ-
τητας B

προαφίστασθαι πρὶν ἂν ἐν αὐτῇ τὰς διαφορὰς ἴδῃ πάσας
ὁπόσαιπερ ἐν εἴδεσι κεῖνται, τὰς δὲ αὖ παντοδαπὰς ἀνομοιό-
τητας, ὅταν ἐν πλήθεσιν ὀφθῶσιν, μὴ δυνατὸν εἶναι δυσωπού-
5 μενον παύεσθαι πρὶν ἂν σύμπαντα τὰ οἰκεῖα ἐντὸς μιᾶς
ὁμοιότητος ἔρξας γένους τινὸς οὐσίᾳ περιβάληται. ταῦτα
μὲν οὖν ἱκανῶς περί τε τούτων καὶ περὶ τῶν ἐλλείψεων καὶ
ὑπερβολῶν εἰρήσθω· φυλάττωμεν δὲ μόνον ὅτι δύο γένη
c περὶ αὐτὰ ἐξηύρηται τῆς μετρητικῆς, καὶ ἃ φαμεν αὔτ᾽ εἶναι
μεμνώμεθα.

ΝΕ. ΣΩ. Μεμνησόμεθα.

ΞΕ. Μετὰ τοῦτον δὴ τὸν λόγον ἕτερον προσδεξώμεθα
5 περὶ αὐτῶν τε τῶν ζητουμένων καὶ περὶ πάσης τῆς ἐν τοῖς
τοιοῖσδε λόγοις διατριβῆς.

ΝΕ. ΣΩ. Τὸ ποῖον;

ΞΕ. Εἴ τις ἀνέροιτο ἡμᾶς τὴν περὶ γράμματα συνουσίαν
τῶν μανθανόντων, ὁπόταν τις ὁτιοῦν ὄνομα ἐρωτηθῇ τίνων
10 ἐστὶ γραμμάτων, πότερον αὐτῷ τότε φῶμεν γίγνεσθαι τὴν
d ζήτησιν ἑνὸς ἕνεκα μᾶλλον τοῦ προβληθέντος ἢ τοῦ περὶ
πάντα τὰ προβαλλόμενα γραμματικωτέρῳ γίγνεσθαι;

ΝΕ. ΣΩ. Δῆλον ὅτι τοῦ περὶ ἅπαντα.

ΞΕ. Τί δ᾽ αὖ νῦν ἡμῖν ἡ περὶ τοῦ πολιτικοῦ ζήτησις;
5 ἕνεκα αὐτοῦ τούτου προβέβληται μᾶλλον ἢ τοῦ περὶ πάντα
διαλεκτικωτέροις γίγνεσθαι;

ΝΕ. ΣΩ. Καὶ τοῦτο δῆλον ὅτι τοῦ περὶ πάντα.

ΞΕ. Ἦ που τὸν τῆς ὑφαντικῆς γε λόγον αὐτῆς ταύτης
ἕνεκα θηρεύειν οὐδεὶς ἂν ἐθελήσειεν νοῦν ἔχων· ἀλλ᾽ οἶμαι
10 τοὺς πλείστους λέληθεν ὅτι τοῖς μὲν τῶν ὄντων ῥᾳδίως
e καταμαθεῖν αἰσθηταί τινες ὁμοιότητες πεφύκασιν, ἃς οὐδὲν
χαλεπὸν δηλοῦν, ὅταν αὐτῶν τις βουληθῇ τῷ λόγον αἰτοῦντι
περί του μὴ μετὰ πραγμάτων ἀλλὰ χωρὶς λόγου ῥᾳδίως
ἐνδείξασθαι· τοῖς δ᾽ αὖ μεγίστοις οὖσι καὶ τιμιωτάτοις

b 2 εἴδη (sic) T   b 6 ὁμοιότητος sed in marg. οἰκειότητος T
περιβάληται B   e 1 αἰσθηταί Cornarius : αἰσθητικαί B T   e 3 ῥᾳ-
δίοις Heusde e Ficino

οὐκ ἔστιν εἴδωλον οὐδὲν πρὸς τοὺς ἀνθρώπους εἰργασμένον 286
ἐναργῶς, οὗ δειχθέντος τὴν τοῦ πυνθανομένου ψυχὴν ὁ
βουλόμενος ἀποπληρῶσαι, πρὸς τῶν αἰσθήσεών τινα προσαρ-
μόττων, ἱκανῶς πληρώσει. διὸ δεῖ μελετᾶν λόγον ἑκάστου
δυνατὸν εἶναι δοῦναι καὶ δέξασθαι· τὰ γὰρ ἀσώματα, κάλλιστα 5
ὄντα καὶ μέγιστα, λόγῳ μόνον ἄλλῳ δὲ οὐδενὶ σαφῶς δείκνυ-
ται, τούτων δὲ ἕνεκα πάντ' ἐστὶ τὰ νῦν λεγόμενα. ῥᾴων
δ' ἐν τοῖς ἐλάττοσιν ἡ μελέτη παντὸς πέρι μᾶλλον ἢ περὶ b
τὰ μείζω.

ΝΕ. ΣΩ. Κάλλιστ' εἶπες.

ΞΕ. Ὧν τοίνυν χάριν ἅπανθ' ἡμῖν ταῦτ' ἐρρήθη περὶ
τούτων, μνησθῶμεν. 5

ΝΕ. ΣΩ. Τίνων;

ΞΕ. Ταύτης τε οὐχ ἥκιστα αὐτῆς ἕνεκα τῆς δυσχερείας
ἣν περὶ τὴν μακρολογίαν τὴν περὶ τὴν ὑφαντικὴν ἀπεδεξά-
μεθα δυσχερῶς, καὶ τὴν περὶ τὴν τοῦ παντὸς ἀνείλιξιν καὶ
τὴν τοῦ σοφιστοῦ πέρι τῆς τοῦ μὴ ὄντος οὐσίας, ἐννοοῦντες 10
ὡς ἔσχε μῆκος πλέον, καὶ ἐπὶ τούτοις δὴ πᾶσιν ἐπεπλήξαμεν
ἡμῖν αὐτοῖς, δείσαντες μὴ περίεργα ἅμα καὶ μακρὰ λέγοιμεν. c
ἵν' οὖν εἰς αὖθις μηδὲν πάσχωμεν τοιοῦτον, τούτων ἕνεκα
πάντων τὰ πρόσθε νῦν εἰρῆσθαι φάθι.

ΝΕ. ΣΩ. Ταῦτ' ἔσται. λέγε ἑξῆς μόνον.

ΞΕ. Λέγω τοίνυν ὅτι χρὴ δὴ μεμνημένους ἐμὲ καὶ σὲ 5
τῶν νῦν εἰρημένων τόν τε ψόγον ἑκάστοτε καὶ ἔπαινον
ποιεῖσθαι βραχύτητος ἅμα καὶ μήκους ὧν ἂν ἀεὶ πέρι
λέγωμεν, μὴ πρὸς ἄλληλα τὰ μήκη κρίνοντες ἀλλὰ κατὰ τὸ
τῆς μετρητικῆς μέρος ὃ τότε ἔφαμεν δεῖν μεμνῆσθαι, πρὸς d
τὸ πρέπον.

ΝΕ. ΣΩ. Ὀρθῶς.

ΞΕ. Οὐ τοίνυν οὐδὲ πρὸς τοῦτο πάντα. οὔτε γὰρ πρὸς

a 2 οὗ] οὐ B   a 3 προσαρμόττων ex προσαρμοττόντων T   b 6 τί-
νων] τί μῶν B   b 8 ἣν περὶ] ἥνπερ Hermann   ἣν post ὑφαντικὴν
transp. Heindorf   b 9 τὴν τοῦ] τοῦ B T   c 3 πάντων] πάντα
Ast   τὰ πρόσθε om. B   d 2 τὸ] τοῦτὸ T

5 τὴν ἡδονὴν μήκους ἁρμόττοντος οὐδὲν προσδεησόμεθα, πλὴν
εἰ πάρεργόν τι· τό τε αὖ πρὸς τὴν τοῦ προβληθέντος ζήτησιν,
ὡς ἂν ῥᾷστα καὶ τάχιστα εὕροιμεν, δεύτερον ἀλλ' οὐ πρῶτον
ὁ λόγος ἀγαπᾶν παραγγέλλει, πολὺ δὲ μάλιστα καὶ πρῶτον
τὴν μέθοδον αὐτὴν τιμᾶν τοῦ κατ' εἴδη δυνατὸν εἶναι διαιρεῖν,
e καὶ δὴ καὶ λόγον, ἄντε παμμήκης λεχθεὶς τὸν ἀκούσαντα
εὑρετικώτερον ἀπεργάζηται, τοῦτον σπουδάζειν καὶ τῷ μήκει
μηδὲν ἀγανακτεῖν, ἄντ' αὖ βραχύτερος, ὡσαύτως· ἔτι δ' αὖ
πρὸς τούτοις τὸν περὶ τὰς τοιάσδε συνουσίας ψέγοντα λόγων
5 μήκη καὶ τὰς ἐν κύκλῳ περιόδους οὐκ ἀποδεχόμενον, ὅτι χρὴ
τὸν τοιοῦτον μὴ [πάνυ] ταχὺ μηδ' εὐθὺς οὕτω μεθιέναι ψέξαντα
287 μόνον ὡς μακρὰ τὰ λεχθέντα, ἀλλὰ καὶ προσαποφαίνειν
οἴεσθαι δεῖν ὡς βραχύτερα ἂν γενόμενα τοὺς συνόντας
ἀπηργάζετο διαλεκτικωτέρους καὶ τῆς τῶν ὄντων λόγῳ δηλώ-
σεως εὑρετικωτέρους, τῶν δὲ ἄλλων καὶ πρὸς ἄλλ' ἄττα
5 ψόγων καὶ ἐπαίνων μηδὲν φροντίζειν μηδὲ τὸ παράπαν
ἀκούειν δοκεῖν τῶν τοιούτων λόγων. καὶ τούτων μὲν ἅλις,
εἰ καὶ σοὶ ταύτῃ συνδοκεῖ· πρὸς δὲ δὴ τὸν πολιτικὸν
b ἴωμεν πάλιν, τῆς προρρηθείσης ὑφαντικῆς αὐτῷ φέροντες τὸ
παράδειγμα.

ΝΕ. ΣΩ. Καλῶς εἶπες, καὶ ποιῶμεν ἃ λέγεις.

ΞΕ. Οὐκοῦν ἀπό γε τῶν πολλῶν ὁ βασιλεὺς ὅσαι
5 σύννομοι, μᾶλλον δὲ ἀπὸ πασῶν τῶν περὶ τὰς ἀγέλας
διακεχώρισται· λοιπαὶ δέ, φαμέν, αἱ κατὰ πόλιν αὐτὴν τῶν
τε συναιτίων καὶ τῶν αἰτίων, ἃς πρώτας ἀπ' ἀλλήλων
διαιρετέον.

ΝΕ. ΣΩ. Ὀρθῶς.

10   ΞΕ. Οἶσθ' οὖν ὅτι χαλεπὸν αὐτὰς τεμεῖν δίχα; τὸ δ'
c αἴτιον, ὡς οἶμαι, προϊοῦσιν οὐχ ἧττον ἔσται καταφανές.

ΝΕ. ΣΩ. Οὐκοῦν χρὴ δρᾶν οὕτως.

ΞΕ. Κατὰ μέλη τοίνυν αὐτὰς οἷον ἱερεῖον διαιρώμεθα,

d 5 οὐδὲν] οὐδενὶ T   d 6 εἰ] εἰ μὴ T   e 1 ἀκούσοντα (sic) T
e 4 τὸν] τῶν T   e 6 πάνυ seclusi : πανταχὺ (sic) B (ταχὺ fuit)   a 1 τὰ]
τὰ πρόσθεν ταῦτα τὰ T   b 1 αὐτῷ] αὐτὸ T   b 10 τεμεῖν αὐτὰς vulg.

ἐπειδὴ δίχα ἀδυνατοῦμεν. δεῖ γὰρ εἰς τὸν ἐγγύτατα ὅτι
μάλιστα τέμνειν ἀριθμὸν ἀεί. 5

ΝΕ. ΣΩ. Πῶς οὖν ποιῶμεν τὰ νῦν;

ΞΕ. Ὥσπερ ἔμπροσθεν, ὁπόσαι παρείχοντο ὄργανα περὶ
τὴν ὑφαντικήν, πάσας δήπου τότε ἐτίθεμεν ὡς συναιτίους.

ΝΕ. ΣΩ. Ναί.

ΞΕ. Καὶ νῦν δὴ ταὐτὸν μὲν τοῦτο, ἔτι δὲ μᾶλλον ἢ τόθ' 10
ἡμῖν ποιητέον. ὅσαι γὰρ σμικρὸν ἢ μέγα τι δημιουργοῦσι d
κατὰ πόλιν ὄργανον, θετέον ἁπάσας ταύτας ὡς οὔσας συναι-
τίους. ἄνευ γὰρ τούτων οὐκ ἄν ποτε γένοιτο πόλις οὐδὲ πολι-
τική, τούτων δ' αὖ βασιλικῆς ἔργον τέχνης οὐδέν που θήσομεν.

ΝΕ. ΣΩ. Οὐ γάρ. 5

ΞΕ. Καὶ μὲν δὴ χαλεπὸν ἐπιχειροῦμεν δρᾶν ἀποχωρί-
ζοντες τοῦτο ἀπὸ τῶν ἄλλων τὸ γένος· ὅτι γὰρ οὖν τῶν ὄντων
ἔστιν ὡς ἑνός γέ τινος ὄργανον εἰπόντα δοκεῖν εἰρηκέναι
τι πιθανόν. ὅμως δὲ ἕτερον αὖ τῶν ἐν πόλει κτημάτων e
εἴπωμεν τόδε.

ΝΕ. ΣΩ. Τὸ ποῖον;

ΞΕ. Ὡς οὐκ ἔστι ταύτην τὴν δύναμιν ἔχον. οὐ γὰρ ἐπὶ
γενέσεως αἰτίᾳ πήγνυται, καθάπερ ὄργανον, ἀλλ' ἕνεκα τοῦ 5
δημιουργηθέντος σωτηρίας.

ΝΕ. ΣΩ. Τὸ ποῖον;

ΞΕ. Τοῦτο ὃ δὴ ξηροῖς καὶ ὑγροῖς καὶ ἐμπύροις καὶ
ἀπύροις παντοδαπὸν εἶδος ἐργασθὲν ἀγγεῖον [ὃ δὴ] μιᾷ κλήσει
προσφθεγγόμεθα, καὶ μάλα γε συχνὸν εἶδος καὶ τῇ ζητουμένῃ 10
γε, ὡς οἶμαι, προσῆκον οὐδὲν ἀτεχνῶς ἐπιστήμῃ. 288

ΝΕ. ΣΩ. Πῶς γὰρ οὔ;

ΞΕ. Τούτων δὴ τρίτον ἕτερον εἶδος κτημάτων πάμπολυ
κατοπτέον πεζὸν καὶ ἔνυδρον καὶ πολυπλανὲς καὶ ἀπλανὲς

---

c 4 ὅτι om. pr. T   c 8 δήπου] δέ που Β : που Τ   d 6 χαλεπὸν]
χαλεπὸν μὲν Τ sed μὲν punctis notatum   d 8 ἔστιν ὡς Campbell :
ὡς ἐστιν Β : ὡς ἔστιν Τ : ἔστιν Hermann   e 1 αὖ τῶν] αὐτῶν Β
e 5 αἰτίαι πήγνυνται Β Τ   e 8 καὶ ἐμπύροις καὶ ἀπύροις om. Β
e 9 ὃ δὴ secl. Hermann   a 2 οὔ secl. Schleiermacher

5 καὶ τίμιον καὶ ἄτιμον, ἐν δὲ ὄνομα ἔχον, διότι πᾶν ἕνεκά
τινος ἐφέδρας ἐστί, θᾶκος ἀεί τινι γιγνόμενον.

ΝΕ. ΣΩ. Τὸ ποῖον;

ΞΕ. Ὄχημα αὐτό που λέγομεν, οὐ πάνυ πολιτικῆς
ἔργον, ἀλλὰ μᾶλλον πολὺ τεκτονικῆς καὶ κεραμικῆς καὶ
10 χαλκοτυπικῆς.

ΝΕ. ΣΩ. Μανθάνω.

b ΞΕ. Τί δὲ τέταρτον; ἆρ' ἕτερον εἶναι τούτων λεκτέον,
ἐν ᾧ τὰ πλεῖστά ἐστι τῶν πάλαι ῥηθέντων, ἐσθής τε σύμ-
πασα καὶ τῶν ὅπλων τὸ πολὺ καὶ τείχη πάντα θ' ὅσα γήινα
περιβλήματα καὶ λίθινα, καὶ μυρία ἕτερα; προβολῆς δὲ
5 ἕνεκα συμπάντων αὐτῶν εἰργασμένων δικαιότατ' ἂν ὅλον
προσαγορεύοιτο πρόβλημα, καὶ πολλῷ μᾶλλον τέχνης οἰ-
κοδομικῆς ἔργον καὶ ὑφαντικῆς τὸ πλεῖστον νομίζοιτ' ἂν
ὀρθότερον ἢ πολιτικῆς.

ΝΕ. ΣΩ. Πάνυ μὲν οὖν.

c ΞΕ. Πέμπτον δὲ ἆρ' ἂν ἐθέλοιμεν τὸ περὶ τὸν κόσμον
καὶ γραφικὴν θεῖναι καὶ ὅσα ταύτῃ προσχρώμενα καὶ μουσικῇ
μιμήματα τελεῖται, πρὸς τὰς ἡδονὰς μόνον ἡμῶν ἀπειργα-
σμένα, δικαίως δ' ἂν ὀνόματι περιληφθέντα ἑνί;

5 ΝΕ. ΣΩ. Ποίῳ;

ΞΕ. Παίγνιόν πού τι λέγεται.

ΝΕ. ΣΩ. Τί μήν;

ΞΕ. Τοῦτο τοίνυν τούτοις ἓν ὄνομα ἅπασι πρέψει προσ-
αγορευθέν· οὐ γὰρ σπουδῆς οὐδὲν αὐτῶν χάριν, ἀλλὰ παιδιᾶς
10 ἕνεκα πάντα δρᾶται.

d ΝΕ. ΣΩ. Καὶ τοῦτο σχεδόν τι μανθάνω.

ΞΕ. Τὸ δὲ πᾶσιν τούτοις σώματα παρέχον, ἐξ ὧν καὶ
ἐν οἷς δημιουργοῦσιν ὁπόσαι τῶν τεχνῶν νῦν εἴρηνται,
παντοδαπὸν εἶδος πολλῶν ἑτέρων τεχνῶν ἔκγονον ὄν, ἆρ'
5 οὐχ ἕκτον θήσομεν;

a 8 λέγομεν οὐ] λεγομένου pr. B   b 2 ἐσθὴ ηστε B   b 3 θ']
δ' B T   c 4 ὀνόματα B   c 6 πού τι] τι δὴ T   d 1 τι
scripsi : ἔτι B : om. T   d 4 ὄν om. T

ΝΕ. ΣΩ. Τὸ ποῖον δὴ λέγεις;

ΞΕ. Χρυσόν τε καὶ ἄργυρον καὶ πάνθ᾽ ὁπόσα μεταλ-
λεύεται καὶ ὅσα δρυοτομικὴ καὶ κουρὰ σύμπασα τέμνουσα
παρέχει τεκτονικῇ καὶ πλεκτικῇ· καὶ ἔτι φλοιστικὴ φυτῶν
τε καὶ ἐμψύχων δέρματα σωμάτων περιαιροῦσα σκυτοτομική, e
καὶ ὅσαι περὶ τὰ τοιαῦτά εἰσιν τέχναι, καὶ φελλῶν καὶ βύβλων
καὶ δεσμῶν ἐργαστικαὶ παρέσχον δημιουργεῖν σύνθετα ἐκ μὴ
συντιθεμένων εἴδη γενῶν. ἐν δὲ αὐτὸ προσαγορεύομεν πᾶν
τὸ πρωτογενὲς ἀνθρώποις κτῆμα καὶ ἀσύνθετον καὶ βασιλικῆς 5
ἐπιστήμης οὐδαμῶς ἔργον ὄν.

ΝΕ. ΣΩ. Καλῶς.

ΞΕ. Τὴν δὴ τῆς τροφῆς κτῆσιν, καὶ ὅσα εἰς τὸ σῶμα
συγκαταμειγνύμενα ἑαυτῶν μέρεσι μέρη σώματος εἰς τὸ
θεραπεῦσαί τινα δύναμιν εἴληχε, λεκτέον ἕβδομον ὀνομά- 289
σαντας αὐτὸ σύμπαν ἡμῶν εἶναι τροφόν, εἰ μή τι κάλλιον
ἔχομεν ἄλλο θέσθαι· γεωργικῇ δὲ καὶ θηρευτικῇ καὶ γυμνα-
στικῇ καὶ ἰατρικῇ καὶ μαγειρικῇ πᾶν ὑποτιθέντες ὀρθότερον
ἀποδώσομεν ἢ τῇ πολιτικῇ. 5

ΝΕ. ΣΩ. Πῶς γὰρ οὔ;

ΞΕ. Σχεδὸν τοίνυν ὅσα ἔχεται κτήσεως, πλὴν τῶν
ἡμέρων ζῴων, ἐν τούτοις ἑπτὰ οἶμαι γένεσιν εἰρῆσθαι.
σκόπει δέ· ἦν γὰρ δικαιότατα μὲν ἂν τεθὲν κατ᾽ ἀρχὰς τὸ
πρωτογενὲς εἶδος, μετὰ δὲ τοῦτο ὄργανον, ἀγγεῖον, ὄχημα, b
πρόβλημα, παίγνιον, θρέμμα. ⟨ἃ⟩ παραλείπομεν δέ, εἴ
τι μὴ μέγα λέληθεν, εἴς τι τούτων δυνατὸν ἁρμόττειν,
οἷον ἡ τοῦ νομίσματος ἰδέα καὶ σφραγίδων καὶ παντὸς
χαρακτῆρος. γένος τε γὰρ ἐν αὐτοῖς ταῦτα οὐδὲν ἔχει 5
μέγα σύννομον, ἀλλὰ τὰ μὲν εἰς κόσμον, τὰ δὲ εἰς ὄρ-
γανα βίᾳ μέν, ὅμως δὲ πάντως ἑλκόμενα συμφωνήσει.
τὰ δὲ περὶ ζῴων κτῆσιν τῶν ἡμέρων, πλὴν δούλων, ἡ

d 6 τὸ om. B   e 1 σκυτοτομική secl. Stallbaum   e 2 βύβλων B:
κύκλων D : βίβλων T   e 4 προσαγορεύωμεν al. Stallbaum   e 8 τρο-
φῆς] στροφικῆς B   b 2 ἃ add. Madvig   παραλειπομενον pr. T
b 3 τούτων] τούτων μέγα al. : τούτων μόγις ci. Stallbaum   b 8 ἡμέ-
ρων] ἡμετέρων B

c πρότερον ἀγελαιοτροφικὴ διαμερισθεῖσα πάντ' εἰληφυῖα
ἀναφανεῖται.

ΝΕ. ΣΩ. Πάνυ μὲν οὖν.

ΞΕ. Τὸ δὲ δὴ δούλων καὶ πάντων ὑπηρετῶν λοιπόν, ἐν
5 οἷς που καὶ μαντεύομαι τοὺς περὶ αὐτὸ τὸ πλέγμα ἀμφισβη-
τοῦντας τῷ βασιλεῖ καταφανεῖς γενήσεσθαι, καθάπερ τοῖς
ὑφάνταις τότε τοὺς περὶ τὸ νήθειν τε καὶ ξαίνειν καὶ ὅσα
ἄλλα εἴπομεν. οἱ δὲ ἄλλοι πάντες, ὡς συναίτιοι λεχθέντες,
ἅμα τοῖς ἔργοις τοῖς νυνδὴ ῥηθεῖσιν ἀνήλωνται καὶ ἀπεχωρί-
d σθησαν ἀπὸ βασιλικῆς τε καὶ πολιτικῆς πράξεως.

ΝΕ. ΣΩ. Ἐοίκασι γοῦν.

ΞΕ. Ἴθι δὴ σκεψώμεθα τοὺς λοιποὺς προσελθόντες
ἐγγύθεν, ἵνα αὐτοὺς εἰδῶμεν βεβαιότερον.

5 ΝΕ. ΣΩ. Οὐκοῦν χρή.

ΞΕ. Τοὺς μὲν δὴ μεγίστους ὑπηρέτας, ὡς ἐνθένδε ἰδεῖν,
τοὐναντίον ἔχοντας εὑρίσκομεν οἷς ὑπωπτεύσαμεν ἐπιτήδευμα
καὶ πάθος.

ΝΕ. ΣΩ. Τίνας;

10 ΞΕ. Τοὺς ὠνητούς τε καὶ τῷ τρόπῳ τούτῳ κτητούς· οὓς
e ἀναμφισβητήτως δούλους ἔχομεν εἰπεῖν; ἥκιστα βασιλικῆς
μεταποιουμένους τέχνης.

ΝΕ. ΣΩ. Πῶς δ' οὔ;

ΞΕ. Τί δέ; τῶν ἐλευθέρων ὅσοι τοῖς νυνδὴ ῥηθεῖσιν εἰς
5 ὑπηρετικὴν ἑκόντες αὑτοὺς τάττουσι, τά τε γεωργίας καὶ τὰ
τῶν ἄλλων τεχνῶν ἔργα διακομίζοντες ἐπ' ἀλλήλους καὶ
ἀνισοῦντες, οἱ μὲν κατ' ἀγοράς, οἱ δὲ πόλιν ἐκ πόλεως
ἀλλάττοντες κατὰ θάλατταν καὶ πεζῇ, νόμισμά τε πρὸς τὰ
ἄλλα καὶ αὐτὸ πρὸς αὑτὸ διαμείβοντες, οὓς ἀργυραμοιβούς τε
290 καὶ ἐμπόρους καὶ ναυκλήρους καὶ καπήλους ἐπωνομάκαμεν,
μῶν τῆς πολιτικῆς ἀμφισβητήσουσί τι;

ΝΕ. ΣΩ. Τάχ' ἂν ἴσως τῆς γε τῶν ἐμπορευτικῶν.

c 1 πάντ'] πάντας Τ   c 2 ἀναφανεῖται] ἀναφαίνεται Β   d 4 ἴδω-
μεν Ast   d 7 ὑποπτεύσαμεν (sic) Τ   e 5 an ὑπηρεσίαν? Campbell
τά Β D : τάς Τ

ΞΕ. Ἀλλ' οὐ μὴν οὕς γε ὁρῶμεν μισθωτοὺς καὶ θῆτας
πᾶσιν ἑτοιμότατα ὑπηρετοῦντας, μή ποτε βασιλικῆς μετα- 5
ποιουμένους εὕρωμεν.

ΝΕ. ΣΩ. Πῶς γάρ;

ΞΕ. Τί δὲ ἄρα τοὺς τὰ τοιάδε διακονοῦντας ἡμῖν ἑκάστοτε;

ΝΕ. ΣΩ. Τὰ ποῖα εἶπες καὶ τίνας;

ΞΕ. Ὧν τὸ κηρυκικὸν ἔθνος, ὅσοι τε περὶ γράμματα b
σοφοὶ γίγνονται πολλάκις ὑπηρετήσαντες, καὶ πόλλ' ἄττα
ἕτερα περὶ τὰς ἀρχὰς διαπονεῖσθαί τινες ἕτεροι πάνδεινοι,
τί τούτους αὖ λέξομεν;

ΝΕ. ΣΩ. Ὅπερ εἶπες νῦν, ὑπηρέτας, ἀλλ' οὐκ αὐτοὺς ἐν 5
ταῖς πόλεσιν ἄρχοντας.

ΞΕ. Ἀλλὰ οὐ μὴν οἶμαί γε ἐνύπνιον ἰδὼν εἶπον ταύτῃ
πῃ φανήσεσθαι τοὺς διαφερόντως ἀμφισβητοῦντας τῆς πολι-
τικῆς. καίτοι σφόδρα γε ἄτοπον ἂν εἶναι δόξειε τὸ ζητεῖν
τούτους ἐν ὑπηρετικῇ μοίρᾳ τινί. c

ΝΕ. ΣΩ. Κομιδῇ μὲν οὖν.

ΞΕ. Ἔτι δὴ προσμείξωμεν ἐγγύτερον ἐπὶ τοὺς μήπω
βεβασανισμένους. εἰσὶ δὲ οἵ τε περὶ μαντικὴν ἔχοντές
τινος ἐπιστήμης διακόνου μόριον· ἑρμηνευταὶ γάρ που 5
νομίζονται παρὰ θεῶν ἀνθρώποις.

ΝΕ. ΣΩ. Ναί.

ΞΕ. Καὶ μὴν καὶ τὸ τῶν ἱερέων αὖ γένος, ὡς τὸ νόμιμόν
φησι, παρὰ μὲν ἡμῶν δωρεὰς θεοῖς διὰ θυσιῶν ἐπιστῆμόν
ἐστι κατὰ νοῦν ἐκείνοις δωρεῖσθαι, παρὰ δὲ ἐκείνων ἡμῖν εὐ- d
χαῖς κτῆσιν ἀγαθῶν αἰτήσασθαι· ταῦτα δὲ διακόνου τέχνης
ἐστί που μόρια ἀμφότερα.

ΝΕ. ΣΩ. Φαίνεται γοῦν.

ΞΕ. Ἤδη τοίνυν μοι δοκοῦμεν οἷόν γέ τινος ἴχνους ἐφ' 5
ὃ πορευόμεθα προσάπτεσθαι. τὸ γὰρ δὴ τῶν ἱερέων σχῆμα
καὶ τὸ τῶν μάντεων εὖ μάλα φρονήματος πληροῦται καὶ

a 5 ἑτοιμότατα] ἑτοίμως T : ἑτοίμους vulg.   a 7 πῶς γὰρ οὔ W
b 2 πόλλ' ἄττα] κολλά τε B   b 9 τὸ] τοῦ B   c 4 τε om. B
d 5 γέ τινος TW : γείτονος B et in marg. γρ. TW

δόξαν σεμνὴν λαμβάνει διὰ τὸ μέγεθος τῶν ἐγχειρημάτων,
ὥστε περὶ μὲν Αἴγυπτον οὐδ' ἔξεστι βασιλέα χωρὶς ἱερατικῆς
e ἄρχειν, ἀλλ' ἐὰν ἄρα καὶ τύχῃ πρότερον ἐξ ἄλλου γένους
βιασάμενος, ὕστερον ἀναγκαῖον εἰς τοῦτο εἰστελεῖσθαι αὐτὸν
τὸ γένος· ἔτι δὲ καὶ τῶν Ἑλλήνων πολλαχοῦ ταῖς μεγίσταις
ἀρχαῖς τὰ μέγιστα τῶν περὶ τὰ τοιαῦτα θύματα εὕροι τις
5 ἂν προσταττόμενα θύειν. καὶ δὴ καὶ παρ' ὑμῖν οὐχ ἥκιστα
δῆλον ὃ λέγω· τῷ γὰρ λαχόντι βασιλεῖ φασιν τῇδε τὰ
σεμνότατα καὶ μάλιστα πάτρια τῶν ἀρχαίων θυσιῶν ἀπο-
δεδόσθαι.

ΝΕ. ΣΩ. Καὶ πάνυ γε.

291 ΞΕ. Τούτους τε τοίνυν τοὺς κληρωτοὺς βασιλέας ἅμα
καὶ ἱερέας, καὶ ὑπηρέτας αὐτῶν καί τινα ἕτερον πάμπολυν
ὄχλον σκεπτέον, ὃς ἄρτι κατάδηλος νῦν ἡμῖν γέγονεν
ἀποχωρισθέντων τῶν ἔμπροσθεν.

5 ΝΕ. ΣΩ. Τίνας δ' αὐτοὺς καὶ λέγεις;

ΞΕ. Καὶ μάλα τινὰς ἀτόπους.

ΝΕ. ΣΩ. Τί δή;

ΞΕ. Πάμφυλόν τι γένος αὐτῶν, ὥς γε ἄρτι σκοπουμένῳ
φαίνεται. πολλοὶ μὲν γὰρ λέουσι τῶν ἀνδρῶν εἴξασι καὶ Κεν-
b ταύροις καὶ τοιούτοισιν ἑτέροις, πάμπολλοι δὲ Σατύροις καὶ
τοῖς ἀσθενέσι καὶ πολυτρόποις θηρίοις· ταχὺ δὲ μεταλλάτ-
τουσι τάς τε ἰδέας καὶ τὴν δύναμιν εἰς ἀλλήλους. καὶ μέντοι
μοι νῦν, ὦ Σώκρατες, ἄρτι δοκῶ κατανενοηκέναι τοὺς ἄνδρας.

5 ΝΕ. ΣΩ. Λέγοις ἄν· ἔοικας γὰρ ἄτοπόν τι καθορᾶν.

ΞΕ. Ναί· τὸ γὰρ ἄτοπον ἐξ ἀγνοίας πᾶσι συμβαίνει.
καὶ γὰρ δὴ καὶ νῦν αὐτὸς τοῦτ' ἔπαθον· ἐξαίφνης ἠμφεγνόησα
c κατιδὼν τὸν περὶ τὰ τῶν πόλεων πράγματα χορόν.

ΝΕ. ΣΩ. Ποῖον;

ΞΕ. Τὸν πάντων τῶν σοφιστῶν μέγιστον γόητα καὶ

d 9 ἱερωτικῆς Β : ἰατρικῆς al.   e 4 an θυμάτων ? Campbell
a 3 νῦν supra versum Τ   a 5 δ' om. Β   a 8 ὥς γε] ὥστε Β
ἄρτι] ἀρτίως Τ   b 2 μεταλλάσσουσι Τ   b 7 καὶ γὰρ . . . νῦν
om. pr. Β   c 3 σοφιστῶν] σοφῶν Β

ταύτης τῆς τέχνης ἐμπειρότατον· ὃν ἀπὸ τῶν ὄντως ὄντων
πολιτικῶν καὶ βασιλικῶν καίπερ παγχάλεπον ὄντα ἀφαιρεῖν 5
ἀφαιρετέον, εἰ μέλλομεν ἰδεῖν ἐναργῶς τὸ ζητούμενον.

ΝΕ. ΣΩ. Ἀλλὰ μὴν τοῦτό γε οὐκ ἀνετέον.

ΞΕ. Οὔκουν δὴ κατά γε τὴν ἐμήν. καί μοι φράζε τόδε.

ΝΕ. ΣΩ. Τὸ ποῖον;

ΞΕ. Ἀρ' οὐ μοναρχία τῶν πολιτικῶν ἡμῖν ἀρχῶν ἐστι μία; d

ΝΕ. ΣΩ. Ναί.

ΞΕ. Καὶ μετὰ μοναρχίαν εἴποι τις ἂν οἶμαι τὴν ὑπὸ τῶν
ὀλίγων δυναστείαν.

ΝΕ. ΣΩ. Πῶς δ' οὔ; 5

ΞΕ. Τρίτον δὲ σχῆμα πολιτείας οὐχ ἡ τοῦ πλήθους ἀρχή,
δημοκρατία τοὔνομα κληθεῖσα;

ΝΕ. ΣΩ. Καὶ πάνυ γε.

ΞΕ. Τρεῖς δ' οὖσαι μῶν οὐ πέντε τρόπον τινὰ γίγνονται,
δύ' ἐξ ἑαυτῶν ἄλλα πρὸς αὐταῖς ὀνόματα τίκτουσαι; 10

ΝΕ. ΣΩ. Ποῖα δή;

ΞΕ. Πρὸς τὸ βίαιόν που καὶ ἑκούσιον ἀποσκοποῦντες e
νῦν καὶ πενίαν καὶ πλοῦτον καὶ νόμον καὶ ἀνομίαν ἐν αὐταῖς
γιγνόμενα διπλῆν ἑκατέραν τοῖν δυοῖν διαιροῦντες μοναρχίαν
μὲν προσαγορεύουσιν ὡς δύο παρεχομένην εἴδη δυοῖν ὀνόμασι,
τυραννίδι, τὸ δὲ βασιλικῇ. 5

ΝΕ. ΣΩ. Τί μήν;

ΞΕ. Τὴν δὲ ὑπ' ὀλίγων γε ἑκάστοτε κρατηθεῖσαν πόλιν
ἀριστοκρατίᾳ καὶ ὀλιγαρχίᾳ.

ΝΕ. ΣΩ. Καὶ πάνυ γε.

ΞΕ. Δημοκρατίας γε μήν, ἐάντ' οὖν βιαίως ἐάντε ἑκουσίως 10
τῶν τὰς οὐσίας ἐχόντων τὸ πλῆθος ἄρχῃ, καὶ ἐάντε τοὺς 292
νόμους ἀκριβῶς φυλάττον ἐάντε μή, πάντως τοὔνομα οὐδεὶς
αὐτῆς εἴωθε μεταλλάττειν.

ΝΕ. ΣΩ. Ἀληθῆ.

c 4 ὄντων] ὁ τῶν B   c 5 παγχάλεπον] χαλεπὸν B   d 8 καὶ
om. B   e 5 ⟨τὸ μὲν⟩ τυραννίδι Cornarius   e 8 ἀριστοκρατίᾳ
καὶ ὀλιγαρχίᾳ vulg.   a 1 οὐσίας] θυσίας B

5 ΞΕ. Τί οὖν; οἰόμεθά τινα τούτων τῶν πολιτειῶν ὀρθὴν
εἶναι τούτοις τοῖς ὅροις ὁρισθεῖσαν, ἑνὶ καὶ ὀλίγοις καὶ
πολλοῖς, καὶ πλούτῳ καὶ πενίᾳ, καὶ τῷ βιαίῳ καὶ ἑκουσίῳ, καὶ
μετὰ γραμμάτων καὶ ἄνευ νόμων συμβαίνουσαν γίγνεσθαι;
ΝΕ. ΣΩ. Τί γὰρ δὴ καὶ κωλύει;

b ΞΕ. Σκόπει δὴ σαφέστερον τῇδε ἑπόμενος.
ΝΕ. ΣΩ. Πῇ;
ΞΕ. Τῷ ῥηθέντι κατὰ πρώτας πότερον ἐμμενοῦμεν ἢ
διαφωνήσομεν;
5 ΝΕ. ΣΩ. Τῷ δὴ ποίῳ λέγεις;
ΞΕ. Τὴν βασιλικὴν ἀρχὴν τῶν ἐπιστημῶν εἶναί τινα
ἔφαμεν, οἶμαι.
ΝΕ. ΣΩ. Ναί.
ΞΕ. Καὶ τούτων γε οὐχ ἁπασῶν, ἀλλὰ κριτικὴν δήπου
10 τινὰ καὶ ἐπιστατικὴν ἐκ τῶν ἄλλων προειλόμεθα.
ΝΕ. ΣΩ. Ναί.
ΞΕ. Κἀκ τῆς ἐπιστατικῆς τὴν μὲν ἐπ' ἀψύχοις ἔργοις,
c τὴν δ' ἐπὶ ζῴοις· καὶ κατὰ τοῦτον δὴ τὸν τρόπον μερίζοντες
δεῦρ' ἀεὶ προεληλύθαμεν, ἐπιστήμης οὐκ ἐπιλανθανόμενοι, τὸ
δ' ἥτις οὐχ ἱκανῶς πω δυνάμενοι διακριβώσασθαι.
ΝΕ. ΣΩ. Λέγεις ὀρθῶς.
5 ΞΕ. Τοῦτ' αὐτὸ τοίνυν ἆρ' ἐννοοῦμεν, ὅτι τὸν ὅρον
οὐκ ὀλίγους οὐδὲ πολλούς, οὐδὲ τὸ ἑκούσιον οὐδὲ τὸ
ἀκούσιον, οὐδὲ πενίαν οὐδὲ πλοῦτον γίγνεσθαι περὶ αὐτῶν
χρεών, ἀλλά τινα ἐπιστήμην, εἴπερ ἀκολουθήσομεν τοῖς
πρόσθεν;
d ΝΕ. ΣΩ. Ἀλλὰ μὴν τοῦτό γε ἀδύνατον μὴ ποιεῖν.
ΞΕ. Ἐξ ἀνάγκης δὴ νῦν τοῦτο οὕτω σκεπτέον, ἐν τίνι
ποτὲ τούτων ἐπιστήμη συμβαίνει γίγνεσθαι περὶ ἀνθρώπων
ἀρχῆς, σχεδὸν τῆς χαλεπωτάτης καὶ μεγίστης κτήσασθαι.
5 δεῖ γὰρ ἰδεῖν αὐτήν, ἵνα θεασώμεθα τίνας ἀφαιρετέον ἀπὸ

a 9 κωλύειν B   b 6 βασιλὴν T   τινα] τι B   c 3 ἥτις]
ἦν τις B : ἥντις T   πω] πως B T : που vulg.   c 5 αὐτὸ om. T
c 9 ἔμπροσθεν T

τοῦ φρονίμου βασιλέως, οἳ προσποιοῦνται μὲν εἶναι πολιτικοὶ
καὶ πείθουσι πολλούς, εἰσὶ δὲ οὐδαμῶς.

ΝΕ. ΣΩ. Δεῖ γὰρ δὴ ποιεῖν τοῦτο, ὡς ὁ λόγος ἡμῖν
προείρηκεν.

ΞΕ. Μῶν οὖν δοκεῖ πλῆθός γε ἐν πόλει ταύτην τὴν e
ἐπιστήμην δυνατὸν εἶναι κτήσασθαι;

ΝΕ. ΣΩ. Καὶ πῶς;

ΞΕ. Ἀλλ᾽ ἆρα ἐν χιλιάνδρῳ πόλει δυνατὸν ἑκατόν τινας
ἢ καὶ πεντήκοντα αὐτὴν ἱκανῶς κτήσασθαι;   5

ΝΕ. ΣΩ. Ῥᾴστη μεντἂν οὕτω γ᾽ εἴη πασῶν τῶν τεχ-
νῶν· ἴσμεν γὰρ ὅτι χιλίων ἀνδρῶν ἄκροι πεττευταὶ τοσοῦτοι
πρὸς τοὺς ἐν τοῖς ἄλλοις Ἕλλησιν οὐκ ἂν γένοιντό ποτε,
μή τι δὴ βασιλῆς γε. δεῖ γὰρ δὴ τόν γε τὴν βασιλικὴν
ἔχοντα ἐπιστήμην, ἄν τ᾽ ἄρχῃ καὶ ἐὰν μή, κατὰ τὸν ἔμ- 10
προσθε λόγον ὅμως βασιλικὸν προσαγορεύεσθαι.   293

ΞΕ. Καλῶς ἀπεμνημόνευσας. ἑπόμενον δὲ οἶμαι τούτῳ
τὴν μὲν ὀρθὴν ἀρχὴν περὶ ἕνα τινὰ καὶ δύο καὶ παντάπασιν
ὀλίγους δεῖ ζητεῖν, ὅταν ὀρθὴ γίγνηται.

ΝΕ. ΣΩ. Τί μήν;   5

ΞΕ. Τούτους δέ γε, ἐάντε ἑκόντων ἄντ᾽ ἀκόντων ἄρχω-
σιν, ἐάντε κατὰ γράμματα ἐάντε ἄνευ γραμμάτων, καὶ
ἐὰν πλουτοῦντες ἢ πενόμενοι, νομιστέον, ὥσπερ νῦν ἡγού-
μεθα, κατὰ τέχνην ἡντινοῦν ἀρχὴν ἄρχοντας. τοὺς ἰατροὺς
δὲ οὐχ ἥκιστα νενομίκαμεν, ἐάντε ἑκόντας ἐάντε ἄκοντας b
ἡμᾶς ἰῶνται, τέμνοντες ἢ κάοντες ἤ τινα ἄλλην ἀλγηδόνα
προσάπτοντες, καὶ ἐὰν κατὰ γράμματα ἢ χωρὶς γραμμάτων,
καὶ ἐὰν πένητες ὄντες ἢ πλούσιοι, πάντως οὐδὲν ἧττον
ἰατρούς φαμεν, ἕωσπερ ἂν ἐπιστατοῦντες τέχνῃ, καθαίροντες 5
εἴτε ἄλλως ἰσχναίνοντες εἴτε καὶ αὐξάνοντες, ἂν μόνον ἐπ᾽
ἀγαθῷ τῷ τῶν σωμάτων, βελτίω ποιοῦντες ἐκ χειρόνων,
σῴζωσιν οἱ θεραπεύοντες ἕκαστοι τὰ θεραπευόμενα· ταύτῃ c

e 1 ταύτην] αὐτὴν B   a 4 ὀλίγου B   δεῖν Stephanus   a 7 κατὰ
B : κατὰ τὰ T   b 4 οὐδὲν] οὐδὲ B   b 6 καὶ om. B

θήσομεν, ὡς οἶμαι, καὶ οὐκ ἄλλῃ, τοῦτον ὅρον ὀρθὸν εἶναι
μόνον ἰατρικῆς καὶ ἄλλης ἡστινοσοῦν ἀρχῆς.

ΝΕ. ΣΩ. Κομιδῇ μὲν οὖν.

5 ΞΕ. Ἀναγκαῖον δὴ καὶ πολιτειῶν, ὡς ἔοικε, ταύτην ὀρθὴν
διαφερόντως εἶναι καὶ μόνην πολιτείαν, ἐν ᾗ τις ἂν εὑρίσκοι
τοὺς ἄρχοντας ἀληθῶς ἐπιστήμονας καὶ οὐ δοκοῦντας μόνον,
ἐάντε κατὰ νόμους ἐάντε ἄνευ νόμων ἄρχωσι, καὶ ἑκόντων ἢ
d ἀκόντων, καὶ πενόμενοι ἢ πλουτοῦντες, τούτων ὑπολογιστέον
οὐδὲν οὐδαμῶς εἶναι κατ᾽ οὐδεμίαν ὀρθότητα.

ΝΕ. ΣΩ. Καλῶς.

ΞΕ. Καὶ ἐάντε γε ἀποκτεινύντες τινὰς ἢ καὶ ἐκβάλλοντες
5 καθαίρωσιν ἐπ᾽ ἀγαθῷ τὴν πόλιν, εἴτε καὶ ἀποικίας οἷον
σμήνη μελιττῶν ἐκπέμποντές ποι σμικροτέραν ποιῶσιν, ἤ
τινας ἐπεισαγόμενοί ποθεν ἄλλους ἔξωθεν πολίτας ποιοῦντες
αὐτὴν αὔξωσιν, ἕωσπερ ἂν ἐπιστήμῃ καὶ τῷ δικαίῳ προσ-
χρώμενοι σῴζοντες ἐκ χείρονος βελτίω ποιῶσι κατὰ δύναμιν,
e ταύτην τότε καὶ κατὰ τοὺς τοιούτους ὅρους ἡμῖν μόνην ὀρθὴν
πολιτείαν εἶναι ῥητέον· ὅσας δ᾽ ἄλλας λέγομεν, οὐ γνησίας
οὐδ᾽ ὄντως οὔσας λεκτέον, ἀλλὰ μεμιμημένας ταύτην, ἃς μὲν
ὡς εὐνόμους λέγομεν, ἐπὶ τὰ καλλίω, τὰς δὲ ἄλλας ἐπὶ τὰ
5 αἰσχίονα [μεμιμῆσθαι].

ΝΕ. ΣΩ. Τὰ μὲν ἄλλα, ὦ ξένε, μετρίως ἔοικεν εἰρῆσθαι·
τὸ δὲ καὶ ἄνευ νόμων δεῖν ἄρχειν χαλεπώτερον ἀκούειν ἐρρήθη.

ΞΕ. Μικρόν γε ἔφθης με ἐρόμενος, ὦ Σώκρατες. ἔμελ-
294 λον γάρ σε διερωτήσειν ταῦτα πότερον ἀποδέχῃ πάντα, ἤ τι
καὶ δυσχεραίνεις τῶν λεχθέντων· νῦν δ᾽ ἤδη φανερὸν ὅτι
τοῦτο βουλησόμεθα τὸ περὶ τῆς τῶν ἄνευ νόμων ἀρχόντων
ὀρθότητος διελθεῖν ἡμᾶς.

5 ΝΕ. ΣΩ. Πῶς γὰρ οὔ;

c 2 θήσομεν] φήσομεν Τ   c 5 πολιτειῶν] πολιτείαν Β   c 6 δια-
φερόντως ὀρθὴν Τ   d 1 καὶ] ἢ Τ   d 8 ἔωσπερ] ὥσπερ Β
e 2 γνησίας] γνησίως Τ   e 3 ἃς μὲν ὡς Stallbaum (ἃς μὲν Heindorf) :
ἀσμένως Β : ασμένως Τ   e 4 ἐπὶ τὰ] ἔπειτα Β   e 5 μεμιμῆσθαι secl.
Stallbaum

ΞΕ. Τρόπον τινὰ μέντοι δῆλον ὅτι τῆς βασιλικῆς ἐστιν ἡ νομοθετική· τὸ δ' ἄριστον οὐ τοὺς νόμους ἐστὶν ἰσχύειν ἀλλ' ἄνδρα τὸν μετὰ φρονήσεως βασιλικόν. οἶσθ' ὅπῃ;

ΝΕ. ΣΩ. Πῇ δὴ λέγεις;

ΞΕ. ″Οτι νόμος οὐκ ἄν ποτε δύναιτο τό τε ἄριστον καὶ 10 τὸ δικαιότατον ἀκριβῶς πᾶσιν ἅμα περιλαβὼν τὸ βέλτιστον b ἐπιτάττειν· αἱ γὰρ ἀνομοιότητες τῶν τε ἀνθρώπων καὶ τῶν πράξεων καὶ τὸ μηδέποτε μηδὲν ὡς ἔπος εἰπεῖν ἡσυχίαν ἄγειν τῶν ἀνθρωπίνων οὐδὲν ἐῶσιν ἁπλοῦν ἐν οὐδενὶ περὶ ἁπάντων καὶ ἐπὶ πάντα τὸν χρόνον ἀποφαίνεσθαι τέχνην 5 οὐδ' ἡντινοῦν. ταῦτα δὴ συγχωροῦμέν που;

ΝΕ. ΣΩ. Τί μήν;

ΞΕ. Τὸν δέ γε νόμον ὁρῶμεν σχεδὸν ἐπ' αὐτὸ τοῦτο συντείνοντα, ὥσπερ τινὰ ἄνθρωπον αὐθάδη καὶ ἀμαθῆ καὶ c μηδένα μηδὲν ἐῶντα ποιεῖν παρὰ τὴν ἑαυτοῦ τάξιν, μηδ' ἐπερωτᾶν μηδένα, μηδ' ἄν τι νέον ἄρα τῳ συμβαίνῃ βέλτιον παρὰ τὸν λόγον ὃν αὐτὸς ἐπέταξεν.

ΝΕ. ΣΩ. 'Αληθῆ· ποιεῖ γὰρ ἀτεχνῶς καθάπερ εἴρηκας 5 νῦν ὁ νόμος ἡμῖν ἑκάστοις.

ΞΕ. Οὐκοῦν ἀδύνατον εὖ ἔχειν πρὸς τὰ μηδέποτε ἁπλᾶ τὸ διὰ παντὸς γιγνόμενον ἁπλοῦν;

ΝΕ. ΣΩ. Κινδυνεύει.

ΞΕ. Διὰ τί δή ποτ' οὖν ἀναγκαῖον νομοθετεῖν, ἐπειδήπερ 10 οὐκ ὀρθότατον ὁ νόμος; ἀνευρετέον τούτου τὴν αἰτίαν. d

ΝΕ. ΣΩ. Τί μήν;

ΞΕ. Οὐκοῦν καὶ παρ' ὑμῖν εἰσί τινες οἷαι καὶ ἐν ἄλλαις πόλεσιν ἀθρόων ἀνθρώπων ἀσκήσεις, εἴτε πρὸς δρόμον εἴτε πρὸς ἄλλο τι, φιλονικίας ἕνεκα; 5

ΝΕ. ΣΩ. Καὶ πάνυ γε πολλαί.

ΞΕ. Φέρε νῦν ἀναλάβωμεν πάλιν μνήμῃ τὰς τῶν τέχνῃ γυμναζόντων ἐπιτάξεις ἐν ταῖς τοιαύταις ἀρχαῖς.

a 6 μέντοι τινὰ T   b 1 ἅμα πᾶσιν T   b 2 ἐπιτάττει B   τε om. T   b 3 τὸ] τοῦ Β Τ   ὡς εἰπεῖν ἔπος T   c 2 μηδένα om. T   c 3 τῳ συμβαίνῃ Τ: τῷ (corr. τὸ) ξυμβαίνει W : τὸ συμβὰν ᾗ B γρ. W   d 4 ἀθρόον B : ἀθρόῶν Τ

32*

ΝΕ. ΣΩ. Τὸ ποῖον;

10 ΞΕ. Ὅτι λεπτουργεῖν οὐκ ἐγχωρεῖν ἡγοῦνται καθ᾽ ἕνα
ἕκαστον, τῷ σώματι τὸ προσῆκον ἑκάστῳ προστάττοντες,
e ἀλλὰ παχύτερον οἴονται δεῖν ὡς ἐπὶ τὸ πολὺ καὶ ἐπὶ πολ-
λοὺς τὴν τοῦ λυσιτελοῦντος τοῖς σώμασι ποιεῖσθαι τάξιν.

ΝΕ. ΣΩ. Καλῶς.

ΞΕ. Διὸ δή γε καὶ ἴσους πόνους νῦν διδόντες ἀθρόοις
5 ἅμα μὲν ἐξορμῶσιν, ἅμα δὲ καὶ καταπαύουσι δρόμου καὶ
πάλης καὶ πάντων τῶν κατὰ τὰ σώματα πόνων.

ΝΕ. ΣΩ. Ἔστι ταῦτα.

ΞΕ. Καὶ τὸν νομοθέτην τοίνυν ἡγώμεθα, τὸν ταῖσιν
ἀγέλαις ἐπιστατήσοντα τοῦ δικαίου πέρι καὶ τῶν πρὸς ἀλλή-
295 λους συμβολαίων, μή ποθ᾽ ἱκανὸν γενήσεσθαι πᾶσιν ἀθρόοις
προστάττοντα ἀκριβῶς ἑνὶ ἑκάστῳ τὸ προσῆκον ἀποδιδόναι.

ΝΕ. ΣΩ. Τὸ γοῦν εἰκός.

ΞΕ. Ἀλλὰ τὸ τοῖς πολλοῖς γε οἶμαι καὶ ὡς ἐπὶ τὸ πολὺ
5 καί πως οὑτωσὶ παχυτέρως ἑκάστοις τὸν νόμον θήσει, καὶ ἐν
γράμμασιν ἀποδιδοὺς καὶ ἐν ἀγραμμάτοις, πατρίοις δὲ ἔθεσι
νομοθετῶν.

ΝΕ. ΣΩ. Ὀρθῶς.

ΞΕ. Ὀρθῶς μέντοι. πῶς γὰρ ἄν τις ἱκανὸς γένοιτ᾽ ἄν
b ποτε, ὦ Σώκρατες, ὥστε διὰ βίου ἀεὶ παρακαθήμενος ἑκάστῳ
δι᾽ ἀκριβείας προστάττειν τὸ προσῆκον; ἐπεὶ τοῦτ᾽ ἂν δυνατὸς
ὤν, ὡς οἶμαι, τῶν τὴν βασιλικὴν ὁστισοῦν ὄντως ἐπιστήμην
εἰληφότων σχολῇ ποτ᾽ ἂν ἑαυτῷ θεῖτ᾽ ἐμποδίσματα γράφων
5 τοὺς λεχθέντας τούτους νόμους.

ΝΕ. ΣΩ. Ἐκ τῶν νῦν γοῦν, ὦ ξένε, εἰρημένων.

ΞΕ. Μᾶλλον δέ γε, ὦ βέλτιστε, ἐκ τῶν μελλόντων
ῥηθήσεσθαι.

ΝΕ. ΣΩ. Τίνων δή;

10 ΞΕ. Τῶν τοιῶνδε. εἴπωμεν γὰρ δὴ πρός γε ἡμᾶς αὐτοὺς

e 5 δὲ καὶ] δὲ T   e 6 τὰ om. B   e 8 ταῖσιν] τασιν B   a 1 μη-
πωθ᾽ B   a 5 θήσειν B T   a 9 ἄν om. B   b 1 ἀεὶ διὰ βίου T
b 2 ἐπεὶ] ἐπὶ B   b 4 αυτῶ θῆτ᾽ B   b 10 εἴπομεν B

ἰατρὸν μέλλοντα ἢ καί τινα γυμναστικὸν ἀποδημεῖν καὶ c
ἀπέσεσθαι τῶν θεραπευομένων συχνόν, ὡς οἴοιτο, χρόνον,
μὴ μνημονεύσειν οἰηθέντα τὰ προσταχθέντα τοὺς γυμνα-
ζομένους ἢ τοὺς κάμνοντας, ὑπομνήματα γράφειν ἂν ἐθέλειν
αὐτοῖς, ἢ πῶς; 5

ΝΕ. ΣΩ. Οὕτως.

ΞΕ. Τί δ᾽ εἰ παρὰ δόξαν ἐλάττω χρόνον ἀποδημήσας
ἔλθοι πάλιν; ἆρ᾽ οὐκ ἂν παρ᾽ ἐκεῖνα τὰ γράμματα τολμήσειεν
ἄλλ᾽ ὑποθέσθαι, συμβαινόντων ἄλλων βελτιόνων τοῖς κάμ-
νουσι διὰ πνεύματα ἤ τι καὶ ἄλλο παρὰ τὴν ἐλπίδα τῶν ἐκ d
Διὸς ἑτέρως πως τῶν εἰωθότων γενόμενα, καρτερῶν δ᾽ ἂν
ἡγοῖτο δεῖν μὴ ἐκβαίνειν τἀρχαῖά ποτε νομοθετηθέντα
μήτε αὐτὸν προστάττοντα ἄλλα μήτε τὸν κάμνοντα ἕτερα
τολμῶντα παρὰ τὰ γραφέντα δρᾶν, ὡς ταῦτα ὄντα ἰατρικὰ 5
καὶ ὑγιεινά, τὰ δὲ ἑτέρως γιγνόμενα νοσώδη τε καὶ οὐκ
ἔντεχνα· ἢ πᾶν τὸ τοιοῦτον ἔν γε ἐπιστήμη συμβαῖνον καὶ
ἀληθεῖ τέχνῃ περὶ ἅπαντα παντάπασι γέλως ἂν ὁ μέγιστος e
γίγνοιτο τῶν τοιούτων νομοθετημάτων;

ΝΕ. ΣΩ. Παντάπασι μὲν οὖν.

ΞΕ. Τῷ δὲ τὰ δίκαια δὴ καὶ ἄδικα καὶ καλὰ καὶ αἰσχρὰ
καὶ ἀγαθὰ καὶ κακὰ γράψαντι καὶ ἄγραφα νομοθετήσαντι 5
ταῖς τῶν ἀνθρώπων ἀγέλαις, ὁπόσαι κατὰ πόλιν ἐν ἑκάσταις
νομεύονται κατὰ τοὺς τῶν γραψάντων νόμους, ἂν ὁ μετὰ
τέχνης γράψας ἤ τις ἕτερος ὅμοιος ἀφίκηται, μὴ ἐξέστω δὴ
παρὰ ταῦτα ἕτερα προστάττειν; ἢ καὶ τοῦτο τὸ ἀπόρρημα 296
οὐδὲν ἧττον ἂν ἐκείνου τῇ ἀληθείᾳ γελοῖον φαίνοιτο;

ΝΕ. ΣΩ. Τί μήν;

ΞΕ. Οἶσθ᾽ οὖν ἐπὶ τῷ τοιούτῳ λόγον τὸν παρὰ τῶν
πολλῶν λεγόμενον; 5

ΝΕ. ΣΩ. Οὐκ ἐννοῶ νῦν γ᾽ οὕτως.

ΞΕ. Καὶ μὴν εὐπρεπής. φασὶ γὰρ δὴ δεῖν, εἴ τις

c 1 τινα om. B   c 3 μὴ om. B   μνημονεύειν T   c 7 δ᾽ εἰ]
δαὶ εἰ T : δή B   c 9 ὑποτίθεσθαι T   d 4 ἀλλὰ T   e 4 τῷ
δὲ] τὰ δὲ τῷ T   δὴ om. T : post δὲ transp. Bekker   a 1 ἀπόρρημα B

γιγνώσκει παρὰ τοὺς τῶν ἔμπροσθεν βελτίους νόμους, νομο-
θετεῖν τὴν ἑαυτοῦ πόλιν ἕκαστον πείσαντα, ἄλλως δὲ μή.

10 ΝΕ. ΣΩ. Τί οὖν; οὐκ ὀρθῶς;

b ΞΕ. Ἴσως. ἂν δ᾽ οὖν μὴ πείθων τις βιάζηται τὸ βέλ-
τιον, ἀπόκριναι, τί τοὔνομα τῆς βίας ἔσται; μὴ μέντοι πω,
περὶ δὲ τῶν ἔμπροσθεν πρότερον.

ΝΕ. ΣΩ. Ποῖον δὴ λέγεις;

5 ΞΕ. Ἂν τις ἄρα μὴ πείθων τὸν ἰατρευόμενον, ἔχων δὲ
ὀρθῶς τὴν τέχνην, παρὰ τὰ γεγραμμένα τὸ βέλτιον ἀναγκάζῃ
δρᾶν παῖδα ἤ τινα ἄνδρα ἢ καὶ γυναῖκα, τί τοὔνομα τῆς
βίας ἔσται ταύτης; ἆρ᾽ οὐ πᾶν μᾶλλον ἢ τὸ παρὰ τὴν τέχ-
νην λεγόμενον ἁμάρτημα τὸ νοσῶδες; καὶ πάντα ὀρθῶς
c εἰπεῖν ἔστι πρότερον τῷ βιασθέντι περὶ τὸ τοιοῦτον πλὴν
ὅτι νοσώδη καὶ ἄτεχνα πέπονθεν ὑπὸ τῶν βιασαμένων ἰατρῶν;

ΝΕ. ΣΩ. Ἀληθέστατα λέγεις.

ΞΕ. Τί δὲ ἡμῖν δὴ τὸ παρὰ τὴν πολιτικὴν τέχνην ἁμάρ-
5 τημα λεγόμενόν ἐστιν; ἆρ᾽ οὐ τὸ αἰσχρὸν καὶ [τὸ] κακὸν
καὶ ἄδικον;

ΝΕ. ΣΩ. Παντάπασί γε.

ΞΕ. Τῶν δὴ βιασθέντων παρὰ τὰ γεγραμμένα καὶ πάτρια
δρᾶν ἕτερα δικαιότερα καὶ ἀμείνω καὶ καλλίω τῶν ἔμπροσθεν,
d φέρε, τὸν τῶν τοιούτων αὖ ψόγον περὶ τῆς τοιαύτης βίας,
ἆρ᾽, εἰ μέλλει μὴ καταγελαστότατος εἶναι πάντων, πάντ᾽
αὐτῷ μᾶλλον λεκτέον ἑκάστοτε πλὴν ὡς αἰσχρὰ καὶ ἄδικα
καὶ κακὰ πεπόνθασιν οἱ βιασθέντες ὑπὸ τῶν βιασαμένων;

5 ΝΕ. ΣΩ. Ἀληθέστατα λέγεις.

ΞΕ. Ἀλλ᾽ ἆρα ἐὰν μὲν πλούσιος ὁ βιασάμενος ᾖ, δίκαια,
ἂν δ᾽ ἄρα πένης, ἄδικα τὰ βιασθέντα ἐστίν; ἢ κἂν πείσας
κἂν μὴ πείσας τις, πλούσιος ἢ πένης, ἢ κατὰ γράμματα ἢ
e παρὰ γράμματα, δρᾷ [μὴ σύμφορα ἢ] σύμφορα, τοῦτον δεῖ
καὶ περὶ ταῦτα τὸν ὅρον εἶναι τόν γε ἀληθινώτατον ὀρθῆς

b 1 τις μὴ πείθων T   b 6 τὸ om. B   c 4 ἡμῖν] εἰ μὴ B
c 5 οὐ τὸ] οὕτω B   τὸ om. B   d 2 ἆρ᾽ εἰ] ἆρ᾽ ἢ B   e 1 μὴ
σύμφορα ἢ del. Cornarius   δεῖ] δὴ T

πόλεως διοικήσεως, ὃν ὁ σοφὸς καὶ ἀγαθὸς ἀνὴρ διοικήσει
τὸ τῶν ἀρχομένων; ὥσπερ ὁ κυβερνήτης τὸ τῆς νεὼς καὶ
ναυτῶν ἀεὶ συμφέρον παραφυλάττων, οὐ γράμματα τιθεὶς 297
ἀλλὰ τὴν τέχνην νόμον παρεχόμενος, σῴζει τοὺς συνναύτας,
οὕτω καὶ κατὰ τὸν αὐτὸν τρόπον τοῦτον παρὰ τῶν οὕτως
ἄρχειν δυναμένων ὀρθὴ γίγνοιτ᾽ ἂν πολιτεία, τὴν τῆς τέχνης
ῥώμην τῶν νόμων παρεχομένων κρείττω; καὶ πάντα ποιοῦσι 5
τοῖς ἔμφροσιν ἄρχουσιν οὐκ ἔστιν ἁμάρτημα, μέχριπερ ἂν
ἓν μέγα φυλάττωσι, τὸ μετὰ νοῦ καὶ τέχνης δικαιότατον ἀεὶ b
διανέμοντες τοῖς ἐν τῇ πόλει σῴζειν τε αὐτοὺς οἷοί τε ὦσιν
καὶ ἀμείνους ἐκ χειρόνων ἀποτελεῖν κατὰ τὸ δυνατόν;

ΝΕ. ΣΩ. Οὐκ ἔστ᾽ ἀντειπεῖν παρά γε ἃ νῦν εἴρηται.

ΞΕ. Καὶ μὴν πρὸς ἐκεῖνα οὐδὲ ἀντιρρητέον. 5

ΝΕ. ΣΩ. Τὰ ποῖα εἶπες;

ΞΕ. Ὡς οὐκ ἄν ποτε πλῆθος οὐδ᾽ ὡντινωνοῦν τὴν τοι-
αύτην λαβὸν ἐπιστήμην οἷόν τ᾽ ἂν γένοιτο μετὰ νοῦ διοικεῖν
πόλιν, ἀλλὰ περὶ σμικρόν τι καὶ ὀλίγον καὶ τὸ ἕν ἐστι ζη- c
τητέον τὴν μίαν ἐκείνην πολιτείαν τὴν ὀρθήν, τὰς δ᾽ ἄλλας
μιμήματα θετέον, ὥσπερ καὶ ὀλίγον πρότερον ἐρρήθη, τὰς μὲν
ἐπὶ τὰ καλλίονα, τὰς δ᾽ ἐπὶ τὰ αἰσχίω μιμουμένας ταύτην.

ΝΕ. ΣΩ. Πῶς τί τοῦτ᾽ εἴρηκας; οὐδὲ γὰρ ἄρτι δῆθεν 5
κατέμαθον τὸ περὶ τῶν μιμημάτων.

ΞΕ. Καὶ μὴν οὐ φαῦλόν γε, ἂν κινήσας τις τοῦτον τὸν
λόγον αὐτοῦ καταβάλῃ καὶ μὴ διελθὼν ἐνδείξηται τὸ νῦν
γιγνόμενον ἁμάρτημα περὶ αὐτό. d

ΝΕ. ΣΩ. Ποῖον δή;

ΞΕ. Τοιόνδε τι δεῖ γε ζητεῖν, οὐ πάνυ σύνηθες οὐδὲ ῥᾴδιον
ἰδεῖν· ὅμως μὴν πειρώμεθα λαβεῖν αὐτό. φέρε γάρ· ὀρθῆς ἡμῖν
μόνης οὔσης ταύτης τῆς πολιτείας ἣν εἰρήκαμεν, οἶσθ᾽ ὅτι τὰς 5
ἄλλας δεῖ τοῖς ταύτης συγγράμμασι χρωμένας οὕτω σῴζεσθαι,
δρώσας τὸ νῦν ἐπαινούμενον, καίπερ οὐκ ὀρθότατον ὄν;

ΝΕ. ΣΩ. Τὸ ποῖον;

e ΞΕ. Τὸ παρὰ τοὺς νόμους μηδὲν μηδένα τολμᾶν ποιεῖν τῶν ἐν τῇ πόλει, τὸν τολμῶντα δὲ θανάτῳ ζημιοῦσθαι καὶ πᾶσι τοῖς ἐσχάτοις. καὶ τοῦτ᾽ ἔστιν ὀρθότατα καὶ κάλλιστ᾽ ἔχον ὡς δεύτερον, ἐπειδὰν τὸ πρῶτόν τις μεταθῇ τὸ νυνδὴ

5 ῥηθέν· ᾧ δὲ τρόπῳ γεγονός ἐστι τοῦτο ὃ δὴ δεύτερον ἐφήσαμεν, διαπερανώμεθα. ἦ γάρ;

ΝΕ. ΣΩ. Πάνυ μὲν οὖν.

ΞΕ. Εἰς δὴ τὰς εἰκόνας ἐπανίωμεν πάλιν, αἷς ἀναγκαῖον ἀπεικάζειν ἀεὶ τοὺς βασιλικοὺς ἄρχοντας.

10 ΝΕ. ΣΩ. Ποίας;

ΞΕ. Τὸν γενναῖον κυβερνήτην καὶ τὸν ἑτέρων πολλῶν ἀντάξιον ἰατρόν. κατίδωμεν γὰρ δή τι σχῆμα ἐν τούτοις αὐτοῖς πλασάμενοι.

ΝΕ. ΣΩ. Ποῖόν τι;

298 ΞΕ. Τοιόνδε· οἷον εἰ πάντες περὶ αὐτῶν διανοηθεῖμεν ὅτι δεινότατα ὑπ᾽ αὐτῶν πάσχομεν. ὃν μὲν γὰρ ἂν ἐθελήσωσιν ἡμῶν τούτων ἑκάτεροι σῴζειν, ὁμοίως δὴ σῴζουσιν, ὃν δ᾽ ἂν λωβᾶσθαι βουληθῶσιν, λωβῶνται τέμνοντες καὶ κάοντες

5 καὶ προστάττοντες ἀναλώματα φέρειν παρ᾽ ἑαυτοὺς οἷον φόρους, ὧν σμικρὰ μὲν εἰς τὸν κάμνοντα καὶ οὐδὲν ἀναλίσκουσιν, τοῖς δ᾽ ἄλλοις αὐτοί τε καὶ οἱ οἰκέται χρῶνται· καὶ

b δὴ καὶ τελευτῶντες ἢ παρὰ συγγενῶν ἢ παρά τινων ἐχθρῶν τοῦ κάμνοντος χρήματα μισθὸν λαμβάνοντες ἀποκτεινύασιν. οἵ τ᾽ αὖ κυβερνῆται μυρία ἕτερα τοιαῦτα ἐργάζονται, καταλείποντές τε ἔκ τινος ἐπιβουλῆς ἐν ταῖς ἀναγωγαῖς ἐρήμους,

5 καὶ σφάλματα ποιοῦντες ἐν τοῖς πελάγεσιν ἐκβάλλουσιν εἰς τὴν θάλατταν, καὶ ἕτερα κακουργοῦσιν. εἰ δὴ ταῦτα διανοηθέντες βουλευσαίμεθα περὶ αὐτῶν βουλήν τινα, τούτων

c τῶν τεχνῶν μηκέτι ἐπιτρέπειν ἄρχειν αὐτοκράτορι μηδετέρᾳ μήτ᾽ οὖν δούλων μήτ᾽ ἐλευθέρων, συλλέξαι δ᾽ ἐκκλησίαν ἡμῶν αὐτῶν, ἢ σύμπαντα τὸν δῆμον ἢ τοὺς πλουσίους μόνον,

ἐξεῖναι δὲ καὶ ἰδιωτῶν καὶ τῶν ἄλλων δημιουργῶν περί τε
πλοῦ καὶ περὶ νόσων γνώμην ξυμβαλέσθαι καθ' ὅτι χρὴ 5
τοῖς φαρμάκοις ἡμᾶς καὶ τοῖς ἰατρικοῖς ὀργάνοις πρὸς τοὺς
κάμνοντας χρῆσθαι, καὶ δὴ καὶ τοῖς πλοίοις τε αὐτοῖς καὶ
τοῖς ναυτικοῖς ὀργάνοις εἰς τὴν τῶν πλοίων χρείαν καὶ περὶ d
τοὺς κινδύνους τούς τε πρὸς αὐτὸν τὸν πλοῦν ἀνέμων καὶ
θαλάττης πέρι καὶ πρὸς τὰς τοῖς λῃσταῖς ἐντεύξεις, καὶ ἐὰν
ναυμαχεῖν ἄρα δέῃ που μακροῖς πλοίοις πρὸς ἕτερα τοιαῦτα·
τὰ δὲ τῷ πλήθει δόξαντα περὶ τούτων, εἴτε τινῶν ἰατρῶν καὶ 5
κυβερνητῶν εἴτ' ἄλλων ἰδιωτῶν συμβουλευόντων, γράψαντας
ἐν κύρβεσί τισι καὶ στήλαις, τὰ δὲ καὶ ἄγραφα πάτρια θεμένους e
ἔθη, κατὰ ταῦτα ἤδη πάντα τὸν ἔπειτα χρόνον ναυτίλλεσθαι
καὶ τὰς τῶν καμνόντων θεραπείας ποιεῖσθαι.

ΝΕ. ΣΩ. Κομιδῇ γε εἴρηκας ἄτοπα.

ΞΕ. Κατ' ἐνιαυτὸν δέ γε ἄρχοντας καθίστασθαι τοῦ 5
πλήθους, εἴτε ἐκ τῶν πλουσίων εἴτε ἐκ τοῦ δήμου παντός,
ὃς ἂν κληρούμενος λαγχάνῃ· τοὺς δὲ καταστάντας ἄρχοντας
ἄρχειν κατὰ τὰ γράμματα κυβερνῶντας τὰς ναῦς καὶ τοὺς
κάμνοντας ἰωμένους.

ΝΕ. ΣΩ. Ταῦτ' ἔτι χαλεπώτερα. 10

ΞΕ. Θεῶ δὴ καὶ τὸ μετὰ ταῦτα ἑπόμενον. ἐπειδὰν γὰρ
δὴ τῶν ἀρχόντων ἑκάστοις ὁ ἐνιαυτὸς ἐξέλθῃ, δεήσει δικα-
στήρια καθίσαντας ἀνδρῶν, ἢ τῶν πλουσίων ἐκ προκρίσεως ἢ
σύμπαντος αὖ τοῦ δήμου τοὺς λαχόντας, εἰς τούτους εἰσάγειν 299
τοὺς ἄρξαντας καὶ εὐθύνειν, κατηγορεῖν δὲ τὸν βουλόμενον
ὡς οὐ κατὰ τὰ γράμματα τὸν ἐνιαυτὸν ἐκυβέρνησε τὰς ναῦς
οὐδὲ κατὰ τὰ παλαιὰ τῶν προγόνων ἔθη· ταὐτὰ δὲ ταῦτα
καὶ περὶ τῶν τοὺς κάμνοντας ἰωμένων· ὧν δ' ἂν καταψηφισθῇ 5
τιμᾶν ὅτι χρὴ παθεῖν αὐτῶν τινας ἢ ἀποτίνειν.

ΝΕ. ΣΩ. Οὐκοῦν ὅ γ' ἐθέλων καὶ ἑκὼν ἐν τοῖς τοιούτοις
ἄρχειν δικαιότατ' ἂν ὁτιοῦν πάσχοι καὶ ἀποτίνοι. b

c 5 συμβαλέσθαι B : ξυμβάλλεσθαι T   d 2 πρὸς] περὶ B   d 4 δέῃ]
δεῖν B   e 13 καθίσαντας D : καθήσαντας B : καθιστάντας T   a 1 αὖ]
αὐτοῦ B

ΞΕ. Καὶ τοίνυν ἔτι δεήσει θέσθαι νόμον ἐπὶ πᾶσι τού-
τοις, ἄν τις κυβερνητικὴν καὶ τὸ ναυτικὸν ἢ τὸ ὑγιεινὸν καὶ
ἰατρικῆς ἀλήθειαν περὶ πνεύματά τε καὶ θερμὰ καὶ ψυχρὰ
5 ζητῶν φαίνηται παρὰ τὰ γράμματα καὶ σοφιζόμενος ὁτιοῦν
περὶ τὰ τοιαῦτα, πρῶτον μὲν μήτε ἰατρικὸν αὐτὸν μήτε
κυβερνητικὸν ὀνομάζειν ἀλλὰ μετεωρολόγον, ἀδολέσχην τινὰ
σοφιστήν, εἶθ᾽ ὡς διαφθείροντα ἄλλους νεωτέρους καὶ ἀνα-
c πείθοντα ἐπιτίθεσθαι κυβερνητικῇ καὶ ἰατρικῇ μὴ κατὰ νόμους,
ἀλλ᾽ αὐτοκράτορας ἄρχειν τῶν πλοίων καὶ τῶν νοσούντων,
γραψάμενον εἰσάγειν τὸν βουλόμενον οἷς ἔξεστιν εἰς δή τι
δικαστήριον· ἂν δὲ παρὰ τοὺς νόμους καὶ τὰ γεγραμμένα
5 δόξῃ πείθειν εἴτε νέους εἴτε πρεσβύτας, κολάζειν τοῖς ἐσχά-
τοις. οὐδὲν γὰρ δεῖν τῶν νόμων εἶναι σοφώτερον· οὐδένα
γὰρ ἀγνοεῖν τό τε ἰατρικὸν καὶ τὸ ὑγιεινὸν οὐδὲ τὸ κυβερνη-
τικὸν καὶ ναυτικόν· ἐξεῖναι γὰρ τῷ βουλομένῳ μανθάνειν
d γεγραμμένα καὶ πάτρια ἔθη κείμενα. ταῦτα δὴ περί τε ταύ-
τας τὰς ἐπιστήμας εἰ γίγνοιτο οὕτως ὡς λέγομεν, ὦ Σώκρατες,
καὶ στρατηγικῆς καὶ συμπάσης ἡστινοσοῦν θηρευτικῆς καὶ
γραφικῆς ἢ συμπάσης μέρος ὁτιοῦν μιμητικῆς καὶ τεκτονικῆς
5 καὶ συνόλης ὁποιασοῦν σκευουργίας ἢ καὶ γεωργίας καὶ τῆς
περὶ τὰ φυτὰ συνόλης τέχνης, ἢ καί τινα ἱπποφορβίαν αὖ
κατὰ συγγράμματα θεασαίμεθα γιγνομένην ἢ σύμπασαν
ἀγελαιοκομικὴν ἢ μαντικὴν ἢ πᾶν ὅτι μέρος διακονικὴ
e περιείληφεν, ἢ πεττείαν ἢ σύμπασαν ἀριθμητικὴν ψιλὴν
εἴτε ἐπίπεδον εἴτ᾽ ἐν βάθεσιν εἴτ᾽ ἐν τάχεσιν οὖσάν που,—
περὶ ἅπαντα ταῦτα οὕτω πραττόμενα τί ποτ᾽ ἂν φανείη, κατὰ
συγγράμματα γιγνόμενα καὶ μὴ κατὰ τέχνην;
5 ΝΕ. ΣΩ. Δῆλον ὅτι πᾶσαί τε αἱ τέχναι παντελῶς ἂν
ἀπόλοιντο ἡμῖν, καὶ οὐδ᾽ εἰς αὖθις γένοιντ᾽ ἄν ποτε διὰ τὸν
ἀποκωλύοντα τοῦτον ζητεῖν νόμον· ὥστε ὁ βίος, ὢν καὶ νῦν

b 4 πνεύματά] πνεῦμά B   b 6 μὲν om. B   b 7 ὀνομάζῃ B
d 4 ἢ om. T   ὁτιοῦν μέρος T   d 6 τῆς ante τέχνης B   e 2 τάχεσιν]
πάχεσιν al.   e 4 κατά] κατὰ τὰ T   e 5 τε om. B   e 6 οὐδὲ εἰς
αὖθις γένοιντ᾽ ἄν T : οὐδεὶς αὖθις γένοιτ᾽ ἂν B   e 7 βίος ὢν] βιώσων B

χαλεπός, εἰς τὸν χρόνον ἐκεῖνον ἀβίωτος γίγνοιτ᾽ ἂν τὸ
παράπαν.

ΞΕ. Τί δὲ τόδε; εἰ κατὰ συγγράμματα μὲν ἀναγκάζοι- 300
μεν ἕκαστον γίγνεσθαι τῶν εἰρημένων καὶ τοῖς συγγράμμα-
σιν ἡμῶν ἐπιστατεῖν τὸν χειροτονηθέντα ἢ λαχόντα ἐκ τύχης,
οὗτος δὲ μηδὲν φροντίζων τῶν γραμμάτων ἢ κέρδους ἕνεκέν
τινος ἢ χάριτος ἰδίας παρὰ ταῦτ᾽ ἐπιχειροῖ δρᾶν ἕτερα, μηδὲν 5
γιγνώσκων, ἆρα οὐ τοῦ κακοῦ τοῦ πρόσθεν μεῖζον ἂν ἔτι
τοῦτο γίγνοιτο κακόν;

ΝΕ. ΣΩ. Ἀληθέστατά [γε].

ΞΕ. Παρὰ γὰρ οἶμαι τοὺς νόμους τοὺς ἐκ πείρας πολλῆς b
κειμένους καί τινων συμβούλων ἕκαστα χαριέντως συμβου-
λευσάντων καὶ πεισάντων θέσθαι τὸ πλῆθος, ὁ παρὰ ταῦτα
τολμῶν δρᾶν, ἁμαρτήματος ἁμάρτημα πολλαπλάσιον ἀπεργα-
ζόμενος, ἀνατρέποι πᾶσαν ἂν πρᾶξιν ἔτι μειζόνως τῶν 5
συγγραμμάτων.

ΝΕ. ΣΩ. Πῶς δ᾽ οὐ μέλλει;

ΞΕ. Διὰ ταῦτα δὴ τοῖς περὶ ὁτουοῦν νόμους καὶ συγ- c
γράμματα τιθεμένοις δεύτερος πλοῦς τὸ παρὰ ταῦτα μήτε
ἕνα μήτε πλῆθος μηδὲν μηδέποτε ἐᾶν δρᾶν μηδ᾽ ὁτιοῦν.

ΝΕ. ΣΩ. Ὀρθῶς.

ΞΕ. Οὐκοῦν μιμήματα μὲν ἂν ἑκάστων ταῦτα εἴη τῆς 5
ἀληθείας, τὰ παρὰ τῶν εἰδότων εἰς δύναμιν εἶναι γεγραμ-
μένα;

ΝΕ. ΣΩ. Πῶς δ᾽ οὔ;

ΞΕ. Καὶ μὴν τόν γε εἰδότα ἔφαμεν, τὸν ὄντως πολιτι-
κόν, εἰ μεμνήμεθα, ποιήσειν τῇ τέχνῃ πολλὰ εἰς τὴν αὐτοῦ 10
πρᾶξιν τῶν γραμμάτων οὐδὲν φροντίζοντα, ὁπόταν ἄλλ᾽ αὐτῷ
βελτίω δόξῃ παρὰ τὰ γεγραμμένα ὑφ᾽ αὑτοῦ καὶ ἐπεσταλμένα d
ἀποῦσίν τισιν.

ΝΕ. ΣΩ. Ἔφαμεν γάρ.

a 3 ἐπιστατεῖν ἡμῶν T   a 4 πραγμάτων T   ἕνεκέν B T
a 5 ἐπιχειρεῖ T   a 7 κακόν] κακόν τι B   a 8 γε om. B
b 3 πεισάντων] ξυμπεισάντων T   c 1 δὴ om. B   ὅτ᾽ οὖν B

ΞΕ. Οὐκοῦν ἀνὴρ ὁστισοῦν εἷς ἢ πλῆθος ὁτιοῦν, οἷς ἂν
5 νόμοι κείμενοι τυγχάνωσι, παρὰ ταῦτα ὅτι ἂν ἐπιχειρήσωσι
ποιεῖν ὡς βέλτιον ἕτερον ὄν, ταὐτὸν δρῶσι κατὰ δύναμιν
ὅπερ ὁ ἀληθινὸς ἐκεῖνος;

ΝΕ. ΣΩ. Πάνυ μὲν οὖν.

ΞΕ. Ἀρ᾽ οὖν εἰ μὲν ἀνεπιστήμονες ὄντες τὸ τοιοῦτον
10 δρῷεν, μιμεῖσθαι μὲν ἂν ἐπιχειροῖεν τὸ ἀληθές, μιμοῖντ᾽ ἂν
e μέντοι παγκάκως· εἰ δ᾽ ἔντεχνοι, τοῦτο οὐκ ἔστιν ἔτι μίμημα
ἀλλ᾽ αὐτὸ τὸ ἀληθέστατον ἐκεῖνο;

ΝΕ. ΣΩ. Πάντως που.

ΞΕ. Καὶ μὴν ἔμπροσθέ γε ὡμολογημένον ἡμῖν κεῖται
5 μηδὲν πλῆθος μηδ᾽ ἡντινοῦν δυνατὸν εἶναι λαβεῖν τέχνην.

ΝΕ. ΣΩ. Κεῖται γὰρ οὖν.

ΞΕ. Οὐκοῦν εἰ μὲν ἔστι βασιλική τις τέχνη, τὸ τῶν
πλουσίων πλῆθος καὶ ὁ σύμπας δῆμος οὐκ ἄν ποτε λάβοι
τὴν πολιτικὴν ταύτην ἐπιστήμην.

10 ΝΕ. ΣΩ. Πῶς γὰρ ἄν;

ΞΕ. Δεῖ δὴ τὰς τοιαύτας γε ὡς ἔοικε πολιτείας, εἰ μέλ-
301 λουσι καλῶς τὴν ἀληθινὴν ἐκείνην τὴν τοῦ ἑνὸς μετὰ τέχνης
ἄρχοντος πολιτείαν εἰς δύναμιν μιμήσεσθαι, μηδέποτε κει-
μένων αὐτοῖς τῶν νόμων μηδὲν ποιεῖν παρὰ τὰ γεγραμμένα
καὶ πάτρια ἔθη.

5 ΝΕ. ΣΩ. Κάλλιστ᾽ εἴρηκας.

ΞΕ. Ὅταν ἄρα οἱ πλούσιοι ταύτην μιμῶνται, τότε
ἀριστοκρατίαν καλοῦμεν τὴν τοιαύτην πολιτείαν· ὁπόταν δὲ
τῶν νόμων μὴ φροντίζωσιν, ὀλιγαρχίαν.

ΝΕ. ΣΩ. Κινδυνεύει.

10 ΞΕ. Καὶ μὴν ὁπόταν αὖθις εἷς ἄρχῃ κατὰ νόμους, μιμού-
b μενος τὸν ἐπιστήμονα, βασιλέα καλοῦμεν, οὐ διορίζοντες

d 5 ὅταν ἐπιχειρῶσι B   d 6 βέλτιστον B   ὄν om. B   d 9 τὸ
om. B   e 1 παγκάκως scripsi : πανκακως (sic) B : πᾶν. κακῶς
T   ἔτι μίμημα] ἐπιτίμημα T   e 4 ἔμπροσθέν T   e 5 λα-
βεῖν δυνατὸν εἶναι T   e 6 οὖν] νῦν B   a 2 μιμήσασθαι B
a 3 τῷ νόμῳ B

ὀνόματι τὸν μετ᾽ ἐπιστήμης ἢ δόξης κατὰ νόμους μοναρ-
χοῦντα.

ΝΕ. ΣΩ. Κινδυνεύομεν.

ΞΕ. Οὐκοῦν κἄν τις ἄρα ἐπιστήμων ὄντως ὢν εἷς ἄρχῃ, 5
πάντως τό γε ὄνομα ταὐτὸν βασιλεὺς καὶ οὐδὲν ἕτερον
προσρηθήσεται· δι᾽ ἃ δὴ τὰ πέντε ὀνόματα τῶν νῦν λε-
γομένων πολιτειῶν ἐν μόνον γέγονεν.

ΝΕ. ΣΩ. Ἔοικε γοῦν.

ΞΕ. Τί δ᾽ ὅταν μήτε κατὰ νόμους μήτε κατὰ ἔθη πράττῃ 10
τις εἷς ἄρχων, προσποιῆται δὲ ὥσπερ ὁ ἐπιστήμων ὡς ἄρα c
παρὰ τὰ γεγραμμένα τό γε βέλτιστον ποιητέον, ᾖ δέ τις
ἐπιθυμία καὶ ἄγνοια τούτου τοῦ μιμήματος ἡγουμένη, μῶν
οὐ τότε τὸν τοιοῦτον ἕκαστον τύραννον κλητέον;

ΝΕ. ΣΩ. Τί μήν; 5

ΞΕ. Οὕτω δὴ τύραννός τε γέγονε, φαμέν, καὶ βασιλεὺς
καὶ ὀλιγαρχία καὶ ἀριστοκρατία καὶ δημοκρατία, δυσχερανάν-
των τῶν ἀνθρώπων τὸν ἕνα ἐκεῖνον μόναρχον, καὶ ἀπιστη-
σάντων μηδένα τῆς τοιαύτης ἀρχῆς ἄξιον ἂν γενέσθαι ποτέ,
ὥστε ἐθέλειν καὶ δυνατὸν εἶναι μετ᾽ ἀρετῆς καὶ ἐπιστήμης d
ἄρχοντα τὰ δίκαια καὶ ὅσια διανέμειν ὀρθῶς πᾶσιν, λωβᾶ-
σθαι δὲ καὶ ἀποκτεινύναι καὶ κακοῦν ὃν ἂν βουληθῇ ἑκάστοτε
ἡμῶν· ἐπεὶ γενόμενόν γ᾽ ἂν οἷον λέγομεν ἀγαπᾶσθαί τε ἂν
καὶ οἰκεῖν διακυβερνῶντα εὐδαιμόνως ὀρθὴν ἀκριβῶς μόνον 5
πολιτείαν.

ΝΕ. ΣΩ. Πῶς δ᾽ οὔ;

ΞΕ. Νῦν δέ γε ὁπότε οὐκ ἔστι γιγνόμενος, ὡς δή
φαμεν, ἐν ταῖς πόλεσι βασιλεὺς οἷος ἐν σμήνεσιν ἐμφύεται, e
τό τε σῶμα εὐθὺς καὶ τὴν ψυχὴν διαφέρων εἷς, δεῖ δὴ
συνελθόντας συγγράμματα γράφειν, ὡς ἔοικεν, μεταθέοντας
τὰ τῆς ἀληθεστάτης πολιτείας ἴχνη.

ΝΕ. ΣΩ. Κινδυνεύει. 5

b 5 οὐκοῦν om. B   b 7 δι᾽ ἃ] διὰ B T   c 2 τό γε] τόδε T
c 6 τε om. B   d 3 ἀποκτίννυσθαι T   d 4 λέγωμεν B   d 8 ὁπότε]
ὅτε T   e 1 οἷος] οἷον (sic) B

ΞΕ. Θαυμάζομεν δῆτα, ὦ Σώκρατες, ἐν ταῖς τοιαύταις
πολιτείαις ὅσα συμβαίνει γίγνεσθαι κακὰ καὶ ὅσα συμβή-
σεται, τοιαύτης τῆς κρηπῖδος ὑποκειμένης αὐταῖς, τῆς κατὰ
γράμματα καὶ ἔθη μὴ μετὰ ἐπιστήμης πραττούσης τὰς
302 πράξεις, ⟨ἢ⟩ ἑτέρα προσχρωμένη παντὶ κατάδηλος ὡς πάντ᾽
ἂν διολέσειε τὰ ταύτῃ γιγνόμενα; ἢ ἐκεῖνο ἡμῖν θαυμαστέον
μᾶλλον, ὡς ἰσχυρόν τι πόλις ἐστὶ φύσει; πάσχουσαι γὰρ
δὴ τοιαῦτα αἱ πόλεις νῦν χρόνον ἀπέραντον, ὅμως ἔνιαί
5 τινες αὐτῶν μόνιμοί τέ εἰσι καὶ οὐκ ἀνατρέπονται· πολλαὶ
μὴν ἐνίοτε καὶ καθάπερ πλοῖα καταδυόμεναι διόλλυνται καὶ
διολώλασι καὶ ἔτι διολοῦνται διὰ τὴν τῶν κυβερνητῶν καὶ
ναυτῶν μοχθηρίαν τῶν περὶ τὰ μέγιστα μεγίστην ἄγνοιαν
b εἰληφότων, οἳ περὶ τὰ πολιτικὰ κατ᾽ οὐδὲν γιγνώσκοντες
ἡγοῦνται κατὰ πάντα σαφέστατα πασῶν ἐπιστημῶν ταύτην
εἰληφέναι.

ΝΕ. ΣΩ. Ἀληθέστατα.

5 ΞΕ. Τίς οὖν δὴ τῶν οὐκ ὀρθῶν πολιτειῶν τούτων ἥκιστα
χαλεπὴ συζῆν, πασῶν χαλεπῶν οὐσῶν, καὶ τίς βαρυτάτη;
δεῖ τι κατιδεῖν ἡμᾶς, καίπερ πρός γε τὸ νῦν προτεθὲν ἡμῖν
πάρεργον λεγόμενον; οὐ μὴν ἀλλ᾽ εἴς γε τὸ ὅλον ἴσως
ἅπανθ᾽ ἕνεκα τοῦ τοιούτου πάντες δρῶμεν χάριν.

10 ΝΕ. ΣΩ. Δεῖ· πῶς δ᾽ οὔ;

c ΞΕ. Τὴν αὐτὴν τοίνυν φάθι τριῶν οὐσῶν χαλεπὴν δια-
φερόντως γίγνεσθαι καὶ ῥᾴστην.

ΝΕ. ΣΩ. Πῶς φῄς;

ΞΕ. Οὐκ ἄλλως, πλὴν μοναρχίαν φημὶ καὶ ὀλίγων ἀρχὴν
5 καὶ πολλῶν, εἶναι τρεῖς ταύτας ἡμῖν λεγομένας τοῦ νῦν
ἐπικεχυμένου λόγου κατ᾽ ἀρχάς.

ΝΕ. ΣΩ. Ἦσαν γὰρ οὖν.

ΞΕ. Ταύτας τοίνυν δίχα τέμνοντες μίαν ἑκάστην ἐξ

a 1 ᾗ add. Stephanus e Ficino : οἷς Schleiermacher   ἑτέρᾳ T
a 2 τὰ ταύτῃ] τἀπ᾽ αὐτῇ Badham : an τὰ ὑπ᾽ αὐτῇ Campbell   ἐκεῖ-
νον B   a 6 καὶ ante καθάπερ om. T   a 7 διωλόλασι B
b 9 ἅπανθ᾽] πάνθ᾽ B   c 1 διαφερόντως ἅμα καὶ ῥᾴστην γίγνεσθαι T

ποιῶμεν, τὴν ὀρθὴν χωρὶς ἀποκρίναντες τούτων ἑβδό-
μην. 10

ΝΕ. ΣΩ. Πῶς;

ΞΕ. Ἐκ μὲν τῆς μοναρχίας βασιλικὴν καὶ τυραννικήν, d
ἐκ δ' αὖ τῶν μὴ πολλῶν τήν τε εὐώνυμον ἔφαμεν [εἶναι]
ἀριστοκρατίαν καὶ ὀλιγαρχίαν· ἐκ δ' αὖ τῶν πολλῶν τότε
μὲν ἁπλῆν ἐπονομάζοντες ἐτίθεμεν δημοκρατίαν, νῦν δ' αὖ
καὶ ταύτην ἡμῖν θετέον ἐστὶ διπλῆν. 5

ΝΕ. ΣΩ. Πῶς δή; καὶ τίνι διαιροῦντες ταύτην;

ΞΕ. Οὐδὲν διαφέροντι τῶν ἄλλων, οὐδ' εἰ τοὔνομα ἤδη
διπλοῦν ἐστι ταύτης· ἀλλὰ τό γε κατὰ νόμους ἄρχειν καὶ e
παρανόμως ἔστι καὶ ταύτῃ καὶ ταῖς ἄλλαις.

ΝΕ. ΣΩ. Ἔστι γὰρ οὖν.

ΞΕ. Τότε μὲν τοίνυν τὴν ὀρθὴν ζητοῦσι τοῦτο τὸ τμῆμα
οὐκ ἦν χρήσιμον, ὡς ἐν τοῖς πρόσθεν ἀπεδείξαμεν· ἐπειδὴ 5
δὲ ἐξείλομεν ἐκείνην, τὰς δ' ἄλλας ἔθεμεν ἀναγκαίας, ἐν
ταύταις δὴ τὸ παράνομον καὶ ἔννομον ἑκάστην διχοτομεῖ
τούτων.

ΝΕ. ΣΩ. Ἔοικεν τούτου νῦν ῥηθέντος τοῦ λόγου.

ΞΕ. Μοναρχία τοίνυν ζευχθεῖσα μὲν ἐν γράμμασιν ἀγα- 10
θοῖς, οὓς νόμους λέγομεν, ἀρίστη πασῶν τῶν ἕξ· ἄνομος δὲ
χαλεπὴ καὶ βαρυτάτη συνοικῆσαι.

ΝΕ. ΣΩ. Κινδυνεύει. 303

ΞΕ. Τὴν δέ γε τῶν μὴ πολλῶν, ὥσπερ ἑνὸς καὶ πλήθους
τὸ ὀλίγον μέσον, οὕτως ἡγησώμεθα μέσην ἐπ' ἀμφότερα·
τὴν δ' αὖ τοῦ πλήθους κατὰ πάντα ἀσθενῆ καὶ μηδὲν μήτε
ἀγαθὸν μήτε κακὸν μέγα δυναμένην ὡς πρὸς τὰς ἄλλας διὰ 5
τὸ τὰς ἀρχὰς ἐν ταύτῃ διανενεμῆσθαι κατὰ σμικρὰ εἰς πολ-
λούς. διὸ γέγονε πασῶν μὲν νομίμων τῶν πολιτειῶν οὐσῶν
τούτων χειρίστη, παρανόμων δὲ οὐσῶν συμπασῶν βελτίστη·
καὶ ἀκολάστων μὲν πασῶν οὐσῶν ἐν δημοκρατίᾳ νικᾷ ζῆν, b

κοσμίων δ' οὐσῶν ἥκιστα ἐν ταύτῃ βιωτέον, ἐν τῇ πρώτῃ
δὲ πολὺ πρῶτόν τε καὶ ἄριστον, πλὴν τῆς ἑβδόμης· πασῶν
γὰρ ἐκείνην γε ἐκκριτέον, οἷον θεὸν ἐξ ἀνθρώπων, ἐκ τῶν
5 ἄλλων πολιτειῶν.

ΝΕ. ΣΩ. Φαίνεται ταῦθ' οὕτω συμβαίνειν τε καὶ γί-
γνεσθαι, καὶ ποιητέον ἧπερ λέγεις.

ΞΕ. Οὐκοῦν δὴ καὶ τοὺς κοινωνοὺς τούτων τῶν πολιτειῶν
c πασῶν πλὴν τῆς ἐπιστήμονος ἀφαιρετέον ὡς οὐκ ὄντας
πολιτικοὺς ἀλλὰ στασιαστικούς, καὶ εἰδώλων μεγίστων προ-
στάτας ὄντας καὶ αὐτοὺς εἶναι τοιούτους, μεγίστους δὲ ὄντας
μιμητὰς καὶ γόητας μεγίστους γίγνεσθαι τῶν σοφιστῶν
5 σοφιστάς.

ΝΕ. ΣΩ. Κινδυνεύει τοῦτο εἰς τοὺς πολιτικοὺς λεγο-
μένους περιεστράφθαι τὸ ῥῆμα ὀρθότατα.

ΞΕ. Εἶεν· τοῦτο μὲν ἀτεχνῶς ἡμῖν ὥσπερ δρᾶμα, καθά-
περ ἐρρήθη νυνδὴ Κενταυρικὸν ὁρᾶσθαι καὶ Σατυρικόν τινα
d θίασον, ὃν δὴ χωριστέον ἀπὸ πολιτικῆς εἴη τέχνης· νῦν δ'
οὕτω πάνυ μόγις ἐχωρίσθη.

ΝΕ. ΣΩ. Φαίνεται.

ΞΕ. Τούτου δέ γ' ἕτερον ἔτι χαλεπώτερον λείπεται τῷ
5 συγγενές τε ὁμοῦ τ' εἶναι μᾶλλον τῷ βασιλικῷ γένει καὶ
δυσκαταμαθητότερον· καί μοι φαινόμεθα τοῖς τὸν χρυσὸν
καθαίρουσι πάθος ὅμοιον πεπονθέναι.

ΝΕ. ΣΩ. Πῶς;

ΞΕ. Γῆν που καὶ λίθους καὶ πόλλ' ἄττα ἕτερα ἀποκρί-
10 νουσι καὶ ἐκεῖνοι πρῶτον οἱ δημιουργοί· μετὰ δὲ ταῦτα
e λείπεται συμμεμειγμένα τὰ συγγενῆ τοῦ χρυσοῦ τίμια καὶ
πυρὶ μόνον ἀφαιρετά, χαλκὸς καὶ ἄργυρος, ἔστι δ' ὅτε καὶ
ἀδάμας, ⟨ἃ⟩ μετὰ βασάνων ταῖς ἑψήσεσι μόγις ἀφαιρεθέντα

b 4 ἐγκριτέον B   b 6 τοῦθ' B   συμβαίνειν τε καὶ γίγνεσθαι,
καὶ scripsi : συμβαίνειν τε καὶ B : γίγνεσθαί τε καὶ ξυμβαίνειν, καὶ T
c 7 περιεστρέφθαι B T   c 8 ὥσπερ δρᾶμα om. al.   d 1 δ' om. F
d 4 τῷ] τὸ B   d 5 τ' ante εἶναι om. B   d 10 πρῶτον
πρότερον B   ταῦτα B T : τοῦτο vulg.   e 3 ἃ add. Stephanus
e Ficino

τὸν λεγόμενον ἀκήρατον χρυσὸν εἴασεν ἡμᾶς ἰδεῖν αὐτὸν
μόνον ἐφ' ἑαυτοῦ.   5

ΝΕ. ΣΩ. Λέγεται γὰρ οὖν δὴ ταῦτα οὕτω γίγνεσθαι.

ΞΕ. Κατὰ τὸν αὐτὸν τοίνυν λόγον ἔοικε καὶ νῦν ἡμῖν
τὰ μὲν ἕτερα καὶ ὁπόσα ἀλλότρια καὶ τὰ μὴ φίλα πολιτικῆς
ἐπιστήμης ἀποκεχωρίσθαι, λείπεσθαι δὲ τὰ τίμια καὶ συγ-
γενῆ. τούτων δ' ἐστί που στρατηγία καὶ δικαστικὴ καὶ ὅση   10
βασιλικῇ κοινωνοῦσα ῥητορεία πείθουσα τὸ δίκαιον συνδια-   304
κυβερνᾷ τὰς ἐν ταῖς πόλεσι πράξεις· ἃ δὴ τίνι τρόπῳ ῥᾷστά
τις ἀπομερίζων δείξει γυμνὸν καὶ μόνον ἐκεῖνον καθ' αὑτὸν
τὸν ζητούμενον ὑφ' ἡμῶν;

ΝΕ. ΣΩ. Δῆλον ὅτι τοῦτό πῃ δρᾶν πειρατέον.   5

ΞΕ. Πείρας μὲν τοίνυν ἕνεκα φανερὸς ἔσται· διὰ δὲ
μουσικῆς αὐτὸν ἐγχειρητέον δηλῶσαι.   καί μοι λέγε.

ΝΕ. ΣΩ. Τὸ ποῖον;

ΞΕ. Μουσικῆς ἔστι πού τις ἡμῖν μάθησις, καὶ ὅλως τῶν   b
περὶ χειροτεχνίας ἐπιστημῶν;

ΝΕ. ΣΩ. Ἔστιν.

ΞΕ. Τί δέ; τὸ δ' αὖ τούτων ἡντινοῦν εἴτε δεῖ μανθάνειν
ἡμᾶς εἴτε μή, πότερα φήσομεν ἐπιστήμην αὖ καὶ ταύτην   5
εἶναί τινα περὶ αὐτὰ ταῦτα, ἢ πῶς;

ΝΕ. ΣΩ. Οὕτως, εἶναι φήσομεν.

ΞΕ. Οὐκοῦν ἑτέραν ὁμολογήσομεν ἐκείνων εἶναι ταύτην;

ΝΕ. ΣΩ. Ναί.

ΞΕ. Πότερα δὲ αὐτῶν οὐδεμίαν ἄρχειν δεῖν ἄλλην ἄλλης,   10
ἢ ἐκείνας ταύτης, ἢ ταύτην δεῖν ἐπιτροπεύουσαν ἄρχειν   c
συμπασῶν τῶν ἄλλων;

ΝΕ. ΣΩ. Ταύτην ἐκείνων.

ΞΕ. ⟨Τὴν⟩ εἰ δεῖ μανθάνειν ἢ μὴ τῆς μανθανομένης καὶ
διδασκούσης ἄρα σύ γε ἀποφαίνῃ δεῖν ἡμῖν ἄρχειν;   5

ΝΕ. ΣΩ. Σφόδρα γε.

e 6 δὴ revera B : om. T   e 10 ὅση] ὅσ' ἢ B   a 7 αὐτὸν]
αὐτὸ B   b 4 δὲ τόδ' αὖ; Ast   b 10 ἄλλης] ἀλλ' ἤ γε B
c 1 ἐπιτρέπουσαν B   c 4 τὴν om. B T   εἰ . . . μὴ Socrati tribuentes)
PLATO, VOL. I.   33

ΞΕ. Καὶ τὴν εἰ δεῖ πείθειν ἄρα ἢ μὴ τῆς δυναμένης πείθειν;

ΝΕ. ΣΩ. Πῶς δ' οὔ;

10 ΞΕ. Εἶεν· τίνι τὸ πειστικὸν οὖν ἀποδώσομεν ἐπι-
d στήμῃ πλήθους τε καὶ ὄχλου διὰ μυθολογίας ἀλλὰ μὴ διὰ διδαχῆς;

ΝΕ. ΣΩ. Φανερὸν οἶμαι καὶ τοῦτο ῥητορικῇ δοτέον ὄν.

ΞΕ. Τὸ δ' εἴτε διὰ πειθοῦς εἴτε καὶ διά τινος βίας δεῖ
5 πράττειν πρός τινας ὁτιοῦν ἢ καὶ τὸ παράπαν ⟨ἡσυχίαν⟩ ἔχειν, τοῦτ' αὖ ποίᾳ προσθήσομεν ἐπιστήμῃ;

ΝΕ. ΣΩ. Τῇ τῆς πειστικῆς ἀρχούσῃ καὶ λεκτικῆς.

ΞΕ. Εἴη δ' ἂν οὐκ ἄλλη τις, ὡς οἶμαι, πλὴν ἡ τοῦ πολιτικοῦ δύναμις.

10 ΝΕ. ΣΩ. Κάλλιστ' εἴρηκας.

ΞΕ. Καὶ τοῦτο μὲν ἔοικε ταχὺ κεχωρίσθαι πολιτικῆς τὸ
e ῥητορικόν, ὡς ἕτερον εἶδος ὄν, ὑπηρετοῦν μὴν ταύτῃ.

ΝΕ. ΣΩ. Ναί.

ΞΕ. Τί δὲ περὶ τῆς τοιᾶσδ' αὖ δυνάμεως διανοητέον;

ΝΕ. ΣΩ. Ποίας;

5 ΞΕ. Τῆς ὡς πολεμητέον ἑκάστοις οἷς ἂν προελώμεθα πολεμεῖν, εἴτε αὐτὴν ἄτεχνον εἴτε ἔντεχνον ἐροῦμεν;

ΝΕ. ΣΩ. Καὶ πῶς ἂν ἄτεχνον διανοηθεῖμεν, ἥν γε ἡ στρατηγικὴ καὶ πᾶσα ἡ πολεμικὴ πρᾶξις πράττει;

ΞΕ. Τὴν δὲ εἴτε πολεμητέον εἴτε διὰ φιλίας ἀπαλλακτέον
10 οἵαν τε καὶ ἐπιστήμονα διαβουλεύσασθαι, ταύτης ἑτέραν ὑπολάβωμεν ἢ τὴν αὐτὴν ταύτῃ;

ΝΕ. ΣΩ. Τοῖς πρόσθεν ἀναγκαῖον ἑπομένοισιν ἑτέραν.

305 ΞΕ. Οὐκοῦν ἄρχουσαν ταύτης αὐτὴν ἀποφανούμεθα, εἴπερ τοῖς ἔμπροσθέν γε ὑποληψόμεθα ὁμοίως;

ΝΕ. ΣΩ. Φημί.

ΞΕ. Τίν' οὖν ποτε καὶ ἐπιχειρήσομεν οὕτω δεινῆς καὶ

d 4 καὶ om. T   d 5 ἡσυχίαν add. Hermann   d 7 λεκ-
τεκῆς B   d 8 οὐκ ἂν T   e 9 εἴτε prius om. B   a 1 ταύ-
την αὐτῆς T

μεγάλης τέχνης συμπάσης τῆς πολεμικῆς δεσπότιν ἀποφαί- 5
νεσθαι πλήν γε δὴ τὴν ὄντως οὖσαν βασιλικήν;

ΝΕ. ΣΩ. Οὐδεμίαν ἄλλην.

ΞΕ. Οὐκ ἄρα πολιτικὴν θήσομεν, ὑπηρετικήν γε οὖσαν,
τὴν τῶν στρατηγῶν ἐπιστήμην.

ΝΕ. ΣΩ. Οὐκ εἰκός. 10

ΞΕ. Ἴθι δή, καὶ τὴν τῶν δικαστῶν τῶν ὀρθῶς δικαζόντων b
θεασώμεθα δύναμιν.

ΝΕ. ΣΩ. Πάνυ μὲν οὖν.

ΞΕ. Ἆρ' οὖν ἐπὶ πλέον τι δύναται τοῦ περὶ τὰ συμ-
βόλαια πάνθ' ὁπόσα κεῖται νόμιμα παρὰ νομοθέτου βασιλέως 5
παραλαβοῦσα, κρίνειν εἰς ἐκεῖνα σκοποῦσα τά τε δίκαια
ταχθέντ' εἶναι καὶ ἄδικα, τὴν αὑτῆς ἰδίαν ἀρετὴν παρεχομένη
τοῦ μήθ' ὑπό τινων δώρων μήθ' ὑπὸ φόβων μήτε οἴκτων μήθ'
ὑπό τινος ἄλλης ἔχθρας μηδὲ φιλίας ἡττηθεῖσα παρὰ τὴν c
τοῦ νομοθέτου τάξιν ἐθέλειν ἂν τἀλλήλων ἐγκλήματα
διαιρεῖν;

ΝΕ. ΣΩ. Οὔκ, ἀλλὰ σχεδὸν ὅσον εἴρηκας ταύτης ἐστὶ
τῆς δυνάμεως ἔργον. 5

ΞΕ. Καὶ τὴν τῶν δικαστῶν ἄρα ῥώμην ἀνευρίσκομεν οὐ
βασιλικὴν οὖσαν ἀλλὰ νόμων φύλακα καὶ ὑπηρέτιν ἐκείνης.

ΝΕ. ΣΩ. Ἔοικέν γε.

ΞΕ. Τόδε δὴ κατανοητέον ἰδόντι συναπάσας τὰς ἐπιστή-
μας αἳ εἴρηνται, ὅτι πολιτική γε αὐτῶν οὐδεμία ἀνεφάνη. 10
τὴν γὰρ ὄντως οὖσαν βασιλικὴν οὐκ αὐτὴν δεῖ πράττειν ἀλλ' d
ἄρχειν τῶν δυναμένων πράττειν, γιγνώσκουσαν τὴν ἀρχήν
τε καὶ ὁρμὴν τῶν μεγίστων ἐν ταῖς πόλεσιν ἐγκαιρίας τε
πέρι καὶ ἀκαιρίας, τὰς δ' ἄλλας τὰ προσταχθέντα δρᾶν.

ΝΕ. ΣΩ. Ὀρθῶς. 5

ΞΕ. Διὰ ταῦτα ἄρα ἃς μὲν ἄρτι διεληλύθαμεν, οὔτ' ἀλλή-

---

a 8 γε post ὑπηρετικήν T: post πολιτικήν B   b 8 μήτε] μήθ'
(sic) B   c 7 νόμον (sic) B   c 9 τόδε B Stobaeus: τό
γε T   ἰδόντε B   ἐπιστήμας αἳ εἴρηνται] εἰρημένας ἐπιστήμας T
c 10 γε] τις T   ἀνεφάνη] ἐφάνη T   d 1 δεῖ] αἰεὶ B

33*

λων οὔθ᾽ αὑτῶν ἄρχουσαι, περὶ δέ τινα ἰδίαν αὑτῆς οὖσα
ἑκάστη πρᾶξιν, κατὰ τὴν ἰδιότητα τῶν πράξεων τοὔνομα
δικαίως εἴληφεν ἴδιον.

e   ΝΕ. ΣΩ. Εἴξασι γοῦν.

ΞΕ. Τὴν δὲ πασῶν τε τούτων ἄρχουσαν καὶ τῶν νόμων
καὶ συμπάντων τῶν κατὰ πόλιν ἐπιμελουμένην καὶ πάντα
συνυφαίνουσαν ὀρθότατα, τοῦ κοινοῦ τῇ κλήσει περιλα-
5 βόντες τὴν δύναμιν αὐτῆς, προσαγορεύοιμεν δικαιότατ᾽ ἄν,
ὡς ἔοικε, πολιτικήν.

ΝΕ. ΣΩ. Παντάπασι μὲν οὖν.

ΞΕ. Οὐκοῦν δὴ καὶ κατὰ τὸ τῆς ὑφαντικῆς παράδειγμα
βουλοίμεθ᾽ ἂν ἐπεξελθεῖν αὐτὴν νῦν, ὅτε καὶ πάντα τὰ γένη
10 τὰ κατὰ πόλιν δῆλα ἡμῖν γέγονε;

ΝΕ. ΣΩ. Καὶ σφόδρα γε.

306   ΞΕ. Τὴν δὴ βασιλικὴν συμπλοκήν, ὡς ἔοικε, λεκτέον
ποία τέ ἐστι καὶ τίνι τρόπῳ συμπλέκουσα ποῖον ἡμῖν
ὕφασμα ἀποδίδωσιν.

ΝΕ. ΣΩ. Δῆλον.

5   ΞΕ. Ἦ χαλεπὸν ἐνδείξασθαι πρᾶγμα ἀναγκαῖον ἄρα
γέγονεν, ὡς φαίνεται.

ΝΕ. ΣΩ. Πάντως γε μὴν ῥητέον.

ΞΕ. Τὸ γὰρ ἀρετῆς μέρος ἀρετῆς εἴδει διάφορον εἶναί
τινα τρόπον τοῖς περὶ λόγους ἀμφισβητητικοῖς καὶ μάλ᾽
10 εὐεπίθετον πρὸς τὰς τῶν πολλῶν δόξας.

ΝΕ. ΣΩ. Οὐκ ἔμαθον.

ΞΕ. Ἀλλ᾽ ὧδε πάλιν.   ἀνδρείαν γὰρ οἶμαί σε ἡγεῖσθαι
b μέρος ἐν ἀρετῆς ἡμῖν εἶναι.

ΝΕ. ΣΩ. Πάνυ γε.

ΞΕ. Καὶ μὴν σωφροσύνην γε ἀνδρείας μὲν ἕτερον, ἐν δ᾽
οὖν καὶ τοῦτο μόριον ἧς κἀκεῖνο.

5   ΝΕ. ΣΩ. Ναί.

d 7 τινα ἰδίαν] τὴν αἰδίαν B   e 2 ἀπασῶν T   e 7 παντάπασι]
πάνυ T   e 8 καὶ om. B   e 9 αὐτὴν] αὐτῇ B   a 2 τίνι]
ποίῳ B   a 9 ἀμφισβητικοῖς T : ἀμφισβητικοῖς B

ΞΕ. Τούτων δὴ πέρι θαυμαστόν τινα λόγον ἀποφαίνεσθαι τολμητέον.

ΝΕ. ΣΩ. Ποῖον;

ΞΕ. Ὡς ἐστὸν κατὰ δή τινα τρόπον εὖ μάλα πρὸς ἀλλήλας ἔχθραν καὶ στάσιν ἐναντίαν ἔχοντε ἐν πολλοῖς τῶν ὄντων. 10

ΝΕ. ΣΩ. Πῶς λέγεις;

ΞΕ. Οὐκ εἰωθότα λόγον οὐδαμῶς· πάντα γὰρ οὖν δὴ ἀλλήλοις τά γε τῆς ἀρετῆς μόρια λέγεταί που φίλια. c

ΝΕ. ΣΩ. Ναί.

ΞΕ. Σκοπῶμεν δὴ προσσχόντες τὸν νοῦν εὖ μάλα πότερον οὕτως ἁπλοῦν ἐστι τοῦτο, ἢ παντὸς μᾶλλον αὐτῶν ἔχει διαφορὰν τοῖς συγγενέσιν ἔς τι; 5

ΝΕ. ΣΩ. Ναί, λέγοις ἂν πῇ σκεπτέον.

ΞΕ. Ἐν τοῖς σύμπασι χρὴ ζητεῖν ὅσα καλὰ μὲν λέγομεν, εἰς δύο δὲ αὐτὰ τίθεμεν ἐναντία ἀλλήλων εἴδη.

ΝΕ. ΣΩ. Λέγ' ἔτι σαφέστερον.

ΞΕ. Ὀξύτητα καὶ τάχος, εἴτε κατὰ σώματα εἴτ' ἐν 10 ψυχαῖς εἴτε κατὰ φωνῆς φοράν, εἴτε αὐτῶν τούτων εἴτε ἐν d εἰδώλοις ὄντων, ὁπόσα μουσικὴ μιμουμένη καὶ ἔτι γραφικὴ μιμήματα παρέχεται, τούτων τινὸς ἐπαινέτης εἴτε αὐτὸς πώποτε γέγονας εἴτε ἄλλου παρὼν ἐπαινοῦντος ᾔσθησαι;

ΝΕ. ΣΩ. Τί μήν; 5

ΞΕ. Ἦ καὶ μνήμην ἔχεις ὅντινα τρόπον αὐτὸ δρῶσιν ἐν ἑκάστοις τούτων;

ΝΕ. ΣΩ. Οὐδαμῶς.

ΞΕ. Ἆρ' οὖν δυνατὸς αὐτὸ ἂν γενοίμην, ὥσπερ καὶ διανοοῦμαι, διὰ λόγων ἐνδείξασθαί σοι; 10

ΝΕ. ΣΩ. Τί δ' οὔ; e

ΞΕ. Ῥᾴδιον ἔοικας ἡγεῖσθαι τὸ τοιοῦτον· σκοπώμεθα δ' οὖν αὐτὸ ἐν τοῖς ὑπεναντίοις γένεσι. τῶν γὰρ δὴ πράξεων

b 10 ἐχθρὰ Campbell   ἔχοντε] ἔχετον ΒΤ   c 3 προσέχοντες Β
c 4 ἔχει] ἔχον corr. t   c 5 ἔς τι Campbell : ἐστι Τ : ἐστίν Β : ἐστί τι Heindorf   e 3 an ἐν ταῖς ὑπεναντίαις γενέσεσι Campbell

ἐν πολλαῖς καὶ πολλάκις ἑκάστοτε τάχος καὶ σφοδρότητα
5 καὶ ὀξύτητα διανοήσεώς τε καὶ σώματος, ἔτι δὲ καὶ φωνῆς,
ὅταν ἀγασθῶμεν, λέγομεν αὐτὸ ἐπαινοῦντες μιᾷ χρώμενοι
προσρήσει τῇ τῆς ἀνδρείας.

ΝΕ. ΣΩ. Πῶς;

ΞΕ. Ὀξὺ καὶ ἀνδρεῖον πρῶτόν πού φαμεν, καὶ ταχὺ καὶ
10 ἀνδρικόν, καὶ σφοδρὸν ὡσαύτως· καὶ πάντως ἐπιφέροντες
τοὔνομα ὃ λέγω κοινὸν πάσαις ταῖς φύσεσι ταύταις ἐπαινοῦ-
μεν αὐτάς.

ΝΕ. ΣΩ. Ναί.

307 ΞΕ. Τί δέ; τὸ τῆς ἠρεμαίας αὖ γενέσεως εἶδος ἆρ' οὐ
πολλάκις ἐπηνέκαμεν ἐν πολλαῖς τῶν πράξεων;

ΝΕ. ΣΩ. Καὶ σφόδρα γε.

ΞΕ. Μῶν οὖν οὐ τἀναντία λέγοντες ἢ περὶ ἐκείνων
5 τοῦτο φθεγγόμεθα;

ΝΕ. ΣΩ. Πῶς;

ΞΕ. Ὡς ἡσυχαῖά πού φαμεν ἑκάστοτε καὶ σωφρονικά,
περί τε διάνοιαν πραττόμενα ἀγασθέντες καὶ κατὰ τὰς
πράξεις αὖ βραδέα καὶ μαλακά, καὶ ἔτι περὶ φωνὰς γιγνό-
10 μενα λεῖα καὶ βαρέα, καὶ πᾶσαν ῥυθμικὴν κίνησιν καὶ ὅλην
b μοῦσαν ἐν καιρῷ βραδυτῆτι προσχρωμένην, οὐ τὸ τῆς
ἀνδρείας ἀλλὰ τὸ τῆς κοσμιότητος ὄνομα ἐπιφέρομεν αὐτοῖς
σύμπασιν.

ΝΕ. ΣΩ. Ἀληθέστατα.

5 ΞΕ. Καὶ μὴν ὁπόταν αὖ γε ἀμφότερα γίγνηται ταῦθ'
ἡμῖν ἄκαιρα, μεταβάλλοντες ἑκάτερα αὐτῶν ψέγομεν ἐπὶ
τἀναντία πάλιν ἀπονέμοντες τοῖς ὀνόμασιν.

ΝΕ. ΣΩ. Πῶς;

ΞΕ. Ὀξύτερα μὲν αὐτὰ γιγνόμενα τοῦ καιροῦ καὶ θάττω

e 5 διὰ νοήσεώς T   e 6 λέγομεν om. B   e 9 πρῶτόν
om. B   a 1 ἠρεμίας B   a 2 ἐπηνέγκαμεν B   πολ-
λοῖς B   a 4 οὐ om. pr. T   a 8 πραττόμενα] πράττο-
μεν T   b 5 αὖ γε] αὖτε B   b 6 ἄκαιρα Stephanus e Ficino :
ἀκέραια B T

καὶ σκληρότερα φαινόμενα [καὶ] ὑβριστικὰ καὶ μανικὰ λέ- 10
γοντες, τὰ δὲ βαρύτερα καὶ βραδύτερα καὶ μαλακώτερα δειλὰ c
καὶ βλακικά· καὶ σχεδὸν ὡς τὸ πολὺ ταῦτά τε καὶ τὴν
σώφρονα φύσιν καὶ τὴν ἀνδρείαν τὴν τῶν ἐναντίων, οἷον
πολεμίαν διαλαχούσας στάσιν ἰδέας, οὔτ᾽ ἀλλήλαις μειγνυ-
μένας ἐφευρίσκομεν ἐν ταῖς περὶ τὰ τοιαῦτα πράξεσιν, ἔτι τε 5
τοὺς ἐν ταῖς ψυχαῖς αὐτὰς ἴσχοντας διαφερομένους ἀλλήλοις
ὀψόμεθα ἐὰν μεταδιώκωμεν.

ΝΕ. ΣΩ. Ποῦ δὴ λέγεις;

ΞΕ. Ἐν πᾶσί τε δὴ τούτοις οἷς νῦν εἴπομεν, ὡς εἰκός
τε ἐν ἑτέροις πολλοῖς. κατὰ γὰρ οἶμαι τὴν αὐτῶν ἑκατέροις d
συγγένειαν τὰ μὲν ἐπαινοῦντες ὡς οἰκεῖα σφέτερα, τὰ δὲ
τῶν διαφόρων ψέγοντες ὡς ἀλλότρια, πολλὴν εἰς ἔχθραν
ἀλλήλοις καὶ πολλῶν πέρι καθίστανται.

ΝΕ. ΣΩ. Κινδυνεύουσιν. 5

ΞΕ. Παιδιὰ τοίνυν αὕτη γέ τις ἡ διαφορὰ τούτων ἐστὶ
τῶν εἰδῶν· περὶ δὲ τὰ μέγιστα νόσος συμβαίνει πασῶν
ἐχθίστη γίγνεσθαι ταῖς πόλεσιν.

ΝΕ. ΣΩ. Περὶ δὴ ποῖα φῂς;

ΞΕ. Περὶ ὅλην, ὥς γε εἰκός, τὴν τοῦ ζῆν παρασκευήν. e
οἱ μὲν γὰρ δὴ διαφερόντως ὄντες κόσμιοι τὸν ἥσυχον ἀεὶ
βίον ἕτοιμοι ζῆν, αὐτοὶ καθ᾽ αὑτοὺς μόνοι τὰ σφέτερα αὐτῶν
πράττοντες, οἴκοι τε αὖ πρὸς ἅπαντας οὕτως ὁμιλοῦντες, καὶ
πρὸς τὰς ἔξωθεν πόλεις ὡσαύτως ἕτοιμοι πάντα ὄντες 5
τρόπον τινὰ ἄγειν εἰρήνην· καὶ διὰ τὸν ἔρωτα δὴ τοῦτον
ἀκαιρότερον ὄντα ἢ χρή, ὅταν ἃ βούλονται πράττωσιν,
ἔλαθον αὐτοί τε ἀπολέμως ἴσχοντες καὶ τοὺς νέους ὡσαύ-
τως διατιθέντες, ὄντες τε ἀεὶ τῶν ἐπιτιθεμένων, ἐξ ὧν
οὐκ ἐν πολλοῖς ἔτεσιν αὐτοὶ καὶ παῖδες καὶ σύμπασα ἡ 10

b 10 καὶ ante ὑβριστικὰ add. BT   c 1 βαρύτερα καὶ om. B
c 2 ταῦτά] αὐτά B   c 4 πολεμίαν Campbell : πολεμίας BT
c 8 ποῦ δὴ] σπουδῆι (ι add. rec.) B : σπουδῇ T   d 1 τε] γε T
d 2 σφέτερα] ἐφ᾽ ἕτερα BT   d 6 παιδεία BT   γέ τις] an γ᾽ ἔτι ?
Campbell   e 2 ἡσύχιον T   e 3 μόνοι secl. Valckenaer   e 4 αὖ
om. B   e 7 χρὴν (sic) T   βούλωνται BT

308 πόλις ἀντ᾽ ἐλευθέρων πολλάκις ἔλαθον αὑτοὺς γενόμενοι δοῦλοι.

ΝΕ. ΣΩ. Χαλεπὸν εἶπες καὶ δεινὸν πάθος.

ΞΕ. Τί δ᾽ οἱ πρὸς τὴν ἀνδρείαν μᾶλλον ῥέποντες; ἆρ᾽
5 οὐκ ἐπὶ πόλεμον ἀεί τινα τὰς αὑτῶν συντείνοντες πόλεις
διὰ τὴν τοῦ τοιούτου βίου σφοδροτέραν τοῦ δέοντος ἐπιθυ-
μίαν εἰς ἔχθραν πολλοῖς καὶ δυνατοῖς καταστάντες ἢ πάμπαν
διώλεσαν ἢ δούλας αὖ καὶ ὑποχειρίους τοῖς ἐχθροῖς ὑπέθεσαν
τὰς αὑτῶν πατρίδας;

b ΝΕ. ΣΩ. Ἔστι καὶ ταῦτα.

ΞΕ. Πῶς οὖν μὴ φῶμεν ἐν τούτοις ἀμφότερα ταῦτα τὰ
γένη πολλὴν πρὸς ἄλληλα ἀεὶ καὶ τὴν μεγίστην ἴσχειν
ἔχθραν καὶ στάσιν;

5 ΝΕ. ΣΩ. Οὐδαμῶς ὡς οὐ φήσομεν.

ΞΕ. Οὐκοῦν ὅπερ ἐπεσκοποῦμεν κατ᾽ ἀρχὰς ἀνηυρήκαμεν,
ὅτι μόρια ἀρετῆς οὐ σμικρὰ ἀλλήλοις διαφέρεσθον φύσει καὶ
δὴ καὶ τοὺς ἴσχοντας δρᾶτον τὸ αὐτὸ τοῦτο;

ΝΕ. ΣΩ. Κινδυνεύετον.

10 ΞΕ. Τόδε τοίνυν αὖ λάβωμεν.

ΝΕ. ΣΩ. Τὸ ποῖον;

c ΞΕ. Εἴ τίς που τῶν συνθετικῶν ἐπιστημῶν πρᾶγμα
ὁτιοῦν τῶν αὑτῆς ἔργων, κἂν εἰ τὸ φαυλότατον, ἑκοῦσα ἐκ
μοχθηρῶν καὶ χρηστῶν τινων συνίστησιν, ἢ πᾶσα ἐπιστήμη
πανταχοῦ τὰ μὲν μοχθηρὰ εἰς δύναμιν ἀποβάλλει, τὰ δὲ
5 ἐπιτήδεια καὶ [τὰ] χρηστὰ ἔλαβεν, ἐκ τούτων δὲ καὶ ὁμοίων
καὶ ἀνομοίων ὄντων, πάντα εἰς ἓν αὐτὰ συνάγουσα, μίαν
τινὰ δύναμιν καὶ ἰδέαν δημιουργεῖ.

ΝΕ. ΣΩ. Τί μήν;

d ΞΕ. Οὐδ᾽ ἄρα ἡ κατὰ φύσιν ἀληθῶς οὖσα ἡμῖν πολιτικὴ
μή ποτε ἐκ χρηστῶν καὶ κακῶν ἀνθρώπων ἑκοῦσα εἶναι
συστήσηται πόλιν τινά· ἀλλ᾽ εὔδηλον ὅτι παιδιᾷ πρῶτον

a 7 καταστάντες] an κατασ᾽ήσαντας ? Campbell   b 2 τὰ om. B
b 3 ἄλληλα εἰ B   b 6 ἐσκοποῦμεν Τ   b 8 δρᾶτον᾽ δρᾳ τὸν Τ   c 5 τὰ
om. B   d 2 μή ποτε] μηδέποτε Τ   d 3 τινα πόλιν Τ

βασανιεῖ, μετὰ δὲ τὴν βάσανον αὖ τοῖς δυναμένοις παιδεύειν
καὶ ὑπηρετεῖν πρὸς τοῦτ' αὐτὸ παραδώσει, προστάττουσα 5
καὶ ἐπιστατοῦσα αὐτή, καθάπερ ὑφαντικὴ τοῖς τε ξαίνουσι
καὶ τοῖς τἆλλα προπαρασκευάζουσιν ὅσα πρὸς τὴν πλέξιν
αὐτῆς συμπαρακολουθοῦσα προστάττει καὶ ἐπιστατεῖ, τοι-
αῦτα ἑκάστοις ἐνδεικνῦσα τὰ ἔργα ἀποτελεῖν οἷα ἂν ἐπιτή- e
δεια ἡγῆται πρὸς τὴν αὑτῆς εἶναι συμπλοκήν.

ΝΕ. ΣΩ. Πάνυ μὲν οὖν.

ΞΕ. Ταὐτὸν δή μοι τοῦθ' ἡ βασιλικὴ φαίνεται πᾶσι
τοῖς κατὰ νόμον παιδευταῖς καὶ τροφεῦσιν, τὴν τῆς ἐπιστατι- 5
κῆς αὐτὴ δύναμιν ἔχουσα, οὐκ ἐπιτρέψειν ἀσκεῖν ὅτι μή τις
πρὸς τὴν αὑτῆς σύγκρασιν ἀπεργαζόμενος ἦθός τι πρέπον
ἀποτελεῖ, ταῦτα δὲ μόνα παρακελεύεσθαι παιδεύειν· καὶ
τοὺς μὲν μὴ δυναμένους κοινωνεῖν ἤθους ἀνδρείου καὶ σώ-
φρονος ὅσα τε ἄλλα ἐστὶ τείνοντα πρὸς ἀρετήν, ἀλλ' εἰς 10
ἀθεότητα καὶ ὕβριν καὶ ἀδικίαν ὑπὸ κακῆς βίᾳ φύσεως 309
ἀπωθουμένους, θανάτοις τε ἐκβάλλει καὶ φυγαῖς καὶ ταῖς
μεγίσταις κολάζουσα ἀτιμίαις.

ΝΕ. ΣΩ. Λέγεται γοῦν πως οὕτως.

ΞΕ. Τοὺς δὲ ἐν ἀμαθίᾳ τε αὖ καὶ ταπεινότητι πολλῇ 5
κυλινδουμένους εἰς τὸ δουλικὸν ὑποζεύγνυσι γένος.

ΝΕ. ΣΩ. Ὀρθότατα.

ΞΕ. Τοὺς λοιποὺς τοίνυν, ὅσων αἱ φύσεις ἐπὶ τὸ γεν-
ναῖον ἱκαναὶ παιδείας τυγχάνουσαι καθίστασθαι καὶ δέξασθαι b
μετὰ τέχνης σύμμειξιν πρὸς ἀλλήλας, τούτων τὰς μὲν ἐπὶ
τὴν ἀνδρείαν μᾶλλον συντεινούσας, οἷον στημονοφυὲς νομί-
σας' αὐτῶν εἶναι τὸ στερεὸν ἦθος, τὰς δὲ ἐπὶ τὸ κόσμιον
πίονί τε καὶ μαλακῷ καὶ κατὰ τὴν εἰκόνα κροκώδει διανήματι 5
προσχρωμένας, ἐναντία δὲ τεινούσας ἀλλήλαις, πειρᾶται
τοιόνδε τινὰ τρόπον συνδεῖν καὶ συμπλέκειν.

ΝΕ. ΣΩ. Ποῖον δή;

θ 1 ἀποτελεῖ Τ   θ 4 ἤ om. B (sed τοῦθ')   θ 6 ἐπιτρέπειν Τ
a 2 ἀπωθουμένους Stallbaum : ἀπωθούμενα ΒΤ   b 3 νομίσας ΒΤ
b 5 διανήματι Cornarius : διανθήματι ΒΤ

c   ΞΕ. Πρῶτον μὲν κατὰ τὸ συγγενὲς τὸ ἀειγενὲς ὂν τῆς
ψυχῆς αὐτῶν μέρος θείῳ συναρμοσαμένη δεσμῷ, μετὰ δὲ τὸ
θεῖον τὸ ζῳογενὲς αὐτῶν αὖθις ἀνθρωπίνοις.

    ΝΕ. ΣΩ. Πῶς τοῦτ᾽ εἶπες αὖ;

5   ΞΕ. Τὴν τῶν καλῶν καὶ δικαίων πέρι καὶ ἀγαθῶν καὶ
τῶν τούτοις ἐναντίων ὄντως οὖσαν ἀληθῆ δόξαν μετὰ βεβαι-
ώσεως, ὁπόταν ἐν [ταῖς] ψυχαῖς ἐγγίγνηται, θείαν φημὶ ἐν
δαιμονίῳ γίγνεσθαι γένει.

    ΝΕ. ΣΩ. Πρέπει γοῦν οὕτω.

d   ΞΕ. Τὸν δὴ πολιτικὸν καὶ τὸν ἀγαθὸν νομοθέτην ἆρ᾽
ἴσμεν ὅτι προσήκει μόνον δυνατὸν εἶναι τῇ τῆς βασιλικῆς
μούσῃ τοῦτο αὐτὸ ἐμποιεῖν τοῖς ὀρθῶς μεταλαβοῦσι παιδείας,
οὓς ἐλέγομεν νυνδή;

5   ΝΕ. ΣΩ. Τὸ γοῦν εἰκός.

    ΞΕ. Ὃς δ᾽ ἂν δρᾶν γε, ὦ Σώκρατες, ἀδυνατῇ τὸ τοιοῦ-
τον, μηδέποτε τοῖς νῦν ζητουμένοις ὀνόμασιν αὐτὸν προσ-
αγορεύωμεν.

    ΝΕ. ΣΩ. Ὀρθότατα.

10   ΞΕ. Τί οὖν; ἀνδρεία ψυχὴ λαμβανομένη τῆς τοιαύτης
e ἀληθείας ἆρ᾽ οὐχ ἡμεροῦται καὶ τῶν δικαίων μάλιστα οὕτω
κοινωνεῖν ἂν ἐθελήσειεν, μὴ μεταλαβοῦσα δὲ ἀποκλινεῖ
μᾶλλον πρὸς θηριώδη τινὰ φύσιν;

    ΝΕ. ΣΩ. Πῶς δ᾽ οὔ;

5   ΞΕ. Τί δὲ τὸ τῆς κοσμίας φύσεως; ἆρ᾽ οὐ τούτων μὲν
μεταλαβὸν τῶν δοξῶν ὄντως σῶφρον καὶ φρόνιμον, ὥς γε ἐν
πολιτείᾳ, γίγνεται, μὴ κοινωνῆσαν δὲ ὧν λέγομεν ἐπονεί-
διστόν τινα εὐηθείας δικαιότατα λαμβάνει φήμην;

    ΝΕ. ΣΩ. Πάνυ μὲν οὖν.

10   ΞΕ. Οὐκοῦν συμπλοκὴν καὶ δεσμὸν τοῦτον τοῖς μὲν
κακοῖς πρὸς σφᾶς αὐτοὺς καὶ τοῖς ἀγαθοῖς πρὸς τοὺς κακοὺς

c 7 ταῖς om. B Stobaeus   d 6 γε] τε T   e 2 ἀποκλινεῖ
scripsi : ἀποκλίνει Β Τ   e 6 μεταλαβόντων δοξων Β   φρόνιμον]
κόσμιον· Τ   e 10 δεσμὸν] ξύνδεσμον Τ   τοῦτον] an τοιοῦτον ?
Campbell

μηδέποτε μόνιμον φῶμεν γίγνεσθαι, μηδέ τινα ἐπιστήμην
αὐτῷ σπουδῇ πρὸς τοὺς τοιούτους ἂν χρῆσθαί ποτε;

ΝΕ. ΣΩ. Πῶς γάρ;

ΞΕ. Τοῖς δ' εὐγενέσι γενομένοις τε ἐξ ἀρχῆς ἤθεσι 310
θρεφθεῖσί τε κατὰ φύσιν μόνοις διὰ νόμων ἐμφύεσθαι, καὶ
ἐπὶ τούτοις δὴ τοῦτ' εἶναι τέχνῃ φάρμακον, καὶ καθάπερ
εἴπομεν τοῦτον θειότερον εἶναι τὸν σύνδεσμον ἀρετῆς μερῶν
φύσεως ἀνομοίων καὶ ἐπὶ τὰ ἐναντία φερομένων.   5

ΝΕ. ΣΩ. Ἀληθέστατα.

ΞΕ. Τοὺς μὴν λοιπούς, ὄντας ἀνθρωπίνους δεσμούς,
ὑπάρχοντος τούτου τοῦ θείου σχεδὸν οὐδὲν χαλεπὸν οὔτε
ἐννοεῖν οὔτε ἐννοήσαντα ἀποτελεῖν.

ΝΕ. ΣΩ. Πῶς δή, καὶ τίνας;   b

ΞΕ. Τοὺς τῶν ἐπιγαμιῶν καὶ παίδων κοινωνήσεων καὶ
τῶν περὶ τὰς ἰδίας ἐκδόσεις καὶ γάμους. οἱ γὰρ πολλοὶ τὰ
περὶ ταῦτα οὐκ ὀρθῶς συνδοῦνται πρὸς τὴν τῶν παίδων
γέννησιν.   5

ΝΕ. ΣΩ. Τί δή;

ΞΕ. Τὰ μὲν πλούτου καὶ δυνάμεων ἐν τοῖς τοιούτοις
διώγματα τί καί τις ἂν ὡς ἄξια λόγου σπουδάζοι μεμφόμενος;

ΝΕ. ΣΩ. Οὐδέν.

ΞΕ. Μᾶλλον δέ γε δίκαιον τῶν περὶ τὰ γένη ποιουμένων 10
ἐπιμέλειαν τούτων πέρι λέγειν, εἴ τι μὴ κατὰ τρόπον πράτ- c
τουσιν.

ΝΕ. ΣΩ. Εἰκὸς γὰρ οὖν.

ΞΕ. Πράττουσι μὲν δὴ οὐδ' ἐξ ἑνὸς ὀρθοῦ λόγου, τὴν ἐν
τῷ παραχρῆμα διώκοντες ῥᾳστώνην καὶ τῷ τοὺς μὲν προσ- 5
ομοίους αὐτοῖς ἀσπάζεσθαι, τοὺς δ' ἀνομοίους μὴ στέργειν,
πλεῖστον τῇ δυσχερείᾳ μέρος ἀπονέμοντες.

θ 12 φῶμεν γίγνεσθαι μόνιμον Τ   a 1 γενομένοις γ' ἐξ ἀρχῆς
Β : γε ἐξ ἀρχῆς γενομένοις Τ   a 3 τούτοις] τούτους Β   καὶ
om. Β   a 4 τοῦτο Τ   θειότατον Β   a 5 φύσεως] φύσει Ste-
phanus   a 9 οὔτε ἐννοεῖν om. Β   b 8 διώγματι sed in marg. δό Τ
c 4 μὲν δὴ] μὴν Τ

ΝΕ. ΣΩ. Πῶς;

ΞΕ. Οἱ μέν που κόσμιοι τὸ σφέτερον αὐτῶν ἦθος ζη-
10 τοῦσι, καὶ κατὰ δύναμιν γαμοῦσί τε παρὰ τούτων καὶ τὰς
d ἐκδιδομένας παρ᾽ αὐτῶν εἰς τούτους ἐκπέμπουσι πάλιν· ὡς
δ᾽ αὕτως τὸ περὶ τὴν ἀνδρείαν γένος δρᾷ, τὴν αὑτοῦ μετα-
διῶκον φύσιν, δέον ποιεῖν ἀμφότερα τὰ γένη τούτων τοὐναν-
τίον ἅπαν.

5 ΝΕ. ΣΩ. Πῶς, καὶ διὰ τί;

ΞΕ. Διότι πέφυκεν ἀνδρεία τε ἐν πολλαῖς γενέσεσιν
ἄμεικτος γεννωμένη σώφρονι φύσει κατὰ μὲν ἀρχὰς ἀκμάζειν
ῥώμῃ, τελευτῶσα δὲ ἐξανθεῖν παντάπασι μανίαις.

ΝΕ. ΣΩ. Εἰκός.

10 ΞΕ. Ἡ δὲ αἰδοῦς γε αὖ λίαν πλήρης ψυχὴ καὶ ἀ-
e κέραστος τόλμης ἀνδρείας, ἐπὶ δὲ γενεὰς πολλὰς οὕτω γεννη-
θεῖσα, νωθεστέρα φύεσθαι τοῦ καιροῦ καὶ ἀποτελευτῶσα δὴ
παντάπασιν ἀναπηροῦσθαι.

ΝΕ. ΣΩ. Καὶ τοῦτ᾽ εἰκὸς οὕτω συμβαίνειν.

5 ΞΕ. Τούτους δὴ τοὺς δεσμοὺς ἔλεγον ὅτι χαλεπὸν
οὐδὲν συνδεῖν ὑπάρξαντος τοῦ περὶ τὰ καλὰ κἀγαθὰ μίαν
ἔχειν ἀμφότερα τὰ γένη δόξαν. τοῦτο γὰρ ἓν καὶ ὅλον
ἐστὶ βασιλικῆς συνυφάνσεως ἔργον, μηδέποτε ἐᾶν ἀφίστα-
σθαι σώφρονα ἀπὸ τῶν ἀνδρείων ἤθη, συγκερκίζοντα δὲ
10 ὁμοδοξίαις καὶ τιμαῖς καὶ ἀτιμίαις καὶ δόξαις καὶ ὁμηρειῶν
ἐκδόσεσιν εἰς ἀλλήλους, λεῖον καὶ τὸ λεγόμενον εὐήτριον
311 ὕφασμα συνάγοντα ἐξ αὐτῶν, τὰς ἐν ταῖς πόλεσιν ἀρχὰς
ἀεὶ κοινῇ τούτοις ἐπιτρέπειν.

ΝΕ. ΣΩ. Πῶς;

ΞΕ. Οὗ μὲν ἂν ἑνὸς ἄρχοντος χρεία συμβαίνῃ, τὸν
5 ταῦτα ἀμφότερα ἔχοντα αἱρούμενον ἐπιστάτην· οὗ δ᾽ ἂν
πλειόνων, τούτων μέρος ἑκατέρων συμμειγνύντα. τὰ μὲν
γὰρ σωφρόνων ἀρχόντων ἤθη σφόδρα μὲν εὐλαβῆ καὶ δίκαια

c 10 τε] τε καὶ Β   d 1 τούτους] τοιούτους Τ   d 10 γε]
τε Β   e 1 δὲ om.   e 6 ξυνδεῖν ὑπάρξοντος Τ : ξυνυπάρξαντος Β
e 8 συνυφάνσεως] συνφύσεως Β   e 10 καὶ ἀτιμίαις om. Β

καὶ σωτήρια, δριμύτητος δὲ καί τινος ἰταμότητος ὀξείας καὶ
πρακτικῆς ἐνδεῖται.

ΝΕ. ΣΩ. Δοκεῖ γοῦν δὴ καὶ τάδε. 10

ΞΕ. Τὰ δ᾽ ἀνδρεῖά γε αὖ πρὸς μὲν τὸ δίκαιον καὶ εὐλα- b
βὲς ἐκείνων ἐπιδεέστερα, τὸ δὲ ἐν ταῖς πράξεσι ἰταμὸν
διαφερόντως ἴσχει. πάντα δὲ καλῶς γίγνεσθαι τὰ περὶ τὰς
πόλεις ἰδίᾳ καὶ δημοσίᾳ τούτοιν μὴ παραγενομένοιν ἀμφοῖν
ἀδύνατον. 5

ΝΕ. ΣΩ. Πῶς γὰρ οὔ;

ΞΕ. Τοῦτο δὴ τέλος ὑφάσματος εὐθυπλοκίᾳ συμπλακὲν
γίγνεσθαι φῶμεν πολιτικῆς πράξεως τὸ τῶν ἀνδρείων καὶ
σωφρόνων ἀνθρώπων ἦθος, ὁπόταν ὁμονοίᾳ καὶ φιλίᾳ κοινὸν
συναγαγοῦσα αὐτῶν τὸν βίον ἡ βασιλικὴ τέχνη, πάντων c
μεγαλοπρεπέστατον ὑφασμάτων καὶ ἄριστον ἀποτελέσασα
[ὥστ᾽ εἶναι κοινόν] τούς τ᾽ ἄλλους ἐν ταῖς πόλεσι πάντας
δούλους καὶ ἐλευθέρους ἀμπίσχουσα, συνέχῃ τούτῳ τῷ πλέ-
γματι, καὶ καθ᾽ ὅσον εὐδαίμονι προσήκει γίγνεσθαι πόλει 5
τούτου μηδαμῇ μηδὲν ἐλλείπουσα ἄρχῃ τε καὶ ἐπιστατῇ.

ΝΕ. ΣΩ. Κάλλιστα αὖ τὸν βασιλικὸν ἀπετέλεσας ἄνδρα
ἡμῖν, ὦ ξένε, καὶ τὸν πολιτικόν.

b 1 τὰ δ᾽ om. T   b 2 ἰταμὸν Ast : τὸ μὲν ΒΤ   b 7 συμ-
πλακὲν] συμπλέκειν Β : ξυμπλεκὲν T   b 8 φῶμεν] φαμὲν Β
c 3 ὥστ᾽ εἶναι κοινόν secl. Ast   ὥστ᾽] ὥς γ᾽ Campbell   c 4 ἀμ-
φίσχουσα Β